Jus Internationale et Europaeum

herausgegeben von

Thilo Marauhn und Christian Walter

160

Christian G. H. Riedel

Die Grundrechtsprüfung durch den EuGH

Systematisierung, Analyse und Kontextualisierung
der Rechtsprechung nach Inkrafttreten der
EU-Grundrechtecharta

Mohr Siebeck

Christian G. H. Riedel, geboren 1989; Studium der Rechtswissenschaft an der Universität Düsseldorf; 2014 Erste Juristische Staatsprüfung; Wissenschaftlicher Mitarbeiter am Lehrstuhl für Deutsches und Ausländisches Öffentliches Recht, Völkerrecht und Europarecht der Universität Düsseldorf; 2017 Forschungsaufenthalt am EuGH und an der Universität Luxemburg; 2019 Promotion (Bucerius Law School, Hamburg); derzeit Rechtsreferendar am Landgericht Düsseldorf.
orcid.org/0000-0002-6099-724X

ISBN 978-3-16-159044-3 / eISBN 978-3-16-159045-0
DOI 10.1628/978-3-16-159045-0
Digitales Zusatzmaterial DOI 10.1628/978-3-16-159045-0-appendix

Ein ausführliches Rechtsprechungsregister wird als digitales Zusatzmaterial online zur Verfügung gestellt. Es kann unter https://doi.org/10.1628/978-3-16-159045-0-appendix abgerufen werden.

ISSN 1861-1893 / eISSN 2568-8464 (Jus Internationale et Europaeum)

Die Deutsche Nationalbibliothek verzeichnet diese Publikation in der Deutschen Nationalbibliographie; detaillierte bibliographische Daten sind über *http://dnb.dnb.de* abrufbar.

© 2020 Mohr Siebeck Tübingen. www.mohrsiebeck.com

Das Werk einschließlich aller seiner Teile ist urheberrechtlich geschützt. Jede Verwertung außerhalb der engen Grenzen des Urheberrechtsgesetzes ist ohne Zustimmung des Verlags unzulässig und strafbar. Das gilt insbesondere für die Verbreitung, Vervielfältigung, Übersetzung und die Einspeicherung und Verarbeitung in elektronischen Systemen.

Das Buch wurde von epline in Böblingen aus der Times Antiqua gesetzt, von Gulde Druck in Tübingen auf alterungsbeständiges Werkdruckpapier gedruckt und von der Buchbinderei Spinner in Ottersweier gebunden.

Printed in Germany.

Vorwort

Die vorliegende Arbeit wurde im Sommertrimester 2019 von der Bucerius Law School in Hamburg als Dissertation angenommen (Datum der mündlichen Prüfung: 06.05.2019). Sie entstand größtenteils während meiner Zeit als Lehrbeauftragter und wissenschaftlicher Mitarbeiter am Lehrstuhl für Deutsches und Ausländisches Öffentliches Recht, Völkerrecht und Europarecht an der Heinrich-Heine-Universität Düsseldorf in den Jahren 2014 bis 2019.

Zahlreiche Menschen haben mich in unterschiedlicher Weise bei der Erstellung meiner Arbeit unterstützt. Mein Dank gilt zuerst meinem Doktorvater Professor Dr. *Mehrdad Payandeh* (Erstgutachter), dessen Veranstaltung zum Europäischen Verfassungsrecht (zusammen mit Professor Dr. *Heiko Sauer*) meine Begeisterung für das Europarecht gestärkt und in mir den Wunsch geweckt hat, selbst einen Beitrag auf diesem dynamischen und herausfordernden Rechtsgebiet zu leisten. Als Doktorvater hat er mein Promotionsvorhaben stets intensiv unterstützt und mir die Freiheit gegeben, meinen eigenen wissenschaftlichen Weg zu gehen.

Professor Dr. *Charlotte Kreuter-Kirchhof* danke ich für die sehr zügige Erstellung des Zweitgutachtens sowie für die ebenso anregende wie lehrreiche Zeit an ihrem Lehrstuhl und insbesondere für die Möglichkeit, im Rahmen des von ihr eingerichteten Doktorandenseminars meine Thesen und Ideen regelmäßig vorstellen und erörtern zu können. Die dortigen Diskussionen haben mir ein hervorragendes wissenschaftliches Umfeld geboten und sehr geholfen, meine Dissertation voranzutreiben.

Ich danke weiterhin Generalanwältin Professor Dr. *Juliane Kokott* für die Möglichkeit, im Rahmen eines Praktikums die Arbeitsabläufe am Gerichtshof der Europäischen Union und insbesondere die Tätigkeit einer Generalanwältin kennenzulernen. Mein Dank gilt in diesem Zusammenhang auch dem Kabinett von Frau *Kokott*, den *Stagiaires* am Gerichtshof der Europäischen Union sowie meinen Kolleginnen und Kollegen an der Universität Luxemburg, mit denen ich während meines dortigen Forschungsaufenthaltes viele anregende und fruchtbare Diskussionen führen konnte, die mich über den Tellerrand der „deutschen" Europarechtswissenschaft hinausblicken ließen. Der *Hedwig und Waldemar Hort Stipendienstiftung* danke ich ganz herzlich für die großzügige finanzielle Unterstützung, ohne die mein Aufenthalt in Luxemburg nicht möglich gewesen wäre.

Des Weiteren bin ich der *Johanna und Fritz Buch Gedächtnis-Stiftung, Hamburg,* zu besonderem Dank verpflichtet, die die Publikation meiner Arbeit mit einem großzügigen Druckkostenzuschuss gefördert hat.

Bei Professor Dr. *Thilo Marauhn* und Professor Dr. *Christian Walter* bedanke ich mich herzlich für die Aufnahme meiner Arbeit in die Schriftenreihe *Jus Internationale et Europaeum.*

Schließlich gilt mein Dank meinen Kolleginnen und Kollegen am Lehrstuhl sowie meinen Freundinnen und Freunden, die mir stets eine unverzichtbare Hilfe waren. Zu nennen sind hier vor allem *Johannes Sebastian Thielen* und *Lena Tubes.*

Gewidmet ist dieses Buch meiner Mutter *Barbara M. Riedel* und den Eheleuten *Christa* und *Hans Velten.* Ohne ihre langjährige, treue Unterstützung wäre die vorliegende Arbeit nicht entstanden.

Düsseldorf, Januar 2020   Christian G. H. Riedel

Inhaltsübersicht

Vorwort V
Inhaltsverzeichnis IX

Kapitel 1: Einleitung 1

A. Zehn Jahre Charta der Grundrechte 1
B. Erkenntnisinteresse und Vorgehen 6
C. Bedeutung für andere europarechtliche Diskurse 9

Kapitel 2: Systematisierung der Grundrechtsjudikatur des EuGH .. 17

A. Notwendigkeit einer umfassenden Betrachtung 17
B. Untersuchungsgegenstand 19
C. Bildung von Fallgruppen 25
D. Zusammenfassung und Auswertung der Ergebnisse 81

Kapitel 3: Analyse der Grundrechtsprüfung des EuGH 87

A. Kriterien und Untersuchungsgegenstand 87
B. Anwendung der Kriterien 176
C. Auswertung der Ergebnisse 354

Kapitel 4: Kontextualisierung der Grundrechtsprüfung des EuGH .. 359

A. Notwendigkeit einer kontextualisierenden Betrachtung 359
B. Denkbare Kontexte der Grundrechtsprechung des EuGH 362
C. Analyse der ausgewählten Kontexte 394
D. Zusammenfassung der Ergebnisse 456

Kapitel 5: Fazit und Schlussbemerkungen 459

Zusammenfassung 467

Online-Anhang 472
Literaturverzeichnis... 473
Entscheidungsverzeichnis 499
Stichwortverzeichnis 503

Inhaltsverzeichnis

Vorwort V
Inhaltsübersicht VII

Kapitel 1: Einleitung 1

A. Zehn Jahre Charta der Grundrechte 1
B. Erkenntnisinteresse und Vorgehen 6
C. Bedeutung für andere europarechtliche Diskurse 9

Kapitel 2: Systematisierung der Grundrechtsjudikatur des EuGH .. 17

A. Notwendigkeit einer umfassenden Betrachtung 17
B. *Untersuchungsgegenstand* 19
    I. Eingrenzungen 19
        1. Institutionelle Eingrenzung 19
        2. Zeitliche Eingrenzung 20
        3. Formelle Eingrenzung 20
    II. Charta-Rechtsprechung des Gerichtshofs 20
        1. Zitierung der Charta 21
        2. Der Fallkorpus 23
C. *Bildung von Fallgruppen* 25
    I. Gründe für die Bildung von Fallgruppen 25
    II. Kriterien für die Bildung von Fallgruppen 26
        1. Umgrenzung der zu kategorisierenden Abschnitte in den Entscheidungen des EuGH 27
            a) Aufbau der Entscheidungen des EuGH 27
            b) Charta-bezogener Abschnitt im Sinne dieser Arbeit 28
        2. Kriterium der Ausführlichkeit 31
        3. Kriterium der Grundrechtsprüfung 33
            a) Grundrechtsprüfung 33
            b) Vollständigkeit der Grundrechtsprüfung 34
    III. Bildung der Gruppen und Beispiele 35
        1. A-Gruppen – (sehr) ausführliche Aussagen zur Charta 37

- a) A1 – sehr ausführliche und vollständige Grundrechtsprüfung anhand der Charta 38
  - aa) Sky Österreich, C-283/11 38
  - bb) Liivimaa Lihaveis, C-562/12 41
- b) A2 – ausführliche und vollständige Grundrechtsprüfung anhand der Charta 43
  - aa) Bayer CropScience und Stichting De Bijenstichting, C-442/14 43
  - bb) Pillbox 38, C-477/14 45
- c) A3 – (sehr) ausführliche, aber nicht vollständige Grundrechtsprüfung anhand der Charta 47
  - aa) Ezernieki, C-273/15 47
  - bb) Otis u. a., C-199/11 49
- d) A4 – (sehr) ausführliche Aussagen zur Charta ohne Grundrechtsprüfung 52
  - aa) Åkerberg Fransson, C-617/10 (Teil 1) 52
  - bb) Melloni, C-399/11 (dritte Vorlagefrage) 55
  - cc) Petruhhin, C-182/15 56
2. B-Gruppen – nicht ausführliche Aussagen zur Charta 58
- a) B1 – nicht ausführliche Grundrechtsprüfung anhand der Charta 58
  - aa) ONEm und M, C-284/15 59
  - bb) Muladi, C-447/15 60
  - cc) FLSmidth / Kommission, C-238/12 P 60
- b) B2 – Grundrechtsprüfung, aber nicht an der Charta 61
  - aa) Alassini u. a., C-317/08, C-318/08, C-319/08 und C-320/08 62
  - bb) Frankreich / People's Mojahedin Organization of Iran, C-27/09 P 64
  - cc) Internationale Fruchtimport Gesellschaft Weichert / Kommission, C-73/10 P 65
- c) B3 – nicht ausführliche Prüfung der Anwendbarkeit der Charta 66
  - aa) Corpul Naţional al Poliţiştilor, C-434/11 67
  - bb) FOA, C-354/13 67
  - cc) Gueye und Salmerón Sánchez, C-483/09 und C-1/10 ... 67
- d) B4 – nicht ausführliche Aussagen zur Charta, keine Grundrechtsprüfung 68
  - aa) PPG und SNF / ECHA, C-625/11 P 69
  - bb) Bob-Dogi, C-241/15 69
  - cc) Tsakouridis, C-145/09 70
- e) B5 – keine Grundrechtsprüfung aus prozessualen Gründen und ausdrückliche Nichtprüfung 71
  - aa) Gullotta und Farmacia di Gullotta Davide & C., C-497/12 72
  - bb) Acino / Kommission, C-269/13 P 72
  - cc) Pohl, C-429/12 72
  - dd) Klein, C-120/14 P 73

f) B6 – Charta nur von Verfahrensbeteiligten, vom vorlegenden Gericht oder im Rechtlichen Rahmen erwähnt 73
  aa) Nicula, C-331/13 73
  bb) Starjakob, C-417/13 74
  cc) Zh. und O., C-554/13 74
3. C-Gruppe – Vermischung von Charta und anderen Rechtsquellen . 75
  a) Coty Germany, C-580/13 75
  b) Aguirre Zarraga, C-491/10 PPU 77
  c) O, C-432/14 79

D. *Zusammenfassung und Auswertung der Ergebnisse* 81

Kapitel 3: Analyse der Grundrechtsprüfung des EuGH 87

A. *Kriterien und Untersuchungsgegenstand* 87
  I. Kriterienentwicklung 87
    1. Notwendigkeit der Kriterienentwicklung aus der Charta 88
    2. Rolle der Dogmatik bei der Kriterienentwicklung aus der Charta .. 90
    3. Art. 52 Abs. 1 GRC als Ausgangspunkt einer allgemeinen Dogmatik der Grundrechtsprüfung anhand der Charta 96
    4. Bedeutung von Art. 52 Abs. 2 bis 7 GRC sowie Art. 53 und Art. 54 GRC für die Entwicklung einer allgemeinen Dogmatik der Grundrechtsprüfung anhand der Charta 99
      a) Art. 52 Abs. 2 GRC 99
      b) Art. 52 Abs. 3 GRC 105
      c) Art. 52 Abs. 4 GRC 117
      d) Art. 52 Abs. 5 bis 7 GRC 121
      e) Art. 53 und Art. 54 GRC 122
    5. Kriterium der kohärenten und konsistenten Prüfung 122
  II. Einzelne Analysekriterien 124
    1. Prüfungsschema 124
    2. Schutzbereich 126
    3. Einschränkung 133
    4. Ungleichbehandlung bei Gleichheitsgrundrechten 136
    5. Rechtfertigung 137
      a) Gesetzesvorbehalt 139
      b) Verhältnismäßigkeit 141
        aa) Bedeutung der Verhältnismäßigkeitsprüfung 141
        bb) Zwei- oder dreistufige Verhältnismäßigkeitsprüfung 145
        cc) Prüf- beziehungsweise Kontrolldichte und Spielraum für den Unionsgesetzgeber 147
        dd) Legitime Ziele 149
        ee) Geeignetheit 154
        ff) Erforderlichkeit 158

			gg) Angemessenheit	160
			(1) Interessenprüfung	161
			(2) Subjektive Zumutbarkeit	166
			hh) Exkurs: Verknüpfung mit der Grundrechtsprüfung	168
		c)	Wesensgehaltsgarantie................................	169
		6. Zusammenfassung der Kriterien	172
	III.	Untersuchungsgegenstand	173
		1. Fallgruppen A1 bis A3	174
		2. Fallgruppe B1..	174
		3. Fallgruppe B2..	175
B.	Anwendung der Kriterien	176
	I.	Prüfungsschema	176
		1. Freiheitsgrundrechte....................................	176
		2. Gleichheitsgrundrechte	182
		3. Justizielle Rechte (Titel VI der Charta)	184
		4. Zusammenfassung	187
	II.	Schutzbereich	187
		1. Behandlung der Schutzbereichsprüfung durch den EuGH	187
		a) Prüfung des Schutzbereiches und Begründung	187
		b) Keine Begründung (und teilweise keine Prüfung des Schutzbereiches)	193
		c) Zweifelsfälle	195
		d) Sonderproblem: Keine Schutzbereichsprüfung bei Art. 20 und Art. 21 GRC	200
		2. Kohärenz und Konsistenz	201
		3. Schutzbereichsrelevante Aussagen des Gerichtshofs außerhalb von Grundrechtsprüfungen...............................	204
		4. Zusammenfassung	204
	III.	Einschränkung	205
		1. Behandlung der Einschränkungsprüfung durch den EuGH	206
		a) Prüfung der Einschränkung	206
		b) Keine Prüfung der Einschränkung	208
		c) Unklare Fälle	211
		2. Entwicklung eines einheitlichen unionsrechtlichen Begriffs der Einschränkung	212
		3. Zusammenfassung	216
	IV.	Ungleichbehandlung.......................................	217
		1. Abgrenzung der Gleichheitsgrundrechte der Charta	218
		2. Abgrenzung der Gleichheitsgrundrechte der Charta von anderen Gleichheitssätzen	220
		3. Zusammenfassung	222
	V.	Rechtfertigung	223
		1. Gesetzesvorbehalt	223

a) Keine Prüfung des Gesetzesvorbehalts 223
b) Prüfung des Gesetzesvorbehalts 225
c) Unklare Fälle 228
d) Entwicklung einer kohärenten und konsistenten
   Rechtsprechung zum Gesetzesvorbehalt durch den EuGH 229
e) Zusammenfassung 233
2. Verhältnismäßigkeit 234
   a) Behandlung der Verhältnismäßigkeitsprüfung im Rahmen
      der Grundrechtsprüfung durch den EuGH 234
      aa) Prüfung der Verhältnismäßigkeit im Rahmen
          der Grundrechtsprüfung 235
      bb) Keine Prüfung der Verhältnismäßigkeit im Rahmen
          der Grundrechtsprüfung 237
      cc) Verweise auf Prüfungen außerhalb der Grundrechtsprüfung 238
      dd) Ausschließliche Prüfung des Wesensgehalts 239
      ee) Zusammenfassung 241
   b) Zwei- oder dreistufige Verhältnismäßigkeitsprüfung 242
      aa) Definitionen durch den EuGH 243
      bb) Prüfungen durch den EuGH 246
      cc) Zusammenfassung 248
   c) Behandlung der Prüfdichte durch den EuGH 249
      aa) Ausdrückliche Festlegung der Prüfdichte durch den EuGH 249
          (1) Hohe Prüfdichte 250
          (2) Geringe Prüfdichte 251
      bb) Terminologie und Maßstab des Gerichtshofs 254
      cc) Begründung der Prüfdichte durch den Gerichtshof 257
      dd) Sonderfall der unternehmerischen Freiheit
          gemäß Art. 16 GRC 258
      ee) Zusammenfassung 260
   d) Legitime Ziele 260
      aa) Behandlung der Prüfung der legitimen Ziele
          durch den EuGH 261
          (1) Prüfung der verfolgten Ziele und ihrer Legitimität 261
          (2) Keine Prüfung der verfolgten Ziele und ihrer
              Legitimität sowie unklare Fälle 265
          (3) Seltene Gewichtung der verfolgten Ziele 266
      bb) Auslegung der legitimen Ziele durch den EuGH 267
          (1) Gemeinwohlziele 268
          (2) Ziel des Schutzes der Rechte und Freiheiten anderer .. 271
          (3) Unklare Fälle und Überschneidungen 272
          (4) Definition aus der Rechtsprechung vor Inkrafttreten
              der Charta 274
      cc) Zusammenfassung 274
   e) Geeignetheit 276

		aa) Behandlung der Geeignetheitsprüfung durch den EuGH ... 276
		(1) Prüfung der Geeignetheit 276
		(2) Keine Prüfung der Geeignetheit 281
		(3) Unklare Fälle 282
		bb) Klarheit der Terminologie des EuGH 284
		cc) Prüfdichte bei der Geeignetheitsprüfung durch den EuGH 285
		dd) Zusammenfassung 287
	f)	Erforderlichkeit 288
		aa) Prüfung alternativer Mittel 289
		bb) Keine Prüfung alternativer Mittel 291
		cc) Unklare Fälle 294
		dd) Prüfdichte bei der Erforderlichkeitsprüfung durch den EuGH 297
		ee) Zusammenfassung 298
	g)	Angemessenheit.. 299
		aa) Behandlung der Angemessenheitsprüfung durch den EuGH 300
		bb) Interessenprüfung 302
		(1) Vollständige Interessenprüfung 302
		(2) Unvollständige Interessenprüfung 309
		cc) Prüfung der subjektiven Zumutbarkeit 314
		dd) Prüfdichte bei der Angemessenheitsprüfung 322
		ee) Zusammenfassung 326
	h)	Exkurs: Verknüpfung mit Grundrechtsprüfung 327
3.	Wesensgehaltsgarantie 329
	a) Behandlung der Wesensgehaltsprüfung durch den EuGH 330
	b) Prüfungen nach relativem Ansatz 334
	c) Prüfungen nach absolutem Ansatz 336
	d) Zusammenfassung..................................... 340

VI. Analyse der Entscheidungen der Fallgruppe B1 341
VII. Zusammenfassung der Ergebnisse 349

C. *Auswertung der Ergebnisse* 354

Kapitel 4: Kontextualisierung der Grundrechtsprüfung des EuGH .. 359

A. *Notwendigkeit einer kontextualisierenden Betrachtung* 359

B. *Denkbare Kontexte der Grundrechtsprechung des EuGH* 362

I. Andere Gerichte 362
   1. EGMR (und EMRK) 362
   2. Nationale Verfassungsgerichte sowie oberste Gerichte (insbesondere: BVerfG) 366
II. Mitgliedstaatliches Recht und unterschiedliche Sprachen 370
   1. Französisches Recht und französische Sprache 370
   2. Deutsches und englisches Recht 375

Inhaltsverzeichnis

       3. Bedeutung der Nationalität des vorlegenden Gerichts
          im Vorabentscheidungsverfahren 377
  III. Öffentlichkeit und aktuelle öffentliche Debatten 377
  IV. Europarechtswissenschaft 379
  V. Arbeitslast des EuGH 380
  VI. Richterliche Motivationen und Vorverständnisse 381
  VII. Persönlicher Einfluss der Richter und Berichterstatter 384
  VIII. Größe der Spruchkörper 388
  IX. Unterscheidung nach Themenbereichen 390
  X. Generalanwalt und Schlussanträge 391
  XI. Prozessualer und institutioneller Kontext 392
  XII. Änderungen durch Inkrafttreten der Charta und Kontinuität
       der Rechtsprechung 393
  XIII. Ergebnis 393

C. *Analyse der ausgewählten Kontexte* 394
  I. Änderungen durch Inkrafttreten der Charta und Kontinuität
     der Rechtsprechung 394
     1. Die Charta zwischen Innovation und Kontinuität 394
     2. Fortgeltung anderer Grundrechtsquellen 397
     3. Kontinuität und Wandelbarkeit als Aufgabe der Rechtsprechung
        des EuGH 398
     4. Anwendung auf die Ergebnisse des dritten Kapitels 399
  II. Prozessualer und institutioneller Kontext 405
     1. Der EuGH als Gericht: Aufgaben und Funktionen 406
     2. Besonderheiten der einzelnen Verfahrensarten 409
       a) Vorabentscheidungsverfahren 410
          aa) Funktion und Besonderheiten des
              Vorabentscheidungsverfahrens 410
          bb) Bedeutung der Vorlagen der nationalen Gerichte 421
       b) Rechtsmittelverfahren nach Art. 56 Satzung EuGH 433
       c) Nichtigkeits- und Untätigkeitsklage vor dem Gerichtshof 438
     3. Rolle der Verfahrensbeteiligten beziehungsweise ihres Vorbringens 439
  III. Einfluss durch die Generalanwälte und ihre Schlussanträge 444

D. *Zusammenfassung der Ergebnisse* 456

Kapitel 5: Fazit und Schlussbemerkungen 459

Zusammenfassung 467

Online-Anhang 472
Literaturverzeichnis 473
Entscheidungsverzeichnis 499
Stichwortverzeichnis 503

Kapitel 1

Einleitung

Die Europäische Union gründet sich nach Art. 2 S. 1 EUV auf die Achtung der Menschenwürde, Freiheit, Demokratie, Gleichheit, Rechtsstaatlichkeit und die Wahrung der Menschenrechte einschließlich der Rechte der Personen, die Minderheiten angehören. Der Grundrechtsschutz stellt damit einen zentralen Wert der Union dar. Seit dem Inkrafttreten der Charta der Grundrechte der Europäischen Union verfügt sie erstmalig in ihrer Geschichte über einen geschriebenen Grundrechtskatalog (A).

Zur Auslegung und Anwendung der Charta ist insbesondere der EuGH[1] berufen. Da dessen Grundrechtsprechung vor der Charta Gegenstand massiver Kritik war, stellt sich nun die Frage, wie er dieser neuen Aufgabe gerecht wird. Die Charta könnte zu einer Zäsur in der Rechtsprechung geführt haben – oder weitgehend wirkungslos geblieben sein. Um diese Frage fundiert zu beantworten, werden in dieser Arbeit zunächst sämtliche Entscheidungen, in denen der Gerichtshof die Charta zitiert, systematisiert und anschließend jene, in denen der EuGH eine Grundrechtsprüfung anhand der Charta vornimmt, dogmatisch analysiert. Der Maßstab wird dabei aus der Charta selbst entwickelt. Schließlich wird versucht, Divergenzen in der Dogmatik des Gerichtshofs mit dem Kontext, in dem die Entscheidungen stehen, zu erklären (B).

Aus den Ergebnissen der vorliegenden Arbeit ergeben sich möglicherweise Erkenntnisse für in der Rechtswissenschaft aufgeworfene Diskurse, die sich auf die Charta beziehen (C).

A. Zehn Jahre Charta der Grundrechte

Am 1. Dezember 2019 jährte sich das Inkrafttreten der Charta der Grundrechte der Europäischen Union zum zehnten Mal. Sie wurde am 1. Dezember 2009 zusammen mit dem Vertrag von Lissabon rechtsverbindlich. Diese zehn Jahre waren für die EU eine ereignisreiche und mitunter schwierige Zeit: Auf die Fi-

---

[1] In der vorliegenden Arbeit wird die Abkürzung „EuGH" für den Gerichtshof und nicht für den Gerichtshof der Europäischen Union verwendet. Eine Ausnahme bildet die Abkürzung „Satzung EuGH" für die Satzung des Gerichtshofs der Europäischen Union. Die Bezeichnungen der Entscheidungen sind InfoCuria entnommen, siehe *Gerichtshof der Europäischen Union*, InfoCuria – Rechtsprechung des Gerichtshofs (geprüft am 04.09.2019).

nanz- und Staatsschuldenkrise folgte eine stark erhöhte Migration aus Drittstaaten. In fast allen Mitgliedstaaten verzeichnen europaskeptische Bewegungen starken Zulauf. Mit dem Vereinigten Königreich wird erstmals ein Mitgliedstaat die Union verlassen.[2] Das Ziel „einer immer engeren Union der Völker Europas", wie es unter anderem in Art. 1 EUV verankert ist, scheint immer weniger Zustimmung zu finden. Selbst ein Auseinanderbrechen der EU ist denkbar.

Demgegenüber könnte der zehnte Jahrestag des Inkrafttretens der Charta ein Grund zum Optimismus sein. Mit dem ersten geschriebenen Grundrechtskatalog auf Ebene der Union war eine Reihe von Hoffnungen,[3] aber auch Befürchtungen[4] verbunden. Erste Forderungen nach einem solchen Katalog kamen bereits in den 1970er Jahren auf.[5] Unter anderem verlangte das BVerfG im Solange I-Beschluss „einen von einem Parlament beschlossenen und in Geltung stehenden formulierten Katalog von Grundrechten [...], der dem Grundrechtskatalog des Grundgesetzes adäquat ist", als Bedingung für einen Verzicht auf die Kontrolle von Unionsrechtsakten am Maßstab der deutschen Grundrechte.[6]

Dabei existierte schon vor dem Inkrafttreten der Charta ein unionsrechtlicher Grundrechtsschutz:[7] Nachdem es der EuGH in den Urteilen Stork & Cie./Hohe Behörde (C-1/58)[8] und Präsident Ruhrkohlen-Verkaufsgesellschaft u.a./Hohe Behörde (C-36/59, C-37/59, C-38/59 und C-40/59)[9] noch abgelehnt hatte, eine

---

[2] Vgl. zu diesen Herausforderungen auch *S. Greer/J. Gerards/R. Slowe*, Human Rights in the Council of Europe and the European Union, 2018, S. 39–50.

[3] Vgl. statt vieler *J. Kühling*, ZÖR 68 (2013), S. 469 (470).

[4] Vgl. zu den Befürchtungen des Vereinigten Königreichs sowie Polens, die im Protokoll Nr. 30 zum Ausdruck kommen, *F.C. Mayer*, Der Vertrag von Lissabon und die Grundrechte, in: J. Schwarze/A. Hatje (Hrsg.), Der Reformvertrag von Lissabon: Europarecht – Beiheft 1, 2009, S. 87 (90–96); vgl. zu den Befürchtungen auch *C. Calliess*, EuZW 2001, S. 261; *E. Pache*, EuR 2001, S. 475; zu den Bedenken der deutschen Bundesländer siehe *R. Knöll*, NJW 2000, S. 1845.

[5] Vgl. etwa *M. Strunz*, Strukturen des Grundrechtsschutzes der Europäischen Union in ihrer Entwicklung, 2006, S. 38 f.; *N. Philippi*, Die Charta der Grundrechte der Europäischen Union, 2002, S. 13; *P. Quasdorf*, Dogmatik der Grundrechte der Europäischen Union, 2001, S. 27–36; *S. Greer/J. Gerards/R. Slowe*, Human Rights in the Council of Europe and the European Union, 2018, S. 239 f.; *D. von Arnim*, Der Standort der EU-Grundrechtecharta in der Grundrechtsarchitektur Europas, 2006, S. 85 f.

[6] BVerfG, Beschluss (2. Senat) v. 29.05.1974, Rs. 2 BvL 52/71 *(Solange I)*, BVerfGE 37, 271, 285.

[7] Die Geschichte und Entwicklung des Grundrechtsschutzes auf Ebene der heutigen Europäischen Union war Gegenstand zahlreicher wissenschaftlicher Beiträge. Vgl. statt vieler *H.-W. Rengeling/P. Szczekalla*, Grundrechte in der Europäischen Union, 2004, Rn. 1–27; *R. Schütze*, Yearbook of European Law 30 (2011), S. 131 (133–143); *B. de Witte*, The Past and Future Role of The European Court of Justice in the Protection of Human Rights, in: P. Alston (Hrsg.), The EU and human rights, 1999, S. 859; *D. von Arnim*, Der Standort der EU-Grundrechtecharta in der Grundrechtsarchitektur Europas, 2006, S. 36–43.

[8] Vgl. EuGH, Urteil v. 04.02.1959, Rs. C-1/58 *(Stork & Cie./Hohe Behörde)*, Slg. 1959, 43, 63 f.

[9] Vgl. EuGH, Urteil v. 15.07.1960, Rs. C-36/59, C-37/59, C-38/59 und C-40/59 *(Präsident Ruhrkohlen-Verkaufsgesellschaft u.a./Hohe Behörde)*, Slg. 1960, 857, 920 f.

A. Zehn Jahre Charta der Grundrechte

Grundrechtsprüfung vorzunehmen, stellte er zehn Jahre später im Urteil Stauder/Stadt Ulm (C-29/69) fest, die allgemeinen Grundsätze der Gemeinschaftsrechtsordnung enthielten Grundrechte, deren Wahrung er zu sichern habe.[10] Nur ein Jahr darauf konkretisierte er diese Rechtsprechung im Urteil Internationale Handelsgesellschaft mbH/Einfuhr- und Vorratsstelle für Getreide und Futtermittel (C-11/70) im Hinblick auf die Quellen und Schranken der Grundrechte: Ihre Gewährleistung müsse „von den gemeinsamen Verfassungsüberlieferungen der Mitgliedstaaten getragen sein" und sich „in die Struktur und die Ziele der Gemeinschaft einfügen".[11] Diese Rechtsprechung führte der EuGH im Urteil Nold KG/Kommission (C-4/73) fort, mit dem er neben den gemeinsamen Verfassungsüberlieferungen auch „die internationalen Verträge über den Schutz der Menschenrechte, an deren Abschluß die Mitgliedstaaten beteiligt waren oder denen sie beigetreten sind," als Rechtserkenntnisquelle der von ihm entwickelten Grundrechte anerkannte.[12] In den folgenden Jahren entwickelte sich vor allem die EMRK zur wichtigsten Inspirationsquelle[13] für den Grundrechtsschutz durch den Gerichtshof.[14] Der EuGH baute seine Rechtsprechung sukzessive aus und erhielt Anerkennung unter anderem vom BVerfG.[15] Die Qualität seiner Grundrechtsprüfung aber war immer wieder Gegenstand massiver Kritik. Gerade die sogenannte Bananenmarkt-Entscheidung[16] des Gerichtshofs führte zu erneuten Forderungen nach einem ergänzenden Grundrechtsschutz durch nationale Verfassungsgerichte.[17]

Vor diesem Hintergrund und im Vorfeld der Verhandlungen über den europäischen Verfassungsvertrag beauftragte der Europäische Rat von Köln im Jahr 1999 den ersten Europäischen Konvent, eine Grundrechtecharta auszuarbeiten.[18]

---

[10] EuGH, Urteil v. 12.11.1969, Rs. C-29/69 *(Stauder/Stadt Ulm)*, Slg. 1969, 419, 425 (Rn. 7).

[11] EuGH, Urteil v. 17.12.1970, Rs. C-11/70 *(Internationale Handelsgesellschaft mbH/Einfuhr- und Vorratsstelle für Getreide und Futtermittel)*, Slg. 1970, I-1125, 1135 (Rn. 4).

[12] EuGH, Urteil v. 14.05.1974, Rs. C-4/73 *(Nold KG/Kommission)*, Slg. 1974, I-491, 507 (Rn. 13).

[13] Der Begriff der Inspiration entstammt der englischen und französischen Fassung des Urteils Hauer/Land Rheinland-Pfalz. Vgl. EuGH, Urteil v. 13.12.1979, Rs. C-44/79 *(Hauer/Land Rheinland-Pfalz)*, Slg. 1979, I-3727, 3745 (Rn. 15).

[14] *H. D. Jarass*, Charta der Grundrechte der Europäischen Union, 3. Aufl. 2016, Einl., Rn. 32; *K. Lenaerts/E. de Smijter*, MJ 8 (2001), S. 90; *M. Hentschel-Bednorz*, Derzeitige Rolle und zukünftige Perspektive des EuGH im Mehrebenensystem des Grundrechtsschutzes in Europa, 2012, S. 331 f.

[15] Vgl. BVerfG, Beschluss (2. Senat) v. 22.10.1986, Rs. 2 BvR 197/83 *(Solange II)*, BVerfGE 73, 339 ff.

[16] EuGH, Urteil v. 05.10.1994, Rs. C-280/93 *(Deutschland/Rat)*, Slg. 1994, I-4973.

[17] Vgl. etwa *R. Hofmann*, Zurück zu Solange II! Zum Bananenmarktordnungs-Beschluß des Bundesverfassungsgerichts, in: H.-J. Cremer/T. Giegerich/D. Richter u. a. (Hrsg.), Tradition und Weltoffenheit des Rechts, Festschrift für H. Steinberger, 2002, S. 1207; VG Frankfurt a. M., Beschluss v. 24.10.1996, Rs. 1 E 798/95 (V) und 1 E 2949/93 (V) *(Vereinbarkeit der Bananenmarktordnung mit dem Grundgesetz)*, EuZW 1997, S. 182 ff.

[18] Zur Entstehung der Charta *N. Philippi*, Die Charta der Grundrechte der Europäischen

Dieser sogenannte Grundrechtekonvent[19] billigte die damalige Fassung der Charta nach neun Monaten Ausarbeitungszeit am 2. Oktober 2000. Parlament, Rat und Kommission proklamierten das Dokument feierlich.[20] Nach dem Scheitern des Vertrags über eine Verfassung für Europa blieb die Charta allerdings zunächst ohne Rechtsverbindlichkeit.[21] Verschiedene Institutionen der EU und mehrere Generalanwälte stützten sich aber in dieser Phase bereits auf sie.[22] Mit dem Vertrag von Lissabon trat im Jahre 2009 schließlich eine leicht überarbeitete[23] Version der GRC in Kraft. Die Rechtsverbindlichkeit der Charta stellte im Bereich der Grundrechte die wichtigste Neuerung des Lissaboner Vertragswerks dar.[24]

Ausweislich Abs. 4 ihrer Präambel soll die Charta „angesichts der Weiterentwicklung der Gesellschaft, des sozialen Fortschritts und der wissenschaftlichen und technologischen Entwicklungen den Schutz der Grundrechte [...] stärken, indem sie in einer Charta sichtbarer gemacht werden." Diese Sichtbarmachung der zuvor ungeschriebenen Grundrechte soll die Transparenz der Unionsgrundrechte erhöhen.[25] Dementsprechend legte der Grundrechtekonvent Wert auf die Lesbarkeit der Charta.[26] Weiterhin verfolgt die GRC das Ziel, der EU Legitimität und eine gemeinsame Identität als Wertegemeinschaft zu verleihen.[27]

Union, 2002, S. 14–16; *E. Pache*, EuR 2001, S. 475 (483–485); *S. Barriga*, Die Entstehung der Charta der Grundrechte der Europäischen Union, 2003; *D. von Arnim*, Der Standort der EU-Grundrechtecharta in der Grundrechtsarchitektur Europas, 2006, S. 85–161.

[19] Vgl. zum Konvent etwa *M. Strunz*, Strukturen des Grundrechtsschutzes der Europäischen Union in ihrer Entwicklung, 2006, S. 40–42; *S. Baer*, ZRP 33 (2000), S. 361 (363); *E. Pache*, EuR 2001, S. 475 (484 f.); zu den Diskussionen im Konvent ausführlich *N. Bernsdorff/M. Borowsky*, Die Charta der Grundrechte der Europäischen Union, 2002.

[20] Charta der Grundrechte der Europäischen Union, ABl EU Nr. C 364 vom 18.12.2000, S. 1–22, 1 ff.

[21] Vgl. dazu statt vieler *S. Greer/J. Gerards/R. Slowe*, Human Rights in the Council of Europe and the European Union, 2018, S. 243 f.

[22] Vgl. etwa die Nachweise bei *J. Kokott/C. Sobotta*, EuGRZ 2010, S. 265 (265); *E. Pache*, EuR 2001, S. 475 (486); *S. Greer/J. Gerards/R. Slowe*, Human Rights in the Council of Europe and the European Union, 2018, S. 252; zur vorsichtigen Rechtsprechung des EuGH in dieser Zeit siehe *S. Peers*, Camb. Yearb. Eur. Legal Stud. 13 (2011), S. 283 (286).

[23] Vgl. dazu etwa *H.-W. Rengeling*, Entwicklungen des Grundrechtsschutzes in der Europäischen Union, in: M. Sachs (Hrsg.), Der grundrechtsgeprägte Verfassungsstaat, Festschrift für K. Stern, 2012, S. 881 (893).

[24] *F. C. Mayer*, Der Vertrag von Lissabon und die Grundrechte, in: J. Schwarze/A. Hatje (Hrsg.), Der Reformvertrag von Lissabon: Europarecht – Beiheft 1, 2009, S. 87 (89).

[25] *N. Philippi*, Die Charta der Grundrechte der Europäischen Union, 2002, S. 17; *E. Pache*, EuR 2001, S. 475 (477 f.).

[26] *E. Pache*, EuR 2001, S. 475 (478); *M. Holoubek*, Ein Grundrechtskatalog für Europa, in: U. Becker/A. Hatje/M. Potacs u. a. (Hrsg.), Verfassung und Verwaltung in Europa, Festschrift für J. Schwarze, 2014, S. 109 (114).

[27] *D. von Arnim*, Der Standort der EU-Grundrechtecharta in der Grundrechtsarchitektur Europas, 2006, S. 94–96; *N. Philippi*, Die Charta der Grundrechte der Europäischen Union, 2002, S. 17 f.; *S. Baer*, ZRP 33 (2000), S. 361 (361 f.); *E. Pache*, EuR 2001, S. 475 (477 f.); *T. C. Ludwig*, EuR 2011, S. 715 (721); vgl. auch *S. Greer/J. Gerards/R. Slowe*, Human Rights in the Council of Europe and the European Union, 2018, S. 248.

Sie soll verdeutlichen, dass die Europäische Union mehr ist als eine bloße Wirtschaftsgemeinschaft.[28]

Mit dem Inkrafttreten der Grundrechtecharta war die Hoffnung auf eine wesentliche Verbesserung des Grundrechtsschutzes auf Ebene der Union verbunden. Diese Erwartungen zielten in erster Linie auf die Rechtsprechung des EuGH: Der Gerichtshof sollte eine „kraftvolle und überzeugende Grundrechtsjudikatur" und nicht zuletzt eine kohärente Grundrechtsdogmatik auf Basis der Charta entwickeln.[29]

Ein qualitativ hochwertiger und effektiver Grundrechtsschutz auf Unionsebene ist heute mehr denn je erforderlich: Anders als zu Zeiten der Europäischen Gemeinschaft für Kohle und Stahl oder der Europäischen Wirtschaftsgemeinschaft beschränken sich die vom europäischen Recht umfassten Bereiche nicht auf einzelne wirtschaftliche Gebiete.[30] Jede Vertragsrevision führte zu einer Ausweitung der Kompetenzen der Gemeinschaft beziehungsweise Union. Unter dem Vertrag von Lissabon können grundrechtssensible Gebiete wie die justizielle Zusammenarbeit in Strafsachen, das Asylrecht oder die Terrorabwehr teilweise oder vollständig durch Unionsrecht geregelt sein.[31] Gleichzeitig bleibt es dabei, dass nationale Grundrechte der Anwendung von Unionsrecht grundsätzlich nicht entgegengehalten werden können.[32] Der EMRK wiederum ist die Union bisher nicht beigetreten.[33] Der Schutz gegen Grundrechtseinschränkungen durch die Union oder durch die Mitgliedstaaten, soweit sie Unionsrecht durchführen, kann daher nur auf Unionsebene selbst gewährleistet werden.

Zentraler Akteur ist dabei der Gerichtshof der Europäischen Union und insbesondere der EuGH:[34] Dem EuGH kommt die Letztentscheidungskompetenz

---

[28] *E. Pache*, EuR 2001, S. 475 (478); *U. Ostermann*, Entwicklung und gegenwärtiger Stand der europäischen Grundrechte nach der Rechtsprechung des Europäischen Gerichtshofs sowie des Gerichts erster Instanz, 2009, S. 240.

[29] *J. Kühling*, ZÖR 68 (2013), S. 469 (470); ähnlich *K. F. Gärditz*, Schutzbereich und Grundrechtseingriff, in: C. Grabenwarter (Hrsg.), Europäischer Grundrechteschutz (EnzEuR Band 2), 2014, § 4, Rn. 16 f.; *J. Pietsch*, ZRP 2003, S. 1 (3); *T. C. Ludwig*, EuR 2011, S. 715 (727).

[30] *F. C. Mayer*, Der Vertrag von Lissabon und die Grundrechte, in: J. Schwarze/A. Hatje (Hrsg.), Der Reformvertrag von Lissabon: Europarecht – Beiheft 1, 2009, S. 87 (99).

[31] Vgl. dazu *F. C. Mayer*, Der Vertrag von Lissabon und die Grundrechte, in: J. Schwarze/A. Hatje (Hrsg.), Der Reformvertrag von Lissabon: Europarecht – Beiheft 1, 2009, S. 87 (99–101); *S. Greer/J. Gerards/R. Slowe*, Human Rights in the Council of Europe and the European Union, 2018, S. 251 f.; *U. Kranenpohl*, Vorgänge 220 (2017), S. 41 (44); *D. Sarmiento*, EJIL 29 (2018), S. 1; *C. Möllers*, ZEuP 2015, S. 461 (464).

[32] So bereits EuGH, Urteil v. 17.12.1970, Rs. C-11/70 *(Internationale Handelsgesellschaft mbH/Einfuhr- und Vorratsstelle für Getreide und Futtermittel)*, Slg. 1970, I-1125, 1135 (Rn. 3).

[33] Vgl. dazu EuGH, Gutachten v. 18.12.2014, Rs. Avis 2/13 *(Adhésion de l'Union à la CEDH)*.

[34] Siehe zur Unterscheidung von Gerichtshof der Europäischen Union und EuGH schon Fn. 1.

über die Auslegung der GRC zu.[35] Außerdem können nur Unionsgerichte europäische Normen wegen eines Verstoßes gegen die Unionsgrundrechte für ungültig erklären.[36] Folgerichtig wurde die Jurisdiktion dieser Gerichte durch den Vertrag von Lissabon ausgebaut: Gerade auch die oben genannten sensiblen Gebiete können nun von EuG und EuGH kontrolliert werden.[37]

Diese Entwicklungen haben bereits zu einer Reihe bekannter Entscheidungen im Grundrechtsbereich geführt: Die Urteile des Gerichtshofs zur Vorratsdatenspeicherung[38], zur Safe-Harbor-Regelung der Kommission[39] oder zum Recht auf Vergessenwerden[40] haben auch außerhalb der Rechtswissenschaft Aufmerksamkeit erregt.[41]

Die Grundrechtsprechung des EuGH beschränkt sich aber nicht auf einige herausgehobene Entscheidungen, sondern besteht aus einer großen Anzahl unterschiedlichster Urteile, Beschlüsse und Gutachten.

Zehn Jahre nach Inkrafttreten der Charta und 50 Jahre nach der erstmaligen Anerkennung von Grundrechten auf Ebene der heutigen Europäischen Union im Urteil Stauder ist es nun möglich, ein erstes Zwischenfazit zur Charta-Rechtsprechung des EuGH zu ziehen.

B. Erkenntnisinteresse und Vorgehen

Die vorliegende Arbeit soll in erster Linie darstellen und analysieren, wie der Gerichtshof mit der Charta der Grundrechte umgeht, insbesondere wie er die Grundrechtsprüfung anhand der GRC vornimmt. Vereinfacht könnte man fragen, ob der EuGH durch das Inkrafttreten der Charta zu einem „Grundrechtsgericht" geworden ist. Der Begriff des Grundrechtsgerichts ist allerdings nicht definiert und alles andere als eindeutig,[42] Grundvoraussetzung für jede Diskussion ist aber jedenfalls eine gesicherte Faktenbasis.

---

[35] *M. Holoubek*, Ein Grundrechtskatalog für Europa, in: U. Becker/A. Hatje/M. Potacs u. a. (Hrsg.), Verfassung und Verwaltung in Europa, Festschrift für J. Schwarze, 2014, S. 109 (119).

[36] So bereits EuGH, Urteil v. 22.10.1987, Rs. C-314/85 *(Foto-Frost/Hauptzollamt Lübeck-Ost)*, Slg. 1987, 4199, 4231 (Rn. 17).

[37] *S. Morano-Foadi/S. Andreadakis*, ELJ 17 (2011), S. 595 (595); vgl. dazu auch *U. Kranenpohl*, Vorgänge 220 (2017), S. 41 (44 f.), der außerdem auf die im Grundrechtsbereich häufigen unbestimmten Rechtsbegriffe und die daher höhere Bedeutung der Rechtsprechung verweist.

[38] EuGH, Urteil v. 08.04.2014, Rs. C-293/12 und C-594/12 *(Digital Rights Ireland und Seitlinger u. a.)*; EuGH, Urteil v. 21.12.2016, Rs. C-203/15 und C-698/15 *(Tele2 Sverige)*.

[39] EuGH, Urteil v. 06.10.2015, Rs. C-362/14 *(Schrems)*.

[40] EuGH, Urteil v. 13.05.2014, Rs. C-131/12 *(Google Spain und Google)*.

[41] Vgl. statt vieler *H. Prantl*, Ende der Maßlosigkeit, SZ.de, 08.04.2014 (geprüft am 04.09.2019); *C. Rath*, „Das Recht auf Privatheit überwiegt", TAZ.de, 20.09.2014 (geprüft am 04.09.2019).

[42] Das zeigt sich schon daran, dass der EuGH von der Europarechtslehre (ohne nähere Be-

B. Erkenntnisinteresse und Vorgehen

Zunächst ist daher zu untersuchen, wie oft und in welchen Konstellationen der EuGH die Charta zitiert. Durch diese Analyse entsteht zum ersten Mal ein umfassender Überblick über die Charta-Rechtsprechung des Gerichtshofs. Um die Grundrechtsprüfung anhand der GRC durch den EuGH analysieren zu können, ist es notwendig, sämtliche Entscheidungen, die eine solche Prüfung enthalten, zu identifizieren. Nicht in jeder Rechtssache, in der der Gerichtshof die Charta erwähnt, untersucht er nämlich auch die Frage, ob ein Grundrecht im konkreten Fall verletzt ist. Außerdem werden die Entscheidungen nach der Ausführlichkeit der Grundrechtsprüfungen unterschieden, da diese sich, wenn sie aus lediglich wenigen Sätzen bestehen, nur eingeschränkt für eine vertiefte Analyse eignen. Anhand dieser beiden Merkmale wird die Charta-Rechtsprechung des EuGH in Fallgruppen unterteilt. Dabei wird auch dargelegt, in welchen Situationen sich der Gerichtshof auf die Charta bezieht, ohne eine Grundrechtsprüfung vorzunehmen. Bereits aus dieser vollständigen Kategorisierung der Rechtsprechung des EuGH zur Grundrechtecharta, die bisher in der Europarechtswissenschaft fehlt, lassen sich möglicherweise Erkenntnisse zu seinem Umgang mit ihr ableiten. Sie kann zudem Grundlage für weitere Forschungen sein.

In einem zweiten Schritt soll sodann der Frage nachgegangen werden, wie der Gerichtshof die Grundrechtsprüfung anhand der Charta vornimmt. Zwar können Grundrechte auch außerhalb einer solchen Prüfung wesentliche Auswirkungen auf eine Entscheidung haben – etwa, wenn sie die Auslegung von Sekundärrecht beeinflussen, – die wichtigste grundrechtliche Frage ist aber die nach der Verletzung eines Grundrechts im konkreten Fall. Möchte man diese Grundrechtsprüfung analysieren, muss zunächst ein geeigneter Maßstab entwickelt werden, der möglichst objektiv ist. Dazu sind aus der Charta selbst dogmatische Anforderungen an die Rechtsprechung zu entwickeln. Denkbar ist es zwar auch, nur das jeweilige Ergebnis der Prüfung des EuGH zu untersuchen, doch birgt ein solches Vorgehen die Gefahr, die Wertungen des Gerichtshofs le-

---

stimmung des Begriffs) teilweise als Grundrechtsgericht bezeichnet, ihm teilweise diese Eigenschaft aber ausdrücklich abgesprochen wird. Für die Stellung als Grundrechtsgericht z. B. *J. Kühling*, Grundrechte, in: A. von Bogdandy/J. Bast (Hrsg.), Europäisches Verfassungsrecht, 2. Aufl. 2009, S. 657 (659); *J. Kühling*, NVwZ 2014, S. 681; *S. Greer/J. Gerards/R. Slowe*, Human Rights in the Council of Europe and the European Union, 2018, S. 252, 293; *M. Holoubek*, Ein Grundrechtskatalog für Europa, in: U. Becker/A. Hatje/M. Potacs u. a. (Hrsg.), Verfassung und Verwaltung in Europa, Festschrift für J. Schwarze, 2014, S. 109 (113); dagegen etwa *V. Skouris*, Nationale Grundrechte und europäisches Gemeinschaftsrecht, in: H.-G. Dederer/D. Merten/H.-J. Papier (Hrsg.), HGR, Band VI/2, 2009, § 171, Rn. 2; einschränkend auf ein „spezifische[s] Grundrechtsgericht" *V. Skouris*, Höchste Gerichte an ihren Grenzen – Bemerkungen aus der Perspektive des Gerichtshofes der Europäischen Gemeinschaften, in: R. Grote/I. Härtel/K.-E. Hain u. a. (Hrsg.), Die Ordnung der Freiheit, Festschrift für C. Starck, 2007, S. 991 (1001); ebenso *V. Skouris*, MMR 2011, S. 423 (426); vgl. auch *L. F. M. Besselink*, The ECJ as the European „Supreme Court": Setting Aside Citizens' Rights for EU Law Supremacy, VerfBlog, 18.08.2014 (geprüft am 04.09.2019); leicht einschränkend auch *F. Kirchhof*, NJW 2011, S. 3681 (3684); vgl. zu dieser Diskussion auch *D. Sarmiento*, EJIL 29 (2018), S. 1.

diglich durch eigene zu ersetzen. Entsprechend wäre diese Analyse wenig objektiv. Untersucht würde zudem nicht die Grundrechtsprüfung selbst, sondern ihr Ergebnis. Wie der Gerichtshof seine Prüfung vornimmt, könnte so nicht analysiert werden. Schließlich ließen sich bei einem solchen Vorgehen kaum Vergleiche zwischen den Entscheidungen herstellen, sodass kein umfassendes Abbild der Grundrechtsprechung des EuGH entstünde.

Zielführender ist eine Analyse der Dogmatik der Grundrechtsprüfung. Dem lässt sich entgegenhalten, eine solche Untersuchung bilde vor allem die deutsche Perspektive auf die Rechtsprechung des EuGH ab.[43] Werden die Kriterien für diese Untersuchung jedoch aus dem Unionsrecht selbst entwickelt, wird nicht die deutsche Dogmatik auf die Ebene der Union übertragen, sondern ein genuin unionsrechtlicher Maßstab gebildet. Nahe liegt es, die Kriterien aus der GRC und insbesondere aus ihrem Titel VII, der mit „Allgemeine Bestimmungen zur Auslegung und Anwendung der Charta" überschrieben ist, herzuleiten.[44] Auch hier ist eine Lücke in der bisherigen europarechtlichen Forschung erkennbar: Zwar waren die Bestimmungen der GRC bereits Gegenstand zahlreicher Veröffentlichungen, doch wurde aus ihnen bisher kein dogmatischer Maßstab zur Analyse der Grundrechtsprüfung durch den EuGH entwickelt. Ergänzend soll auf die Kritik an der Grundrechtsprechung des Gerichtshofs vor Inkrafttreten der Charta zurückgegriffen werden, da dies einen Vergleich der Situation vor und nach der GRC ermöglicht.

Ausgehend von dem aus der Charta abgeleiteten Kriterienkatalog kann anschließend die Grundrechtsprechung des Gerichtshofs analysiert werden. Bisher wurden vor allem einzelne Entscheidungen von der Europarechtslehre untersucht und kommentiert – ein umfassendes Abbild der Charta-Judikatur findet sich in der Literatur jedoch nicht. Bei der Betrachtung ausgewählter Entscheidungen besteht die Gefahr, schon durch die Festlegung des Untersuchungsgegenstandes das Ergebnis vorzubestimmen:[45] Beschreibt man ausschließlich die Urteile und Beschlüsse, die den eigenen Kriterien (nicht) entsprechen, ist das Resultat der Analyse zwangsläufig verzerrt. Die vorliegende Arbeit soll dagegen die gesamte GRC-bezogene Rechtsprechung des EuGH erfassen, um einerseits erstmalig eine vollständige Übersicht zu erhalten und andererseits ohne Vorauswahl und somit ergebnisoffen[46] die aufgeworfenen Fragen zu beantworten. Sie ermöglicht, zehn Jahre nach dem Inkrafttreten der Charta ein Zwischenfazit der Dogmatik der Grundrechtsprüfung des EuGH zu ziehen.

---

[43] Vgl. dazu *F. Michl*, EuR 53 (2018), S. 456.
[44] Siehe auch Art. 6 Abs. 1 UAbs. 3 EUV: „Die in der Charta niedergelegten Rechte, Freiheiten und Grundsätze werden gemäß den allgemeinen Bestimmungen des Titels VII der Charta, der ihre Auslegung und Anwendung regelt, und unter gebührender Berücksichtigung der in der Charta angeführten Erläuterungen, in denen die Quellen dieser Bestimmungen angegeben sind, ausgelegt".
[45] Dazu ausführlich *F. Michl*, EuR 53 (2018), S. 456.
[46] Vgl. dazu *F. Michl*, EuR 53 (2018), S. 456 (465 f.).

Gegen eine rein dogmatische Betrachtung wird mit Recht vorgebracht, sie berücksichtige nicht den Kontext, in dem die fragliche Entscheidung ergangen ist.[47] Die vorliegende Arbeit soll daher durch die Kontextualisierung der Grundrechtsprüfung des Gerichtshofs vervollständigt werden. Ein solches Vorgehen ist in der Rechtswissenschaft zwar ein häufiges Postulat, tatsächlich beschränken sich viele Beiträge jedoch darauf, Einflüsse auf die Rechtsprechung zu vermuten. Demgegenüber soll in dieser Arbeit versucht werden, möglichst überprüf- beziehungsweise belegbare Einwirkungen auf die Dogmatik der Grundrechtsprüfung vertieft zu analysieren. Ziel ist es, aufzuzeigen, welche Kontexte die Grundrechtsprechung des EuGH und insbesondere seine Dogmatik beeinflussen.

Insgesamt entsteht so ein in mehrfacher Hinsicht umfassendes Bild des Umgangs des Gerichtshofs mit der Charta: Sämtliche Entscheidungen, in denen die Charta zitiert wird, sind Gegenstand der Untersuchung im ersten Schritt. Anschließend werden alle Grundrechtsprüfungen anhand der GRC mit aus ihr entwickelten dogmatischen Kriterien analysiert. Ergänzt wird diese Untersuchung durch eine Kontextualisierung. Aus diesem Vorgehen ergibt sich hinsichtlich des Gegenstandes der Arbeit eine fortschreitende Konzentration: Werden im ersten Schritt noch sämtliche Entscheidungen des EuGH mit Zitat der Charta berücksichtigt, sind es auf der zweiten Stufe nur noch jene mit einer Grundrechtsprüfung anhand der GRC. Bei der Kontextualisierung kann der Analysegegenstand noch weiter eingeschränkt sein.

C. Bedeutung für andere europarechtliche Diskurse

Aus der Antwort auf die Frage, wie der Gerichtshof die Grundrechtsprüfung anhand der Charta vornimmt, lassen sich des Weiteren Erkenntnisse für europarechtliche Diskurse gewinnen, in denen die Qualität des durch den EuGH gewährleisteten Grundrechtsschutzes eine wesentliche Rolle spielt.

So wurde vor der Charta teilweise deren Notwendigkeit bestritten: Demnach reiche der Schutz durch die Grundrechte als allgemeine Rechtsgrundsätze aus[48] oder ein Beitritt der EU zur EMRK sei einem eigenen Grundrechtskatalog der Union vorzuziehen.[49] Sollte das Inkrafttreten der Charta zu einer Verbesserung

---

[47] So etwa *O. Lepsius*, Kritik der Dogmatik, in: G. Kirchhof/S. Magen/K. Schneider (Hrsg.), Was weiß Dogmatik?, 2012, S. 39 (40 ff.); Nachweise bei *G. Kirchhof/S. Magen*, Dogmatik: Rechtliche Notwendigkeit und Grundlage fächerübergreifenden Dialogs – eine systematische Übersicht, in: G. Kirchhof/S. Magen/K. Schneider (Hrsg.), Was weiß Dogmatik?, 2012, S. 151 (162); vgl. *U. R. Haltern*, Europarecht, 3. Aufl. 2017, § 5, Rn. 76.

[48] In diesem Sinne etwa *M. Zuleeg*, EuGRZ 27 (2000), S. 511 (512).

[49] Dieser Ansicht war ursprünglich sogar die Kommission. Siehe *S. Greer/J. Gerards/R. Slowe*, Human Rights in the Council of Europe and the European Union, 2018, S. 242 f.; vgl. auch *D. Curtin*, The „EU Human Rights Charter" and the Union Legal Order: The ‚Banns'

der Grundrechtsprüfung und damit des Grundrechtsschutzes auf Unionsebene geführt haben, wäre dies ein – freilich spätes – Argument für ihre Notwendigkeit.

Die Frage nach dem EMRK-Beitritt stellt sich insbesondere nach dem zweiten ablehnenden Gutachten des EuGH.[50] Unzweifelhaft ist, dass durch diesen Beitritt eine zusätzliche Ebene des Grundrechtsschutzes geschaffen würde: Zu dem gerichtlichen Schutz durch die nationalen und Unionsgerichte käme die externe Kontrolle durch den EGMR.[51] Abgesehen von dieser prozessualen Komponente stellt sich aber die Frage, welche materiellen Vorteile der Beitritt hätte.[52] Ursprünglich wurde die Diskussion mit dem Hinweis auf einen unzureichenden unionalen Grundrechtsschutz geführt.[53] Durch den Beitritt würde die Konvention verbindliches Recht in der Union.[54] Materielle Verbesserungen brächte dies vor allem, wenn die Grundrechte auch heute nur unzureichend geschützt würden. Sollte aber die Grundrechtsprüfung anhand der Charta durch den EuGH bereits auf einem qualitativ hohen Niveau sein, ließe sich argumentieren, dass der EMRK-Beitritt keine wesentlichen materiellen Vorteile hätte. Trotz des Auftrages in Art. 6 Abs. 2 EUV wäre der Beitritt damit weniger dringlich.

Auch für die Probleme, die sich durch die Unterschiede im Schutzniveau zwischen der Charta und nationalen Verfassungen ergeben, können die Ergebnisse der vorliegenden Arbeit relevant werden. Im Mittelpunkt dieser Debatte steht Art. 53 GRC. Danach ist keine Bestimmung der GRC als eine Einschränkung oder Verletzung der Menschenrechte und Grundfreiheiten auszulegen, die in dem jeweiligen Anwendungsbereich durch das Recht der Union und das Völkerrecht sowie durch die internationalen Übereinkünfte, bei denen die Union oder alle Mitgliedstaaten Vertragsparteien sind, darunter insbesondere die EMRK, sowie durch die Verfassungen der Mitgliedstaaten anerkannt werden. Die Bedeutung dieser Norm ist äußerst umstritten,[55] klar scheint aber, dass sie – trotz ihres insofern missverständlichen Wortlauts – keinen Einfluss auf

---

Before the Marriage?, in: D. O'Keeffe (Hrsg.), Judicial review in European Union Law, 2000, S. 303 (317): „The EU Charter on Human Rights in my view must only be considered as a small first step. The real goal to be achieved remains Union accession to the ECHR system itself".

[50] Vgl. EuGH, Gutachten v. 18.12.2014, Rs. Avis 2/13 *(Adhésion de l'Union à la CEDH)*.

[51] Vgl. dazu ausführlich *D. Engel*, Der Beitritt der Europäischen Union zur EMRK, 2015, S. 170–226.

[52] Vgl. dazu etwa *D. Engel*, Der Beitritt der Europäischen Union zur EMRK, 2015, S. 124–169.

[53] *T. Kingreen*, in: C. Calliess/M. Ruffert (Hrsg.), EUV, AEUV, 5. Aufl. 2016, Art. 6 EUV Rn. 24.

[54] *T. Kingreen*, in: C. Calliess/M. Ruffert (Hrsg.), EUV, AEUV, 5. Aufl. 2016, Art. 6 EUV Rn. 27.

[55] *T. Kingreen*, in: C. Calliess/M. Ruffert (Hrsg.), EUV, AEUV, 5. Aufl. 2016, Art. 53 GRC Rn. 1; *W. Weiß*, EuZW 2013, S. 287 (291).

C. Bedeutung für andere europarechtliche Diskurse

die Auslegung der Charta selbst hat, sondern das Verhältnis zu anderen Grundrechtskatalogen regeln soll.[56] Der Gerichtshof entschied hierzu im Urteil Melloni (C-399/11)[57], es stehe den nationalen Behörden und Gerichten zwar weiterhin frei, nationale Schutzstandards für die Grundrechte anzuwenden, dies gelte aber nur, „sofern durch diese Anwendung weder das Schutzniveau der Charta, wie sie vom Gerichtshof ausgelegt wird, noch der Vorrang, die Einheit und die Wirksamkeit des Unionsrechts beeinträchtigt werden."[58] Im Ausgangsfall war es dem spanischen Verfassungsgericht damit unmöglich, den (insofern höheren) Grundrechtsstandard der nationalen Verfassung anzuwenden, da dies nach Ansicht des EuGH die Einheitlichkeit des im streitigen Sekundärrechtsakt festgelegten Grundrechtsschutzstandards in Frage stellen und so dessen Wirksamkeit beschränken würde.[59] Das Urteil Melloni ist in der Rechtswissenschaft auf starke Kritik gestoßen.[60] Es führe nämlich letztlich dazu, dass selbst höchstrangige nationale Grundrechtsverbürgungen nicht gegen Grundrechtseinschränkungen durch die EU in Stellung gebracht werden könnten. Gegen solche Einschränkungen sei damit einzig der Grundrechtsschutz durch den EuGH möglich.

Diese Debatte könnte an Schärfe verlieren, wenn sich der Grundrechtsschutz und insbesondere die Grundrechtsprüfung des Gerichtshofs als qualitativ hochwertig darstellen würde.[61] Ist ein hohes Schutzniveau auf Unionsebene allgemein sichergestellt, werden Konflikte zwischen den Gerichten unwahrscheinlicher. Dagegen wäre die Auslegung von Art. 53 GRC, wie sie der EuGH vertritt, besonders problematisch, wenn er selbst keinen ausreichenden Grundrechtsschutz gewährleistete.[62] Die vorliegende Arbeit kann daher eventuell einen Teil zu der um Art. 53 GRC geführten Debatte beitragen.

---

[56] *T. Kingreen*, in: C. Calliess/M. Ruffert (Hrsg.), EUV, AEUV, 5. Aufl. 2016, Art. 53 GRC Rn. 1; *H. D. Jarass*, Charta der Grundrechte der Europäischen Union, 3. Aufl. 2016, Art. 53 Rn. 4; *M. Bühler*, Einschränkung von Grundrechten nach der Europäischen Grundrechtecharta, 2005, S. 419–421; *M. Borowsky*, in: J. Meyer (Hrsg.), Charta der Grundrechte der Europäischen Union, 4. Aufl. 2014, Art. 53 Rn. 8 f.; *S. Griller*, Der Anwendungsbereich der Grundrechtscharta und das Verhältnis zu sonstigen Gemeinschaftsrechten, Rechten aus der EMRK und zu verfassungsgesetzlich gewährleisteten Rechten, in: A. Duschanek/S. Griller (Hrsg.), Grundrechte für Europa, 2002, S. 131 (165–182); *R. Streinz/W. Michl*, in: R. Streinz (Hrsg.), EUV/AEUV, 2. Aufl. 2012, Art. 53 GRCh Rn. 4; *M. Becker*, in: J. Schwarze/U. Becker/A. Hatje u. a. (Hrsg.), EU-Kommentar, 4. Aufl. 2019, Art. 53 GRC Rn. 9.

[57] Vgl. zum Hintergrund dieser Entscheidung *K. Herzmann*, EuGRZ 42 (2015), S. 445.

[58] EuGH, Urteil v. 26.02.2013, Rs. C-399/11 *(Melloni)*, Rn. 60.

[59] Vgl. EuGH, Urteil v. 26.02.2013, Rs. C-399/11 *(Melloni)*, Rn. 63.

[60] Vgl. statt vieler *L. F. M. Besselink*, E. L. Rev. 39 (2014), S. 531; *K. Gaede*, NJW 2013, S. 1279.

[61] In diesem Sinne auch *K. Herzmann*, EuGRZ 42 (2015), S. 445 (453); *R. Streinz*, Streit um den Grundrechtsschutz?, in: D. Heid/R. Stotz/A. Verny (Hrsg.), Festschrift für Manfred A. Dauses, 2014, S. 429 (439); pointiert *S. Swoboda*, ZIS 2018, S. 276 (277).

[62] Vgl. auch *C. Franzius*, ZaöRV 75 (2015), S. 383 (400); vgl. auch *R. Streinz*, Grundrechtsschutz im europäischen Mehrebenensystem, in: M. Kment (Hrsg.), Das Zusammenwirken von deutschem und europäischem Öffentlichen Recht, Festschrift für H. D. Jarass, 2015, S. 133 (138 f.).

Mit diesem Diskurs eng verwandt ist die Frage, ob die nationalen Verfassungsgerichte – ungeachtet unionsrechtlicher Vorgaben – in gewissen Konstellationen selbst den Grundrechtsschutz gegenüber abgeleitetem EU-Recht gewährleisten sollen. In Deutschland schien diese Diskussion nach dem Solange II-Beschluss[63] und spätestens nach der Entscheidung zur Bananenmarktordnung[64] kaum noch relevant zu sein: Danach wurde die Prüfung von EU-Recht am Maßstab der deutschen Grundrechte nur noch als theoretische Reservekompetenz[65] bezeichnet. Nur wenn der Schutz der Grundrechte in der EU generell nicht mehr gewährleistet sei, komme eine Prüfung von EU-Sekundärrecht durch das BVerfG wieder in Betracht.[66]

Im Jahr 2015 entschied das BVerfG jedoch, dass es im Wege der sogenannten Identitätskontrolle den gemäß Art. 23 Abs. 1 S. 3 in Verbindung mit Art. 79 Abs. 3 und Art. 1 Abs. 1 GG unabdingbar gebotenen Grundrechtsschutz uneingeschränkt und im Einzelfall gewährleiste.[67] Für den Bereich der Menschenwürde gilt der Solange-Vorbehalt damit nicht mehr.[68]

Eine ähnliche Konfliktlinie zeigte sich in der sogenannten Taricco-Rechtsprechung[69]: Auch hier stand die Frage im Raum, ob ein nationales Verfassungsgericht – in diesem Fall der italienische *Corte Costituzionale* – zum Schutz nationaler Grundrechte, die dem verfassungsrechtlichen Identitätskern sehr nahe stehen,[70] den Anwendungsvorrang des Unionsrechts durchbrechen würde.[71]

Diese Konflikte verlören viel von ihrer Sprengkraft, wenn der Grundrechtsschutz auf Unionsebene ein hohes Niveau hätte. Sollte sich in der vorliegenden Arbeit dagegen zeigen, dass die Kritik an der Grundrechtsprechung des Gerichtshofs unvermindert gültig ist und der EuGH die Anforderungen der Charta nicht erfüllt, wäre dies ein Argument für ein verstärktes Eintreten der nationalen Verfassungsgerichte.

---

[63] BVerfG, Beschluss (2. Senat) v. 22.10.1986, Rs. 2 BvR 197/83 *(Solange II)*, BVerfGE 73, 339 ff.

[64] BVerfG, Beschluss (2. Senat) v. 07.06.2000, Rs. 2 BvL 1/97 *(Bananenmarktordnung)*, BVerfGE 102, 147 ff.

[65] *H. Sauer*, Staatsrecht III, 5. Aufl. 2018, §9, Rn. 26; *J. Limbach*, NJW 2001, S. 2913 (2917); vgl. auch *J. Limbach*, EuGRZ 27 (2000), S. 417 (420), die diese Kompetenz im Jahr 2000 für „sehr theoretisch" hielt.

[66] BVerfG, Beschluss (2. Senat) v. 07.06.2000, Rs. 2 BvL 1/97 *(Bananenmarktordnung)*, BVerfGE 102, 147, 164; vgl. dazu *H. Sauer*, Staatsrecht III, 5. Aufl. 2018, §9, Rn. 28.

[67] BVerfG, Beschluss (2. Senat) v. 15.12.2015, Rs. 2 BvR 2735/14 *(Identitätskontrolle)*, BVerfGE 140, 317, 341; vgl. zu dieser Entscheidung etwa *C. Schönberger*, JZ 71 (2016), S. 422; *M. Nettesheim*, JZ 71 (2016), S. 424; *H. Sauer*, NJW 2016, S. 1134.

[68] *H. Sauer*, Staatsrecht III, 5. Aufl. 2018, §9, Rn. 28a.

[69] Vgl. EuGH, Urteil v. 08.09.2015, Rs. C-105/14 *(Taricco u.a.)*; EuGH, Urteil v. 05.12.2017, Rs. C-42/17 *(M.A.S. und M.B.)*.

[70] *S. Swoboda*, ZIS 2018, S. 276 (279).

[71] Vgl. dazu statt vieler *S. Swoboda*, ZIS 2018, S. 276 (290–295); *M. Klein*, DÖV 2018, S. 605; *M. Timmerman*, CMLR 53 (2016), S. 779.

C. Bedeutung für andere europarechtliche Diskurse

Die Ergebnisse der vorliegenden Arbeit können weiterhin für die Debatte um die Reichweite des Charta-basierten Grundrechtsschutzes dienlich sein. Gemäß Art. 51 Abs. 1 S. 1 GRC gilt die Charta für die Mitgliedstaaten ausschließlich bei der Durchführung des Rechts der Union.[72] Auch hier ist die Auslegung stark umstritten: Während einige durch den Begriff der „Durchführung" eine Einhegung gegenüber der Rechtsprechung vor Inkrafttreten der Charta annehmen, da nunmehr die Unionsgrundrechte im Falle von Einschränkungen der Grundfreiheiten nicht mehr anwendbar seien,[73] sehen andere keine Änderungen.[74] Im Urteil Åkerberg Fransson (C-617/10) setzte der EuGH seine vorherige Rechtsprechung zur Anwendung der Unionsgrundrechte fort[75] und entschied, die durch die Charta garantierten Grundrechte seien zu beachten, „wenn eine nationale Rechtsvorschrift in den Geltungsbereich des Unionsrechts fällt".[76] Demnach seien „keine Fallgestaltungen denkbar, die vom Unionsrecht erfasst würden, ohne dass diese Grundrechte anwendbar wären."[77] Die Anwendbarkeit des Unionsrechts bedeute die Anwendbarkeit der durch die Charta garantierten Grundrechte.[78] Im konkreten Fall ließ der Gerichtshof steuerliche Sanktionen und ein Strafverfahren wegen Steuerhinterziehung wegen unrichtiger Angaben zur Mehrwertsteuer als eine solche Anwendung von Unionsrecht ausreichen.[79] Das Urteil Åkerberg Fransson war Gegenstand massiver Kritik.[80] Selbst das BVerfG hielt es für nötig, im Antiterrordatei-Beschluss festzustellen, dieser Entscheidung des Gerichtshofs könne „keine Lesart unterlegt werden, nach der diese offensichtlich als Ultra-vires-Akt zu beurteilen wäre oder Schutz und Durchsetzung der mitgliedstaatlichen Grundrechte in einer Weise gefährdete (Art. 23 Abs. 1 Satz 1 GG), dass dies die Identität der durch das Grundgesetz

---

[72] Vgl. dazu ausführlich *J. Heuer*, Art. 51 Abs. 1 Satz 1 GRC: Die Bindung der Mitgliedstaaten an die Unionsgrundrechte, 2014.

[73] So etwa *P. M. Huber*, EuR 2008, S. 190 (194–198); *R. Geiß*, DÖV 67 (2014), S. 265 (265) m.w.N.; *B. Fassbender*, NVwZ 2010, S. 1049 (1050); vorsichtig *T. C. Ludwig*, EuR 2011, S. 715 (720–724).

[74] So etwa GA Y. Bot, Schlussanträge v. 06.09.2011, Rs. C-108/10 *(Scattolon)*, Rn. 118–120.

[75] In diesem Fall ging es allerdings nicht um die Anwendung der Charta im Falle von Einschränkungen der Grundfreiheiten. Vielmehr knüpft diese Entscheidung an das Urteil Wachauf (C-5/88) an. Vgl. dazu etwa *S. Greer/J. Gerards/R. Slowe*, Human Rights in the Council of Europe and the European Union, 2018, S. 303–306; zur Fortsetzung der ERT-Rechtsprechung siehe aber EuGH, Urteil v. 30.04.2014, Rs. C-390/12 *(Pfleger u. a.)*.

[76] EuGH, Urteil v. 26.02.2013, Rs. C-617/10 *(Åkerberg Fransson)*, Rn. 21.

[77] EuGH, Urteil v. 26.02.2013, Rs. C-617/10 *(Åkerberg Fransson)*, Rn. 21.

[78] Vgl. EuGH, Urteil v. 26.02.2013, Rs. C-617/10 *(Åkerberg Fransson)*, Rn. 21.

[79] Vgl. EuGH, Urteil v. 26.02.2013, Rs. C-617/10 *(Åkerberg Fransson)*, Rn. 27. Siehe dazu Kapitel 2 C. III. 1. d) aa).

[80] Vgl. z. B. *T. Kingreen*, EuR 2013, S. 446 (451): „Geradezu abenteuerlich ist der Versuch, die Sanktionsmechanismen des schwedischen Mehrwertsteuerrechts in den Anwendungsbereich des Unionsrechts zu hieven."; *R. C. van Ooyen*, RuP 2013, S. 199 (201): „Verfassungscoup"; ähnlich *J. Vogel*, StV 2013, S. I.

errichteten Verfassungsordnung in Frage stellte".[81] In der Folge konkretisierte der EuGH seine diesbezügliche Rechtsprechung zwar,[82] doch ist die Frage der Anwendung der Charta-Grundrechte auf Akte der Mitgliedstaaten – auch wegen unterschiedlicher dogmatischer Grundannahmen[83] – weiterhin umstritten. Dies gilt umso mehr, als sich die Wirkung der Urteile Åkerberg Fransson und Melloni, die am selben Tag erlassen wurden, gegenseitig verstärkt: Ist der Anwendungsbereich der Charta gemäß Art. 51 Abs. 1 S. 1 GRC eröffnet, kommen die nationalen Grundrechte nur nach Maßgabe von Art. 53 GRC zur Geltung.[84] Legt der EuGH Art. 51 GRC weit, Art. 53 GRC aber eng aus, führt dies im Ergebnis zu einem Bedeutungsverlust der durch nationale Verfassungen garantierten Grundrechte.[85]

Auch zu dieser Diskussion kann die vorliegende Arbeit eventuell einen Beitrag leisten: Wäre die Grundrechtsprüfung durch den Gerichtshof nämlich generell defizitär und entspräche nicht den Anforderungen der Charta, wäre eine weite Auslegung von Art. 51 Abs. 1 S. 1 GRC bedenklich, da sie den Grundrechtsschutz insgesamt schwächen würde.[86] Ist die Prüfung hingegen auf hohem Niveau, verlöre dieses Argument an Gewicht. Vielmehr könnte der EuGH mit einer qualitativ hochwertigen Rechtsprechung einen eventuell schwachen Grundrechtsschutz in einzelnen Mitgliedstaaten sogar ein Stück weit ausgleichen.

Weiterhin hängt auch die Effektivität der unionsrechtlichen Grundrechte mit der Frage zusammen, ob der Gerichtshof die dogmatischen Anforderungen der GRC an die Grundrechtsprüfung erfüllt. Zwar ist effektiver Grundrechtsschutz grundsätzlich nicht nur in einem System denkbar, das eine ausgefeilte Dogmatik entwickelt. Doch trägt eine kohärente und konsistente Grundrechtsdogmatik zumindest einen Teil zur Effektivität der Grundrechte bei.[87]

---

[81] BVerfG, Urteil (1. Senat) v. 24.04.2013, Rs. 1 BvR 1215/07 *(Antiterrordateigesetz)*, BVerfGE 133, 277, 316; vgl. *D. Thym*, NVwZ 2013, S. 889 (890), der in dieser Entscheidung eine „unverhohlene […] Drohung" des BVerfG mit Nichtbefolgung sieht.

[82] Vgl. etwa EuGH, Urteil v. 06.03.2014, Rs. C-206/13 *(Siragusa)*; EuGH, Urteil v. 10.07.2014, Rs. C-198/13 *(Julian Hernández u. a.)*.

[83] Vgl. dazu etwa *C. Franzius*, ZaöRV 75 (2015), S. 383 (385–402).

[84] *C. Franzius*, ZaöRV 75 (2015), S. 383 (394).

[85] Vgl. *R. Geiß*, DÖV 67 (2014), S. 265 (271 f.); ähnlich *C. Safferling*, NStZ 2014, S. 545 (550 f.); *S. Swoboda*, ZIS 2018, S. 276 (276 f.); *D. Thym*, Von Karlsruhe nach Bückeburg – auf dem Weg zur europäischen Grundrechtsgemeinschaft, VerfBlog, 28.02.2013 (geprüft am 04.09.2019).

[86] Vgl. in diesem Sinne *R. Streinz*, Streit um den Grundrechtsschutz?, in: D. Heid/R. Stotz/ A. Verny (Hrsg.), Festschrift für Manfred A. Dauses, 2014, S. 429 (439).

[87] Im Übrigen ist die Effektivität des Grundrechtsschutzes schwer zu messen. Vor Inkrafttreten der Charta wurde beispielsweise kritisiert, dass der EuGH keine Akte der EU wegen eines Verstoßes gegen die Grundrechte für ungültig erklärt habe. Da dies aber mittlerweile geschehen ist und in der vorliegenden Arbeit generell keine Ergebniskontrollen vorgenommen werden sollen, kann hieraus kein Maßstab entwickelt werden. Vgl. dazu auch *F. C. Mayer*, in:

Schließlich kann die vorliegende Arbeit auch einen Beitrag zur Debatte um die Legitimität der Union leisten. Die Charta soll die Europäische Union als Wertegemeinschaft etablieren.[88] Diese Aufgabe kann sie aber nur erfüllen, wenn der EuGH ihre Anforderungen ernst nimmt und in seiner Rechtsprechung umsetzt.

All diese Diskurse können nur auf Basis gesicherter Fakten geführt werden.[89] Es reicht nicht aus, bloß einzelne Entscheidungen nach Inkrafttreten der Charta zu analysieren oder weiterhin auf die Judikatur vor ihrer Rechtsverbindlichkeit zu verweisen. Vielmehr ist ein umfassendes Bild der Grundrechtsprechung des EuGH unter der Charta notwendig.

E. Grabitz/M. Nettesheim/M. Hilf (Hrsg.), Das Recht der Europäischen Union: EUV/AEUV, Stand: 65. EL 2018, Grundrechtsschutz und rechtsstaatliche Grundsätze Rn. 26–29.

[88] Siehe Kapitel 1 A.

[89] Vgl. auch *T. von Danwitz*, EuGRZ 40 (2013), S. 253 (253): „Jedenfalls sollten solche Diskussionen auf der Grundlage der aktuellen Rechtsprechung des Gerichtshofes geführt werden".

Kapitel 2

Systematisierung der Grundrechtsjudikatur des EuGH

Im zweiten Kapitel soll die gesamte Rechtsprechung des Gerichtshofs zur Charta seit deren Inkrafttreten systematisiert werden. So wird nicht nur erstmalig ein vollständiger Überblick über die Charta-Judikatur erstellt, sondern auch die Voraussetzung für das dritte Kapitel geschaffen, in dem die Dogmatik der Grundrechtsprüfung des EuGH untersucht werden soll. Dazu wird zunächst die Notwendigkeit dieser umfassenden Betrachtung dargestellt (A) und danach der Untersuchungsgegenstand herausgearbeitet (B). Anschließend werden die Entscheidungen des EuGH in Fallgruppen einsortiert, die zum einen nach der Ausführlichkeit der Charta-bezogenen Aussagen und zum anderen nach dem Vorliegen einer Grundrechtsprüfung in der jeweiligen Entscheidung unterscheiden (C).

A. Notwendigkeit einer umfassenden Betrachtung

Wenn die Grundrechtsprechung des EuGH betrachtet wird, werden regelmäßig einzelne Urteile vertieft analysiert und daraus Rückschlüsse auf die gesamte Rechtsprechung gezogen.[1] Vor Rechtsverbindlichkeit der Charta wurde beispielsweise aus der Analyse der sogenannten Bananenmarkt-Entscheidung[2] geschlossen, die Grundrechtsprechung des EuGH sei defizitär.[3] Nach dem Inkrafttreten der GRC wurde aus der zweiten Entscheidung zur Vorratsdatenspeicherung[4] abgeleitet, der EuGH sei (nun) ein Grundrechtsgericht.[5] Zu bekannten Entscheidungen wie Volker und Markus Schecke und Eifert (C-92/09 und C-93/09)[6], Digital Rights Ireland und Seitlinger u. a. (C-293/12 und C-594/12)[7]

---

[1] Kritisch dazu schon *U. Everling*, EuR 29 (1994), S. 127 (129 f.).
[2] Vgl. EuGH, Urteil v. 05.10.1994, Rs. C-280/93 *(Deutschland/Rat)*, Slg. 1994, I-4973.
[3] Vgl. nur *G. M. Berrisch*, EuR 29 (1994), S. 461; *P. M. Huber*, EuZW 1997, S. 517; *P. Selmer*, Die Gewährleistung der unabdingbaren Grundrechtsstandards durch den EuGH, 1998.
[4] EuGH, Urteil v. 08.04.2014, Rs. C-293/12 und C-594/12 *(Digital Rights Ireland und Seitlinger u. a.)*.
[5] Vgl. z. B. *J. Kühling*, NVwZ 2014, S. 681.
[6] *A. Guckelberger*, EuZW 2011, S. 126; *G. Hornung*, MMR 2011, S. 122; *W. Kilian*, NJW 2011, S. 1325; *J. Kühling/M. Klar*, JURA 33 (2011), S. 771; *H.-H. Schild*, MMR-Aktuell 2010, S. 310712; *R. Streinz*, JuS 2011, S. 278.
[7] *C. D. Classen*, EuR 49 (2014), S. 441; *O. Lynskey*, CMLR 51 (2014), S. 1789; *G. Kunnert*, DuD 38 (2014), S. 774; *N. Marsch*, Do(n't) think twice, it's all right: der EuGH beerdigt die Vorratsdatenspeicherung, VerfBlog, 23.12.2016 (geprüft am 04.09.2019); *T. Petri*, ZD

sowie Google Spain und Google (C-131/12)[8] liegen dementsprechend zahlreiche Urteilsbesprechungen vor.

Die Charta-Rechtsprechung des EuGH besteht aber nicht nur aus diesen bekannten, sondern aus einer Vielzahl von Entscheidungen. Nach den Angaben der Kommission[9] – die zwar nicht korrekt sind,[10] aber die richtige Tendenz zeigen – stieg die Zahl der Entscheidungen, in denen der Gerichtshof die Charta zitiert, von 43 im Jahr 2011[11] auf 98 im Jahr 2017[12]. Setzt man diese Zahl ins Verhältnis zur Gesamtanzahl der vom EuGH in den jeweiligen Jahren abgeschlossenen Verfahren (im Jahr 2009: 588 Verfahren[13]; im Jahr 2017: 699 Verfahren[14]), stieg der prozentuale Anteil der Entscheidungen, in denen die Charta zitiert wird, von 7,3 % im Jahr 2011 auf 14 % im Jahr 2017. Diese Entwicklung legt den Schluss nahe, dass die Grundrechte einen steigenden Stellenwert in der Judikatur des Gerichtshofs einnehmen. Sollte der EuGH in all diesen Fällen, also in 14 % seiner Entscheidungen im Jahr 2017, auch eine Grundrechtsprüfung vorgenommen haben, ließe sich – entgegen der Ansicht des ehe-

---

2014, S. 296; *R. Priebe*, EuZW 2014, S. 456; *A. Roßnagel*, MMR 2014, S. 372; *I. Spiecker gen. Döhmann*, JZ 69 (2014), S. 1109; *R. Streinz*, JuS 2014, S. 758; *M. Wendel*, Wider die Mär vom Grundrechtsblinden: Der EuGH und die Vorratsdatenspeicherung, VerfBlog, 09.04.2014 (geprüft am 04.09.2019).
[8] *V. Boehme-Neßler*, NVwZ 2014, S. 825; *S. Jandt*, MMR-Aktuell 2014, S. 358242; *J. Kühling*, NJW-Editorial 2014; *J. Kühling*, EuZW 2014, S. 527; *H. P. Lehofer*, EuGH: Google muss doch vergessen – das Supergrundrecht auf Datenschutz und die Bowdlerisierung des Internets, blog.lehofer.at, 13.05.2014 (geprüft am 04.09.2019); *J. Masing*, RiBVerfG Masing: Vorläufige Einschätzung der „Google-Entscheidung" des EuGH, VerfBlog, 14.08.2014 (geprüft am 04.09.2019); *N. Nolte*, NJW 2014, S. 2238; *S. Peers*, The CJEU's Google Spain judgment: failing to balance privacy and freedom of expression, eulawanalysis.blogspot.de, 13.05.2014 (geprüft am 04.09.2019); *T. von Petersdorff-Campen*, ZUM 2014, S. 570.
[9] *Europäische Kommission (Generaldirektion Justiz und Verbraucher)*, 2010 Report on the Application of the EU Charter of Fundamental Rights, 2011; *Europäische Kommission (Generaldirektion Justiz und Verbraucher)*, 2011 Report on the Application of the EU Charter of Fundamental Rights, 2012; *Europäische Kommission (Generaldirektion Justiz und Verbraucher)*, 2012 Report on the Application of the EU Charter of Fundamental Rights, 2013; *Europäische Kommission (Generaldirektion Justiz und Verbraucher)*, 2013 Report on the Application of the EU Charter of Fundamental Rights, 2014; *Europäische Kommission (Generaldirektion Justiz und Verbraucher)*, 2014 Report on the Application of the EU Charter of Fundamental Rights, 2015; *Europäische Kommission (Generaldirektion Justiz und Verbraucher)*, 2015 Report on the Application of the EU Charter of Fundamental Rights, 2016; *Europäische Kommission (Generaldirektion Justiz und Verbraucher)*, 2016 Report on the Application of the EU Charter of Fundamental Rights, 2017; *Europäische Kommission (Generaldirektion Justiz und Verbraucher)*, 2017 Report on the Application of the EU Charter of Fundamental Rights, 2018.
[10] Siehe Kapitel 2 B. II. 1.
[11] *Europäische Kommission (Generaldirektion Justiz und Verbraucher)*, 2011 Report on the Application of the EU Charter of Fundamental Rights, 2012.
[12] *Europäische Kommission (Generaldirektion Justiz und Verbraucher)*, 2017 Report on the Application of the EU Charter of Fundamental Rights, 2018.
[13] *Gerichtshof der Europäischen Union*, Jahresbericht 2009, 2010, S. 85.
[14] *Gerichtshof der Europäischen Union*, Jahresbericht 2017, 2018, S. 109.

maligen Präsidenten des Gerichtshofs der Europäischen Union *Skouris*[15] – die These vertreten, dass der EuGH zumindest quantitativ sehr wohl zum „Grundrechtsgericht"[16] geworden ist. Eine isolierte Betrachtung der Statistiken liefert jedoch kein inhaltliches Bild der Rechtsprechung. Angesichts der Vielzahl der Entscheidungen mit Charta-Zitat reicht es nicht aus, nur einige mehr oder weniger willkürlich ausgewählte Urteile zu analysieren und aus ihnen auf die Gesamtheit der Rechtsprechung zu schließen.[17] Unabhängig davon, ob man der These „hard cases make bad law"[18] zustimmt[19], kann allein die Betrachtung weniger „großer" Entscheidungen kein umfassendes Bild der Rechtsprechung des EuGH zur Charta liefern.

Beide Aspekte müssen also verbunden werden: Zunächst sind sämtliche Entscheidungen des Gerichtshofs zur Charta der Grundrechte systematisch zu erfassen und anschließend jene Fälle nach objektiven Kriterien herauszufiltern, die im dritten Kapitel Gegenstand einer vertieften Analyse sein sollen.

B. Untersuchungsgegenstand

Um die gesamte Rechtsprechung des EuGH zur Charta betrachten zu können, muss dieser Untersuchungsgegenstand genau umrissen werden. Dazu sind zunächst Eingrenzungen nötig (I), bevor dargelegt wird, was genau unter die Charta-Rechtsprechung des EuGH fällt (II).

I. Eingrenzungen

Der Untersuchungsgegenstand wird institutionell (1), zeitlich (2) und formell (3) eingegrenzt.

1. Institutionelle Eingrenzung

Die vorliegende Arbeit beschäftigt sich mit der Rechtsprechung des Gerichtshofs[20].[21] Die Entscheidungen des Gerichts (EuG) und des ehemaligen Gerichts für den öffentlichen Dienst (GÖD) werden folglich nicht betrachtet. Das Gleiche gilt für die Schlussanträge der Generalanwälte.[22]

---

[15] *V. Skouris*, Nationale Grundrechte und europäisches Gemeinschaftsrecht, in: H.-G. Dederer/D. Merten/H.-J. Papier (Hrsg.), HGR, Band VI/2, 2009, § 171, Rn. 2; *V. Skouris*, MMR 2011, S. 423 (426).
[16] Vgl. zum wenig eindeutigen Begriff des Grundrechtsgerichts schon Kapitel 1 B.
[17] In diesem Sinne auch *F. Michl*, EuR 53 (2018), S. 456.
[18] Zuerst wohl *Oliver Wendell Holmes, Jr.*, zitiert in *F. R. Shapiro*, The Yale Book of Quotations, 2006, S. 614.
[19] Dazu z. B. *A. Corbin*, Yale Law J. 33 (1923), S. 78.
[20] Nicht: Gerichtshof der Europäischen Union. Siehe dazu schon Fn. 1 in Kapitel 1.
[21] Siehe dazu schon Kapitel 1 A.
[22] Diese werden nur im vierten Kapitel betrachtet. Siehe Kapitel 4 C. III.

2. Zeitliche Eingrenzung

Gegenstand der Untersuchung ist die Rechtsprechung des EuGH zur Charta der Grundrechte der Europäischen Union, die zusammen mit dem Lissaboner Reformvertrag am 1. Dezember 2009 in Kraft getreten ist. Zwar hat sich der Gerichtshof bereits vor dem formellen Inkrafttreten stellenweise auf die Charta bezogen,[23] doch diente sie dabei nur als Rechtserkenntnisquelle.[24] Rechtsverbindliches Primärrecht der Union ist sie erst seit dem 1. Dezember 2009. Daher werden auch nur Entscheidungen ab diesem Datum in der vorliegenden Untersuchung betrachtet.

Alle Entscheidungen bis zum 31.12.2017 sind erfasst.

3. Formelle Eingrenzung

Auch mit dem Inkrafttreten der Charta ist diese nicht zur einzigen Grundrechtsquelle auf Unionsebene geworden. Gemäß Art. 6 Abs. 3 EUV[25] bleiben die „Grundrechte, wie sie in der Europäischen Konvention zum Schutz der Menschenrechte und Grundfreiheiten gewährleistet sind und wie sie sich aus den gemeinsamen Verfassungsüberlieferungen der Mitgliedstaaten ergeben, [...] als allgemeine Grundsätze Teil des Unionsrechts."[26] Die Rechtsprechung des EuGH zu den allgemeinen Grundsätzen des Unionsrechts soll aber nicht Gegenstand der vorliegenden Arbeit sein. Vielmehr werden nur Entscheidungen zur Charta untersucht. Dabei kann es zwar zu Überschneidungen kommen,[27] Voraussetzung, dass eine Entscheidung des Gerichtshofs in den Fallkorpus fällt, ist aber, dass in ihr die Charta zitiert wird.

II. Charta-Rechtsprechung des Gerichtshofs

Im zweiten Kapitel der vorliegenden Arbeit wird die Rechtsprechung des EuGH zur Charta der Grundrechte der Europäischen Union umfassend untersucht und somit alle Entscheidungen des Gerichtshofs betrachtet, in denen die Charta zitiert wird. Erfasst sind sämtliche Verfahrens- und Entscheidungsarten.

---

[23] Vgl. dazu etwa *M. Borowsky*, in: J. Meyer (Hrsg.), Charta der Grundrechte der Europäischen Union, 4. Aufl. 2014, Vorbemerkungen zu Titel VII Rn. 6 f. Siehe zum Einfluss der Rechtsprechung vor Inkrafttreten der Charta auch Kapitel 4 C. I.

[24] Dazu z. B. *S. Iglesias Sánchez*, CMLR 49 (2012), S. 1565 (1565, 1568–1583) Siehe zur Entwicklung des Grundrechtsschutzes auf Unionsebene schon Kapitel 1 A.

[25] Siehe dazu auch Kapitel 4 C. I. 2.

[26] Dazu *T. Kingreen*, in: C. Calliess/M. Ruffert (Hrsg.), EUV, AEUV, 5. Aufl. 2016, Art. 6 EUV Rn. 15–18; *F. Schorkopf*, in: E. Grabitz/M. Nettesheim/M. Hilf (Hrsg.), Das Recht der Europäischen Union: EUV/AEUV, Stand: 65. EL 2018, Art. 6 EUV Rn. 50–53; *B. Beutler*, in: H. von der Groeben/J. Schwarze/A. Hatje (Hrsg.), Europäisches Unionsrecht, 7. Aufl. 2015, Art. 6 EUV Rn. 22–23; dazu ausführlich *T. C. Ludwig*, EuR 2011, S. 715.

[27] Siehe dazu unten Fallgruppe B2 in Kapitel 2 C. III. 2. b).

1. Zitierung der Charta

Für die Erstellung des Fallkorpus soll es keinen Unterschied machen, ob die Charta in der Entscheidung im Rechtlichen Rahmen, in der Vorlagefrage des vorlegenden Gerichts, im Vorbringen der Verfahrensbeteiligten oder vom Gerichtshof selbst in seinen inhaltlichen Ausführungen zitiert wird.[28] Fälle mit einer Zitierung der GRC ausschließlich in den Schlussanträgen der Generalanwälte und nicht in den Entscheidungen werden nicht berücksichtigt.[29]

Ausgangspunkt für die Auflistung der in den Fallkorpus aufzunehmenden Fälle sind die jährlichen Berichte der Kommission zur Anwendung der Charta („Report on the Application of the EU Charter of Fundamental Rights")[30]. Diese beinhalten seit 2012 jeweils einen Appendix mit den Entscheidungen des Gerichtshofs der Europäischen Union,[31] in denen dieser die Charta in seinen Gründen „direkt zitiert oder erwähnt".[32] Bei einer genauen Untersuchung fällt auf, dass diese Listen – zumindest hinsichtlich der hier relevanten Rechtsprechung des EuGH – nicht vollständig sind. So ist in der Liste für 2011 das Urteil Frankreich/People's Mojahedin Organization of Iran (C-27/09 P) trotz Zitat der Charta nicht enthalten.[33] Ebenso fehlt in der Liste für 2012 das Urteil Legris Industries/Kommission (C-289/11 P), obwohl die Charta darin achtmal zitiert wird.[34] Hierbei handelt es sich nicht um Einzelfälle: Für das Jahr 2013 führt die Liste der Kommission zum Beispiel 72 Entscheidungen mit Charta-Zitat durch den EuGH auf – tatsächlich sind es aber 102.

Daher wurden der Erarbeitung des Fallkorpus nicht die Zahlen der Kommission zugrunde gelegt, sondern eine eigene Aufstellung unter Zuhilfenahme

---

[28] Siehe zum Aufbau der Entscheidungen des EuGH Kapitel 2 C. II. 1. a) und zu Entscheidungen, in denen die Charta nur vom vorlegenden Gericht, von den Verfahrensbeteiligten oder vom Gerichtshof im Rechtlichen Rahmen erwähnt wird Kapitel 2 C. III. 2. f).

[29] So schon Kapitel 2 B. I. 1.

[30] *Europäische Kommission (Generaldirektion Justiz und Verbraucher)*, 2014 Report on the Application of the EU Charter of Fundamental Rights, 2015; *Europäische Kommission (Generaldirektion Justiz und Verbraucher)*, 2010 Report on the Application of the EU Charter of Fundamental Rights, 2011; *Europäische Kommission (Generaldirektion Justiz und Verbraucher)*, 2011 Report on the Application of the EU Charter of Fundamental Rights, 2012; *Europäische Kommission (Generaldirektion Justiz und Verbraucher)*, 2012 Report on the Application of the EU Charter of Fundamental Rights, 2013; *Europäische Kommission (Generaldirektion Justiz und Verbraucher)*, 2013 Report on the Application of the EU Charter of Fundamental Rights, 2014; *Europäische Kommission (Generaldirektion Justiz und Verbraucher)*, 2017 Report on the Application of the EU Charter of Fundamental Rights, 2018.

[31] Die Kommission führt die Entscheidungen des EuGH, des EuG und des GÖD in einer Tabelle auf.

[32] *Europäische Kommission (Generaldirektion Justiz und Verbraucher)*, 2011 Report on the Application of the EU Charter of Fundamental Rights, 2012, S. 85: „Overview of 2011 ECJ (sic) case law which directly quotes the Charter or mentions it in its reasoning".

[33] Vgl. EuGH, Urteil v. 21.12.2011, Rs. C-27/09 P *(Frankreich/People's Mojahedin Organization of Iran)*, Rn. 66.

[34] Vgl. EuGH, Urteil v. 03.05.2012, Rs. C-289/11 P *(Legris Industries/Kommission)*, Rn. 21, 22, 23, 28, 36.

des Suchformulars des Gerichtshofs der Europäischen Union (InfoCuria[35]) erstellt.[36] Folgende Suchkriterien wurden dabei angewandt:
- Zeitraum oder Datum = „Verkündungsdatum"
- Zeitraum = „vom 01/01/2009 bis 31/12/2017"
- Gericht = „Gerichtshof"
- Zitierte Rechtsprechung oder Rechtsvorschriften = [Suche in = „Gründe"; Kategorie = „Vertrag"; Vertrag = „Charta der Grundrechte der EU (2007)"]
- Stand der Rechtssachen = „Erledigte Rechtssachen"

Auch die sich so ergebende Liste ist nicht vollständig. So fehlt beispielsweise in der Liste aus InfoCuria das Urteil Alliance One International und Standard Commercial Tobacco/Kommission und Commission/Alliance One International u. a. (C-628/10 P und C-14/11 P), obwohl darin die Charta viermal erwähnt wird.[37] Es muss daher zusätzlich nach der Nennung der Charta im Entscheidungstext gesucht werden. Dabei ist aber zu beachten, dass einige Entscheidungen nicht auf Deutsch oder Englisch, sondern nur auf Französisch vorliegen.[38] Demnach kann nicht „Charta der Grundrechte der Europäischen Union", sondern es muss „Charte des droits fondamentaux de l'Union européenne" eingegeben werden.

Es ergeben sich folgende Suchkriterien:
- Zeitraum oder Datum = „Verkündungsdatum"
- Zeitraum = „vom 01/01/2009 bis 31/12/2017"
- Gericht = „Gerichtshof"
- Worte im Text = „Charte des droits fondamentaux de l'Union européenne"
- Stand der Rechtssachen = „Erledigte Rechtssachen"

Da bei dieser Suche nicht danach unterschieden werden kann, ob die Charta in den Entscheidungen des Gerichtshofs oder lediglich in den Schlussanträgen des Generalanwalts zitiert wurde, müssen aus den Rechtssachen auf dieser Liste jene gefiltert werden, in denen die Charta in der Entscheidung selbst erwähnt wird. Erst so entsteht ein vollständiger Fallkorpus von sämtlichen Entscheidungen des Gerichtshofs, in denen die Charta der Grundrechte der EU seit ihrem Verbindlichwerden zitiert wird.

---

[35] *Gerichtshof der Europäischen Union*, InfoCuria – Rechtsprechung des Gerichtshofs (geprüft am 04.09.2019).
[36] Vgl. auch das ähnliche Vorgehen in Bezug auf das Stichwort „Gerechtigkeit" in der Rechtsprechung des Bundesverfassungsgerichts bei *G. Beaucamp*, DVBl 2017, S. 348.
[37] Vgl. EuGH, Urteil v. 19.07.2012, Rs. C-628/10 P und C-14/11 P *(Alliance One International und Standard Commercial Tobacco/Kommission und Commission/Alliance One International u. a.)*, Rn. 90, 107.
[38] Dazu schon *U. Everling*, EuR 29 (1994), S. 127 (137).

2. Der Fallkorpus

Seit Inkrafttreten der Charta wurde diese in 696 Entscheidungen des EuGH zitiert. Diese Zahl steigt seit 2009 (mit Ausnahme der Jahre 2015 und 2017) stetig an. Gleichzeitig wächst auch der relative Anteil an der Gesamtzahl der jährlich erledigten Rechtssachen[39]: Lag dieser im Jahr 2010 bei nur 6,4%, stieg er bis zum Jahr 2016 auf 17,9%. In den Jahren 2014, 2015 und 2017 ist allerdings ein leichter Rückgang zu verzeichnen: So lag der Anteil an den insgesamt erledigten Rechtssachen im Jahr 2013[40] noch bei 14,6%, ein Jahr später jedoch nur bei 14,2% und im Jahr 2015 sogar nur bei 12%. Gleichzeitig fiel die Gesamtzahl der erledigten Rechtssachen von 719 im Jahr 2014[41] auf 616 im Jahr 2015[42]. Im Jahr 2016 stieg diese Zahl wieder auf 704[43]. Die Zahlen für 2017 wiederum entsprechen fast denen aus 2016: 699 (2017)[44] beziehungsweise 704 (2016) erledigte Rechtssachen insgesamt stehen 124 (2017) beziehungsweise 126 (2016) Entscheidungen mit Charta-Zitierung gegenüber. Dementsprechend ist auch der prozentuale Anteil dieser Charta-Entscheidungen fast gleich geblieben (2016: 17,9%; 2017: 17,7%).

Tabelle 1: Anzahl der Entscheidungen, in denen die Charta zitiert wird.

	2009	2010	2011	2012	2013	2014	2015	2016	2017	insg.
Gesamtzahl der erledigten Rechtssachen	588 bzw. 52*	574	638	595	701	719	616	704	699	5834 bzw. 5298*
Anzahl der Entscheidungen mit Charta-Zitierung	3*	37	58	71	102	102	74	126	124	696
Anteil der Entscheidungen mit Charta-Zitierung	0,5% bzw. 5,7%*	6,4%	9,0%	11,9%	14,6%	14,2%	12,0%	17,9%	17,7%	11,9% bzw. 13,2%*

*seit 01.12.2009

---

[39] Siehe zur Anzahl der erledigten Rechtssachen im Jahr 2009 *Gerichtshof der Europäischen Union*, Jahresbericht 2009, 2010, S. 85; im Jahr 2010 *Gerichtshof der Europäischen Union*, Jahresbericht 2010, 2011, S. 89; im Jahr 2011 *Gerichtshof der Europäischen Union*, Jahresbericht 2011, 2012, S. 99; im Jahr 2012 *Gerichtshof der Europäischen Union*, Jahresbericht 2012, 2013, S. 95.
[40] Siehe zur Anzahl der erledigten Rechtssachen im Jahr 2013 *Gerichtshof der Europäischen Union*, Jahresbericht 2013, 2014, S. 85.
[41] Siehe zur Anzahl der erledigten Rechtssachen im Jahr 2014 *Gerichtshof der Europäischen Union*, Jahresbericht 2014, 2015, S. 99.
[42] Siehe zur Anzahl der erledigten Rechtssachen im Jahr 2015 *Gerichtshof der Europäischen Union*, Jahresbericht 2015, 2016, S. 79.
[43] Siehe zur Anzahl der erledigten Rechtssachen im Jahr 2016 *Gerichtshof der Europäischen Union*, Jahresbericht 2016, 2017, S. 91.
[44] Siehe zur Anzahl der erledigten Rechtssachen im Jahr 2017 *Gerichtshof der Europäischen Union*, Jahresbericht 2017, 2018, S. 109.

24 Kapitel 2: Systematisierung der Grundrechtsjudikatur des EuGH

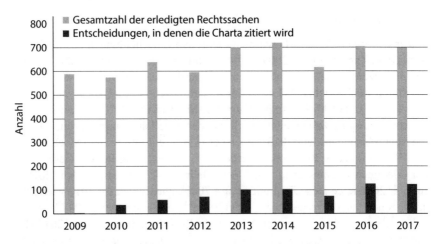

Abbildung 1: Anzahl der Entscheidungen, in denen die Charta zitiert wird.

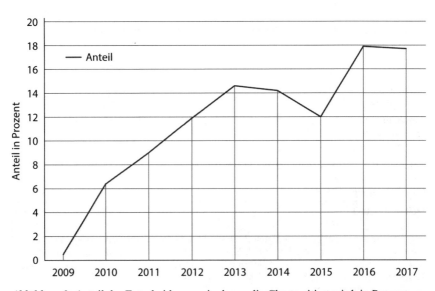

Abbildung 2: Anteil der Entscheidungen, in denen die Charta zitiert wird, in Prozent.

C. Bildung von Fallgruppen

Die bloße Betrachtung, in wie vielen Entscheidungen der Gerichtshof die Charta zitiert, reicht für einen umfassenden Überblick über die Rechtsprechung des EuGH zur Charta nicht aus. Dazu ist vielmehr eine Systematisierung durch Einteilung in Fallgruppen notwendig (I). Im Folgenden wird zunächst dargelegt, welche Kriterien der Systematisierung zugrunde gelegt werden sollen (II). Danach werden Fallgruppen gebildet und die Entscheidungen des Gerichtshofs diesen zugeordnet (III).

I. Gründe für die Bildung von Fallgruppen

Wie oben dargestellt,[45] wurde die Charta seit ihrem Inkrafttreten im Jahr 2009 bis zum Ende des Jahres 2017 in insgesamt 696 Entscheidungen des Gerichtshofs zitiert. Diese hohe Gesamtzahl und die von Jahr zu Jahr (mit Ausnahme der Jahre 2014, 2015 und 2017)[46] wachsende Zahl der Entscheidungen mit Charta-Zitat legen die Vermutung nahe, dass die Grundrechtsprechung einen immer wichtigeren Teil der Judikatur des EuGH ausmacht.[47]

Bei näherer Betrachtung fällt jedoch auf, dass der Gerichtshof nur in einem Teil der Entscheidungen eine Prüfung der Grundrechte anhand der Charta vornimmt. In vielen Beschlüssen und Urteilen spielt die GRC dagegen kaum eine Rolle, da sie zum Beispiel nur von den Verfahrensbeteiligten, nicht aber vom EuGH selbst zitiert wird. Häufig hält der Gerichtshof die entsprechenden Fragen oder Rechtsmittelgründe für unzulässig oder erwähnt die Charta nur ganz am Rande. Schließlich lehnt er oft schon die Anwendbarkeit der GRC in wenigen Sätzen ab. Aus der steigenden Zahl der Entscheidungen mit Charta-Zitat allein kann daher nicht auf einen gestiegenen Stellenwert der Grundrechte in der Rechtsprechung des Gerichtshofs geschlossen werden. Dazu ist vielmehr eine differenzierende Betrachtung erforderlich. Zur Beurteilung der Bedeutung der Charta in den einzelnen Entscheidungen bietet sich als erster objektiver Maßstab die Ausführlichkeit der Charta-bezogenen Abschnitte an. Äußert sich der EuGH in nur wenigen Sätzen zur GRC, liegt es nahe, dass sie in der jeweiligen Entscheidung nur von geringer Relevanz ist. Daraus folgt allerdings keine inhaltliche Bewertung, da unterschiedliche Gründe für die Ausführlichkeit der Abschnitte denkbar sind: Zum Beispiel erscheint es aus prozessökonomischer Sicht sinnvoll, eindeutige Fälle kurz, komplexere Probleme aber ausführlicher zu behandeln. Die Ausführlichkeit ist

---

[45] Siehe Kapitel 2 B. II. 2.
[46] Siehe Kapitel 2 B. II. 2.
[47] So z. B. *T. von Danwitz*, Gerichtlicher Schutz der Grundrechte, in: C. Grabenwarter (Hrsg.), Europäischer Grundrechteschutz (EnzEuR Band 2), 2014, § 6, Rn. 17.

damit zwar ein Indiz für die Bedeutung der GRC im jeweiligen Fall, kann aber nicht der alleinige Maßstab sein.

Darüber hinaus müssen die Entscheidungen inhaltlich kategorisiert werden, denn der Charta kommen in der Rechtsprechung des EuGH unterschiedliche Funktionen zu: So ist etwa die Frage nach der Verletzung eines Charta-Grundrechts von der Auslegung von Sekundärrecht unter Zuhilfenahme der Wertungen aus der GRC zu unterscheiden. Die entsprechenden Abschnitte können zwar ähnlich ausführlich sein, die Rolle, die die Charta in ihnen spielt, ist aber nicht dieselbe. Auch einer solchen inhaltlichen Kategorisierung liegt dabei keine Wertung zugrunde. Ziel ist es vielmehr, empirisch zu erfassen, in welchen Konstellationen der Gerichtshof die Charta zitiert.

Die Bildung von Fallgruppen ermöglicht weiterhin die Analyse der Grundrechtsprüfungen anhand der GRC, die im dritten Kapitel der vorliegenden Arbeit vorgenommen werden soll. Dazu ist es notwendig, sämtliche Entscheidungen, in denen der Gerichtshof eine Grundrechtsprüfung an der Charta vornimmt, zu erkennen und in entsprechende Fallgruppen einzusortieren. Diese Fälle bilden den Untersuchungsgegenstand des dritten Kapitels. Auch hier ist die Unterscheidung nach der Ausführlichkeit der Charta-bezogenen Abschnitte hilfreich: Prüft der EuGH die Frage, ob ein Grundrecht der GRC im konkreten Fall verletzt ist, in nur wenigen Sätzen, lässt sich diese Grundrechtsprüfung nur eingeschränkt vertieft analysieren.

Die Systematisierung der Charta-Judikatur des Gerichtshofs nach ihrer Ausführlichkeit und ihrem Inhalt ermöglicht es schließlich, weitere Aspekte zu betrachten: Auch wenn sich die vorliegende Arbeit in erster Linie mit der Grundrechtsprüfung beschäftigt, kann die zukünftige Forschung auf die hier erstellten Fallgruppen zurückgreifen und beispielsweise jene Entscheidungen untersuchen, in denen der EuGH die Charta bei der Auslegung von Sekundärrecht fruchtbar macht oder bereits ihre Anwendbarkeit ablehnt. Die Einordnung in Fallgruppen liefert daher einen Beitrag zur wissenschaftlichen Auseinandersetzung mit der Rechtsprechung des Gerichtshofs zur Charta.

II. Kriterien für die Bildung von Fallgruppen

Für die Erstellung von Fallgruppen, mit denen die Charta-Rechtsprechung des EuGH systematisiert werden soll, ist zunächst zu klären, wann ein „Charta-bezogener Abschnitt" (1) vorliegt und was in der vorliegenden Arbeit unter der „Ausführlichkeit" eines solches Abschnitts verstanden wird (2). Für die inhaltliche Kategorisierung muss außerdem der Begriff der Grundrechtsprüfung (3) bestimmt werden.

1. Umgrenzung der zu kategorisierenden Abschnitte in den Entscheidungen des EuGH

Um festzustellen, wie ausführlich die Passagen zur Charta in den Entscheidungen des EuGH sind, muss zuerst festgelegt werden, welche Abschnitte einen Bezug zur GRC haben. Dazu wird im Folgenden der Aufbau der Entscheidungen des Gerichtshofs erläutert (a)) und darauf aufbauend der Begriff des „Charta-bezogenen Abschnitts" definiert (b)).

a) Aufbau der Entscheidungen des EuGH

Der Aufbau der Entscheidungen des Gerichtshofs wird von Art. 36 Satzung EuGH und Art. 87 VerfO EuGH (für Urteile) beziehungsweise Art. 89 VerfO EuGH (für Beschlüsse) nur grob umrissen.[48] In der Praxis gliedert der EuGH seine Entscheidungen mit Überschriften und Randnummern. Nach der Überschrift „URTEIL DES GERICHTSHOFS"[49] und der Angabe des Spruchkörpers folgen das Datum der Verkündung, die sogenannte Kette der Schlüsselbegriffe (Französisch: la chaîne de mots-clés[50]), das Aktenzeichen, die Verfahrensart, die Namen der Prozessbeteiligten, der mitwirkenden Richter einschließlich der Angabe des Berichterstatters sowie des Generalanwalts und des Kanzlers. Der EuGH stellt dann gegebenenfalls fest, dass er Erklärungen von Prozessbeteiligten und/oder die Schlussanträge des Generalanwalts berücksichtigt hat. Es folgt die Überschrift „Urteil" beziehungsweise „Beschluss" als Ende des Satzes „In der Rechtssache […] erlässt der Gerichtshof […] folgendes Urteil" beziehungsweise „folgenden Beschluss". Diese Überschrift ist zentriert und fett gedruckt. Die folgenden Überschriften sind linksbündig und auf der ersten Ebene ebenfalls fett gedruckt. In Vorabentscheidungen nennt der EuGH zunächst den „Rechtlichen Rahmen", den er oft noch in „Unionsrecht" und „Nationales Recht" (beide linksbündig, kursiv, nicht fett) unterteilt. Es folgt die Überschrift „Ausgangsverfahren und Vorlagefragen", gegebenenfalls „Zur Zuständigkeit des Gerichtshofs", und anschließend „Zur Begründetheit" oder „Zu den Vorlagefragen". Diese Prüfung der Begründetheit baut der EuGH unterschiedlich auf: Oft macht er zunächst „Vorbemerkungen" und widmet sich dann den einzelnen Vorlagefragen. Teilweise untergliedert er seine Ausführungen hier erneut nach Themen (zum Beispiel „Zur Gültigkeit der Entscheidung 2000/520"[51]). Auch hier gibt es weitere Untergliederungen, wobei der Gerichtshof dann zwi-

---

[48] B. Wägenbaur, EuGH VerfO, 2. Aufl. 2017, Art. 87 VerfO-EuGH Rn. 1 spricht insofern von „essentials"; ähnlich U. Everling, EuR 29 (1994), S. 127 (132).
[49] Beziehungsweise Beschluss oder Gutachten etc.
[50] Dazu Gerichtshof der Europäischen Union, CURIA – Répertoire de jurisprudence – Cour de justice de l'Union européenne (geprüft am 04.09.2019): „qui traduit, dans un style systématique et télégraphique, le contenu du point étudié".
[51] Überschrift vor EuGH, Urteil v. 06.10.2015, Rs. C-362/14 (Schrems), Rn. 67.

schen kursiven und nicht-kursiven Überschriften wechselt.[52] Ab dem Jahr 2017 sind die Unterüberschriften in der Begründetheit bei manchen Entscheidungen fett gedruckt.[53] Eine solche Gliederung der Antwort auf die jeweilige Vorlagefrage nimmt der EuGH insgesamt aber eher selten vor. Der letzte Abschnitt ist schließlich mit „Kosten" überschrieben, worauf die Urteilsformel (der Tenor) folgt.

In Rechtsmittelverfahren nach Art. 56 Satzung EuGH ist der Aufbau bis einschließlich des „Rechtlichen Rahmens" meist gleich. Darauf folgen aber die Überschriften „Verfahren vor dem Gericht und angefochtenes Urteil", „Anträge der Parteien" und „Zum Rechtsmittel". Den letzten Punkt untergliedert der Gerichtshof überwiegend nach den Rechtsmittelgründen der Rechtsmittelführer, wobei er häufig eine weitere Unterteilung nach „Angefochtenes Urteil", „Vorbringen der Parteien" und „Würdigung durch den Gerichtshof" vornimmt.

In den übrigen Verfahrensarten ist der Aufbau ähnlich, sodass diese hier nicht einzeln erläutert werden.[54]

Alle Entscheidungen des EuGH sind außerdem nach Randnummern gegliedert,[55] wobei die erste Randnummer nach der Überschrift „Urteil" beziehungsweise „Beschluss" folgt. Eine solche Randnummer umfasst meist ein bis drei Sätze.

b) Charta-bezogener Abschnitt im Sinne dieser Arbeit

In den Fallkorpus der vorliegenden Arbeit fallen sämtliche Entscheidungen des EuGH, in denen die Charta an einer beliebigen Stelle (zum Beispiel im „Rechtlichen Rahmen" oder im Teil „Zu den Vorlagefragen") zitiert wird.[56] Bei diesen Fällen werden dann auch Randnummern in die Kategorisierung aufgenommen, die kein Charta-Zitat enthalten. Mitunter äußert sich der Gerichtshof nämlich inhaltlich zur Charta, ohne sie in jeder Randnummer ausdrücklich zu erwähnen. Nicht ausreichend ist es daher, ausschließlich nach dem Wort „Charta" zu suchen.

Dementsprechend wird in der vorliegenden Arbeit zunächst jeweils die gesamte Entscheidung betrachtet, um jene Abschnitte auszumachen, die sich auf die Charta beziehen. Teilweise lassen sich diese Passagen leicht erkennen und

---

[52] Vgl. z. B. EuGH, Urteil v. 06.10.2015, Rs. C-362/14 *(Schrems)*, Rn. 67 ff.

[53] Mit Fettdruck beispielsweise EuGH, Urteil v. 20.12.2017, Rs. C-664/15 *(Protect Natur-, Arten- und Landschaftsschutz Umweltorganisation)*; EuGH, Urteil v. 20.12.2017, Rs. C-277/16 *(Polkomtel)*; ohne Fettdruck dagegen beispielsweise EuGH, Urteil v. 27.09.2017, Rs. C-73/16 *(Puškár)*; EuGH, Urteil v. 28.03.2017, Rs. C-72/15 *(Rosneft)*; mit teilweisem Fettdruck EuGH, Urteil v. 07.03.2017, Rs. C-390/15 *(RPO)*.

[54] Eine sehr detaillierte Gliederung mit Überschriften findet sich beispielsweise in EuGH, Gutachten v. 26.07.2017, Rs. Avis 1/15 *(Accord PNR UE-Canada)*.

[55] Dies war in sehr frühen Entscheidungen noch anders. Vgl. etwa EuGH, Urteil v. 04.02.1959, Rs. C-1/58 *(Stork & Cie./Hohe Behörde)*, Slg. 1959, 43.

[56] Siehe Kapitel 2 B. II. 1.

C. Bildung von Fallgruppen

von nicht-Charta-bezogenen Stellen abgrenzen. Bezieht sich beispielsweise lediglich eine von mehreren Vorlagefragen auf die Charta und erwähnt auch der Gerichtshof die GRC nur in seiner Antwort auf diese Vorlagefrage, können die übrigen Passagen meist außer Acht gelassen werden. Innerhalb der Antwort auf eine Frage kann es aber ebenfalls Ausführungen ohne GRC-Bezug geben. Bittet das vorlegende Gericht zum Beispiel in einer Vorlagefrage sowohl um die Auslegung von Sekundärrecht als auch der Charta und unterteilt der EuGH seine Antwort in einen Teil, der sich auf das Sekundärrecht bezieht, und einen, der Charta-bezogen ist, wird in der vorliegenden Arbeit nur der letztere Abschnitt untersucht.[57] Ein hilfreiches Indiz in diesen Fällen sind die Überschriften des Gerichtshofs innerhalb seiner Ausführungen zur Sache,[58] die er jedoch eher selten verwendet.[59]

Eine derart klare Unterteilung lässt sich aber oft nicht vornehmen: In vielen Fällen vermischt der EuGH die Prüfung von Charta und anderen Rechtsquellen.[60] Dies führt dazu, dass sich teilweise nicht präzise sagen lässt, woraus der Gerichtshof sein Ergebnis ableitet, was wiederum das Auffinden der Charta-bezogenen Passagen erschwert. Wird die Charta aber zitiert und fällt die Entscheidung somit in den Fallkorpus, liegt es nahe, bei der Identifizierung der Charta-bezogenen Abschnitte großzügig vorzugehen. Entscheidungen, in denen der EuGH zwar die GRC zitiert, seine Prüfung aber tatsächlich zum Beispiel an der EMRK vornimmt, werden später in eine eigene Gruppe[61] einsortiert.

Ebenso wird die Festlegung der Textabschnitte, die sich auf die Charta beziehen, durch die Wiederholung des Vorbringens der Verfahrensbeteiligten erschwert. Grundsätzlich fallen nur die Aussagen des Gerichtshofs selbst unter die im Folgenden kategorisierten Abschnitte, wobei die Ausführungen der Verfahrensbeteiligten in dieser Arbeit aber nicht völlig unberücksichtigt bleiben.[62] Ganz scharf lassen sich diese Abgrenzungen jedoch nicht treffen. So kann es sein, dass der EuGH zunächst über mehrere Randnummern das Vorbringen der Kommission wiederholt und diesem anschließend in nur einem Satz zustimmt. In einem solchen Fall macht sich der Gerichtshof die Aussagen der Kommis-

---

[57] Vgl. zum Beispiel EuGH, Urteil v. 29.04.2015, Rs. C-528/13 *(Léger)*, Rn. 30–45 und 46–65.
[58] So z. B. EuGH, Urteil v. 28.03.2017, Rs. C-72/15 *(Rosneft)*.
[59] Siehe Kapitel 2 C. II. 1. a).
[60] Vgl. zur „Uneindeutigkeit" in der Rechtsprechung des EuGH auch *M. Cornils*, Schrankendogmatik, in: C. Grabenwarter (Hrsg.), Europäischer Grundrechteschutz (EnzEuR Band 2), 2014, § 5, Rn. 6; *J. Kühling*, ZÖR 68 (2013), S. 469 (482): „teils unklare Parallelprüfung von Grundrechten und Sekundärrecht" Der EuGH macht außerdem teilweise nicht deutlich, ob er seine Grundrechtsprüfung an der Charta oder an den Grundrechten als allgemeinen Grundsätzen des Unionsrechts vornimmt. Siehe dazu unten Gruppe B2: Kapitel 2 C. III. 2. b. Zum Widerspiel zwischen Kontinuität und Innovation durch das Inkrafttreten der Charta in der Grundrechtsprechung des EuGH siehe Kapitel 4 C. I.
[61] Fallgruppe B2, siehe Kapitel 2 C. III. 2. b).
[62] Fallgruppe B6, siehe Kapitel 2 C. III. 2. f).

sion zu eigen. Sie sind damit für die Einteilung eines Abschnitts als Charta-bezogen zu betrachten.

Eine Besonderheit gilt für jene Entscheidungen, in denen der EuGH prüft, ob die Charta anwendbar ist. Gemäß Art. 51 Abs. 1 S. 1 GRC gilt sie „für die Mitgliedstaaten ausschließlich bei der Durchführung des Rechts der Union". Bei dieser Frage legt der Gerichtshof überwiegend nicht die Charta selbst, sondern vor allem das „Recht der Union" aus, also beispielsweise anderes Primärrecht oder Richtlinien.[63] So befasst er sich im Urteil Pelckmans Turnhout (C-483/12) über insgesamt zehn Randnummern mit der Anwendbarkeit der Charta im vorliegenden Fall,[64] davon äußert er sich aber in nur fünf Randnummern zur Auslegung der Charta.[65] Die übrigen Ausführungen betreffen die Interpretation von sonstigem Unionsrecht.[66] Für die vorliegende Arbeit werden die Passagen, die sich mit der Auslegung von anderem Recht als der Charta beschäftigen, nicht in die Zählung der Charta-bezogenen Abschnitte einbezogen.

Schließlich können in einer Entscheidung mehrere GRC-Passagen vorhanden sein. Diese gehören entweder zusammen, sind aber durch Ausführungen, die sich nicht auf die Charta beziehen, voneinander getrennt, oder sie gehören nicht zusammen und sind damit einzeln einzugruppieren. Zum Beispiel bejaht der EuGH in manchen Entscheidungen als Erstes die Anwendbarkeit der Charta, legt sodann Sekundärrecht aus, um sich anschließend erneut der Charta zu widmen. Ein Abschnitt im Sinne der vorliegenden Arbeit kann durch nicht-Chartabezogene Ausführungen unterbrochen sein, soweit die Teile inhaltlich zusammengehören. Solche zusammengehörenden Abschnitte müssen von Passagen, in denen der Gerichtshof sich mehrmals, inhaltlich aber unzusammenhängend, zur Charta äußert, getrennt werden. Beantwortet der EuGH beispielsweise mehrere Vorlagefragen und erwähnt in seinen Antworten an verschiedenen Stellen die Charta, kann es sein, dass er im Rahmen der ersten Vorlagefrage eine ausführliche Grundrechtsprüfung anhand der GRC vornimmt, im Rahmen einer anderen Vorlagefrage aber schon die Zulässigkeit der Frage verneint. Der letztgenannte Fall wird allerdings nur in eine Fallgruppe aufgenommen, wenn der Gerichtshof in diesem Abschnitt der Entscheidung auch die Charta zitiert. Abschnitte ohne Nennung der Charta werden nicht untersucht. Ein besonders eindrucksvolles Beispiel ist das Urteil WebMindLicenses (C-419/14): Hier legt das nationale Gericht dem EuGH insgesamt 17 Fragen zur Vorabentscheidung vor.[67] Der Gerichtshof äußert sich in sechs Abschnitten zur Charta, wobei seine

---

[63] T. Kingreen, in: C. Calliess/M. Ruffert (Hrsg.), EUV, AEUV, 5. Aufl. 2016, Art. 51 GRC Rn. 8.
[64] EuGH, Urteil v. 08.05.2014, Rs. C-483/12 *(Pelckmans Turnhout)*, Rn. 17–26.
[65] EuGH, Urteil v. 08.05.2014, Rs. C-483/12 *(Pelckmans Turnhout)*, Rn. 17–21.
[66] Vgl. EuGH, Urteil v. 08.05.2014, Rs. C-483/12 *(Pelckmans Turnhout)*, Rn. 22–25.
[67] EuGH, Urteil v. 17.12.2015, Rs. C-419/14 *(WebMindLicenses)*, Rn. 28.

Ausführungen von sehr kurzen Prüfungen des Schutzbereiches bis zu einer sehr ausführlichen Prüfung anhand der Charta reichen.

Inhaltlich unzusammenhängend sind auch mehrere getrennte Grundrechtsprüfungen wie im Urteil Sky Österreich (C-283/11), in dem der EuGH zunächst die Eröffnung des Schutzbereiches von Art. 17 GRC prüft und verneint,[68] um dann eine Verletzung von Art. 16 GRC zu untersuchen.[69] In diesem Urteil liegen somit zwei Charta-bezogene Abschnitte vor. Eine Entscheidung kann also in mehrere Gruppen oder mehrmals in dieselbe Gruppe fallen.

Aus alldem folgt, dass bei der Abgrenzung der Charta-bezogenen von den nicht-Charta-bezogenen Abschnitten in gewissem Maße wertend vorgegangen werden muss. Die Häufigkeit der Zitierung der GRC und deren Ort sind dabei nur ein Indiz. Eine rein schematische Vorgehensweise verbietet sich.

Ein Charta-bezogener Abschnitt im Sinne dieser Arbeit besteht danach aus einer oder mehreren, inhaltlich zusammenhängenden, aber nicht zwingend aufeinander folgenden Randnummern in einer Entscheidung des Gerichtshofs.

2. Kriterium der Ausführlichkeit

Zur Beurteilung der Bedeutung der Charta in den jeweiligen Entscheidungen des Gerichtshofs wird als Erstes die Ausführlichkeit der Charta-bezogenen Abschnitte herangezogen. Äußert sich der EuGH in nur wenigen Sätzen zur GRC, ist dies ein Indiz für die geringere Relevanz der Charta in der jeweiligen Entscheidung. Zu beachten ist jedoch, dass aus dieser Kategorisierung keine inhaltliche Bewertung folgt, da es unterschiedliche Gründe für die Ausführlichkeit der Abschnitte geben kann.[70] Zudem kann nur vom Text der Entscheidungen selbst ausgegangen werden. Stellt der Gerichtshof etwa nur kurz fest, dass die Grundrechte nicht verletzt sind, schließt das nicht aus, dass er intern eine ausführliche Grundrechtsprüfung vorgenommen hat.[71]

Nachdem erläutert wurde, wie ein Abschnitt definiert wird, muss nun geklärt werden, was unter Ausführlichkeit zu verstehen ist.

In einigen Entscheidungen sind die Charta-bezogenen Abschnitte sehr ausgedehnt: Zum Beispiel erstreckt sich die Grundrechtsprüfung im Urteil Schwarz (C-291/12) über 42 Randnummern und bildet fast den gesamten Inhalt der Ausführungen des Gerichtshofs zur entsprechenden Vorlagefrage.[72] Die mit Abstand längsten Ausführungen finden sich im Gutachten 1/15: Dort untersucht

---

[68] EuGH, Urteil v. 22.01.2013, Rs. C-283/11 *(Sky Österreich)*, Rn. 31–40.
[69] EuGH, Urteil v. 22.01.2013, Rs. C-283/11 *(Sky Österreich)*, Rn. 41–67.
[70] Siehe schon Kapitel 2 C. I.
[71] *S. Storr*, Der Staat 36 (1997), S. 547 (572); wortgleich *E. Stieglitz*, Allgemeine Lehren im Grundrechtsverständnis nach der EMRK und der Grundrechtsjudikatur des EuGH, 2002, S. 143 f. Siehe zur internen Entscheidungsfindung und zu ihren Auswirkungen auf die Entscheidungen des EuGH Kapitel 4 B. VII.
[72] Vgl. EuGH, Urteil v. 17.10.2013, Rs. C-291/12 *(Schwarz)*, Rn. 23–65.

der EuGH in 112 Randnummern die Vereinbarkeit des Übereinkommens zwischen Kanada und der EU zur Übermittlung von Fluggastdaten mit der Charta.[73] Andererseits gibt es in der Rechtsprechung des Gerichtshofs seit Inkrafttreten der Charta zahlreiche sehr kurze Grundrechtsprüfungen: Im Urteil FLS Plast (C-243/12 P) stellt der EuGH beispielsweise nur fest, die im EU-Wettbewerbsrecht geltende Vermutung, wonach eine Gesellschaft, die direkt oder indirekt im Besitz des gesamten Kapitals einer anderen Gesellschaft sei, auf diese einen bestimmenden Einfluss ausübe,[74] verletze „keineswegs" die Unschuldsvermutung aus Art. 48 GRC und Art. 6 Abs. 2 EMRK, insbesondere weil diese Vermutung widerlegbar sei.[75] Weitere Ausführungen zur Charta finden sich hier nicht. Sind aber diese sehr ausgedehnten beziehungsweise sehr kurzen Charta-bezogenen Abschnitte hinsichtlich ihrer Länge leicht voneinander abzugrenzen, ist die Unterscheidung im Bereich dazwischen schwieriger. In der vorliegenden Arbeit werden daher drei Kategorien zur Bestimmung der Ausführlichkeit gebildet und zwischen „sehr ausführlichen", „ausführlichen" sowie „nicht ausführlichen" Abschnitten unterschieden. Eine solche Differenzierung ist in gewissem Maße willkürlich, erlaubt es aber, Unterschiede zwischen den einzelnen Entscheidungen herauszustellen. Keinesfalls ist die Einteilung als (nicht) ausführlich als Wertung zu verstehen. Sie dient lediglich dem Überblick über die Charta-Rechtsprechung des EuGH und der Vorbereitung der vertieften Analyse im dritten Kapitel.

Nicht ausführliche Abschnitte enthalten drei oder weniger Randnummern mit Bezug zur Charta. Darunter fallen demnach etwa sehr kurze Grundrechtsprüfungen wie im oben erwähnten Urteil FLS Plast (C-243/12 P) oder andere Passagen zur Charta, die aus nur wenigen Sätzen bestehen. Nicht sinnvoll ist es, ausschließlich Abschnitte mit genau einer Randnummer als nicht ausführlich zu bezeichnen, da der Gerichtshof seine Prüfung und sein Ergebnis oftmals auf zwei Randnummern aufteilt[76] oder seine Charta-bezogenen Ausführungen mit Erwägungen zu anderen Rechtsquellen vermischt.[77] Es ist also ein gewisser Toleranzbereich erforderlich, sodass auch Abschnitte mit drei Randnummern noch als nicht ausführlich bezeichnet werden.

Die Abgrenzung zwischen ausführlichen und sehr ausführlichen Passagen fällt schwerer. Sie bestehen mindestens aus vier Randnummern mit Bezug zur Charta. Bei vielen Entscheidungen sind die Charta-bezogenen Abschnitte entweder vier bis sieben Randnummern oder mehr als 15 Randnummern lang.[78]

---

[73] Vgl. EuGH, Gutachten v. 26.07.2017, Rs. Avis 1/15 *(Accord PNR UE-Canada)*, Rn. 119–231.
[74] EuGH, Urteil v. 19.06.2014, Rs. C-243/12 P *(FLS Plast/Kommission)*, Rn. 27.
[75] EuGH, Urteil v. 19.06.2014, Rs. C-243/12 P *(FLS Plast/Kommission)*, Rn. 27.
[76] Vgl. z. B. EuGH, Urteil v. 07.04.2016, Rs. C-284/15 *(ONEm und M)*, Rn. 33 f.
[77] Vgl. z. B. EuGH, Urteil v. 14.09.2016, Rs. C-519/15 P *(Trafilerie Meridionali/Kommission)*, Rn. 65–68.
[78] Siehe Online-Anhang, Gruppen A1 und A2.

Um eine Abgrenzung zwischen den Begriffen ausführlich und sehr ausführlich zu ermöglichen, wird für diese Arbeit die Grenze zwischen den Kategorien bei zehn Randnummern gezogen.

Wie bei der Festlegung der Charta-bezogenen Abschnitte[79] muss auch bei der Einordnung in gewissem Maße wertend vorgegangen werden, sodass es Einzelfälle geben kann, in denen die hier vorgenommene Einteilung nicht mit der Anzahl der Randnummern übereinstimmt. Dies gilt insbesondere für Fälle, die im Grenzbereich zwischen sehr ausführlich und ausführlich beziehungsweise zwischen ausführlich und nicht ausführlich liegen. Die Wertung, welcher Kategorie der jeweilige Abschnitt zugeordnet wird, erfolgt in einem solchen Fall danach, ob der Gerichtshof in der jeweiligen Passage die Charta auslegt beziehungsweise unter sie subsumiert (dann eher sehr ausführlich statt ausführlich beziehungsweise ausführlich statt nicht ausführlich) oder dagegen nur das Vorbringen von Verfahrensbeteiligten zusammenfasst, den Wortlaut der Charta-Bestimmung oder seine bisherige Rechtsprechung wiederholt (dann eher ausführlich statt sehr ausführlich beziehungsweise nicht ausführlich statt ausführlich). Grundsätzlich gilt für diese Arbeit aber folgende Begrifflichkeit:
- „Sehr ausführlich" sind Abschnitte, die sich über mindestens zehn Randnummern erstrecken.
- „Ausführliche" Abschnitte gehen über vier bis neun Randnummern.
- „Nicht ausführliche" Abschnitte bestehen aus einer bis drei Randnummern.

3. Kriterium der Grundrechtsprüfung

Als zweites Kriterium zur Erstellung eines umfassenden Überblicks über die Rechtsprechung des Gerichtshofs zur Charta nach deren Inkrafttreten wird das Vorliegen einer Grundrechtsprüfung herangezogen.[80] Dazu ist zunächst zu klären, was unter einer Grundrechtsprüfung zu verstehen ist (a)). Weiterhin wird unterschieden, ob die Prüfung vollständig im Sinne der vorliegenden Arbeit ist (b)).

a) Grundrechtsprüfung

Nicht jede Auslegung der Charta ist eine Grundrechtsprüfung, also eine Untersuchung, ob ein Grundrecht im konkreten Fall verletzt ist. So ist der Teil des Urteils Melloni (C-399/11), der die Interpretation von Art. 53 GRC beinhaltet,[81] unabhängig von der Untersuchung einer Verletzung der Rechte aus Art. 47 und Art. 48 Abs. 2 GRC im selben Fall.[82] Ebenso kann die Anwendbarkeit der Charta nach Art. 51 Abs. 1 GRC losgelöst von der Frage behandelt werden, ob ein

---
[79] Siehe Kapitel 2 C. II. 1. b).
[80] Siehe Kapitel 2 C. I.
[81] EuGH, Urteil v. 26.02.2013, Rs. C-399/11 *(Melloni)*, Rn. 55–64.
[82] Vgl. EuGH, Urteil v. 26.02.2013, Rs. C-399/11 *(Melloni)*, Rn. 47–54.

(nicht-)gerechtfertigter Eingriff in den Schutzbereich eines Grundrechts vorliegt.[83] Eine isolierte oder ablehnende Prüfung der Anwendbarkeit der Charta ohne Untersuchung, ob im Einzelfall ein Grundrecht verletzt ist, stellt keine Grundrechtsprüfung dar.

Eine Grundrechtsprüfung wird in dieser Arbeit als ausführlich (beziehungsweise sehr ausführlich oder nicht ausführlich) bezeichnet, wenn der entsprechende Charta-bezogene Abschnitt ausführlich (beziehungsweise sehr ausführlich oder nicht ausführlich) ist.

b) Vollständigkeit der Grundrechtsprüfung

Um im dritten Kapitel die Grundrechtsprüfung des EuGH vertieft analysieren zu können, ist es hilfreich, die Entscheidungen, in denen der Gerichtshof eine solche Prüfung vornimmt, weiter danach zu unterscheiden, zu welchen einzelnen Punkten oder Aspekten er sich äußert. Fehlen einzelne Stufen der Grundrechtsprüfung, können diese nicht Gegenstand der Untersuchung sein.

Bereits vor Inkrafttreten der Charta unterteilte der EuGH seine Grundrechtsprüfung in mindestens zwei Schritte: die Grundrechtseinschränkung einerseits und deren mögliche Rechtfertigung andererseits. So erörterte er zum Beispiel im Urteil Hauer (C-44/79) zunächst das Vorliegen und die Art der Beschränkung des Eigentumsgrundrechts.[84] Nach der Feststellung, es liege zwar keine Enteignung, wohl aber eine Eigentumseinschränkung vor,[85] prüfte der Gerichtshof, ob letztere als gerechtfertigt angesehen werden konnte.[86] Dabei nahm er in erster Linie eine Verhältnismäßigkeitsprüfung vor.[87] In anderen Entscheidungen konnte außerdem eine Unterteilung der ersten Stufe in Schutzbereich und Eingriff beobachtet werden.[88] Dieses Vorgehen entsprach der Prüfung der parallelen Rechte des Grundgesetzes oder der EMRK.[89]

Ausgehend von dieser Rechtsprechung können die Entscheidungen[90] nach dem Inkrafttreten der Charta unterteilt werden: Verneint der Gerichtshof bereits

---

[83] So zum Beispiel ganz überwiegend in der Fallgruppe B3, siehe Kapitel 2 C. III. 2. c).

[84] Vgl. EuGH, Urteil v. 13.12.1979, Rs. C-44/79 *(Hauer/Land Rheinland-Pfalz)*, Slg. 1979, I-3727, 3745f. (Rn. 17–19).

[85] Vgl. EuGH, Urteil v. 13.12.1979, Rs. C-44/79 *(Hauer/Land Rheinland-Pfalz)*, Slg. 1979, I-3727, 3746 (Rn. 19).

[86] Vgl. EuGH, Urteil v. 13.12.1979, Rs. C-44/79 *(Hauer/Land Rheinland-Pfalz)*, Slg. 1979, I-3727, 3746–3749 (Rn. 20–30).

[87] Vgl. EuGH, Urteil v. 13.12.1979, Rs. C-44/79 *(Hauer/Land Rheinland-Pfalz)*, Slg. 1979, I-3727, 3747–3749 (Rn. 23–29).

[88] *E. Stieglitz*, Allgemeine Lehren im Grundrechtsverständnis nach der EMRK und der Grundrechtsjudikatur des EuGH, 2002, S. 112 m. w. N.

[89] Zu den Schwierigkeiten der Übertragung auf die Charta ausführlich *K. F. Gärditz*, Schutzbereich und Grundrechtseingriff, in: C. Grabenwarter (Hrsg.), Europäischer Grundrechteschutz (EnzEuR Band 2), 2014, § 4, Rn. 18–23.

[90] Sinnvoll ist dies aber nur bei (sehr) ausführlichen Charta-bezogenen Abschnitten.

das Vorliegen einer Grundrechtseinschränkung, etwa wenn der Schutzbereich des fraglichen Grundrechts seiner Ansicht nach nicht eröffnet ist, sollen diese Entscheidungen in eine eigene Fallgruppe[91] einsortiert werden.

Der gleichen Gruppe werden Fälle zugeordnet, in denen der EuGH dem vorlegenden Gericht bei einer Auslegungsfrage im Rahmen des Vorabentscheidungsverfahrens nur allgemeine Hinweise zur Interpretation der Unionsgrundrechte an die Hand gibt, ihm aber wesentliche Teile der eigentlichen Grundrechtsprüfung überlässt.

In beiden Konstellationen kann man davon sprechen, die Grundrechtsprüfung des EuGH sei nicht „vollständig"[92]. Zu betonen ist aber, dass aus diesem Begriff keinerlei Wertung folgt. Die Unterscheidung dient einzig der Vorbereitung der vertieften Analyse im dritten Kapitel der vorliegenden Arbeit. Da in ihr außerdem generell keine Ergebniskontrollen vorgenommen werden sollen,[93] wird nicht untersucht, ob der Gerichtshof beispielsweise die Eröffnung eines Schutzbereiches zu Recht abgelehnt hat. Mit der Einordnung als (un-)vollständig ist weiterhin nicht gesagt, welche Anforderungen die Charta selbst an die (einzelnen Stufen der) Grundrechtsprüfung durch den EuGH stellt.[94] Diese Anforderungen werden erst im dritten Kapitel erarbeitet. Das Ziel des zweiten Kapitels ist es hingegen, eine Übersicht über die Charta-Rechtsprechung des Gerichtshofs zu erstellen.

Folglich wird eine Grundrechtsprüfung in dieser Arbeit als vollständig bezeichnet, wenn der EuGH das Vorliegen einer Grundrechtseinschränkung annimmt und die Prüfung nicht zu ganz überwiegenden Teilen dem vorlegenden Gericht überlässt.

Unvollständig ist die Prüfung hingegen, wenn er das Vorliegen einer Einschränkung verneint oder ganz wesentliche Teile der Prüfung dem vorlegenden Gericht überantwortet.

III. Bildung der Gruppen und Beispiele

Das Ziel des zweiten Kapitels ist es, einen vollständigen Überblick über die Rechtsprechung des Gerichtshofs zur Charta der Grundrechte der Europäischen Union seit deren Inkrafttreten zu schaffen. Im Folgenden werden daher nach den oben entwickelten Kriterien Fallgruppen erstellt und sämtliche Entscheidungen des EuGH, in denen die Charta zitiert wird, diesen zugeordnet. Dazu werden die einzelnen Gruppenmerkmale beschrieben und an Beispielen ver-

---

[91] Siehe Kapitel 2 C. III. 1. c).
[92] Der Begriff einer vollständigen Grundrechtsprüfung wird in der Literatur nur am Rande verwendet. Vgl. z. B. *H. D. Jarass*, Charta der Grundrechte der Europäischen Union, 3. Aufl. 2016, Art. 52 Rn. 22 (Fn. 65).
[93] Siehe schon Kapitel 1 B.
[94] Siehe dazu ausführlich Kapitel 3 A. II.

anschaulicht. So soll ein möglichst repräsentatives Bild der unter die Fallgruppen subsumierten Entscheidungen entstehen. Wie bereits dargestellt,[95] ist die Eingruppierung nicht immer zweifelsfrei möglich, sondern in gewissem Maße wertungsabhängig. Daher werden bei den Beispielen auch schwer einzuordnende Urteile und Beschlüsse aufgeführt und die verschiedenen Einordnungsmöglichkeiten diskutiert.

Die Entscheidungen des Gerichtshofs mit GRC-Zitat lassen sich zunächst nach der Ausführlichkeit der Charta-bezogenen Abschnitte unterteilen.[96] Innerhalb der Obergruppe A, in der der EuGH ausführlich oder sehr ausführlich auf die Charta eingeht, wird weiter danach unterschieden, ob er eine Grundrechtsprüfung vornimmt (so in den Gruppen A1 bis A3) und ob diese vollständig[97] ist (so in den Gruppen A1 und A2).

Tabelle 2: Übersicht über Fallobergruppe A.

Fallgruppe	A1	A2	A3	A4
Ausführlichkeit	sehr ausführlich	ausführlich	sehr ausführlich oder ausführlich	sehr ausführlich oder ausführlich
Grundrechtsprüfung	ja	ja	ja	nein
Vollständigkeit der Grundrechtsprüfung	ja	ja	nein	–

In der Obergruppe B, die keine ausführlichen Aussagen zur Charta enthält, lassen sich sechs Untergruppen (B1 bis B6) bilden. Auch hier wird zunächst danach differenziert, ob der EuGH eine Grundrechtsprüfung vornimmt, und wenn ja, anhand welcher Grundrechtsquelle (Gruppen B1 und B2). Die Entscheidungen ohne Grundrechtsprüfung werden danach unterteilt, ob der Gerichtshof lediglich die Anwendbarkeit der Charta prüft (Gruppe B3), die GRC nur abstrakt erwähnt (Gruppe B4) oder aus prozessualen Gründen keine Prüfung vornimmt (Gruppe B5). Schließlich gibt es auch Entscheidungen, in denen die Charta nur von Verfahrensbeteiligten oder vom vorlegenden Gericht, nicht aber vom EuGH in seinen inhaltlichen Ausführungen, also etwa in seiner Antwort auf die Vorlagefrage oder in seiner Würdigung der Vorbringen im Rechtsmittelverfahren, genannt wird (Gruppe B6).

In den Entscheidungen der Obergruppe C schließlich vermischt der Gerichtshof die Prüfung von Charta und einer anderen Rechtsquelle (meist: Sekundärrecht) so stark, dass die Bedeutung der GRC nicht sicher festgestellt werden kann.

---
[95] Siehe Kapitel 2 C. II.
[96] Siehe zum Kriterium der Ausführlichkeit Kapitel 2 C. II. 2.
[97] Siehe zu diesem Kriterium Kapitel 2 C. II. 3. b).

Tabelle 3: Übersicht über Fallobergruppe B.

Fallgruppe	B1	B2	B3	B4	B5	B6
Ausführlichkeit			nicht ausführlich			
Grundrechtsprüfung	ja	ja	nein	nein	nein	nein
Beschreibung der Gruppe	Prüfung an Charta	Prüfung an EMRK oder allgemeinen Grundsätzen des Unionsrechts	nur Prüfung der Anwendbarkeit der Charta	nur Erwähnung der GRC durch EuGH/abstrakte Aussagen	keine Prüfung aus prozessualen Gründen/ausdrückliche Nichtprüfung	Charta nur von Verfahrensbeteiligten, vom vorlegenden Gericht oder im Rechtlichen Rahmen erwähnt

Eine umfassende chronologische Übersicht über sämtliche Entscheidungen, in denen die Charta zitiert wird, sowie deren Einordnung findet sich im Online-Anhang.[98] Im Folgenden werden die drei Obergruppen A, B und C mit ihren jeweiligen Untergruppen dargestellt (1 bis 3).

1. A-Gruppen – (sehr) ausführliche Aussagen zur Charta

In allen Entscheidungen der A-Gruppen[99] äußert sich der Gerichtshof ausführlich oder sehr ausführlich zur Charta.[100] Dabei nimmt er entweder eine sehr ausführliche (Gruppe A1, dazu a)) oder ausführliche (Gruppe A2, dazu b)) und zudem vollständige Grundrechtsprüfung an der Charta vor oder prüft die Grundrechte der Charta mindestens ausführlich, aber nicht vollständig (Gruppe A3, dazu c)). Schließlich fallen auch ausführliche und sehr ausführliche Äußerungen zur Charta unter diese Fallobergruppe, in denen der EuGH keine Grundrechtsprüfung vornimmt (Gruppe A4, dazu d)). Die Fallobergruppe A besteht aus 144 Urteilen und Beschlüssen sowie einem Gutachten.[101] Im Folgenden werden die Untergruppen der Gruppe A dargestellt und anhand von Beispielen veranschaulicht.

---

[98] Der Online-Anhang ist frei zugänglich unter https://zenodo.org/record/3551507, DOI 10.1628/978-3-16-159045-0-appendix.
[99] Siehe Online-Anhang, Gruppen A1 bis A4.
[100] Siehe zum Kriterium der Ausführlichkeit Kapitel 2 C. II. 2.
[101] Siehe Online-Anhang, Gruppen A1 bis A4.

a) A1 – sehr ausführliche und vollständige Grundrechtsprüfung anhand der Charta

In den Entscheidungen der Gruppe A1[102] nimmt der Gerichtshof eine sehr ausführliche[103] und vollständige[104] Grundrechtsprüfung anhand der Charta vor.

Zu dieser Gruppe gehören bekannte Entscheidungen wie Digital Rights Ireland und Seitlinger u. a. (C-293/12 und C-594/12), Volker und Markus Schecke und Eifert (C-92/09 und C-93/09) oder Sky Österreich (C-283/11), aber auch eher unbekanntere wie Neptune Distribution (C-157/14) und AGET Iraklis (C-201/15).[105] Insgesamt beinhaltet diese Fallgruppe 37 Urteile und ein Gutachten nach Art. 218 Abs. 11 AEUV. Mit Ausnahme dieses Gutachtens[106] handelt es sich ausnahmslos um Vorabentscheidungsverfahren.[107] 15 Entscheidungen wurden von der großen Kammer entschieden.[108] Die Entscheidungen dieser Gruppe werden im dritten Kapitel auf die Dogmatik der Grundrechtsprüfung hin näher untersucht und im vierten Kapitel kontextualisiert. Im Folgenden werden zwei Entscheidungen des Gerichtshofs der Gruppe A1 beispielhaft dargestellt. Das Urteil Sky Österreich (C-283/11) wurde ausgewählt, weil der EuGH hier eine klassische Grundrechtsprüfung vornimmt, bei der er die Vereinbarkeit einer Richtlinie mit der Charta überprüft (aa)). Das Urteil Liivimaa Lihaveis (C-562/12) hingegen ist schwerer einzuordnen, denn der Gerichtshof vermischt in diesem Fall die Prüfung der Charta mit der Prüfung von Sekundärrecht (bb)).

aa) Sky Österreich, C-283/11

Im Vorabentscheidungsverfahren Sky Österreich (C-283/11) geht es um die Frage, ob eine Richtlinie mit Art. 16 und Art. 17 GRC vereinbar ist, die vorsieht, dass Inhaber exklusiver Fernsehrechte, die durch die Richtlinie zur Einräumung eines Rechts auf Kurzberichterstattung verpflichtet sind, keine beziehungsweise nur eine sehr geringe Entschädigung erhalten, wenn sie anderen Fernsehsendern dieses Recht einräumen.[109] Zwar entsteht die Verpflichtung erst durch das nationale Umsetzungsgesetz, doch lässt die Richtlinie insofern keinen Umsetzungsspielraum.

Der Gerichtshof prüft die Richtlinie zunächst am Eigentumsrecht aus Art. 17 GRC[110] und anschließend an der unternehmerischen Freiheit gemäß Art. 16

---

[102] Siehe Online-Anhang, Gruppe A1.
[103] Siehe zum Kriterium der Ausführlichkeit Kapitel 2 C. II. 2.
[104] Siehe zum Kriterium der vollständigen Grundrechtsprüfung Kapitel 2 C. II. 3. b).
[105] Siehe zu allen Online-Anhang, Gruppe A1.
[106] EuGH, Gutachten v. 26.07.2017, Rs. Avis 1/15 *(Accord PNR UE-Canada)*.
[107] Siehe Online-Anhang, Gruppe A1.
[108] Zur Bedeutung der Größe des Spruchkörpers siehe Kapitel 4 B. VIII.
[109] EuGH, Urteil v. 22.01.2013, Rs. C-283/11 *(Sky Österreich)*, Rn. 30.
[110] EuGH, Urteil v. 22.01.2013, Rs. C-283/11 *(Sky Österreich)*, Rn. 31–40.

GRC.[111] Da er für Art. 17 GRC schon die Eröffnung des Schutzbereiches verneint,[112] fällt nur die Prüfung von Art. 16 GRC unter die Fallgruppe A1 und wird im Folgenden dargestellt. Hier nimmt der EuGH eine sehr ausführliche und vollständige Grundrechtsprüfung anhand der GRC vor, weswegen dieser Abschnitt des Urteils ein typisches Beispiel für die Fallgruppe A1 darstellt.

Im Rahmen seiner Prüfung der unternehmerischen Freiheit aus Art. 16 GRC führt der Gerichtshof zuerst den Gehalt dieses Grundrechts aus.[113] Unter anderem umfasse dieses Recht als Vertragsfreiheit „die freie Wahl des Geschäftspartners [...] sowie die Freiheit, den Preis für eine Leistung festzulegen".[114] Durch die streitige Richtlinie könne der Inhaber exklusiver Fernsehübertragungsrechte aber nicht frei wählen, mit welchen Fernsehveranstaltern er eine Vereinbarung schließe,[115] und er könne nicht frei über den Preis entscheiden, zu dem er den Zugang gewähre.[116] Die fragliche Vorschrift verwehre es einem solchen Inhaber insbesondere, Fernsehveranstalter, die Kurzberichte senden, an den Erwerbskosten der exklusiven TV-Rechte zu beteiligen. Sie stelle daher eine Einschränkung der unternehmerischen Freiheit der Inhaber exklusiver Fernsehübertragungsrechte dar.[117]

Dieser Eingriff könne jedoch – insbesondere vor dem Hintergrund des Wortlauts von Art. 16 GRC – gerechtfertigt sein.[118] Es sei eine Verhältnismäßigkeitsprüfung gemäß Art. 52 Abs. 1 GRC vorzunehmen.[119] Zunächst stellt der Gerichtshof jedoch fest, die Richtlinie taste den Wesensgehalt von Art. 16 GRC nicht an, da durch sie der Inhaber exklusiver Fernsehübertragungsrechte nicht an der Ausübung der unternehmerischen Tätigkeit als solcher gehindert werde. Gleichzeitig schließe die Vorschrift nicht aus, „dass dieser Inhaber sein Recht verwertet, indem er entweder selbst das fragliche Ereignis entgeltlich überträgt oder dieses Recht vertraglich gegen Entgelt an einen anderen Fernsehveranstalter oder einen beliebigen Wirtschaftsteilnehmer veräußert."[120]

Diesen Ausführungen zur Wesensgehaltsgarantie schließt sich eine ausführliche Verhältnismäßigkeitsprüfung an:[121] Nach Ansicht des EuGH verfolgt die streitige Richtlinie die legitimen[122] Ziele der Wahrung des durch Art. 11 Abs. 1 GRC garantierten Grundrechts auf Information sowie der Förderung des durch

---

[111] EuGH, Urteil v. 22.01.2013, Rs. C-283/11 *(Sky Österreich)*, Rn. 41–67.
[112] EuGH, Urteil v. 22.01.2013, Rs. C-283/11 *(Sky Österreich)*, Rn. 38 f.
[113] EuGH, Urteil v. 22.01.2013, Rs. C-283/11 *(Sky Österreich)*, Rn. 41–43.
[114] EuGH, Urteil v. 22.01.2013, Rs. C-283/11 *(Sky Österreich)*, Rn. 43.
[115] EuGH, Urteil v. 22.01.2013, Rs. C-283/11 *(Sky Österreich)*, Rn. 44.
[116] EuGH, Urteil v. 22.01.2013, Rs. C-283/11 *(Sky Österreich)*, Rn. 44.
[117] EuGH, Urteil v. 22.01.2013, Rs. C-283/11 *(Sky Österreich)*, Rn. 44.
[118] EuGH, Urteil v. 22.01.2013, Rs. C-283/11 *(Sky Österreich)*, Rn. 45 f.
[119] EuGH, Urteil v. 22.01.2013, Rs. C-283/11 *(Sky Österreich)*, Rn. 47.
[120] EuGH, Urteil v. 22.01.2013, Rs. C-283/11 *(Sky Österreich)*, Rn. 49.
[121] Vgl. EuGH, Urteil v. 22.01.2013, Rs. C-283/11 *(Sky Österreich)*, Rn. 50–67.
[122] EuGH, Urteil v. 22.01.2013, Rs. C-283/11 *(Sky Österreich)*, Rn. 52.

Art. 11 Abs. 2 GRC geschützten Pluralismus durch die Vielfalt der Nachrichten und Programme.[123]

Weiterhin sei die Norm auch geeignet, diese Ziele zu erreichen, da sie der Öffentlichkeit unabhängig von der Marktmacht oder Finanzkraft der Fernsehveranstalter Zugang zu Informationen von großem Interesse ermögliche.[124]

In der Prüfung der Erforderlichkeit stellt der Gerichtshof fest, eine weitere Kostenerstattung für die Inhaber exklusiver Fernsehübertragungsrechte sei weniger belastend, also milder.[125] Eine solche Kostenerstattung sei aber nicht gleich geeignet, das legitime Ziel zu erreichen, da es die Fernsehveranstalter aus finanziellen Gründen davon abhalten könne, Kurzberichte zu senden.[126] Dies würde den Zugang der Öffentlichkeit zu Informationen erheblich einschränken.[127] Die aktuelle Regelung sichere hingegen den Zugang zu dem Ereignis unter Wahrung des Gleichbehandlungsgrundsatzes.[128] So könne jeder Fernsehsender Kurzberichte senden.[129] Die entsprechende Vorschrift der Richtlinie sei daher erforderlich.[130]

Zuletzt prüft der Gerichtshof die Angemessenheit.[131] Bei Erlass der Richtlinie habe der Unionsgesetzgeber vor der Aufgabe gestanden, „die unternehmerische Freiheit auf der einen und das Grundrecht der Unionsbürger auf Information sowie die Freiheit und den Pluralismus der Medien auf der anderen Seite gegeneinander abzuwägen".[132] In einer solchen Situation widerstreitender grundrechtlicher Positionen müssten „die Erfordernisse des Schutzes dieser verschiedenen Rechte und Freiheiten miteinander in Einklang gebracht werden und [...] zwischen ihnen ein angemessenes Gleichgewicht" bestehen.[133]

Der Umfang des Eingriffs sei durch den Unionsgesetzgeber genau umgrenzt worden.[134] Auch könnten die Inhaber der exklusiven Rechte diese weiterhin entgeltlich verwerten.[135] Komme es zu einer Minderung des Marktwerts der Übertragungsrechte, könne dies bei den Vertragsverhandlungen über den Erwerb der fraglichen Rechte berücksichtigt werden.[136] Demgegenüber nehme die exklusive Vermarktung von Ereignissen von großem öffentlichen Interesse zu und sei geeignet, den Zugang der Öffentlichkeit zu Informationen über

---

[123] EuGH, Urteil v. 22.01.2013, Rs. C-283/11 *(Sky Österreich)*, Rn. 51.
[124] EuGH, Urteil v. 22.01.2013, Rs. C-283/11 *(Sky Österreich)*, Rn. 53.
[125] EuGH, Urteil v. 22.01.2013, Rs. C-283/11 *(Sky Österreich)*, Rn. 54.
[126] EuGH, Urteil v. 22.01.2013, Rs. C-283/11 *(Sky Österreich)*, Rn. 55.
[127] EuGH, Urteil v. 22.01.2013, Rs. C-283/11 *(Sky Österreich)*, Rn. 55.
[128] EuGH, Urteil v. 22.01.2013, Rs. C-283/11 *(Sky Österreich)*, Rn. 56.
[129] EuGH, Urteil v. 22.01.2013, Rs. C-283/11 *(Sky Österreich)*, Rn. 56.
[130] EuGH, Urteil v. 22.01.2013, Rs. C-283/11 *(Sky Österreich)*, Rn. 57.
[131] EuGH, Urteil v. 22.01.2013, Rs. C-283/11 *(Sky Österreich)*, Rn. 58–67.
[132] EuGH, Urteil v. 22.01.2013, Rs. C-283/11 *(Sky Österreich)*, Rn. 59.
[133] EuGH, Urteil v. 22.01.2013, Rs. C-283/11 *(Sky Österreich)*, Rn. 60.
[134] EuGH, Urteil v. 22.01.2013, Rs. C-283/11 *(Sky Österreich)*, Rn. 61.
[135] EuGH, Urteil v. 22.01.2013, Rs. C-283/11 *(Sky Österreich)*, Rn. 64.
[136] EuGH, Urteil v. 22.01.2013, Rs. C-283/11 *(Sky Österreich)*, Rn. 64.

diese Ereignisse stark einzuschränken.[137] Die Wertung des Unionsgesetzgebers sei daher nicht unverhältnismäßig.[138] Die Richtlinie verstoße insgesamt nicht gegen Art. 16 GRC.[139]

Der Gerichtshof nimmt in der vorliegenden Entscheidung eine sehr ausführliche Grundrechtsprüfung an Art. 16 GRC vor. Er prüft die widerstreitenden grundrechtlichen Interessen und die Verhältnismäßigkeit der streitigen Richtlinie intensiv. Gleichzeitig ist diese Prüfung vollständig und fällt daher in die Gruppe A1.

bb) Liivimaa Lihaveis, C-562/12

Das Urteil im Vorabentscheidungsverfahren Liivimaa Lihaveis (C-562/12) ist schwieriger einer Fallgruppe zuzuordnen, da der EuGH hier die Prüfung der Charta mit der Prüfung von Sekundärrecht vermischt. Im Verfahren geht es um die Verweigerung einer Beihilfe aus dem Europäischen Fonds für regionale Entwicklung durch eine nationale Behörde.[140] Das sogenannte operationelle Programm Estland-Lettland soll die europäische territoriale Zusammenarbeit fördern.[141] In diesem Zusammenhang können Beihilfen an Private vergeben werden.[142] Die Klägerin des Ausgangsverfahrens hatte einen solchen Antrag gestellt.[143] Ihr Antrag wurde jedoch durch ein einfaches Schreiben abgelehnt.[144] Nach dem Programmleitfaden können die Entscheidungen über die Gewährung oder Ablehnung von Beihilfen nicht angefochten werden.[145] Das vorlegende Gericht sah die Klägerin des Ausgangsverfahrens dadurch unter anderem in ihrem Recht aus Art. 47 GRC verletzt[146] und legte dem Gerichtshof drei Fragen zur Vorabentscheidung vor, wobei sich die erste Frage auf die Charta bezog.[147]

In der entsprechenden Antwort untersucht der EuGH, ob die einschlägige Verordnung in Verbindung mit Art. 47 der Charta so auszulegen sei, dass sie dem Ausschluss der Anfechtbarkeit einer Entscheidung über einen Beihilfeantrag entgegenstehe.[148] Obwohl das Komitee, das über die Gewährung der Beihilfen entscheide, kein Organ und keine Einrichtung oder sonstige Stelle der

---

[137] EuGH, Urteil v. 22.01.2013, Rs. C-283/11 *(Sky Österreich)*, Rn. 65.
[138] EuGH, Urteil v. 22.01.2013, Rs. C-283/11 *(Sky Österreich)*, Rn. 66 f.
[139] EuGH, Urteil v. 22.01.2013, Rs. C-283/11 *(Sky Österreich)*, Rn. 68.
[140] EuGH, Urteil v. 17.09.2014, Rs. C-562/12 *(Liivimaa Lihaveis)*, Rn. 2.
[141] EuGH, Urteil v. 17.09.2014, Rs. C-562/12 *(Liivimaa Lihaveis)*, Rn. 13.
[142] EuGH, Urteil v. 17.09.2014, Rs. C-562/12 *(Liivimaa Lihaveis)*, Rn. 30.
[143] EuGH, Urteil v. 17.09.2014, Rs. C-562/12 *(Liivimaa Lihaveis)*, Rn. 31.
[144] EuGH, Urteil v. 17.09.2014, Rs. C-562/12 *(Liivimaa Lihaveis)*, Rn. 33 f.
[145] EuGH, Urteil v. 17.09.2014, Rs. C-562/12 *(Liivimaa Lihaveis)*, Rn. 35.
[146] EuGH, Urteil v. 17.09.2014, Rs. C-562/12 *(Liivimaa Lihaveis)*, Rn. 39.
[147] EuGH, Urteil v. 17.09.2014, Rs. C-562/12 *(Liivimaa Lihaveis)*, Rn. 42.
[148] EuGH, Urteil v. 17.09.2014, Rs. C-562/12 *(Liivimaa Lihaveis)*, Rn. 57.

Union sei, sei eine Anwendung der Charta nicht ausgeschlossen.[149] Entscheidend sei vielmehr, ob mit dem Erlass des Programmleitfadens Unionsrecht im Sinne von Art. 51 Abs. 1 GRC durchgeführt werde.[150] Estland und Lettland seien durch EU-Recht zur Durchführung des Programms und insbesondere zur Einsetzung des Entscheidungskomitees unter Beachtung der Verordnungen verpflichtet gewesen.[151] Die Charta sei damit gemäß Art. 51 Abs. 1 GRC anwendbar.[152]

Bei der Prüfung von Art. 47 GRC legt der EuGH zunächst dessen Gewährleistungsinhalt dar[153] und führt dann aus, in einer Rechtssache wie der des Ausgangsverfahrens habe die Ablehnung eines Beihilfeantrags durch das Entscheidungskomitee den endgültigen Ausschluss des Antragstellers zur Folge,[154] da er keine Möglichkeit habe, die Ablehnungsentscheidung anzugreifen.[155] Der EuGH kommt zu folgendem Schluss: „Unter diesen Umständen beraubt das Fehlen eines Rechtsbehelfs gegen eine solche Ablehnungsentscheidung den Antragsteller seines Rechts auf einen wirksamen Rechtsbehelf und verstößt gegen Art. 47 der Charta."[156]

Trotz dieser Feststellung, die auf ein Vorliegen einer Grundrechtsverletzung und nicht nur eines Eingriffs hindeutet und damit das Ende der Prüfung nahelegt, setzt der Gerichtshof diese fort und führt aus, eine Einschränkung eines Grundrechts der Charta könne unter den Voraussetzungen von Art. 52 Abs. 1 GRC gerechtfertigt werden.[157] Das Fehlen eines Rechtsbehelfs gegen eine ablehnende Entscheidung eines Beihilfeantrags sei aber jedenfalls vom Entscheidungskomitee selbst und nicht vom Gesetz vorgesehen worden.[158] Aus diesem Grund liege ein Verstoß gegen Art. 47 GRC vor.[159]

In diesem Abschnitt des vorliegenden Urteils nimmt der Gerichtshof eine sehr ausführliche Grundrechtsprüfung (ca. 18 Randnummern zur Charta) vor. Diese ist auch vollständig: Zunächst untersucht der Gerichtshof die Anwendbarkeit der Charta, stellt dann den Schutzbereich dar, bejaht einen Eingriff und prüft schließlich die Rechtfertigung desselben. Dabei zieht der EuGH nicht die allgemeinen Grundsätze des Unionsrechts oder das Sekundärrecht, sondern die Bestimmungen der Charta als Prüfungsmaßstab heran. Auch wenn er im Ergeb-

---

[149] EuGH, Urteil v. 17.09.2014, Rs. C-562/12 *(Liivimaa Lihaveis)*, Rn. 60.
[150] EuGH, Urteil v. 17.09.2014, Rs. C-562/12 *(Liivimaa Lihaveis)*, Rn. 61.
[151] EuGH, Urteil v. 17.09.2014, Rs. C-562/12 *(Liivimaa Lihaveis)*, Rn. 63 f.
[152] EuGH, Urteil v. 17.09.2014, Rs. C-562/12 *(Liivimaa Lihaveis)*, Rn. 67.
[153] EuGH, Urteil v. 17.09.2014, Rs. C-562/12 *(Liivimaa Lihaveis)*, Rn. 67 f.
[154] EuGH, Urteil v. 17.09.2014, Rs. C-562/12 *(Liivimaa Lihaveis)*, Rn. 69.
[155] EuGH, Urteil v. 17.09.2014, Rs. C-562/12 *(Liivimaa Lihaveis)*, Rn. 70.
[156] EuGH, Urteil v. 17.09.2014, Rs. C-562/12 *(Liivimaa Lihaveis)*, Rn. 71, Französisch: „Dans ces conditions, l'absence de recours contre une telle décision de rejet prive le demandeur de son droit à un recours effectif, en violation de l'article 47 de la Charte".
[157] EuGH, Urteil v. 17.09.2014, Rs. C-562/12 *(Liivimaa Lihaveis)*, Rn. 72.
[158] EuGH, Urteil v. 17.09.2014, Rs. C-562/12 *(Liivimaa Lihaveis)*, Rn. 73.
[159] EuGH, Urteil v. 17.09.2014, Rs. C-562/12 *(Liivimaa Lihaveis)*, Rn. 74.

nissatz[160] und Tenor davon spricht, „die Verordnung Nr. 1083/2006 in Verbindung mit Art. 47 der Charta" ausgelegt zu haben, spielt die Verordnung nur bei der Frage, ob der Anwendungsbereich der Charta eröffnet ist, eine Rolle. Die Prüfung selbst ergeht zur Charta. Die Entscheidung ist daher in die Fallgruppe A1 einzuordnen.

b) A2 – ausführliche und vollständige Grundrechtsprüfung anhand der Charta

Wie in der Gruppe A1 nimmt der Gerichtshof auch in den Entscheidungen der Fallgruppe A2 eine vollständige[161] Grundrechtsprüfung anhand der GRC vor, die entsprechenden Ausführungen sind jedoch – anders als in A1 – nicht sehr ausführlich, sondern nur ausführlich[162].

Hierzu zählen zum Beispiel Teile der Entscheidung Delvigne (C-650/13) oder die Entscheidung Peftiev u. a. (C-314/13). Insgesamt beinhaltet diese Fallgruppe 32 Urteile und einen Beschluss. Davon wurden zehn Rechtssachen in der großen Kammer entschieden.[163] Auch die Entscheidungen dieser Gruppe werden im dritten Kapitel auf die Dogmatik der Grundrechtsprüfung hin näher untersucht und im vierten Kapitel kontextualisiert.

Im Folgenden werden zwei Entscheidungen des EuGH beispielhaft dargestellt. Während das Urteil Bayer CropScience und Stichting De Bijenstichting (C-442/14) eindeutig in die Fallgruppe A2 fällt und ein typisches Beispiel dieser Gruppe ist (aa)), verweist der Gerichtshof im Urteil Pillbox 38 (C-477/14) bei der Prüfung von Art. 16 GRC auf seine vorangegangene Untersuchung des allgemeinen Verhältnismäßigkeitsgrundsatzes (bb)).

aa) Bayer CropScience und Stichting De Bijenstichting, C-442/14

Im Urteil Bayer CropScience und Stichting De Bijenstichting (C-442/14) geht es um die Auslegung mehrerer sekundärrechtlicher Vorschriften in einem Rechtsstreit um die Offenlegung von Dokumenten, die eine Partei des Ausgangsrechtsstreits im Verfahren über die Genehmigung für das Inverkehrbringen bestimmter Pflanzenschutzmittel und Biozid-Produkte eingereicht hatte.[164] Der EuGH legt die Charta hier ausführlich aus und nimmt eine vollständige Grundrechtsprüfung an ihr vor, weswegen dieses Urteil ein typisches Beispiel der Fallgruppe A2 darstellt.

Ihm liegt folgender Sachverhalt zugrunde: Die Firma Bayer weigerte sich nach der Änderung der Zulassung mehrerer Pflanzenschutzmittel und eines

---
160 EuGH, Urteil v. 17.09.2014, Rs. C-562/12 *(Liivimaa Lihaveis)*, Rn. 75.
161 Siehe zum Kriterium der Vollständigkeit Kapitel 2 C. II. 3. b).
162 Siehe zum Kriterium der Ausführlichkeit Kapitel 2 C. II. 2.
163 Zur Bedeutung der Größe des Spruchkörpers siehe Kapitel 4 B. VIII.
164 EuGH, Urteil v. 23.11.2016, Rs. C-442/14 *(Bayer CropScience und Stichting De Bijenstichting)*, Rn. 1 f.

Biozid-Produkts, bestimmte Zulassungsdokumente an eine Bienenschutzorganisation herauszugeben.[165] Zur Begründung verwies sie auf das Urheberrecht, Geschäfts- und Betriebsgeheimnisse sowie das Recht auf Datenschutz.[166] Während die zuständige Behörde den entsprechenden Antrag der Bienenschutzorganisation zunächst vollumfänglich ablehnte,[167] gab sie ihm im Widerspruchsverfahren teilweise statt.[168] Gegen diese Entscheidung legten sowohl Bayer als auch die Bienenschutzorganisation Klage vor dem vorlegenden Gericht ein.[169] Dieses bat den Gerichtshof in mehreren Fragen um die Auslegung des einschlägigen Sekundärrechts, ohne aber auf die Charta oder die Grundrechte im Allgemeinen einzugehen.[170]

In seiner Antwort auf die Vorlagefragen 3 bis 7 und 9[171] legt der EuGH unter anderem den Begriff „Informationen über Emissionen in die Umwelt" im Sinne von Art. 4 Abs. 2 UAbs. 2 der Richtlinie 2003/4 aus.[172] Dabei kommt er zu dem Zwischenergebnis, bestimmte Angaben fielen unter diesen Begriff und seien daher offenzulegen.[173]

Diese Auslegung verstoße auch nicht, wie von Bayer und der deutschen Bundesregierung behauptet, gegen Art. 16 und Art. 17 GRC,[174] denn beide Grundrechte könnten unter den Voraussetzungen des Art. 52 Abs. 1 GRC eingeschränkt werden.[175] Entsprechend dem ihm insofern zustehenden Ermessen habe es aber der EU-Gesetzgeber bei der Abwägung dieser Rechte gegen die Ziele des Umweltschutzes und einer möglichst umfassenden Verbreitung von Umweltinformationen für erforderlich gehalten, als einzigen Ablehnungsgrund für die Bekanntgabe die Gefährdung von Geschäfts- oder Betriebsgeheimnis-

---

[165] EuGH, Urteil v. 23.11.2016, Rs. C-442/14 *(Bayer CropScience und Stichting De Bijenstichting)*, Rn. 19 f.

[166] EuGH, Urteil v. 23.11.2016, Rs. C-442/14 *(Bayer CropScience und Stichting De Bijenstichting)*, Rn. 21.

[167] EuGH, Urteil v. 23.11.2016, Rs. C-442/14 *(Bayer CropScience und Stichting De Bijenstichting)*, Rn. 22.

[168] EuGH, Urteil v. 23.11.2016, Rs. C-442/14 *(Bayer CropScience und Stichting De Bijenstichting)*, Rn. 23.

[169] EuGH, Urteil v. 23.11.2016, Rs. C-442/14 *(Bayer CropScience und Stichting De Bijenstichting)*, Rn. 28.

[170] EuGH, Urteil v. 23.11.2016, Rs. C-442/14 *(Bayer CropScience und Stichting De Bijenstichting)*, Rn. 34.

[171] EuGH, Urteil v. 23.11.2016, Rs. C-442/14 *(Bayer CropScience und Stichting De Bijenstichting)*, Rn. 50–103.

[172] EuGH, Urteil v. 23.11.2016, Rs. C-442/14 *(Bayer CropScience und Stichting De Bijenstichting)*, Rn. 82–102.

[173] Vgl. EuGH, Urteil v. 23.11.2016, Rs. C-442/14 *(Bayer CropScience und Stichting De Bijenstichting)*, Rn. 96.

[174] EuGH, Urteil v. 23.11.2016, Rs. C-442/14 *(Bayer CropScience und Stichting De Bijenstichting)*, Rn. 97.

[175] EuGH, Urteil v. 23.11.2016, Rs. C-442/14 *(Bayer CropScience und Stichting De Bijenstichting)*, Rn. 98.

C. Bildung von Fallgruppen

sen vorzusehen.[176] Die vom Gerichtshof im vorliegenden Urteil vorgenommene Auslegung führe aber „keineswegs" dazu, dass sämtliche Informationen über die Genehmigung für das Inverkehrbringen von Pflanzenschutzmitteln oder Biozid-Produkten offenzulegen seien.[177] Insbesondere müssten Daten, die sich auf „hypothetische Emissionen" bezögen, nicht herausgegeben werden.[178] Daher stelle diese Auslegung keine unverhältnismäßige Beeinträchtigung der Rechte aus Art. 16 und Art. 17 GRC dar.[179]

In diesem Abschnitt des vorliegenden Urteils legt der Gerichtshof die Charta ausführlich (vier Randnummern), aber nicht sehr ausführlich aus. Dabei nimmt er eine Grundrechtsprüfung an Art. 16 sowie Art. 17 GRC vor. In dieser prüft er zwar nicht ausdrücklich die Eröffnung des Schutzbereichs und das Vorliegen einer Einschränkung, die Prüfung ist aber trotzdem als vollständig im Sinne der vorliegenden Arbeit[180] anzusehen, da der Gerichtshof zumindest implizit eine Schutzbereichseinschränkung annimmt und anschließend deren Rechtfertigung untersucht.

Im restlichen Urteil wird die Charta nicht mehr erwähnt.

bb) Pillbox 38, C-477/14

Im Vorabentscheidungsverfahren Pillbox 38 (C-477/14) geht es um die Gültigkeit einer EU-Richtlinie, die die Rechts- und Verwaltungsvorschriften der Mitgliedstaaten über die Herstellung, die Aufmachung und den Verkauf von Tabakerzeugnissen und verwandten Erzeugnissen angleichen soll.[181] Das nationale Gericht bezweifelt, dass die durch die streitige Regelung den Herstellern und/oder Vertreibern von elektronischen Zigaretten auferlegten Verpflichtungen mit dem Primärrecht vereinbar sind. Als möglicherweise verletzt führt es unter anderem den Verhältnismäßigkeitsgrundsatz, den Grundsatz der Rechtssicherheit, den Gleichheitsgrundsatz und Art. 16 sowie Art. 17 GRC an.[182] Bei der hier relevanten Grundrechtskontrolle an Art. 16 GRC verweist der EuGH auf seine vorangegangene Untersuchung des allgemeinen Verhältnismäßigkeitsgrundsatzes. Trotzdem liegt insofern eine vollständige Prüfung an der Charta vor, da in der vorliegenden Arbeit eine Grundrechtsprüfung nur als unvollständig bezeichnet

---

[176] EuGH, Urteil v. 23.11.2016, Rs. C-442/14 *(Bayer CropScience und Stichting De Bijenstichting)*, Rn. 99.
[177] EuGH, Urteil v. 23.11.2016, Rs. C-442/14 *(Bayer CropScience und Stichting De Bijenstichting)*, Rn. 100.
[178] EuGH, Urteil v. 23.11.2016, Rs. C-442/14 *(Bayer CropScience und Stichting De Bijenstichting)*, Rn. 100.
[179] EuGH, Urteil v. 23.11.2016, Rs. C-442/14 *(Bayer CropScience und Stichting De Bijenstichting)*, Rn. 100.
[180] Siehe zum Kriterium der Vollständigkeit Kapitel 2 C. II. 3. b).
[181] EuGH, Urteil v. 04.05.2016, Rs. C-477/14 *(Pillbox 38)*, Rn. 1.
[182] EuGH, Urteil v. 04.05.2016, Rs. C-477/14 *(Pillbox 38)*, Rn. 13.

wird, wenn der Gerichtshof das Vorliegen einer Einschränkung verneint oder ganz wesentliche Teile der Prüfung dem vorlegenden Gericht überantwortet.

Im Rahmen seiner Ausführungen zu den Grundsätzen der Verhältnismäßigkeit und der Rechtssicherheit[183] stellt der EuGH zunächst fest, die streitige Bestimmung verbiete „im Wesentlichen kommerzielle Kommunikation und Sponsoring für elektronische Zigaretten und Nachfüllbehälter, sofern diese Praktiken auf eine Verkaufsförderung abzielen oder sie – direkt oder indirekt – bewirken."[184] Gegen die Gültigkeit dieses Verbots werde vorgebracht, es habe eine „unverhältnismäßige Wirkung auf einen Markt, der in der Entwicklung begriffen sei, während für Tabakerzeugnisse über viele Jahre geworben worden sei und sie sich auf dem Markt nachhaltig hätten etablieren können."[185] Das Verbot sei außerdem so weit gefasst, dass es auch den Online-Verkauf von elektronischen Zigaretten untersage, obwohl für Tabakerzeugnisse kein entsprechendes Verbot gelte.[186] Nach Ansicht des Gerichtshofs ist die Regelung dagegen geeignet und erforderlich, ihr Ziel, eine einheitliche Regelung mit hohem Schutzniveau für die menschliche Gesundheit zu schaffen, zu erreichen.[187] Nur weil es für Tabakprodukte viele Jahre lang Werbekampagnen gegeben habe, führe dies nicht dazu, dass solche Werbung auch für E-Zigaretten zugelassen werden müsse. Nach dem Vorsorgeprinzip, das unter anderem in Art. 35 S. 2 GRC verankert sei, sei der EU-Gesetzgeber vielmehr zum Handeln verpflichtet gewesen, sobald wissenschaftliche Erkenntnisse die gesundheitlichen Risiken dieses neuen Erzeugnisses nahelegten.[188] Die hier streitige Norm sei damit im Hinblick auf die Verhältnismäßigkeit und die Rechtssicherheit nicht ungültig.[189]

In diesem Abschnitt des vorliegenden Urteils nimmt der EuGH keine Grundrechtsprüfung an der Charta vor, sondern zitiert die GRC nur im Rahmen seiner Auslegung der Grundsätze der Verhältnismäßigkeit und Rechtssicherheit.

Bei seiner Prüfung an Art. 16 GRC[190] geht der Gerichtshof dagegen zunächst auf den Schutzbereich der unternehmerischen Freiheit ein. Diesen sieht er – unter Rückgriff auf die Erläuterungen zu Art. 16 GRC – für eröffnet an.[191] Das oben genannte Verbot stelle zudem einen Eingriff in dieses Recht dar,[192] der jedoch unter den Voraussetzungen des Art. 52 Abs. 1 GRC gerechtfertigt werden könne.[193] Im vorliegenden Fall sei die Einschränkung gesetzlich vorgesehen

---

[183] EuGH, Urteil v. 04.05.2016, Rs. C-477/14 *(Pillbox 38)*, Rn. 46–141.
[184] EuGH, Urteil v. 04.05.2016, Rs. C-477/14 *(Pillbox 38)*, Rn. 109.
[185] EuGH, Urteil v. 04.05.2016, Rs. C-477/14 *(Pillbox 38)*, Rn. 110.
[186] Vgl. EuGH, Urteil v. 04.05.2016, Rs. C-477/14 *(Pillbox 38)*, Rn. 110.
[187] EuGH, Urteil v. 04.05.2016, Rs. C-477/14 *(Pillbox 38)*, Rn. 111–115.
[188] EuGH, Urteil v. 04.05.2016, Rs. C-477/14 *(Pillbox 38)*, Rn. 116.
[189] EuGH, Urteil v. 04.05.2016, Rs. C-477/14 *(Pillbox 38)*, Rn. 118.
[190] Vgl. EuGH, Urteil v. 04.05.2016, Rs. C-477/14 *(Pillbox 38)*, Rn. 154–162.
[191] EuGH, Urteil v. 04.05.2016, Rs. C-477/14 *(Pillbox 38)*, Rn. 154 f.
[192] EuGH, Urteil v. 04.05.2016, Rs. C-477/14 *(Pillbox 38)*, Rn. 156.
[193] EuGH, Urteil v. 04.05.2016, Rs. C-477/14 *(Pillbox 38)*, Rn. 157–160.

und berühre nicht den Wesensgehalt von Art. 16 GRC, da keine Bestimmung der Richtlinie die Wirtschaftsteilnehmer daran hindere, E-Zigaretten und entsprechendes Zubehör herzustellen und in den Verkehr zu bringen.[194] Hinsichtlich der Verhältnismäßigkeit verweist der EuGH auf die oben besprochene Passage zur Verhältnismäßigkeit von Art. 20 Abs. 5 der Richtlinie.[195]

Der Gerichtshof baut seine Prüfung von Art. 16 GRC damit dreistufig nach Schutzbereich, Eingriff und Rechtfertigung auf. Obwohl er in der Verhältnismäßigkeitsprüfung lediglich auf seine Ausführungen zum allgemeinen Verhältnismäßigkeitsgrundsatz verweist, ist die Prüfung als vollständige Grundrechtsprüfung anhand der Charta einzustufen, da der EuGH im Übrigen die fragliche Maßnahme an der GRC und nicht ausschließlich an einem allgemeinen Rechtsgrundsatz wie dem allgemeinen Grundsatz der Verhältnismäßigkeit prüft. Er äußert sich zur Eröffnung des Schutzbereiches und bejaht das Vorliegen einer Einschränkung.

c) A3 – (sehr) ausführliche, aber nicht vollständige Grundrechtsprüfung anhand der Charta

In der Fallgruppe A3 nimmt der Gerichtshof eine Grundrechtsprüfung anhand der Charta vor, diese ist aber nicht vollständig im Sinne der vorliegenden Arbeit,[196] da er beispielsweise bereits die Eröffnung des Schutzbereiches verneint oder die Grundrechtsprüfung im Wesentlichen dem nationalen Gericht überlässt.[197] Die Charta-bezogenen Abschnitte in A3 können ausführlich oder sehr ausführlich sein. Sind sie hingegen nicht ausführlich, fällt der entsprechende Abschnitt unter die Fallgruppe B1. Die Entscheidungen der Gruppe A3 werden im dritten Kapitel insbesondere auf die Dogmatik der Schutzbereichs- und Einschränkungsprüfung hin näher untersucht.[198]

Insgesamt beinhaltet diese Fallgruppe 66 Urteile und Beschlüsse. Im Folgenden werden zwei Entscheidungen des Gerichtshofs beispielhaft dargestellt. Während der EuGH im Vorabentscheidungsverfahren Ezernieki (C-273/15) die Eröffnung des Schutzbereiches verneint (aa)), fällt die Einordnung als unvollständig im Urteil Otis u. a. (C-199/11) schwerer (bb)).

aa) Ezernieki, C-273/15

Im Vorabentscheidungsverfahren Ezernieki (C-273/15), in dem es um die Rückforderung von Agrarumweltbeihilfen wegen Nichterfüllung sämtlicher Beihil-

---
[194] EuGH, Urteil v. 04.05.2016, Rs. C-477/14 *(Pillbox 38)*, Rn. 161.
[195] EuGH, Urteil v. 04.05.2016, Rs. C-477/14 *(Pillbox 38)*, Rn. 162.
[196] Siehe zum Kriterium der Vollständigkeit Kapitel 2 C. II. 3. b).
[197] Vgl. dazu auch *J. Kühling*, ZÖR 68 (2013), S. 469 (477).
[198] Siehe Kapitel 3 B. II und Kapitel 3 B. III.

fevoraussetzungen geht,[199] verneint der Gerichtshof bereits die Eröffnung des Schutzbereiches von Art. 17 GRC.

Das nationale Gericht legte dem EuGH in dieser Rechtssache vier Fragen zur Vorabentscheidung vor, von denen sich zwei auf die Auslegung von Art. 17 beziehungsweise Art. 52 GRC beziehen.[200] Im zugrunde liegenden Fall ging es um eine nationale Regelung, nach der ein Beihilfeempfänger sämtliche bereits erhaltenen Beihilfen zurückzahlen muss, wenn er seinen Verpflichtungen für deren Gewährung zum Teil nicht nachgekommen ist. Der Gerichtshof prüft insofern, ob die hier einschlägige Verordnung „im Hinblick [...] auf den Verhältnismäßigkeitsgrundsatz und auf die Art. 17 und 52 der Charta" dahin auszulegen ist, dass sie dieser Regelung entgegensteht.[201]

Unter Auslegung des Sekundärrechts und ohne auf die Charta Bezug zu nehmen, kommt der EuGH zu dem Zwischenergebnis, die Fortsetzung der Beihilfezahlung, die dem Beihilfeempfänger im Gegenzug zu seinen Verpflichtungen gewährt werde, sei nicht gerechtfertigt, wenn der Empfänger die Voraussetzungen für die Gewährung nur teilweise erfüllt habe.[202] Der Empfänger müsse sämtliche bereits gezahlten Beträge für Beihilfen zurückzahlen, von denen er ausgeschlossen worden sei.[203]

Eine andere Auslegung ergebe sich auch nicht aus Art. 17 und Art. 52 GRC.[204] Die Pflicht zur Rückzahlung einer nicht rechtmäßig gezahlten Beihilfe wegen des Verstoßes gegen eine ihrer Gewährungsvoraussetzungen könne nicht mit einem Eingriff in das Eigentumsrecht aus Art. 17 GRC gleichgestellt werden.[205] Aus dem Wortlaut der Sekundärrechtsnorm, die die Grundlage der Auszahlung der streitigen Beihilfen an den Kläger des Ausgangsverfahrens bilde, ergebe sich nämlich, dass dieser bei Nichterfüllung der Zahlungsvoraussetzungen verpflichtet sei, sie zurückzuzahlen.[206] Art. 17 GRC werde insofern nicht beschränkt, weswegen auch keine Prüfung der Rechtfertigung gemäß Art. 52 GRC vorzunehmen sei.[207]

In diesem Urteil bleibt zunächst unklar, ob der EuGH das Vorliegen eines Eingriffs in Art. 17 GRC oder bereits die Eröffnung des Schutzbereiches verneint, da er beide Punkte als „Beschränkung"[208] zusammenzieht. Trotz der Wortwahl des Gerichtshofs in Randnummer 47, in der er vom Nichtvorliegen

---

[199] EuGH, Urteil v. 26.05.2016, Rs. C-273/15 *(Ezernieki)*, Rn. 2.
[200] EuGH, Urteil v. 26.05.2016, Rs. C-273/15 *(Ezernieki)*, Rn. 28.
[201] EuGH, Urteil v. 26.05.2016, Rs. C-273/15 *(Ezernieki)*, Rn. 29.
[202] Vgl. EuGH, Urteil v. 26.05.2016, Rs. C-273/15 *(Ezernieki)*, Rn. 40.
[203] Vgl. EuGH, Urteil v. 26.05.2016, Rs. C-273/15 *(Ezernieki)*, Rn. 41.
[204] EuGH, Urteil v. 26.05.2016, Rs. C-273/15 *(Ezernieki)*, Rn. 42.
[205] EuGH, Urteil v. 26.05.2016, Rs. C-273/15 *(Ezernieki)*, Rn. 47.
[206] EuGH, Urteil v. 26.05.2016, Rs. C-273/15 *(Ezernieki)*, Rn. 48.
[207] EuGH, Urteil v. 26.05.2016, Rs. C-273/15 *(Ezernieki)*, Rn. 49 f.
[208] EuGH, Urteil v. 26.05.2016, Rs. C-273/15 *(Ezernieki)*, Rn. 50.

eines Eingriffs spricht,[209] liegt es näher, anzunehmen, dass der EuGH schon den Schutzbereich der Eigentümerfreiheit für nicht eröffnet ansieht, da er feststellt, der Begünstigte der Agrarsubventionen könne sich nicht auf den Schutz des Art. 17 GRC berufen.[210] Die diesbezüglichen Aussagen sind ausführlich (fünf Randnummern), auch wenn der Gerichtshof letztlich die Eröffnung des Schutzbereiches verneint. Die Grundrechtsprüfung ist damit nicht vollständig im Sinne der vorliegenden Arbeit und die Entscheidung in die Gruppe A3 einzusortieren.

bb) Otis u. a., C-199/11

In der Rechtssache Otis u. a. (C-199/11) geht es um die Frage, ob die Kommission die Union auch in einem privatrechtlichen nationalen Verfahren vertreten kann, in dem letztere Schadensersatz wegen kartellrechtswidriger, überhöhter Preise verlangt, wenn die Kommission vorher selbst im Rahmen ihrer Zuständigkeiten das Verfahren gegen die Unternehmen im Kartell durchgeführt hat. Die Einordnung dieses Urteils fällt gegenüber der Eingruppierung im Fall Ezernieki (C-273/15) schwerer: Zwar ist der Charta-bezogene Abschnitt sehr ausführlich, es ist aber nicht eindeutig, ob die Grundrechtsprüfung des EuGH vollständig im Sinne dieser Arbeit ist.[211]

Der Gerichtshof erklärt zunächst, die Kommission könne die Union grundsätzlich auch in einer solchen Situation vertreten.[212] Anschließend prüft er jedoch die Frage, ob Art. 47 GRC die Kommission daran hindere, im Namen der EU vor einem nationalen Gericht auf Ersatz des Schadens zu klagen, der der Union aufgrund eines Verhaltens entstanden sei, das die Kommission vorher selbst als Verstoß gegen das EU-Kartellrecht festgestellt hatte.[213] Das vorlegende Gericht hatte besonders insofern Zweifel, als die Entscheidung der Kommission in einem Kartellverfahren für das nationale Gericht bindend ist.[214] Die Kommission könnte somit Richterin in eigener Sache sein.[215]

Der EuGH führt hierzu aus, der Union stünden grundsätzlich die gleichen Rechte zu wie anderen durch ein Kartell Geschädigten.[216] Bei der Ausübung dieser Rechte seien jedoch die Grundrechte der Beklagten zu beachten, „wie sie insbesondere in der Charta gewährleistet sind."[217] Der Grundsatz des effektiven

---

[209] Vgl. EuGH, Urteil v. 26.05.2016, Rs. C-273/15 *(Ezernieki)*, Rn. 47.
[210] Vgl. EuGH, Urteil v. 26.05.2016, Rs. C-273/15 *(Ezernieki)*, Rn. 49.
[211] Siehe zum Kriterium der Vollständigkeit Kapitel 2 C. II. 3. b).
[212] EuGH, Urteil v. 06.11.2012, Rs. C-199/11 *(Otis u. a.)*, Rn. 36.
[213] EuGH, Urteil v. 06.11.2012, Rs. C-199/11 *(Otis u. a.)*, Rn. 37.
[214] EuGH, Urteil v. 06.11.2012, Rs. C-199/11 *(Otis u. a.)*, Rn. 38.
[215] EuGH, Urteil v. 06.11.2012, Rs. C-199/11 *(Otis u. a.)*, Rn. 39.
[216] EuGH, Urteil v. 06.11.2012, Rs. C-199/11 *(Otis u. a.)*, Rn. 41–44.
[217] EuGH, Urteil v. 06.11.2012, Rs. C-199/11 *(Otis u. a.)*, Rn. 45.

gerichtlichen Rechtsschutzes sei nunmehr in Art. 47 GRC verankert[218] und umfasse unter anderem den Grundsatz der Waffengleichheit sowie das Recht auf Zugang zu den Gerichten.[219]

Der Gerichtshof prüft als Erstes dieses Recht auf Zugang zu einem Gericht.[220] Er präzisiert, ein „Gericht" könne nur dann nach Maßgabe von Art. 47 GRC über Streitigkeiten in Bezug auf Rechte und Pflichten aus dem Unionsrecht entscheiden, wenn es zur Prüfung sämtlicher für die bei ihm anhängige Streitigkeit relevanten Tatsachen- und Rechtsfragen befugt sei.[221] Die Gerichte der Mitgliedstaaten dürften zwar keine Entscheidungen erlassen, die einer Entscheidung der Kommission in einem kartellrechtlichen Verfahren zuwiderliefen,[222] dies führe aber für die Beklagten nicht zu einem Verlust des Rechts auf Zugang zu einem Gericht im Sinne von Art. 47 GRC.[223] Dieser Rechtsschutz werde nämlich auf Unionsebene gewährleistet.[224] Den Einwand der Beklagten des Ausgangsverfahrens, die Rechtmäßigkeitskontrolle im Bereich des Wettbewerbsrechts durch die Unionsgerichte sei insbesondere wegen des Wertungsspielraums, den diese Gerichte der Kommission in Wirtschaftsfragen zugestehen würden, unvollständig,[225] lehnt der Gerichtshof mit der Begründung ab, tatsächlich hätten die Unionsgerichte eine umfassende Kontrollbefugnis und könnten die Entscheidungen der Kommission für nichtig erklären. Die Rechtmäßigkeitskontrolle entspreche daher dem in Art. 47 GRC verankerten Grundsatz des effektiven gerichtlichen Rechtsschutzes.[226]

Auch das Vorbringen, die Unionsgerichtsbarkeit sei nicht unabhängig, da sie selbst ein Unionsorgan sei, weist der EuGH zurück.[227] Außerdem komme dem nationalen Gericht im Schadensersatzprozess noch ein gewisser Entscheidungsspielraum zu.[228] Die Kommission sei damit nicht Richterin in eigener Sache.[229]

Zur Frage des vorlegenden Gerichts, ob der Grundsatz der Waffengleichheit verletzt sei, da die Kommission die Untersuchung des Kartells selbst durchgeführt habe,[230] erklärt der Gerichtshof, dieser Grundsatz gebiete es, jeder Partei angemessen zu ermöglichen, sowohl ihre Ansicht als auch ihre Beweise unter Bedingungen vorzutragen, die sie nicht in eine gegenüber ihrem Geg-

---

[218] EuGH, Urteil v. 06.11.2012, Rs. C-199/11 *(Otis u. a.)*, Rn. 46.
[219] EuGH, Urteil v. 06.11.2012, Rs. C-199/11 *(Otis u. a.)*, Rn. 48.
[220] EuGH, Urteil v. 06.11.2012, Rs. C-199/11 *(Otis u. a.)*, Rn. 49 ff.
[221] EuGH, Urteil v. 06.11.2012, Rs. C-199/11 *(Otis u. a.)*, Rn. 49.
[222] EuGH, Urteil v. 06.11.2012, Rs. C-199/11 *(Otis u. a.)*, Rn. 54.
[223] EuGH, Urteil v. 06.11.2012, Rs. C-199/11 *(Otis u. a.)*, Rn. 55.
[224] EuGH, Urteil v. 06.11.2012, Rs. C-199/11 *(Otis u. a.)*, Rn. 56.
[225] EuGH, Urteil v. 06.11.2012, Rs. C-199/11 *(Otis u. a.)*, Rn. 58.
[226] EuGH, Urteil v. 06.11.2012, Rs. C-199/11 *(Otis u. a.)*, Rn. 63.
[227] EuGH, Urteil v. 06.11.2012, Rs. C-199/11 *(Otis u. a.)*, Rn. 64.
[228] EuGH, Urteil v. 06.11.2012, Rs. C-199/11 *(Otis u. a.)*, Rn. 65 f.
[229] EuGH, Urteil v. 06.11.2012, Rs. C-199/11 *(Otis u. a.)*, Rn. 67.
[230] EuGH, Urteil v. 06.11.2012, Rs. C-199/11 *(Otis u. a.)*, Rn. 68.

C. Bildung von Fallgruppen

ner deutlich nachteilige Position versetzten.[231] Dadurch sei für alle Verfahrensbeteiligten sichergestellt, jedes Dokument, das dem Gericht vorgelegt werde, kontrollieren und in Frage stellen zu können. Da sich die Kommission aber vor dem nationalen Gericht nur auf den nichtvertraulichen Teil ihrer kartellrechtlichen Entscheidung berufen habe, sei ein Verstoß gegen den Grundsatz der Waffengleichheit ausgeschlossen.[232] Außerdem sichere das Unionsrecht die Verfahrensrechte der Beklagten.[233]

Insgesamt liege damit kein Verstoß gegen Art. 47 GRC vor.[234]

Der EuGH nimmt hier eine sehr ausführliche Prüfung der Grundrechte (ca. 31 Randnummern) vor. Es ist jedoch nicht immer klar, welchen grundrechtlichen Maßstab er seiner Kontrolle zugrunde legt. Dies gilt insbesondere für die Ausführungen zum Grundsatz der Waffengleichheit.[235] Hier erwähnt der Gerichtshof die Charta gar nicht und zitiert nur ein Urteil, in dem die GRC lediglich im Rechtlichen Rahmen erwähnt wird.[236] Zum Schluss seiner Prüfung verweist der EuGH auf die Rechtsprechung des EGMR.[237] Man könnte daher annehmen, der Gerichtshof prüfe anhand der EMRK beziehungsweise der Grundrechte als allgemeiner Grundsätze des Unionsrechts und nicht anhand der Charta. In der Beschreibung des Gewährleistungsinhalts von Art. 47 GRC stellt er aber fest, der dort verankerte Grundsatz des effektiven Rechtsschutzes umfasse auch den Grundsatz der Waffengleichheit.[238] Im Ergebnissatz bezieht sich der EuGH zudem nur auf Art. 47 GRC und nicht auf einen eigenständigen Grundsatz oder die EMRK.[239] Die Prüfung ergeht damit zur Charta.[240]

Unklar scheint aber auch, ob die Grundrechtsprüfung vollständig im Sinne dieser Arbeit ist. Eine ausdrückliche Rechtfertigungsprüfung nimmt der Gerichtshof nicht vor. Art. 47 GRC wird meist als Leistungsrecht eingestuft.[241] Die Literatur befürwortet für diese Rechte zwar überwiegend eine dreistufige Prüfung (einschließlich Rechtfertigung[242]).[243] Die Formulierungen des EuGH

---

[231] EuGH, Urteil v. 06.11.2012, Rs. C-199/11 *(Otis u. a.)*, Rn. 71.
[232] EuGH, Urteil v. 06.11.2012, Rs. C-199/11 *(Otis u. a.)*, Rn. 73.
[233] EuGH, Urteil v. 06.11.2012, Rs. C-199/11 *(Otis u. a.)*, Rn. 74 f.
[234] EuGH, Urteil v. 06.11.2012, Rs. C-199/11 *(Otis u. a.)*, Rn. 77.
[235] Vgl. EuGH, Urteil v. 06.11.2012, Rs. C-199/11 *(Otis u. a.)*, Rn. 68–76.
[236] Vgl. EuGH, Urteil v. 06.11.2012, Rs. C-199/11 *(Otis u. a.)*, Rn. 71.
[237] EuGH, Urteil v. 06.11.2012, Rs. C-199/11 *(Otis u. a.)*, Rn. 76.
[238] EuGH, Urteil v. 06.11.2012, Rs. C-199/11 *(Otis u. a.)*, Rn. 48.
[239] Vgl. EuGH, Urteil v. 06.11.2012, Rs. C-199/11 *(Otis u. a.)*, Rn. 77.
[240] Vgl. auch zu Art. 52 Abs. 3 GRC, der Kohärenz zwischen der EMRK und der Auslegung der GRC herstellen soll, Kapitel 3 A. I. 4. b).
[241] *H. D. Jarass*, Charta der Grundrechte der Europäischen Union, 3. Aufl. 2016, Art. 52 Rn. 20; *K. F. Gärditz*, Schutzbereich und Grundrechtseingriff, in: C. Grabenwarter (Hrsg.), Europäischer Grundrechteschutz (EnzEuR Band 2), 2014, § 4, Rn. 53.
[242] *H. D. Jarass*, Charta der Grundrechte der Europäischen Union, 3. Aufl. 2016, Art. 52 Rn. 20 sowie Art. 47 Rn. 14.
[243] Vgl. z. B. *H. D. Jarass*, Charta der Grundrechte der Europäischen Union, 3. Aufl. 2016, Art. 41 Rn. 9–12 bzw. Art. 47 Rn. 6–16a; vgl. aber *K. F. Gärditz*, Schutzbereich und Grund-

sprechen aber eher dafür, dass er hier schon das Vorliegen einer Einschränkung verneint:[244] Die Beklagten behielten ihr Recht auf Zugang zu einem Gericht im Sinne von Art. 47 GRC.[245] Die Kommission sei nicht Richterin in eigener Sache.[246] Ein Verstoß gegen den Grundsatz der Waffengleichheit sei unter den Umständen des Ausgangsfalles „ausgeschlossen".[247] Es ist daher anzunehmen, dass der Gerichtshof im Urteil Otis u. a. das Vorliegen einer Grundrechtseinschränkung verneint. Die Prüfung ist damit nicht vollständig im Sinne dieser Arbeit.

d) A4 – (sehr) ausführliche Aussagen zur Charta ohne Grundrechtsprüfung

Auch in den Entscheidungen, die die Fallgruppe A4 bilden, äußert sich der Gerichtshof ausführlich oder sehr ausführlich zur Charta, nimmt aber keine Grundrechtsprüfung vor, untersucht also nicht, ob ein Grundrecht im konkreten Fall verletzt ist.[248] Zu dieser Gruppe zählen beispielsweise die Auslegung von Art. 51 Abs. 1 GRC im ersten Teil des Urteils Åkerberg Fransson (C-617/10) und die Interpretation von Art. 53 GRC im Rahmen der dritten Vorlagefrage des Urteils Melloni (C-399/11). Beide Entscheidungen sind typische Beispiele für die Gruppe A4 und werden daher im Folgenden dargestellt (aa) und bb)). Ebenso nimmt der EuGH im Fall Petruhhin (C-182/15) keine Grundrechtsprüfung vor, sondern äußert sich lediglich abstrakt zu den Anforderungen der Charta (cc)). Unter die Fallgruppe A4 fallen nur 18 Entscheidungen. Da sich die Analyse im dritten Kapitel mit der Grundrechtsprüfung des Gerichtshofs beschäftigt, werden die Entscheidungen dieser Fallgruppe dort nicht weiter behandelt.

aa) Åkerberg Fransson, C-617/10 (Teil 1)

Im Urteil Åkerberg Fransson (C-617/10) geht es einerseits um den Anwendungsbereich der Charta im Hinblick auf Handlungen der Mitgliedstaaten (Art. 51 Abs. 1 S. 1 GRC) und andererseits um den in Art. 50 GRC verankerten *ne bis in idem*-Grundsatz in einem Fall von Steuerhinterziehung. Die Charta wird insgesamt 45-mal im Urteil zitiert. Die sehr ausführliche Auslegung von Art. 51 Abs. 1 S. 1 GRC ist keine Grundrechtsprüfung, sondern klar von letzterer[249] getrennt und damit ein repräsentatives Beispiel für die Fallgruppe A4.

---

rechtseingriff, in: C. Grabenwarter (Hrsg.), Europäischer Grundrechteschutz (EnzEuR Band 2), 2014, § 4, Rn. 53.
[244] So auch *M. Steinbeis*, Die verschiedenen Köpfe der EU-Kommission, VerfBlog, 06.11.2012 (geprüft am 04.09.2019).
[245] EuGH, Urteil v. 06.11.2012, Rs. C-199/11 *(Otis u. a.)*, Rn. 55.
[246] EuGH, Urteil v. 06.11.2012, Rs. C-199/11 *(Otis u. a.)*, Rn. 67.
[247] EuGH, Urteil v. 06.11.2012, Rs. C-199/11 *(Otis u. a.)*, Rn. 73.
[248] Siehe zu diesem Kriterium Kapitel 2 C. II. 3. a).
[249] Die Grundrechtsprüfung (A3) findet sich in EuGH, Urteil v. 26.02.2013, Rs. C-617/10 *(Åkerberg Fransson)*, Rn. 32–37.

C. Bildung von Fallgruppen

Hans Åkerberg Fransson wurde im Ausgangsverfahren vor einem Strafgericht angeklagt, Steuern hinterzogen zu haben.[250] Zuvor waren ihm bereits verwaltungsrechtlich Steuerzuschläge auferlegt worden. Das nationale Gericht fragte den EuGH, ob es der strafrechtlichen Verurteilung entgegenstehe, dass der Angeklagte wegen derselben Tat bereits die Steuerzuschläge zahlen musste.[251] Dies könnte gegen das Doppelbestrafungsverbot aus Art. 4 des Protokolls Nr. 7 zur EMRK und Art. 50 GRC verstoßen.[252]

Der Gerichtshof prüft zunächst, ob die Vorlagefragen zulässig sind.[253] Mehrere Mitgliedstaaten und die Kommission machten insofern geltend, weder die nationale Rechtsvorschrift, aufgrund derer die steuerlichen Sanktionen festgesetzt worden seien, noch diejenige, auf der die Anklage beruhe, sei als Durchführung des Unionsrechts im Sinne von Art. 51 Abs. 1 S. 1 GRC zu qualifizieren.[254]

In der entsprechenden Würdigung legt der EuGH zunächst die Maßstäbe seiner Prüfung dar.[255] Insbesondere bestätige Art. 51 Abs. 1 S. 1 GRC seine bisherige Rechtsprechung zu der Frage, inwieweit das Handeln der Mitgliedstaaten den Anforderungen genügen müsse, die sich aus den Unionsgrundrechten ergäben.[256] Aus dieser Rechtsprechung folge vor allem, „dass die in der Unionsrechtsordnung garantierten Grundrechte in allen unionsrechtlich geregelten Fallgestaltungen, aber nicht außerhalb derselben Anwendung finden."[257] Falle eine Vorschrift in den Geltungsbereich des Unionsrechts, müsse der im Rahmen eines Vorabentscheidungsersuchens angerufene Gerichtshof dem vorlegenden Gericht alle Auslegungshinweise geben, die es benötige, um die Vereinbarkeit dieser Regelung mit den unionsrechtlichen Grundrechten beurteilen zu können.[258] Diese Auslegung werde auch durch die Erläuterungen zur Charta bestätigt.[259] Dementsprechend sind „keine Fallgestaltungen denkbar, die vom Unionsrecht erfasst würden, ohne dass diese Grundrechte anwendbar wären. Die Anwendbarkeit des Unionsrechts umfasst die Anwendbarkeit der durch die Charta garantierten Grundrechte."[260]

Bei der anschließenden Subsumtion[261] stellt der EuGH fest, die gegen den Angeklagten festgesetzten steuerlichen Sanktionen und das gegen ihn eingelei-

---
[250] EuGH, Urteil v. 26.02.2013, Rs. C-617/10 *(Åkerberg Fransson)*, Rn. 12.
[251] EuGH, Urteil v. 26.02.2013, Rs. C-617/10 *(Åkerberg Fransson)*, Rn. 15.
[252] EuGH, Urteil v. 26.02.2013, Rs. C-617/10 *(Åkerberg Fransson)*, Rn. 14.
[253] EuGH, Urteil v. 26.02.2013, Rs. C-617/10 *(Åkerberg Fransson)*, Rn. 16–31.
[254] EuGH, Urteil v. 26.02.2013, Rs. C-617/10 *(Åkerberg Fransson)*, Rn. 16.
[255] Vgl. EuGH, Urteil v. 26.02.2013, Rs. C-617/10 *(Åkerberg Fransson)*, Rn. 17–23.
[256] EuGH, Urteil v. 26.02.2013, Rs. C-617/10 *(Åkerberg Fransson)*, Rn. 18.
[257] EuGH, Urteil v. 26.02.2013, Rs. C-617/10 *(Åkerberg Fransson)*, Rn. 19.
[258] EuGH, Urteil v. 26.02.2013, Rs. C-617/10 *(Åkerberg Fransson)*, Rn. 19.
[259] EuGH, Urteil v. 26.02.2013, Rs. C-617/10 *(Åkerberg Fransson)*, Rn. 20.
[260] EuGH, Urteil v. 26.02.2013, Rs. C-617/10 *(Åkerberg Fransson)*, Rn. 21.
[261] Vgl. EuGH, Urteil v. 26.02.2013, Rs. C-617/10 *(Åkerberg Fransson)*, Rn. 24–31.

tete Strafverfahren stünden zum Teil im Zusammenhang mit der Nichteinhaltung von Mitteilungspflichten im Bereich der Mehrwertsteuer.[262] Hinsichtlich dieser Steuerart gehe aus mehreren sekundärrechtlichen Vorschriften sowie aus Art. 4 Abs. 3 EUV hervor, jeder Mitgliedstaat sei verpflichtet, alle Rechts- und Verwaltungsvorschriften zu erlassen, die die Erhebung der gesamten in seinem Hoheitsgebiet geschuldeten Mehrwertsteuer gewährleisteten und den Betrug bekämpften.[263] Art. 325 AEUV verpflichte die Mitgliedstaaten außerdem, rechtswidrige Handlungen, die sich gegen die finanziellen Interessen der Union richteten, ebenso wirksam zu bekämpfen wie Handlungen, die sich gegen ihre eigenen finanziellen Interessen richteten.[264] Die Eigenmittel der Union umfassten unter anderem Einnahmen aus der Mehrwertsteuer.[265] Deswegen bestehe zwischen der Erhebung der Mehrwertsteuereinnahmen und der Zurverfügungstellung entsprechender Mehrwertsteuermittel für den Haushalt der EU ein unmittelbarer Zusammenhang.[266] Steuerliche Sanktionen und ein Strafverfahren wegen Steuerhinterziehung wegen unrichtiger Angaben zur Mehrwertsteuer seien folglich als Durchführung des Unionsrechts im Sinne von Art. 51 Abs. 1 S. 1 der Charta anzusehen.[267] Unerheblich sei hingegen, dass das nationale Gesetz nicht zur Umsetzung der einschlägigen Richtlinie erlassen worden sei.[268] Abschließend verweist der EuGH auf sein am gleichen Tag ergangenes Urteil Melloni[269] und stellt insofern fest, bei Anwendbarkeit der GRC sei ein nationales Gericht weiterhin frei darin, „nationale Schutzstandards für die Grundrechte anzuwenden, sofern durch diese Anwendung weder das Schutzniveau der Charta, wie sie vom Gerichtshof ausgelegt wird, noch der Vorrang, die Einheit und die Wirksamkeit des Unionsrechts beeinträchtigt werden".[270] Aus alldem folge die Zuständigkeit des EuGH für die vorliegenden Fragen.[271]

Nach dieser sehr ausführlichen (16 Randnummern) Prüfung von Art. 51 Abs. 1 S. 1 GRC wendet sich der Gerichtshof den Vorlagefragen zu.[272]

Der EuGH nimmt in diesem ersten Teil des betreffenden Urteils[273] keine Grundrechtsprüfung vor. Zwar untersucht er sehr ausführlich die Anwendbarkeit der GRC, entscheidet an dieser Stelle aber nicht, ob eine Grundrechtsverletzung vorliegt. Gleichzeitig ist die Prüfung der Anwendbarkeit der Charta von

---

[262] EuGH, Urteil v. 26.02.2013, Rs. C-617/10 *(Åkerberg Fransson)*, Rn. 24.
[263] EuGH, Urteil v. 26.02.2013, Rs. C-617/10 *(Åkerberg Fransson)*, Rn. 25.
[264] EuGH, Urteil v. 26.02.2013, Rs. C-617/10 *(Åkerberg Fransson)*, Rn. 26.
[265] EuGH, Urteil v. 26.02.2013, Rs. C-617/10 *(Åkerberg Fransson)*, Rn. 26.
[266] EuGH, Urteil v. 26.02.2013, Rs. C-617/10 *(Åkerberg Fransson)*, Rn. 26.
[267] EuGH, Urteil v. 26.02.2013, Rs. C-617/10 *(Åkerberg Fransson)*, Rn. 27.
[268] EuGH, Urteil v. 26.02.2013, Rs. C-617/10 *(Åkerberg Fransson)*, Rn. 28.
[269] EuGH, Urteil v. 26.02.2013, Rs. C-399/11 *(Melloni)*.
[270] EuGH, Urteil v. 26.02.2013, Rs. C-617/10 *(Åkerberg Fransson)*, Rn. 29.
[271] EuGH, Urteil v. 26.02.2013, Rs. C-617/10 *(Åkerberg Fransson)*, Rn. 31.
[272] Siehe dazu Online-Anhang.
[273] EuGH, Urteil v. 26.02.2013, Rs. C-617/10 *(Åkerberg Fransson)*, Rn. 16–31.

der Grundrechtsprüfung im selben Urteil[274] durch den Aufbau der Entscheidung klar getrennt, da sich der Gerichtshof der Anwendbarkeit der Charta vorab widmet („Zur Zuständigkeit des Gerichtshofs"[275]) und dann unter der Überschrift „Zu den Vorlagefragen"[276] die Fragen des vorlegenden Gerichts beantwortet.[277] Der erste Teil des Urteils Åkerberg Fransson[278] ist damit in die Fallgruppe A4 einzusortieren.

bb) Melloni, C-399/11 (dritte Vorlagefrage)

Im Vorabentscheidungsverfahren Melloni (C-399/11) geht es um die Frage, ob die Überstellung aufgrund eines Europäischen Haftbefehls unter bestimmten Bedingungen abgelehnt werden kann.[279] Der Gerichtshof legt zunächst den einschlägigen Rahmenbeschluss 2002/584 aus (erste Vorlagefrage),[280] um dann auf dessen Vereinbarkeit mit Art. 47 und Art. 48 Abs. 2 GRC einzugehen (zweite Vorlagefrage)[281] und schließlich Art. 53 GRC auszulegen. Während die Charta bei der Auslegung des Rahmenbeschlusses[282] nicht erwähnt wird, ist die Prüfung von Art. 47 und Art. 48 Abs. 2 GRC[283] zwar ausführlich (acht Randnummern), nicht aber vollständig und fällt damit in die Fallgruppe A3.

Bei der Auslegung von Art. 53 GRC (dritte Vorlagefrage)[284], die hier als weiteres typisches Beispiel der Fallgruppe A4 dargestellt wird, prüft der EuGH, ob dieser Artikel es einem Mitgliedstaat gestatte, die Übergabe einer verurteilten Person an eine Bedingung zu knüpfen, um eine Verletzung der Grundrechte, wie sie in der nationalen Verfassung enthalten seien, zu vermeiden.[285] Dazu stellt der Gerichtshof fest, Art. 53 GRC erlaube es den Mitgliedstaaten nicht, einen in der nationalen Verfassung verankerten höheren Schutzstandard für Grundrechte anzuwenden und so die Anwendung unionsrechtlicher Vorschriften zu unterlassen.[286] Dies würde gegen den Grundsatz des Vorrangs des Unionsrechts verstoßen.[287] Die Mitgliedstaaten könnten die nationalen Grund-

---

[274] Die Grundrechtsprüfung (A3) findet sich in EuGH, Urteil v. 26.02.2013, Rs. C-617/10 *(Åkerberg Fransson)*, Rn. 32–37.
[275] Überschrift vor EuGH, Urteil v. 26.02.2013, Rs. C-617/10 *(Åkerberg Fransson)*, Rn. 16.
[276] Erste Überschrift vor EuGH, Urteil v. 26.02.2013, Rs. C-617/10 *(Åkerberg Fransson)*, Rn. 32.
[277] EuGH, Urteil v. 26.02.2013, Rs. C-617/10 *(Åkerberg Fransson)*, Rn. 32–49.
[278] EuGH, Urteil v. 26.02.2013, Rs. C-617/10 *(Åkerberg Fransson)*, Rn. 16–31.
[279] Vgl. EuGH, Urteil v. 26.02.2013, Rs. C-399/11 *(Melloni)*, Rn. 26.
[280] Vgl. EuGH, Urteil v. 26.02.2013, Rs. C-399/11 *(Melloni)*, Rn. 35–46.
[281] Vgl. EuGH, Urteil v. 26.02.2013, Rs. C-399/11 *(Melloni)*, Rn. 47–54.
[282] Vgl. EuGH, Urteil v. 26.02.2013, Rs. C-399/11 *(Melloni)*, Rn. 35–46.
[283] Vgl. EuGH, Urteil v. 26.02.2013, Rs. C-399/11 *(Melloni)*, Rn. 47–54.
[284] Vgl. EuGH, Urteil v. 26.02.2013, Rs. C-399/11 *(Melloni)*, Rn. 55–64.
[285] Vgl. EuGH, Urteil v. 26.02.2013, Rs. C-399/11 *(Melloni)*, Rn. 55.
[286] EuGH, Urteil v. 26.02.2013, Rs. C-399/11 *(Melloni)*, Rn. 56 f.
[287] EuGH, Urteil v. 26.02.2013, Rs. C-399/11 *(Melloni)*, Rn. 58.

rechte nur anwenden, wenn dadurch weder das Schutzniveau der Charta, wie sie vom EuGH ausgelegt werde, noch der Vorrang, die Einheit und die Wirksamkeit des Unionsrechts beeinträchtigt würden.[288] Im vorliegenden Fall seien die Ablehnungsgründe für die Vollstreckung eines europäischen Haftbefehls aber abschließend im einschlägigen Rahmenbeschluss aufgezählt.[289] Ziel dieses Rechtsaktes sei es gerade, Hindernisse, die sich aus dem unterschiedlichen Grundrechtsschutz in den einzelnen Mitgliedstaaten für die Übergabe der in Abwesenheit verurteilten Person ergäben, zu beseitigen.[290] Könnten sich die Mitgliedstaaten trotzdem über Art. 53 GRC auf ihr nationales, grundrechtliches Schutzniveau berufen, würde dies „zu einer Verletzung der Grundsätze des gegenseitigen Vertrauens und der gegenseitigen Anerkennung, die der Rahmenbeschluss stärken soll, führen und daher die Wirksamkeit dieses Rahmenbeschlusses beeinträchtigen."[291]

In diesem Abschnitt des vorliegenden Urteils nimmt der Gerichtshof keine Grundrechtsprüfung vor, legt aber sehr ausführlich (zehn Randnummern) Art. 53 GRC aus. Die Ausführungen sind durch die Vorlagefragen klar von der vorangegangenen Grundrechtsprüfung im selben Urteil[292] getrennt und damit in die Fallgruppe A4 einzusortieren.

cc) Petruhhin, C-182/15

In der Rechtssache Petruhhin (C-182/15) geht es um die Auslieferung eines Unionsbürgers, der aus einem anderen Mitgliedstaat als dem ausliefernden Staat stammt, an einen Drittstaat.[293] Der EuGH nimmt hier keine Grundrechtsprüfung vor, sondern antwortet ausschließlich auf die ihm vorgelegte Frage.[294] Der entsprechende Charta-bezogene Abschnitt ist sehr ausführlich. Auch diese Entscheidung fällt damit in die Gruppe A4. Ihr liegt folgender Sachverhalt zugrunde: Der estnische Staatsbürger *Petruhhin* wurde im Jahr 2014 in Lettland festgenommen.[295] Kurz darauf stellte Russland einen Antrag auf Auslieferung.[296] Dagegen wehrte sich *Petruhhin* vor dem vorlegenden Gericht.[297] Dieses legte dem Gerichtshof drei Fragen zur Vorabentscheidung vor, wobei sich die dritte Vorlagefrage auf Art. 19 GRC bezog.[298]

---

[288] EuGH, Urteil v. 26.02.2013, Rs. C-399/11 *(Melloni)*, Rn. 60.
[289] EuGH, Urteil v. 26.02.2013, Rs. C-399/11 *(Melloni)*, Rn. 61.
[290] EuGH, Urteil v. 26.02.2013, Rs. C-399/11 *(Melloni)*, Rn. 62.
[291] EuGH, Urteil v. 26.02.2013, Rs. C-399/11 *(Melloni)*, Rn. 63.
[292] Vgl. EuGH, Urteil v. 26.02.2013, Rs. C-399/11 *(Melloni)*, Rn. 47–54.
[293] EuGH, Urteil v. 06.09.2016, Rs. C-182/15 *(Petruhhin)*, Rn. 2.
[294] Vgl. zur Bedeutung der Vorlagefragen Kapitel 4 C. II. 2. a) bb).
[295] EuGH, Urteil v. 06.09.2016, Rs. C-182/15 *(Petruhhin)*, Rn. 11.
[296] EuGH, Urteil v. 06.09.2016, Rs. C-182/15 *(Petruhhin)*, Rn. 12.
[297] EuGH, Urteil v. 06.09.2016, Rs. C-182/15 *(Petruhhin)*, Rn. 14.
[298] EuGH, Urteil v. 06.09.2016, Rs. C-182/15 *(Petruhhin)*, Rn. 17.

In seiner entsprechenden Antwort[299] untersucht der EuGH, „ob der ersuchte Mitgliedstaat, falls er beabsichtigt, einen Staatsangehörigen eines anderen Mitgliedstaats auf Antrag eines Drittstaats auszuliefern, prüfen muss, dass die Auslieferung die in Art. 19 der Charta verbürgten Rechte nicht beeinträchtigen wird, und welche Kriterien gegebenenfalls bei dieser Prüfung heranzuziehen sind."[300]

Hierzu stellt er zunächst die Anwendbarkeit der Charta im vorliegenden Fall gemäß Art. 51 Abs. 1 GRC fest.[301] Anschließend zitiert er Art. 19 Abs. 2 GRC, wonach niemand in einen Staat abgeschoben oder ausgewiesen oder an einen Staat ausgeliefert werden darf, in dem für sie oder ihn das ernsthafte Risiko der Todesstrafe, der Folter oder einer anderen unmenschlichen oder erniedrigenden Strafe oder Behandlung besteht.[302] Das vorlegende Gericht frage sich insbesondere, ob es bei der Prüfung einer Verletzung von Art. 19 GRC ausreiche, festzustellen, dass der Staat, der das Auslieferungsersuchen gestellt habe, Vertragsstaat der EMRK sei, oder ob eine konkrete Einzelfallprüfung vorgenommen werden müsse.[303] Hierzu wiederholt der EuGH seine Rechtsprechung, wonach Art. 4 GRC eine unmenschliche oder erniedrigende Strafe oder Behandlung verbiete und „absoluten Charakter" habe, da er eng mit der Menschenwürde gemäß Art. 1 GRC verbunden sei.[304] Die bloße „Existenz von Erklärungen und der Abschluss völkerrechtlicher Verträge, die grundsätzlich die Beachtung der Grundrechte gewährleisten," reichten „für sich genommen nicht aus," eine Verletzung von Grundrechten auszuschließen.[305] Lägen Anhaltspunkte für einen Verstoß gegen Art. 19 GRC vor, müsse die nationale Behörde eine konkrete Prüfung der Gefahr, die dem Ausgelieferten im Ausstellungsstaat drohe, vornehmen.[306]

In diesem Abschnitt des vorliegenden Urteils nimmt der Gerichtshof keine Grundrechtsprüfung vor: Er untersucht nicht die Verletzung eines Grundrechts im konkreten Fall. Seine Aussagen bleiben weitestgehend abstrakt und stellen keine Prüfung des Einzelfalls dar. Vielmehr beantworten sie genau die gestellte Vorlagefrage und zeigen dem nationalen Gericht auf, welche Punkte es zu prüfen hat. Gleichzeitig äußert sich der EuGH sehr ausführlich zur GRC (zehn Randnummern), weswegen das Urteil in die Fallgruppe A4 einzuordnen ist.

---

[299] EuGH, Urteil v. 06.09.2016, Rs. C-182/15 *(Petruhhin)*, Rn. 51–60.
[300] EuGH, Urteil v. 06.09.2016, Rs. C-182/15 *(Petruhhin)*, Rn. 51.
[301] EuGH, Urteil v. 06.09.2016, Rs. C-182/15 *(Petruhhin)*, Rn. 52 f.
[302] Vgl. EuGH, Urteil v. 06.09.2016, Rs. C-182/15 *(Petruhhin)*, Rn. 54.
[303] EuGH, Urteil v. 06.09.2016, Rs. C-182/15 *(Petruhhin)*, Rn. 55.
[304] EuGH, Urteil v. 06.09.2016, Rs. C-182/15 *(Petruhhin)*, Rn. 56.
[305] EuGH, Urteil v. 06.09.2016, Rs. C-182/15 *(Petruhhin)*, Rn. 57.
[306] EuGH, Urteil v. 06.09.2016, Rs. C-182/15 *(Petruhhin)*, Rn. 58–60.

2. B-Gruppen – nicht ausführliche Aussagen zur Charta

In den Entscheidungen der B-Gruppen äußert sich der Gerichtshof nicht ausführlich zur GRC.[307] Dabei nimmt er entweder eine nicht ausführliche Grundrechtsprüfung anhand der Charta (Gruppe B1, dazu a)) oder eine Grundrechtsprüfung an einem anderen Grundrechtskatalog wie der EMRK (Gruppe B2, dazu b)) vor. Fälle, in denen der EuGH nicht ausführlich die Anwendbarkeit der Charta prüft (Gruppe B3, dazu c)) oder in denen er die Charta nur erwähnt, nicht aber eine Grundrechtsprüfung vornimmt (Gruppe B4, dazu d)), gehören ebenfalls zur Fallobergruppe B. Schließlich sind von ihr auch Entscheidungen erfasst, in denen der Gerichtshof die Fragen zur Charta aus prozessualen Gründen nicht prüft (Gruppe B5, dazu e)) oder die Charta in der Entscheidung nur von Verfahrensbeteiligten, vom vorlegenden Gericht oder im Rechtlichen Rahmen erwähnt wird (Gruppe B6, dazu f)). Insgesamt fallen 595 Abschnitte von Entscheidungen unter die Fallobergruppe B. Entscheidungen aus dieser Gruppe sind überwiegend nicht Gegenstand der Analyse in den Kapiteln 3 und 4.[308] Im Folgenden werden die Gruppen der Obergruppe B dargestellt und anhand von Beispielen veranschaulicht.

a) B1 – nicht ausführliche Grundrechtsprüfung anhand der Charta

In der Gruppe B1 nimmt der Gerichtshof eine nicht ausführliche Grundrechtsprüfung am Maßstab der Charta vor. Häufig beschränkt sich diese Prüfung sogar auf nur einen Satz.[309] Dabei verneint der EuGH oftmals schon die Eröffnung des Schutzbereiches. Diese Entscheidungen können daher nur eingeschränkt Gegenstand einer vertieften Analyse sein.[310]

Im Folgenden werden drei Abschnitte aus Entscheidungen des Gerichtshofs der Gruppe B1 beispielhaft dargestellt. Während der EuGH im Urteil ONEm und M (C-284/15) im Rahmen seiner Grundrechtskontrolle nur knapp auf seine vorherige Prüfung der Grundfreiheiten (aa)) und im Urteil Muladi (C-447/15) auf die Prüfung des allgemeinen Verhältnismäßigkeitsgrundsatzes verweist (bb)), lehnt er im ersten Teil des Urteils FLSmidth / Kommission (C-238/12 P) die Verletzung von Art. 48 GRC mit nur einem Satz ab (cc)).

Insgesamt fallen unter diese Fallgruppe 103 Urteile und Beschlüsse.

---

[307] Siehe zum Kriterium der Ausführlichkeit Kapitel 2 C. II. 2.
[308] Siehe dazu unten Kapitel 3 A. III sowie insbesondere zur Fallgruppe B1 Kapitel 3 B. VI. Zu den Entscheidungen der Fallgruppe B2 siehe auch Kapitel 4 C. I.
[309] Dazu schon *M. Hilf*, Die Schranken der EU-Grundrechte, in: D. Merten/H.-J. Papier (Hrsg.), HGR, Band VI/1, 2010, § 164, Rn. 33; *H.-W. Rengeling*, Grundrechtsschutz in der Europäischen Gemeinschaft, 1993, S. 212 f.
[310] Siehe deswegen Kapitel 3 B. VI.

aa) ONEm und M, C-284/15

Im Vorabentscheidungsverfahren ONEm und M (C-284/15) geht es unter anderem um die Vereinbarkeit von Art. 67 Abs. 3 der EWG-Verordnung Nr. 1408/71 zur Anwendung der Systeme der sozialen Sicherheit auf Arbeitnehmer und Selbständige sowie deren Familienangehörige, die innerhalb der heutigen EU zu- und abwandern, mit Art. 45 und Art. 48 AEUV sowie Art. 15 Abs. 2 GRC.[311] Die Grundrechtsprüfung des EuGH in dieser Entscheidung besteht lediglich aus einem Verweis auf die vorangegangene Prüfung der Grundfreiheiten.

Die oben genannte sekundärrechtliche Vorschrift ist nach Ansicht des Gerichtshofs mit der Arbeitnehmerfreizügigkeit vereinbar, da diese dem Unionsgesetzgeber nicht untersage, „die zur Verwirklichung der durch Art. 45 AEUV gewährleisteten Freizügigkeit der Arbeitnehmer eingeräumten Vergünstigungen von Voraussetzungen abhängig zu machen und ihre Grenzen festzulegen".[312] Außerdem habe der Rat bei Erlass dieser Norm in zulässiger Weise von seinem Ermessensspielraum Gebrauch gemacht.[313]

Zur Vereinbarkeit mit Art. 15 Abs. 2 GRC stellt der EuGH nur fest, Art. 52 Abs. 2 der Charta sehe vor, die Ausübung der durch die Charta anerkannten Rechte, die in den Verträgen geregelt seien, erfolge im Rahmen der darin festgelegten Bedingungen und Grenzen.[314] Dies gelte auch für Art. 15 Abs. 2 GRC, der entsprechend den Erläuterungen zur Charta unter anderem die durch Art. 45 AEUV verbürgte Arbeitnehmerfreizügigkeit wieder aufnehme.[315] Folglich sei die streitige Sekundärrechtsnorm auch mit Art. 15 Abs. 2 GRC vereinbar, da sie mit der Freizügigkeit der Arbeitnehmer gemäß Art. 45 und Art. 48 AEUV im Einklang stehe.[316]

Die Grundrechtsprüfung des Gerichtshofs[317] ist – ebenso wie die Prüfung der Vereinbarkeit mit der Arbeitnehmerfreizügigkeit[318] – äußerst knapp (jeweils zwei Randnummern). Der EuGH nimmt weder eine inhaltliche Prüfung des Schutzbereichs oder Eingriffs noch der Rechtfertigung vor. Er leitet sein Ergebnis lediglich aus der Vereinbarkeit mit Art. 45 und Art. 48 AEUV ab. Dieses Vorgehen soll in der vorliegenden Arbeit nicht bewertet werden. Angesichts von Art. 52 Abs. 2 GRC sprechen gute Gründe für die Parallelität von Grundfreiheiten und -rechten in diesem Fall.[319] Ziel des zweiten Kapitels der vorliegenden Arbeit ist unter anderem, jene Entscheidungen zu identifizieren, die Gegenstand

---

[311] EuGH, Urteil v. 07.04.2016, Rs. C-284/15 *(ONEm und M)*, Rn. 1.
[312] EuGH, Urteil v. 07.04.2016, Rs. C-284/15 *(ONEm und M)*, Rn. 31.
[313] EuGH, Urteil v. 07.04.2016, Rs. C-284/15 *(ONEm und M)*, Rn. 31.
[314] EuGH, Urteil v. 07.04.2016, Rs. C-284/15 *(ONEm und M)*, Rn. 33.
[315] EuGH, Urteil v. 07.04.2016, Rs. C-284/15 *(ONEm und M)*, Rn. 33.
[316] EuGH, Urteil v. 07.04.2016, Rs. C-284/15 *(ONEm und M)*, Rn. 34.
[317] Vgl. EuGH, Urteil v. 07.04.2016, Rs. C-284/15 *(ONEm und M)*, Rn. 33 f.
[318] Vgl. EuGH, Urteil v. 07.04.2016, Rs. C-284/15 *(ONEm und M)*, Rn. 31 f.
[319] Siehe aber zu Art. 52 Abs. 2 GRC Kapitel 3 A. I. 4. a).

der vertieften Analyse im dritten Kapitel sein sollen. In Fällen wie dem Urteil ONEm und M (C-284/15) äußert sich der EuGH aber kaum zur Charta. Die Grundrechtsprüfung kann daher nur eingeschränkt vertieft analysiert werden und fällt in die Gruppe B1.

bb) Muladi, C-447/15

Im Urteil Muladi (C-447/15) geht es um nationale Anforderungen an die Ausstellung von Fahrerqualifizierungsnachweisen für Berufskraftfahrer.[320] Das vorlegende Gericht hielt unter anderem eine Verletzung der Berufsfreiheit aus Art. 15 GRC für möglich,[321] erwähnte diese Bestimmung in seiner Vorlagefrage jedoch nicht.[322]

Im Rahmen seiner Ausführungen zur Begründetheit[323] legt der Gerichtshof zunächst die einschlägige Richtlinie aus und nimmt dann eine allgemeine Verhältnismäßigkeitsprüfung vor.[324] Er kommt zu dem Zwischenergebnis, die nationale Norm verstoße nicht gegen den Verhältnismäßigkeitsgrundsatz.[325] Schließlich geht er kurz auf Art. 15 GRC ein: Die Eingriffe in die Berufsfreiheit könnten unter den Voraussetzungen von Art. 52 Abs. 2 (sic) GRC gerechtfertigt werden.[326] Mit dem Hinweis auf das Ergebnis der allgemeinen Verhältnismäßigkeitsprüfung lehnt der EuGH einen Verstoß gegen Art. 15 GRC jedoch ab.[327] Im übrigen Urteil wird die Charta nicht mehr erwähnt.

Der Gerichtshof nimmt in der vorliegenden Entscheidung keine wirkliche Prüfung der Charta-Grundrechte vor, sondern beschränkt sich auf einen bloßen Verweis auf die allgemeine Verhältnismäßigkeitsprüfung. Die GRC wird in nur einer Randnummer erwähnt und spielt kaum eine Rolle. Dementsprechend wird sie auch nicht im Tenor des Urteils genannt. Gegenstand einer weitergehenden Analyse kann dieses Urteil lediglich sehr eingeschränkt sein.

cc) FLSmidth/Kommission, C-238/12 P

Im Rechtsmittelverfahren nach Art. 56 Satzung EuGH FLSmidth/Kommission (C-238/12 P) geht es um einen kartellrechtlichen Streit vor dem EuG.[328] Die Grundrechtsprüfung des EuGH in dieser Entscheidung besteht aus nur einem Satz.

---

[320] EuGH, Urteil v. 07.07.2016, Rs. C-447/15 *(Muladi)*, Rn. 2.
[321] Vgl. EuGH, Urteil v. 07.07.2016, Rs. C-447/15 *(Muladi)*, Rn. 30.
[322] Vgl. EuGH, Urteil v. 07.07.2016, Rs. C-447/15 *(Muladi)*, Rn. 31.
[323] EuGH, Urteil v. 07.07.2016, Rs. C-447/15 *(Muladi)*, Rn. 37–52.
[324] EuGH, Urteil v. 07.07.2016, Rs. C-447/15 *(Muladi)*, Rn. 37–50.
[325] EuGH, Urteil v. 07.07.2016, Rs. C-447/15 *(Muladi)*, Rn. 47.
[326] EuGH, Urteil v. 07.07.2016, Rs. C-447/15 *(Muladi)*, Rn. 51.
[327] EuGH, Urteil v. 07.07.2016, Rs. C-447/15 *(Muladi)*, Rn. 51.
[328] EuGH, Urteil v. 30.04.2014, Rs. C-238/12 P *(FLSmidth/Kommission)*, Rn. 2–11.

Die Rechtsmittelführerin wendet sich unter anderem dagegen, dass das Gericht die Haftungsvermutung der Kommission übernommen habe, die sich daraus ergebe, dass die Rechtsmittelführerin zur fraglichen Zeit mittelbar zu 100% an einem wettbewerbswidrig handelnden Unternehmen beteiligt gewesen sei.[329] Diese Haftungsvermutung sei nicht widerlegbar und daher ein Verstoß gegen Art. 48 Abs. 1 GRC.[330]

In seiner Würdigung der Begründetheit[331] dieses Vorbringens weist der Gerichtshof zunächst darauf hin, dass die Haftungsvermutung seiner ständigen Rechtsprechung entspreche: Sie stelle weder eine Verletzung der Rechte aus Art. 48 der Charta noch aus Art. 6 Abs. 2 der EMRK dar.[332] Weiter führt er aus, eine Widerlegung dieser Vermutung sei durchaus möglich.[333] An dieser Stelle erwähnt er die Charta (oder die Grundrechte im Allgemeinen) jedoch nicht mehr.[334]

Der Gerichtshof lehnt hier eine Verletzung der Charta-Grundrechte mit nur einem Satz ab. Eine Begründung für sein Ergebnis liefert er nicht. Die Entscheidung ist ein typisches Beispiel für die Fallgruppe B1.

b) *B2 – Grundrechtsprüfung, aber nicht an der Charta*

In der Fallgruppe B2 nimmt der Gerichtshof zwar eine Grundrechtsprüfung vor, jedoch nicht anhand der Charta, sondern anhand der Grundrechte als allgemeine Rechtsgrundsätze des Unionsrechts (Art. 6 Abs. 3 EUV) oder anhand der EMRK. Zu dieser Gruppe gehören auch Fälle, in denen der EuGH nur den allgemeinen Verhältnismäßigkeitsgrundsatz prüft[335] oder ohne nähere Bezeichnung der Grundrechtsquelle feststellt, die Rechte eines Verfahrensbeteiligten seien (nicht) verletzt. Untersucht der Gerichtshof hingegen die Charta-Grundrechte, verweist darin aber zum Beispiel auf die Prüfung des allgemeinen Verhältnismäßigkeitsgrundsatzes, ist die entsprechende Entscheidung unter B1 einzusortieren.[336]

Klarzustellen ist, dass es insbesondere vor dem Hintergrund von Art. 6 Abs. 1 und Abs. 3 EUV sowie Art. 52 Abs. 3 GRC[337] nicht pauschal negativ beurteilt

---

[329] EuGH, Urteil v. 30.04.2014, Rs. C-238/12 P *(FLSmidth/Kommission)*, Rn. 16.
[330] EuGH, Urteil v. 30.04.2014, Rs. C-238/12 P *(FLSmidth/Kommission)*, Rn. 17.
[331] EuGH, Urteil v. 30.04.2014, Rs. C-238/12 P *(FLSmidth/Kommission)*, Rn. 25–31.
[332] EuGH, Urteil v. 30.04.2014, Rs. C-238/12 P *(FLSmidth/Kommission)*, Rn. 25.
[333] EuGH, Urteil v. 30.04.2014, Rs. C-238/12 P *(FLSmidth/Kommission)*, Rn. 28.
[334] EuGH, Urteil v. 30.04.2014, Rs. C-238/12 P *(FLSmidth/Kommission)*, Rn. 28–31.
[335] Dazu auch *M. Cornils*, Schrankendogmatik, in: C. Grabenwarter (Hrsg.), Europäischer Grundrechteschutz (EnzEuR Band 2), 2014, § 5, Rn. 12; zwischen der Grundrechtsprüfung und der Prüfungen des allgemeinen Verhältnismäßigkeitsgrundsatzes unterscheidet etwa auch *B. de Witte*, The Past and Future Role of The European Court of Justice in the Protection of Human Rights, in: P. Alston (Hrsg.), The EU and human rights, 1999, S. 859 (861).
[336] Siehe insbesondere Kapitel 2 C. III. 2. a) bb).
[337] Siehe zu Art. 52 Abs. 3 GRC Kapitel 3 A. I. 4. b) und zur Bedeutung von Innovation und Kontinuität im Bereich der Unionsgrundrechte Kapitel 4 C. I.

werden darf, wenn der EuGH statt der Charta die EMRK oder die allgemeinen Grundsätze prüft.[338] Solche Entscheidungen können genauso effektiv die Grundrechte der Betroffenen schützen wie Entscheidungen, die auf Basis der Charta ergehen. Sie sind aber nicht Gegenstand der vorliegenden Arbeit, die sich mit der Rechtsprechung des Gerichtshof zur Charta beschäftigt.[339] Daher fallen in den hiesigen Fallkorpus nur Entscheidungen, in denen die Charta zitiert wird.[340] Erwähnt sie der EuGH gar nicht, wird die entsprechende Entscheidung in der vorliegenden Arbeit nicht betrachtet und fällt auch nicht in die Fallgruppe B2.[341] Bei den Entscheidungen, die zu dieser Fallgruppe gehören, muss die Charta also mindestens zitiert sein.

Dabei kann der Gerichtshof Wertungen aus anderen Grundrechtsquellen in seine Rechtsprechung zur Charta übernehmen, muss dies dann aber offenlegen. Insbesondere, wenn der EuGH die Charta selbst erwähnt, sich aber inhaltlich auf einen anderen Prüfungsmaßstab stützt, fällt die Abgrenzung schwer. So prüft der Gerichtshof im Urteil Alassini u. a. (C-317/08, C-318/08, C-319/08 und C-320/08) sowie im Urteil Frankreich / People's Mojahedin Organization of Iran (C-27/09 P) überwiegend die Grundrechte als allgemeine Grundsätze des Unionsrechts und erwähnt die Charta nur am Rande (aa) und bb)). Im Urteil Internationale Fruchtimport Gesellschaft Weichert / Kommission (C-73/10 P) hingegen wendet er die EMRK als Prüfungsmaßstab an und erwähnt die Charta selbst nicht (cc)).

Insgesamt fallen unter diese Fallgruppe 55 Urteile und Beschlüsse.

aa) Alassini u. a., C-317/08, C-318/08, C-319/08 und C-320/08

Im Vorabentscheidungsverfahren Alassini u. a. (C-317/08, C-318/08, C-319/08 und C-320/08) geht es um die „Auslegung des Grundsatzes des effektiven gerichtlichen Rechtsschutzes" im Hinblick auf eine nationale Regelung, die in bestimmten Streitfällen als Zulässigkeitsvoraussetzung einer Klage einen obligatorischen außergerichtlichen Streitbeilegungsversuch vorsieht.[342] Der Gerichtshof prüft hier überwiegend die Grundrechte als allgemeine Grundsätze des Unionsrechts und erwähnt die Charta nur am Rande.

---

[338] Vgl. z. B. zur Kontinuität *A. Weber*, in: K. Stern/M. Sachs (Hrsg.), Europäische Grundrechte-Charta, 2016, Allgemeine Interpretationsmethoden Rn. 4 f.
[339] Siehe auch Kapitel 2 B. I. 3.
[340] Siehe Kapitel 2 B. II.
[341] Ein Beispiel für eine Entscheidung, die eine Grundrechtsprüfung, aber kein Zitat der Charta enthält, ist EuGH, Urteil v. 15.11.2012, Rs. C-539/10 P und C-550/10 P *(Al-Aqsa / Rat und Pays-Bas / Al-Aqsa).*
[342] EuGH, Urteil v. 18.03.2010, Rs. C-317/08, C-318/08, C-319/08 und C-320/08 *(Alassini u. a.),* Rn. 1.

C. Bildung von Fallgruppen

Der EuGH untersucht hierbei zunächst die Vereinbarkeit mit den Grundsätzen der Äquivalenz und der Effektivität.[343] Diese Grundsätze sieht der Gerichtshof gewahrt, wobei er dem vorlegenden Gericht allerdings einzelne Punkte zur Prüfung aufgibt.

Bis hierhin wird die Charta nicht (beziehungsweise nur im Rechtlichen Rahmen[344]) erwähnt. Anschließend stellt der EuGH aber fest, der Grundsatz des effektiven gerichtlichen Rechtsschutzes sei ein allgemeiner Grundsatz des Unionsrechts, der sich aus den gemeinsamen Verfassungsüberlieferungen der Mitgliedstaaten ergebe, in Art. 6 und Art. 13 EMRK verankert sei und „im Übrigen von Art. 47 [GRC] bekräftigt worden" sei.[345] Die Vorschaltung eines obligatorischen Schlichtungsverfahrens könne eine Beeinträchtigung des Grundsatzes des effektiven gerichtlichen Rechtsschutzes darstellen.[346] Eine solche Einschränkung könne aber gerechtfertigt werden, wenn sie verhältnismäßig sei.[347] Es bestehe einerseits „zur Schaffung eines obligatorischen Verfahrens keine mildere Alternative" und andererseits „kein offensichtliches Missverhältnis" zwischen den verfolgten Zielen (zügigere und kostengünstigere Beilegung von Streitfällen auf dem Gebiet der elektronischen Kommunikation und Entlastung der Gerichte)[348] und den „möglichen Nachteilen des obligatorischen Charakters des außergerichtlichen Streitbeilegungsverfahrens".[349] Der Grundsatz des effektiven Rechtsschutzes sei daher gewahrt.[350]

In diesem Urteil prüft der Gerichtshof zwar kurz die Vereinbarkeit der nationalen Regelung mit dem Grundsatz des effektiven Rechtsschutzes, diese Prüfung nimmt er aber vorrangig an den Grundrechten als allgemeinen Rechtsgrundsätzen des Unionsrechts und weniger an der Charta vor. Art. 47 GRC wird nur einmal erwähnt. Dieser bekräftige „im Übrigen" den Grundsatz des effektiven Rechtsschutzes.[351] Bei der Einschränkbarkeit des Grundsatzes bezieht sich

---

[343] Vgl. EuGH, Urteil v. 18.03.2010, Rs. C-317/08, C-318/08, C-319/08 und C-320/08 *(Alassini u. a.)*, Rn. 47–60.
[344] EuGH, Urteil v. 18.03.2010, Rs. C-317/08, C-318/08, C-319/08 und C-320/08 *(Alassini u. a.)*, Rn. 4.
[345] EuGH, Urteil v. 18.03.2010, Rs. C-317/08, C-318/08, C-319/08 und C-320/08 *(Alassini u. a.)*, Rn. 61.
[346] EuGH, Urteil v. 18.03.2010, Rs. C-317/08, C-318/08, C-319/08 und C-320/08 *(Alassini u. a.)*, Rn. 62.
[347] EuGH, Urteil v. 18.03.2010, Rs. C-317/08, C-318/08, C-319/08 und C-320/08 *(Alassini u. a.)*, Rn. 63.
[348] EuGH, Urteil v. 18.03.2010, Rs. C-317/08, C-318/08, C-319/08 und C-320/08 *(Alassini u. a.)*, Rn. 64.
[349] EuGH, Urteil v. 18.03.2010, Rs. C-317/08, C-318/08, C-319/08 und C-320/08 *(Alassini u. a.)*, Rn. 65.
[350] EuGH, Urteil v. 18.03.2010, Rs. C-317/08, C-318/08, C-319/08 und C-320/08 *(Alassini u. a.)*, Rn. 66.
[351] EuGH, Urteil v. 18.03.2010, Rs. C-317/08, C-318/08, C-319/08 und C-320/08 *(Alassini u. a.)*, Rn. 61.

der EuGH nicht auf Art. 52 Abs. 1 GRC, sondern auf seine Rechtsprechung vor Inkrafttreten der Charta und die Rechtsprechung des EGMR.[352] Die Ausführungen ergehen daher nicht zur GRC. Diese spielt im vorliegenden Urteil eine nur untergeordnete Rolle.[353]

bb) Frankreich/People's Mojahedin Organization of Iran, C-27/09 P

Auch im Rechtsmittelverfahren nach Art. 56 Satzung EuGH Frankreich/People's Mojahedin Organization of Iran (C-27/09 P), in dem es um Sanktionen zur Bekämpfung von Terrorismus und die Verteidigungsrechte der betroffenen Personen und Organisationen geht,[354] untersucht der EuGH überwiegend die Grundrechte als allgemeine Grundsätze des Unionsrechts. Die Charta wird nur kurz erwähnt.

Das Gericht hatte einen Beschluss des Rates für nichtig erklärt, soweit dieser die People's Mojahedin Organization of Iran (PMOI) betraf, da er die Verteidigungsrechte und das Recht auf effektiven gerichtlichen Rechtsschutz der PMOI verletzen würde.[355] Gegen diese Entscheidung des EuG legte Frankreich Rechtsmittel ein.[356] Es machte unter anderem geltend, das Gericht habe Rechtsfehler „bei der Beurteilung der die Verteidigungsrechte betreffenden Grundsätze" gemacht.[357]

Der Gerichtshof setzt sich mit diesem Vorbringen intensiv auseinander.[358] Die Charta erwähnt er dabei jedoch nur einmal: „[Das] Grundrecht auf Wahrung der Verteidigungsrechte in einem Verfahren, das dem Erlass einer restriktiven Maßnahme wie des streitigen Beschlusses vorausgeht, ist im Übrigen ausdrücklich in Art. 41 Abs. 2 Buchst. a der Charta [...] niedergelegt, der Art. 6 Abs. 1 EUV den gleichen rechtlichen Rang wie den Verträgen zuerkennt."[359] Seine Prüfung basiert nicht auf der GRC, sondern auf dem Verteidigungsrecht als allgemeinem Grundsatz des Unionsrechts. Dementsprechend spricht der Gerichtshof im gesamten Urteil neunmal von „Grundsätzen". Alle vom EuGH

---

[352] Vgl. EuGH, Urteil v. 18.03.2010, Rs. C-317/08, C-318/08, C-319/08 und C-320/08 *(Alassini u. a.)*, Rn. 63.

[353] Vgl. zu möglichen Gründen Kapitel 4 C. I.

[354] EuGH, Urteil v. 21.12.2011, Rs. C-27/09 P *(Frankreich/People's Mojahedin Organization of Iran)*, Rn. 1, 23–37.

[355] EuGH, Urteil v. 21.12.2011, Rs. C-27/09 P *(Frankreich/People's Mojahedin Organization of Iran)*, Rn. 21–37.

[356] EuGH, Urteil v. 21.12.2011, Rs. C-27/09 P *(Frankreich/People's Mojahedin Organization of Iran)*, Rn. 38.

[357] EuGH, Urteil v. 21.12.2011, Rs. C-27/09 P *(Frankreich/People's Mojahedin Organization of Iran)*, Rn. 40.

[358] Vgl. EuGH, Urteil v. 21.12.2011, Rs. C-27/09 P *(Frankreich/People's Mojahedin Organization of Iran)*, Rn. 59–76.

[359] EuGH, Urteil v. 21.12.2011, Rs. C-27/09 P *(Frankreich/People's Mojahedin Organization of Iran)*, Rn. 66.

zitierten Urteile sind vor Inkrafttreten der Charta ergangen.[360] In diesem Abschnitt des vorliegenden Urteils spielt die Charta somit eine nur ganz untergeordnete Rolle.
Im übrigen Urteil wird die Charta nicht mehr erwähnt.

cc) Internationale Fruchtimport Gesellschaft Weichert/Kommission, C-73/10 P

Im Beschluss Internationale Fruchtimport Gesellschaft Weichert/Kommission (C-73/10 P) geht es um einen kartellrechtlichen Streit vor dem EuG.[361] Der EuGH wendet hier die EMRK als Prüfungsmaßstab an und erwähnt die Charta selbst nicht – sie wird nur von der Rechtsmittelführerin angeführt.

Im Ausgangsverfahren hatte das Gericht eine Klage der Rechtsmittelführerin gegen eine Bußgeldentscheidung der Kommission als offensichtlich unzulässig abgewiesen, da sie nicht fristgerecht eingereicht worden sei.[362] Vor dem Gerichtshof macht die Rechtsmittelführerin geltend, die strikte Anwendung der Fristenregelung stelle in ihrem Fall eine Verletzung ihres Grundrechts auf Zugang zu einem Gericht dar.[363] Da es vor dem EuG um eine Bußgeldentscheidung gegangen sei, sei hier auch Art. 6 Abs. 2 EMRK betroffen.[364] Das Grundrecht auf Zugang zu den Gerichten sei ein allgemeiner Grundsatz des Unionsrechts und werde außerdem in Art. 47 GRC bekräftigt.[365]

In seiner Würdigung[366] wiederholt der Gerichtshof zunächst seine Rechtsprechung zu Verfahrensfristen und ordnet den vorliegenden Fall in diese ein.[367] Dann widmet er sich ausführlich der Prüfung des Rechts auf Zugang zu einem Gericht und Art. 6 EMRK.[368] Er kommt zu dem Ergebnis, die strikte Anwendung der Fristenregelung stelle keine Verletzung des Rechts auf Zugang zu den

---

[360] Vgl. EuGH, Urteil v. 21.12.2011, Rs. C-27/09 P *(Frankreich/People's Mojahedin Organization of Iran)*, Rn. 60, 65, 67, 74.
[361] EuGH, Beschluss v. 16.11.2010, Rs. C-73/10 P *(Internationale Fruchtimport Gesellschaft Weichert/Kommission)*, Rn. 1.
[362] EuGH, Beschluss v. 16.11.2010, Rs. C-73/10 P *(Internationale Fruchtimport Gesellschaft Weichert/Kommission)*, Rn. 1.
[363] EuGH, Beschluss v. 16.11.2010, Rs. C-73/10 P *(Internationale Fruchtimport Gesellschaft Weichert/Kommission)*, Rn. 24 f.
[364] EuGH, Beschluss v. 16.11.2010, Rs. C-73/10 P *(Internationale Fruchtimport Gesellschaft Weichert/Kommission)*, Rn. 25.
[365] EuGH, Beschluss v. 16.11.2010, Rs. C-73/10 P *(Internationale Fruchtimport Gesellschaft Weichert/Kommission)*, Rn. 26.
[366] EuGH, Beschluss v. 16.11.2010, Rs. C-73/10 P *(Internationale Fruchtimport Gesellschaft Weichert/Kommission)*, Rn. 41–60.
[367] Vgl. EuGH, Beschluss v. 16.11.2010, Rs. C-73/10 P *(Internationale Fruchtimport Gesellschaft Weichert/Kommission)*, Rn. 41–45.
[368] EuGH, Beschluss v. 16.11.2010, Rs. C-73/10 P *(Internationale Fruchtimport Gesellschaft Weichert/Kommission)*, Rn. 46–59.

Gerichten dar.[369] In dieser Untersuchung erwähnt er die Charta jedoch nicht. Insgesamt wird die GRC im vorliegenden Beschluss nur von der Rechtsmittelführerin zitiert. Der Gerichtshof prüft das oben genannte Grundrecht hingegen als allgemeinen Grundsatz des Unionsrechts und in Anlehnung an Art. 6 EMRK. In seiner Untersuchung führt er mehrere Entscheidungen aus der Zeit vor Inkrafttreten der GRC[370] und solche des EGMR[371] an.[372] Der Charta kommt damit keine Bedeutung zu.

c) B3 – nicht ausführliche Prüfung der Anwendbarkeit der Charta

Die Entscheidungen in der Gruppe B3 haben gemeinsam, dass der Gerichtshof die Anwendbarkeit der Charta gemäß Art. 51 Abs. 1 GRC oder ihre zeitliche Anwendbarkeit[373] prüft und in den allermeisten Fällen verneint. Im Unterschied zur Gruppe A3 nimmt er hier aber keine ausführliche[374] Prüfung von Art. 51 Abs. 1 GRC oder der zeitlichen Anwendbarkeit[375] vor, sondern beschränkt sich darauf, seine einschlägige Rechtsprechung kurz zu zitieren und den Fall ebenso kurz darunter zu subsumieren.[376] Teilweise lehnt der EuGH die Anwendbarkeit der Charta in nur einem Satz ab. Dementsprechend können diese Fälle nicht Gegenstand der vertieften Analyse im dritten Kapitel sein.

Die Einordnung in die Fallgruppe B3 ist meist unproblematisch, die Entscheidungen Corpul Național al Polițiștilor (C-434/11) und FOA (C-354/13) sind insofern typische Beispiele für diese Gruppe (aa) und bb)). Im Urteil Gueye und Salmerón Sánchez (C-483/09 und C-1/10) hingegen erwähnt der Gerichtshof zwar die relevante Norm (Art. 51 Abs. 1 GRC) nicht (cc)), gleichwohl bereitet die Einordnung letztlich auch hier keine Schwierigkeiten.

Insgesamt fallen unter die Fallgruppe B3 78 Urteile und Beschlüsse.[377]

---

[369] EuGH, Beschluss v. 16.11.2010, Rs. C-73/10 P *(Internationale Fruchtimport Gesellschaft Weichert/Kommission)*, Rn. 59.
[370] Vgl. EuGH, Beschluss v. 16.11.2010, Rs. C-73/10 P *(Internationale Fruchtimport Gesellschaft Weichert/Kommission)*, Rn. 48, 49, 50.
[371] Vgl. EuGH, Beschluss v. 16.11.2010, Rs. C-73/10 P *(Internationale Fruchtimport Gesellschaft Weichert/Kommission)*, Rn. 53, 54.
[372] Siehe zu Art. 52 Abs. 3 GRC, der die Kohärenz zwischen der EMRK und der Auslegung der Charta sichern soll, Kapitel 3 A. I. 4. b). Siehe außerdem zu Art. 6 Abs. 3 EUV und zur Kontinuität in der Grundrechtsprechung des EuGH als mögliche Erklärungen für die fortgesetzte Anwendung der Grundrechte als allgemeine Grundsätze Kapitel 4 C. I.
[373] Vgl. EuGH, Urteil v. 03.07.2014, Rs. C-129/13 und C-130/13 *(Kamino International Logistics und Datema Hellmann Worldwide Logistics)*; EuGH, Urteil v. 14.04.2016, Rs. C-397/14 *(Polkomtel)*; EuGH, Urteil v. 26.03.2015, Rs. C-316/13 *(Fenoll)*.
[374] Siehe zum Kriterium der Ausführlichkeit Kapitel 2 C. II. 2.
[375] Vgl. *T. von Danwitz*, Gerichtlicher Schutz der Grundrechte, in: C. Grabenwarter (Hrsg.), Europäischer Grundrechteschutz (EnzEuR Band 2), 2014, § 6, Rn. 26, der die Frage der ratione temporis ebenfalls unter der Überschrift „Anwendbarkeit der Charta" behandelt.
[376] Siehe zu einigen Entscheidungen aus dieser Fallgruppe *R. Stotz*, ZEuS 2017, S. 259 (268 ff.).
[377] Vgl. zu diesen Entscheidungen auch *T. von Danwitz*, EuGRZ 40 (2013), S. 253 (260);

aa) Corpul Naţional al Poliţiştilor, C-434/11

Im Beschluss Corpul Naţional al Poliţiştilor (C-434/11) bittet das vorlegende Gericht den Gerichtshof um eine Auslegung von Art. 17 Abs. 1, Art. 20 und Art. 21 Abs. 1 GRC,[378] der EuGH äußert sich jedoch nur zu seiner Zuständigkeit.[379] Dazu wiederholt er zunächst kurz seine Rechtsprechung zur Anwendbarkeit der Unionsgrundrechte[380] und zu Art. 51 Abs. 1 GRC[381], um dann festzustellen, dass das vorlegende Gericht überhaupt nicht dargelegt habe, inwiefern die fragliche nationale Regelung Unionsrecht durchführe.[382] Der Gerichtshof sei daher offensichtlich unzuständig.[383]

bb) FOA, C-354/13

Im Vorabentscheidungsverfahren FOA (C-354/13) fragt das vorlegende Gericht den EuGH unter anderem, ob „eine Diskriminierung wegen Adipositas auf dem Arbeitsmarkt im Allgemeinen oder durch einen öffentlichen Arbeitgeber im Besonderen gegen das Unionsrecht, wie es zum Beispiel in der Grundrechte betreffenden Bestimmung des Art. 6 EUV zum Ausdruck kommt", verstoße.[384] Der Gerichtshof antwortet hierauf, der fragliche Sachverhalt falle nicht in den Anwendungsbereich des Unionsrechts[385] und daher fänden die Bestimmungen der Charta der Grundrechte der Europäischen Union keine Anwendung auf einen solchen Sachverhalt.[386] Im übrigen Urteil wird die Charta nicht erwähnt.

cc) Gueye und Salmerón Sánchez, C-483/09 und C-1/10

Im Urteil Gueye und Salmerón Sánchez (C-483/09 und C-1/10) wird die GRC an nur zwei Stellen genannt. Der EuGH erklärt hier zum Rahmenbeschluss 2001/220/JI des Rates vom 15. März 2001 über die Stellung des Opfers im Strafverfahren, dieser sei so auszulegen, dass die Grundrechte beachtet würden.[387] Dabei sei insbesondere das Recht auf Achtung des Privat- und Familien-

---

V. Skouris, Aspekte des Grundrechtsschutzes in der Europäischen Union nach Lissabon, in: S. Leutheusser-Schnarrenberger (Hrsg.), Vom Recht auf Menschenwürde, 2013, S. 83 (87); vgl. auch *J. Gundel*, EuR 50 (2015), S. 609 (620), der eine deutliche Zunahme dieser Fälle nach Inkrafttreten der Charta ausmacht.
378 EuGH, Beschluss v. 14.12.2011, Rs. C-434/11 *(Corpul Naţional al Poliţiştilor)*, Rn. 11.
379 EuGH, Beschluss v. 14.12.2011, Rs. C-434/11 *(Corpul Naţional al Poliţiştilor)*, Rn. 12–17.
380 EuGH, Beschluss v. 14.12.2011, Rs. C-434/11 *(Corpul Naţional al Poliţiştilor)*, Rn. 14.
381 EuGH, Beschluss v. 14.12.2011, Rs. C-434/11 *(Corpul Naţional al Poliţiştilor)*, Rn. 15.
382 EuGH, Beschluss v. 14.12.2011, Rs. C-434/11 *(Corpul Naţional al Poliţiştilor)*, Rn. 16.
383 EuGH, Beschluss v. 14.12.2011, Rs. C-434/11 *(Corpul Naţional al Poliţiştilor)*, Rn. 17.
384 EuGH, Urteil v. 18.12.2014, Rs. C-354/13 *(FOA)*, Rn. 30.
385 EuGH, Urteil v. 18.12.2014, Rs. C-354/13 *(FOA)*, Rn. 38.
386 EuGH, Urteil v. 18.12.2014, Rs. C-354/13 *(FOA)*, Rn. 39.
387 EuGH, Urteil v. 15.09.2011, Rs. C-483/09 und C-1/10 *(Gueye und Salmerón Sánchez)*, Rn. 55.

lebens im Sinne von Art. 7 GRC zu nennen.[388] Der zugrunde liegende Sachverhalt falle jedoch nicht in den Anwendungsbereich des Rahmenbeschlusses und damit auch nicht in den Anwendungsbereich der Charta.[389]

d) B4 – nicht ausführliche Aussagen zur Charta, keine Grundrechtsprüfung

In den Entscheidungen, die die Gruppe B4 bilden, nennt der Gerichtshof die Charta, ohne aber eine Grundrechtsprüfung vorzunehmen. Die entsprechenden Passagen sind nicht ausführlich[390], der Charta kommt nur geringe Bedeutung zu.[391] Meist zitiert der EuGH sie nur als Argumentationshilfe im Rahmen einer Auslegung eines anderen Rechtssatzes (vor allem Sekundärrecht[392]).

Zu beachten ist, dass insbesondere die Gleichheitsgrundrechte aus Art. 20 und Art. 21 GRC,[393] aber auch die Prozessrechte des Art. 47 GRC und Datenschutzrechte[394] durch Sekundärrecht konkretisiert werden.[395] Es ist daher nicht negativ zu bewerten, wenn der Gerichtshof insofern statt der Charta sekundärrechtliche Normen anwendet.[396] Im Gegenteil folgt aus der höheren Detailliertheit des Sekundärrechts eine verbesserte Rechtssicherheit. Die entsprechende Prüfung ist aber keine Grundrechtsprüfung anhand der GRC und kann daher nicht Gegenstand der Analyse im dritten Kapitel der vorliegenden Arbeit sein.

Weiterhin sind von der Fallgruppe B4 auch Entscheidungen erfasst, in denen der EuGH die Charta im Rahmen der Rechtfertigung eines Eingriffs in Grundfreiheiten erwähnt, aber keine Grundrechtsprüfung vornimmt, sondern die GRC lediglich zur Unterstützung seiner Argumentation zu den Grundfreiheiten heranzieht. Außerdem gehören nicht ausführliche abstrakte Aussagen zur Charta in diese Gruppe.

Im Folgenden werden drei Abschnitte aus Entscheidungen des Gerichtshofs der Gruppe B4 beispielhaft dargestellt. Während der EuGH in den Urteilen PPG

---

[388] EuGH, Urteil v. 15.09.2011, Rs. C-483/09 und C-1/10 *(Gueye und Salmerón Sánchez)*, Rn. 55.

[389] EuGH, Urteil v. 15.09.2011, Rs. C-483/09 und C-1/10 *(Gueye und Salmerón Sánchez)*, Rn. 69.

[390] Siehe zu diesem Kriterium Kapitel 2 C. II. 2.

[391] Vgl. *J. Kühling*, ZÖR 68 (2013), S. 469 (472), der davon spricht, dass der Gerichtshof die Charta teilweise nur „schmückend" anführt.

[392] Zum Verhältnis von Grundrechts- und Sekundärrechtsprüfung schon *K. F. Gärditz*, Schutzbereich und Grundrechtseingriff, in: C. Grabenwarter (Hrsg.), Europäischer Grundrechteschutz (EnzEuR Band 2), 2014, § 4, Rn. 11.

[393] Vgl. etwa *A. Graser/S. Reiter*, in: J. Schwarze/U. Becker/A. Hatje u. a. (Hrsg.), EU-Kommentar, 4. Aufl. 2019, Art. 20 GRC Rn. 1; *K. Blanck-Putz/C. Köchle*, in: M. Holoubek/G. Lienbacher (Hrsg.), Charta der Grundrechte der Europäischen Union, 2014, Art. 21 Rn. 32.

[394] *S. Greer/J. Gerards/R. Slowe*, Human Rights in the Council of Europe and the European Union, 2018, S. 257–259.

[395] Vgl. zu dazu z. B. *S. Greer/J. Gerards/R. Slowe*, Human Rights in the Council of Europe and the European Union, 2018, S. 254–260.

[396] Vgl. dazu auch *K. Blanck-Putz/C. Köchle*, in: M. Holoubek/G. Lienbacher (Hrsg.), Charta der Grundrechte der Europäischen Union, 2014, Art. 21 Rn. 32–34.

und SNF/ECHA (C-625/11 P) und Bob-Dogi (C-241/15) die Charta nur im Rahmen seiner Auslegung von Sekundärrecht erwähnt (aa) und bb)), gibt er dem vorlegenden Gericht im Urteil Tsakouridis (C-145/09) einige allgemeine Auslegungshinweise an die Hand (cc)). Diese Entscheidungen sind typische Beispiele der Fallgruppe B4. Insgesamt fallen unter diese Gruppe 195 Urteile und Beschlüsse.

aa) PPG und SNF/ECHA, C-625/11 P

Im Rechtsmittelverfahren nach Art. 56 Satzung EuGH PPG und SNF/ECHA (C-625/11 P) erwähnt der Gerichtshof die Charta an nur einer Stelle im Rahmen seiner Auslegung von Sekundärrecht: „Das Ziel der in Art. 102 § 1 der Verfahrensordnung des Gerichts vorgesehenen Frist von 14 Tagen besteht darin, sicherzustellen, dass die Betroffenen über einen ausreichenden Zeitraum verfügen, um eine Klage gegen die veröffentlichten Maßnahmen zu erheben, und damit ihr Recht auf einen wirksamen gerichtlichen Rechtsschutz, wie es nunmehr in Art. 47 [GRC] gewährt wird, beachtet wird."[397] Eine Grundrechtsprüfung nimmt der EuGH nicht vor. Da es bei dieser einmaligen Erwähnung der Charta bleibt, ist die Entscheidung in die Gruppe B4 einzusortieren.

bb) Bob-Dogi, C-241/15

Im Vorabentscheidungsverfahren Bob-Dogi (C-241/15) nennt der Gerichtshof die Charta an zwei Stellen im Rahmen seiner Antwort auf die Frage nach der Auslegung des Begriffs „Haftbefehl" in Art. 8 Abs. 1 Buchst. c des Rahmenbeschlusses 2002/584/JI.[398] Dabei führt er einleitend unter anderem aus, der Grundsatz der gegenseitigen Anerkennung beruhe auf dem gegenseitigen Vertrauen der Mitgliedstaaten darauf, „dass ihre jeweiligen nationalen Rechtsordnungen in der Lage sind, einen gleichwertigen und wirksamen Schutz der auf Unionsebene und insbesondere in der Charta der Grundrechte der Europäischen Union anerkannten Grundrechte zu bieten".[399] Wenden die den Haftbefehl ausstellende Justizbehörde und die ihn vollstreckende Justizbehörde nationale Bestimmungen an, die den Rahmenbeschluss umsetzen, sei gemäß Art. 51 Abs. 1 GRC die Charta anwendbar.[400]

Eine Grundrechtsprüfung nimmt der Gerichtshof in diesem Urteil nicht vor. Vielmehr bleibt es bei diesen allgemeinen Hinweisen auf die Charta. Im Folgenden erwähnt der EuGH die „Grundrechte" ohne Bezug zur GRC: Die gesuchte Person genieße durch die oben genannte Norm einen zweistufigen Schutz ihrer Verfahrens- und Grundrechte, weil zusätzlich „zu dem gerichtlichen Schutz

---

[397] EuGH, Urteil v. 26.09.2013, Rs. C-625/11 P *(PPG und SNF/ECHA)*, Rn. 35.
[398] EuGH, Urteil v. 01.06.2016, Rs. C-241/15 *(Bob-Dogi)*, Rn. 30.
[399] EuGH, Urteil v. 01.06.2016, Rs. C-241/15 *(Bob-Dogi)*, Rn. 33.
[400] EuGH, Urteil v. 01.06.2016, Rs. C-241/15 *(Bob-Dogi)*, Rn. 34.

auf der ersten Stufe beim Erlass einer nationalen justiziellen Entscheidung wie eines nationalen Haftbefehls" der Schutz auf der zweiten Stufe bei der Ausstellung des Europäischen Haftbefehls hinzukomme.[401] Da der Gerichtshof auch hier keine Grundrechtsprüfung an der Charta vornimmt, sondern sich eher abstrakt äußert, und die Charta-bezogenen Aussagen zudem nicht ausführlich sind, fällt dieses Urteil unter die Fallgruppe B4.

cc) Tsakouridis, C-145/09

Im Urteil Tsakouridis (C-145/09) gibt der Gerichtshof dem vorlegenden Gericht nur einige allgemeine Auslegungshinweise an die Hand. Es geht hier um die Frage, unter welchen Umständen ein Unionsbürger, der mit Unterbrechungen seit seiner Geburt im Aufnahmemitgliedstaat lebt, aus diesem ausgewiesen werden kann.[402] Die Ausweisung ist nach Art. 28 Abs. 3 Buchst. a der einschlägigen Richtlinie 2004/38 nur aus zwingenden Gründen der öffentlichen Sicherheit, die von den Mitgliedstaaten festgelegt wurden, möglich, wenn der betreffende Unionsbürger seinen Aufenthalt in den letzten zehn Jahren im Aufnahmemitgliedstaat gehabt hat. Ist dies nicht der Fall, reichen nach Art. 28 Abs. 2 der Richtlinie 2004/38 schwerwiegende Gründe der öffentlichen Ordnung oder Sicherheit.

Ohne die Charta zu erwähnen, stellt der Gerichtshof fest, zur Berechnung der Zehnjahresfrist müssten alle im Einzelfall relevanten Umstände berücksichtigt werden.[403] Anschließend legt er die weiteren Voraussetzungen der Ausweisung eines Unionsbürgers, insbesondere den Begriff der „zwingenden Gründe der öffentlichen Sicherheit", aus.[404] Dabei nimmt er die Einordnung des konkreten Falles nicht selbst vor, sondern überlässt dies dem vorlegenden nationalen Gericht. Gründe des Allgemeininteresses könnten zur Rechtfertigung einer Einschränkung der Freizügigkeit nur dann herangezogen werden, wenn die fragliche Maßnahme mit den Grundrechten, insbesondere mit dem in Art. 7 GRC sowie Art. 8 EMRK niedergelegten Recht auf Achtung des Privat- und Familienlebens, vereinbar sei.[405] „Um zu beurteilen, ob der in Aussicht genommene Eingriff im Verhältnis zu dem verfolgten legitimen Zweck steht, hier dem Schutz der öffentlichen Sicherheit, sind insbesondere die Art und die Schwere der begangenen Zuwiderhandlung, die Dauer des Aufenthalts des Betroffenen im Aufnahmemitgliedstaat, die seit der Begehung der Zuwiderhandlung vergangene Zeit und das Verhalten des Betroffenen in dieser Zeit sowie die Intensität der sozialen, kulturellen und familiären Bindungen zum Aufnahmemitgliedstaat zu berücksichtigen. Im Fall eines Unionsbürgers, der die meiste oder

---

[401] EuGH, Urteil v. 01.06.2016, Rs. C-241/15 *(Bob-Dogi)*, Rn. 56.
[402] EuGH, Urteil v. 23.11.2010, Rs. C-145/09 *(Tsakouridis)*, Rn. 2, 11 f., 21.
[403] EuGH, Urteil v. 23.11.2010, Rs. C-145/09 *(Tsakouridis)*, Rn. 38.
[404] Vgl. EuGH, Urteil v. 23.11.2010, Rs. C-145/09 *(Tsakouridis)*, Rn. 39 ff.
[405] EuGH, Urteil v. 23.11.2010, Rs. C-145/09 *(Tsakouridis)*, Rn. 52.

die gesamte Zeit seiner Kindheit und Jugend rechtmäßig im Aufnahmemitgliedstaat verbracht hat, müssten sehr stichhaltige Gründe vorgebracht werden, um die Ausweisungsmaßnahme zu rechtfertigen".[406]

Der Gerichtshof prüft hier zwar weder das einschlägige Sekundärrecht an der GRC noch legt er eine verbindliche grundrechtskonforme Auslegung des Sekundärrechts fest, doch gibt er dem vorlegenden nationalen Gericht Punkte an die Hand, die bei der Verhältnismäßigkeits- und Interessenprüfung berücksichtigt werden müssen. Diese Erwägungen sind in die Auslegung des einschlägigen Sekundärrechts eingebunden und überdies abstrakt. Eine Grundrechtsprüfung nimmt der EuGH nicht vor. Die Charta wird nur einmal erwähnt, ihr kommt kaum Bedeutung zu. Das Urteil ist daher in die Fallgruppe B4 einzuordnen.

e) B5 – keine Grundrechtsprüfung aus prozessualen Gründen und ausdrückliche Nichtprüfung

In der Gruppe B5 sind Entscheidungen des Gerichtshofs zusammengefasst, in denen sich der EuGH aus prozessualen Gründen nicht zur Charta äußert oder ausdrücklich feststellt, die GRC sei nicht zu prüfen. In der überwiegenden Zahl dieser Fälle hält der Gerichtshof eine Vorlagefrage hinsichtlich der Auslegung der Charta für unzulässig, zum Beispiel wegen mangelnden Vorbringens. Außerdem fallen hierunter auch Beschlüsse, in denen er die Vorlagefrage oder das Vorbringen im Rechtsmittelverfahren für offensichtlich unbegründet erachtet und aus diesem Grund keine Grundrechtsprüfung vornimmt. Schließlich sind auch Fälle erfasst, bei denen Fragen zur Auslegung der Charta nur hilfsweise gestellt und/oder vom EuGH als nicht zu beantworten erachtet werden. In den Entscheidungen der B5-Gruppe wird die Charta teilweise nur von den Verfahrensbeteiligten erwähnt. Daher könnten diese Fälle ebenso in die Gruppe B6 eingruppiert werden. Wenn der Gerichtshof aber die Unzulässigkeit ausdrücklich feststellt, ist B5 die speziellere Gruppe.

Unter B5 fallen weiterhin Entscheidungen, eine Überprüfung einzuleiten oder im Hauptsacheverfahren unter anderem die Charta zu prüfen. Auch wenn der EuGH explizit feststellt, der Fall sei nicht an der Charta, sondern an einer die Charta insofern konkretisierenden Richtlinie zu prüfen, fällt dies unter B5. Stellt er dies aber nicht ausdrücklich fest, sondern prüft beispielsweise ohne nähere Erklärung die Richtlinie und erwähnt die Charta nur am Rande oder als Argumentationshilfe, wird der Fall unter B4 eingestuft.[407] Soweit die Charta vom Gerichtshof in seiner Antwort auf die Vorlagefragen beziehungsweise in seiner Würdigung gar nicht, sondern ausschließlich von den Verfahrensbeteiligten oder dem vorlegenden Gericht erwähnt wird und der EuGH auch nicht

---
[406] EuGH, Urteil v. 23.11.2010, Rs. C-145/09 *(Tsakouridis)*, Rn. 53.
[407] Siehe dazu und zur vorrangigen Anwendung von konkreterem Sekundärrecht gegenüber der Charta Kapitel 2 C. III. 2. d).

ausdrücklich erklärt, in der betreffenden Entscheidung sei nur Sekundärrecht zu prüfen, fällt diese Entscheidung unter B6.[408]

Im Folgenden (aa) bis dd)) werden vier Abschnitte aus Entscheidungen des Gerichtshofs der Gruppe B5 beispielhaft dargestellt. Alle sind typisch für diese Fallgruppe, unter die insgesamt 135 Urteile und Beschlüsse fallen.

aa) Gullotta und Farmacia di Gullotta Davide & C., C-497/12

Im Vorabentscheidungsverfahren Gullotta und Farmacia di Gullotta Davide & C. (C-497/12) fragte das vorlegende Gericht unter anderem nach einer Auslegung von Art. 15 GRC,[409] der EuGH hält die Frage jedoch für unzulässig.[410] „[D]ie Vorlageentscheidung ermöglicht nämlich nicht, die Gründe nachzuvollziehen, aus denen das vorlegende Gericht Zweifel hinsichtlich der Vereinbarkeit der im Ausgangsverfahren streitigen Rechtsvorschriften mit Art. 15 der Charta hegt, und enthält keine Angaben, die es dem Gerichtshof ermöglichen würden, dem vorlegenden Gericht Hinweise zur Auslegung des Unionsrechts zu geben, damit dieses die Rechtsfrage, mit der es befasst ist, lösen kann."[411] Eine Grundrechtsprüfung nimmt der EuGH nicht vor. Die Entscheidung fällt unter die Fallgruppe B5.

bb) Acino/Kommission, C-269/13 P

Im Rechtsmittelverfahren nach Art. 56 Satzung EuGH Acino/Kommission (C-269/13 P) rügte die Rechtsmittelführerin eine Verletzung von Art. 47 GRC durch das Gericht.[412] Der EuGH hält dieses Vorbringen aber für „zu allgemein und ungenau für eine rechtliche Beurteilung durch den Gerichtshof" und daher für unzulässig.[413] Eine Grundrechtsprüfung erfolgt nicht. Auch diese Entscheidung fällt daher unter die Fallgruppe B5.

cc) Pohl, C-429/12

Im Vorabentscheidungsverfahren Pohl (C-429/12) geht es um eine mögliche Diskriminierung wegen des Alters bei der Festlegung des Stichtages für die Berechnung von Gehaltsstufen.[414] Das nationale Gericht fragte unter anderem nach der Auslegung des allgemeinen unionsrechtlichen Gleichbehandlungs-

---

[408] Siehe zur Fallgruppe B6 Kapitel 2 C. III. 2. f) und Online-Anhang, Gruppe B6.
[409] EuGH, Urteil v. 02.07.2015, Rs. C-497/12 *(Gullotta und Farmacia di Gullotta Davide & C.)*, Rn. 13, 16.
[410] EuGH, Urteil v. 02.07.2015, Rs. C-497/12 *(Gullotta und Farmacia di Gullotta Davide & C.)*, Rn. 21.
[411] EuGH, Urteil v. 02.07.2015, Rs. C-497/12 *(Gullotta und Farmacia di Gullotta Davide & C.)*, Rn. 19.
[412] EuGH, Urteil v. 10.04.2014, Rs. C-269/13 P *(Acino/Kommission)*, Rn. 99.
[413] EuGH, Urteil v. 10.04.2014, Rs. C-269/13 P *(Acino/Kommission)*, Rn. 108.
[414] EuGH, Urteil v. 16.01.2014, Rs. C-429/12 *(Pohl)*, Rn. 1 f.

grundsatzes und des Art. 21 GRC.[415] Der EuGH beantwortet die einschlägigen Fragen nicht, da dies aufgrund seiner Antwort auf die dritte Vorlagefrage nicht mehr nötig sei.[416] Eine Grundrechtsprüfung nimmt der Gerichtshof nicht vor. Die Entscheidung ist in die Fallgruppe B5 einzusortieren.

dd) Klein, C-120/14 P

Im Rechtsmittelverfahren nach Art. 56 Satzung EuGH Klein (C-120/14 P) machte der Rechtsmittelführer unter anderem eine Verletzung von Art. 41 GRC geltend,[417] da aber bereits ein vorheriger Rechtsmittelgrund durchgreift, prüft der Gerichtshof einen Verstoß gegen Art. 41 GRC nicht mehr.[418] Eine Grundrechtsprüfung liegt daher in dieser Entscheidung nicht vor. Das Urteil Klein gehört zur Gruppe B5.

f) B6 – Charta nur von Verfahrensbeteiligten, vom vorlegenden Gericht oder im Rechtlichen Rahmen erwähnt

In der Gruppe B6 sind Entscheidungen des EuGH zusammengefasst, in denen die Charta nur von Verfahrensbeteiligten, vom vorlegenden Gericht oder im Rechtlichen Rahmen erwähnt wird.[419] Für die Entscheidung spielt sie folglich keine Rolle.[420] Insgesamt fallen unter diese Fallgruppe 122 Urteile und Beschlüsse, von denen im Folgenden drei beispielhaft dargestellt werden. Während die Entscheidungen Nicula (C-331/13) und Starjakob (C-417/13) typische Beispiele für die Fallgruppe B6 sind (aa) und bb)), fällt die Einordnung des Urteils Zh. und O. (C-554/13) schwerer, da der EuGH hier die Charta zwar nur im Rechtlichen Rahmen zitiert, in den Gründen aber von den „Grundrechten" spricht (cc)).

aa) Nicula, C-331/13

Im Vorabentscheidungsverfahren Nicula (C-331/13) bat das vorlegende Gericht unter anderem um eine Auslegung von Art. 17, Art. 20 und Art. 21 GRC.[421] Der Gerichtshof beantwortet die Vorlagefrage aber, ohne auf die Charta oder die Grundrechte im Allgemeinen einzugehen.[422] Die Charta spielt daher in diesem Urteil keine Rolle.

---

[415] EuGH, Urteil v. 16.01.2014, Rs. C-429/12 *(Pohl)*, Rn. 17.
[416] EuGH, Urteil v. 16.01.2014, Rs. C-429/12 *(Pohl)*, Rn. 38.
[417] EuGH, Urteil v. 22.04.2015, Rs. C-120/14 P *(Klein)*, Rn. 35.
[418] EuGH, Urteil v. 22.04.2015, Rs. C-120/14 P *(Klein)*, Rn. 81.
[419] Vgl. entsprechend in Bezug auf das Stichwort „Gerechtigkeit" in der Rechtsprechung des Bundesverfassungsgerichts *G. Beaucamp*, DVBl 2017, S. 348 (349).
[420] Ebenso: *J. Kühling*, ZÖR 68 (2013), S. 469 (472).
[421] EuGH, Urteil v. 15.10.2014, Rs. C-331/13 *(Nicula)*, Rn. 16.
[422] EuGH, Urteil v. 15.10.2014, Rs. C-331/13 *(Nicula)*, Rn. 18–39.

bb) Starjakob, C-417/13

In der Rechtssache Starjakob (C-417/13) fragte das nationale Gericht in drei seiner sieben Vorlagefragen nach einer Auslegung von Art. 21 beziehungsweise Art. 47 Abs. 1 GRC.[423] Der EuGH erwähnt in seiner Antwort[424] jedoch weder die Charta noch die Grundrechte im Allgemeinen.

cc) Zh. und O., C-554/13

Im Vorabentscheidungsverfahren Zh. und O. (C-554/13) wird die Charta nur im Rechtlichen Rahmen erwähnt[425] und ist daher eigentlich nicht von Bedeutung für das Urteil. Die „Grundrechte" erwähnt der Gerichtshof in der Entscheidung jedoch mehrfach: So hält er bei der Auslegung von Art. 7 Abs. 4 der Richtlinie 2008/115 fest, dieser bezwecke unter anderem, die Grundrechte sich illegal aufhaltender Drittstaatsangehöriger zu wahren.[426] Sie dürften ausschließlich „unter vollständiger Achtung der Grundrechte auf menschenwürdige Weise zurückgeführt werden".[427]

Weiterhin stellt der EuGH fest, dem Anspruch des Drittstaatsangehörigen auf rechtliches Gehör sei Rechnung zu tragen und auch hier müssten die Grundrechte der betreffenden Person „gebührend" berücksichtigt werden.[428] Es sei eine Einzelfallprüfung notwendig, ob das Fehlen einer Frist für die freiwillige Ausreise „mit den Grundrechten dieser Person vereinbar" sei.[429] Das habe aber das vorlegende Gericht zu untersuchen.[430] Jede Regelung oder Praxis im Bereich von Art. 7 Abs. 4 der Richtlinie 2008/115 müsse „gewährleisten, dass in jedem Einzelfall geprüft wird, ob das Fehlen einer Frist für die freiwillige Ausreise mit den Grundrechten dieses Drittstaatsangehörigen vereinbar ist."[431]

Eine Grundrechtsprüfung nimmt der EuGH im vorliegenden Urteil nicht vor. Vielmehr legt er das einschlägige Sekundärrecht aus und überlässt die grundrechtliche Bewertung dem nationalen Gericht, dem er lediglich abstrakte Hinweise zur Auslegung der Richtlinie an die Hand gibt. Die Charta erwähnt er in seiner Antwort auf die Vorlagefragen nicht.

---

[423] EuGH, Urteil v. 28.01.2015, Rs. C-417/13 *(Starjakob)*, Rn. 21.
[424] EuGH, Urteil v. 28.01.2015, Rs. C-417/13 *(Starjakob)*, Rn. 22–75.
[425] EuGH, Urteil v. 11.06.2015, Rs. C-554/13 *(Zh. und O.)*, Rn. 3.
[426] EuGH, Urteil v. 11.06.2015, Rs. C-554/13 *(Zh. und O.)*, Rn. 47.
[427] EuGH, Urteil v. 11.06.2015, Rs. C-554/13 *(Zh. und O.)*, Rn. 47.
[428] EuGH, Urteil v. 11.06.2015, Rs. C-554/13 *(Zh. und O.)*, Rn. 69.
[429] EuGH, Urteil v. 11.06.2015, Rs. C-554/13 *(Zh. und O.)*, Rn. 70.
[430] EuGH, Urteil v. 11.06.2015, Rs. C-554/13 *(Zh. und O.)*, Rn. 71.
[431] EuGH, Urteil v. 11.06.2015, Rs. C-554/13 *(Zh. und O.)*, Rn. 75.

3. C-Gruppe – Vermischung von Charta und anderen Rechtsquellen

In der Gruppe C sind die Prüfungen anhand der Charta und anderer Rechtsquellen (meist: Sekundärrecht[432]) so stark vermischt, dass nicht klar wird, an welchem Maßstab die Prüfung letztlich erfolgt.[433] Insgesamt fallen unter diese Fallgruppe fünf Urteile, von denen drei im Folgenden (a) bis c)) exemplarisch dargestellt werden.

a) Coty Germany, C-580/13

Im Urteil Coty Germany (C-580/13) geht es um die Kollision des Bankgeheimnisses mit dem Auskunftsrecht bei einer Verletzung von geistigem Eigentum.[434] Die Klägerin des Ausgangsverfahrens verlangte von der Beklagten Auskunft über den Namen eines Kontoinhabers bei der Beklagten, da dieser die Rechte der Klägerin aus einer Marke verletzt hatte.[435] Die Beklagte verweigerte die Angaben unter Berufung auf das Bankgeheimnis.[436] Das mit dieser Sache letztinstanzlich befasste nationale Gericht bat den Gerichtshof um die Auslegung der einschlägigen Richtlinie.[437] Dieser prüft daher, „ob Art. 8 Abs. 3 Buchst. e der Richtlinie 2004/48 dahin auszulegen ist, dass er einer Vorschrift entgegensteht, die es einem Bankinstitut in einer Situation wie der im Ausgangsverfahren in Rede stehenden gestattet, eine Auskunft nach Art. 8 Abs. 1 Buchst. c dieser Richtlinie über Namen und Anschrift eines Kontoinhabers unter Berufung auf das Bankgeheimnis zu verweigern."[438]

Unter Berufung auf den Wortlaut der oben genannten Vorschrift stellt der EuGH zunächst fest, diese beinhalte einen solchen Anspruch, sie gelte aber unbeschadet anderer gesetzlicher Bestimmungen, die den Schutz der Vertraulichkeit von Informationsquellen oder die Verarbeitung personenbezogener Daten zum Gegenstand haben.[439] Die Beklagte nehme eine Verarbeitung personenbezogener Daten im Sinne der Richtlinie 95/46 vor, wenn sie den Namen und die Adresse eines ihrer Kunden übermittle.[440] Die nationale Vorschrift falle damit unter die oben genannte Vorschrift der Richtlinie 2004/48, bei deren Anwendung sowohl das Auskunftsrecht auf der einen Seite als auch das Recht auf

---

[432] Zum Verhältnis von Grundrechts- und Sekundärrechtsprüfung schon *K. F. Gärditz*, Schutzbereich und Grundrechtseingriff, in: C. Grabenwarter (Hrsg.), Europäischer Grundrechteschutz (EnzEuR Band 2), 2014, § 4, Rn. 11.
[433] Dies ist aus grundrechtlicher Perspektive nicht negativ zu bewerten. Siehe dazu und zur vorrangigen Anwendung von konkreterem Sekundärrecht gegenüber der Charta Kapitel 2 C. III. 2. d).
[434] EuGH, Urteil v. 16.07.2015, Rs. C-580/13 *(Coty Germany)*, Rn. 9–16.
[435] EuGH, Urteil v. 16.07.2015, Rs. C-580/13 *(Coty Germany)*, Rn. 11 f.
[436] EuGH, Urteil v. 16.07.2015, Rs. C-580/13 *(Coty Germany)*, Rn. 12.
[437] EuGH, Urteil v. 16.07.2015, Rs. C-580/13 *(Coty Germany)*, Rn. 17.
[438] EuGH, Urteil v. 16.07.2015, Rs. C-580/13 *(Coty Germany)*, Rn. 22.
[439] EuGH, Urteil v. 16.07.2015, Rs. C-580/13 *(Coty Germany)*, Rn. 25.
[440] EuGH, Urteil v. 16.07.2015, Rs. C-580/13 *(Coty Germany)*, Rn. 26.

den Schutz personenbezogener Daten auf der anderen Seite zu beachten seien.[441] Dabei solle das Auskunftsrecht einerseits das durch Art. 47 GRC verbürgte Grundrecht auf einen wirksamen Rechtsbehelf zur Anwendung bringen und konkretisieren und andererseits die wirksame Ausübung der Eigentumsfreiheit sicherstellen, zu der das durch Art. 17 Abs. 2 GRC geschützte Recht des geistigen Eigentums gehöre.[442] Das erstgenannte Grundrecht stelle „ein notwendiges Instrument zum Schutz des letztgenannten dar."[443] Auf der anderen Seite werde das Recht auf den Schutz personenbezogener Daten durch Art. 8 GRC geschützt.[444] Aus dem 32. Erwägungsgrund der Richtlinie gehe hervor, dass diese im Einklang mit den Grundrechten der Charta stehe und insbesondere „im Einklang mit Art. 17 Abs. 2 der Charta die uneingeschränkte Achtung geistigen Eigentums sicherstellen" solle.[445] Gleichzeitig solle die Richtlinie „den Schutz personenbezogener Daten nicht behindern, so dass die Richtlinie 2004/48 insbesondere die Richtlinie 95/46 nicht berühren" könne.[446] Die widerstreitenden Grundrechte müssten daher in Einklang gebracht werden.[447] Dieses Erfordernis folge auch aus Art. 52 Abs. 1 GRC.[448]

Weiter stellt der Gerichtshof fest, die nationale Vorschrift scheine, vorbehaltlich ihrer Auslegung durch das hierfür zuständige nationale Gericht, ein unbegrenztes Auskunftsverweigerungsrecht vorzusehen.[449] Die oben genannte Richtlinie gewähre dem Einzelnen zwar keinen Anspruch auf Auskunft, verpflichte aber die Mitgliedstaaten, einen solchen einzurichten.[450] Eine „unbegrenzt und bedingungslos zulässige"[451] Auskunftsverweigerung könne eine „qualifizierte Beeinträchtigung der wirksamen Ausübung des Grundrechts des geistigen Eigentums" darstellen.[452] Damit genüge die Vorschrift „isoliert betrachtet" nicht den Anforderungen der Richtlinie,[453] wobei das nationale Gericht noch zu prüfen habe, ob das nationale Recht andere Möglichkeiten für den Rechteinhaber bereithalte, sein Recht durchzusetzen.[454] Insgesamt sei auf die Vorlagefrage zu antworten, die sekundärrechtliche Norm stehe einem unbegrenzten und bedingungslosen Auskunftsverweigerungsrecht entgegen.[455]

---

[441] EuGH, Urteil v. 16.07.2015, Rs. C-580/13 *(Coty Germany)*, Rn. 28.
[442] EuGH, Urteil v. 16.07.2015, Rs. C-580/13 *(Coty Germany)*, Rn. 29.
[443] EuGH, Urteil v. 16.07.2015, Rs. C-580/13 *(Coty Germany)*, Rn. 29.
[444] EuGH, Urteil v. 16.07.2015, Rs. C-580/13 *(Coty Germany)*, Rn. 30.
[445] EuGH, Urteil v. 16.07.2015, Rs. C-580/13 *(Coty Germany)*, Rn. 31.
[446] EuGH, Urteil v. 16.07.2015, Rs. C-580/13 *(Coty Germany)*, Rn. 32.
[447] EuGH, Urteil v. 16.07.2015, Rs. C-580/13 *(Coty Germany)*, Rn. 33 f.
[448] EuGH, Urteil v. 16.07.2015, Rs. C-580/13 *(Coty Germany)*, Rn. 35.
[449] EuGH, Urteil v. 16.07.2015, Rs. C-580/13 *(Coty Germany)*, Rn. 36 f.
[450] EuGH, Urteil v. 16.07.2015, Rs. C-580/13 *(Coty Germany)*, Rn. 36.
[451] EuGH, Urteil v. 16.07.2015, Rs. C-580/13 *(Coty Germany)*, Rn. 39.
[452] EuGH, Urteil v. 16.07.2015, Rs. C-580/13 *(Coty Germany)*, Rn. 40.
[453] EuGH, Urteil v. 16.07.2015, Rs. C-580/13 *(Coty Germany)*, Rn. 41.
[454] EuGH, Urteil v. 16.07.2015, Rs. C-580/13 *(Coty Germany)*, Rn. 42.
[455] EuGH, Urteil v. 16.07.2015, Rs. C-580/13 *(Coty Germany)*, Rn. 43.

Die Einordnung des vorliegenden Urteils fällt schwer. Ausweislich des Einleitungs-[456] und des Ergebnissatzes[457] nimmt der Gerichtshof eine Auslegung der einschlägigen Richtlinie vor. Diese Richtlinie verlangt aber nach Ansicht des EuGH eine Abwägung der widerstreitenden Grundrechte.[458] Dementsprechend äußert er sich zum Gehalt dieser Grundrechte und versucht, sie in Einklang zu bringen. Letzteres fällt jedoch relativ knapp aus: Der EuGH stellt lediglich fest, dass ein bedingungsloser Ausschluss des Auskunftsrechts gegen die Pflicht zur angemessenen Abwägung verstoße.[459] Die Ausführungen zu den Grundrechten könnten als Grundrechtsprüfung verstanden werden. Gleichwohl bleiben sie immer eingebunden in die Auslegung der Richtlinie: Während das Wort Charta in den Ausführungen des Gerichtshofs zur Vorlagefrage[460] siebenmal vorkommt, kommt „Richtlinie 2004/48" 18-mal vor. Es kann daher weder von einer überwiegenden Bedeutung der Charta noch der Richtlinie in der Prüfung ausgegangen werden. Die Auslegung letzterer ist mit der Auslegung ersterer untrennbar verbunden. Das Urteil ist daher in die Gruppe C einzusortieren.

b) Aguirre Zarraga, C-491/10 PPU

Im Vorabentscheidungsverfahren Aguirre Zarraga (C-491/10 PPU), welches im Eilverfahren entschieden wurde,[461] geht es um die Rückführung eines widerrechtlich[462] in Deutschland zurückgehaltenen Kindes.[463] Nach der Trennung der zuvor gemeinsam in Spanien lebenden Eltern[464] zog die Mutter des Kindes zurück nach Deutschland.[465] Nachdem das Kind dort seine Sommerferien verbracht hatte, kehrte es nicht zu seinem Vater nach Spanien zurück.[466] Zu einem anberaumten Gerichtstermin im Sorgerechtsverfahren in Spanien (sogenannter Ursprungsmitgliedstaat) erschienen weder Mutter noch Tochter.[467] „Freies Geleit" und eine Befragung per Videokonferenz lehnte das spanische Gericht ab.[468] Obwohl die einschlägige Verordnung eine Anhörung des Kindes erfordert, entschied dieses Gericht ohne eine solche Anhörung für eine Auslieferung.[469] Das in Deutschland (sogenannter Vollstreckungsmitgliedstaat) zustän-

---

[456] EuGH, Urteil v. 16.07.2015, Rs. C-580/13 *(Coty Germany)*, Rn. 22.
[457] EuGH, Urteil v. 16.07.2015, Rs. C-580/13 *(Coty Germany)*, Rn. 43.
[458] EuGH, Urteil v. 16.07.2015, Rs. C-580/13 *(Coty Germany)*, Rn. 28.
[459] EuGH, Urteil v. 16.07.2015, Rs. C-580/13 *(Coty Germany)*, Rn. 38–40.
[460] EuGH, Urteil v. 16.07.2015, Rs. C-580/13 *(Coty Germany)*, Rn. 22–43.
[461] Dazu: EuGH, Urteil v. 22.12.2010, Rs. C-491/10 PPU *(Aguirre Zarraga)*, Rn. 38 ff.
[462] EuGH, Urteil v. 22.12.2010, Rs. C-491/10 PPU *(Aguirre Zarraga)*, Rn. 43.
[463] EuGH, Urteil v. 22.12.2010, Rs. C-491/10 PPU *(Aguirre Zarraga)*, Rn. 2.
[464] EuGH, Urteil v. 22.12.2010, Rs. C-491/10 PPU *(Aguirre Zarraga)*, Rn. 16 f.
[465] EuGH, Urteil v. 22.12.2010, Rs. C-491/10 PPU *(Aguirre Zarraga)*, Rn. 20.
[466] EuGH, Urteil v. 22.12.2010, Rs. C-491/10 PPU *(Aguirre Zarraga)*, Rn. 20.
[467] EuGH, Urteil v. 22.12.2010, Rs. C-491/10 PPU *(Aguirre Zarraga)*, Rn. 22.
[468] EuGH, Urteil v. 22.12.2010, Rs. C-491/10 PPU *(Aguirre Zarraga)*, Rn. 22.
[469] EuGH, Urteil v. 22.12.2010, Rs. C-491/10 PPU *(Aguirre Zarraga)*, Rn. 23 f.

dige Gericht lehnte die Vollstreckung der Übergabe daraufhin ab.[470] Außerdem wies es darauf hin, das spanische Gericht habe in der für die Übergabe notwendigen Bescheinigung fälschlicherweise angegeben, eine Anhörung des Kindes habe stattgefunden.[471] Das deutsche Gericht legte dem EuGH daher die Frage vor, ob ein Gericht des Vollstreckungsmitgliedstaates unter Hinweis auf Art. 24 GRC oder auf eine offensichtliche Unrichtigkeit der ausgestellten Bescheinigung das Recht habe, die Entscheidung des Gerichts des Ursprungsmitgliedstaates zu überprüfen und eine Anerkennung abzulehnen.[472]

Der Gerichtshof verneint dies zunächst auf Basis des Sekundärrechts (insb. der Brüssel IIa-Verordnung) und ohne auf die Charta einzugehen.[473] Anschließend prüft er aber, „ob die genannte Auslegung auch dann geboten ist, wenn die Entscheidung des Gerichts des Ursprungsmitgliedstaats, die aufgrund der für sie ausgestellten Bescheinigung zu vollstrecken ist, in gravierender Weise gegen Grundrechte verstößt."[474] Die Verordnung beruhe auf der Prämisse, dass sich beide Seiten an die Vorgaben der GRC halten, und sei im Lichte von Art. 24 GRC auszulegen.[475] Sie solle insbesondere die Grundrechte des Kindes im Sinne des Art. 24 GRC gewährleisten.[476] Sowohl die Verordnung als auch Art. 24 GRC bezögen sich aber nicht auf die Anhörung als solche, sondern auf die Möglichkeit, gehört zu werden.[477] So könne es das Wohl des Kindes rechtfertigen, von seiner Anhörung abzusehen.[478] Das Gericht, das über die Rückgabe eines Kindes zu entscheiden habe, müsse die Zweckmäßigkeit der Anhörung beurteilen und dabei die Belastungen für das Kind angemessen berücksichtigen.[479] Die Verordnung und Art. 24 GRC erlaubten es dem Gericht des Ursprungsmitgliedstaates somit zwar, von der Befragung des Kindes unter bestimmten Umständen abzusehen. Beschließe es jedoch, das Kind anzuhören, verlangten „diese Bestimmungen, dass es nach Maßgabe des Kindeswohls und unter Berücksichtigung der Umstände jedes Einzelfalls alle geeigneten Maßnahmen im Hinblick auf eine solche Anhörung trifft, damit die praktische Wirksamkeit der genannten Bestimmungen gewahrt wird und dem Kind eine tatsächliche und wirksame Möglichkeit geboten wird, sich zu äußern."[480] Das Gericht müsse dabei alle ihm nach dem nationalen Recht möglichen Mittel ausschöpfen.[481] Der EuGH

---

[470] EuGH, Urteil v. 22.12.2010, Rs. C-491/10 PPU *(Aguirre Zarraga)*, Rn. 28.
[471] Wobei unklar bleibt, ob insofern ein Fehler vorlag: *B. Hess*, Remarks on Case C-491/10 PPU – Andrea Aguirre Pelz, Conflictoflaws.net, 10.12.2010, S. 2 (geprüft am 04.09.2019).
[472] EuGH, Urteil v. 22.12.2010, Rs. C-491/10 PPU *(Aguirre Zarraga)*, Rn. 37.
[473] EuGH, Urteil v. 22.12.2010, Rs. C-491/10 PPU *(Aguirre Zarraga)*, Rn. 42–57.
[474] EuGH, Urteil v. 22.12.2010, Rs. C-491/10 PPU *(Aguirre Zarraga)*, Rn. 58.
[475] EuGH, Urteil v. 22.12.2010, Rs. C-491/10 PPU *(Aguirre Zarraga)*, Rn. 59 f.
[476] EuGH, Urteil v. 22.12.2010, Rs. C-491/10 PPU *(Aguirre Zarraga)*, Rn. 61.
[477] EuGH, Urteil v. 22.12.2010, Rs. C-491/10 PPU *(Aguirre Zarraga)*, Rn. 62.
[478] EuGH, Urteil v. 22.12.2010, Rs. C-491/10 PPU *(Aguirre Zarraga)*, Rn. 63.
[479] EuGH, Urteil v. 22.12.2010, Rs. C-491/10 PPU *(Aguirre Zarraga)*, Rn. 64.
[480] EuGH, Urteil v. 22.12.2010, Rs. C-491/10 PPU *(Aguirre Zarraga)*, Rn. 66.
[481] EuGH, Urteil v. 22.12.2010, Rs. C-491/10 PPU *(Aguirre Zarraga)*, Rn. 67.

lässt offen, ob die Ausstellung der Bescheinigung durch das spanische Gericht rechtmäßig war, und bleibt dabei, es sei allein Sache der nationalen Gerichte des Ursprungsmitgliedstaats, die Rechtmäßigkeit der genannten Entscheidung anhand der insbesondere durch Art. 24 GRC und Art. 42 der Brüssel IIa-Verordnung aufgestellten Erfordernisse zu überprüfen.[482] Das deutsche Gericht darf damit die Vollstreckung trotz der potenziellen (Grund-)Rechtswidrigkeit der Entscheidung des spanischen Gerichts nicht verweigern.[483]

Eine Grundrechtsprüfung nimmt der Gerichtshof im vorliegenden Urteil nicht vor. Er prüft zwar das zuvor durch Auslegung der Verordnung gefundene Ergebnis an der GRC, folgt dabei aber keinem grundrechtlichen Prüfungsschema. Vielmehr vermischt er die Prüfung von Art. 24 GRC und der Verordnung, ohne dass in diesem Abschnitt ein eindeutiges Übergewicht für eine dieser beiden Rechtsquellen zu erkennen wäre. Der Charta kommt damit zwar nicht die allein entscheidende Rolle zu, trotzdem kann ihr aber auch nicht jegliche Bedeutung abgesprochen werden. Vielmehr scheint der EuGH sein Ergebnis zu gleichen Teilen aus der Charta und aus dem Sekundärrecht abzuleiten. Das Urteil Aguirre Zarraga (C-491/10 PPU) ist daher in die Fallgruppe C einzusortieren.

c) O, C-432/14

Im Vorabentscheidungsverfahren O (C-432/14) geht es um eine mögliche Diskriminierung wegen des Alters im Rahmen einer Abfindungszahlung bei Ende eines Arbeitsvertrages.[484] Auch wenn das nationale Gericht die Charta in seiner Vorlagefrage nicht erwähnt,[485] prüft der Gerichtshof, „ob das Unionsrecht und insbesondere das in Art. 21 [GRC] verankerte und durch die Richtlinie 2000/78 konkretisierte Verbot der Diskriminierung wegen des Alters dahin auszulegen ist, dass es einer nationalen Bestimmung wie der im Ausgangsverfahren in Rede stehenden entgegensteht, nach der eine Abfindung bei Vertragsende, die als Entgeltzulage bei Ablauf eines befristeten Arbeitsvertrags gewährt wird [...], nicht geschuldet wird, sofern der Vertrag mit einer jungen Person für einen Zeitraum geschlossen wird, der in ihren Schul- oder Semesterferien liegt."

Bei der Frage, ob eine Diskriminierung wegen des Alters vorliege,[486] verweist der EuGH zunächst auf die Definition des Gleichbehandlungsgrundsatzes in der Richtlinie 2000/78[487] und auf das weite Ermessen der Mitgliedstaaten im

---

[482] EuGH, Urteil v. 22.12.2010, Rs. C-491/10 PPU *(Aguirre Zarraga)*, Rn. 69.
[483] Dementsprechend wird das Urteil teilweise als „überraschend" bezeichnet. Siehe z. B.: *J. Holliday*, Case Comment: Aguirre Zarraga v Simone Pelz, University of Aberdeen, S. 3 (geprüft am 04.09.2019).
[484] EuGH, Urteil v. 01.10.2015, Rs. C-432/14 *(O)*, Rn. 1 f.
[485] EuGH, Urteil v. 01.10.2015, Rs. C-432/14 *(O)*, Rn. 14.
[486] EuGH, Urteil v. 01.10.2015, Rs. C-432/14 *(O)*, Rn. 28.
[487] EuGH, Urteil v. 01.10.2015, Rs. C-432/14 *(O)*, Rn. 29.

Bereich der Arbeits- und Sozialpolitik.[488] Anschließend prüft er die Vergleichbarkeit der Situation eines Studierenden, der auf der Grundlage eines befristeten Arbeitsvertrags während seiner Semesterferien beschäftigt wird, mit der eines Arbeitnehmers, der Anspruch auf die Abfindung bei Vertragsende hat.[489] Das nationale Gesetz gewähre grundsätzlich bei Ablauf eines befristeten Arbeitsvertrages eine Abfindung durch den Arbeitgeber, schließe jedoch „junge Personen, die einen befristeten Arbeitsvertrag für einen Zeitraum während ihrer Schul- oder Semesterferien abgeschlossen haben, ausdrücklich von der Gewährung dieser Abfindung aus."[490] Ziel der Regelung sei es, die unsichere Lage des Arbeitnehmers am Ende eines befristeten Vertrags, der nicht durch einen unbefristeten Vertrag fortgesetzt wird, zu kompensieren.[491] Eine Beschäftigung aufgrund eines befristeten Vertrags während der Schul- oder Semesterferien stelle dagegen eine vorübergehende Nebentätigkeit dar, weil nach Ablauf der Ferien der Schulbesuch oder das Studium wieder aufgenommen werde.[492] Damit habe der nationale Gesetzgeber die oben genannten Situationen als nicht vergleichbar einordnen dürfen.[493] Dies werde dadurch bestätigt, dass das nationale Gesetz auch andere Gruppen von Arbeitnehmern, wie Saisonarbeiter oder Vertreter, von den Abfindungen ausschließe.[494] Es liege keine vergleichbare Situation vor und der Kläger des Ausgangsverfahrens könne sich nicht auf eine Diskriminierung wegen des Alters berufen.[495] Auf die Vorlagefrage sei zu antworten, „dass das in Art. 21 [GRC] verankerte und durch die Richtlinie 2000/78 konkretisierte Verbot der Diskriminierung wegen des Alters dahin auszulegen" sei, dass es der fraglichen nationalen Regelung nicht entgegensteht.[496]

Im vorliegenden Urteil prüft der Gerichtshof sehr ausführlich den Grundsatz der Nichtdiskriminierung wegen des Alters (zehn Randnummern). Unklar bleibt jedoch, ob er diese Prüfung anhand der Charta oder anhand der Richtlinie 2000/78 vornimmt. Die Charta wird im Urteil (inkl. Tenor) dreimal, die Richtlinie viermal genannt. In den vom EuGH zitierten Urteilen spielt die Charta entweder keine Rolle[497], war noch nicht in Kraft[498] oder wird nicht erwähnt[499]. Dies spricht zwar dafür, dass die Prüfung nicht an der Charta vorgenommen wird, eindeutig ist dies jedoch nicht. Immerhin formuliert der Gerichtshof die

---

[488] EuGH, Urteil v. 01.10.2015, Rs. C-432/14 *(O)*, Rn. 30.
[489] EuGH, Urteil v. 01.10.2015, Rs. C-432/14 *(O)*, Rn. 33.
[490] EuGH, Urteil v. 01.10.2015, Rs. C-432/14 *(O)*, Rn. 34.
[491] EuGH, Urteil v. 01.10.2015, Rs. C-432/14 *(O)*, Rn. 34.
[492] EuGH, Urteil v. 01.10.2015, Rs. C-432/14 *(O)*, Rn. 36.
[493] EuGH, Urteil v. 01.10.2015, Rs. C-432/14 *(O)*, Rn. 37.
[494] EuGH, Urteil v. 01.10.2015, Rs. C-432/14 *(O)*, Rn. 38.
[495] EuGH, Urteil v. 01.10.2015, Rs. C-432/14 *(O)*, Rn. 39.
[496] EuGH, Urteil v. 01.10.2015, Rs. C-432/14 *(O)*, Rn. 40.
[497] EuGH, Urteil v. 01.10.2015, Rs. C-432/14 *(O)*, Rn. 30.
[498] EuGH, Urteil v. 01.10.2015, Rs. C-432/14 *(O)*, Rn. 31.
[499] EuGH, Urteil v. 01.10.2015, Rs. C-432/14 *(O)*, Rn. 32.

Vorlagefrage so um, dass neben der Richtlinie die Charta auch zum Prüfungsmaßstab wird.[500] Bei der eigentlichen Prüfung des Diskriminierungsverbots wird die Richtlinie fast ebenso selten zitiert wie die Charta, wodurch keine von beiden überwiegt.

Insgesamt kommt damit der Richtlinie und der Charta eine gleichwertige Bedeutung zu. Der EuGH scheint davon auszugehen, die Diskriminierungsverbote aus Art. 21 GRC und aus dem Sekundärrecht seien im Grunde identisch und die Richtlinie konkretisiere Art. 21 GRC. Die Prüfung erfolgt somit sowohl auf Basis des Sekundär- als auch des Primärrechts. Aus grundrechtlicher Perspektive ist dies nicht zu kritisieren. Im Gegenteil folgt aus der höheren Detailliertheit des Sekundärrechts eine verbesserte Rechtssicherheit.[501] Da die entsprechende Untersuchung aber keine Grundrechtsprüfung anhand der GRC ist, kann sie nicht Gegenstand der Analyse im dritten Kapitel der vorliegenden Arbeit sein.

Die Entscheidung O (C-432/14) ist in die Fallgruppe C einzusortieren.

D. Zusammenfassung und Auswertung der Ergebnisse

Im zweiten Kapitel der vorliegenden Arbeit hat sich gezeigt, dass die Charta der Grundrechte der Europäischen Union seit ihrem Inkrafttreten bis zum 31.12.2017 in 696 Entscheidungen des Gerichtshofs zitiert wurde. Die Zahl der Entscheidungen mit Charta-Zitat pro Jahr steigt stetig an (mit Ausnahme der Jahre 2014, 2015 und 2017). Gleichzeitig ist der prozentuale Anteil dieser Entscheidungen an der Gesamtzahl der erledigten Rechtssachen pro Jahr von 6,3 % im Jahr 2010 auf 17,9 % im Jahr 2016 angestiegen (2017: 17,7 %). Bezogen auf die Gesamtzahl der seit dem 01.12.2009 vom Gerichtshof entschiedenen Rechtssachen liegt der Anteil der Fälle mit Zitat der GRC bei ca. 13,2 %.

Der EuGH nimmt allerdings nur in einem Teil dieser Entscheidungen eine Grundrechtsprüfung anhand der Charta vor.

Zu beachten ist dabei, dass innerhalb einer Entscheidung auch mehrere Grundrechtsprüfungen vorliegen können, die in der vorliegenden Arbeit daher auch mehrfach gezählt werden. Es wurden hier also nicht die Entscheidungen im Ganzen kategorisiert, sondern Charta-bezogene Abschnitte. Insgesamt gibt es in den 696 Entscheidungen, in denen die Charta seit ihrem Inkrafttreten zitiert wird, 899 Charta-bezogene Abschnitte.

Der Gerichtshof nimmt in nur 259 Abschnitten (aus 221 Entscheidungen) eine Grundrechtsprüfung anhand der Charta vor (Fallgruppen A1, A2, A3 und B1). Dies entspricht 28,8 % aller Abschnitte und 31,7 % aller Entscheidungen,

---

[500] Vgl. EuGH, Urteil v. 01.10.2015, Rs. C-432/14 *(O)*, Rn. 14, 15.
[501] Siehe dazu schon Kapitel 2 C. III. 2. d).

in denen die Charta zitiert wird. In den übrigen 71,2% der Abschnitte beziehungsweise 68,3% der Entscheidungen hingegen nimmt er keine Grundrechtsprüfung anhand der Charta vor oder dies lässt sich nicht sicher bestimmen.

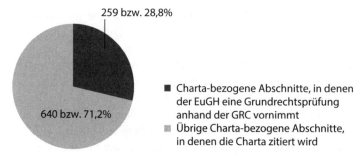

Abbildung 3: Anteil der Charta-bezogenen Abschnitte mit Grundrechtsprüfung anhand der Charta an der Gesamtzahl der Charta-bezogenen Abschnitte, in denen die Charta zitiert wird.

In der vorliegenden Arbeit wurden sämtliche Abschnitte, in denen die Charta zitiert wird, zunächst nach ihrer Ausführlichkeit unterschieden, auch wenn sie keine Grundrechtsprüfung enthalten. Die Ausführlichkeit stellt ein Indiz für die Bedeutung der GRC im konkreten Fall dar. In 168 Charta-bezogenen Abschnitten legt der Gerichtshof die Charta ausführlich aus (Gruppe A). Dies entspricht 18,7% der Gesamtzahl der Charta-bezogenen Abschnitte. In 725 Charta-bezogenen Abschnitten (80,6%) sind seine Ausführungen hingegen nicht ausführlich (Gruppe B). In sechs weiteren Charta-bezogenen Abschnitten (0,7%) vermischt der EuGH die Prüfung der Charta und einer anderen Rechtsquelle so stark, dass nicht festgestellt werden kann, an welchem Maßstab die Prüfung letztlich erfolgt (Gruppe C).

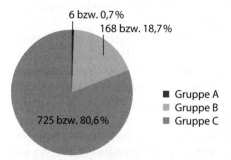

Abbildung 4: Charta-bezogene Abschnitte nach Ausführlichkeit.

Innerhalb der Gruppe A wird danach differenziert, ob der Gerichtshof eine Grundrechtsprüfung vornimmt (Untergruppen A1 bis A3). Die Abschnitte, in

D. Zusammenfassung und Auswertung der Ergebnisse

denen das der Fall ist, werden weiter danach unterteilt, ob die Grundrechtsprüfung vollständig im Sinne der vorliegenden Arbeit (Untergruppen A1 und A2) ist und ob die Abschnitte ausführlich (A2 und A3) oder sogar sehr ausführlich (A1 und A3) sind. Dabei fallen 40 Charta-bezogene Abschnitte in die Fallgruppe A1, 34 in die Fallgruppe A2, 76 in die Fallgruppe A3 und 18 in die Fallgruppe A4.

Tabelle 4: Gruppe A mit Anzahl der Charta-bezogenen Abschnitte.

Fallgruppe	A1	A2	A3	A4
Anzahl der Abschnitte	40 (aus 38 Entscheidungen des EuGH)	34 (aus 33 Entscheidungen des EuGH)	76 (aus 66 Entscheidungen des EuGH)	18 (aus 18 Entscheidungen des EuGH)

In der Fallgruppe B wird danach unterschieden, ob der EuGH eine nicht ausführliche Grundrechtsprüfung anhand der Charta (Untergruppe B1, 109 Charta-bezogene Abschnitte aus 103 Entscheidungen des EuGH) oder eine Grundrechtsprüfung an einem anderen Grundrechtskatalog wie der EMRK (Untergruppe B2, 57 Charta-bezogene Abschnitte aus 55 EuGH-Entscheidungen) vornimmt. Die 78 Abschnitte (aus 78 Entscheidungen), in denen der Gerichtshof nicht ausführlich die Anwendbarkeit der Charta prüft (Untergruppe B3), und jene 202 Charta-bezogene Abschnitte (aus 195 Entscheidungen), in denen er die Charta nur erwähnt, nicht aber eine Grundrechtsprüfung vornimmt (Untergruppe B4), gehören ebenfalls zur Fallobergruppe B. Schließlich sind von ihr auch 147 Charta-bezogene Abschnitte (aus 135 Urteilen und Beschlüssen) erfasst, in denen der EuGH die Fragen zur Charta aus prozessualen Gründen nicht prüft (Untergruppe B5) und 131, in denen die Charta in der Entscheidung nur von Verfahrensbeteiligten, vom vorlegenden Gericht oder im Rechtlichen Rahmen erwähnt wird (Untergruppe B6, 122 Entscheidungen).

Tabelle 5: Gruppe B mit Anzahl der Charta-bezogenen Abschnitte.

Fallgruppe	B1	B2	B3	B4	B5	B6
Anzahl der Abschnitte	109	57	78	202	147	131

Aus der im zweiten Kapitel der vorliegenden Untersuchung vorgenommenen Einteilung der Entscheidungen des EuGH in Fallgruppen lassen sich bereits auf dieser Ebene Schlussfolgerungen ziehen. So bedeutet Charta-Zitat nicht Charta-Grundrechtsprüfung. Weiter nimmt der Gerichtshof trotz der Kritik an der Kürze der Grundrechtsprüfungen vor Inkrafttreten der Charta in immerhin 109 Abschnitten von Entscheidungen eine nicht ausführliche Grundrechtsprüfung an der GRC vor (Gruppe B1). Setzt man diese Zahl ins Verhältnis zur Gesamtzahl der Abschnitte mit Grundrechtsprüfung anhand der Charta (259), erkennt man, dass der EuGH in fast der Hälfte dieser Fälle (42,1 %) eine nicht ausführliche Grundrechtsprüfung vornimmt.

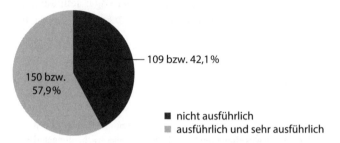

Abbildung 5: Ausführlichkeit der Grundrechtsprüfungen anhand der Charta.

Gleichzeitig wird deutlich, dass sowohl die EMRK als auch die Grundrechte als allgemeine Grundsätze des Unionsrechts weiterhin eine gewichtige Rolle in der Rechtsprechung des Gerichtshofs spielen.[502] In 57 Abschnitten von Entscheidungen nimmt der EuGH die Prüfung an ihnen und nicht an der Charta vor.

Schließlich ist überraschend, dass es im Gegensatz zu den bekannten Entscheidungen Åkerberg Fransson[503] und Siragusa[504] zahlreiche – nämlich 78 – Entscheidungen[505] gibt, in denen der Gerichtshof die Anwendbarkeit der Charta kurz prüft und in den allermeisten Fällen ablehnt. Es kann daher nicht gesagt werden, der EuGH nutze jede Gelegenheit, um den Anwendungsbereich der Charta zu erweitern.

Setzt man die Anzahl der Entscheidungen, die eine Grundrechtsprüfung anhand der Charta enthalten (221 Entscheidungen), in Relation zur Gesamtzahl der seit dem 01.12.2009 erledigten Rechtssachen (5298 Rechtssachen), ergibt sich, dass eine solche Prüfung in 4,2 % der Entscheidungen vorkommt. Bezogen auf die einzelnen Jahre schwankt die Zahl stark: Enthielten im Jahr 2010 nur elf Entscheidungen eine Grundrechtsprüfung an der GRC, waren dies im Jahr 2017 bereits 48. Mit Ausnahme der Jahre 2014 und 2015 ist auch hier eine starke Zunahme zu erkennen. Dies gilt ebenso im Vergleich mit der Gesamtzahl der im jeweiligen Jahr erledigten Rechtssachen: Enthielten im Jahr 2010 nur 2,1 % aller erledigten Rechtssachen eine Grundrechtsprüfung, waren dies im Jahr 2017 6,9 %.

In ähnlicher Weise ist der Anteil der mindestens ausführlichen Grundrechtsprüfungen (Fallgruppen A1 bis A3) von 1 % (sechs Entscheidungen) im Jahr 2010 auf fast 4 % (27 Entscheidungen) im Jahr 2017 gestiegen. Weniger klar ist dagegen die Entwicklung im Bereich der nicht ausführlichen Grundrechtsprü-

---

[502] Vgl. zu möglichen Gründen Kapitel 4 C. I.
[503] EuGH, Urteil v. 26.02.2013, Rs. C-617/10 *(Åkerberg Fransson)*.
[504] EuGH, Urteil v. 06.03.2014, Rs. C-206/13 *(Siragusa)*.
[505] Hier ist die Anzahl der Abschnitte mit der Anzahl der Entscheidungen identisch.

fungen an der GRC (Fallgruppe B1): Der Anteil dieser Fälle lag zwischen 2010 und 2015 im Bereich zwischen 0,8% und 1,9%. Im Jahr 2016 stieg ihre Anzahl stark auf 4% an, um im Jahr 2017 wieder leicht zu fallen. Ein Trend lässt sich hier bisher kaum erkennen. Jedenfalls ist aber kein Rückgang dieser Prüfungen zu verzeichnen.

Tabelle 6: Grundrechtsprüfung anhand der GRC pro Jahr.

	2009	*2010*	*2011*	*2012*	*2013*	*2014*	*2015*	*2016*	*2017*
Entscheidungen mit Grundrechtsprüfung an GRC	1	12	16	16	33	31	19	45	48
Anteil an allen Rechtssachen	1,9%*	2,1%	2,5%	2,7%	4,7%	4,3%	3,1%	6,4%	6,9%
Entscheidungen mit Grundrechtsprüfung A1 bis A3	1	6	12	9	22	20	16	20	27
Anteil an allen Rechtssachen	1,9%*	1,0%	1,9%	1,5%	3,1%	2,8%	2,6%	2,8%	3,9%
Entscheidungen mit Grundrechtsprüfung B1	0	7	5	7	13	14	5	28	24
Anteil an allen Rechtssachen	0%*	1,2%	0,8%	1,2%	1,9%	1,9%	0,8%	4,0%	3,4%
Anteil der Entscheidungen mit Charta-Zitierung	0,5% bzw. 5,7%*	6,4%	9,0%	11,9%	14,6%	14,2%	12,0%	17,9%	17,7%

*seit 01.12.2009

Betrachtet man die jeweiligen prozentualen Anteile pro Jahr, fällt auf, dass der Anteil der Entscheidungen mit Zitat der Charta[506] stärker gestiegen ist als der Anteil der Fälle mit Grundrechtsprüfungen an der GRC: Lagen die Anteile im Jahr 2010 nur ca. vier Prozentpunkte auseinander, waren es im Jahr 2017 über zehn. Der Charta scheint damit abgesehen von der Frage, ob im konkreten Fall ein Grundrecht verletzt ist, eine steigende Bedeutung für die Argumentation des Gerichtshofs zuzukommen.

---

[506] Siehe dazu Kapitel 2 B. II. 2.

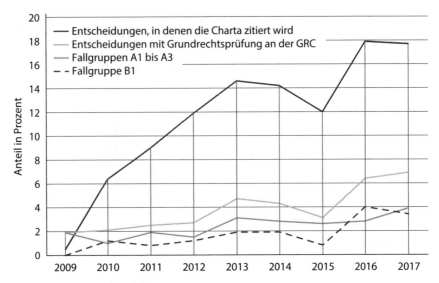

Abbildung 6: Prozentualer Vergleich der Entscheidungen mit Charta-Zitat und Grundrechtsprüfung an der GRC.

Die Charta-Rechtsprechung des EuGH ist vielschichtig. Eine alleinige Betrachtung der Anzahl der Entscheidungen, in denen die Charta zitiert wird, reicht zu ihrer Erfassung nicht aus. Im zweiten Kapitel der vorliegenden Arbeit wurde die Gesamtheit der Entscheidungen in insgesamt elf Fallgruppen aufgeschlüsselt. Hierbei kann die Analyse der Rechtsprechung des Gerichtshofs zur Charta nicht stehenbleiben. Vielmehr müssen die Entscheidungen – aufbauend auf den Ergebnissen dieses Kapitels – anhand einer spezifischen Fragestellung vertieft analysiert werden. Denkbar sind dabei unterschiedlichste Untersuchungen, für den Bereich der Grundrechte ist aber von besonderer Bedeutung, wie die Grundrechtsprüfung des EuGH dogmatisch aufgebaut ist. Dies soll im dritten Kapitel untersucht werden.

Kapitel 3

Analyse der Grundrechtsprüfung des EuGH

Nachdem im zweiten Kapitel eine umfassende Übersicht über die Rechtsprechung des Gerichtshofs zur Charta erstellt wurde, wird im dritten Kapitel analysiert, wie der EuGH die Grundrechtsprüfung anhand der GRC vornimmt. Dazu werden zunächst entsprechende Kriterien entwickelt (A). Es wird sich zeigen, dass dieser Maßstab aus der Charta selbst gewonnen werden muss. Anschließend werden die ausgewählten Entscheidungen[1] anhand der entwickelten Kriterien analysiert (B).

A. Kriterien und Untersuchungsgegenstand

Bei der Analyse der Grundrechtsprüfung durch den EuGH soll keine willkürliche Auswahl von zu untersuchenden Aspekten einerseits und Entscheidungen andererseits erfolgen, sondern beides soll möglichst systematisch und nachvollziehbar ausgewählt werden. Ziel ist nicht ein bloß empirisches Zusammentragen der Rechtsprechung des Gerichtshofs im Grundrechtsbereich, sondern eine Untersuchung, die die übergreifenden Strukturen und Zusammenhänge der Grundrechtsprüfung offenlegt und so ein umfassendes Abbild dieser Rechtsprechung schafft.

Im Folgenden wird dargelegt, wie die Kriterien zur Analyse der Grundrechtsprüfung entwickelt werden (I) und um welche es sich im Einzelnen handelt (II). Anschließend werden die unter B zu untersuchenden Entscheidungen des EuGH festgelegt (III).

I. Kriterienentwicklung

Die Kriterien zur Analyse der Grundrechtsprüfung durch den Gerichtshof werden aus der Charta selbst hergeleitet (1). Dabei kommt der Dogmatik eine entscheidende Rolle zu (2). Im Zentrum steht Art. 52 Abs. 1 GRC (3). Die übrigen Absätze von Art. 52 GRC sowie Art. 53 und Art. 54 GRC können hingegen nicht zur Entwicklung einer allgemeinen Dogmatik der Grundrechtsprüfung anhand der Charta herangezogen werden (4). Schließlich soll die Kohärenz und Konsistenz der Rechtsprechung des EuGH analysiert werden (5).

---

[1] Siehe dazu Kapitel 3 A. III.

1. Notwendigkeit der Kriterienentwicklung aus der Charta

Es sind verschiedene Möglichkeiten denkbar, die Grundrechtsprüfung durch den EuGH zu analysieren. Diese werden zunächst an einigen Beispielen dargestellt, um anschließend zu begründen, warum die Kriterien zur Analyse der Grundrechtsprüfung des Gerichtshofs aus der Charta selbst gewonnen werden müssen. Außerrechtliche Herangehensweisen, wie die ökonomische Analyse[2] oder die Untersuchung der tatsächlichen Auswirkungen einer Entscheidung[3], sollen dabei hier außer Acht gelassen werden.[4]

Die bisherige Literatur zur Grundrechtsprüfung durch den EuGH hat sich häufig mit einzelnen Aspekten befasst, wie etwa mit der Frage, wie oft der Gerichtshof Sekundärrecht wegen eines Verstoßes gegen die Grundrechte verwirft[5] oder wie weit er den Anwendungsbereich der Unionsgrundrechte bei der Durchführung von Unionsrecht durch die Mitgliedstaaten im Sinne von Art. 51 Abs. 1 GRC zieht[6]. Während Ersteres nur eine statistische Aussage ist, die – jedenfalls nachdem der Gerichtshof mittlerweile Sekundärrecht wegen Verstoßes gegen die Grundrechte für ungültig erklärt hat[7] – ohne Betrachtung der jeweiligen Entscheidungen von nur sehr begrenztem Aussagewert ist,[8] bezieht sich die Frage nach Art. 51 Abs. 1 GRC zwar auf die Auslegung der Charta, lässt aber keine Rückschlüsse darauf zu, wie der Gerichtshof eine Grundrechtsprüfung vornimmt.[9] In dieser Arbeit sollen jedoch keine Einzelfragen untersucht,

---

[2] Dazu in Bezug auf das Zivilrecht z.B. *R. Podszun*, Wirtschaftsordnung durch Zivilgerichte, 2014, S. 205–209.

[3] Z.B. zum Safe Harbor-Urteil *N.N.*, Auswirkungen der Safe-Harbor-Entscheidung des EuGH, arbeit-und-arbeitsrecht.de, 08.10.2015 (geprüft am 04.09.2019); *E. Peters*, Der EuGH erklärt Safe-Harbour für ungültig – Was folgt daraus für die europäischen Sicherheitsbehörden?, JuWissBlog, 13.10.2015 (geprüft am 04.09.2019); *O. Lynskey*, Negotiating the Data Protection Thicket: Life in the Aftermath of Schrems, VerfBlog, 09.10.2015 (geprüft am 04.09.2019); *B. Petkova*, Could the Schrems decision trigger a regulatory „race to the top"?, VerfBlog, 11.10.2015 (geprüft am 04.09.2019).

[4] Siehe dazu Kapitel 4.

[5] Vgl. z.B. *E. Stieglitz*, Allgemeine Lehren im Grundrechtsverständnis nach der EMRK und der Grundrechtsjudikatur des EuGH, 2002, S. 141: „[Die] Berufung auf die Berufsfreiheit und das Eigentum [war] gegenüber Maßnahmen der Gemeinschaft noch nicht ein einziges Mal erfolgreich"; ganz ähnlich schon *T. Kingreen*, JuS 2000, S. 857 (863).

[6] Vgl. nur *M. Dougan*, CMLR 52 (2015), S. 1201; *K. Lenaerts*, EuR 47 (2012), S. 3; *K. Lenaerts*, E.C.L. Rev. 8 (2012), S. 375; *H.-J. Rabe*, NJW 2013, S. 1407; *C. Safferling*, NStZ 2014, S. 545; *J. Snell*, EPL 2015, S. 285; *R. Streinz*, Streit um den Grundrechtsschutz?, in: D. Heid/R. Stotz/A. Verny (Hrsg.), Festschrift für Manfred A. Dauses, 2014, S. 429.

[7] Vgl. nur EuGH, Urteil v. 09.11.2010, Rs. C-92/09 und C-93/09 *(Volker und Markus Schecke und Eifert)*.

[8] Vgl. in diesem Sinne schon *H.-W. Rengeling*, Grundrechtsschutz in der Europäischen Gemeinschaft, 1993, S. 167, 214; kritisch auch *F.C. Mayer*, in: E. Grabitz/M. Nettesheim/M. Hilf (Hrsg.), Das Recht der Europäischen Union: EUV/AEUV, Stand: 65. EL 2018, Grundrechtsschutz und rechtsstaatliche Grundsätze, Rn. 29.

[9] Vgl. zum Begriff der Grundrechtsprüfung in der vorliegenden Arbeit auch Kapitel 2 C. II. 3. a).

A. Kriterien und Untersuchungsgegenstand

sondern übergreifende Strukturen der Grundrechtsprüfung durch den EuGH herausgearbeitet werden. Dazu ist die Entwicklung eines Systems von Kriterien erforderlich.

Eine mögliche Vorgehensweise könnte sein, die Grundrechtsprüfung des EuGH mit der anderer Gerichte zu vergleichen.[10] Dabei könnten aus den Methoden vergleichbarer Gerichte allgemeine Anforderungen abgeleitet und die Rechtsprechung des EuGH an diesen gemessen werden. Die Anforderungen an ein Gericht hängen aber von dem jeweiligen Normkontext ab, in dem es Recht spricht. Eine solche Übertragung ließe also die unterschiedlichen rechtlichen Rahmenbedingungen außer Acht. Dazu zählen beispielsweise unterschiedliche prozessuale Bedingungen: Gibt es im Grundgesetz mit Art. 93 Abs. 1 Nr. 4a die Verfassungsbeschwerde und in der EMRK mit Art. 34 die Individualbeschwerde, enthält das Unionsrecht keine vergleichbare „Grundrechtsbeschwerde"[11]. Wenn aber schon der Zugang und die Verfahrensarten unterschiedlich sind, können die Anforderungen nicht einfach übernommen werden. Es ist daher ein eigener unionsrechtlicher Maßstab zu entwickeln. Da die normative Grundlage der Grundrechtsprüfung im Unionsrecht die Charta ist,[12] liegt es nahe, zu untersuchen, inwiefern sich aus ihr Anforderungen an die Grundrechtsprüfung des Gerichtshofs ableiten lassen.

Auf der anderen Seite könnte bei der Entwicklung des Maßstabes auch an die Kritik vor Inkrafttreten der Charta angeknüpft werden, indem man die Grundrechtsprüfung vor Rechtsverbindlichkeit der GRC mit jener nach diesem Zeitpunkt vergleicht. Tatsächlich hat sich die Literatur vor der Charta ausführlich mit der Grundrechtsprechung des EuGH beschäftigt. Sie kam in vielen Fällen zu kritischen Urteilen.[13] Dies gilt insbesondere für die Auseinandersetzung mit dem sogenannten Bananenmarkt-Urteil.[14] Aus dieser Kritik könnten einzelne Kriterien abgeleitet werden, anhand derer sich die Grundrechtsprüfung des EuGH nach Inkrafttreten der Charta analysieren ließe. Allerdings folgten die vorher untersuchten Aspekte keinem durchgehenden Gesamtkonzept: Während

---

[10] So z. B. für die Rechtsprechung vor Inkrafttreten der Charta: *E. Stieglitz*, Allgemeine Lehren im Grundrechtsverständnis nach der EMRK und der Grundrechtsjudikatur des EuGH, 2002.

[11] Vgl. dazu z. B. *M. A. Dauses*, EuZW 2008, S. 449; *N. Reich*, ZRP 33 (2000), S. 375.

[12] Siehe zu den weiterhin geltenden Grundrechten als allgemeinen Grundsätzen des Unionsrechts Kapitel 4 C. I. 2.

[13] Vgl. nur *R. Scholz*, NJW 1990, S. 941; *S. Storr*, Der Staat 36 (1997), S. 547; *M. A. Dauses*, EuZW 1997, S. 705; *J. Coppel/A. O'Neill*, CMLR 29 (1992), S. 669.

[14] EuGH, Urteil v. 05.10.1994, Rs. C-280/93 *(Deutschland/Rat)*, Slg. 1994, I-4973; dazu z. B. ausführlich *P. Selmer*, Die Gewährleistung der unabdingbaren Grundrechtsstandards durch den EuGH, 1998; besonders drastisch *M. A. Dauses*, EuZW 1997, S. 705: „Hält man sich jedoch die Selbstherrlichkeit vor Augen, mit der der EuGH neuerdings undifferenziert über Grundrechtsrügen hinweggeht, so ist es beruhigend für den Bürger, den Grundrechtsschutz ‚gegen Europa' für den Bereich der Bundesrepublik Deutschland subsidiär noch in den Händen des BVerfG zu wissen".

die deutsche Literatur insbesondere den Umgang mit dem Verhältnismäßigkeitsgrundsatz kritisierte,[15] erhoben *Coppel* und *O'Neill* Einwände gegen den offensiven Gebrauch der Grundrechte[16] und deren Unterordnung unter das Ziel der ökonomischen Integration.[17] Deswegen lässt sich aus der Kritik vor der Charta kein Kriteriensystem herleiten, sie kann aber bei der Erarbeitung einzelner Kriterien herangezogen werden.

Außerdem sind einige Kritikpunkte durch die Charta obsolet geworden. So wurde früher beispielsweise gerügt, der Grundrechtsschutz in der heutigen Union kranke „zwangsläufig daran, daß noch nicht abschließend geklärt ist, welche Grundrechte denn konkret zu den allgemeinen Rechtsgrundsätzen des Gemeinschaftsrechts gehören."[18] Das Fehlen eines geschriebenen Grundrechtskatalogs sei ein „Grundübel" des Grundrechtsschutzes auf Unionsebene.[19] Mit der Charta liegt jetzt ein geschriebener Grundrechtskatalog vor.

Die Anforderungen an die Grundrechtsprüfung müssen daher in erster Linie aus ihr entwickelt werden. Die GRC enthält dabei jedoch starke Elemente der Kontinuität, sie ist kein Bruch mit der vorherigen Grundrechtsprechung.[20] Die Kritik an der Grundrechtsprüfung des EuGH vor Inkrafttreten der GRC kann damit im Rahmen der genaueren Herausarbeitung einzelner Kriterien[21] fruchtbar gemacht werden.

Folglich ist zur Analyse der Grundrechtsprüfung durch den Gerichtshof, die die übergreifenden Strukturen und Zusammenhänge offenlegt, ein nachvollziehbares System von unionsrechtlichen Kriterien notwendig, das aus der normativen Grundlage der Grundrechtsprüfung, der Charta der Grundrechte, entwickelt wird.

2. Rolle der Dogmatik bei der Kriterienentwicklung aus der Charta

Ausgangspunkt für das Kriteriensystem ist die Grundrechtsprüfung, für die die Charta im Titel VII Vorgaben macht.[22] Nach der amtlichen Überschrift dieses Charta-Abschnitts finden sich dort „Allgemeine Bestimmungen über die Auslegung und Anwendung der Charta". Art. 6 Abs. 1 UAbs. 3 EUV bestimmt

---

[15] Vgl. z. B. *P. M. Huber*, EuZW 1997, S. 517 (520 f.); *S. Storr*, Der Staat 36 (1997), S. 547 (562, 567); *J. Kühling*, Grundrechte, in: A. von Bogdandy/J. Bast (Hrsg.), Europäisches Verfassungsrecht, 2. Aufl. 2009, S. 657 (694); *M. Nettesheim*, EuZW 1995, S. 106; *E. Stieglitz*, Allgemeine Lehren im Grundrechtsverständnis nach der EMRK und der Grundrechtsjudikatur des EuGH, 2002, S. 140; *M. A. Dauses*, EuZW 1997, S. 705; *F. Schwab*, Der Europäische Gerichtshof und der Verhältnismäßigkeitsgrundsatz: Untersuchung der Prüfungsdichte, 2002.

[16] *J. Coppel/A. O'Neill*, CMLR 29 (1992), S. 669 (673).

[17] *J. Coppel/A. O'Neill*, CMLR 29 (1992), S. 669 (692).

[18] *S. Storr*, Der Staat 36 (1997), S. 547 (557).

[19] *E. Stieglitz*, Allgemeine Lehren im Grundrechtsverständnis nach der EMRK und der Grundrechtsjudikatur des EuGH, 2002, S. 111.

[20] Siehe dazu unten Kapitel 4 C. I. 1.

[21] Siehe unten Kapitel 3 A. II.

[22] *K. Lenaerts*, E. C. L. Rev. 8 (2012), S. 375 (387).

A. Kriterien und Untersuchungsgegenstand

zudem, dass die in der Charta niedergelegten Rechte, Freiheiten und Grundsätze gemäß den allgemeinen Bestimmungen des Titels VII der Charta, der ihre Auslegung und Anwendung regelt, und unter gebührender Berücksichtigung der in der Charta angeführten Erläuterungen, in denen die Quellen dieser Bestimmungen angegeben sind, ausgelegt werden. Die in Titel VII enthaltenen Artikel enthalten folglich auf sämtliche Charta-Grundrechte anwendbare Auslegungsregeln. Während Art. 51 GRC die Anwendbarkeit der Charta[23] und Art. 53 GRC das Verhältnis der Grundrechte der Charta zu anderen Grundrechtsordnungen, insbesondere zur beispielhaft hervorgehobenen EMRK und zu den mitgliedstaatlichen Grundrechten, regeln,[24] bestimmt Art. 52 GRC als „zentrale Schaltnorm"[25] die Tragweite und Auslegung der Rechte und Grundsätze. Dessen Absätze 2, 3 und 5[26] werden allerdings nur bei einzelnen Charta-Grundrechten oder bei der Auslegung der sogenannten Grundsätze relevant.[27] Die Absätze 4, 6 und 7 von Art. 52 GRC[28] enthalten allgemeine Auslegungshinweise.[29]

Die zentrale Vorschrift für die Grundrechtsprüfung des Gerichtshofs ist Art. 52 Abs. 1 GRC.[30] Überwiegend wird die Charta als Forderung[31] und Art. 52 Abs. 1 GRC als Basis für eine stärkere Dogmatisierung[32] der Grundrechtsprüfung im Rahmen der Charta[33] verstanden. Dieser Absatz formt und struktu-

---

[23] Dazu z. B. ausführlich *J. Heuer*, Art. 51 Abs. 1 Satz 1 GRC: Die Bindung der Mitgliedstaaten an die Unionsgrundrechte, 2014.

[24] *T. Kingreen*, in: C. Calliess/M. Ruffert (Hrsg.), EUV, AEUV, 5. Aufl. 2016, Art. 53 GRC Rn. 1.

[25] *M. Cornils*, Schrankendogmatik, in: C. Grabenwarter (Hrsg.), Europäischer Grundrechteschutz (EnzEuR Band 2), 2014, § 5, Rn. 10, 14; ähnlich *M. Borowsky*, in: J. Meyer (Hrsg.), Charta der Grundrechte der Europäischen Union, 4. Aufl. 2014, Art. 52 Rn. 1; vgl. auch *H. D. Jarass*, Charta der Grundrechte der Europäischen Union, 3. Aufl. 2016, Präambel Rn. 10.

[26] Siehe dazu ausführlich Kapitel 3 A. I. 4.

[27] Vgl. dazu z. B. *H. D. Jarass*, Charta der Grundrechte der Europäischen Union, 3. Aufl. 2016, Art. 52 Rn. 49–78; *C. Eisner*, Die Schrankenregelung der Grundrechtecharta der Europäischen Union, 2005, S. 171 f. Vgl. dazu ausführlich Kapitel 3 A. I. 4.

[28] Siehe dazu ausführlich Kapitel 3 A. I. 4.

[29] Dazu *T. Kingreen*, in: C. Calliess/M. Ruffert (Hrsg.), EUV, AEUV, 5. Aufl. 2016, Art. 52 GRC Rn. 18–43.

[30] Vgl. auch *C. Eisner*, Die Schrankenregelung der Grundrechtecharta der Europäischen Union, 2005, S. 171 f.; a.A. *R. Streinz/W. Michl*, in: R. Streinz (Hrsg.), EUV/AEUV, 2. Aufl. 2012, Art. 52 GRCh Rn. 7, die Abs. 3 für den „Dreh- und Angelpunkt des Art. 52" halten; ähnlich nun *R. Streinz/W. Michl*, in: R. Streinz (Hrsg.), EUV/AEUV, 3. Aufl. 2018, Art. 52 GRCh Rn. 24: „Die wichtigste Weichenstellung innerhalb des Art. 52 GRCh enthält Abs. 3".

[31] So *K. F. Gärditz*, Schutzbereich und Grundrechtseingriff, in: C. Grabenwarter (Hrsg.), Europäischer Grundrechteschutz (EnzEuR Band 2), 2014, § 4, Rn. 16; ähnlich *J. Kühling*, Grundrechte, in: A. von Bogdandy/J. Bast (Hrsg.), Europäisches Verfassungsrecht, 2. Aufl. 2009, S. 657 (667): „Impuls für die Grundrechtsdogmatik"; *M. Kober*, Der Grundrechtsschutz in der Europäischen Union, 2009, S. 12; *H.-W. Rengeling/P. Szczekalla*, Grundrechte in der Europäischen Union, 2004, Rn. 87; *J. Pietsch*, ZRP 2003, S. 1 (3).

[32] Vgl. zur schwierigen Definition von Rechtsdogmatik etwa *C. Waldhoff*, Kritik und Lob der Dogmatik, in: G. Kirchhof/S. Magen/K. Schneider (Hrsg.), Was weiß Dogmatik?, 2012, S. 17 (21 ff.).

[33] *J. Kühling*, ZÖR 68 (2013), S. 469 (470); *K. F. Gärditz*, Schutzbereich und Grund-

riert die Dogmatik der Grundrechtsprüfung des EuGH.[34] Die als unzureichend empfundene Grundrechtsdogmatik des Gerichtshofs soll sogar ein wesentlicher Grund für die Forderung nach einem Grundrechtskatalog gewesen sein,[35] von dem ein „Impuls für die Grundrechtsdogmatik" ausgehen könnte.[36]

Grundsätzlich ist effektiver Grundrechtsschutz auch in einem System denkbar, das keine Dogmatik entwickelt, sondern jeden Fall als Einzelfall entscheidet. Aus der Perspektive des Grundrechtsträgers spielt es keine Rolle, ob das über seine Grundrechtsverletzung urteilende Gericht seine Entscheidung entlang dogmatischer Linien aufbaut – solange das Ergebnis im Sinne des Grundrechtsträgers ist. Hinzu kommt, dass die starke Betonung von dogmatischen Figuren und Argumentationsmustern ein Spezifikum der deutschen Rechtswissenschaft darstellt, das so nicht in allen Mitgliedstaaten der EU geteilt wird.[37] Derartige Differenzen im Verständnis gibt es in ähnlicher Weise auch in Bezug auf die Rolle der Dogmatik in der EMRK.[38]

Für Dogmatik als Maßstab der Analyse der Grundrechtsprüfung spricht, dass von einer dogmatischeren Prüfung eine Stärkung der Transparenz der Grundrechtsentscheidungen des EuGH erwartet wird,[39] was wiederum ein Ziel der Charta selbst ist.[40] Stelle der Gerichtshof nur knapp fest, dass ein Grundrecht nicht verletzt sei, lasse sich zwar nicht ausschließen, dass er eine detaillierte Grundrechtsprüfung vorgenommen habe, er verstoße damit aber gegen seine

---

rechtseingriff, in: C. Grabenwarter (Hrsg.), Europäischer Grundrechteschutz (EnzEuR Band 2), 2014, §4, Rn. 6–9; *M. Borowsky*, in: J. Meyer (Hrsg.), Charta der Grundrechte der Europäischen Union, 4. Aufl. 2014, Art. 52 Rn. 12; *F. Wollenschläger*, Grundrechtsschutz und Unionsbürgerschaft, in: A. Hatje/P.-C. Müller-Graff (Hrsg.), Europäisches Organisations- und Verfassungsrecht (EnzEuR Band 1), 2014, §8, Rn. 43.

[34] Vgl. *H. D. Jarass*, Charta der Grundrechte der Europäischen Union, 3. Aufl. 2016, Art. 52 Rn. 2.

[35] *A. Wehlau/N. Lutzhöft*, EuZW 2012, S. 45 (45) m. w. N.

[36] *J. Kühling*, Grundrechte, in: A. von Bogdandy/J. Bast (Hrsg.), Europäisches Verfassungsrecht, 2. Aufl. 2009, S. 657 (667); ähnlich *S. Iglesias Sánchez*, CMLR 49 (2012), S. 1565 (1566).

[37] *H.-W. Rengeling*, Grundrechtsschutz in der Europäischen Gemeinschaft, 1993, S. 181, der vom „Mikroskop deutscher Grundrechtsdogmatik" spricht; auch *K. F. Gärditz*, Schutzbereich und Grundrechtseingriff, in: C. Grabenwarter (Hrsg.), Europäischer Grundrechteschutz (EnzEuR Band 2), 2014, §4, Rn. 18; *J. P. Terhechte*, Konstitutionalisierung und Normativität der europäischen Grundrechte, 2011, S. 54; *H.-W. Rengeling/P. Szczekalla*, Grundrechte in der Europäischen Union, 2004, Rn. 85, 89.

[38] Nachweise bei *K. F. Gärditz*, Schutzbereich und Grundrechtseingriff, in: C. Grabenwarter (Hrsg.), Europäischer Grundrechteschutz (EnzEuR Band 2), 2014, §4, Rn. 18.

[39] *S. Storr*, Der Staat 36 (1997), S. 547 (572); *K. F. Gärditz*, Schutzbereich und Grundrechtseingriff, in: C. Grabenwarter (Hrsg.), Europäischer Grundrechteschutz (EnzEuR Band 2), 2014, §4, Rn. 25; *J. Kühling*, Grundrechte, in: A. von Bogdandy/J. Bast (Hrsg.), Europäisches Verfassungsrecht, 2. Aufl. 2009, S. 657 (671); *E. Stieglitz*, Allgemeine Lehren im Grundrechtsverständnis nach der EMRK und der Grundrechtsjudikatur des EuGH, 2002, S. 143 f.; in Bezug auf die Prüfung der Verhältnismäßigkeit *O. Koch*, Verhältnismäßigkeit, 2003, S. 253.

[40] Vgl. *C. Eisner*, Die Schrankenregelung der Grundrechtecharta der Europäischen Union, 2005, S. 70.

A. Kriterien und Untersuchungsgegenstand

Begründungspflicht[41] aus § 33 (jetzt: Art. 36) Satzung EuGH und setze sich dem Vorwurf aus, die Grundrechtsverletzung nicht ausreichend untersucht zu haben.[42]

Zudem steigert eine stringente und entwickelte Grundrechtsdogmatik die Nachvollziehbarkeit sowie die Überzeugungskraft von Entscheidungen.[43] Die Dogmatik bildet gleichsam eine gemeinsame Sprache („Meta-Sprache"[44]), die die externe wie interne Kontrolle von Entscheidungen ermöglicht.[45] Sie ist „das Medium, über das die gemeinsamen und divergierenden Werte kommuniziert werden können", und schafft die Grundlage für eine Analyse der Gemeinsamkeiten und Unterschiede.[46] Gleichzeitig erleichtert sie die Rezeption in den Mitgliedstaaten, was letztlich die Effektivität der Unionsgrundrechte stärkt.[47] Außerdem wird Dogmatik als Mittel zur Steigerung der Rechtssicherheit und Vorhersehbarkeit von Entscheidungen gesehen.[48] Ein Mehr an Rechtssicherheit und Berechenbarkeit stellt zudem ein Ziel der Einführung der Charta dar.[49] Dies kommt wiederum dem Grundrechtsträger, aber ebenso dem Normadressaten[50]

---

[41] Dazu auch *J. Kühling*, ZÖR 68 (2013), S. 469 (471); *J. Pietsch*, Das Schrankenregime der EU-Grundrechtecharta, 2005, S. 99.

[42] *S. Storr*, Der Staat 36 (1997), S. 547 (572); wortgleich *E. Stieglitz*, Allgemeine Lehren im Grundrechtsverständnis nach der EMRK und der Grundrechtsjudikatur des EuGH, 2002, S. 144.

[43] *F. Wollenschläger*, Grundrechtsschutz und Unionsbürgerschaft, in: A. Hatje/P.-C. Müller-Graff (Hrsg.), Europäisches Organisations- und Verfassungsrecht (EnzEuR Band 1), 2014, § 8, Rn. 43; *J. Kühling/O. Lieth*, EuR 38 (2003), S. 371 (374 f.); *O. Koch*, Verhältnismäßigkeit, 2003, S. 253; *U. Everling*, EuR 29 (1994), S. 127 (127); *J. P. Terhechte*, Konstitutionalisierung und Normativität der europäischen Grundrechte, 2011, S. 55 f., 59; in diese Richtung auch *T. von Danwitz*, Grundrechtsschutz im Anwendungsbereich des Gemeinschaftsrechts nach der Charta der Grundrechte, in: M. Herdegen/H. H. Klein/H.-J. Papier u. a. (Hrsg.), Staatsrecht und Politik, Festschrift für R. Herzog, 2009, S. 19 (33).

[44] *J. Kühling/O. Lieth*, EuR 38 (2003), S. 371 (382, 388); *U. R. Haltern*, Europarecht, 3. Aufl. 2017, § 1, Rn. 18 spricht von „Anschlussfähigkeit".

[45] *J. Kühling*, Grundrechte, in: A. von Bogdandy/J. Bast (Hrsg.), Europäisches Verfassungsrecht, 2. Aufl. 2009, S. 657 (672); *G. Kirchhof/S. Magen*, Dogmatik: Rechtliche Notwendigkeit und Grundlage fächerübergreifenden Dialogs – eine systematische Übersicht, in: G. Kirchhof/S. Magen/K. Schneider (Hrsg.), Was weiß Dogmatik?, 2012, S. 151 (165).

[46] *J. Kühling*, Grundrechte, in: A. von Bogdandy/J. Bast (Hrsg.), Europäisches Verfassungsrecht, 2. Aufl. 2009, S. 657 (672).

[47] *J. P. Terhechte*, Konstitutionalisierung und Normativität der europäischen Grundrechte, 2011, S. 59; *M. Kober*, Der Grundrechtsschutz in der Europäischen Union, 2009, S. 11; ähnlich, aber ohne den Bezug zur Rezeption *F. Schwab*, Verhältnismäßigkeit, 2002, S. 96 f.

[48] *K. F. Gärditz*, Schutzbereich und Grundrechtseingriff, in: C. Grabenwarter (Hrsg.), Europäischer Grundrechtsschutz (EnzEuR Band 2), 2014, § 4, Rn. 25; *J. Kühling*, Grundrechte, in: A. von Bogdandy/J. Bast (Hrsg.), Europäisches Verfassungsrecht, 2. Aufl. 2009, S. 657 (671); *M. Kober*, Der Grundrechtsschutz in der Europäischen Union, 2009, S. 14.

[49] *H.-W. Rengeling/P. Szczekalla*, Grundrechte in der Europäischen Union, 2004, Rn. 217–221; *C. Eisner*, Die Schrankenregelung der Grundrechtecharta der Europäischen Union, 2005, S. 70 f.

[50] *J. Kühling*, Grundrechte, in: A. von Bogdandy/J. Bast (Hrsg.), Europäisches Verfassungsrecht, 2. Aufl. 2009, S. 657 (671).

zugute. Um deren widerstreitende Interessen adäquat verarbeiten zu können, ist eine entwickelte und stringente Grundrechtsdogmatik erforderlich.[51] Teilweise wird von der stärkeren Strukturierung der Grundrechtsprüfung sogar eine Steigerung des grundrechtlichen Schutzniveaus erwartet.[52] Dadurch wird ein Standard für zukünftige Entscheidungen gesetzt, an dem neue Ansätze und Lösungswege gemessen werden können.[53] Dogmatik dient damit auch der Qualitätssicherung. Die „Ausarbeitung eines konkreten Prüfungsmusters" soll „ein Schlüssel für die Wirksamkeit der europäischen Grundrechte" sein.[54] Davon hängt nach einer Ansicht in der Rechtswissenschaft ebenfalls die Normativität der europäischen Grundrechte ab.[55] All diesen Argumenten liegt die Vorstellung einer rationaleren Rechtsanwendung zugrunde.[56] Demnach stellt Dogmatik eine „rechtswissenschaftlich fundierte Durchdringung und Systematisierung der relevanten Rechtsprobleme durch die Bereitstellung von Lehrsätzen, Grundregeln und Prinzipien für die Speisung eines rationalen Diskurses zur Verfügung."[57] Das Streben nach größtmöglicher Rationalität soll dem Selbstverständnis des Gerichtshofs entsprechen.[58] Aus dem Rationalitätsgewinn folgt ein Legitimationsgewinn.[59] Zudem entlastet die fallübergreifende Systematisierung und Strukturbildung die Rechtsanwendung,[60] indem sie Orientierungspunkte schafft und Lösungen für neue und komplexe Probleme bietet.[61]

---

[51] *F. Wollenschläger*, Grundrechtsschutz und Unionsbürgerschaft, in: A. Hatje/P.-C. Müller-Graff (Hrsg.), Europäisches Organisations- und Verfassungsrecht (EnzEuR Band 1), 2014, § 8, Rn. 43.
[52] *K.F. Gärditz*, Schutzbereich und Grundrechtseingriff, in: C. Grabenwarter (Hrsg.), Europäischer Grundrechteschutz (EnzEuR Band 2), 2014, § 4, Rn. 25.
[53] *J. Kühling*, Grundrechte, in: A. von Bogdandy/J. Bast (Hrsg.), Europäisches Verfassungsrecht, 2. Aufl. 2009, S. 657 (671).
[54] *J.P. Terhechte*, Konstitutionalisierung und Normativität der europäischen Grundrechte, 2011, S. 55; ähnlich *M. Borowsky*, in: J. Meyer (Hrsg.), Charta der Grundrechte der Europäischen Union, 4. Aufl. 2014, Art. 52 Rn. 12.
[55] *J.P. Terhechte*, Konstitutionalisierung und Normativität der europäischen Grundrechte, 2011, S. 56.
[56] *J. Kühling*, Grundrechte, in: A. von Bogdandy/J. Bast (Hrsg.), Europäisches Verfassungsrecht, 2. Aufl. 2009, S. 657 (671 f.); *J. Kühling/O. Lieth*, EuR 38 (2003), S. 371 (374); *J. Kühling*, ZÖR 68 (2013), S. 469 (471); anderer Ansicht *O. Lepsius*, Kritik der Dogmatik, in: G. Kirchhof/S. Magen/K. Schneider (Hrsg.), Was weiß Dogmatik?, 2012, S. 39 (54 ff.).
[57] *J. Kühling*, ZÖR 68 (2013), S. 469 (471); vgl. auch *C. Bumke*, Rechtsdogmatik, 2017, S. 1 f. m. w. N.
[58] *J. Kühling/O. Lieth*, EuR 38 (2003), S. 371 (374).
[59] *J. Kühling*, ZÖR 68 (2013), S. 469 (471); *J. Kühling/O. Lieth*, EuR 38 (2003), S. 371 (374 f.); ähnlich *U. Everling*, EuR 29 (1994), S. 127 (131); *C. Bumke*, Rechtsdogmatik, 2017, S. 2 m. w. N.
[60] *K.F. Gärditz*, Schutzbereich und Grundrechtseingriff, in: C. Grabenwarter (Hrsg.), Europäischer Grundrechteschutz (EnzEuR Band 2), 2014, § 4, Rn. 25; *M. Kober*, Der Grundrechtsschutz in der Europäischen Union, 2009, S. 11; vgl. auch *H.-W. Rengeling/P. Szczekalla*, Grundrechte in der Europäischen Union, 2004, Rn. 505–506; *C. Bumke*, Rechtsdogmatik, 2017, S. 2 m. w. N.
[61] *J. Kühling*, Grundrechte, in: A. von Bogdandy/J. Bast (Hrsg.), Europäisches Verfas-

Gleichwohl dürfen die Grenzen der Dogmatisierung nicht übersehen werden:[62] Gerade im Grundrechtsbereich darf dogmatisches Arbeiten nicht zum Selbstzweck werden. Der Bezugspunkt muss vielmehr die gerechte Entscheidung im Einzelfall bleiben.[63] Außerdem können an einigen Stellen abweichende Sonderdogmatiken für einzelne Grundrechte erforderlich sein, da sie sich sonst nur zum Preis einer hohen Abstraktion in das grundsätzliche dogmatische Konzept einfügen lassen.[64]

Generell stellt die Dogmatik aber einen geeigneten Maßstab für die Analyse der Grundrechtsprüfung dar. Dies gilt umso mehr, als dem Vorwurf, es werde nur die deutsche[65] Grundrechtsdogmatik auf die europäische Ebene übertragen,[66] entgegnet werden kann, dass die Grundrechtsdogmatik auf Unionsebene zwar vom deutschen Verständnis geprägt ist,[67] sich aber mittlerweile ein allgemeines Schema für die Prinzipienbildung im Bereich der unionsrechtlichen Grundrechte herausgebildet hat, auf das außerdem die Prüfstrukturen der EMRK Einfluss gehabt haben.[68] Darüber hinaus existiert auch in anderen Mitgliedstaaten ein dem deutschen vergleichbarer Grundrechtsdiskurs.[69]

Dogmatische Analysen werden zudem weniger als an sich ungeeignet kritisiert. Vielmehr wird ihnen vorgeworfen, andere Fragestellungen unbeachtet zu

---

sungsrecht, 2. Aufl. 2009, S. 657 (671); vgl. auch *U. R. Haltern*, Europarecht, 3. Aufl. 2017, § 1, Rn. 18.

[62] Dazu auch *K. F. Gärditz*, Schutzbereich und Grundrechtseingriff, in: C. Grabenwarter (Hrsg.), Europäischer Grundrechteschutz (EnzEuR Band 2), 2014, § 4, Rn. 18–25.

[63] *J. Kühling*, ZÖR 68 (2013), S. 469 (471).

[64] Vgl. *K. F. Gärditz*, Schutzbereich und Grundrechtseingriff, in: C. Grabenwarter (Hrsg.), Europäischer Grundrechteschutz (EnzEuR Band 2), 2014, § 4, Rn. 3.

[65] Vgl. zur deutschen Europarechtswissenschaft auch *U. R. Haltern*, Europarecht, 3. Aufl. 2017, § 1, Rn. 18.

[66] Vgl. etwa *H.-W. Rengeling*, Grundrechtsschutz in der Europäischen Gemeinschaft, 1993, S. 181, der es vor Rechtsverbindlichkeit der Charta ablehnte, die Rechtsprechung des Gerichtshofs unter dem „Mikroskop deutscher Grundrechtsdogmatik" zu betrachten; ebenso *G. Hirsch*, Die Europäische Union als Grundrechtsgemeinschaft, in: G. C. Rodríguez Iglesias/O. Due/R. Schintgen u. a. (Hrsg.), Mélanges en hommage à Fernand Schockweiler, 1999, S. 177 (194).

[67] Vgl. zum deutschen Einfluss z. B. *U. Everling*, Zur Funktion des Gerichtshofs der Europäischen Gemeinschaften als Verwaltungsgericht, in: B. Bender (Hrsg.), Rechtsstaat zwischen Sozialgestaltung und Rechtsschutz, Festschrift für K. Redeker, 1993, S. 293 (296); *E. Stieglitz*, Allgemeine Lehren im Grundrechtsverständnis nach der EMRK und der Grundrechtsjudikatur des EuGH, 2002, S. 138 (Fn. 723); *U. Everling*, Der Beitrag des deutschen Rechts zur Rechtsprechung des Gerichtshofs der Europäischen Gemeinschaften, in: G. Nicolaysen/H. Quaritsch (Hrsg.), Lüneburger Symposion für Hans Peter Ipsen zur Feier des 80. Geburtstages, 1988, S. 63 (66); vgl. zur ausdrücklichen Erwähnung des Verhältnismäßigkeitsprinzips und der Wesensgehaltsgarantie in Art. 52 Abs. 1 GRC *B. Fassbender*, NVwZ 2010, S. 1049 (1050 f.).

[68] *J. P. Terhechte*, Konstitutionalisierung und Normativität der europäischen Grundrechte, 2011, S. 55; ähnlich *J. Kühling*, Grundrechte, in: A. von Bogdandy/J. Bast (Hrsg.), Europäisches Verfassungsrecht, 2. Aufl. 2009, S. 657 (672).

[69] *J. Kühling*, Grundrechte, in: A. von Bogdandy/J. Bast (Hrsg.), Europäisches Verfassungsrecht, 2. Aufl. 2009, S. 657 (672).

lassen,[70] indem sie zum Beispiel den Kontext von Entscheidungen nicht berücksichtigen.[71] Die vorliegende Arbeit widmet der Kontextualisierung aber ein eigenes Kapitel[72] und verbindet damit Dogmatik und Kontext.

Schließlich bestimmt Art. 6 Abs. 1 UAbs. 3 EUV, dass die Charta unter anderem nach ihrem Titel VII ausgelegt wird. In diesem Abschnitt enthält die Charta selbst eine normative Basis für die Dogmatisierung ihrer Grundrechtsprüfung: Mit Art. 52 Abs. 1 GRC wurde die Grundrechtsdogmatik in die Charta übernommen.[73] Diese Norm formt und strukturiert die Grundrechtsprüfung. Untersucht man das Vorgehen des EuGH in diesem Bereich, ist an diese „Kernbestimmung"[74] der Charta anzuknüpfen.

Mit Hilfe der Dogmatik lässt sich aus Art. 52 Abs. 1 GRC ein nachvollziehbares System von unionsrechtlichen Kriterien zur Analyse der Grundrechtsprüfung ableiten.

3. Art. 52 Abs. 1 GRC als Ausgangspunkt einer allgemeinen Dogmatik der Grundrechtsprüfung anhand der Charta

Art. 52 Abs. 1 GRC[75] lautet: „Jede Einschränkung der Ausübung der in dieser Charta anerkannten Rechte und Freiheiten muss gesetzlich vorgesehen sein und den Wesensgehalt dieser Rechte und Freiheiten achten. Unter Wahrung des Grundsatzes der Verhältnismäßigkeit dürfen Einschränkungen nur vorgenommen werden, wenn sie erforderlich sind und den von der Union anerkannten dem Gemeinwohl dienenden Zielsetzungen oder den Erfordernissen des Schutzes der Rechte und Freiheiten anderer tatsächlich entsprechen."

Sowohl in Satz 1 als auch in Satz 2 verwendet die Charta den Begriff der „Einschränkung" (Französisch: limitation; Englisch: limitation). Satz 1 spricht

---

[70] *O. Lepsius*, Kritik der Dogmatik, in: G. Kirchhof/S. Magen/K. Schneider (Hrsg.), Was weiß Dogmatik?, 2012, S. 39 (53): „Verlusterscheinungen".

[71] So etwa *O. Lepsius*, Kritik der Dogmatik, in: G. Kirchhof/S. Magen/K. Schneider (Hrsg.), Was weiß Dogmatik?, 2012, S. 39 (40 ff.); Nachweise bei *G. Kirchhof/S. Magen*, Dogmatik: Rechtliche Notwendigkeit und Grundlage fächerübergreifenden Dialogs – eine systematische Übersicht, in: G. Kirchhof/S. Magen/K. Schneider (Hrsg.), Was weiß Dogmatik?, 2012, S. 151 (162); vgl. *U. R. Haltern*, Europarecht, 3. Aufl. 2017, § 5, Rn. 76.

[72] Siehe Kapitel 4.

[73] *G. Kirchhof/S. Magen*, Dogmatik: Rechtliche Notwendigkeit und Grundlage fächerübergreifenden Dialogs – eine systematische Übersicht, in: G. Kirchhof/S. Magen/K. Schneider (Hrsg.), Was weiß Dogmatik?, 2012, S. 151 (165).

[74] *P. Hector*, Die Charta der Grundrechte der Europäischen Union, in: J. Bröhmer (Hrsg.), Der Grundrechtsschutz in Europa, 2002, S. 180 (201); *C. Eisner*, Die Schrankenregelung der Grundrechtecharta der Europäischen Union, 2005, S. 172; ähnlich *R. Stotz*, ZEuS 2017, S. 259 (262).

[75] Vgl. zum historischen Hintergrund von Art. 52 Abs. 1 GRC *S. Peers/S. Prechal*, in: S. Peers/T. K. Hervey/A. Ward (Hrsg.), The EU Charter of Fundamental Rights, 2014, Art 52 Rn. 15–31; *H. Krämer*, in: K. Stern/M. Sachs (Hrsg.), Europäische Grundrechte-Charta, 2016, Art. 52 Rn. 1–6.

darüber hinaus von der „Einschränkung der Ausübung der in dieser Charta anerkannten Rechte und Freiheiten". Eine solche Beschränkung muss auf einer gesetzlichen Grundlage basieren, den Wesensgehalt dieser Rechte und Freiheiten achten und nach Satz 2 verhältnismäßig sein. Dieser Wortlaut weist auf die Prüfungsstufen nach Art. 52 Abs. 1 GRC hin: Die Charta unterscheidet demnach zwischen der Beschränkung von Grundrechten und der Rechtfertigung einer solchen Beschränkung.[76]

Nimmt man die Systematik der Charta in den Blick, fällt auf, dass in den Art. 1 bis 50 GRC die Schutzbereiche beziehungsweise Gewährleistungsinhalte der Charta-Grundrechte und der sogenannten Grundsätze aufgeführt sind. Anforderungen an die Grundrechtseinschränkung oder deren Rechtfertigung finden sich dort aber (mit wenigen Ausnahmen) nicht. Die Unterteilung in Schutzbereiche ohne Schrankenregelungen einerseits und eine horizontale Schrankenregelung in Art. 52 GRC andererseits sollte nach dem Willen des Grundrechtekonvents die Lesbarkeit und Sichtbarkeit der einzelnen Grundrechte verbessern.[77] Die ausführlichen Schrankenbestimmungen der EMRK und der Rechte im Primärrecht hatten auf den Konvent abschreckend gewirkt.[78]

Daraus lässt sich für die Grundrechtsprüfung unter der Charta folgern, dass die GRC nicht nur zwischen den Stufen der Beschränkung und Rechtfertigung unterscheidet, sondern grundsätzlich ein dreistufiges Schema vorsieht: Schutzbereich, Einschränkung, Rechtfertigung.[79] Eine solche Unterteilung ist gleichwohl nicht logisch zwingend.[80] In Frankreich dominiert beispielsweise eine

---

[76] Demensprechend wird das Schema als zweistufig bezeichnet von *A. von Bogdandy*, JZ 56 (2001), S. 157 (167); vgl. aber *J. Kühling*, Grundrechte, in: A. von Bogdandy/J. Bast (Hrsg.), Europäisches Verfassungsrecht, 2. Aufl. 2009, S. 657 (688).
[77] *M. Borowsky*, in: J. Meyer (Hrsg.), Charta der Grundrechte der Europäischen Union, 4. Aufl. 2014, Art. 52 Rn. 2.
[78] *M. Borowsky*, in: J. Meyer (Hrsg.), Charta der Grundrechte der Europäischen Union, 4. Aufl. 2014, Art. 52 Rn. 2.
[79] Ebenso *T. Kingreen*, in: C. Calliess/M. Ruffert (Hrsg.), EUV, AEUV, 5. Aufl. 2016, Art. 52 GRC Rn. 46; *H.-M. Wolffgang*, in: J. Bitterlich/K.-D. Borchardt/C. O. Lenz (Hrsg.), EU-Verträge, 6. Aufl. 2012, Art. 52 GRCh Rn. 6; *D. Ehlers*, Allgemeine Lehren der Unionsgrundrechte, in: ders. (Hrsg.), Europäische Grundrechte und Grundfreiheiten, 4. Aufl. 2014, § 14, Rn. 85; *H. D. Jarass*, Charta der Grundrechte der Europäischen Union, 3. Aufl. 2016, Art. 52 Rn. 2; *M. Borowsky*, in: J. Meyer (Hrsg.), Charta der Grundrechte der Europäischen Union, 4. Aufl. 2014, Art. 52 Rn. 19; *J. P. Terhechte*, in: H. von der Groeben/J. Schwarze/A. Hatje (Hrsg.), Europäisches Unionsrecht, 7. Aufl. 2015, Vorbemerkung zur Charta der Grundrechte Rn. 20; *F. Wollenschläger*, Grundrechtsschutz und Unionsbürgerschaft, in: A. Hatje/P.-C. Müller-Graff (Hrsg.), Europäisches Organisations- und Verfassungsrecht (EnzEuR Band 1), 2014, § 8, Rn. 65; *M. Hilf*, Die Schranken der EU-Grundrechte, in: D. Merten/H.-J. Papier (Hrsg.), HGR, Band VI/1, 2010, § 164, Rn. 1; *K. F. Gärditz*, Schutzbereich und Grundrechtseingriff, in: C. Grabenwarter (Hrsg.), Europäischer Grundrechteschutz (EnzEuR Band 2), 2014, § 4, Rn. 16.
[80] *K. F. Gärditz*, Schutzbereich und Grundrechtseingriff, in: C. Grabenwarter (Hrsg.), Europäischer Grundrechteschutz (EnzEuR Band 2), 2014, § 4, Rn. 18; *R. Alexy*, Theorie der Grundrechte, 2. Aufl. 1994, S. 277.

einstufige Prüfung.[81] Konnte man aber vor Inkrafttreten der Charta noch an der Gültigkeit dieses dreigliedrigen Prüfungsschemas auf Unionsebene zweifeln,[82] wird Art. 52 Abs. 1 GRC heute allgemein so verstanden, dass er als allgemeine Schrankenregelung deutlich mache, auf die Frage, „wer und was" geschützt werde, folge stets die weitere Frage, „ob und wie" in die Rechte eingegriffen werden dürfe.[83] Für die Rechtfertigung fordert Art. 52 Abs. 1 GRC in Satz 1 eine gesetzliche Grundlage und die Achtung des Wesensgehaltes. Nach Satz 2 muss die Einschränkung verhältnismäßig sein.

Art. 52 Abs. 1 GRC übernimmt die Grundrechtsdogmatik in die Charta[84] und regelt damit die Grundrechtsprüfung für alle Charta-Grundrechte.[85] Art. 52 Abs. 2 und 3 GRC kommen nur neben Abs. 1 zur Anwendung, verdrängen diesen aber nicht.[86] Sollen aus der Charta Kriterien zur Analyse der Grundrechtsprüfung durch den EuGH entwickelt werden, ist an die Vorgaben von Art. 52 Abs. 1 GRC anzuknüpfen. Das bedeutet, dass der Umgang des Gerichtshofs mit dem Schutzbereich der Grundrechte, der Einschränkung und der Rechtfertigung untersucht werden muss. Innerhalb der Rechtfertigung ist nach Art. 52 Abs. 1 GRC auf den Gesetzesvorbehalt, die Wesensgehaltsgarantie und die Prüfung der Verhältnismäßigkeit einzugehen. Da Art. 52 Abs. 1 S. 2 GRC für den letzten Punkt ausführliche Vorgaben macht, liegt hier ein Schwerpunkt der Untersuchung.

Sind damit die Punkte der Analyse der Grundrechtsprüfung durch den EuGH klar, bleibt aber vorerst offen, was in diesen Punkten im Einzelnen zu untersuchen ist. Die Charta macht etwa – zumindest nach ihrem Wortlaut – keine Vorgaben, ob der Schutzbereich grundsätzlich eng oder weit zu ziehen ist, ob die Einschränkung auch faktische, mittelbare Eingriffe umfasst oder wie genau die widerstreitenden Interessen im Rahmen der Verhältnismäßigkeit zu prüfen

---

[81] *A. von Bogdandy*, JZ 56 (2001), S. 157 (167) m. w. N.

[82] *J. P. Terhechte*, Konstitutionalisierung und Normativität der europäischen Grundrechte, 2011, S. 55.

[83] *J. P. Terhechte*, Konstitutionalisierung und Normativität der europäischen Grundrechte, 2011, S. 55.

[84] *G. Kirchhof/S. Magen*, Dogmatik: Rechtliche Notwendigkeit und Grundlage fächerübergreifenden Dialogs – eine systematische Übersicht, in: G. Kirchhof/S. Magen/K. Schneider (Hrsg.), Was weiß Dogmatik?, 2012, S. 151 (165); ähnlich aber etwas vorsichtiger *H. Krämer*, in: K. Stern/M. Sachs (Hrsg.), Europäische Grundrechte-Charta, 2016, Art. 52 Rn. 30; *T. Müller*, Der Verhältnismäßigkeitsgrundsatz des Art 52 GRC – Paradigmenwechsel in der europäischen Grundrechtsjudikatur?, in: A. Kahl/N. Raschauer/S. Storr (Hrsg.), Grundsatzfragen der europäischen Grundrechtecharta, 2013, S. 179 (199); sehr vorsichtig *J. P. Terhechte*, in: H. von der Groeben/J. Schwarze/A. Hatje (Hrsg.), Europäisches Unionsrecht, 7. Aufl. 2015, Vorbemerkungen Rn. 20: „erste Anhaltspunkte".

[85] Die Kommission hat aus Art. 52 Abs. 1 GRC eine Grundrechte-Checkliste entwickelt. Siehe dazu z. B. *S. Greer/J. Gerards/R. Slowe*, Human Rights in the Council of Europe and the European Union, 2018, S. 253.

[86] Vgl. dazu ausführlich Kapitel 3 A. I. 4. a) und Kapitel 3 A. I. 4. b).

sind.[87] Zur weiteren Konkretisierung beziehungsweise Ausfüllung der Kriterien wird deswegen auf die Literatur zur Charta und auf die Kritik an der Grundrechtsprüfung des EuGH vor Inkrafttreten der GRC zurückgegriffen, da die Charta auf den schon vorhandenen Grundrechtestandard aufbaut[88] und diesen verstärken soll.[89]

4. Bedeutung von Art. 52 Abs. 2 bis 7 GRC sowie Art. 53 und Art. 54 GRC für die Entwicklung einer allgemeinen Dogmatik der Grundrechtsprüfung anhand der Charta

Die weiteren sechs Absätze von Art. 52 GRC könnten auf den ersten Blick ebenfalls für die Entwicklung einer allgemeinen Dogmatik der Grundrechtsprüfung anhand der Charta relevant sein. Eine nähere Betrachtung offenbart jedoch, dass sie zur Maßstabsbildung nicht dienlich sind (a) bis d)). Art. 53 GRC ist eine reine Kollisionsnorm ohne Auswirkung auf die Grundrechtsprüfung nach der Charta. Letzteres gilt auch für Art. 54 GRC (e)).

a) Art. 52 Abs. 2 GRC

Art. 52 Abs. 2 GRC kann zur Entwicklung einer allgemeinen Dogmatik der Grundrechtsprüfung an der GRC nicht fruchtbar gemacht werden, da er in seinem Anwendungsbereich die Dogmatik von Art. 52 Abs. 1 GRC nicht verdrängt, sondern nur die vertragskonforme Auslegung einzelner Charta-Grundrechte sicherstellt.

Gemäß Art. 52 Abs. 2 GRC erfolgt die Ausübung der durch diese Charta anerkannten Rechte, die in den Verträgen geregelt sind, im Rahmen der in den Verträgen festgelegten Bedingungen und Grenzen. Anders als Art. 52 Abs. 1 GRC gilt Abs. 2 damit nicht für sämtliche Charta-Grundrechte, sondern ausschließlich für jene, die auch in EUV oder AEUV[90] enthalten sind. Nach den Erläuterungen zur Charta sind dies insbesondere Rechte aus der Unionsbürgerschaft.[91]

Erfasst sind nur echte subjektive Rechte, nicht hingegen Kompetenzbestimmungen.[92] Es stellt sich aber die Frage, ob zum einen die Grundfreiheiten des

---

[87] Vgl. *C. Eisner*, Die Schrankenregelung der Grundrechtecharta der Europäischen Union, 2005, S. 194f., die Art. 52 Abs. 1 GRC daher als Generalklausel bezeichnet.

[88] Siehe etwa zu Art. 52 Abs. 1 GRC *Präsidium des Konvents*, Erläuterungen zur Charta der Grundrechte, ABl. 2007 Nr. C 303/02, 14.12.2007, S. 32.

[89] *C. Eisner*, Die Schrankenregelung der Grundrechtecharta der Europäischen Union, 2005, S. 69.

[90] Der in Art. 52 Abs. 2 GRC enthaltene Begriff der „Verträge" wird in Art. 18 GRC als EUV und AEUV legal definiert.

[91] Vgl. *Präsidium des Konvents*, Erläuterungen zur Charta der Grundrechte, ABl. 2007 Nr. C 303/02, 14.12.2007, S. 33; vgl. dazu *M. Borowsky*, in: J. Meyer (Hrsg.), Charta der Grundrechte der Europäischen Union, 4. Aufl. 2014, Art. 52 Rn. 25.

[92] *T. Kingreen*, in: C. Calliess/M. Ruffert (Hrsg.), EUV, AEUV, 5. Aufl. 2016, Art. 52 GRC

AEUV und zum anderen Grundsätze wie der Verbraucher- oder Umweltschutz unter den Begriff der „Rechte" fallen. Ersteres ist grundsätzlich zu bejahen, weil die Grundfreiheiten als subjektive Rechte gegen staatliche Beschränkungen formuliert sind.[93] Zwischen Rechten und Grundsätzen unterscheidet die Charta in Art. 52 Abs. 5 GRC und Art. 51 Abs. 1 GRC dagegen deutlich. Es wäre daher systemwidrig, unter den Begriff der „Rechte" in Abs. 2 auch Grundsätze zu subsumieren.[94]

Weiterhin müssen diese parallelen Rechte „in den Verträgen geregelt" sein. Nötig ist eine explizite Verankerung im Text von EUV oder AEUV[95] sowie eine funktionale Äquivalenz[96] zwischen Charta-Recht und Vertragsgrundrecht. Eine Auflistung der erfassten Grundrechte der Charta findet sich in den Erläuterungen nicht.[97] Ihre Identifizierung scheint nicht einfach.[98] Nach *Jarass*

Rn. 5; *M. Kober*, Der Grundrechtsschutz in der Europäischen Union, 2009, S. 198; *H. D. Jarass*, Charta der Grundrechte der Europäischen Union, 3. Aufl. 2016, Art. 52 Rn. 49, 51; *C. Ladenburger*, in: K. Stern/M. Sachs (Hrsg.), Europäische Grundrechte-Charta, 2016, Art. 52 Rn. 63; *T. von Danwitz*, in: P. J. Tettinger/K. Stern (Hrsg.), Kölner Gemeinschaftskommentar zur Europäischen Grundrechte-Charta, 2006, Art. 52 Rn. 48; *E. Pache*, in: M. Pechstein/ C. Nowak/U. Häde (Hrsg.), Frankfurter Kommentar zu EUV, GRC und AEUV, 2017, Art. 52 GRC Rn. 39.

[93] Die meisten Grundfreiheiten sind aber nicht in der Charta verankert. Vgl. *T. Kingreen*, in: C. Calliess/M. Ruffert (Hrsg.), EUV, AEUV, 5. Aufl. 2016, Art. 52 GRC Rn. 8; *H. D. Jarass*, Charta der Grundrechte der Europäischen Union, 3. Aufl. 2016, Art. 52 Rn. 50.

[94] Ebenso *M. Kober*, Der Grundrechtsschutz in der Europäischen Union, 2009, S. 199; *H. D. Jarass*, Charta der Grundrechte der Europäischen Union, 3. Aufl. 2016, Art. 52 Rn. 49; mit Verweis auf die Intention des Konvents *M. Borowsky*, in: J. Meyer (Hrsg.), Charta der Grundrechte der Europäischen Union, 4. Aufl. 2014, Art. 52 Rn. 25; *E. Pache*, in: M. Pechstein/C. Nowak/U. Häde (Hrsg.), Frankfurter Kommentar zu EUV, GRC und AEUV, 2017, Art. 52 GRC Rn. 39.

[95] Damit fallen Sekundärrecht und Entscheidungen des EuGH (bzw. richterrechtlich entwickelte Rechte) nicht unter den Anwendungsbereich von Art. 52 Abs. 2 GRC. Vgl. *S. Peers/ S. Prechal*, in: S. Peers/T. K. Hervey/A. Ward (Hrsg.), The EU Charter of Fundamental Rights, 2014, Art 52 Rn. 94; *T. Kingreen*, in: C. Calliess/M. Ruffert (Hrsg.), EUV, AEUV, 5. Aufl. 2016, Art. 52 GRC Rn. 6 f.; *E. Rumler-Korinek/E. Vranes*, in: M. Holoubek/G. Lienbacher (Hrsg.), Charta der Grundrechte der Europäischen Union, 2014, Art. 52 Rn. 22–24; *C. Ladenburger*, in: K. Stern/M. Sachs (Hrsg.), Europäische Grundrechte-Charta, 2016, Art. 52 Rn. 63; differenzierend hinsichtlich des Sekundärrechts *M. Borowsky*, in: J. Meyer (Hrsg.), Charta der Grundrechte der Europäischen Union, 4. Aufl. 2014, Art. 52 Rn. 25–27; *M. Bühler*, Einschränkung von Grundrechten nach der Europäischen Grundrechtecharta, 2005, S. 277 f.; a. A. *M. Kober*, Der Grundrechtsschutz in der Europäischen Union, 2009, S. 199–201.

[96] *T. Kingreen*, in: C. Calliess/M. Ruffert (Hrsg.), EUV, AEUV, 5. Aufl. 2016, Art. 52 GRC Rn. 8; *D. Ehlers*, Allgemeine Lehren der Unionsgrundrechte, in: ders. (Hrsg.), Europäische Grundrechte und Grundfreiheiten, 4. Aufl. 2014, § 14, Rn. 88; *H. D. Jarass*, Charta der Grundrechte der Europäischen Union, 3. Aufl. 2016, Art. 52 Rn. 49.

[97] Vgl. *Präsidium des Konvents*, Erläuterungen zur Charta der Grundrechte, ABl. 2007 Nr. C 303/02, 14.12.2007, S. 33; vgl. dazu *M. Borowsky*, in: J. Meyer (Hrsg.), Charta der Grundrechte der Europäischen Union, 4. Aufl. 2014, Art. 52 Rn. 25; *E. Rumler-Korinek/E. Vranes*, in: M. Holoubek/G. Lienbacher (Hrsg.), Charta der Grundrechte der Europäischen Union, 2014, Art. 52 Rn. 22; siehe zur Entwicklung dieser Norm auch *C. Ladenburger*, in: K. Stern/

A. Kriterien und Untersuchungsgegenstand

sind folgende Bestimmungen der GRC erfasst:[99] das Verbot der Diskriminierung wegen der Staatsangehörigkeit in Art. 21 Abs. 2 GRC (entspricht Art. 18 AEUV), die Wahlrechte des Art. 39 Abs. 1 GRC und des Art. 40 GRC (entsprechen Art. 22 AEUV), das Recht auf Schadensersatz in Art. 41 Abs. 3 GRC (entspricht Art. 340 AEUV), das Korrespondenzrecht in Art. 41 Abs. 4 GRC (entspricht Art. 24 Abs. 4 AEUV), das Dokumentenzugangsrecht in Art. 42 GRC (entspricht Art. 15 Abs. 3 AEUV), der Zugang zum Bürgerbeauftragten in Art. 43 GRC (entspricht Art. 228 AEUV), das Petitionsrecht in Art. 44 GRC (entspricht Art. 227 AEUV), das Freizügigkeitsrecht des Art. 45 GRC (entspricht Art. 21 AEUV) und das Recht auf konsularischen Schutz in Art. 46 GRC (entspricht Art. 23 AEUV).[100] Häufig wird zudem Art. 15 Abs. 2 GRC als von Art. 52 Abs. 2 GRC umfasst bezeichnet.[101]

Der Anwendungsbereich von Art. 52 Abs. 2 GRC ist damit gegenüber dem allgemeingültigen Abs. 1 eng.[102] Bereits deshalb kann Abs. 2 zur Entwicklung einer allgemeinen Dogmatik der Grundrechtsprüfung anhand der Charta nur eingeschränkt dienlich sein.

Darüber hinaus hat er auch im Überschneidungsbereich zwischen Charta- und Vertragsgrundrechten keine Bedeutung für die Entwicklung einer allgemeinen Grundrechtsdogmatik.

M. Sachs (Hrsg.), Europäische Grundrechte-Charta, 2016, Art. 52 Rn. 7; *M. Bühler*, Einschränkung von Grundrechten nach der Europäischen Grundrechtecharta, 2005, S. 268 ff.

[98] So *M. Bühler*, Einschränkung von Grundrechten nach der Europäischen Grundrechtecharta, 2005, S. 281; ähnlich *M. Borowsky*, in: J. Meyer (Hrsg.), Charta der Grundrechte der Europäischen Union, 4. Aufl. 2014, Art. 52 Rn. 25; *E. Rumler-Korinek/E. Vranes*, in: M. Holoubek/G. Lienbacher (Hrsg.), Charta der Grundrechte der Europäischen Union, 2014, Art. 52 Rn. 22; *C. Eisner*, Die Schrankenregelung der Grundrechtecharta der Europäischen Union, 2005, S. 172; *M. Cornils*, Schrankendogmatik, in: C. Grabenwarter (Hrsg.), Europäischer Grundrechteschutz (EnzEuR Band 2), 2014, § 5, Rn. 22 (Fn. 47); vgl. insbesondere auch *M. Kober*, Der Grundrechtsschutz in der Europäischen Union, 2009, S. 198 (Fn. 845 f.); *S. Alber/U. Widmaier*, EuGRZ 33 (2006), S. 113 (119).

[99] *H. D. Jarass*, Charta der Grundrechte der Europäischen Union, 3. Aufl. 2016, Art. 52 Rn. 50.

[100] Vgl. auch die Auflistungen (mit geringen Abweichungen) bei *T. Kingreen*, in: C. Calliess/M. Ruffert (Hrsg.), EUV, AEUV, 5. Aufl. 2016, Art. 52 GRC Rn. 12; *S. Peers/S. Prechal*, in: S. Peers/T. K. Hervey/A. Ward (Hrsg.), The EU Charter of Fundamental Rights, 2014, Art 52 Rn. 97 f.; *M. Bühler*, Einschränkung von Grundrechten nach der Europäischen Grundrechtecharta, 2005, S. 281 ff.; *O. de Schutter*, in: EU Network of Independent Experts on Fundamental Rights (Hrsg.), Commentary of the Charter of Fundamental Rights of the European Union, 2006, Article 52 S. 399; *G. de Búrca*, Fundamental Rights and Citizenship, in: B. de Witte (Hrsg.), Ten Reflections on the Constitutional Treaty for Europe, 2003, S. 11 (29 ff.).

[101] So etwa *M. Borowsky*, in: J. Meyer (Hrsg.), Charta der Grundrechte der Europäischen Union, 4. Aufl. 2014, Art. 52 Rn. 25a; *C. Grabenwarter*, Wirtschaftliche Grundrechte, in: ders. (Hrsg.), Europäischer Grundrechteschutz (EnzEuR Band 2), 2014, § 13, Rn. 22; etwas unklar *H. D. Jarass*, Charta der Grundrechte der Europäischen Union, 3. Aufl. 2016, Art. 52 Rn. 50 und 51. So anscheinend auch der EuGH, siehe Kapitel 2 C. III. 2. a) aa).

[102] Darauf verweist zu Recht auch *C. Eisner*, Die Schrankenregelung der Grundrechtecharta der Europäischen Union, 2005, S. 172.

Zwar wird Art. 52 Abs. 2 GRC – vor allem unter Verweis auf den Wortlaut – teilweise als (harte) Kollisionsregel gesehen, was zur Folge hätte, dass Abs. 2 als *Lex specialis* in seinem Geltungsbereich die Anwendung von Art. 52 Abs. 1 GRC sperrte.[103] Daher wären die entsprechenden Grundrechte nicht nach den Vorgaben der Charta, sondern allein nach den Verträgen auszulegen und anzuwenden. Zahlreiche in der Charta aufgeführten Grundrechte würden dadurch völlig überflüssig.[104] Warum sie überhaupt in der GRC genannt werden, ließe sich kaum erklären. Ihnen könnte höchstens eine Sichtbarkeits-[105] und Klarstellungsfunktion zukommen – Klarheit würde aber durch eine letztlich bedeutungslose Nennung in der Charta kaum geschaffen. Dies gilt umso mehr, als – wie bereits beschrieben – unklar ist, welche Grundrechte der Charta überhaupt unter Art. 52 Abs. 2 GRC fallen. Bei einigen Grundrechten käme es zudem zu erheblichen Unsicherheiten. So enthält die Charta zum Grundrecht auf Schutz personenbezogener Daten gemäß Art. 8 GRC in Abs. 2 eine spezielle Schrankenklausel. Gleichzeitig wird dieses Datenschutzgrundrecht in Art. 16 AEUV (und Art. 39 EUV) geschützt. Während der Text von Art. 8 Abs. 1 GRC identisch mit dem Wortlaut von Art. 16 Abs. 1 AEUV ist, fehlt in Art. 16 AEUV eine Schrankenklausel wie in Art. 8 Abs. 2 GRC. Würde man Art. 52 Abs. 2 GRC hier im Sinne einer strikten Kollisionsregel anwenden,[106] käme einzig das

---

[103] So *T. Kingreen*, in: C. Calliess/M. Ruffert (Hrsg.), EUV, AEUV, 5. Aufl. 2016, Art. 52 GRC Rn. 11; *E. Rumler-Korinek/E. Vranes*, in: M. Holoubek/G. Lienbacher (Hrsg.), Charta der Grundrechte der Europäischen Union, 2014, Art. 52 Rn. 20; *R. Streinz/W. Michl*, in: R. Streinz (Hrsg.), EUV/AEUV, 2. Aufl. 2012, Art. 52 GRCh Rn. 5; *R. Streinz/W. Michl*, in: R. Streinz (Hrsg.), EUV/AEUV, 3. Aufl. 2018, Art. 52 GRCh Rn. 10; *M. Borowsky*, in: J. Meyer (Hrsg.), Charta der Grundrechte der Europäischen Union, 4. Aufl. 2014, Art. 52 Rn. 24; *T. Groppi*, in: W. B. T. Mock/G. Demuro/R. Bifulco u. a. (Hrsg.), Human Rights in Europe, 2010, Article 52 – Scope and Interpretation of Rights and Principles S. 329; *S. Griller*, Der Anwendungsbereich der Grundrechtscharta und das Verhältnis zu sonstigen Gemeinschaftsrechten, Rechten aus der EMRK und zu verfassungsgesetzlich gewährleisteten Rechten, in: A. Duschanek/S. Griller (Hrsg.), Grundrechte für Europa, 2002, S. 131 (146); *H.-P. Folz*, in: C. Vedder/W. Heintschel von Heinegg (Hrsg.), Europäisches Unionsrecht, 2. Aufl. 2018, Art. 52 GRC Rn. 3; *D. von Arnim*, Der Standort der EU-Grundrechtecharta in der Grundrechtsarchitektur Europas, 2006, S. 436; *S. Barriga*, Die Entstehung der Charta der Grundrechte der Europäischen Union, 2003, S. 157; *M. Kober*, Der Grundrechtsschutz in der Europäischen Union, 2009, S. 202; *M. Cornils*, Schrankendogmatik, in: C. Grabenwarter (Hrsg.), Europäischer Grundrechteschutz (EnzEuR Band 2), 2014, § 5, Rn. 23; *M. Bühler*, Einschränkung von Grundrechten nach der Europäischen Grundrechtecharta, 2005, S. 262 f.; anders hingegen *S. Ibing*, Die Einschränkung der europäischen Grundrechte durch Gemeinschaftsrecht, 2006, S. 341 f., der Art. 52 Abs. 2 GRC zwar als *Lex specialis* ansieht, eine Verdrängung von Abs. 1 aber nur nach dem Meistbegünstigungsprinzip vornehmen will; ähnlich *C. Calliess*, EuZW 2001, S. 261 (264).

[104] *H. D. Jarass*, EuR 2013, S. 29 (31); *H. D. Jarass*, Charta der Grundrechte der Europäischen Union, 3. Aufl. 2016, Art. 52 Rn. 53.

[105] Auf diese Intention des Konvents verweist *M. Borowsky*, in: J. Meyer (Hrsg.), Charta der Grundrechte der Europäischen Union, 4. Aufl. 2014, Art. 52 Rn. 24; vgl. auch *C. Ladenburger*, in: K. Stern/M. Sachs (Hrsg.), Europäische Grundrechte-Charta, 2016, Art. 52 Rn. 62: „zu informatorischen Zwecken".

[106] Dafür etwa *M. Borowsky*, in: J. Meyer (Hrsg.), Charta der Grundrechte der Europäi-

Grundrecht aus dem AEUV zur Anwendung. Das Datenschutzgrundrecht wäre folglich schrankenlos gewährleistet und Art. 8 Abs. 2 GRC bedeutungslos.[107] Dem Ziel der Sichtbarmachung der Grundrechte[108] wäre durch eine Interpretation von Art. 52 Abs. 2 GRC als strikte Kollisionsregel ebenso wenig gedient: So fänden sich die fraglichen Grundrechte zwar in der Charta – alle wesentlichen Fragen wären aber in den Verträgen geregelt.[109] Ein einheitlicher Grundrechtsschutz kann so nicht entstehen.[110] Zudem basieren einige Charta-Rechte nach den Erläuterungen nur teilweise auf Rechten aus den Verträgen,[111] sodass die Anwendung von Art. 52 Abs. 2 GRC als harte Kollisionsregel auch insofern schwer möglich ist. Andere Rechte wiederum stehen in enger Verbindung zu Bestimmungen der Verträge, worauf die Erläuterungen jedoch nicht entsprechend hinweisen.[112] Auch hier erscheint eine strikte Unanwendbarkeit der Charta-Vorschriften wenig praktikabel. Einer Hierarchie zwischen Charta und Verträgen steht außerdem Art. 6 Abs. 1 EUV entgegen, wonach beide rechtlich gleichrangig sind.[113] Schließlich enthält nur Art. 52 Abs. 1 GRC die expliziten Anforderungen an eine gesetzliche Grundlage einer Grundrechtseinschränkung und die Garantie der Achtung des Wesensgehalts.[114] Würde Abs. 2 den Abs. 1 verdrängen, verlören diese Vorgaben in einem wesentlichen Teil der Charta ihre grundrechtsschützende Funktion.[115]

---

schen Union, 4. Aufl. 2014, Art. 52 Rn. 25a; *N. Bernsdorff*, in: J. Meyer (Hrsg.), Charta der Grundrechte der Europäischen Union, 4. Aufl. 2014, Art. 8 Rn. 17.

[107] Auf dieses Problem verweist etwa *M. Cornils*, Schrankendogmatik, in: C. Grabenwarter (Hrsg.), Europäischer Grundrechteschutz (EnzEuR Band 2), 2014, § 5, Rn. 25 (Fn. 52); *C. Grabenwarter*, Wirtschaftliche Grundrechte, in: ders. (Hrsg.), Europäischer Grundrechteschutz (EnzEuR Band 2), 2014, § 13, Rn. 23.

[108] Siehe Abs. 4 der Präambel.

[109] So auch *C. Eisner*, Die Schrankenregelung der Grundrechtecharta der Europäischen Union, 2005, S. 146 ff.

[110] *C. Eisner*, Die Schrankenregelung der Grundrechtecharta der Europäischen Union, 2005, S. 149; *T. von Danwitz*, in: P. J. Tettinger/K. Stern (Hrsg.), Kölner Gemeinschaftskommentar zur Europäischen Grundrechte-Charta, 2006, Art. 52 Rn. 30.

[111] Nachweise etwa bei *S. Peers/S. Prechal*, in: S. Peers/T. K. Hervey/A. Ward (Hrsg.), The EU Charter of Fundamental Rights, 2014, Art 52 Rn. 89; vgl. auch *E. Rumler-Korinek/ E. Vranes*, in: M. Holoubek/G. Lienbacher (Hrsg.), Charta der Grundrechte der Europäischen Union, 2014, Art. 52 Rn. 22.

[112] Nachweise etwa bei *S. Peers/S. Prechal*, in: S. Peers/T. K. Hervey/A. Ward (Hrsg.), The EU Charter of Fundamental Rights, 2014, Art 52 Rn. 90.

[113] So aber *M. Borowsky*, in: J. Meyer (Hrsg.), Charta der Grundrechte der Europäischen Union, 4. Aufl. 2014, Art. 52 Rn. 26; ebenso *R. Schütze*, Yearbook of European Law 30 (2011), S. 131 (149); wie hier hingegen *D. Ehlers*, Allgemeine Lehren der Unionsgrundrechte, in: ders. (Hrsg.), Europäische Grundrechte und Grundfreiheiten, 4. Aufl. 2014, § 14, Rn. 8 f., 88.

[114] Darauf weisen auch *S. Alber/U. Widmaier*, EuGRZ 33 (2006), S. 113 (119) hin; a. A. aber *M. Hilf*, Die Schranken der EU-Grundrechte, in: D. Merten/H.-J. Papier (Hrsg.), HGR, Band VI/1, 2010, § 164, Rn. 49.

[115] Vgl. *H. D. Jarass*, Charta der Grundrechte der Europäischen Union, 3. Aufl. 2016, Art. 52 Rn. 54; *T. von Danwitz*, in: P. J. Tettinger/K. Stern (Hrsg.), Kölner Gemeinschaftskommentar zur Europäischen Grundrechte-Charta, 2006, Art. 52 Rn. 30; ebenso *C. Eisner*,

Art. 52 Abs. 2 GRC ist daher nicht als harte Kollisionsregel, sondern als weiche „Transferklausel" zu verstehen:[116] Die Norm inkorporiert die Wertungen aus den Verträgen in die Auslegung der Charta. Es bleibt bei der Anwendbarkeit von Art. 52 Abs. 1 GRC auch auf die von Art. 52 Abs. 2 GRC erfassten Grundrechte.[117]

Für diese Ansicht spricht schon die unbedingte Formulierung in Abs. 1, wonach „jede Einschränkung" den dort festgelegten Voraussetzungen entsprechen muss.[118]

Auch das Ziel von Art. 52 Abs. 2 GRC, Widersprüche zwischen der Charta und den Verträgen im Ergebnis zu vermeiden beziehungsweise aufzulösen,[119] wird durch die Inkorporation erreicht: Wenn Abs. 2 die Wertungen der Verträge in die Charta importiert und diese folglich bei der Prüfung einzelner Charta-Grundrechte beachtet werden müssen,[120] verhindert das eine divergente Aus-

---

Die Schrankenregelung der Grundrechtecharta der Europäischen Union, 2005, S. 172, die zudem noch auf die Anforderung der Verhältnismäßigkeit gemäß Art. 52 Abs. 1 GRC verweist.

[116] *C. Ladenburger*, in: K. Stern/M. Sachs (Hrsg.), Europäische Grundrechte-Charta, 2016, Art. 52 Rn. 8, 64; *H. D. Jarass*, Charta der Grundrechte der Europäischen Union, 3. Aufl. 2016, Art. 52 Rn. 52; *C. Eisner*, Die Schrankenregelung der Grundrechtecharta der Europäischen Union, 2005, S. 145; *C. Grabenwarter*, Wirtschaftliche Grundrechte, in: ders. (Hrsg.), Europäischer Grundrechteschutz (EnzEuR Band 2), 2014, § 13, Rn. 23; *T. von Danwitz*, in: P. J. Tettinger/K. Stern (Hrsg.), Kölner Gemeinschaftskommentar zur Europäischen Grundrechte-Charta, 2006, Art. 52 Rn. 45; inhaltlich ebenso *M. Hilf*, Die Schranken der EU-Grundrechte, in: D. Merten/H.-J. Papier (Hrsg.), HGR, Band VI/1, 2010, § 164, Rn. 47; der Begriff der Transferklausel wird teilweise auch zur Beschreibung von Art. 52 Abs. 2 GRC als *Lex specialis* verwendet, so etwa *M. Kober*, Der Grundrechtsschutz in der Europäischen Union, 2009, S. 198; so auch *M. Borowsky*, in: J. Meyer (Hrsg.), Charta der Grundrechte der Europäischen Union, 4. Aufl. 2014, Art. 52 Rn. 24; *M. Cornils*, Schrankendogmatik, in: C. Grabenwarter (Hrsg.), Europäischer Grundrechteschutz (EnzEuR Band 2), 2014, § 5, Rn. 22; etwas unklar *E. Pache*, in: M. Pechstein/C. Nowak/U. Häde (Hrsg.), Frankfurter Kommentar zu EUV, GRC und AEUV, 2017, Art. 52 GRC Rn. 38–43.

[117] Ebenso *C. Eisner*, Die Schrankenregelung der Grundrechtecharta der Europäischen Union, 2005, S. 172; *T. von Danwitz*, in: P. J. Tettinger/K. Stern (Hrsg.), Kölner Gemeinschaftskommentar zur Europäischen Grundrechte-Charta, 2006, Art. 52 Rn. 30; *C. Grabenwarter*, Wirtschaftliche Grundrechte, in: ders. (Hrsg.), Europäischer Grundrechteschutz (EnzEuR Band 2), 2014, § 13, Rn. 23; mit Verweis auf die entsprechende Intention einiger Konventsmitglieder *M. Hilf*, Die Schranken der EU-Grundrechte, in: D. Merten/H.-J. Papier (Hrsg.), HGR, Band VI/1, 2010, § 164, Rn. 47; offengelassen bei *H. D. Jarass*, Charta der Grundrechte der Europäischen Union, 3. Aufl. 2016, Art. 52 Rn. 54.

[118] Darauf verweist zu Recht auch *M. Hilf*, Die Schranken der EU-Grundrechte, in: D. Merten/H.-J. Papier (Hrsg.), HGR, Band VI/1, 2010, § 164, Rn. 49; ähnlich *C. Grabenwarter*, Wirtschaftliche Grundrechte, in: ders. (Hrsg.), Europäischer Grundrechteschutz (EnzEuR Band 2), 2014, § 13, Rn. 23.

[119] Vgl. *R. Streinz/W. Michl*, in: R. Streinz (Hrsg.), EUV/AEUV, 2. Aufl. 2012, Art. 52 GRCh Rn. 4; *C. Ladenburger*, in: K. Stern/M. Sachs (Hrsg.), Europäische Grundrechte-Charta, 2016, Art. 52 Rn. 7.

[120] So *H. D. Jarass*, Charta der Grundrechte der Europäischen Union, 3. Aufl. 2016, Art. 52 Rn. 52.

legung beider Rechtsquellen.[121] Abs. 2 ergänzt somit die Regelung des Abs. 1, der für alle Grundrechte der GRC die allgemeinen dogmatischen Prüfungsanforderungen festlegt. Nur wenn Verträge und Charta sich widersprechen, kommt der Auslegung nach den Verträgen ein Vorrang zu.[122] Dies geschieht aber im Rahmen der Prüfung des Charta-Grundrechts.[123] Eine vollständige Verdrängung der Charta durch die Verträge ist damit für die Vermeidung von Divergenzen zwischen Charta und Verträgen nicht erforderlich.[124] Darüber hinaus stellt die hier vertretene Auffassung die einheitliche Auslegung der Charta-Grundrechte sicher, was wiederum der Rechtssicherheit dient. Schließlich erlaubt diese weiche Inkorporation der Verträge in die Charta flexible Lösungen, wenn etwa nicht eindeutig ist, ob und inwieweit ein Charta-Recht einem Recht aus EUV oder AEUV entspricht.[125]

Da Art. 52 Abs. 2 GRC in seinem Anwendungsbereich Art. 52 Abs. 1 GRC nicht verdrängt, sondern nur die vertragskonforme Auslegung einzelner Charta-Grundrechte sicherstellt,[126] bleibt Abs. 1 die maßgebliche Grundlage zur Entwicklung einer allgemeinen Dogmatik der Grundrechtsprüfung anhand der Charta.

b) Art. 52 Abs. 3 GRC

Art. 52 Abs. 3 GRC kann ebenfalls nicht zur Entwicklung einer allgemeinen Dogmatik der Grundrechtsprüfung nach der Charta herangezogen werden, da er – ähnlich wie Abs. 2 – in seinem Anwendungsbereich Art. 52 Abs. 1 GRC nicht verdrängt, sondern lediglich ein konventionskonformes Ergebnis der Auslegung einzelner Charta-Grundrechte sicherstellt.

---

[121] So auch *H. D. Jarass*, EuR 2013, S. 29 (31): „Die Klausel des Art. 52 Abs. 2 GRC führt zu einer vertragskonformen Auslegung der Charta in den Überschneidungsbereichen."; ebenso *H. D. Jarass*, Charta der Grundrechte der Europäischen Union, 3. Aufl. 2016, Art. 52 Rn. 52.
[122] *D. Ehlers*, Allgemeine Lehren der Unionsgrundrechte, in: ders. (Hrsg.), Europäische Grundrechte und Grundfreiheiten, 4. Aufl. 2014, § 14, Rn. 88; *H. D. Jarass*, Charta der Grundrechte der Europäischen Union, 3. Aufl. 2016, Art. 52 Rn. 52.
[123] Ebenso *D. Ehlers*, Allgemeine Lehren der Unionsgrundrechte, in: ders. (Hrsg.), Europäische Grundrechte und Grundfreiheiten, 4. Aufl. 2014, § 14, Rn. 88, der davon spricht, dass die vertraglichen Regelungen in die Charta hineinzulesen sind; ähnlich *C. Eisner*, Die Schrankenregelung der Grundrechtecharta der Europäischen Union, 2005, S. 146 ff., 171 f.
[124] Ebenso *H. D. Jarass*, EuR 2013, S. 29 (31); *H. D. Jarass*, Charta der Grundrechte der Europäischen Union, 3. Aufl. 2016, Art. 52 Rn. 53.
[125] In der umgekehrten Richtung führt Art. 52 Abs. 2 GRC nicht zu einer wie auch immer gearteten Änderung der Verträge. Dazu hatte der Grundrechtekonvent kein Mandat. Vgl. *Präsidium des Konvents*, Erläuterungen zur Charta der Grundrechte, ABl. 2007 Nr. C 303/02, 14.12.2007, S. 33; *H. D. Jarass*, Charta der Grundrechte der Europäischen Union, 3. Aufl. 2016, Art. 52 Rn. 52.
[126] So auch *C. Eisner*, Die Schrankenregelung der Grundrechtecharta der Europäischen Union, 2005, S. 172; *M. Hilf*, Die Schranken der EU-Grundrechte, in: D. Merten/H.-J. Papier (Hrsg.), HGR, Band VI/1, 2010, § 164, Rn. 47.

Nach Art. 52 Abs. 3 S. 1 GRC haben die Rechte der Charta, soweit sie den durch die EMRK garantierten Rechten entsprechen, die gleiche Bedeutung und Tragweite, wie sie ihnen in der genannten Konvention verliehen wird. Gemäß S. 2 steht diese Bestimmung dem nicht entgegen, dass das Recht der Union einen weiter gehenden Schutz gewährt.

Es stellt sich damit zunächst die Frage, welche Charta-Grundrechte[127] mit den Rechten der EMRK korrespondieren, was also der Anwendungsbereich von Art. 52 Abs. 3 GRC ist.

Anders als die von Art. 52 Abs. 2 GRC erfassten Rechte werden die Bestimmungen, die unter Abs. 3 fallen, vom Grundrechtekonvent in den Erläuterungen einzeln aufgeführt.[128] Die Erläuterungen zur Charta sind gemäß Art. 52 Abs. 7 GRC bei ihrer Auslegung und Anwendung „gebührend zu beachten".[129] Der Konvent stellt ausdrücklich auf den Stand im Jahr 2007 ab,[130] grundsätzlich ist seine Liste daher nicht als abschließend zu verstehen.[131] Zudem finden sich in den Erläuterungen stellenweise Widersprüche und Unklarheiten.[132] Trotzdem ist die Aufzählung gegenwärtig (noch) umfassend.[133] Der Konvent unterscheidet[134] zwei Gruppen: erstens Charta-Grundrechte, die den Konventionsrechten

---

[127] Die „Grundsätze" im Sinne von Art. 52 Abs. 5 GRC fallen nicht unter den Anwendungsbereich von Abs. 3. Vgl. dazu etwa *T. Kingreen*, in: C. Calliess/M. Ruffert (Hrsg.), EUV, AEUV, 5. Aufl. 2016, Art. 52 GRC Rn. 18.

[128] Vgl. *Präsidium des Konvents*, Erläuterungen zur Charta der Grundrechte, ABl. 2007 Nr. C 303/02, 14.12.2007, S. 33 f.; vgl. dazu *T. Kingreen*, in: C. Calliess/M. Ruffert (Hrsg.), EUV, AEUV, 5. Aufl. 2016, Art. 52 GRC Rn. 23–30.

[129] Vgl. zur Bedeutung der Erläuterungen in diesem Zusammenhang auch *M. Borowsky*, in: J. Meyer (Hrsg.), Charta der Grundrechte der Europäischen Union, 4. Aufl. 2014, Art. 52 Rn. 31b; *G. Ziegenhorn*, Der Einfluss der EMRK im Recht der EU-Grundrechtecharta, 2009, S. 59 ff.

[130] *Präsidium des Konvents*, Erläuterungen zur Charta der Grundrechte, ABl. 2007 Nr. C 303/02, 14.12.2007, S. 33: „derzeit"; vgl. dazu auch *T. Kingreen*, in: C. Calliess/M. Ruffert (Hrsg.), EUV, AEUV, 5. Aufl. 2016, Art. 52 GRC Rn. 27: „sehr statisch".

[131] *T. Kingreen*, in: C. Calliess/M. Ruffert (Hrsg.), EUV, AEUV, 5. Aufl. 2016, Art. 52 GRC Rn. 30; *T. von Danwitz*, in: P. J. Tettinger/K. Stern (Hrsg.), Kölner Gemeinschaftskommentar zur Europäischen Grundrechte-Charta, 2006, Art. 52 Rn. 53.

[132] Vgl. etwa *K. Lenaerts*, EuR 47 (2012), S. 3 (13); *T. Kingreen*, in: C. Calliess/M. Ruffert (Hrsg.), EUV, AEUV, 5. Aufl. 2016, Art. 52 Rn. 27–30; *M. Borowsky*, in: J. Meyer (Hrsg.), Charta der Grundrechte der Europäischen Union, 4. Aufl. 2014, Art. 52 Rn. 32; *M. Kober*, Der Grundrechtsschutz in der Europäischen Union, 2009, S. 202 f.; *E. Rumler-Korinek/E. Vranes*, in: M. Holoubek/G. Lienbacher (Hrsg.), Charta der Grundrechte der Europäischen Union, 2014, Art. 52 Rn. 28.

[133] So *M. Borowsky*, in: J. Meyer (Hrsg.), Charta der Grundrechte der Europäischen Union, 4. Aufl. 2014, Art. 52 Rn. 31a: „Es ist zweifelhaft, ob es über diese beiden Listen hinaus noch weitere Rechte gibt, die Art. 52 Abs. 3 unterfallen".

[134] Diese Unterscheidung findet sich im Wortlaut von Art. 52 Abs. 3 GRC nicht. Zudem nutzt der Konvent die Begriffe „Bedeutung" und „Tragweite" zur Umschreibung des Anwendungsbereichs von Abs. 3, die Charta hingegen zur Bestimmung der Rechtsfolge von Abs. 3.

in Bedeutung und Tragweite entsprechen,[135] und zweitens Charta-Grundrechte, die dieselbe Bedeutung wie die entsprechenden Grundrechte der EMRK haben, deren Tragweite aber umfassender ist.[136] Grundrechte, die den Konventionsrechten nicht mindestens teilweise entsprechen, fallen nicht unter Art. 52 Abs. 3 GRC.[137] Relevant werden kann dieser Absatz in seinem Anwendungsbereich für sämtliche grundrechtliche Prüfungsstufen, also beispielsweise bei den Freiheitsrechten[138] für die Untersuchung von Schutzbereich, Einschränkung und insbesondere[139] der Rechtfertigung.[140]

Auf der Seite der EMRK umfasst Art. 52 Abs. 3 GRC die Konvention selbst, sämtliche Zusatzprotokolle[141] und die Rechtsprechung des EGMR[142]. Es han-

---

[135] Vgl. *Präsidium des Konvents*, Erläuterungen zur Charta der Grundrechte, ABl. 2007 Nr. C 303/02, 14.12.2007, S. 33 f.

[136] Vgl. *Präsidium des Konvents*, Erläuterungen zur Charta der Grundrechte, ABl. 2007 Nr. C 303/02, 14.12.2007, S. 34.

[137] *T. Kingreen*, in: C. Calliess/M. Ruffert (Hrsg.), EUV, AEUV, 5. Aufl. 2016, Art. 52 GRC Rn. 26; *S. Peers/S. Prechal*, in: S. Peers/T. K. Hervey/A. Ward (Hrsg.), The EU Charter of Fundamental Rights, 2014, Art 52 Rn. 103.

[138] Vgl. dazu *C. Grabenwarter*, Die Menschenrechtskonvention und Grundrechte-Charta in der europäischen Verfassungsentwicklung, in: H.-J. Cremer/T. Giegerich/D. Richter u. a. (Hrsg.), Tradition und Weltoffenheit des Rechts, Festschrift für H. Steinberger, 2002, S. 1129 (1137).

[139] Vgl. *H. D. Jarass*, Charta der Grundrechte der Europäischen Union, 3. Aufl. 2016, Art. 52 Rn. 59–61; *H. D. Jarass*, EuR 2013, S. 29 (41); *R. Streinz*, ZÖR 68 (2013), S. 663 (671).

[140] *M. Borowsky*, in: J. Meyer (Hrsg.), Charta der Grundrechte der Europäischen Union, 4. Aufl. 2014, Art. 52 Rn. 30; *H. D. Jarass*, Charta der Grundrechte der Europäischen Union, 3. Aufl. 2016, Art. 52 Rn. 56; *R. Streinz*, ZÖR 68 (2013), S. 663 (671); vgl. zu den verschiedenen Positionen auch *T. Kingreen*, in: C. Calliess/M. Ruffert (Hrsg.), EUV, AEUV, 5. Aufl. 2016, Art. 52 GRC Rn. 36.

[141] *S. Peers/S. Prechal*, in: S. Peers/T. K. Hervey/A. Ward (Hrsg.), The EU Charter of Fundamental Rights, 2014, Art 52 Rn. 106, 114; *H. Krämer*, in: K. Stern/M. Sachs (Hrsg.), Europäische Grundrechte-Charta, 2016, Art. 52 Rn. 66; *H. D. Jarass*, Charta der Grundrechte der Europäischen Union, 3. Aufl. 2016, Art. 52 Rn. 58; *M. Cornils*, Schrankendogmatik, in: C. Grabenwarter (Hrsg.), Europäischer Grundrechteschutz (EnzEuR Band 2), 2014, § 5, Rn. 67; *M. Kober*, Der Grundrechtsschutz in der Europäischen Union, 2009, S. 206–208; *T. von Danwitz*, in: P. J. Tettinger/K. Stern (Hrsg.), Kölner Gemeinschaftskommentar zur Europäischen Grundrechte-Charta, 2006, Art. 52 Rn. 59; vgl. zu den verschiedenen Positionen auch *T. Kingreen*, in: C. Calliess/M. Ruffert (Hrsg.), EUV, AEUV, 5. Aufl. 2016, Art. 52 GRC Rn. 35; vgl. auch *Präsidium des Konvents*, Erläuterungen zur Charta der Grundrechte, ABl. 2007 Nr. C 303/02, 14.12.2007, S. 33 f.; a. A. *M. Bühler*, Einschränkung von Grundrechten nach der Europäischen Grundrechtecharta, 2005, S. 326–329; *J. Pietsch*, Das Schrankenregime der EU-Grundrechtecharta, 2005, S. 109 f.; differenzierend zwischen Akten der Union und der Mitgliedstaaten *M. Borowsky*, in: J. Meyer (Hrsg.), Charta der Grundrechte der Europäischen Union, 4. Aufl. 2014, Art. 52 Rn. 35; offen gelassen *E. Rumler-Korinek/E. Vranes*, in: M. Holoubek/G. Lienbacher (Hrsg.), Charta der Grundrechte der Europäischen Union, 2014, Art. 52 Rn. 33.

[142] Dafür sprechen schon die Erläuterungen zur Charta. Siehe *Präsidium des Konvents*, Erläuterungen zur Charta der Grundrechte, ABl. 2007 Nr. C 303/02, 14.12.2007, S. 33; ebenso *H. D. Jarass*, Charta der Grundrechte der Europäischen Union, 3. Aufl. 2016, Art. 52 Rn. 65; *H. D. Jarass*, EuR 2013, S. 29 (42 f.); *M. Kober*, Der Grundrechtsschutz in der Europäischen

delt sich somit um einen dynamischen Verweis, der auch zukünftige Entwicklungen einschließt.[143] Nationale Vorbehalte gegen einzelne Protokolle spielen keine Rolle.[144]

Art. 52 Abs. 3 GRC umfasst damit wie Abs. 2 nur einen – wenn auch im Vergleich zu Abs. 2 größeren[145] – Teil der in der Charta garantierten Rechte. Bereits aus diesem Grund ist Abs. 3 für eine allgemeine Dogmatik der Grundrechtsprüfung nach der GRC weniger geeignet als Abs. 1, der für sämtliche Grundrechte der Charta gilt.

Teilweise wird aber vertreten, Art. 52 Abs. 3 GRC stelle eine *Lex specialis* gegenüber Art. 52 Abs. 1 GRC dar, was zur Folge hätte, dass Abs. 1 im An-

---

Union, 2009, S. 210 f.; *E. Rumler-Korinek/E. Vranes*, in: M. Holoubek/G. Lienbacher (Hrsg.), Charta der Grundrechte der Europäischen Union, 2014, Art. 52 Rn. 34; *M. Bühler*, Einschränkung von Grundrechten nach der Europäischen Grundrechtecharta, 2005, S. 320–323; *T. von Danwitz*, in: P. J. Tettinger/K. Stern (Hrsg.), Kölner Gemeinschaftskommentar zur Europäischen Grundrechte-Charta, 2006, Art. 52 Rn. 57; *K. Lenaerts/E. de Smijter*, MJ 8 (2001), S. 90 (99); *J. Callewaert*, EuGRZ 2003, S. 198 (199); *T. von Danwitz*, Gerichtlicher Schutz der Grundrechte, in: C. Grabenwarter (Hrsg.), Europäischer Grundrechteschutz (EnzEuR Band 2), 2014, § 6, Rn. 44.

[143] *H. Krämer*, in: K. Stern/M. Sachs (Hrsg.), Europäische Grundrechte-Charta, 2016, Art. 52 Rn. 75; *H. D. Jarass*, Charta der Grundrechte der Europäischen Union, 3. Aufl. 2016, Art. 52 Rn. 56; *D. Ehlers*, Allgemeine Lehren der Unionsgrundrechte, in: ders. (Hrsg.), Europäische Grundrechte und Grundfreiheiten, 4. Aufl. 2014, § 14, Rn. 30; *M. Borowsky*, in: J. Meyer (Hrsg.), Charta der Grundrechte der Europäischen Union, 4. Aufl. 2014, Art. 52 Rn. 37; *J. P. Terhechte*, in: H. von der Groeben/J. Schwarze/A. Hatje (Hrsg.), Europäisches Unionsrecht, 7. Aufl. 2015, Rn. 15; *M. Kober*, Der Grundrechtsschutz in der Europäischen Union, 2009, S. 209; *E. Rumler-Korinek/E. Vranes*, in: M. Holoubek/G. Lienbacher (Hrsg.), Charta der Grundrechte der Europäischen Union, 2014, Art. 52 Rn. 34; *T. von Danwitz*, in: P. J. Tettinger/K. Stern (Hrsg.), Kölner Gemeinschaftskommentar zur Europäischen Grundrechte-Charta, 2006, Art. 52 Rn. 57; *T. von Danwitz*, Gerichtlicher Schutz der Grundrechte, in: C. Grabenwarter (Hrsg.), Europäischer Grundrechteschutz (EnzEuR Band 2), 2014, § 6, Rn. 44; *M. Hentschel-Bednorz*, Derzeitige Rolle und zukünftige Perspektive des EuGH im Mehrebenensystem des Grundrechtsschutzes in Europa, 2012, S. 337; mit leichten Einschränkungen *M. Bühler*, Einschränkung von Grundrechten nach der Europäischen Grundrechtecharta, 2005, S. 323.

[144] *S. Peers/S. Prechal*, in: S. Peers/T. K. Hervey/A. Ward (Hrsg.), The EU Charter of Fundamental Rights, 2014, Art 52 Rn. 106, 114; *H. Krämer*, in: K. Stern/M. Sachs (Hrsg.), Europäische Grundrechte-Charta, 2016, Art. 52 Rn. 66; *H. D. Jarass*, Charta der Grundrechte der Europäischen Union, 3. Aufl. 2016, Art. 52 Rn. 58; *M. Cornils*, Schrankendogmatik, in: C. Grabenwarter (Hrsg.), Europäischer Grundrechteschutz (EnzEuR Band 2), 2014, § 5, Rn. 67; *T. von Danwitz*, in: P. J. Tettinger/K. Stern (Hrsg.), Kölner Gemeinschaftskommentar zur Europäischen Grundrechte-Charta, 2006, Art. 52 Rn. 60; so wohl auch *M. Kober*, Der Grundrechtsschutz in der Europäischen Union, 2009, S. 208 f.; a. A. *M. Bühler*, Einschränkung von Grundrechten nach der Europäischen Grundrechtecharta, 2005, S. 326–329; *J. Pietsch*, Das Schrankenregime der EU-Grundrechtecharta, 2005, S. 109 f.; differenzierend zwischen Akten der Union und der Mitgliedstaaten *M. Borowsky*, in: J. Meyer (Hrsg.), Charta der Grundrechte der Europäischen Union, 4. Aufl. 2014, Art. 52 Rn. 35.

[145] Vgl. dazu auch *H. D. Jarass*, Charta der Grundrechte der Europäischen Union, 3. Aufl. 2016, Art. 52 Rn. 57.

A. Kriterien und Untersuchungsgegenstand

wendungsbereich[146] von Abs. 3 nicht anwendbar wäre.[147] Für diese Sicht wird die Entstehungsgeschichte von Art. 52 Abs. 3 GRC angeführt.[148] Ein erster Entwurf der Charta habe noch keinen Verweis auf die EMRK, sondern nur eine allgemeine Schrankenklausel enthalten.[149] Zudem gewährleiste nur eine Lesart als strikte Kollisionsnorm, dass in der Konvention vorbehaltlos gewährleistete Grundrechte durch die Anwendung der Schranken aus Art. 52 Abs. 1 GRC nicht doch einer Beschränkung unterworfen würden.[150] Ebenso könnten nur auf diese Weise die spezifischen konventionsrechtlichen Einschränkungsmöglichkeiten erhalten bleiben.[151] Das wichtigste Argument für diese Ansicht ist aber die zu sichernde Kohärenz zwischen EMRK und GRC.[152] Um diese

---

[146] Außerhalb des Anwendungsbereichs wird meist eine Anwendung von Art. 52 Abs. 1 GRC befürwortet, so etwa *M. Borowsky*, in: J. Meyer (Hrsg.), Charta der Grundrechte der Europäischen Union, 4. Aufl. 2014, Art. 52 Rn. 33; *E. Rumler-Korinek/E. Vranes*, in: M. Holoubek/G. Lienbacher (Hrsg.), Charta der Grundrechte der Europäischen Union, 2014, Art. 52 Rn. 31; *M. Kober*, Der Grundrechtsschutz in der Europäischen Union, 2009, S. 215.

[147] So *M. Borowsky*, in: J. Meyer (Hrsg.), Charta der Grundrechte der Europäischen Union, 4. Aufl. 2014, Art. 52 Rn. 29; *M. Kober*, Der Grundrechtsschutz in der Europäischen Union, 2009, S. 215; *M. Bühler*, Einschränkung von Grundrechten nach der Europäischen Grundrechtecharta, 2005, S. 262; *E. Rumler-Korinek/E. Vranes*, in: M. Holoubek/G. Lienbacher (Hrsg.), Charta der Grundrechte der Europäischen Union, 2014, Art. 52 Rn. 8; *S. Barriga*, Die Entstehung der Charta der Grundrechte der Europäischen Union, 2003, S. 157; *D. von Arnim*, Der Standort der EU-Grundrechtecharta in der Grundrechtsarchitektur Europas, 2006, S. 438; *H.-P. Folz*, in: C. Vedder/W. Heintschel von Heinegg (Hrsg.), Europäisches Unionsrecht, 2. Aufl. 2018, Art. 52 GRC Rn. 3; *T. Groppi*, in: W. B. T. Mock/G. Demuro/R. Bifulco u. a. (Hrsg.), Human Rights in Europe, 2010, Article 52 – Scope and Interpretation of Rights and Principles S. 329; *R. Streinz/W. Michl*, in: R. Streinz (Hrsg.), EUV/AEUV, 2. Aufl. 2012, Art. 52 GRCh Rn. 5; *R. Streinz/W. Michl*, in: R. Streinz (Hrsg.), EUV/AEUV, 3. Aufl. 2018, Art. 52 GRCh Rn. 28–30 (mit deutlicher Kritik an der gegenteiligen Rechtsprechung des EuGH); *W. Frenz*, Handbuch Europarecht Band 4, 2009, Rn. 61; *C. Grabenwarter*, Die Menschenrechtskonvention und Grundrechte-Charta in der europäischen Verfassungsentwicklung, in: H.-J. Cremer/T. Giegerich/D. Richter u. a. (Hrsg.), Tradition und Weltoffenheit des Rechts, Festschrift für H. Steinberger, 2002, S. 1129 (1138); so wohl auch *J. Callewaert*, EuGRZ 2003, S. 198 (200); differenzierend dagegen *G. Ziegenhorn*, Der Einfluss der EMRK im Recht der EU-Grundrechtecharta, 2009, S. 183–186, der vorrangig Abs. 3 anwendet. Abs. 1 kommt danach nur zur Anwendung, wenn dieser Absatz im konkreten Fall ein höheres Schutzniveau bietet.

[148] Vgl. *M. Borowsky*, in: J. Meyer (Hrsg.), Charta der Grundrechte der Europäischen Union, 4. Aufl. 2014, Art. 52 Rn. 29, 39; *E. Rumler-Korinek/E. Vranes*, in: M. Holoubek/G. Lienbacher (Hrsg.), Charta der Grundrechte der Europäischen Union, 2014, Art. 52 Rn. 8, 39; ausführlich zur Entstehungsgeschichte von Art. 52 Abs. 3 GRC *M. Bühler*, Einschränkung von Grundrechten nach der Europäischen Grundrechtecharta, 2005, S. 303–308; vgl. zur Diskussion im Konvent auch *N. Bernsdorff/M. Borowsky*, Die Charta der Grundrechte der Europäischen Union, 2002, S. 140 f.

[149] *E. Rumler-Korinek/E. Vranes*, in: M. Holoubek/G. Lienbacher (Hrsg.), Charta der Grundrechte der Europäischen Union, 2014, Art. 52 Rn. 8.

[150] Vgl. *M. Borowsky*, in: J. Meyer (Hrsg.), Charta der Grundrechte der Europäischen Union, 4. Aufl. 2014, Art. 52 Rn. 29.

[151] Vgl. *M. Borowsky*, in: J. Meyer (Hrsg.), Charta der Grundrechte der Europäischen Union, 4. Aufl. 2014, Art. 52 Rn. 29.

[152] Vgl. *M. Borowsky*, in: J. Meyer (Hrsg.), Charta der Grundrechte der Europäischen

Kohärenz herzustellen, müsse Art. 52 Abs. 3 GRC als „materieller Beitritt" der Union zur EMRK verstanden werden.[153] Dies führe dazu, dass die entsprechenden EMRK-Bestimmungen „in toto" in die Charta übernommen würden und so die fraglichen Grundrechte inhaltlich vollständig identisch seien.[154] Der EMRK käme so uneingeschränkte Maßstabswirkung zu.[155] Hierfür wird sogar in Kauf genommen, dass es dem EuGH trotz der Öffnungsklausel in Art. 52 Abs. 3 S. 2 GRC nicht möglich sein soll, einen weitergehenden Grundrechtsschutz im Überschneidungsbereich zwischen Konvention und Charta zu gewährleisten. Dazu sei nur der Unionsgesetzgeber befugt,[156] obwohl der Wortlaut von Art. 52 Abs. 3 S. 2 GRC nicht zwischen den Institutionen der EU unterscheidet.[157] Der Gerichtshof müsse die Charta im Überschneidungsbereich weitestgehend deckungsgleich zur Konvention auslegen.[158] Gleichwohl soll es zu einer „ech-

---

Union, 4. Aufl. 2014, Art. 52 Rn. 29; *M. Kober*, Der Grundrechtsschutz in der Europäischen Union, 2009, S. 215; *E. Rumler-Korinek/E. Vranes*, in: M. Holoubek/G. Lienbacher (Hrsg.), Charta der Grundrechte der Europäischen Union, 2014, Art. 52 Rn. 38; *J. Callewaert*, EuGRZ 2003, S. 198 (198–201).

[153] So *M. Borowsky*, in: J. Meyer (Hrsg.), Charta der Grundrechte der Europäischen Union, 4. Aufl. 2014, Art. 52 Rn. 34; ähnlich *M. Kober*, Der Grundrechtsschutz in der Europäischen Union, 2009, S. 214; *E. Rumler-Korinek/E. Vranes*, in: M. Holoubek/G. Lienbacher (Hrsg.), Charta der Grundrechte der Europäischen Union, 2014, Art. 52 Rn. 36; vgl. auch *J. P. Terhechte*, in: H. von der Groeben/J. Schwarze/A. Hatje (Hrsg.), Europäisches Unionsrecht, 7. Aufl. 2015, Art. 52 GRC Rn. 15.

[154] Vgl. *M. Borowsky*, in: J. Meyer (Hrsg.), Charta der Grundrechte der Europäischen Union, 4. Aufl. 2014, Art. 52 Rn. 30; *E. Rumler-Korinek/E. Vranes*, in: M. Holoubek/G. Lienbacher (Hrsg.), Charta der Grundrechte der Europäischen Union, 2014, Art. 52 Rn. 32; *K. Naumann*, EuR 2008, S. 424 (428); so wohl auch *M. Bühler*, Einschränkung von Grundrechten nach der Europäischen Grundrechtecharta, 2005, S. 313 f.

[155] Nachweise bei *M. Cornils*, Schrankendogmatik, in: C. Grabenwarter (Hrsg.), Europäischer Grundrechteschutz (EnzEuR Band 2), 2014, § 5, Rn. 27.

[156] *M. Borowsky*, in: J. Meyer (Hrsg.), Charta der Grundrechte der Europäischen Union, 4. Aufl. 2014, Art. 52 Rn. 39; *M. Kober*, Der Grundrechtsschutz in der Europäischen Union, 2009, S. 216 f.; *E. Rumler-Korinek/E. Vranes*, in: M. Holoubek/G. Lienbacher (Hrsg.), Charta der Grundrechte der Europäischen Union, 2014, Art. 52 Rn. 39; *M. Bühler*, Einschränkung von Grundrechten nach der Europäischen Grundrechtecharta, 2005, S. 325; *M. Hentschel-Bednorz*, Derzeitige Rolle und zukünftige Perspektive des EuGH im Mehrebenensystem des Grundrechtsschutzes in Europa, 2012, S. 337 f.

[157] Eine solche Unterscheidung findet sich nur in den Erläuterungen. Vgl. *Präsidium des Konvents*, Erläuterungen zur Charta der Grundrechte, ABl. 2007 Nr. C 303/02, 14.12.2007, S. 33: „Daraus ergibt sich insbesondere, dass der Gesetzgeber bei der Festlegung von Einschränkungen dieser Rechte die gleichen Normen einhalten muss, die in der ausführlichen Regelung der Einschränkungen in der EMRK vorgesehen sind, die damit auch für die von diesem Absatz erfassten Rechte gelten, ohne dass dadurch die Eigenständigkeit des Unionsrechts und des Gerichtshofs der Europäischen Union berührt wird".

[158] *M. Borowsky*, in: J. Meyer (Hrsg.), Charta der Grundrechte der Europäischen Union, 4. Aufl. 2014, Art. 52 Rn. 39; *M. Kober*, Der Grundrechtsschutz in der Europäischen Union, 2009, S. 216 f.; *E. Rumler-Korinek/E. Vranes*, in: M. Holoubek/G. Lienbacher (Hrsg.), Charta der Grundrechte der Europäischen Union, 2014, Art. 52 Rn. 39; so wohl auch *M. Bühler*, Einschränkung von Grundrechten nach der Europäischen Grundrechtecharta, 2005, S. 325.

A. Kriterien und Untersuchungsgegenstand

ten Verbesserung des Grundrechtsschutzstandards im Unionsrecht", das heißt „einer effektiveren Grundrechtsprüfung", kommen.[159]

Dieser Ansicht ist aus einer Reihe von Gründen nicht zu folgen. Tatsächlich ist Art. 52 Abs. 3 GRC neben Abs. 1 anwendbar.[160] Abs. 3 gewährleistet als Auslegungs- beziehungsweise Konvergenzklausel[161] einen Mindestschutz[162], unter den der durch die Charta garantierte Standard nicht absinken darf.

Die Konvention ist nicht der alleinige Maßstab für die Grundrechtsprüfung. Hierfür spricht zunächst, dass Art. 52 Abs. 3 GRC die Rechtsprechung des EuGH zur Wirkung der EMRK im Unionsrecht aus der Zeit vor Inkrafttreten der Charta verschriftlichen sollte.[163] Schon vor Rechtsverbindlichkeit der Charta kam der Konvention lediglich der Status einer Rechtserkenntnisquelle, nicht einer Rechtsquelle, zu,[164] sodass sie auch heute nur bei der Auslegung der Charta, nicht aber an ihrer statt heranzuziehen ist.

---

[159] *M. Borowsky*, in: J. Meyer (Hrsg.), Charta der Grundrechte der Europäischen Union, 4. Aufl. 2014, Art. 52 Rn. 37; ähnlich *H.-P. Folz*, in: C. Vedder/W. Heintschel von Heinegg (Hrsg.), Europäisches Unionsrecht, 2. Aufl. 2018, Art. 52 GRC Rn. 8; *K. Naumann*, EuR 2008, S. 424 (429 f.).

[160] So auch *H. D. Jarass*, Charta der Grundrechte der Europäischen Union, 3. Aufl. 2016, Art. 52 Rn. 60; *T. Kingreen*, in: C. Calliess/M. Ruffert (Hrsg.), EUV, AEUV, 5. Aufl. 2016, Art. 52 GRC Rn. 38; *R. Winkler*, Die Grundrechte der Europäischen Union, 2006, S. 248; *M. Hilf*, Die Schranken der EU-Grundrechte, in: D. Merten/H.-J. Papier (Hrsg.), HGR, Band VI/1, 2010, § 164, Rn. 47; *M. Cornils*, Schrankendogmatik, in: C. Grabenwarter (Hrsg.), Europäischer Grundrechteschutz (EnzEuR Band 2), 2014, § 5, Rn. 33 f.; *K. Lenaerts/E. de Smijter*, MJ 8 (2001), S. 90 (97); *K. Lenaerts/E. de Smijter*, CMLR 38 (2001), S. 273 (293); *T. von Danwitz/K. Paraschas*, Fordham Intl. L. J. 35 (2012), S. 1396 (1414); *J. Molthagen*, Das Verhältnis der EU-Grundrechte zur EMRK, 2003, S. 170 f.; *B. Schneiders*, Die Grundrechte der EU und die EMRK, 2010, S. 220; *C. Eisner*, Die Schrankenregelung der Grundrechtecharta der Europäischen Union, 2005, S. 150–152; *R. Streinz*, ZÖR 68 (2013), S. 663 (671); so wohl auch *S. Peers/S. Prechal*, in: S. Peers/T. K. Hervey/A. Ward (Hrsg.), The EU Charter of Fundamental Rights, 2014, Art 52 Rn. 214; *M. Holoubek*, Die liberalen Rechte der Grundrechtscharta im Vergleich zur Europäischen Menschenrechtskonvention, in: A. Duschanek/S. Griller (Hrsg.), Grundrechte für Europa, 2002, S. 25 (32–35); mit Ausnahme von vorbehaltlos gewährleisteten Grundrechten auch *H. Krämer*, in: K. Stern/M. Sachs (Hrsg.), Europäische Grundrechte-Charta, 2016, Art. 52 Rn. 75–78.

[161] *M. Hilf*, Die Schranken der EU-Grundrechte, in: D. Merten/H.-J. Papier (Hrsg.), HGR, Band VI/1, 2010, § 164, Rn. 39; *S. Alber/U. Widmaier*, EuGRZ 33 (2006), S. 113 (114, 116 f.); ähnlich *J. F. Lindner*, EuR 42 (2007), S. 160 (179), der Art. 52 Abs. 3 als „Gleichlauf"-Klausel bezeichnet.

[162] Für ein strenges Verständnis des Mindestschutzes *T. von Danwitz*, in: P. J. Tettinger/K. Stern (Hrsg.), Kölner Gemeinschaftskommentar zur Europäische Grundrechte-Charta, 2006, Art. 52 Rn. 62; so wohl auch *R. Schütze*, Yearbook of European Law 30 (2011), S. 131 (150).

[163] Dafür spricht Abs. 5 der Präambel.

[164] Dazu etwa *T. Kingreen*, in: C. Calliess/M. Ruffert (Hrsg.), EUV, AEUV, 5. Aufl. 2016, Art. 52 GRC Rn. 32 f.; *D. Ehlers*, Allgemeine Lehren der Unionsgrundrechte, in: ders. (Hrsg.), Europäische Grundrechte und Grundfreiheiten, 4. Aufl. 2014, § 14, Rn. 6; *U. Ostermann*, Entwicklung und gegenwärtiger Stand der europäischen Grundrechte nach der Rechtsprechung des Europäischen Gerichtshofs sowie des Gerichts erster Instanz, 2009, S. 40 f.

Des Weiteren würde die Annahme, Art. 52 Abs. 3 GRC sei als „materieller Beitritt" der Union zur EMRK zu verstehen, den tatsächlichen Beitritt gemäß Art. 6 Abs. 2 EUV vorwegnehmen und – mit Ausnahme der externen Kontrolle durch den EGMR – ein Stück weit überflüssig machen.[165]

In den Erläuterungen betont der Konvent zudem ausdrücklich die Eigenständigkeit des Unionsrechts und des EuGH.[166] Würde man Art. 52 Abs. 3 GRC als *Lex specialis* ansehen, käme es hingegen zu einer starren Bindung, die keine autonome Entwicklung des unionsrechtlichen Grundrechtsschutzes zuließe.[167] Dies wird besonders deutlich im Hinblick auf die Öffnungsklausel in Art. 52 Abs. 3 S. 2 GRC. Soweit vertreten wird, trotz des Wortlauts dieser Klausel („Diese Bestimmung steht dem nicht entgegen, dass das Recht der Union einen weiter gehenden Schutz gewährt.") sei der Gerichtshof an einer Entwicklung eines weitergehenden Grundrechtsschutzes gehindert, da diesen ausschließlich der Unionsgesetzgeber gewähren dürfe, würde dies zu einer Festschreibung des unionsrechtlichen Grundrechtsstandards auf Niveau der Konvention führen. Ein solches Verständnis hätte nicht die Verbesserung des Grundrechtsschutzes im Unionsrecht zur Folge, sondern würde bei einer relativ großen Zahl von Grundrechten sogar einen höherwertigen Schutz verhindern[168] und die entsprechenden Artikel inhaltlich bedeutungslos machen.[169] Großen Teilen der GRC käme reiner Symbolcharakter zu.[170] Dies kann kaum das Ziel der Charta sein.[171] Das gilt umso mehr, als viele der von Abs. 3 erfassten Grundrechte, wie etwa Art. 4, Art. 7, Art. 17 oder Art. 49 GRC,[172] als besonders bedeutsam eingestuft werden können.[173] Außerdem wäre schon unklar, wie ein „weiter gehender Schutz" der Charta im Sinne von Art. 52 Abs. 3 S. 2 GRC bestimmt werden könnte, wenn

---

[165] *M. Cornils*, Schrankendogmatik, in: C. Grabenwarter (Hrsg.), Europäischer Grundrechteschutz (EnzEuR Band 2), 2014, § 5, Rn. 31.

[166] *Präsidium des Konvents*, Erläuterungen zur Charta der Grundrechte, ABl. 2007 Nr. C 303/02, 14.12.2007, S. 33; vgl. entsprechend auch *T. Kingreen*, in: C. Calliess/M. Ruffert (Hrsg.), EUV, AEUV, 5. Aufl. 2016, Art. 52 GRC Rn. 38.

[167] Den autonomen Charakter der Charta betonen aber *V. Skouris*, Aspekte des Grundrechtsschutzes in der Europäischen Union nach Lissabon, in: S. Leutheusser-Schnarrenberger (Hrsg.), Vom Recht auf Menschenwürde, 2013, S. 83 (90); *H. D. Jarass*, Charta der Grundrechte der Europäischen Union, 3. Aufl. 2016, Art. 52 Rn. 62.

[168] Ebenso *W. Frenz*, Handbuch Europarecht Band 4, 2009, Rn. 49.

[169] Darauf verweist auch *M. Cornils*, Schrankendogmatik, in: C. Grabenwarter (Hrsg.), Europäischer Grundrechteschutz (EnzEuR Band 2), 2014, § 5, Rn. 31.

[170] *M. Cornils*, Schrankendogmatik, in: C. Grabenwarter (Hrsg.), Europäischer Grundrechteschutz (EnzEuR Band 2), 2014, § 5, Rn. 32.

[171] In diese Richtung auch *E. Pache*, EuR 2001, S. 475 (489 f.); vgl. die ähnliche Argumentation zur Binnenstruktur von Art. 6 EUV *T. C. Ludwig*, EuR 2011, S. 715 (726–728).

[172] Vgl. *Präsidium des Konvents*, Erläuterungen zur Charta der Grundrechte, ABl. 2007 Nr. C 303/02, 14.12.2007, S. 33 f.

[173] So etwa *H. D. Jarass*, Charta der Grundrechte der Europäischen Union, 3. Aufl. 2016, Art. 52 Rn. 57.

einzig Art. 52 Abs. 3 S. 1 GRC und nicht Abs. 1 angewendet würde.[174] Unterschiede lassen sich nämlich nur herausstellen, wenn zunächst der originäre Schutz der Charta unter Anwendung von Abs. 1 ermittelt und dieser anschließend mit dem Schutzniveau der EMRK verglichen wird.[175] Auf diese Weise kann es nicht zu einer Verletzung nach der Konvention vorbehaltlos gewährleisteter Grundrechte kommen, weil die EMRK bei der Auslegung der Charta als Mindeststandard dient.[176]

Versteht man Art. 52 Abs. 3 GRC dagegen als *Lex specialis* zu Art. 52 Abs. 1 GRC, wäre weiterhin problematisch, wie jene Grundrechte zu behandeln sind, die sowohl in der Konvention als auch in den gemeinsamen Verfassungsüberlieferungen (Art. 52 Abs. 4 GRC)[177] wurzeln.[178] Zudem enthält die EMRK einige Rechte nicht, die in der GRC verankert sind, weswegen der EGMR die Konventionsrechte teilweise sehr weit auslegt, um Schutzlücken zu schließen. Soweit die Charta die entsprechenden Verbürgungen ausdrücklich enthält, ist eine Übernahme der weiten Auslegung in die Unionsrechtsordnung nicht notwendig.[179]

Art. 52 Abs. 3 GRC ist daher als Konvergenzklausel zu verstehen, die einen Mindestschutz[180] bei der Auslegung der Charta garantiert. Diese Lesart sichert daneben das Ziel des Abs. 3, die „notwendige Kohärenz zwischen der Charta

---

[174] *M. Hilf*, Die Schranken der EU-Grundrechte, in: D. Merten/H.-J. Papier (Hrsg.), HGR, Band VI/1, 2010, § 164, Rn. 48; vgl. zu diesem Problem auch *T. Kingreen*, in: C. Calliess/ M. Ruffert (Hrsg.), EUV, AEUV, 5. Aufl. 2016, Art. 52 GRC Rn. 59; vgl. auch *M. Bühler*, Einschränkung von Grundrechten nach der Europäischen Grundrechtecharta, 2005, S. 326.
[175] *M. Hilf*, Die Schranken der EU-Grundrechte, in: D. Merten/H.-J. Papier (Hrsg.), HGR, Band VI/1, 2010, § 164, Rn. 48; *M. Cornils*, Schrankendogmatik, in: C. Grabenwarter (Hrsg.), Europäischer Grundrechteschutz (EnzEuR Band 2), 2014, § 5, Rn. 31 zu den weiteren Problemen des Vergleichs siehe Rn. 35.
[176] *M. Hilf*, Die Schranken der EU-Grundrechte, in: D. Merten/H.-J. Papier (Hrsg.), HGR, Band VI/1, 2010, § 164, Rn. 48; *M. Cornils*, Schrankendogmatik, in: C. Grabenwarter (Hrsg.), Europäischer Grundrechteschutz (EnzEuR Band 2), 2014, § 5, Rn. 33; *C. Eisner*, Die Schrankenregelung der Grundrechtecharta der Europäischen Union, 2005, S. 150 f.
[177] Vgl. zu Art. 52 Abs. 4 GRC Kapitel 3 A. I. 4. c).
[178] Dies zeigt sich etwa am Eigentumsrecht gemäß Art. 17 GRC. Dieses Grundrecht entspricht den Erläuterungen zufolge Art. 1 des Ersten Zusatzprotokolls zur EMRK. Gleichzeitig stellt es „ein gemeinsames Grundrecht aller einzelstaatlichen Verfassungen" dar. Vgl. *Präsidium des Konvents*, Erläuterungen zur Charta der Grundrechte, ABl. 2007 Nr. C 303/02, 14.12.2007, S. 23; *M. Borowsky*, in: J. Meyer (Hrsg.), Charta der Grundrechte der Europäischen Union, 4. Aufl. 2014, Art. 52 Rn. 44b sieht Art. 52 Abs. 3 GRC als vorrangig an und möchte Abs. 4 daher nicht anwenden. Damit stellt er sich aber gegen die Intention den Konvents.
[179] *H. D. Jarass*, EuR 2013, S. 29 (42).
[180] *H. Krämer*, in: K. Stern/M. Sachs (Hrsg.), Europäische Grundrechte-Charta, 2016, Art. 52 Rn. 75–78; *R. Schütze*, Yearbook of European Law 30 (2011), S. 131 (150); *B. Schneiders*, Die Grundrechte der EU und die EMRK, 2010, S. 219; kritisch zum Konzept der Untergrenze insbesondere in mehrpoligen Grundrechtsverhältnissen jedoch *M. Cornils*, Schrankendogmatik, in: C. Grabenwarter (Hrsg.), Europäischer Grundrechteschutz (EnzEuR Band 2), 2014, § 5, Rn. 36.

und der EMRK"[181] zu schaffen.[182] Die EMRK bleibt im Anwendungsbereich von Art. 52 Abs. 3 GRC die wichtigste Rechtserkenntnisquelle der unionsrechtlichen Grundrechtsprechung.[183] Dementsprechend enthalten die Erläuterungen die Vorgabe, der durch die Charta gewährleistete Schutz dürfe „[a]uf jeden Fall [...] niemals geringer als der durch die EMRK gewährte Schutz sein."[184] Eine Auslegung der Charta-Grundrechte, die unter den Standard der EMRK absinkt, verstößt hiernach gegen Art. 52 Abs. 3 GRC.[185] So kann es nicht zu der von der Gegenansicht befürchteten Aushöhlung der konventionsrechtlichen Vorbehalte kommen.[186]

Gleichzeitig eröffnet die hier vertretene Ansicht aber die Möglichkeit eines weitergehenden Grundrechtsschutzes, den auch der EuGH gewährleisten kann.[187] Dafür spricht bereits, dass die Erläuterungen zur Charta einerseits die Autonomie des EU-Rechts sowie des Gerichtshofs betonen und andererseits die EMRK als Untergrenze ansehen.[188] Die Eigenständigkeit des Unionsrechts kann demnach nur einen höheren Schutz bedeuten.[189] GRC und EMRK

---

[181] Vgl. *Präsidium des Konvents*, Erläuterungen zur Charta der Grundrechte, ABl. 2007 Nr. C 303/02, 14.12.2007, S. 33.

[182] So auch *T. Kingreen*, in: C. Calliess/M. Ruffert (Hrsg.), EUV, AEUV, 5. Aufl. 2016, Art. 52 GRC Rn. 30; *M. Cornils*, Schrankendogmatik, in: C. Grabenwarter (Hrsg.), Europäischer Grundrechteschutz (EnzEuR Band 2), 2014, § 5, Rn. 33.

[183] Ganz ähnlich *M. Cornils*, Schrankendogmatik, in: C. Grabenwarter (Hrsg.), Europäischer Grundrechteschutz (EnzEuR Band 2), 2014, § 5, Rn. 32; *T. Kingreen*, in: C. Calliess/ M. Ruffert (Hrsg.), EUV, AEUV, 5. Aufl. 2016, Art. 6 EUV Rn. 7.

[184] *Präsidium des Konvents*, Erläuterungen zur Charta der Grundrechte, ABl. 2007 Nr. C 303/02, 14.12.2007, S. 33.

[185] *H.D. Jarass*, Charta der Grundrechte der Europäischen Union, 3. Aufl. 2016, Art. 52 Rn. 62; *K. Lenaerts*, EuR 47 (2012), S. 3 (12); *D. Ehlers*, Allgemeine Lehren der Unionsgrundrechte, in: ders. (Hrsg.), Europäische Grundrechte und Grundfreiheiten, 4. Aufl. 2014, § 14, Rn. 29.

[186] *M. Cornils*, Schrankendogmatik, in: C. Grabenwarter (Hrsg.), Europäischer Grundrechteschutz (EnzEuR Band 2), 2014, § 5, Rn. 33; *B. Schneiders*, Die Grundrechte der EU und die EMRK, 2010, S. 219; *C. Eisner*, Die Schrankenregelung der Grundrechtecharta der Europäischen Union, 2005, S. 150 f.

[187] So auch *H.D. Jarass*, Charta der Grundrechte der Europäischen Union, 3. Aufl. 2016, Art. 52 Rn. 62; *M. Holoubek*, Die liberalen Rechte der Grundrechtscharta im Vergleich zur Europäischen Menschenrechtskonvention, in: A. Duschanek/S. Griller (Hrsg.), Grundrechte für Europa, 2002, S. 25 (33); mit einer sehr präzisen Auslegung des Wortlauts der Materialien und der Charta *S. Peers/S. Prechal*, in: S. Peers/T. K. Hervey/A. Ward (Hrsg.), The EU Charter of Fundamental Rights, 2014, Art 52 Rn. 135; *W. Frenz*, Handbuch Europarecht Band 4, 2009, Rn. 49, der aber gleichwohl für eine Spezialität von Abs. 3 gegenüber Abs. 1 eintritt (Rn. 61); teilweise a. A. *M. Kober*, Der Grundrechtsschutz in der Europäischen Union, 2009, S. 216 f., der die Befugnis des EuGH zur Weiterentwicklung des Grundrechtsschutzes als eng begrenzt ansieht.

[188] Vgl. *Präsidium des Konvents*, Erläuterungen zur Charta der Grundrechte, ABl. 2007 Nr. C 303/02, 14.12.2007, S. 33; vgl. dazu auch *R. Schütze*, Yearbook of European Law 30 (2011), S. 131 (150 [Fn. 120]).

[189] *S. Peers/S. Prechal*, in: S. Peers/T. K. Hervey/A. Ward (Hrsg.), The EU Charter of Fundamental Rights, 2014, Art 52 Rn. 142, letztlich aber offen gelassen, vgl. Rn. 143–149.

sind folglich nicht zwingend deckungsgleich auszulegen.[190] Es kommt zu keiner starren Übernahme der konventionsrechtlichen Wertungen in die Charta. Dies lag ebenfalls im Interesse des Konvents. In den Erläuterungen hielt er fest, Art. 52 Abs. 3 GRC berühre nicht die Eigenständigkeit des Unionsrechts und des EuGH.[191] Hebt der EGMR den Schutzstandard an, muss der EuGH auch seine Interpretation der Charta-Grundrechte anpassen. Senkt der EGMR den Standard hingegen ab, muss der Gerichtshof keine Anpassung nach unten vornehmen.[192] Nur so kann Art. 52 Abs. 3 S. 2 GRC eine Funktion als „Schutzklausel" oder „Angstklausel" zukommen.[193] Weiterhin erleichtert dieses Verständnis die Übertragung der Wertungen der Konvention[194] in die Charta und erhöht die Rechtssicherheit: Der Unionsbürger findet die wesentlichen Vorschriften zur Anwendung und Auslegung der Charta in dieser selbst. Die EMRK bietet eine zusätzliche Absicherung. Schließlich erlaubt diese Auffassung flexiblere Lösungen in mehrpoligen Grundrechtsverhältnissen.[195] So kann der EuGH in der konkreten Abwägung widerstreitender Grundrechte zu einer anderen Vorrangrelation kommen, solange der jeweilige Mindeststandard der Konvention gewahrt bleibt.

Praktisch bedeutet dies, dass auch die von Art. 52 Abs. 3 GRC erfassten Rechte grundsätzlich zunächst anhand der Charta und der Dogmatik aus Art. 52 Abs. 1 GRC geprüft werden. Die Charta-Anforderungen der betreffenden

---

[190] *W. Frenz*, Handbuch Europarecht Band 4, 2009, Rn. 49; *H. D. Jarass*, EuR 2013, S. 29 (42); *R. Schütze*, Yearbook of European Law 30 (2011), S. 131 (150); *D. Ehlers*, Allgemeine Lehren der Unionsgrundrechte, in: ders. (Hrsg.), Europäische Grundrechte und Grundfreiheiten, 4. Aufl. 2014, § 14, Rn. 29; vgl. *T. Kingreen*, in: C. Calliess/M. Ruffert (Hrsg.), EUV, AEUV, 5. Aufl. 2016, Art. 52 GRC Rn. 30, der von „Entwicklungsoffenheit der Grundrechtecharta" spricht.
[191] *Präsidium des Konvents*, Erläuterungen zur Charta der Grundrechte, ABl. 2007 Nr. C 303/02, 14.12.2007, S. 33.
[192] *K. Lenaerts*, EuR 47 (2012), S. 3 (12) mit zusätzlichem Verweis auf Art. 53 GRC; ebenso *K. Lenaerts/J. A. Gutiérrez-Fons*, The Place of the Charter in the EU Constitutional Edifice, in: S. Peers/T. K. Hervey/A. Ward (Hrsg.), The EU Charter of Fundamental Rights, 2014, Rn. 60; vgl. auch *M. Kober*, Der Grundrechtsschutz in der Europäischen Union, 2009, S. 216 f.; a. A. *M. Borowsky*, in: J. Meyer (Hrsg.), Charta der Grundrechte der Europäischen Union, 4. Aufl. 2014, Art. 52 Rn. 40, der in diesem Fall vor allem den Unionsgesetzgeber für zuständig hält.
[193] Wie das mit der gegenteiligen Ansicht vereinbar sein soll, bleibt offen bei *E. Rumler-Korinek/E. Vranes*, in: M. Holoubek/G. Lienbacher (Hrsg.), Charta der Grundrechte der Europäischen Union, 2014, Art. 52 Rn. 40; *M. Kober*, Der Grundrechtsschutz in der Europäischen Union, 2009, S. 216 f.; *M. Borowsky*, in: J. Meyer (Hrsg.), Charta der Grundrechte der Europäischen Union, 4. Aufl. 2014, Art. 52 Rn. 41; *M. Bühler*, Einschränkung von Grundrechten nach der Europäischen Grundrechtecharta, 2005, S. 325.
[194] Vgl. zu diesem Problem (allerdings mit anderer Lösung) etwa *M. Bühler*, Einschränkung von Grundrechten nach der Europäischen Grundrechtecharta, 2005, S. 314–319.
[195] *M. Cornils*, Schrankendogmatik, in: C. Grabenwarter (Hrsg.), Europäischer Grundrechteschutz (EnzEuR Band 2), 2014, § 5, Rn. 36, 43; in diesem Sinne auch *T. von Danwitz*, Gerichtlicher Schutz der Grundrechte, in: C. Grabenwarter (Hrsg.), Europäischer Grundrechteschutz (EnzEuR Band 2), 2014, § 6, Rn. 45.

Grundrechte werden aber über Art. 52 Abs. 3 GRC durch die gegebenenfalls strengere EMRK modifiziert.[196] Dabei ist es zweitrangig, ob man die EMRK als besonders wichtige Rechtserkenntnisquelle, die einer Rechtsquelle nahekommt,[197] oder Art. 52 Abs. 3 GRC als Forderung nach einer „normeffektorientierten Modifizierung" von Art. 52 Abs. 1 GRC[198] einordnet. Viel spricht allerdings dafür, von einer Rechtserkenntnisquelle auszugehen. Ansonsten hätten auch Nicht-EU-Mitgliedstaaten direkten Einfluss auf das Unionsrecht, da die Entwicklung der EMRK nicht nur von den EU-Mitgliedstaaten, sondern ebenso von den übrigen Vertragsstaaten der Konvention abhängt.[199] Zudem deutet schon die Präambel der Charta darauf hin, dass die EMRK Rechtserkenntnisquelle bleiben soll.[200] Jedenfalls darf der Schutz durch die GRC im Ergebnis nicht hinter dem Schutz durch die EMRK zurückbleiben.[201]

Da Art. 52 Abs. 3 GRC als Auslegungsklausel nur neben Abs. 1 zur Anwendung kommt, wird die allgemeine Dogmatik der Grundrechtsprüfung nach Art. 52 Abs. 1 GRC nicht berührt. Dabei sichert Art. 52 Abs. 3 GRC bei den jeweiligen Grundrechten ein konventionskonformes Ergebnis und einen Mindestschutz. Schließlich hat Abs. 3 einen gegenüber Abs. 1 nur eingeschränkten Anwendungsbereich. Zur Entwicklung einer allgemeinen Dogmatik der Grundrechtsprüfung anhand der Charta kann Art. 52 Abs. 3 GRC – wie Abs. 2 – daher nicht herangezogen werden.

---

[196] *H.D. Jarass*, Charta der Grundrechte der Europäischen Union, 3. Aufl. 2016, Art. 52 Rn. 60; *H. Krämer*, in: K. Stern/M. Sachs (Hrsg.), Europäische Grundrechte-Charta, 2016, Art. 52 Rn. 75; *T. Kingreen*, in: C. Calliess/M. Ruffert (Hrsg.), EUV, AEUV, 5. Aufl. 2016, Art. 52 GRC Rn. 59.

[197] So *H.D. Jarass*, Charta der Grundrechte der Europäischen Union, 3. Aufl. 2016, Art. 52 Rn. 63; *H.D. Jarass*, EuR 2013, S. 29 (43); *C. Schubert*, in: M. Franzen/I. Gallner/H. Oetker (Hrsg.), Kommentar zum europäischen Arbeitsrecht, 2. Aufl. 2018, Art. 6 EUV Rn. 59; *D. Ehlers*, Allgemeine Lehren der Unionsgrundrechte, in: ders. (Hrsg.), Europäische Grundrechte und Grundfreiheiten, 4. Aufl. 2014, § 14, Rn. 29; *R. Streinz*, ZÖR 68 (2013), S. 663 (671); vgl. auch *T. Kingreen*, in: C. Calliess/M. Ruffert (Hrsg.), EUV, AEUV, 5. Aufl. 2016, Art. 52 GRC Rn. 21: „wichtigste Rechtserkenntnisquelle der Unionsgrundrechte".

[198] So *H. Krämer*, in: K. Stern/M. Sachs (Hrsg.), Europäische Grundrechte-Charta, 2016, Art. 52 Rn. 77, 75.

[199] Darauf verweist etwa *H.D. Jarass*, Charta der Grundrechte der Europäischen Union, 3. Aufl. 2016, Art. 52 Rn. 64; zudem stellt die EMRK einen loseren Zusammenschluss von Staaten dar als die EU, vgl. *R. Schütze*, Yearbook of European Law 30 (2011), S. 131 (150 [Fn. 120]).

[200] *W. Frenz*, Handbuch Europarecht Band 4, 2009, Rn. 49.

[201] *H.D. Jarass*, Charta der Grundrechte der Europäischen Union, 3. Aufl. 2016, Art. 52 Rn. 63; *K. Lenaerts*, EuR 47 (2012), S. 3 (12); *M. Hilf*, Die Schranken der EU-Grundrechte, in: D. Merten/H.-J. Papier (Hrsg.), HGR, Band VI/1, 2010, § 164, Rn. 48; *H.D. Jarass*, EuR 2013, S. 29 (42); so wohl auch *H. Krämer*, in: K. Stern/M. Sachs (Hrsg.), Europäische Grundrechte-Charta, 2016, Art. 52 Rn. 75.

c) Art. 52 Abs. 4 GRC

Auch Art. 52 Abs. 4 GRC[202] eignet sich nicht zur Entwicklung einer allgemeinen Dogmatik der Grundrechtsprüfung nach der Charta, da er – vergleichbar mit Abs. 2 und 3 – in seinem Anwendungsbereich Art. 52 Abs. 1 GRC nicht verdrängt, sondern lediglich bei der Auslegung einzelner Grundrechte beachtet werden muss.

Gemäß Art. 52 Abs. 4 GRC werden, soweit in dieser Charta Grundrechte anerkannt werden, wie sie sich aus den gemeinsamen Verfassungsüberlieferungen der Mitgliedstaaten ergeben, diese im Einklang mit diesen Überlieferungen ausgelegt.

Ziel dieser Vorschrift ist, Widersprüche zwischen dem unionsrechtlichen und dem mitgliedstaatlichen Grundrechtsschutz zu verhindern.[203] Bereits der Wortlaut von Abs. 4 ist jedoch wenig spezifisch, seine praktische Anwendung schwierig.[204]

Dies gilt zunächst für die von Abs. 4 auf Ebene der Charta erfassten Grundrechte, mithin den Anwendungsbereich der Norm.[205] Aus dem Wortlaut lässt sich ableiten, dass Art. 52 Abs. 4 GRC nur auf Grundrechte, nicht jedoch auf Grundsätze im Sinne von Art. 52 Abs. 5 GRC anwendbar ist.[206] Im Übrigen ist der Anwendungsbereich abhängig vom Verständnis der Abs. 1 bis 3 des Art. 52 GRC.[207] Ginge man von einer Spezialität von Abs. 2 und 3 gegenüber Abs. 1 aus, bliebe für Abs. 4 von vornherein nur ein kleiner Anwendungsbereich.[208] Einige Charta-Grundrechte basieren aber auf mehreren Quellen, also beispiels-

---

[202] Zur Geschichte dieses Absatzes siehe etwa *T. Kingreen*, in: C. Calliess/M. Ruffert (Hrsg.), EUV, AEUV, 5. Aufl. 2016, Art. 52 GRC Rn. 40; *C. Ladenburger*, in: K. Stern/M. Sachs (Hrsg.), Europäische Grundrechte-Charta, 2016, Art. 52 Rn. 11.

[203] *M. Borowsky*, in: J. Meyer (Hrsg.), Charta der Grundrechte der Europäischen Union, 4. Aufl. 2014, Art. 52 Rn. 44c; vgl. auch *E. Rumler-Korinek/E. Vranes*, in: M. Holoubek/G. Lienbacher (Hrsg.), Charta der Grundrechte der Europäischen Union, 2014, Art. 52 Rn. 44 f.

[204] Ganz ähnlich *T. Kingreen*, in: C. Calliess/M. Ruffert (Hrsg.), EUV, AEUV, 5. Aufl. 2016, Art. 52 GRC Rn. 40, 21; *M. Borowsky*, in: J. Meyer (Hrsg.), Charta der Grundrechte der Europäischen Union, 4. Aufl. 2014, Art. 52 Rn. 44; *C. Ladenburger*, in: K. Stern/M. Sachs (Hrsg.), Europäische Grundrechte-Charta, 2016, Art. 52 Rn. 94.

[205] Vgl. zu den betroffenen Stufen der Grundrechtsprüfung *M. Cornils*, Schrankendogmatik, in: C. Grabenwarter (Hrsg.), Europäischer Grundrechteschutz (EnzEuR Band 2), 2014, § 5, Rn. 51; *W. Frenz*, Handbuch Europarecht Band 4, 2009, Rn. 138.

[206] Ebenso *M. Borowsky*, in: J. Meyer (Hrsg.), Charta der Grundrechte der Europäischen Union, 4. Aufl. 2014, Art. 52 Rn. 44b.

[207] Vgl. zu diesen Absätzen und den insofern vertretenen Ansichten Kapitel 3 A. I. 4. a) und Kapitel 3 A. I. 4. b).

[208] So etwa *M. Borowsky*, in: J. Meyer (Hrsg.), Charta der Grundrechte der Europäischen Union, 4. Aufl. 2014, Art. 52 Rn. 44b; *C. Ladenburger*, in: K. Stern/M. Sachs (Hrsg.), Europäische Grundrechte-Charta, 2016, Art. 52 Rn. 87; *W. Frenz*, Handbuch Europarecht Band 4, 2009, Rn. 134; mit Verweis auf die entsprechende Intention der Initiatorin der Vorschrift im Konvent *M. Bühler*, Einschränkung von Grundrechten nach der Europäischen Grundrechtecharta, 2005, S. 394; *M. Kober*, Der Grundrechtsschutz in der Europäischen Union, 2009, S. 220 f.; vgl. auch *T. Kingreen*, in: C. Calliess/M. Ruffert (Hrsg.), EUV, AEUV, 5. Aufl. 2016,

weise sowohl auf der EMRK als auch auf den gemeinsamen Verfassungsüberlieferungen.[209] Ein strikter Vorrang der Absätze 2 und 3 ließe Abs. 4 insoweit leerlaufen.[210]

Da Art. 52 Abs. 1 GRC aber stets anwendbar ist und Abs. 2 und Abs. 3 lediglich Auslegungsklauseln darstellen,[211] ergeben sich insofern keine Widersprüche zu Abs. 4. Alle Charta-Grundrechte, die sich aus den gemeinsamen Verfassungsüberlieferungen der Mitgliedstaaten ergeben, unterfallen dem Anwendungsbereich dieses Absatzes.[212]

Welche einzelnen Grundrechte dies sind, ist gleichwohl schwer zu bestimmen.[213] Die Erläuterungen zu Abs. 4 enthalten keine Aufzählung.[214] Auch in den Erläuterungen zu den einzelnen Grundrechten finden sich nur stellenweise Angaben, ob das jeweilige Recht sich aus den gemeinsamen Verfassungsüberlieferungen ergibt.[215]

Diese Unklarheit auf Ebene der Charta-Grundrechte korrespondiert mit den schwer bestimmbaren „gemeinsamen Verfassungsüberlieferungen der Mitgliedstaaten". Dieser Begriff ist Art. 6 Abs. 3 EUV sowie der ständigen Rechtsprechung des EuGH vor Inkrafttreten der Charta entnommen.[216] Bereits im Urteil

---

Art. 52 GRC Rn. 40, der zwar keine Spezialität von Abs. 3 zu Abs. 1 annimmt, im Bereich von Abs. 3 den Abs. 4 jedoch nicht anwenden möchte.

[209] Vgl. *C. Ladenburger*, in: K. Stern/M. Sachs (Hrsg.), Europäische Grundrechte-Charta, 2016, Art. 52 Rn. 86.

[210] Dies zeigt sich etwa am Eigentumsrecht gemäß Art. 17 Abs. 1 GRC. Dieses Grundrecht entspricht den Erläuterungen zufolge Art. 1 des Ersten Zusatzprotokolls zur EMRK. Gleichzeitig es stellt „ein gemeinsames Grundrecht aller einzelstaatlichen Verfassungen" dar. Vgl. *Präsidium des Konvents*, Erläuterungen zur Charta der Grundrechte, ABl. 2007 Nr. C 303/02, 14.12.2007, S. 23; *M. Borowsky*, in: J. Meyer (Hrsg.), Charta der Grundrechte der Europäischen Union, 4. Aufl. 2014, Art. 52 Rn. 44b sieht Art. 52 Abs. 3 GRC als vorrangig an und möchte Abs. 4 daher nicht anwenden. Damit stellt er sich aber gegen die Intention den Konvents.

[211] Siehe zu Art. 52 Abs. 2 und 3 GRC Kapitel 3 A. I. 4. a) und Kapitel 3 A. I. 4. b).

[212] Anders hinsichtlich des Verhältnisses von Abs. 4 zu Abs. 2 *H. D. Jarass*, Charta der Grundrechte der Europäischen Union, 3. Aufl. 2016, Art. 52 Rn. 66; so auch *M. Cornils*, Schrankendogmatik, in: C. Grabenwarter (Hrsg.), Europäischer Grundrechteschutz (EnzEuR Band 2), 2014, § 5, Rn. 51.

[213] *C. Ladenburger*, in: K. Stern/M. Sachs (Hrsg.), Europäische Grundrechte-Charta, 2016, Art. 52 Rn. 85; mit einigen Beispielen *M. Borowsky*, in: J. Meyer (Hrsg.), Charta der Grundrechte der Europäischen Union, 4. Aufl. 2014, Art. 52 Rn. 44b; *S. Peers/S. Prechal*, in: S. Peers/T. K. Hervey/A. Ward (Hrsg.), The EU Charter of Fundamental Rights, 2014, Art 52 Rn. 151 f.

[214] Vgl. *Präsidium des Konvents*, Erläuterungen zur Charta der Grundrechte, ABl. 2007 Nr. C 303/02, 14.12.2007, S. 34.

[215] *S. Peers/S. Prechal*, in: S. Peers/T. K. Hervey/A. Ward (Hrsg.), The EU Charter of Fundamental Rights, 2014, Art 52 Rn. 152; *C. Ladenburger*, in: K. Stern/M. Sachs (Hrsg.), Europäische Grundrechte-Charta, 2016, Art. 52 Rn. 86.

[216] So *Präsidium des Konvents*, Erläuterungen zur Charta der Grundrechte, ABl. 2007 Nr. C 303/02, 14.12.2007, S. 34; entsprechend auch *C. Ladenburger*, in: K. Stern/M. Sachs (Hrsg.), Europäische Grundrechte-Charta, 2016, Art. 52 Rn. 82.

Internationale Handelsgesellschaft mbH/Einfuhr- und Vorratsstelle für Getreide und Futtermittel (C-11/70) bezeichnete der Gerichtshof die gemeinsamen Verfassungsüberlieferungen als Rechtserkenntnisquelle der Grundrechte auf der Ebene der (heutigen) Union.[217] Seine Methode der wertenden Rechtsvergleichung[218] führte dazu, dass auch Grundrechte, die von den meisten Mitgliedstaaten anerkannt, von einzelnen aber abgelehnt wurden, Teil der Unionsgrundrechte werden konnten.[219] Ausweislich der Erläuterungen gilt dieser Ansatz auch im Rahmen von Art. 52 Abs. 4 GRC: Es soll kein restriktiver Ansatz eines „kleinsten gemeinsamen Nenners"[220] verfolgt werden.[221] Vielmehr sollen die erfassten Bestimmungen ein „hohes Schutzniveau bieten, das dem Unionsrecht angemessen ist und mit den gemeinsamen Verfassungsüberlieferungen im Einklang steht."[222] Der Verweis ist daher als dynamisch und nicht als Festschreibung des *Status quo* zu sehen.[223] Angesichts von 28 (beziehungsweise 27) Mitgliedstaaten ist aber nur schwer auszumachen, welche konstitutionellen Traditionen von welchen Mitgliedstaaten geteilt werden. Auch die Entscheidungen des Gerichtshofs enthielten vor Rechtsverbindlichkeit der Charta – anders als die Schlussanträge der Generalanwälte[224] – meist keine rechtsvergleichenden Analysen.[225] Was genau unter die „gemeinsamen Verfassungsüberlieferungen" fällt, kann daher nicht abschließend bestimmt werden.

---

[217] Vgl. EuGH, Urteil v. 17.12.1970, Rs. C-11/70 *(Internationale Handelsgesellschaft mbH/Einfuhr- und Vorratsstelle für Getreide und Futtermittel)*, Slg. 1970, I-1125, 1135 (Rn. 4); vgl. dazu etwa *T. Kingreen*, in: C. Calliess/M. Ruffert (Hrsg.), EUV, AEUV, 5. Aufl. 2016, Art. 52 GRC Rn. 39.

[218] Weitere Nachweise zu diesem Begriff bei *T. Kingreen*, in: C. Calliess/M. Ruffert (Hrsg.), EUV, AEUV, 5. Aufl. 2016, Art. 52 GRC Rn. 39; dazu auch *M. Borowsky*, in: J. Meyer (Hrsg.), Charta der Grundrechte der Europäischen Union, 4. Aufl. 2014, Art. 52 Rn. 44a; *C. Ladenburger*, in: K. Stern/M. Sachs (Hrsg.), Europäische Grundrechte-Charta, 2016, Art. 52 Rn. 84.

[219] *C. Ladenburger*, in: K. Stern/M. Sachs (Hrsg.), Europäische Grundrechte-Charta, 2016, Art. 52 Rn. 84 m. w. N.

[220] *Präsidium des Konvents*, Erläuterungen zur Charta der Grundrechte, ABl. 2007 Nr. C 303/02, 14.12.2007, S. 34.

[221] Gleichzeitig geht die Charta aber auch nicht von einem Maximalstandard aus, vgl. *S. Peers/S. Prechal*, in: S. Peers/T. K. Hervey/A. Ward (Hrsg.), The EU Charter of Fundamental Rights, 2014, Art 52 Rn. 156.

[222] *Präsidium des Konvents*, Erläuterungen zur Charta der Grundrechte, ABl. 2007 Nr. C 303/02, 14.12.2007, S. 34; zustimmend *C. Ladenburger*, in: K. Stern/M. Sachs (Hrsg.), Europäische Grundrechte-Charta, 2016, Art. 52 Rn. 84; vgl. dazu auch *M. Borowsky*, in: J. Meyer (Hrsg.), Charta der Grundrechte der Europäischen Union, 4. Aufl. 2014, Art. 52 Rn. 44a; *H. D. Jarass*, Charta der Grundrechte der Europäischen Union, 3. Aufl. 2016, Art. 52 Rn. 67; *S. Peers/S. Prechal*, in: S. Peers/T. K. Hervey/A. Ward (Hrsg.), The EU Charter of Fundamental Rights, 2014, Art 52 Rn. 157.

[223] *M. Borowsky*, in: J. Meyer (Hrsg.), Charta der Grundrechte der Europäischen Union, 4. Aufl. 2014, Art. 52 Rn. 44; ähnlich *S. Peers/S. Prechal*, in: S. Peers/T. K. Hervey/A. Ward (Hrsg.), The EU Charter of Fundamental Rights, 2014, Art 52 Rn. 152.

[224] Siehe dazu Kapitel 4 C. III.

[225] *T. Kingreen*, in: C. Calliess/M. Ruffert (Hrsg.), EUV, AEUV, 5. Aufl. 2016, Art. 52

Dies ist aber insofern unschädlich, als Art. 52 Abs. 4 GRC – ebenso wie Abs. 2 und 3 – nicht zu einer Verdrängung von Abs. 1 führt, sondern als bloße Auslegungsregel[226] mit diesem zusammen angewandt wird. Letztlich ist die Charta selbst auch das „Konzentrat" der gemeinsamen Verfassungsüberlieferungen.[227] Sie bleiben somit Rechtserkenntnisquelle der Unionsgrundrechte.[228] Ihr Einfluss ist aber insbesondere gegenüber den Verträgen (Art. 52 Abs. 2 GRC) und der EMRK (Art. 52 Abs. 3 GRC) geringer. Das geht bereits aus dem Wortlaut von Abs. 4 hervor, der nicht von einer Ausübung „im Rahmen der in den Verträgen festgelegten Bedingungen und Grenzen" (so Abs. 2) beziehungsweise „gleiche[n] Bedeutung und Tragweite" (so Abs. 3) spricht, sondern von einer Auslegung „im Einklang mit diesen Überlieferungen".[229] Andere Sprachfassungen verwenden das Wort „Harmonie",[230] was einen weiten Interpretationsspielraum eröffnet.[231]

Art. 52 Abs. 4 GRC verdrängt somit in seinem (zumal schwer bestimmbaren) Anwendungsbereich nicht Abs. 1, sondern kommt neben ihm als weiche Auslegungsregel der betreffenden Grundrechte zur Geltung. Zur Entwicklung einer

---

GRC Rn. 39; *T. von Danwitz*, ZESAR 2008, S. 57 (59); eine der ganz wenigen Ausnahmen bildet EuGH, Urteil v. 13.12.1979, Rs. C-44/79 *(Hauer/Land Rheinland-Pfalz)*, Slg. 1979, I-3727, 3746 (Rn. 46). Zu diesem Zeitpunkt bestand die Gemeinschaft freilich noch aus nur neun Mitgliedstaaten. Siehe aber zum internen Vorgehen Kapitel 4 B. I. 2.

[226] *M. Borowsky*, in: J. Meyer (Hrsg.), Charta der Grundrechte der Europäischen Union, 4. Aufl. 2014, Art. 52 Rn. 44, 44b; *C. Ladenburger*, in: K. Stern/M. Sachs (Hrsg.), Europäische Grundrechte-Charta, 2016, Art. 52 Rn. 85, 94; *M. Hilf*, Die Schranken der EU-Grundrechte, in: D. Merten/H.-J. Papier (Hrsg.), HGR, Band VI/1, 2010, § 164, Rn. 41; *W. Frenz*, Handbuch Europarecht Band 4, 2009, Rn. 133; *M. Bühler*, Einschränkung von Grundrechten nach der Europäischen Grundrechtecharta, 2005, S. 395; so bereits *Präsidium des Konvents*, Erläuterungen zur Charta der Grundrechte, ABl. 2007 Nr. C 303/02, 14.12.2007, S. 34.

[227] *T. Kingreen*, in: C. Calliess/M. Ruffert (Hrsg.), EUV, AEUV, 5. Aufl. 2016, Art. 52 GRC Rn. 40; ähnlich *S. Griller*, Der Anwendungsbereich der Grundrechtscharta und das Verhältnis zu sonstigen Gemeinschaftsrechten, Rechten aus der EMRK und zu verfassungsgesetzlich gewährleisteten Rechten, in: A. Duschanek/S. Griller (Hrsg.), Grundrechte für Europa, 2002, S. 131 (151).

[228] *H. D. Jarass*, Charta der Grundrechte der Europäischen Union, 3. Aufl. 2016, Art. 52 Rn. 66; *H. D. Jarass*, EuR 2013, S. 29 (37).

[229] Vgl. *T. Kingreen*, in: C. Calliess/M. Ruffert (Hrsg.), EUV, AEUV, 5. Aufl. 2016, Art. 52 GRC Rn. 40; *H. D. Jarass*, Charta der Grundrechte der Europäischen Union, 3. Aufl. 2016, Art. 52 Rn. 66; *M. Cornils*, Schrankendogmatik, in: C. Grabenwarter (Hrsg.), Europäischer Grundrechteschutz (EnzEuR Band 2), 2014, § 5, Rn. 51.

[230] Darauf verweist *C. Ladenburger*, in: K. Stern/M. Sachs (Hrsg.), Europäische Grundrechte-Charta, 2016, Art. 52 Rn. 91.

[231] *C. Ladenburger*, in: K. Stern/M. Sachs (Hrsg.), Europäische Grundrechte-Charta, 2016, Art. 52 Rn. 91; *W. Frenz*, Handbuch Europarecht Band 4, 2009, Rn. 133; vgl. auch *S. Peers/S. Prechal*, in: S. Peers/T. K. Hervey/A. Ward (Hrsg.), The EU Charter of Fundamental Rights, 2014, Art 52 Rn. 158; im Übrigen verweisen die Erläuterungen auf EuGH, Urteil v. 13.12.1979, Rs. C-44/79 *(Hauer/Land Rheinland-Pfalz)*, Slg. 1979, I-3727; vgl. zur Methodik des EuGH in diesem Urteil ausführlich *U. R. Haltern*, Europarecht, 3. Aufl. 2017, § 11, Rn. 1418 ff.

allgemeinen Dogmatik der Grundrechtsprüfung anhand der Charta kann er nicht fruchtbar gemacht werden.[232]

d) Art. 52 Abs. 5 bis 7 GRC

Art. 52 Abs. 5 GRC regelt die Tragweite und Auslegung der sogenannten „Grundsätze".[233] Die Charta trennt strikt zwischen „Rechten", also subjektiven Grundrechten, und bloßen „Grundsätzen", die einer rechtlichen Umsetzung bedürfen, um volle Wirksamkeit zu entfalten.[234] Zur Entwicklung einer allgemeinen Dogmatik der Grundrechtsprüfung anhand der Charta ist Art. 52 Abs. 5 GRC daher ohne Bedeutung.

Gemäß Art. 52 Abs. 6 GRC ist den einzelstaatlichen Rechtsvorschriften und Gepflogenheiten, wie es in der Charta bestimmt ist, in vollem Umfang Rechnung zu tragen. Auch dieser Absatz von Art. 52 GRC kommt nur im Rahmen der Prüfung nach Abs. 1 zur Anwendung und ist damit zur Entwicklung einer allgemeinen Dogmatik der Grundrechtsprüfung anhand der Charta nicht relevant. Da die Rücksichtnahme auf nationale Rechtsvorschriften und Gepflogenheiten eine Selbstverständlichkeit ist, erscheint er insgesamt überflüssig.[235]

Laut Art. 52 Abs. 7 GRC sind die Erläuterungen, die als Anleitung für die Auslegung der Charta verfasst wurden, von den Gerichten der Union und der Mitgliedstaaten gebührend zu berücksichtigen.[236] Diesem Absatz von Art. 52 GRC kommt für die Dogmatik der Grundrechtsprüfung anhand der Charta ebenfalls keine eigenständige Bedeutung zu.[237] Soweit die Erläuterungen für

---

[232] Ähnlich *T. Kingreen*, in: C. Calliess/M. Ruffert (Hrsg.), EUV, AEUV, 5. Aufl. 2016, Art. 52 GRC Rn. 40; *M. Cornils*, Schrankendogmatik, in: C. Grabenwarter (Hrsg.), Europäischer Grundrechteschutz (EnzEuR Band 2), 2014, § 5, Rn. 51; *M. Hilf*, Die Schranken der EU-Grundrechte, in: D. Merten/H.-J. Papier (Hrsg.), HGR, Band VI/1, 2010, § 164, Rn. 41; *W. Frenz*, Handbuch Europarecht Band 4, 2009, Rn. 133.

[233] Vgl. zu diesen etwa *T. Kingreen*, in: C. Calliess/M. Ruffert (Hrsg.), EUV, AEUV, 5. Aufl. 2016, Art. 52 GRC Rn. 13–17; ausführlich *S. Peers/S. Prechal*, in: S. Peers/T. K. Hervey/A. Ward (Hrsg.), The EU Charter of Fundamental Rights, 2014, Art 52 Rn. 159–190; *D. Guðmundsdóttir*, CMLR 52 (2015), S. 685.

[234] Vgl. statt vieler *T. Kingreen*, in: C. Calliess/M. Ruffert (Hrsg.), EUV, AEUV, 5. Aufl. 2016, Art. 52 GRC Rn. 13 f.; zur Umsetzungsbedürftigkeit *H. D. Jarass*, Charta der Grundrechte der Europäischen Union, 3. Aufl. 2016, Art. 52 Rn. 73; vgl. zur Frage, welche Charta-Artikel als Grundsätze einzustufen sind, etwa *M. Borowsky*, in: J. Meyer (Hrsg.), Charta der Grundrechte der Europäischen Union, 4. Aufl. 2014, Art. 52 Rn. 45d.

[235] So *M. Borowsky*, in: J. Meyer (Hrsg.), Charta der Grundrechte der Europäischen Union, 4. Aufl. 2014, Art. 52 Rn. 46.

[236] Eine ähnliche Vorgabe enthält Art. 6 Abs. 1 UAbs. 3 EUV. Vgl. dazu *V. Skouris*, Aspekte des Grundrechtsschutzes in der Europäischen Union nach Lissabon, in: S. Leutheusser-Schnarrenberger (Hrsg.), Vom Recht auf Menschenwürde, 2013, S. 83 (84).

[237] Vorsichtig auch *T. Kingreen*, in: C. Calliess/M. Ruffert (Hrsg.), EUV, AEUV, 5. Aufl. 2016, Art. 52 GRC Rn. 43; ähnlich zurückhaltend *M. Becker*, in: J. Schwarze/U. Becker/A. Hatje u. a. (Hrsg.), EU-Kommentar, 4. Aufl. 2019, Art. 52 GRC Rn. 21.

die Dogmatik der Grundrechtsprüfung nach der Charta eine Rolle spielen, werden sie im Rahmen der übrigen Punkte fruchtbar gemacht.

e) Art. 53 und Art. 54 GRC

Art. 53 GRC stellt klar, dass Grundrechtsverbürgungen außerhalb der Charta – also etwa in der EMRK – durch die GRC unberührt bleiben. Er hat keinen Einfluss auf die Auslegung der Charta[238] und ist somit für die Entwicklung einer allgemeinen Dogmatik der Grundrechtsprüfung irrelevant.

Das Gleiche gilt für Art. 54 GRC, der ein Verbot des Missbrauchs der Charta-Rechte begründet. Dieser Vorschrift kommt vor allem klarstellende Funktion zu.[239] Aus ihr lassen sich keine allgemeinen dogmatischen Anforderungen an die Grundrechtsprüfung anhand der Charta ableiten.

5. Kriterium der kohärenten und konsistenten Prüfung

Vor Inkrafttreten der Charta wurden verschiedene Aspekte der Grundrechtsprüfung durch den EuGH kritisiert.[240] Da die vorliegende Arbeit zur Kriterienentwicklung an Art. 52 Abs. 1 GRC anknüpft, der die Schritte der Analyse (Schutzbereich, Einschränkung, Rechtfertigung und darin Gesetzesvorbehalt, Wesensgehaltsgarantie und insbesondere Verhältnismäßigkeit) vorgibt,[241] wird nur die auf diese Punkte bezogene Kritik vor Rechtsverbindlichkeit der Charta fruchtbar gemacht.

Dem Gerichtshof wurde vorgeworfen, auf allen Prüfungsstufen keine widerspruchsfreie und zusammenhängende Dogmatik der Grundrechtsprüfung entwickelt zu haben:[242] So prüfte der EuGH in manchen Entscheidungen die Eröffnung des Schutzbereiches, oft äußerte er sich aber nur zur Verhältnismäßigkeit der fraglichen Maßnahme und ließ die Bestimmung des Schutzberei-

---

[238] *T. Kingreen*, in: C. Calliess/M. Ruffert (Hrsg.), EUV, AEUV, 5. Aufl. 2016, Art. 53 GRC Rn. 1; *H. D. Jarass*, Charta der Grundrechte der Europäischen Union, 3. Aufl. 2016, Art. 53 Rn. 4; *M. Bühler*, Einschränkung von Grundrechten nach der Europäischen Grundrechtecharta, 2005, S. 419–421; *M. Borowsky*, in: J. Meyer (Hrsg.), Charta der Grundrechte der Europäischen Union, 4. Aufl. 2014, Art. 53 Rn. 8 f.; *S. Griller*, Der Anwendungsbereich der Grundrechtscharta und das Verhältnis zu sonstigen Gemeinschaftsrechten, Rechten aus der EMRK und zu verfassungsgesetzlich gewährleisteten Rechten, in: A. Duschanek/S. Griller (Hrsg.), Grundrechte für Europa, 2002, S. 131 (165–182); *R. Streinz/W. Michl*, in: R. Streinz (Hrsg.), EUV/AEUV, 2. Aufl. 2012, Art. 53 GRCh Rn. 4; *M. Becker*, in: J. Schwarze/U. Becker/A. Hatje u. a. (Hrsg.), EU-Kommentar, 4. Aufl. 2019, Art. 53 GRC Rn. 9.

[239] *H. D. Jarass*, Charta der Grundrechte der Europäischen Union, 3. Aufl. 2016, Art. 54 Rn. 1; für „größte Zurückhaltung" auch *T. Kingreen*, in: C. Calliess/M. Ruffert (Hrsg.), EUV, AEUV, 5. Aufl. 2016, Art. 54 GRC Rn. 3.

[240] Siehe dazu schon Kapitel 3 A. I. 1.

[241] Siehe Kapitel 3 A. I. 3.

[242] Vgl. etwa *M. Hilf*, Die Schranken der EU-Grundrechte, in: D. Merten/H.-J. Papier (Hrsg.), HGR, Band VI/1, 2010, § 164, Rn. 33; *E. Stieglitz*, Allgemeine Lehren im Grundrechtsverständnis nach der EMRK und der Grundrechtsjudikatur des EuGH, 2002, S. 143.

A. Kriterien und Untersuchungsgegenstand

ches offen.²⁴³ Seine Terminologie im Bereich der Einschränkung²⁴⁴ und der Ungleichbehandlung²⁴⁵ war nicht einheitlich. Die gesamte Schrankensystematik war wenig transparent:²⁴⁶ Entsprechend schwankte die Prüfungsstruktur der Rechtfertigung von Grundrechtseingriffen in der Rechtsprechung vor der Charta erheblich.²⁴⁷ Beim Gesetzesvorbehalt war zudem unklar, welcher Art die Rechtsgrundlage sein musste und insbesondere, ob es einen Parlamentsvorbehalt gab.²⁴⁸ Ebenso gingen die Meinungen darüber auseinander, ob die Verhältnismäßigkeitsprüfung durch den Gerichtshof zwei- oder dreistufig erfolgte, ob der EuGH also eine Untersuchung der Angemessenheit beziehungsweise Verhältnismäßigkeit im engeren Sinne überhaupt vornahm oder nur die Erforderlichkeit der fraglichen Maßnahme prüfte.²⁴⁹ Weiterhin nutzte der Gerichtshof zur Bestimmung der legitimen Ziele zwei unterschiedliche Formeln, bei denen nicht klar war, ob sie inhaltlich identisch waren und welche Voraussetzungen sie aufstellten.²⁵⁰

Die Grundrechtsprüfung des EuGH war damit widersprüchlich und nicht von einer einheitlichen Dogmatik geprägt. Teilweise konnten die Entscheidungen als willkürlich oder dezisionistisch empfunden werden.²⁵¹ Eine überzeugende Rechtsprechung braucht aber klare und konsistent entwickelte Maßstäbe, denn ansonsten ist es zweifelhaft, ob sie ihrer wichtigsten Aufgabe, Streitigkeiten verbindlich zu entscheiden und dabei auch Orientierung für zukünftige Fälle zu entwickeln, gerecht werden kann.²⁵² Zu untersuchen ist daher, ob die Grundrechtsprüfung des Gerichtshofs nach Einführung des

---

²⁴³ *K. F. Gärditz*, Schutzbereich und Grundrechtseingriff, in: C. Grabenwarter (Hrsg.), Europäischer Grundrechteschutz (EnzEuR Band 2), 2014, § 4, Rn. 6.

²⁴⁴ *E. Stieglitz*, Allgemeine Lehren im Grundrechtsverständnis nach der EMRK und der Grundrechtsjudikatur des EuGH, 2002, S. 127.

²⁴⁵ *M. Rossi*, in: C. Calliess/M. Ruffert (Hrsg.), EUV, AEUV, 5. Aufl. 2016, Art. 20 GRC Rn. 3; *S. Hölscheidt*, in: J. Meyer (Hrsg.), Charta der Grundrechte der Europäischen Union, 4. Aufl. 2014, Art. 20 GRC Rn. 11.

²⁴⁶ *M. Kenntner*, ZRP 2000, S. 423 (424); *C. Eisner*, Die Schrankenregelung der Grundrechtecharta der Europäischen Union, 2005, S. 61.

²⁴⁷ *J. Kühling*, Grundrechte, in: A. von Bogdandy/J. Bast (Hrsg.), Europäisches Verfassungsrecht, 2. Aufl. 2009, S. 657 (691).

²⁴⁸ Vgl. *E. Stieglitz*, Allgemeine Lehren im Grundrechtsverständnis nach der EMRK und der Grundrechtsjudikatur des EuGH, 2002, S. 132.

²⁴⁹ Vgl. *O. Koch*, Verhältnismäßigkeit, 2003, S. 217–219.

²⁵⁰ *H.-W. Rengeling*, Grundrechtsschutz in der Europäischen Gemeinschaft, 1993, S. 180 f., 215 f.; *E. Stieglitz*, Allgemeine Lehren im Grundrechtsverständnis nach der EMRK und der Grundrechtsjudikatur des EuGH, 2002, S. 133 f.; *W. Pauly*, EuR 33 (1998), S. 242 (258); *S. Storr*, Der Staat 36 (1997), S. 547 (562).

²⁵¹ *O. Koch*, Verhältnismäßigkeit, 2003, S. 253.

²⁵² *C. D. Classen*, Das Prinzip der Verhältnismäßigkeit im Spiegel europäischer Rechtsentwicklungen, in: M. Sachs (Hrsg.), Der grundrechtsgeprägte Verfassungsstaat, Festschrift für K. Stern, 2012, S. 651 (656) m. w. N.; vgl. auch *A. Sagan*, EuZW 2017, S. 729 (736): „Kohärente Lösungen darf man nicht nur vom Gesetzgeber, sondern auch vom EuGH erwarten".

Art. 52 Abs. 1 GRC einheitlich und widerspruchsfrei, das heißt kohärent[253] und konsistent[254], erfolgt.

II. Einzelne Analysekriterien

Im Folgenden werden die einzelnen Punkte zur Analyse der Grundrechtsprüfung des EuGH dargestellt und mit Hilfe der Kritik vor Inkrafttreten der Charta zu Analysekriterien entwickelt.

1. Prüfungsschema

Art. 52 Abs. 1 GRC[255] fordert im Bereich der Freiheitsrechte eine Prüfung von Schutzbereich, Einschränkung und Rechtfertigung.[256] Diese Prüfungsschritte können aber nicht in beliebiger Reihenfolge geprüft werden, sondern bauen aufeinander auf: Die Eröffnung des Schutzbereiches ist die Voraussetzung für die weiteren Schritte,[257] die Eingriffsprüfung bildet das Bindeglied

---

[253] Vgl. zum Zusammenhang von Dogmatik und Kohärenz *F. Schorkopf*, Dogmatik und Kohärenz, in: G. Kirchhof/S. Magen/K. Schneider (Hrsg.), Was weiß Dogmatik?, 2012, S. 139.

[254] Siehe zum Thema konsistente Rechtsprechung auch *M. Reinhardt*, Konsistente Jurisdiktion, 1997, der aber eine verfassungsrechtliche Theorie der rechtsgestaltenden Rechtsprechung entwickelt; zum konsistenten Entscheiden *G. Kirchhof/S. Magen*, Dogmatik: Rechtliche Notwendigkeit und Grundlage fächerübergreifenden Dialogs – eine systematische Übersicht, in: G. Kirchhof/S. Magen/K. Schneider (Hrsg.), Was weiß Dogmatik?, 2012, S. 151 (160–162).

[255] Siehe zu Art. 52 Abs. 1 GRC schon Kapitel 3 A. I. 3.

[256] Ebenso *T. Kingreen*, in: C. Calliess/M. Ruffert (Hrsg.), EUV, AEUV, 5. Aufl. 2016, Art. 52 GRC Rn. 46; *H.-M. Wolffgang*, in: J. Bitterlich/K.-D. Borchardt/C. O. Lenz (Hrsg.), EU-Verträge, 6. Aufl. 2012, Art. 52 GRC Rn. 6; *D. Ehlers*, Allgemeine Lehren der Unionsgrundrechte, in: ders. (Hrsg.), Europäische Grundrechte und Grundfreiheiten, 4. Aufl. 2014, § 14, Rn. 85; *H. D. Jarass*, Charta der Grundrechte der Europäischen Union, 3. Aufl. 2016, Art. 52 Rn. 2; *M. Borowsky*, in: J. Meyer (Hrsg.), Charta der Grundrechte der Europäischen Union, 4. Aufl. 2014, Art. 52 Rn. 19; *J. P. Terhechte*, in: H. von der Groeben/J. Schwarze/A. Hatje (Hrsg.), Europäisches Unionsrecht, 7. Aufl. 2015, Vorbemerkung zur Charta der Grundrechte Rn. 20; *F. Wollenschläger*, Grundrechtsschutz und Unionsbürgerschaft, in: A. Hatje/P.-C. Müller-Graff (Hrsg.), Europäisches Organisations- und Verfassungsrecht (EnzEuR Band 1), 2014, § 8, Rn. 65; *E. Pache*, in: M. Pechstein/C. Nowak/U. Häde (Hrsg.), Frankfurter Kommentar zu EUV, GRC und AEUV, 2017, Art. 52 GRC Rn. 8; *T. Kingreen*, JURA 36 (2014), S. 295 (297); *M. Hilf*, Die Schranken der EU-Grundrechte, in: D. Merten/H.-J. Papier (Hrsg.), HGR, Band VI/1, 2010, § 164, Rn. 1; *K. F. Gärditz*, Schutzbereich und Grundrechtseingriff, in: C. Grabenwarter (Hrsg.), Europäischer Grundrechteschutz (EnzEuR Band 2), 2014, § 4, Rn. 16; *R. Streinz/W. Michl*, in: R. Streinz (Hrsg.), EUV/AEUV, 3. Aufl. 2018, Art. 52 GRCh Rn. 4; *G. Kirchhof/S. Magen*, Dogmatik: Rechtliche Notwendigkeit und Grundlage fächerübergreifenden Dialogs – eine systematische Übersicht, in: G. Kirchhof/S. Magen/K. Schneider (Hrsg.), Was weiß Dogmatik?, 2012, S. 151 (165); *J. P. Terhechte*, Konstitutionalisierung und Normativität der europäischen Grundrechte, 2011, S. 56; in diese Richtung gehend auch *J. Kühling*, Grundrechte, in: A. von Bogdandy/J. Bast (Hrsg.), Europäisches Verfassungsrecht, 2. Aufl. 2009, S. 657 (688).

[257] *S. Storr*, Der Staat 36 (1997), S. 547 (559); *E. Stieglitz*, Allgemeine Lehren im Grund-

zwischen dem Schutzbereich und der Rechtfertigung[258] und letztere bestimmt, ob eine Grundrechtsverletzung schließlich vorliegt.[259] Für die Wirksamkeit der Unionsgrundrechte ist ein Prüfungsschema daher von zentraler Bedeutung. Die Charta kann nur dann Grundlage eines genuin unionsrechtlichen Grundrechtsverständnisses sein, wenn die Schutzbereiche der einzelnen Grundrechte voneinander abgegrenzt werden, ein einheitlicher Einschränkungsbegriff entwickelt und die Schrankenregelung des Art. 52 GRC ausgeformt wird.[260] Das dreigliedrige Prüfungsschema ermöglicht eine funktionale Abschichtung von Prüfungspunkten und fördert damit die rationale[261] und transparente[262] Anwendung der Charta.

Es stellt sich aber die Frage, inwieweit dieser Aufbau auch jenseits der Freiheitsrechte eingefordert werden kann.[263] Bei den Gleichheitsgrundrechten wird von der Europarechtswissenschaft teilweise eine generell zweistufige[264], teilweise aber auch mit Bezug auf einige Grundrechte, wie zum Beispiel Art. 34 Abs. 2, Art. 39 Abs. 1 und Art. 40 GRC, eine dreistufige[265] Grundrechtsprüfung verlangt.[266] *Jarass* weist darauf hin, dass der persönliche Schutzbereich stets zu

---

rechtsverständnis nach der EMRK und der Grundrechtsjudikatur des EuGH, 2002, S. 118 f.; *P. M. Huber*, Recht der europäischen Integration, 1996, S. 103; in Bezug auf den Eingriff *K. F. Gärditz*, Schutzbereich und Grundrechtseingriff, in: C. Grabenwarter (Hrsg.), Europäischer Grundrechteschutz (EnzEuR Band 2), 2014, § 4, Rn. 61; *H.-W. Rengeling*, Grundrechtsschutz in der Europäischen Gemeinschaft, 1993, S. 213.

[258] *T. Kingreen*, in: C. Calliess/M. Ruffert (Hrsg.), EUV, AEUV, 5. Aufl. 2016, Art. 52 Rn. 55.

[259] *M. Hilf*, Die Schranken der EU-Grundrechte, in: D. Merten/H.-J. Papier (Hrsg.), HGR, Band VI/1, 2010, § 164, Rn. 1.

[260] *J. P. Terhechte*, Konstitutionalisierung und Normativität der europäischen Grundrechte, 2011, S. 55 f.

[261] *H. D. Jarass*, Charta der Grundrechte der Europäischen Union, 3. Aufl. 2016, Art. 52 Rn. 2; *K. F. Gärditz*, Schutzbereich und Grundrechtseingriff, in: C. Grabenwarter (Hrsg.), Europäischer Grundrechteschutz (EnzEuR Band 2), 2014, § 4, Rn. 28; allgemein *W. Kahl*, Der Staat 43 (2004), S. 167 (189 f.); *G. Kirchhof/S. Magen*, Dogmatik: Rechtliche Notwendigkeit und Grundlage fächerübergreifenden Dialogs – eine systematische Übersicht, in: G. Kirchhof/S. Magen/K. Schneider (Hrsg.), Was weiß Dogmatik?, 2012, S. 151 (165); *P. Quasdorf*, Dogmatik der Grundrechte der Europäischen Union, 2001, S. 177; *H.-W. Rengeling/P. Szczekalla*, Grundrechte in der Europäischen Union, 2004, Rn. 506.

[262] Vgl. *T. von Danwitz*, in: P. J. Tettinger/K. Stern (Hrsg.), Kölner Gemeinschaftskommentar zur Europäischen Grundrechte-Charta, 2006, Art. 52 Rn. 18; allgemein zum Nutzen einer gestuften Prüfung *W. Kahl*, Der Staat 43 (2004), S. 167 (189 f.).

[263] Vgl. auch *K. F. Gärditz*, Schutzbereich und Grundrechtseingriff, in: C. Grabenwarter (Hrsg.), Europäischer Grundrechteschutz (EnzEuR Band 2), 2014, § 4, Rn. 1.

[264] *D. Ehlers*, Allgemeine Lehren der Unionsgrundrechte, in: ders. (Hrsg.), Europäische Grundrechte und Grundfreiheiten, 4. Aufl. 2014, § 14, Rn. 85.

[265] *H. D. Jarass*, Charta der Grundrechte der Europäischen Union, 3. Aufl. 2016, Art. 52 Rn. 6; *T. Kingreen*, in: C. Calliess/M. Ruffert (Hrsg.), EUV, AEUV, 5. Aufl. 2016, Art. 52 GRC Rn. 46.

[266] Vgl. aber *A. Schramm*, in: M. Holoubek/G. Lienbacher (Hrsg.), Charta der Grundrechte der Europäischen Union, 2014, Art. 20 Rn. 10 ff., der auch bei Art. 20 GRC vom sachlichen Schutzbereich spricht; vgl. auch *M. Rossi*, in: C. Calliess/M. Ruffert (Hrsg.), EUV, AEUV,

prüfen sei.[267] Teilweise wird im Bereich der Leistungsrechte von der Rechtslehre ebenfalls grundsätzlich eine dreistufige Prüfung (einschließlich Rechtfertigung[268]) befürwortet.[269] Andere bevorzugen einen Anspruchsaufbau.[270] Unklar ist, wie die sozialen Grundrechte der Charta geprüft werden.[271]

Demnach ist bei der Untersuchung in der vorliegenden Arbeit zwischen den Grundrechtsarten zu unterscheiden. Vor Inkrafttreten der Charta hat der Gerichtshof die Prüfungsstufen häufig vermischt.[272] In jedem Fall ist zu fordern, dass der EuGH die Prüfung des fraglichen Grundrechts entweder durchgehend zwei- oder durchgehend dreistufig aufbaut und nicht von Entscheidung zu Entscheidung variiert.

Untersucht wird daher, ob der Gerichtshof im Rahmen der Freiheitsrechte entsprechend Art. 52 Abs. 1 GRC eine dreistufige Prüfung vornimmt und ob er bei allen Grundrechten einen konsistenten und kohärenten Prüfungsaufbau entwickelt. Falls der EuGH für einige Grundrechte eine Sonderdogmatik entfaltet,[273] soll auch dies hier offengelegt werden.

2. Schutzbereich

Art. 52 Abs. 1 GRC[274] fordert eine Prüfung des Schutzbereiches des jeweiligen Grundrechts.[275] Zwar wurde der Begriff des Schutzbereiches nicht in den Wortlaut dieser Norm aufgenommen, sie knüpft jedoch an die „in dieser Charta aner-

---

5. Aufl. 2016, Art. 20 GRC Rn. 20 ff.; *S. Lemke*, in: H. von der Groeben/J. Schwarze/A. Hatje (Hrsg.), Europäisches Unionsrecht, 7. Aufl. 2015, Art. 20 GRC Rn. 8–10.

[267] *H.D. Jarass*, Charta der Grundrechte der Europäischen Union, 3. Aufl. 2016, Art. 52 Rn. 6.

[268] *H.D. Jarass*, Charta der Grundrechte der Europäischen Union, 3. Aufl. 2016, Art. 52 Rn. 20.

[269] Vgl. z. B. *H.D. Jarass*, Charta der Grundrechte der Europäischen Union, 3. Aufl. 2016, Art. 41 Rn. 9–12 bzw. Art. 47 Rn. 6–16a; vgl. aber *K.F. Gärditz*, Schutzbereich und Grundrechtseingriff, in: C. Grabenwarter (Hrsg.), Europäischer Grundrechteschutz (EnzEuR Band 2), 2014, § 4, Rn. 13, 53.

[270] *D. Ehlers*, Allgemeine Lehren der Unionsgrundrechte, in: ders. (Hrsg.), Europäische Grundrechte und Grundfreiheiten, 4. Aufl. 2014, § 14, Rn. 85; *M. Borowsky*, in: J. Meyer (Hrsg.), Charta der Grundrechte der Europäischen Union, 4. Aufl. 2014, Art. 52 Rn. 19 (Fn. 16).

[271] *K.F. Gärditz*, Schutzbereich und Grundrechtseingriff, in: C. Grabenwarter (Hrsg.), Europäischer Grundrechteschutz (EnzEuR Band 2), 2014, § 4, Rn. 1.

[272] *T. von Danwitz*, in: P.J. Tettinger/K. Stern (Hrsg.), Kölner Gemeinschaftskommentar zur Europäischen Grundrechte-Charta, 2006, Art. 52 Rn. 18; anderer Ansicht wohl *C. Eisner*, Die Schrankenregelung der Grundrechtecharta der Europäischen Union, 2005, S. 54.

[273] So empfohlen für die Menschenwürde von *K.F. Gärditz*, Schutzbereich und Grundrechtseingriff, in: C. Grabenwarter (Hrsg.), Europäischer Grundrechteschutz (EnzEuR Band 2), 2014, § 4, Rn. 3.

[274] Siehe zu Art. 52 Abs. 1 GRC schon Kapitel 3 A. I. 3.

[275] *K.F. Gärditz*, Schutzbereich und Grundrechtseingriff, in: C. Grabenwarter (Hrsg.), Europäischer Grundrechteschutz (EnzEuR Band 2), 2014, § 4, Rn. 27; *H.D. Jarass*, Charta der Grundrechte der Europäischen Union, 3. Aufl. 2016, Art. 52 Rn. 2.

kannten Rechte und Freiheiten" an.[276] In Art. 1 bis Art. 50 GRC sind nur die Schutzbereiche beziehungsweise Gewährleistungsinhalte der Charta-Grundrechte und der sogenannten Grundsätze aufgeführt. Anforderungen an die Beschränkung oder die Rechtfertigung dieser Rechte finden sich dort aber (mit wenigen Ausnahmen[277]) nicht. Art. 52 Abs. 1 GRC hingegen bildet eine horizontale Rechtfertigungsklausel, die für alle Grundrechte der Charta gilt[278] und die die Eröffnung des Schutzbereichs als ersten Schritt der Grundrechtsprüfung voraussetzt.[279]

Der sachliche Schutzbereich (auch: Gewährleistungsbereich[280], Grundrechtstatbestand[281], Anwendungsbereich oder Geltungsbereich[282]) beschreibt den grundrechtlich geschützten Lebensbereich, in dem der Einzelne gegen staatliche Eingriffe geschützt ist.[283] Der persönliche Schutzbereich hingegen bestimmt die Grundrechtsberechtigung.[284]

---

[276] *K. F. Gärditz*, Schutzbereich und Grundrechtseingriff, in: C. Grabenwarter (Hrsg.), Europäischer Grundrechteschutz (EnzEuR Band 2), 2014, § 4, Rn. 27.
[277] Dazu z. B. *C. Eisner*, Die Schrankenregelung der Grundrechtecharta der Europäischen Union, 2005, S. 130 ff.
[278] *D. Ehlers*, Allgemeine Lehren der Unionsgrundrechte, in: ders. (Hrsg.), Europäische Grundrechte und Grundfreiheiten, 4. Aufl. 2014, § 14, Rn. 99; *T. von Danwitz*, in: P. J. Tettinger/K. Stern (Hrsg.), Kölner Gemeinschaftskommentar zur Europäischen Grundrechte-Charta, 2006, Art. 52 Rn. 30; *H. D. Jarass*, Charta der Grundrechte der Europäischen Union, 3. Aufl. 2016, Art. 52 Rn. 20; *M. Becker*, in: J. Schwarze/U. Becker/A. Hatje u. a. (Hrsg.), EU-Kommentar, 4. Aufl. 2019, Art. 52 GRC Rn. 3; a.A. im Hinblick auf das Verhältnis von Art. 52 Abs. 1 GRC zu Abs. 2 *M. Cornils*, Schrankendogmatik, in: C. Grabenwarter (Hrsg.), Europäischer Grundrechteschutz (EnzEuR Band 2), 2014, § 5, Rn. 89; a.A. im Hinblick auf das Verhältnis von Art. 52 Abs. 1 GRC zu Abs. 2 und 3 *E. Rumler-Korinek/E. Vranes*, in: M. Holoubek/G. Lienbacher (Hrsg.), Charta der Grundrechte der Europäischen Union, 2014, Art. 52 Rn. 8; *B. Fassbender*, NVwZ 2010, S. 1049 (1053); a.A. im Hinblick auf das Verhältnis von Art. 52 Abs. 1 GRC zu Abs. 2 und 5 *T. Kingreen*, in: C. Calliess/M. Ruffert (Hrsg.), EUV, AEUV, 5. Aufl. 2016, Art. 52 GRC Rn. 1.
[279] *K. F. Gärditz*, Schutzbereich und Grundrechtseingriff, in: C. Grabenwarter (Hrsg.), Europäischer Grundrechteschutz (EnzEuR Band 2), 2014, § 4, Rn. 27; vgl. zu einer ähnlichen Schlussfolgerung im Bereich des Grundgesetzes *G. Lübbe-Wolff*, Die Grundrechte als Eingriffsabwehrrechte, 1988, S. 25.
[280] *M. Borowsky*, in: J. Meyer (Hrsg.), Charta der Grundrechte der Europäischen Union, 4. Aufl. 2014, Art. 52 Rn. 19; vgl. zur Terminologie *R. Streinz/W. Michl*, in: R. Streinz (Hrsg.), EUV/AEUV, 3. Aufl. 2018, Art. 52 GRCh Rn. 5.
[281] Nachweise bei *J. Pietsch*, Das Schrankenregime der EU-Grundrechtecharta, 2005, S. 49.
[282] *V. Trstenjak/E. Beysen*, EuR 47 (2012), S. 265 (277 f.); *H. D. Jarass*, Charta der Grundrechte der Europäischen Union, 3. Aufl. 2016, Art. 52 Rn. 3 f.
[283] *T. Kingreen*, in: C. Calliess/M. Ruffert (Hrsg.), EUV, AEUV, 5. Aufl. 2016, Art. 52 GRC Rn. 47; *P. Quasdorf*, Dogmatik der Grundrechte der Europäischen Union, 2001, S. 179 m. w. N.; *R. Streinz/W. Michl*, in: R. Streinz (Hrsg.), EUV/AEUV, 3. Aufl. 2018, Art. 52 GRCh Rn. 5.
[284] *T. Kingreen*, in: C. Calliess/M. Ruffert (Hrsg.), EUV, AEUV, 5. Aufl. 2016, Art. 52 GRC Rn. 51; *D. Ehlers*, Allgemeine Lehren der Unionsgrundrechte, in: ders. (Hrsg.), Europäische Grundrechte und Grundfreiheiten, 4. Aufl. 2014, § 14, Rn. 97.

Dogmatisch kommt dem Schutzbereich die Funktion zu, die in Frage stehende Maßnahme einem spezifischen Grundrecht mit seinen spezifischen Rechtfertigungsanforderungen abstrakt zuzuordnen. Wird der Schutzbereich als erste Stufe der Grundrechtskontrolle geprüft, klärt sich schon dann, welche Grundrechte in der jeweiligen Konstellation überhaupt einschlägig sind.[285] Die Prüfung des Schutzbereiches dient damit der Rationalisierung der Grundrechtsprüfung.[286] Zudem ermöglicht dessen genaue Bestimmung die Konturierung und Abgrenzung der einzelnen Grundrechte.[287] Dies ist Voraussetzung für ihre unterschiedliche Behandlung. Nur so können beispielsweise Besonderheiten des spezifischen Schutzes einiger Grundrechte beachtet und diese miteinander ins Verhältnis gesetzt werden.[288] Auch um dem Ziel der Charta gemäß ihrer vierten Präambelerwägung, der besseren Sichtbarmachung der Grundrechte, gerecht zu werden, ist eine präzise Prüfung notwendig.[289] Diese verbessert darüber hinaus die Rechtssicherheit.[290] Teilweise wird die Ausdifferenzierung des Schutzkonzeptes als Kennzeichen eines effektiven Grundrechtsschutzes angesehen.[291] Jedenfalls bestimmt sich das Schutzniveau der Grundrechte auch aus der inhaltlichen Ausgestaltung des Schutzbereichs.[292]

Die Schutzbereichsprüfung ist außerdem Voraussetzung für die weiteren Prüfungsschritte: Wenn der Schutzbereich nicht hinreichend genau bestimmt wird, kann das Vorliegen eines Eingriffs und dessen Intensität nicht festgestellt werden.[293] Ohne Klarheit darüber, was das jeweilige Grundrecht schützen soll, ist effektiver Grundrechtsschutz nicht möglich.[294] Insbesondere die Verhält-

---

[285] K. F. Gärditz, Schutzbereich und Grundrechtseingriff, in: C. Grabenwarter (Hrsg.), Europäischer Grundrechteschutz (EnzEuR Band 2), 2014, § 4, Rn. 28.
[286] K. F. Gärditz, Schutzbereich und Grundrechtseingriff, in: C. Grabenwarter (Hrsg.), Europäischer Grundrechteschutz (EnzEuR Band 2), 2014, § 4, Rn. 27–29.
[287] M. Strunz, Strukturen des Grundrechtsschutzes der Europäischen Union in ihrer Entwicklung, 2006, S. 147.
[288] A. von Bogdandy, JZ 56 (2001), S. 157 (167).
[289] A. von Bogdandy, JZ 56 (2001), S. 157 (167); M. Strunz, Strukturen des Grundrechtsschutzes der Europäischen Union in ihrer Entwicklung, 2006, S. 155.
[290] E. Stieglitz, Allgemeine Lehren im Grundrechtsverständnis nach der EMRK und der Grundrechtsjudikatur des EuGH, 2002, S. 120.
[291] W. Pauly, EuR 33 (1998), S. 242 (254); K. F. Gärditz, Schutzbereich und Grundrechtseingriff, in: C. Grabenwarter (Hrsg.), Europäischer Grundrechteschutz (EnzEuR Band 2), 2014, § 4, Rn. 17; ähnlich E. Stieglitz, Allgemeine Lehren im Grundrechtsverständnis nach der EMRK und der Grundrechtsjudikatur des EuGH, 2002, S. 120.
[292] E. Stieglitz, Allgemeine Lehren im Grundrechtsverständnis nach der EMRK und der Grundrechtsjudikatur des EuGH, 2002, S. 117.
[293] S. Storr, Der Staat 36 (1997), S. 547 (559); E. Stieglitz, Allgemeine Lehren im Grundrechtsverständnis nach der EMRK und der Grundrechtsjudikatur des EuGH, 2002, S. 118 f.; P. M. Huber, Recht der europäischen Integration, 1996, S. 103; in Bezug auf den Eingriff K. F. Gärditz, Schutzbereich und Grundrechtseingriff, in: C. Grabenwarter (Hrsg.), Europäischer Grundrechteschutz (EnzEuR Band 2), 2014, § 4, Rn. 61; W. Pauly, EuR 33 (1998), S. 242 (260).
[294] S. Storr, Der Staat 36 (1997), S. 547 (559); ähnlich E. Stieglitz, Allgemeine Lehren

nismäßigkeit und Angemessenheit eines Grundrechtseingriffs kann ohne Festlegung der Schutzbereiche nicht beurteilt werden, denn die Angemessenheit hängt von dem betroffenen Grundrecht und seiner Funktion für den Grundrechtsträger ab.[295] Auch zur Bestimmung des Wesensgehalts eines Grundrechts ist eine genaue Schutzbereichsprüfung wichtig.[296]

Man könnte allerdings an der Notwendigkeit einer genauen Schutzbereichsprüfung zweifeln, da die Charta eine horizontale Schrankenklausel für sämtliche Grundrechte enthält.[297] Unabhängig davon, welcher Schutzbereich betroffen ist, erfolgt die Prüfung der Rechtfertigung nach den einheitlichen Vorgaben des Art. 52 Abs. 1 GRC. Vor dem Inkrafttreten der Charta wurde teilweise vorgebracht, die Abgrenzung grundrechtlicher Schutzbereiche sei ohne eine daran anschließende Schrankensystematik sinnlos.[298] Dabei war mit „Schrankensystematik" eine „ausdifferenzierte Schrankensystematik" mit unterschiedlichen Schranken für einzelne Grundrechte gemeint.[299] Gleichwohl ist die Abgrenzung der Schutzbereiche nicht überflüssig. So gibt es trotz Art. 52 Abs. 1 GRC einige spezielle Schrankenregelungen sowie vorbehaltlos gewährleistete Grundrechte.[300] Außerdem ist es möglich, den Grundrechten unterschiedliche abstrakte Wertigkeiten zuzuerkennen.[301] Der Abgrenzung und Konkretisierung einzelner Schutzbereiche können also auch unter einer grundsätzlich einheitlichen Schrankensystematik Wertungen im Hinblick auf die Beschränkungsmöglichkeiten der jeweiligen Schutzgüter und -interessen zugrunde liegen.[302]

---

im Grundrechtsverständnis nach der EMRK und der Grundrechtsjudikatur des EuGH, 2002, S. 118 f.; *P. M. Huber*, Recht der europäischen Integration, 1996, S. 103; in Bezug auf den Eingriff *K. F. Gärditz*, Schutzbereich und Grundrechtseingriff, in: C. Grabenwarter (Hrsg.), Europäischer Grundrechteschutz (EnzEuR Band 2), 2014, § 4, Rn. 61.
[295] *K. F. Gärditz*, Schutzbereich und Grundrechtseingriff, in: C. Grabenwarter (Hrsg.), Europäischer Grundrechteschutz (EnzEuR Band 2), 2014, § 4, Rn. 29; ähnlich *E. Stieglitz*, Allgemeine Lehren im Grundrechtsverständnis nach der EMRK und der Grundrechtsjudikatur des EuGH, 2002, S. 118 f.; *W. Pauly*, EuR 33 (1998), S. 242 (255); *M. Strunz*, Strukturen des Grundrechtsschutzes der Europäischen Union in ihrer Entwicklung, 2006, S. 147.
[296] Vgl. *E. Stieglitz*, Allgemeine Lehren im Grundrechtsverständnis nach der EMRK und der Grundrechtsjudikatur des EuGH, 2002, S. 137; *K. F. Gärditz*, Schutzbereich und Grundrechtseingriff, in: C. Grabenwarter (Hrsg.), Europäischer Grundrechteschutz (EnzEuR Band 2), 2014, § 4, Rn. 9.
[297] *D. Ehlers*, Allgemeine Lehren der Unionsgrundrechte, in: ders. (Hrsg.), Europäische Grundrechte und Grundfreiheiten, 4. Aufl. 2014, § 14, Rn. 99; *M. Cornils*, Schrankendogmatik, in: C. Grabenwarter (Hrsg.), Europäischer Grundrechteschutz (EnzEuR Band 2), 2014, § 5, Rn. 89; *H. D. Jarass*, Charta der Grundrechte der Europäischen Union, 3. Aufl. 2016, Art. 52 Rn. 20.
[298] *W. Pauly*, EuR 33 (1998), S. 242 (255).
[299] Vgl. *W. Pauly*, EuR 33 (1998), S. 242 (254 f.).
[300] *D. Ehlers*, Allgemeine Lehren der Unionsgrundrechte, in: ders. (Hrsg.), Europäische Grundrechte und Grundfreiheiten, 4. Aufl. 2014, § 14, Rn. 99.
[301] *K. F. Gärditz*, Schutzbereich und Grundrechtseingriff, in: C. Grabenwarter (Hrsg.), Europäischer Grundrechteschutz (EnzEuR Band 2), 2014, § 4, Rn. 17.
[302] So ohne Bezug auf eine horizontale Schrankenregelung *E. Stieglitz*, Allgemeine Leh-

Weiter könnte man wegen des Inkrafttretens der Charta eine genaue Prüfung des Schutzbereiches für weniger erforderlich halten: Vor der Charta wurde das Fehlen eines geschriebenen Grundrechtskatalogs als „Grundübel" der Grundrechtsprüfung durch den EuGH angesehen.[303] Dadurch sei nicht klar, welche Grundrechte auf Unionsebene geschützt seien und welche Inhalte sie hätten.[304] Der EuGH müsse daher die Schutzbereiche der Freiheitsrechte positiv definieren.[305] Mit der Charta ist aber gerade eine solche Definition erfolgt. Man könnte daher annehmen, eine weitere Entfaltung der Dogmatik auf Ebene des Schutzbereichs sei hinfällig und Art. 52 Abs. 1 GRC verlange lediglich, dass sich der Gerichtshof in seiner Grundrechtsprüfung auf die in der Charta dargelegten Schutzbereiche bezieht.

Dabei ist jedoch zweierlei auseinanderzuhalten: Tatsächlich ist mit Inkrafttreten der Charta die Frage, welche Grundrechte auf Unionsebene geschützt sind, beantwortet. Dies war jedoch auch vor der Charta nur die erste Stufe der Schutzbereichsprüfung.[306] Auf der zweiten Stufe ist eine inhaltliche Konkretisierung der Grundrechte nötig.[307] Dabei muss der Schutzbereich bestimmt und untersucht werden, ob die betroffene Position des Einzelnen in diesen Schutzbereich fällt.[308] Die eigentliche Auslegung und Subsumtion bleibt somit Aufgabe des Gerichtshofs.[309] Da dieser schon vor der Charta zahlreiche Grundrechte anerkannt hatte,[310] stellte sich bereits zu diesem Zeitpunkt weniger die Frage, ob ein Grundrecht generell geschützt ist, sondern wie dieser Schutz konkret ausfällt und im Einzelnen ausgestaltet ist. Schon bei der Bestimmung des Schutzbereiches beginnt die qualitative Betrachtung.[311]

---

ren im Grundrechtsverständnis nach der EMRK und der Grundrechtsjudikatur des EuGH, 2002, S. 119.

[303] *E. Stieglitz*, Allgemeine Lehren im Grundrechtsverständnis nach der EMRK und der Grundrechtsjudikatur des EuGH, 2002, S. 111; ähnlich *J. Pietsch*, Das Schrankenregime der EU-Grundrechtecharta, 2005, S. 104.

[304] *E. Stieglitz*, Allgemeine Lehren im Grundrechtsverständnis nach der EMRK und der Grundrechtsjudikatur des EuGH, 2002, S. 143.

[305] *P. M. Huber*, Recht der europäischen Integration, 1996, S. 112.

[306] *M. Strunz*, Strukturen des Grundrechtsschutzes der Europäischen Union in ihrer Entwicklung, 2006, S. 145 f.; vgl. auch *F. C. Mayer*, in: E. Grabitz/M. Nettesheim/M. Hilf (Hrsg.), Das Recht der Europäischen Union: EUV/AEUV, Stand: 65. EL 2018, Grundrechtsschutz und rechtsstaatliche Grundsätze Rn. 70 f.

[307] *E. Stieglitz*, Allgemeine Lehren im Grundrechtsverständnis nach der EMRK und der Grundrechtsjudikatur des EuGH, 2002, S. 113.

[308] *A. von Bogdandy*, JZ 56 (2001), S. 157 (167).

[309] Vgl. schon *W. Pauly*, EuR 33 (1998), S. 242 (252): „[D]er Grundrechtsschutz [bliebe] auch im Rahmen einer ausformulierten Grundrechtscharta hochgradig von der Jurisdiktion des EuGH abhängig."; ähnlich *H.-W. Rengeling*, Grundrechtsschutz in der Europäischen Gemeinschaft, 1993, S. 165, 210.

[310] *E. Stieglitz*, Allgemeine Lehren im Grundrechtsverständnis nach der EMRK und der Grundrechtsjudikatur des EuGH, 2002, S. 145: „formal nahezu jede vorgebrachte Grundrechtsposition als auch auf Gemeinschaftsebene zu schützender allgemeiner Rechtsgrundsatz anerkannt".

Verbreitet wird erwartet, dass dem EuGH die Präzisierung der Schutzbereiche unter der Charta leichter fällt,³¹² gleichzeitig kann der Gerichtshof auf seine frühere Rechtsprechung zurückgreifen, muss also nicht alle Charta-Schutzbereiche komplett neu auslegen. Dabei ist gerade mit dem Inkrafttreten der Charta die Notwendigkeit zur Ausdifferenzierung der Schutzbereiche größer geworden. Weil sie ein Ausweichen auf unbenannte Grundrechte nicht mehr zulässt, zwingt sie den EuGH zur Festlegung.³¹³ Dies gilt umso mehr, als die Charta kein eigenständiges Auffanggrundrecht wie das der allgemeinen Handlungsfreiheit in Art. 2 Abs. 1 GG enthält.³¹⁴ Dadurch gewinnt die genaue Bestimmung der Schutzbereiche an Bedeutung.³¹⁵ Im Rahmen der Grundrechtsprüfung nach Art. 52 Abs. 1 GRC muss der Gerichtshof somit eine Dogmatik der Schutzbereichsprüfung entwickeln.

Vor Rechtsverbindlichkeit der Charta waren die Aussagen des Gerichtshofs zum (sachlichen) Schutzbereich „eher dürftig"³¹⁶ beziehungsweise „oft nur sehr dürftig"³¹⁷. Schon in der Solange II-Entscheidung stellte das BVerfG fest, dass „[i]m Vergleich zum Grundrechtsstandard des Grundgesetzes [...] die auf der Gemeinschaftsebene mittlerweile durch die Rechtsprechung des Europäischen Gerichtshofs erreichte Gewährleistung des Grundrechtsschutzes, da sie sich naturgemäß fallweise entwickelt hat, noch Lücken insofern aufweisen [mag], als bestimmte, vom Grundgesetz anerkannte Grundrechtsprinzipien sowie Art, Inhalt oder Reichweite eines Grundrechts im einzelnen noch nicht Gegenstand der Entscheidungsfindung des Gerichtshofs waren."³¹⁸ Die Urteile des EuGH enthielten jedoch selbst in Fällen, die Anlass zur Konkretisierung der

---

³¹¹ *E. Stieglitz*, Allgemeine Lehren im Grundrechtsverständnis nach der EMRK und der Grundrechtsjudikatur des EuGH, 2002, S. 145.
³¹² *A. von Bogdandy*, JZ 56 (2001), S. 157 (167); *J. Kühling*, Grundrechte, in: A. von Bogdandy/J. Bast (Hrsg.), Europäisches Verfassungsrecht, 2. Aufl. 2009, S. 657 (689).
³¹³ *K. F. Gärditz*, Schutzbereich und Grundrechtseingriff, in: C. Grabenwarter (Hrsg.), Europäischer Grundrechteschutz (EnzEuR Band 2), 2014, §4, Rn. 16; vgl. auch *T. von Danwitz*, EuGRZ 40 (2013), S. 253 (258 f.); *M. Strunz*, Strukturen des Grundrechtsschutzes der Europäischen Union in ihrer Entwicklung, 2006, S. 155.
³¹⁴ Dazu *M. Kober*, Der Grundrechtsschutz in der Europäischen Union, 2009, S. 35–38; vgl. aber zum Auffanggrundrecht vor Inkrafttreten der Charta *E. Stieglitz*, Allgemeine Lehren im Grundrechtsverständnis nach der EMRK und der Grundrechtsjudikatur des EuGH, 2002, S. 121. Die Rechtsprechung des EuGH zum Auffanggrundrecht aus der Zeit vor Rechtsverbindlichkeit der Charta könnte heute auf der Grundlage von Art. 6 Abs. 3 EUV weitergelten.
³¹⁵ *K. F. Gärditz*, Schutzbereich und Grundrechtseingriff, in: C. Grabenwarter (Hrsg.), Europäischer Grundrechteschutz (EnzEuR Band 2), 2014, §4, Rn. 16; *J. P. Terhechte*, Konstitutionalisierung und Normativität der europäischen Grundrechte, 2011, S. 57.
³¹⁶ *T. Kingreen*, in: C. Calliess/M. Ruffert (Hrsg.), EUV, AEUV, 5. Aufl. 2016, Art. 52 GRC Rn. 48; *T. Kingreen*, JuS 2000, S. 857 (861): „oft dürftig".
³¹⁷ *E. Stieglitz*, Allgemeine Lehren im Grundrechtsverständnis nach der EMRK und der Grundrechtsjudikatur des EuGH, 2002, S. 115.
³¹⁸ BVerfG, Beschluss (2. Senat) v. 22.10.1986, Rs. 2 BvR 197/83 *(Solange II)*, BVerfGE 73, 339, 383.

Schutzbereiche gaben, kaum Ausführungen zum jeweiligen Schutzumfang.[319] Die Grundrechte wurden nicht inhaltlich ausdifferenziert, die Schutzbereiche nur unklar umschrieben.[320] Vielmehr beschränkte sich der Gerichtshof durchweg darauf, festzustellen, das Gemeinschaftsrecht schütze ein Grundrecht als allgemeinen Rechtsgrundsatz, und wandte sich dann ohne weitere Erklärungen unmittelbar der Rechtfertigungsprüfung zu.[321] Eine Abgrenzung der einzelnen Grundrechte war damit kaum möglich,[322] sodass teilweise sogar unklar blieb, welches Grundrecht konkret betroffen war.[323] Dies hatte sowohl für die „fallübergreifende Orientierungsfunktion der Grundrechtskontrolle" negative Konsequenzen als auch für die Ergebnisse im Einzelfall.[324] In einigen Entscheidungen verzichtete der Gerichtshof ganz auf die Bestimmung beziehungsweise Beschreibung des Schutzbereiches[325] oder sogar auf die Bezeichnung des jeweiligen Grundrechts.[326] Von dieser grundsätzlich pauschalen und oberflächlichen Prüfung des Schutzbereiches gab es einige Ausnahmen, zum Beispiel im Bereich der Eigentumsgarantie.[327] Insgesamt war die Schutzbereichsprüfung vor Inkrafttreten der Charta aber defizient.

---

[319] *E. Stieglitz*, Allgemeine Lehren im Grundrechtsverständnis nach der EMRK und der Grundrechtsjudikatur des EuGH, 2002, S. 112; ähnlich *E. Pache*, in: M. Pechstein/C. Nowak/U. Häde (Hrsg.), Frankfurter Kommentar zu EUV, GRC und AEUV, 2017, Art. 52 GRC Rn. 9.

[320] *E. Stieglitz*, Allgemeine Lehren im Grundrechtsverständnis nach der EMRK und der Grundrechtsjudikatur des EuGH, 2002, S. 114; *J. P. Terhechte*, Konstitutionalisierung und Normativität der europäischen Grundrechte, 2011, S. 57; *M. Strunz*, Strukturen des Grundrechtsschutzes der Europäischen Union in ihrer Entwicklung, 2006, S. 146; *A. von Bogdandy*, JZ 56 (2001), S. 157 (167); *M. Hilf*, Die Schranken der EU-Grundrechte, in: D. Merten/H.-J. Papier (Hrsg.), HGR, Band VI/1, 2010, § 164, Rn. 11; *C. Eisner*, Die Schrankenregelung der Grundrechtecharta der Europäischen Union, 2005, S. 62; *H.-W. Rengeling*, Grundrechtsschutz in der Europäischen Gemeinschaft, 1993, S. 166, 209; *T. Kingreen*, JuS 2000, S. 857 (861); *T. von Danwitz*, in: P. J. Tettinger/K. Stern (Hrsg.), Kölner Gemeinschaftskommentar zur Europäischen Grundrechte-Charta, 2006, Art. 52 Rn. 26; *M. Kober*, Der Grundrechtsschutz in der Europäischen Union, 2009, S. 185 f.; *P. Quasdorf*, Dogmatik der Grundrechte der Europäischen Union, 2001, S. 179; *G. Hirsch*, Gemeinschaftsgrundrechte als Gestaltungsaufgabe, in: U. Sieber/K. Kreuzer/D. H. Scheuing (Hrsg.), Europäischer Grundrechtsschutz, 1998, S. 9 (17).

[321] *E. Stieglitz*, Allgemeine Lehren im Grundrechtsverständnis nach der EMRK und der Grundrechtsjudikatur des EuGH, 2002, S. 118; ähnlich *E. Pache*, EuR 2001, S. 475 (488).

[322] *E. Stieglitz*, Allgemeine Lehren im Grundrechtsverständnis nach der EMRK und der Grundrechtsjudikatur des EuGH, 2002, S. 114; *S. Storr*, Der Staat 36 (1997), S. 547 (559).

[323] *T. Kingreen*, in: C. Calliess/M. Ruffert (Hrsg.), EUV, AEUV, 5. Aufl. 2016, Art. 52 GRC Rn. 48.

[324] *J. Kühling*, Grundrechte, in: A. von Bogdandy/J. Bast (Hrsg.), Europäisches Verfassungsrecht, 2. Aufl. 2009, S. 657 (688).

[325] *K. F. Gärditz*, Schutzbereich und Grundrechtseingriff, in: C. Grabenwarter (Hrsg.), Europäischer Grundrechteschutz (EnzEuR Band 2), 2014, § 4, Rn. 6.

[326] *M. Strunz*, Strukturen des Grundrechtsschutzes der Europäischen Union in ihrer Entwicklung, 2006, S. 146 m. w. N.; *K. F. Gärditz*, Schutzbereich und Grundrechtseingriff, in: C. Grabenwarter (Hrsg.), Europäischer Grundrechteschutz (EnzEuR Band 2), 2014, § 4, Rn. 6; *T. Kingreen*, in: C. Calliess/M. Ruffert (Hrsg.), EUV, AEUV, 5. Aufl. 2016, Art. 52 GRC Rn. 48.

[327] *K. F. Gärditz*, Schutzbereich und Grundrechtseingriff, in: C. Grabenwarter (Hrsg.),

Wie bereits oben erwähnt, wird erwartet, dem Gerichtshof werde die Präzisierung der Schutzbereiche nach dem Inkrafttreten der Charta leichter fallen.[328] Um dies zu überprüfen, ist eine genaue Festlegung der Kriterien notwendig.

Aus den obigen Ausführungen folgt, dass der EuGH vor Rechtsverbindlichkeit der Charta häufig weder die Bestimmung beziehungsweise die Auslegung der Schutzbereiche noch seine anschließende Subsumtion begründet hat. Zunächst soll daher bei der Analyse der Grundrechtsjudikatur des Gerichtshofs nach der Charta untersucht werden, ob der EuGH das einschlägige Grundrecht nennt, den Schutzbereich dieses Grundrechts prüft, indem er es auslegt und darunter subsumiert, und das Ergebnis seiner Prüfung begründet.

Weiterhin wurde bereits unter I. 5 herausgearbeitet, dass bei den Analysepunkten, die Art. 52 Abs. 1 GRC für die Grundrechtsprüfung vorsieht, eine konsistente und kohärente Prüfung nötig ist. Im Bereich des Schutzbereiches könnte der Gerichtshof diesen und damit korrespondierend auch die Rechtfertigungsmöglichkeiten zum Beispiel grundsätzlich weit oder eng auslegen.[329] Es muss aber eine kohärente Linie durchgehalten werden. Als Zweites wird daher die Schutzbereichsprüfung des EuGH auf die Kriterien der Kohärenz und Konsistenz hin überprüft.

3. Einschränkung

Sowohl in Satz 1 als auch in Satz 2 von Art. 52 Abs. 1 GRC verwendet die Charta den Begriff der Einschränkung. Satz 1 spricht darüber hinaus von der „Einschränkung der Ausübung der in dieser Charta anerkannten Rechte und Freiheiten". Diese muss auf einer gesetzlichen Grundlage basieren, den Wesensgehalt dieser Rechte und Freiheiten achten und nach Satz 2 verhältnismäßig sein. Art. 52 Abs. 1 GRC erfordert daher eine Prüfung der Einschränkung (beziehungsweise der „Beschränkung"[330] oder des „Eingriffs"[331]), enthält aber keine allgemeine Regelung zu dieser Prüfungsstufe.[332] In der Literatur wird darun-

---

Europäischer Grundrechteschutz (EnzEuR Band 2), 2014, §4, Rn.8ff.; a.A. *P. M. Huber*, EuZW 1997, S.517 (520f.).

[328] *A. von Bogdandy*, JZ 56 (2001), S. 157 (167); *J. Kühling*, Grundrechte, in: A. von Bogdandy/J. Bast (Hrsg.), Europäisches Verfassungsrecht, 2. Aufl. 2009, S. 657 (689); *P. Quasdorf*, Dogmatik der Grundrechte der Europäischen Union, 2001, S. 179; ähnlich *M. Hentschel-Bednorz*, Derzeitige Rolle und zukünftige Perspektive des EuGH im Mehrebenensystem des Grundrechtsschutzes in Europa, 2012, S. 259; weniger optimistisch *J. P. Terhechte*, Konstitutionalisierung und Normativität der europäischen Grundrechte, 2011, S. 57; *T. von Danwitz*, Aktuelle Entwicklungen im Grundrechtsschutz der EU, in: M. Sachs (Hrsg.), Der grundrechtsgeprägte Verfassungsstaat, Festschrift für K. Stern, 2012, S. 669 (673).

[329] Vgl. dazu *A. von Bogdandy*, JZ 56 (2001), S. 157 (168), der für eine enge Auslegung eintritt; für die weite Tatbestandstheorie *R. Alexy*, Theorie der Grundrechte, 2. Aufl. 1994, S. 278ff.

[330] Vgl. zum Begriff *W. Frenz*, Handbuch Europarecht Band 4, 2009, Rn. 494.

[331] Vgl. *W. Frenz*, Handbuch Europarecht Band 4, 2009, Rn. 494, der den Begriff des Eingriffs für gleichbedeutend mit dem der Beschränkung hält.

[332] *T. Kingreen*, in: C. Calliess/M. Ruffert (Hrsg.), EUV, AEUV, 5. Aufl. 2016, Art. 52

ter die Frage verstanden, ob eine Beeinträchtigung beziehungsweise eine Einschränkung des fraglichen Grundrechts vorliegt.[333] Teilweise wird zwischen Eingriffen in Freiheitsgrundrechte, Ungleichbehandlungen[334] und Beeinträchtigungen einer positiven Pflicht unterschieden.[335]

Ebenso wie die Prüfung des Schutzbereiches dient die Prüfung der Einschränkung der Abschichtung der Prüfungspunkte und damit der Rationalisierung der Grundrechtsprüfung.[336] Sie ist das Bindeglied zwischen dem Schutzbereich und der Rechtfertigung[337] und hat die Funktion, „Rechtfertigungslasten durch Folgenzurechnung zu begründen".[338] Dabei dient sie als „Messlatte, um die Schwere sowie die zeitliche und sachliche Reichweite einer Grundrechtsbeeinträchtigung auszumessen".[339]

Vor Rechtsverbindlichkeit der Charta hat der EuGH sowohl die Art als auch die Intensität des Eingriffs kaum dargestellt.[340] Vielfach wurde die Einschränkung hingegen ohne jegliche Begründung angenommen.[341] Die Terminologie des Gerichtshofs war nicht eindeutig.[342] Nach Ansicht von *Terhechte* habe es der EuGH „versäumt, einen autonom unionsrechtlichen Begriff zu prägen," sondern habe „zumeist pauschal eine Maßnahme als Eingriff qualifiziert bzw. festgestellt, dass sie diese Qualität nicht aufweist."[343] *Kühling* hielt die entsprechende Dogmatik sogar für „völlig vernachlässigt".[344] Dieses Defizit an Dogmatik habe sich auch im Ergebnis der Grundrechtsprüfung ausgewirkt.

GRC Rn. 55; *F. Wollenschläger*, Grundrechtsschutz und Unionsbürgerschaft, in: A. Hatje/ P.-C. Müller-Graff (Hrsg.), Europäisches Organisations- und Verfassungsrecht (EnzEuR Band 1), 2014, § 8, Rn. 68.

[333] *H.D. Jarass*, Charta der Grundrechte der Europäischen Union, 3. Aufl. 2016, Art. 52 Rn. 2; ähnlich vor Inkrafttreten der Charta *P. Quasdorf*, Dogmatik der Grundrechte der Europäischen Union, 2001, S. 187 m. w. N.

[334] Zu Ungleichbehandlungen siehe Kapitel 3 A. II. 4.

[335] *H.D. Jarass*, Charta der Grundrechte der Europäischen Union, 3. Aufl. 2016, Art. 52 Rn. 10 ff.

[336] *K.F. Gärditz*, Schutzbereich und Grundrechtseingriff, in: C. Grabenwarter (Hrsg.), Europäischer Grundrechteschutz (EnzEuR Band 2), 2014, § 4, Rn. 54.

[337] *T. Kingreen*, in: C. Calliess/M. Ruffert (Hrsg.), EUV, AEUV, 5. Aufl. 2016, Art. 52 Rn. 55.

[338] *K.F. Gärditz*, Schutzbereich und Grundrechtseingriff, in: C. Grabenwarter (Hrsg.), Europäischer Grundrechteschutz (EnzEuR Band 2), 2014, § 4, Rn. 54.

[339] *K.F. Gärditz*, Schutzbereich und Grundrechtseingriff, in: C. Grabenwarter (Hrsg.), Europäischer Grundrechteschutz (EnzEuR Band 2), 2014, § 4, Rn. 54.

[340] *M. Hilf*, Die Schranken der EU-Grundrechte, in: D. Merten/H.-J. Papier (Hrsg.), HGR, Band VI/1, 2010, § 164, Rn. 11; ähnlich *M. Nettesheim*, EuZW 1995, S. 106 (106).

[341] In Bezug auf die Berufsfreiheit *S. Storr*, Der Staat 36 (1997), S. 547 (552).

[342] *E. Stieglitz*, Allgemeine Lehren im Grundrechtsverständnis nach der EMRK und der Grundrechtsjudikatur des EuGH, 2002, S. 127.

[343] *J.P. Terhechte*, Konstitutionalisierung und Normativität der europäischen Grundrechte, 2011, S. 58; ganz ähnlich *J.P. Terhechte*, in: H. von der Groeben/J. Schwarze/A. Hatje (Hrsg.), Europäisches Unionsrecht, 7. Aufl. 2015, Vorbemerkungen zur Charta Rn. 20.

[344] *J. Kühling*, Grundrechte, in: A. von Bogdandy/J. Bast (Hrsg.), Europäisches Verfassungsrecht, 2. Aufl. 2009, S. 657 (689).

So habe der Gerichtshof im Urteil Österreichischer Rundfunk u. a. (C-465/00, C-138/01 und C-139/01) die Eingriffsqualität des bloßen Speicherns von Daten verneint.[345] Außerdem habe es unionsspezifische Sonderprobleme gegeben, die die Entwicklung einer eigenständigen Dogmatik erforderten.[346] Hierbei geht es insbesondere um die schwierige Frage, inwieweit Richtlinien Einschränkungen darstellen können.[347] Überwiegend wurde in der Rechtswissenschaft angenommen, dass der EuGH einen weiten Einschränkungsbegriff vertrat, der auch mittelbare Eingriffe umfasste.[348] Insofern gab es aber noch Unsicherheiten.[349] Auch faktische Eingriffe sollten nach der Rechtsprechung des Gerichtshofs unter den Eingriffsbegriff fallen.[350] Teilweise wurde kritisiert, dass der EuGH bei der Prüfung der Beschränkung nicht das individuelle Grundrechtsinteresse des Betroffenen bewertete.[351]

In der vorliegenden Arbeit soll untersucht werden, ob der Gerichtshof nach Inkrafttreten der Charta das Vorliegen einer Einschränkung prüft oder weiterhin nur pauschal das (Nicht-)Vorliegen einer solchen annimmt. In einem zweiten Schritt wird analysiert, ob der EuGH einen einheitlichen unionsrechtlichen Begriff der Einschränkung entfaltet, diesen Begriff also etwa eher weit oder eng versteht. Auch wenn überwiegend angenommen wird, die Charta gehe von einem weiten Begriff der Einschränkung aus, wird hier keine solche Theorie zugrunde gelegt. Allerdings sollte die Auslegung des Gerichtshofs kohärent und konsistent sein.[352]

---

[345] *J. Kühling*, Grundrechte, in: A. von Bogdandy/J. Bast (Hrsg.), Europäisches Verfassungsrecht, 2. Aufl. 2009, S. 657 (689).
[346] *J. Kühling*, Grundrechte, in: A. von Bogdandy/J. Bast (Hrsg.), Europäisches Verfassungsrecht, 2. Aufl. 2009, S. 657 (689).
[347] Dazu *J. Kühling*, Grundrechte, in: A. von Bogdandy/J. Bast (Hrsg.), Europäisches Verfassungsrecht, 2. Aufl. 2009, S. 657 (689–691).
[348] *K. F. Gärditz*, Schutzbereich und Grundrechtseingriff, in: C. Grabenwarter (Hrsg.), Europäischer Grundrechteschutz (EnzEuR Band 2), 2014, §4, Rn. 59; *F. Wollenschläger*, Grundrechtsschutz und Unionsbürgerschaft, in: A. Hatje/P.-C. Müller-Graff (Hrsg.), Europäisches Organisations- und Verfassungsrecht (EnzEuR Band 1), 2014, §8, Rn. 68; vgl. aber *T. von Danwitz*, in: P. J. Tettinger/K. Stern (Hrsg.), Kölner Gemeinschaftskommentar zur Europäischen Grundrechte-Charta, 2006, Art. 52 Rn. 17: „noch nicht entschieden".
[349] *E. Stieglitz*, Allgemeine Lehren im Grundrechtsverständnis nach der EMRK und der Grundrechtsjudikatur des EuGH, 2002, S. 128.
[350] *F. Wollenschläger*, Grundrechtsschutz und Unionsbürgerschaft, in: A. Hatje/P.-C. Müller-Graff (Hrsg.), Europäisches Organisations- und Verfassungsrecht (EnzEuR Band 1), 2014, §8, Rn. 68.
[351] *E. Stieglitz*, Allgemeine Lehren im Grundrechtsverständnis nach der EMRK und der Grundrechtsjudikatur des EuGH, 2002, S. 128; *P. Quasdorf*, Dogmatik der Grundrechte der Europäischen Union, 2001, S. 188 ff.
[352] Die Prüfung der Intensität des Eingriffs durch den EuGH wird hingegen bei der Angemessenheit untersucht. Siehe Kapitel 3 A. II. 5. b) gg).

4. Ungleichbehandlung bei Gleichheitsgrundrechten

Bei Gleichheitsgrundrechten liegt die in Art. 52 Abs. 1 GRC genannte Einschränkung in einer Ungleichbehandlung.[353] Nach Verbindlichwerden der Charta ist der allgemeine Gleichheitssatz in Art. 20 GRC[354] und das Verbot der Diskriminierung in Art. 21 GRC[355] verankert. Beide Normen befinden sich im dritten Titel der Charta, der die Überschrift „Gleichheit" trägt und fünf weitere Artikel enthält. Durch eine Ungleichbehandlung im Sinne der Charta als „relative Differenz von Freiheit" wird der Rechtfertigungsmechanismus der Gleichheitsgrundrechte ausgelöst.[356] Der Ungleichbehandlung kommt bei diesen Rechten eine vergleichbare Funktion zu wie der Einschränkung des Schutzbereiches bei Freiheitsgrundrechten.

Der EuGH hat vor Inkrafttreten der Charta den allgemeinen Gleichheitsgrundsatz als ungeschriebenen Grundsatz des Unionsrechts entwickelt.[357] Hierzu gab es eine umfangreiche Rechtsprechung[358], in der der Grundsatz eine herausragende Rolle spielte.[359] Diese Judikatur ist in der Literatur im Vergleich zur Rechtsprechung zu den Freiheitsrechten auf wenig Kritik gestoßen.[360] Gleichwohl blieben die Konturen des Gleichheitsgrundsatzes teilweise unklar: So klärte der Gerichtshof nicht das Verhältnis zu anderen Diskriminierungsverboten, wie zum Beispiel Art. 18 AEUV oder Art. 40 Abs. 2 UAbs. 2 AEUV, und verwendete eine uneinheitliche Terminologie.[361] Daraus ergibt sich die Frage, ob der EuGH unter der Charta die Geltungsbereiche der Gleichheitsgrundrechte der Charta untereinander und im Verhältnis zu den übrigen Gleichheitsrechten

---

[353] *H. D. Jarass*, Charta der Grundrechte der Europäischen Union, 3. Aufl. 2016, Art. 52 Rn. 10, 6; *T. Kingreen*, in: C. Calliess/M. Ruffert (Hrsg.), EUV, AEUV, 5. Aufl. 2016, Art. 52 GRC Rn. 46, 55.

[354] Vgl. etwa *A. Schramm*, in: M. Holoubek/G. Lienbacher (Hrsg.), Charta der Grundrechte der Europäischen Union, 2014, Art. 20.

[355] Vgl. etwa *K. Blanck-Putz/C. Köchle*, in: M. Holoubek/G. Lienbacher (Hrsg.), Charta der Grundrechte der Europäischen Union, 2014, Art. 21.

[356] *K. F. Gärditz*, Schutzbereich und Grundrechtseingriff, in: C. Grabenwarter (Hrsg.), Europäischer Grundrechteschutz (EnzEuR Band 2), 2014, § 4, Rn. 2.

[357] *E. Stieglitz*, Allgemeine Lehren im Grundrechtsverständnis nach der EMRK und der Grundrechtsjudikatur des EuGH, 2002, S. 122 f.

[358] *J. Kühling*, Grundrechte, in: A. von Bogdandy/J. Bast (Hrsg.), Europäisches Verfassungsrecht, 2. Aufl. 2009, S. 657 (699).

[359] *E. Stieglitz*, Allgemeine Lehren im Grundrechtsverständnis nach der EMRK und der Grundrechtsjudikatur des EuGH, 2002, S. 123; ähnlich *M. Rossi*, in: C. Calliess/M. Ruffert (Hrsg.), EUV, AEUV, 5. Aufl. 2016, Art. 20 GRC Rn. 3.

[360] *P. M. Huber*, EuZW 1997, S. 517 (520): „Keine strukturellen Defizite".

[361] *M. Rossi*, in: C. Calliess/M. Ruffert (Hrsg.), EUV, AEUV, 5. Aufl. 2016, Art. 20 GRC Rn. 3; *S. Hölscheidt*, in: J. Meyer (Hrsg.), Charta der Grundrechte der Europäischen Union, 4. Aufl. 2014, Art. 20 GRC Rn. 11; *A. Schramm*, in: M. Holoubek/G. Lienbacher (Hrsg.), Charta der Grundrechte der Europäischen Union, 2014, Art. 20 Rn. 6; *H. D. Jarass*, EU-Grundrechte, 2005, § 24, Rn. 2 m. w. N.; vgl. auch *U. Kischel*, EuGRZ 24 (1997), S. 1 (3 f.).

des Primärrechts deutlicher abgrenzt. Dies soll in der vorliegenden Arbeit analysiert werden.

5. Rechtfertigung

Art. 52 Abs. 1 GRC stellt mehrere Anforderungen an die Rechtfertigung eines Grundrechtseingriffs: Jede Grundrechtseinschränkung muss gesetzlich vorgesehen sein und den Wesensgehalt dieser Rechte und Freiheiten achten. Unter Wahrung des Grundsatzes der Verhältnismäßigkeit dürfen Einschränkungen nur vorgenommen werden, wenn sie erforderlich sind und den von der Union anerkannten dem Gemeinwohl dienenden Zielsetzungen oder den Erfordernissen des Schutzes der Rechte und Freiheiten anderer tatsächlich entsprechen.

Die Prüfung der Rechtfertigung eines Eingriffs in den Schutzbereich eines Grundrechts beziehungsweise einer Ungleichbehandlung oder Diskriminierung stellt die zentrale Stufe in der Grundrechtsprüfung dar.[362] Hier zeigt sich der reale Wert der Grundrechte.[363] Es wird geprüft, ob die Einschränkung „bestimmten rechtlichen Anforderungen entspricht, unten denen das Grundrecht in zulässiger Weise beschränkbar ist."[364] Dabei bestimmen die Grundrechtsschranken den Maßstab der Rechtfertigung.[365] Das Schrankensystem der Charta ist auf den ersten Blick übersichtlich und einfach gegliedert.[366] Dieser Eindruck schwindet jedoch bei näherer Betrachtung.[367] Ausgangspunkt sind die horizontalen Schrankenregelungen in Art. 52 Abs. 1 bis 3 GRC.[368] Durch diese allgemeine Schrankenregelung wollte der Konvent einen intensiveren Grundrechtsschutz ermöglichen.[369] Art. 52 Abs. 1 S. 1 GRC enthält den Vorbehalt des Gesetzes und die Wesensgehaltsgarantie. Nach S. 2 dieser Vorschrift müssen

---

[362] *M. Kenntner*, ZRP 2000, S. 423 (423).
[363] *R. Streinz*, Bundesverfassungsgerichtlicher Grundrechtsschutz und Europäisches Gemeinschaftsrecht, 1989, S. 410; *S. Storr*, Der Staat 36 (1997), S. 547 (560); *F. Schwab*, Verhältnismäßigkeit, 2002, S. 60; ähnlich *S. Alber/U. Widmaier*, EuGRZ 33 (2006), S. 113 (113); *T. von Danwitz*, in: P. J. Tettinger/K. Stern (Hrsg.), Kölner Gemeinschaftskommentar zur Europäischen Grundrechte-Charta, 2006, Art. 52 Rn. 27; *S. Peers/S. Prechal*, in: S. Peers/T. K. Hervey/A. Ward (Hrsg.), The EU Charter of Fundamental Rights, 2014, Art 52 Rn. 7; *J. Bergmann*, in: J. Bergmann/K. Dienelt (Hrsg.), Ausländerrecht, 12. Aufl. 2018, Art. 52 GRC Rn. 1.
[364] *M. Hilf*, Die Schranken der EU-Grundrechte, in: D. Merten/H.-J. Papier (Hrsg.), HGR, Band VI/1, 2010, § 164, Rn. 1.
[365] *M. Hilf*, Die Schranken der EU-Grundrechte, in: D. Merten/H.-J. Papier (Hrsg.), HGR, Band VI/1, 2010, § 164, Rn. 4.
[366] *M. Hilf*, Die Schranken der EU-Grundrechte, in: D. Merten/H.-J. Papier (Hrsg.), HGR, Band VI/1, 2010, § 164, Rn. 36.
[367] *M. Hilf*, Die Schranken der EU-Grundrechte, in: D. Merten/H.-J. Papier (Hrsg.), HGR, Band VI/1, 2010, § 164, Rn. 36.
[368] *M. Hilf*, Die Schranken der EU-Grundrechte, in: D. Merten/H.-J. Papier (Hrsg.), HGR, Band VI/1, 2010, § 164, Rn. 38.
[369] *M. Hilf*, Die Schranken der EU-Grundrechte, in: D. Merten/H.-J. Papier (Hrsg.), HGR, Band VI/1, 2010, § 164, Rn. 59; vgl. zur Diskussion im Konvent auch *S. Alber/U. Widmaier*, EuGRZ 33 (2006), S. 113 (114).

zudem alle Grundrechtseinschränkungen verhältnismäßig sein. Art. 52 Abs. 2 GRC hingegen ist eine Transferklausel, die die Schranken aus EUV und AEUV in die Charta inkorporiert, soweit das entsprechende Grundrecht schon in diesen Verträgen enthalten ist.[370] Art. 52 Abs. 3 GRC schließlich stellt eine Verbindung zur EMRK her.[371] Beide Regelungen haben aber einen nur eingeschränkten Anwendungsbereich und verdrängen Art. 52 Abs. 1 GRC nicht.[372]

Die Rechtslehre vertritt darüber hinaus die Ansicht, dass Eingriffe in einige Grundrechte keiner Rechtfertigung zugänglich, diese also absolut gewährleistet sind.[373] Den grundrechtsspezifischen Schranken in Art. 8 Abs. 2 und Art. 17 GRC soll dagegen nur klarstellende Funktion zukommen.[374]

Der EuGH hat die Grundrechte von Anbeginn seiner Grundrechtsprechung in den Urteilen Internationale Handelsgesellschaft (C-11/70) und Nold (C-4/73) für beschränkbar gehalten.[375] In den meisten Entscheidungen blieb jedoch der Inhalt der Schranken unklar.[376] Ebenso schwankte die Prüfungsstruktur der Rechtfertigung von Grundrechtseingriffen in der Rechtsprechung vor Inkrafttreten der Charta stark.[377] Dabei wandte der EuGH meist einen allgemeinen Schrankenvorbehalt für sämtliche Grundrechte an.[378] Als Voraussetzungen zur Rechtfertigung einer Einschränkung verlangte er eine gesetzliche Grundlage, die Verfolgung von dem Gemeinwohl dienenden Zielen der Union und die Verhältnismäßigkeit der Maßnahme.[379] Teilweise wurde schon diese generalisierende Herangehensweise, die nicht zwischen verschiedenen Schranken und

---

[370] *M. Hilf*, Die Schranken der EU-Grundrechte, in: D. Merten/H.-J. Papier (Hrsg.), HGR, Band VI/1, 2010, § 164, Rn. 39.

[371] *M. Hilf*, Die Schranken der EU-Grundrechte, in: D. Merten/H.-J. Papier (Hrsg.), HGR, Band VI/1, 2010, § 164, Rn. 39.

[372] Siehe zu Art. 52 Abs. 2 GRC Kapitel 3 A. I. 4. a) sowie zu Abs. 3 Kapitel 3 A. I. 4. b).

[373] *M. Hilf*, Die Schranken der EU-Grundrechte, in: D. Merten/H.-J. Papier (Hrsg.), HGR, Band VI/1, 2010, § 164, Rn. 40, 51–54; *K. F. Gärditz*, Schutzbereich und Grundrechtseingriff, in: C. Grabenwarter (Hrsg.), Europäischer Grundrechteschutz (EnzEuR Band 2), 2014, § 4, Rn. 3; *S. Peers/S. Prechal*, in: S. Peers/T. K. Hervey/A. Ward (Hrsg.), The EU Charter of Fundamental Rights, 2014, Art 52 Rn. 34.

[374] *M. Hilf*, Die Schranken der EU-Grundrechte, in: D. Merten/H.-J. Papier (Hrsg.), HGR, Band VI/1, 2010, § 164, Rn. 57 f.

[375] *M. Hilf*, Die Schranken der EU-Grundrechte, in: D. Merten/H.-J. Papier (Hrsg.), HGR, Band VI/1, 2010, § 164, Rn. 10, 13; *I. Wetter*, Die Grundrechtscharta des Europäischen Gerichtshofes, 1998, S. 102 f.; *C. Eisner*, Die Schrankenregelung der Grundrechtecharta der Europäischen Union, 2005, S. 55.

[376] *E. Stieglitz*, Allgemeine Lehren im Grundrechtsverständnis nach der EMRK und der Grundrechtsjudikatur des EuGH, 2002, S. 129; *I. Wetter*, Die Grundrechtscharta des Europäischen Gerichtshofes, 1998, S. 103.

[377] *J. Kühling*, Grundrechte, in: A. von Bogdandy/J. Bast (Hrsg.), Europäisches Verfassungsrecht, 2. Aufl. 2009, S. 657 (691).

[378] *M. Hilf*, Die Schranken der EU-Grundrechte, in: D. Merten/H.-J. Papier (Hrsg.), HGR, Band VI/1, 2010, § 164, Rn. 13.

[379] *M. Hilf*, Die Schranken der EU-Grundrechte, in: D. Merten/H.-J. Papier (Hrsg.), HGR, Band VI/1, 2010, § 164, Rn. 15–27.

Schranken-Schranken unterschied, kritisiert.[380] Auch die einzelnen Teilelemente der Prüfung waren Gegenstand starker Kritik.[381] Zusätzlich wurde die allgemeine Schrankendogmatik als nicht überzeugend[382] und wenig transparent[383] eingestuft. *Eisner* sieht hier den „Hauptkritikpunkt" an der Grundrechtsdogmatik des EuGH.[384] Durch das Inkrafttreten der Charta wurden aber auf allen Ebenen Verbesserungen erwartet.[385]

Die einzelnen Prüfungsschritte der Rechtfertigung (Gesetzesvorbehalt, Verhältnismäßigkeit etc.) werden in den folgenden Punkten (a) bis c)) erläutert.

a) Gesetzesvorbehalt

Gemäß Art. 52 Abs. 1 S. 1 GRC muss jede Einschränkung der Ausübung der in dieser Charta anerkannten Rechte und Freiheiten gesetzlich vorgesehen sein. Nähere Angaben, wie die verlangte Rechtsgrundlage der Grundrechtseinschränkung beschaffen sein muss, enthält die Charta allerdings nicht.[386] Unklar ist insbesondere, ob dieser Vorbehalt des Gesetzes[387] als Parlamentsvorbehalt zu verstehen oder ob auch ungeschriebenes Gewohnheits- und Richterrecht ausreichend ist.[388] Ihm soll aber vor allem eine rechtsstaatliche und weniger eine

---

[380] *E. Stieglitz*, Allgemeine Lehren im Grundrechtsverständnis nach der EMRK und der Grundrechtsjudikatur des EuGH, 2002, S. 129; *M. Hilf*, Die Schranken der EU-Grundrechte, in: D. Merten/H.-J. Papier (Hrsg.), HGR, Band VI/1, 2010, § 164, Rn. 12; *S. Storr*, Der Staat 36 (1997), S. 547 (561).

[381] Vgl. *E. Stieglitz*, Allgemeine Lehren im Grundrechtsverständnis nach der EMRK und der Grundrechtsjudikatur des EuGH, 2002, S. 129 f.; *M. Hilf*, Die Schranken der EU-Grundrechte, in: D. Merten/H.-J. Papier (Hrsg.), HGR, Band VI/1, 2010, § 164, Rn. 33.

[382] *E. Stieglitz*, Allgemeine Lehren im Grundrechtsverständnis nach der EMRK und der Grundrechtsjudikatur des EuGH, 2002, S. 129; *S. Storr*, Der Staat 36 (1997), S. 547 (561 f.).

[383] *M. Kenntner*, ZRP 2000, S. 423 (424); *C. Eisner*, Die Schrankenregelung der Grundrechtecharta der Europäischen Union, 2005, S. 61.

[384] *C. Eisner*, Die Schrankenregelung der Grundrechtecharta der Europäischen Union, 2005, S. 59; ebenso *E. Pache*, EuR 2001, S. 475 (488).

[385] *M. Hilf*, Die Schranken der EU-Grundrechte, in: D. Merten/H.-J. Papier (Hrsg.), HGR, Band VI/1, 2010, § 164, Rn. 85; vorsichtiger *T. von Danwitz*, Aktuelle Entwicklungen im Grundrechtsschutz der EU, in: M. Sachs (Hrsg.), Der grundrechtsgeprägte Verfassungsstaat, Festschrift für K. Stern, 2012, S. 669 (673).

[386] Vgl. etwa *J. P. Terhechte*, in: H. von der Groeben/J. Schwarze/A. Hatje (Hrsg.), Europäisches Unionsrecht, 7. Aufl. 2015, Art. 52 GRC Rn. 6.

[387] Der Begriff des Vorbehalts des Gesetzes ist präziser, in der Literatur zur Charta wird er jedoch synonym mit dem Begriff des Gesetzesvorbehalts verwandt.

[388] *T. Kingreen*, in: C. Calliess/M. Ruffert (Hrsg.), EUV, AEUV, 5. Aufl. 2016, Art. 52 GRC Rn. 61; *C. Eisner*, Die Schrankenregelung der Grundrechtecharta der Europäischen Union, 2005, S. 173, 136 ff.; *T. von Danwitz*, in: P. J. Tettinger/K. Stern (Hrsg.), Kölner Gemeinschaftskommentar zur Europäischen Grundrechte-Charta, 2006, Art. 52 Rn. 2; das Erfordernis eines formellen Parlamentsgesetzes verneinend *M. Hilf*, Die Schranken der EU-Grundrechte, in: D. Merten/H.-J. Papier (Hrsg.), HGR, Band VI/1, 2010, § 164, Rn. 60; *M. Borowsky*, in: J. Meyer (Hrsg.), Charta der Grundrechte der Europäischen Union, 4. Aufl. 2014, Art. 52 Rn. 20.

horizontal gewaltenteilende Funktion zukommen.[389] Ziel ist, die Ausübung von Hoheitsbefugnissen für den Bürger vorhersehbar zu machen.[390] In der Literatur wird zwischen Maßnahmen der Union und der Mitgliedstaaten unterschieden.[391] Auf Ebene der Union ist vor allem fraglich, wie mit auf die Kommission gemäß Art. 290 AEUV übertragenen Rechtssetzungsbefugnissen umzugehen ist.[392]

Auch vor Inkrafttreten der Charta verlangte der Gerichtshof für die Rechtfertigung eines Eingriffs in den Schutzbereich eines Grundrechts eine gesetzliche Grundlage.[393] Unklar blieb, welcher Art diese Rechtsgrundlage sein musste und insbesondere, ob es einen Parlamentsvorbehalt gab.[394] Meist wurde schon damals zwischen Maßnahmen der Union und der Mitgliedstaaten differenziert.[395] Während für nationale Maßnahmen eine Anlehnung an die nationalen Maßstäbe gefordert wurde, sollte für Akte der damaligen Gemeinschaft eine genuin unionsrechtliche Lösung gefunden werden.[396] Dabei wurde insbesondere die Rechtssetzung durch den Rat als mit dem Vorbehalt des Gesetzes vereinbar angesehen.[397] Jedenfalls sollte die Grundlage hinreichend bestimmt[398] und zugänglich[399] sein. Insgesamt wurde der Grundrechtsschutz durch den Gerichts-

---

[389] *M. Hilf*, Die Schranken der EU-Grundrechte, in: D. Merten/H.-J. Papier (Hrsg.), HGR, Band VI/1, 2010, § 164, Rn. 60.

[390] *M. Hilf*, Die Schranken der EU-Grundrechte, in: D. Merten/H.-J. Papier (Hrsg.), HGR, Band VI/1, 2010, § 164, Rn. 60 mit Verweis auf die Begründung des Präsidiums; *M. Borowsky*, in: J. Meyer (Hrsg.), Charta der Grundrechte der Europäischen Union, 4. Aufl. 2014, Art. 52 Rn. 20.

[391] So *M. Borowsky*, in: J. Meyer (Hrsg.), Charta der Grundrechte der Europäischen Union, 4. Aufl. 2014, Art. 52 Rn. 20 f.; *T. Kingreen*, in: C. Calliess/M. Ruffert (Hrsg.), EUV, AEUV, 5. Aufl. 2016, Art. 52 GRC Rn. 61 f.; *H. D. Jarass*, Charta der Grundrechte der Europäischen Union, 3. Aufl. 2016, Art. 52 Rn. 23–26.

[392] Vgl. *T. Kingreen*, in: C. Calliess/M. Ruffert (Hrsg.), EUV, AEUV, 5. Aufl. 2016, Art. 52 GRC Rn. 62.

[393] *M. Hilf*, Die Schranken der EU-Grundrechte, in: D. Merten/H.-J. Papier (Hrsg.), HGR, Band VI/1, 2010, § 164, Rn. 15–20; *E. Stieglitz*, Allgemeine Lehren im Grundrechtsverständnis nach der EMRK und der Grundrechtsjudikatur des EuGH, 2002, S. 132 f. m. w. N.; vgl. aber *S. Peers/S. Prechal*, in: S. Peers/T. K. Hervey/A. Ward (Hrsg.), The EU Charter of Fundamental Rights, 2014, Art 52 Rn. 36, die auf die seltene Prüfung durch den EuGH hinweisen.

[394] *E. Stieglitz*, Allgemeine Lehren im Grundrechtsverständnis nach der EMRK und der Grundrechtsjudikatur des EuGH, 2002, S. 132.

[395] Vgl. *E. Stieglitz*, Allgemeine Lehren im Grundrechtsverständnis nach der EMRK und der Grundrechtsjudikatur des EuGH, 2002, S. 132; ebenso zur Situation nach Inkrafttreten der Charta *M. Borowsky*, in: J. Meyer (Hrsg.), Charta der Grundrechte der Europäischen Union, 4. Aufl. 2014, Art. 52 Rn. 20.

[396] *E. Stieglitz*, Allgemeine Lehren im Grundrechtsverständnis nach der EMRK und der Grundrechtsjudikatur des EuGH, 2002, S. 132 f.

[397] *E. Stieglitz*, Allgemeine Lehren im Grundrechtsverständnis nach der EMRK und der Grundrechtsjudikatur des EuGH, 2002, S. 132 f.

[398] *J. Kühling*, Grundrechte, in: A. von Bogdandy/J. Bast (Hrsg.), Europäisches Verfassungsrecht, 2. Aufl. 2009, S. 657 (691 f.); *E. Stieglitz*, Allgemeine Lehren im Grundrechtsverständnis nach der EMRK und der Grundrechtsjudikatur des EuGH, 2002, S. 133.

[399] *J. Kühling*, Grundrechte, in: A. von Bogdandy/J. Bast (Hrsg.), Europäisches Verfassungsrecht, 2. Aufl. 2009, S. 657 (691 f.).

hof in diesem Bereich als „vergleichsweise weit entwickelt" bezeichnet.[400] Allerdings sei die Relevanz des Erfordernisses einer gesetzlichen Grundlage wegen der spezifischen Strukturen der Unionsrechtsordnung für die Ebene der EU gering gewesen,[401] insbesondere in ihrer Funktion als Instrument der horizontalen Gewaltenteilung.[402]

In der vorliegenden Arbeit soll untersucht werden, ob der EuGH nach Verbindlichwerden der Charta den Gesetzesvorbehalt prüft und ob er eine kohärente und konsistente Rechtsprechung zu den Voraussetzungen des Gesetzesvorbehalts gemäß Art. 52 Abs. 1 S. 1 GRC entwickelt.

b) Verhältnismäßigkeit

Gemäß Art. 52 Abs. 1 S. 2 GRC dürfen Einschränkungen der Grundrechte unter Wahrung des Grundsatzes der Verhältnismäßigkeit nur vorgenommen werden, wenn sie erforderlich sind und den von der Union anerkannten dem Gemeinwohl dienenden Zielsetzungen oder den Erfordernissen des Schutzes der Rechte und Freiheiten anderer tatsächlich entsprechen. Die Verhältnismäßigkeit ist damit der zentrale Maßstab für die Rechtfertigung von Grundrechtseinschränkungen.[403] Sie wird als „Herzstück der materiellen Schutzwirkung der Grundrechte" bezeichnet,[404] ohne die der Grundrechtsschutz leer laufe.[405] Dementsprechend bildet sie das wichtigste Kriterium für die Grundrechtsprüfung des EuGH (aa)).

Die Verhältnismäßigkeitsprüfung lässt sich in mehrere Stufen (legitimes Ziel, Geeignetheit, Erforderlichkeit und Angemessenheit) unterteilen. Im Folgenden (bb) bis hh)) wird daher einerseits nach diesen verschiedenen Stufen und gleichzeitig nach den einzelnen Aspekten der Kritik vor Inkrafttreten der Charta (isolierte Verhältnismäßigkeitsprüfung, zweistufige Prüfung und Prüfdichte) unterschieden.

aa) Bedeutung der Verhältnismäßigkeitsprüfung

Bei der Entwicklung des Verhältnismäßigkeitsgrundsatzes hatte insbesondere die deutsche Rechtskultur einen bedeutenden Einfluss auf das Unions-

---

[400] *E. Stieglitz*, Allgemeine Lehren im Grundrechtsverständnis nach der EMRK und der Grundrechtsjudikatur des EuGH, 2002, S. 133 m. w. N.
[401] *M. Hilf*, Die Schranken der EU-Grundrechte, in: D. Merten/H.-J. Papier (Hrsg.), HGR, Band VI/1, 2010, § 164, Rn. 16.
[402] *M. Hilf*, Die Schranken der EU-Grundrechte, in: D. Merten/H.-J. Papier (Hrsg.), HGR, Band VI/1, 2010, § 164, Rn. 17.
[403] *T. von Danwitz*, Gerichtlicher Schutz der Grundrechte, in: C. Grabenwarter (Hrsg.), Europäischer Grundrechteschutz (EnzEuR Band 2), 2014, § 6, Rn. 66; ähnlich schon *E. Pache*, NVwZ 1999, S. 1033 (1037).
[404] *M. Cornils*, Schrankendogmatik, in: C. Grabenwarter (Hrsg.), Europäischer Grundrechteschutz (EnzEuR Band 2), 2014, § 5, Rn. 12.
[405] *U. Kischel*, EuR 35 (2000), S. 380 (381).

recht.⁴⁰⁶ Dort „gilt der Verhältnismäßigkeitsgrundsatz als die ‚zentrale Schranken-Schranke' grundrechtseinschränkender Gesetze".⁴⁰⁷ In Frankreich wird er dagegen eher selten angewandt.⁴⁰⁸ Im britischen Verwaltungsrecht dominiert die sogenannte *Wednesbury*-Formel, die danach fragt, ob eine Maßnahme offensichtlich ungeeignet ist.⁴⁰⁹ Bei der Entwicklung des Verhältnismäßigkeitsgrundsatzes auf Ebene der heutigen Europäischen Union kommt dem Gerichtshof eine Schlüsselrolle zu.⁴¹⁰ Schon 2003 zählte die Verhältnismäßigkeit zu den am häufigsten vom EuGH und EuG geprüften Rechtsgrundsätzen.⁴¹¹ Dabei kam es im Laufe der Entwicklung zu mehreren Änderungen der normativen Grundlage.⁴¹²

In der vorliegenden Arbeit wird zwischen dem Verhältnismäßigkeitsgrundsatz als allgemeinem Grundsatz des Unionsrechts sowie aus anderen Rechtsquellen als der Charta einerseits und dem Verhältnismäßigkeitsgrundsatz nach Art. 52 Abs. 1 S. 2 GRC andererseits unterschieden.⁴¹³ Nur letzterer ist Gegenstand der Untersuchung, da sich diese Arbeit mit der Grundrechtsprechung nach Einführung der Charta befasst. Dementsprechend wird als Verhältnismäßigkeitsprüfung hier auch nur eine Prüfung im Rahmen einer Grundrechtsprüfung anhand der Charta angesehen.

Um die Bedeutung des Verhältnismäßigkeitsgrundsatzes darzulegen, kann gleichwohl an die Literatur vor der Charta angeknüpft werden, da Art. 52 Abs. 1 GRC – wie bereits aus den Erläuterungen zur Charta hervorgeht – insofern auf der Rechtsprechung des EuGH aufbaut⁴¹⁴ und der Prüfung der Verhältnis-

---

⁴⁰⁶ *T. von Danwitz*, Gerichtlicher Schutz der Grundrechte, in: C. Grabenwarter (Hrsg.), Europäischer Grundrechteschutz (EnzEuR Band 2), 2014, § 6, Rn. 66 (Fn. 285); *C. D. Classen*, Das Prinzip der Verhältnismäßigkeit im Spiegel europäischer Rechtsentwicklungen, in: M. Sachs (Hrsg.), Der grundrechtsgeprägte Verfassungsstaat, Festschrift für K. Stern, 2012, S. 651 (651); *T. von Danwitz*, EWS 2003, S. 393 (393); vgl. auch *U. Kischel*, EuR 35 (2000), S. 380 (382); *M. Hentschel-Bednorz*, Derzeitige Rolle und zukünftige Perspektive des EuGH im Mehrebenensystem des Grundrechtsschutzes in Europa, 2012, S. 188.

⁴⁰⁷ *S. Storr*, Der Staat 36 (1997), S. 547 (564); ähnlich *T. von Danwitz*, EWS 2003, S. 393 (394).

⁴⁰⁸ Dazu ausführlich *O. Koch*, Verhältnismäßigkeit, 2003, S. 63–79.

⁴⁰⁹ *G. de Búrca*, Yearbook of European Law 13 (1993), S. 105 (107f., 123); ausführlich *O. Koch*, Verhältnismäßigkeit, 2003, S. 79–91; *T. von Danwitz*, EWS 2003, S. 393 (397); zu den neuen Entwicklungen aber *M. J. Alter*, ZaöRV 2015, S. 847.

⁴¹⁰ *O. Koch*, Verhältnismäßigkeit, 2003, S. 33–35.

⁴¹¹ *O. Koch*, Verhältnismäßigkeit, 2003, S. 34; ebenso im Jahr 2008 *T. von Danwitz*, ZESAR 2008, S. 57 (61).

⁴¹² Nachweise bei *O. Koch*, Verhältnismäßigkeit, 2003, S. 158 ff.

⁴¹³ Ebenso z. B. GA P. Cruz Villalón, Schlussanträge v. 12.12.2013, Rs. C-293/12 und C-594/12 *(Digital Rights Ireland und Seitlinger u. a.)*, Rn. 89, 133.

⁴¹⁴ *Präsidium des Konvents*, Erläuterungen zur Charta der Grundrechte, ABl. 2007 Nr. C 303/02, 14.12.2007, S. 32; *T. von Danwitz*, in: P. J. Tettinger/K. Stern (Hrsg.), Kölner Gemeinschaftskommentar zur Europäischen Grundrechte-Charta, 2006, Art. 52 Rn. 16 ff.; *C. Eisner*, Die Schrankenregelung der Grundrechtecharta der Europäischen Union, 2005, S. 157, 203 f.

A. Kriterien und Untersuchungsgegenstand

mäßigkeit im Rahmen der Grundrechtsprüfung schon vor der Charta eine eigenständige Bedeutung zukam.[415]

Nach *Everling* besteht die Funktion der Verhältnismäßigkeitsprüfung darin, „Eingriffe der öffentlichen Gewalt in Rechtspositionen auf das erforderliche und angemessene Maß zu beschränken" und „das den Entscheidungsträgern zustehende Ermessen einzugrenzen."[416] Bezogen auf Grundrechte bedeutet dies, dass das Prinzip der Verhältnismäßigkeit „die grundrechtlichen Rechtfertigungslasten, die auf der hoheitlichen Freiheitsbeschränkung liegen", strukturiert[417] und verhindert, dass die Grundrechte übermäßig eingeschränkt werden.[418] Es dient als „Richtschnur" bei der Abwägung widerstreitender Rechtspositionen und ist folglich ein wichtiges Instrument zur Sicherung individueller Rechte.[419]

Der Grundsatz der Verhältnismäßigkeit ist allerdings nicht unumstritten.[420] So wird in der Europarechtswissenschaft beispielsweise auf die „Unsicherheit über den normativen Wert der konkurrierenden Rechtsgüter"[421] hingewiesen. (Einige) Rechtsgüter seien unvergleichbar. Einzelfallabwägungen seien außerdem der Rechtssicherheit eher abträglich.[422] Dementsprechend entschied auch der EuGH im Jahr 1973, die Organe hätten bei der Wahrnehmung ihrer Befugnisse zwar darüber zu wachen, dass „die den Wirtschaftsteilnehmern auferlegten Belastungen nicht das Maß übersteigen, das erforderlich ist, damit die Verwaltung die ihr gesteckten Ziele zu erreichen vermag," doch folge daraus nicht, dass „der Umfang dieser Verpflichtung an den besonderen Verhältnissen eines bestimmten Wirtschaftskreises zu messen" sei.[423] „Eine solche Abwägung wäre angesichts der Vielfalt und Komplexität der wirtschaftlichen Verhältnisse nicht bloß undurchführbar, sondern würde darüber hinaus eine ständige Quelle der Rechtsunsicherheit darstellen."[424] Dem wurde jedoch entgegengehal-

---

[415] *I. Wetter*, Die Grundrechtscharta des Europäischen Gerichtshofes, 1998, S. 104; *C. Eisner*, Die Schrankenregelung der Grundrechtecharta der Europäischen Union, 2005, S. 56.
[416] *U. Everling*, Die Kontrolle des Gemeinschaftsgesetzgebers durch die Europäischen Gerichte, in: C. O. Lenz/J. Gündisch (Hrsg.), Beiträge zum deutschen und europäischen Recht, 1999, S. 89 (99) m. w. N.
[417] *M. Cornils*, Schrankendogmatik, in: C. Grabenwarter (Hrsg.), Europäischer Grundrechteschutz (EnzEuR Band 2), 2014, § 5, Rn. 107.
[418] *E. Stieglitz*, Allgemeine Lehren im Grundrechtsverständnis nach der EMRK und der Grundrechtsjudikatur des EuGH, 2002, S. 141.
[419] *T. von Danwitz*, EWS 2003, S. 393 (394) m. w. N.; ähnlich *E. Stieglitz*, Allgemeine Lehren im Grundrechtsverständnis nach der EMRK und der Grundrechtsjudikatur des EuGH, 2002, S. 138.
[420] Insbesondere zur Güterabwägung *O. Koch*, Verhältnismäßigkeit, 2003, S. 266 m. w. N.
[421] *N. Petersen*, Verhältnismäßigkeit als Rationalitätskontrolle, 2015, S. 4.
[422] Nachweise etwa bei *N. Petersen*, Verhältnismäßigkeit als Rationalitätskontrolle, 2015, S. 72.
[423] EuGH, Urteil v. 24.10.1973, Rs. C-5/73 *(Balkan Import Export GmbH/Hauptzollamt Berlin Packhof)*, Slg. 1973, 1091, 1111 f. (Rn. 22).
[424] EuGH, Urteil v. 24.10.1973, Rs. C-5/73 *(Balkan Import Export GmbH/Hauptzollamt Berlin Packhof)*, Slg. 1973, 1091, 1111 f. (Rn. 22).

ten, bei einem weiten Ermessensspielraum der Gemeinschaftsorgane wäre von vornherein nicht voraussehbar, welche Entscheidungen diese im Einzelfall treffen würden. Es sei gerade der dynamische Charakter des Gemeinschaftsrechts, der nicht zur Rechtssicherheit, sondern im Gegenteil zur Rechtsunsicherheit beitrage.[425] In der Literatur wird zudem auf die „empirische Unsicherheit über die Intensität eines Grundrechtseingriffs und die Effektivität gesetzgeberischer Maßnahmen bei der Verfolgung von Eingriffszielen" hingewiesen.[426] Bei Prognosen müsse dem Gesetzgeber daher ein Abwägungsspielraum zugestanden werden, jedoch müssten auch diese überprüfbar bleiben.[427]

Trotz dieser Bedenken war die Verhältnismäßigkeitsprüfung schon vor Inkrafttreten der Charta der zentrale Prüfungsschritt bei der Grundrechtsprüfung durch den EuGH.[428] Erstmalig prüfte der Gerichtshof die Verhältnismäßigkeit im Zusammenhang mit einer Grundrechtsprüfung im Urteil Internationale Handelsgesellschaft mbH / Einfuhr- und Vorratsstelle für Getreide und Futtermittel (C-11/70).[429] Der Umgang des EuGH damit wurde jedoch häufig – sogar vom Grundrechtekonvent[430] – kritisiert[431] und als sehr uneinheitlich gerügt: Mal prüfe der Gerichtshof den Grundsatz, ohne auf dessen Teile einzugehen, mal prüfe er nur einen Teilgrundsatz (zum Beispiel nur die offensichtliche Ungeeignetheit, Erforderlichkeit beziehungsweise Notwendigkeit).[432] Insgesamt sei die Prüfung konturenlos.[433]

---

[425] *E. Stieglitz*, Allgemeine Lehren im Grundrechtsverständnis nach der EMRK und der Grundrechtsjudikatur des EuGH, 2002, S. 141; *H. D. Jarass*, AöR 121 (1996), S. 173 (181).

[426] *N. Petersen*, Verhältnismäßigkeit als Rationalitätskontrolle, 2015, S. 4 f.

[427] *N. Petersen*, Verhältnismäßigkeit als Rationalitätskontrolle, 2015, S. 88 f.

[428] *T. von Danwitz*, EWS 2003, S. 393 (394); *E. Pache*, NVwZ 1999, S. 1033 (1037); *E. Stieglitz*, Allgemeine Lehren im Grundrechtsverständnis nach der EMRK und der Grundrechtsjudikatur des EuGH, 2002, S. 138.

[429] *I. Wetter*, Die Grundrechtscharta des Europäischen Gerichtshofes, 1998, S. 104.

[430] Protokoll der 13. Sitzung des Konvents (informelle Tagung) am 28./29./30. Juni 2000, abgedruckt in *N. Bernsdorff/M. Borowsky*, Die Charta der Grundrechte der Europäischen Union, 2002, S. 280 ff. (299); siehe dazu auch *T. von Danwitz*, in: P. J. Tettinger/K. Stern (Hrsg.), Kölner Gemeinschaftskommentar zur Europäischen Grundrechte-Charta, 2006, Art. 52 Rn. 2, 39.

[431] Z. B. *T. von Danwitz*, EWS 2003, S. 393; *U. Kischel*, EuR 35 (2000), S. 380; *E. Stieglitz*, Allgemeine Lehren im Grundrechtsverständnis nach der EMRK und der Grundrechtsjudikatur des EuGH, 2002, S. 138–143; VG Frankfurt a. M., Beschluss v. 24.10.1996, Rs. 1 E 798/95 (V) und 1 E 2949/93 (V) *(Vereinbarkeit der Bananenmarktordnung mit dem Grundgesetz)*, EuZW 1997, S. 182 ff., Rn. 190; *T. von Danwitz*, ZESAR 2008, S. 57 (61 f.); *T. von Danwitz*, in: P. J. Tettinger/K. Stern (Hrsg.), Kölner Gemeinschaftskommentar zur Europäischen Grundrechte-Charta, 2006, Art. 52 Rn. 19 f.; *I. Wetter*, Die Grundrechtscharta des Europäischen Gerichtshofes, 1998, S. 107; *T. Stein*, „Gut gemeint ..." – Bemerkungen zur Charta der Grundrechte der Europäischen Union, in: H.-J. Cremer/T. Giegerich/D. Richter u. a. (Hrsg.), Tradition und Weltoffenheit des Rechts, Festschrift für H. Steinberger, 2002, S. 1425 (1431).

[432] *O. Koch*, Verhältnismäßigkeit, 2003, S. 199–201; *C. Eisner*, Die Schrankenregelung der Grundrechtecharta der Europäischen Union, 2005, S. 61; *I. Wetter*, Die Grundrechtscharta des Europäischen Gerichtshofes, 1998, S. 107; vgl. zur Terminologie vor der Charta auch

A. Kriterien und Untersuchungsgegenstand

Ungeachtet der generellen Kritik am Verhältnismäßigkeitsgrundsatz und an der Rechtsprechung des EuGH wurde die Verhältnismäßigkeit in Art. 52 Abs. 1 GRC aufgenommen.[434] Auch wenn es durch die GRC ebenso zu einer Kodifizierung von Schutzbereichen und Schranken gekommen ist, bleibt der entscheidende Maßstab für die Rechtfertigung von Grundrechtseingriffen die Verhältnismäßigkeitsprüfung.[435]

In den folgenden Punkten (bb) bis hh)) wird auf die einzelnen Aspekte und Stufen der Verhältnismäßigkeitsprüfung sowie die entsprechende Kritik vor der Charta eingegangen.

bb) Zwei- oder dreistufige Verhältnismäßigkeitsprüfung

Vor Rechtsverbindlichkeit der Charta war umstritten, ob die Verhältnismäßigkeitsprüfung durch den Gerichtshof zwei- oder dreistufig erfolgte, ob der EuGH also eine Untersuchung der Angemessenheit beziehungsweise Verhältnismäßigkeit im engeren Sinne überhaupt vornahm oder nur die Geeignetheit und Erforderlichkeit der fraglichen Maßnahme prüfte.[436] Wenn der Gerichtshof die Angemessenheit untersuchte, vermischte er sie häufig mit der Erforderlichkeit.[437] *Hilf* spricht von einer „eher unsystematische[n] Gesamtabwägung", in der der EuGH nicht ausreichend zwischen den einzelnen Stufen der Verhältnismäßigkeit trennte.[438] Auch folgte auf eine dreistufige Definition der Verhältnismäßigkeit oftmals keine dreistufige Prüfung.[439]

In der Europarechtswissenschaft wird zu Recht die Meinung vertreten, die Unterscheidung von Erforderlichkeit und Angemessenheit diene der Rationalisierung der Rechtsanwendung.[440] Außerdem habe sich die dreistufige Prüfung als hilfreich erwiesen, weil schon auf den Stufen der Geeignetheit und Erfor-

---

R. Streinz, Bundesverfassungsgerichtlicher Grundrechtsschutz und Europäisches Gemeinschaftsrecht, 1989, S. 414 f.

[433] *C. Eisner*, Die Schrankenregelung der Grundrechtecharta der Europäischen Union, 2005, S. 62; *T. von Danwitz*, EWS 2003, S. 393 (395).

[434] Vgl. zur Diskussion im Grundrechtekonvent *M. Borowsky*, in: J. Meyer (Hrsg.), Charta der Grundrechte der Europäischen Union, 4. Aufl. 2014, Art. 52 Rn. 2–6.

[435] *T. von Danwitz*, Gerichtlicher Schutz der Grundrechte, in: C. Grabenwarter (Hrsg.), Europäischer Grundrechteschutz (EnzEuR Band 2), 2014, § 6, Rn. 66.

[436] *O. Koch*, Verhältnismäßigkeit, 2003, S. 217–219; *T. von Danwitz*, EWS 2003, S. 393 (395); vgl. auch *C. D. Classen*, Das Prinzip der Verhältnismäßigkeit im Spiegel europäischer Rechtsentwicklungen, in: M. Sachs (Hrsg.), Der grundrechtsgeprägte Verfassungsstaat, Festschrift für K. Stern, 2012, S. 651 (654–656); *W. Weiß*, EuZW 2013, S. 287 (290).

[437] *O. Koch*, Verhältnismäßigkeit, 2003, S. 230; *I. Wetter*, Die Grundrechtscharta des Europäischen Gerichtshofes, 1998, S. 107.

[438] *M. Hilf*, Die Schranken der EU-Grundrechte, in: D. Merten/H.-J. Papier (Hrsg.), HGR, Band VI/1, 2010, § 164, Rn. 25.

[439] *O. Koch*, Verhältnismäßigkeit, 2003, S. 222; *C. D. Classen*, Das Prinzip der Verhältnismäßigkeit im Spiegel europäischer Rechtsentwicklungen, in: M. Sachs (Hrsg.), Der grundrechtsgeprägte Verfassungsstaat, Festschrift für K. Stern, 2012, S. 651 (656).

[440] So *F. Wollenschläger*, Grundrechtsschutz und Unionsbürgerschaft, in: A. Hatje/

derlichkeit die Möglichkeit zur Zielerreichung sowie der Rückgriff auf milder wirkende Alternativen zur streitigen hoheitlichen Maßnahme untersucht werden könnten.[441] Sie trage mithin zu einer umfassenden Kontrolle der Rationalität staatlicher Grundrechtsbeschränkungen bei und leiste so einen wichtigen Beitrag für die anschließende Angemessenheitsprüfung.[442]

Der Wortlaut von Art. 52 Abs. 1 S. 2 GRC ist insofern jedoch nicht eindeutig.[443] Hiernach dürfen Einschränkungen der Grundrechte unter Wahrung des Grundsatzes der Verhältnismäßigkeit nur vorgenommen werden, wenn sie erforderlich sind und den von der Union anerkannten dem Gemeinwohl dienenden Zielsetzungen oder den Erfordernissen des Schutzes der Rechte und Freiheiten anderer tatsächlich entsprechen. Diese Formulierung könnte sogar so verstanden werden, dass keine Angemessenheit zu prüfen ist, weil diese – anders als die Geeignetheit und Erforderlichkeit der Einschränkung – nicht explizit genannt wird.[444] Eine solche Auslegung würde aber ein Zurückfallen hinter die Rechtsprechung des EuGH vor Inkrafttreten der Charta bedeuten, was gegen die Intention des Grundrechtekonvents verstieße,[445] den Grundrechtsschutz zu stärken und zu konsolidieren.[446] In der Literatur wird Art. 52 Abs. 1 S. 2 GRC daher (fast)[447] einhellig so verstanden, dass eine Einschränkung auch angemessen sein muss.[448]

P.-C. Müller-Graff (Hrsg.), Europäisches Organisations- und Verfassungsrecht (EnzEuR Band 1), 2014, § 8, Rn. 72.

[441] J. Kühling, Grundrechte, in: A. von Bogdandy/J. Bast (Hrsg.), Europäisches Verfassungsrecht, 2. Aufl. 2009, S. 657 (694).

[442] J. Kühling, Grundrechte, in: A. von Bogdandy/J. Bast (Hrsg.), Europäisches Verfassungsrecht, 2. Aufl. 2009, S. 657 (694).

[443] F. Wollenschläger, Grundrechtsschutz und Unionsbürgerschaft, in: A. Hatje/P.-C. Müller-Graff (Hrsg.), Europäisches Organisations- und Verfassungsrecht (EnzEuR Band 1), 2014, § 8, Rn. 72.

[444] M. Hilf, Die Schranken der EU-Grundrechte, in: D. Merten/H.-J. Papier (Hrsg.), HGR, Band VI/1, 2010, § 164, Rn. 65.

[445] M. Hilf, Die Schranken der EU-Grundrechte, in: D. Merten/H.-J. Papier (Hrsg.), HGR, Band VI/1, 2010, § 164, Rn. 65.

[446] M. Cornils, Schrankendogmatik, in: C. Grabenwarter (Hrsg.), Europäischer Grundrechteschutz (EnzEuR Band 2), 2014, § 5, Rn. 108; M. Hilf, Die Schranken der EU-Grundrechte, in: D. Merten/H.-J. Papier (Hrsg.), HGR, Band VI/1, 2010, § 164, Rn. 65; S. Greer/J. Gerards/R. Slowe, Human Rights in the Council of Europe and the European Union, 2018, S. 248.

[447] A. A. nur T. Müller, Der Verhältnismäßigkeitsgrundsatz des Art 52 GRC – Paradigmenwechsel in der europäischen Grundrechtsjudikatur?, in: A. Kahl/N. Raschauer/S. Storr (Hrsg.), Grundsatzfragen der europäischen Grundrechtecharta, 2013, S. 179 (188 f.); Kritik daran bei D. Ehlers, ZÖR 72 (2017), S. 663 (665 f.).

[448] T. Kingreen, in: C. Calliess/M. Ruffert (Hrsg.), EUV, AEUV, 5. Aufl. 2016, Art. 52 GRC Rn. 70; H. D. Jarass, Charta der Grundrechte der Europäischen Union, 3. Aufl. 2016, Art. 52 Rn. 41; M. Cornils, Schrankendogmatik, in: C. Grabenwarter (Hrsg.), Europäischer Grundrechteschutz (EnzEuR Band 2), 2014, § 5, Rn. 108; M. Hilf, Die Schranken der EU-Grundrechte, in: D. Merten/H.-J. Papier (Hrsg.), HGR, Band VI/1, 2010, § 164, Rn. 65; T. von Danwitz, in: P. J. Tettinger/K. Stern (Hrsg.), Kölner Gemeinschaftskommentar zur Europäischen Grundrechte-Charta, 2006, Art. 52 Rn. 42; J. Pietsch, Das Schrankenregime der EU-Grundrechte-

A. Kriterien und Untersuchungsgegenstand

Art. 52 Abs. 1 GRC fordert somit eine Prüfung der Geeignetheit und der Erforderlichkeit sowie nach allgemeiner Meinung auch der Angemessenheit. Ob die Untersuchungen der Erforderlichkeit und der Angemessenheit zu trennen sind (dreistufige Prüfung) oder zusammen vorgenommen werden können (zweistufige Prüfung), lässt die Charta offen. In der vorliegenden Arbeit soll untersucht werden, ob der Gerichtshof nach Inkrafttreten der Charta die Prüfung der Verhältnismäßigkeit regelmäßig zwei- oder dreistufig vornimmt und so eine kohärente und konsistente Rechtsprechung entwickelt.[449]

cc) Prüf- beziehungsweise Kontrolldichte und Spielraum für den Unionsgesetzgeber

Bevor die Charta in Kraft trat, wurde verbreitet kritisiert, dass die Prüf- beziehungsweise Kontrolldichte[450] des EuGH zu gering sei.[451] Der Gerichtshof räumte dem Unionsgesetzgeber (teilweise auch den Mitgliedstaaten[452]) ein weites Ermessen ein und prüfte oftmals nur, ob die fragliche Maßnahme „offensichtlich ungeeignet" war.[453] Dabei korrespondierte eine geringe Prüf- beziehungsweise Kontrolldichte oder -intensität mit einem weiten Beurteilungsbeziehungsweise Ermessensspielraum des Grundrechtsverpflichteten.[454] Die Frage nach der Prüfintensität stellt sich in allen Teilbereichen der Verhältnismäßigkeit.

Nach Ansicht der Rechtswissenschaft wurde die Kontrolldichte vor der Rechtsverbindlichkeit der Charta auf eine bloße Evidenzkontrolle hin verringert und die Verhältnismäßigkeit dabei auf die Frage der Geeignetheit verengt.[455]

---

charta, 2005, S. 170; a.A. nur *T. Müller*, Der Verhältnismäßigkeitsgrundsatz des Art 52 GRC – Paradigmenwechsel in der europäischen Grundrechtsjudikatur?, in: A. Kahl/N. Raschauer/S. Storr (Hrsg.), Grundsatzfragen der europäischen Grundrechtecharta, 2013, S. 179 (188 f.).

[449] Die Prüfung der Angemessenheit als Analysepunkt wird in einem eigenen Abschnitt behandelt: Siehe Kapitel 3 A. II. 5. b) gg).

[450] Dazu ausführlich *F. Schwab*, Der Europäische Gerichtshof und der Verhältnismäßigkeitsgrundsatz: Untersuchung der Prüfungsdichte, 2002.

[451] *M. Nettesheim*, EuZW 1995, S. 106; *M. Ruffert*, in: C. Calliess/M. Ruffert (Hrsg.), EUV, AEUV, 5. Aufl. 2016, Art. 15 GRC Rn. 17: „Besonders eklatante Defizite offenbaren sich auf der Ebene der Kontrolldichte."; *T. von Danwitz*, in: P. J. Tettinger/K. Stern (Hrsg.), Kölner Gemeinschaftskommentar zur Europäischen Grundrechte-Charta, 2006, Art. 52 Rn. 19; dagegen jedoch *A. von Bogdandy*, JZ 56 (2001), S. 157 (170); *J. Pietsch*, Das Schrankenregime der EU-Grundrechtecharta, 2005, S. 102 f.; *M. Zuleeg*, EuGRZ 27 (2000), S. 511 (512).

[452] *F. Wollenschläger*, Grundrechtsschutz und Unionsbürgerschaft, in: A. Hatje/P.-C. Müller-Graff (Hrsg.), Europäisches Organisations- und Verfassungsrecht (EnzEuR Band 1), 2014, §8, Rn. 75.

[453] *W. Frenz*, Handbuch Europarecht Band 4, 2009, Rn. 622; *A. Wehlau/N. Lutzhöft*, EuZW 2012, S. 45 (46); *M. Hentschel-Bednorz*, Derzeitige Rolle und zukünftige Perspektive des EuGH im Mehrebenensystem des Grundrechtsschutzes in Europa, 2012, S. 187, 257 f.

[454] Vgl. zur Terminologie etwa *H. Krämer*, in: K. Stern/M. Sachs (Hrsg.), Europäische Grundrechte-Charta, 2016, Art. 52 Rn. 55.

[455] *A. Wehlau/N. Lutzhöft*, EuZW 2012, S. 45 (46); *W. Frenz*, Handbuch Europarecht Band

Diese „außerordentlich geringe Prüfdichte" sei kaum je geeignet gewesen, zu einer ernsthaften Eingrenzung des politischen Gestaltungsspielraums des Gemeinschaftsgesetzgebers zu führen.[456] Eine solche „äußerst großzügige Kontrolle"[457] nahm der EuGH insbesondere bei wirtschaftlichen Sachverhalten vor.[458] Der Europarechtslehre ging es bei ihrer Kritik weniger um die Frage, ob dem Urheber der Maßnahme überhaupt ein Ermessensspielraum zugestanden werden sollte,[459] sondern um die als zu groß empfundene Weite dieses Spielraums und deren Begründung.[460] Ein zu weiter Ermessensspielraum entleere den Grundrechtsschutz,[461] denn die gerichtliche Kontrollintensität entscheide letztlich über dessen Effektivität.[462]

Ebenso verlangte der Grundrechtekonvent eine Intensivierung der Prüfung.[463] Gleichwohl machen weder Art. 52 noch Art. 53 GRC ausdrückliche

---

4, 2009, Rn. 626; mit zahlreichen Nachweisen *F. Wollenschläger*, Grundrechtsschutz und Unionsbürgerschaft, in: A. Hatje/P.-C. Müller-Graff (Hrsg.), Europäisches Organisations- und Verfassungsrecht (EnzEuR Band 1), 2014, § 8, Rn. 75–77; *J. Kokott*, AöR 1996, S. 599 (609); *S. Storr*, Der Staat 36 (1997), S. 547 (565); vgl. aber *O. Koch*, Verhältnismäßigkeit, 2003, S. 212 f., der nur eine reduzierte Kontrolldichte, nicht aber eine einstufige Verhältnismäßigkeitsprüfung erkennt.

[456] *M. A. Dauses*, EuZW 1997, S. 705.

[457] *J. Kokott*, AöR 1996, S. 599 (609); ähnlich *T. von Danwitz*, EWS 2003, S. 393 (394).

[458] *T. von Danwitz*, EWS 2003, S. 393 (396); *M. Hilf*, Die Schranken der EU-Grundrechte, in: D. Merten/H.-J. Papier (Hrsg.), HGR, Band VI/1, 2010, § 164, Rn. 22 f.

[459] Vgl. etwa *J. Kühling*, Grundrechte, in: A. von Bogdandy/J. Bast (Hrsg.), Europäisches Verfassungsrecht, 2. Aufl. 2009, S. 657 (694); *W. Pauly*, EuR 33 (1998), S. 242 (259); *H.-W. Rengeling*, Grundrechtsschutz in der Europäischen Gemeinschaft, 1993, S. 221; vgl. auch *H. D. Jarass*, Charta der Grundrechte der Europäischen Union, 3. Aufl. 2016, Art. 52 Rn. 45; *F. Wollenschläger*, Grundrechtsschutz und Unionsbürgerschaft, in: A. Hatje/P.-C. Müller-Graff (Hrsg.), Europäisches Organisations- und Verfassungsrecht (EnzEuR Band 1), 2014, § 8, Rn. 77.

[460] *M. Cornils*, Schrankendogmatik, in: C. Grabenwarter (Hrsg.), Europäischer Grundrechteschutz (EnzEuR Band 2), 2014, § 5, Rn. 112; *U. Ostermann*, Entwicklung und gegenwärtiger Stand der europäischen Grundrechte nach der Rechtsprechung des Europäischen Gerichtshofs sowie des Gerichts erster Instanz, 2009, S. 254.

[461] *T. Stein*, EuZW 1998, S. 261 (262); *T. von Danwitz*, EWS 2003, S. 393 (397); ähnlich *M. Cornils*, Schrankendogmatik, in: C. Grabenwarter (Hrsg.), Europäischer Grundrechteschutz (EnzEuR Band 2), 2014, § 5, Rn. 112; *U. Everling*, Die Kontrolle des Gemeinschaftsgesetzgebers durch die Europäischen Gerichte, in: O. Lenz/J. Gündisch (Hrsg.), Beiträge zum deutschen und europäischen Recht, 1999, S. 89 (96 f.); *W. Pauly*, EuR 33 (1998), S. 242 (259); ähnlich auch *W. Weiß*, EuZW 2013, S. 287 (290).

[462] *H.-W. Rengeling*, Grundrechtsschutz in der Europäischen Gemeinschaft, 1993, S. 235; ähnlich *T. von Danwitz*, Gerichtlicher Schutz der Grundrechte, in: C. Grabenwarter (Hrsg.), Europäischer Grundrechteschutz (EnzEuR Band 2), 2014, § 6, Rn. 64: „Die Intensität der gerichtlichen Kontrolle [wird] gemeinhin als Gütesiegel für einen hochwertigen Grundrechtsschutz angesehen".

[463] Vgl. Protokoll der Dreizehnten Sitzung des Konvents (informelle Tagung) am 28./29./.30. Juni 2000, abgedruckt in *N. Bernsdorff/M. Borowsky*, Die Charta der Grundrechte der Europäischen Union, 2002, S. 280 ff. (299); siehe auch *M. Hilf*, Die Schranken der EU-Grundrechte, in: D. Merten/H.-J. Papier (Hrsg.), HGR, Band VI/1, 2010, § 164, Rn. 2.

A. *Kriterien und Untersuchungsgegenstand* 149

Vorgaben zur Kontrolldichte.⁴⁶⁴ Daher lassen sich aus Art. 52 Abs. 1 GRC zwar für die einzelnen Teile der Verhältnismäßigkeitsprüfung Anforderungen an die Grundrechtsprüfung durch den Gerichtshof ableiten, die Kontrolldichte muss jedoch stets im Zusammenhang mit der Verhältnismäßigkeits- und insbesondere mit der Interessenprüfung betrachtet werden.⁴⁶⁵

Die Prüfdichte ist somit nur eingeschränkt als isolierter Analysepunkt zu betrachten, es kann aber untersucht werden, wie der EuGH nach Verbindlichwerden der Charta die Intensität der Grundrechtsprüfung generell handhabt. Dabei ist einerseits zu beachten, dass der Begriff der Prüf- beziehungsweise Kontrolldichte wenig präzise ist und es in der Charta keinen allgemeinen Maßstab für die inhaltliche, von den einzelnen Stufen der Verhältnismäßigkeitsprüfung losgelöste Analyse dieser Kontrollintensität gibt. In der vorliegenden Arbeit wird an dieser Stelle daher nur untersucht, welche ausdrücklichen Aussagen der Gerichtshof zu seiner Kontrolldichte macht, ob er also etwa dem Unionsgesetzgeber in bestimmten Fällen explizit einen weiten Beurteilungsspielraum einräumt und wie er diesen begründet. Der Charta entspräche es nicht, wenn die Prüfung der Verhältnismäßigkeit auf einen Teilgrundsatz, wie etwa die Geeignetheit, verengt würde. Auch dies soll hier analysiert werden. Ob der EuGH die Vorgaben der Charta für die einzelnen Prüfungsstufen der Verhältnismäßigkeit erfüllt, wird inhaltlich im Rahmen dieser Teilbereiche untersucht.

dd) Legitime Ziele

Gemäß Art. 52 Abs. 1 S. 2 GRC müssen Einschränkungen der Grundrechte den von der Union anerkannten dem Gemeinwohl dienenden Zielsetzungen oder den Erfordernissen des Schutzes der Rechte und Freiheiten anderer tatsächlich entsprechen. Dieser Wortlaut unterscheidet demnach zwei Arten von legitimen Zwecken, nämlich einerseits das Gemeinwohl und andererseits widerstreitende Individualrechte.⁴⁶⁶ Bei der Prüfung der zulässigen Einschränkungsgründe wird danach gefragt, ob die verfolgten Ziele grundsätzlich in der Lage sind, eine Einschränkung zu begründen.⁴⁶⁷ Dabei gibt eine genaue Kontrolle der Verhält-

---

⁴⁶⁴ *A. von Bogdandy*, JZ 56 (2001), S. 157 (166) zur ursprünglichen Fassung der Charta, die aber insofern der endgültigen entspricht; vgl. aber *H. D. Jarass*, Charta der Grundrechte der Europäischen Union, 3. Aufl. 2016, Art. 52 Rn. 45–47.
⁴⁶⁵ Vgl. *E. Pache*, NVwZ 1999, S. 1033 (1040), der auf den Zusammenhang mit der Interessenprüfung hinweist.
⁴⁶⁶ *K. Lenaerts*, EuR 47 (2012), S. 3 (9 f.); *S. Peers/S. Prechal*, in: S. Peers/T. K. Hervey/ A. Ward (Hrsg.), The EU Charter of Fundamental Rights, 2014, Art 52 Rn. 46; *H. D. Jarass*, Charta der Grundrechte der Europäischen Union, 3. Aufl. 2016, Art. 52 Rn. 31 f.; *T. Kingreen*, in: C. Calliess/M. Ruffert (Hrsg.), EUV, AEUV, 5. Aufl. 2016, Art. 52 GRC Rn. 67.
⁴⁶⁷ *J. Kühling*, Grundrechte, in: A. von Bogdandy/J. Bast (Hrsg.), Europäisches Verfassungsrecht, 2. Aufl. 2009, S. 657 (693); ähnlich *M. Cornils*, Schrankendogmatik, in: C. Grabenwarter (Hrsg.), Europäischer Grundrechteschutz (EnzEuR Band 2), 2014, § 5, Rn. 95.

nismäßigkeitsprüfung mehr Kontur und Substanz[468] und ermöglicht die Abwägung mit anderen Interessen.[469]

Die Forderung der Charta, die fragliche Beschränkung der Grundrechte müsse den legitimen Zielen „tatsächlich entsprechen", verlangt eine strenge Prüfung, die sich aber weniger auf die Legitimität des verfolgten Ziels als vielmehr auf die Geeignetheit[470] der zur Erreichung dieses Ziels angewandten Maßnahme bezieht.[471]

Vor Inkrafttreten der Charta sah das Primärrecht keine Regelung zu den legitimen Zielen vor.[472] Der EuGH verwendete unterschiedliche Formulierungen zur Beschreibung der Zwecke, die eine Grundrechtseinschränkung rechtfertigen konnten. Bereits im Urteil Internationale Handelsgesellschaft mbH/Einfuhr- und Vorratsstelle für Getreide und Futtermittel (C-11/70) stellte er fest, die Grundrechte müssten sich „in die Struktur und die Ziele der Gemeinschaft einfügen".[473] In der Rechtssache Nold KG/Kommission (C-4/73) hingegen hielt er es für „berechtigt, für diese Rechte bestimmte Begrenzungen vorzubehalten, die durch die dem allgemeinen Wohl dienenden Ziele der Gemeinschaft gerechtfertigt sind, solange die Rechte nicht in ihrem Wesen angetastet werden."[474] Die Grundrechte seien nämlich „weit davon entfernt, uneingeschränkten Vorrang zu genießen", vielmehr müssten sie „im Hinblick auf die soziale Funktion der geschützten Rechtsgüter und Tätigkeiten gesehen werden."[475] Bereits diese Parallelität zweier Formeln zog Kritik auf sich, da sich nicht erkennen ließ, ob es sich um zwei unterschiedliche oder dieselbe Grundrechtsschranke handeln sollte.[476]

Gewichtiger war aber die Kritik an der fehlenden Konkretisierung beider Formulierungen. Weder was unter dem Begriff der Ziele und Struktu-

---

[468] W. Pauly, EuR 33 (1998), S. 242 (258); ähnlich S. Storr, Der Staat 36 (1997), S. 547 (562).

[469] S. Storr, Der Staat 36 (1997), S. 547 (562).

[470] Siehe zur Prüfung der Geeignetheit Kapitel 3 A. II. 5. b) ee).

[471] J. Kühling, Grundrechte, in: A. von Bogdandy/J. Bast (Hrsg.), Europäisches Verfassungsrecht, 2. Aufl. 2009, S. 657 (693).

[472] Vgl. z. B. H.-W. Rengeling, Grundrechtsschutz in der Europäischen Gemeinschaft, 1993, S. 216 ff.

[473] EuGH, Urteil v. 17.12.1970, Rs. C-11/70 *(Internationale Handelsgesellschaft mbH/Einfuhr- und Vorratsstelle für Getreide und Futtermittel)*, Slg. 1970, I-1125, 1135 (Rn. 4); kritisch zu dieser Formel etwa S. Peers/S. Prechal, in: S. Peers/T. K. Hervey/A. Ward (Hrsg.), The EU Charter of Fundamental Rights, 2014, Art 52 Rn. 60.

[474] EuGH, Urteil v. 14.05.1974, Rs. C-4/73 *(Nold KG/Kommission)*, Slg. 1974, I-491, 508 (Rn. 14).

[475] EuGH, Urteil v. 14.05.1974, Rs. C-4/73 *(Nold KG/Kommission)*, Slg. 1974, I-491, 508 (Rn. 14); später sprach der EuGH von der „gesellschaftlichen" Funktion, siehe etwa EuGH, Urteil v. 11.07.1989, Rs. C-265/87 *(Schräder/Hauptzollamt Gronau)*, Slg. 1989, 2237, 2268 (Rn. 15).

[476] S. Storr, Der Staat 36 (1997), S. 547 (562); ebenso H.-W. Rengeling, Grundrechtsschutz in der Europäischen Gemeinschaft, 1993, S. 180 f.

A. *Kriterien und Untersuchungsgegenstand* 151

ren der Gemeinschaft noch was unter Gemeinwohl zu verstehen war, wurde näher definiert.[477] Die Konturen dieser Begriffe blieben daher unklar.[478] Jedenfalls legte der Gerichtshof sie sehr weit aus,[479] von wirtschaftlichen Erwägungen bis hin zu organisatorischen Interessen reichte die Spannbreite der legitimen Zwecke.[480] Daraus erwuchs die Gefahr, dass die Grundrechte durch tatsächliche, nicht aber durch verfassungsrechtliche Werte und Strukturen eingeschränkt wurden.[481] In der konkreten Grundrechtsprüfung übernahm der EuGH unkritisch[482] die Zielangaben des Gemeinschaftsgesetzgebers oder benannte nur kurz, welche Ziele verfolgt wurden.[483] Weder überprüfte er, ob die verfolgten Ziele legitim waren, noch nahm er eine Gewichtung der Ziele vor, die aber nötig ist, um im weiteren Verlauf der Prüfung der Verhältnismäßigkeit eine Abwägung vornehmen zu können.[484] Der Gerichtshof räumte dem Gemeinschaftsgesetzgeber weiterhin nicht nur bei der Auswahl der Maßnahmen zur Erreichung der Ziele einen erheblichen Beurteilungsspielraum ein, sondern schon bei der vorgeschalteten Frage, ob ein Ziel überhaupt legitim sei.[485] Dadurch wurden „selbst drittrangige Gemeinschaftsinteressen" als legitime Ziele eingestuft, „um nachhaltigste und gravierendste Grundrechtseingriffe zu recht-

---

[477] *H.-W. Rengeling*, Grundrechtsschutz in der Europäischen Gemeinschaft, 1993, S. 216; *E. Stieglitz*, Allgemeine Lehren im Grundrechtsverständnis nach der EMRK und der Grundrechtsjudikatur des EuGH, 2002, S. 133; *W. Pauly*, EuR 33 (1998), S. 242 (258); *J. Pietsch*, Das Schrankenregime der EU-Grundrechtecharta, 2005, S. 100 f.

[478] *C. Eisner*, Die Schrankenregelung der Grundrechtecharta der Europäischen Union, 2005, S. 60; *S. Storr*, Der Staat 36 (1997), S. 547 (562).

[479] *J. Kühling*, Grundrechte, in: A. von Bogdandy/J. Bast (Hrsg.), Europäisches Verfassungsrecht, 2. Aufl. 2009, S. 657 (692); *M. Hilf*, Die Schranken der EU-Grundrechte, in: D. Merten/H.-J. Papier (Hrsg.), HGR, Band VI/1, 2010, § 164, Rn. 21.

[480] *J. Kühling*, Grundrechte, in: A. von Bogdandy/J. Bast (Hrsg.), Europäisches Verfassungsrecht, 2. Aufl. 2009, S. 657 (692 f.) m. w. N.

[481] *H.-W. Rengeling*, Grundrechtsschutz in der Europäischen Gemeinschaft, 1993, S. 216; ebenso *E. Stieglitz*, Allgemeine Lehren im Grundrechtsverständnis nach der EMRK und der Grundrechtsjudikatur des EuGH, 2002, S. 134.

[482] *M. Nettesheim*, EuZW 1995, S. 106 (107).

[483] *C. Eisner*, Die Schrankenregelung der Grundrechtecharta der Europäischen Union, 2005, S. 60, 131; *W. Pauly*, EuR 33 (1998), S. 242 (258); *M. Nettesheim*, EuZW 1995, S. 106 (107); VG Frankfurt a. M., Beschluss v. 24.10.1996, Rs. 1 E 798/95 (V) und 1 E 2949/93 (V) *(Vereinbarkeit der Bananenmarktordnung mit dem Grundgesetz)*, EuZW 1997, S. 182 ff., Rn. 190.

[484] *C. Eisner*, Die Schrankenregelung der Grundrechtecharta der Europäischen Union, 2005, S. 60; *P. Selmer*, Die Gewährleistung der unabdingbaren Grundrechtsstandards durch den EuGH, 1998, S. 131; *M. Nettesheim*, EuZW 1995, S. 106 (107); VG Frankfurt a. M., Beschluss v. 24.10.1996, Rs. 1 E 798/95 (V) und 1 E 2949/93 (V) *(Vereinbarkeit der Bananenmarktordnung mit dem Grundgesetz)*, EuZW 1997, S. 182 ff., Rn. 190; *S. Storr*, Der Staat 36 (1997), S. 547 (562).

[485] *W. Pauly*, EuR 33 (1998), S. 242 (257); *C. Eisner*, Die Schrankenregelung der Grundrechtecharta der Europäischen Union, 2005, S. 60; *M. Nettesheim*, EuZW 1995, S. 106 (107); VG Frankfurt a. M., Beschluss v. 24.10.1996, Rs. 1 E 798/95 (V) und 1 E 2949/93 (V) *(Vereinbarkeit der Bananenmarktordnung mit dem Grundgesetz)*, EuZW 1997, S. 182 ff., Rn. 190.

fertigen".[486] Dieses Vorgehen wurde teilweise als Verstoß gegen die damals geltenden primärrechtlichen Vorgaben angesehen, da nicht „jede Überlegung zur politischen Opportunität einer Maßnahme" eine Grundrechtseinschränkung rechtfertigen könne.[487] Vielmehr müsse der EuGH die Zielsetzungen vorsortieren und gegebenenfalls von vornherein als nicht legitim ausschließen.[488] Es könne nicht sein, dass alle vom Gemeinschaftsgesetzgeber vorgebrachten Gründe zulässig seien und gleiches Gewicht hätten.[489]

Mit Art. 52 Abs. 1 S. 2 GRC gibt es nun eine primärrechtliche Normierung der legitimen Ziele. Demnach können Grundrechtseinschränkungen nur gerechtfertigt werden, wenn sie entweder dem Gemeinwohl oder dem Schutz von Individualpositionen dienen. Im Rahmen seiner Verhältnismäßigkeitsprüfung muss der EuGH somit zunächst untersuchen, welchen Zweck die fragliche Maßnahme verfolgt.[490] Dabei kann etwa bei einem Legislativakt auf die jeweiligen Gesetzesbegründungen abgestellt werden.[491] Anschließend muss der Gerichtshof kontrollieren, ob das Einschränkungsziel unter die von der Union anerkannten dem Gemeinwohl dienenden Zielsetzungen beziehungsweise unter die Erfordernisse des Schutzes der Rechte und Freiheiten anderer gemäß Art. 52 Abs. 1 S. 2 GRC subsumiert werden kann. Eine unkritische Übernahme der Zielangaben des Grundrechtsverpflichteten oder eine bloße Angabe, welche Ziele verfolgt werden, ohne Überprüfung ihrer Legitimität genügt den Anforderungen der Charta nicht.

Der Wortlaut von Art. 52 Abs. 1 S. 2 GRC ist allerdings nicht genauer als die Rechtsprechung des EuGH vor deren Inkrafttreten.[492] Die Erläuterungen zur Charta verweisen unter anderem auf einen Art. 35 Abs. 3 AEUV, den es nicht gibt, sowie auf die Kompetenznorm des Art. 4 Abs. 1 EUV, was kaum sinnvoll erscheint,[493] und sind damit wenig hilfreich. Auch nach Verbindlichwerden der Charta bedürfen die legitimen Ziele mithin der Klärung durch den Gerichtshof. Er muss bestimmen, welches Ziel legitim ist, und ist aufgefordert, im Rahmen seiner Grundrechtsprüfung eine konsistente und kohärente Auslegung der Ge-

---

[486] *P. M. Huber*, EuZW 1997, S. 517 (521); *C. Eisner*, Die Schrankenregelung der Grundrechtecharta der Europäischen Union, 2005, S. 60.
[487] *M. Nettesheim*, EuZW 1995, S. 106 (107).
[488] *M. Nettesheim*, EuZW 1995, S. 106 (107); *W. Pauly*, EuR 33 (1998), S. 242 (258).
[489] *M. Nettesheim*, EuZW 1995, S. 106 (107).
[490] Ebenso *I. Andoulsi*, Cah. droit eur. (Brux.) 47 (2011), S. 471 (501).
[491] *H. D. Jarass*, Charta der Grundrechte der Europäischen Union, 3. Aufl. 2016, Art. 52 Rn. 30.
[492] Vgl. *S. Alber/U. Widmaier*, EuGRZ 33 (2006), S. 113 (114); *C. Eisner*, Die Schrankenregelung der Grundrechtecharta der Europäischen Union, 2005, S. 143; *S. Peers/S. Prechal*, in: S. Peers/T. K. Hervey/A. Ward (Hrsg.), The EU Charter of Fundamental Rights, 2014, Art 52 Rn. 47, 50: „extremely broad".
[493] Dazu *S. Peers/S. Prechal*, in: S. Peers/T. K. Hervey/A. Ward (Hrsg.), The EU Charter of Fundamental Rights, 2014, Art 52 Rn. 48, 59.

A. Kriterien und Untersuchungsgegenstand

meinwohlziele einerseits und der widerstreitenden Individualpositionen andererseits zu entwickeln.

Gemäß Art. 52 Abs. 1 S. 2 GRC müssen die Grundrechtseinschränkungen diesen legitimen Zielen „tatsächlich entsprechen". *Kühling* sieht darin die Eröffnung einer strengen Prüfung, „ob die vorgebrachten legitimen Zwecke auch wirklich den Eingriff zu begründen vermögen".[494] Nach *Terhechte* wird dem Grundrechtsverpflichteten dadurch eine Nachweislast für die Gemeinwohldienlichkeit der fraglichen Maßnahme auferlegt.[495] Diese Formulierung findet sich jedoch schon in der Entscheidung Hauer/Land Rheinland-Pfalz aus dem Jahr 1979[496] und später in der vielfach kritisierten Bananenmarkt-Entscheidung[497]. In diesem Urteil stellte der EuGH fest, die Ausübung des Eigentumsrechts und die freie Berufsausübung könnten „namentlich im Rahmen einer gemeinsamen Marktorganisation Beschränkungen unterworfen werden, sofern diese Beschränkungen tatsächlich dem Gemeinwohl dienenden Zielen der Gemeinschaft entsprechen und nicht einen im Hinblick auf den verfolgten Zweck unverhältnismäßigen, nicht tragbaren Eingriff darstellen, der die so gewährleisteten Rechte in ihrem Wesensgehalt antastet".[498] Die Formulierung der Charta ist somit nicht neu. Außerdem definiert Art. 52 Abs. 1 GRC mit den Worten „tatsächlich entsprechen" nicht die legitimen Ziele, sondern bezieht sich auf die Geeignetheit der Einschränkung zur Erreichung dieser Ziele.[499] Aus dem Wortlaut der Charta lassen sich somit keine zusätzlichen Anforderungen an die Prüfung der verfolgten Zwecke durch den Gerichtshof ableiten.

Zweifelhaft ist zudem, ob Art. 52 Abs. 1 GRC vom EuGH verlangt, bereits auf Ebene der legitimen Ziele eine Gewichtung der verfolgten Ziele vorzunehmen, wie es vor Inkrafttreten der Charta teilweise gefordert wurde. Zwar muss in der Verhältnismäßigkeitsprüfung eine Bewertung der widerstreitenden Interessen erfolgen, um diese gegeneinander abwägen zu können – dies geschieht

---

[494] *J. Kühling*, Grundrechte, in: A. von Bogdandy/J. Bast (Hrsg.), Europäisches Verfassungsrecht, 2. Aufl. 2009, S. 657 (693); ähnlich *T. von Danwitz*, in: P. J. Tettinger/K. Stern (Hrsg.), Kölner Gemeinschaftskommentar zur Europäischen Grundrechte-Charta, 2006, Art. 52 Rn. 38; weniger optimistisch *C. Eisner*, Die Schrankenregelung der Grundrechtecharta der Europäischen Union, 2005, S. 144.

[495] *J. P. Terhechte*, in: H. von der Groeben/J. Schwarze/A. Hatje (Hrsg.), Europäisches Unionsrecht, 7. Aufl. 2015, Art. 52 GRC Rn. 11.

[496] EuGH, Urteil v. 13.12.1979, Rs. C-44/79 *(Hauer/Land Rheinland-Pfalz)*, Slg. 1979, I-3727, 3747 (Rn. 23).

[497] EuGH, Urteil v. 05.10.1994, Rs. C-280/93 *(Deutschland/Rat)*, Slg. 1994, I-4973, 5065 (Rn. 78).

[498] EuGH, Urteil v. 05.10.1994, Rs. C-280/93 *(Deutschland/Rat)*, Slg. 1994, I-4973, 5065 (Rn. 78), in Rn. 81 wandelte der EuGH diese Formel leicht ab und erklärte nun, es sei zu prüfen, „ob die mit der Verordnung eingeführten Beschränkungen dem Gemeinwohl dienenden Zielen der Gemeinschaft entsprechen".

[499] So auch *J. Kühling*, Grundrechte, in: A. von Bogdandy/J. Bast (Hrsg.), Europäisches Verfassungsrecht, 2. Aufl. 2009, S. 657 (693 f.).

jedoch regelmäßig erst auf der Stufe der Angemessenheit.[500] Bei den legitimen Zielen reicht es aus, dass das verfolgte Ziel benannt und auf seine Legitimität hin kontrolliert wird. Soweit der EuGH die Wichtung doch im Rahmen der legitimen Ziele vornimmt, soll dies allerdings auch nicht negativ bewertet werden. Der Ort des Wichtens der Einschränkungsziele spielt letztlich keine Rolle.

Die Prüfung der legitimen Ziele durch den Gerichtshof wird somit in der vorliegenden Arbeit daraufhin analysiert, ob der EuGH nach Inkrafttreten der Charta untersucht, welchen Zweck die jeweilige Grundrechtseinschränkung verfolgt, und ob dieses Ziel den Anforderungen der Charta entspricht, also legitim ist. Dabei wird auch erörtert, ob der Gerichtshof eine konsistente und kohärente Auslegung der legitimen Ziele im Sinne von Art. 52 Abs. 1 S. 2 GRC entwickelt.

ee) Geeignetheit

Art. 52 Abs. 1 S. 2 GRC bestimmt weiterhin, dass Grundrechtseinschränkungen den legitimen Zielen „tatsächlich entsprechen" müssen. Die Charta hebt die Anforderung der Geeignetheit (beziehungsweise Eignung[501]) damit besonders hervor.[502] Bedeutung kommt ihr nicht nur als eigenständige[503] Anforderung im Rahmen der Verhältnismäßigkeit zu, sondern auch als Vorbereitung der Untersuchung von Erforderlichkeit und Angemessenheit.[504]

Bereits vor Inkrafttreten der Charta prüfte der Gerichtshof die Geeignetheit der fraglichen Maßnahme.[505] Diese Prüfungsstufe wurde jedoch als „eher stumpfes Schwert" kritisiert, da der EuGH in den meisten Entscheidungen keine Einwände gegen die Eignungsprognose eines Mitgliedstaats und insbesondere der Union erhob.[506] Analog zum deutschen Recht sah der Gerichtshof die Geeignetheit nicht als Optimierungs-, sondern als Minimalkriterium an: Eine Maßnahme ist demnach geeignet, wenn durch sie das angestrebte Ziel wirksam erreicht werden, ungeeignet hingegen, wenn sie den Erfolg in keiner Weise fördern kann.[507]

---

[500] *T. Kingreen*, in: C. Calliess/M. Ruffert (Hrsg.), EUV, AEUV, 5. Aufl. 2016, Art. 52 GRC Rn. 70. Siehe zur Prüfung der widerstreitenden Interessen Kapitel 3 A. II. 5. b) gg) (1).

[501] So teilweise *O. Koch*, Verhältnismäßigkeit, 2003, S. 205; *C. D. Classen*, Das Prinzip der Verhältnismäßigkeit im Spiegel europäischer Rechtsentwicklungen, in: M. Sachs (Hrsg.), Der grundrechtsgeprägte Verfassungsstaat, Festschrift für K. Stern, 2012, S. 651 (657).

[502] *M. Cornils*, Schrankendogmatik, in: C. Grabenwarter (Hrsg.), Europäischer Grundrechteschutz (EnzEuR Band 2), 2014, § 5, Rn. 110.

[503] *O. Koch*, Verhältnismäßigkeit, 2003, S. 206 f.

[504] *M. Cornils*, Schrankendogmatik, in: C. Grabenwarter (Hrsg.), Europäischer Grundrechteschutz (EnzEuR Band 2), 2014, § 5, Rn. 111.

[505] *A. Emmerich-Fritsche*, Der Grundsatz der Verhältnismäßigkeit als Direktive und Schranke der EG-Rechtsetzung, 2000, S. 207; *O. Koch*, Verhältnismäßigkeit, 2003, S. 205.

[506] *O. Koch*, Verhältnismäßigkeit, 2003, S. 205 f.; kritisch auch *S. Heinsohn*, Der öffentlichrechtliche Grundsatz der Verhältnismäßigkeit, 1997, S. 78.

[507] So bereits EuGH, Urteil v. 17.12.1970, Rs. C-11/70 *(Internationale Handelsgesellschaft*

A. *Kriterien und Untersuchungsgegenstand* 155

Eignungsentscheidungen sind regelmäßig Prognoseentscheidungen.[508] Sie beziehen sich weniger auf normative als auf Tatsachenfragen, da es bei ihnen um die tatsächlichen Auswirkungen des Eingriffs geht.[509] Der EuGH erachtete eine Einschränkung vor Rechtsverbindlichkeit der Charta nur als ungeeignet, wenn die Eignungsvorhersage nicht vertretbar oder „offensichtlich irrig"[510] erschien, die Maßnahme also offensichtlich ungeeignet war.[511] Er stellte dabei regelmäßig auf die *ex-ante*-Perspektive ab.[512] Diese eingeschränkte Prüfdichte wurde als Aufgabe des Verhältnismäßigkeitsprinzips zugunsten einer reinen Ermessenskontrolle kritisiert.[513] Dabei ging es weniger um die Frage, ob dem Urheber der Grundrechtseinschränkung überhaupt ein Ermessensspielraum zugestanden werden sollte,[514] sondern um die als zu groß empfundene Weite dieses Spielraums und deren Begründung.[515] Ein zu weiter Ermessensspielraum entleere den Grundrechtsschutz.[516] Anders als das BVerfG mache der Gerichts-

---

mbH/Einfuhr- und Vorratsstelle für Getreide und Futtermittel), Slg. 1970, I-1125, 1135–1137 (Rn. 6–13); EuGH, Urteil v. 11.07.1989, Rs. C-265/87 *(Schräder/Hauptzollamt Gronau)*, Slg. 1989, 2237, 2269 f. (Rn. 21–23); besonders deutlich EuGH, Urteil v. 05.10.1994, Rs. C-280/93 *(Deutschland/Rat)*, Slg. 1994, I-4973, 5068 f. (Rn. 90); zur (ausreichenden) Teileignung einer Maßnahme EuGH, Urteil v. 18.03.1980, Rs. C-26/79 und C-86/79 *(Forges de Thy-Marcinelle und Monceau/Kommission)*, Slg. 1980, I-1083, 1093 (Rn. 6); siehe dazu *O. Koch*, Verhältnismäßigkeit, 2003, S. 207 m. w. N.; *A. Emmerich-Fritsche*, Der Grundsatz der Verhältnismäßigkeit als Direktive und Schranke der EG-Rechtsetzung, 2000, S. 207–211 m. w. N.

[508] *O. Koch*, Verhältnismäßigkeit, 2003, S. 207 m. w. N.; *M. Cornils*, Schrankendogmatik, in: C. Grabenwarter (Hrsg.), Europäischer Grundrechtsschutz (EnzEuR Band 2), 2014, § 5, Rn. 111.

[509] *M. Cornils*, Schrankendogmatik, in: C. Grabenwarter (Hrsg.), Europäischer Grundrechteschutz (EnzEuR Band 2), 2014, § 5, Rn. 111.

[510] EuGH, Urteil v. 05.10.1994, Rs. C-280/93 *(Deutschland/Rat)*, Slg. 1994, I-4973, 5068 f. (Rn. 90).

[511] EuGH, Urteil v. 05.10.1994, Rs. C-280/93 *(Deutschland/Rat)*, Slg. 1994, I-4973, 5068 f. (Rn. 90); *O. Koch*, Verhältnismäßigkeit, 2003, S. 207 f.; *M. Cornils*, Schrankendogmatik, in: C. Grabenwarter (Hrsg.), Europäischer Grundrechteschutz (EnzEuR Band 2), 2014, § 5, Rn. 112; *M. Kober*, Der Grundrechtsschutz in der Europäischen Union, 2009, S. 245; *W. Frenz*, Handbuch Europarecht Band 4, 2009, Rn. 652.

[512] *O. Koch*, Verhältnismäßigkeit, 2003, S. 208.

[513] *S. Storr*, Der Staat 36 (1997), S. 547 (565); ähnlich *W. Weiß*, EuZW 2013, S. 287 (290).

[514] Vgl. etwa *J. Kühling*, Grundrechte, in: A. von Bogdandy/J. Bast (Hrsg.), Europäisches Verfassungsrecht, 2. Aufl. 2009, S. 657 (694); *W. Pauly*, EuR 33 (1998), S. 242 (259); *H.-W. Rengeling*, Grundrechtsschutz in der Europäischen Gemeinschaft, 1993, S. 221; vgl. auch *H. D. Jarass*, Charta der Grundrechte der Europäischen Union, 3. Aufl. 2016, Art. 52 Rn. 45; *F. Wollenschläger*, Grundrechtsschutz und Unionsbürgerschaft, in: A. Hatje/P.-C. Müller-Graff (Hrsg.), Europäisches Organisations- und Verfassungsrecht (EnzEuR Band 1), 2014, § 8, Rn. 77.

[515] *M. Cornils*, Schrankendogmatik, in: C. Grabenwarter (Hrsg.), Europäischer Grundrechteschutz (EnzEuR Band 2), 2014, § 5, Rn. 112.

[516] *T. Stein*, EuZW 1998, S. 261 (262); *T. von Danwitz*, EWS 2003, S. 393 (397); ähnlich *M. Cornils*, Schrankendogmatik, in: C. Grabenwarter (Hrsg.), Europäischer Grundrechtsschutz (EnzEuR Band 2), 2014, § 5, Rn. 112; *U. Everling*, Die Kontrolle des Gemeinschaftsgesetzgebers durch die Europäischen Gerichte, in: C. O. Lenz/J. Gündisch (Hrsg.), Beiträge

hof den Prüfungsumfang nicht von der Intensität des Grundrechtseingriffs, also der Grundrechtsrelevanz einer Maßnahme, sondern nur vom betroffenen Politikbereich abhängig.[517] Dieses Vorgehen des EuGH wirke sich auch auf die folgende Prüfung von Erforderlichkeit und Angemessenheit aus.[518] Kritisiert wurde außerdem die terminologische Vermischung mit der Prüfung der Erforderlichkeit.[519]

Die Hervorhebung der Geeignetheit im Wortlaut von Art. 52 Abs. 1 S. 2 GRC („tatsächlich entsprechen") wird allgemein als Appell an die Rechtsprechung interpretiert, die tatsächliche Eignung von Grundrechtseinschränkungen genauer und strenger zu prüfen als bisher.[520] Die Charta verlangt vom Gerichtshof eine umfassende inhaltliche Nachprüfung der Geeignetheit.[521] Daher darf er Behauptungen der Grundrechtsverpflichteten, die streitige Maßnahme sei kausal für die Zweckerreichung, nicht ungeprüft übernehmen, sondern muss die Kausalität in tatsächlicher und rechtlicher Hinsicht ausdrücklich nachvollziehen.[522]

Die Rechtswissenschaft leitet aus Art. 52 Abs. 1 GRC nicht nur die Anforderung an die Grundrechtseinschränkung ab, einen kausalen Beitrag zur Zielerreichung zu leisten, sondern darüber hinaus, dies „in kohärenter und systematischer Weise" zu tun.[523] Letzteres sei insbesondere für die Gleichheitsgrundrechte relevant:[524] Eine Maßnahme könne nicht geeignet sein, wenn

---

zum deutschen und europäischen Recht, 1999, S. 89 (96 f.); *W. Pauly*, EuR 33 (1998), S. 242 (259).

[517] *S. Storr*, Der Staat 36 (1997), S. 547 (565 f.); *T. von Danwitz*, EWS 2003, S. 393 (396).

[518] *M. Cornils*, Schrankendogmatik, in: C. Grabenwarter (Hrsg.), Europäischer Grundrechteschutz (EnzEuR Band 2), 2014, § 5, Rn. 111.

[519] *O. Koch*, Verhältnismäßigkeit, 2003, S. 208; *S. Heinsohn*, Der öffentlichrechtliche Grundsatz der Verhältnismäßigkeit, 1997, S. 78; vgl. auch *W. Frenz*, Handbuch Europarecht Band 4, 2009, Rn. 657.

[520] *M. Cornils*, Schrankendogmatik, in: C. Grabenwarter (Hrsg.), Europäischer Grundrechteschutz (EnzEuR Band 2), 2014, § 5, Rn. 110; ähnlich *M. Hilf*, Die Schranken der EU-Grundrechte, in: D. Merten/H.-J. Papier (Hrsg.), HGR, Band VI/1, 2010, § 164, Rn. 85; *J. Kühling*, Grundrechte, in: A. von Bogdandy/J. Bast (Hrsg.), Europäisches Verfassungsrecht, 2. Aufl. 2009, S. 657 (693); *S. Alber/U. Widmaier*, EuGRZ 33 (2006), S. 113 (115); *T. von Danwitz*, in: P. J. Tettinger/K. Stern (Hrsg.), Kölner Gemeinschaftskommentar zur Europäischen Grundrechte-Charta, 2006, Art. 52 Rn. 40; *T. Müller*, Der Verhältnismäßigkeitsgrundsatz des Art 52 GRC – Paradigmenwechsel in der europäischen Grundrechtsjudikatur?, in: A. Kahl/N. Raschauer/S. Storr (Hrsg.), Grundsatzfragen der europäischen Grundrechtecharta, 2013, S. 179 (187 f.).

[521] *T. von Danwitz*, in: P. J. Tettinger/K. Stern (Hrsg.), Kölner Gemeinschaftskommentar zur Europäischen Grundrechte-Charta, 2006, Art. 52 Rn. 40.

[522] *T. von Danwitz*, in: P. J. Tettinger/K. Stern (Hrsg.), Kölner Gemeinschaftskommentar zur Europäischen Grundrechte-Charta, 2006, Art. 52 Rn. 40.

[523] *H. D. Jarass*, Charta der Grundrechte der Europäischen Union, 3. Aufl. 2016, Art. 52 Rn. 37 f. m. w. N.; *H. Krämer*, in: K. Stern/M. Sachs (Hrsg.), Europäische Grundrechte-Charta, 2016, Art. 52 Rn. 48.

[524] *T. Kingreen*, in: C. Calliess/M. Ruffert (Hrsg.), EUV, AEUV, 5. Aufl. 2016, Art. 52

sie in sich so widersprüchlich sei, dass kein klares Ziel erkennbar sei.[525] Nach dieser Ansicht soll der EuGH nicht nur kontrollieren, ob die Einschränkung „das angestrebte Ziel überhaupt verfolgt und grundsätzlich geeignet ist es zu erreichen", sondern ebenso untersuchen, ob diese „das betreffende Ziel auch kohärent und systematisch verfolgt."[526] Ein solches Vorgehen erlaube es dem Gerichtshof, die Grundrechtseinschränkung im Hinblick auf die verfolgten Ziele inhaltlich zu analysieren und zu bewerten.[527]

Der EuGH entwickelte das Kriterium der Kohärenz im Rahmen seiner Rechtsprechung zur Glücksspielregulierung und wandte es anschließend auch in anderen Bereichen als Schranke der Grundfreiheiten an.[528] Erstmals[529] sprach er im Urteil Gambelli u. a. (C-243/01) davon, Beschränkungen der Grundfreiheiten müssten „geeignet sein, die Verwirklichung dieser Ziele in dem Sinne zu gewährleisten, dass sie kohärent und systematisch zur Begrenzung der Wetttätigkeiten beitragen."[530] Teilweise wird das Kohärenzgebot bei den Freiheiten des Binnenmarktes als vom Verhältnismäßigkeitsgrundsatz zu trennende Schranke angesehen.[531] Gemäß Art. 7 AEUV achtet die Union „auf die Kohärenz zwischen ihrer Politik und ihren Maßnahmen in den verschiedenen Bereichen und trägt dabei unter Einhaltung des Grundsatzes der begrenzten Einzelermächtigung ihren Zielen in ihrer Gesamtheit Rechnung." Art. 52 Abs. 1 GRC und die Erläuterungen zur Charta[532] erwähnen die Kohärenz hingegen nicht. Dementsprechend wird sie auch von Teilen der Literatur nicht verlangt.[533] Rich-

---

GRC Rn. 68; *H. D. Jarass*, Charta der Grundrechte der Europäischen Union, 3. Aufl. 2016, Art. 52 Rn. 38.

[525] *T. Kingreen*, in: C. Calliess/M. Ruffert (Hrsg.), EUV, AEUV, 5. Aufl. 2016, Art. 52 GRC Rn. 68.

[526] *V. Trstenjak/E. Beysen*, EuR 47 (2012), S. 265 (271).

[527] *V. Trstenjak/E. Beysen*, EuR 47 (2012), S. 265 (271).

[528] Siehe statt vieler z. B. EuGH, Urteil v. 10.03.2009, Rs. C-169/07 *(Hartlauer)*, Slg. 2009, I-1721, Rn. 55; EuGH, Urteil v. 16.12.2010, Rs. C-137/09 *(Josemans)*, Rn. 70; vgl. zur Kohärenz *W. Frenz*, Handbuch Europarecht Band 1, 2. Aufl. 2012, Rn. 3339–3345; *A. Lippert*, EuR 2012, S. 90 (98); *C. D. Classen*, Das Prinzip der Verhältnismäßigkeit im Spiegel europäischer Rechtsentwicklungen, in: M. Sachs (Hrsg.), Der grundrechtsgeprägte Verfassungsstaat, Festschrift für K. Stern, 2012, S. 651 (657 f.).

[529] *M. Noll-Ehlers*, EuZW 2008, S. 522 (522).

[530] EuGH, Urteil v. 06.11.2003, Rs. C-243/01 *(Gambelli u. a.)*, Slg. 2003, I-13031, 13099 (Rn. 67); dazu *C. D. Classen*, Das Prinzip der Verhältnismäßigkeit im Spiegel europäischer Rechtsentwicklungen, in: M. Sachs (Hrsg.), Der grundrechtsgeprägte Verfassungsstaat, Festschrift für K. Stern, 2012, S. 651 (657 f.); nach Inkrafttreten der Charta erwähnt der EuGH das Erfordernis der Kohärenz etwa im Urteil EuGH, Urteil v. 21.07.2011, Rs. C-159/10 *(Fuchs)*, Rn. 85. Die Charta zitiert er im dementsprechenden Abschnitt der Entscheidung jedoch nicht.

[531] So *A. Lippert*, EuR 2012, S. 90 (92 f.).

[532] Vgl. *Präsidium des Konvents*, Erläuterungen zur Charta der Grundrechte, ABl. 2007 Nr. C 303/02, 14.12.2007, S. 32.

[533] Vgl. etwa *M. Cornils*, Schrankendogmatik, in: C. Grabenwarter (Hrsg.), Europäischer Grundrechteschutz (EnzEuR Band 2), 2014, § 5, Rn. 111 f.; *M. Becker*, in: J. Schwarze/U. Becker/A. Hatje u. a. (Hrsg.), EU-Kommentar, 4. Aufl. 2019, Art. 52 GRC Rn. 6; *T. von Danwitz*,

tigerweise kann im Rahmen der Geeignetheitsprüfung durch den Gerichtshof nicht von einem Kohärenzgebot, sondern nur von einem Inkohärenzverbot gesprochen werden: Nur wenn die grundrechtseinschränkende Maßnahme in sich oder im Zusammenspiel mit einer anderen Maßnahme so widersprüchlich ist, dass sie keinen Beitrag zum verfolgten Ziel mehr leistet, ist sie nicht geeignet im Sinne von Art. 52 Abs. 1 GRC. Eine wesentliche Abschwächung der Zielerreichung reicht nicht aus.[534] Insbesondere kann vom Grundrechtsverpflichteten nicht gefordert werden, „Maßnahmen zu treffen, die verhindern, dass [das legitime Ziel] trotz des Grundrechtseingriffs nicht stärker gefördert wird, als dies ohne letzteren der Fall wäre."[535] Ein derartig weit verstandenes Kohärenzerfordernis im Rahmen der Geeignetheit würde die Befugnisse der Gesetzgeber auf Unions- und nationaler Ebene zu stark einschränken. Zudem erfolgt die inhaltliche Bewertung der Grundrechtseinschränkung im Hinblick auf den Grad der Zweckerreichung im Rahmen der Angemessenheit. Für die Geeignetheit eines Eingriffs reicht es aus, dass er das angestrebte Ziel fördert.[536]

In der vorliegenden Arbeit soll dementsprechend untersucht werden, ob der EuGH eine wirkliche und präzise Überprüfung der Geeignetheit vornimmt und deren Vorliegen nicht nur ohne Prüfung bejaht. Den Anforderungen von Art. 52 Abs. 1 S. 2 GRC entspräche es nicht, wenn der Gerichtshof jegliche Begründung des Urhebers der fraglichen Maßnahme mit dem Hinweis auf dessen Ermessensspielraum übernähme.

ff) Erforderlichkeit

Ebenso wie die Geeignetheit hebt der Wortlaut von Art. 52 Abs. 1 S. 2 GRC auch die Erforderlichkeit (beziehungsweise Notwendigkeit[537]) besonders hervor,[538] indem er festlegt, dass unter Wahrung des Grundsatzes der Verhältnismäßigkeit – der bereits die Erforderlichkeit enthält – Einschränkungen der Grundrechte nur vorgenommen werden dürfen, wenn sie erforderlich sind.

---

in: P. J. Tettinger/K. Stern (Hrsg.), Kölner Gemeinschaftskommentar zur Europäischen Grundrechte-Charta, 2006, Art. 52 Rn. 40; *E. Pache*, in: M. Pechstein/C. Nowak/U. Häde (Hrsg.), Frankfurter Kommentar zu EUV, GRC und AEUV, 2017, Art. 52 GRC Rn. 26; *R. Streinz/ W. Michl*, in: R. Streinz (Hrsg.), EUV/AEUV, 3. Aufl. 2018, Art. 52 GRCh Rn. 18.

[534] So aber *H. Krämer*, in: K. Stern/M. Sachs (Hrsg.), Europäische Grundrechte-Charta, 2016, Art. 52 Rn. 48.

[535] So *H. Krämer*, in: K. Stern/M. Sachs (Hrsg.), Europäische Grundrechte-Charta, 2016, Art. 52 Rn. 48.

[536] *T. von Danwitz*, in: P. J. Tettinger/K. Stern (Hrsg.), Kölner Gemeinschaftskommentar zur Europäischen Grundrechte-Charta, 2006, Art. 52 Rn. 40.

[537] So z. B. *K. Lenaerts*, EuR 47 (2012), S. 3 (11); diesen Begriff nutzte ursprünglich auch die Charta, siehe dazu *C. Eisner*, Die Schrankenregelung der Grundrechtecharta der Europäischen Union, 2005, S. 142; *T. von Danwitz*, in: P. J. Tettinger/K. Stern (Hrsg.), Kölner Gemeinschaftskommentar zur Europäischen Grundrechte-Charta, 2006, Art. 52 Rn. 2 (Fn. 24).

[538] *M. Cornils*, Schrankendogmatik, in: C. Grabenwarter (Hrsg.), Europäischer Grundrechteschutz (EnzEuR Band 2), 2014, § 5, Rn. 110.

A. Kriterien und Untersuchungsgegenstand

Erforderlichkeit bedeutet, dass es kein milderes Mittel geben darf, das das verfolgte Ziel ebenso gut erreichen kann.[539] Dieser Prüfung kam schon vor Rechtsverbindlichkeit der Charta eine hohe Bedeutung zu.[540] Auch die Erforderlichkeit ist in erster Linie eine Tatsachenfrage,[541] die eine Prognose über die Wirksamkeit der verglichenen Maßnahmen beinhaltet.[542] Vor Inkrafttreten der Grundrechtecharta räumte der EuGH dem Unionsgesetzgeber dabei einen so weiten Ermessensspielraum ein, dass sogar von einem „Wegfall der Erforderlichkeitsprüfung" gesprochen wurde.[543] Dies entspräche nicht Art. 52 Abs. 1 S. 2 GRC. Ein weiterer Kritikpunkt richtete sich dagegen, dass der Gerichtshof bei der Prüfung der Erforderlichkeit eines Unionsaktes alternative, potenziell mildere Maßnahmen nicht hinreichend untersuchte.[544] Der EuGH habe es oftmals vorgezogen, „sich einer Auseinandersetzung mit Alternativmaßnahmen von vornherein zu entziehen und seine Ausführungen auf die Feststellung zu beschränken, dass an der Erforderlichkeit der Maßnahmen angesichts des weiten Ermessensspielraums der Gemeinschaftsorgane jedenfalls im Ergebnis kein Zweifel bestehe".[545] Dabei ist gerade bei der Erforderlichkeit eine exakte Prüfung notwendig, weil nicht nur die identische Wirksamkeit der Alternativmaßnahme, sondern auch ihre höhere Grundrechtsschonung zu untersuchen ist.[546]

In der vorliegenden Arbeit wird daher analysiert, ob der Gerichtshof nach Inkrafttreten der Charta das Vorliegen milder wirkender, aber gleich geeigneter Alternativmaßnahmen prüft und die Erforderlichkeit nicht unter dem Hinweis auf den Ermessensspielraum des Urhebers der fraglichen Maßnahme[547] ohne Prüfung annimmt.

---

[539] *H. D. Jarass*, Charta der Grundrechte der Europäischen Union, 3. Aufl. 2016, Art. 52 Rn. 39 mit Verweisen auf die Rechtsprechung des EuGH; *T. Kingreen*, in: C. Calliess/M. Ruffert (Hrsg.), EUV, AEUV, 5. Aufl. 2016, Art. 52 GRC Rn. 69; *M. Cornils*, Schrankendogmatik, in: C. Grabenwarter (Hrsg.), Europäischer Grundrechteschutz (EnzEuR Band 2), 2014, §5, Rn. 111; *S. Storr*, Der Staat 36 (1997), S. 547 (566); *H. Krämer*, in: K. Stern/M. Sachs (Hrsg.), Europäische Grundrechte-Charta, 2016, Art. 52 Rn. 49.

[540] Vgl. *T. von Danwitz*, EWS 2003, S. 393 (399); *O. Koch*, Verhältnismäßigkeit, 2003, S. 209 m. w. N.

[541] *M. Cornils*, Schrankendogmatik, in: C. Grabenwarter (Hrsg.), Europäischer Grundrechteschutz (EnzEuR Band 2), 2014, §5, Rn. 111.

[542] *O. Koch*, Verhältnismäßigkeit, 2003, S. 213 f.

[543] *S. Storr*, Der Staat 36 (1997), S. 547 (566); ähnlich *E. Stieglitz*, Allgemeine Lehren im Grundrechtsverständnis nach der EMRK und der Grundrechtsjudikatur des EuGH, 2002, S. 139; ähnlich *M. Hentschel-Bednorz*, Derzeitige Rolle und zukünftige Perspektive des EuGH im Mehrebenensystem des Grundrechtsschutzes in Europa, 2012, S. 187; dagegen *O. Koch*, Verhältnismäßigkeit, 2003, S. 211–213.

[544] *A. von Bogdandy*, JZ 56 (2001), S. 157 (163).

[545] *T. von Danwitz*, EWS 2003, S. 393 (399) m. w. N.; ähnlich *T. von Danwitz*, in: P. J. Tettinger/K. Stern (Hrsg.), Kölner Gemeinschaftskommentar zur Europäischen Grundrechte-Charta, 2006, Art. 52 Rn. 20.

[546] Vgl. *O. Koch*, Verhältnismäßigkeit, 2003, S. 213 f.

[547] Zum Vergleich zur Rechtsprechung des BVerfG etwa *S. Storr*, Der Staat 36 (1997), S. 547 (566 f.).

gg) Angemessenheit

Anders als die Prüfungsstufen der Geeignetheit und Erforderlichkeit wird die Angemessenheit oder Verhältnismäßigkeit im engeren Sinne von Art. 52 Abs. 1 S. 2 GRC nicht explizit erwähnt.[548] Dieser spricht davon, Grundrechtseingriffe dürften nur unter Wahrung des Grundsatzes der Verhältnismäßigkeit vorgenommen werden. In der Europarechtswissenschaft wird Art. 52 Abs. 1 S. 2 GRC (fast)[549] einhellig so verstanden, dass ein Eingriff auch angemessen sein muss.[550] Dies entspreche auch dem Ziel des Konvents, den Grundrechtsschutz zu stärken und zu konsolidieren.[551] Schon vor Inkrafttreten der Charta habe der Gerichtshof die Angemessenheit eines Eingriffs überprüft, auch wenn er diese Prüfung häufig mit der der Erforderlichkeit vermengte.[552]

Die Angemessenheit ist der „Kern des Verhältnismäßigkeitsprinzips",[553] das „Herzstück des materiell-grundrechtlichen Schutzes":[554] Erst an dieser Stelle der Prüfung wird nämlich die für einen effektiven Grundrechtsschutz unverzichtbare Abwägung zwischen den widerstreitenden Interessen vorgenommen und anhand juristischer Argumente ein Rangverhältnis zwischen ihnen herge-

---

[548] Dazu *M. Cornils*, Schrankendogmatik, in: C. Grabenwarter (Hrsg.), Europäischer Grundrechteschutz (EnzEuR Band 2), 2014, § 5, Rn. 108; *M. Hilf*, Die Schranken der EU-Grundrechte, in: D. Merten/H.-J. Papier (Hrsg.), HGR, Band VI/1, 2010, § 164, Rn. 65; *O. Koch*, Verhältnismäßigkeit, 2003, S. 218.

[549] A. A. nur *T. Müller*, Der Verhältnismäßigkeitsgrundsatz des Art 52 GRC – Paradigmenwechsel in der europäischen Grundrechtsjudikatur?, in: A. Kahl/N. Raschauer/S. Storr (Hrsg.), Grundsatzfragen der europäischen Grundrechtecharta, 2013, S. 179 (188 f.); Kritik daran bei *D. Ehlers*, ZÖR 72 (2017), S. 663 (665 f.).

[550] *T. Kingreen*, in: C. Calliess/M. Ruffert (Hrsg.), EUV, AEUV, 5. Aufl. 2016, Art. 52 GRC Rn. 70; *H. D. Jarass*, Charta der Grundrechte der Europäischen Union, 3. Aufl. 2016, Art. 52 Rn. 41; *M. Cornils*, Schrankendogmatik, in: C. Grabenwarter (Hrsg.), Europäischer Grundrechteschutz (EnzEuR Band 2), 2014, § 5, Rn. 108; *M. Hilf*, Die Schranken der EU-Grundrechte, in: D. Merten/H.-J. Papier (Hrsg.), HGR, Band VI/1, 2010, § 164, Rn. 65; *T. von Danwitz*, in: P. J. Tettinger/K. Stern (Hrsg.), Kölner Gemeinschaftskommentar zur Europäischen Grundrechte-Charta, 2006, Art. 52 Rn. 42; *T. von Danwitz/K. Paraschas*, Fordham Intl. L. J. 35 (2012), S. 1396 (1415 f.); *J. Pietsch*, Das Schrankenregime der EU-Grundrechtecharta, 2005, S. 170; a. A. nur *T. Müller*, Der Verhältnismäßigkeitsgrundsatz des Art 52 GRC – Paradigmenwechsel in der europäischen Grundrechtsjudikatur?, in: A. Kahl/N. Raschauer/S. Storr (Hrsg.), Grundsatzfragen der europäischen Grundrechtecharta, 2013, S. 179 (188 f.).

[551] *M. Cornils*, Schrankendogmatik, in: C. Grabenwarter (Hrsg.), Europäischer Grundrechteschutz (EnzEuR Band 2), 2014, § 5, Rn. 108; ähnlich *M. Hilf*, Die Schranken der EU-Grundrechte, in: D. Merten/H.-J. Papier (Hrsg.), HGR, Band VI/1, 2010, § 164, Rn. 65.

[552] *M. Cornils*, Schrankendogmatik, in: C. Grabenwarter (Hrsg.), Europäischer Grundrechteschutz (EnzEuR Band 2), 2014, § 5, Rn. 108.

[553] *S. Storr*, Der Staat 36 (1997), S. 547 (567); *E. Stieglitz*, Allgemeine Lehren im Grundrechtsverständnis nach der EMRK und der Grundrechtsjudikatur des EuGH, 2002, S. 139; ähnlich *U. Kischel*, EuR 35 (2000), S. 380 (381).

[554] *M. Cornils*, Schrankendogmatik, in: C. Grabenwarter (Hrsg.), Europäischer Grundrechteschutz (EnzEuR Band 2), 2014, § 5, Rn. 108; ähnlich *J. Kühling*, Grundrechte, in: A. von Bogdandy/J. Bast (Hrsg.), Europäisches Verfassungsrecht, 2. Aufl. 2009, S. 657 (695).

A. Kriterien und Untersuchungsgegenstand 161

stellt.⁵⁵⁵ Dieser Schutz ist ohne eine derartige Abwägung undenkbar.⁵⁵⁶ Wird die Angemessenheit vernachlässigt, verlieren die Grundrechte ihre Bedeutung, da diese Prüfung eine übermäßige Beschränkung von Grundrechten verhindert.⁵⁵⁷ Vor Inkrafttreten der Charta war die Prüfung der Angemessenheit durch den EuGH Gegenstand massiver Kritik:⁵⁵⁸ So wurde ihm vorgeworfen, er prüfe die Angemessenheit (teilweise) überhaupt nicht und/oder beschränke seine Prüfung auf die Frage, ob der Wesensgehalt des fraglichen Grundrechts verletzt sei.⁵⁵⁹ Jedenfalls begründe er sein Abwägungsergebnis nicht, sondern nehme eine nur „stark verkürzte"⁵⁶⁰ Prüfung vor, was zu einem Abwägungsdefizit führe.⁵⁶¹

Da Art. 52 Abs. 1 GRC nun eine Untersuchung der Angemessenheit verlangt, soll in der vorliegenden Arbeit zunächst analysiert werden, ob der Gerichtshof nach Verbindlichwerden der Charta diese Prüfung in allen Entscheidungen, in denen er eine Grundrechtsverletzung nicht schon an einem früheren Prüfungspunkt ablehnt, überhaupt vornimmt.

(1) Interessenprüfung

Bei der Prüfung der Angemessenheit muss eine Abwägung zwischen den mit der Einschränkung verfolgten legitimen Zielen und deren Auswirkungen auf

---

⁵⁵⁵ *M. Cornils*, Schrankendogmatik, in: C. Grabenwarter (Hrsg.), Europäischer Grundrechteschutz (EnzEuR Band 2), 2014, § 5, Rn. 108.
⁵⁵⁶ *M. Cornils*, Schrankendogmatik, in: C. Grabenwarter (Hrsg.), Europäischer Grundrechteschutz (EnzEuR Band 2), 2014, § 5, Rn. 108.
⁵⁵⁷ *S. Storr*, Der Staat 36 (1997), S. 547 (568).
⁵⁵⁸ *M. Cornils*, Schrankendogmatik, in: C. Grabenwarter (Hrsg.), Europäischer Grundrechteschutz (EnzEuR Band 2), 2014, § 5, Rn. 109.
⁵⁵⁹ *J. Kühling*, Grundrechte, in: A. von Bogdandy/J. Bast (Hrsg.), Europäisches Verfassungsrecht, 2. Aufl. 2009, S. 657 (694); *P. M. Huber*, EuZW 1997, S. 517 (521); *C. D. Classen*, Das Prinzip der Verhältnismäßigkeit im Spiegel europäischer Rechtsentwicklungen, in: M. Sachs (Hrsg.), Der grundrechtsgeprägte Verfassungsstaat, Festschrift für K. Stern, 2012, S. 651 (655); *U. Everling*, Die Kontrolle des Gemeinschaftsgesetzgebers durch die Europäischen Gerichte, in: C. O. Lenz/J. Gündisch (Hrsg.), Beiträge zum deutschen und europäischen Recht, 1999, S. 89 (97); ähnlich *S. Storr*, Der Staat 36 (1997), S. 547 (567); *T. von Danwitz*, in: P. J. Tettinger/K. Stern (Hrsg.), Kölner Gemeinschaftskommentar zur Europäischen Grundrechte-Charta, 2006, Art. 52 Rn. 19; *E. Stieglitz*, Allgemeine Lehren im Grundrechtsverständnis nach der EMRK und der Grundrechtsjudikatur des EuGH, 2002, S. 139; *M. Hentschel-Bednorz*, Derzeitige Rolle und zukünftige Perspektive des EuGH im Mehrebenensystem des Grundrechtsschutzes in Europa, 2012, S. 187; *U. Ostermann*, Entwicklung und gegenwärtiger Stand der europäischen Grundrechte nach der Rechtsprechung des Europäischen Gerichtshofs sowie des Gerichts erster Instanz, 2009, S. 245.
⁵⁶⁰ *C. Eisner*, Die Schrankenregelung der Grundrechtecharta der Europäischen Union, 2005, S. 62; ähnlich *M. Hilf*, Die Schranken der EU-Grundrechte, in: D. Merten/H.-J. Papier (Hrsg.), HGR, Band VI/1, 2010, § 164, Rn. 11.
⁵⁶¹ *M. Cornils*, Schrankendogmatik, in: C. Grabenwarter (Hrsg.), Europäischer Grundrechteschutz (EnzEuR Band 2), 2014, § 5, Rn. 109; *C. Eisner*, Die Schrankenregelung der Grundrechtecharta der Europäischen Union, 2005, S. 62; ähnlich *J. Kühling*, Grundrechte, in: A. von Bogdandy/J. Bast (Hrsg.), Europäisches Verfassungsrecht, 2. Aufl. 2009, S. 657 (694).

den Grundrechtsträger vorgenommen werden.[562] Für diese Interessenprüfung enthält der Wortlaut von Art. 52 Abs. 1 GRC keine Anforderungen. Eine Abwägung ist aber nur möglich, wenn vorher die konkreten Rechtsgüter bestimmt und in ihrer relativen Wertigkeit ins Verhältnis gesetzt wurden.[563] Wenn der grundrechtliche Freiheitsgehalt des berührten Individualinteresses und die Art der Einschränkung nicht thematisiert werden, vergleicht man in der Abwägung „Äpfel mit Birnen".[564] Die Verhältnismäßigkeitsprüfung wäre in diesem Fall rein formal, ohne inhaltliche Substanz und bliebe eine „leere Hülle".[565] Die Interessenprüfung ist damit notwendigerweise Teil der Prüfung der Angemessenheit, auch wenn der Wortlaut von Art. 52 Abs. 1 GRC beide nicht ausdrücklich erwähnt. Sie ist auch für einen effektiven Grundrechtsschutz erforderlich, da dieser nur möglich ist, wenn die konkrete Situation der Betroffenen in den Blick genommen wird.[566] Folglich ist die Interessenprüfung als Teil der Angemessenheit der wichtigste Schritt bei der Grundrechtsprüfung.[567]

Die Untersuchung der widerstreitenden Interessen erfolgt dreistufig:[568] Zunächst werden die widerstreitenden Interessen, also das mit der Grundrechtseinschränkung verfolgte legitime Ziel sowie der Nutzen einerseits und das beeinträchtigte Individualinteresse andererseits, ermittelt beziehungsweise herausgearbeitet.[569] Dies ist die Voraussetzung für jeden transparenten Abwä-

---

[562] *T. Kingreen*, in: C. Calliess/M. Ruffert (Hrsg.), EUV, AEUV, 5. Aufl. 2016, Art. 52 GRC Rn. 70; *A. Emmerich-Fritsche*, Der Grundsatz der Verhältnismäßigkeit als Direktive und Schranke der EG-Rechtsetzung, 2000, S. 215.

[563] *K. F. Gärditz*, Schutzbereich und Grundrechtseingriff, in: C. Grabenwarter (Hrsg.), Europäischer Grundrechteschutz (EnzEuR Band 2), 2014, § 4, Rn. 28; *E. Stieglitz*, Allgemeine Lehren im Grundrechtsverständnis nach der EMRK und der Grundrechtsjudikatur des EuGH, 2002, S. 130; *J. Kühling*, Grundrechte, in: A. von Bogdandy/J. Bast (Hrsg.), Europäisches Verfassungsrecht, 2. Aufl. 2009, S. 657 (695); *M. Nettesheim*, EuZW 1995, S. 106 (106 f.); ähnlich *C. Eisner*, Die Schrankenregelung der Grundrechtecharta der Europäischen Union, 2005, S. 62; *T. von Danwitz*, EWS 2003, S. 393 (400); vgl. auch *O. Koch*, Verhältnismäßigkeit, 2003, S. 260; *W. Pauly*, EuR 33 (1998), S. 242 (260); *J. Pietsch*, Das Schrankenregime der EU-Grundrechtecharta, 2005, S. 101; ganz ähnlich auch *R. Alexy*, I-CON 3 (2005), S. 572 (574).

[564] *M. Nettesheim*, EuZW 1995, S. 106 (107).

[565] *W. Frenz*, Handbuch Europarecht Band 4, 2009, Rn. 627.

[566] *J. Kokott*, AöR 1996, S. 599 (608).

[567] *J. Kühling*, Grundrechte, in: A. von Bogdandy/J. Bast (Hrsg.), Europäisches Verfassungsrecht, 2. Aufl. 2009, S. 657 (694).

[568] *O. Koch*, Verhältnismäßigkeit, 2003, S. 226; vgl. auch *E. Stieglitz*, Allgemeine Lehren im Grundrechtsverständnis nach der EMRK und der Grundrechtsjudikatur des EuGH, 2002, S. 130; VG Frankfurt a. M., Beschluss v. 24.10.1996, Rs. 1 E 798/95 (V) und 1 E 2949/93 (V) *(Vereinbarkeit der Bananenmarktordnung mit dem Grundgesetz)*, EuZW 1997, S. 182 ff., Rn. 190; *T. von Danwitz*, EWS 2003, S. 393 (400); implizit *F. Schwab*, Verhältnismäßigkeit, 2002, S. 96 f.; vgl. aber *H. Krämer*, in: K. Stern/M. Sachs (Hrsg.), Europäische Grundrechte-Charta, 2016, Art. 52 Rn. 52, der von nur zwei Teilschritten ausgeht.

[569] *O. Koch*, Verhältnismäßigkeit, 2003, S. 226 f.; *G. de Búrca*, Yearbook of European Law 13 (1993), S. 105 (109 f.).

gungsvorgang.⁵⁷⁰ Auf dieser Ebene ergeben sich häufig Überschneidungen mit der Prüfung des Schutzbereiches⁵⁷¹ und der legitimen Ziele, da dort die Rechtsgüter und Gemeinwohlinteressen bestimmt werden.⁵⁷² Im zweiten Schritt werden die Bedeutung des Ziels und der Grad der Zielerreichung auf der einen und die Bedeutung der Interessen des Individuums sowie die konkrete Eingriffstiefe im Einzelfall auf der anderen Seite gewichtet.⁵⁷³ Diese Gewichtung der zuvor benannten Interessen ist ausschlaggebend für die folgende Abwägung, denn nur so kann sie rational nachvollzogen werden.⁵⁷⁴ Vor der eigentlichen Abwägung muss die Bedeutung der Interessen und das Ausmaß der Beeinträchtigung bewertet werden,⁵⁷⁵ da ein Wägen nur möglich ist, wenn man genau weiß, was auf beiden Seiten der Waage steht. Dabei gilt, dass die anschließende Güterabwägung umso verständlicher ist, je präziser die Aussagen zum Gewicht der beteiligten Interessen ausfallen.⁵⁷⁶

Erst auf der letzten Stufe werden beide Seiten ins Verhältnis gesetzt, also eine Abwägung der Interessen (Englisch: balancing of interests⁵⁷⁷) vorgenommen.⁵⁷⁸ Ziel der Abwägung ist die Feststellung, ob die Belastung der Betroffenen die Grenze der Zumutbarkeit überschreitet.⁵⁷⁹

Vor Inkrafttreten der Grundrechtecharta war die Prüfung der Interessen Gegenstand starker Kritik. Hier lagen die „größten Versäumnisse in der bisherigen Kontrolltätigkeit des EuGH".⁵⁸⁰ Am schwersten wog der Vorwurf, der Gerichtshof prüfe die widerstreitenden Interessen überhaupt nicht.⁵⁸¹ Untersuchte er die Interessen hingegen, gab es Defizite auf allen drei Ebenen der Prüfung:

---

⁵⁷⁰ *O. Koch*, Verhältnismäßigkeit, 2003, S. 260.
⁵⁷¹ Vgl. *K. F. Gärditz*, Schutzbereich und Grundrechtseingriff, in: C. Grabenwarter (Hrsg.), Europäischer Grundrechteschutz (EnzEuR Band 2), 2014, § 4, Rn. 28.
⁵⁷² Vgl. z. B. *E. Stieglitz*, Allgemeine Lehren im Grundrechtsverständnis nach der EMRK und der Grundrechtsjudikatur des EuGH, 2002, S. 129 f.
⁵⁷³ *O. Koch*, Verhältnismäßigkeit, 2003, S. 227; vgl. auch *E. Stieglitz*, Allgemeine Lehren im Grundrechtsverständnis nach der EMRK und der Grundrechtsjudikatur des EuGH, 2002, S. 130; ebenso (wenn auch auf Basis des GG) *L. Michael/M. Morlok*, Grundrechte, 6. Aufl. 2017, Rn. 625.
⁵⁷⁴ *O. Koch*, Verhältnismäßigkeit, 2003, S. 261; ähnlich *S. Storr*, Der Staat 36 (1997), S. 547 (562).
⁵⁷⁵ *O. Koch*, Verhältnismäßigkeit, 2003, S. 261 f.
⁵⁷⁶ *O. Koch*, Verhältnismäßigkeit, 2003, S. 262.
⁵⁷⁷ Vgl. zu diesem Begriff z. B. *G. de Búrca*, Yearbook of European Law 13 (1993), S. 105 (114 f.).
⁵⁷⁸ *O. Koch*, Verhältnismäßigkeit, 2003, S. 227; ähnlich *F. Schwab*, Verhältnismäßigkeit, 2002, S. 96 f.; ebenso zur dritten Stufe, aber mit leichten Abweichungen auf den ersten beiden Stufen *R. Alexy*, I-CON 3 (2005), S. 572 (574).
⁵⁷⁹ *O. Koch*, Verhältnismäßigkeit, 2003, S. 227; ähnlich *S. Storr*, Der Staat 36 (1997), S. 547 (567); siehe zur subjektiven Zumutbarkeit Kapitel 3 A. II. 5. b) gg) (2).
⁵⁸⁰ *J. Kühling*, Grundrechte, in: A. von Bogdandy/J. Bast (Hrsg.), Europäisches Verfassungsrecht, 2. Aufl. 2009, S. 657 (694); ähnlich *P. Quasdorf*, Dogmatik der Grundrechte der Europäischen Union, 2001, S. 188 ff.
⁵⁸¹ So *P. M. Huber*, EuZW 1997, S. 517 (521); *M. Nettesheim*, EuZW 1995, S. 106 (106);

164 Kapitel 3: Analyse der Grundrechtsprüfung des EuGH

Die betroffenen individuellen und öffentlichen Interessen wurden nicht hinlänglich herausgearbeitet.[582] Auf der zweiten Stufe, der Gewichtung der Interessen, unterblieb eine Ermittlung des Gewichts der betroffenen Individualinteressen „völlig"[583] oder reichte zumindest nicht aus.[584] Der EuGH untersuchte die Intensität des Grundrechtseingriffs nicht[585] oder höchstens „außerordentlich selten".[586] Seine Prüfung war daher einseitig: „Den angestrebten Gemeinwohlbelangen [wurde] nicht die Schwere der Beeinträchtigung Einzelner in einer konkreten Situation gegenübergestellt. Vielmehr [wurde] die gesellschaftliche Funktion dieser Rechte herausgestrichen."[587] „Dieses Defizit bei der Bestimmung des grundrechtlich geschützten Individualinteresses [führte] zwangsläufig zu einem Abwägungsdefizit, wenn das nicht ausreichend ermittelte und gewichtete Privatinteresse mit dem öffentlichen Interesse abgewogen werden [sollte]."[588] Dies ging zu Lasten des Individuums,[589] denn die Verhältnismäßigkeitsprüfung war rein formal und inhaltlich substanzlos.[590]

ähnlich *T. von Danwitz*, in: P.J. Tettinger/K. Stern (Hrsg.), Kölner Gemeinschaftskommentar zur Europäischen Grundrechte-Charta, 2006, Art. 52 Rn. 20; *M. Hentschel-Bednorz*, Derzeitige Rolle und zukünftige Perspektive des EuGH im Mehrebenensystem des Grundrechtsschutzes in Europa, 2012, S. 257 f.

[582] *T. von Danwitz*, EWS 2003, S. 393 (400); *F. Schwab*, Verhältnismäßigkeit, 2002, S. 96 f.; *P.M. Huber*, EuZW 1997, S. 517 (521); *W. Frenz*, Handbuch Europarecht Band 4, 2009, Rn. 627; *J. Kühling*, Grundrechte, in: A. von Bogdandy/J. Bast (Hrsg.), Europäisches Verfassungsrecht, 2. Aufl. 2009, S. 657 (694); VG Frankfurt a. M., Beschluss v. 24.10.1996, Rs. 1 E 798/95 (V) und 1 E 2949/93 (V) *(Vereinbarkeit der Bananenmarktordnung mit dem Grundgesetz)*, EuZW 1997, S. 182 ff., Rn. 190; hinsichtlich der Gemeinwohlinteressen *E. Stieglitz*, Allgemeine Lehren im Grundrechtsverständnis nach der EMRK und der Grundrechtsjudikatur des EuGH, 2002, S. 129 f.

[583] *T. von Danwitz*, EWS 2003, S. 393 (396); ähnlich *P.M. Huber*, EuZW 1997, S. 517 (521); *C. Eisner*, Die Schrankenregelung der Grundrechtecharta der Europäischen Union, 2005, S. 62; *O. Koch*, Verhältnismäßigkeit, 2003, S. 261; ähnlich *M. Hilf*, Die Schranken der EU-Grundrechte, in: D. Merten/H.-J. Papier (Hrsg.), HGR, Band VI/1, 2010, § 164, Rn. 26; *E. Pache*, NVwZ 1999, S. 1033 (1040); *E. Pache*, EuR 2001, S. 475 (488).

[584] *W. Frenz*, Handbuch Europarecht Band 4, 2009, Rn. 627; ganz ähnlich *F.C. Mayer*, in: E. Grabitz/M. Nettesheim/M. Hilf (Hrsg.), Das Recht der Europäischen Union: EUV/AEUV, Stand: 65. EL 2018, Grundrechtsschutz und rechtsstaatliche Grundsätze Rn. 71.

[585] *F. Schwab*, Verhältnismäßigkeit, 2002, S. 96 f.; *E. Pache*, NVwZ 1999, S. 1033 (1040).

[586] *O. Koch*, Verhältnismäßigkeit, 2003, S. 222; positiv dagegen zum Urteil Vereinigte Familiapress Zeitungsverlags- und vertriebs GmbH / Bauer Verlag (C-368/95) *J. Kühling*, EuGRZ 1997, S. 296 (303).

[587] *W. Frenz*, Handbuch Europarecht Band 4, 2009, Rn. 627; ähnlich *J. Kokott*, AöR 1996, S. 599 (608); VG Frankfurt a. M., Beschluss v. 24.10.1996, Rs. 1 E 798/95 (V) und 1 E 2949/93 (V) *(Vereinbarkeit der Bananenmarktordnung mit dem Grundgesetz)*, EuZW 1997, S. 182 ff., Rn. 190; *M. Hilf*, Die Schranken der EU-Grundrechte, in: D. Merten/H.-J. Papier (Hrsg.), HGR, Band VI/1, 2010, § 164, Rn. 11; *C. Eisner*, Die Schrankenregelung der Grundrechtecharta der Europäischen Union, 2005, S. 62; *T. von Danwitz*, EWS 2003, S. 393 (396); *P.M. Huber*, EuZW 1997, S. 517 (521); *E. Stieglitz*, Allgemeine Lehren im Grundrechtsverständnis nach der EMRK und der Grundrechtsjudikatur des EuGH, 2002, S. 140; *O. Koch*, Verhältnismäßigkeit, 2003, S. 261, 263.

[588] VG Frankfurt a. M., Beschluss v. 24.10.1996, Rs. 1 E 798/95 (V) und 1 E 2949/93

A. Kriterien und Untersuchungsgegenstand

Die Kritik an der Interessenprüfung war häufig auch eine Kritik an der Art der Entscheidungsbegründung des Gerichtshofs[591]: Diese sei „knapp"[592], „kursorisch"[593], „pauschal"[594] und „oberflächlich"[595]. Der EuGH habe „das relative Gewicht der abzuwägenden Güter und damit auch den Vorrang des einen vor dem anderen Gut als Abwägungsergebnis kaum je überzeugend begründet".[596] Er begnüge sich bei der „konkreten Güter- und Interessenabwägung zumeist mit der stereotypen Feststellung, daß die inkriminierte Gemeinschaftsmaßnahme sich in die Struktur und Ziele der Gemeinschaft einfüge"[597], oder gebe nur das Ergebnis seiner Abwägung an.[598] Dies mache die Entscheidungsfindung des Gerichtshofs teilweise intransparent sowie kaum nachvollziehbar und führe dazu, dass sie besonders in kritischen Fällen wenig überzeugen könne.[599] Zwar kann nicht ausgeschlossen werden, dass der EuGH intern eine ausführliche Interessenprüfung vorgenommen hat,[600] doch im Interesse der Rechtsklarheit muss eine nachvollziehbare Gerichtsentscheidung erkennen lassen, worauf sich das Gericht bei seiner Abwägungsentscheidung stützt.[601]

In der vorliegenden Arbeit wird daher analysiert, wie umfassend der Gerichtshof nach Inkrafttreten der Charta die widerstreitenden Interessen prüft.

(V) *(Vereinbarkeit der Bananenmarktordnung mit dem Grundgesetz)*, EuZW 1997, S. 182 ff., Rn. 190; ähnlich *O. Koch*, Verhältnismäßigkeit, 2003, S. 263; vgl. auch *A. Wehlau/N. Lutzhöft*, EuZW 2012, S. 45 (45 f.).

[589] *C. Eisner*, Die Schrankenregelung der Grundrechtecharta der Europäischen Union, 2005, S. 62; *T. von Danwitz*, EWS 2003, S. 393 (400).

[590] *W. Frenz*, Handbuch Europarecht Band 4, 2009, Rn. 627.

[591] Dazu ausführlich *U. Everling*, EuR 29 (1994), S. 127; *U. Kischel*, EuR 35 (2000), S. 380 (396 f.); *A. Wehlau/N. Lutzhöft*, EuZW 2012, S. 45 (45 f.).

[592] *J. Kühling*, Grundrechte, in: A. von Bogdandy/J. Bast (Hrsg.), Europäisches Verfassungsrecht, 2. Aufl. 2009, S. 657 (694); ganz ähnlich *K. Gebauer*, Parallele Grund- und Menschenrechtsschutzsysteme in Europa?, 2007, S. 273 f.

[593] *J. Kokott*, AöR 1996, S. 599 (608).

[594] *M. Hilf*, Die Schranken der EU-Grundrechte, in: D. Merten/H.-J. Papier (Hrsg.), HGR, Band VI/1, 2010, § 164, Rn. 11; *O. Koch*, Verhältnismäßigkeit, 2003, S. 261.

[595] *M. Hilf*, Die Schranken der EU-Grundrechte, in: D. Merten/H.-J. Papier (Hrsg.), HGR, Band VI/1, 2010, § 164, Rn. 26.

[596] *M. Cornils*, Schrankendogmatik, in: C. Grabenwarter (Hrsg.), Europäischer Grundrechteschutz (EnzEuR Band 2), 2014, § 5, Rn. 109; ähnlich *I. Wetter*, Die Grundrechtscharta des Europäischen Gerichtshofes, 1998, S. 107; *K. Gebauer*, Parallele Grund- und Menschenrechtsschutzsysteme in Europa?, 2007, S. 273 f.

[597] *M. A. Dauses*, EuZW 1997, S. 705.

[598] *H.-W. Rengeling*, Grundrechtsschutz in der Europäischen Gemeinschaft, 1993, S. 215; ähnlich *O. Koch*, Verhältnismäßigkeit, 2003, S. 260; *K. Gebauer*, Parallele Grund- und Menschenrechtsschutzsysteme in Europa?, 2007, S. 273 f.

[599] *M. Hilf*, Die Schranken der EU-Grundrechte, in: D. Merten/H.-J. Papier (Hrsg.), HGR, Band VI/1, 2010, § 164, Rn. 27.

[600] *M. Hilf*, Die Schranken der EU-Grundrechte, in: D. Merten/H.-J. Papier (Hrsg.), HGR, Band VI/1, 2010, § 164, Rn. 27.

[601] *O. Koch*, Verhältnismäßigkeit, 2003, S. 260.

(2) Subjektive Zumutbarkeit

Vor Inkrafttreten der Charta war unklar, ob auf Unionsebene eine Prüfung der subjektiven Zumutbarkeit der Grundrechtseinschränkung oder eine objektive Güterabwägung vorzunehmen ist und welchen Ansatz der EuGH verfolgte.[602] Bei der Prüfung der subjektiven Zumutbarkeit, wie sie im deutschen Recht üblich ist,[603] wird eine Abwägung zwischen dem beeinträchtigten subjektiven Recht und dem geförderten legitimen Ziel vorgenommen.[604] Danach dürfen bei der Interessenprüfung und insbesondere in ihrem dritten Schritt, der eigentlichen Abwägung der widerstreitenden Interessen, diese nicht bloß saldiert werden. Es muss nicht nur das schwerer wiegende Interesse ermittelt, sondern im Einzelfall auch konkret[605] geprüft werden, ob die Folgen der hoheitlichen Maßnahme für den Betroffenen eine unzumutbare Belastung darstellen.[606]

Eine andere Herangehensweise bildet die französische „contrôle de bilan"-Technik. Hier wird eine objektive und lediglich abstrakte[607] Kosten-Nutzen-Analyse vorgenommen, die danach fragt, „welche Vor- und Nachteile eine Maßnahme für die Beteiligten insgesamt mit sich bringt. Es handelt sich also um eine ‚multipolare' Interessenabwägung, bei der die verschiedensten geförderten und beeinträchtigten Interessen zu berücksichtigen sind."[608] Ebenso wie man bei der Frage nach der subjektiven Zumutbarkeit eines Eingriffs nicht nach dem optimalen Ergebnis sucht, hat die „contrôle de bilan"-Technik zum Ziel, offensichtliche Missverhältnisse zwischen Mittel und Zweck zu verhindern.[609]

Diesem Ansatz schien der Gerichtshof vor Inkrafttreten der Charta im Grundrechtsbereich zu folgen.[610] Er selbst sprach davon, eine „Globalabwägung" vorzunehmen.[611] Bei seiner Prüfung der Angemessenheit ließ er die

---

[602] Nachweise bei *O. Koch*, Verhältnismäßigkeit, 2003, S. 227.
[603] *O. Koch*, Verhältnismäßigkeit, 2003, S. 226.
[604] *O. Koch*, Verhältnismäßigkeit, 2003, S. 226.
[605] *M. Hilf*, Die Schranken der EU-Grundrechte, in: D. Merten/H.-J. Papier (Hrsg.), HGR, Band VI/1, 2010, § 164, Rn. 26; ebenso (wenn auch ausgehend vom GG) *L. Michael/M. Morlok*, Grundrechte, 6. Aufl. 2017, Rn. 625.
[606] *O. Koch*, Verhältnismäßigkeit, 2003, S. 227 m. w. N.
[607] *M. Hilf*, Die Schranken der EU-Grundrechte, in: D. Merten/H.-J. Papier (Hrsg.), HGR, Band VI/1, 2010, § 164, Rn. 26.
[608] *O. Koch*, Verhältnismäßigkeit, 2003, S. 227.
[609] *O. Koch*, Verhältnismäßigkeit, 2003, S. 227.
[610] *T. von Danwitz*, EWS 2003, S. 393 (396); *O. Koch*, Verhältnismäßigkeit, 2003, S. 230; *M. Hilf*, Die Schranken der EU-Grundrechte, in: D. Merten/H.-J. Papier (Hrsg.), HGR, Band VI/1, 2010, § 164, Rn. 26; *U. Kischel*, EuR 35 (2000), S. 380 (393); *E. Stieglitz*, Allgemeine Lehren im Grundrechtsverständnis nach der EMRK und der Grundrechtsjudikatur des EuGH, 2002, S. 139 f.; *A. Emmerich-Fritsche*, Der Grundsatz der Verhältnismäßigkeit als Direktive und Schranke der EG-Rechtsetzung, 2000, S. 216 f.
[611] EuGH, Urteil v. 24.10.1973, Rs. C-5/73 *(Balkan Import Export GmbH/Hauptzollamt Berlin Packhof)*, Slg. 1973, 1091, 1111 f. (Rn. 22); vgl. auch *T. von Danwitz*, EWS 2003, S. 393 (400).

A. Kriterien und Untersuchungsgegenstand

subjektiven Interessen des Einzelnen meist außer Acht.[612] Besonders gravierende Nachteile oder atypische Einzelfälle wurden nicht berücksichtigt.[613] Vielmehr wog der Gerichtshof stellenweise sogar zwei öffentliche Interessen miteinander ab.[614]

Schon zu diesem Zeitpunkt wurde vom EuGH gefordert, im Grundrechtsbereich eine Prüfung der subjektiven Angemessenheit vorzunehmen,[615] ansonsten fehle es „bereits an einer Grundvoraussetzung jedes transparenten Abwägungsvorgangs."[616] Das wiederum berge „die Gefahr einer weitgehenden Entwertung individueller Rechte betroffener Bürger".[617]

Art. 52 Abs. 1 GRC wird jetzt ganz überwiegend so verstanden, dass die subjektive Zumutbarkeit Teil der Interessenprüfung und mithin der Angemessenheit ist.[618]

Auch nach der hier vertretenen Konzeption der Angemessenheitsprüfung nach Art. 52 Abs. 1 GRC ist die auf dieser Prüfungsstufe vorzunehmende Interessenprüfung nur vollständig, wenn die Grundrechtsposition des Betroffenen ermittelt, gewichtet und in die Abwägung eingestellt wird.[619] Dabei ist unter anderem die Intensität des Eingriffs im konkreten Fall zu bewerten. Bei einer vollständigen Interessenprüfung untersucht der EuGH folglich auch das subjektive Interesse des Grundrechtsträgers. In diesem Fall ist ein Fehlen der Kontrolle der subjektiven Zumutbarkeit und eine Abwägung zweier im öffentlichen Interesse stehender Ziele durch eine rein objektive und abstrakte Kosten-Nutzen-Abwägung ausgeschlossen. Denkbar ist hingegen, dass eine solche Untersuchung bei einer unvollständigen Interessenprüfung unterbleibt.

In der vorliegenden Arbeit wird folglich analysiert, ob der EuGH nun die subjektive Zumutbarkeit im Rahmen der Interessenprüfung untersucht.

---

[612] *O. Koch*, Verhältnismäßigkeit, 2003, S. 228.
[613] *E. Stieglitz*, Allgemeine Lehren im Grundrechtsverständnis nach der EMRK und der Grundrechtsjudikatur des EuGH, 2002, S. 139.
[614] So z.B. in EuGH, Urteil v. 15.05.1974, Rs. C-186/73 *(Norddeutsches Vieh- und Fleischkontor / Einfuhr- und Vorratsstelle für Schlachtvieh, Fleisch und Fleischerzeugnisse)*, Slg. 1974, 533, 543 (Rn. 6); vgl. dazu *O. Koch*, Verhältnismäßigkeit, 2003, S. 228.
[615] *P. M. Huber*, EuZW 1997, S. 517 (521).
[616] *T. von Danwitz*, EWS 2003, S. 393 (400).
[617] *T. von Danwitz*, EWS 2003, S. 393 (400); *O. Koch*, Verhältnismäßigkeit, 2003, S. 227 f.
[618] *H. D. Jarass*, Charta der Grundrechte der Europäischen Union, 3. Aufl. 2016, Art. 52 Rn. 41 f.; *T. Kingreen*, in: C. Calliess/M. Ruffert (Hrsg.), EUV, AEUV, 5. Aufl. 2016, Art. 52 GRC Rn. 70; vgl. auch *M. Hilf*, Die Schranken der EU-Grundrechte, in: D. Merten/H.-J. Papier (Hrsg.), HGR, Band VI/1, 2010, § 164, Rn. 86; *T. von Danwitz*, in: P. J. Tettinger/K. Stern (Hrsg.), Kölner Gemeinschaftskommentar zur Europäischen Grundrechte-Charta, 2006, Art. 52 Rn. 26, 43; a. A. nur *T. Müller*, Der Verhältnismäßigkeitsgrundsatz des Art 52 GRC – Paradigmenwechsel in der europäischen Grundrechtsjudikatur?, in: A. Kahl/N. Raschauer/ S. Storr (Hrsg.), Grundsatzfragen der europäischen Grundrechtecharta, 2013, S. 179 (188–190).
[619] Vgl. Kapitel 3 A. II. 5. b) gg) (1).

hh) Exkurs: Verknüpfung mit der Grundrechtsprüfung

Vor Inkrafttreten der Charta prüfte der Gerichtshof den Grundsatz der Verhältnismäßigkeit häufig, insbesondere bei wirtschaftsbezogenen Grundrechten[620], getrennt von der Grundrechtsprüfung als eigenständigen allgemeinen Grundsatz des Unionsrechts.[621] Dies wurde als „zwangsläufig sinnlos" kritisiert, da so weder die Schwere der Grundrechtseinschränkung erkennbar werde noch eine Abwägung möglich sei.[622] Der Verhältnismäßigkeitsgrundsatz gehöre dogmatisch zu den grundrechtlichen Schranken-Schranken, begrenze also die generelle Beschränkbarkeit des Grundrechts und müsse daher als „Einzelfallkorrektiv" im Rahmen der Kontrolle einer konkreten Grundrechtseinschränkung geprüft werden.[623] Folglich könne eine vom Grundrechtseingriff isolierte Verhältnismäßigkeitsprüfung ihren Zweck nicht erfüllen.[624] Es komme nämlich zu einem „Verlust an grundrechtsspezifischer Kontrolle":[625] So könne die Angemessenheit einer Maßnahme der EU nur geprüft werden, wenn vorab die widerstreitenden Rechte und Interessen definiert würden.[626] Insgesamt sei die Verhältnismäßigkeitsprüfung zu einer reinen Ermessenskontrolle verkommen.[627] Prüfe der EuGH die Verhältnismäßigkeit hingegen zweifach, das heißt vorab als allgemeinen Grundsatz und innerhalb der Prüfung der Grundrechte, sei dies nicht

---

[620] *A. Wehlau/N. Lutzhöft*, EuZW 2012, S. 45 (46).

[621] *O. Koch*, Verhältnismäßigkeit, 2003, S. 255–258, 397; *S. Storr*, Der Staat 36 (1997), S. 547 (552, 570); *M. Cornils*, Schrankendogmatik, in: C. Grabenwarter (Hrsg.), Europäischer Grundrechteschutz (EnzEuR Band 2), 2014, § 5, Rn. 12; *G. M. Berrisch*, EuR 29 (1994), S. 461 (465–468); *T. Schilling*, EuGRZ 27 (2000), S. 3 (12); *U. Everling*, CMLR 33 (1996), S. 401 (418); *M. Hilf*, Die Schranken der EU-Grundrechte, in: D. Merten/H.-J. Papier (Hrsg.), HGR, Band VI/1, 2010, § 164, Rn. 23; *U. Kischel*, EuR 35 (2000), S. 380 (384); *T. von Danwitz*, EWS 2003, S. 393 (395); *P. Quasdorf*, Dogmatik der Grundrechte der Europäischen Union, 2001, S. 201; *E. Stieglitz*, Allgemeine Lehren im Grundrechtsverständnis nach der EMRK und der Grundrechtsjudikatur des EuGH, 2002, S. 142.

[622] *S. Storr*, Der Staat 36 (1997), S. 547 (570); wortgleich *E. Stieglitz*, Allgemeine Lehren im Grundrechtsverständnis nach der EMRK und der Grundrechtsjudikatur des EuGH, 2002, S. 142; kritisch auch *M. Cornils*, Schrankendogmatik, in: C. Grabenwarter (Hrsg.), Europäischer Grundrechteschutz (EnzEuR Band 2), 2014, § 5, Rn. 12; *U. Everling*, CMLR 33 (1996), S. 401 (418); *T. Schilling*, EuGRZ 27 (2000), S. 3 (12); *T. von Danwitz*, EWS 2003, S. 393 (396); *P. M. Huber*, EuZW 1997, S. 517 (521).

[623] *S. Storr*, Der Staat 36 (1997), S. 547 (570); wortgleich *E. Stieglitz*, Allgemeine Lehren im Grundrechtsverständnis nach der EMRK und der Grundrechtsjudikatur des EuGH, 2002, S. 142.

[624] *S. Storr*, Der Staat 36 (1997), S. 547 (570); *E. Stieglitz*, Allgemeine Lehren im Grundrechtsverständnis nach der EMRK und der Grundrechtsjudikatur des EuGH, 2002, S. 142.

[625] *A. Wehlau/N. Lutzhöft*, EuZW 2012, S. 45 (46); ganz ähnlich *J. Kühling*, Grundrechte, in: A. von Bogdandy/J. Bast (Hrsg.), Europäisches Verfassungsrecht, 2. Aufl. 2009, S. 657 (694); *T. von Danwitz*, in: P. J. Tettinger/K. Stern (Hrsg.), Kölner Gemeinschaftskommentar zur Europäischen Grundrechte-Charta, 2006, Art. 52 Rn. 20.

[626] *A. Wehlau/N. Lutzhöft*, EuZW 2012, S. 45 (46).

[627] *S. Storr*, Der Staat 36 (1997), S. 547 (570) m. w. N.; *E. Stieglitz*, Allgemeine Lehren im Grundrechtsverständnis nach der EMRK und der Grundrechtsjudikatur des EuGH, 2002, S. 142; ähnlich *T. von Danwitz*, EWS 2003, S. 393 (396).

nur dogmatisch unnötig, da sich beide Prüfungen glichen,[628] sondern verwirre auch die Leser, sei also der Transparenz der Entscheidungen abträglich.[629] Ließ sich dieses Vorgehen des EuGH vor Rechtsverbindlichkeit der Charta mit der Genese der Verhältnismäßigkeitsprüfung einerseits und der Grundrechtsprüfung andererseits erklären,[630] fordert Art. 52 Abs. 1 GRC nun eine „vollständige Integration des Verhältnismäßigkeitsgrundsatzes in die Grundrechtsprüfung".[631] Gemäß Art. 52 Abs. 1 S. 2 GRC dürfen Einschränkungen der Grundrechte nämlich nur unter Wahrung des Grundsatzes der Verhältnismäßigkeit vorgenommen werden.

Entscheidungen, in denen die Charta trotz eventueller grundrechtlicher Relevanz nicht zitiert wird, fallen nicht in den vorliegenden Fallkorpus[632] und werden daher hier auch nicht untersucht.[633] Deswegen wird als Exkurs überprüft, ob der EuGH in den analysierten Entscheidungen eine von der Grundrechtsprüfung isolierte Verhältnismäßigkeitsprüfung vornimmt oder letztere entsprechend den Vorgaben des Art. 52 Abs. 1 S. 2 GRC in erstere integriert.

c) Wesensgehaltsgarantie

Gemäß Art. 52 Abs. 1 S. 1 GRC muss jede Einschränkung der Ausübung der in dieser Charta anerkannten Rechte und Freiheiten den Wesensgehalt dieser Rechte und Freiheiten achten. Diese Anforderung, auf deren Entwicklung Art. 19 Abs. 2 GG wohl einigen Einfluss hatte,[634] entspricht der Rechtsprechung des EuGH vor Inkrafttreten der Charta,[635] der bereits im Jahr 1974 ent-

---

[628] *O. Koch*, Verhältnismäßigkeit, 2003, S. 255–257; *M. Hilf*, Die Schranken der EU-Grundrechte, in: D. Merten/H.-J. Papier (Hrsg.), HGR, Band VI/1, 2010, § 164, Rn. 23.

[629] *O. Koch*, Verhältnismäßigkeit, 2003, S. 257 f.; ähnlich *S. Storr*, Der Staat 36 (1997), S. 547 (570); *M. Cornils*, Schrankendogmatik, in: C. Grabenwarter (Hrsg.), Europäischer Grundrechteschutz (EnzEuR Band 2), 2014, § 5, Rn. 12; *M. Hilf*, Die Schranken der EU-Grundrechte, in: D. Merten/H.-J. Papier (Hrsg.), HGR, Band VI/1, 2010, § 164, Rn. 23.

[630] *J. Kühling*, Grundrechte, in: A. von Bogdandy/J. Bast (Hrsg.), Europäisches Verfassungsrecht, 2. Aufl. 2009, S. 657 (694); *M. Cornils*, Schrankendogmatik, in: C. Grabenwarter (Hrsg.), Europäischer Grundrechteschutz (EnzEuR Band 2), 2014, § 5, Rn. 12; vgl. auch *O. Koch*, Verhältnismäßigkeit, 2003, S. 255 f.

[631] *J. Kühling*, Grundrechte, in: A. von Bogdandy/J. Bast (Hrsg.), Europäisches Verfassungsrecht, 2. Aufl. 2009, S. 657 (694); ähnlich *M. Cornils*, Schrankendogmatik, in: C. Grabenwarter (Hrsg.), Europäischer Grundrechteschutz (EnzEuR Band 2), 2014, § 5, Rn. 12; *T. von Danwitz*, in: P.J. Tettinger/K. Stern (Hrsg.), Kölner Gemeinschaftskommentar zur Europäischen Grundrechte-Charta, 2006, Art. 52 Rn. 40; *T. Müller*, Der Verhältnismäßigkeitsgrundsatz des Art 52 GRC – Paradigmenwechsel in der europäischen Grundrechtsjudikatur?, in: A. Kahl/N. Raschauer/S. Storr (Hrsg.), Grundsatzfragen der europäischen Grundrechtecharta, 2013, S. 179 (197 f.).

[632] Siehe zum Fallkorpus Kapitel 2 B. II.

[633] Zu solchen Entscheidungen z.B. *M. Cornils*, Schrankendogmatik, in: C. Grabenwarter (Hrsg.), Europäischer Grundrechteschutz (EnzEuR Band 2), 2014, § 5, Rn. 12.

[634] *I. Wetter*, Die Grundrechtscharta des Europäischen Gerichtshofes, 1998, S. 108; *P. M. Huber*, EuZW 1997, S. 517 (521).

[635] *T. Kingreen*, in: C. Calliess/M. Ruffert (Hrsg.), EUV, AEUV, 5. Aufl. 2016, Art. 52

schied, Grundrechtseingriffe könnten gerechtfertigt sein, „solange die Rechte nicht in ihrem Wesen angetastet werden."[636] Schon damals war aber nicht klar, was unter der Garantie des Wesensgehalts zu verstehen ist.[637] Der Gerichtshof stellte meist nur „pauschal"[638] fest, der Wesensgehalt sei im fraglichen Fall nicht angetastet.[639] Dies wurde von der Rechtswissenschaft kritisiert, da die Wesensgehaltsgarantie für die Frage der Effektivität des Grundrechtsschutzes „von ganz entscheidender Bedeutung" sei,[640] der EuGH aber (zumindest bis zum Jahr 2002) in keiner Entscheidung eine Verletzung des Wesensgehalts eines Grundrechts annahm.[641]

Dogmatisch kann zwischen einem absoluten Ansatz, bei dem ein absolut geschützter Kernbereich eines Grundrechts definiert und geschützt wird,[642] und einer relativen Herangehensweise, die den Wesensgehalt mit Hilfe des Verhältnismäßigkeitsgrundsatzes bestimmt,[643] unterschieden werden.[644] Der Ge-

---

GRC Rn. 64; *H. D. Jarass*, Charta der Grundrechte der Europäischen Union, 3. Aufl. 2016, Art. 52 Rn. 28; *I. Pernice*, NJW 1990, S. 2409 (2415 f.); *C. Eisner*, Die Schrankenregelung der Grundrechtecharta der Europäischen Union, 2005, S. 56 ff., 141; *E. Stieglitz*, Allgemeine Lehren im Grundrechtsverständnis nach der EMRK und der Grundrechtsjudikatur des EuGH, 2002, S. 135.

[636] EuGH, Urteil v. 14.05.1974, Rs. C-4/73 *(Nold KG/Kommission)*, Slg. 1974, I-491, 508 (Rn. 14).

[637] *C. Eisner*, Die Schrankenregelung der Grundrechtecharta der Europäischen Union, 2005, S. 58, 61; *I. Pernice*, NJW 1990, S. 2409 (2416); *H.-W. Rengeling*, Grundrechtsschutz in der Europäischen Gemeinschaft, 1993, S. 166, 214; *E. Stieglitz*, Allgemeine Lehren im Grundrechtsverständnis nach der EMRK und der Grundrechtsjudikatur des EuGH, 2002, S. 135; *S. Storr*, Der Staat 36 (1997), S. 547 (562); *T. Kingreen*, JuS 2000, S. 857 (863); *J. Pietsch*, Das Schrankenregime der EU-Grundrechtecharta, 2005, S. 96 f.; *P. Quasdorf*, Dogmatik der Grundrechte der Europäischen Union, 2001, S. 209; ähnlich *R. Streinz/W. Michl*, in: R. Streinz (Hrsg.), EUV/AEUV, 2. Aufl. 2012, Art. 52 GRCh Rn. 26; *M. Hentschel-Bednorz*, Derzeitige Rolle und zukünftige Perspektive des EuGH im Mehrebenensystem des Grundrechtsschutzes in Europa, 2012, S. 188 f.

[638] *C. Eisner*, Die Schrankenregelung der Grundrechtecharta der Europäischen Union, 2005, S. 58; *E. Stieglitz*, Allgemeine Lehren im Grundrechtsverständnis nach der EMRK und der Grundrechtsjudikatur des EuGH, 2002, S. 135; *I. Wetter*, Die Grundrechtscharta des Europäischen Gerichtshofes, 1998, S. 108.

[639] *C. Eisner*, Die Schrankenregelung der Grundrechtecharta der Europäischen Union, 2005, S. 58; *I. Pernice*, NJW 1990, S. 2409 (2416).

[640] *H.-W. Rengeling*, Grundrechtsschutz in der Europäischen Gemeinschaft, 1993, S. 214.

[641] *E. Stieglitz*, Allgemeine Lehren im Grundrechtsverständnis nach der EMRK und der Grundrechtsjudikatur des EuGH, 2002, S. 137; im Jahr 1998: *I. Wetter*, Die Grundrechtscharta des Europäischen Gerichtshofes, 1998, S. 108; im Jahr 1993: *H.-W. Rengeling*, Grundrechtsschutz in der Europäischen Gemeinschaft, 1993, S. 214; im Jahr 1990: *I. Pernice*, NJW 1990, S. 2409 (2416).

[642] Ansätze in der Rechtsprechung des EuGH vor Inkrafttreten der GRC sieht *E. Stieglitz*, Allgemeine Lehren im Grundrechtsverständnis nach der EMRK und der Grundrechtsjudikatur des EuGH, 2002, S. 135 f.; vgl. auch *S. Storr*, Der Staat 36 (1997), S. 547 (563); *T. Ojanen*, E. C. L. Rev. 12 (2016), S. 318 (329).

[643] Vgl. dazu ausführlich mit zahlreichen Nachweisen *B. Remmert*, in: T. Maunz/G. Dürig (Hrsg.), Grundgesetz, Stand: 85. EL 2018, Art. 19 Abs. 2 Rn. 36; vgl. auch mit Nachweisen

A. *Kriterien und Untersuchungsgegenstand* 171

richtshof schien vor Inkrafttreten der Charta dem relativen Ansatz zu folgen.[645] Demnach verletzt ein unverhältnismäßiger Grundrechtseingriff immer auch den Wesensgehalt des Grundrechts.[646] Da der Inhalt der Wesensgehaltsgarantie aber unbestimmt und unscharf blieb, wurde sie nach Ansicht der Europarechtslehre selbst zur „Leerformel."[647] Zudem verliere die Garantie des Wesensgehalts durch die Verbindung mit der Verhältnismäßigkeit ihre selbstständige Funktion.[648]

Der Wortlaut und die Binnensystematik von Art. 52 Abs. 1 GRC legen nun eine Trennung von Verhältnismäßigkeit und Wesensgehalt nahe,[649] da die Wesensgehaltsgarantie in S. 1, der Verhältnismäßigkeitsgrundsatz aber in S. 2 genannt wird. Dagegen verweisen die Erläuterungen zur Charta auf eine Formulierung des EuGH, die auf einen relativen Ansatz hindeutet.[650] Der Grundrechtekonvent hat die Frage, was unter den Wesensgehalt der Grundrech-

---

zum vermittelnden Ansatz *S. Storr*, Der Staat 36 (1997), S. 547 (563); vgl. auch *T. Ojanen*, E.C.L. Rev. 12 (2016), S. 318 (329).

[644] Vgl. zu weiteren Differenzierungen z. B. *J. Pietsch*, Das Schrankenregime der EU-Grundrechtecharta, 2005, S. 97, 171.

[645] *P. M. Huber*, EuZW 1997, S. 517 (521); *P. M. Huber*, Recht der europäischen Integration, 1996, S. 112; *I. Pernice*, NJW 1990, S. 2409 (2416); *H.-W. Rengeling*, Grundrechtsschutz in der Europäischen Gemeinschaft, 1993, S. 214; *E. Stieglitz*, Allgemeine Lehren im Grundrechtsverständnis nach der EMRK und der Grundrechtsjudikatur des EuGH, 2002, S. 136; *I. Wetter*, Die Grundrechtscharta des Europäischen Gerichtshofes, 1998, S. 109; *A. Wehlau/ N. Lutzhöft*, EuZW 2012, S. 45 (50); *T. von Danwitz*, in: P. J. Tettinger/K. Stern (Hrsg.), Kölner Gemeinschaftskommentar zur Europäischen Grundrechte-Charta, 2006, Art. 52 Rn. 21; *H. Krämer*, in: K. Stern/M. Sachs (Hrsg.), Europäische Grundrechte-Charta, 2016, Art. 52 Rn. 58; *P. M. Huber*, in: H. von Mangoldt/F. Klein/C. Starck (Hrsg.), Kommentar zum Grundgesetz: GG, 6. Aufl. 2010, Art. 19 Abs. 2 Rn. 201; *F. C. Mayer*, in: E. Grabitz/M. Nettesheim/ M. Hilf (Hrsg.), Das Recht der Europäischen Union: EUV/AEUV, Stand: 65. EL 2018, Grundrechtsschutz und rechtsstaatliche Grundsätze Rn. 70.

[646] *P. M. Huber*, EuZW 1997, S. 517 (521) m. w. N.

[647] *P. M. Huber*, EuZW 1997, S. 517 (521); *C. Eisner*, Die Schrankenregelung der Grundrechtecharta der Europäischen Union, 2005, S. 61; *E. Stieglitz*, Allgemeine Lehren im Grundrechtsverständnis nach der EMRK und der Grundrechtsjudikatur des EuGH, 2002, S. 137.

[648] *C. Eisner*, Die Schrankenregelung der Grundrechtecharta der Europäischen Union, 2005, S. 63 m. w. N.

[649] *F. Wollenschläger*, Grundrechtsschutz und Unionsbürgerschaft, in: A. Hatje/P.-C. Müller-Graff (Hrsg.), Europäisches Organisations- und Verfassungsrecht (EnzEuR Band 1), 2014, § 8, Rn. 78; *M. Borowsky*, in: J. Meyer (Hrsg.), Charta der Grundrechte der Europäischen Union, 4. Aufl. 2014, Art. 52 Rn. 19; *A. Wehlau/N. Lutzhöft*, EuZW 2012, S. 45 (50); a. A. *J. Pietsch*, Das Schrankenregime der EU-Grundrechtecharta, 2005, S. 171.

[650] Vgl. *Präsidium des Konvents*, Erläuterungen zur Charta der Grundrechte, ABl. 2007 Nr. C 303/02, 14.12.2007, S. 32: „Die verwendete Formulierung lehnt sich an die Rechtsprechung des Gerichtshofes an, die wie folgt lautet: ‚Nach gefestigter Rechtsprechung kann jedoch die Ausübung dieser Rechte, insbesondere im Rahmen einer gemeinsamen Marktorganisation, Beschränkungen unterworfen werden, sofern diese tatsächlich dem Gemeinwohl dienenden Zielen der Gemeinschaft entsprechen und nicht einen im Hinblick auf den verfolgten Zweck unverhältnismäßigen, nicht tragbaren Eingriff darstellen, der diese Rechte in ihrem Wesensgehalt antastet' (Urteil vom 13. April 2000, Rechtssache C-292/97, Randnr. 45)".

te fällt, zwar diskutiert, nicht aber entschieden.[651] Dementsprechend enthält die Charta keine näheren Angaben.[652] Es bleibt daher die Aufgabe des EuGH, den Begriff näher zu bestimmen.[653]

In der vorliegenden Arbeit wird analysiert, ob der Gerichtshof nach Inkrafttreten der Charta einen kohärenten und konsistenten Begriff des Wesensgehalts entwickelt, und wenn ja, ob er dem absoluten oder relativen Ansatz folgt.

6. Zusammenfassung der Kriterien

Zur Analyse der Grundrechtsprüfung durch den EuGH nach Inkrafttreten der Charta wurden aus Art. 52 Abs. 1, der die Prüfung anhand der Charta formt und strukturiert, folgende Kriterien herausgearbeitet:

Zunächst wird die Entwicklung eines konsistenten und kohärenten Prüfungsaufbaus bei allen Grundrechten und einer dreistufigen Prüfung bei den Freiheitsgrundrechten entsprechend Art. 52 Abs. 1 GRC untersucht.

Im Rahmen des Schutzbereiches wird analysiert, ob der EuGH das einschlägige Grundrecht nennt, den Schutzbereich dieses Grundrechts prüft, indem er es auslegt und darunter subsumiert, und das Ergebnis seiner Prüfung begründet. Untersucht wird auch, ob Prüfung und Begründung konsistent und kohärent sind.

Auf der Ebene der Einschränkung soll der Gerichtshof nach Verbindlichwerden der Charta das Vorliegen einer Einschränkung prüfen und nicht nur pauschal das (Nicht-)Vorliegen einer solchen annehmen. Analysiert wird in einem zweiten Schritt die Entwicklung eines einheitlichen unionsrechtlichen Begriffs der Einschränkung.

Bei den Gleichheitsrechten stellt sich im Rahmen der Ungleichbehandlung die Frage nach der Abgrenzung der Geltungsbereiche der Gleichheitsgrundrechte der Charta untereinander und im Verhältnis zu den übrigen Gleichheitsrechten im Primärrecht.

Im Rahmen der Rechtfertigung einer Grundrechtseinschränkung oder Ungleichbehandlung wird (entsprechend Art. 52 Abs. 1 GRC) zwischen der Prüfung des Gesetzesvorbehalts, der Verhältnismäßigkeit und der Garantie des Wesensgehalts unterschieden.

Das Analysekriterium auf der ersten Stufe ist die tatsächliche Untersuchung einer gesetzlichen Grundlage und die Entwicklung einer kohärenten und konsistenten Rechtsprechung zu deren Voraussetzungen durch den Gerichtshof.

---

[651] *T. Kingreen*, in: C. Calliess/M. Ruffert (Hrsg.), EUV, AEUV, 5. Aufl. 2016, Art. 52 GRC Rn. 64; *C. Eisner*, Die Schrankenregelung der Grundrechtecharta der Europäischen Union, 2005, S. 181; vgl. auch *S. Alber/U. Widmaier*, EuGRZ 33 (2006), S. 113 (114 f.).

[652] *C. Eisner*, Die Schrankenregelung der Grundrechtecharta der Europäischen Union, 2005, S. 180.

[653] *C. Eisner*, Die Schrankenregelung der Grundrechtecharta der Europäischen Union, 2005, S. 141.

Die Analyse der Behandlung der Verhältnismäßigkeit wird weiter aufgeschlüsselt. Dort wird zunächst untersucht, ob der Gerichtshof die Verhältnismäßigkeit regelmäßig zwei- oder regelmäßig dreistufig prüft und so eine kohärente und konsistente Rechtsprechung entwickelt. Auch wird die Rechtsprechung daraufhin betrachtet, welche ausdrücklichen Aussagen der Gerichtshof zu seiner Kontroll- beziehungsweise Prüfdichte macht, ob er also etwa dem Unionsgesetzgeber in bestimmten Fällen explizit einen weiten Beurteilungsspielraum einräumt und wie er diesen begründet.

Als Nächstes wird gefragt, ob der EuGH prüft, welchen Zweck die jeweilige Grundrechtseinschränkung verfolgt, und ob dieses Ziel den Anforderungen der Charta entspricht, also legitim ist. Dabei wird auch die Konsistenz und Kohärenz der Auslegung der legitimen Ziele im Sinne von Art. 52 Abs. 1 S. 2 GRC erörtert.

Auf der Ebene der Geeignetheit wird untersucht, inwieweit der Gerichtshof die Geeignetheit präzise prüft und deren Vorliegen nicht nur ohne Prüfung bejaht. Den Anforderungen von Art. 52 Abs. 1 S. 2 GRC entspräche es nicht, wenn der EuGH jegliche Begründung des Urhebers der fraglichen Maßnahme mit dem Hinweis auf dessen Ermessensspielraum übernähme.

Bei der Erforderlichkeit ist das Kriterium die tatsächliche Prüfung eventuell milder wirkender Alternativmaßnahmen durch den Gerichtshof.

Im Analysepunkt der Angemessenheitsprüfung wird zunächst erörtert, ob der EuGH eine Prüfung der Angemessenheit in allen Entscheidungen, in denen er eine Grundrechtsverletzung nicht schon an einem früheren Prüfungspunkt ablehnt, überhaupt vornimmt. Anschließend wird analysiert, wie umfassend der Gerichtshof die widerstreitenden Interessen prüft und ob er bei der Interessenprüfung einem objektiven oder subjektiven Ansatz folgt. Schließlich wird auch untersucht, inwiefern seine expliziten Aussagen zur Prüfdichte Auswirkungen auf die tatsächliche Prüfung haben.

Im Rahmen eines Exkurses wird erörtert, inwieweit der EuGH eine von der Grundrechtsprüfung isolierte Verhältnismäßigkeitsprüfung vornimmt oder letztere entsprechend den Vorgaben des Art. 52 Abs. 1 S. 2 GRC in erstere integriert.

Zuletzt wird dargestellt, ob der Gerichtshof einen kohärenten und konsistenten Begriff des Wesensgehalts entwickelt, und wenn ja, ob er dem absoluten oder relativen Ansatz folgt.

III. Untersuchungsgegenstand

Die Kriterien zur Analyse der Grundrechtsprüfung durch den EuGH nach Inkrafttreten der Charta werden nicht auf den kompletten Fallkorpus[654] angewandt, da beispielsweise in Entscheidungen, in denen der Gerichtshof schon

---
[654] Siehe zum Fallkorpus Kapitel 2 B. II. 2.

die Eröffnung des Schutzbereiches verneint, eine Untersuchung der Rechtfertigungsprüfung sinnlos wäre. Im Folgenden wird dargelegt, welche Entscheidungen unter B auf welche Kriterien hin untersucht werden.

Um ein möglichst umfassendes Bild der Grundrechtsprüfung durch den EuGH zu erstellen, werden sämtliche Entscheidungen, in denen der Gerichtshof eine ausführliche Grundrechtsprüfung anhand der Charta vornimmt, analysiert und beispielhaft dargestellt (1). Nicht ausführliche Grundrechtsprüfungen anhand der Charta, werden dagegen nur bei speziellen Fragestellungen untersucht (2). Grundrechtsprüfungen des EuGH an anderen Maßstäben als der Charta bleiben meist unberücksichtigt (3).

1. Fallgruppen A1 bis A3

Wie die Analysekriterien werden auch die Entscheidungen, die im dritten Kapitel der vorliegenden Arbeit untersucht werden, nicht willkürlich ausgewählt. Ziel ist ein möglichst umfassendes Bild der Grundrechtsprüfung durch den Gerichtshof nach Inkrafttreten der Charta. Schon die Wahl der zu untersuchenden Urteile und Beschlüsse beeinflusst das spätere Analyseergebnis.

In den Entscheidungen der Fallgruppen A1 und A2 ist die Grundrechtsprüfung anhand der Charta durch den EuGH (sehr) ausführlich sowie vollständig,[655] dementsprechend können diese Entscheidungen auf alle Kriterien aus Art. 52 Abs. 1 GRC hin analysiert werden.[656]

In der Fallgruppe A3 nimmt der Gerichtshof eine zwar (sehr) ausführliche, nicht aber vollständige Grundrechtsprüfung an der Charta vor.[657] Das bedeutet, dass er in diesen Urteilen und Beschlüssen entweder die Eröffnung des Schutzbereiches oder das Vorliegen einer Grundrechtseinschränkung verneint oder die Grundrechtsprüfung im Wesentlichen dem nationalen Gericht überlässt. Naturgemäß können die Entscheidungen der Fallgruppe A3 nur auf die Analysepunkte hin untersucht werden, zu denen sich der EuGH äußert. Prüft er beispielsweise die Eröffnung des Schutzbereiches, wird diese Prüfung in der vorliegenden Arbeit analysiert.

2. Fallgruppe B1

In den Entscheidungen der Gruppe B1 ist die Grundrechtsprüfung an der Charta durch den Gerichtshof nicht ausführlich. Häufig beschränkt sich diese Prüfung sogar nur auf einen Satz. Vor Inkrafttreten der Charta wurden gerade auch solche sehr knappen und damit kaum nachprüfbaren Grundrechtsprüfungen kritisiert, da der EuGH so gegen seine Begründungspflicht[658] aus § 33 (jetzt: Art. 36)

---
[655] Siehe Kapitel 2 C. III. 1. a) und Kapitel 2 C. III. 1. b).
[656] Siehe zu den Kriterien Kapitel 3 A. II.
[657] Siehe Kapitel 2 C. III. 1. c).
[658] Dazu auch *J. Kühling*, ZÖR 68 (2013), S. 469 (471).

Satzung EuGH verstoße und sich dem Vorwurf aussetze, die Grundrechtsverletzung nicht ausreichend untersucht zu haben.[659] Ob diese Kritik auch nach Verbindlichwerden der Charta aufrechterhalten werden kann, muss insbesondere bei den Urteilen und Beschlüssen der Gruppe B1 untersucht werden. Dabei erschwert die Kürze der Ausführungen jedoch die dogmatische Analyse. Wenn der Gerichtshof etwa im Urteil FLSmidth/Kommission (C-238/12 P) nur darauf hinweist, dass die im Fall streitige Haftungsvermutung seiner ständigen Rechtsprechung entspreche und „keine Verletzung der Rechte aus Art. 48 der Charta und Art. 6 Abs. 2 der EMRK" darstelle,[660] lässt sich schon nicht feststellen, nach welchem Schema der EuGH eine Verletzung von Art. 48 GRC prüft und auf welcher Ebene er einen Verstoß gegen dieses Grundrecht ablehnt. Folglich lassen sich auch keine Erkenntnisse zur Prüfung von Schutzbereich und Einschränkung gewinnen. Um ein umfassendes Bild der Grundrechtsprüfung durch den EuGH nach Inkrafttreten der Charta zu erhalten, müssen aber auch die Entscheidungen der Gruppe B1 analysiert werden, denn die oben entwickelten Kriterien aus Art. 52 Abs. 1 GRC gelten für alle Grundrechtsprüfungen, einschließlich die der Fallgruppe B1. Da sich diese aufgrund ihrer Kürze wesentlich von den Prüfungen der Fallgruppen A1, A2 und A3 unterscheiden, können sie allerdings nicht zusammen mit den Entscheidungen aus diesen Gruppen untersucht werden, sondern bedürfen einer spezifischen Analyse. In der folgenden Anwendung der Kriterien werden diese Urteile und Beschlüsse des Gerichtshofs daher in einem gesonderten Punkt[661] besprochen. Nur im Rahmen der Analyse der Schutzbereichsprüfung durch den EuGH werden sie zusammen mit den Fällen aus den Gruppen A1 bis A3 analysiert.

3. Fallgruppe B2

Die vorliegende Arbeit behandelt die Grundrechtsprüfung des EuGH nach Inkrafttreten der Charta. Dementsprechend wurden im zweiten Kapitel jene Entscheidungen des Gerichtshofs erfasst und systematisiert, in denen die Charta erwähnt wird.[662] Entscheidungen, in denen die Charta zwar zitiert wird, der EuGH die eigentliche Grundrechtsprüfung aber anhand der Grundrechte als allgemeine Grundsätze des Unionsrechts oder anhand der EMRK vornimmt, fallen unter die Fallgruppe B2.[663] Die Charta ist in diesen Entscheidungen kaum relevant. Dementsprechend werden sie im dritten Kapitel grundsätzlich nicht näher untersucht. Einzig bei der Frage, in welchen Fällen der Gerichtshof eine

---

[659] *S. Storr*, Der Staat 36 (1997), S. 547 (572); wortgleich *E. Stieglitz*, Allgemeine Lehren im Grundrechtsverständnis nach der EMRK und der Grundrechtsjudikatur des EuGH, 2002, S. 144; ähnlich *J. Pietsch*, Das Schrankenregime der EU-Grundrechtecharta, 2005, S. 99.
[660] EuGH, Urteil v. 30.04.2014, Rs. C-238/12 P *(FLSmidth/Kommission)*, Rn. 25.
[661] Siehe Kapitel 3 B. VI.
[662] Siehe Kapitel 2 B. II. 1.
[663] Siehe Kapitel 2 C. III. 2. b).

Verhältnismäßigkeitsprüfung außerhalb der Grundrechtsprüfung anhand der Charta vornimmt, kann im Rahmen eines Exkurses auf sie eingegangen werden.[664]

B. Anwendung der Kriterien

Nachdem die Kriterien zur Analyse der Grundrechtsprüfung durch den EuGH nach Inkrafttreten der Charta entwickelt wurden und dargelegt wurde, welche Entscheidungen Gegenstand der Untersuchung sind, werden die Kriterien nun auf die ausgewählten Urteile, Beschlüsse sowie Gutachten angewandt.

I. Prüfungsschema

Als Erstes soll untersucht werden, ob der Gerichtshof bei allen Grundrechten einen konsistenten und kohärenten Prüfungsaufbau entwickelt und ob er die Freiheitsrechte entsprechend Art. 52 Abs. 1 GRC dreistufig prüft.[665] Dazu werden die Entscheidungen der Fallgruppen A1 und A2 analysiert (insgesamt 71 Entscheidungen), weil der EuGH hier eine vollständige und mindestens ausführliche Grundrechtsprüfung anhand der Charta vornimmt. Während der Gerichtshof bei den Freiheitsgrundrechten zwischen unterschiedlichen Prüfungsschemata wechselt (1), baut er die Prüfung der Gleichheitsgrundrechte meist zweistufig auf (2). Die Grundrechte des Titel VI der GRC (justizielle Rechte) hingegen prüft er überwiegend einstufig (3).

1. Freiheitsgrundrechte

Bei der Prüfung der Freiheitsgrundrechte schwankt der Gerichtshof zwischen der klassischen dreistufigen Prüfung, die auch Art. 52 Abs. 1 GRC vorsieht,[666] einem zweistufigen und einem einstufigen Aufbau.

In 19 der analysierten 71 Entscheidungen der Fallgruppen A1 und A2 nimmt der EuGH eine dreistufige Prüfung von Freiheitsgrundrechten[667] aus Schutzbereich, Eingriff und Rechtfertigung vor.[668] Davon fallen bis auf die Urteile

---

[664] Siehe Kapitel 3 B. V. 2. h).
[665] Vgl. zur Kriterienentwicklung Kapitel 3 A. II. 1.
[666] Siehe dazu Kapitel 3 A. II. 1.
[667] Insgesamt prüft der EuGH Freiheitsgrundrechte in 43 der 71 Entscheidungen. Zu beachten ist, dass eine Entscheidung mehrere Grundrechtsprüfungen enthalten kann.
[668] Vgl. EuGH, Urteil v. 09.11.2010, Rs. C-92/09 und C-93/09 *(Volker und Markus Schecke und Eifert)*; EuGH, Urteil v. 05.05.2011, Rs. C-543/09 *(Deutsche Telekom)*; EuGH, Urteil v. 22.01.2013, Rs. C-283/11 *(Sky Österreich)*; EuGH, Urteil v. 18.07.2013, Rs. C-426/11 *(Alemo-Herron u. a.)*; EuGH, Urteil v. 17.10.2013, Rs. C-101/12 *(Schaible)*; EuGH, Urteil v. 17.10.2013, Rs. C-291/12 *(Schwarz)*; EuGH, Urteil v. 27.03.2014, Rs. C-314/12 *(UPC Telekabel Wien)*; EuGH, Urteil v. 08.04.2014, Rs. C-293/12 und C-594/12 *(Digital Rights Ireland*

B. Anwendung der Kriterien 177

Deutsche Telekom (C-543/09), Alemo-Herron u. a. (C-426/11), Pillbox 38 (C-477/14) und Polkomtel (C-277/16) alle Entscheidungen in die Fallgruppe A1.

Im Vorabentscheidungsverfahren Schaible (C-101/12) beispielsweise geht es um die Vereinbarkeit von Sekundärrecht mit dem Primärrecht.[669] Der Kläger des Ausgangsverfahrens wehrte sich vor dem vorlegenden Gericht gegen die Verpflichtung, seine Schafe entsprechend der einschlägigen Verordnung (Einzeltierkennzeichnung, elektronische Einzeltierkennzeichnung und Führung eines Bestandsregisters[670]) zu kennzeichnen.[671] Das nationale Gericht hielt einen Verstoß dieser Verordnung gegen die unternehmerische Freiheit gemäß Art. 16 GRC und das Diskriminierungsverbot für möglich.[672] Der Gerichtshof prüft zunächst einen Verstoß gegen Art. 16 GRC.[673] Dabei beschreibt er erst allgemein den Schutzgehalt dieses Grundrechts: Der durch diese Norm gewährte Schutz umfasse „die Freiheit, eine Wirtschafts- oder Geschäftstätigkeit auszuüben, die Vertragsfreiheit und den freien Wettbewerb"[674]. In der folgenden Randnummer stellt der EuGH fest, dass die oben genannten Verpflichtungen „in Bezug auf Tierhalter, die zu geschäftlichen Zwecken tätig sind," eine Einschränkung der unternehmerischen Freiheit darstellen „könnten".[675] Es folgt eine sehr ausführliche Prüfung der Rechtfertigung.[676]

Während in diesem Urteil damit zwar ein dreistufiges Prüfungsschema erkennbar ist, gliedert der Gerichtshof diese Prüfung jedoch nicht durch entsprechende Überschriften. Eine solche Unterteilung nimmt er im Urteil Digital Rights Ireland und Seitlinger u. a. (C-293/12 und C-594/12) vor, in dem er sich zunächst „[z]ur Relevanz der Art. 7, 8 und 11 der Charta für die Frage der Gültigkeit der Richtlinie 2006/24"[677] und anschließend „[z]um Vorliegen eines Eingriffs in die Rechte, die in den Art. 7 und 8 der Charta verankert sind"[678], äußert.

---

und Seitlinger u. a.); EuGH, Urteil v. 06.10.2015, Rs. C-650/13 (Delvigne); EuGH, Urteil v. 17.12.2015, Rs. C-157/14 (Neptune Distribution); EuGH, Urteil v. 04.05.2016, Rs. C-477/14 (Pillbox 38); EuGH, Urteil v. 04.05.2016, Rs. C-547/14 (Philip Morris Brands u. a.); EuGH, Urteil v. 30.06.2016, Rs. C-134/15 (Lidl); EuGH, Urteil v. 21.12.2016, Rs. C-201/15 (AGET Iraklis); EuGH, Urteil v. 21.12.2016, Rs. C-203/15 und C-698/15 (Tele2 Sverige); EuGH, Urteil v. 13.06.2017, Rs. C-258/14 (Florescu u. a.); EuGH, Urteil v. 05.07.2017, Rs. C-190/16 (Fries), Rn. 70–80; EuGH, Gutachten v. 26.07.2017, Rs. Avis 1/15 (Accord PNR UE-Canada), Rn. 119–231; EuGH, Urteil v. 20.12.2017, Rs. C-277/16 (Polkomtel).
[669] EuGH, Urteil v. 17.10.2013, Rs. C-101/12 (Schaible), Rn. 2.
[670] EuGH, Urteil v. 17.10.2013, Rs. C-101/12 (Schaible), Rn. 23.
[671] EuGH, Urteil v. 17.10.2013, Rs. C-101/12 (Schaible), Rn. 14.
[672] EuGH, Urteil v. 17.10.2013, Rs. C-101/12 (Schaible), Rn. 23.
[673] EuGH, Urteil v. 17.10.2013, Rs. C-101/12 (Schaible), Rn. 24–75.
[674] EuGH, Urteil v. 17.10.2013, Rs. C-101/12 (Schaible), Rn. 25.
[675] EuGH, Urteil v. 17.10.2013, Rs. C-101/12 (Schaible), Rn. 26.
[676] EuGH, Urteil v. 17.10.2013, Rs. C-101/12 (Schaible), Rn. 24–74.
[677] Überschrift vor EuGH, Urteil v. 08.04.2014, Rs. C-293/12 und C-594/12 (Digital Rights Ireland und Seitlinger u. a.), Rn. 24.
[678] Überschrift vor EuGH, Urteil v. 08.04.2014, Rs. C-293/12 und C-594/12 (Digital Rights Ireland und Seitlinger u. a.), Rn. 32.

Als dritter Schritt folgen Ausführungen „[z]ur Rechtfertigung des Eingriffs in die durch Art. 7 und Art. 8 der Charta garantierten Rechte"[679].

Im Urteil Schwarz (C-291/12) hingegen unterteilt der Gerichtshof seine Grundrechtsprüfung durch Überschriften in Ausführungen „[z]um Vorliegen eines Eingriffs"[680] in die Rechte aus Art. 7 und Art. 8 GRC und „[z]ur Rechtfertigung"[681]. Es liegt damit nahe, eine zweistufige Grundrechtsprüfung anzunehmen. Innerhalb des ersten Abschnitts zitiert der EuGH aber zunächst Art. 7 und Art. 8 Abs. 1 GRC und stellt dann fest, aus diesen Bestimmungen ergebe sich insgesamt, „dass jede Verarbeitung personenbezogener Daten durch Dritte grundsätzlich einen Eingriff in diese Rechte darstellen kann."[682] Der Schutzbereich dieser Rechte erstrecke sich „auf jede Information [...], die eine bestimmte oder bestimmbare natürliche Person betrifft",[683] sodass die im Fall relevanten Fingerabdrücke unter diesen Begriff fielen.[684] Eine Verarbeitung personenbezogener Daten[685] und damit ein Eingriff[686] liege vor. Die Prüfung des Gerichtshofs innerhalb des Abschnitts „[z]um Vorliegen eines Eingriffs"[687] lässt sich damit in einen Schutzbereichsteil, in dem der EuGH die Ausdrücke „erstreckt"[688] und „fallen unter diesen Begriff"[689] verwendet, und einen Einschränkungsteil mit der Untersuchung, ob eine Verarbeitung personenbezogener Daten vorliegt, unterteilen. Der EuGH trennt diese Unterabschnitte semantisch voneinander, indem er „zum einen"[690] den Schutzbereich und „[z]um anderen"[691] die Einschränkung prüft. Trotz der Verwendung von zwei Überschriften erfolgt die Grundrechtsprüfung hier also dreistufig.

Eine ähnliche Unterteilung findet sich im Gutachten 1/15, in dem der Gerichtshof die Prüfung der Rechtfertigung zudem durch zahlreiche Unterpunkte gliedert.[692]

Auch in der Entscheidung Volker und Markus Schecke und Eifert (C-92/09 und C-93/09) ist nicht ganz klar, ob die Grundrechtsprüfung zwei- oder dreistufig erfolgt. Seine Antwort auf die hier relevanten Vorlagefragen beginnt der Ge-

---

[679] Überschrift vor EuGH, Urteil v. 08.04.2014, Rs. C-293/12 und C-594/12 *(Digital Rights Ireland und Seitlinger u. a.)*, Rn. 38.
[680] Überschrift vor EuGH, Urteil v. 17.10.2013, Rs. C-291/12 *(Schwarz)*, Rn. 24.
[681] Überschrift vor EuGH, Urteil v. 17.10.2013, Rs. C-291/12 *(Schwarz)*, Rn. 31.
[682] EuGH, Urteil v. 17.10.2013, Rs. C-291/12 *(Schwarz)*, Rn. 25.
[683] EuGH, Urteil v. 17.10.2013, Rs. C-291/12 *(Schwarz)*, Rn. 26.
[684] EuGH, Urteil v. 17.10.2013, Rs. C-291/12 *(Schwarz)*, Rn. 27.
[685] EuGH, Urteil v. 17.10.2013, Rs. C-291/12 *(Schwarz)*, Rn. 28 f.
[686] EuGH, Urteil v. 17.10.2013, Rs. C-291/12 *(Schwarz)*, Rn. 30.
[687] Überschrift vor EuGH, Urteil v. 17.10.2013, Rs. C-291/12 *(Schwarz)*, Rn. 24.
[688] EuGH, Urteil v. 17.10.2013, Rs. C-291/12 *(Schwarz)*, Rn. 26.
[689] EuGH, Urteil v. 17.10.2013, Rs. C-291/12 *(Schwarz)*, Rn. 27.
[690] EuGH, Urteil v. 17.10.2013, Rs. C-291/12 *(Schwarz)*, Rn. 26.
[691] EuGH, Urteil v. 17.10.2013, Rs. C-291/12 *(Schwarz)*, Rn. 28.
[692] Vgl. EuGH, Gutachten v. 26.07.2017, Rs. Avis 1/15 *(Accord PNR UE-Canada)*, Rn. 119–231.

B. Anwendung der Kriterien

richtshof mit „Vorbemerkungen"[693]. Darin weist er darauf hin, die Gültigkeit der streitigen Verordnung sei nicht an dem vom vorlegenden Gericht erwähnten Art. 8 EMRK, sondern an der Charta zu prüfen,[694] und zitiert danach Art. 8 Abs. 1 GRC mit der Feststellung, das Grundrecht aus diesem Artikel stehe „in engem Zusammenhang mit dem in Art. 7 der Charta verankerten Recht auf Achtung des Privatlebens"[695], könne aber keine uneingeschränkte Geltung beanspruchen.[696] Einerseits erlaube Art. 8 Abs. 2 GRC unter bestimmten Voraussetzungen die Verarbeitung personenbezogener Daten,[697] andererseits könnten Grundrechtseinschränkungen gerechtfertigt werden, wenn die Anforderungen von Art. 52 Abs. 1 GRC gewahrt seien.[698] Art. 52 Abs. 3 und Art. 53 GRC sorgten zudem für eine Inkorporation der EMRK in den Grundrechtsschutz durch die Charta.[699] Der Gerichtshof führt aus: „Demnach ist zum einen davon auszugehen, dass sich die in den Art. 7 und 8 der Charta anerkannte Achtung des Privatlebens hinsichtlich der Verarbeitung personenbezogener Daten auf jede Information erstreckt, die eine bestimmte oder bestimmbare natürliche Person betrifft [...], und zum anderen, dass Einschränkungen des Rechts auf Schutz der personenbezogenen Daten gerechtfertigt sein können, wenn sie denen entsprechen, die im Rahmen von Art. 8 EMRK geduldet werden."[700] Der erste Satz des vorangegangenen Zitats kann als Definition des sachlichen Schutzbereiches von Art. 7 und Art. 8 GRC gesehen werden.[701] Eine Subsumtion darunter erfolgt aber in den „Vorbemerkungen" nicht.

Vielmehr stellt der EuGH in seinen darauffolgenden Ausführungen „[z]ur Gültigkeit von Art. 44a der Verordnung Nr. 1290/2005 und der Verordnung Nr. 259/2008"[702] fest, juristische Personen könnten sich gegenüber einer solchen Bestimmung wie der streitigen auf den durch die Art. 7 und Art. 8 GRC verliehenen Schutz nur berufen, „soweit der Name der juristischen Person eine

---

[693] Überschrift vor EuGH, Urteil v. 09.11.2010, Rs. C-92/09 und C-93/09 *(Volker und Markus Schecke und Eifert)*, Rn. 43.
[694] EuGH, Urteil v. 09.11.2010, Rs. C-92/09 und C-93/09 *(Volker und Markus Schecke und Eifert)*, Rn. 44–46.
[695] EuGH, Urteil v. 09.11.2010, Rs. C-92/09 und C-93/09 *(Volker und Markus Schecke und Eifert)*, Rn. 47.
[696] EuGH, Urteil v. 09.11.2010, Rs. C-92/09 und C-93/09 *(Volker und Markus Schecke und Eifert)*, Rn. 48.
[697] EuGH, Urteil v. 09.11.2010, Rs. C-92/09 und C-93/09 *(Volker und Markus Schecke und Eifert)*, Rn. 49.
[698] EuGH, Urteil v. 09.11.2010, Rs. C-92/09 und C-93/09 *(Volker und Markus Schecke und Eifert)*, Rn. 50.
[699] EuGH, Urteil v. 09.11.2010, Rs. C-92/09 und C-93/09 *(Volker und Markus Schecke und Eifert)*, Rn. 51.
[700] EuGH, Urteil v. 09.11.2010, Rs. C-92/09 und C-93/09 *(Volker und Markus Schecke und Eifert)*, Rn. 52.
[701] So auch *F. Dratwa/J. Werling*, ELR 2011, S. 23 (24).
[702] Überschrift vor EuGH, Urteil v. 09.11.2010, Rs. C-92/09 und C-93/09 *(Volker und Markus Schecke und Eifert)*, Rn. 53.

oder mehrere natürliche Personen bestimmt."⁷⁰³ Dies sei bei der Klägerin des Ausgangsverfahrens in der Rechtssache C-92/09 der Fall.⁷⁰⁴ Anschließend prüft der EuGH, „ob [die streitigen Normen] bei den Empfängern von EGFL- und ELER-Mitteln, die bestimmte oder bestimmbare natürliche Personen sind [...], zu einer Verletzung der ihnen durch die Art. 7 und 8 der Charta zuerkannten Rechte führen und ob eine solche Verletzung gegebenenfalls im Hinblick auf Art. 52 dieser Charta gerechtfertigt ist."⁷⁰⁵ Diese Prüfung unterteilt der EuGH in eine Untersuchung des „Vorliegen[s] einer Verletzung der durch die Art. 7 und 8 der Charta anerkannten Rechte"⁷⁰⁶ und der Rechtfertigung⁷⁰⁷. Im ersten Teil stellt er einen „Eingriff" in das Recht aus Art. 7 GRC fest.⁷⁰⁸ Die vom Gerichtshof gewählten Überschriften deuten damit auf eine zweistufige Grundrechtsprüfung hin. Verwirrend ist auch, dass der EuGH seine Prüfung der Grundrechtseinschränkung als Untersuchung der „Verletzung" von Art. 7 und Art. 8 GRC bezeichnet, obwohl der Begriff „Verletzung" meist die Rechtfertigung einschließt. Tatsächlich äußert er sich aber bereits in den „Vorbemerkungen" und vor der Überschrift „Zum Vorliegen einer Verletzung" zum sachlichen und persönlichen⁷⁰⁹ Schutzbereich von Art. 7 und Art. 8 GRC. Es liegt daher näher, einen dreistufigen Aufbau anzunehmen.

In sieben Entscheidungen hingegen nimmt der EuGH eine zweistufige Prüfung eines Freiheitsgrundrechts vor.⁷¹⁰ Bei einer derartigen Prüfung trennt er nicht zwischen dem Schutzbereich und der Einschränkung. So stellt der Gerichtshof im Urteil Križan u. a. (C-416/10) in einer Randnummer fest, dass „durch die in der Richtlinie 96/61 festgelegten Voraussetzungen die Nutzung des Eigentums an den Flächen beschränkt [wird], die von einer in den Anwen-

---

⁷⁰³ EuGH, Urteil v. 09.11.2010, Rs. C-92/09 und C-93/09 *(Volker und Markus Schecke und Eifert)*, Rn. 53.
⁷⁰⁴ EuGH, Urteil v. 09.11.2010, Rs. C-92/09 und C-93/09 *(Volker und Markus Schecke und Eifert)*, Rn. 54.
⁷⁰⁵ EuGH, Urteil v. 09.11.2010, Rs. C-92/09 und C-93/09 *(Volker und Markus Schecke und Eifert)*, Rn. 55.
⁷⁰⁶ Überschrift vor EuGH, Urteil v. 09.11.2010, Rs. C-92/09 und C-93/09 *(Volker und Markus Schecke und Eifert)*, Rn. 56.
⁷⁰⁷ EuGH, Urteil v. 09.11.2010, Rs. C-92/09 und C-93/09 *(Volker und Markus Schecke und Eifert)*, Rn. 65–86.
⁷⁰⁸ EuGH, Urteil v. 09.11.2010, Rs. C-92/09 und C-93/09 *(Volker und Markus Schecke und Eifert)*, Rn. 58.
⁷⁰⁹ *A. Guckelberger*, EuZW 2011, S. 126 (128); *G. Heißl*, EuR 2017, S. 561; *J. Kühling*, ZÖR 68 (2013), S. 469 (481); *J. Kühling/M. Klar*, JURA 33 (2011), S. 771 (773 f.); vgl. aber *F. Dratwa/J. Werling*, ELR 2011, S. 23 (27), die die Ausführungen zum Schutz juristischer Personen der Eingriffsprüfung zurechnen.
⁷¹⁰ Vgl. EuGH, Urteil v. 15.01.2013, Rs. C-416/10 *(Križan u. a.)*; EuGH, Urteil v. 06.10.2015, Rs. C-362/14 *(Schrems)*; EuGH, Urteil v. 17.12.2015, Rs. C-419/14 *(WebMindLicenses)*; EuGH, Urteil v. 15.02.2016, Rs. C-601/15 PPU *(N.)*; EuGH, Urteil v. 15.09.2016, Rs. C-484/14 *(Mc Fadden)*; EuGH, Urteil v. 15.03.2017, Rs. C-528/15 *(Al Chodor u.a)*; EuGH, Urteil v. 14.09.2017, Rs. C-18/16 *(K.)*.

B. Anwendung der Kriterien   181

dungsbereich dieser Richtlinie fallenden Anlage betroffen sind."[711] Anschließend widmet er sich direkt der Prüfung der Rechtfertigung.[712] Ganz ähnlich stellt er im Urteil N. (C-601/15 PPU) fest, die streitige Norm sehe, da sie die Inhaftnahme eine Antragstellers gestatte, wenn dies aus Gründen der nationalen Sicherheit oder der öffentlichen Ordnung erforderlich sei, eine Einschränkung des in Art. 6 GRC verankerten Rechts auf Freiheit vor.[713]

In 18 Entscheidungen[714] lässt sich eine Unterteilung der Prüfungsstufen gar nicht erkennen. Vielmehr prüft der Gerichtshof hier einstufig. Entsprechend äußert er sich im Urteil Bayer CropScience und Stichting De Bijenstichting (C-442/14) weder zum Schutzbereich noch zum Vorliegen einer Einschränkung, sondern stellt direkt zu Beginn seiner Prüfung fest, ein Eingriff in die Rechte aus Art. 16 und Art. 17 GRC könne unter den Voraussetzungen von Art. 52 Abs. 1 GRC gerechtfertigt werden.[715] Die Prüfung besteht hier also nur aus der Stufe der Rechtfertigung.

Im Urteil Giordano/Kommission (C-611/12 P) dagegen hebt der EuGH hervor, „dass die Tatsache, Inhaber eines Fischereirechts sowie einer vom zuständigen Mitgliedstaat zugeteilten Quote für ein bestimmtes Fischwirtschaftsjahr zu sein, entgegen dem Vorbringen [des Grundrechtsträgers] diesem nicht das Recht verleihen kann, diese Quote unter allen Umständen auszuschöpfen."[716] Die freie Berufsausübung könne nämlich eingeschränkt werden.[717] Im vorliegenden Fall verfolge die streitige Regelung ein legitimes Ziel und sei zu dessen Erreichung auch nicht offensichtlich ungeeignet.[718] Auch hier prüft der EuGH

---

[711] EuGH, Urteil v. 15.01.2013, Rs. C-416/10 *(Križan u. a.)*, Rn. 112.
[712] EuGH, Urteil v. 15.01.2013, Rs. C-416/10 *(Križan u. a.)*, Rn. 113–116.
[713] EuGH, Urteil v. 15.02.2016, Rs. C-601/15 PPU *(N.)*, Rn. 49; vgl. zur Auslegung der Begriffe der öffentlichen Sicherheit und Ordnung in diesem Urteil *A. Epiney*, NVwZ 2017, S. 761 (766).
[714] Vgl. EuGH, Urteil v. 15.07.2010, Rs. C-271/08 *(Kommission/Deutschland)*; EuGH, Urteil v. 05.10.2010, Rs. C-400/10 PPU *(MCB.)*; EuGH, Urteil v. 24.11.2011, Rs. C-468/10 *(ASNEF)*; EuGH, Urteil v. 24.11.2011, Rs. C-70/10 *(Scarlet Extended)*; EuGH, Urteil v. 21.12.2011, Rs. C-411/10 und C-493/10 *(N. S. u. a.)*; EuGH, Urteil v. 16.02.2012, Rs. C-360/10 *(SABAM)*; EuGH, Urteil v. 06.09.2012, Rs. C-544/10 *(Deutsches Weintor)*; EuGH, Urteil v. 31.01.2013, Rs. C-12/11 *(McDonagh)*; EuGH, Urteil v. 28.11.2013, Rs. C-348/12 P *(Rat/Manufacturing Support & Procurement Kala Naft)*; EuGH, Urteil v. 27.03.2014, Rs. C-314/12 *(UPC Telekabel Wien)*; EuGH, Urteil v. 13.05.2014, Rs. C-131/12 *(Google Spain und Google)*; EuGH, Urteil v. 14.10.2014, Rs. C-611/12 P *(Giordano/Kommission)*; EuGH, Urteil v. 18.12.2014, Rs. C-562/13 *(Abdida)*; EuGH, Urteil v. 05.04.2016, Rs. C-404/15 und C-659/15 PPU *(Aranyosi und Căldăraru)*; EuGH, Urteil v. 20.09.2016, Rs. C-8/15 P bis C-10/15 P *(Ledra Advertising/Kommission und EZB)*; EuGH, Urteil v. 23.11.2016, Rs. C-442/14 *(Bayer CropScience und Stichting De Bijenstichting)*; EuGH, Urteil v. 16.02.2017, Rs. C-578/16 PPU *(C. K. u. a.)*; EuGH, Urteil v. 28.03.2017, Rs. C-72/15 *(Rosneft)*.
[715] EuGH, Urteil v. 23.11.2016, Rs. C-442/14 *(Bayer CropScience und Stichting De Bijenstichting)*, Rn. 98.
[716] EuGH, Urteil v. 14.10.2014, Rs. C-611/12 P *(Giordano/Kommission)*, Rn. 48.
[717] EuGH, Urteil v. 14.10.2014, Rs. C-611/12 P *(Giordano/Kommission)*, Rn. 49.
[718] EuGH, Urteil v. 14.10.2014, Rs. C-611/12 P *(Giordano/Kommission)*, Rn. 50.

im Grunde nur die Rechtfertigung einer Grundrechtseinschränkung. Eine Untersuchung von Schutzbereich und Eingriff unterbleibt.

Ein solcher einstufiger Aufbau zeigt sich besonders häufig, wenn der Gerichtshof die Prüfung der Charta mit der Prüfung von anderem Unionsrecht verbindet. Typisch ist dafür etwa das Urteil ASNEF (C-468/10), in dem er innerhalb seiner Auslegung einer Richtlinie eine Inzidentprüfung von Art. 7 und Art. 8 GRC vornimmt.[719] Auch in den Urteilen Scarlet Extended (C-70/10) und SABAM (C-360/10) besteht die Grundrechtsprüfung vor allem aus einer Abwägung im Rahmen der Auslegung von Sekundärrecht.[720] Dass der EuGH aber auch bei einer Inzidentprüfung von Grundrechten stellenweise einen dreistufigen Aufbau wählt, zeigt das Urteil AGET Iraklis (C-201/15). Hier prüft der Gerichtshof Art. 16 GRC im Rahmen der Rechtfertigung einer Beschränkung von Grundfreiheiten.[721] Dabei stellt er zuerst fest, die Charta finde gemäß Art. 51 Abs. 1 GRC Anwendung,[722] um dann den Schutzbereich von Art. 16 GRC darzulegen,[723] eine Einschränkung zu bejahen[724] und schließlich deren Rechtfertigung zu prüfen.[725]

Von den Entscheidungen, in denen der EuGH eine einstufige Grundrechtsprüfung vornimmt, fallen neun Entscheidungen in die Fallgruppe A1.

Insgesamt zeigt sich somit ein sehr gemischtes Bild des Prüfungsaufbaus bei den Freiheitsgrundrechten. Überwiegend prüft der Gerichtshof diese Rechte nicht dreistufig, sondern meist ein- oder zweistufig. Dies gilt insbesondere, wenn er die Grundrechtsprüfung mit der Prüfung von anderem Unionsrecht verbindet. Ein einheitliches Vorgehen lässt sich bei den Freiheitsgrundrechten aber nicht feststellen. Der EuGH wird den Anforderungen von Art. 52 Abs. 1 GRC daher nur teilweise gerecht.

2. Gleichheitsgrundrechte

Seit Inkrafttreten der Charta hat der EuGH in nur sieben Fällen eine mindestens ausführliche und vollständige[726] Grundrechtsprüfung an den Gleichheitsgrundrechten der Charta vorgenommen.[727] Dementsprechend sind die Aus-

---

[719] Vgl. EuGH, Urteil v. 24.11.2011, Rs. C-468/10 *(ASNEF)*, Rn. 40–45.
[720] Vgl. EuGH, Urteil v. 24.11.2011, Rs. C-70/10 *(Scarlet Extended)*, Rn. 41–53; EuGH, Urteil v. 16.02.2012, Rs. C-360/10 *(SABAM)*, Rn. 41–53.
[721] EuGH, Urteil v. 21.12.2016, Rs. C-201/15 *(AGET Iraklis)*, Rn. 62–103.
[722] EuGH, Urteil v. 21.12.2016, Rs. C-201/15 *(AGET Iraklis)*, Rn. 62–65.
[723] EuGH, Urteil v. 21.12.2016, Rs. C-201/15 *(AGET Iraklis)*, Rn. 66–68.
[724] EuGH, Urteil v. 21.12.2016, Rs. C-201/15 *(AGET Iraklis)*, Rn. 69.
[725] EuGH, Urteil v. 21.12.2016, Rs. C-201/15 *(AGET Iraklis)*, Rn. 70 ff. Diese Prüfung der Rechtfertigung vermischt der EuGH jedoch mit der Prüfung der betroffenen Grundfreiheit.
[726] Vgl. zum Begriff der Ausführlichkeit Kapitel 2 C. II. 2.
[727] Vgl. EuGH, Urteil v. 01.03.2011, Rs. C-236/09 *(Association Belge des Consommateurs Test-Achats u. a.)*; EuGH, Urteil v. 21.07.2011, Rs. C-21/10 *(Nagy)*; EuGH, Urteil v. 22.05.2014, Rs. C-356/12 *(Glatzel)*; EuGH, Urteil v. 29.04.2015, Rs. C-528/13 *(Léger)*;

B. Anwendung der Kriterien   183

sagen hinsichtlich dieser Rechte von geringer Aussagekraft. Bei der Prüfung der Gleichheitsrechte geht der Gerichtshof in fünf Entscheidungen[728] zweistufig vor. In der Entscheidung Association Belge des Consommateurs Test-Achats u. a. (C-236/09) hingegen prüft er einstufig.[729] Nach einem Obersatz[730] und der Prüfung der Kohärenz der Regelung[731] geht der EuGH im Rahmen der eigentlichen Grundrechtsprüfung allein der Frage nach, „ob die Lage von versicherten Frauen und die von versicherten Männern im Rahmen bestimmter Privatversicherungszweige als vergleichbar angesehen werden" kann.[732] Zwar enthält die Definition des Gleichbehandlungsgrundsatzes durch den EuGH im selben Urteil auch die Rechtfertigung einer Ungleichbehandlung,[733] eine entsprechende Prüfung nimmt er aber nicht vor.[734] Gleichwohl stellt er fest, die fragliche Bestimmung sei „mit den Art. 21 und 23 der Charta unvereinbar".[735] Er scheint also davon auszugehen, die Ungleichbehandlung sei nicht gerechtfertigt.

In der Entscheidung Glatzel (C-356/12) ist ein dreistufiges Vorgehen bei der Prüfung von Art. 21 Abs. 1 GRC erkennbar: Nach einer Einleitung[736] legt der EuGH zunächst den Begriff der „Behinderung" im Sinne von Art. 21 Abs. 1 GRC aus.[737] Obwohl er die Subsumtion unter diesen Begriff dem vorlegenden Gericht überlässt, da ihm nicht genügend Informationen zu einer eigenen Beurteilung vorliegen,[738] prüft er weiter: Eine Ungleichbehandlung liege darin, dass einer Person wie dem Kläger des Ausgangsverfahrens „aus dem Grund keine Fahrerlaubnis für Fahrzeuge der Klassen C1 und C1E erteilt wird, weil ihre

---

EuGH, Urteil v. 10.11.2016, Rs. C-156/15 *(Private Equity Insurance Group)*; EuGH, Urteil v. 07.03.2017, Rs. C-390/15 *(RPO)*; EuGH, Urteil v. 05.07.2017, Rs. C-190/16 *(Fries)*, Rn. 29–69.
[728] EuGH, Urteil v. 21.07.2011, Rs. C-21/10 *(Nagy)*; EuGH, Urteil v. 29.04.2015, Rs. C-528/13 *(Léger)*; EuGH, Urteil v. 10.11.2016, Rs. C-156/15 *(Private Equity Insurance Group)*; EuGH, Urteil v. 07.03.2017, Rs. C-390/15 *(RPO)*; EuGH, Urteil v. 05.07.2017, Rs. C-190/16 *(Fries)*, Rn. 29–69.
[729] Dazu allgemein auch *S. Hölscheidt*, in: J. Meyer (Hrsg.), Charta der Grundrechte der Europäischen Union, 4. Aufl. 2014, Art. 20 Rn. 16.
[730] Vgl. EuGH, Urteil v. 01.03.2011, Rs. C-236/09 *(Association Belge des Consommateurs Test-Achats u. a.)*, Rn. 17.
[731] Vgl. EuGH, Urteil v. 01.03.2011, Rs. C-236/09 *(Association Belge des Consommateurs Test-Achats u. a.)*, Rn. 18–26; kritisch dazu *B. Kahler*, NJW 2011, S. 894.
[732] EuGH, Urteil v. 01.03.2011, Rs. C-236/09 *(Association Belge des Consommateurs Test-Achats u. a.)*, Rn. 27.
[733] Vgl. EuGH, Urteil v. 01.03.2011, Rs. C-236/09 *(Association Belge des Consommateurs Test-Achats u. a.)*, Rn. 28.
[734] Ebenso *B. Kahler*, NJW 2011, S. 894 (896); *S. Peers/S. Prechal*, in: S. Peers/T. K. Hervey/A. Ward (Hrsg.), The EU Charter of Fundamental Rights, 2014, Art 52 Rn. 53.
[735] EuGH, Urteil v. 01.03.2011, Rs. C-236/09 *(Association Belge des Consommateurs Test-Achats u. a.)*, Rn. 32.
[736] EuGH, Urteil v. 22.05.2014, Rs. C-356/12 *(Glatzel)*, Rn. 41–43.
[737] EuGH, Urteil v. 22.05.2014, Rs. C-356/12 *(Glatzel)*, Rn. 44–47.
[738] EuGH, Urteil v. 22.05.2014, Rs. C-356/12 *(Glatzel)*, Rn. 47.

Sehschärfe unzureichend ist".⁷³⁹ Anschließend nimmt der Gerichtshof eine sehr ausführliche Rechtfertigungsprüfung vor.⁷⁴⁰

Auch im Bereich der Gleichheitsrechte wendet der EuGH somit nicht durchgehend ein Prüfungsschema an. Er scheint aber zum zweistufigen Vorgehen zu tendieren. Wie bereits oben erwähnt, sind diese Ergebnisse angesichts der geringen Anzahl von Entscheidungen nur eingeschränkt aussagekräftig.

3. Justizielle Rechte (Titel VI der Charta)

Eine Besonderheit stellen die Grundrechte aus Titel VI der Charta (justizielle Rechte) und insbesondere Art. 47 GRC dar. Dieses Recht wird von der Rechtswissenschaft als Leistungsrecht eingestuft,⁷⁴¹ bei dem teilweise eine dreistufige Prüfung (einschließlich Rechtfertigung⁷⁴²),⁷⁴³ teilweise aber auch ein Anspruchsaufbau befürwortet wird.⁷⁴⁴ Der Gerichtshof prüft diese Grundrechte in 24 Entscheidungen ausführlich oder sehr ausführlich. In 16 dieser Entscheidungen wendet er ein einstufiges Prüfungsschema an.⁷⁴⁵

So prüft der EuGH im Urteil Texdata Software (C-418/11) zunächst die Anwendbarkeit der Charta gemäß Art. 51 Abs. 1 GRC.⁷⁴⁶ Die anschließende Grundrechtsprüfung von Art. 47 Abs. 1 GRC unterteilt er nicht nach Prüfungsstufen, sondern nach Teilen des Grundsatzes des effektiven gerichtlichen Rechtsschutzes und nach Problemkreisen. Im Anschluss an die Behandlung der

---

⁷³⁹ EuGH, Urteil v. 22.05.2014, Rs. C-356/12 *(Glatzel)*, Rn. 48.
⁷⁴⁰ Vgl. EuGH, Urteil v. 22.05.2014, Rs. C-356/12 *(Glatzel)*, Rn. 49–72.
⁷⁴¹ *H. D. Jarass*, Charta der Grundrechte der Europäischen Union, 3. Aufl. 2016, Art. 52 Rn. 20.
⁷⁴² *H. D. Jarass*, Charta der Grundrechte der Europäischen Union, 3. Aufl. 2016, Art. 52 Rn. 20.
⁷⁴³ Vgl. z. B. *H. D. Jarass*, Charta der Grundrechte der Europäischen Union, 3. Aufl. 2016, Art. 47 Rn. 6–16a; vgl. aber zur Eingriffsprüfung bei Art. 47 GRC *K. F. Gärditz*, Schutzbereich und Grundrechtseingriff, in: C. Grabenwarter (Hrsg.), Europäischer Grundrechteschutz (EnzEuR Band 2), 2014, § 4, Rn. 53.
⁷⁴⁴ *D. Ehlers*, Allgemeine Lehren der Unionsgrundrechte, in: ders. (Hrsg.), Europäische Grundrechte und Grundfreiheiten, 4. Aufl. 2014, § 14, Rn. 85.
⁷⁴⁵ Vgl. EuGH, Urteil v. 01.07.2010, Rs. C-407/08 P *(Knauf Gips/Kommission)*; EuGH, Urteil v. 17.11.2011, Rs. C-327/10 *(Hypoteční banka)*; EuGH, Urteil v. 15.03.2012, Rs. C-292/10 *(G)*; EuGH, Urteil v. 22.11.2012, Rs. C-89/11 P *(E. ON Energie/Kommission)*; EuGH, Urteil v. 26.09.2013, Rs. C-418/11 *(Texdata Software)*; EuGH, Urteil v. 26.11.2013, Rs. C-40/12 P *(Gascogne Sack Deutschland/Kommission)*; EuGH, Urteil v. 26.11.2013, Rs. C-50/12 P *(Kendrion/Kommission)*; EuGH, Urteil v. 26.11.2013, Rs. C-58/12 P *(Groupe Gascogne/Kommission)*; EuGH, Urteil v. 27.03.2014, Rs. C-530/12 P *(HABM/National Lottery Commission)*; EuGH, Urteil v. 30.04.2014, Rs. C-238/12 P *(FLSmidth/Kommission)*; EuGH, Urteil v. 19.06.2014, Rs. C-243/12 P *(FLS Plast/Kommission)*; EuGH, Urteil v. 11.09.2014, Rs. C-112/13 *(A)*; EuGH, Urteil v. 18.12.2014, Rs. C-562/13 *(Abdida)*; EuGH, Urteil v. 06.10.2015, Rs. C-362/14 *(Schrems)*; EuGH, Urteil v. 21.01.2016, Rs. C-74/14 *(Eturas u. a.)*; EuGH, Beschluss v. 06.04.2017, Rs. C-464/16 P *(PITEE/ Kommission)*.
⁷⁴⁶ EuGH, Urteil v. 26.09.2013, Rs. C-418/11 *(Texdata Software)*, Rn. 71–76.

Einspruchsfrist[747] und der Beweislastverteilung[748] widmet er sich dem „Fehlen einer Aufforderung und einer Anhörungsmöglichkeit".[749] Hier stellt er nur kurz fest, Grundrechte seien nicht schrankenlos gewährleistet,[750] im vorliegenden Fall sei der Wesensgehalt von Art. 47 GRC gewahrt und es liege keine unverhältnismäßige Einschränkung des Grundrechts vor.[751] Im vierten Unterpunkt behandelt der Gerichtshof in einer Randnummer die Begründungspflicht, für deren Verletzung er aber keine Anhaltspunkte sieht.[752] Die fragliche Regelung beachte daher insgesamt die Grundrechte aus Art. 47 GRC.[753]

Ähnlich geht der EuGH im Urteil Fastweb (C-19/13) vor,[754] in dem er prüft, ob die fragliche Maßnahme den Anforderungen von Art. 47 GRC entspricht. Dementsprechend sei beispielsweise „die Festsetzung angemessener Ausschlussfristen für die Rechtsverfolgung im Interesse der Rechtssicherheit, die zugleich den Abgabepflichtigen und die Behörde schützt, mit dem Grundrecht auf effektiven gerichtlichen Rechtsschutz vereinbar."[755] Ein effektiver gerichtlicher Rechtsschutz verlange aber, „dass die Beteiligten über die Zuschlagsentscheidung eine gewisse Zeit vor dem Vertragsschluss informiert werden, damit sie über eine tatsächliche Möglichkeit verfügen, einen Rechtsbehelf, insbesondere einen Antrag auf Erlass vorläufiger Maßnahmen bis zum Vertragsschluss, einzulegen".[756] Dieses Erfordernis sei hier eingehalten.[757]

In nur zwei Entscheidungen geht der Gerichtshof zweistufig vor: Entsprechend lassen sich in den Urteilen Star Storage (C-439/14 und C-488/14) und Puškár (C-73/16)[758] die Grundrechtseinschränkung einerseits[759] und die Rechtfertigung andererseits[760] unterscheiden. Im Rahmen seiner Antwort auf die dritte Vorlagefrage im Urteil Puškár (C-73/16) stellt der EuGH bereits in seinen Ausführungen zur Zulässigkeit fest, die „Zurückweisung des im Ausgangsverfahren streitigen Beweismittels durch das vorlegende Gericht – mit der alleinigen Begründung, dass Herr Puškár dieses ohne die gesetzlich vor-

---

[747] EuGH, Urteil v. 26.09.2013, Rs. C-418/11 *(Texdata Software)*, Rn. 80 f.
[748] EuGH, Urteil v. 26.09.2013, Rs. C-418/11 *(Texdata Software)*, Rn. 82.
[749] EuGH, Urteil v. 26.09.2013, Rs. C-418/11 *(Texdata Software)*, Rn. 83.
[750] EuGH, Urteil v. 26.09.2013, Rs. C-418/11 *(Texdata Software)*, Rn. 84.
[751] EuGH, Urteil v. 26.09.2013, Rs. C-418/11 *(Texdata Software)*, Rn. 85 f.
[752] EuGH, Urteil v. 26.09.2013, Rs. C-418/11 *(Texdata Software)*, Rn. 87.
[753] EuGH, Urteil v. 26.09.2013, Rs. C-418/11 *(Texdata Software)*, Rn. 88.
[754] Vgl. EuGH, Urteil v. 11.09.2014, Rs. C-19/13 *(Fastweb)*, Rn. 57–64.
[755] EuGH, Urteil v. 11.09.2014, Rs. C-19/13 *(Fastweb)*, Rn. 58.
[756] EuGH, Urteil v. 11.09.2014, Rs. C-19/13 *(Fastweb)*, Rn. 60.
[757] EuGH, Urteil v. 11.09.2014, Rs. C-19/13 *(Fastweb)*, Rn. 61–64.
[758] Zu beachten ist, dass der EuGH in diesem Urteil zwei unterschiedliche Prüfungen an Art. 47 GRC vornimmt, vgl. EuGH, Urteil v. 27.09.2017, Rs. C-73/16 *(Puškár)*, Rn. 56–76 und 82, 87–98.
[759] EuGH, Urteil v. 15.09.2016, Rs. C-439/14 und C-488/14 *(Star Storage)*, Rn. 45–49; EuGH, Urteil v. 27.09.2017, Rs. C-73/16 *(Puškár)*, Rn. 82, 87.
[760] EuGH, Urteil v. 15.09.2016, Rs. C-439/14 und C-488/14 *(Star Storage)*, Rn. 49–61; EuGH, Urteil v. 27.09.2017, Rs. C-73/16 *(Puškár)*, Rn. 88–98.

geschriebene Einwilligung des für die Verarbeitung Verantwortlichen erlangt habe –", stelle unter anderem eine Einschränkung des Rechts auf einen wirksamen gerichtlichen Rechtsbehelf nach Art. 47 GRC dar.[761] Weitere Ausführungen, etwa zum Schutzbereich, finden sich hier nicht. Bei der inhaltlichen Erörterung der Vorlagefrage widmet sich der Gerichtshof – nach einem Verweis auf seine Feststellung der Einschränkung[762] – sodann der Prüfung der Rechtfertigung.[763] Er hält die streitige Zurückweisung für unverhältnismäßig, überlässt die finale Entscheidung aber dem vorlegenden Gericht.[764]

In sieben Entscheidungen wählt der EuGH einen dreistufigen Aufbau.[765] Im Urteil Liivimaa Lihaveis (C-562/12) legt er dar, Art. 47 Abs. 1 GRC umfasse das Recht, „nach Maßgabe der in diesem Artikel vorgesehenen Bedingungen bei einem Gericht einen wirksamen Rechtsbehelf einzulegen."[766] Die fragliche Regelung habe aber zur Folge, „dass der Antragsteller von dem Verfahren zur Gewährung von Beihilfen, die von der Union kofinanziert werden, endgültig ausgeschlossen wird, ohne dass ihm später eine Entscheidung bekannt gemacht wird."[767] Eine solche Grundrechtseinschränkung könne jedoch unter den Voraussetzungen von Art. 52 Abs. 1 GRC gerechtfertigt werden.[768]

Auch im Urteil Spasic (C-129/14 PPU) lässt sich eine Dreiteilung der Grundrechtsprüfung erkennen: Die Anwendung von Art. 50 GRC setze voraus, „dass die gegen den Angeschuldigten bereits mittels einer unanfechtbar gewordenen Entscheidung getroffenen Maßnahmen strafrechtlichen Charakter haben", was hier der Fall sei.[769] Der Schutzbereich von Art. 50 GRC ist damit nach Ansicht des EuGH eröffnet.[770] Auch eine Einschränkung liege vor.[771] Zuletzt prüft der Gerichtshof sehr ausführlich die Rechtfertigung dieser Einschränkung.[772]

Insgesamt überwiegt im Bereich der justiziellen Rechte aus Titel VI der Charta zwar der einstufige Aufbau, teilweise prüft der EuGH hier aber auch zwei- oder dreistufig.

---

[761] EuGH, Urteil v. 27.09.2017, Rs. C-73/16 *(Puškár)*, Rn. 82.
[762] Vgl. EuGH, Urteil v. 27.09.2017, Rs. C-73/16 *(Puškár)*, Rn. 87.
[763] Vgl. EuGH, Urteil v. 27.09.2017, Rs. C-73/16 *(Puškár)*, Rn. 88–98.
[764] Vgl. EuGH, Urteil v. 27.09.2017, Rs. C-73/16 *(Puškár)*, Rn. 94–98.
[765] Vgl. EuGH, Urteil v. 28.02.2013, Rs. C-334/12 RX-II *(Réexamen Arango Jaramillo u. a. / EIB)*; EuGH, Urteil v. 27.05.2014, Rs. C-129/14 PPU *(Spasic)*; EuGH, Urteil v. 17.09.2014, Rs. C-562/12 *(Liivimaa Lihaveis)*; EuGH, Urteil v. 30.06.2016, Rs. C-205/15 *(Toma und Biroul Executorului Judecătoresc Horațiu-Vasile Cruduleci)*; EuGH, Urteil v. 26.07.2017, Rs. C-348/16 *(Sacko)*; EuGH, Urteil v. 27.09.2017, Rs. C-73/16 *(Puškár)*, Rn. 56–76; EuGH, Urteil v. 20.12.2017, Rs. C-664/15 *(Protect Natur-, Arten- und Landschaftschutz Umweltorganisation)*.
[766] EuGH, Urteil v. 17.09.2014, Rs. C-562/12 *(Liivimaa Lihaveis)*, Rn. 67.
[767] EuGH, Urteil v. 17.09.2014, Rs. C-562/12 *(Liivimaa Lihaveis)*, Rn. 69.
[768] EuGH, Urteil v. 17.09.2014, Rs. C-562/12 *(Liivimaa Lihaveis)*, Rn. 72.
[769] EuGH, Urteil v. 27.05.2014, Rs. C-129/14 PPU *(Spasic)*, Rn. 53.
[770] So wohl auch F. Meyer, HRRS 15 (2014), S. 270 (271).
[771] Vgl. EuGH, Urteil v. 27.05.2014, Rs. C-129/14 PPU *(Spasic)*, Rn. 53.
[772] EuGH, Urteil v. 27.05.2014, Rs. C-129/14 PPU *(Spasic)*, Rn. 56–73.

4. Zusammenfassung

Sowohl im Rahmen der Grundrechte aus Titel VI als auch bei den Gleichheits- und insbesondere bei den Freiheitsgrundrechten verwendet der Gerichtshof kein kohärentes und konsistentes Prüfungsschema. Vielmehr schwankt er bei den drei Grundrechtsarten zwischen verschiedenen Vorgehensweisen. Während bei den justiziellen Rechten der einstufige Aufbau dominiert, prüft der EuGH die Gleichheitsrechte meist zweistufig. Die Freiheitsrechte dagegen werden sowohl drei-, als auch zwei- und einstufig geprüft.

II. Schutzbereich

Im Rahmen der Grundrechtsprüfung nach Art. 52 Abs. 1 GRC muss der Gerichtshof eine Dogmatik der Schutzbereichsprüfung entwickeln. Es wird daher untersucht, ob der EuGH das einschlägige Grundrecht nennt, den Schutzbereich dieses Grundrechts prüft, indem er es auslegt und darunter subsumiert, und das Ergebnis seiner Prüfung begründet (1). Analysiert wird auch, ob Prüfung und Begründung konsistent und kohärent sind (2).[773]

Untersuchungsgegenstand sind in diesem Abschnitt die 133 Entscheidungen der Fallgruppen A1, A2 und A3, weil der Gerichtshof hier eine mindestens ausführliche[774] Grundrechtsprüfung anhand der Charta vornimmt. Auf die Entscheidungen der Fallgruppe B1 (nicht ausführliche Grundrechtsprüfung anhand der Charta)[775] wird stellenweise ebenfalls eingegangen.

1. Behandlung der Schutzbereichsprüfung durch den EuGH

Die Behandlung des Schutzbereiches durch den EuGH fällt unterschiedlich aus. In einem Teil der Entscheidungen prüft er dessen Eröffnung und begründet sein Ergebnis mehr oder weniger ausführlich. Seine Ausführungen sind klar und nachvollziehbar (a)). Im Gegensatz dazu gibt es zahlreiche Urteile und Beschlüsse, in denen der Gerichtshof weder eine Prüfung noch eine Begründung vornimmt und sofort eine mögliche Rechtfertigung untersucht (b)). Schließlich gibt es viele Fälle, in denen sich nicht sicher bestimmen lässt, ob sie überhaupt eine Prüfung des Schutzbereiches enthalten (c)).

a) Prüfung des Schutzbereiches und Begründung

In 51 von 133 Entscheidungen der Fallgruppen A1 bis A3 prüft der Gerichtshof den Schutzbereich und begründet sein Ergebnis.[776] Dazu gehören 20 der

---

[773] Vgl. zur Kriterienentwicklung Kapitel 3 A. II. 2.
[774] Vgl. zu diesem Begriff Kapitel 2 C. II. 2.
[775] Vgl. zu dieser Fallgruppe Kapitel 2 C. III. 2. a).
[776] Vgl. EuGH, Urteil v. 14.09.2010, Rs. C-550/07 P *(Akzo Nobel Chemicals und Akcros*

33 Entscheidungen der Fallgruppe A1, drei von 33 Entscheidungen der Fallgruppe A2 und 31 von 66 Entscheidungen der Fallgruppe A3.[777] Hier fällt bereits auf, dass der EuGH eher in den Fallgruppen A1 und A3 eine detaillierte Schutzbereichsprüfung vornimmt: Während eine Begründung in ca. der Hälfte der Fälle aus den Fallgruppen A1 und A3 vorliegt, weisen weniger als 10% der Entscheidungen in der Fallgruppe A2 eine solche auf. Dies ist insofern nachvollziehbar, als die Entscheidungen der Fallgruppe A1 ohnehin sehr ausführliche Grundrechtsprüfungen anhand der Charta enthalten und der EuGH in den Entscheidungen der Gruppe A3 die Eröffnung des Schutzbereiches oder das Vorliegen eines Eingriffs (ausführlich oder sehr ausführlich) verneint.

Im Urteil DEB (C-279/09) beispielsweise nimmt der Gerichtshof eine ausführliche Prüfung des Schutzbereiches von Art. 47 GRC im Hinblick auf die Frage vor, ob auch juristischen Personen Prozesskostenbeihilfe bewilligt werden muss.[778] Im Ausgangsverfahren, für das die Beihilfe beantragt wurde, klag-

---

Chemicals/Kommission); EuGH, Urteil v. 09.11.2010, Rs. C-92/09 und C-93/09 *(Volker und Markus Schecke und Eifert)*; EuGH, Urteil v. 22.12.2010, Rs. C-279/09 *(DEB)*; EuGH, Urteil v. 17.03.2011, Rs. C-221/09 *(AJD Tuna)*; EuGH, Urteil v. 21.07.2011, Rs. C-150/10 *(Beneo-Orafti)*; EuGH, Urteil v. 08.12.2011, Rs. C-272/09 P *(KME Germany u. a./Kommission)*; EuGH, Urteil v. 08.12.2011, Rs. C-386/10 P *(Chalkor/Kommission)*; EuGH, Urteil v. 08.12.2011, Rs. C-389/10 P *(KME Germany u. a./Kommission)*; EuGH, Urteil v. 14.02.2012, Rs. C-17/10 *(Toshiba Corporation u. a.)*; EuGH, Urteil v. 13.06.2012, Rs. C-156/12 *(GREP)*; EuGH, Urteil v. 22.11.2012, Rs. C-277/11 *(M.)*; EuGH, Urteil v. 22.01.2013, Rs. C-283/11 *(Sky Österreich)*; EuGH, Urteil v. 26.02.2013, Rs. C-617/10 *(Åkerberg Fransson)*; EuGH, Urteil v. 04.06.2013, Rs. C-300/11 *(ZZ)*; EuGH, Urteil v. 11.07.2013, Rs. C-439/11 P *(Ziegler/Kommission)*; EuGH, Urteil v. 18.07.2013, Rs. C-426/11 *(Alemo-Herron u. a.)*; EuGH, Urteil v. 18.07.2013, Rs. C-501/11 P *(Schindler Holding u. a./Kommission)*; EuGH, Urteil v. 18.07.2013, Rs. C-584/10 P, C-593/10 P und C-595/10 P *(Kommission u. a./Kadi)*; EuGH, Urteil v. 17.10.2013, Rs. C-291/12 *(Schwarz)*; EuGH, Urteil v. 15.01.2014, Rs. C-176/12 *(Association de médiation sociale)*; EuGH, Urteil v. 27.03.2014, Rs. C-314/12 *(UPC Telekabel Wien)*; EuGH, Urteil v. 27.03.2014, Rs. C-530/12 P *(HABM/National Lottery Commission)*; EuGH, Urteil v. 08.04.2014, Rs. C-293/12 und C-594/12 *(Digital Rights Ireland und Seitlinger u. a.)*; EuGH, Urteil v. 13.05.2014, Rs. C-131/12 *(Google Spain und Google)*; EuGH, Urteil v. 22.05.2014, Rs. C-356/12 *(Glatzel)*; EuGH, Urteil v. 17.07.2014, Rs. C-141/12 und C-372/12 *(YS u. a.)*; EuGH, Urteil v. 17.09.2014, Rs. C-562/12 *(Liivimaa Lihaveis)*; EuGH, Urteil v. 18.12.2014, Rs. C-562/13 *(Abdida)*; EuGH, Urteil v. 26.03.2015, Rs. C-316/13 *(Fenoll)*; EuGH, Urteil v. 08.09.2015, Rs. C-105/14 *(Taricco u. a.)*; EuGH, Urteil v. 06.10.2015, Rs. C-362/14 *(Schrems)*; EuGH, Urteil v. 06.10.2015, Rs. C-650/13 *(Delvigne)*; EuGH, Urteil v. 17.12.2015, Rs. C-157/14 *(Neptune Distribution)*; EuGH, Urteil v. 17.12.2015, Rs. C-239/14 *(Tall)*; EuGH, Urteil v. 04.05.2016, Rs. C-547/14 *(Philip Morris Brands u. a.)*; EuGH, Urteil v. 30.06.2016, Rs. C-134/15 *(Lidl)*; EuGH, Urteil v. 30.06.2016, Rs. C-205/15 *(Toma und Biroul Executorului Judecătoresc Horaţiu-Vasile Cruduleci)*; EuGH, Urteil v. 28.07.2016, Rs. C-543/14 *(Ordre des barreaux francophones und germanophone u. a.)*; EuGH, Urteil v. 15.09.2016, Rs. C-439/14 und C-488/14 *(Star Storage)*; EuGH, Urteil v. 06.10.2016, Rs. C-218/15 *(Paoletti u. a.)*; EuGH, Urteil v. 21.12.2016, Rs. C-119/15 *(Biuro podróży Partner)*; EuGH, Urteil v. 21.12.2016, Rs. C-201/15 *(AGET Iraklis)*.

[777] Zu beachten ist, dass in einer Entscheidung mehrere Grundrechtsprüfungen auftreten können. Siehe dazu Kapitel 2 C. II. 1. b).

[778] EuGH, Urteil v. 22.12.2010, Rs. C-279/09 *(DEB)*, Rn. 1 f.

B. Anwendung der Kriterien

te die DEB gegen die Bundesrepublik Deutschland aus einem unionsrechtlichen Staatshaftungsanspruch.[779] Die Klägerin des Ausgangsverfahrens machte geltend, ohne Prozesskostenhilfe könne sie das Verfahren nicht durchführen.[780] Gleichwohl lehnte das erstinstanzliche Gericht ihren entsprechenden Antrag ab.[781] Auch das mit der Beschwerde gegen diese Entscheidung befasste vorlegende Gericht führte aus, die Klägerin habe nach nationalem Recht keinen derartigen Anspruch.[782] Das Gericht stellte sich aber die Frage, „ob die Ablehnung von Prozesskostenhilfe für die DEB zur Verfolgung eines unionsrechtlichen Staatshaftungsanspruchs gegen die Grundsätze des unionsrechtlichen Staatshaftungsanspruchs, insbesondere gegen den Grundsatz der Effektivität, verstoßen könnte."[783]

Nach Ansicht des EuGH betrifft die Vorlagefrage „den Anspruch einer juristischen Person auf wirksamen Zugang zu den Gerichten und im Kontext des Unionsrechts daher den Grundsatz des effektiven gerichtlichen Rechtsschutzes."[784] Dieser sei ein allgemeiner Grundsatz des Unionsrechts und in Art. 6 und Art. 13 EMRK verankert.[785] Im vorliegenden Fall sei Art. 47 GRC zu beachten.[786] Der EuGH stellt den Gewährleistungsinhalt von Art. 47 GRC dar und merkt an, dessen Abs. 2 entspreche gemäß den nach Art. 52 Abs. 7 GRC zu beachtenden Erläuterungen zur Charta Art. 6 Abs. 1 EMRK.[787] Anschließend formuliert er die Vorlagefrage dahingehend um, „dass sie die Auslegung des in Art. 47 der Charta verankerten Grundsatzes des effektiven gerichtlichen Schutzes im Hinblick auf die Prüfung betrifft, ob im Zusammenhang mit einem Verfahren zur Geltendmachung des unionsrechtlichen Staatshaftungsanspruchs diese Bestimmung einer nationalen Regelung entgegensteht, nach der die gerichtliche Geltendmachung von der Zahlung eines Kostenvorschusses abhängig gemacht wird und einer juristischen Person, wenn sie diesen Vorschuss nicht aufbringen kann, Prozesskostenhilfe nicht zu bewilligen ist."[788] Dementsprechend prüft der EuGH zunächst, ob eine juristische Person unter den persönlichen Schutzbereich von Art. 47 Abs. 3 GRC fällt.[789] Dem Wortlaut von Art. 47 und den Erläuterungen zu diesem Artikel ließe sich keine eindeutige Antwort entnehmen,[790] auch wenn die Verwendung des Wortes „Person" anstatt von

---

[779] EuGH, Urteil v. 22.12.2010, Rs. C-279/09 *(DEB)*, Rn. 14.
[780] EuGH, Urteil v. 22.12.2010, Rs. C-279/09 *(DEB)*, Rn. 16 f.
[781] EuGH, Urteil v. 22.12.2010, Rs. C-279/09 *(DEB)*, Rn. 18.
[782] EuGH, Urteil v. 22.12.2010, Rs. C-279/09 *(DEB)*, Rn. 19–24.
[783] EuGH, Urteil v. 22.12.2010, Rs. C-279/09 *(DEB)*, Rn. 25.
[784] EuGH, Urteil v. 22.12.2010, Rs. C-279/09 *(DEB)*, Rn. 29.
[785] EuGH, Urteil v. 22.12.2010, Rs. C-279/09 *(DEB)*, Rn. 29.
[786] EuGH, Urteil v. 22.12.2010, Rs. C-279/09 *(DEB)*, Rn. 30 f.
[787] EuGH, Urteil v. 22.12.2010, Rs. C-279/09 *(DEB)*, Rn. 31 f.
[788] EuGH, Urteil v. 22.12.2010, Rs. C-279/09 *(DEB)*, Rn. 33.
[789] EuGH, Urteil v. 22.12.2010, Rs. C-279/09 *(DEB)*, Rn. 38 ff.
[790] EuGH, Urteil v. 22.12.2010, Rs. C-279/09 *(DEB)*, Rn. 36, 38.

"Mensch" es nahelege, auch juristische Personen in den Schutzbereich miteinzubeziehen.[791] Außerdem sei Art. 47 GRC im Titel VI der Charta enthalten, „in dem weitere Verfahrensgrundsätze verankert sind, die sowohl auf natürliche als auch auf juristische Personen Anwendung finden."[792] Dass das Recht auf Prozesskostenhilfe nicht im Titel IV der Charta zur „Solidarität" enthalten sei, zeige, „dass dieses Recht nicht in erster Linie als Sozialhilfe angelegt ist".[793] Jedenfalls sei bei der Beurteilung der Erforderlichkeit der Gewährung von Prozesskostenhilfe vor allem auf das Recht der Person abzustellen, die diese Hilfe beantragt, und nicht auf das Allgemeininteresse der Gesellschaft.[794] Andere unionsrechtliche Vorschriften oder der Vergleich des Rechts der Mitgliedstaaten gäben keine hilfreichen Anhaltspunkte.[795] Nach der Rechtsprechung des EGMR müsse die Frage, ob die Gewährung von Prozesskostenhilfe erforderlich sei, im Einzelfall geprüft werden.[796] Dies schließe eine Verhältnismäßigkeitsprüfung und eine Prüfung des Wesensgehalts des Rechts auf Zugang zu den Gerichten ein.[797] Aus der Rechtsprechung des Straßburger Gerichtshofs lasse sich ableiten, die Gewährung von Prozesskostenhilfe für juristische Personen sei nicht grundsätzlich ausgeschlossen, jedoch nach Maßgabe der geltenden Vorschriften und der Situation der fraglichen Gesellschaft zu beurteilen.[798] Hierbei könne der Gegenstand des Rechtsstreits und die finanzielle Leistungsfähigkeit des Beschwerdeführers berücksichtigt werden.[799] Auf die Vorlagefrage sei zu antworten, „dass der in Art. 47 der Charta verankerte Grundsatz des effektiven gerichtlichen Rechtsschutzes dahin auszulegen ist, dass seine Geltendmachung durch juristische Personen nicht ausgeschlossen ist und dass er u. a. die Befreiung von der Zahlung des Gerichtskostenvorschusses und/oder der Gebühren für den Beistand eines Rechtsanwalts umfassen kann."[800]

Im vorliegenden Urteil legt der Gerichtshof ausführlich den Schutzbereich des Art. 47 GRC aus, überlässt die finale Entscheidung aber dem vorlegenden Gericht.[801] Dabei verwendet er sowohl Argumente des Wortlauts und der Systematik[802] als auch rechtsvergleichende Aspekte[803]. Bei diesem Rechtsvergleich argumentiert er nicht nur mit den gemeinsamen Verfassungsüberlieferungen der

---

[791] EuGH, Urteil v. 22.12.2010, Rs. C-279/09 *(DEB)*, Rn. 39.
[792] EuGH, Urteil v. 22.12.2010, Rs. C-279/09 *(DEB)*, Rn. 40.
[793] EuGH, Urteil v. 22.12.2010, Rs. C-279/09 *(DEB)*, Rn. 41.
[794] EuGH, Urteil v. 22.12.2010, Rs. C-279/09 *(DEB)*, Rn. 42.
[795] EuGH, Urteil v. 22.12.2010, Rs. C-279/09 *(DEB)*, Rn. 43 f.
[796] EuGH, Urteil v. 22.12.2010, Rs. C-279/09 *(DEB)*, Rn. 46.
[797] EuGH, Urteil v. 22.12.2010, Rs. C-279/09 *(DEB)*, Rn. 47.
[798] EuGH, Urteil v. 22.12.2010, Rs. C-279/09 *(DEB)*, Rn. 52.
[799] EuGH, Urteil v. 22.12.2010, Rs. C-279/09 *(DEB)*, Rn. 53 f.
[800] EuGH, Urteil v. 22.12.2010, Rs. C-279/09 *(DEB)*, Rn. 59.
[801] Dazu *J. Kühling*, ZÖR 68 (2013), S. 469 (477).
[802] *R. Streinz*, JuS 2011, S. 568 (569).
[803] *J. Kühling*, ZÖR 68 (2013), S. 469 (480).

Mitgliedstaaten, sondern auch mit ausführlichen Bezügen zur EMRK und zur Rechtsprechung des EGMR. Obwohl der Gerichtshof die Prüfung des Schutzbereiches stellenweise mit der Prüfung der Einschränkung und Rechtfertigung vermengt,[804] ist die Auslegung des Schutzbereiches von Art. 47 GRC argumentativ überzeugend und ausführlich begründet.

Eine ähnlich detaillierte[805] und überzeugende Prüfung des Schutzbereiches nimmt der EuGH im Urteil Sky Österreich (C-283/11) vor. In diesem Vorabentscheidungsverfahren geht es um die Frage, ob eine Richtlinie mit Art. 16 und Art. 17 GRC vereinbar ist, die vorsieht, dass Inhaber exklusiver Fernsehrechte keine beziehungsweise nur eine sehr geringe Entschädigung erhalten, wenn sie anderen Fernsehsendern ein Recht zur Kurzberichterstattung einräumen, wobei diese Inhaber ebenfalls aufgrund dieser Richtlinie zur Einräumung des Rechts auf Kurzberichterstattung verpflichtet sind.[806] Zwar entsteht die Verpflichtung erst durch das nationale Umsetzungsgesetz, doch lässt die Richtlinie insofern keinen Umsetzungsspielraum.

Der Gerichtshof prüft die Richtlinie zunächst an Art. 17 GRC[807] und anschließend an Art. 16 GRC.[808] Beide Schutzbereiche bestimmt er vor allem über eine Abgrenzung dieser Grundrechte.[809]

Bei der Auslegung von Art. 17 GRC zitiert der EuGH den Inhalt dieser Bestimmung[810] und stellt dann fest, nach Art. 15 Abs. 1 der Richtlinie 2010/13 müsse jeder Fernsehveranstalter, der in der Union niedergelassen ist, zum Zweck der Kurzberichterstattung Zugang zu Ereignissen haben, die von großem öffentlichen Interesse sind und von einem Fernsehveranstalter exklusiv übertragen werden.[811] Der Gerichtshof stellt die Frage, ob vom Eigentumsbegriff des Art. 17 Abs. 1 GRC „vertraglich erworbene exklusive Fernsehübertragungsrechte" erfasst sind,[812] der Schutzbereich also eröffnet ist, und führt dazu aus: „Der durch diesen Artikel gewährte Schutz bezieht sich nicht auf bloße kaufmännische Interessen oder Aussichten, deren Ungewissheit zum Wesen der wirtschaftlichen Tätigkeiten gehört [...], sondern auf vermögenswerte Rechte, aus denen sich im Hinblick auf die Rechtsordnung eine gesicherte Rechtsposition ergibt, die eine selbständige Ausübung dieser Rechte durch und zugunsten ihres Inhabers ermöglicht."[813] Die in Frage stehenden „exklusiven Fernseh-

---

[804] Vgl. EuGH, Urteil v. 22.12.2010, Rs. C-279/09 *(DEB)*, Rn. 47, 54, 60.
[805] *J. Kühling*, ZÖR 68 (2013), S. 469 (481): „durchaus differenzierte Prüfung der Eigentumsfreiheit"; vgl. auch *T. von Danwitz*, EuGRZ 40 (2013), S. 253 (257).
[806] EuGH, Urteil v. 22.01.2013, Rs. C-283/11 *(Sky Österreich)*, Rn. 30.
[807] EuGH, Urteil v. 22.01.2013, Rs. C-283/11 *(Sky Österreich)*, Rn. 31–40.
[808] EuGH, Urteil v. 22.01.2013, Rs. C-283/11 *(Sky Österreich)*, Rn. 41–67.
[809] *G. Ziegenhorn*, EuZW 2013, S. 347 (352).
[810] EuGH, Urteil v. 22.01.2013, Rs. C-283/11 *(Sky Österreich)*, Rn. 31.
[811] EuGH, Urteil v. 22.01.2013, Rs. C-283/11 *(Sky Österreich)*, Rn. 32.
[812] EuGH, Urteil v. 22.01.2013, Rs. C-283/11 *(Sky Österreich)*, Rn. 34.
[813] EuGH, Urteil v. 22.01.2013, Rs. C-283/11 *(Sky Österreich)*, Rn. 34.

übertragungsrechte werden Fernsehveranstaltern zwar gegen Entgelt durch eine vertragliche Bestimmung eingeräumt und ermöglichen es diesen Veranstaltern, bestimmte Ereignisse exklusiv zu übertragen, so dass jedwede Übertragung dieser Ereignisse durch andere Fernsehveranstalter ausgeschlossen ist. Deshalb sind diese Rechte nicht als bloße kaufmännische Interessen oder Aussichten, sondern als vermögenswerte Rechte anzusehen."[814]

Weiter stelle sich aber die Frage, ob die betreffenden Exklusivrechte auch eine gesicherte Rechtsposition darstellten.[815] Das Unionsrecht schreibe seit dem Inkrafttreten der Richtlinie vor, das Recht zur Kurzberichterstattung einzuräumen und nur die in der Richtlinie vorgesehenen Entschädigungen dafür zu zahlen. Daher könne bei einem Erwerb exklusiver Rechte nach diesem Datum kein Vertrauen mehr darauf bestehen, dass das Recht zur Kurzberichterstattung nicht eingeräumt werden müsse beziehungsweise eine höhere Entschädigung möglich sei.[816] Sky Österreich habe seine exklusiven Übertragungsrechte aber zwei Jahre nach Verbindlichwerden der Richtlinie erworben.[817] Somit sei schon der Schutzbereich von Art. 17 GRC nicht eröffnet.[818] Die Prüfung des Schutzbereiches von Art. 17 GRC überzeugt insbesondere hinsichtlich der Definition des Eigentumsbegriffs: Die Erwerber der Exklusivlizenzen können sich nicht auf den Schutz des Eigentums berufen, da ihre Rechtsstellung von Anfang an durch das Sekundärrecht begrenzt war.[819] Vereinzelt wird problematisiert, dass der Gerichtshof bei seiner Prüfung auf das Inkrafttreten der fraglichen Richtlinie und nicht des nationalen Umsetzungsrechtsaktes abstellt[820] und ebenso wenig auf Art. 1 ZP 1 EMRK eingeht, dem Art. 17 GRC laut den Erläuterungen zur Charta[821] entspricht.[822] Abseits dieser Kritik ist die Schutzbereichsprüfung aber überzeugend. Sie lässt eine klare Abgrenzung zu Art. 16 GRC erkennen. Auch wird deutlich, dass die Exklusivrechte als vermögenswerte Rechte grundsätzlich unter den Schutz von Art. 17 GRC fallen.[823]

---

[814] EuGH, Urteil v. 22.01.2013, Rs. C-283/11 *(Sky Österreich)*, Rn. 35.
[815] EuGH, Urteil v. 22.01.2013, Rs. C-283/11 *(Sky Österreich)*, Rn. 36.
[816] EuGH, Urteil v. 22.01.2013, Rs. C-283/11 *(Sky Österreich)*, Rn. 39.
[817] EuGH, Urteil v. 22.01.2013, Rs. C-283/11 *(Sky Österreich)*, Rn. 39.
[818] EuGH, Urteil v. 22.01.2013, Rs. C-283/11 *(Sky Österreich)*, Rn. 40; *J. Kühling*, ZÖR 68 (2013), S. 469 (481 f.), der jedoch fälschlicherweise von Art. 16 statt Art. 17 GRC spricht.
[819] *J. Kühling*, ZÖR 68 (2013), S. 469 (481 f.).
[820] *J. Kühling*, ZÖR 68 (2013), S. 469 (482).
[821] *Präsidium des Konvents*, Erläuterungen zur Charta der Grundrechte, ABl. 2007 Nr. C 303/02, 14.12.2007, S. 23.
[822] *G. Ziegenhorn*, EuZW 2013, S. 347 (352).
[823] *H. P. Lehofer*, EuGH: Kurzberichterstattungsrecht dient der Informationsfreiheit; Eingriff in unternehmerische Freiheit verhältnismäßig, blog.lehofer.at, 22.01.2013 (geprüft am 04.09.2019).

b) Keine Begründung (und teilweise keine Prüfung des Schutzbereiches)

Im Gegensatz dazu gibt es zahlreiche Entscheidungen, in denen der Gerichtshof das Ergebnis seiner Prüfung überhaupt nicht begründet oder den Schutzbereich sogar gar nicht prüft. Häufig nimmt er die Eröffnung des Schutzbereiches schlicht an und untersucht sofort eine mögliche Rechtfertigung des Eingriffs.

Dazu zählen in erster Linie die meisten Entscheidungen der Fallgruppe B1 (nicht ausführliche Grundrechtsprüfung anhand der Charta).[824] So stellt der EuGH im Urteil Lidl (C-134/15) zur Vereinbarkeit einer Norm, der zufolge bei Geflügelfleisch in Fertigpackungen der Gesamtpreis und der Preis je Gewichtseinheit unmittelbar auf der Verpackung oder auf einem daran befestigten Etikett ausgezeichnet sein müssen, mit Art. 15 Abs. 1 GRC[825] ohne jegliche Begründung fest, dass die Etikettierungspflicht „die für jede Person bestehende Möglichkeit, im Sinne von Art. 15 der Charta ‚einen frei gewählten ... Beruf auszuüben', nicht einschränkt."[826] Das Ergebnis des Gerichtshofs ist zwar vor dem Hintergrund der Abgrenzung zu Art. 16 GRC[827] nachvollziehbar, eine Begründung, zum Beispiel durch Trennung von unselbstständiger und selbstständiger beruflicher Tätigkeit,[828] wäre hier aber notwendig gewesen.[829]

Noch knapper sind die Ausführungen zu Art. 15 GRC im Urteil Muladi (C-447/15), in dem es um nationale Qualifikationsanforderungen an die Ausstellung von Fahrerqualifizierungsnachweisen für Berufskraftfahrer geht.[830] Das vorlegende Gericht hielt unter anderem eine Verletzung von Art. 15 GRC für möglich.[831] Der EuGH stellt jedoch nur fest: „Schließlich verstößt eine zusätzliche Anforderung wie die durch die im Ausgangsverfahren in Rede stehende Regelung auferlegte nicht gegen Art. 15 der Charta. Gemäß Art. 52 Abs. 2 (sic) der Charta können die durch diesen Artikel garantierten Rechte nämlich Beschränkungen unterworfen werden, sofern diese Beschränkungen tatsächlich dem Gemeinwohl dienenden Zielen der Union entsprechen und nicht einen im Hinblick auf den verfolgten Zweck unverhältnismäßigen, nicht tragbaren Eingriff darstellen, der die so gewährleisteten Rechte in ihrem Wesensgehalt antastet".[832] Anschließend verweist der Gerichtshof lediglich auf sein Ergebnis der

---

[824] Vgl. zu dieser Fallgruppe Kapitel 2 C. III. 2. a).
[825] Vgl. hingegen die Prüfung des Schutzbereiches von Art. 16 GRC EuGH, Urteil v. 30.06.2016, Rs. C-134/15 *(Lidl)*, Rn. 27–29.
[826] EuGH, Urteil v. 30.06.2016, Rs. C-134/15 *(Lidl)*, Rn. 26.
[827] Vgl. dazu etwa *H. D. Jarass*, Charta der Grundrechte der Europäischen Union, 3. Aufl. 2016, Art. 15 Rn. 4 sowie Art. 16 Rn. 4, 4a; *M. Ruffert*, in: C. Calliess/M. Ruffert (Hrsg.), EUV, AEUV, 5. Aufl. 2016, Art. 15 GRC Rn. 4.
[828] *M. Ruffert*, in: C. Calliess/M. Ruffert (Hrsg.), EUV, AEUV, 5. Aufl. 2016, Art. 15 GRC Rn. 4.
[829] Ebenso *R. Streinz*, JuS 2017, S. 798 (799).
[830] EuGH, Urteil v. 07.07.2016, Rs. C-447/15 *(Muladi)*, Rn. 2.
[831] EuGH, Urteil v. 07.07.2016, Rs. C-447/15 *(Muladi)*, Rn. 30.
[832] EuGH, Urteil v. 07.07.2016, Rs. C-447/15 *(Muladi)*, Rn. 51.

allgemeinen Verhältnismäßigkeitsprüfung und lehnt damit einen Verstoß gegen Art. 15 GRC ab.[833] Im übrigen Urteil wird die Charta nicht mehr erwähnt. Eine Prüfung des Schutzbereiches nimmt der EuGH in dieser Entscheidung somit nicht vor, sondern geht direkt zur Prüfung der Rechtfertigung über.

Doch nicht nur bei Entscheidungen, die unter die Fallgruppe B1 fallen und deren Grundrechtsprüfung nicht ausführlich ist, fehlt die Begründung und teilweise sogar die Prüfung des Schutzbereiches durch den EuGH. Auch in 34 der 133 Urteile und Beschlüsse der Fallgruppen A1 bis A3, also in immerhin knapp einem Viertel der Entscheidungen, in denen der Gerichtshof eine ausführliche Grundrechtsprüfung an der GRC vornimmt, ist ein derartiges Vorgehen zu beobachten.

So stellt er im Urteil McDonagh (C-12/11) zu einer möglichen Verletzung von Art. 16 und Art. 17 GRC nur fest, die unternehmerische Freiheit und das Eigentumsrecht würden nicht absolut gewährleistet, sondern seien im Zusammenhang mit ihrer gesellschaftlichen Funktion zu sehen.[834] Art. 52 Abs. 1 GRC lasse unter bestimmten Voraussetzungen Einschränkungen der Ausübung der Grundrechte zu.[835] In diesem Urteil wird bereits nicht klar, welches Grundrecht der EuGH konkret prüft. Folglich bleibt ebenso im Dunkeln, ob er insofern den entsprechenden Schutzbereich für eröffnet erachtet. Ein solch sehr knappes Vorgehen ohne Prüfung des Schutzbereichs wählt der EuGH in 25 der oben erwähnten 34 Entscheidungen.[836]

Im Urteil Neptune Distribution (C-157/14) prüft der Gerichtshof eine mögliche Verletzung von Art. 16 GRC und verweist auf die gesellschaftliche Funk-

---

[833] EuGH, Urteil v. 07.07.2016, Rs. C-447/15 *(Muladi)*, Rn. 51.
[834] EuGH, Urteil v. 31.01.2013, Rs. C-12/11 *(McDonagh)*, Rn. 60.
[835] EuGH, Urteil v. 31.01.2013, Rs. C-12/11 *(McDonagh)*, Rn. 61; ganz ähnlich EuGH, Urteil v. 23.11.2016, Rs. C-442/14 *(Bayer CropScience und Stichting De Bijenstichting)*, Rn. 97 f.
[836] Vgl. EuGH, Urteil v. 23.12.2009, Rs. C-403/09 PPU *(Detiček)*; EuGH, Urteil v. 01.07.2010, Rs. C-407/08 P *(Knauf Gips/Kommission)*; EuGH, Urteil v. 15.07.2010, Rs. C-271/08 *(Kommission/Deutschland)*; EuGH, Urteil v. 17.11.2011, Rs. C-327/10 *(Hypoteční banka)*; EuGH, Urteil v. 24.11.2011, Rs. C-70/10 *(Scarlet Extended)*; EuGH, Urteil v. 21.12.2011, Rs. C-411/10 und C-493/10 *(N. S. u. a.)*; EuGH, Urteil v. 16.02.2012, Rs. C-360/10 *(SABAM)*; EuGH, Urteil v. 06.09.2012, Rs. C-544/10 *(Deutsches Weintor)*; EuGH, Urteil v. 31.01.2013, Rs. C-12/11 *(McDonagh)*; EuGH, Urteil v. 26.02.2013, Rs. C-399/11 *(Melloni)*; EuGH, Urteil v. 28.11.2013, Rs. C-348/12 P *(Rat/Manufacturing Support & Procurement Kala Naft)*; EuGH, Urteil v. 27.03.2014, Rs. C-314/12 *(UPC Telekabel Wien)*; EuGH, Beschluss v. 08.05.2014, Rs. C-329/13 *(Stefan)*; EuGH, Urteil v. 14.10.2014, Rs. C-611/12 P *(Giordano/Kommission)*; EuGH, Urteil v. 15.02.2016, Rs. C-601/15 PPU *(N.)*; EuGH, Urteil v. 19.07.2016, Rs. C-526/14 *(Kotnik u. a.)*; EuGH, Urteil v. 23.11.2016, Rs. C-442/14 *(Bayer CropScience und Stichting De Bijenstichting)*; EuGH, Urteil v. 15.03.2017, Rs. C-528/15 *(Al Chodor u.a)*; EuGH, Urteil v. 28.03.2017, Rs. C-72/15 *(Rosneft)*; EuGH, Beschluss v. 06.04.2017, Rs. C-464/16 P *(PITEE/ Kommission)*; EuGH, Urteil v. 05.07.2017, Rs. C-190/16 *(Fries)*, Rn. 70–80; EuGH, Urteil v. 14.09.2017, Rs. C-18/16 *(K)*; EuGH, Urteil v. 27.09.2017, Rs. C-73/16 *(Puškár)*, Rn. 82, 87–98; EuGH, Urteil v. 26.10.2017, Rs. C-534/16 *(BB construct)*, Rn. 34–42; EuGH, Urteil v. 20.12.2017, Rs. C-664/15 *(Protect Natur-, Arten- und Landschaftsschutz Umweltorganisation)*.

tion der unternehmerischen Freiheit.[837] Hier geht er aber im Gegensatz zum Urteil McDonagh nicht sofort zur Prüfung der Rechtfertigung über, sondern stellt ohne weitere Begründung fest, das „Verbot, auf Verpackungen und Etiketten natürlicher Mineralwässer und in der Werbung für diese Angaben oder Hinweise zu einem niedrigen Natriumgehalt dieser Wässer zu machen, die geeignet sind, den Verbraucher hinsichtlich dieses Gehalts irrezuführen," stelle „einen Eingriff in die Freiheit der Meinungsäußerung und Informationsfreiheit des Unternehmers sowie in seine unternehmerische Freiheit dar."[838] Der Gerichtshof nimmt hier somit immerhin eine Subsumtion unter Art. 16 GRC vor, wobei er jedoch zwei Grundrechte und die Prüfungsstufen des Schutzbereiches und der Einschränkung vermischt. Eine Begründung für sein Ergebnis liefert er nicht. Ein derartiges Vorgehen des EuGH findet sich in insgesamt zehn der 34 Entscheidungen.[839]

c) Zweifelsfälle

Neben den Entscheidungen, in denen der Gerichtshof den Schutzbereich prüft und sein Ergebnis begründet, und jenen, in denen jedenfalls die Begründung, teilweise sogar die Prüfung fehlt, ist in 47 von 133 Entscheidungen aus den Fallgruppen A1 bis A3 eine eindeutige Beurteilung schwierig.[840]

Im Vorabentscheidungsverfahren Schaible (C-101/12) beispielsweise geht es um die Vereinbarkeit von Sekundärrecht mit dem Primärrecht.[841] Der Kläger des Ausgangsverfahrens wehrte sich vor dem vorlegenden Gericht gegen die Verpflichtung, seine Schafe entsprechend der einschlägigen Verordnung (elektronische Einzeltierkennzeichnung und Führung eines Bestandsregisters[842]) zu kennzeichnen.[843] Das nationale Gericht hielt einen Verstoß dieser Verordnung gegen die unternehmerische Freiheit gemäß Art. 16 GRC und das Diskriminierungsverbot für möglich.[844]

---

[837] Vgl. EuGH, Urteil v. 17.12.2015, Rs. C-157/14 *(Neptune Distribution)*, Rn. 66.
[838] EuGH, Urteil v. 17.12.2015, Rs. C-157/14 *(Neptune Distribution)*, Rn. 67.
[839] Vgl. EuGH, Urteil v. 05.05.2011, Rs. C-543/09 *(Deutsche Telekom)*; EuGH, Urteil v. 15.03.2012, Rs. C-292/10 *(G)*; EuGH, Urteil v. 28.02.2013, Rs. C-334/12 RX-II *(Réexamen Arango Jaramillo u. a./EIB)*; EuGH, Urteil v. 12.06.2014, Rs. C-314/13 *(Peftiev u. a.)*; hinsichtlich Art. 16 GRC EuGH, Urteil v. 17.12.2015, Rs. C-157/14 *(Neptune Distribution)*; hinsichtlich Art. 7 GRC EuGH, Urteil v. 17.12.2015, Rs. C-419/14 *(WebMindLicenses)*; EuGH, Urteil v. 15.09.2016, Rs. C-484/14 *(Mc Fadden)*; EuGH, Urteil v. 20.09.2016, Rs. C-8/15 P bis C-10/15 P *(Ledra Advertising/Kommission und EZB)*; EuGH, Urteil v. 27.09.2017, Rs. C-73/16 *(Puškár)*, Rn. 56–76; EuGH, Urteil v. 13.12.2017, Rs. C-403/16 *(El Hassani)*.
[840] Siehe Fn. 853 und 854. Zu beachten ist, dass manche Entscheidungen mehrere Grundrechtsprüfungen enthalten.
[841] EuGH, Urteil v. 17.10.2013, Rs. C-101/12 *(Schaible)*, Rn. 2.
[842] EuGH, Urteil v. 17.10.2013, Rs. C-101/12 *(Schaible)*, Rn. 23.
[843] EuGH, Urteil v. 17.10.2013, Rs. C-101/12 *(Schaible)*, Rn. 14.
[844] EuGH, Urteil v. 17.10.2013, Rs. C-101/12 *(Schaible)*, Rn. 23.

Bei der Prüfung von Art. 16 GRC[845] beschreibt der Gerichtshof zunächst allgemein den Schutzgehalt dieser Norm[846] und legt sie anschließend aus: „Der durch Art. 16 der Charta gewährte Schutz umfasst die Freiheit, eine Wirtschafts- oder Geschäftstätigkeit auszuüben, die Vertragsfreiheit und den freien Wettbewerb"[847]. Diese Auslegung begründet er mit einem Verweis auf das Urteil Sky Österreich (C-283/11).[848] In der folgenden Randnummer erklärt er, die oben genannten Verpflichtungen „könnten" bei zu geschäftlichen Zwecken tätigen Tierhaltern eine Einschränkung der unternehmerischen Freiheit darstellen.[849] Gemäß Art. 52 Abs. 1 GRC seien solche Einschränkungen aber unter den dort vorgeschriebenen Voraussetzungen gerechtfertigt.[850] Obwohl die Schutzbereichsprüfung des EuGH hier nur aus der Zitierung und knappen Auslegung des Art. 16 GRC sowie dem Verweis auf das Urteil Sky Österreich besteht und eine explizite Subsumtion unter den Schutzbereich fehlt, ist dieses Vorgehen des Gerichtshofs angesichts der Klarheit der Norm und des zugrunde liegenden Falles nachvollziehbar und ausreichend.

Im Urteil Spasic (C-129/14 PPU) verweist der EuGH zur Auslegung des Rechts gemäß Art. 50 GRC, wegen derselben Straftat nicht zweimal strafrechtlich verfolgt oder bestraft zu werden, und zur Begründung auf sein Urteil Åkerberg Fransson, in dem er den Schutzbereich dieses Grundrechts ausführlich geprüft hat.[851] Im Fall von *Zoran Spasic*, der in Italien zu einer Haft- und Geldstrafe verurteilt worden war, wovon er zum Zeitpunkt des Urteils des Gerichtshofs nur die Geldstrafe beglichen hat, und nun in Deutschland erneut angeklagt ist, stellt der EuGH lediglich fest, die fraglichen Maßnahmen hätten „strafrechtlichen Charakter".[852] Eine Begründung der Auslegung und Subsumtion im konkreten Fall liefert der Gerichtshof nicht. Da aber die Auslegung des Art. 50 GRC im Urteil Åkerberg Fransson ausführlich begründet wurde und die Subsumtion im Fall Spasic eindeutig ist, reicht dieser Verweis bei der Prüfung des Schutzbereiches aus. Dies gilt für insgesamt 15 der 47 Entscheidungen.[853]

---

[845] EuGH, Urteil v. 17.10.2013, Rs. C-101/12 *(Schaible)*, Rn. 24–75.
[846] Vgl. EuGH, Urteil v. 17.10.2013, Rs. C-101/12 *(Schaible)*, Rn. 24.
[847] EuGH, Urteil v. 17.10.2013, Rs. C-101/12 *(Schaible)*, Rn. 25.
[848] Vgl. EuGH, Urteil v. 17.10.2013, Rs. C-101/12 *(Schaible)*, Rn. 25.
[849] EuGH, Urteil v. 17.10.2013, Rs. C-101/12 *(Schaible)*, Rn. 26.
[850] EuGH, Urteil v. 17.10.2013, Rs. C-101/12 *(Schaible)*, Rn. 27.
[851] Vgl. EuGH, Urteil v. 26.02.2013, Rs. C-617/10 *(Åkerberg Fransson)*, Rn. 32–37.
[852] EuGH, Urteil v. 27.05.2014, Rs. C-129/14 PPU *(Spasic)*, Rn. 51.
[853] Vgl. EuGH, Urteil v. 24.11.2011, Rs. C-468/10 *(ASNEF)*; EuGH, Urteil v. 06.09.2012, Rs. C-619/10 *(Trade Agency)*; EuGH, Urteil v. 15.01.2013, Rs. C-416/10 *(Križan u. a.)*; EuGH, Urteil v. 21.02.2013, Rs. C-472/11 *(BanifPlus Bank)*; EuGH, Urteil v. 17.10.2013, Rs. C-101/12 *(Schaible)*; EuGH, Urteil v. 22.05.2014, Rs. C-356/12 *(Glatzel)*; EuGH, Urteil v. 27.05.2014, Rs. C-129/14 PPU *(Spasic)*; EuGH, Urteil v. 29.04.2015, Rs. C-528/13 *(Léger)*; EuGH, Urteil v. 03.09.2015, Rs. C-398/13 P *(Inuit Tapiriit Kanatami u. a./Kommission)*; EuGH, Urteil v. 06.10.2015, Rs. C-650/13 *(Delvigne)*; EuGH, Urteil v. 17.12.2015, Rs. C-419/14 *(WebMindLicenses)*; EuGH, Urteil v. 05.04.2016, Rs. C-404/15 und C-659/15 PPU *(Aranyosi und Căldăra-*

B. Anwendung der Kriterien

In 33 der 47 Entscheidungen schließlich lässt sich nicht sicher feststellen, ob der EuGH überhaupt eine Prüfung des Schutzbereiches vornimmt.[854] Dies sind Fälle, in denen bereits kein Prüfungsschema erkennbar ist und der Gerichtshof einstufig prüft. Dementsprechend kann oft nicht gesagt werden, ob die Aussagen des EuGH zum Schutzbereich oder zu einer anderen Stufe der Grundrechtsprüfung ergehen. 29 von diesen 33 Entscheidungen beziehen sich auf Art. 47 GRC.[855]

Ein entsprechendes Beispiel ist das Rechtsmittelverfahren nach Art. 56 Satzung EuGH Gascogne Sack Deutschland/Kommission (C-40/12 P), in dem es um einen wettbewerbsrechtlichen Streit vor dem EuG geht.

Mit dem vierten Rechtsmittelgrund „trägt die Rechtsmittelführerin vor, ihr in Art. 6 der EMRK verbürgtes Grundrecht darauf, dass über ihre Sache innerhalb angemessener Frist entschieden werde, sei im vorliegenden Fall verletzt

---

ru); EuGH, Urteil v. 04.05.2016, Rs. C-477/14 *(Pillbox 38)*; EuGH, Urteil v. 26.05.2016, Rs. C-273/15 *(Ezernieki)*; EuGH, Urteil v. 20.12.2017, Rs. C-277/16 *(Polkomtel)*.

[854] Vgl. EuGH, Urteil v. 05.10.2010, Rs. C-400/10 PPU *(MCB.)*; EuGH, Urteil v. 01.03.2011, Rs. C-236/09 *(Association Belge des Consommateurs Test-Achats u.a.)*; vgl. EuGH, Urteil v. 06.11.2012, Rs. C-199/11 *(Otis u. a.)*; EuGH, Urteil v. 22.11.2012, Rs. C-89/11 P *(E. ON Energie/Kommission)*; EuGH, Urteil v. 30.05.2013, Rs. C-168/13 PPU *(F)*; EuGH, Urteil v. 26.09.2013, Rs. C-418/11 *(Texdata Software)*; EuGH, Urteil v. 26.11.2013, Rs. C-40/12 P *(Gascogne Sack Deutschland/Kommission)*; EuGH, Urteil v. 26.11.2013, Rs. C-50/12 P *(Kendrion/Kommission)*; EuGH, Urteil v. 26.11.2013, Rs. C-58/12 P *(Groupe Gascogne/Kommission)*; EuGH, Urteil v. 19.12.2013, Rs. C-239/11 P, C-489/11 P und C-498/11 P *(Siemens/Kommission)*; EuGH, Urteil v. 30.04.2014, Rs. C-238/12 P *(FLSmidth/Kommission)*; EuGH, Urteil v. 19.06.2014, Rs. C-243/12 P *(FLS Plast/Kommission)*; EuGH, Urteil v. 10.07.2014, Rs. C-295/12 P *(Telefónica und Telefónica de España/Kommission)*; EuGH, Urteil v. 11.09.2014, Rs. C-112/13 *(A)*; EuGH, Urteil v. 11.09.2014, Rs. C-19/13 *(Fastweb)*; EuGH, Urteil v. 23.10.2014, Rs. C-437/13 *(Unitrading)*; EuGH, Urteil v. 18.12.2014, Rs. C-562/13 *(Abdida)*; EuGH, Urteil v. 26.02.2015, Rs. C-221/14 P *(H/Gerichtshof)*; EuGH, Urteil v. 21.04.2015, Rs. C-605/13 P *(Anbouba/Rat)*; EuGH, Urteil v. 21.04.2015, Rs. C-630/13 P *(Anbouba/Rat)*; EuGH, Urteil v. 04.06.2015, Rs. C-682/13 P *(Andechser Molkerei Scheitz/Kommission)*; EuGH, Urteil v. 18.06.2015, Rs. C-535/14 P *(Ipatau/Rat)*; EuGH, Urteil v. 16.07.2015, Rs. C-237/15 PPU *(Lanigan)*; EuGH, Urteil v. 22.10.2015, Rs. C-194/14 P *(AC-Treuhand/Kommission)*; EuGH, Urteil v. 17.12.2015, Rs. C-419/14 *(WebMindLicenses)*; EuGH, Urteil v. 21.01.2016, Rs. C-74/14 *(Eturas u. a.)*; EuGH, Urteil v. 21.12.2016, Rs. C-131/15 P *(Club Hotel Loutraki u. a./Kommission)*; EuGH, Urteil v. 12.01.2017, Rs. C-411/15 P *(Timab Industries und CFPR/Kommission)*; EuGH, Urteil v. 26.01.2017, Rs. C-604/13 P *(Aloys F. Dornbracht/Kommission)*; EuGH, Urteil v. 09.11.2017, Rs. C-204/16 P *(SolarWorld/Rat)*; EuGH, Urteil v. 09.11.2017, Rs. C-205/16 P *(SolarWorld AG Commission européenne; Conseil de l'Union européenne; Brandoni solare SpA; Solaria Energia y Medio Ambiente, SA; China Chamber of Commerce for Import and Export of Machinery and Electronic Products [CCCME])*; EuGH, Urteil v. 14.11.2017, Rs. C-122/16 P *(British Airways/Kommission)*; EuGH, Beschluss v. 29.11.2017, Rs. C-467/17 P *(Società agricola Taboga Leandro e Fidenato Giorgio/Parlament)*.

[855] Einzige Ausnahmen sind folgende Entscheidungen: EuGH, Urteil v. 22.11.2012, Rs. C-89/11 P *(E. ON Energie/Kommission)*; EuGH, Urteil v. 21.01.2016, Rs. C-74/14 *(Eturas u. a.)*; EuGH, Urteil v. 05.10.2010, Rs. C-400/10 PPU *(MCB.)*; EuGH, Urteil v. 16.07.2015, Rs. C-237/15 PPU *(Lanigan)*.

worden."[856] Sie rügt, „dass das Verfahren vor dem Gericht am 23. Februar 2006 begonnen habe und am 16. November 2011 beendet worden sei."[857] Für diese lange Dauer gebe es keine Rechtfertigung,[858] sie habe dadurch einen finanziellen Schaden erlitten.[859]

In seiner Würdigung beschäftigt sich der EuGH zunächst mit der Zulässigkeit des Rechtsmittelgrundes.[860] Die Rechtsmittelführerin beziehe sich zwar auf Art. 6 EMRK, ein entsprechendes Recht biete aber Art. 47 Abs. 2 GRC, wonach jede Person ein Recht darauf habe, dass ihre Sache von einem unabhängigen und unparteiischen, auf Gesetz beruhenden Gericht in einem fairen Verfahren, öffentlich und innerhalb angemessener Frist verhandelt werde.[861] Art. 47 GRC betreffe daher den Grundsatz des effektiven gerichtlichen Rechtsschutzes[862] und gelte „auch im Rahmen einer Klage gegen eine Entscheidung der Kommission".[863] Zur Begründung dieser Aussagen verweist der EuGH auf sein Urteil Der Grüne Punkt – Duales System Deutschland/Kommission (C-385/07 P)[864], das vor Inkrafttreten der Charta erging.[865] Obwohl diese Nennung und Auslegung von Art. 47 Abs. 2 GRC unter der Überschrift „Zur Zulässigkeit"[866] erfolgt, ist es möglich, sie als Behandlung des Schutzbereiches einzuordnen.

In der Prüfung der Begründetheit[867] führt der Gerichtshof sodann aus, die Nichteinhaltung einer angemessenen Entscheidungsfrist könne nicht zur Aufhebung des fraglichen Urteils führen, wenn die Entscheidungsdauer keinen Einfluss auf den Ausgang der Entscheidung gehabt habe, da dies dem Grundrechts-

---

[856] EuGH, Urteil v. 26.11.2013, Rs. C-40/12 P *(Gascogne Sack Deutschland/Kommission)*, Rn. 67.
[857] EuGH, Urteil v. 26.11.2013, Rs. C-40/12 P *(Gascogne Sack Deutschland/Kommission)*, Rn. 68.
[858] EuGH, Urteil v. 26.11.2013, Rs. C-40/12 P *(Gascogne Sack Deutschland/Kommission)*, Rn. 68 f.
[859] EuGH, Urteil v. 26.11.2013, Rs. C-40/12 P *(Gascogne Sack Deutschland/Kommission)*, Rn. 70 f.
[860] EuGH, Urteil v. 26.11.2013, Rs. C-40/12 P *(Gascogne Sack Deutschland/Kommission)*, Rn. 74–79.
[861] EuGH, Urteil v. 26.11.2013, Rs. C-40/12 P *(Gascogne Sack Deutschland/Kommission)*, Rn. 75.
[862] EuGH, Urteil v. 26.11.2013, Rs. C-40/12 P *(Gascogne Sack Deutschland/Kommission)*, Rn. 75.
[863] EuGH, Urteil v. 26.11.2013, Rs. C-40/12 P *(Gascogne Sack Deutschland/Kommission)*, Rn. 76.
[864] EuGH, Urteil v. 16.07.2009, Rs. C-385/07 P *(Der Grüne Punkt – Duales System Deutschland/Kommission)*, Slg. 2009, I-6155.
[865] EuGH, Urteil v. 26.11.2013, Rs. C-40/12 P *(Gascogne Sack Deutschland/Kommission)*, Rn. 75 f.
[866] Überschrift vor EuGH, Urteil v. 26.11.2013, Rs. C-40/12 P *(Gascogne Sack Deutschland/Kommission)*, Rn. 74.
[867] EuGH, Urteil v. 26.11.2013, Rs. C-40/12 P *(Gascogne Sack Deutschland/Kommission)*, Rn. 80–103.

verstoß nicht abhelfen würde.⁸⁶⁸ Hier sei aber ein solcher Einfluss nicht gerügt worden.⁸⁶⁹

Im Übrigen sei eine Verletzung von Art. 47 Abs. 2 GRC mit einer Schadensersatzklage vor dem EuG zu ahnden, da eine solche Klage einen effektiven Rechtsbehelf darstelle.⁸⁷⁰ Weiterhin legt der Gerichtshof dar, nach welchen Kriterien zu beurteilen ist, ob das Gericht den Grundsatz der angemessenen Entscheidungsfrist beachtet hat.⁸⁷¹ Schließlich geht er zur Subsumtion über: Die Länge des Verfahrens vor dem Gericht lasse sich weder durch die Komplexität des Rechtsstreits noch das Verhalten der Parteien oder Zwischenstreitigkeiten erklären.⁸⁷² Das Verfahren vor dem Gericht habe damit gegen Art. 47 Abs. 2 GRC verstoßen.⁸⁷³

Ob in dieser Entscheidung überhaupt zwischen den einzelnen Stufen der Grundrechtsprüfung unterschieden werden kann, erscheint zweifelhaft. Das zugrunde liegende Grundrecht aus Art. 47 Abs. 2 GRC wird überwiegend als Leistungsrecht eingestuft,⁸⁷⁴ dessen Prüfung auch in der Rechtswissenschaft unterschiedlich gehandhabt wird.⁸⁷⁵ Der Gerichtshof wechselt bei Art. 47 GRC zwischen verschiedenen Schemata, prüft aber meist einstufig.⁸⁷⁶ Somit könnten die oben erörterten Passagen zwar als Behandlung des Schutzbereiches angesehen werden,⁸⁷⁷ letztlich bleibt die dogmatische Einordnung aber unklar.

---

⁸⁶⁸ EuGH, Urteil v. 26.11.2013, Rs. C-40/12 P *(Gascogne Sack Deutschland/Kommission)*, Rn. 81 f.
⁸⁶⁹ EuGH, Urteil v. 26.11.2013, Rs. C-40/12 P *(Gascogne Sack Deutschland/Kommission)*, Rn. 83.
⁸⁷⁰ EuGH, Urteil v. 26.11.2013, Rs. C-40/12 P *(Gascogne Sack Deutschland/Kommission)*, Rn. 89.
⁸⁷¹ EuGH, Urteil v. 26.11.2013, Rs. C-40/12 P *(Gascogne Sack Deutschland/Kommission)*, Rn. 91–96.
⁸⁷² EuGH, Urteil v. 26.11.2013, Rs. C-40/12 P *(Gascogne Sack Deutschland/Kommission)*, Rn. 98.
⁸⁷³ EuGH, Urteil v. 26.11.2013, Rs. C-40/12 P *(Gascogne Sack Deutschland/Kommission)*, Rn. 102.
⁸⁷⁴ Vgl. statt vieler *H. D. Jarass*, Charta der Grundrechte der Europäischen Union, 3. Aufl. 2016, Art. 52 Rn. 20.
⁸⁷⁵ Vgl. z. B. für einen dreistufigen Aufbau *H. D. Jarass*, Charta der Grundrechte der Europäischen Union, 3. Aufl. 2016, Art. 47 Rn. 6–16a; vgl. aber zur Eingriffsprüfung bei Art. 47 GRC *K. F. Gärditz*, Schutzbereich und Grundrechtseingriff, in: C. Grabenwarter (Hrsg.), Europäischer Grundrechteschutz (EnzEuR Band 2), 2014, § 4, Rn. 53; für eine Anspruchsprüfung im Bereich der Leistungsrechte *D. Ehlers*, Allgemeine Lehren der Unionsgrundrechte, in: ders. (Hrsg.), Europäische Grundrechte und Grundfreiheiten, 4. Aufl. 2014, § 14, Rn. 85.
⁸⁷⁶ Dazu ausführlich Kapitel 3 B. I. 3.
⁸⁷⁷ So allgemein zum Schutzbereich von Art. 47 GRC *K. F. Gärditz*, Schutzbereich und Grundrechtseingriff, in: C. Grabenwarter (Hrsg.), Europäischer Grundrechteschutz (EnzEuR Band 2), 2014, § 4, Rn. 13.

d) Sonderproblem: Keine Schutzbereichsprüfung bei Art. 20 und Art. 21 GRC

Bei den Gleichheitsgrundrechten wird in der rechtswissenschaftlichen Literatur teilweise generell eine zweistufige[878] Grundrechtsprüfung (ohne Prüfung des Schutzbereichs[879]), teilweise aber auch hinsichtlich einiger Grundrechte – wie zum Beispiel Art. 34 Abs. 2, Art. 39 Abs. 1 und Art. 40 GRC – eine dreistufige[880] Grundrechtsprüfung verlangt. *Jarass* ist dagegen der Meinung, der persönliche Schutzbereich sei stets zu prüfen.[881] In Bezug auf den persönlichen Schutzbereich von Art. 20 beziehungsweise Art. 21 GRC gibt es in den 117 Entscheidungen seit Inkrafttreten der Charta, in denen diese Artikel zitiert werden, keine expliziten Aussagen des EuGH. Zwar lässt sich der Rechtsprechung des Gerichtshofs entnehmen, dass neben natürlichen Personen etwa auch juristische Personen des Privatrechts mit Sitz in der EU[882] erfasst sind.[883] In den elf der insgesamt 133 Entscheidungen der Fallgruppen A1 bis A3, in denen Art. 20 beziehungsweise Art. 21 GRC mindestens ausführlich geprüft wird, findet aber keine Schutzbereichsprüfung statt.[884]

---

[878] D. Ehlers, Allgemeine Lehren der Unionsgrundrechte, in: ders. (Hrsg.), Europäische Grundrechte und Grundfreiheiten, 4. Aufl. 2014, § 14, Rn. 85.

[879] Vgl. aber A. Schramm, in: M. Holoubek/G. Lienbacher (Hrsg.), Charta der Grundrechte der Europäischen Union, 2014, Art. 20 Rn. 10 ff., der auch bei Art. 20 GRC vom sachlichen Schutzbereich spricht; vgl. auch M. Rossi, in: C. Calliess/M. Ruffert (Hrsg.), EUV, AEUV, 5. Aufl. 2016, Art. 20 GRC Rn. 20 ff.

[880] H. D. Jarass, Charta der Grundrechte der Europäischen Union, 3. Aufl. 2016, Art. 52 Rn. 6; T. Kingreen, in: C. Calliess/M. Ruffert (Hrsg.), EUV, AEUV, 5. Aufl. 2016, Art. 52 GRC Rn. 46.

[881] H. D. Jarass, Charta der Grundrechte der Europäischen Union, 3. Aufl. 2016, Art. 52 Rn. 6.

[882] Vgl. etwa EuGH, Urteil v. 19.07.2012, Rs. C-628/10 P und C-14/11 P *(Alliance One International und Standard Commercial Tobacco/Kommission und Commission/Alliance One International u. a.)*, Rn. 132–136; EuGH, Urteil v. 27.06.2013, Rs. C-457/11 bis C-460/11 *(VG Wort u. a.)*, Rn. 73; EuGH, Urteil v. 11.07.2013, Rs. C-439/11 P *(Ziegler/Kommission)*, Rn. 132; EuGH, Urteil v. 11.07.2013, Rs. C-444/11 P *(Team Relocations u. a./Kommission)*, Rn. 186; EuGH, Urteil v. 18.07.2013, Rs. C-234/12 *(Sky Italia)*, Rn. 23; EuGH, Urteil v. 17.09.2014, Rs. C-3/13 *(Baltic Agro)*, Rn. 44; EuGH, Urteil v. 12.11.2014, Rs. C-580/12 P *(Guardian Industries und Guardian Europe/Kommission)*, Rn. 62.

[883] Ebenso H. D. Jarass, Charta der Grundrechte der Europäischen Union, 3. Aufl. 2016, Art. 20 Rn. 6.

[884] Vgl. EuGH, Urteil v. 14.09.2010, Rs. C-550/07 P *(Akzo Nobel Chemicals und Akcros Chemicals/Kommission)*; EuGH, Urteil v. 21.07.2011, Rs. C-21/10 *(Nagy)*; EuGH, Urteil v. 11.07.2013, Rs. C-439/11 P *(Ziegler/Kommission)*; EuGH, Urteil v. 26.09.2013, Rs. C-195/12 *(IBV & Cie)*; EuGH, Urteil v. 15.05.2014, Rs. C-135/13 *(Szatmári Malom)*; EuGH, Urteil v. 22.05.2014, Rs. C-356/12 *(Glatzel)*; EuGH, Urteil v. 10.11.2016, Rs. C-156/15 *(Private Equity Insurance Group)*; EuGH, Urteil v. 07.03.2017, Rs. C-390/15 *(RPO)*; EuGH, Urteil v. 09.03.2017, Rs. C-406/15 *(Milkova)*; EuGH, Urteil v. 05.07.2017, Rs. C-190/16 *(Fries)*, Rn. 29–69; EuGH, Urteil v. 26.10.2017, Rs. C-534/16 *(BB construct)*, Rn. 43–46.

2. Kohärenz und Konsistenz

Ein Kriterium bei der Untersuchung der Schutzbereichsprüfung durch den EuGH ist auch die Kohärenz und Konsistenz dieser Prüfung.[885] Grundsätzlich prüft der Gerichtshof den Schutzbereich kohärent und konsistent: An einmal entwickelten Schutzbereichsdefinitionen hält er unter Verweis auf die frühere Rechtsprechung fest. So erklärt er erstmals im Urteil Sky Österreich (C-283/11), wie die unternehmerische Freiheit gemäß Art. 16 GRC zu verstehen ist. Der Schutz durch dieses Grundrecht umfasse „die Freiheit, eine Wirtschafts- oder Geschäftstätigkeit auszuüben, die Vertragsfreiheit und den freien Wettbewerb, wie aus den Erläuterungen zu diesem Artikel hervorgeht".[886] Diese Auslegung wiederholt der EuGH in darauffolgenden Urteilen.[887] Zwischen den Entscheidungen sind damit meist keine Widersprüche zu erkennen. Manchmal lässt der Gerichtshof jedoch Teile einer Definition in späteren Entscheidungen weg oder fügt (ohne Verweis) neue Teile hinzu. Zum Beispiel entscheidet er im Urteil UPC Telekabel Wien (C-314/12) zu Art. 16 GRC, dieser umfasse „u. a. das Recht jedes Unternehmens, in den Grenzen seiner Verantwortlichkeit für seine eigenen Handlungen frei über seine wirtschaftlichen, technischen und finanziellen Ressourcen verfügen zu können".[888] Beide Definitionen führt der EuGH im Urteil Lidl (C-134/15) zusammen.[889]

Stellenweise scheint es aber doch Widersprüche bei der Auslegung des Schutzbereiches zwischen einzelnen Entscheidungen zu geben. Unklarheit bestand etwa zwischenzeitlich hinsichtlich der Frage, ob Art. 41 GRC entgegen seinem Wortlaut auch auf Akte der Mitgliedstaaten anwendbar ist. Im Urteil M. (C-277/11) stellte der EuGH nämlich fest, das Recht auf Gehör gemäß Art. 41 Abs. 2 Buchst. a GRC sei „in vollem Umfang auf das Verfahren der Prüfung eines Antrags auf Gewährung internationalen Schutzes anzuwenden, das die zuständige nationale Behörde nach den im Rahmen des gemeinsamen europäischen Asylsystems erlassenen Bestimmungen durchführt".[890] Demnach schienen nicht nur die Organe, Einrichtungen und sonstigen Stellen der Union, sondern auch nationale Stellen durch Art. 41 GRC verpflichtet zu sein.[891] Im Urteil Cicala (C-482/10) entschied der EuGH dagegen, dass Art. 41 GRC sich nicht an die Mitgliedstaaten, sondern ausschließlich an die Organe und Einrichtungen

---

[885] Vgl. zur Kriterienentwicklung Kapitel 3 A. II. 2.
[886] EuGH, Urteil v. 22.01.2013, Rs. C-283/11 *(Sky Österreich)*, Rn. 42.
[887] EuGH, Urteil v. 17.10.2013, Rs. C-101/12 *(Schaible)*, Rn. 25; vgl. EuGH, Urteil v. 30.06.2016, Rs. C-134/15 *(Lidl)*, Rn. 28; EuGH, Urteil v. 21.12.2016, Rs. C-201/15 *(AGET Iraklis)*, Rn. 67; bestätigt im Hinblick auf die Vertragsfreiheit durch EuGH, Urteil v. 18.07.2013, Rs. C-426/11 *(Alemo-Herron u. a.)*, Rn. 32.
[888] EuGH, Urteil v. 27.03.2014, Rs. C-314/12 *(UPC Telekabel Wien)*, Rn. 49.
[889] Vgl. EuGH, Urteil v. 30.06.2016, Rs. C-134/15 *(Lidl)*, Rn. 27 f.
[890] EuGH, Urteil v. 22.11.2012, Rs. C-277/11 *(M.)*, Rn. 89.
[891] Vgl. *J. Gundel*, EuR 50 (2015), S. 80 (85 f.).

der Union richtet.⁸⁹² Im Urteil N. (C-604/12) wiederum wandte er das „Recht auf eine gute Verwaltung" auf Akte der Mitgliedstaaten an, wobei aber unklar blieb, ob sich der Gerichtshof hier auf Art. 41 GRC und/oder die Grundrechte als allgemeine Rechtgrundsätze stützte.⁸⁹³ Die oben zitierte Passage aus dem Urteil M. (C-277/11) ließ sich daher auch so interpretieren, dass der Gerichtshof trotz der expliziten Erwähnung von Art. 41 Abs. 2 GRC das Recht auf Anhörung als allgemeinen Rechtsgrundsatz in Verbindung mit den Verteidigungsrechten aus Art. 47 und Art. 48 GRC verstand.⁸⁹⁴ Klarheit brachte erst das Urteil YS u. a. (C-141/12 und C-372/12), in dem der EuGH ausdrücklich feststellte, aus dem Wortlaut von Art. 41 GRC ergebe sich eindeutig, „dass sich dieser nicht an die Mitgliedstaaten, sondern ausschließlich an die Organe, Einrichtungen und sonstigen Stellen der Union richtet".⁸⁹⁵ Außerdem grenzte er in dieser Entscheidung Art. 41 GRC ausdrücklich vom Recht auf gute Verwaltung als allgemeinen Rechtsgrundsatz ab,⁸⁹⁶ was später in den Urteilen Mukarubega (C-166/13)⁸⁹⁷, Boudjlida (C-249/13)⁸⁹⁸, WebMindLicenses (C-419/14)⁸⁹⁹ und Doux (C-141/15)⁹⁰⁰ bestätigt wurde.

Ganz vereinzelt lassen sich auch Ungereimtheiten bei der Schutzbereichsdefinition innerhalb einer Entscheidung erkennen. So weisen *Kühling/Klar* auf einen Widerspruch im Urteil Volker und Markus Schecke und Eifert (C-92/09 und C-93/09) hin: In seinen Ausführungen zu Art. 7 und Art. 8 GRC stellt der Gerichtshof in Rn. 52 fest, „dass sich die in den Art. 7 und 8 der Charta anerkannte Achtung des Privatlebens hinsichtlich der Verarbeitung personenbezogener Daten auf jede Information erstreckt, die eine bestimmte oder bestimmbare natürliche Person betrifft".⁹⁰¹ Eine Randnummer später (Rn. 53) erklärt er hingegen: „In Anbetracht der Ausführungen in Randnr. 52 des vorliegenden Urteils können sich juristische Personen gegenüber einer solchen Bestimmung auf den durch die Art. 7 und 8 der Charta verliehenen Schutz nur berufen, so-

---

⁸⁹² EuGH, Urteil v. 21.12.2011, Rs. C-482/10 *(Cicala)*, Rn. 28.
⁸⁹³ Vgl. etwa EuGH, Urteil v. 08.05.2014, Rs. C-604/12 *(N.)*, Rn. 49; zur unklaren normativen Grundlage auch EuGH, Urteil v. 25.10.2011, Rs. C-109/10 P *(Solvay/Kommission)*, Rn. 52 f.
⁸⁹⁴ So *W. Huck*, EuZW 2016, S. 132 (132 f.); in diese Richtung gehend auch EuGH, Urteil v. 03.07.2014, Rs. C-129/13 und C-130/13 *(Kamino International Logistics und Datema Hellmann Worldwide Logistics)*, Rn. 29; unklar EuGH, Urteil v. 08.05.2014, Rs. C-604/12 *(N.)*, Rn. 49; vgl. dazu auch *H. D. Jarass*, Charta der Grundrechte der Europäischen Union, 3. Aufl. 2016, Art. 41 Rn. 13.
⁸⁹⁵ EuGH, Urteil v. 17.07.2014, Rs. C-141/12 und C-372/12 *(YS u. a.)*, Rn. 67.
⁸⁹⁶ Vgl. EuGH, Urteil v. 17.07.2014, Rs. C-141/12 und C-372/12 *(YS u. a.)*, Rn. 68.
⁸⁹⁷ Vgl. EuGH, Urteil v. 05.11.2014, Rs. C-166/13 *(Mukarubega)*, Rn. 43–46.
⁸⁹⁸ EuGH, Urteil v. 11.12.2014, Rs. C-249/13 *(Boudjlida)*, Rn. 30–34.
⁸⁹⁹ EuGH, Urteil v. 17.12.2015, Rs. C-419/14 *(WebMindLicenses)*, Rn. 83.
⁹⁰⁰ EuGH, Urteil v. 09.03.2017, Rs. C-141/15 *(Doux)*, Rn. 60, hier allerdings ohne expliziten Bezug zum allgemeinen Rechtsgrundsatz, sondern nur zu Art. 41 GRC.
⁹⁰¹ EuGH, Urteil v. 09.11.2010, Rs. C-92/09 und C-93/09 *(Volker und Markus Schecke und Eifert)*, Rn. 52.

weit der Name der juristischen Person eine oder mehrere natürliche Personen bestimmt."[902] Hier scheint der EuGH den persönlichen Schutzbereich der Art. 7 und Art. 8 GRC wieder einzuschränken. Nach *Kühling/Klar* „macht es sich der EuGH [...] zu einfach, da auch ohne entsprechende Benennung personenbezogene Daten vorliegen können, sofern eine ‚Bestimmbarkeit' vorliegt."[903] Ein ausreichender personaler Bezug sei auch bei einer Abkürzung wie „VMS Landwirtschafts-GmbH" statt „Volker und Markus Schecke GbR" gegeben.[904] Dies könne negative Auswirkungen auf die zukünftige Entwicklung des Schutzbereichs von Art. 8 Abs. 1 GRC und die Überarbeitung der im Urteil fraglichen Verordnung haben.[905] Auch *Guckelberger* kritisiert die Ausführungen des Gerichtshofs, weil dieser nicht zuerst den persönlichen Schutzbereich von Art. 7 und Art. 8 GRC definiert habe.[906]

Tatsächlich gibt es einen Widerspruch bei der Bestimmung des Schutzbereiches zwischen Rn. 52 und Rn. 53, den der EuGH nicht erklärt. Geht man von Rn. 52 aus, erstreckt sich der Schutzbereich von Art. 7 und Art. 8 GRC auch auf eine Information, die eine bestimmbare natürliche Person betrifft. Nach Rn. 53 dagegen muss der Name der juristischen Person eine natürliche Person bestimmen, eine nur bestimmbare Person wäre nicht erfasst. Der gleiche Widerspruch setzt sich in späteren Urteilen fort. Seine Definition der personenbezogenen Daten („bestimmte oder bestimmbare natürliche Person") wiederholt der Gerichtshof in mehreren Entscheidungen und zitiert dabei jeweils nur Rn. 52 des Urteils Volker und Markus Schecke und Eifert.[907] Im Urteil WebMindLicenses (C-419/14) dagegen zitiert der EuGH sowohl Rn. 52 als auch Rn. 53 und stellt für die Grundrechtsträgerschaft darauf ab, ob der Name der juristischen Person eine natürliche Person „bestimmt".[908]

Für diesen Widerspruch sind verschiedene Erklärungen denkbar: Einerseits könnte man den Begriff „bestimmt" in Rn. 53 untechnisch verstehen, sodass davon auch „bestimmbare natürliche Personen" erfasst sind,[909] dagegen spricht allerdings die Formulierung „nur"[910]. Möglich ist ebenfalls, dass der EuGH

---

[902] EuGH, Urteil v. 09.11.2010, Rs. C-92/09 und C-93/09 *(Volker und Markus Schecke und Eifert)*, Rn. 53.
[903] *J. Kühling/M. Klar*, JURA 33 (2011), S. 771 (774); ganz ähnlich zum Ganzen *J. Kühling*, ZÖR 68 (2013), S. 469 (481).
[904] *J. Kühling/M. Klar*, JURA 33 (2011), S. 771 (774).
[905] *J. Kühling/M. Klar*, JURA 33 (2011), S. 771 (774); ganz ähnlich zum Ganzen *J. Kühling*, ZÖR 68 (2013), S. 469 (481).
[906] *A. Guckelberger*, EuZW 2011, S. 126 (128); kritisch auch *G. Hornung*, MMR 2011, S. 122 (127).
[907] EuGH, Urteil v. 24.11.2011, Rs. C-468/10 *(ASNEF)*, Rn. 42; EuGH, Urteil v. 17.10.2013, Rs. C-291/12 *(Schwarz)*, Rn. 26; EuGH, Gutachten v. 26.07.2017, Rs. Avis 1/15 *(Accord PNR UE-Canada)*, Rn. 122.
[908] EuGH, Urteil v. 17.12.2015, Rs. C-419/14 *(WebMindLicenses)*, Rn. 79.
[909] Dagegen aber *J. Kühling/M. Klar*, JURA 33 (2011), S. 771 (774 [Fn. 40]).
[910] Französisch (eigene Hervorhebung): „Or, eu égard à ce qui a été exposé au point 52 du

den Schutzbereich nicht einschränken wollte, sondern Rn. 53 als bloße Subsumtion unter die Auslegung in Rn. 52 zu verstehen ist.[911] Schließlich ist denkbar, in Rn. 52 eine Bestimmung des sachlichen Schutzbereiches („personenbezogene Daten") und in Rn. 53 eine Bestimmung des persönlichen Schutzbereiches zu sehen. Problematisch ist aber jedenfalls, dass die verschiedenen Definitionen ohne weitere Erläuterungen in die Folgerechtsprechung aufgenommen wurden.

3. Schutzbereichsrelevante Aussagen des Gerichtshofs außerhalb von Grundrechtsprüfungen

Gegenstand dieses Abschnitts ist die Behandlung der Prüfung des Schutzbereiches im Rahmen von Grundrechtsprüfungen anhand der Charta durch den EuGH. Der Vollständigkeit halber ist aber darauf hinzuweisen, dass der Gerichtshof auch außerhalb von Grundrechtsprüfungen Aussagen mit Relevanz für den Schutzbereich der Charta-Grundrechte trifft. So stellt er im Urteil Health Service Executive (C-92/12 PPU) fest, eine Entscheidung, mit der die Unterbringung in einem geschlossenen Heim angeordnet werde, betreffe das in Art. 6 GRC „jedem Menschen" und damit auch einem „Minderjährigen" zuerkannte Grundrecht auf Freiheit.[912] Demnach sind auch Minderjährige Grundrechtsträger im Bereich von Art. 6.[913] Weitere Ausführungen zu Art. 6 GRC macht der EuGH jedoch nicht, eine Grundrechtsprüfung nimmt er nicht vor.

4. Zusammenfassung

Der Gerichtshof behandelt den Schutzbereich nicht einheitlich. Teilweise prüft er ihn und begründet sein Ergebnis. Dabei legt er den Schutzbereich des einschlägigen Grundrechts aus und subsumiert darunter, wenn dies in der jeweiligen Entscheidung notwendig ist. Insbesondere in den Entscheidungen der Fallgruppen A1 und A3 wählt der EuGH dieses Vorgehen. Eine ausdrückliche Prüfung von persönlichem und sachlichem Schutzbereich mit Auslegung und Subsumtion findet sich allerdings in keiner Entscheidung. Dies ist aber von einer Gerichtsentscheidung auch nicht zu erwarten.[914]

In 25 der in diesem Abschnitt analysierten 133 Entscheidungen fehlt jedoch jegliche Prüfung des Schutzbereiches. Hier prüft der EuGH sofort die Rechtfertigung eines Grundrechtseingriffs. Bei zehn weiteren Entscheidungen fehlt jedenfalls die Begründung. In 47 von 133 Entscheidungen aus den Fallgruppen

---

présent arrêt, les personnes morales *ne* peuvent se prévaloir de la protection des articles 7 et 8 de la charte à l'égard d'une telle identification *que* dans la mesure où le nom légal de la personne morale identifie une ou plusieurs personnes physiques".

[911] So auch *J. Kühling/M. Klar*, JURA 33 (2011), S. 771 (774).
[912] EuGH, Urteil v. 26.04.2012, Rs. C-92/12 PPU *(Health Service Executive)*, Rn. 111.
[913] *H.D. Jarass*, Charta der Grundrechte der Europäischen Union, 3. Aufl. 2016, Art. 6 Rn. 7.
[914] Siehe dazu Kapitel 4 C. II. 1.

A1 bis A3 ist eine eindeutige Beurteilung kaum möglich. Es kann nicht sicher bestimmt werden, ob der Gerichtshof eine Prüfung des Schutzbereiches und gegebenenfalls eine Begründung seines Ergebnisses vornimmt. Dies gilt insbesondere für Fälle, in denen der EuGH Art. 47 GRC anwendet. Gleichwohl ist die Prüfung und Begründung durch den EuGH weitgehend kohärent und konsistent.

Angesichts der Kritik an der Schutzbereichsprüfung des Gerichtshofs vor Inkrafttreten der Charta und der Anforderungen der Charta können so bereits Verbesserungen verzeichnet werden. Nur noch sehr selten kommt es etwa vor, dass der EuGH das geprüfte Grundrecht gar nicht nennt oder zwei Grundrechte im Schutzbereich vermischt. Die Abgrenzung zwischen den einzelnen Grundrechten ist anhand der Rechtsprechung nun grundsätzlich möglich, wobei aber zu beachten ist, dass zahlreiche Charta-Grundrechte entweder sehr selten oder überhaupt noch nicht vom Gerichtshof behandelt wurden. Gleichzeitig besteht aber weiterhin Verbesserungsbedarf,[915] da eine zumindest kurze Prüfung des Schutzbereichs immer notwendig ist. Entscheidungen, in denen der EuGH den Schutzbereich nicht prüft oder das Ergebnis seiner Prüfung überhaupt nicht begründet, sondern die Eröffnung des Schutzbereiches schlicht annimmt und sofort eine mögliche Rechtfertigung untersucht, entsprechen nicht den Anforderungen von Art. 52 Abs. 1 GRC.

Das Bild der Schutzbereichsprüfung ist damit vielschichtig, die Prüfung durch den Gerichtshof kann aber nicht mehr – wie vor der Charta – als generell „eher dürftig"[916] beschrieben werden.

III. Einschränkung

In dieser Arbeit soll weiterhin untersucht werden, ob der EuGH nach Inkrafttreten der Charta das Vorliegen einer Einschränkung prüft oder nur pauschal das (Nicht-)Vorliegen einer solchen annimmt (1). In einem zweiten Schritt wird analysiert, ob der Gerichtshof einen einheitlichen unionsrechtlichen Begriff der Einschränkung entfaltet (2), diesen Begriff also etwa eher weit oder eng versteht, und ob die Auslegung des EuGH kohärent und konsistent ist.[917] Untersuchungsgegenstand sind in diesem Abschnitt die 133 Entscheidungen der Fallgruppen A1, A2 und A3, weil der Gerichtshof hier eine mindestens ausführliche Grundrechtsprüfung anhand der Charta vornimmt.

---

[915] So auch *J. Kühling*, ZÖR 68 (2013), S. 469 (481); in diese Richtung gehend auch *K. F. Gärditz*, Schutzbereich und Grundrechtseingriff, in: C. Grabenwarter (Hrsg.), Europäischer Grundrechteschutz (EnzEuR Band 2), 2014, § 4, Rn. 5.
[916] *T. Kingreen*, in: C. Calliess/M. Ruffert (Hrsg.), EUV, AEUV, 5. Aufl. 2016, Art. 52 GRC Rn. 48; *T. Kingreen*, JuS 2000, S. 857 (861): „oft dürftig"; kritisch zur Prüfung bei wirtschaftlichen Freiheitsrechten *K. F. Gärditz*, Schutzbereich und Grundrechtseingriff, in: C. Grabenwarter (Hrsg.), Europäischer Grundrechteschutz (EnzEuR Band 2), 2014, § 4, Rn. 12.
[917] Vgl. zur Kriterienentwicklung Kapitel 3 A. II. 3.

1. Behandlung der Einschränkungsprüfung durch den EuGH

Wie schon die Schutzbereichsprüfung[918] behandelt der EuGH auch die Prüfung der Einschränkung nicht einheitlich. In einem Teil der Entscheidungen nimmt er mindestens eine[919] Prüfung der Einschränkung vor (a)), in zahlreichen Entscheidungen fehlt bei jedenfalls einer Grundrechtsprüfung eine solche Untersuchung (b)). Häufig geht der Gerichtshof dabei sofort zur Rechtfertigung über, ohne sich zu Schutzbereich und Einschränkung zu äußern. Viele Fälle lassen sich – wie schon bei der Prüfung des Schutzbereiches – nicht sicher zuordnen (c)).

a) Prüfung der Einschränkung

In 52 der untersuchten 133 Entscheidungen prüft der EuGH mindestens einmal das Vorliegen einer Einschränkung,[920] wobei die Entscheidungen teilweise mehrere Grundrechtsprüfungen enthalten.[921]

---

[918] Siehe dazu Kapitel 3 B. II. 1.

[919] Zu beachten ist, dass die Entscheidungen teilweise mehrere Grundrechtsprüfungen enthalten. Siehe dazu schon Kapitel 2 C. II. 1. b).

[920] Vgl. EuGH, Urteil v. 09.11.2010, Rs. C-92/09 und C-93/09 *(Volker und Markus Schecke und Eifert)*; EuGH, Urteil v. 05.05.2011, Rs. C-543/09 *(Deutsche Telekom)*; EuGH, Urteil v. 24.11.2011, Rs. C-70/10 *(Scarlet Extended)*; EuGH, Urteil v. 16.02.2012, Rs. C-360/10 *(SABAM)*; EuGH, Urteil v. 06.09.2012, Rs. C-619/10 *(Trade Agency)*; EuGH, Urteil v. 15.01.2013, Rs. C-416/10 *(Križan u. a.)*; EuGH, Urteil v. 22.01.2013, Rs. C-283/11 *(Sky Österreich)*; EuGH, Urteil v. 21.02.2013, Rs. C-472/11 *(Banif Plus Bank)*; EuGH, Urteil v. 26.02.2013, Rs. C-399/11 *(Melloni)*; EuGH, Urteil v. 26.02.2013, Rs. C-617/10 *(Åkerberg Fransson)*; EuGH, Urteil v. 28.02.2013, Rs. C-334/12 RX-II *(Réexamen Arango Jaramillo u. a. / EIB)*; EuGH, Urteil v. 04.06.2013, Rs. C-300/11 *(ZZ)*; EuGH, Urteil v. 11.07.2013, Rs. C-439/11 P *(Ziegler / Kommission)*; EuGH, Urteil v. 18.07.2013, Rs. C-426/11 *(Alemo-Herron u. a.)*; EuGH, Urteil v. 18.07.2013, Rs. C-584/10 P, C-593/10 P und C-595/10 P *(Kommission u. a. / Kadi)*; EuGH, Urteil v. 17.10.2013, Rs. C-101/12 *(Schaible)*; EuGH, Urteil v. 17.10.2013, Rs. C-291/12 *(Schwarz)*; EuGH, Urteil v. 27.03.2014, Rs. C-314/12 *(UPC Telekabel Wien)*; EuGH, Urteil v. 27.03.2014, Rs. C-530/12 P *(HABM / National Lottery Commission)*; EuGH, Urteil v. 08.04.2014, Rs. C-293/12 und C-594/12 *(Digital Rights Ireland und Seitlinger u. a.)*; EuGH, Urteil v. 13.05.2014, Rs. C-131/12 *(Google Spain und Google)*; EuGH, Urteil v. 22.05.2014, Rs. C-356/12 *(Glatzel)*; EuGH, Urteil v. 27.05.2014, Rs. C-129/14 PPU *(Spasic)*; EuGH, Urteil v. 11.09.2014, Rs. C-112/13 *(A)*; EuGH, Urteil v. 17.09.2014, Rs. C-562/12 *(Liivimaa Lihaveis)*; EuGH, Urteil v. 29.04.2015, Rs. C-528/13 *(Léger)*; EuGH, Urteil v. 06.10.2015, Rs. C-362/14 *(Schrems)*; EuGH, Urteil v. 06.10.2015, Rs. C-650/13 *(Delvigne)*; EuGH, Urteil v. 17.12.2015, Rs. C-157/14 *(Neptune Distribution)*; EuGH, Urteil v. 17.12.2015, Rs. C-419/14 *(WebMindLicenses)*; EuGH, Urteil v. 04.05.2016, Rs. C-477/14 *(Pillbox 38)*; EuGH, Urteil v. 04.05.2016, Rs. C-547/14 *(Philip Morris Brands u. a.)*; EuGH, Urteil v. 30.06.2016, Rs. C-134/15 *(Lidl)*; EuGH, Urteil v. 30.06.2016, Rs. C-205/15 *(Toma und Biroul Executorului Judecătoresc Horațiu-Vasile Cruduleci)*; EuGH, Urteil v. 19.07.2016, Rs. C-526/14 *(Kotnik u. a.)*; EuGH, Urteil v. 15.09.2016, Rs. C-439/14 und C-488/14 *(Star Storage)*; EuGH, Urteil v. 15.09.2016, Rs. C-484/14 *(Mc Fadden)*; EuGH, Urteil v. 21.12.2016, Rs. C-119/15 *(Biuro podróży Partner)*; EuGH, Urteil v. 21.12.2016, Rs. C-201/15 *(AGET Iraklis)*; EuGH, Urteil v. 21.12.2016, Rs. C-203/15 und C-698/15 *(Tele2 Sverige)*; EuGH, Urteil v. 15.03.2017, Rs. C-528/15 *(Al Chodor u.a)*; EuGH, Urteil v. 13.06.2017, Rs. C-258/14 *(Florescu u. a.)*; EuGH, Urteil v. 14.06.2017, Rs. C-685/15 *(Online Games u. a.)*; EuGH, Urteil

B. Anwendung der Kriterien

Eine (ausführliche) Prüfung findet sich etwa im Urteil Volker und Markus Schecke und Eifert (C-92/09 und C-93/09).[922] Dort untersucht der Gerichtshof, ob eine „Einwilligung" in die Veröffentlichung von Daten über erhaltene Agrarbeihilfen vorliegt, die der Annahme einer Einschränkung der in diesem Urteil relevanten Grundrechte möglicherweise entgegenstehen könnte.[923] Das Vorliegen einer solchen Einwilligung verneint der EuGH jedoch.[924] Interessanterweise überschreibt der Gerichtshof seine Prüfung der Einschränkung mit „Zum Vorliegen einer Verletzung der durch die Art. 7 und 8 der Charta anerkannten Rechte"[925], obwohl der Begriff „Verletzung" meist das Endergebnis einer Grundrechtsprüfung umschreibt. Im Urteil Schwarz (C-291/12) hingegen, in dem es um biometrische Daten in von den Mitgliedstaaten ausgestellten Pässen und Reisedokumenten geht,[926] fasst der EuGH unter der Überschrift „Zum Vorliegen eines Eingriffs"[927] eine ausführliche Schutzbereichs- und Einschränkungsprüfung zusammen.[928] Nach einer kurzen Zitierung des Wortlauts von Art. 7 und Art. 8 GRC[929] und der Feststellung, „dass jede Verarbeitung personenbezogener Daten durch Dritte grundsätzlich einen Eingriff in diese Rechte darstellen kann",[930] führt der Gerichtshof aus, Fingerabdrücke gehörten zu den personenbezogenen Daten, „da sie objektiv unverwechselbare Informationen über natürliche Personen enthalten und deren genaue Identifizierung ermögli-

---

v. 05.07.2017, Rs. C-190/16 *(Fries)*, Rn. 72; EuGH, Gutachten v. 26.07.2017, Rs. Avis 1/15 *(Accord PNR UE-Canada)*; EuGH, Urteil v. 26.07.2017, Rs. C-348/16 *(Sacko)*; EuGH, Beschluss v. 06.09.2017, Rs. C-473/15 *(Peter Schotthöfer & Florian Steiner)*; EuGH, Urteil v. 14.09.2017, Rs. C-18/16 *(K)*; EuGH, Urteil v. 27.09.2017, Rs. C-73/16 *(Puškár)*, Rn. 61 f. und 82, 87; EuGH, Urteil v. 26.10.2017, Rs. C-534/16 *(BB construct)*; EuGH, Urteil v. 20.12.2017, Rs. C-277/16 *(Polkomtel)*; EuGH, Urteil v. 20.12.2017, Rs. C-664/15 *(Protect Natur-, Arten- und Landschaftschutz Umweltorganisation)*.

[921] Siehe dazu Kapitel 2 C. II. 1. b).
[922] Kritisch dazu aber *I. Andoulsi*, Cah. droit eur. (Brux.) 47 (2011), S. 471 (499 f.).
[923] Vgl. EuGH, Urteil v. 09.11.2010, Rs. C-92/09 und C-93/09 *(Volker und Markus Schecke und Eifert)*, Rn. 56–64; Kritik hier allerdings bei *J. Kühling/M. Klar*, JURA 33 (2011), S. 771 (774); ohne weitere Erklärung *J. Kühling*, ZÖR 68 (2013), S. 469 (482): „defizitäre Prüfung eines Eingriffs".
[924] EuGH, Urteil v. 09.11.2010, Rs. C-92/09 und C-93/09 *(Volker und Markus Schecke und Eifert)*, Rn. 63 f.
[925] Überschrift vor EuGH, Urteil v. 09.11.2010, Rs. C-92/09 und C-93/09 *(Volker und Markus Schecke und Eifert)*, Rn. 56.
[926] EuGH, Urteil v. 17.10.2013, Rs. C-291/12 *(Schwarz)*, Rn. 1.
[927] Überschrift vor EuGH, Urteil v. 17.10.2013, Rs. C-291/12 *(Schwarz)*, Rn. 24; ebenso Überschrift vor EuGH, Urteil v. 08.04.2014, Rs. C-293/12 und C-594/12 *(Digital Rights Ireland und Seitlinger u. a.)*, Rn. 32.
[928] Vgl. EuGH, Urteil v. 17.10.2013, Rs. C-291/12 *(Schwarz)*, Rn. 24–30; vgl. zur gemeinsamen Prüfung von Schutzbereich und Einschränkung *K. F. Gärditz*, Schutzbereich und Grundrechtseingriff, in: C. Grabenwarter (Hrsg.), Europäischer Grundrechteschutz (EnzEuR Band 2), 2014, § 4, Rn. 52.
[929] Vgl. EuGH, Urteil v. 17.10.2013, Rs. C-291/12 *(Schwarz)*, Rn. 24.
[930] EuGH, Urteil v. 17.10.2013, Rs. C-291/12 *(Schwarz)*, Rn. 25.

chen".⁹³¹ Das Nehmen von Fingerabdrücken und deren Speicherung im Reisepass sei eine Verarbeitung personenbezogener Daten⁹³² und damit ein Eingriff in die Rechte aus Art. 7 und Art. 8 GRC.⁹³³ Der EuGH trennt somit zwischen den im Verfahren streitigen Maßnahmen und begründet sein Ergebnis.

Auch im Urteil Scarlet Extended (C-70/10) beschreibt der Gerichtshof die Auswirkungen der fraglichen Maßnahme detailliert⁹³⁴ und kommt zu dem Ergebnis, die fragliche Anordnung führe „zu einer qualifizierten Beeinträchtigung der unternehmerischen Freiheit des Providers", da sie ihn verpflichten würde, „ein kompliziertes, kostspieliges, auf Dauer angelegtes und allein auf seine Kosten betriebenes Informatiksystem einzurichten".⁹³⁵

Stellenweise besteht die Prüfung der Einschränkung durch den EuGH nur aus einem Satz. So stellt er im Urteil Neptune Distribution (C-157/14) ohne weitere Begründung fest, das Verbot, „auf Verpackungen und Etiketten natürlicher Mineralwässer und in der Werbung für diese Angaben oder Hinweise zu einem niedrigen Natriumgehalt dieser Wässer zu machen, die geeignet sind, den Verbraucher hinsichtlich dieses Gehalts irrezuführen," stelle „einen Eingriff in die Freiheit der Meinungsäußerung und Informationsfreiheit des Unternehmers sowie in seine unternehmerische Freiheit dar."⁹³⁶

b) *Keine Prüfung der Einschränkung*

In 49 von 133 Entscheidungen fehlt bei zumindest einer Grundrechtsprüfung die Untersuchung der Einschränkung.⁹³⁷ Dies ist in 32 Entscheidungen ohne Weiteres nachvollziehbar, weil der EuGH hier entweder bereits die Eröffnung des Schutzbereiches verneint (21 Entscheidungen),⁹³⁸ vom vorlegenden Ge-

---

⁹³¹ EuGH, Urteil v. 17.10.2013, Rs. C-291/12 *(Schwarz)*, Rn. 27.
⁹³² EuGH, Urteil v. 17.10.2013, Rs. C-291/12 *(Schwarz)*, Rn. 29.
⁹³³ EuGH, Urteil v. 17.10.2013, Rs. C-291/12 *(Schwarz)*, Rn. 30.
⁹³⁴ Vgl. EuGH, Urteil v. 24.11.2011, Rs. C-70/10 *(Scarlet Extended)*, Rn. 47.
⁹³⁵ EuGH, Urteil v. 24.11.2011, Rs. C-70/10 *(Scarlet Extended)*, Rn. 48; fast wortgleich aber mit Bezug auf Hosting-Anbieter EuGH, Urteil v. 16.02.2012, Rs. C-360/10 *(SABAM)*, Rn. 46; mit Lob *J. Kühling*, ZÖR 68 (2013), S. 469 (482): „überzeugende [...] Prüfung eines Eingriffs".
⁹³⁶ EuGH, Urteil v. 17.12.2015, Rs. C-157/14 *(Neptune Distribution)*, Rn. 67.
⁹³⁷ Zu beachten ist, dass die Entscheidungen teilweise mehrere Grundrechtsprüfungen enthalten. Siehe dazu schon Kapitel 2 C. II. 1. b).
⁹³⁸ Vgl. EuGH, Urteil v. 14.09.2010, Rs. C-550/07 P *(Akzo Nobel Chemicals und Akcros Chemicals/Kommission)*; EuGH, Urteil v. 22.12.2010, Rs. C-279/09 *(DEB)*; EuGH, Urteil v. 17.03.2011, Rs. C-221/09 *(AJD Tuna)*; EuGH, Urteil v. 21.07.2011, Rs. C-150/10 *(Beneo-Orafti)*; EuGH, Urteil v. 08.12.2011, Rs. C-272/09 P *(KME Germany u. a./Kommission)*; EuGH, Urteil v. 08.12.2011, Rs. C-386/10 P *(Chalkor/Kommission)*; EuGH, Urteil v. 08.12.2011, Rs. C-389/10 P *(KME Germany u. a./Kommission)*; EuGH, Urteil v. 14.02.2012, Rs. C-17/10 *(Toshiba Corporation u. a.)*; EuGH, Urteil v. 13.06.2012, Rs. C-156/12 *(GREP)*; hinsichtlich Art. 17 GRC EuGH, Urteil v. 22.01.2013, Rs. C-283/11 *(Sky Österreich)*; EuGH, Urteil v. 18.07.2013, Rs. C-501/11 P *(Schindler Holding u. a./Kommission)*; EuGH, Urteil v. 15.01.2014, Rs. C-176/12 *(Association de médiation sociale)*; EuGH, Beschluss v. 08.05.2014,

B. Anwendung der Kriterien   209

richt nur um die Auslegung des Schutzbereiches eines Grundrechts gebeten wurde (eine Entscheidung)[939] oder das Gleichheitsrecht aus Art. 20 GRC prüft (elf Entscheidungen[940]).[941]

In 17 der 49 Entscheidungen wäre eine Prüfung der Einschränkung jedoch angezeigt gewesen.[942] Hier nimmt der Gerichtshof – wie vor Inkrafttreten der Charta kritisiert – pauschal das (Nicht-)Vorliegen einer Einschränkung an.[943]

Im Vorabentscheidungsverfahren Deutsches Weintor (C-544/10) beispielsweise prüft er die Vereinbarkeit einer Verordnung unter anderem mit Art. 15 und Art. 16 GRC.[944] Ohne sich zum Vorliegen einer Einschränkung dieser Rechte (oder zu deren Schutzbereich) zu äußern, stellt er direkt am Anfang seiner Prüfung fest, nach der Rechtsprechung des Gerichtshofs werde die freie Berufs-

---

Rs. C-329/13 *(Stefan)*; EuGH, Urteil v. 22.05.2014, Rs. C-356/12 *(Glatzel)*, Rn. 74–79; EuGH, Urteil v. 17.07.2014, Rs. C-141/12 und C-372/12 *(YS u. a.)*; EuGH, Urteil v. 03.09.2015, Rs. C-398/13 P *(Inuit Tapiriit Kanatami u. a./Kommission)*; EuGH, Urteil v. 08.09.2015, Rs. C-105/14 *(Taricco u. a.)*; EuGH, Urteil v. 26.05.2016, Rs. C-273/15 *(Ezernieki)*; EuGH, Urteil v. 28.07.2016, Rs. C-543/14 *(Ordre des barreaux francophones und germanophone u. a.)*; EuGH, Urteil v. 05.04.2017, Rs. C-217/15 und C-350/15 *(Orsi)*; EuGH, Urteil v. 20.12.2017, Rs. C-102/16 *(Vaditrans)*.

[939] Vgl. EuGH, Urteil v. 26.03.2015, Rs. C-316/13 *(Fenoll)*, Rn. 18–43.

[940] Vgl. EuGH, Urteil v. 01.03.2011, Rs. C-236/09 *(Association Belge des Consommateurs Test-Achats u. a.)*; EuGH, Urteil v. 21.07.2011, Rs. C-21/10 *(Nagy)*; EuGH, Urteil v. 11.07.2013, Rs. C-439/11 P *(Ziegler/Kommission)*, Rn. 132 ff.; EuGH, Urteil v. 26.09.2013, Rs. C-195/12 *(IBV & Cie)*; EuGH, Urteil v. 15.05.2014, Rs. C-135/13 *(Szatmári Malom)*; EuGH, Urteil v. 22.05.2014, Rs. C-356/12 *(Glatzel)*, Rn. 80–84; EuGH, Urteil v. 10.11.2016, Rs. C-156/15 *(Private Equity Insurance Group)*; EuGH, Urteil v. 07.03.2017, Rs. C-390/15 *(RPO)*; EuGH, Urteil v. 09.03.2017, Rs. C-406/15 *(Milkova)*; EuGH, Urteil v. 05.07.2017, Rs. C-190/16 *(Fries)*, Rn. 29–69; EuGH, Urteil v. 26.10.2017, Rs. C-534/16 *(BB construct)*, Rn. 43–46.

[941] Siehe zu diesen schon Kapitel 3 B. II. 1. d).

[942] Vgl. EuGH, Urteil v. 01.07.2010, Rs. C-407/08 P *(Knauf Gips/Kommission)*; EuGH, Urteil v. 17.11.2011, Rs. C-327/10 *(Hypoteční banka)*; EuGH, Urteil v. 24.11.2011, Rs. C-468/10 *(ASNEF)*; hinsichtlich Art. 17 Abs. 2 GRC EuGH, Urteil v. 24.11.2011, Rs. C-70/10 *(Scarlet Extended)*; hinsichtlich Art. 17 Abs. 2 GRC EuGH, Urteil v. 16.02.2012, Rs. C-360/10 *(SABAM)*; EuGH, Urteil v. 15.03.2012, Rs. C-292/10 *(G)*; EuGH, Urteil v. 06.09.2012, Rs. C-544/10 *(Deutsches Weintor)*; EuGH, Urteil v. 31.01.2013, Rs. C-12/11 *(McDonagh)*; EuGH, Urteil v. 26.09.2013, Rs. C-418/11 *(Texdata Software)*; EuGH, Urteil v. 28.11.2013, Rs. C-348/12 P *(Rat/Manufacturing Support & Procurement Kala Naft)*; hinsichtlich Art. 11 GRC EuGH, Urteil v. 27.03.2014, Rs. C-314/12 *(UPC Telekabel Wien)*; EuGH, Urteil v. 14.10.2014, Rs. C-611/12 P *(Giordano/Kommission)*; EuGH, Urteil v. 06.10.2015, Rs. C-650/13 *(Delvigne)*, Rn. 40–43; EuGH, Urteil v. 20.09.2016, Rs. C-8/15 P bis C-10/15 P *(Ledra Advertising/Kommission und EZB)*; EuGH, Urteil v. 23.11.2016, Rs. C-442/14 *(Bayer CropScience und Stichting De Bijenstichting)*; EuGH, Urteil v. 28.03.2017, Rs. C-72/15 *(Rosneft)*; EuGH, Beschluss v. 06.04.2017, Rs. C-464/16 P *(PITEE/Kommission)*.

[943] In den meisten dieser Entscheidungen begründet der EuGH auch sein Ergebnis der Prüfung des Schutzbereiches nicht beziehungsweise nimmt eine solche Prüfung gar nicht vor. Siehe dazu Kapitel 3 B. II. 1. b).

[944] Vgl. EuGH, Urteil v. 06.09.2012, Rs. C-544/10 *(Deutsches Weintor)*, Rn. 54–59; Details zum Sachverhalt und Hintergrund etwa bei *B. Riemer*, EuZW 2012, S. 828; *R. Streinz*, JuS 2013, S. 369; *S. Leible/S. Schäfer*, LMuR 2012, S. 245.

ausübung, ebenso wie das Eigentumsrecht, nicht absolut gewährleistet, sondern sei im Zusammenhang mit ihrer gesellschaftlichen Funktion zu sehen.[945] Die Ausübung dieser Freiheiten könne daher Beschränkungen unterworfen werden, „sofern diese tatsächlich den dem Gemeinwohl dienenden Zielen der Union entsprechen und keinen im Hinblick auf den verfolgten Zweck unverhältnismäßigen und untragbaren Eingriff darstellen, der diese Rechte in ihrem Wesensgehalt antastet".[946] Aus dieser Formulierung kann zwar geschlossen werden, dass der EuGH eine Einschränkung der Grundrechte aus Art. 15 und Art. 16 GRC implizit annimmt,[947] seine Ausführungen bleiben insofern aber völlig unklar.[948] Auch wenn das Vorliegen einer Einschränkung im zugrunde liegenden Fall relativ eindeutig scheint,[949] wäre eine wenigstens kurze Prüfung angezeigt gewesen.

Ebenso widmet sich der Gerichtshof im Urteil Ledra Advertising/Kommission und EZB (C-8/15 P bis C-10/15 P) direkt der Prüfung der Rechtfertigung, ohne auf (Schutzbereich und) Einschränkung einzugehen.[950] Dabei hätte etwa geklärt werden müssen, wie der Kommission ein Eingriff zugerechnet werden kann, obwohl ihr bei der Aushandlung und dem Abschluss eines sogenannten Memorandum of Understanding im Rahmen des Europäischen Stabilitätsmechanismus ESM keine Entscheidungsbefugnisse zustanden.[951] Zutreffend weist *Nettesheim* darauf hin, es sei „schwerlich zu begründen, warum die Teilnahme an Vertragsverhandlungen, die zwischen dem ESM und einem souveränen Staat geführt werden, eine Grundrechtsbeeinträchtigung einzelner Bürger bewirken soll."[952] Der dogmatische Begriff der mittelbaren Grundrechtseinschränkung müsse „schon bis ins Grenzenlose" verzerrt werden, um die Handlungen der Kommission als „greifbare und überprüfbare" Beschränkungen „konkreter Positionen einzelner Grundrechtsträger" einzustufen."[953] Vielmehr sei der Eingriff dem Mitgliedstaat zuzurechnen.[954]

---

[945] EuGH, Urteil v. 06.09.2012, Rs. C-544/10 *(Deutsches Weintor)*, Rn. 54.
[946] EuGH, Urteil v. 06.09.2012, Rs. C-544/10 *(Deutsches Weintor)*, Rn. 54.
[947] So wohl auch *N. M. Ganglbauer*, Das Grundrecht der unternehmerischen Freiheit gem Art 16 GRC, in: A. Kahl/N. Raschauer/S. Storr (Hrsg.), Grundsatzfragen der europäischen Grundrechtecharta, 2013, S. 203 (220): „In der Rs ‚Weintor eG' prüfte der EuGH die Verletzung grundrechtlicher Garantien einer deutschen Genossenschaft durch ein generelles Werbeverbot und bejahte den Eingriff in die Berufs- als auch die Unternehmerische Freiheit".
[948] *W. Obwexer*, ZÖR 68 (2013), S. 487 (492): „eher kursorisch".
[949] So *S. Leible/S. Schäfer*, LMuR 2012, S. 245 (251): „kaum zu leugnende [...] Beeinträchtigung dieser Grundrechte".
[950] Vgl. EuGH, Urteil v. 20.09.2016, Rs. C-8/15 P bis C-10/15 P *(Ledra Advertising/Kommission und EZB)*, Rn. 68 f.; ganz ähnlich EuGH, Urteil v. 23.11.2016, Rs. C-442/14 *(Bayer CropScience und Stichting De Bijenstichting)*, Rn. 97 f.
[951] Dazu etwa *D. Ehlers*, JZ 72 (2017), S. 43 (44); *M. Nettesheim*, EuZW 2016, S. 801 (802).
[952] *M. Nettesheim*, EuZW 2016, S. 801 (802).
[953] *M. Nettesheim*, EuZW 2016, S. 801 (802); kritisch auch *M. Ruffert*, JuS 2017, S. 179 (180 f.).
[954] *M. Nettesheim*, EuZW 2016, S. 801 (802).

c) Unklare Fälle

In 41 Entscheidungen[955] wird nicht hinreichend klar, ob der EuGH überhaupt eine Einschränkung prüft. Dies betrifft ganz überwiegend (32 von 41 Entscheidungen[956]) Prüfungen von Art. 47 GRC.
Zum Beispiel prüft der EuGH im Urteil Gascogne Sack Deutschland/Kommission (C-40/12 P), ob das Verfahren vor dem EuG gegen Art. 47 Abs. 2 der Charta verstoßen hat, eine Prüfung der Einschränkung lässt sich jedoch nicht

---

[955] Vgl. EuGH, Urteil v. 23.12.2009, Rs. C-403/09 PPU *(Detiček)*; EuGH, Urteil v. 15.07.2010, Rs. C-271/08 *(Kommission/Deutschland)*; EuGH, Urteil v. 05.10.2010, Rs. C-400/10 PPU *(MCB.)*; EuGH, Urteil v. 21.12.2011, Rs. C-411/10 und C-493/10 *(N. S. u. a.)*; EuGH, Urteil v. 06.11.2012, Rs. C-199/11 *(Otis u. a.)*; EuGH, Urteil v. 22.11.2012, Rs. C-277/11 *(M.)*; EuGH, Urteil v. 22.11.2012, Rs. C-89/11 P *(E. ON Energie/Kommission)*; EuGH, Urteil v. 30.05.2013, Rs. C-168/13 PPU *(F)*; EuGH, Urteil v. 26.11.2013, Rs. C-40/12 P *(Gascogne Sack Deutschland/Kommission)*; EuGH, Urteil v. 26.11.2013, Rs. C-50/12 P *(Kendrion/Kommission)*; EuGH, Urteil v. 26.11.2013, Rs. C-58/12 P *(Groupe Gascogne/Kommission)*; EuGH, Urteil v. 19.12.2013, Rs. C-239/11 P, C-489/11 P und C-498/11 P *(Siemens/Kommission)*; EuGH, Urteil v. 30.04.2014, Rs. C-238/12 P *(FLSmidth/Kommission)*; EuGH, Urteil v. 12.06.2014, Rs. C-314/13 *(Peftiev u. a.)*; EuGH, Urteil v. 19.06.2014, Rs. C-243/12 P *(FLS Plast/Kommission)*; EuGH, Urteil v. 10.07.2014, Rs. C-295/12 P *(Telefónica und Telefónica de España/Kommission)*; EuGH, Urteil v. 11.09.2014, Rs. C-19/13 *(Fastweb)*; EuGH, Urteil v. 23.10.2014, Rs. C-437/13 *(Unitrading)*; EuGH, Urteil v. 18.12.2014, Rs. C-562/13 *(Abdida)*; EuGH, Urteil v. 26.02.2015, Rs. C-221/14 P *(H/Gerichtshof)*; EuGH, Urteil v. 21.04.2015, Rs. C-605/13 P *(Anbouba/Rat)*; EuGH, Urteil v. 21.04.2015, Rs. C-630/13 P *(Anbouba/Rat)*; EuGH, Urteil v. 04.06.2015, Rs. C-682/13 P *(Andechser Molkerei Scheitz/Kommission)*; EuGH, Urteil v. 18.06.2015, Rs. C-535/14 P *(Ipatau/Rat)*; EuGH, Urteil v. 16.07.2015, Rs. C-237/15 PPU *(Lanigan)*; EuGH, Urteil v. 22.10.2015, Rs. C-194/14 P *(AC-Treuhand/Kommission)*; EuGH, Urteil v. 17.12.2015, Rs. C-239/14 *(Tall)*; EuGH, Urteil v. 17.12.2015, Rs. C-419/14 *(WebMindLicenses)*, Rn. 86–89; EuGH, Urteil v. 21.01.2016, Rs. C-74/14 *(Eturas u. a.)*; EuGH, Urteil v. 05.04.2016, Rs. C-404/15 und C-659/15 PPU *(Aranyosi und Căldăraru)*; EuGH, Urteil v. 06.10.2016, Rs. C-218/15 *(Paoletti u. a.)*; EuGH, Urteil v. 21.12.2016, Rs. C-131/15 P *(Club Hotel Loutraki u. a./Kommission)*; EuGH, Urteil v. 12.01.2017, Rs. C-411/15 P *(Timab Industries und CFPR/Kommission)*; EuGH, Urteil v. 26.01.2017, Rs. C-604/13 P *(Aloys F. Dornbracht/Kommission)*; EuGH, Urteil v. 16.02.2017, Rs. C-578/16 PPU *(C. K. u. a.)*; EuGH, Urteil v. 16.05.2017, Rs. C-682/15 *(Berlioz Investment Fund)*; EuGH, Urteil v. 09.11.2017, Rs. C-204/16 P *(SolarWorld/Rat)*; EuGH, Urteil v. 09.11.2017, Rs. C-205/16 P *(SolarWorld AG Commission européenne; Conseil de l'Union européenne; Brandoni solare SpA; Solaria Energia y Medio Ambiente, SA; China Chamber of Commerce for Import and Export of Machinery and Electronic Products [CCCME])*; EuGH, Urteil v. 14.11.2017, Rs. C-122/16 P *(British Airways/Kommission)*; EuGH, Beschluss v. 29.11.2017, Rs. C-467/17 P *(Società agricola Taboga Leandro e Fidenato Giorgio/Parlament)*; EuGH, Urteil v. 13.12.2017, Rs. C-403/16 *(El Hassani)*.

[956] Andere Grundrechte betreffen: EuGH, Urteil v. 23.12.2009, Rs. C-403/09 PPU *(Detiček)*; EuGH, Urteil v. 15.07.2010, Rs. C-271/08 *(Kommission/Deutschland)*; EuGH, Urteil v. 05.10.2010, Rs. C-400/10 PPU *(MCB.)*; EuGH, Urteil v. 22.11.2012, Rs. C-89/11 P *(E. ON Energie/Kommission)*; EuGH, Urteil v. 16.07.2015, Rs. C-237/15 PPU *(Lanigan)*; EuGH, Urteil v. 21.01.2016, Rs. C-74/14 *(Eturas u. a.)*; EuGH, Urteil v. 05.04.2016, Rs. C-404/15 und C-659/15 PPU *(Aranyosi und Căldăraru)*; EuGH, Urteil v. 06.10.2016, Rs. C-218/15 *(Paoletti u. a.)*; EuGH, Urteil v. 16.02.2017, Rs. C-578/16 PPU *(C. K. u. a.)*.

sicher ausmachen.[957] Vielmehr stellt er fest, die Länge des Verfahrens vor dem Gericht lasse sich weder durch die Komplexität des Rechtsstreits noch durch das Verhalten der Parteien oder durch Zwischenstreitigkeiten erklären.[958] Der Gerichtshof nimmt in diesem Urteil zwar eine Verletzung von Art. 47 Abs. 2 GRC an,[959] wie er dieses Grundrecht aber dogmatisch versteht (etwa als Leistungsrecht[960]) und welche Folgen dies für die Prüfungsstufe der Einschränkung hat,[961] bleibt offen.[962]

2. Entwicklung eines einheitlichen unionsrechtlichen Begriffs der Einschränkung

Auch wenn der EuGH das Vorliegen einer Einschränkung in zahlreichen Entscheidungen prüft, hat er bislang keine allgemeingültige Definition für alle Grundrechte der Charta entwickelt.[963] Nur zu einzelnen Grundrechten, wie beispielsweise Art. 7 GRC, bestimmt er über den Einzelfall hinaus, welche Kriterien er insofern anwendet. So führt er etwa im Urteil Digital Rights Ireland und Seitlinger u. a. (C-293/12 und C-594/12) aus, für die Feststellung des Vorliegens eines Eingriffs in das Grundrecht auf Achtung des Privatlebens komme es nicht darauf an, ob die betreffenden Informationen über das Privatleben sensiblen Charakter hätten oder ob die Betroffenen durch den Eingriff Nachteile erlitten haben könnten.[964]

Aussagen zur generellen Gestalt des unionsrechtlichen Einschränkungsbegriffs können daher nur durch Analyse der Entscheidungen gewonnen werden. Hierbei zeigt sich, dass der EuGH einem weiten Begriff der Einschränkung folgt, zu dem auch mittelbare und nicht finale Beeinträchtigungen sowie

---

[957] Vgl. EuGH, Urteil v. 26.11.2013, Rs. C-40/12 P *(Gascogne Sack Deutschland/Kommission)*, Rn. 47–103.

[958] EuGH, Urteil v. 26.11.2013, Rs. C-40/12 P *(Gascogne Sack Deutschland/Kommission)*, Rn. 98.

[959] EuGH, Urteil v. 26.11.2013, Rs. C-40/12 P *(Gascogne Sack Deutschland/Kommission)*, Rn. 102.

[960] So etwa *H. D. Jarass*, Charta der Grundrechte der Europäischen Union, 3. Aufl. 2016, Art. 52 Rn. 20.

[961] Vgl. z. B. für einen dreistufigen Aufbau *H. D. Jarass*, Charta der Grundrechte der Europäischen Union, 3. Aufl. 2016, Art. 47 Rn. 6–16a; vgl. aber zur Eingriffsprüfung bei Art. 47 GRC *K. F. Gärditz*, Schutzbereich und Grundrechtseingriff, in: C. Grabenwarter (Hrsg.), Europäischer Grundrechteschutz (EnzEuR Band 2), 2014, § 4, Rn. 53; für eine Anspruchsprüfung im Bereich der Leistungsrechte *D. Ehlers*, Allgemeine Lehren der Unionsgrundrechte, in: ders. (Hrsg.), Europäische Grundrechte und Grundfreiheiten, 4. Aufl. 2014, § 14, Rn. 85.

[962] Siehe zum Prüfungsschema des EuGH bei den justiziellen Rechten schon Kapitel 3 B. I. 3.

[963] Siehe zu möglichen Erklärungen Kapitel 4 C. II. 1.

[964] EuGH, Urteil v. 08.04.2014, Rs. C-293/12 und C-594/12 *(Digital Rights Ireland und Seitlinger u. a.)*, Rn. 33; ähnlich EuGH, Gutachten v. 26.07.2017, Rs. Avis 1/15 *(Accord PNR UE-Canada)*, Rn. 124.

nicht rechtsförmige Handlungen ohne Regelungscharakter (Realakte[965]) gehören.

Während es in den meisten Prüfungen der Einschränkung um unmittelbare, finale und rechtsförmige Eingriffe durch die Union oder die Mitgliedstaaten geht, hat der EuGH in den Entscheidungen zu Internetsperren gegen Urheberrechtsverstöße auch mittelbare Eingriffe als Einschränkung der Grundrechte der Charta anerkannt. Im Urteil Scarlet Extended (C-70/10) etwa prüft er, ob eine gerichtliche Anordnung gegenüber einem Provider, ein System der Filterung gegen Urheberrechtsverstöße im Internet einzurichten, einen Verstoß gegen die Grundrechte der Charta darstellt.[966] Dabei kommt er zu dem Ergebnis, dass diese Anordnung nicht nur „zu einer qualifizierten Beeinträchtigung der unternehmerischen Freiheit des Providers", also des Adressaten der Maßnahme,[967] sondern auch zu einer Beeinträchtigung der Grundrechte der Kunden des Providers aus Art. 8 und Art. 11 GRC führen würde.[968] Während die Grundrechtseinschränkung gegenüber dem Provider unmittelbar erfolgt, sind dessen Kunden nicht Adressaten der gerichtlichen Anordnung, sondern erst durch die Implementierung des Filtersystems durch den Provider in ihren Grundrechten betroffen. Insofern ist die Einschränkung mittelbar. Der EuGH nimmt einen solchen mittelbaren Eingriff auch in den ähnlich gelagerten Entscheidungen SABAM (C-360/10), UPC Telekabel Wien (C-314/12) und Mc Fadden (C-484/14) an.

Noch weiter geht er im Urteil Digital Rights Ireland und Seitlinger u. a. (C-293/12 und C-594/12). Hier geht es um die Frage, ob die den Telekommunikationsunternehmen durch die streitige Richtlinie auferlegte Pflicht, die Kommunikationsdaten ihrer Kunden auf Vorrat zu speichern, einen Verstoß gegen die Grundrechte der Kunden aus Art. 7, Art. 8 und Art. 11 GRC darstellt.[969] Auf die möglicherweise ebenfalls verletzten Grundrechte der Telekommunikationsunternehmen (etwa aus Art. 16 GRC) geht der EuGH nicht ein, prüft und bejaht also ausschließlich eine mittelbare Einschränkung.[970] Auch die im Urteil Volker und Markus Schecke und Eifert (C-92/09 und C-93/09) streitige Verordnung verpflichtete nicht die Grundrechtsträger, sondern die Mitgliedstaaten.[971] Der Eingriff in die Rechte der Personen, deren Daten veröffentlicht wurden, war

---

[965] Zu dieser Art von Eingriffen *H. D. Jarass*, Charta der Grundrechte der Europäischen Union, 3. Aufl. 2016, Art. 52 Rn. 15; *K. F. Gärditz*, Schutzbereich und Grundrechtseingriff, in: C. Grabenwarter (Hrsg.), Europäischer Grundrechteschutz (EnzEuR Band 2), 2014, § 4, Rn. 57.
[966] EuGH, Urteil v. 24.11.2011, Rs. C-70/10 *(Scarlet Extended)*, Rn. 29.
[967] EuGH, Urteil v. 24.11.2011, Rs. C-70/10 *(Scarlet Extended)*, Rn. 48.
[968] EuGH, Urteil v. 24.11.2011, Rs. C-70/10 *(Scarlet Extended)*, Rn. 50–53.
[969] EuGH, Urteil v. 08.04.2014, Rs. C-293/12 und C-594/12 *(Digital Rights Ireland und Seitlinger u. a.)*, Rn. 32–37; *H. Krämer*, in: K. Stern/M. Sachs (Hrsg.), Europäische Grundrechte-Charta, 2016, Art. 52 Rn. 31 (Fn. 70) sieht diesen Eingriff als Realakt an.
[970] Ähnlich EuGH, Urteil v. 21.12.2016, Rs. C-203/15 und C-698/15 *(Tele2 Sverige)*, Rn. 97–101; vgl. auch EuGH, Urteil v. 05.05.2011, Rs. C-543/09 *(Deutsche Telekom)*, Rn. 48 ff.
[971] Vgl. EuGH, Urteil v. 09.11.2010, Rs. C-92/09 und C-93/09 *(Volker und Markus Schecke und Eifert)*, Rn. 16.

somit ebenfalls mittelbar.[972] Im Urteil Schrems (C-362/14) schließlich geht es um die Vereinbarkeit einer Entscheidung der Kommission, die gar keine Adressaten hatte, mit den GRC-Grundrechten.[973] Zwar sind die hier genannten Entscheidungen ausschließlich zu den Art. 7, Art. 8, Art. 11 und Art. 16 GRC ergangen. Gleichwohl kann davon ausgegangen werden, dass der EuGH mittelbare Einschränkungen im Hinblick auf sämtliche Grundrechte der Charta anerkennt.

Schwieriger zu beurteilen ist, ob nach der Rechtsprechung des Gerichtshofs auch nicht finale, also unbeabsichtigte Eingriffe eine Einschränkung im Sinne der Charta darstellen. Erneut lässt sich hier das Urteil Schrems (C-362/14) heranziehen. Vermutlich beabsichtigte die Kommission durch ihre Entscheidung zur Übermittlung personenbezogener Daten in die Vereinigten Staaten keine Einschränkung der Grundrechte der Unionsbürger.[974] Da eine solche aber nach Ansicht des EuGH gleichwohl vorlag, ist diese Einschränkung nicht final. Im Urteil Google Spain und Google (C-131/12) stellt der Gerichtshof darüber hinaus fest, eine von einem Suchmaschinenbetreiber ausgeführte Verarbeitung personenbezogener Daten könne die Grundrechte auf Achtung des Privatlebens und Schutz personenbezogener Daten erheblich beeinträchtigen.[975] Eine solche Einschränkung wäre nicht nur (vermutlich) unbeabsichtigt, sondern auch nicht rechtsförmig und ginge sogar von einem Privaten aus.[976] Ebenso lassen sich die Vorratsdatenspeicherung durch private Telekommunikationsanbieter in den Urteilen Digital Rights Ireland und Seitlinger u. a. (C-293/12 und C-594/12) und Tele2 Sverige (C-203/15 und C-698/15) sowie die Veröffentlichung der Daten über Beihilfeempfänger im Urteil Volker und Markus Sche-

---

[972] *H. Krämer*, in: K. Stern/M. Sachs (Hrsg.), Europäische Grundrechte-Charta, 2016, Art. 52 Rn. 31 (Fn. 70) ordnet ihn außerdem als Realakt ein.

[973] Vgl. EuGH, Urteil v. 06.10.2015, Rs. C-362/14 *(Schrems)*, Rn. 67 ff.

[974] Vgl. Entscheidung der Kommission 2000/520/EG gemäß der Richtlinie 95/46/EG des Europäischen Parlaments und des Rates über die Angemessenheit des von den Grundsätzen des „sicheren Hafens" und der diesbezüglichen „Häufig gestellten Fragen" (FAQ) gewährleisteten Schutzes, vorgelegt vom Handelsministerium der USA vom 26.07.2000.

[975] EuGH, Urteil v. 13.05.2014, Rs. C-131/12 *(Google Spain und Google)*, Rn. 80.

[976] Dementsprechend zum Grundrecht auf Vergessenwerden *V. Boehme-Neßler*, NVwZ 2014, S. 825 (827): „Über die mittelbare Drittwirkung von Grundrechten sind auch Private verpflichtet, das Grundrecht auf Vergessenwerden zu beachten."; vgl. auch *H. D. Jarass*, Charta der Grundrechte der Europäischen Union, 3. Aufl. 2016, Art. 51 Rn. 30, der darauf hinweist, dass der EuGH hier nicht explizit auf die Drittwirkung der Grundrechte hinweist; *V. Skouris*, NVwZ 2016, S. 1359 (1361 f.): „Das Urteil in der Rechtssache Google Spain ist auch vom Gesichtspunkt der Wirkung der Grundrechte auf Rechtsverhältnisse zwischen Privaten von Bedeutung."; *J. Kühling*, EuZW 2014, S. 527 (529, 531); allgemein zur Drittwirkung etwa *T. Kingreen*, in: C. Calliess/M. Ruffert (Hrsg.), EUV, AEUV, 5. Aufl. 2016, Art. 51 GRC Rn. 21; *S. Greer/J. Gerards/R. Slowe*, Human Rights in the Council of Europe and the European Union, 2018, S. 306–312; vgl. auch EuGH, Urteil v. 18.07.2013, Rs. C-426/11 *(Alemo-Herron u. a.)*, Rn. 30–36, in dem der EuGH Art. 16 GRC in einem Streit um dynamische Verweisungsklauseln beim Betriebsübergang zwischen Tarifparteien anwandte; abgelehnt hat der EuGH die Drittwirkung von Art. 27 GRC hingegen in EuGH, Urteil v. 15.01.2014, Rs. C-176/12 *(Association de médiation sociale)*.

cke und Eifert (C-92/09 und C-93/09) als Realakte einstufen.[977] Ansonsten hat sich der Gerichtshof seit Inkrafttreten der Charta noch nicht zur Einschränkungsqualität von Realakten geäußert.[978]

Als gesichert kann dagegen gelten, dass eine Einwilligung[979] nach der Rechtsprechung des EuGH das Vorliegen einer Grundrechtseinschränkung ausschließt, soweit sie tatsächlich freiwillig ist.[980]

Zur Eingriffsqualität von Soft Law äußert sich der Gerichtshof im Urteil Kotnik u. a. (C-526/14), in dem er einen Eingriff in das gemäß Art. 17 Abs. 1 GRC geschützte Eigentumsrecht der Anteilseigner und nachrangigen Gläubiger einer Bank durch die sogenannte „Bankenmitteilung" der Kommission ablehnt,[981] weil diese „keine Verpflichtung der Mitgliedstaaten begründen kann, Lastenverteilungsmaßnahmen wie die in den Rn. 40 bis 46 dieser Mitteilung vorgesehenen vorzunehmen."[982] Mit den Bankenmitteilungen konkretisiert die Kommission die Voraussetzungen des primärrechtlichen Wettbewerbsrechts. Da nationale Hilfen für notleidende Banken grundsätzlich unter das Verbot von Beihilfen aus Art. 107 ff. AEUV fallen, sind sie nur nach Genehmigung durch die Kommission zulässig.[983] In der fraglichen Bankenmitteilung nahm die Kommission erstmals auch Gläubigerbeteiligungen in die Lastenverteilungsmaßnahmen im Fall einer Notsituation einer Bank auf (sogenanntes Bail-in).[984] Im Fall Kotnik u. a. bedeutete dies, dass vor der Zulassung der staatlichen Unterstützung durch die Kommission die Einlagen nachrangiger Gläubiger in Eigenkapital der betreffenden Bank umgewandelt werden mussten, wogegen diese Klagen erhoben.[985] Der EuGH sieht in der Bankenmitteilung jedoch nur Soft Law, welches ausschließlich die Kommission selbst, nicht aber die Mitgliedstaaten binde.[986] Die Bankenmitteilung selbst sehe außerdem kein eigenes Verfahren für den Bail-in vor.[987] Im Rahmen der Prüfung eines Eingriffs in Art. 17 Abs. 1 GRC hebt der Gerichtshof außerdem hervor, das Eigentumsrecht jedenfalls der nachrangigen Gläubiger wäre durch eine Insolvenz

---

[977] So zu Digital Rights Ireland u. a. und Volker und Markus Schecke und Eifert *H. Krämer*, in: K. Stern/M. Sachs (Hrsg.), Europäische Grundrechte-Charta, 2016, Art. 52 Rn. 31 (Fn. 70).
[978] Ebenso *H. D. Jarass*, Charta der Grundrechte der Europäischen Union, 3. Aufl. 2016, Art. 52 Rn. 15: „bislang vom EuGH kaum behandelt worden".
[979] Nicht zu verwechseln mit der Einwilligung gemäß Art. 8 Abs. 2 GRC. Vgl. dazu z. B. EuGH, Gutachten v. 26.07.2017, Rs. Avis 1/15 *(Accord PNR UE-Canada)*, Rn. 142–147.
[980] Dazu EuGH, Urteil v. 09.11.2010, Rs. C-92/09 und C-93/09 *(Volker und Markus Schecke und Eifert)*, Rn. 61–64; EuGH, Urteil v. 26.02.2013, Rs. C-399/11 *(Melloni)*, Rn. 49.
[981] Zum Hintergrund und Ausgangsfall etwa *A. von Bonin/M. Olthoff*, EuZW 2016, S. 778; *U. Soltész*, IWRZ 2016, S. 276.
[982] EuGH, Urteil v. 19.07.2016, Rs. C-526/14 *(Kotnik u. a.)*, Rn. 70.
[983] Dazu *A. von Bonin/M. Olthoff*, EuZW 2016, S. 778 (778 f.).
[984] *A. von Bonin/M. Olthoff*, EuZW 2016, S. 778 (779).
[985] *A. von Bonin/M. Olthoff*, EuZW 2016, S. 778 (779).
[986] EuGH, Urteil v. 19.07.2016, Rs. C-526/14 *(Kotnik u. a.)*, Rn. 45.
[987] EuGH, Urteil v. 19.07.2016, Rs. C-526/14 *(Kotnik u. a.)*, Rn. 72.

der Bank mindestens genauso stark beeinträchtigt worden.[988] Eine Bankenmitteilung selbst scheint daher nicht zu einer Einschränkung von Grundrechten führen zu können. Sie bindet als Soft Law aber die Kommission in späteren Entscheidungen, wobei unklar ist, wie genau diese Bindung aussieht.[989]

Zum additiven Grundrechtseingriff[990] hat sich der EuGH bisher nur im Rahmen der Erforderlichkeitsprüfung im Urteil Schwarz (C-291/12) geäußert. Hier stellt er fest, es könne „nicht ohne Weiteres davon ausgegangen werden, dass die Kumulierung zweier Vorgänge, die der Personenidentifizierung dienen, als solche zu einem schwerwiegenderen Eingriff in die durch die Art. 7 und 8 der Charta anerkannten Rechte führte, als wenn diese Vorgänge getrennt betrachtet würden."[991] Dem fügt er hinzu, was das Ausgangsverfahren angehe, enthielten die dem Gerichtshof vorgelegten Akten auch nichts, „was die Feststellung zuließe, dass die Erfassung der Fingerabdrücke und die Aufnahme des Gesichtsbilds schon deshalb einen schwerwiegenderen Eingriff in diese Rechte bewirkten, weil sie gleichzeitig erfolgten."[992] Grundsätzlich scheint der EuGH die Möglichkeit einer höheren Eingriffsintensität durch Addition von Einschränkungen anzuerkennen, als gesichert kann dies aber angesichts der nur einmaligen Erwähnung dieser Figur nicht gelten.

Da der Gerichtshof keine allgemeingültige Definition der Einschränkung für alle Grundrechte der Charta entwickelt hat, lässt sich deren kohärente und konsistente Anwendung nicht überprüfen. Die Analyse der Prüfung der Einschränkung durch den Gerichtshof zeigt allerdings auch keine Widersprüche in den jeweiligen Entscheidungen oder zwischen Entscheidungen.

3. Zusammenfassung

Der EuGH nimmt in 52 der hier untersuchten 133 Entscheidungen eine Prüfung der Einschränkung eines Grundrechts vor. In weiteren 49 fehlt bei zumindest einer Grundrechtsprüfung eine derartige Untersuchung, während sich 41 Fälle nicht sicher beurteilen lassen.[993]

Eine allgemeingültige Definition der Einschränkung für alle Grundrechte der Charta hat der Gerichtshof bisher nicht entwickelt. Aus der Analyse der Entscheidungen ergibt sich aber, dass er einem weiten Begriff der Einschränkung

---

[988] EuGH, Urteil v. 19.07.2016, Rs. C-526/14 *(Kotnik u. a.)*, Rn. 78; vgl. dazu *A. von Bonin/M. Olthoff*, EuZW 2016, S. 778 (780 f.).

[989] EuGH, Urteil v. 19.07.2016, Rs. C-526/14 *(Kotnik u. a.)*, Rn. 40; allgemein dazu *P. Stelkens*, Europäisches Verwaltungsrecht, Europäisierung des Verwaltungsrechts und Internationales Verwaltungsrecht, in: M. Sachs/H. Schmitz/H. J. Bonk u. a. (Hrsg.), Verwaltungsverfahrensgesetz, 9. Aufl. 2018, Rn. 80.

[990] Vgl. zu diesem Thema zuletzt *H. Ruschemeier*, Der additive Grundrechtseingriff, 2019.

[991] EuGH, Urteil v. 17.10.2013, Rs. C-291/12 *(Schwarz)*, Rn. 49.

[992] EuGH, Urteil v. 17.10.2013, Rs. C-291/12 *(Schwarz)*, Rn. 50.

[993] Zu beachten ist, dass die Entscheidungen teilweise mehrere Grundrechtsprüfungen enthalten. Siehe dazu schon Kapitel 2 C. II. 1. b).

folgt, zu dem auch mittelbare und nicht finale Beeinträchtigungen sowie nicht rechtsförmige Eingriffe gehören. Das Fehlen einer Definition ermöglicht keine umfassende Beurteilung, ob die Prüfung der Einschränkung durch den EuGH kohärent und konsistent erfolgt. Allerdings sind jedenfalls keine Widersprüche erkennbar. Insgesamt hat die Frage der Einschränkung in der Rechtsprechung des Gerichtshofs bisher nicht die Aufmerksamkeit erhalten, die ihr im deutschen Recht zukommt.[994]

IV. Ungleichbehandlung

Bei den Gleichheitsrechten wird im Rahmen der Ungleichbehandlung untersucht, ob der EuGH unter der Charta die Geltungsbereiche der Gleichheitsgrundrechte der Charta untereinander und im Verhältnis zu den übrigen Gleichheitsrechten des Primärrechts deutlicher abgrenzt.[995] Untersuchungsgegenstand sind hier die Entscheidungen der Fallgruppen A1 bis A3, soweit sich diese auf die Gleichheitsgrundrechte beziehen. Ebenso werden die Entscheidungen der Fallgruppe B2 (Grundrechtsprüfung, aber nicht am Maßstab der Charta) betrachtet, wenn sie einen Bezug zu den Gleichheitsrechten aufweisen. Insgesamt sind damit 39 Entscheidungen[996] Gegenstand der Untersuchungen in diesem Abschnitt der vorliegenden Arbeit.

---

[994] *T. Kingreen*, in: C. Calliess/M. Ruffert (Hrsg.), EUV, AEUV, 5. Aufl. 2016, Art. 52 GRC Rn. 56 m. w. N.; *M. Borowsky*, in: J. Meyer (Hrsg.), Charta der Grundrechte der Europäischen Union, 4. Aufl. 2014, Art. 52 Rn. 19; *J. P. Terhechte*, in: H. von der Groeben/J. Schwarze/A. Hatje (Hrsg.), Europäisches Unionsrecht, 7. Aufl. 2015, Vorbemerkung zur Charta der Grundrechte, Rn. 20; *T. Kingreen*, JuS 2000, S. 857 (861 f.).

[995] Vgl. zur Kriterienentwicklung Kapitel 3 A. II. 4.

[996] Vgl. EuGH, Urteil v. 23.12.2009, Rs. C-403/09 PPU *(Detiček)*; EuGH, Urteil v. 14.09.2010, Rs. C-550/07 P *(Akzo Nobel Chemicals und Akcros Chemicals/Kommission)*; EuGH, Urteil v. 16.09.2010, Rs. C-149/10 *(Chatzi)*; EuGH, Urteil v. 05.10.2010, Rs. C-400/10 PPU *(MCB.)*; EuGH, Urteil v. 01.03.2011, Rs. C-236/09 *(Association Belge des Consommateurs Test-Achats u. a.)*; EuGH, Urteil v. 21.07.2011, Rs. C-21/10 *(Nagy)*; EuGH, Urteil v. 19.07.2012, Rs. C-628/10 P und C-14/11 P *(Alliance One International und Standard Commercial Tobacco/Kommission und Commission/Alliance One International u. a.)*; EuGH, Urteil v. 11.04.2013, Rs. C-401/11 *(Soukupová)*; EuGH, Urteil v. 11.07.2013, Rs. C-439/11 P *(Ziegler/Kommission)*; EuGH, Urteil v. 18.07.2013, Rs. C-234/12 *(Sky Italia)*; EuGH, Urteil v. 26.09.2013, Rs. C-195/12 *(IBV & Cie)*; EuGH, Urteil v. 15.01.2014, Rs. C-176/12 *(Association de médiation sociale)*; EuGH, Urteil v. 15.05.2014, Rs. C-135/13 *(Szatmári Malom)*; EuGH, Urteil v. 22.05.2014, Rs. C-356/12 *(Glatzel)*; EuGH, Urteil v. 12.11.2014, Rs. C-580/12 P *(Guardian Industries und Guardian Europe/Kommission)*; EuGH, Urteil v. 18.12.2014, Rs. C-562/13 *(Abdida)*; EuGH, Urteil v. 05.03.2015, Rs. C-463/12 *(Copydan Båndkopi)*; EuGH, Urteil v. 29.04.2015, Rs. C-528/13 *(Léger)*; EuGH, Urteil v. 01.03.2016, Rs. C-440/14 P *(National Iranian Oil Company/Rat)*; EuGH, Urteil v. 30.06.2016, Rs. C-205/15 *(Toma und Biroul Executorului Judecătoresc Horațiu-Vasile Cruduleci)*; EuGH, Urteil v. 28.07.2016, Rs. C-543/14 *(Ordre des barreaux francophones und germanophone u. a.)*; EuGH, Urteil v. 22.09.2016, Rs. C-595/15 P *(NIOC u. a./Rat)*; EuGH, Urteil v. 12.10.2016, Rs. C-242/15 P *(Land Hessen/Pollmeier Massivholz)*; EuGH, Urteil v. 10.11.2016, Rs. C-156/15 *(Private Equity Insurance Group)*; EuGH, Urteil v. 21.12.2016, Rs. C-272/15 *(Swiss International*

Bei der Analyse der Rechtsprechung zeigt sich, dass der EuGH weiterhin kaum zwischen den Gleichheitsgrundrechten der Charta unterscheidet (1). Ebenso wenig lassen sich anhand der Entscheidungen des Gerichtshofs die Charta-Grundrechte von den Gleichheitsgrundrechten aus anderen Rechtsquellen abgrenzen (2).

1. Abgrenzung der Gleichheitsgrundrechte der Charta

Bei der Abgrenzung der Gleichheitsgrundrechte der Charta untereinander stellt sich insbesondere die Frage, in welchem Verhältnis Art. 20 GRC zu Art. 21 und Art. 23 GRC steht.[997] Während nach Art. 20 GRC alle Personen vor dem Gesetz gleich sind, enthalten Art. 21 und Art. 23 GRC spezielle Diskriminierungsverbote.[998] Der EuGH differenziert aber meist nicht zwischen den Begriffen der (Un-)Gleichbehandlung nach Art. 20 GRC und der Diskriminierung nach Art. 21 und Art. 23 GRC.[999]

Im Urteil Akzo Nobel Chemicals und Akcros Chemicals / Kommission (C-550/07 P) etwa stellt er fest, der Grundsatz der Gleichbehandlung sei ein allgemeiner Grundsatz des Unionsrechts, der in Art. 20 und Art. 21 GRC verankert sei.[1000] Dieser Grundsatz verlange, „dass vergleichbare Sachverhalte nicht un-

---

Air Lines); EuGH, Urteil v. 26.01.2017, Rs. C-604/13 P *(Aloys F. Dornbracht/Kommission)*; EuGH, Urteil v. 26.01.2017, Rs. C-618/13 P *(Zucchetti Rubinetteria/Kommission)*; EuGH, Urteil v. 26.01.2017, Rs. C-619/13 P *(Mamoli Robinetteria/Kommission)*; EuGH, Urteil v. 26.01.2017, Rs. C-636/13 P *(Roca Sanitario/Kommission)*; EuGH, Urteil v. 26.01.2017, Rs. C-637/13 P *(Laufen Austria/Kommission)*; EuGH, Urteil v. 26.01.2017, Rs. C-638/13 P *(Roca/Kommission)*; EuGH, Urteil v. 07.03.2017, Rs. C-390/15 *(RPO)*; EuGH, Urteil v. 09.03.2017, Rs. C-406/15 *(Milkova)*; EuGH, Urteil v. 13.06.2017, Rs. C-258/14 *(Florescu u. a.)*; EuGH, Urteil v. 05.07.2017, Rs. C-190/16 *(Fries)*; EuGH, Gutachten v. 26.07.2017, Rs. Avis 1/15 *(Accord PNR UE-Canada)*; EuGH, Urteil v. 26.10.2017, Rs. C-534/16 *(BB construct)*; EuGH, Urteil v. 09.11.2017, Rs. C-204/16 P *(SolarWorld/Rat)*; EuGH, Urteil v. 09.11.2017, Rs. C-205/16 P *(SolarWorld AG Commission européenne; Conseil de l'Union européenne; Brandoni solare SpA; Solaria Energia y Medio Ambiente, SA; China Chamber of Commerce for Import and Export of Machinery and Electronic Products [CCCME])*.

[997] Art. 24 GRC dagegen wird in 20 Entscheidungen des EuGH zitiert. In diesen Urteilen und Beschlüssen erwähnt der Gerichtshof Art. 24 häufig im Rahmen seiner Auslegung von Sekundärrecht. Einzig in den Urteilen Detiček (C-403/09 PPU) und MCB. (C-400/10 PPU) nimmt er eine Grundrechtsprüfung vor. Daher lassen sich zur Abgrenzung zu Art. 24 GRC kaum Aussagen machen. Dies gilt in ähnlicher Weise für Art. 22, Art. 25 und Art. 26 GRC.

[998] *A. Schramm*, in: M. Holoubek/G. Lienbacher (Hrsg.), Charta der Grundrechte der Europäischen Union, 2014, Art. 20 Rn. 9; *A. Graser/S. Reiter*, in: J. Schwarze/U. Becker/A. Hatje u. a. (Hrsg.), EU-Kommentar, 4. Aufl. 2019, Art. 21 GRC Rn. 1.

[999] *A. Schramm*, in: M. Holoubek/G. Lienbacher (Hrsg.), Charta der Grundrechte der Europäischen Union, 2014, Art. 20 Rn. 12 f.; *S. Hölscheidt*, in: J. Meyer (Hrsg.), Charta der Grundrechte der Europäischen Union, 4. Aufl. 2014, Art. 20 Rn. 10; ähnlich *A. Graser/S. Reiter*, in: J. Schwarze/U. Becker/A. Hatje u. a. (Hrsg.), EU-Kommentar, 4. Aufl. 2019, Art. 21 GRC Rn. 1; vgl. zur Lage vor Inkrafttreten der Charta etwa *H. D. Jarass*, EU-Grundrechte, 2005, § 24, Rn. 2; *H.-W. Rengeling/P. Szczekalla*, Grundrechte in der Europäischen Union, 2004, Rn. 870; *W. Frenz*, Handbuch Europarecht Band 4, 2009, Rn. 3188.

[1000] EuGH, Urteil v. 14.09.2010, Rs. C-550/07 P *(Akzo Nobel Chemicals und Akcros Che-*

terschiedlich und unterschiedliche Sachverhalte nicht gleich behandelt werden dürfen, es sei denn, dass eine solche Behandlung objektiv gerechtfertigt ist".[1001] In insgesamt 18 Entscheidungen zitiert der Gerichtshof Art. 20 und Art. 21 GRC wie in dem oben genannten Urteil gemeinsam.[1002] Stellenweise spricht er auch vom „in den Art. 20 und 21 der Charta verankerten [Grundsatz] der Gleichbehandlung und Nichtdiskriminierung".[1003] Art. 21 und Art. 23 GRC dagegen zitiert der EuGH im Urteil Association Belge des Consommateurs Test-Achats u. a. (C-236/09), stützt sich aber erneut auf die oben genannte Formel zur Gleichbehandlung.[1004] Im Urteil Nagy (C-21/10) wiederum verweist er beim Zitat dieser Formel im Rahmen von Art. 20 GRC, das heißt, ohne Nennung von Art. 21 oder Art. 23 GRC, auf das Urteil Association Belge des Consommateurs Test-Achats u. a.[1005] Die oben genannte Formulierung nutzt der Gerichtshof mithin sowohl zu Art. 20 GRC als auch im Rahmen von Art. 21 und Art. 23 GRC.[1006] Zitiert er Art. 21 GRC alleine, spricht er dagegen meist von dem dort niedergelegten „Verbot der Diskriminierung".[1007] Dementsprechend wird auch in der Europarechtswissenschaft teilweise davon ausgegangen, dass nicht zwi-

---

micals/Kommission), Rn. 54; dazu auch *S. Hölscheidt*, in: J. Meyer (Hrsg.), Charta der Grundrechte der Europäischen Union, 4. Aufl. 2014, Art. 20 Rn. 11.

[1001] EuGH, Urteil v. 14.09.2010, Rs. C-550/07 P *(Akzo Nobel Chemicals und Akcros Chemicals/Kommission)*, Rn. 55.

[1002] Vgl. EuGH, Urteil v. 14.09.2010, Rs. C-550/07 P *(Akzo Nobel Chemicals und Akcros Chemicals/Kommission)*, Rn. 54; EuGH, Beschluss v. 15.06.2012, Rs. C-494/11 P *(Otis Luxembourg u. a./Kommission)*, Rn. 53; EuGH, Urteil v. 11.07.2013, Rs. C-439/11 P *(Ziegler/Kommission)*, Rn. 132; EuGH, Urteil v. 11.07.2013, Rs. C-444/11 P *(Team Relocations u. a./Kommission)*, Rn. 186; EuGH, Urteil v. 18.07.2013, Rs. C-234/12 *(Sky Italia)*, Rn. 15; EuGH, Urteil v. 26.09.2013, Rs. C-195/12 *(IBV & Cie)*, Rn. 42, 48 f.; EuGH, Urteil v. 12.11.2014, Rs. C-580/12 P *(Guardian Industries und Guardian Europe/Kommission)*, Rn. 51; EuGH, Beschluss v. 07.07.2016, Rs. C-510/15 P *(Fapricela/Kommission)*, Rn. 53; EuGH, Beschluss v. 07.07.2016, Rs. C-523/15 P *(Westfälische Drahtindustrie u. a./Kommission)*, Rn. 63; EuGH, Urteil v. 21.12.2016, Rs. C-272/15 *(Swiss International Air Lines)*, Rn. 20; EuGH, Urteil v. 21.12.2016, Rs. C-76/15 *(Vervloet u. a.)*, Rn. 74; EuGH, Urteil v. 26.01.2017, Rs. C-604/13 P *(Aloys F. Dornbracht/Kommission)*, Rn. 77; EuGH, Urteil v. 26.01.2017, Rs. C-618/13 P *(Zucchetti Rubinetteria/Kommission)*, Rn. 38; EuGH, Urteil v. 26.01.2017, Rs. C-619/13 P *(Mamoli Robinetteria/Kommission)*, Rn. 102; EuGH, Urteil v. 26.01.2017, Rs. C-636/13 P *(Roca Sanitario/Kommission)*, Rn. 57; EuGH, Urteil v. 26.01.2017, Rs. C-637/13 P *(Laufen Austria/Kommission)*, Rn. 69; EuGH, Urteil v. 26.01.2017, Rs. C-638/13 P *(Roca/Kommission)*, Rn. 65; EuGH, Urteil v. 09.03.2017, Rs. C-406/15 *(Milkova)*, Rn. 55.

[1003] EuGH, Urteil v. 26.09.2013, Rs. C-195/12 *(IBV & Cie)*, Rn. 42, 48–50.

[1004] Vgl. EuGH, Urteil v. 01.03.2011, Rs. C-236/09 *(Association Belge des Consommateurs Test-Achats u. a.)*, Rn. 28.

[1005] Vgl. EuGH, Urteil v. 21.07.2011, Rs. C-21/10 *(Nagy)*, Rn. 47; dazu auch *S. Hölscheidt*, in: J. Meyer (Hrsg.), Charta der Grundrechte der Europäischen Union, 4. Aufl. 2014, Art. 20 Rn. 11.

[1006] Vgl. auch *A. Schramm*, in: M. Holoubek/G. Lienbacher (Hrsg.), Charta der Grundrechte der Europäischen Union, 2014, Art. 20 Rn. 8; *S. Hölscheidt*, in: J. Meyer (Hrsg.), Charta der Grundrechte der Europäischen Union, 4. Aufl. 2014, Art. 20 Rn. 11.

[1007] EuGH, Urteil v. 15.01.2014, Rs. C-176/12 *(Association de médiation sociale)*, Rn. 47; ähnlich EuGH, Urteil v. 22.05.2014, Rs. C-356/12 *(Glatzel)*, Rn. 47; anders aber EuGH, Urteil

schen Ungleichbehandlung und Diskriminierung zu trennen ist, also auch im Rahmen von Art. 20 GRC (entgegen dem Wortlaut[1008]) eine Benachteiligung des Grundrechtsträgers verlangt werden muss.[1009]

Eine klare Abgrenzung von Art. 20 und Art. 21 GRC findet sich hingegen im Urteil Glatzel (C-356/12), in dem der EuGH seine Prüfung von Art. 21 GRC von der Prüfung des Art. 20 GRC trennt.[1010] Hier bezeichnet er das Diskriminierungsverbot in Art. 21 GRC ausdrücklich als „eine besondere Ausprägung" des Grundsatzes der Gleichbehandlung.[1011]

Insgesamt lässt sich aber keine klare Unterscheidung zwischen den Gleichheitsgrundrechten der Charta ausmachen.[1012] Dies erschwert die Bestimmung des jeweiligen sachlichen Anwendungsbereiches.[1013]

2. Abgrenzung der Gleichheitsgrundrechte der Charta von anderen Gleichheitssätzen

Ebenso macht der Gerichtshof keinen Unterschied zwischen dem Recht auf Gleichheit aus Art. 20 GRC und dem allgemeinen Grundsatz der Gleichbehandlung.[1014] So formuliert er, dass der Grundsatz der Gleichbehandlung „zu den allgemeinen Grundsätzen des Unionsrechts gehört und dessen fundamentaler Charakter in Art. 20 der Grundrechtecharta verankert ist".[1015] Die Rechtsordnung der EU ziele „unbestreitbar darauf ab, den Gleichheitsgrundsatz als allgemeinen Rechtsgrundsatz zu wahren", dieser Grundsatz sei „auch in Art. 20 der Charta der Grundrechte niedergelegt."[1016] Teilweise sieht der

---

v. 26.10.2017, Rs. C-534/16 *(BB construct)*, Rn. 30: „der in Art. 21 der Charta niedergelegte Grundsatz der Gleichbehandlung".

[1008] *W. Frenz*, Handbuch Europarecht Band 4, 2009, Rn. 3202.

[1009] *H. D. Jarass*, Charta der Grundrechte der Europäischen Union, 3. Aufl. 2016, Art. 20 Rn. 11; *S. Lemke*, in: H. von der Groeben/J. Schwarze/A. Hatje (Hrsg.), Europäisches Unionsrecht, 7. Aufl. 2015, Art. 20 GRC Rn. 16; *H.-W. Rengeling/P. Szczekalla*, Grundrechte in der Europäischen Union, 2004, Rn. 869 f.; a. A. *M. Rossi*, in: C. Calliess/M. Ruffert (Hrsg.), EUV, AEUV, 5. Aufl. 2016, Art. 20 GRC Rn. 20; *W. Frenz*, Handbuch Europarecht Band 4, 2009, Rn. 3202.

[1010] Vgl. EuGH, Urteil v. 22.05.2014, Rs. C-356/12 *(Glatzel)*, Rn. 41–73, 80–85.

[1011] EuGH, Urteil v. 22.05.2014, Rs. C-356/12 *(Glatzel)*, Rn. 43; ebenso EuGH, Urteil v. 29.04.2015, Rs. C-528/13 *(Léger)*, Rn. 48; EuGH, Urteil v. 05.07.2017, Rs. C-190/16 *(Fries)*, Rn. 29.

[1012] Ebenso *A. Schramm*, in: M. Holoubek/G. Lienbacher (Hrsg.), Charta der Grundrechte der Europäischen Union, 2014, Art. 20 Rn. 12.

[1013] *A. Schramm*, in: M. Holoubek/G. Lienbacher (Hrsg.), Charta der Grundrechte der Europäischen Union, 2014, Art. 20 Rn. 12.

[1014] Vgl. auch *H. D. Jarass*, Charta der Grundrechte der Europäischen Union, 3. Aufl. 2016, Art. 20 Rn. 1 f.; ähnlich *M. Rossi*, in: C. Calliess/M. Ruffert (Hrsg.), EUV, AEUV, 5. Aufl. 2016, Art. 20 GRC Rn. 3.

[1015] EuGH, Urteil v. 16.09.2010, Rs. C-149/10 *(Chatzi)*, Rn. 63.

[1016] EuGH, Urteil v. 22.12.2010, Rs. C-208/09 *(Sayn-Wittgenstein)*, Rn. 89; ähnlich EuGH, Urteil v. 21.07.2011, Rs. C-21/10 *(Nagy)*, Rn. 47; EuGH, Urteil v. 19.12.2012, Rs. C-364/11

EuGH den Grundsatz der Gleichbehandlung sowohl in Art. 20 und als auch in Art. 21 GRC,[1017] teilweise auch nur in Art. 21 GRC verankert.[1018] Selten erwähnt er in diesem Zusammenhang auch Art. 23 GRC.[1019] In nur ganz wenigen Entscheidungen spricht der Gerichtshof dagegen vom „in Art. 20 der Charta niedergelegte[n] Grundrecht auf Gleichbehandlung"[1020], ohne eine Verbindung zum allgemeinen Grundsatz herzustellen. Die oben genannte Formel, wonach der Grundsatz der Gleichbehandlung beziehungsweise Nichtdiskriminierung verlange, „dass vergleichbare Sachverhalte nicht unterschiedlich und unterschiedliche Sachverhalte nicht gleich behandelt werden dürfen, es sei denn, dass eine solche Behandlung objektiv gerechtfertigt ist",[1021] nutzt der

---

(Abed El Karem El Kott u. a.), Rn. 78; EuGH, Urteil v. 19.07.2012, Rs. C-628/10 P und C-14/11 P *(Alliance One International und Standard Commercial Tobacco/Kommission und Commission/Alliance One International u. a.)*, Rn. 90; EuGH, Urteil v. 17.10.2013, Rs. C-101/12 *(Schaible)*, Rn. 76; EuGH, Urteil v. 17.09.2014, Rs. C-3/13 *(Baltic Agro)*, Rn. 41; EuGH, Urteil v. 22.05.2014, Rs. C-356/12 *(Glatzel)*, Rn. 43; EuGH, Urteil v. 11.06.2015, Rs. C-1/14 *(Base Company und Mobistar)*, Rn. 1, 44, 49; EuGH, Urteil v. 05.03.2015, Rs. C-463/12 *(Copydan Båndkopi)*, Rn. 31; EuGH, Urteil v. 01.03.2016, Rs. C-440/14 P *(National Iranian Oil Company/Rat)*, Rn. 24; EuGH, Urteil v. 30.06.2016, Rs. C-205/15 *(Toma und Biroul Executorului Judecătoresc Horațiu-Vasile Cruduleci)*, Rn. 36; EuGH, Urteil v. 22.09.2016, Rs. C-110/15 *(Nokia Italia u. a.)*, Rn. 44; EuGH, Urteil v. 02.06.2016, Rs. C-438/14 *(Bogendorff von Wolffersdorff)*, Rn. 70; EuGH, Urteil v. 07.03.2017, Rs. C-390/15 *(RPO)*, Rn. 71; EuGH, Urteil v. 05.07.2017, Rs. C-190/16 *(Fries)*, Rn. 29.

[1017] Z. B. EuGH, Urteil v. 14.09.2010, Rs. C-550/07 P *(Akzo Nobel Chemicals und Akcros Chemicals/Kommission)*, Rn. 54; EuGH, Beschluss v. 15.06.2012, Rs. C-494/11 P *(Otis Luxembourg u. a./Kommission)*, Rn. 53; EuGH, Urteil v. 11.07.2013, Rs. C-439/11 P *(Ziegler/Kommission)*, Rn. 132; EuGH, Urteil v. 11.07.2013, Rs. C-444/11 P *(Team Relocations u. a./Kommission)*, Rn. 186; EuGH, Urteil v. 18.07.2013, Rs. C-234/12 *(Sky Italia)*, Rn. 15; EuGH, Urteil v. 26.09.2013, Rs. C-195/12 *(IBV & Cie)*, Rn. 42, 48 f.; EuGH, Urteil v. 12.11.2014, Rs. C-580/12 P *(Guardian Industries und Guardian Europe/Kommission)*, Rn. 51; EuGH, Beschluss v. 07.07.2016, Rs. C-510/15 P *(Fapricela/Kommission)*, Rn. 53; EuGH, Beschluss v. 07.07.2016, Rs. C-523/15 P *(Westfälische Drahtindustrie u. a./Kommission)*, Rn. 63; EuGH, Urteil v. 21.12.2016, Rs. C-272/15 *(Swiss International Air Lines)*, Rn. 20; EuGH, Urteil v. 21.12.2016, Rs. C-76/15 *(Vervloet u. a.)*, Rn. 74; EuGH, Urteil v. 26.01.2017, Rs. C-604/13 P *(Aloys F. Dornbracht/Kommission)*, Rn. 77; EuGH, Urteil v. 26.01.2017, Rs. C-618/13 P *(Zucchetti Rubinetteria/Kommission)*, Rn. 38; EuGH, Urteil v. 26.01.2017, Rs. C-619/13 P *(Mamoli Robinetteria/Kommission)*, Rn. 102; EuGH, Urteil v. 26.01.2017, Rs. C-636/13 P *(Roca Sanitario/Kommission)*, Rn. 57; EuGH, Urteil v. 26.01.2017, Rs. C-637/13 P *(Laufen Austria/Kommission)*, Rn. 69; EuGH, Urteil v. 26.01.2017, Rs. C-638/13 P *(Roca/Kommission)*, Rn. 65; EuGH, Urteil v. 09.03.2017, Rs. C-406/15 *(Milkova)*, Rn. 55.

[1018] EuGH, Urteil v. 12.05.2011, Rs. C-391/09 *(Runevič-Vardyn und Wardyn)*, Rn. 43; EuGH, Urteil v. 16.07.2015, Rs. C-83/14 *(CHEZ Razpredelenie Bulgaria)*, Rn. 42; EuGH, Urteil v. 26.10.2017, Rs. C-534/16 *(BB construct)*, Rn. 30.

[1019] Vgl. EuGH, Urteil v. 11.04.2013, Rs. C-401/11 *(Soukupová)*, Rn. 28.

[1020] EuGH, Urteil v. 27.06.2013, Rs. C-457/11 bis C-460/11 *(VG Wort u. a.)*, Rn. 73; unklar in EuGH, Urteil v. 17.09.2015, Rs. C-416/14 *(Fratelli De Pra und SAIV)*, Rn. 52–55.

[1021] EuGH, Urteil v. 14.09.2010, Rs. C-550/07 P *(Akzo Nobel Chemicals und Akcros Chemicals/Kommission)*, Rn. 55; damit ähnelt diese Definition dem völkerrechtlichen Grundsatz der Nichtdiskriminierung. Vgl. dazu z. B. *R. Dolzer/C. Kreuter-Kirchhof*, Wirtschaft und Kultur, in: W. Vitzthum/A. Proelß (Hrsg.), Völkerrecht, 7. Aufl. 2016, Rn. 16.

EuGH sowohl im Rahmen der Gleichheitsgrundrechte der Charta als auch bei der Prüfung des allgemeinen Gleichheitssatzes als ungeschriebenen Grundsatz des Unionsrechts und im Rahmen der Grundfreiheiten.[1022] Diese Rechtsprechung kann sich zwar auf die Erläuterungen zur Charta stützen, wonach Art. 20 GRC „dem allgemeinen Rechtsprinzip, das in allen europäischen Verfassungen verankert ist und das der Gerichtshof als ein Grundprinzip des Gemeinschaftsrechts angesehen hat", entspricht,[1023] sie lässt aber den im jeweiligen Fall angewandten Interpretationsmaßstab im Dunkeln.[1024] Außerdem wird nicht klar, ob der EuGH Art. 20 GRC als subsidiär gegenüber anderen Gleichheitsrechten ansieht.[1025] Da der Gerichtshof Art. 20 GRC so zwar besonders häufig zitiert, die eigentliche Prüfung aber an den allgemeinen Grundsätzen des Unionsrechts ohne weitere Zitierung der Charta erfolgt, fallen zahlreiche[1026] dieser Entscheidungen in die Fallgruppe B2. Vermischungen der Gleichheitsrechte der Charta mit den Diskriminierungsverboten aus Art. 18 AEUV oder den Grundfreiheiten lassen sich in der hier untersuchten Rechtsprechung hingegen nicht nachweisen.[1027]

3. Zusammenfassung

Die Abgrenzung der Gleichheitsgrundrechte der Charta untereinander und gegenüber Gleichheitsrechten aus anderen Rechtsquellen ist damit noch wenig ausgearbeitet. Es besteht hier weiter eine „gewisse dogmatische Systemlosigkeit".[1028]

[1022] *A. Schramm*, in: M. Holoubek/G. Lienbacher (Hrsg.), Charta der Grundrechte der Europäischen Union, 2014, Art. 20 Rn. 8.

[1023] *Präsidium des Konvents*, Erläuterungen zur Charta der Grundrechte, ABl. 2007 Nr. C 303/02, 14.12.2007, S. 24.

[1024] *A. Schramm*, in: M. Holoubek/G. Lienbacher (Hrsg.), Charta der Grundrechte der Europäischen Union, 2014, Art. 20 Rn. 8.

[1025] Dafür etwa *M. Rossi*, in: C. Calliess/M. Ruffert (Hrsg.), EUV, AEUV, 5. Aufl. 2016, Art. 20 GRC Rn. 17; *H. D. Jarass*, Charta der Grundrechte der Europäischen Union, 3. Aufl. 2016, Art. 20 Rn. 5; *S. Lemke*, in: H. von der Groeben/J. Schwarze/A. Hatje (Hrsg.), Europäisches Unionsrecht, 7. Aufl. 2015, Art. 20 GRC Rn. 6.

[1026] Insgesamt 16 von 79 Entscheidungen in sämtlichen Fallgruppen. Prozentual bedeutet das einen Anteil von ca. 20% gegenüber einem generellen Anteil der B2-Entscheidungen an sämtlichen Entscheidungen, die in der vorliegenden Arbeit analysiert werden, von nur ca. 8%.

[1027] Vgl. aber insbesondere zur Lage vor Inkrafttreten der Charta *M. Rossi*, in: C. Calliess/M. Ruffert (Hrsg.), EUV, AEUV, 5. Aufl. 2016, Art. 20 GRC Rn. 3; *S. Hölscheidt*, in: J. Meyer (Hrsg.), Charta der Grundrechte der Europäischen Union, 4. Aufl. 2014, Art. 20 GRC Rn. 11; *A. Schramm*, in: M. Holoubek/G. Lienbacher (Hrsg.), Charta der Grundrechte der Europäischen Union, 2014, Art. 20 Rn. 6.

[1028] *A. Schramm*, in: M. Holoubek/G. Lienbacher (Hrsg.), Charta der Grundrechte der Europäischen Union, 2014, Art. 20 Rn. 8 m. w. N.; ähnlich *M. Rossi*, in: C. Calliess/M. Ruffert (Hrsg.), EUV, AEUV, 5. Aufl. 2016, Art. 20 GRC Rn. 3.

V. Rechtfertigung

Art. 52 Abs. 1 GRC stellt mehrere Anforderungen an die Rechtfertigung einer Grundrechtseinschränkung: Sie muss gesetzlich vorgesehen sein (1) und den Wesensgehalt des jeweiligen Grundrechts achten (3). Der zentrale Prüfungspunkt ist die Frage nach der Verhältnismäßigkeit (2).

1. Gesetzesvorbehalt

Im Rahmen der Analyse der Prüfung des Gesetzesvorbehalts durch den EuGH soll untersucht werden, ob der Gerichtshof nach Verbindlichwerden der Charta den Gesetzesvorbehalt gemäß Art. 52 Abs. 1 S. 1 GRC prüft und ob er eine kohärente und konsistente Rechtsprechung zu dessen Voraussetzungen entwickelt.[1029] Untersuchungsgegenstand sind die 71 Entscheidungen der Fallgruppen A1 und A2, da der Gerichtshof in diesen eine vollständige[1030] und mindestens ausführliche[1031] Grundrechtsprüfung anhand der Charta vornimmt.[1032]

In der überwiegenden Zahl dieser Entscheidungen prüft der EuGH überhaupt nicht, ob die Einschränkung gesetzlich vorgesehen ist (a)). Eine solche Prüfung nimmt er in nur 20 Entscheidungen ausdrücklich vor (b)), während dies in weiteren zwölf unklar ist (c)). Dementsprechend wurden die Anforderungen an die gesetzliche Grundlage vom Gerichtshof lediglich teilweise ausgeformt. Wesentliche Fragen sind noch ungeklärt (d)).

a) Keine Prüfung des Gesetzesvorbehalts

In 39 der hier untersuchten 71 Entscheidungen prüft der EuGH den Gesetzesvorbehalt überhaupt nicht[1033] und erwähnt dieses Erfordernis auch nicht in seiner Definition der Anforderungen an die Rechtfertigung einer Grundrechtseinschränkung.[1034]

[1029] Vgl. zur Kriterienentwicklung Kapitel 3 A. II. 5. a).
[1030] Siehe zum Begriff der Vollständigkeit im Sinne der vorliegenden Arbeit Kapitel 2 C. II. 3. b).
[1031] Siehe zum Begriff der Ausführlichkeit im Sinne der vorliegenden Arbeit Kapitel 2 C. II. 2.
[1032] In der Fallgruppe A3 hingegen verneint der EuGH meist schon die Eröffnung des Schutzbereiches oder das Vorliegen einer Grundrechtseinschränkung. Zu den Entscheidungen der Fallgruppe B1 siehe Kapitel 3 B. VI.
[1033] Ähnlich zum Stand aus dem Jahre 2013 S. *Peers/S. Prechal*, in: S. Peers/T. K. Hervey/ A. Ward (Hrsg.), The EU Charter of Fundamental Rights, 2014, Art 52 Rn. 37, 45.
[1034] Vgl. EuGH, Urteil v. 15.07.2010, Rs. C-271/08 *(Kommission/Deutschland)*; EuGH, Urteil v. 05.10.2010, Rs. C-400/10 PPU *(MCB.)*; EuGH, Urteil v. 01.03.2011, Rs. C-236/09 *(Association Belge des Consommateurs Test-Achats u. a.)*; EuGH, Urteil v. 05.05.2011, Rs. C-543/09 *(Deutsche Telekom)*; EuGH, Urteil v. 21.07.2011, Rs. C-21/10 *(Nagy)*; EuGH, Urteil v. 17.11.2011, Rs. C-327/10 *(Hypoteční banka)*; EuGH, Urteil v. 24.11.2011, Rs. C-468/10 *(ASNEF)*; EuGH, Urteil v. 24.11.2011, Rs. C-70/10 *(Scarlet Extended)*; EuGH, Urteil v. 21.12.2011, Rs. C-411/10 und C-493/10 *(N. S. u. a.)*; EuGH, Urteil v. 16.02.2012,

So stellt er in den Urteilen Križan u. a. (C-416/10) sowie Texdata Software (C-418/11) zwar fest, die Grundrechte seien nicht schrankenlos gewährleistet, sondern könnten Beschränkungen unterworfen werden,[1035] zur Bestimmung der Anforderungen an eine solche Rechtfertigung stellt er aber nicht auf Art. 52 Abs. 1 GRC ab und erwähnt auch nicht den darin vorgesehenen Gesetzesvorbehalt. Eine Grundrechtseinschränkung sei vielmehr „nach ständiger Rechtsprechung" gerechtfertigt, sofern sie tatsächlich dem Gemeinwohl dienenden Zielen entspreche und keinen im Hinblick auf den verfolgten Zweck unverhältnismäßigen, nicht tragbaren Eingriff darstelle, der die so gewährleisteten Rechte in ihrem Wesensgehalt antaste.[1036]

Im Urteil Ledra Advertising / Kommission und EZB (C-8/15 P bis C-10/15 P) dagegen erwähnt der EuGH zwar Art. 52 Abs. 1 GRC, erklärt dazu aber: „Das Eigentumsrecht kann daher, wie aus Art. 52 Abs. 1 der Charta hervorgeht, Beschränkungen unterworfen werden, sofern diese Beschränkungen tatsächlich dem Gemeinwohl dienenden Zielen entsprechen und nicht einen im Hinblick auf den verfolgten Zweck unverhältnismäßigen und nicht tragbaren Eingriff darstellen, der das so gewährleistete Recht in seinem Wesensgehalt antasten würde".[1037]

Rs. C-360/10 *(SABAM)*; EuGH, Urteil v. 15.03.2012, Rs. C-292/10 *(G)*; EuGH, Urteil v. 06.09.2012, Rs. C-544/10 *(Deutsches Weintor)*; EuGH, Urteil v. 22.11.2012, Rs. C-89/11 P *(E. ON Energie / Kommission)*; EuGH, Urteil v. 15.01.2013, Rs. C-416/10 *(Križan u. a.)*; EuGH, Urteil v. 28.02.2013, Rs. C-334/12 RX-II *(Réexamen Arango Jaramillo u. a. / EIB)*; EuGH, Urteil v. 18.07.2013, Rs. C-426/11 *(Alemo-Herron u. a.)*; EuGH, Urteil v. 26.09.2013, Rs. C-418/11 *(Texdata Software)*; EuGH, Urteil v. 26.11.2013, Rs. C-40/12 P *(Gascogne Sack Deutschland / Kommission)*; EuGH, Urteil v. 26.11.2013, Rs. C-50/12 P *(Kendrion / Kommission)*; EuGH, Urteil v. 26.11.2013, Rs. C-58/12 P *(Groupe Gascogne / Kommission)*; EuGH, Urteil v. 28.11.2013, Rs. C-348/12 P *(Rat / Manufacturing Support & Procurement Kala Naft)*; EuGH, Urteil v. 27.03.2014, Rs. C-314/12 *(UPC Telekabel Wien)*; EuGH, Urteil v. 27.03.2014, Rs. C-530/12 P *(HABM / National Lottery Commission)*; EuGH, Urteil v. 30.04.2014, Rs. C-238/12 P *(FLSmidth / Kommission)*; EuGH, Urteil v. 13.05.2014, Rs. C-131/12 *(Google Spain und Google)*; EuGH, Urteil v. 19.06.2014, Rs. C-243/12 P *(FLS Plast / Kommission)*; EuGH, Urteil v. 11.09.2014, Rs. C-112/13 *(A)*; EuGH, Urteil v. 18.12.2014, Rs. C-562/13 *(Abdida)*; EuGH, Urteil v. 06.10.2015, Rs. C-362/14 *(Schrems)*; EuGH, Urteil v. 21.01.2016, Rs. C-74/14 *(Eturas u. a.)*; EuGH, Urteil v. 05.04.2016, Rs. C-404/15 und C-659/15 PPU *(Aranyosi und Căldăraru)*; EuGH, Urteil v. 30.06.2016, Rs. C-205/15 *(Toma und Biroul Executorului Judecătoresc Horațiu-Vasile Cruduleci)*; EuGH, Urteil v. 15.09.2016, Rs. C-484/14 *(Mc Fadden)*; EuGH, Urteil v. 20.09.2016, Rs. C-8/15 P bis C-10/15 P *(Ledra Advertising / Kommission und EZB)*; EuGH, Urteil v. 10.11.2016, Rs. C-156/15 *(Private Equity Insurance Group)*; EuGH, Urteil v. 16.02.2017, Rs. C-578/16 PPU *(C. K. u. a.)*; EuGH, Urteil v. 28.03.2017, Rs. C-72/15 *(Rosneft)*; EuGH, Beschluss v. 06.04.2017, Rs. C-464/16 P *(PITEE / Kommission)*; EuGH, Urteil v. 26.07.2017, Rs. C-348/16 *(Sacko)*.

[1035] EuGH, Urteil v. 26.09.2013, Rs. C-418/11 *(Texdata Software)*, Rn. 84; in Bezug auf das Eigentumsrecht EuGH, Urteil v. 15.01.2013, Rs. C-416/10 *(Križan u. a.)*, Rn. 113.

[1036] EuGH, Urteil v. 26.09.2013, Rs. C-418/11 *(Texdata Software)*, Rn. 84; ganz ähnlich EuGH, Urteil v. 15.01.2013, Rs. C-416/10 *(Križan u. a.)*, Rn. 113; EuGH, Urteil v. 28.03.2017, Rs. C-72/15 *(Rosneft)*, Rn. 148; EuGH, Urteil v. 26.07.2017, Rs. C-348/16 *(Sacko)*, Rn. 38.

[1037] EuGH, Urteil v. 20.09.2016, Rs. C-8/15 P bis C-10/15 P *(Ledra Advertising / Kommission und EZB)*, Rn. 70.

Trotz der Zitation von Art. 52 Abs. 1 GRC erwähnt und prüft der Gerichtshof den in diesem Artikel ausdrücklich vorgeschriebenen Vorbehalt des Gesetzes nicht. Ein solches Vorgehen mag in Fällen, in denen die Grundrechtseinschränkung wie im Urteil Deutsches Weintor (C-544/10) unmittelbar durch ein Gesetz (hier eine Verordnung) erfolgt,[1038] noch nachvollziehbar sein, beruht die Einschränkung aber wie im Urteil Ledra Advertising/Kommission und EZB (C-8/15 P bis C-10/15 P) auf einer Mitteilung der Kommission und ist damit das Vorliegen einer gesetzlichen Grundlage nicht offensichtlich, sind Ausführungen zu diesem Prüfungspunkt unverzichtbar.[1039] Dies gilt umso mehr, als Art. 52 Abs. 1 GRC explizit das Vorliegen einer gesetzlichen Grundlage für jede Grundrechtseinschränkung verlangt.[1040]

b) Prüfung des Gesetzesvorbehalts

In 20 Entscheidungen hingegen prüft der EuGH, ob den Anforderungen des Gesetzesvorbehalts Genüge getan ist. Bis auf die Urteile Pillbox 38 (C-477/14), Knauf Gips/Kommission (C-407/08 P), Al Chodor u.a. (C-528/15) und Polkomtel (C-277/16) fallen diese Entscheidungen in die Fallgruppe A1. Eine Prüfung des Gesetzesvorbehalts nimmt der Gerichtshof also fast nur vor, wenn er die Verletzung eines Grundrechts der Charta sehr ausführlich prüft. Während sich zwölf der 20 Entscheidungen auf eine gesetzliche Grundlage des Unionsrechts beziehen,[1041] basieren die Grundrechtseinschränkungen in acht Entscheidungen auf einer nationalen Regelung.[1042]

[1038] Vgl. EuGH, Urteil v. 06.09.2012, Rs. C-544/10 *(Deutsches Weintor)*.

[1039] Auch in EuGH, Urteil v. 16.02.2017, Rs. C-578/16 PPU *(C. K. u. a.)*, Rn. 55–97 könnte man der Ansicht sein, Ausführungen zum Gesetzesvorbehalt seien verzichtbar, da Einschränkungen von Art. 4 GRC generell keiner Rechtfertigung zugänglich sind. Dies stellt der EuGH jedoch nicht ausdrücklich fest.

[1040] So auch *S. Peers/S. Prechal*, in: S. Peers/T. K. Hervey/A. Ward (Hrsg.), The EU Charter of Fundamental Rights, 2014, Art 52 Rn. 45.

[1041] Vgl. EuGH, Urteil v. 01.07.2010, Rs. C-407/08 P *(Knauf Gips/Kommission)*, Rn. 91; EuGH, Urteil v. 09.11.2010, Rs. C-92/09 und C-93/09 *(Volker und Markus Schecke und Eifert)*, Rn. 66; EuGH, Urteil v. 17.10.2013, Rs. C-291/12 *(Schwarz)*, Rn. 35; EuGH, Urteil v. 27.05.2014, Rs. C-129/14 PPU *(Spasic)*, Rn. 57; EuGH, Urteil v. 17.12.2015, Rs. C-157/14 *(Neptune Distribution)*, Rn. 69; EuGH, Urteil v. 15.02.2016, Rs. C-601/15 PPU *(N.)*, Rn. 51; EuGH, Urteil v. 04.05.2016, Rs. C-477/14 *(Pillbox 38)*, Rn. 161; EuGH, Urteil v. 04.05.2016, Rs. C-547/14 *(Philip Morris Brands u. a.)*, Rn. 150; EuGH, Urteil v. 07.03.2017, Rs. C-390/15 *(RPO)*, Rn. 55; EuGH, Urteil v. 05.07.2017, Rs. C-190/16 *(Fries)*, Rn. 37 und 74; EuGH, Gutachten v. 26.07.2017, Rs. Avis 1/15 *(Accord PNR UE-Canada)*, Rn. 142–147; EuGH, Urteil v. 14.09.2017, Rs. C-18/16 *(K)*, Rn. 35.

[1042] Vgl. EuGH, Urteil v. 17.09.2014, Rs. C-562/12 *(Liivimaa Lihaveis)*, Rn. 73; EuGH, Urteil v. 29.04.2015, Rs. C-528/13 *(Léger)*, Rn. 53; EuGH, Urteil v. 06.10.2015, Rs. C-650/13 *(Delvigne)*, Rn. 47; EuGH, Urteil v. 15.09.2016, Rs. C-439/14 und C-488/14 *(Star Storage)*, Rn. 50; EuGH, Urteil v. 15.03.2017, Rs. C-528/15 *(Al Chodor u.a)*, Rn. 41–46; EuGH, Urteil v. 13.06.2017, Rs. C-258/14 *(Florescu u. a.)*, Rn. 54; EuGH, Urteil v. 27.09.2017, Rs. C-73/16 *(Puškár)*, Rn. 63 und 89; EuGH, Urteil v. 20.12.2017, Rs. C-277/16 *(Polkomtel)*, Rn. 52.

In den meisten Entscheidungen erklärt der EuGH nur kurz, dass eine ausreichende mitgliedstaatliche oder europäische gesetzliche Grundlage für den Eingriff vorliegt und worin diese besteht.[1043] Sein Ergebnis begründet er nicht.

Einzig in den Urteilen Liivimaa Lihaveis (C-562/12), Knauf Gips/Kommission (C-407/08 P) und Al Chodor u. a. (C-528/15) stellt der Gerichtshof einen Verstoß gegen den Gesetzesvorbehalt fest. Im Urteil Liivimaa Lihaveis geht es um die Ablehnung einer Beihilfe durch den Begleitausschuss eines Programms zur Förderung der europäischen territorialen Zusammenarbeit (sogenanntes Seirekomitee).[1044] Dieses Komitee hatte einen Programmleitfaden erlassen, wonach gegen ablehnende Beihilfeentscheidungen des Komitees kein Rechtsbehelf eingelegt werden konnte. In seiner Prüfung zitiert der EuGH erst die Anforderungen an die Rechtfertigung einer Grundrechtseinschränkung gemäß Art. 52 Abs. 1 GRC[1045] und kommt anschließend zu folgendem Ergebnis: „Das Fehlen eines Rechtsbehelfs gegen eine Entscheidung über die Ablehnung eines Beihilfeantrags, wie es im Ausgangsverfahren in Rede steht, ist aber jedenfalls vom Seirekomitee selbst vorgesehen worden und nicht vom Gesetz."[1046] Es liege daher ein Verstoß gegen Art. 47 Abs. 1 GRC vor.[1047]

Auch im Urteil Knauf Gips/Kommission (C-407/08 P)[1048] nimmt der EuGH eine Verletzung von Art. 47 GRC an.[1049] Das EuG hatte die kartellrechtliche Verantwortlichkeit der Rechtsmittelführerin mit dem Argument bejaht, diese habe im Verwaltungsverfahren vor der Kommission nicht bestritten, dass ihr die Zuwiderhandlungen anderer Gesellschaften der Knauf-Gruppe zuzurechnen seien.[1050] Nach Ansicht des EuGH gibt es aber „keine unionsrechtliche Vorschrift, die den Adressaten der Mitteilung der Beschwerdepunkte im Rahmen der Art. 81 EG und 82 EG zwingt, die verschiedenen in dieser Mitteilung angeführten tatsächlichen und rechtlichen Gesichtspunkte im Verwaltungsverfahren anzugreifen, um das Recht, dies später im Stadium des Gerichtsverfahrens zu tun, nicht zu verwirken."[1051] Der EuGH kommt zu folgendem Ergebnis: „Man-

---

[1043] Vgl. etwa EuGH, Urteil v. 09.11.2010, Rs. C-92/09 und C-93/09 *(Volker und Markus Schecke und Eifert)*, Rn. 66; EuGH, Urteil v. 29.04.2015, Rs. C-528/13 *(Léger)*, Rn. 53; EuGH, Urteil v. 06.10.2015, Rs. C-650/13 *(Delvigne)*, Rn. 47; EuGH, Urteil v. 17.12.2015, Rs. C-157/14 *(Neptune Distribution)*, Rn. 69; EuGH, Urteil v. 15.02.2016, Rs. C-601/15 PPU *(N.)*, Rn. 51; EuGH, Urteil v. 04.05.2016, Rs. C-477/14 *(Pillbox 38)*, Rn. 161; EuGH, Urteil v. 04.05.2016, Rs. C-547/14 *(Philip Morris Brands u. a.)*, Rn. 150; EuGH, Urteil v. 15.09.2016, Rs. C-439/14 und C-488/14 *(Star Storage)*, Rn. 50.

[1044] Vgl. EuGH, Urteil v. 17.09.2014, Rs. C-562/12 *(Liivimaa Lihaveis)*, Rn. 1 f., 31–42.

[1045] Vgl. EuGH, Urteil v. 17.09.2014, Rs. C-562/12 *(Liivimaa Lihaveis)*, Rn. 72.

[1046] EuGH, Urteil v. 17.09.2014, Rs. C-562/12 *(Liivimaa Lihaveis)*, Rn. 73.

[1047] EuGH, Urteil v. 17.09.2014, Rs. C-562/12 *(Liivimaa Lihaveis)*, Rn. 74.

[1048] Zu Sachverhalt und Hintergrund etwa *R. Hauck*, GRUR-Prax 2010, S. 349; *J. Eickhoff*, GWR 2010, S. 379.

[1049] EuGH, Urteil v. 01.07.2010, Rs. C-407/08 P *(Knauf Gips/Kommission)*, Rn. 91.

[1050] *J. Eickhoff*, GWR 2010, S. 379 (379); vgl. EuGH, Urteil v. 01.07.2010, Rs. C-407/08 P *(Knauf Gips/Kommission)*, Rn. 87 f.

[1051] EuGH, Urteil v. 01.07.2010, Rs. C-407/08 P *(Knauf Gips/Kommission)*, Rn. 89.

gels einer entsprechenden ausdrücklichen Rechtsgrundlage verstieße eine solche Einschränkung gegen die tragenden Grundsätze der Gesetzmäßigkeit und der Wahrung der Verteidigungsrechte. Zudem wird das Recht auf einen wirksamen Rechtsbehelf und ein unparteiisches Gericht in Art. 47 der Charta der Grundrechte der Europäischen Union garantiert, die nach Art. 6 Abs. 1 Unter-Abs. 1 EUV rechtlich den gleichen Rang hat wie die Verträge. Nach Art. 52 Abs. 1 der Charta muss jede Einschränkung der Ausübung der in der Charta anerkannten Rechte und Freiheiten gesetzlich vorgesehen sein."[1052] Das Gericht habe mit der Annahme einer Präklusion einen Rechtsfehler begangen.[1053]

Keine ausreichende gesetzliche Grundlage sieht der Gerichtshof auch im Urteil Al Chodor u.a. (C-528/15). Im zugrunde liegenden Fall ging es um die Inhaftierung von Antragstellern auf internationalen Schutz wegen Fluchtgefahr.[1054] Dieser Eingriff in das Recht auf Freiheit gemäß Art. 6 GRC basierte zwar auf der europäischen Dublin-III-Verordnung, welche jedoch zur Festlegung der objektiven Kriterien für das Vorliegen der Fluchtgefahr auf das Recht der Mitgliedstaaten verweist.[1055] Nach Ansicht des EuGH reicht insofern eine gefestigte nationale Rechtsprechung nicht aus, um mit der erforderlichen Klarheit, Vorhersehbarkeit und Zugänglichkeit einen hinreichenden Schutz vor Willkür zu bieten. Erforderlich sei eine Regelung mit allgemeiner Geltung, die im Ausgangsfall nicht vorlag.[1056]

Die drei Entscheidungen Liivimaa Lihaveis, Knauf Gips/Kommission und Al Chodor u.a. stechen aus der Rechtsprechung des EuGH heraus, weil der Gerichtshof lediglich in diesen Urteilen einen Verstoß gegen das Erfordernis einer gesetzlichen Grundlage annimmt. Zudem gibt es neben den Entscheidungen Liivimaa Lihaveis sowie Knauf Gips/Kommission nur zwei weitere Prüfungen des Gesetzesvorbehalts im Rahmen von Art. 47 GRC.[1057] In 18 von insgesamt 26 Entscheidungen, in denen Art. 47 GRC zumindest auch geprüft wird und die Teil der Fallgruppen A1 oder A2 sind, erfolgt eine solche Untersuchung hingegen nicht.[1058]

[1052] EuGH, Urteil v. 01.07.2010, Rs. C-407/08 P *(Knauf Gips/Kommission)*, Rn. 91.
[1053] EuGH, Urteil v. 01.07.2010, Rs. C-407/08 P *(Knauf Gips/Kommission)*, Rn. 93.
[1054] Vgl. EuGH, Urteil v. 15.03.2017, Rs. C-528/15 *(Al Chodor u.a)*, Rn. 36–40.
[1055] EuGH, Urteil v. 15.03.2017, Rs. C-528/15 *(Al Chodor u.a)*, Rn. 41.
[1056] Vgl. EuGH, Urteil v. 15.03.2017, Rs. C-528/15 *(Al Chodor u.a)*, Rn. 41–46; vgl. zu den Folgen *S. Beichel-Benedetti/M. Hoppe*, NVwZ 2017, S. 777 (780).
[1057] EuGH, Urteil v. 01.07.2010, Rs. C-407/08 P *(Knauf Gips/Kommission)*, Rn. 91; vgl. EuGH, Urteil v. 17.09.2014, Rs. C-562/12 *(Liivimaa Lihaveis)*, Rn. 73; EuGH, Urteil v. 15.09.2016, Rs. C-439/14 und C-488/14 *(Star Storage)*, Rn. 50; EuGH, Urteil v. 27.09.2017, Rs. C-73/16 *(Puškár)*, Rn. 63 und 89.
[1058] Unklar sind EuGH, Urteil v. 17.12.2015, Rs. C-419/14 *(WebMindLicenses)*; EuGH, Urteil v. 20.12.2017, Rs. C-664/15 *(Protect Natur-, Arten- und Landschaftschutz Umweltorganisation)*.

c) Unklare Fälle

Schließlich kann in zwölf Entscheidungen[1059] nicht sicher festgestellt werden, ob der EuGH eine Prüfung des Gesetzesvorbehalts vornimmt. Hier erwähnt der Gerichtshof das Erfordernis einer gesetzlichen Grundlage für die Rechtfertigung der Grundrechtseinschränkung zwar in seiner Definition der Rechtfertigungsanforderungen, subsumiert aber nicht. In zehn Entscheidungen[1060] ist das Vorliegen einer solchen gesetzlichen Regelung allerdings offensichtlich.[1061] So untersucht der EuGH im Urteil Sky Österreich (C-283/11), ob Art. 15 Abs. 6 der Richtlinie 2010/13 mit Art. 16 und Art. 17 Abs. 1 GRC vereinbar ist.[1062] Nach der Nennung der Anforderungen gemäß Art. 52 Abs. 1 GRC an die Rechtfertigung einer Einschränkung von Art. 16 GRC[1063] geht der Gerichtshof direkt zur Prüfung des Wesensgehalts der unternehmerischen Freiheit über, ohne auf den Vorbehalt des Gesetzes einzugehen.[1064] Obwohl sehr naheliegend ist, dass Art. 15 Abs. 6 der Richtlinie 2010/13 eine geeignete rechtliche Grundlage für die Grundrechtseinschränkung darstellt, hätte ein kurzer Satz des EuGH abschließende Klarheit gebracht.

Auch im Urteil WebMindLicenses (C-419/14) erwähnt der Gerichtshof das Erfordernis der gesetzlichen Grundlage mehrfach[1065] und legt diese An-

---

[1059] Vgl. EuGH, Urteil v. 22.01.2013, Rs. C-283/11 *(Sky Österreich)*, Rn. 48; EuGH, Urteil v. 31.01.2013, Rs. C-12/11 *(McDonagh)*, Rn. 61; EuGH, Urteil v. 17.10.2013, Rs. C-101/12 *(Schaible)*, Rn. 27; EuGH, Urteil v. 08.04.2014, Rs. C-293/12 und C-594/12 *(Digital Rights Ireland und Seitlinger u. a.)*, Rn. 38; EuGH, Urteil v. 22.05.2014, Rs. C-356/12 *(Glatzel)*, Rn. 42; EuGH, Urteil v. 14.10.2014, Rs. C-611/12 P *(Giordano/Kommission)*, Rn. 49; EuGH, Urteil v. 23.11.2016, Rs. C-442/14 *(Bayer CropScience und Stichting De Bijenstichting)*, Rn. 98; EuGH, Urteil v. 21.12.2016, Rs. C-201/15 *(AGET Iraklis)*, Rn. 70; EuGH, Urteil v. 21.12.2016, Rs. C-203/15 und C-698/15 *(Tele2 Sverige)*, Rn. 94; EuGH, Urteil v. 20.12.2017, Rs. C-664/15 *(Protect Natur-, Arten- und Landschaftschutz Umweltorganisation)*, Rn. 90 f.

[1060] Vgl. EuGH, Urteil v. 22.01.2013, Rs. C-283/11 *(Sky Österreich)*, Rn. 48; EuGH, Urteil v. 31.01.2013, Rs. C-12/11 *(McDonagh)*, Rn. 61; EuGH, Urteil v. 17.10.2013, Rs. C-101/12 *(Schaible)*, Rn. 27; EuGH, Urteil v. 08.04.2014, Rs. C-293/12 und C-594/12 *(Digital Rights Ireland und Seitlinger u. a.)*, Rn. 38; EuGH, Urteil v. 22.05.2014, Rs. C-356/12 *(Glatzel)*, Rn. 42; EuGH, Urteil v. 14.10.2014, Rs. C-611/12 P *(Giordano/Kommission)*, Rn. 49; EuGH, Urteil v. 17.12.2015, Rs. C-419/14 *(WebMindLicenses)*, Rn. 70–78, 73; EuGH, Urteil v. 30.06.2016, Rs. C-134/15 *(Lidl)*, Rn. 32; EuGH, Urteil v. 23.11.2016, Rs. C-442/14 *(Bayer CropScience und Stichting De Bijenstichting)*, Rn. 98; EuGH, Urteil v. 21.12.2016, Rs. C-201/15 *(AGET Iraklis)*, Rn. 70; EuGH, Urteil v. 21.12.2016, Rs. C-203/15 und C-698/15 *(Tele2 Sverige)*, Rn. 94; EuGH, Urteil v. 20.12.2017, Rs. C-664/15 *(Protect Natur-, Arten- und Landschaftschutz Umweltorganisation)*, Rn. 90 f.

[1061] Ähnlich auch zur Lage bis zum Jahr 2013 S. Peers/S. Prechal, in: S. Peers/T. K. Hervey/A. Ward (Hrsg.), The EU Charter of Fundamental Rights, 2014, Art 52 Rn. 37.

[1062] Vgl. EuGH, Urteil v. 22.01.2013, Rs. C-283/11 *(Sky Österreich)*, Rn. 30–68.

[1063] Vgl. EuGH, Urteil v. 22.01.2013, Rs. C-283/11 *(Sky Österreich)*, Rn. 48.

[1064] Vgl. EuGH, Urteil v. 22.01.2013, Rs. C-283/11 *(Sky Österreich)*, Rn. 49; ähnlich EuGH, Urteil v. 08.04.2014, Rs. C-293/12 und C-594/12 *(Digital Rights Ireland und Seitlinger u. a.)*, Rn. 38 f.

[1065] Vgl. EuGH, Urteil v. 17.12.2015, Rs. C-419/14 *(WebMindLicenses)*, Rn. 69, 73, 81, 91.

forderung sogar genauer aus[1066], eine Subsumtion fehlt hier jedoch, obwohl deren Ergebnis anders als im Urteil Sky Österreich nicht völlig offensichtlich ist. Der EuGH prüft in dieser Entscheidung nämlich nicht direkt die Gültigkeit einer Norm, sondern „die Erlangung der Beweise im Rahmen des Strafverfahrens"[1067], „die Überwachung des Telekommunikationsverkehrs"[1068], „eine Beschlagnahme von E-Mails"[1069] und „die Verwendung der im Rahmen eines nicht abgeschlossenen Strafverfahrens durch eine Überwachung des Telekommunikationsverkehrs und eine Beschlagnahme von E-Mails erlangten Beweise durch die Steuerbehörde"[1070]. Dabei geht er nicht darauf ein, auf welcher gesetzlichen Grundlage diese Maßnahmen ergangen sind.

Im Urteil Lidl (C-134/15) schließlich beruft sich der EuGH auf die Rechtsauffassung des vorlegenden Gerichts, wenn er zum Vorliegen einer gesetzlichen Grundlage feststellt, dieses Gericht sei „der Auffassung, dass die Etikettierungspflicht als eine Einschränkung der Ausübung des durch Art. 16 der Charta gewährleisteten Rechts gesetzlich vorgeschrieben ist".[1071] Der Gerichtshof prüft in der Rechtfertigung nur die Verhältnismäßigkeit der Maßnahme, da das nationale Gericht an dieser Zweifel geäußert hat.[1072]

d) Entwicklung einer kohärenten und konsistenten Rechtsprechung zum Gesetzesvorbehalt durch den EuGH

Angesichts der seltenen Prüfung des Gesetzesvorbehalts und der knappen Ausführungen lässt sich nur schwer beurteilen, ob der Gerichtshof eine kohärente und konsistente Rechtsprechung zu den Voraussetzungen des Gesetzesvorbehalts gemäß Art. 52 Abs. 1 S. 1 GRC entwickelt hat. Nur im Urteil WebMindLicenses (C-419/14) legt er dar, was er darunter versteht: „[D]ie Anforderung, dass jede Einschränkung der Ausübung dieses Rechts gesetzlich vorgesehen sein muss, bedeutet, dass die gesetzliche Grundlage für die Verwendung der in der vorangegangenen Randnummer erwähnten Beweise durch die Steuerbehörde hinreichend klar und genau sein muss und dass sie dadurch, dass sie selbst den Umfang der Einschränkung der Ausübung des durch Art. 7 der Charta garantierten Rechts festlegt, einen gewissen Schutz gegen etwaige willkürliche Eingriffe der Steuerbehörde bietet."[1073] Hierbei verweist er auf meh-

---

[1066] Vgl. EuGH, Urteil v. 17.12.2015, Rs. C-419/14 *(WebMindLicenses)*, Rn. 81, dazu sogleich.
[1067] EuGH, Urteil v. 17.12.2015, Rs. C-419/14 *(WebMindLicenses)*, Rn. 70.
[1068] EuGH, Urteil v. 17.12.2015, Rs. C-419/14 *(WebMindLicenses)*, Rn. 71.
[1069] EuGH, Urteil v. 17.12.2015, Rs. C-419/14 *(WebMindLicenses)*, Rn. 72.
[1070] EuGH, Urteil v. 17.12.2015, Rs. C-419/14 *(WebMindLicenses)*, Rn. 80.
[1071] EuGH, Urteil v. 30.06.2016, Rs. C-134/15 *(Lidl)*, Rn. 32.
[1072] Vgl. EuGH, Urteil v. 30.06.2016, Rs. C-134/15 *(Lidl)*, Rn. 32. Siehe zur Bedeutung der Vorlagefragen im Vorabentscheidungsverfahren Kapitel 4 C. II. 2. a) bb).
[1073] EuGH, Urteil v. 17.12.2015, Rs. C-419/14 *(WebMindLicenses)*, Rn. 81; ähnlich, aber

rere Urteile des EGMR.[1074] Im Gutachten 1/15 präzisiert der EuGH unter Verweis auf die Entscheidung WebMindLicenses, die gesetzliche Grundlage für den Eingriff in die Grundrechte müsse den Umfang der Einschränkung der Ausübung des betreffenden Rechts selbst festlegen.[1075]

Dem lässt sich entnehmen, dass die gesetzliche Grundlage für eine Grundrechtseinschränkung „hinreichend klar und genau sein"[1076] und in ihr „selbst" der Grad der Einschränkung bestimmt sein muss. Ebenso lässt sich wohl schließen, dass der Gesetzesvorbehalt im Sinne von Art. 52 Abs. 1 GRC Schutz gegen willkürliche Grundrechtseingriffe bieten soll.[1077] Dies knüpft an die Rechtsprechung des EuGH vor Inkrafttreten der Charta an, in der er forderte, eine gesetzliche Regelung müsse so genau sein, dass die von ihr Betroffenen die Folgen voraussehen können.[1078] Im Urteil Digital Rights Ireland und Seitlinger u. a. (C-293/12 und C-594/12) hat der EuGH außerdem zu Art. 8 Abs. 2 GRC, der eine spezielle Schrankenregelung darstellt,[1079] festgestellt, die in Rede stehende Unionsregelung müsse „klare und präzise Regeln für die Tragweite und die Anwendung der fraglichen Maßnahme vorsehen".[1080] Dies wird teilweise so verstanden, dass die Bestimmtheitsanforderungen mit zunehmender Eingriffsintensität steigen.[1081] Ob die Regelung darüber hinaus ausreichend zugänglich sein muss, war nach Inkrafttreten der Charta längere Zeit nicht sicher,[1082] in jüngeren Entscheidungen fordert der Gerichtshof jedoch auch die Zugänglichkeit der Gesetzesgrundlage.[1083]

---

unklar hinsichtlich des Bezugs der Ausführungen EuGH, Urteil v. 15.03.2017, Rs. C-528/15 *(Al Chodor u.a)*, Rn. 41.

[1074] Vgl. EuGH, Urteil v. 17.12.2015, Rs. C-419/14 *(WebMindLicenses)*, Rn. 81.

[1075] EuGH, Gutachten v. 26.07.2017, Rs. Avis 1/15 *(Accord PNR UE-Canada)*, Rn. 139.

[1076] So auch EuGH, Urteil v. 15.09.2016, Rs. C-439/14 und C-488/14 *(Star Storage)*, Rn. 50; EuGH, Urteil v. 15.03.2017, Rs. C-528/15 *(Al Chodor u.a)*, Rn. 41; vgl. dazu auch *K. Lenaerts*, EuR 47 (2012), S. 3 (7 f.).

[1077] In diese Richtung auch EuGH, Urteil v. 15.03.2017, Rs. C-528/15 *(Al Chodor u.a)*, Rn. 41.

[1078] *H. D. Jarass*, Charta der Grundrechte der Europäischen Union, 3. Aufl. 2016, Art. 52 Rn. 16 m. w. N.

[1079] *J. P. Terhechte*, in: H. von der Groeben/J. Schwarze/A. Hatje (Hrsg.), Europäisches Unionsrecht, 7. Aufl. 2015, Art. 52 GRC Rn. 6; vgl. aber die Aussagen des EuGH in EuGH, Gutachten v. 26.07.2017, Rs. Avis 1/15 *(Accord PNR UE-Canada)*, Rn. 145 f., die eher auf einen Gleichlauf von Art. 8 Abs. 2 GRC und Art. 52 Abs. 1 GRC hindeuten.

[1080] EuGH, Urteil v. 08.04.2014, Rs. C-293/12 und C-594/12 *(Digital Rights Ireland und Seitlinger u. a.)*, Rn. 54; dazu *J. P. Terhechte*, in: H. von der Groeben/J. Schwarze/A. Hatje (Hrsg.), Europäisches Unionsrecht, 7. Aufl. 2015, Art. 52 GRC Rn. 6; siehe aber *M. Borowsky*, in: J. Meyer (Hrsg.), Charta der Grundrechte der Europäischen Union, 4. Aufl. 2014, Art. 52 Rn. 20, der darauf hinweist, dass „hier eine normspezifische Auslegung geboten ist, die nicht auf die Verweise anderer Chartabestimmungen auf Gesetze zurückgreift".

[1081] Mit Verweis auf Digital Rights Ireland und Seitlinger u. a. *T. Kingreen*, in: C. Calliess/M. Ruffert (Hrsg.), EUV, AEUV, 5. Aufl. 2016, Art. 52 Rn. 62.

[1082] Ebenso *S. Peers/S. Prechal*, in: S. Peers/T. K. Hervey/A. Ward (Hrsg.), The EU Charter of Fundamental Rights, 2014, Art 52 Rn. 42.

[1083] Vgl. EuGH, Gutachten v. 26.07.2017, Rs. Avis 1/15 *(Accord PNR UE-Canada)*,

Aus der Rechtsprechung geht allerdings nicht zweifelsfrei hervor, inwieweit der Gesetzesvorbehalt auf Ebene der Union und/oder der Mitgliedstaaten als Parlamentsvorbehalt zu sehen ist.

Im Urteil Léger (C-528/13) hat der EuGH eine Verordnung des französischen Ministeriums für Gesundheit und Sport als gesetzliche Grundlage ausreichen lassen.[1084] Unklar ist aber, ob damit auf Ebene der Mitgliedstaaten auch ministerielle Verordnungen die Voraussetzungen der gesetzlichen Grundlage erfüllen oder der Gerichtshof diese Entscheidung dem jeweiligen nationalen Recht überlässt. Eine gefestigte nationale Rechtsprechung reicht dagegen zumindest bei schwerwiegenden Eingriffen in das Recht auf Freiheit in Art. 6 GRC nicht aus.[1085]

Auf Ebene der EU muss das Europäische Parlament wohl nicht zwingend beteiligt werden.[1086] Zwar hat der EuGH das Abkommen über den Austausch von Fluggastdaten zwischen der Union und Kanada als ausreichende Gesetzesgrundlage im Sinne von Art. 8 Abs. 2 und Art. 52 Abs. 1 GRC angesehen und den Einwand des Parlaments, dieser Vertrag stelle keinen „Gesetzgebungsakt" dar, mit dem Argument zurückgewiesen, eine solche Übereinkunft könne „als das Äquivalent auf internationaler Ebene eines Gesetzgebungsakts im internen Rechtsetzungsverfahren angesehen werden."[1087] Dies begründet der Gerichtshof unter anderem damit, dass in diesem Verfahren das ordentliche Gesetzgebungsverfahren unter Einbeziehung des Parlaments anwendbar sei.[1088] Damit ist die Frage nach der notwendigen Beteiligung des EP aber nicht entschieden. Fraglich ist vor allem, wie mit auf die Kommission übertragenen Gesetzgebungsbefugnissen umzugehen ist.[1089]

Rn. 146; EuGH, Urteil v. 15.03.2017, Rs. C-528/15 *(Al Chodor u.a)*, Rn. 41, hier vermischt der EuGH allerdings Aussagen zur Charta und zur Dublin-III-Verordnung.

[1084] Vgl. EuGH, Urteil v. 29.04.2015, Rs. C-528/13 *(Léger)*, Rn. 53, 21; ohne weitere Erörterung *P. Dunne*, CMLR 52 (2015), S. 1661 (1666): „the MSM deferral is clearly provided for by law".

[1085] Vgl. EuGH, Urteil v. 15.03.2017, Rs. C-528/15 *(Al Chodor u.a)*, Rn. 40 f.

[1086] In diese Richtung gehend EuGH, Urteil v. 19.07.2012, Rs. C-130/10 *(Parlament/Rat)*, Rn. 83 f., hier nimmt der EuGH allerdings keine Grundrechtsprüfung vor; dazu *H. D. Jarass*, Charta der Grundrechte der Europäischen Union, 3. Aufl. 2016, Art. 52 Rn. 25; vgl. auch EuGH, Urteil v. 05.09.2012, Rs. C-355/10 *(Parlament/Rat)*, Rn. 64, 67, 76; EuGH, Urteil v. 13.12.2012, Rs. C-237/11 und C-238/11 *(Frankreich/Parlament)*, Rn. 36 ff., auch in diesen Urteilen nimmt der EuGH jedoch keine Grundrechtsprüfung vor; gleichwohl dazu *M. Borowsky*, in: J. Meyer (Hrsg.), Charta der Grundrechte der Europäischen Union, 4. Aufl. 2014, Art. 52 GRC Rn. 20a; vgl. dazu auch *S. Peers/S. Prechal*, in: S. Peers/T. K. Hervey/A. Ward (Hrsg.), The EU Charter of Fundamental Rights, 2014, Art 52 Rn. 41.

[1087] EuGH, Gutachten v. 26.07.2017, Rs. Avis 1/15 *(Accord PNR UE-Canada)*, Rn. 146.

[1088] Vgl. EuGH, Gutachten v. 26.07.2017, Rs. Avis 1/15 *(Accord PNR UE-Canada)*, Rn. 146.

[1089] Vgl. *T. Kingreen*, in: C. Calliess/M. Ruffert (Hrsg.), EUV, AEUV, 5. Aufl. 2016, Art. 52 GRC Rn. 62.

Aus dem Urteil Volker und Markus Schecke und Eifert[1090] (C-92/09 und C-93/09) geht hervor, dass auch delegierte Rechtsakte gemäß Art. 290 AEUV beziehungsweise Durchführungsrechtsakte gemäß Art. 291 AEUV (hier: durch Kommission erlassene Verordnung ohne Parlamentsbeteiligung[1091]) den Anforderungen des Gesetzesvorbehalts aus Art. 52 Abs. 1 GRC genügen.[1092] Dabei vermischt der EuGH allerdings die Prüfung der Verordnung Nr. 1290/2005 und der Verordnung Nr. 259/2008.[1093] Art. 1 Abs. 1 der Verordnung Nr. 259/2008, die von der Kommission erlassen wurde, konkretisiert den Inhalt der Veröffentlichung nach Art. 44a der Verordnung Nr. 1290/2005, die der Rat erlassen hat.[1094] Bei der Prüfung des Gesetzesvorbehalts stellt der Gerichtshof jedoch nur auf die Verordnung Nr. 259/2008 ab.[1095] Verordnungen des Rates, das heißt ohne Beteiligung des Parlaments, erfüllen aber wohl die Anforderungen des Gesetzesvorbehalts.[1096]

Der EuGH hat daneben sowohl Verordnungen des Europäischen Parlaments und des Rates[1097] sowie Richtlinien[1098] als auch Kombinationen von beiden[1099] und Art. 54 des Übereinkommens zur Durchführung des Übereinkommens von Schengen[1100] als ausreichend anerkannt. Der Begriff der gesetzlichen

---

[1090] Vgl. dazu etwa *S. Peers/S. Prechal*, in: S. Peers/T. K. Hervey/A. Ward (Hrsg.), The EU Charter of Fundamental Rights, 2014, Art 52 Rn. 40 f.; *I. Andoulsi*, Cah. droit eur. (Brux.) 47 (2011), S. 471 (502 f.).

[1091] *T. Kingreen*, in: C. Calliess/M. Ruffert (Hrsg.), EUV, AEUV, 5. Aufl. 2016, Art. 52 GRC Rn. 62 (Fn. 139) ordnet diese Verordnung als delegierten Rechtsakt gemäß Art. 290 AEUV ein; *H. D. Jarass*, Charta der Grundrechte der Europäischen Union, 3. Aufl. 2016, Art. 52 Rn. 25 (Fn. 75) hingegen als Durchführungsrechtsakt gemäß Art. 291 AEUV; *H. Krämer*, in: K. Stern/M. Sachs (Hrsg.), Europäische Grundrechte-Charta, 2016, Art. 52 Rn. 36 sieht eine durch den EuGH etablierte „weitgehende Austauschbarkeit von delegierten und Durchführungs-Rechtsakten".

[1092] Vgl. EuGH, Urteil v. 09.11.2010, Rs. C-92/09 und C-93/09 *(Volker und Markus Schecke und Eifert)*, Rn. 66; dazu *T. Kingreen*, in: C. Calliess/M. Ruffert (Hrsg.), EUV, AEUV, 5. Aufl. 2016, Art. 52 GRC Rn. 62; *K. Lenaerts*, Yearbook of European Law 31 (2012), S. 3 (11); *H. D. Jarass*, Charta der Grundrechte der Europäischen Union, 3. Aufl. 2016, Art. 52 Rn. 25; mit Kritik an dieser Rechtsprechung *V. Boehme-Neßler*, NVwZ 2014, S. 825 (828); ebenfalls kritisch *W. Obwexer*, ZÖR 68 (2013), S. 487 (495); zustimmend aber *J. Kühling/ M. Klar*, JURA 33 (2011), S. 771 (774).

[1093] Vgl. etwa Überschrift vor EuGH, Urteil v. 09.11.2010, Rs. C-92/09 und C-93/09 *(Volker und Markus Schecke und Eifert)*, Rn. 53.

[1094] Vgl. EuGH, Urteil v. 09.11.2010, Rs. C-92/09 und C-93/09 *(Volker und Markus Schecke und Eifert)*, Rn. 21; zum Verhältnis dieser Verordnungen *F. Wollenschläger*, AöR 135 (2010), S. 363 (372 [Fn. 34]).

[1095] Vgl. EuGH, Urteil v. 09.11.2010, Rs. C-92/09 und C-93/09 *(Volker und Markus Schecke und Eifert)*, Rn. 66.

[1096] So mit Bezug auf diese Entscheidung *K. Lenaerts*, EuR 47 (2012), S. 3 (9).

[1097] Vgl. EuGH, Urteil v. 17.10.2013, Rs. C-291/12 *(Schwarz)*, Rn. 35.

[1098] Vgl. etwa EuGH, Urteil v. 15.02.2016, Rs. C-601/15 PPU *(N.)*, Rn. 51; EuGH, Urteil v. 04.05.2016, Rs. C-477/14 *(Pillbox 38)*, Rn. 161; EuGH, Urteil v. 04.05.2016, Rs. C-547/14 *(Philip Morris Brands u. a.)*, Rn. 150.

[1099] Vgl. etwa EuGH, Urteil v. 17.12.2015, Rs. C-157/14 *(Neptune Distribution)*, Rn. 69.

[1100] Vgl. EuGH, Urteil v. 27.05.2014, Rs. C-129/14 PPU *(Spasic)*, Rn. 57; dazu auch

Grundlage wird vom Gerichtshof daher eher weit verstanden.[1101] Eine „Bestimmung eines von einem Begleitausschuss im Rahmen eines zwischen zwei Mitgliedstaaten vereinbarten operationellen Programms zur Förderung der europäischen territorialen Zusammenarbeit erlassenen Programmleitfadens" hingegen reicht nicht aus.[1102] Wie Beschlüsse zu behandeln sind, ist noch ungeklärt. Aus dem Urteil Knauf Gips/Kommission (C-407/08 P) wird teilweise abgeleitet, Beschlüsse seien nur erfasst, wenn sie sich an die Mitgliedstaaten richten.[1103] *Lenaerts* dagegen entnimmt der Entscheidung, mangels einer entsprechenden ausdrücklichen Rechtsgrundlage dürfe ein Unionsakt mit individueller Geltung nicht als solcher die Ausübung der in der Charta anerkannten Rechte und Freiheiten einschränken.[1104] Tatsächlich hat der Gerichtshof aber nur entschieden, dass ein Urteil des EuG, das eine Rügeobliegenheit annimmt, die nicht ausdrücklich gesetzlich vorgesehen ist, grundrechtswidrig ist.[1105] Rückschlüsse auf den zugrunde liegenden Beschluss der Kommission lassen sich kaum ziehen.

Der Gesetzesvorbehalt gemäß Art. 52 Abs. 1 GRC wurde somit vom EuGH bisher lediglich teilweise ausgeformt. Wesentliche Fragen sind noch offen. Widersprüche lassen sich in den Entscheidungen allerdings nicht ausmachen. Insofern ist die Rechtsprechung konsistent.

e) Zusammenfassung

In 39 der hier untersuchten 71 Entscheidungen prüft der Gerichtshof trotz der expliziten Nennung in Art. 52 Abs. 1 S. 1 GRC den Gesetzesvorbehalt überhaupt nicht und erwähnt dieses Erfordernis auch nicht in seiner Definition der Anforderungen an die Rechtfertigung einer Grundrechtseinschränkung. Eine solche Prüfung nimmt der EuGH in nur 20 Entscheidungen vor, wobei er sein Ergebnis jedoch meist nicht begründet. Weitere zwölf Entscheidungen lassen sich nicht sicher beurteilen, da der Gerichtshof hier das Erfordernis einer gesetzlichen Grundlage für die Rechtfertigung der Grundrechtseinschränkung zwar in seiner Definition der Rechtfertigungsanforderungen erwähnt, nicht aber darunter subsumiert. Art. 52 Abs. 1 S. 1 GRC erfordert ausdrücklich, dass Grundrechtseinschränkungen nur gerechtfertigt werden können, wenn sie gesetzlich vorgesehen sind. Auch wenn in vielen Fällen das Vorliegen einer ausreichenden

---

T. Kingreen, in: C. Calliess/M. Ruffert (Hrsg.), EUV, AEUV, 5. Aufl. 2016, Art. 52 GRC Rn. 62.
[1101] Mit Kritik an dieser Rechtsprechung *V. Boehme-Neßler*, NVwZ 2014, S. 825 (828).
[1102] EuGH, Urteil v. 17.09.2014, Rs. C-562/12 *(Liivimaa Lihaveis)*, Rn. 76, 73; siehe dazu schon Kapitel 3 B. V. 1. b).
[1103] So *H. D. Jarass*, Charta der Grundrechte der Europäischen Union, 3. Aufl. 2016, Art. 52 Rn. 24 m. w. N.; zu diesem Urteil auch *S. Peers/S. Prechal*, in: S. Peers/T. K. Hervey/A. Ward (Hrsg.), The EU Charter of Fundamental Rights, 2014, Art 52 Rn. 38.
[1104] *K. Lenaerts*, EuR 47 (2012), S. 3 (7).
[1105] *T. Kingreen*, in: C. Calliess/M. Ruffert (Hrsg.), EUV, AEUV, 5. Aufl. 2016, Art. 52 GRC Rn. 62 (Fn. 135).

gesetzlichen Grundlage für die Einschränkung offensichtlich sein mag, sollte der EuGH immer eine mindestens kurze Prüfung vornehmen.

Dementsprechend wenig ausgeformt sind auch die Anforderungen, die der Gerichtshof an die gesetzliche Grundlage stellt. Zwar scheint er einem eher weiten Verständnis zu folgen, wonach auch Durchführungs- und delegierte Rechtsakte und nationale Verordnungen den Anforderungen von Art. 52 Abs. 1 S. 1 GRC entsprechen, doch sind viele Fragen, etwa zum Parlamentsvorbehalt und wie Beschlüsse zu behandeln sind, noch ungeklärt. Dem EuGH muss allerdings zugutegehalten werden, dass sich bisher die meisten Entscheidungen auf Grundrechtseinschränkungen durch Verordnungen, Richtlinien oder nationale Gesetze bezogen und somit kein konkreter Anlass zur Ausformung des Gesetzesvorbehalts bestand. Diese Anforderung von Art. 52 Abs. 1 GRC kann trotzdem als vom Gerichtshof vernachlässigt eingestuft werden.

2. Verhältnismäßigkeit

Die Prüfung der Verhältnismäßigkeit bildet das wichtigste Kriterium für die Grundrechtsprüfung des EuGH. Im Folgenden soll untersucht werden, wie der Gerichtshof die Verhältnismäßigkeit von Grundrechtseinschränkungen nach Inkrafttreten der Charta untersucht. Allerdings muss zunächst ermittelt werden, in welchen Entscheidungen er überhaupt die Verhältnismäßigkeit prüft, da dies nicht in allen Entscheidungen, in denen er die Rechtfertigung einer Grundrechtseinschränkung untersucht, der Fall ist (a)). Ausgangspunkt sind die 71 Entscheidungen der Fallgruppen A1 und A2, in denen der EuGH eine mindestens ausführliche Grundrechtsprüfung mit einer Untersuchung der Rechtfertigung vornimmt.

Die Verhältnismäßigkeitsprüfung lässt sich in mehrere Stufen (legitimes Ziel, Geeignetheit, Erforderlichkeit, Angemessenheit) unterteilen. Es wird daher einerseits nach diesen verschiedenen Stufen (d) bis g)) und gleichzeitig nach den einzelnen Aspekten der Kritik vor Rechtsverbindlichkeit der Charta (zweistufige Prüfung, Prüfdichte und isolierte Verhältnismäßigkeitsprüfung: b), c) und h)) unterschieden.

a) Behandlung der Verhältnismäßigkeitsprüfung im Rahmen der Grundrechtsprüfung durch den EuGH

In 45 von 71 Entscheidungen der Fallgruppen A1 und A2 nimmt der EuGH in der Grundrechtsprüfung eine Prüfung der Verhältnismäßigkeit vor (aa)). In 19 Entscheidungen prüft der Gerichtshof die Verhältnismäßigkeit einer Grundrechtseinschränkung dagegen nicht (bb)). Weitere sieben Entscheidungen enthalten lediglich einen Verweis auf eine Untersuchung der Verhältnismäßigkeit außerhalb der Grundrechtsprüfung (cc)) oder scheinbar nur eine Kontrolle der Wesensgehaltsgarantie (dd)).

aa) Prüfung der Verhältnismäßigkeit im Rahmen der Grundrechtsprüfung

Von den 45 Entscheidungen, in denen der Gerichtshof die Verhältnismäßigkeit einer Einschränkung im Rahmen seiner Grundrechtsprüfung untersucht, fallen 31[1106] in die Fallgruppe A1 und 14[1107] in die Gruppe A2.

Während in den meisten Entscheidungen eindeutig ist, ob der EuGH eine Prüfung der Verhältnismäßigkeit im Rahmen der Grundrechtsprüfung vornimmt, erscheint dies in fünf Urteilen[1108] aufgrund der Terminologie und des Prüfungsaufbaus des Gerichtshofs zunächst unklar. Der EuGH spricht hier nämlich davon, Grundrechte miteinander abzuwägen[1109] beziehungsweise „ein

---

[1106] Vgl. EuGH, Urteil v. 09.11.2010, Rs. C-92/09 und C-93/09 *(Volker und Markus Schecke und Eifert)*; EuGH, Urteil v. 24.11.2011, Rs. C-70/10 *(Scarlet Extended)*; EuGH, Urteil v. 16.02.2012, Rs. C-360/10 *(SABAM)*; EuGH, Urteil v. 22.01.2013, Rs. C-283/11 *(Sky Österreich)*; EuGH, Urteil v. 26.09.2013, Rs. C-418/11 *(Texdata Software)*; EuGH, Urteil v. 17.10.2013, Rs. C-101/12 *(Schaible)*; EuGH, Urteil v. 17.10.2013, Rs. C-291/12 *(Schwarz)*; EuGH, Urteil v. 27.03.2014, Rs. C-314/12 *(UPC Telekabel Wien)*; EuGH, Urteil v. 08.04.2014, Rs. C-293/12 und C-594/12 *(Digital Rights Ireland und Seitlinger u. a.)*; EuGH, Urteil v. 22.05.2014, Rs. C-356/12 *(Glatzel)*; EuGH, Urteil v. 27.05.2014, Rs. C-129/14 PPU *(Spasic)*; EuGH, Urteil v. 29.04.2015, Rs. C-528/13 *(Léger)*; EuGH, Urteil v. 06.10.2015, Rs. C-650/13 *(Delvigne)*; EuGH, Urteil v. 17.12.2015, Rs. C-157/14 *(Neptune Distribution)*; EuGH, Urteil v. 17.12.2015, Rs. C-419/14 *(WebMindLicenses)*; EuGH, Urteil v. 15.02.2016, Rs. C-601/15 PPU *(N.)*; EuGH, Urteil v. 05.04.2016, Rs. C-404/15 und C-659/15 PPU *(Aranyosi und Căldăraru)*; EuGH, Urteil v. 04.05.2016, Rs. C-547/14 *(Philip Morris Brands u. a.)*; EuGH, Urteil v. 30.06.2016, Rs. C-134/15 *(Lidl)*; EuGH, Urteil v. 30.06.2016, Rs. C-205/15 *(Toma und Biroul Executorului Judecătoresc Horațiu-Vasile Cruduleci)*; EuGH, Urteil v. 15.09.2016, Rs. C-439/14 und C-488/14 *(Star Storage)*; EuGH, Urteil v. 15.09.2016, Rs. C-484/14 *(Mc Fadden)*; EuGH, Urteil v. 21.12.2016, Rs. C-201/15 *(AGET Iraklis)*; EuGH, Urteil v. 21.12.2016, Rs. C-203/15 und C-698/15 *(Tele2 Sverige)*; EuGH, Urteil v. 07.03.2017, Rs. C-390/15 *(RPO)*; EuGH, Urteil v. 13.06.2017, Rs. C-258/14 *(Florescu u. a.)*; EuGH, Urteil v. 05.07.2017, Rs. C-190/16 *(Fries)*; EuGH, Gutachten v. 26.07.2017, Rs. Avis 1/15 *(Accord PNR UE-Canada)*; EuGH, Urteil v. 14.09.2017, Rs. C-18/16 *(K)*; EuGH, Urteil v. 27.09.2017, Rs. C-73/16 *(Puškár)*; EuGH, Urteil v. 20.12.2017, Rs. C-664/15 *(Protect Natur-, Arten- und Landschaftschutz Umweltorganisation)*.

[1107] Vgl. EuGH, Urteil v. 17.11.2011, Rs. C-327/10 *(Hypoteční banka)*; EuGH, Urteil v. 24.11.2011, Rs. C-468/10 *(ASNEF)*; EuGH, Urteil v. 15.03.2012, Rs. C-292/10 *(G)*; EuGH, Urteil v. 06.09.2012, Rs. C-544/10 *(Deutsches Weintor)*; EuGH, Urteil v. 15.01.2013, Rs. C-416/10 *(Križan u. a.)*; EuGH, Urteil v. 28.11.2013, Rs. C-348/12 P *(Rat/Manufacturing Support & Procurement Kala Naft)*; EuGH, Urteil v. 11.09.2014, Rs. C-112/13 *(A)*; EuGH, Urteil v. 06.10.2015, Rs. C-362/14 *(Schrems)*; EuGH, Urteil v. 20.09.2016, Rs. C-8/15 P bis C-10/15 P *(Ledra Advertising/Kommission und EZB)*; EuGH, Urteil v. 10.11.2016, Rs. C-156/15 *(Private Equity Insurance Group)*; EuGH, Urteil v. 23.11.2016, Rs. C-442/14 *(Bayer CropScience und Stichting De Bijenstichting)*; EuGH, Urteil v. 28.03.2017, Rs. C-72/15 *(Rosneft)*; EuGH, Beschluss v. 06.04.2017, Rs. C-464/16 P *(PITEE/Kommission)*; EuGH, Urteil v. 20.12.2017, Rs. C-277/16 *(Polkomtel)*.

[1108] Vgl. EuGH, Urteil v. 24.11.2011, Rs. C-468/10 *(ASNEF)*; EuGH, Urteil v. 24.11.2011, Rs. C-70/10 *(Scarlet Extended)*; EuGH, Urteil v. 16.02.2012, Rs. C-360/10 *(SABAM)*; EuGH, Urteil v. 27.03.2014, Rs. C-314/12 *(UPC Telekabel Wien)*; EuGH, Urteil v. 15.09.2016, Rs. C-484/14 *(Mc Fadden)*.

[1109] Vgl. EuGH, Urteil v. 24.11.2011, Rs. C-70/10 *(Scarlet Extended)*, Rn. 44.

angemessenes Gleichgewicht" zwischen ihnen herzustellen.[1110] Im Urteil Scarlet Extended (C-70/10) etwa prüft er, ob eine gerichtliche Anordnung gegenüber einem Provider, ein System der Filterung gegen Urheberrechtsverstöße im Internet einzurichten, einen Verstoß gegen die Grundrechte der Charta darstellt.[1111] Diese Anordnung verfolge zwar das Ziel, das geistige Eigentum im Sinne von Art. 17 Abs. 2 GRC zu schützen, dieses Grundrecht gelte jedoch nicht uneingeschränkt.[1112] Als kollidierende Rechtsgüter erkennt der EuGH die unternehmerische Freiheit der Internetprovider gemäß Art. 16 GRC und die durch Art. 7 und Art. 8 GRC anerkannten Rechte auf den Schutz personenbezogener Daten und auf freien Empfang oder freie Sendung von Informationen der Kunden des Providers.[1113] Da die Anordnung in diese Grundrechte intensiv eingreife, verstoße sie gegen die Pflicht „ein angemessenes Gleichgewicht zwischen dem Recht des geistigen Eigentums einerseits und der unternehmerischen Freiheit, dem Recht auf den Schutz personenbezogener Daten und dem Recht auf freien Empfang oder freie Sendung von Informationen andererseits zu gewährleisten."[1114] Obwohl diese Prüfung nicht den in Art. 52 Abs. 1 GRC genannten Schritten der Verhältnismäßigkeitsprüfung folgt und auch den Begriff der Verhältnismäßigkeit nicht enthält, wird sie in der Literatur als eine solche eingeordnet.[1115] Tatsächlich geht diese Rechtsprechung auf das Urteil Promusicae (C-275/06)[1116] zurück, in dem der EuGH bereits vor Rechtsverbindlichkeit der GRC eine Abwägung von kollidierenden Grundrechten vorgenommen hat.[1117] Auch Art. 52 Abs. 1 S. 2 GRC sieht in den Erfordernissen des Schutzes der Rechte und Freiheiten anderer ein legitimes Ziel einer Grundrechtseinschränkung. Demnach lassen sich zumindest die Prüfungsstufen des legitimen Ziels und der Angemessenheit in den fünf Urteilen erkennen, in denen der EuGH eine Abwägung wie oben beschrieben vornimmt. Auch diese Entscheidungen können somit auf die Dogmatik der Verhältnismäßigkeitsprüfung untersucht werden.

In weiteren fünf[1118] der oben genannten 45 Entscheidungen ist die Prüfung des Gerichtshofs jedoch so knapp, dass eine vertiefte Analyse nicht möglich ist. So genügt dem EuGH im Urteil Križan u. a. (C-416/10) „der Hinweis, dass die

---

[1110] Vgl. EuGH, Urteil v. 24.11.2011, Rs. C-70/10 *(Scarlet Extended)*, Rn. 45, 46, 49, 53.
[1111] EuGH, Urteil v. 24.11.2011, Rs. C-70/10 *(Scarlet Extended)*, Rn. 29.
[1112] Vgl. EuGH, Urteil v. 24.11.2011, Rs. C-70/10 *(Scarlet Extended)*, Rn. 42–44.
[1113] Vgl. EuGH, Urteil v. 24.11.2011, Rs. C-70/10 *(Scarlet Extended)*, Rn. 46, 50.
[1114] EuGH, Urteil v. 24.11.2011, Rs. C-70/10 *(Scarlet Extended)*, Rn. 53.
[1115] So etwa *S. Peers/S. Prechal*, in: S. Peers/T. K. Hervey/A. Ward (Hrsg.), The EU Charter of Fundamental Rights, 2014, Art 52 Rn. 38 (Fn. 64).
[1116] EuGH, Urteil v. 29.01.2008, Rs. C-275/06 *(Promusicae)*, Slg. 2008, I-271.
[1117] Vgl. dazu etwa *S. Peers/S. Prechal*, in: S. Peers/T. K. Hervey/A. Ward (Hrsg.), The EU Charter of Fundamental Rights, 2014, Art 52 Rn. 55 f.
[1118] Vgl. EuGH, Urteil v. 15.01.2013, Rs. C-416/10 *(Križan u. a.)*, Rn. 115; EuGH, Urteil v. 26.09.2013, Rs. C-418/11 *(Texdata Software)*, Rn. 86; EuGH, Urteil v. 11.09.2014, Rs. C-112/13 *(A)*, Rn. 61; EuGH, Urteil v. 05.04.2016, Rs. C-404/15 und C-659/15 PPU *(Ara-*

Richtlinie 96/61 einen Ausgleich zwischen den Anforderungen des Eigentumsrechts und denen des Umweltschutzes herstellt."[1119] Eine Begründung für dieses Ergebnis – und sei es ein Verweis auf eine vorangegangene Entscheidung – liefert der Gerichtshof nicht. Im Urteil Texdata Software (C-418/11) dagegen stellt er lediglich fest, es gebe „keine Hinweise dafür", dass das in der Rechtssache streitige Verfahren „zum angestrebten Ziel außer Verhältnis stünde".[1120]

Aber nicht nur in Fällen, in denen der EuGH die Verhältnismäßigkeit einer Grundrechtseinschränkung bejaht, prüft er derart kurz. Im Urteil A (C-112/13) kommt er ohne weitere Begründung zu dem Ergebnis, eine Auslegung von Art. 24 der Verordnung Nr. 44/2001, wonach ein Prozesspfleger oder Abwesenheitskurator sich für den Beklagten im Sinne von Art. 24 der Verordnung Nr. 44/2001 auf das Verfahren einlassen könne, stelle keinen gerechten Ausgleich zwischen den Rechten auf einen wirksamen Rechtsbehelf und den Verteidigungsrechten her.[1121]

Diese fünf Entscheidungen sind so knapp gehalten, dass die Dogmatik der Verhältnismäßigkeitsprüfung durch den Gerichtshof an ihnen nicht weiter analysiert werden kann.

bb) Keine Prüfung der Verhältnismäßigkeit im Rahmen der Grundrechtsprüfung

Die 19 Entscheidungen[1122] der Fallgruppen A1 und A2, in denen der Gerichtshof die Verhältnismäßigkeit im Rahmen der Grundrechtsprüfung gar nicht prüft, können ebenfalls nicht weiter auf die Dogmatik der Verhältnismäßigkeit untersucht werden.

---

nyosi und Căldăraru), Rn. 101; EuGH, Urteil v. 30.06.2016, Rs. C-205/15 *(Toma und Biroul Executorului Judecătoresc Horațiu-Vasile Cruduleci)*, Rn. 54.

[1119] EuGH, Urteil v. 15.01.2013, Rs. C-416/10 *(Križan u. a.)*, Rn. 115.
[1120] EuGH, Urteil v. 26.09.2013, Rs. C-418/11 *(Texdata Software)*, Rn. 86.
[1121] EuGH, Urteil v. 11.09.2014, Rs. C-112/13 *(A)*, Rn. 60.
[1122] Vgl. EuGH, Urteil v. 01.07.2010, Rs. C-407/08 P *(Knauf Gips/Kommission)*; EuGH, Urteil v. 01.03.2011, Rs. C-236/09 *(Association Belge des Consommateurs Test-Achats u. a.)*; EuGH, Urteil v. 21.07.2011, Rs. C-21/10 *(Nagy)*; EuGH, Urteil v. 21.12.2011, Rs. C-411/10 und C-493/10 *(N. S. u. a.)*; EuGH, Urteil v. 22.11.2012, Rs. C-89/11 P *(E. ON Energie/Kommission)*; EuGH, Urteil v. 28.02.2013, Rs. C-334/12 RX-II *(Réexamen Arango Jaramillo u. a./EIB)*; EuGH, Urteil v. 26.11.2013, Rs. C-40/12 P *(Gascogne Sack Deutschland/Kommission)*; EuGH, Urteil v. 26.11.2013, Rs. C-50/12 P *(Kendrion/Kommission)*; EuGH, Urteil v. 26.11.2013, Rs. C-58/12 P *(Groupe Gascogne/Kommission)*; EuGH, Urteil v. 27.03.2014, Rs. C-530/12 P *(HABM/National Lottery Commission)*; EuGH, Urteil v. 30.04.2014, Rs. C-238/12 P *(FLSmidth/Kommission)*; EuGH, Urteil v. 13.05.2014, Rs. C-131/12 *(Google Spain und Google)*; EuGH, Urteil v. 19.06.2014, Rs. C-243/12 P *(FLS Plast/Kommission)*; EuGH, Urteil v. 17.09.2014, Rs. C-562/12 *(Liivimaa Lihaveis)*; EuGH, Urteil v. 18.12.2014, Rs. C-562/13 *(Abdida)*; EuGH, Urteil v. 21.01.2016, Rs. C-74/14 *(Eturas u. a.)*; EuGH, Urteil v. 16.02.2017, Rs. C-578/16 PPU *(C. K. u. a.)*; EuGH, Urteil v. 15.03.2017, Rs. C-528/15 *(Al Chodor u.a)*; EuGH, Urteil v. 26.07.2017, Rs. C-348/16 *(Sacko)*.

Auffällig ist, dass es in zwölf der 19 oben genannten Entscheidungen um einen Verstoß gegen Art. 47 GRC geht.[1123] Dabei ist jedoch zu beachten, dass der EuGH in den Entscheidungen Knauf Gips/Kommission (C-407/08 P) und Liivimaa Lihaveis (C-562/12) bereits das Vorliegen einer gesetzlichen Grundlage für die Grundrechtseinschränkung verneint, sodass eine Verhältnismäßigkeitsprüfung hier nicht erforderlich ist.[1124] Gleichwohl setzt sich hier fort, was bereits bei den vorangegangenen Prüfungsstufen beobachtet werden konnte: Art. 47 GRC wird vom EuGH häufig nicht nach dem Schema von Art. 52 Abs. 1 GRC geprüft.[1125]

Jedenfalls können die oben genannten 19 Entscheidungen wegen fehlender Verhältnismäßigkeitsprüfung nicht Gegenstand der entsprechenden dogmatischen Analyse sein.

cc) Verweise auf Prüfungen außerhalb der Grundrechtsprüfung

In drei weiteren Urteilen[1126] verweist der Gerichtshof bei der Grundrechtsprüfung ausdrücklich auf eine an anderer Stelle der Entscheidung vorgenommene Untersuchung der Verhältnismäßigkeit. Abseits der Grundrechte gilt der Verhältnismäßigkeitsgrundsatz als allgemeiner Grundsatz des Unionsrechts.[1127]

Im Urteil McDonagh (C-12/11) beispielsweise legt der EuGH im Rahmen seiner Antwort auf die vierte und fünfte Vorlagefrage zunächst Sekundärrecht aus[1128] und untersucht anschließend, ob seine Auslegung mit dem Verhältnismäßigkeitsgrundsatz, dem Diskriminierungsverbot und Art. 16 und Art. 17 GRC vereinbar ist.[1129] Dabei kommt er zu dem Ergebnis, die fragliche Verordnung

---

[1123] Vgl. EuGH, Urteil v. 01.07.2010, Rs. C-407/08 P *(Knauf Gips/Kommission)*; EuGH, Urteil v. 21.12.2011, Rs. C-411/10 und C-493/10 *(N. S. u. a.)*; EuGH, Urteil v. 28.02.2013, Rs. C-334/12 RX-II *(Réexamen Arango Jaramillo u. a./EIB)*; EuGH, Urteil v. 26.11.2013, Rs. C-40/12 P *(Gascogne Sack Deutschland/Kommission)*; EuGH, Urteil v. 26.11.2013, Rs. C-50/12 P *(Kendrion/Kommission)*; EuGH, Urteil v. 26.11.2013, Rs. C-58/12 P *(Groupe Gascogne/Kommission)*; EuGH, Urteil v. 27.03.2014, Rs. C-530/12 P *(HABM/National Lottery Commission)*; EuGH, Urteil v. 30.04.2014, Rs. C-238/12 P *(FLSmidth/Kommission)*; EuGH, Urteil v. 19.06.2014, Rs. C-243/12 P *(FLS Plast/Kommission)*; EuGH, Urteil v. 17.09.2014, Rs. C-562/12 *(Liivimaa Lihaveis)*; EuGH, Urteil v. 18.12.2014, Rs. C-562/13 *(Abdida)*; EuGH, Urteil v. 26.07.2017, Rs. C-348/16 *(Sacko)*.

[1124] So auch in EuGH, Urteil v. 15.03.2017, Rs. C-528/15 *(Al Chodor u. a.)*, Rn. 36–44, in der der EuGH allerdings eine Verletzung von Art. 6 GRC prüft. Vgl. dazu schon Kapitel 3 B. V. 1. b).

[1125] Siehe dazu schon Kapitel 3 B. I. 3, Kapitel 3 B. II. 1. c) und Kapitel 3 B. III. 1. c).

[1126] Vgl. EuGH, Urteil v. 31.01.2013, Rs. C-12/11 *(McDonagh)*, Rn. 64; EuGH, Urteil v. 14.10.2014, Rs. C-611/12 P *(Giordano/Kommission)*, Rn. 50; EuGH, Urteil v. 04.05.2016, Rs. C-477/14 *(Pillbox 38)*, Rn. 121.

[1127] Vgl. statt vieler EuGH, Urteil v. 06.03.2014, Rs. C-206/13 *(Siragusa)*, Rn. 34; vgl. dazu auch *C. Calliess*, in: C. Calliess/M. Ruffert (Hrsg.), EUV, AEUV, 5. Aufl. 2016, Art. 5 EUV Rn. 44.

[1128] Vgl. EuGH, Urteil v. 31.01.2013, Rs. C-12/11 *(McDonagh)*, Rn. 36–43.

[1129] EuGH, Urteil v. 31.01.2013, Rs. C-12/11 *(McDonagh)*, Rn. 44–65.

in seiner Auslegung verstoße weder gegen den Verhältnismäßigkeitsgrundsatz noch das Diskriminierungsverbot.[1130] Die Grundrechte erwähnt er hier nicht. In der anschließenden Prüfung an Art. 16 und Art. 17 GRC stellt er im Rahmen der Rechtfertigung fest, aus seinen Ausführungen zum Verhältnismäßigkeitsgrundsatz ergebe sich, die sekundärrechtlichen Bestimmungen entsprächen dem Erfordernis, „die einzelnen betroffenen Grundrechte miteinander in Einklang zu bringen und ein angemessenes Gleichgewicht zwischen ihnen herzustellen."[1131] Eine Verhältnismäßigkeitsprüfung im Rahmen der Grundrechtsprüfung nimmt der EuGH somit nicht vor.[1132]

Dagegen verweist er im Urteil Giordano/Kommission (C-611/12 P) bei seiner Prüfung von Art. 17 Abs. 1 GRC auf das Urteil AJD Tuna (C-221/09). Aus diesem gehe hervor, das in der Verordnung Nr. 530/2008 enthaltene Fangverbot sei im Vergleich zu dem, was zur Erreichung dieser dem Gemeinwohl dienenden Zielsetzung notwendig sei, nicht offensichtlich ungeeignet und erweise sich daher als mit dem Grundsatz der Verhältnismäßigkeit vereinbar.[1133] Tatsächlich stellte der EuGH in AJD Tuna die Vereinbarkeit der Verordnung mit dem allgemeinen Grundsatz der Verhältnismäßigkeit fest.[1134] Diese Prüfung nahm der Gerichtshof außerhalb einer Grundrechtsprüfung vor.[1135]

Da Gegenstand der vorliegenden Arbeit die Grundrechtsprüfung anhand der Charta ist, sind die drei Entscheidungen, in denen der EuGH bei der Grundrechtsprüfung auf eine Prüfung der Verhältnismäßigkeit außerhalb der Grundrechtsprüfung verweist, nicht Gegenstand der weiteren Untersuchung.

dd) Ausschließliche Prüfung des Wesensgehalts

In vier Entscheidungen[1136] schließlich erörtert der EuGH statt der Verhältnismäßigkeit scheinbar nur, ob die fragliche Einschränkung den Wesensgehalt des jeweiligen Grundrechts verletzt. Zwar muss gemäß Art. 52 Abs. 1 S. 1 GRC jede Einschränkung der Ausübung der in der Charta anerkannten Rechte und Freiheiten den Wesensgehalt dieser Rechte und Freiheiten achten, gleichzeitig fordert Art. 52 Abs. 1 GRC aber zusätzlich eine Prüfung der Verhältnismäßigkeit.

[1130] Vgl. EuGH, Urteil v. 31.01.2013, Rs. C-12/11 *(McDonagh)*, Rn. 50, 58.
[1131] EuGH, Urteil v. 31.01.2013, Rs. C-12/11 *(McDonagh)*, Rn. 64; vgl. dazu auch *M. Cornils*, Schrankendogmatik, in: C. Grabenwarter (Hrsg.), Europäischer Grundrechteschutz (EnzEuR Band 2), 2014, § 5, Rn. 12 (Fn. 25).
[1132] Ebenso *M. Cornils*, Schrankendogmatik, in: C. Grabenwarter (Hrsg.), Europäischer Grundrechteschutz (EnzEuR Band 2), 2014, § 5, Rn. 12 (Fn. 25); siehe dazu auch Kapitel 3 B. V. 2. h).
[1133] EuGH, Urteil v. 14.10.2014, Rs. C-611/12 P *(Giordano/Kommission)*, Rn. 50.
[1134] Vgl. EuGH, Urteil v. 17.03.2011, Rs. C-221/09 *(AJD Tuna)*, Rn. 85.
[1135] Vgl. EuGH, Urteil v. 17.03.2011, Rs. C-221/09 *(AJD Tuna)*, Rn. 77–85.
[1136] Vgl. EuGH, Urteil v. 15.07.2010, Rs. C-271/08 *(Kommission/Deutschland)*; EuGH, Urteil v. 05.10.2010, Rs. C-400/10 PPU *(MCB.)*; EuGH, Urteil v. 05.05.2011, Rs. C-543/09 *(Deutsche Telekom)*; EuGH, Urteil v. 18.07.2013, Rs. C-426/11 *(Alemo-Herron u. a.)*.

Eine Verengung der Verhältnismäßigkeitsprüfung auf eine ausschließliche Prüfung des Wesensgehalts entspricht nicht den Anforderungen der Charta.

Im Urteil Deutsche Telekom (C-543/09) untersucht der Gerichtshof unter anderem, „ob nach Art. 12 der Datenschutzrichtlinie für elektronische Kommunikation die Weitergabe der Daten, die einem Unternehmen, das Telefonnummern zuweist, von Teilnehmern dritter Unternehmen vorliegen, an Unternehmen, deren Tätigkeit in der Bereitstellung von öffentlich zugänglichen Telefonauskunftsdiensten und Teilnehmerverzeichnissen besteht, davon abhängig ist, dass das dritte Unternehmen beziehungsweise seine Teilnehmer dieser Weitergabe zustimmen oder ihr jedenfalls nicht widersprechen."[1137] Hinsichtlich der Vereinbarkeit dieser Regelung mit Art. 8 GRC stellt der EuGH nach der Bejahung einer Grundrechtseinschränkung[1138] lediglich fest, die so ermöglichte Weitergabe könne „das Recht auf Schutz personenbezogener Daten, wie es in Art. 8 der Charta verankert ist, nicht in seinem Wesensgehalt antasten".[1139] Eine Verhältnismäßigkeitsprüfung nimmt er nicht vor.[1140] Dies entspricht der vor Inkrafttreten der Charta stark kritisierten Rechtsprechung des Gerichtshofs, in der zum Teil nur gefragt wurde, ob der Wesensgehalt des fraglichen Grundrechts verletzt sei.[1141]

Bei den oben genannten vier Entscheidungen ist jedoch zu beachten, dass der EuGH hier seinen Prüfungsaufbau nicht ganz deutlich darlegt, indem er etwa seine Grundrechtsprüfung mit der Prüfung von Sekundärrecht verknüpft. So kann nicht immer sicher beurteilt werden, welche Aussagen zur Prüfung des Wesensgehalts ergehen und welche sich auf das Sekundärrecht beziehen. Zudem ist die Prüfung der Verletzung des Wesensgehalts teilweise recht detailliert.

Im Urteil MCB. (C-400/10 PPU) erklärt der Gerichtshof zunächst, der Umstand, dass der leibliche Vater anders als die Mutter nicht automatisch Inhaber eines Sorgerechts für sein Kind im Sinne von Art. 2 der Verordnung Nr. 2201/2003 sei, berühre nicht den Wesensgehalt seines Rechts auf Privat-

---

[1137] EuGH, Urteil v. 05.05.2011, Rs. C-543/09 *(Deutsche Telekom)*, Rn. 48.
[1138] Vgl. EuGH, Urteil v. 05.05.2011, Rs. C-543/09 *(Deutsche Telekom)*, Rn. 53.
[1139] EuGH, Urteil v. 05.05.2011, Rs. C-543/09 *(Deutsche Telekom)*, Rn. 66.
[1140] So auch *J. Kühling*, ZÖR 68 (2013), S. 469 (482 [Fn. 76]).
[1141] Vgl. *J. Kühling*, Grundrechte, in: A. von Bogdandy/J. Bast (Hrsg.), Europäisches Verfassungsrecht, 2. Aufl. 2009, S. 657 (694); *P. M. Huber*, EuZW 1997, S. 517 (521); *C. D. Classen*, Das Prinzip der Verhältnismäßigkeit im Spiegel europäischer Rechtsentwicklungen, in: M. Sachs (Hrsg.), Der grundrechtsgeprägte Verfassungsstaat, Festschrift für K. Stern, 2012, S. 651 (655); *U. Everling*, Die Kontrolle des Gemeinschaftsgesetzgebers durch die Europäischen Gerichte, in: C. O. Lenz/J. Gündisch (Hrsg.), Beiträge zum deutschen und europäischen Recht, 1999, S. 89 (97); ähnlich *S. Storr*, Der Staat 36 (1997), S. 547 (567); *T. von Danwitz*, in: P. J. Tettinger/K. Stern (Hrsg.), Kölner Gemeinschaftskommentar zur Europäischen Grundrechte-Charta, 2006, Art. 52 Rn. 19; *C. D. Classen*, Das Prinzip der Verhältnismäßigkeit im Spiegel europäischer Rechtsentwicklungen, in: M. Sachs (Hrsg.), Der grundrechtsgeprägte Verfassungsstaat, Festschrift für K. Stern, 2012, S. 651 (655).

und Familienleben, sofern das Recht des Vaters, sich vor dem Verbringen des Kindes an das zuständige nationale Gericht zu wenden, um die Zuerkennung eines Sorgerechts für dieses Kind zu beantragen, gewahrt bleibe.[1142] Dieses Ergebnis begründet der EuGH in der folgenden Randnummer und führt anschließend aus, die Anerkennung eines Sorgerechts des leiblichen Vaters für sein Kind gemäß Art. 2 Nr. 11 der Verordnung Nr. 2201/2003 ungeachtet der fehlenden Zuerkennung eines solchen Rechts nach nationalem Recht stünde daher „im Widerspruch zu den Erfordernissen der Rechtssicherheit und zum erforderlichen Schutz der Rechte und Freiheiten anderer im Sinne von Art. 52 Abs. 1 der Charta, hier der Mutter."[1143] Dieser Verweis auf die „Rechte und Freiheiten anderer" könnte auf eine Verhältnismäßigkeitsprüfung hindeuten.[1144] Andererseits spricht dies für einen relativen Ansatz des Gerichtshofs bei der Bestimmung des Wesensgehalts des fraglichen Grundrechts.[1145] Jedenfalls sind die Ausführungen aber so knapp gehalten, dass die Dogmatik der Verhältnismäßigkeitsprüfung nicht untersucht werden kann.

Im Urteil Alemo-Herron u. a. (C-426/11) nimmt der EuGH darüber hinaus eine Verletzung des Wesensgehalts von Art. 16 GRC an, wenn es dem Erwerber eines Unternehmens unmöglich ist, an Tarifverhandlungen für seinen Betrieb teilzunehmen.[1146] Eine derartige Auslegung des hier fraglichen Sekundärrechts verbiete sich daher.[1147] Weil der Gerichtshof bereits auf der vorgeschalteten[1148] Stufe der Wesensgehaltsgarantie eine potenzielle Grundrechtsverletzung erkennt und sich eine weitere Untersuchung daher erübrigt, findet eine Prüfung der Verhältnismäßigkeit nicht statt.

ee) Zusammenfassung

Gegenstand der folgenden dogmatischen Analyse der Verhältnismäßigkeitsprüfung im Rahmen der Grundrechtsprüfung durch den Gerichtshof sind damit die 40 Entscheidungen[1149], in denen der EuGH die Verhältnismäßigkeit einer Grundrechtseinschränkung tatsächlich und in mehr als nur einem Satz prüft.

[1142] EuGH, Urteil v. 05.10.2010, Rs. C-400/10 PPU *(MCB.)*, Rn. 57.
[1143] EuGH, Urteil v. 05.10.2010, Rs. C-400/10 PPU *(MCB.)*, Rn. 59.
[1144] Kritisch wegen der Unklarheit dieser Ausführungen auch *S. Peers*, Camb. Yearb. Eur. Legal Stud. 13 (2011), S. 283 (299).
[1145] Siehe zum Wesensgehalt Kapitel 3 B. V. 3.
[1146] Vgl. EuGH, Urteil v. 18.07.2013, Rs. C-426/11 *(Alemo-Herron u. a.)*, Rn. 35 f.
[1147] EuGH, Urteil v. 18.07.2013, Rs. C-426/11 *(Alemo-Herron u. a.)*, Rn. 36.
[1148] Bereits Art. 52 Abs. 1 GRC erwähnt die Wesensgehaltsgarantie in S. 1, die Verhältnismäßigkeit hingegen in S. 2. Zum Vorgehen des EuGH und zu seiner Prüfungsreihenfolge von Wesensgehalt und Verhältnismäßigkeit siehe Kapitel 3 B. V. 3.
[1149] Vgl. EuGH, Urteil v. 09.11.2010, Rs. C-92/09 und C-93/09 *(Volker und Markus Schecke und Eifert)*; EuGH, Urteil v. 17.11.2011, Rs. C-327/10 *(Hypoteční banka)*; EuGH, Urteil v. 24.11.2011, Rs. C-468/10 *(ASNEF)*; EuGH, Urteil v. 24.11.2011, Rs. C-70/10 *(Scarlet Extended)*; EuGH, Urteil v. 16.02.2012, Rs. C-360/10 *(SABAM)*; EuGH, Urteil v. 15.03.2012, Rs. C-292/10 *(G)*; EuGH, Urteil v. 06.09.2012, Rs. C-544/10 *(Deut-*

b) Zwei- oder dreistufige Verhältnismäßigkeitsprüfung

Art. 52 Abs. 1 GRC fordert eine Prüfung der Geeignetheit und der Erforderlichkeit sowie nach allgemeiner Meinung auch der Angemessenheit.[1150] Ob die Untersuchungen der Erforderlichkeit und der Angemessenheit zu trennen sind (dreistufige Prüfung) oder zusammen vorgenommen werden können (zweistufige Prüfung), lässt die Charta offen. Im Folgenden wird untersucht, ob der Gerichtshof nach Inkrafttreten der Charta die Prüfung der Verhältnismäßigkeit regelmäßig zwei- oder dreistufig vornimmt und so eine kohärente und konsistente Rechtsprechung entwickelt.[1151]

Untersuchungsgegenstand sind die 40 Entscheidungen der Fallgruppen A1 und A2, in denen der EuGH die Verhältnismäßigkeit einer Grundrechtseinschränkung tatsächlich und in mehr als nur einem Satz prüft.[1152]

Bei der Analyse zeigt sich, dass der Gerichtshof unterschiedliche Definitionen der Verhältnismäßigkeit verwendet, die auf ein ein-, zwei- oder dreistufiges Vorgehen hindeuten (aa)). Ebenso ist seine Verhältnismäßigkeitsprüfung nicht einheitlich (bb)).

---

sches Weintor); EuGH, Urteil v. 22.01.2013, Rs. C-283/11 *(Sky Österreich)*; EuGH, Urteil v. 17.10.2013, Rs. C-101/12 *(Schaible)*; EuGH, Urteil v. 17.10.2013, Rs. C-291/12 *(Schwarz)*; EuGH, Urteil v. 28.11.2013, Rs. C-348/12 P *(Rat/Manufacturing Support & Procurement Kala Naft)*; EuGH, Urteil v. 27.03.2014, Rs. C-314/12 *(UPC Telekabel Wien)*; EuGH, Urteil v. 08.04.2014, Rs. C-293/12 und C-594/12 *(Digital Rights Ireland und Seitlinger u. a.)*; EuGH, Urteil v. 22.05.2014, Rs. C-356/12 *(Glatzel)*; EuGH, Urteil v. 27.05.2014, Rs. C-129/14 PPU *(Spasic)*; EuGH, Urteil v. 29.04.2015, Rs. C-528/13 *(Léger)*; EuGH, Urteil v. 06.10.2015, Rs. C-362/14 *(Schrems)*; EuGH, Urteil v. 06.10.2015, Rs. C-650/13 *(Delvigne)*; EuGH, Urteil v. 17.12.2015, Rs. C-157/14 *(Neptune Distribution)*; EuGH, Urteil v. 17.12.2015, Rs. C-419/14 *(WebMindLicenses)*; EuGH, Urteil v. 15.02.2016, Rs. C-601/15 PPU *(N.)*; EuGH, Urteil v. 04.05.2016, Rs. C-547/14 *(Philip Morris Brands u. a.)*; EuGH, Urteil v. 30.06.2016, Rs. C-134/15 *(Lidl)*; EuGH, Urteil v. 15.09.2016, Rs. C-439/14 und C-488/14 *(Star Storage)*; EuGH, Urteil v. 15.09.2016, Rs. C-484/14 *(Mc Fadden)*; EuGH, Urteil v. 20.09.2016, Rs. C-8/15 P bis C-10/15 P *(Ledra Advertising/Kommission und EZB)*; EuGH, Urteil v. 10.11.2016, Rs. C-156/15 *(Private Equity Insurance Group)*; EuGH, Urteil v. 23.11.2016, Rs. C-442/14 *(Bayer CropScience und Stichting De Bijenstichting)*; EuGH, Urteil v. 21.12.2016, Rs. C-201/15 *(AGET Iraklis)*; EuGH, Urteil v. 21.12.2016, Rs. C-203/15 und C-698/15 *(Tele2 Sverige)*; EuGH, Urteil v. 07.03.2017, Rs. C-390/15 *(RPO)*; EuGH, Urteil v. 28.03.2017, Rs. C-72/15 *(Rosneft)*; EuGH, Beschluss v. 06.04.2017, Rs. C-464/16 P *(PITEE/ Kommission)*; EuGH, Urteil v. 13.06.2017, Rs. C-258/14 *(Florescu u. a.)*; EuGH, Urteil v. 05.07.2017, Rs. C-190/16 *(Fries)*; EuGH, Gutachten v. 26.07.2017, Rs. Avis 1/15 *(Accord PNR UE-Canada)*; EuGH, Urteil v. 14.09.2017, Rs. C-18/16 *(K)*; EuGH, Urteil v. 27.09.2017, Rs. C-73/16 *(Puškár)*; EuGH, Urteil v. 20.12.2017, Rs. C-277/16 *(Polkomtel)*; EuGH, Urteil v. 20.12.2017, Rs. C-664/15 *(Protect Natur-, Arten- und Landschaftschutz Umweltorganisation)*.

[1150] Siehe Kapitel 3 A. II. 5. b) bb) und Kapitel 3 A. II. 5. b) gg).
[1151] Siehe zur Kriterienentwicklung Kapitel 3 A. II. 5. b) bb).
[1152] Siehe dazu Kapitel 3 B. V. 2. a) ee).

aa) Definitionen durch den EuGH

In 15[1153] der 40 Entscheidungen zitiert der EuGH Art. 52 Abs. 1 GRC, um die Anforderungen der Verhältnismäßigkeit darzulegen. Dabei führt er meist den genauen Wortlaut dieser Bestimmung an. Im Urteil Bayer CropScience und Stichting De Bijenstichting (C-442/14) jedoch lässt der Gerichtshof den Teil „Unter Wahrung des Grundsatzes der Verhältnismäßigkeit" weg.[1154] Diese bloße Zitierung von Art. 52 Abs. 1 GRC lässt keinen Rückschluss auf die tatsächliche Herangehensweise des EuGH zu, da diese Norm hinsichtlich des zwei- oder dreistufigen Aufbaus nicht eindeutig ist.[1155]

In neun[1156] weiteren Entscheidungen wählt der Gerichtshof eigene dreistufige Definitionen der Verhältnismäßigkeit, ohne Art. 52 Abs. 1 GRC zu erwähnen.

Im Urteil Sky Österreich (C-283/11) erklärt er: „Zur Verhältnismäßigkeit des festgestellten Eingriffs ist darauf hinzuweisen, dass nach dem Grundsatz der Verhältnismäßigkeit nach ständiger Rechtsprechung des Gerichtshofs die Handlungen der Unionsorgane nicht die Grenzen dessen überschreiten dürfen, was zur Erreichung der mit der fraglichen Regelung zulässigerweise verfolgten Ziele geeignet und erforderlich ist, wobei zu beachten ist, dass dann, wenn mehrere geeignete Maßnahmen zur Auswahl stehen, die am wenigsten belastende zu wählen ist und die verursachten Nachteile nicht außer Verhältnis zu den angestrebten Zielen stehen dürfen".[1157] Diese Formulierung wird vom EuGH fast wortgleich in den Urteilen Schaible (C-101/12)[1158] und Lidl

---

[1153] Vgl. EuGH, Urteil v. 27.05.2014, Rs. C-129/14 PPU *(Spasic)*, Rn. 56; EuGH, Urteil v. 06.10.2015, Rs. C-650/13 *(Delvigne)*, Rn. 46; EuGH, Urteil v. 17.12.2015, Rs. C-157/14 *(Neptune Distribution)*, Rn. 68; EuGH, Urteil v. 04.05.2016, Rs. C-547/14 *(Philip Morris Brands u. a.)*, Rn. 149, 154; EuGH, Urteil v. 15.09.2016, Rs. C-439/14 und C-488/14 *(Star Storage)*, Rn. 49; EuGH, Urteil v. 23.11.2016, Rs. C-442/14 *(Bayer CropScience und Stichting De Bijenstichting)*, Rn. 98; EuGH, Urteil v. 21.12.2016, Rs. C-201/15 *(AGET Iraklis)*, Rn. 70, 89; EuGH, Urteil v. 21.12.2016, Rs. C-203/15 und C-698/15 *(Tele2 Sverige)*, Rn. 94, 96; EuGH, Urteil v. 13.06.2017, Rs. C-258/14 *(Florescu u. a.)*, Rn. 53; EuGH, Urteil v. 05.07.2017, Rs. C-190/16 *(Fries)*, Rn. 36 und 72; EuGH, Gutachten v. 26.07.2017, Rs. Avis 1/15 *(Accord PNR UE-Canada)*, Rn. 138; EuGH, Urteil v. 14.09.2017, Rs. C-18/16 *(K)*, Rn. 34; EuGH, Urteil v. 27.09.2017, Rs. C-73/16 *(Puškár)*, Rn. 62 und 88; EuGH, Urteil v. 20.12.2017, Rs. C-277/16 *(Polkomtel)*, Rn. 51; EuGH, Urteil v. 20.12.2017, Rs. C-664/15 *(Protect Natur-, Arten- und Landschaftschutz Umweltorganisation)*, Rn. 90.

[1154] EuGH, Urteil v. 23.11.2016, Rs. C-442/14 *(Bayer CropScience und Stichting De Bijenstichting)*, Rn. 98.

[1155] Siehe Kapitel 3 A. II. 5. b) bb).

[1156] Vgl. EuGH, Urteil v. 09.11.2010, Rs. C-92/09 und C-93/09 *(Volker und Markus Schecke und Eifert)*, Rn. 74, 77; EuGH, Urteil v. 22.01.2013, Rs. C-283/11 *(Sky Österreich)*, Rn. 50; EuGH, Urteil v. 17.10.2013, Rs. C-101/12 *(Schaible)*, Rn. 29; EuGH, Urteil v. 22.05.2014, Rs. C-356/12 *(Glatzel)*, Rn. 50; EuGH, Urteil v. 29.04.2015, Rs. C-528/13 *(Léger)*, Rn. 58; EuGH, Urteil v. 15.02.2016, Rs. C-601/15 PPU *(N.)*, Rn. 54; EuGH, Urteil v. 30.06.2016, Rs. C-134/15 *(Lidl)*, Rn. 33; EuGH, Urteil v. 07.03.2017, Rs. C-390/15 *(RPO)*, Rn. 64 (und 53); EuGH, Urteil v. 14.09.2017, Rs. C-18/16 *(K)*, Rn. 37.

[1157] EuGH, Urteil v. 22.01.2013, Rs. C-283/11 *(Sky Österreich)*, Rn. 50.

[1158] Vgl. EuGH, Urteil v. 17.10.2013, Rs. C-101/12 *(Schaible)*, Rn. 29.

(C-134/15)[1159] sowie ganz ähnlich in den Entscheidungen Léger (C-528/13)[1160] und RPO (C-390/15)[1161] gebraucht. Dagegen lässt er in den Urteilen N. (C-601/15 PPU) und K. (C-18/16) einen Teil der Definition („zu beachten ist, dass dann, wenn mehrere geeignete Maßnahmen zur Auswahl stehen, die am wenigsten belastende zu wählen ist und"[1162]) weg, was aber nichts an ihrer Dreistufigkeit ändert.

Schließlich definiert der Gerichtshof im Urteil Glatzel (C-356/12) die Verhältnismäßigkeit wie folgt: „Für die Zwecke der vorliegenden Rechtssache ist in diesem Zusammenhang festzustellen, dass eine unterschiedliche Behandlung von Personen danach, ob sie über die erforderliche Sehschärfe zum Führen von Kraftfahrzeugen verfügen, grundsätzlich nicht gegen das Verbot der Diskriminierung wegen einer Behinderung im Sinne von Art. 21 Abs. 1 der Charta verstößt, sofern diese Anforderung tatsächlich einem dem Gemeinwohl dienenden Ziel entspricht, erforderlich ist und nicht zu einer übermäßigen Belastung führt."[1163]

Die Wortwahl des EuGH im Urteil Volker und Markus Schecke und Eifert (C-92/09 und C-93/09) deutet zunächst auf ein zweistufiges Vorgehen hin: „Nach ständiger Rechtsprechung verlangt der Grundsatz der Verhältnismäßigkeit, der zu den allgemeinen Grundsätzen des Unionsrechts gehört, dass die von einem Unionsrechtsakt eingesetzten Mittel zur Erreichung des verfolgten Ziels geeignet sind und nicht über das dazu Erforderliche hinausgehen".[1164] Er nennt in diesem Satz nur die Geeignetheit und Erforderlichkeit. Nach der Bejahung der Geeignetheit stellt der Gerichtshof weiter jedoch fest, es sei zu prüfen, ob der Unionsgesetzgeber die widerstreitenden Interessen „ausgewogen gewichtet" habe. Zudem müssten sich die Ausnahmen und Einschränkungen der Grundrechte in Bezug auf den Schutz der personenbezogenen Daten „auf das absolut Notwendige beschränken".[1165] Insgesamt enthalten die Aussagen des EuGH somit auch die dritte Stufe, die Angemessenheit.

Den ersten Teil der Formulierung aus dem Urteil Volker und Markus Schecke und Eifert (C-92/09 und C-93/09) verwendet der Gerichtshof fast wortgleich im Urteil Schwarz (C-291/12)[1166] und ähnlich in den Urteilen Digital Rights Ireland und Seitlinger u. a. (C-293/12 und C-594/12)[1167], Florescu u. a.

[1159] Vgl. EuGH, Urteil v. 30.06.2016, Rs. C-134/15 *(Lidl)*, Rn. 33.
[1160] Vgl. EuGH, Urteil v. 29.04.2015, Rs. C-528/13 *(Léger)*, Rn. 58.
[1161] EuGH, Urteil v. 07.03.2017, Rs. C-390/15 *(RPO)*, Rn. 64, 53.
[1162] Vgl. EuGH, Urteil v. 15.02.2016, Rs. C-601/15 PPU *(N.)*, Rn. 54; EuGH, Urteil v. 14.09.2017, Rs. C-18/16 *(K)*, Rn. 37.
[1163] EuGH, Urteil v. 22.05.2014, Rs. C-356/12 *(Glatzel)*, Rn. 50.
[1164] EuGH, Urteil v. 09.11.2010, Rs. C-92/09 und C-93/09 *(Volker und Markus Schecke und Eifert)*, Rn. 74.
[1165] EuGH, Urteil v. 09.11.2010, Rs. C-92/09 und C-93/09 *(Volker und Markus Schecke und Eifert)*, Rn. 77.
[1166] Vgl. EuGH, Urteil v. 17.10.2013, Rs. C-291/12 *(Schwarz)*, Rn. 40, 54.
[1167] Vgl. EuGH, Urteil v. 08.04.2014, Rs. C-293/12 und C-594/12 *(Digital Rights Ireland und Seitlinger u. a.)*, Rn. 46, 52.

(C-258/14)¹¹⁶⁸ sowie Fries (C-190/16)¹¹⁶⁹. Da hier aber der zweite Teil der Definition, nämlich der Hinweis auf die Interessenabwägung, fehlt, bleibt es in diesen Urteilen bei einer zweistufigen Definition der Verhältnismäßigkeit.

In drei anderen Entscheidungen deutet die Wortwahl des EuGH auf eine nur einstufige Prüfung, nämlich die bloße Untersuchung der Erforderlichkeit, hin. So wiederholt er in den Urteilen Schrems (C-362/14)¹¹⁷⁰ und Tele2 Sverige (C-203/15 und C-698/15)¹¹⁷¹ die Formulierung, wonach sich Einschränkungen „auf das absolut Notwendige beschränken" müssen, wobei er in Tele2 Sverige zusätzlich den Wortlaut von Art. 52 Abs. 1 GRC anführt.¹¹⁷² Auch im Urteil WebMindLicenses (C-419/14) verlangt er lediglich die Erforderlichkeit der streitigen Maßnahme.¹¹⁷³

In Entscheidungen, in denen der EuGH im Rahmen der Verhältnismäßigkeit nur von der Abwägung von Grundrechten spricht,¹¹⁷⁴ wählt er eine Formulierung wie die aus dem Urteil UPC Telekabel Wien (C-314/12): „Der Gerichtshof hat bereits entschieden, dass es im Fall mehrerer kollidierender Grundrechte Sache der Mitgliedstaaten ist, bei der Umsetzung einer Richtlinie darauf zu achten, dass sie sich auf eine Auslegung dieser Richtlinie stützen, die es ihnen erlaubt, ein angemessenes Gleichgewicht zwischen den durch die Unionsrechtsordnung geschützten anwendbaren Grundrechten sicherzustellen".¹¹⁷⁵ Eine ähnliche Wortwahl findet sich in den Entscheidungen ASNEF (C-468/10)¹¹⁷⁶, Scarlet Extended (C-70/10)¹¹⁷⁷, SABAM (C-360/10)¹¹⁷⁸ und Mc Fadden (C-484/14)¹¹⁷⁹. Sie deutet auf eine einstufige Prüfung der Verhältnismäßigkeit hin.

In acht¹¹⁸⁰ Entscheidungen fehlt eine Definition¹¹⁸¹ der Anforderungen der Verhältnismäßigkeit oder sie bleibt unklar. So führt der EuGH im Urteil Hy-

---

¹¹⁶⁸ Vgl. EuGH, Urteil v. 13.06.2017, Rs. C-258/14 *(Florescu u. a.)*, Rn. 54.
¹¹⁶⁹ Vgl. EuGH, Urteil v. 05.07.2017, Rs. C-190/16 *(Fries)*, Rn. 44.
¹¹⁷⁰ Vgl. EuGH, Urteil v. 06.10.2015, Rs. C-362/14 *(Schrems)*, Rn. 92.
¹¹⁷¹ Vgl. EuGH, Urteil v. 21.12.2016, Rs. C-203/15 und C-698/15 *(Tele2 Sverige)*, Rn. 96.
¹¹⁷² Vgl. EuGH, Urteil v. 21.12.2016, Rs. C-203/15 und C-698/15 *(Tele2 Sverige)*, Rn. 94.
¹¹⁷³ Vgl. EuGH, Urteil v. 17.12.2015, Rs. C-419/14 *(WebMindLicenses)*, Rn. 74.
¹¹⁷⁴ Siehe dazu schon Kapitel 3 B. V. 2. a) aa).
¹¹⁷⁵ EuGH, Urteil v. 27.03.2014, Rs. C-314/12 *(UPC Telekabel Wien)*, Rn. 46.
¹¹⁷⁶ Vgl. EuGH, Urteil v. 24.11.2011, Rs. C-468/10 *(ASNEF)*, Rn. 43.
¹¹⁷⁷ Vgl. EuGH, Urteil v. 24.11.2011, Rs. C-70/10 *(Scarlet Extended)*, Rn. 44 f.
¹¹⁷⁸ Vgl. EuGH, Urteil v. 16.02.2012, Rs. C-360/10 *(SABAM)*, Rn. 42 f.
¹¹⁷⁹ Vgl. EuGH, Urteil v. 15.09.2016, Rs. C-484/14 *(Mc Fadden)*, Rn. 83.
¹¹⁸⁰ Vgl. EuGH, Urteil v. 17.11.2011, Rs. C-327/10 *(Hypoteční banka)*, Rn. 60; EuGH, Urteil v. 15.03.2012, Rs. C-292/10 *(G)*, Rn. 49; EuGH, Urteil v. 06.09.2012, Rs. C-544/10 *(Deutsches Weintor)*, Rn. 54; EuGH, Urteil v. 28.11.2013, Rs. C-348/12 P *(Rat/Manufacturing Support & Procurement Kala Naft)*, Rn. 120, 122; EuGH, Urteil v. 20.09.2016, Rs. C-8/15 P bis C-10/15 P *(Ledra Advertising/Kommission und EZB)*, Rn. 70; EuGH, Urteil v. 10.11.2016, Rs. C-156/15 *(Private Equity Insurance Group)*, Rn. 52; EuGH, Urteil v. 28.03.2017, Rs. C-72/15 *(Rosneft)*; EuGH, Beschluss v. 06.04.2017, Rs. C-464/16 P *(PITEE/Kommission)*.
¹¹⁸¹ Vgl. EuGH, Urteil v. 10.11.2016, Rs. C-156/15 *(Private Equity Insurance Group)*, Rn. 52; EuGH, Urteil v. 28.03.2017, Rs. C-72/15 *(Rosneft)*, Rn. 146–150; EuGH, Beschluss v. 06.04.2017, Rs. C-464/16 P *(PITEE/Kommission)*, Rn. 32.

potečni banka (C-327/10) lediglich aus: „Doch müssen diese [Grundrechtsbeschränkungen] tatsächlich Zielen des Allgemeininteresses entsprechen, die mit der in Rede stehenden Maßnahme verfolgt werden, und dürfen nicht im Hinblick auf den verfolgten Zweck eine unverhältnismäßige Beeinträchtigung dieser Rechte darstellen."[1182] Ganz ähnlich definiert der Gerichtshof die Verhältnismäßigkeit im Urteil G (C-292/10).[1183] Daraus geht aber nicht hervor, wie das Vorliegen einer „unverhältnismäßige[n] Beeinträchtigung" geprüft werden soll.

Im Urteil Deutsches Weintor (C-544/10) dagegen vermischt der EuGH die Definition der Verhältnismäßigkeit mit der Definition der Wesensgehaltsgarantie: „Die Ausübung dieser Freiheiten kann daher Beschränkungen unterworfen werden, sofern diese tatsächlich den dem Gemeinwohl dienenden Zielen der Union entsprechen und keinen im Hinblick auf den verfolgten Zweck unverhältnismäßigen und untragbaren Eingriff darstellen, der diese Rechte in ihrem Wesensgehalt antastet".[1184] Ähnlich formuliert er im Urteil Ledra Advertising / Kommission und EZB (C-8/15 P bis C-10/15 P)[1185] sowie in den Urteilen Rat/Manufacturing Support & Procurement Kala Naft (C-348/12 P)[1186] und Rosneft (C-72/15)[1187], in denen er allerdings explizit auf seine verringerte Kontrolldichte verweist.[1188] Hieraus könnte sich auch eine Beschränkung des Prüfungsumfangs im Rahmen der Verhältnismäßigkeit ableiten lassen.[1189]

Die Definitionen der Verhältnismäßigkeit im Rahmen der Grundrechtsprüfung anhand der Charta durch den EuGH sind damit zahlreich und zeigen keine kohärente Herangehensweise.[1190]

bb) Prüfungen durch den EuGH

Dieses Bild setzt sich bei der Analyse der Prüfungen der Verhältnismäßigkeit durch den Gerichtshof fort. Nur neun[1191] Entscheidungen lassen eine eindeutig

---

[1182] EuGH, Urteil v. 17.11.2011, Rs. C-327/10 *(Hypoteční banka)*, Rn. 50.

[1183] Vgl. EuGH, Urteil v. 15.03.2012, Rs. C-292/10 *(G)*, Rn. 49.

[1184] EuGH, Urteil v. 06.09.2012, Rs. C-544/10 *(Deutsches Weintor)*, Rn. 54; vgl. dazu auch *S. Greer/J. Gerards/R. Slowe*, Human Rights in the Council of Europe and the European Union, 2018, S. 314 (Fn. 138).

[1185] Vgl. EuGH, Urteil v. 20.09.2016, Rs. C-8/15 P bis C-10/15 P *(Ledra Advertising / Kommission und EZB)*, Rn. 70.

[1186] Vgl. EuGH, Urteil v. 28.11.2013, Rs. C-348/12 P *(Rat / Manufacturing Support & Procurement Kala Naft)*, Rn. 122.

[1187] Vgl. EuGH, Urteil v. 28.03.2017, Rs. C-72/15 *(Rosneft)*, Rn. 148.

[1188] Vgl. EuGH, Urteil v. 28.11.2013, Rs. C-348/12 P *(Rat / Manufacturing Support & Procurement Kala Naft)*, Rn. 120; EuGH, Urteil v. 28.03.2017, Rs. C-72/15 *(Rosneft)*, Rn. 146.

[1189] Siehe dazu Kapitel 3 B. V. 2. c).

[1190] Vgl. in diesem Sinne auch *S. Greer/J. Gerards/R. Slowe*, Human Rights in the Council of Europe and the European Union, 2018, S. 315.

[1191] Vgl. EuGH, Urteil v. 22.01.2013, Rs. C-283/11 *(Sky Österreich)*; EuGH, Urteil v. 17.10.2013, Rs. C-101/12 *(Schaible)*; EuGH, Urteil v. 17.10.2013, Rs. C-291/12 *(Schwarz)*;

B. Anwendung der Kriterien   247

dreistufige Prüfung erkennen. In diesen Entscheidungen definiert der EuGH die Verhältnismäßigkeit entweder dreistufig oder durch ein Zitat von Art. 52 Abs. 1 GRC.

In weiteren elf[1192] Entscheidungen dagegen prüft der Gerichtshof die Verhältnismäßigkeit in zwei Stufen. So kommt er im Urteil Philip Morris Brands u. a. (C-547/14) zu dem Ergebnis, das fragliche Verbot sei zum einen geeignet, die Verbraucher vor den mit dem Tabakgebrauch verbundenen Gefahren zu schützen und gehe zum anderen nicht über die Grenzen dessen hinaus, was zur Erreichung des verfolgten Ziels erforderlich sei.[1193] In dieser Entscheidung, wie in fünf weiteren der oben genannten elf Entscheidungen mit einer zweistufigen Prüfung, definiert der EuGH die Anforderungen der Verhältnismäßigkeit durch ein Zitat von Art. 52 Abs. 1 GRC.[1194]

Spricht der Gerichtshof im Rahmen der Verhältnismäßigkeit dagegen lediglich von der Abwägung von Grundrechten, nimmt er die Prüfung auch dementsprechend einstufig vor.[1195]

In 16[1196] der oben genannten 40 Entscheidungen wird nicht klar, ob der EuGH seine Verhältnismäßigkeitsprüfung in Stufen unterteilt. So führt er im

---

EuGH, Urteil v. 22.05.2014, Rs. C-356/12 *(Glatzel)*; EuGH, Urteil v. 15.02.2016, Rs. C-601/15 PPU *(N.)*; EuGH, Urteil v. 30.06.2016, Rs. C-134/15 *(Lidl)*; EuGH, Urteil v. 15.09.2016, Rs. C-439/14 und C-488/14 *(Star Storage)*; EuGH, Urteil v. 14.09.2017, Rs. C-18/16 *(K)*; EuGH, Urteil v. 27.09.2017, Rs. C-73/16 *(Puškár)*, Rn. 56–76.

[1192] Vgl. EuGH, Urteil v. 09.11.2010, Rs. C-92/09 und C-93/09 *(Volker und Markus Schecke und Eifert)*; EuGH, Urteil v. 17.11.2011, Rs. C-327/10 *(Hypoteční banka)*; EuGH, Urteil v. 15.03.2012, Rs. C-292/10 *(G)*; EuGH, Urteil v. 08.04.2014, Rs. C-293/12 und C-594/12 *(Digital Rights Ireland und Seitlinger u. a.)*; EuGH, Urteil v. 27.05.2014, Rs. C-129/14 PPU *(Spasic)*; EuGH, Urteil v. 04.05.2016, Rs. C-547/14 *(Philip Morris Brands u. a.)*; EuGH, Urteil v. 21.12.2016, Rs. C-201/15 *(AGET Iraklis)*; EuGH, Urteil v. 07.03.2017, Rs. C-390/15 *(RPO)*; EuGH, Urteil v. 13.06.2017, Rs. C-258/14 *(Florescu u. a.)*; EuGH, Urteil v. 05.07.2017, Rs. C-190/16 *(Fries)*; EuGH, Gutachten v. 26.07.2017, Rs. Avis 1/15 *(Accord PNR UE-Canada)*.

[1193] EuGH, Urteil v. 04.05.2016, Rs. C-547/14 *(Philip Morris Brands u. a.)*, Rn. 158.

[1194] Vgl. EuGH, Urteil v. 04.05.2016, Rs. C-547/14 *(Philip Morris Brands u. a.)*, Rn. 149.

[1195] Vgl. EuGH, Urteil v. 24.11.2011, Rs. C-468/10 *(ASNEF)*; EuGH, Urteil v. 24.11.2011, Rs. C-70/10 *(Scarlet Extended)*; EuGH, Urteil v. 16.02.2012, Rs. C-360/10 *(SABAM)*; EuGH, Urteil v. 27.03.2014, Rs. C-314/12 *(UPC Telekabel Wien)*; EuGH, Urteil v. 15.09.2016, Rs. C-484/14 *(Mc Fadden)*.

[1196] Vgl. EuGH, Urteil v. 06.09.2012, Rs. C-544/10 *(Deutsches Weintor)*; EuGH, Urteil v. 28.11.2013, Rs. C-348/12 P *(Rat/Manufacturing Support & Procurement Kala Naft)*; EuGH, Urteil v. 29.04.2015, Rs. C-528/13 *(Léger)*; EuGH, Urteil v. 06.10.2015, Rs. C-362/14 *(Schrems)*; EuGH, Urteil v. 06.10.2015, Rs. C-650/13 *(Delvigne)*; EuGH, Urteil v. 17.12.2015, Rs. C-157/14 *(Neptune Distribution)*; EuGH, Urteil v. 17.12.2015, Rs. C-419/14 *(WebMindLicenses)*; EuGH, Urteil v. 20.09.2016, Rs. C-8/15 P bis C-10/15 P *(Ledra Advertising/Kommission und EZB)*; EuGH, Urteil v. 10.11.2016, Rs. C-156/15 *(Private Equity Insurance Group)*; EuGH, Urteil v. 23.11.2016, Rs. C-442/14 *(Bayer CropScience und Stichting De Bijenstichting)*; EuGH, Urteil v. 21.12.2016, Rs. C-203/15 und C-698/15 *(Tele2 Sverige)*; EuGH, Urteil v. 28.03.2017, Rs. C-72/15 *(Rosneft)*; EuGH, Beschluss v. 06.04.2017, Rs. C-464/16 P *(PITEE/Kommission)*; EuGH, Urteil v. 27.09.2017, Rs. C-73/16 *(Puškár)*, Rn. 82, 87–98; EuGH, Urteil

Urteil Ledra Advertising/Kommission und EZB (C-8/15 P bis C-10/15 P) beispielsweise aus, die fragliche Annahme eines sogenannten Memorandum of Understanding entspreche „einem dem Gemeinwohl dienenden Ziel der Union".[1197] Zur eigentlichen Verhältnismäßigkeit stellt er ausschließlich fest, derartige Maßnahmen stellten „keinen unverhältnismäßigen und nicht tragbaren Eingriff dar, der das gewährleistete Eigentumsrecht der Rechtsmittelführer in ihrem Wesensgehalt antastet".[1198] Im Urteil Schrems (C-362/14) prüft und verneint der Gerichtshof bloß, ob sich die fragliche Regelung „auf das absolut Notwendige beschränkt".[1199] Bei der Prüfung der Verhältnismäßigkeit im Urteil Léger (C-528/13) scheint der EuGH lediglich alternative Maßnahmen zu untersuchen und überlässt schließlich wesentliche Schlussfolgerungen dem vorlegenden Gericht.[1200] Auch im Urteil Polkomtel (C-277/16) bezeichnet er die Verhältnismäßigkeitsprüfung als Aufgabe des nationalen Gerichts, stellt aber in einem Nebensatz fest, die Kontrolle der Erforderlichkeit der streitigen Maßnahme schließe die Prüfung ihrer Angemessenheit ein.[1201]

Insgesamt ist damit auch die tatsächliche Prüfung der Verhältnismäßigkeit einer Grundrechtseinschränkung durch den EuGH wenig kohärent und konsistent.[1202]

cc) Zusammenfassung

Der Gerichtshof nutzt unterschiedliche Formulierungen zur Bestimmung der Anforderungen an die Verhältnismäßigkeit einer Grundrechtseinschränkung. Dabei postuliert er teilweise ein dreistufiges Vorgehen, teilweise definiert er die Verhältnismäßigkeit zwei- oder sogar nur einstufig, etwa bei der bloßen Abwägung von Grundrechten. In einigen Fällen bleiben seine Anforderungen im Dunkeln.

Dieser Befund korrespondiert mit den Analyseergebnissen der tatsächlichen Prüfung durch den EuGH: Auch hier gibt es Entscheidungen, in denen er drei- oder zweistufig prüft oder nur eine einstufige Abwägung von kollidierenden Grundrechten vornimmt. Stellenweise bleibt unklar, ob es überhaupt eine Unterteilung in Stufen gibt. Hinsichtlich der Frage, ob im Rahmen der Grundrechtsprüfung anhand der Charta eine zwei- oder dreistufige Verhältnismäßig-

---

v. 20.12.2017, Rs. C-277/16 *(Polkomtel)*, Rn. 52; EuGH, Urteil v. 20.12.2017, Rs. C-664/15 *(Protect Natur-, Arten- und Landschaftschutz Umweltorganisation)*.

[1197] EuGH, Urteil v. 20.09.2016, Rs. C-8/15 P bis C-10/15 P *(Ledra Advertising/Kommission und EZB)*, Rn. 71.

[1198] EuGH, Urteil v. 20.09.2016, Rs. C-8/15 P bis C-10/15 P *(Ledra Advertising/Kommission und EZB)*, Rn. 74; vgl. dazu *U. R. Haltern*, Europarecht, 3. Aufl. 2017, § 11, Rn. 1465: „kein Ruhmesblatt".

[1199] Vgl. EuGH, Urteil v. 06.10.2015, Rs. C-362/14 *(Schrems)*, Rn. 92 f.

[1200] Vgl. EuGH, Urteil v. 29.04.2015, Rs. C-528/13 *(Léger)*, Rn. 58–68.

[1201] EuGH, Urteil v. 20.12.2017, Rs. C-277/16 *(Polkomtel)*, Rn. 52.

[1202] Zu einem ähnlichen Ergebnis kommt auch *C. D. Classen*, EuR 49 (2014), S. 441 (444).

keitsprüfung vorzunehmen ist, hat der Gerichtshof somit keine kohärente und konsistente Linie entwickelt.

c) Behandlung der Prüfdichte durch den EuGH

Vor Inkrafttreten der Charta wurde kritisiert, dass der EuGH den Grundrechtsverpflichteten und insbesondere dem Unionsgesetzgeber einen zu weiten Ermessensspielraum hinsichtlich der Verhältnismäßigkeit einer Maßnahme einräumte und somit seine eigene Prüfdichte zu weit zurücknahm. Außerdem habe der Gerichtshof diesen Spielraum nicht hinreichend begründet.[1203] Die Charta fordert vom EuGH eine wirkliche und präzise Überprüfung der einzelnen Stufen der Verhältnismäßigkeit.[1204] Während diese Stufen inhaltlich jeweils in einem eigenen Analysepunkt untersucht werden,[1205] soll in diesem Abschnitt analysiert werden, welche ausdrücklichen Aussagen der Gerichtshof zu seiner Kontrolldichte macht, ob er also etwa dem Unionsgesetzgeber in bestimmten Fällen explizit einen weiten Beurteilungsspielraum einräumt und wie er diesen begründet.

Untersuchungsgegenstand sind die 40 Entscheidungen der Fallgruppen A1 und A2, in denen der EuGH die Verhältnismäßigkeit einer Grundrechtseinschränkung tatsächlich und in mehr als nur einem Satz prüft.[1206]

In weniger als einem Drittel dieser Entscheidungen äußert sich der Gerichtshof ausdrücklich zur Höhe der Prüfdichte (aa)). Terminologie und Maßstab sind dabei wenig präzise (bb)), ebenso lässt sich keine einheitliche Begründung für die Höhe der Kontrolldichte erkennen (cc)). Die Prüfung der unternehmerischen Freiheit gemäß Art. 16 GRC stellt hinsichtlich der Behandlung der Kontrollintensität durch den EuGH einen Sonderfall dar (dd)).

aa) Ausdrückliche Festlegung der Prüfdichte durch den EuGH

In der überwiegenden Zahl der analysierten Entscheidungen (28 von 40)[1207] bleibt offen, welche Prüfdichte der Gerichtshof anwendet, da er sich hierzu

---

[1203] Siehe dazu und zur Kriterienentwicklung Kapitel 3 A. II. 5. b) cc).
[1204] Siehe dazu Kapitel 3 A. II. 5. b) dd) bis Kapitel 3 A. II. 5. b) gg).
[1205] Siehe dazu im Folgenden Kapitel 3 B. V. 2. d) bis Kapitel 3 B. V. 2. g).
[1206] Siehe dazu Kapitel 3 B. V. 2. a) ee).
[1207] Vgl. EuGH, Urteil v. 09.11.2010, Rs. C-92/09 und C-93/09 *(Volker und Markus Schecke und Eifert)*; EuGH, Urteil v. 17.11.2011, Rs. C-327/10 *(Hypoteční banka)*; EuGH, Urteil v. 24.11.2011, Rs. C-468/10 *(ASNEF)*; EuGH, Urteil v. 24.11.2011, Rs. C-70/10 *(Scarlet Extended)*; EuGH, Urteil v. 16.02.2012, Rs. C-360/10 *(SABAM)*; EuGH, Urteil v. 15.03.2012, Rs. C-292/10 *(G)*; EuGH, Urteil v. 06.09.2012, Rs. C-544/10 *(Deutsches Weintor)*; EuGH, Urteil v. 17.10.2013, Rs. C-291/12 *(Schwarz)*; EuGH, Urteil v. 27.03.2014, Rs. C-314/12 *(UPC Telekabel Wien)*; EuGH, Urteil v. 27.05.2014, Rs. C-129/14 PPU *(Spasic)*; EuGH, Urteil v. 29.04.2015, Rs. C-528/13 *(Léger)*; EuGH, Urteil v. 06.10.2015, Rs. C-362/14 *(Schrems)*; EuGH, Urteil v. 06.10.2015, Rs. C-650/13 *(Delvigne)*; EuGH, Urteil v. 17.12.2015, Rs. C-419/14 *(WebMindLicenses)*; EuGH, Urteil v. 15.02.2016, Rs. C-601/15 PPU *(N.)*; EuGH,

nicht äußert.[1208] Nur einmal legt sich der EuGH ausdrücklich auf eine Prüfung mit hoher Intensität fest ((1)). In zwölf Entscheidungen dagegen gewährt er dem Grundrechtsverpflichteten explizit einen weiten Einschätzungsspielraum ((2)).[1209]

(1) Hohe Prüfdichte

Einzig im Urteil Digital Rights Ireland und Seitlinger u. a. (C-293/12 und C-594/12) spricht der Gerichtshof ausdrücklich von einer „strikten Kontrolle", also einer hohen Prüfdichte. Zunächst führt er aus, unter welchen Umständen eine Grundrechtseinschränkung als verhältnismäßig angesehen werden kann.[1210] Dann stellt er hinsichtlich der gerichtlichen Überprüfung der Einhaltung dieser Voraussetzungen fest, da Grundrechtseingriffe in Rede stünden, könne der Gestaltungsspielraum des Unionsgesetzgebers anhand einer Reihe von Gesichtspunkten eingeschränkt sein, wozu „u. a. der betroffene Bereich, das Wesen des fraglichen durch die Charta gewährleisteten Rechts, Art und Schwere des Eingriffs sowie dessen Zweck" gehörten.[1211] Wegen der „besonderen Bedeutung des Schutzes personenbezogener Daten für das Grundrecht auf Achtung des Privatlebens und des Ausmaßes und der Schwere des mit der Richtlinie 2006/24 verbundenen Eingriffs in dieses Recht" sei der Gestaltungsspielraum des Unionsgesetzgebers im vorliegenden Fall verringert.[1212] Die streitige Richtlinie unterliege einer „strikten Kontrolle" durch den EuGH.[1213]

Urteil v. 15.09.2016, Rs. C-439/14 und C-488/14 *(Star Storage)*; EuGH, Urteil v. 15.09.2016, Rs. C-484/14 *(Mc Fadden)*; EuGH, Urteil v. 20.09.2016, Rs. C-8/15 P bis C-10/15 P *(Ledra Advertising/Kommission und EZB)*; EuGH, Urteil v. 10.11.2016, Rs. C-156/15 *(Private Equity Insurance Group)*; EuGH, Urteil v. 23.11.2016, Rs. C-442/14 *(Bayer CropScience und Stichting De Bijenstichting)*; EuGH, Urteil v. 21.12.2016, Rs. C-203/15 und C-698/15 *(Tele2 Sverige)*; EuGH, Beschluss v. 06.04.2017, Rs. C-464/16 P *(PITEE/ Kommission)*; EuGH, Urteil v. 05.07.2017, Rs. C-190/16 *(Fries)*, Rn. 73; EuGH, Gutachten v. 26.07.2017, Rs. Avis 1/15 *(Accord PNR UE-Canada)*; EuGH, Urteil v. 14.09.2017, Rs. C-18/16 *(K)*; EuGH, Urteil v. 27.09.2017, Rs. C-73/16 *(Puškár)*; EuGH, Urteil v. 20.12.2017, Rs. C-277/16 *(Polkomtel)*; EuGH, Urteil v. 20.12.2017, Rs. C-664/15 *(Protect Natur-, Arten- und Landschaftschutz Umweltorganisation)*.

[1208] So zu Art. 16 GRC auch *H.D. Jarass*, Charta der Grundrechte der Europäischen Union, 3. Aufl. 2016, Art. 16 Rn. 29.

[1209] Zu beachten ist, dass in einigen Entscheidungen mehrere Grundrechtsprüfungen mit unterschiedlichen Aussagen zur Prüfdichte vorkommen.

[1210] Vgl. EuGH, Urteil v. 08.04.2014, Rs. C-293/12 und C-594/12 *(Digital Rights Ireland und Seitlinger u. a.)*, Rn. 46.

[1211] EuGH, Urteil v. 08.04.2014, Rs. C-293/12 und C-594/12 *(Digital Rights Ireland und Seitlinger u. a.)*, Rn. 47; kritisch dazu *H. Krämer*, in: K. Stern/M. Sachs (Hrsg.), Europäische Grundrechte-Charta, 2016, Art. 52 Rn. 56.

[1212] EuGH, Urteil v. 08.04.2014, Rs. C-293/12 und C-594/12 *(Digital Rights Ireland und Seitlinger u. a.)*, Rn. 48.

[1213] EuGH, Urteil v. 08.04.2014, Rs. C-293/12 und C-594/12 *(Digital Rights Ireland und Seitlinger u. a.)*, Rn. 48.

B. Anwendung der Kriterien 251

Diese ausdrückliche Feststellung einer hohen Prüfdichte bleibt allerdings ein Einzelfall in der Rechtsprechung des Gerichtshofs.[1214] Ungewöhnlich ist auch, dass der EuGH allgemeingültig feststellt, unter welchen Umständen der Spielraum des Unionsgesetzgebers verringert ist.[1215] Zur Begründung zitiert er das Urteil des EGMR S und Marper/Vereinigtes Königreich, in dem der Straßburger Gerichtshof entschieden hat, der Beurteilungsspielraum („margin of appreciation") der zuständigen nationalen Stellen könne unter bestimmten Bedingungen eingeschränkt sein.[1216] Zu beachten ist jedoch, dass die „margin of appreciation"-Doktrin des EGMR Teil des dogmatischen Gesamtkonzepts der Konvention ist und damit nicht ohne Weiteres auf das System der Charta übertragen werden kann.[1217] Dies gilt umso mehr, als es im vorliegenden Fall nicht um eine vertikale Perspektive, wie zwischen EGMR und EMRK-Vertragsstaat, sondern um die horizontale Balance zwischen unionaler Judikative (EuGH) und unionalem Gesetzgeber (Parlament und Rat) geht.[1218] Eine Übernahme der „margin of appreciation"-Doktrin in den Grundrechtsschutz der EU ist damit eher im Verhältnis der Unionsgrundrechte zu den Mitgliedstaaten denkbar.[1219] Bei der Grundrechtskontrolle von Unionsmaßnahmen ist sie kaum angezeigt,[1220] bedürfte aber wenigstens einer eingehenden Begründung, die der Gerichtshof im Urteil Digital Rights Ireland und Seitlinger u. a. nicht liefert. Da der EuGH diese Passage jedoch in seiner weiteren Rechtsprechung nicht wiederholt, kann davon ausgegangen werden, dass er nicht die Absicht hat, die dogmatische Figur der „margin of appreciation" in das System der GRC zu integrieren.

(2) Geringe Prüfdichte

In zwölf[1221] der 40 analysierten Entscheidungen schränkt der Gerichtshof die Intensität der Verhältnismäßigkeitsprüfung ausdrücklich ein. Die Einordnung

---

[1214] *V. Skouris*, NVwZ 2016, S. 1359 (1361) spricht insofern zu Recht von „ungewöhnlich klaren Worten".
[1215] Vgl. EuGH, Urteil v. 08.04.2014, Rs. C-293/12 und C-594/12 *(Digital Rights Ireland und Seitlinger u. a.)*, Rn. 47.
[1216] Vgl. EGMR, Urteil v. 04.12.2008, Rs. 30562/04 und 30566/04 *(S und Marper/Vereinigtes Königreich)*, ECHR Rep. 2008-V, 167, § 102.
[1217] Ablehnend auch *S. Peers/S. Prechal*, in: S. Peers/T. K. Hervey/A. Ward (Hrsg.), The EU Charter of Fundamental Rights, 2014, Art 52 Rn. 68; vgl. zu dieser Debatte statt vieler auch *J. Kühling*, NVwZ 2014, S. 681 (682); *J. Kühling*, ZÖR 68 (2013), S. 469 (477); *A. Edenharter*, Der Staat 57 (2018), S. 227; *H. Krämer*, in: K. Stern/M. Sachs (Hrsg.), Europäische Grundrechte-Charta, 2016, Art. 52 Rn. 56.
[1218] Kritisch daher auch *J. Kühling*, NVwZ 2014, S. 681 (682).
[1219] Dafür etwa *J. Kühling*, ZÖR 68 (2013), S. 469 (477); *J. Kühling*, Grundrechte, in: A. von Bogdandy/J. Bast (Hrsg.), Europäisches Verfassungsrecht, 2. Aufl. 2009, S. 657 (695 ff.); vgl. zu diesem Thema ausführlich *A. Edenharter*, Der Staat 57 (2018), S. 227.
[1220] Ebenso *H. Krämer*, in: K. Stern/M. Sachs (Hrsg.), Europäische Grundrechte-Charta, 2016, Art. 52 Rn. 56.
[1221] Vgl. EuGH, Urteil v. 22.01.2013, Rs. C-283/11 *(Sky Österreich)*, Rn. 46; EuGH,

der Urteile Sky Österreich (C-283/11), Lidl (C-134/15) und AGET Iraklis (C-201/15) ist dabei problematisch, da die Aussagen und Folgerungen des EuGH zur geringen Prüfdichte ausschließlich auf Art. 16 GRC basieren und insgesamt unklar sind.[1222]

Ausführlich legt er den Maßstab seiner Prüfung im Urteil Schaible (C-101/12) dar: Bereits vor der Prüfung der Verhältnismäßigkeit stellt der Gerichtshof unter Verweis auf sein Urteil Sky Österreich (C-283/11) fest, die im Fall relevante unternehmerische Freiheit aus Art. 16 GRC könne „einer Vielzahl von Eingriffen der öffentlichen Gewalt unterworfen werden".[1223] Diesen Schluss begründet er in Sky Österreich mit seiner vorherigen Rechtsprechung und dem Wortlaut von Art. 16 GRC,[1224] um in der nächsten Randnummer[1225] zu folgern: „Dieser Umstand spiegelt sich vor allem darin wider, auf welche Weise nach Art. 52 Abs. 1 der Charta der Grundsatz der Verhältnismäßigkeit zu handhaben ist."[1226] Bereits diese Passagen könnten so verstanden werden, dass der EuGH von einer verringerten Prüfdichte bei Art. 16 GRC ausgeht.[1227]

Unabhängig davon führt der Gerichtshof bei der Erforderlichkeitsprüfung im Urteil Schaible aus, er billige dem Unionsgesetzgeber ein weites Ermessen in Bereichen zu, „in denen er politische, wirtschaftliche und soziale Entscheidungen treffen und komplexe Beurteilungen vornehmen muss".[1228] Zu diesen Bereichen gehöre insbesondere die Agrarpolitik.[1229] Das weite Ermessen entspreche dort der politischen Verantwortung, die dem EU-Gesetzgeber durch die Art. 40 bis Art. 43 AEUV übertragen werde.[1230] Die Kontrolle durch den EuGH beschränke sich daher auf die Frage, „ob der Unionsgesetzgeber die Grenzen seines Ermessens nicht offensichtlich überschritten" habe.[1231] Gleichzeitig ent-

---

Urteil v. 17.10.2013, Rs. C-101/12 *(Schaible)*, Rn. 28, 47–51; EuGH, Urteil v. 28.11.2013, Rs. C-348/12 P *(Rat/Manufacturing Support & Procurement Kala Naft)*, Rn. 120, 123; EuGH, Urteil v. 22.05.2014, Rs. C-356/12 *(Glatzel)*, Rn. 52f., 64; EuGH, Urteil v. 17.12.2015, Rs. C-157/14 *(Neptune Distribution)*, Rn. 76; EuGH, Urteil v. 04.05.2016, Rs. C-547/14 *(Philip Morris Brands u. a.)*, Rn. 153–157; EuGH, Urteil v. 30.06.2016, Rs. C-134/15 *(Lidl)*, Rn. 34; EuGH, Urteil v. 21.12.2016, Rs. C-201/15 *(AGET Iraklis)*, Rn. 81, 86; EuGH, Urteil v. 07.03.2017, Rs. C-390/15 *(RPO)*, Rn. 54, 61, 68; EuGH, Urteil v. 28.03.2017, Rs. C-72/15 *(Rosneft)*, Rn. 146f.; EuGH, Urteil v. 13.06.2017, Rs. C-258/14 *(Florescu u. a.)*, Rn. 57; EuGH, Urteil v. 05.07.2017, Rs. C-190/16 *(Fries)*, Rn. 59, 64 und 73.

[1222] Siehe dazu Kapitel 3 B. V. 2. c) dd).
[1223] EuGH, Urteil v. 17.10.2013, Rs. C-101/12 *(Schaible)*, Rn. 28.
[1224] Vgl. EuGH, Urteil v. 22.01.2013, Rs. C-283/11 *(Sky Österreich)*, Rn. 45f.
[1225] Die in EuGH, Urteil v. 17.10.2013, Rs. C-101/12 *(Schaible)*, Rn. 28 jedoch nicht zitiert wird.
[1226] EuGH, Urteil v. 22.01.2013, Rs. C-283/11 *(Sky Österreich)*, Rn. 47.
[1227] So etwa *N. M. Ganglbauer*, Das Grundrecht der unternehmerischen Freiheit gem Art 16 GRC, in: A. Kahl/N. Raschauer/S. Storr (Hrsg.), Grundsatzfragen der europäischen Grundrechtecharta, 2013, S. 203 (220f.).
[1228] EuGH, Urteil v. 17.10.2013, Rs. C-101/12 *(Schaible)*, Rn. 47.
[1229] Vgl. EuGH, Urteil v. 17.10.2013, Rs. C-101/12 *(Schaible)*, Rn. 48.
[1230] Vgl. EuGH, Urteil v. 17.10.2013, Rs. C-101/12 *(Schaible)*, Rn. 48.
[1231] EuGH, Urteil v. 17.10.2013, Rs. C-101/12 *(Schaible)*, Rn. 48.

binde dieses Ermessen den Gesetzgeber nicht von der Pflicht, seine Entscheidung auf objektive Kriterien zu stützen und die Auswirkungen auf Betroffene zu prüfen.[1232] Maßgeblicher Zeitpunkt für die Prüfung durch den Gerichtshof sei der Zeitpunkt des Erlasses der fraglichen Maßnahme. Nachträgliche Beurteilungen ihres Wirkungsgrades könnten keinen Einfluss auf die Bewertung haben.[1233] Prognoseentscheidungen des Unionsgesetzgebers seien daher nur zu beanstanden, wenn sie „offensichtlich fehlerhaft" seien.[1234]

In die gleiche Richtung gehen die Ausführungen im Urteil Glatzel (C-356/12). Hier erklärt der EuGH, der EU-Gesetzgeber verfüge in Bezug auf komplexe medizinische Prüfungen über ein weites Ermessen und die Kontrolle durch den Gerichtshof müsse sich auf die Prüfung beschränken, ob die Ausübung dieses Ermessens nicht offensichtlich fehlerhaft sei, einen Ermessensmissbrauch darstelle oder der Gesetzgeber die Grenzen seines Ermessens offensichtlich überschritten habe.[1235] Gleichwohl müsse der Unionsgesetzgeber seine Entscheidung auf objektive Kriterien stützen und die Wahrung der Grundrechte beachten.[1236] Bei der Prüfung der Angemessenheit wiederholt der EuGH, der EU-Gesetzgeber verfüge „über ein weites Ermessen im Hinblick auf komplexe Fragen medizinischer Art".[1237] Hier dürfe „der Unionsrichter nämlich nicht seine Beurteilung der tatsächlichen Umstände wissenschaftlicher und technischer Art an die Stelle derjenigen des Unionsgesetzgebers setzen, dem allein die Gründungsverträge diese Aufgabe anvertraut haben".[1238] Ganz ähnlich äußert sich der Gerichtshof in der Entscheidung Fries (C-190/16), in der es um Altersgrenzen für Verkehrspiloten geht.[1239]

Auch in den Urteilen Neptune Distribution (C-157/14), Rat/Manufacturing Support & Procurement Kala Naft (C-348/12 P) und Rosneft (C-72/15) räumt der EuGH – wie im Urteil Schaible – dem Unionsgesetzgeber in einem Bereich, „der von ihm politische, wirtschaftliche und soziale Entscheidungen verlangt und in dem er komplexe Beurteilungen vornehmen muss", ein weites Ermessen ein.[1240] In der zweiten und dritten Entscheidung fügt er jedoch hinzu, eine in diesem Bereich erlassene Maßnahme sei nur dann rechtswidrig, „wenn sie zur Erreichung des Ziels, das das zuständige Organ verfolgt, offensichtlich un-

---

[1232] Vgl. EuGH, Urteil v. 17.10.2013, Rs. C-101/12 *(Schaible)*, Rn. 49.
[1233] Vgl. EuGH, Urteil v. 17.10.2013, Rs. C-101/12 *(Schaible)*, Rn. 50.
[1234] EuGH, Urteil v. 17.10.2013, Rs. C-101/12 *(Schaible)*, Rn. 50.
[1235] EuGH, Urteil v. 22.05.2014, Rs. C-356/12 *(Glatzel)*, Rn. 52.
[1236] EuGH, Urteil v. 22.05.2014, Rs. C-356/12 *(Glatzel)*, Rn. 53.
[1237] EuGH, Urteil v. 22.05.2014, Rs. C-356/12 *(Glatzel)*, Rn. 64.
[1238] EuGH, Urteil v. 22.05.2014, Rs. C-356/12 *(Glatzel)*, Rn. 64.
[1239] Vgl. EuGH, Urteil v. 05.07.2017, Rs. C-190/16 *(Fries)*, Rn. 59; kritisch dazu *A. Sagan*, EuZW 2017, S. 729 (735 f.).
[1240] EuGH, Urteil v. 17.12.2015, Rs. C-157/14 *(Neptune Distribution)*, Rn. 76; EuGH, Urteil v. 28.11.2013, Rs. C-348/12 P *(Rat/Manufacturing Support & Procurement Kala Naft)*, Rn. 120; mit nur leichten Abweichungen im Wortlaut EuGH, Urteil v. 28.03.2017, Rs. C-72/15 *(Rosneft)*, Rn. 146.

geeignet ist".[1241] Wie bereits in den Urteilen Sky Österreich und Schaible verweist er außerdem auf den besonderen Wortlaut des Art. 16 GRC, aus dem sich ableiten lasse, die dort verankerte unternehmerische Freiheit könne „einer Vielzahl von Eingriffen" unterworfen werden.[1242] Ein solch weites Ermessen räumt der Gerichtshof dem EU-Gesetzgeber im Urteil RPO (C-390/15) ebenfalls beim Erlass einer steuerlichen Maßnahme ein, da die Legislative auch dort „Entscheidungen politischer, wirtschaftlicher und sozialer Art" treffen müsse.[1243] Um wirtschaftliche Fragen, nämlich um ein nationales Verbot des gleichzeitigen Bezugs eines Ruhegehalts und eines Gehalts aus öffentlichen Mitteln zur Senkung öffentlicher Ausgaben in Zeiten einer globalen Wirtschafts- und Finanzkrise, geht es erneut im Urteil Florescu u. a. (C-258/14), in dem der EuGH dem nationalen Gesetzgeber ein weites Ermessen zugesteht, weil dieser am besten dazu in der Lage sei, „die Maßnahmen zu bestimmen, die zur Verwirklichung des angestrebten Ziels geeignet sind."[1244]

Zur Frage der Prüfdichte äußert sich der Gerichtshof auch im Urteil Philip Morris Brands u. a. (C-547/14) ausdrücklich. Hier stellt er fest, das Ermessen, über das der EU-Gesetzgeber bei der Ermittlung eines angemessenen Gleichgewichts verfüge, variiere „nach den Zielen, die die Einschränkung dieses Rechts rechtfertigen, und nach der Art der Tätigkeiten, die betroffen sind."[1245] Betroffen seien in diesem Fall einerseits die Meinungs- und Informationsfreiheit gemäß Art. 11 GRC und andererseits der Schutz der menschlichen Gesundheit, der unter anderem in Art. 35 S. 2 GRC verankert sei.[1246] Noch vor der Prüfung der einzelnen Stufen der Verhältnismäßigkeit hebt der EuGH hervor, dem Schutz der menschlichen Gesundheit im Bereich der Tabakregulierung komme eine „höhere Bedeutung" zu als der Informationsfreiheit.[1247] Ob sich hieraus eine eher geringe Kontrollintensität ergibt, ist nicht mit Sicherheit zu ermitteln.

Insgesamt gibt es somit auch nach Inkrafttreten der Charta Fälle, in denen der Gerichtshof seine Kontrolldichte ausdrücklich zurücknimmt.

bb) Terminologie und Maßstab des Gerichtshofs

Wie auch die Rechtswissenschaft nutzt der EuGH zur Frage der Prüfdichte keine einheitliche Terminologie. Ebenso bleibt der Maßstab, den er insofern anlegt, im Dunkeln.

[1241] EuGH, Urteil v. 28.11.2013, Rs. C-348/12 P *(Rat/Manufacturing Support & Procurement Kala Naft)*, Rn. 120; EuGH, Urteil v. 28.03.2017, Rs. C-72/15 *(Rosneft)*, Rn. 146.

[1242] Vgl. EuGH, Urteil v. 28.11.2013, Rs. C-348/12 P *(Rat/Manufacturing Support & Procurement Kala Naft)*, Rn. 123.

[1243] EuGH, Urteil v. 07.03.2017, Rs. C-390/15 *(RPO)*, Rn. 54.

[1244] EuGH, Urteil v. 13.06.2017, Rs. C-258/14 *(Florescu u. a.)*, Rn. 57.

[1245] EuGH, Urteil v. 04.05.2016, Rs. C-547/14 *(Philip Morris Brands u. a.)*, Rn. 155.

[1246] Vgl. EuGH, Urteil v. 04.05.2016, Rs. C-547/14 *(Philip Morris Brands u. a.)*, Rn. 155–157.

[1247] Vgl. EuGH, Urteil v. 04.05.2016, Rs. C-547/14 *(Philip Morris Brands u. a.)*, Rn. 156.

Stellenweise behandelt der Gerichtshof die Frage der Kontrollintensität in der deutschen Übersetzung unter dem Stichwort der „gerichtlichen Nachprüfbarkeit"[1248] beziehungsweise der „gerichtliche[n] Überprüfung"[1249] einer Maßnahme. Im französischen Original ist einheitlich von der „contrôle juridictionnel" die Rede.[1250] Prüft der EuGH mit hoher Dichte, spricht er davon, eine strikte Kontrolle vorzunehmen.[1251] In einem solchen Fall sei „der Gestaltungsspielraum des Unionsgesetzgebers anhand einer Reihe von Gesichtspunkten eingeschränkt".[1252] Geht der Gerichtshof hingegen von einer weniger intensiven Prüfung aus, nutzt er den Begriff des weiten Ermessens (Französisch: „un large pouvoir d'appréciation")[1253]. Seltener spricht er auch vom „weiten Beurteilungsspielraum" (Französisch: „une large marge d'appréciation").[1254]

Gleichzeitig bleibt ungeklärt, inwiefern sich der Prüfungsumfang des EuGH durch die explizite Annahme einer hohen oder geringen Prüfdichte verändert.[1255] Zum Beispiel spricht er im Urteil Schaible (C-101/12) davon, seine Kontrolle beschränke sich auf die Frage, „ob der Unionsgesetzgeber die Grenzen seines Ermessens nicht offensichtlich überschritten hat".[1256] Nur „offensichtlich fehlerhaft[e]" Prognosen des Unionsgesetzgebers seien zu beanstanden.[1257] Auf diese Offensichtlichkeit stellt der Gerichtshof auch in den Urteilen Glatzel (C-356/12), Rat/Manufacturing Support & Procurement Kala Naft (C-348/12 P) und Rosneft (C-72/15) ab. In beiden letztgenannten Entscheidungen kommt der EuGH sogar zu dem Schluss, eine in diesem Bereich erlassene Maßnahme sei nur dann rechtswidrig, wenn sie zur Erreichung des Ziels, das das zuständige Organ verfolge, offensichtlich ungeeignet sei.[1258] Die Verengung der Verhältnismäßigkeitsprüfung auf die Frage nach der offensichtlichen Ungeeignetheit der grundrechtseinschränkenden Maßnahme wurde schon vor Rechts-

---

[1248] So etwa EuGH, Urteil v. 17.10.2013, Rs. C-101/12 *(Schaible)*, Rn. 47.
[1249] EuGH, Urteil v. 08.04.2014, Rs. C-293/12 und C-594/12 *(Digital Rights Ireland und Seitlinger u. a.)*, Rn. 47.
[1250] EuGH, Urteil v. 17.10.2013, Rs. C-101/12 *(Schaible)*, Rn. 47; EuGH, Urteil v. 08.04.2014, Rs. C-293/12 und C-594/12 *(Digital Rights Ireland und Seitlinger u. a.)*, Rn. 47.
[1251] EuGH, Urteil v. 08.04.2014, Rs. C-293/12 und C-594/12 *(Digital Rights Ireland und Seitlinger u. a.)*, Rn. 48.
[1252] EuGH, Urteil v. 08.04.2014, Rs. C-293/12 und C-594/12 *(Digital Rights Ireland und Seitlinger u. a.)*, Rn. 47.
[1253] Vgl. EuGH, Urteil v. 17.10.2013, Rs. C-101/12 *(Schaible)*, Rn. 47 f.; EuGH, Urteil v. 22.05.2014, Rs. C-356/12 *(Glatzel)*, Rn. 52; EuGH, Urteil v. 17.12.2015, Rs. C-157/14 *(Neptune Distribution)*, Rn. 76; EuGH, Urteil v. 28.11.2013, Rs. C-348/12 P *(Rat/Manufacturing Support & Procurement Kala Naft)*, Rn. 120.
[1254] Vgl. EuGH, Urteil v. 21.12.2016, Rs. C-201/15 *(AGET Iraklis)*, Rn. 81.
[1255] Vgl. dazu auch Kapitel 3 B. V. 2. e) cc), Kapitel 3 B. V. 2. f) dd) und Kapitel 3 B. V. 2. g) dd).
[1256] EuGH, Urteil v. 17.10.2013, Rs. C-101/12 *(Schaible)*, Rn. 48.
[1257] EuGH, Urteil v. 17.10.2013, Rs. C-101/12 *(Schaible)*, Rn. 50.
[1258] EuGH, Urteil v. 28.11.2013, Rs. C-348/12 P *(Rat/Manufacturing Support & Procurement Kala Naft)*, Rn. 120; EuGH, Urteil v. 28.03.2017, Rs. C-72/15 *(Rosneft)*, Rn. 146.

verbindlichkeit der Charta scharf kritisiert.[1259] Nach Inkrafttreten der Charta würde ein solches Vorgehen zudem nicht den Anforderungen von Art. 52 Abs. 1 GRC entsprechen.[1260] Tatsächlich ergibt die Untersuchung der Charta-bezogenen Abschnitte der Entscheidungen der Fallgruppen A1 und A2, dass der EuGH den Passus „offensichtlich ungeeignet" nur in einer weiteren Entscheidung verwendet: So stellt er im Urteil Giordano/Kommission (C-611/12 P) fest, die streitige Maßnahme sei im Vergleich zu dem, was zur Erreichung dieser dem Gemeinwohl dienenden Zielsetzung notwendig sei, nicht offensichtlich ungeeignet und erweise sich daher als mit dem Grundsatz der Verhältnismäßigkeit vereinbar.[1261]

Offen muss an dieser Stelle die Frage bleiben, ob der Gerichtshof seine Prüfdichte tatsächlich so weit zurücknimmt.[1262] Abgesehen von der Verengung der gesamten Verhältnismäßigkeitsprüfung auf die Geeignetheit ist das Kriterium der Offensichtlichkeit an sich wenig aussagekräftig.[1263] Der EuGH konkretisiert die Offensichtlichkeit nicht weiter, sondern belässt es bei der Feststellung einer hohen oder geringen Kontrolldichte. Völlig unklar ist zudem seine Aussage im Urteil Glatzel (C-356/12), in dem der Gerichtshof dem Unionsgesetzgeber zunächst ein weites Ermessen einräumt, dann aber feststellt, dieser habe „die Wahrung der Grundrechte zu beachten".[1264] Die Bindung des EU-Gesetzgebers an die Grundrechte steht allein schon wegen Art. 51 GRC außer Frage. Ein Verweis auf diese Bindung im Rahmen der Grundrechtsprüfung ist nicht nur überflüssig, sondern erschwert auch, zu erkennen, welchen Einfluss die Einräumung eines weiten Ermessens auf die Prüfung durch den EuGH hat. Aus den Verweisen des Gerichtshofs an dieser Stelle der Entscheidung auf die Urteile Volker und Markus Schecke und Eifert (C-92/09 und C-93/09) und Association belge des Consommateurs Test-Achats u. a. (C-236/09) lässt sich schließen, dass es dem EuGH lediglich um die Feststellung ging, dass die Charta auch auf Sekundärrechtsakte, die vor ihrem Inkrafttreten ergangen sind, anwendbar ist. Hinsichtlich der Kontrollintensität führt dies aber nicht weiter.

Aus der bloßen Feststellung einer hohen oder geringen Kontrolldichte durch den Gerichtshof lässt sich somit kaum auf die tatsächliche Intensität seiner Prüfung schließen.

[1259] Siehe die Nachweise in Kapitel 3 A. II. 5. b) cc).
[1260] Siehe Kapitel 3 A. II. 5. b) cc).
[1261] EuGH, Urteil v. 14.10.2014, Rs. C-611/12 P *(Giordano/Kommission)*, Rn. 50.
[1262] Siehe dazu ausführlich Kapitel 3 B. V. 2. d) bis Kapitel 3 B. V. 2. g) und insbesondere Kapitel 3 B. V. 2. e) cc), Kapitel 3 B. V. 2. f) dd) und Kapitel 3 B. V. 2. g) dd).
[1263] Vgl. außerdem GA N. Wahl, Schlussanträge v. 29.05.2013, Rs. C-101/12 *(Schaible)*, Rn. 32–41, der auch bei Verwendung des Begriffs der offensichtlichen Ungeeignetheit eine dreistufige Verhältnismäßigkeitsprüfung vornimmt.
[1264] Vgl. EuGH, Urteil v. 22.05.2014, Rs. C-356/12 *(Glatzel)*, Rn. 53.

cc) Begründung der Prüfdichte durch den Gerichtshof

Die Begründungen der Kontrollintensität durch den EuGH variieren: Während der Gerichtshof im Urteil Digital Rights Ireland und Seitlinger u. a. (C-293/12 und C-594/12) die Strenge seiner Prüfung vom betroffenen Bereich, dem Wesen des fraglichen Charta-Rechts, der Art und Schwere des Eingriffs sowie dessen Zweck abhängig macht,[1265] verweist er in Urteilen, in denen er einen erhöhten Beurteilungsspielraum des Unionsgesetzgebers annimmt, auf die von diesem vorzunehmenden komplexen Beurteilungen im Bereich politischer, wirtschaftlicher und sozialer Entscheidungen.[1266] Im Urteil Philip Morris Brands u. a. (C-547/14) wiederum stellt der EuGH fest, der Ermessensspielraum des Unionsgesetzgebers variiere nach den verfolgten Zielen und nach der Art der Tätigkeiten, die betroffen seien.[1267] Sehr weitreichend scheint die Wortwahl im Urteil Florescu u. a. (C-258/14), da der Gerichtshof hier seine verringerte Kontrolldichte bei der Prüfung der Geeignetheit und Erforderlichkeit wirtschaftlicher Maßnahmen damit begründet, der nationale Gesetzgeber sei am besten dazu in der Lage, „die Maßnahmen zu bestimmen, die zur Verwirklichung des angestrebten Ziels geeignet sind."[1268] Mit diesem Argument könnte auch ein vollständiger Ausfall der Untersuchung begründet werden. Da der EuGH im Urteil Florescu u. a. (C-258/14) die Verhältnismäßigkeit der streitigen Maßnahme aber zumindest teilweise[1269] prüft, kann nicht mit Sicherheit festgestellt werden, wie diese Passage genau zu verstehen ist.

Die Formulierung im Urteil Digital Rights Ireland und Seitlinger u. a., wonach der Gestaltungsspielraum des Unionsgesetzgebers anhand einer Reihe von Gesichtspunkten eingeschränkt sein könne, weil Grundrechtseingriffe in Rede stünden,[1270] ließe sich sogar so verstehen, dass in jedem Fall von Grundrechtseingriffen der Spielraum des Gesetzgebers beschränkt sein kann. Diesem Verständnis steht jedoch entgegen, dass der EuGH diese Formel in seiner übrigen Rechtsprechung nicht erneut nutzt, sondern vielmehr die Frage nach der Prüfdichte meist gar nicht anspricht.

Offen bleibt damit etwa, wie der Gerichtshof beispielsweise im Falle eines schweren Grundrechtseingriffs bei einer komplexen Beurteilung des Unionsgesetzgebers vorgehen würde, wenn also die Voraussetzungen für eine intensive

---

[1265] EuGH, Urteil v. 08.04.2014, Rs. C-293/12 und C-594/12 *(Digital Rights Ireland und Seitlinger u. a.)*, Rn. 47.
[1266] EuGH, Urteil v. 17.12.2015, Rs. C-157/14 *(Neptune Distribution)*, Rn. 76; EuGH, Urteil v. 28.11.2013, Rs. C-348/12 P *(Rat/Manufacturing Support & Procurement Kala Naft)*, Rn. 120.
[1267] EuGH, Urteil v. 04.05.2016, Rs. C-547/14 *(Philip Morris Brands u. a.)*, Rn. 155.
[1268] EuGH, Urteil v. 13.06.2017, Rs. C-258/14 *(Florescu u. a.)*, Rn. 57.
[1269] Wesentliche Teile überlässt er dem vorlegenden Gericht.
[1270] EuGH, Urteil v. 08.04.2014, Rs. C-293/12 und C-594/12 *(Digital Rights Ireland und Seitlinger u. a.)*, Rn. 47.

Kontrolle ebenso vorlägen wie die Bedingungen für einen weiten Ermessensspielraum des EU-Gesetzgebers.

Die Herangehensweise des Gerichtshofs bei der Begründung der jeweiligen Prüfdichte ist insgesamt nicht kohärent. Wenn der EuGH sich explizit zu seiner Kontrollintensität äußert, muss er nicht nur festlegen, was darunter zu verstehen ist, sondern auch, in welchen Konstellationen von einer hohen oder geringen Prüfdichte auszugehen ist.

dd) Sonderfall der unternehmerischen Freiheit gemäß Art. 16 GRC

Eine gewisse Sonderrolle kommt der Prüfdichte im Rahmen der unternehmerischen Freiheit aus Art. 16 GRC zu, welche nach dem Unionsrecht und den einzelstaatlichen Rechtsvorschriften und Gepflogenheiten anerkannt wird.[1271] Aus dem Wortlaut, der sich von dem der anderen grundrechtlich geschützten Freiheiten, die in Titel II der Charta verankert sind, unterscheide und dabei dem Wortlaut einiger Bestimmungen in Titel IV ähnele, und seiner vorherigen Rechtsprechung leitet der EuGH im Urteil Sky Österreich (C-283/11)[1272] ab, die unternehmerische Freiheit könne „einer Vielzahl von Eingriffen der öffentlichen Gewalt unterworfen werden, die im allgemeinen Interesse die Ausübung der wirtschaftlichen Tätigkeit beschränken können."[1273] Tatsächlich sind die „Freiheiten" des Titels II der Charta meist anders formuliert. So hat nach Art. 6 GRC jeder Mensch das Recht auf Freiheit und Sicherheit und nach Art. 7 jede Person das Recht auf Achtung ihres Privat- und Familienlebens, ihrer Wohnung sowie ihrer Kommunikation. Die Vorschriften des Titels IV der Charta („Solidarität") hingegen verweisen – wie Art. 16 GRC – häufig auf das unionale und nationale Recht sowie die einzelstaatlichen Gepflogenheiten. Die Erläuterungen zu Art. 16 GRC enthalten hierzu den merkwürdigen[1274] Kommentar, dies sei „natürlich" so.[1275] Zudem verweisen sie auf die Rechtsprechung des EuGH vor der Charta.[1276] Auf diese bezieht sich auch der Gerichtshof im Urteil Sky Österreich, wenn er feststellt, die unternehmerische Freiheit gelte nicht schrankenlos, sondern sei im Zusammenhang mit ihrer gesellschaftlichen Funk-

---

[1271] Vgl. hierzu etwa *M. Ruffert*, in: C. Calliess/M. Ruffert (Hrsg.), EUV, AEUV, 5. Aufl. 2016, Art. 16 GRC Rn. 5; *N. Bernsdorff*, in: J. Meyer (Hrsg.), Charta der Grundrechte der Europäischen Union, 4. Aufl. 2014, Art. 16 Rn. 15.

[1272] Vgl. zur Prüfdichte in dieser Entscheidung schon Kapitel 3 B. V. 2. c) aa) (2).

[1273] Vgl. EuGH, Urteil v. 22.01.2013, Rs. C-283/11 *(Sky Österreich)*, Rn. 46; vgl. dazu auch *S. Peers/S. Prechal*, in: S. Peers/T. K. Hervey/A. Ward (Hrsg.), The EU Charter of Fundamental Rights, 2014, Art 52 Rn. 80 f.

[1274] *M. Ruffert*, in: C. Calliess/M. Ruffert (Hrsg.), EUV, AEUV, 5. Aufl. 2016, Art. 16 GRC Rn. 5.

[1275] *Präsidium des Konvents*, Erläuterungen zur Charta der Grundrechte, ABl. 2007 Nr. C 303/02, 14.12.2007, S. 23.

[1276] Vgl. *Präsidium des Konvents*, Erläuterungen zur Charta der Grundrechte, ABl. 2007 Nr. C 303/02, 14.12.2007, S. 23.

tion zu sehen.[1277] Art. 52 Abs. 6 GRC, wonach den einzelstaatlichen Rechtsvorschriften und Gepflogenheiten, wie es in dieser Charta bestimmt ist, in vollem Umfang Rechnung zu tragen ist, erwähnt er hingegen nicht.[1278] Vielmehr scheint er unter Verweis auf seine bisherige Rechtsprechung und den Wortlaut von Art. 16 GRC eine verringerte Prüfdichte zu begründen. So folgert er in Sky Österreich: „Dieser Umstand spiegelt sich vor allem darin wider, auf welche Weise nach Art. 52 Abs. 1 der Charta der Grundsatz der Verhältnismäßigkeit zu handhaben ist."[1279] Dies könnte so verstanden werden, dass der EuGH von einer verringerten Prüfdichte bei Art. 16 GRC ausgeht.[1280] Ob und inwiefern dies wirklich eine Veränderung der Prüfung bedeutet, lässt der Gerichtshof aber offen.[1281] Insbesondere findet sich in der anschließenden Verhältnismäßigkeitsprüfung keine Erwähnung einzelstaatlicher Rechtsvorschriften oder Gepflogenheiten.[1282] Trotzdem wiederholt der EuGH die Formel der „Vielzahl von Eingriffen" unter anderem in seinen späteren Urteilen Schaible[1283], Rat/Manufacturing Support & Procurement Kala Naft[1284], Lidl[1285] und AGET Iraklis[1286]. Auch bei diesen wird jedoch nicht klar, wie sich der Wortlaut von Art. 16 GRC auf die Grundrechtsprüfung des Gerichtshofs auswirkt. Zwar liegt nahe, dass er eher von einer verringerten Kontrollintensität ausgeht, dies kann jedoch nicht mit Sicherheit festgestellt werden.[1287] Zudem gibt es auch Prüfungen des EuGH am Maßstab von Art. 16 GRC, in denen der Gerichtshof nicht auf die „Vielzahl von Eingriffen" hinweist.[1288]

[1277] Vgl. EuGH, Urteil v. 22.01.2013, Rs. C-283/11 *(Sky Österreich)*, Rn. 45; diese Formulierung nutzt der EuGH vereinzelt auch in Bezug auf Art. 15 Abs. 1 GRC. Vgl. EuGH, Urteil v. 05.07.2017, Rs. C-190/16 *(Fries)*, Rn. 73; vgl. dazu *T. Klein*, EuZA 2018, S. 98 (107).

[1278] Dazu *G. Ziegenhorn*, EuZW 2013, S. 347 (352).

[1279] EuGH, Urteil v. 22.01.2013, Rs. C-283/11 *(Sky Österreich)*, Rn. 47.

[1280] So etwa *N. M. Ganglbauer*, Das Grundrecht der unternehmerischen Freiheit gem Art 16 GRC, in: A. Kahl/N. Raschauer/S. Storr (Hrsg.), Grundsatzfragen der europäischen Grundrechtecharta, 2013, S. 203 (220f.).

[1281] Ebenso *G. Ziegenhorn*, EuZW 2013, S. 347 (352); *S. Peers/S. Prechal*, in: S. Peers/T.K. Hervey/A. Ward (Hrsg.), The EU Charter of Fundamental Rights, 2014, Art 52 Rn. 81; *T. Klein*, EuZA 2018, S. 98 (107): „Welche Auswirkungen sich daraus konkret für die Rechtfertigungsprüfung ergeben, bleibt jedoch unklar".

[1282] *G. Ziegenhorn*, EuZW 2013, S. 347 (352).

[1283] Vgl. EuGH, Urteil v. 17.10.2013, Rs. C-101/12 *(Schaible)*, Rn. 28.

[1284] Vgl. EuGH, Urteil v. 28.11.2013, Rs. C-348/12 P *(Rat/Manufacturing Support & Procurement Kala Naft)*, Rn. 123.

[1285] Vgl. EuGH, Urteil v. 30.06.2016, Rs. C-134/15 *(Lidl)*, Rn. 34.

[1286] Vgl. EuGH, Urteil v. 21.12.2016, Rs. C-201/15 *(AGET Iraklis)*, Rn. 86.

[1287] Dementsprechend spricht *M. Ruffert*, in: C. Calliess/M. Ruffert (Hrsg.), EUV, AEUV, 5. Aufl. 2016, Art. 16 GRC Rn. 5 davon, dass der Verweis eine „gewisse Ausdehnung der Rechtfertigungsmöglichkeiten" impliziert.

[1288] Vgl. etwa EuGH, Urteil v. 06.09.2012, Rs. C-544/10 *(Deutsches Weintor)*, Rn. 54; EuGH, Urteil v. 05.07.2017, Rs. C-190/16 *(Fries)*, Rn. 73. In beiden Entscheidungen vermischt der EuGH die Prüfung von Art. 16 mit der Prüfung von Art. 15 GRC.

ee) Zusammenfassung

Wie vor Inkrafttreten der Charta räumt der EuGH dem Grundrechtsverpflichteten stellenweise explizit ein weites Ermessen ein und nimmt seine Prüfdichte zurück. Dabei verweist er zur Begründung meist auf die Komplexität der vom Gesetzgeber vorzunehmenden Entscheidung. Gleichzeitig hat der Gerichtshof aber im Urteil Digital Rights Ireland und Seitlinger u. a. (C-293/12 und C-594/12) wegen der besonderen Bedeutung des einschlägigen Grundrechts und der Schwere des Eingriffs einen verringerten Spielraum des Unionsgesetzgebers und eine besondere Strenge der Verhältnismäßigkeitsprüfung anerkannt. Welche Auswirkungen die Annahme einer hohen oder geringen Prüfdichte auf die tatsächliche Grundrechtsprüfung durch den EuGH hat, lässt sich wegen der mangelnden Konkretisierung dieses Maßstabs kaum erkennen. Unklar bleibt auch, ob der Gerichtshof bei der Prüfung der unternehmerischen Freiheit aus Art. 16 GRC, die seiner Ansicht nach „einer Vielzahl von Eingriffen" unterworfen werden kann, eine verringerte Prüfdichte annimmt.[1289] Auch ist bisher nicht absehbar, wie sich die unterschiedlichen Begründungen der Prüfdichte vereinen lassen. Der Frage nach der Prüfdichte kommt damit insgesamt wenig Aussagekraft zu. Soweit der EuGH die Kontrollintensität ausdrücklich festlegt, muss er klären, was darunter zu verstehen ist, in welchen Konstellationen er von einer hohen oder geringen Prüfdichte ausgeht und welche konkreten Auswirkungen diese Feststellung hat. Nur so kann er in diesem Bereich eine kohärente und konsistente Rechtsprechung entwickeln.

d) Legitime Ziele

Im Rahmen der Prüfung der legitimen Ziele einer Grundrechtseinschränkung durch den Gerichtshof wird analysiert, ob der EuGH nach Inkrafttreten der Charta untersucht, welchen Zweck die jeweilige Grundrechtseinschränkung verfolgt, und ob dieses Ziel den Anforderungen der Charta entspricht, also legitim ist (aa)). Dabei wird auch erörtert, ob der Gerichtshof eine konsistente und kohärente Auslegung der legitimen Ziele im Sinne von Art. 52 Abs. 1 S. 2 GRC entwickelt (bb)).[1290]

Untersuchungsgegenstand sind die 40 Entscheidungen der Fallgruppen A1 und A2, in denen der EuGH die Verhältnismäßigkeit einer Grundrechtseinschränkung tatsächlich und in mehr als nur einem Satz prüft.[1291]

[1289] Vgl. EuGH, Urteil v. 22.01.2013, Rs. C-283/11 *(Sky Österreich)*, Rn. 46; ebenso *T. Klein*, EuZA 2018, S. 98 (107): „Welche Auswirkungen sich daraus konkret für die Rechtfertigungsprüfung ergeben, bleibt jedoch unklar".
[1290] Vgl. zur Kriterienentwicklung Kapitel 3 A. II. 5. b) dd).
[1291] Siehe dazu Kapitel 3 B. V. 2. a) ee).

B. Anwendung der Kriterien   261

aa) Behandlung der Prüfung der legitimen Ziele durch den EuGH

Vor Rechtsverbindlichkeit der Charta wurde kritisiert, dass der Gerichtshof oft keine Untersuchung des legitimen Zwecks der Grundrechtseinschränkung vornahm, sondern die Begründung des Grundrechtsverpflichteten unkritisch übernahm oder die verfolgten Ziele nur kurz benannte. Art. 52 Abs. 1 GRC erfordert demgegenüber eine Prüfung der legitimen Ziele durch den EuGH.[1292]

Bei der Untersuchung der oben genannten Entscheidungen zeigt sich, dass der Gerichtshof meist eine Prüfung der legitimen Ziele vornimmt ((1)). Nur selten prüft er die Legitimität der verfolgten Ziele nicht, wobei einige Entscheidungen insofern unklar bleiben ((2)). Eine Gewichtung der verfolgten Ziele nimmt der EuGH auf dieser Prüfungsstufe hingegen meist nicht vor ((3)).

(1) Prüfung der verfolgten Ziele und ihrer Legitimität

In 31 der hier analysierten 40 Entscheidungen prüft der Gerichtshof, ob das mit der Grundrechtseinschränkung verfolgte Ziel legitim im Sinne der Charta ist.[1293]

Eine ausführliche Untersuchung findet sich etwa im Urteil Volker und Markus Schecke und Eifert (C-92/09 und C-93/09).[1294] Hier basierte die Grund-

---

[1292] Siehe dazu Kapitel 3 A. II. 5. b) dd).
[1293] Vgl. EuGH, Urteil v. 09.11.2010, Rs. C-92/09 und C-93/09 *(Volker und Markus Schecke und Eifert)*, Rn. 67–71; EuGH, Urteil v. 17.11.2011, Rs. C-327/10 *(Hypoteční banka)*, Rn. 51; EuGH, Urteil v. 24.11.2011, Rs. C-70/10 *(Scarlet Extended)*, Rn. 42 f.; EuGH, Urteil v. 16.02.2012, Rs. C-360/10 *(SABAM)*, Rn. 40 f.; EuGH, Urteil v. 15.03.2012, Rs. C-292/10 *(G)*, Rn. 50; EuGH, Urteil v. 06.09.2012, Rs. C-544/10 *(Deutsches Weintor)*, Rn. 55; EuGH, Urteil v. 22.01.2013, Rs. C-283/11 *(Sky Österreich)*, Rn. 51 f.; EuGH, Urteil v. 17.10.2013, Rs. C-101/12 *(Schaible)*, Rn. 30–35; EuGH, Urteil v. 17.10.2013, Rs. C-291/12 *(Schwarz)*, Rn. 36–38; EuGH, Urteil v. 28.11.2013, Rs. C-348/12 P *(Rat/Manufacturing Support & Procurement Kala Naft)*, Rn. 124; EuGH, Urteil v. 08.04.2014, Rs. C-293/12 und C-594/12 *(Digital Rights Ireland und Seitlinger u. a.)*, Rn. 41–44; EuGH, Urteil v. 22.05.2014, Rs. C-356/12 *(Glatzel)*, Rn. 51; EuGH, Urteil v. 27.05.2014, Rs. C-129/14 PPU *(Spasic)*, Rn. 58, 60–63; EuGH, Urteil v. 29.04.2015, Rs. C-528/13 *(Léger)*, Rn. 55–57; EuGH, Urteil v. 17.12.2015, Rs. C-157/14 *(Neptune Distribution)*, Rn. 72–74; EuGH, Urteil v. 17.12.2015, Rs. C-419/14 *(WebMindLicenses)*, Rn. 75 f.; EuGH, Urteil v. 15.02.2016, Rs. C-601/15 PPU *(N.)*, Rn. 53; EuGH, Urteil v. 04.05.2016, Rs. C-547/14 *(Philip Morris Brands u. a.)*, Rn. 152; EuGH, Urteil v. 15.09.2016, Rs. C-439/14 und C-488/14 *(Star Storage)*, Rn. 52 f.; EuGH, Urteil v. 20.09.2016, Rs. C-8/15 P bis C-10/15 P *(Ledra Advertising/Kommission und EZB)*, Rn. 71–73; EuGH, Urteil v. 10.11.2016, Rs. C-156/15 *(Private Equity Insurance Group)*, Rn. 51; EuGH, Urteil v. 21.12.2016, Rs. C-201/15 *(AGET Iraklis)*, Rn. 71–78; EuGH, Urteil v. 21.12.2016, Rs. C-203/15 und C-698/15 *(Tele2 Sverige)*, Rn. 103; EuGH, Urteil v. 07.03.2017, Rs. C-390/15 *(RPO)*, Rn. 42 ff., 55–60; EuGH, Urteil v. 28.03.2017, Rs. C-72/15 *(Rosneft)*, Rn. 147, 150; EuGH, Urteil v. 13.06.2017, Rs. C-258/14 *(Florescu u. a.)*, Rn. 56; EuGH, Urteil v. 05.07.2017, Rs. C-190/16 *(Fries)*, Rn. 40–43 und 76; EuGH, Gutachten v. 26.07.2017, Rs. Avis 1/15 *(Accord PNR UE-Canada)*, Rn. 148 f., 165; EuGH, Urteil v. 14.09.2017, Rs. C-18/16 *(K)*, Rn. 36; EuGH, Urteil v. 27.09.2017, Rs. C-73/16 *(Puškár)*, Rn. 66 f.; EuGH, Urteil v. 20.12.2017, Rs. C-277/16 *(Polkomtel)*, Rn. 52.
[1294] Vgl. EuGH, Urteil v. 09.11.2010, Rs. C-92/09 und C-93/09 *(Volker und Markus Sche-*

rechtseinschränkung auf zwei Verordnungen, deren Ziel es war, die Transparenz im Bereich der EU-Agrarbeihilfen zu erhöhen. In seiner Prüfung arbeitet der EuGH zunächst diese Zielsetzung heraus[1295] und erklärt dann, der „Transparenzgrundsatz" sei an verschiedenen Stellen in EUV und AEUV verankert.[1296] Er betont die Bedeutung dieses Grundsatzes[1297] und stellt schließlich eine Verbindung zu den streitigen Sekundärrechtsakten her.[1298] Dabei beschränkt er sich nicht auf die Bewertung der Legitimität der verfolgten Ziele, sondern kommt bereits hier zu dem Ergebnis, die fragliche Veröffentlichung von Daten der Beihilfeempfänger stärke die öffentliche Kontrolle der Verwendung der durch die europäischen Landwirtschaftsfonds[1299] verausgabten Beträge und trage so zur angemessenen Verwendung öffentlicher Mittel durch die Verwaltung bei.[1300] Sie erleichtere zudem die öffentliche Debatte über die Beihilfen.[1301] Insgesamt verfolgten die streitigen Vorschriften eine von der Union anerkannte dem Gemeinwohl dienende Zielsetzung.[1302] Diese Prüfung des EuGH legt einerseits überzeugend dar, welches Ziel die Grundrechtseinschränkungen haben, und zeigt andererseits die Verankerung der Zielsetzung im Primärrecht der Union auf, woraus sich die Legitimität des Zwecks ergibt.[1303] Gleichzeitig zeigen sich leichte Überschneidungen mit der Prüfung der Geeignetheit, wenn der Gerichtshof bereits hier zu dem Ergebnis kommt, die Maßnahmen seien der Transparenz dienlich.[1304]

Im Urteil Digital Rights Ireland und Seitlinger u. a. (C-293/12 und C-594/12) unterscheidet der EuGH zwischen dem formellen und dem materiellen Ziel der fraglichen Grundrechtseinschränkung. Er stellt fest, dass mit

---

cke und Eifert), Rn. 67–71; vgl. dazu auch I. Andoulsi, Cah. droit eur. (Brux.) 47 (2011), S. 471 (504 f.); zu den widersprüchlichen Vorbringen der Unionsorgane im Verfahren siehe M. Bobek, CMLR 48 (2011), S. 2005 (2014).

[1295] Vgl. EuGH, Urteil v. 09.11.2010, Rs. C-92/09 und C-93/09 (Volker und Markus Schecke und Eifert), Rn. 67.

[1296] Vgl. EuGH, Urteil v. 09.11.2010, Rs. C-92/09 und C-93/09 (Volker und Markus Schecke und Eifert), Rn. 68.

[1297] Vgl. EuGH, Urteil v. 09.11.2010, Rs. C-92/09 und C-93/09 (Volker und Markus Schecke und Eifert), Rn. 68.

[1298] Vgl. EuGH, Urteil v. 09.11.2010, Rs. C-92/09 und C-93/09 (Volker und Markus Schecke und Eifert), Rn. 69–71.

[1299] Europäischer Garantiefonds für die Landwirtschaft (EGFL) und Europäischer Landwirtschaftsfonds für die Entwicklung des ländlichen Raums (ELER).

[1300] EuGH, Urteil v. 09.11.2010, Rs. C-92/09 und C-93/09 (Volker und Markus Schecke und Eifert), Rn. 69.

[1301] EuGH, Urteil v. 09.11.2010, Rs. C-92/09 und C-93/09 (Volker und Markus Schecke und Eifert), Rn. 70.

[1302] EuGH, Urteil v. 09.11.2010, Rs. C-92/09 und C-93/09 (Volker und Markus Schecke und Eifert), Rn. 71.

[1303] So im Ergebnis auch S. Peers/S. Prechal, in: S. Peers/T. K. Hervey/A. Ward (Hrsg.), The EU Charter of Fundamental Rights, 2014, Art 52 Rn. 62.

[1304] Vgl. EuGH, Urteil v. 09.11.2010, Rs. C-92/09 und C-93/09 (Volker und Markus Schecke und Eifert), Rn. 69 f.

der Richtlinie zur Vorratsdatenspeicherung „zwar die Vorschriften der Mitgliedstaaten über die Pflichten der genannten Anbieter oder Betreiber im Bereich der Vorratsspeicherung bestimmter von ihnen erzeugter oder verarbeiteter Daten harmonisiert werden sollen, doch besteht das materielle Ziel dieser Richtlinie [...] darin, die Verfügbarkeit der Daten zwecks Ermittlung, Feststellung und Verfolgung schwerer Straftaten, wie sie von jedem Mitgliedstaat in seinem nationalen Recht bestimmt werden, sicherzustellen."[1305] Materiell solle die Richtlinie damit zur Bekämpfung von schwerer Kriminalität und somit zur öffentlichen Sicherheit beitragen.[1306] Durch diese nur[1307] im Urteil Digital Rights Ireland und Seitlinger u. a. nachweisbare Unterscheidung vermeidet der Gerichtshof einen Widerspruch zu seinem Urteil aus dem Jahr 2009, in dem er die Binnenmarktkompetenz aus Art. 114 AEUV (damals Art. 95 EG) als ausreichende Rechtsgrundlage für die Vorratsdatenspeicherungsrichtlinie anerkannt hatte.[1308] Gleichzeitig unterlägen Grundrechtseinschränkungen, die nur auf das Ziel des Funktionierens des Binnenmarktes gestützt würden, spätestens im Rahmen der Abwägung regelmäßig den Grundrechtspositionen.[1309] Daher lag es nahe, bei der Grundrechtsprüfung nicht auf das formelle Ziel des Funktionierens des Binnenmarktes abzustellen, sondern auf die Kriminalitätsbekämpfung und die öffentliche Sicherheit. Insgesamt fallen also die Ziele, die bei der Prüfung der Kompetenz der Union einerseits und der Vereinbarkeit mit den Charta-Grundrechten andererseits zu untersuchen sind, auseinander.[1310] Dies führt zu einer Prüfung, die von ihrer Anlage her einen Verstoß sowohl gegen die Kompetenz- als auch Grundrechtsnormen des Unionsrechts möglichst vermeidet, da jeweils das für diese Prüfungsstufe geeignetste Ziel untersucht wird.

In fünf der oben genannten 31 Entscheidungen stellt der EuGH lediglich fest, das verfolgte Ziel sei legitim, und begründet dieses Ergebnis durch einen Verweis auf seine Rechtsprechung.[1311] Ein solches Vorgehen entspricht den Anforderungen der Charta, da sie vom Gerichtshof vor allem verlangt, darzulegen, warum ein Ziel legitim ist. Dies kann aber unabhängig vom Einzelfall ent-

---

[1305] EuGH, Urteil v. 08.04.2014, Rs. C-293/12 und C-594/12 *(Digital Rights Ireland und Seitlinger u. a.)*, Rn. 41.
[1306] Vgl. EuGH, Urteil v. 08.04.2014, Rs. C-293/12 und C-594/12 *(Digital Rights Ireland und Seitlinger u. a.)*, Rn. 41.
[1307] Bezogen auf die hier untersuchten Entscheidungen.
[1308] EuGH, Urteil v. 10.02.2009, Rs. C-301/06 *(Irland/Parlament und Rat)*, Slg. 2009, I-593; vgl. zu den kompetenzrechtlichen Folgen *C. D. Classen*, EuR 49 (2014), S. 441 (444 f.).
[1309] Vgl. *M. Bäcker*, JURA 36 (2014), S. 1263 (1268).
[1310] *M. Bäcker*, JURA 36 (2014), S. 1263 (1268).
[1311] Vgl. EuGH, Urteil v. 17.11.2011, Rs. C-327/10 *(Hypoteční banka)*, Rn. 51; EuGH, Urteil v. 15.03.2012, Rs. C-292/10 *(G)*, Rn. 50; EuGH, Urteil v. 22.05.2014, Rs. C-356/12 *(Glatzel)*, Rn. 51; EuGH, Urteil v. 05.07.2017, Rs. C-190/16 *(Fries)*, Rn. 40–43; EuGH, Gutachten v. 26.07.2017, Rs. Avis 1/15 *(Accord PNR UE-Canada)*, Rn. 148 f.

schieden werden: Der Gesundheitsschutz beispielsweise ist demnach entweder immer oder nie ein legitimer Zweck einer Grundrechtseinschränkung. Ob diese auch angesichts der konkreten Auswirkungen zulässig ist, ist hingegen eine Frage der weiteren Punkte der Verhältnismäßigkeit.

In weiteren zehn der 31 Entscheidungen fällt die Prüfung der legitimen Ziele durch den EuGH sehr kurz aus.[1312] So erklärt er im Urteil Scarlet Extended (C-70/10) nur, die fragliche Maßnahme habe den Schutz von Urheberrechten zum Ziel.[1313] Das Urheberrecht sei Teil des geistigen Eigentums, dessen Schutz in Art. 17 Abs. 2 GRC verankert sei.[1314] Eine weitere Begründung dieses Ergebnisses liefert der Gerichtshof nicht, was aber angesichts der Klarheit der rechtlichen Einordnung auch nicht erforderlich ist.

Im Urteil Schwarz (C-291/12) wiederum stellt der EuGH zunächst fest, die streitige Verordnung verfolge insbesondere zwei konkrete Ziele, erstens den Schutz vor Fälschung von Pässen und zweitens die Verhinderung der betrügerischen Verwendung von Pässen, also deren Verwendung durch andere Personen als ihren rechtmäßigen Inhaber.[1315] Die Maßnahme solle illegale Migration in das Gebiet der EU verhindern.[1316] Welches Ziel die Verordnung hat, legt der EuGH somit exakt und nachvollziehbar dar.[1317] Anschließend prüft er jedoch zumindest nicht ausdrücklich, ob dieser Zweck auch legitim im Sinne von Art. 52 Abs. 1 GRC ist, sondern entscheidet ohne Begründung, Art. 1 Abs. 2 der Verordnung Nr. 2252/2004 verfolge eine von der Union anerkannte dem Gemeinwohl dienende Zielsetzung.[1318] Naheliegend wäre hier etwa ein Verweis auf das Ziel der Union gemäß Art. 3 Abs. 2 EUV gewesen, einen Raum der Freiheit, der Sicherheit und des Rechts zu schaffen.[1319] Positiv ist aber hervorzuheben, dass der Gerichtshof klar zwischen den beiden verfolgten Zielen unterscheidet.

[1312] Vgl. EuGH, Urteil v. 24.11.2011, Rs. C-70/10 *(Scarlet Extended)*, Rn. 42 f.; EuGH, Urteil v. 16.02.2012, Rs. C-360/10 *(SABAM)*, Rn. 40 f.; EuGH, Urteil v. 17.10.2013, Rs. C-291/12 *(Schwarz)*, Rn. 36–38; EuGH, Urteil v. 28.11.2013, Rs. C-348/12 P *(Rat/Manufacturing Support & Procurement Kala Naft)*, Rn. 124; EuGH, Urteil v. 15.02.2016, Rs. C-601/15 PPU *(N.)*, Rn. 53; EuGH, Urteil v. 15.09.2016, Rs. C-439/14 und C-488/14 *(Star Storage)*, Rn. 52 f.; EuGH, Urteil v. 10.11.2016, Rs. C-156/15 *(Private Equity Insurance Group)*, Rn. 51; EuGH, Urteil v. 13.06.2017, Rs. C-258/14 *(Florescu u.a.)*, Rn. 56; EuGH, Urteil v. 27.09.2017, Rs. C-73/16 *(Puškár)*, Rn. 66 f.; EuGH, Urteil v. 20.12.2017, Rs. C-277/16 *(Polkomtel)*, Rn. 52.
[1313] EuGH, Urteil v. 24.11.2011, Rs. C-70/10 *(Scarlet Extended)*, Rn. 42.
[1314] EuGH, Urteil v. 24.11.2011, Rs. C-70/10 *(Scarlet Extended)*, Rn. 42 f.
[1315] EuGH, Urteil v. 17.10.2013, Rs. C-291/12 *(Schwarz)*, Rn. 36.
[1316] EuGH, Urteil v. 17.10.2013, Rs. C-291/12 *(Schwarz)*, Rn. 37.
[1317] So auch *S. Peers/S. Prechal*, in: S. Peers/T. K. Hervey/A. Ward (Hrsg.), The EU Charter of Fundamental Rights, 2014, Art 52 Rn. 62.
[1318] EuGH, Urteil v. 17.10.2013, Rs. C-291/12 *(Schwarz)*, Rn. 38.
[1319] *S. Peers/S. Prechal*, in: S. Peers/T. K. Hervey/A. Ward (Hrsg.), The EU Charter of Fundamental Rights, 2014, Art 52 Rn. 51 m. w. N.

(2) Keine Prüfung der verfolgten Ziele und ihrer Legitimität sowie unklare Fälle

In zehn der 40 Entscheidungen prüft der EuGH entweder die Legitimität der verfolgten Ziele nicht[1320] oder es bleibt zumindest unklar, ob er eine solche Prüfung vornimmt.[1321]

Beispielsweise erwähnt er im Urteil Delvigne (C-650/13) das Erfordernis des legitimen Ziels zu Beginn seiner Ausführungen zur Rechtfertigung der Grundrechtseinschränkung.[1322] Anschließend stellt er aber lediglich fest, die Einschränkung sei gesetzlich vorgesehen,[1323] achte den Wesensgehalt des fraglichen Grundrechts[1324] und sei verhältnismäßig.[1325] Eine Prüfung, welche Ziele die fragliche Maßnahme verfolgt und ob diese legitim sind, nimmt der Gerichtshof nicht vor.

Im Urteil Lidl (C-134/15) übernimmt er bei der Grundrechtsprüfung einer Verordnung die Zielangaben des Unionsgesetzgebers, ohne die Ziele selbst zu untersuchen. Aus dem zweiten Erwägungsgrund der Verordnung Nr. 1906/90 gehe hervor, dass die streitigen Vermarktungsnormen im Bereich des Geflügelfleischsektors zur Verbesserung der Geflügelfleischqualität beitrügen und insofern im Interesse der Erzeuger, des Handels und der Verbraucher den Verkauf dieses Fleisches förderten.[1326] Der vierte Erwägungsgrund hebe das Interesse der vollständigen Verbraucherinformation hervor.[1327] Diese Ziele seien durch die streitige Verordnung übernommen worden.[1328] Ohne weitere Begründung kommt der EuGH zu folgendem Ergebnis: „Aus dem Vorstehenden ergibt sich, dass die wesentlichen Ziele, die mit der fraglichen unionsrechtlichen Regelung verfolgt werden, sowohl die Verbesserung des Einkommens der Erzeuger und Wirtschaftsteilnehmer, die im Sektor des Geflügelfleischs – einschließlich des frischen Geflügelfleischs – tätig sind, als auch den Verbraucherschutz betreffen und vom Primärrecht der Union anerkannte dem Gemeinwohl dienende Zielsetzungen darstellen."[1329] Auf welche Normen des Primärrechts sich der

---

[1320] Vgl. EuGH, Urteil v. 27.03.2014, Rs. C-314/12 *(UPC Telekabel Wien)*; EuGH, Urteil v. 06.10.2015, Rs. C-362/14 *(Schrems)*; EuGH, Urteil v. 06.10.2015, Rs. C-650/13 *(Delvigne)*; EuGH, Urteil v. 30.06.2016, Rs. C-134/15 *(Lidl)*; EuGH, Urteil v. 23.11.2016, Rs. C-442/14 *(Bayer CropScience und Stichting De Bijenstichting)*; EuGH, Urteil v. 20.12.2017, Rs. C-664/15 *(Protect Natur-, Arten- und Landschaftschutz Umweltorganisation)*.

[1321] Vgl. EuGH, Urteil v. 24.11.2011, Rs. C-468/10 *(ASNEF)*, Rn. 44 f.; EuGH, Urteil v. 15.09.2016, Rs. C-484/14 *(Mc Fadden)*, Rn. 93; EuGH, Beschluss v. 06.04.2017, Rs. C-464/16 P *(PITEE/ Kommission)*, Rn. 27–30; EuGH, Urteil v. 27.09.2017, Rs. C-73/16 *(Puškár)*, Rn. 93.

[1322] Vgl. EuGH, Urteil v. 06.10.2015, Rs. C-650/13 *(Delvigne)*, Rn. 46.
[1323] Vgl. EuGH, Urteil v. 06.10.2015, Rs. C-650/13 *(Delvigne)*, Rn. 47.
[1324] Vgl. EuGH, Urteil v. 06.10.2015, Rs. C-650/13 *(Delvigne)*, Rn. 48.
[1325] Vgl. EuGH, Urteil v. 06.10.2015, Rs. C-650/13 *(Delvigne)*, Rn. 49.
[1326] EuGH, Urteil v. 30.06.2016, Rs. C-134/15 *(Lidl)*, Rn. 35.
[1327] EuGH, Urteil v. 30.06.2016, Rs. C-134/15 *(Lidl)*, Rn. 35.
[1328] EuGH, Urteil v. 30.06.2016, Rs. C-134/15 *(Lidl)*, Rn. 36.
[1329] EuGH, Urteil v. 30.06.2016, Rs. C-134/15 *(Lidl)*, Rn. 37.

Gerichtshof hier bezieht, gibt er nicht an. Zwar lassen sich diese für den Verbraucherschutz noch relativ einfach ausmachen (etwa Art. 38 GRC), warum das Primärrecht es aber auch unterstützt, die Einkommen von Erzeugern und Wirtschaftsteilnehmern im Bereich des Geflügelfleischs zu verbessern, hätte einer Begründung (etwa mit Art. 39 und Art. 41 Buchst. b AEUV, die auch im Rechtlichen Rahmen des Urteils erwähnt werden[1330]) bedurft. Scheinbar reicht es dem EuGH aus, dass der Unionsgesetzgeber diese Ziele in seiner Verordnung angibt.

Im Urteil ASNEF (C-468/10) schließlich ist völlig unklar, ob und wie der Gerichtshof das Vorliegen eines legitimen Ziels untersucht. So spricht er hier zwar von der Notwendigkeit der Abwägung widerstreitender Grundrechte, welche grundrechtlichen Positionen den Rechten aus Art. 7 und Art. 8 GRC entgegenstehen und sie schließlich sogar überwiegen sollen, erklärt er nicht.[1331] Auch in den Urteilen UPC Telekabel Wien (C-314/12) und Mc Fadden (C-484/14) fehlt eine ausdrückliche Prüfung. Da sich diesen Entscheidungen aber entnehmen lässt, dass die jeweiligen Grundrechtseinschränkungen zum Schutz des Rechts des geistigen Eigentums als kollidierendes Grundrecht aus Art. 17 Abs. 2 GRC ergangen sind, ist immerhin die rechtliche Einordnung nachvollziehbar.

(3) Seltene Gewichtung der verfolgten Ziele

Eine Gewichtung der mit der Grundrechtseinschränkung verfolgten Ziele nimmt der EuGH im Rahmen der Prüfung des legitimen Ziels in sechs von 40 Entscheidungen vor.[1332] Zu beachten ist jedoch, dass hier nur die Gewichtung der verfolgten Ziele in diesem Prüfungsschritt betrachtet wurde. Die Abwägung der widerstreitenden Interessen im Rahmen der Angemessenheit wird dort[1333] besprochen.

Im Urteil Sky Österreich (C-283/11) stellt der Gerichtshof zunächst fest, die fraglichen Maßnahmen sollten dem Grundrecht auf Information gemäß Art. 11 Abs. 1 GRC und dem nach Art. 11 Abs. 2 GRC geschützten Pluralismus der Medien dienen.[1334] Anschließend führt er aus, die Wahrung dieser Freiheiten stelle „unbestreitbar ein im Allgemeininteresse liegendes Ziel dar".[1335] Die Bedeu-

---

[1330] Vgl. EuGH, Urteil v. 30.06.2016, Rs. C-134/15 *(Lidl)*, Rn. 3.
[1331] Vgl. EuGH, Urteil v. 24.11.2011, Rs. C-468/10 *(ASNEF)*, Rn. 44 f.; kritisch dazu auch S. Peers/S. Prechal, in: S. Peers/T. K. Hervey/A. Ward (Hrsg.), The EU Charter of Fundamental Rights, 2014, Art 52 Rn. 56, 61.
[1332] Vgl. EuGH, Urteil v. 09.11.2010, Rs. C-92/09 und C-93/09 *(Volker und Markus Schecke und Eifert)*, Rn. 67–71; EuGH, Urteil v. 06.09.2012, Rs. C-544/10 *(Deutsches Weintor)*, Rn. 55; EuGH, Urteil v. 22.01.2013, Rs. C-283/11 *(Sky Österreich)*, Rn. 51 f.; EuGH, Urteil v. 20.09.2016, Rs. C-8/15 P bis C-10/15 P *(Ledra Advertising/Kommission und EZB)*, Rn. 71–73; EuGH, Urteil v. 21.12.2016, Rs. C-201/15 *(AGET Iraklis)*, Rn. 71–78; EuGH, Urteil v. 21.12.2016, Rs. C-203/15 und C-698/15 *(Tele2 Sverige)*, Rn. 103.
[1333] Siehe Kapitel 3 B. V. 2. g).
[1334] Vgl. EuGH, Urteil v. 22.01.2013, Rs. C-283/11 *(Sky Österreich)*, Rn. 51.
[1335] EuGH, Urteil v. 22.01.2013, Rs. C-283/11 *(Sky Österreich)*, Rn. 52.

tung der Rechte aus Art. 11 GRC könne „in einer demokratischen und pluralistischen Gesellschaft nicht genug betont werden".[1336] Sie zeige sich „ganz besonders bei Ereignissen von großem öffentlichen Interesse."[1337] Damit weist der EuGH schon im Rahmen der Prüfung der legitimen Ziele der Wahrung beziehungsweise Förderung der Freiheiten aus Art. 11 GRC einen hohen Stellenwert zu. Ähnlich geht er im Urteil Ledra Advertising/Kommission und EZB (C-8/15 P bis C-10/15 P) vor, wenn er bei der Untersuchung der legitimen Zwecke betont, Finanzdienstleistungen spielten „in der Wirtschaft der Union eine zentrale Rolle".[1338] Wegen der engen Vernetzung von Banken greife die Insolvenz einer Bank schnell auf andere Finanzinstitute über. Die mit den fraglichen Maßnahmen bezweckte Sicherung der Stabilität des Bankensystems der Euro-Zone sei daher ein dem Gemeinwohl dienendes Ziel.[1339] Die übrige Verhältnismäßigkeitsprüfung beschränkt sich demgegenüber lediglich auf die Feststellung, unter Berücksichtigung des Ziels, die Stabilität des Euro-Bankensystems sicherzustellen, und in Anbetracht der Tatsache, dass die Einleger der betroffenen Banken im Fall von deren Insolvenz vermutlich finanzielle Verluste erleiden würden, stellten „solche Maßnahmen keinen unverhältnismäßigen und nicht tragbaren Eingriff dar, der das gewährleistete Eigentumsrecht der Rechtsmittelführer in ihrem Wesensgehalt" antaste.[1340]

In der überwiegenden Zahl der hier analysierten Entscheidungen (32 von 40) gewichtet der Gerichtshof die verfolgten Ziele im Rahmen der Prüfung der legitimen Ziele hingegen nicht. Unklar bleibt wiederum in den Urteilen UPC Telekabel Wien (C-314/12) und Rosneft (C-72/15), auf welcher Stufe der EuGH die Gewichtung der rechtfertigenden Belange vornimmt.[1341]

bb) Auslegung der legitimen Ziele durch den EuGH

Art. 52 Abs. 1 GRC unterscheidet zwei Kategorien von legitimen Zielen:[1342] die von der Union anerkannten dem Gemeinwohl dienenden Zielsetzungen und die Erfordernisse des Schutzes der Rechte und Freiheiten anderer. Was genau unter

---
[1336] EuGH, Urteil v. 22.01.2013, Rs. C-283/11 *(Sky Österreich)*, Rn. 52.
[1337] EuGH, Urteil v. 22.01.2013, Rs. C-283/11 *(Sky Österreich)*, Rn. 52.
[1338] EuGH, Urteil v. 20.09.2016, Rs. C-8/15 P bis C-10/15 P *(Ledra Advertising/Kommission und EZB)*, Rn. 72.
[1339] EuGH, Urteil v. 20.09.2016, Rs. C-8/15 P bis C-10/15 P *(Ledra Advertising/Kommission und EZB)*, Rn. 71 f.
[1340] EuGH, Urteil v. 20.09.2016, Rs. C-8/15 P bis C-10/15 P *(Ledra Advertising/Kommission und EZB)*, Rn. 74.
[1341] Vgl. EuGH, Urteil v. 27.03.2014, Rs. C-314/12 *(UPC Telekabel Wien)*, Rn. 42–63; EuGH, Urteil v. 28.03.2017, Rs. C-72/15 *(Rosneft)*, Rn. 147, 150.
[1342] *K. Lenaerts*, EuR 47 (2012), S. 3 (9 f.); *S. Peers/S. Prechal*, in: S. Peers/T. K. Hervey/A. Ward (Hrsg.), The EU Charter of Fundamental Rights, 2014, Art 52 Rn. 46; *H. D. Jarass*, Charta der Grundrechte der Europäischen Union, 3. Aufl. 2016, Art. 52 Rn. 31 f.; *T. Kingreen*, in: C. Calliess/M. Ruffert (Hrsg.), EUV, AEUV, 5. Aufl. 2016, Art. 52 GRC Rn. 67.

diesen Rechtfertigungsgründen zu verstehen ist, geht aus der Charta und den Erläuterungen des Präsidiums des Konvents nicht eindeutig hervor. Es ist daher Aufgabe des EuGH, zu bestimmen, welches Ziel legitim im Sinne von Art. 52 Abs. 1 GRC ist.[1343]

In keiner der hier analysierten 40 Entscheidungen definiert der Gerichtshof ausdrücklich, wie die beiden Formeln der Charta zu verstehen sind. Bei der Prüfung, ob die jeweilige Grundrechtseinschränkung ein legitimes Ziel verfolgt, geht er hingegen direkt auf die jeweilige Zielsetzung der konkreten Maßnahme ein.[1344] Um dem Verständnis des EuGH von den legitimen Zielen näherzukommen, muss daher untersucht werden, was der Gerichtshof im Einzelnen unter die von der Union anerkannten dem Gemeinwohl dienenden Zielsetzungen ((1)) und die Erfordernisse des Schutzes der Rechte und Freiheiten anderer ((2)) subsumiert. Dabei gibt es unklare Fälle und Überschneidungen der Arten von legitimen Zielen ((3)). Außerdem stützt sich der EuGH stellenweise noch auf eine Definition aus der Zeit vor Rechtsverbindlichkeit der Charta ((4)).

(1) Gemeinwohlziele

In 27 der hier untersuchten 40 Entscheidungen verfolgt die fragliche Grundrechtseinschränkung nach Ansicht des Gerichtshofs eine der von der Union anerkannten dem Gemeinwohl dienenden Zielsetzungen.[1345] Hierunter fasst

---

[1343] Siehe dazu Kapitel 3 A. II. 5. b) dd).

[1344] Vgl. nur EuGH, Urteil v. 09.11.2010, Rs. C-92/09 und C-93/09 *(Volker und Markus Schecke und Eifert)*, Rn. 67.

[1345] Vgl. EuGH, Urteil v. 09.11.2010, Rs. C-92/09 und C-93/09 *(Volker und Markus Schecke und Eifert)*, Rn. 67–71; EuGH, Urteil v. 17.11.2011, Rs. C-327/10 *(Hypoteční banka)*, Rn. 51; EuGH, Urteil v. 15.03.2012, Rs. C-292/10 *(G)*, Rn. 50; EuGH, Urteil v. 17.10.2013, Rs. C-101/12 *(Schaible)*, Rn. 30–35; EuGH, Urteil v. 17.10.2013, Rs. C-291/12 *(Schwarz)*, Rn. 36–38; EuGH, Urteil v. 28.11.2013, Rs. C-348/12 P *(Rat/Manufacturing Support & Procurement Kala Naft)*, Rn. 124; EuGH, Urteil v. 22.05.2014, Rs. C-356/12 *(Glatzel)*, Rn. 51; EuGH, Urteil v. 27.05.2014, Rs. C-129/14 PPU *(Spasic)*, Rn. 58, 60–63; EuGH, Urteil v. 29.04.2015, Rs. C-528/13 *(Léger)*, Rn. 55–57; EuGH, Urteil v. 17.12.2015, Rs. C-157/14 *(Neptune Distribution)*, Rn. 72–74; EuGH, Urteil v. 17.12.2015, Rs. C-419/14 *(WebMindLicenses)*, Rn. 75 f.; EuGH, Urteil v. 04.05.2016, Rs. C-547/14 *(Philip Morris Brands u. a.)*, Rn. 152; EuGH, Urteil v. 30.06.2016, Rs. C-134/15 *(Lidl)*, Rn. 35–37; EuGH, Urteil v. 15.09.2016, Rs. C-439/14 und C-488/14 *(Star Storage)*, Rn. 52 f.; EuGH, Urteil v. 20.09.2016, Rs. C-8/15 P bis C-10/15 P *(Ledra Advertising/Kommission und EZB)*, Rn. 71–73; EuGH, Urteil v. 10.11.2016, Rs. C-156/15 *(Private Equity Insurance Group)*, Rn. 51; EuGH, Urteil v. 23.11.2016, Rs. C-442/14 *(Bayer CropScience und Stichting De Bijenstichting)*, Rn. 99; EuGH, Urteil v. 21.12.2016, Rs. C-201/15 *(AGET Iraklis)*, Rn. 71–77; EuGH, Urteil v. 21.12.2016, Rs. C-203/15 und C-698/15 *(Tele2 Sverige)*, Rn. 103; EuGH, Urteil v. 07.03.2017, Rs. C-390/15 *(RPO)*, Rn. 42 ff., 55–60; EuGH, Urteil v. 28.03.2017, Rs. C-72/15 *(Rosneft)*, Rn. 147, 150; EuGH, Beschluss v. 06.04.2017, Rs. C-464/16 P *(PITEE/Kommission)*, Rn. 27–30; EuGH, Urteil v. 13.06.2017, Rs. C-258/14 *(Florescu u. a.)*, Rn. 56; EuGH, Urteil v. 05.07.2017, Rs. C-190/16 *(Fries)*, Rn. 40–43 und 76; EuGH, Urteil v. 14.09.2017, Rs. C-18/16 *(K)*, Rn. 36; EuGH, Urteil v. 27.09.2017, Rs. C-73/16 *(Puškár)*, Rn. 66 f.; EuGH, Urteil v. 20.12.2017, Rs. C-277/16 *(Polkomtel)*, Rn. 52.

der EuGH etwa das Anliegen, Transparenz im Bereich der Agrarbeihilfen herzustellen,[1346] die Vermeidung von Justizverweigerung,[1347] den Schutz vor Tierseuchen,[1348] den Gesundheitsschutz,[1349] das Ziel, das Funktionieren des Binnenmarktes[1350], des Wettbewerbs[1351] und des europäischen Asylsystems[1352] sicherzustellen, den Fälschungsschutz von Reisepässen beziehungsweise den Schutz vor betrügerischer Verwendung dieser Pässe,[1353] die Verhinderung nuklearer Proliferation,[1354] die Erhöhung der Kosten für die völkerrechtswidrigen Handlungen Russlands in der Ukraine,[1355] die Verringerung von Kosten für öffentliche Renten,[1356] die Sicherheit im Straßen-[1357] und Luftfahrtverkehr[1358], den Verbraucherschutz,[1359] die Abwehr missbräuchlicher Rechtsbehelfe,[1360] die Vereinfachung der Rechtslage,[1361] die Wahrung der Unabhängigkeit des Rechtsanwalts,[1362] die Sicherung der Stabilität des Finanzsystems,[1363] den Umweltschutz,[1364] den Schutz der Arbeitnehmer und die Bekämpfung der Arbeitslosigkeit[1365] und auch die Verbesserung der Geflügelfleischqualität sowie die Förderung des Fleischverkaufs.[1366] Der Gesundheits- und der Umweltschutz

---

[1346] EuGH, Urteil v. 09.11.2010, Rs. C-92/09 und C-93/09 *(Volker und Markus Schecke und Eifert)*, Rn. 67–71.

[1347] EuGH, Urteil v. 17.11.2011, Rs. C-327/10 *(Hypoteční banka)*, Rn. 51; EuGH, Urteil v. 15.03.2012, Rs. C-292/10 *(G)*, Rn. 50; ähnlich in Bezug auf die Verhinderung der Umgehung einer Strafe EuGH, Urteil v. 27.05.2014, Rs. C-129/14 PPU *(Spasic)*, Rn. 58, 60–63; vgl. auch EuGH, Urteil v. 17.12.2015, Rs. C-419/14 *(WebMindLicenses)*, Rn. 75 f.

[1348] EuGH, Urteil v. 17.10.2013, Rs. C-101/12 *(Schaible)*, Rn. 30–35.

[1349] EuGH, Urteil v. 17.10.2013, Rs. C-101/12 *(Schaible)*, Rn. 30–35; EuGH, Urteil v. 17.12.2015, Rs. C-157/14 *(Neptune Distribution)*, Rn. 72–74; EuGH, Urteil v. 04.05.2016, Rs. C-547/14 *(Philip Morris Brands u. a.)*, Rn. 152; in Bezug auf die öffentliche Gesundheit EuGH, Urteil v. 29.04.2015, Rs. C-528/13 *(Léger)*, Rn. 55–57.

[1350] EuGH, Urteil v. 17.10.2013, Rs. C-101/12 *(Schaible)*, Rn. 30–35.

[1351] EuGH, Urteil v. 20.12.2017, Rs. C-277/16 *(Polkomtel)*, Rn. 52.

[1352] EuGH, Urteil v. 14.09.2017, Rs. C-18/16 *(K)*, Rn. 36.

[1353] EuGH, Urteil v. 17.10.2013, Rs. C-291/12 *(Schwarz)*, Rn. 36–38.

[1354] EuGH, Urteil v. 28.11.2013, Rs. C-348/12 P *(Rat / Manufacturing Support & Procurement Kala Naft)*, Rn. 124.

[1355] EuGH, Urteil v. 28.03.2017, Rs. C-72/15 *(Rosneft)*, Rn. 147.

[1356] EuGH, Urteil v. 13.06.2017, Rs. C-258/14 *(Florescu u. a.)*, Rn. 56.

[1357] EuGH, Urteil v. 22.05.2014, Rs. C-356/12 *(Glatzel)*, Rn. 51.

[1358] EuGH, Urteil v. 05.07.2017, Rs. C-190/16 *(Fries)*, Rn. 40–43.

[1359] EuGH, Urteil v. 17.12.2015, Rs. C-157/14 *(Neptune Distribution)*, Rn. 72–74.

[1360] EuGH, Urteil v. 15.09.2016, Rs. C-439/14 und C-488/14 *(Star Storage)*, Rn. 52 f.

[1361] EuGH, Urteil v. 07.03.2017, Rs. C-390/15 *(RPO)*, Rn. 55–60.

[1362] EuGH, Beschluss v. 06.04.2017, Rs. C-464/16 P *(PITEE/ Kommission)*, Rn. 27–30.

[1363] EuGH, Urteil v. 10.11.2016, Rs. C-156/15 *(Private Equity Insurance Group)*, Rn. 51; EuGH, Urteil v. 20.09.2016, Rs. C-8/15 P bis C-10/15 P *(Ledra Advertising / Kommission und EZB)*, Rn. 71–73.

[1364] EuGH, Urteil v. 23.11.2016, Rs. C-442/14 *(Bayer CropScience und Stichting De Bijenstichting)*, Rn. 99.

[1365] EuGH, Urteil v. 21.12.2016, Rs. C-201/15 *(AGET Iraklis)*, Rn. 71–78.

[1366] EuGH, Urteil v. 30.06.2016, Rs. C-134/15 *(Lidl)*, Rn. 35–37.

sind als Grundsätze gemäß Art. 52 Abs. 5 GRC in Art. 35 S. 2[1367] beziehungsweise Art. 37 GRC[1368] verankert. Art. 35 S. 1 GRC enthält hingegen wohl ein Grundrecht.[1369] Der Gerichtshof versteht den Gesundheits- und Umweltschutz jedoch anscheinend als Teil der Gemeinwohlziele und nicht als widerstreitende Grundrechtspositionen. Dementsprechend spricht er im Urteil Bayer CropScience und Stichting De Bijenstichting (C-442/14) davon, die „Rechte" aus Art. 16 und Art. 17 GRC mit den „Zielen" des Schutzes der Umwelt abzuwägen.[1370]

Zumindest im Rahmen von Grundrechtseinschränkungen durch die Mitgliedstaaten stellt der EuGH zur Ermittlung der Legitimität der verfolgten Ziele auch auf europäisches Sekundärrecht ab: So hält er im Urteil WebMindLicenses (C-419/14) zunächst fest, dass die fraglichen Untersuchungsmaßnahmen der nationalen Behörde „im Rahmen eines Strafverfahrens erfolgten".[1371] Anschließend führt er aus, die Bekämpfung von Steuerhinterziehungen, Steuerumgehungen und etwaigen Missbräuchen sei ein Ziel, das von der Mehrwertsteuerrichtlinie anerkannt und gefördert werde.[1372] Maßnahmen in diesem Bereich verfolgten daher ein von der Union anerkanntes dem Gemeinwohl dienendes Ziel.[1373]

Das Verständnis der Gemeinwohlziele durch den Gerichtshof ist insgesamt denkbar weit. In den hier analysierten 40 Entscheidungen sieht er nur zweimal einen mit einer Grundrechtseinschränkung verfolgten Zweck als nicht legitim an: Im Urteil AGET Iraklis (C-201/15) entscheidet er hinsichtlich der „Wahrung der Belange der nationalen Wirtschaft", „rein wirtschaftliche Gründe" könnten keine Rechtfertigungsgründe sein.[1374] Zu beachten ist allerdings, dass der EuGH in dieser Entscheidung die Prüfung von Grundrechten der Charta und von Grundfreiheiten des AEUV vermischt. Ob daraus ein Gleichlauf der legi-

---

[1367] *T. Kingreen*, in: C. Calliess/M. Ruffert (Hrsg.), EUV, AEUV, 5. Aufl. 2016, Art. 35 GRC Rn. 1; *H. D. Jarass*, Charta der Grundrechte der Europäischen Union, 3. Aufl. 2016, Art. 35 Rn. 3; *B. Rudolf*, in: J. Meyer (Hrsg.), Charta der Grundrechte der Europäischen Union, 4. Aufl. 2014, Art. 35 Rn. 9.

[1368] So bereits *Präsidium des Konvents*, Erläuterungen zur Charta der Grundrechte, ABl. 2007 Nr. C 303/02, 14.12.2007, S. 35; ebenso statt vieler *H. D. Jarass*, Charta der Grundrechte der Europäischen Union, 3. Aufl. 2016, Art. 37 Rn. 3.

[1369] *B. Rudolf*, in: J. Meyer (Hrsg.), Charta der Grundrechte der Europäischen Union, 4. Aufl. 2014, Art. 35 Rn. 9; *T. Kingreen*, in: C. Calliess/M. Ruffert (Hrsg.), EUV, AEUV, 5. Aufl. 2016, Art. 35 GRC Rn. 1; zweifelnd *H. D. Jarass*, Charta der Grundrechte der Europäischen Union, 3. Aufl. 2016, Art. 35 Rn. 3; vgl. auch *Präsidium des Konvents*, Erläuterungen zur Charta der Grundrechte, ABl. 2007 Nr. C 303/02, 14.12.2007, S. 35, die von Grundsätzen sprechen.

[1370] EuGH, Urteil v. 23.11.2016, Rs. C-442/14 *(Bayer CropScience und Stichting De Bijenstichting)*, Rn. 99.

[1371] EuGH, Urteil v. 17.12.2015, Rs. C-419/14 *(WebMindLicenses)*, Rn. 75.

[1372] EuGH, Urteil v. 17.12.2015, Rs. C-419/14 *(WebMindLicenses)*, Rn. 76.

[1373] EuGH, Urteil v. 17.12.2015, Rs. C-419/14 *(WebMindLicenses)*, Rn. 76.

[1374] EuGH, Urteil v. 21.12.2016, Rs. C-201/15 *(AGET Iraklis)*, Rn. 72.

timen Ziele abgeleitet werden kann, lässt sich nicht abschätzen.[1375] Im Urteil AGET Iraklis bleibt die Ablehnung des oben genannten Rechtfertigungsgrundes jedenfalls ohne Auswirkungen, da die nationale Maßnahme auf zwei andere Ziele gestützt werden konnte.[1376] Dagegen kommt der Gerichtshof im Gutachten 1/15 zu dem Schluss, eine Maßnahme, die an Merkmale wie die ethnische Herkunft, an politische oder philosophische Überzeugungen oder das Sexualleben einer Person anknüpfe, könne nicht auf den Schutz der öffentlichen Sicherheit vor Terrorismus oder vor grenzüberschreitender Kriminalität gestützt werden.[1377]

Eine allgemeingültige Definition der „von der Union anerkannten dem Gemeinwohl dienenden Zielsetzungen" lässt sich somit bisher nicht erkennen, da der EuGH in den analysierten Entscheidungen fast alle angeführten Zwecke akzeptiert und jeweils nur für den Einzelfall entschieden hat, ob ein Einschränkungsgrund legitim ist.[1378]

(2) Ziel des Schutzes der Rechte und Freiheiten anderer

In fünf der hier untersuchten 40 Entscheidungen bezweckt die fragliche Grundrechtseinschränkung den Schutz der Rechte und Freiheiten anderer.[1379] Dies sind die bereits oben[1380] beschriebenen Urteile, in denen der EuGH – in Fortschreibung der Promusicae-Rechtsprechung[1381] – seine Verhältnismäßigkeitsprüfung als Abwägung von widerstreitenden Grundrechtspositionen aufbaut. Dabei zielen die fraglichen Maßnahmen in vier Entscheidungen auf den durch Art. 17 Abs. 2 GRC garantierten Schutz geistigen Eigentums.[1382] Im Urteil ASNEF (C-468/10) dagegen stellt der EuGH nur fest, bei der Einschränkung der Rechte aus Art. 7 und Art. 8 GRC durch die Mitgliedstaaten sei „ein angemessenes Gleichgewicht zwischen den verschiedenen durch die Unionsrechtsordnung geschützten Grundrechten und Grundfreiheiten sicherzustel-

---

[1375] Vgl. *S. Peers/S. Prechal*, in: S. Peers/T. K. Hervey/A. Ward (Hrsg.), The EU Charter of Fundamental Rights, 2014, Art 52 Rn. 63: „Nor has the case-law further clarified the relationship between Charter rights and market freedoms".
[1376] Vgl. EuGH, Urteil v. 21.12.2016, Rs. C-201/15 *(AGET Iraklis)*, Rn. 73 f.
[1377] EuGH, Gutachten v. 26.07.2017, Rs. Avis 1/15 *(Accord PNR UE-Canada)*, Rn. 164 f.
[1378] Siehe zu möglichen Gründen Kapitel 4 C. II. 1.
[1379] Vgl. EuGH, Urteil v. 24.11.2011, Rs. C-468/10 *(ASNEF)*, Rn. 44 f.; EuGH, Urteil v. 24.11.2011, Rs. C-70/10 *(Scarlet Extended)*, Rn. 42 f.; EuGH, Urteil v. 16.02.2012, Rs. C-360/10 *(SABAM)*, Rn. 40 f.; EuGH, Urteil v. 27.03.2014, Rs. C-314/12 *(UPC Telekabel Wien)*; EuGH, Urteil v. 15.09.2016, Rs. C-484/14 *(Mc Fadden)*, Rn. 93.
[1380] Vgl. dazu Kapitel 3 B. V. 2. a) aa).
[1381] Dazu *S. Peers/S. Prechal*, in: S. Peers/T. K. Hervey/A. Ward (Hrsg.), The EU Charter of Fundamental Rights, 2014, Art 52 Rn. 56.
[1382] Vgl. EuGH, Urteil v. 24.11.2011, Rs. C-70/10 *(Scarlet Extended)*, Rn. 42 f.; EuGH, Urteil v. 16.02.2012, Rs. C-360/10 *(SABAM)*, Rn. 40 f.; EuGH, Urteil v. 27.03.2014, Rs. C-314/12 *(UPC Telekabel Wien)*, Rn. 42 ff.; EuGH, Urteil v. 15.09.2016, Rs. C-484/14 *(Mc Fadden)*, Rn. 80 ff. (93).

len",[1383] er lässt aber offen, welche Individualpositionen mit den Grundrechten aus Art. 7 und Art. 8 GRC kollidieren, obwohl er letztlich ein Überwiegen dieser kollidierenden Rechte annimmt.[1384] Damit setzt sich der EuGH dem Vorwurf aus, die Anforderung der Charta insofern nicht ernst genommen zu haben.[1385] Zudem verhindert ein solches Vorgehen, die Begründung des Gerichtshofs nachvollziehen zu können. Um den Voraussetzungen des Art. 52 Abs. 1 S. 2 GRC gerecht zu werden, muss der EuGH stets genau angeben, welches Recht durch die Grundrechtseinschränkung geschützt werden soll.

(3) Unklare Fälle und Überschneidungen

In neun Entscheidungen vermischt der EuGH die zwei Kategorien der legitimen Ziele oder es ist unklar, welche Gründe er zur Rechtfertigung heranzieht.[1386]

So erklärt er im Urteil Sky Österreich (C-283/11), die Wahrung der durch Art. 11 GRC geschützten Freiheiten stelle „unbestreitbar ein im Allgemeininteresse liegendes Ziel dar",[1387] um im Rahmen der Angemessenheit unter Verweis auf die Promusicae-Rechtsprechung eine Abwägung zwischen widerstreitenden Grundrechtspositionen vorzunehmen.[1388] Der Gerichtshof trennt somit zumindest terminologisch nicht klar zwischen den beiden Alternativen von Art. 52 Abs. 1 S. 2 GRC.

Im Urteil Digital Rights Ireland und Seitlinger u. a. (C-293/12 und C-594/12) führt er zunächst unter Verweis auf seine ständige Rechtsprechung aus, die Bekämpfung des internationalen Terrorismus zur Wahrung des Weltfriedens und der internationalen Sicherheit und die Bekämpfung schwerer Kriminalität zur Gewährleistung der öffentlichen Sicherheit stellten dem Gemeinwohl dienende Zielsetzungen der Union dar.[1389] „Im Übrigen" sei aber festzustellen, „dass

---

[1383] EuGH, Urteil v. 24.11.2011, Rs. C-468/10 *(ASNEF)*, Rn. 43.

[1384] Kritisch dazu *S. Peers/S. Prechal*, in: S. Peers/T. K. Hervey/A. Ward (Hrsg.), The EU Charter of Fundamental Rights, 2014, Art 52 Rn. 56, 61, die annehmen, der EuGH gehe von einer Kollision mit dem Grundrecht aus Art. 16 GRC aus.

[1385] *S. Peers/S. Prechal*, in: S. Peers/T. K. Hervey/A. Ward (Hrsg.), The EU Charter of Fundamental Rights, 2014, Art 52 Rn. 61.

[1386] Vgl. EuGH, Urteil v. 06.09.2012, Rs. C-544/10 *(Deutsches Weintor)*, Rn. 55; EuGH, Urteil v. 22.01.2013, Rs. C-283/11 *(Sky Österreich)*, Rn. 51 f.; EuGH, Urteil v. 08.04.2014, Rs. C-293/12 und C-594/12 *(Digital Rights Ireland und Seitlinger u. a.)*, Rn. 41–44; EuGH, Urteil v. 06.10.2015, Rs. C-362/14 *(Schrems)*, Rn. 91–96; EuGH, Urteil v. 06.10.2015, Rs. C-650/13 *(Delvigne)*, Rn. 44–52; EuGH, Urteil v. 15.02.2016, Rs. C-601/15 PPU *(N.)*, Rn. 53; EuGH, Gutachten v. 26.07.2017, Rs. Avis 1/15 *(Accord PNR UE-Canada)*, Rn. 148 f., 164 f.; EuGH, Urteil v. 27.09.2017, Rs. C-73/16 *(Puškár)*, Rn. 92; EuGH, Urteil v. 20.12.2017, Rs. C-664/15 *(Protect Natur-, Arten- und Landschaftschutz Umweltorganisation)*.

[1387] EuGH, Urteil v. 22.01.2013, Rs. C-283/11 *(Sky Österreich)*, Rn. 52.

[1388] Vgl. EuGH, Urteil v. 22.01.2013, Rs. C-283/11 *(Sky Österreich)*, Rn. 60; dazu *S. Peers/S. Prechal*, in: S. Peers/T. K. Hervey/A. Ward (Hrsg.), The EU Charter of Fundamental Rights, 2014, Art 52 Rn. 46 (Fn. 85).

[1389] EuGH, Urteil v. 08.04.2014, Rs. C-293/12 und C-594/12 *(Digital Rights Ireland und Seitlinger u. a.)*, Rn. 42.

nach Art. 6 der Charta jeder Mensch nicht nur das Recht auf Freiheit, sondern auch auf Sicherheit hat."[1390] Welche Bedeutung die Erwähnung von Art. 6 GRC hat, wird hier nicht klar. Im weiteren Urteil wird dieser Artikel nicht mehr erwähnt. Eine Abwägung zwischen dem Grundrecht aus Art. 6 GRC und den durch die fraglichen Maßnahmen betroffenen Grundrechten aus Art. 7, Art. 8 und Art. 11 GRC nimmt der EuGH jedenfalls nicht vor. Dies gilt auch für das Urteil N. (C-601/15 PPU) und das Gutachten 1/15, in denen der Gerichtshof erneut Art. 6 GRC im Rahmen des legitimen Ziels zitiert, nicht aber als kollidierendes Grundrecht prüft.[1391] Die Rechtswissenschaft sieht in der Erwähnung von Art. 6 GRC teilweise die Erfindung eines Grundrechts auf Sicherheit durch den EuGH.[1392] Ein so verstandenes Grundrecht könnte als widerstreitende Grundrechtsposition etwa Antiterrormaßnahmen legitimieren.[1393] Unabhängig davon, ob man der Rechtsprechung des Gerichtshofs eine solche Intention unterlegt, zeigt das Beispiel Digital Rights Ireland und Seitlinger u. a., dass der EuGH nicht strikt zwischen den Gemeinwohlzielen und den Rechten und Freiheiten anderer trennt, sondern letztere etwa als Verstärkung ersterer heranzieht. In anderen Entscheidungen, in denen ebenfalls das Gemeinwohlziel als Grundrechtsposition hätte angesehen werden können, vermeidet der Gerichtshof jedoch ein solches Vorgehen. So sieht er im Urteil Volker und Markus Schecke und Eifert (C-92/09 und C-93/09) das Ziel der Veröffentlichung von Informationen über die Empfänger von EU-Agrarbeihilfen in der Erhöhung der Transparenz in diesem Politikbereich. Möglich wäre es, diese Transparenz als Grundrecht, etwa gemäß Art. 42 GRC,[1394] oder als Gemeinwohlinteresse einzuordnen. Der EuGH entscheidet in diesem Urteil erstmalig,[1395] das Transparenzinteresse sei eine „dem Gemeinwohl dienende Zielsetzung".[1396]

Einige wenige Entscheidungen bleiben hinsichtlich der Auslegung der legitimen Ziele unklar, weil der Gerichtshof sich zu diesem Punkt nicht äußert: Im Urteil Delvigne (C-650/13) etwa erwähnt er das Erfordernis der Legitimität des

---

[1390] EuGH, Urteil v. 08.04.2014, Rs. C-293/12 und C-594/12 *(Digital Rights Ireland und Seitlinger u. a.)*, Rn. 42.
[1391] Vgl. EuGH, Urteil v. 15.02.2016, Rs. C-601/15 PPU *(N.)*, Rn. 53; EuGH, Gutachten v. 26.07.2017, Rs. Avis 1/15 *(Accord PNR UE-Canada)*, Rn. 149.
[1392] *S. Leuschner*, EuR 51 (2016), S. 431; *S. Leuschner*, EuGH und Vorratsdatenspeicherung: Emergenz eines Grundrechts auf Sicherheit?, VerfBlog, 09.04.2014 (geprüft am 04.09.2019).
[1393] *H. D. Jarass*, Charta der Grundrechte der Europäischen Union, 3. Aufl. 2016, Art. 6 Rn. 6a m. w. N.
[1394] Mit Kritik an der gegenteiligen Rechtsprechung in diesem Urteil *S. Peers*, Camb. Yearb. Eur. Legal Stud. 13 (2011), S. 283 (300 f.); so wohl auch *S. Peers/S. Prechal*, in: S. Peers/T. K. Hervey/A. Ward (Hrsg.), The EU Charter of Fundamental Rights, 2014, Art 52 Rn. 51.
[1395] *F. Dratwa/J. Werling*, ELR 2011, S. 23 (28) m. w. N.
[1396] EuGH, Urteil v. 09.11.2010, Rs. C-92/09 und C-93/09 *(Volker und Markus Schecke und Eifert)*, Rn. 71.

verfolgten Zwecks lediglich zu Beginn seiner Prüfung der Rechtfertigung der Grundrechtseinschränkung.[1397] Anschließend stellt er nur fest, die Einschränkung sei gesetzlich vorgesehen,[1398] achte den Wesensgehalt des fraglichen Grundrechts[1399] und sei verhältnismäßig: „Sie berücksichtigt nämlich Art und Schwere der begangenen Straftat sowie die Dauer der Strafe."[1400]

(4) Definition aus der Rechtsprechung vor Inkrafttreten der Charta

In zehn der 40 hier analysierten Entscheidungen nutzt der EuGH weiterhin die schon vor Inkrafttreten der Charta angewandte Definition,[1401] wonach Grundrechte „keine uneingeschränkte Geltung beanspruchen" können, sondern „im Hinblick auf [ihre] gesellschaftliche Funktion gesehen werden" müssen.[1402] Dies überrascht, da weder die Charta selbst noch die Erläuterungen zur Charta oder die EMRK diese Formulierung enthalten.[1403] Zudem kann sie so verstanden werden, dass die Grundrechte anderen Werten untergeordnet sind.[1404] Gemäß Art. 6 Abs. 1 EUV ist die Charta den Verträgen aber rechtlich gleichrangig, diese (mindestens missverständliche) Formel ist somit nicht mehr anwendbar.[1405]

cc) Zusammenfassung

In der überwiegenden Zahl der untersuchten Entscheidungen prüft der Gerichtshof, welche Ziele die fragliche Maßnahme verfolgt und ob diese legitim im Sinne der Charta sind. Nur selten untersucht er die Legitimität der verfolgten Ziele nicht, einige Entscheidungen bleiben insofern unklar.

Eine allgemeingültige Auslegung der Rechtfertigungsgründe aus Art. 52 Abs. 1 S. 2 GRC hat der EuGH bisher nicht entwickelt, sodass sich die Frage der

---

[1397] Vgl. EuGH, Urteil v. 06.10.2015, Rs. C-650/13 *(Delvigne)*, Rn. 46.
[1398] Vgl. EuGH, Urteil v. 06.10.2015, Rs. C-650/13 *(Delvigne)*, Rn. 47.
[1399] Vgl. EuGH, Urteil v. 06.10.2015, Rs. C-650/13 *(Delvigne)*, Rn. 48.
[1400] EuGH, Urteil v. 06.10.2015, Rs. C-650/13 *(Delvigne)*, Rn. 49.
[1401] Siehe dazu Kapitel 3 A. II. 5. b) dd) und zu möglichen Gründen Kapitel 4 C. I.
[1402] EuGH, Urteil v. 09.11.2010, Rs. C-92/09 und C-93/09 *(Volker und Markus Schecke und Eifert)*, Rn. 48; EuGH, Urteil v. 17.10.2013, Rs. C-291/12 *(Schwarz)*, Rn. 33; ähnlich EuGH, Urteil v. 06.09.2012, Rs. C-544/10 *(Deutsches Weintor)*, Rn. 54; EuGH, Urteil v. 22.01.2013, Rs. C-283/11 *(Sky Österreich)*, Rn. 45; EuGH, Urteil v. 17.12.2015, Rs. C-157/14 *(Neptune Distribution)*, Rn. 66; EuGH, Urteil v. 30.06.2016, Rs. C-134/15 *(Lidl)*, Rn. 30; EuGH, Urteil v. 21.12.2016, Rs. C-201/15 *(AGET Iraklis)*, Rn. 85; EuGH, Urteil v. 05.07.2017, Rs. C-190/16 *(Fries)*, Rn. 73; EuGH, Gutachten v. 26.07.2017, Rs. Avis 1/15 *(Accord PNR UE-Canada)*, Rn. 136; EuGH, Urteil v. 20.12.2017, Rs. C-277/16 *(Polkomtel)*, Rn. 50.
[1403] Vgl. auch *S. Greer/J. Gerards/R. Slowe*, Human Rights in the Council of Europe and the European Union, 2018, S. 314.
[1404] *S. Peers/S. Prechal*, in: S. Peers/T. K. Hervey/A. Ward (Hrsg.), The EU Charter of Fundamental Rights, 2014, Art 52 Rn. 60.
[1405] Ebenso *S. Peers/S. Prechal*, in: S. Peers/T. K. Hervey/A. Ward (Hrsg.), The EU Charter of Fundamental Rights, 2014, Art 52 Rn. 60.

B. Anwendung der Kriterien

Kohärenz und Konsistenz nicht stellt. Der Gerichtshof entscheidet vielmehr, ob ein einzelnes verfolgtes Ziel legitim ist. Da er aber fast alle vom Grundrechtsverpflichteten vorgebrachten Rechtfertigungsgründe akzeptiert, lassen sich auch aus den Einzelfallentscheidungen keine klaren Konturen der Definition legitimer Ziele ableiten. Nur rein wirtschaftliche Gründe sah der EuGH im Falle einer nationalen Grundrechtseinschränkung als nicht zulässig an, wobei er allerdings die Prüfung der Grundrechte der Charta und der Grundfreiheiten des AEUV vermengte. Die Anknüpfung an bestimmte personenbezogene Merkmale kann zudem nicht mit dem Schutz der öffentlichen Sicherheit begründet werden.

Art. 52 Abs. 1 GRC unterscheidet zwei Arten von zulässigen Einschränkungszielen: Ziele des Gemeinwohls und widerstreitende Individualpositionen. Auch der Gerichtshof differenziert in seiner Rechtsprechung meist zwischen diesen beiden Kategorien. Sein Verständnis der Gemeinwohlziele ist dabei denkbar weit. In den analysierten 40 Entscheidungen hat der EuGH nur zweimal ein mit einer Grundrechtseinschränkung verfolgtes Gemeinwohlziel als nicht legitim angesehen.[1406] Fälle, in denen die Einschränkung auf den Schutz der Rechte und Freiheiten anderer abzielt, kommen seltener vor. Teilweise benennt der Gerichtshof hier nicht, welcher Individualposition die streitige Maßnahme dienen soll. Damit setzt er sich dem Vorwurf aus, die Anforderung der Charta insofern nicht ernst genommen zu haben. Weiter verhindert ein solches Vorgehen, die Begründung des Gerichtshofs nachvollziehen zu können. Im Bereich der Grundrechtskollisionen scheint der EuGH zudem weniger den Anforderungen von Art. 52 Abs. 1 GRC zu folgen, sondern seine im Urteil Promusicae[1407] entwickelte Rechtsprechung fortzusetzen.[1408] Hierfür spricht, dass er in sämtlichen[1409] Entscheidungen, in denen er Grundrechtskollisionen als legitimes Ziel einer Einschränkung prüft, diese Prüfung nicht an der Charta aufbaut, sondern erklärt, Grundrechte seien miteinander abzuwägen,[1410] beziehungsweise es sei ein angemessenes Gleichgewicht zwischen ihnen herzustellen.[1411] Teilweise erwähnt er Art. 52 Abs. 1 GRC hier überhaupt nicht.[1412] Stellenweise vermischt der Gerichtshof die beiden Kategorien legitimer Ziele oder nutzt eine

---

[1406] Vgl. EuGH, Urteil v. 21.12.2016, Rs. C-201/15 *(AGET Iraklis)*, Rn. 72; EuGH, Gutachten v. 26.07.2017, Rs. Avis 1/15 *(Accord PNR UE-Canada)*, Rn. 164 f.

[1407] EuGH, Urteil v. 29.01.2008, Rs. C-275/06 *(Promusicae)*, Slg. 2008, I-271.

[1408] Siehe dazu schon Kapitel 3 B. V. 2. a) aa). Siehe zur Kontinuität der Rechtsprechung Kapitel 4 C. I.

[1409] Vgl. aber EuGH, Urteil v. 22.01.2013, Rs. C-283/11 *(Sky Österreich)*, Rn. 51 f., in dem der EuGH zwar vom verfolgten Allgemeininteresse spricht, dieses aber aus Art. 11 GRC herleitet.

[1410] Vgl. EuGH, Urteil v. 24.11.2011, Rs. C-70/10 *(Scarlet Extended)*, Rn. 44.

[1411] Vgl. EuGH, Urteil v. 24.11.2011, Rs. C-70/10 *(Scarlet Extended)*, Rn. 45, 46, 49, 53.

[1412] Vgl. dazu auch *S. Peers/S. Prechal*, in: S. Peers/T. K. Hervey/A. Ward (Hrsg.), The EU Charter of Fundamental Rights, 2014, Art 52 Rn. 56 f.

Definition aus der Zeit vor Inkrafttreten der Charta, die nicht den Anforderungen der GRC entspricht.

Insgesamt erfuhren Einschränkungen der Charta-Grundrechte durch das Erfordernis des legitimen Zwecks bisher kaum eine Begrenzung.[1413]

e) Geeignetheit

Die Charta hebt die Anforderung der Geeignetheit besonders hervor, indem sie in Art. 52 Abs. 1 GRC fordert, dass Grundrechtseinschränkungen den legitimen Zielen „tatsächlich entsprechen" müssen. Sie verlangt vom Gerichtshof, eine wirkliche und präzise Überprüfung der Geeignetheit vorzunehmen und deren Vorliegen nicht nur ohne Prüfung zu bejahen. Den Anforderungen von Art. 52 Abs. 1 S. 2 GRC entspräche es nicht, wenn der EuGH jegliche Begründung des Urhebers der fraglichen Maßnahme mit dem Hinweis auf dessen Ermessensspielraum übernähme.[1414] Dementsprechend wird im Folgenden analysiert, in welchen Entscheidungen der Gerichtshof eine Prüfung der Geeignetheit vornimmt (aa)), wie klar seine Terminologie ist (bb)) und welche Kontrollintensität er im Bereich der Geeignetheit anwendet (cc)).

Untersuchungsgegenstand sind die 40 Entscheidungen der Fallgruppen A1 und A2, in denen der EuGH die Verhältnismäßigkeit einer Grundrechtseinschränkung tatsächlich und in mehr als nur einem Satz prüft.[1415]

aa) Behandlung der Geeignetheitsprüfung durch den EuGH

Obwohl Art. 52 Abs. 1 GRC eine Prüfung der Geeignetheit der Grundrechtseinschränkung fordert, nimmt der Gerichtshof sie in nur 17 der hier analysierten 40 Entscheidungen vor ((1)). In knapp der Hälfte der Entscheidungen fehlt eine derartige Untersuchung ((2)), fünf Entscheidungen lassen sich insofern nicht zweifelsfrei zuordnen ((3)).

(1) Prüfung der Geeignetheit

In 17 von 40 Entscheidungen untersucht der EuGH, ob die fragliche Maßnahme geeignet ist, das verfolgte Ziel tatsächlich zu erreichen.[1416]

[1413] In diese Richtung auch *S. Peers/S. Prechal*, in: S. Peers/T. K. Hervey/A. Ward (Hrsg.), The EU Charter of Fundamental Rights, 2014, Art 52 Rn. 50.
[1414] Siehe zur Kriterienentwicklung Kapitel 3 A. II. 5. b) ee).
[1415] Siehe dazu Kapitel 3 B. V. 2. a) ee).
[1416] Vgl. EuGH, Urteil v. 09.11.2010, Rs. C-92/09 und C-93/09 *(Volker und Markus Schecke und Eifert)*, Rn. 75; EuGH, Urteil v. 22.01.2013, Rs. C-283/11 *(Sky Österreich)*, Rn. 53; EuGH, Urteil v. 17.10.2013, Rs. C-101/12 *(Schaible)*, Rn. 36–42; EuGH, Urteil v. 17.10.2013, Rs. C-291/12 *(Schwarz)*, Rn. 41–45; EuGH, Urteil v. 27.03.2014, Rs. C-314/12 *(UPC Telekabel Wien)*, Rn. 62 f.; EuGH, Urteil v. 08.04.2014, Rs. C-293/12 und C-594/12 *(Digital Rights Ireland und Seitlinger u. a.)*, Rn. 47–50; EuGH, Urteil v. 27.05.2014, Rs. C-129/14 PPU *(Spasic)*, Rn. 64; EuGH, Urteil v. 15.02.2016, Rs. C-601/15 PPU *(N.)*, Rn. 55; EuGH,

B. Anwendung der Kriterien   277

Eine ausführliche Prüfung findet sich etwa im Urteil Schaible (C-101/12), in dem es unter anderem um die Vereinbarkeit von bestimmten durch eine Verordnung auferlegten Verpflichtungen für Schaf- und Ziegenhalter mit Art. 16 GRC geht. Nach der Feststellung, die streitigen Normen verfolgten die legitimen „Ziele des Gesundheitsschutzes, der Bekämpfung von Tierseuchen und des Wohlbefindens der Tiere" sowie der „Vollendung des Agrarbinnenmarkts im betreffenden Sektor",[1417] untersucht der EuGH, ob sie zur Erreichung dieser Ziele geeignet sind.[1418] Er beschreibt detailliert, welche Maßnahmen die Verordnung vorsieht.[1419] Demnach müssen die betroffenen Tierhalter ihre Schafe und Ziegen durch eine herkömmliche Ohrmarke sowie durch eine elektronische Vorrichtung individuell kennzeichnen und abgehende Tiere in einem Begleitdokument verzeichnen.[1420] Zudem legen die Mitgliedstaaten eine Datenbank der Betriebe und gehaltenen Tiere an.[1421] Der Kläger des Ausgangsverfahrens, ein Schäfer,[1422] hielt dieses System gleichwohl für ungeeignet. Es sei „ineffizient, da 5% der an den Tieren angebrachten elektronischen Kennzeichen mit der Zeit verloren gingen oder nicht einwandfrei funktionierten."[1423] Der Gerichtshof stellt hingegen fest, die Einzeltierkennzeichnung ermögliche ein System der Kontrolle und Rückverfolgbarkeit jedes Tiers, was bei massiven Tierseuchen von wesentlicher Bedeutung sei.[1424] Die elektronische Kennzeichnung der Tiere mache die Bekämpfung von ansteckenden Krankheiten effizienter, da das elektronische Kennzeichen eine größere Zuverlässigkeit und eine höhere Geschwindigkeit der Datenübertragung gewährleiste.[1425] Das Bestandsregister wiederum ermögliche es, den Herkunftsort jedes Tiers und seine Aufenthaltsorte zu bestimmen.[1426] Dies sei im Falle einer Tierseuche „von grundlegender Bedeutung".[1427] Die Maul- und Klauenseuche im Jahr 2001 habe gezeigt, dass gerade die Verbringung von Schafen zur Verbreitung der Krankheit beigetra-

---

Urteil v. 04.05.2016, Rs. C-547/14 *(Philip Morris Brands u. a.)*, Rn. 152, 158; EuGH, Urteil v. 30.06.2016, Rs. C-134/15 *(Lidl)*, Rn. 38; EuGH, Urteil v. 15.09.2016, Rs. C-439/14 und C-488/14 *(Star Storage)*, Rn. 53 f.; EuGH, Urteil v. 15.09.2016, Rs. C-484/14 *(Mc Fadden)*, Rn. 95 f.; EuGH, Urteil v. 21.12.2016, Rs. C-201/15 *(AGET Iraklis)*, Rn. 91 f.; EuGH, Urteil v. 07.03.2017, Rs. C-390/15 *(RPO)*, Rn. 61–63; EuGH, Urteil v. 28.03.2017, Rs. C-72/15 *(Rosneft)*, Rn. 147; EuGH, Urteil v. 05.07.2017, Rs. C-190/16 *(Fries)*, Rn. 45–52 und 77; EuGH, Urteil v. 14.09.2017, Rs. C-18/16 *(K)*, Rn. 38 f.

[1417] EuGH, Urteil v. 17.10.2013, Rs. C-101/12 *(Schaible)*, Rn. 35.
[1418] Vgl. EuGH, Urteil v. 17.10.2013, Rs. C-101/12 *(Schaible)*, Rn. 36–42.
[1419] EuGH, Urteil v. 17.10.2013, Rs. C-101/12 *(Schaible)*, Rn. 37.
[1420] Vgl. EuGH, Urteil v. 17.10.2013, Rs. C-101/12 *(Schaible)*, Rn. 37.
[1421] Vgl. EuGH, Urteil v. 17.10.2013, Rs. C-101/12 *(Schaible)*, Rn. 37.
[1422] Vgl. EuGH, Urteil v. 17.10.2013, Rs. C-101/12 *(Schaible)*, Rn. 14.
[1423] EuGH, Urteil v. 17.10.2013, Rs. C-101/12 *(Schaible)*, Rn. 38.
[1424] EuGH, Urteil v. 17.10.2013, Rs. C-101/12 *(Schaible)*, Rn. 39.
[1425] EuGH, Urteil v. 17.10.2013, Rs. C-101/12 *(Schaible)*, Rn. 39.
[1426] EuGH, Urteil v. 17.10.2013, Rs. C-101/12 *(Schaible)*, Rn. 40.
[1427] EuGH, Urteil v. 17.10.2013, Rs. C-101/12 *(Schaible)*, Rn. 40.

gen habe.[1428] Selbst wenn man dem Vorbringen des Klägers im Ausgangsverfahren hinsichtlich der technischen Mängel des Kennzeichnungssystems folge, könnten „solche Funktionsmängel für sich genommen nicht beweisen, dass das betreffende System insgesamt ungeeignet" sei.[1429] Insgesamt seien die Maßnahmen zur Zielerreichung geeignet, es sei kein Umstand feststellbar, „der die Effizienz dieses Systems in seiner Gesamtheit in Frage stellen könnte."[1430] In diesem Urteil prüft der Gerichtshof die Geeignetheit somit ausführlich und präzise. Er geht auf die Vorbringen der Verfahrensbeteiligten ein und kommt zu einem gut begründeten Ergebnis.

Aus seinen Ausführungen lässt sich zudem ableiten, dass der EuGH – entsprechend den Anforderungen der GRC[1431] – eine Teileignung der grundrechtseinschränkenden Maßnahme ausreichen lässt.

Dies wird durch das Urteil Schwarz (C-291/12) bestätigt, in dem der Gerichtshof eine ähnlich detaillierte und präzise Prüfung der Eignung der Grundrechtseinschränkung vornimmt wie im Urteil Schaible.[1432] Er unterscheidet dabei zwischen den legitimen Zielen des Schutzes vor Fälschungen von Reisepässen und des Schutzes vor deren betrügerischer Verwendung. Hinsichtlich des ersten Ziels sei es „unstreitig", „dass die Speicherung von Fingerabdrücken auf einem Speichermedium mit hohem Sicherheitsstandard, wie sie in dieser Bestimmung vorgesehen ist, einen hohen technischen Entwicklungsstand erfordert."[1433] Die Speicherung könne daher die Gefahr der Passfälschung verringern und die Arbeit der zur Überprüfung zuständigen Behörden erleichtern, sei also geeignet, das oben beschriebene Ziel zu erreichen.[1434] Hinsichtlich des Schutzes vor betrügerischer Verwendung macht der Kläger des Ausgangsverfahrens jedoch geltend, die Speicherung von Fingerabdrücken sei ungeeignet, die Überprüfung der Identität zu fördern, da es möglicherweise zu Fehlern in der praktischen Anwendung komme.[1435] So könne es wegen nicht hinreichender Genauigkeit der Systeme dazu kommen, dass Unbefugte bei einer Kontrolle akzeptiert, die befugte Person jedoch zurückgewiesen werde.[1436] Nach Ansicht des EuGH muss die angewandte Maßnahme jedoch nicht „völlig zuverlässig" sein. Vielmehr reiche es aus, „dass diese Methode, auch wenn sie die Akzeptanz unbefugter Personen nicht völlig ausschließt, die Gefahr solcher Akzeptanzen, die bestehen würde, wenn sie nicht angewandt würde, doch erheblich vermindert." Der Gerichtshof verlangt im Rahmen der Geeignetheit somit nicht die

---

[1428] EuGH, Urteil v. 17.10.2013, Rs. C-101/12 *(Schaible)*, Rn. 40.
[1429] EuGH, Urteil v. 17.10.2013, Rs. C-101/12 *(Schaible)*, Rn. 41.
[1430] EuGH, Urteil v. 17.10.2013, Rs. C-101/12 *(Schaible)*, Rn. 42.
[1431] Siehe Kapitel 3 A. II. 5. b) ee).
[1432] Vgl. EuGH, Urteil v. 17.10.2013, Rs. C-291/12 *(Schwarz)*, Rn. 41–45.
[1433] EuGH, Urteil v. 17.10.2013, Rs. C-291/12 *(Schwarz)*, Rn. 41.
[1434] EuGH, Urteil v. 17.10.2013, Rs. C-291/12 *(Schwarz)*, Rn. 41.
[1435] EuGH, Urteil v. 17.10.2013, Rs. C-291/12 *(Schwarz)*, Rn. 42.
[1436] EuGH, Urteil v. 17.10.2013, Rs. C-291/12 *(Schwarz)*, Rn. 42.

B. Anwendung der Kriterien

bestmögliche Maßnahme, sondern lässt eine Teileignung ausreichen. Zusätzlich stellt er fest, eine berechtigte Person werde zudem im Falle einer Nicht-Identifizierung durch den gespeicherten Fingerabdruck nicht automatisch zurückgewiesen, sondern nur eingehender überprüft.[1437] Auch zum Schutz vor betrügerischer Verwendung sei die Speicherung von Fingerabdrücken im Reisepass somit geeignet.[1438] Im Urteil Schwarz prüft der EuGH detailliert und für die beiden verfolgten Ziele getrennt, ob die fragliche Maßnahme zu deren Erreichung geeignet ist. Die Unterteilung nach legitimen Zielen ermöglicht ihm eine präzise Untersuchung. Auch wenn der Gerichtshof hier – wie in seiner gesamten Rechtsprechung – nicht explizit definiert, welche Anforderungen er im Rahmen der Geeignetheit an eine Maßnahme stellt,[1439] lässt sich der Entscheidung doch klar entnehmen, dass eine teilweise Eignung ausreicht.

In die gleiche Richtung geht schließlich die Aussage des EuGH im Urteil Digital Rights Ireland und Seitlinger u. a. (C-293/12 und C-594/12), in dem er erklärt, der Umstand, dass es Möglichkeiten gebe, sich der in dieser Entscheidung fraglichen Vorratsdatenspeicherung zu entziehen, begrenze zwar die Eignung dieser Maßnahme, lasse sie aber nicht entfallen.[1440]

Unklar bleibt, ob der Gerichtshof im Rahmen der Geeignetheit ein kohärentes oder systematisches Vorgehen des Grundrechtsverpflichteten verlangt. Seinem Ansatz, die Anforderungen an die Geeignetheit gering zu halten, scheint zu entsprechen, dass er bis ins Jahr 2017 in keiner der hier untersuchten Entscheidungen die Kohärenz der fraglichen Maßnahme forderte[1441] oder eine entsprechende Prüfung vornahm. Einzig seine Ausführungen im Urteil Mc Fadden (C-484/14) wurden teilweise in diese Richtung verstanden:[1442] In dieser Entscheidung stellte der EuGH im Rahmen seiner Grundrechtsprüfung, die er als Abwägung von Grundrechten aufbaute,[1443] fest, „dass die Maßnahmen, die vom Adressaten einer Anordnung wie der im Ausgangsverfahren fraglichen bei deren Durchführung getroffen werden, hinreichend wirksam sein müssen, um einen wirkungsvollen Schutz des betreffenden Grundrechts sicherzustellen".[1444] An dieser Stelle ging es dem Gerichtshof jedoch nicht um die Geeignetheit der fraglichen Maßnahme, nämlich der Anordnung durch ein nationales Gericht,

---

[1437] Vgl. EuGH, Urteil v. 17.10.2013, Rs. C-291/12 *(Schwarz)*, Rn. 44.
[1438] Vgl. EuGH, Urteil v. 17.10.2013, Rs. C-291/12 *(Schwarz)*, Rn. 45.
[1439] Vgl. zu möglichen Gründen Kapitel 4 C. II. 1.
[1440] Vgl. EuGH, Urteil v. 08.04.2014, Rs. C-293/12 und C-594/12 *(Digital Rights Ireland und Seitlinger u. a.)*, Rn. 50; zustimmend dazu *J. Kühling*, NVwZ 2014, S. 681 (682).
[1441] Teile der Literatur verlangen eine solche Prüfung durch den EuGH. Siehe dazu Kapitel 3 A. II. 5. b) ee).
[1442] So z. B. *H. D. Jarass*, Charta der Grundrechte der Europäischen Union, 3. Aufl. 2016, Art. 52 Rn. 38; *T. Kingreen*, in: C. Calliess/M. Ruffert (Hrsg.), EUV, AEUV, 5. Aufl. 2016, Art. 52 GRC Rn. 68.
[1443] Vgl. dazu Kapitel 3 B. V. 2. a) aa).
[1444] EuGH, Urteil v. 15.09.2016, Rs. C-484/14 *(Mc Fadden)*, Rn. 95.

sondern um die Mittel, die der Adressat dieser Anordnung ergreifen musste. Es kann zwar nicht ausgeschlossen werden, dass der EuGH beide Untersuchungsgegenstände vermischte – ein Kohärenzerfordernis für Grundrechtseinschränkungen lässt sich hieraus und aus der übrigen Rechtsprechung zu den Charta-Grundrechten aber nicht ableiten.[1445]

Dies änderte sich jedoch mit der Entscheidung Fries (C-190/16) vom 5. Juli 2017, in der es um Altersgrenzen für Piloten im gewerblichen Luftverkehr ging.[1446] Der Kläger des Ausgangsverfahrens, ein Pilot, wandte sich vor dem nationalen Gericht gegen die Weigerung seines Arbeitgebers, ihn nach Erreichen der Altersgrenze von 65 Jahren weiter zu beschäftigen. Der Arbeitgeber, eine Airline, begründete seine Weigerung damit, der Kläger dürfe nach einer EU-Verordnung ab dem Alter von 65 Jahren nicht mehr als Verkehrspilot im gewerblichen Luftverkehr tätig sein. An der Vereinbarkeit dieser Regelung mit Art. 15 Abs. 1 und Art. 21 Abs. 1 GRC zweifelte wiederum das vorlegende Gericht.

In seinem Urteil stellt der Gerichtshof fest, Rechtsvorschriften seien „nach ständiger Rechtsprechung nur dann geeignet, die Verwirklichung des geltend gemachten Ziels zu gewährleisten, wenn sie tatsächlich dem Anliegen gerecht werden, es in kohärenter und systematischer Weise zu erreichen;" Ausnahmen von den Bestimmungen eines Gesetzes könnten in bestimmten Fällen dessen Kohärenz beeinträchtigen, insbesondere wenn sie wegen ihres Umfangs zu einem Ergebnis führten, das dem mit dem Gesetz verfolgten Ziel widerspreche.[1447]

Tatsächlich entspricht diese Auslegung von Art. 52 Abs. 1 GRC nicht der ständigen Rechtsprechung des EuGH zur Geeignetheit im Rahmen der Charta, sondern lediglich im Rahmen des allgemeinen Verhältnismäßigkeitsgrundsatzes.[1448] Dementsprechend wird in dem Urteil, das der Gerichtshof an dieser Stelle anführt, nicht die Verhältnismäßigkeit einer Grundrechtseinschränkung untersucht, sondern der allgemeine Verhältnismäßigkeitsgrundsatz angewandt.[1449] Ob der EuGH in Zukunft insofern einen Gleichlauf beider Maßstäbe anstrebt, kann angesichts der bisher erst einmaligen ausdrücklichen Integration

---

[1445] So aber *H. D. Jarass*, Charta der Grundrechte der Europäischen Union, 3. Aufl. 2016, Art. 52 Rn. 38; *T. Kingreen*, in: C. Calliess/M. Ruffert (Hrsg.), EUV, AEUV, 5. Aufl. 2016, Art. 52 GRC Rn. 68, die auf einen Abschnitt im Urteil Fuchs (C–159/10) verweisen, in dem die Charta oder die Grundrechte jedoch nicht genannt werden.

[1446] Vgl. dazu auch *T. Klein*, EuZA 2018, S. 98; *A. Sagan*, EuZW 2017, S. 729 (734–736); *A. Imping*, IWRZ 2017, S. 228; *N. N.*, NJW-Spezial 2017, S. 466.

[1447] EuGH, Urteil v. 05.07.2017, Rs. C-190/16 *(Fries)*, Rn. 48; vgl. dazu etwa *A. Sagan*, EuZW 2017, S. 729 (735); deutliche Kritik am Ergebnis der Kohärenzprüfung und an der Begründung dieses Ergebnisses bei *T. Klein*, EuZA 2018, S. 98 (106–108); kritisch auch *A. Imping*, IWRZ 2017, S. 228; positiver dagegen *M. Ogorek*, JA 2018, S. 558 (560).

[1448] Ebenso prüft der EuGH die Geeignetheit im Rahmen der Rechtfertigung von Einschränkungen der Grundfreiheiten.

[1449] Vgl. EuGH, Urteil v. 21.07.2011, Rs. C-159/10 *(Fuchs)*, Rn. 85 f.

des Kohärenzerfordernisses in die grundrechtliche Geeignetheitsprüfung nicht abgeschätzt werden.[1450]

(2) Keine Prüfung der Geeignetheit

In 18 von 40 Entscheidungen prüft der Gerichtshof nicht, ob die Maßnahme zur Erreichung des verfolgten Ziels geeignet ist.[1451]

Darunter fallen die Urteile Hypoteční banka (C-327/10) und WebMindLicenses (C-419/14), in denen er die Beurteilung der Eignung dem vorlegenden Gericht überlässt.[1452] In der Entscheidung Florescu u. a. (C-258/14), in dem es um ein nationales Verbot des gleichzeitigen Bezugs eines Ruhegehalts und eines Gehalts aus öffentlichen Mitteln zur Senkung öffentlicher Ausgaben in Zeiten einer globalen Wirtschafts- und Finanzkrise geht,[1453] untersucht der Gerichtshof die Geeignetheit der fraglichen nationalen Maßnahme nicht, weil der nationale Gesetzgeber am besten dazu in der Lage sei, die Maßnahmen zu bestimmen, die zur Verwirklichung des angestrebten Ziels geeignet seien.[1454] Mit diesem Argument könnte auch ein vollständiger Ausfall der gesamten Verhältnismäßigkeitsprüfung begründet werden, was angesichts der Anforderungen von Art. 52 Abs. 1 GRC keinesfalls akzeptabel wäre. Es obliegt dem EuGH, die Geeignetheit einer Grundrechtseinschränkung zu kontrollieren. Da er in der Entscheidung Florescu u. a. die Verhältnismäßigkeit der streitigen Maßnahme aber zumindest teilweise[1455] prüft, kann nicht mit Sicherheit festgestellt werden, wie die genannte Passage genau zu verstehen ist.

Schließlich fallen unter die oben genannten 18 Entscheidungen aber auch drei Urteile, in denen der Gerichtshof die Verhältnismäßigkeit allein als Abwä-

---

[1450] Vgl. dazu auch Kapitel 4 C. II. 3.
[1451] Vgl. EuGH, Urteil v. 17.11.2011, Rs. C-327/10 *(Hypoteční banka)*, Rn. 51; EuGH, Urteil v. 24.11.2011, Rs. C-468/10 *(ASNEF)*; EuGH, Urteil v. 24.11.2011, Rs. C-70/10 *(Scarlet Extended)*; EuGH, Urteil v. 16.02.2012, Rs. C-360/10 *(SABAM)*; EuGH, Urteil v. 15.03.2012, Rs. C-292/10 *(G)*; EuGH, Urteil v. 06.09.2012, Rs. C-544/10 *(Deutsches Weintor)*; EuGH, Urteil v. 28.11.2013, Rs. C-348/12 P *(Rat/Manufacturing Support & Procurement Kala Naft)*; EuGH, Urteil v. 29.04.2015, Rs. C-528/13 *(Léger)*; EuGH, Urteil v. 06.10.2015, Rs. C-362/14 *(Schrems)*; EuGH, Urteil v. 06.10.2015, Rs. C-650/13 *(Delvigne)*; EuGH, Urteil v. 17.12.2015, Rs. C-157/14 *(Neptune Distribution)*; EuGH, Urteil v. 17.12.2015, Rs. C-419/14 *(WebMindLicenses)*; EuGH, Urteil v. 20.09.2016, Rs. C-8/15 P bis C-10/15 P *(Ledra Advertising/Kommission und EZB)*; EuGH, Urteil v. 10.11.2016, Rs. C-156/15 *(Private Equity Insurance Group)*; EuGH, Urteil v. 23.11.2016, Rs. C-442/14 *(Bayer CropScience und Stichting De Bijenstichting)*; EuGH, Beschluss v. 06.04.2017, Rs. C-464/16 P *(PITEE/Kommission)*; EuGH, Urteil v. 13.06.2017, Rs. C-258/14 *(Florescu u. a.)*; EuGH, Urteil v. 20.12.2017, Rs. C-664/15 *(Protect Natur-, Arten- und Landschaftschutz Umweltorganisation)*.
[1452] Vgl. EuGH, Urteil v. 17.11.2011, Rs. C-327/10 *(Hypoteční banka)*, Rn. 51; EuGH, Urteil v. 17.12.2015, Rs. C-419/14 *(WebMindLicenses)*, Rn. 77 f.
[1453] Vgl. zum Hintergrund dieser Entscheidung etwa *M. Markakis/P. Dermine*, CMLR 55 (2018), S. 643 (644–646).
[1454] EuGH, Urteil v. 13.06.2017, Rs. C-258/14 *(Florescu u. a.)*, Rn. 57.
[1455] Wesentliche Teile überlässt er dem vorlegenden Gericht.

gung von Grundrechtspositionen prüft.[1456] So stellt er im Urteil Scarlet Extended (C-70/10) zwar fest, die streitige Anordnung verfolge das legitime Ziel des Schutzes von Urheberrechten (Art. 17 Abs. 2 GRC),[1457] untersucht dann aber nicht die Eignung der Maßnahme, sondern wägt unter Bezug auf die Entscheidung Promusicae (C-275/06) das Grundrecht auf (geistiges) Eigentum mit den widerstreitenden Grundrechten aus Art. 8, Art. 11 und Art. 16 GRC ab.[1458] Die schwierige Frage, ob eine Anordnung gegenüber einem Provider, ein Filtersystem gegen Urheberrechtsverletzungen einzurichten, geeignet ist, das geistige Eigentum der Rechteinhaber zu schützen, bleibt somit unbeantwortet.

Eine Prüfung der Geeignetheit fehlt auch im Urteil Delvigne (C-650/13),[1459] obwohl der EuGH hier die Anforderungen an die Rechtfertigung der fraglichen Grundrechtseinschränkung durch ein Zitat von Art. 52 Abs. 1 GRC darlegt.[1460] Auf die in dieser Norm genannten Voraussetzungen der gesetzlichen Grundlage und der Achtung des Wesensgehalts geht er ausdrücklich ein,[1461] erklärt anschließend aber nur kurz, die Grundrechtseinschränkung sei verhältnismäßig, da sie die Umstände des Einzelfalls beachte und die Möglichkeit der gesetzlichen Überprüfung bestehe.[1462] Ob die Einschränkung überhaupt geeignet ist, das verfolgte Ziel, das ebenfalls offen bleibt, zu erreichen, legt der Gerichtshof nicht dar. Während Entscheidungen, in denen der EuGH die Untersuchung der Geeignetheit dem vorlegenden Gericht überlässt, den Anforderungen von Art. 52 Abs. 1 GRC entsprechen, ist in Fällen, in denen er selbst entscheidet, die Eignung in jeder Grundrechtsprüfung, in der eine Verletzung des fraglichen Grundrechts nicht schon an einer früheren Stelle ausgeschlossen wurde, ausdrücklich zu untersuchen. Trotzdem nimmt der Gerichtshof in fast der Hälfte der hier analysierten Entscheidungen keine solche Prüfung vor.

(3) Unklare Fälle

In fünf Entscheidungen bleibt unklar, ob der EuGH die Eignung der fraglichen Maßnahme untersucht.[1463] Zwar erklärt er beispielsweise im Urteil Glatzel (C-

---

[1456] Siehe dazu Kapitel 3 B. V. 2. a) aa).
[1457] EuGH, Urteil v. 24.11.2011, Rs. C-70/10 *(Scarlet Extended)*, Rn. 42.
[1458] Vgl. EuGH, Urteil v. 24.11.2011, Rs. C-70/10 *(Scarlet Extended)*, Rn. 44–53.
[1459] Vgl. zum zugrunde liegenden Sachverhalt etwa *A. Epiney*, NVwZ 2016, S. 655 (657f.).
[1460] EuGH, Urteil v. 06.10.2015, Rs. C-650/13 *(Delvigne)*, Rn. 46.
[1461] Vgl. EuGH, Urteil v. 06.10.2015, Rs. C-650/13 *(Delvigne)*, Rn. 47 f.
[1462] EuGH, Urteil v. 06.10.2015, Rs. C-650/13 *(Delvigne)*, Rn. 49–51.
[1463] Vgl. EuGH, Urteil v. 22.05.2014, Rs. C-356/12 *(Glatzel)*, Rn. 51–55; EuGH, Urteil v. 21.12.2016, Rs. C-203/15 und C-698/15 *(Tele2 Sverige)*, Rn. 103; EuGH, Gutachten v. 26.07.2017, Rs. Avis 1/15 *(Accord PNR UE-Canada)*, Rn. 152f., hier bleibt insbesondere unklar, ob der EuGH selbst prüft oder nur das Vorbringen der Kommission übernimmt; EuGH, Urteil v. 27.09.2017, Rs. C-73/16 *(Puškár)*, Rn. 68 und 98; EuGH, Urteil v. 20.12.2017, Rs. C-277/16 *(Polkomtel)*, Rn. 52.

356/12) zunächst, das Ziel, die Sicherheit im Straßenverkehr zu verbessern, sei legitim, doch äußert er sich nicht ausdrücklich dazu, ob die fragliche Einschränkung auch zur Erreichung dieses Ziels geeignet ist. Vielmehr weist er auf seine verringerte Prüfungsdichte bei der Kontrolle der Verhältnismäßigkeit im vorliegenden Fall hin[1464] und untersucht dann die Erforderlichkeit der Maßnahme.[1465] Gleichwohl lassen sich in diesem Urteil Anhaltspunkte dafür finden, dass der Gerichtshof von der Eignung der Einschränkung ausgeht: Nach seinen Ausführungen zur Erforderlichkeit, in denen er zu dem Ergebnis kommt, das Verbot, Personen mit einer Sehschärfe, die einen bestimmten Wert nicht erreiche, die beantragte Fahrerlaubnis zu erteilen, sei erforderlich, stellt er fest, „der Ausschluss dieser Personen vom Straßenverkehr" stelle „zweifellos ein wirksames Mittel zur Verbesserung der Verkehrssicherheit" dar.[1466] Für den EuGH ist die Eignung der Maßnahme damit anscheinend so offensichtlich, dass es keiner Ausführungen dazu bedarf.[1467] Eine wenigstens kurze Prüfung der Geeignetheit wäre aber angezeigt gewesen.

Auch im Urteil Tele2 Sverige (C-203/15 und C-698/15) bleibt offen, ob der Gerichtshof eine solche Untersuchung vornimmt. Hier erklärt er unter Verweis auf seine Ausführungen im Urteil Digital Rights Ireland und Seitlinger u. a. (C-293/12 und C-594/12), die Wirksamkeit der Bekämpfung schwerer Kriminalität sei ein legitimes Ziel.[1468] Diese Zielsetzung könne jedoch „so grundlegend sie auch sein mag, für sich genommen die Erforderlichkeit einer nationalen Regelung, die die allgemeine und unterschiedslose Vorratsspeicherung sämtlicher Verkehrs- und Standortdaten vorsieht, für die Kriminalitätsbekämpfung nicht rechtfertigen".[1469] Die Maßnahme gehe im vorliegenden Fall über die „Grenzen des absolut Notwendigen" hinaus und könne mithin „nicht als in einer demokratischen Gesellschaft gerechtfertigt angesehen werden".[1470] Auch hier äußert sich der EuGH nicht ausdrücklich zur Eignung der Grundrechtseinschränkung. Entsprechende Ausführungen finden sich aber im Urteil Digital Rights Ireland

---

[1464] EuGH, Urteil v. 22.05.2014, Rs. C-356/12 *(Glatzel)*, Rn. 52 f.
[1465] Vgl. EuGH, Urteil v. 22.05.2014, Rs. C-356/12 *(Glatzel)*, Rn. 54.
[1466] EuGH, Urteil v. 22.05.2014, Rs. C-356/12 *(Glatzel)*, Rn. 55.
[1467] Vgl. dazu auch Kapitel 4 C. II. 1.
[1468] EuGH, Urteil v. 21.12.2016, Rs. C-203/15 und C-698/15 *(Tele2 Sverige)*, Rn. 103.
[1469] EuGH, Urteil v. 21.12.2016, Rs. C-203/15 und C-698/15 *(Tele2 Sverige)*, Rn. 103.
[1470] EuGH, Urteil v. 21.12.2016, Rs. C-203/15 und C-698/15 *(Tele2 Sverige)*, Rn. 106, der Bezug auf die demokratische Gesellschaft erinnert an die EMRK: Zum Beispiel kann ein Eingriff in die Ausübung des Rechts auf Achtung des Privat- und Familienlebens gemäß Art. 8 Abs. 2 EMRK nur gerechtfertigt werden, soweit der Eingriff zur Erreichung der legitimen Ziele „in einer demokratischen Gesellschaft notwendig ist". Ähnliche Bezugnahmen auf die demokratische Gesellschaft finden sich in Art. 6 Abs. 2 S. 1, Art. 9 Abs. 2, Art. 10 Abs. 2, Art. 11 Abs. 2 EMRK sowie in Art. 2 des Protokolls Nr. 4 zur EMRK und im Protokoll Nr. 13 zur EMRK; vgl. dazu statt vieler etwa *J. Meyer-Ladewig/M. Nettesheim*, in: J. Meyer-Ladewig/M. Nettesheim/S. von Raumer (Hrsg.), EMRK, 4. Aufl. 2017, Art. 8 EMRK Rn. 110.

und Seitlinger u. a. (C-293/12 und C-594/12),[1471] auf das der Gerichtshof in dieser Entscheidung häufig verweist. Er sieht es daher eventuell als überflüssig an, sich erneut zu diesem Punkt zu äußern, auch wenn die Charta eine solche Prüfung verlangt.

bb) Klarheit der Terminologie des EuGH

Ein weiterer Kritikpunkt an der Geeignetheitsprüfung durch den Gerichtshof vor Inkrafttreten der Charta war ihre terminologische Unschärfe. Der EuGH vermengte beispielsweise die Prüfung der Geeignetheit mit der Kontrolle der Erforderlichkeit. Von den hier analysierten 40 Entscheidungen[1472] sind 16 terminologisch klar,[1473] 15 weitere hingegen unklar.[1474] Zehn Entscheidungen entziehen sich einer Zuordnung.[1475]

[1471] Vgl. EuGH, Urteil v. 08.04.2014, Rs. C-293/12 und C-594/12 *(Digital Rights Ireland und Seitlinger u. a.)*, Rn. 47–51.

[1472] Zu beachten ist, dass EuGH, Urteil v. 27.09.2017, Rs. C-73/16 *(Puškár)*, Rn. 56–76 und 82, 87–98 zwei Grundrechtsprüfungen enthält und in zwei unterschiedliche Gruppen fällt.

[1473] Vgl. EuGH, Urteil v. 09.11.2010, Rs. C-92/09 und C-93/09 *(Volker und Markus Schecke und Eifert)*, Rn. 75; EuGH, Urteil v. 17.11.2011, Rs. C-327/10 *(Hypoteční banka)*, Rn. 51; EuGH, Urteil v. 22.01.2013, Rs. C-283/11 *(Sky Österreich)*, Rn. 53; EuGH, Urteil v. 17.10.2013, Rs. C-101/12 *(Schaible)*, Rn. 36–42; EuGH, Urteil v. 17.10.2013, Rs. C-291/12 *(Schwarz)*, Rn. 41–45; EuGH, Urteil v. 08.04.2014, Rs. C-293/12 und C-594/12 *(Digital Rights Ireland und Seitlinger u. a.)*, Rn. 47–50; EuGH, Urteil v. 27.05.2014, Rs. C-129/14 PPU *(Spasic)*, Rn. 64; EuGH, Urteil v. 15.02.2016, Rs. C-601/15 PPU *(N.)*, Rn. 55; EuGH, Urteil v. 04.05.2016, Rs. C-547/14 *(Philip Morris Brands u. a.)*, Rn. 152, 158; EuGH, Urteil v. 30.06.2016, Rs. C-134/15 *(Lidl)*, Rn. 38; EuGH, Urteil v. 21.12.2016, Rs. C-201/15 *(AGET Iraklis)*, Rn. 91 f.; EuGH, Urteil v. 07.03.2017, Rs. C-390/15 *(RPO)*, Rn. 61–63; EuGH, Urteil v. 05.07.2017, Rs. C-190/16 *(Fries)*, Rn. 45–52 und 77; EuGH, Gutachten v. 26.07.2017, Rs. Avis 1/15 *(Accord PNR UE-Canada)*, Rn. 152 f.; EuGH, Urteil v. 14.09.2017, Rs. C-18/16 *(K)*, Rn. 38 f.; EuGH, Urteil v. 27.09.2017, Rs. C-73/16 *(Puškár)*, Rn. 68.

[1474] Vgl. EuGH, Urteil v. 27.03.2014, Rs. C-314/12 *(UPC Telekabel Wien)*, Rn. 62 f.; EuGH, Urteil v. 22.05.2014, Rs. C-356/12 *(Glatzel)*, Rn. 51–55; EuGH, Urteil v. 29.04.2015, Rs. C-528/13 *(Léger)*; EuGH, Urteil v. 06.10.2015, Rs. C-362/14 *(Schrems)*; EuGH, Urteil v. 17.12.2015, Rs. C-419/14 *(WebMindLicenses)*; EuGH, Urteil v. 15.09.2016, Rs. C-439/14 und C-488/14 *(Star Storage)*, Rn. 53 f.; EuGH, Urteil v. 15.09.2016, Rs. C-484/14 *(Mc Fadden)*, Rn. 95 f.; EuGH, Urteil v. 20.09.2016, Rs. C-8/15 P bis C-10/15 P *(Ledra Advertising/Kommission und EZB)*; EuGH, Urteil v. 10.11.2016, Rs. C-156/15 *(Private Equity Insurance Group)*; EuGH, Urteil v. 23.11.2016, Rs. C-442/14 *(Bayer CropScience und Stichting De Bijenstichting)*; EuGH, Urteil v. 21.12.2016, Rs. C-203/15 und C-698/15 *(Tele2 Sverige)*, Rn. 103; EuGH, Urteil v. 28.03.2017, Rs. C-72/15 *(Rosneft)*, Rn. 147; EuGH, Beschluss v. 06.04.2017, Rs. C-464/16 P *(PITEE/Kommission)*; EuGH, Urteil v. 13.06.2017, Rs. C-258/14 *(Florescu u. a.)*, Rn. 57–59; EuGH, Urteil v. 20.12.2017, Rs. C-664/15 *(Protect Natur-, Arten- und Landschaftschutz Umweltorganisation)*.

[1475] Vgl. EuGH, Urteil v. 24.11.2011, Rs. C-468/10 *(ASNEF)*; EuGH, Urteil v. 24.11.2011, Rs. C-70/10 *(Scarlet Extended)*; EuGH, Urteil v. 16.02.2012, Rs. C-360/10 *(SABAM)*; EuGH, Urteil v. 15.03.2012, Rs. C-292/10 *(G)*; EuGH, Urteil v. 06.09.2012, Rs. C-544/10 *(Deutsches Weintor)*; EuGH, Urteil v. 28.11.2013, Rs. C-348/12 P *(Rat/Manufacturing Support & Procurement Kala Naft)*; EuGH, Urteil v. 06.10.2015, Rs. C-650/13 *(Delvigne)*; EuGH, Urteil v.

B. Anwendung der Kriterien

Eine eindeutige Terminologie weist etwa das Urteil Sky Österreich (C-283/11) auf. In dieser Entscheidung trennt der Gerichtshof klar zwischen der Untersuchung der Geeignetheit und den übrigen Stufen der Verhältnismäßigkeit.[1476] Auch im Urteil AGET Iraklis (C-201/15) unterscheidet der EuGH präzise zwischen den Prüfungsstufen,[1477] vermengt allerdings die Prüfung von Art. 16 GRC mit der von Art. 49 AEUV.[1478] Unklar ist dagegen die Terminologie im Urteil WebMindLicenses (C-419/14): Nach der Feststellung, die fragliche Untersuchungsmaßnahme verfolge ein legitimes Ziel, spricht der Gerichtshof von der zu prüfenden „Notwendigkeit" dieser Grundrechtseinschränkung.[1479] Dazu stellt er einige Anforderungen auf, überlässt die finale Entscheidung jedoch dem vorlegenden Gericht.[1480] Obwohl der EuGH in dieser Entscheidung somit keine eigene Prüfung der Geeignetheit vornimmt, bleiben auch die Konturen der vom nationalen Gericht vorzunehmenden Untersuchung durch die Verwendung des Begriffs „Notwendigkeit" im Dunkeln.[1481] Im Urteil Glatzel (C-356/12) schließlich erklärt der Gerichtshof im Rahmen der Prüfung des legitimen Ziels, dass die fragliche Maßnahme einem dem Gemeinwohl dienenden Ziel „entspricht".[1482] Da er die Geeignetheit der Einschränkung im Folgenden nicht erwähnt, ist es möglich, dass der EuGH mit dem Wort „entspricht" nicht nur die Legitimität des verfolgten Ziels, sondern auch die Eignung des Mittels meint. Dies bleibt letztlich aber offen.[1483]

Auch hinsichtlich der vom Gerichtshof verwendeten Terminologie ergibt sich somit insgesamt kein einheitliches Bild.

cc) Prüfdichte bei der Geeignetheitsprüfung durch den EuGH

Vor Rechtsverbindlichkeit der Charta wurde weiter kritisiert, dass der EuGH den Grundrechtsverpflichteten und insbesondere dem Unionsgesetzgeber einen

---

17.12.2015, Rs. C-157/14 *(Neptune Distribution)*; EuGH, Urteil v. 27.09.2017, Rs. C-73/16 *(Puškár)*, Rn. 93; EuGH, Urteil v. 20.12.2017, Rs. C-277/16 *(Polkomtel)*, Rn. 52.

[1476] Vgl. EuGH, Urteil v. 22.01.2013, Rs. C-283/11 *(Sky Österreich)*, Rn. 53.

[1477] Vgl. EuGH, Urteil v. 21.12.2016, Rs. C-201/15 *(AGET Iraklis)*, Rn. 91 f.

[1478] Vgl. etwa EuGH, Urteil v. 21.12.2016, Rs. C-201/15 *(AGET Iraklis)*, Rn. 90.

[1479] EuGH, Urteil v. 17.12.2015, Rs. C-419/14 *(WebMindLicenses)*, Rn. 77, Französisch: „nécessité". Es könnte sich daher auch um einen Übersetzungsfehler handeln. In der französischen Sprachfassung nutzt Art. 52 Abs. 1 GRC nämlich einen ähnlichen Begriff: „des limitations ne peuvent être apportées que si elles sont nécessaires". In diesem Fall würde die Eignung der Maßnahme aber nicht geprüft, sondern ausschließlich ihre Erforderlichkeit.

[1480] Vgl. EuGH, Urteil v. 17.12.2015, Rs. C-419/14 *(WebMindLicenses)*, Rn. 78.

[1481] Dieser Begriff fand sich in der ersten Version der Charta, wurde dann aber durch die Erforderlichkeit ersetzt. Vgl. *T. von Danwitz*, in: P. J. Tettinger/K. Stern (Hrsg.), Kölner Gemeinschaftskommentar zur Europäischen Grundrechte-Charta, 2006, Art. 52 Rn. 2 (Fn. 24); *C. Eisner*, Die Schrankenregelung der Grundrechtecharta der Europäischen Union, 2005, S. 142.

[1482] EuGH, Urteil v. 22.05.2014, Rs. C-356/12 *(Glatzel)*, Rn. 51.

[1483] Siehe dazu schon Kapitel 3 B. V. 2. e) aa) (3).

zu weiten Ermessensspielraum hinsichtlich der Geeignetheit einer Maßnahme einräumte und somit seine eigene Prüfdichte zu weit zurücknahm.[1484] Außerdem habe er diesen Spielraum nicht hinreichend begründet.

Während die expliziten Angaben des Gerichtshofs zu seiner Kontrollintensität nach Inkrafttreten der Charta bereits besprochen wurden,[1485] soll hier inhaltlich analysiert werden, inwiefern sich diese Aussagen in seiner tatsächlichen Prüfung der Geeignetheit widerspiegeln. Die Charta fordert vom EuGH eine wirkliche und präzise Überprüfung der Eignung. Dies ist somit der Maßstab für die Prüfdichte im Rahmen der Geeignetheit.

In den meisten Entscheidungen lässt sich jedoch nicht sicher sagen, wie intensiv der Gerichtshof prüft. So stellt er etwa im Urteil Spasic (C-129/14 PPU) fest, „dass die in Art. 54 SDÜ vorgesehene Vollstreckungsbedingung zur Erreichung des verfolgten Ziels geeignet ist."[1486] Sie wirke nämlich „der Gefahr entgegen, dass der Verurteilte der Strafe entgeht, weil er das Gebiet des Urteilsstaats verlassen hat."[1487] Wie streng in diesem Fall die Kontrolle ist, lässt sich nicht ermitteln.

Stellenweise passen die expliziten Ausführungen des EuGH zu seiner Prüfdichte und sein tatsächliches Vorgehen nicht zusammen. Beispielsweise räumt er dem Unionsgesetzgeber in den Urteilen Neptune Distribution (C-157/14) und Rat/Manufacturing Support & Procurement Kala Naft (C-348/12 P) ein weites Ermessen ein.[1488] Lediglich in der zweiten Entscheidung fügt er hinzu, eine im Bereich politischer, wirtschaftlicher und sozialer Entscheidungen sowie komplexer Prüfungen durch den EU-Gesetzgeber erlassene Maßnahme sei nur dann rechtswidrig, wenn sie zur Erreichung des Ziels, das das zuständige Organ verfolge, offensichtlich ungeeignet sei.[1489] Tatsächlich nimmt der Gerichtshof in diesen beiden Urteilen aber überhaupt keine Prüfung der Eignung der fraglichen Grundrechtseinschränkung vor.

Wie bereits oben gezeigt,[1490] verzichtet der EuGH im Urteil Florescu u. a. (C-258/14) gänzlich auf eine Kontrolle der Geeignetheit der Einschränkung und begründet dies mit dem Argument, der nationale Gesetzgeber sei am besten dazu in der Lage, die Maßnahmen zu bestimmen, die zur Verwirklichung des angestrebten Ziels geeignet seien.[1491] Es ist aber unklar, wie die genannte Passage genau zu verstehen ist.[1492]

[1484] Siehe dazu Kapitel 3 A. II. 5. b) cc) sowie Kapitel 3 A. II. 5. b) ee).
[1485] Siehe Kapitel 3 B. V. 2. c).
[1486] EuGH, Urteil v. 27.05.2014, Rs. C-129/14 PPU *(Spasic)*, Rn. 64.
[1487] EuGH, Urteil v. 27.05.2014, Rs. C-129/14 PPU *(Spasic)*, Rn. 64.
[1488] EuGH, Urteil v. 17.12.2015, Rs. C-157/14 *(Neptune Distribution)*, Rn. 76; EuGH, Urteil v. 28.11.2013, Rs. C-348/12 P *(Rat/Manufacturing Support & Procurement Kala Naft)*, Rn. 120.
[1489] EuGH, Urteil v. 28.11.2013, Rs. C-348/12 P *(Rat/Manufacturing Support & Procurement Kala Naft)*, Rn. 120.
[1490] Siehe Kapitel 3 B. V. 2. c) cc).
[1491] EuGH, Urteil v. 13.06.2017, Rs. C-258/14 *(Florescu u. a.)*, Rn. 57.
[1492] Siehe dazu schon Kapitel 3 B. V. 2. e) aa) (2).

B. Anwendung der Kriterien 287

Im Urteil Volker und Markus Schecke und Eifert (C-92/09 und C-93/09) wiederum verweist der EuGH zwar darauf, die Eignung der Maßnahme werde „nicht bestritten",[1493] gleichwohl begründet er (teilweise bereits im Rahmen der legitimen Ziele) vergleichsweise ausführlich, warum die streitige Veröffentlichung von Daten der Agrarbeihilfeempfänger dem Ziel der Transparenz dient.[1494] Aus dem Wortlaut von Art. 16 GRC und seiner vorherigen Rechtsprechung leitet der Gerichtshof im Urteil Sky Österreich (C-283/11) ab,[1495] die unternehmerische Freiheit könne einer Vielzahl von Eingriffen der öffentlichen Gewalt unterworfen werden, die im allgemeinen Interesse die Ausübung der wirtschaftlichen Tätigkeit beschränken könnten.[1496] „Dieser Umstand" spiegele „sich vor allem darin wider, auf welche Weise nach Art. 52 Abs. 1 der Charta der Grundsatz der Verhältnismäßigkeit zu handhaben" sei.[1497] Die tatsächliche Prüfung der Geeignetheit[1498] besteht zwar aus nur einer Randnummer, ist aber präzise und lässt keine Verringerung der Kontrollintensität erkennen.[1499]

Im Urteil Schaible (C-101/12) schließlich beschränkt der EuGH seine Untersuchung ausdrücklich auf die Frage, ob der Unionsgesetzgeber die Grenzen seines Ermessens nicht offensichtlich überschritten habe.[1500] Prognoseentscheidungen des EU-Gesetzgebers seien nur zu beanstanden, wenn sie „offensichtlich fehlerhaft" seien.[1501] Die tatsächliche Geeignetheitsprüfung durch den Gerichtshof ist jedoch ausführlich und präzise.[1502]

Es zeigt sich damit erneut[1503], dass die Feststellung einer hohen oder geringen Prüfdichte durch den EuGH nur wenig Aussagekraft hinsichtlich seiner konkreten Prüfung hat.

dd) Zusammenfassung

Nur in knapp der Hälfte der in diesem Abschnitt untersuchten 40 Entscheidungen prüft der Gerichtshof die Eignung der fraglichen Maßnahme. Dabei reichen

---

[1493] EuGH, Urteil v. 09.11.2010, Rs. C-92/09 und C-93/09 *(Volker und Markus Schecke und Eifert)*, Rn. 75.
[1494] Vgl. EuGH, Urteil v. 09.11.2010, Rs. C-92/09 und C-93/09 *(Volker und Markus Schecke und Eifert)*, Rn. 69 f., 75.
[1495] Siehe dazu Kapitel 3 B. V. 2. c) dd).
[1496] Vgl. EuGH, Urteil v. 22.01.2013, Rs. C-283/11 *(Sky Österreich)*, Rn. 46; vgl. dazu auch *S. Peers/S. Prechal*, in: S. Peers/T. K. Hervey/A. Ward (Hrsg.), The EU Charter of Fundamental Rights, 2014, Art 52 Rn. 80 f.
[1497] EuGH, Urteil v. 22.01.2013, Rs. C-283/11 *(Sky Österreich)*, Rn. 47.
[1498] Vgl. EuGH, Urteil v. 22.01.2013, Rs. C-283/11 *(Sky Österreich)*, Rn. 53.
[1499] Ebenso *N. M. Ganglbauer*, Das Grundrecht der unternehmerischen Freiheit gem Art 16 GRC, in: A. Kahl/N. Raschauer/S. Storr (Hrsg.), Grundsatzfragen der europäischen Grundrechtecharta, 2013, S. 203 (220).
[1500] EuGH, Urteil v. 17.10.2013, Rs. C-101/12 *(Schaible)*, Rn. 48.
[1501] EuGH, Urteil v. 17.10.2013, Rs. C-101/12 *(Schaible)*, Rn. 50.
[1502] Siehe oben Kapitel 3 B. V. 2. e) aa) (1).
[1503] Siehe bereits Kapitel 3 B. V. 2. c) ee).

die Ausführungen des EuGH von knappen Behauptungen bis zu sehr detaillierten Untersuchungen.[1504] Ein Fehlen der Geeignetheit hat der Gerichtshof bislang nicht festgestellt. In 18 Entscheidungen unterbleibt eine Eignungsprüfung hingegen – wobei die explizite Verweigerung der Kontrolle im Urteil Florescu u. a. (C-258/14) hervorsticht. Zwei Entscheidungen lassen sich insofern nicht eindeutig beurteilen. Dieser Befund überrascht, da die Charta die Anforderung der Geeignetheit besonders hervorhebt, indem sie in Art. 52 Abs. 1 GRC fordert, dass Grundrechtseinschränkungen den legitimen Zielen „tatsächlich entsprechen" müssen. Sie verlangt vom EuGH eine wirkliche und präzise Überprüfung der Geeignetheit. Das häufige Fehlen der Prüfung in den hier analysierten Fällen ist umso schwerwiegender, als vorliegend nur Entscheidungen Untersuchungsgegenstand waren, in denen der Gerichtshof eine ausführliche oder sehr ausführliche Grundrechtsprüfung an der Charta vornimmt und die Verhältnismäßigkeit einer Grundrechtseinschränkung tatsächlich und in mehr als nur einem Satz prüft: Gerade in diesen Fällen wäre eine Geeignetheitsprüfung erwartbar gewesen. Die Kontrolle der Geeignetheit durch den EuGH muss daher als generell eher vernachlässigt bezeichnet werden.

Dogmatisch lässt der Gerichtshof – den Vorgaben der Charta entsprechend – eine Teileignung der Maßnahme ausreichen. Unklar ist, ob er verlangt, dass diese Maßnahme das legitime Ziel in kohärenter und systematischer Weise verfolgt. Terminologisch zeigt sich ein gemischtes Bild: Einige Entscheidungen sind klar und nachvollziehbar begründet, während ebenso viele begrifflich unscharf bleiben. Die Feststellung einer hohen oder geringen Prüfdichte durch den EuGH hat nur wenig Aussagekraft hinsichtlich seiner tatsächlichen Prüfung.

f) Erforderlichkeit

Der Wortlaut von Art. 52 Abs. 1 S. 2 GRC hebt die Erforderlichkeit (beziehungsweise Notwendigkeit[1505]) besonders hervor,[1506] indem er festlegt, dass unter Wahrung des Grundsatzes der Verhältnismäßigkeit – der bereits die Erforderlichkeit enthält – Einschränkungen der Grundrechte nur vorgenommen werden dürfen, wenn sie erforderlich sind. Die Charta fordert vom EuGH eine echte Erforderlichkeitsprüfung, in der er das Vorliegen milder wirkender, aber

---

[1504] Damit kann *H. Krämer*, in: K. Stern/M. Sachs (Hrsg.), Europäische Grundrechte-Charta, 2016, Art. 52 Rn. 48, wonach „der EuGH mittlerweile die Eignung des Grundrechtseingriffs eingehend und spezifisch in Relation zu einem bestimmten eingriffsrechtfertigenden Belang" prüft, in dieser Allgemeinheit nicht zugestimmt werden.

[1505] So z. B. *K. Lenaerts*, EuR 47 (2012), S. 3 (11); diesen Begriff nutzte ursprünglich auch die Charta, siehe dazu *C. Eisner*, Die Schrankenregelung der Grundrechtecharta der Europäischen Union, 2005, S. 142; *T. von Danwitz*, in: P. J. Tettinger/K. Stern (Hrsg.), Kölner Gemeinschaftskommentar zur Europäischen Grundrechte-Charta, 2006, Art. 52 Rn. 2.

[1506] *M. Cornils*, Schrankendogmatik, in: C. Grabenwarter (Hrsg.), Europäischer Grundrechteschutz (EnzEuR Band 2), 2014, § 5, Rn. 110.

gleich wirksamer Alternativmaßnahmen untersucht. Ihr entspräche es nicht, wenn der Gerichtshof die Erforderlichkeit unter dem Hinweis auf den Ermessensspielraum des Urhebers der fraglichen Maßnahme ohne Prüfung bejahen würde.[1507]

Untersuchungsgegenstand sind erneut die 40 Entscheidungen der Fallgruppen A1 und A2, in denen der EuGH die Verhältnismäßigkeit einer Grundrechtseinschränkung tatsächlich und in mehr als nur einem Satz prüft.[1508]

Dabei zeigt sich, dass der Gerichtshof in weniger als einem Drittel der Entscheidungen das Vorliegen eines milderen, aber gleich geeigneten Mittels untersucht (aa)), in fast zwei Dritteln hingegen nicht (bb)). Vier Urteile lassen sich nicht sicher zuordnen (cc)). Die expliziten Aussagen des EuGH zu seiner Prüfdichte haben keine Auswirkungen auf seine Prüfung der Erforderlichkeit (dd)).

aa) Prüfung alternativer Mittel

In nur elf der untersuchten 40 Entscheidungen prüft der EuGH das Vorliegen milder wirkender Alternativmaßnahmen.[1509] Dabei ist er bisher nie zu dem Ergebnis gekommen, die Grundrechtseinschränkung sei nicht erforderlich.[1510]

Eine ausführliche Prüfung findet sich zum Beispiel im Urteil Sky Österreich (C-283/11).[1511] Nach der Bejahung der Geeignetheit der streitigen Maßnahme[1512] widmet sich der EuGH der Überprüfung ihrer Erforderlichkeit. Hier stellt er zunächst fest, eine Kostenerstattung für die betroffenen Inhaber exklusiver TV-Übertragungsrechte hätte „sicherlich" als milderes Mittel vorgesehen werden können.[1513] Dabei hätte man auch die Fernsehveranstalter, die die Kurzberichte senden, beteiligen können.[1514] Eine solche weniger belastende

---

[1507] Dazu und zur Kriterienentwicklung Kapitel 3 A. II. 5. b) ff).
[1508] Siehe dazu Kapitel 3 B. V. 2. a) ee).
[1509] Vgl. EuGH, Urteil v. 22.01.2013, Rs. C-283/11 *(Sky Österreich)*, Rn. 54–57; EuGH, Urteil v. 17.10.2013, Rs. C-101/12 *(Schaible)*, Rn. 43–59; EuGH, Urteil v. 17.10.2013, Rs. C-291/12 *(Schwarz)*, Rn. 46–53; EuGH, Urteil v. 27.05.2014, Rs. C-129/14 PPU *(Spasic)*, Rn. 65–72; EuGH, Urteil v. 29.04.2015, Rs. C-528/13 *(Léger)*, Rn. 59–67; EuGH, Urteil v. 04.05.2016, Rs. C-547/14 *(Philip Morris Brands u.a.)*, Rn. 159–161; EuGH, Urteil v. 30.06.2016, Rs. C-134/15 *(Lidl)*, Rn. 39; EuGH, Urteil v. 15.09.2016, Rs. C-484/14 *(Mc Fadden)*, Rn. 97–99; EuGH, Urteil v. 21.12.2016, Rs. C-201/15 *(AGET Iraklis)*, Rn. 93 f.; EuGH, Urteil v. 07.03.2017, Rs. C-390/15 *(RPO)*, Rn. 64–68; EuGH, Urteil v. 05.07.2017, Rs. C-190/16 *(Fries)*, Rn. 64 f.
[1510] Zu den Entscheidungen Volker und Markus Schecke und Eifert sowie Digital Rights Ireland und Seitlinger u.a. und zum Gutachten 1/15 siehe unten Kapitel 3 B. V. 2. f) bb) sowie Kapitel 3 B. V. 2. f) cc).
[1511] Vgl. EuGH, Urteil v. 22.01.2013, Rs. C-283/11 *(Sky Österreich)*, Rn. 54–57. Siehe zu dieser Entscheidung ausführlich bereits Kapitel 2 C. III. 1. a) aa).
[1512] Vgl. EuGH, Urteil v. 22.01.2013, Rs. C-283/11 *(Sky Österreich)*, Rn. 53.
[1513] EuGH, Urteil v. 22.01.2013, Rs. C-283/11 *(Sky Österreich)*, Rn. 54.
[1514] EuGH, Urteil v. 22.01.2013, Rs. C-283/11 *(Sky Österreich)*, Rn. 54.

Regelung wäre aber nach Ansicht des Gerichtshofs nicht gleich geeignet gewesen, die verfolgten Ziele des Zugangs der Öffentlichkeit zu Informationen und der Pluralität der Medien[1515] zu erreichen.[1516] Je nach Ausgestaltung einer solchen Erstattung und nach Situation der anderen Fernsehveranstalter könnte sie nämlich diese davon abhalten oder unter Umständen sogar daran hindern, an der Kurzberichterstattung teilzunehmen.[1517] Dies würde aber den Zugang der Öffentlichkeit zu Informationen erheblich einschränken.[1518] Die streitige Regelung erlaube hingegen einen kosten- und damit barrierefreien Zugang unter Wahrung des Grundsatzes der Gleichbehandlung.[1519] Jeder Fernsehveranstalter habe damit die Möglichkeit, Kurzberichte zu senden.[1520] Nach Ansicht des EuGH war der Unionsgesetzgeber damit zu der Annahme berechtigt, die Maßnahme sei erforderlich zur Zielerreichung.[1521]

Die Prüfung der Erforderlichkeit durch den Gerichtshof ist im vorliegenden Urteil ausführlich und präzise.[1522] Er untersucht eine Alternativmaßnahme, verwirft sie letztlich aber als nicht gleich geeignet. Diese Argumentation überzeugt. Zwar hätten noch weitere alternative Regelungen wie eine staatliche Kostenübernahme angesprochen werden können, doch zeigt das Vorgehen des EuGH jedenfalls, dass dieser die Stufe der Erforderlichkeit wirklich inhaltlich geprüft hat. Die Anforderungen von Art. 52 Abs. 1 GRC sind im Urteil Sky Österreich damit insofern erfüllt.

Weitaus kürzer sind die Ausführungen zur Erforderlichkeit im Urteil Lidl (C-134/15), in dem der Gerichtshof lediglich feststellt, eine Regelung, die bloß das Anbringen der Preisangabe auf dem Regal vorsehe, könne die Erreichung der verfolgten Ziele nicht ebenso wirksam gewährleisten wie die streitige Norm, da bei Erzeugnissen, deren Verpackungseinheiten möglicherweise nicht das gleiche Gewicht hätten, nur die Angabe des Gesamtpreises und des Preises je Gewichtseinheit eine hinreichende Information des Verbrauchers gewährleisten könne.[1523] Auch hier geht der EuGH auf ein alternatives Mittel ein und legt überzeugend dar, warum es nicht gleich geeignet ist. Unklar bleibt jedoch, warum eine Angabe des Gesamtpreises und des Preises je Gewichtseinheit auf dem Regal nicht ausreichend sein soll. Hier hätte etwa auf die Möglichkeit einer falschen Einsortierung und auf die bessere Information des Verbrauchers auch

---

[1515] Vgl. EuGH, Urteil v. 22.01.2013, Rs. C-283/11 *(Sky Österreich)*, Rn. 51 f.
[1516] Vgl. EuGH, Urteil v. 22.01.2013, Rs. C-283/11 *(Sky Österreich)*, Rn. 55.
[1517] EuGH, Urteil v. 22.01.2013, Rs. C-283/11 *(Sky Österreich)*, Rn. 55.
[1518] EuGH, Urteil v. 22.01.2013, Rs. C-283/11 *(Sky Österreich)*, Rn. 55.
[1519] EuGH, Urteil v. 22.01.2013, Rs. C-283/11 *(Sky Österreich)*, Rn. 56.
[1520] EuGH, Urteil v. 22.01.2013, Rs. C-283/11 *(Sky Österreich)*, Rn. 56.
[1521] Vgl. EuGH, Urteil v. 22.01.2013, Rs. C-283/11 *(Sky Österreich)*, Rn. 57.
[1522] Ebenso H. *Krämer*, in: K. Stern/M. Sachs (Hrsg.), Europäische Grundrechte-Charta, 2016, Art. 52 Rn. 49 (Fn. 124).
[1523] EuGH, Urteil v. 30.06.2016, Rs. C-134/15 *(Lidl)*, Rn. 39.

außerhalb des Verkaufsraums, das heißt nach dem Kauf, abgestellt werden können.[1524] Gleichwohl entspricht die Prüfung des Gerichtshofs den Anforderungen von Art. 52 Abs. 1 GRC.

bb) Keine Prüfung alternativer Mittel

In mehr als der Hälfte der untersuchten Entscheidungen (26 von 40) prüft der EuGH nicht, ob das verfolgte Ziel mit einem milderen, aber ebenso geeigneten Alternativmittel erreicht werden könnte.[1525]

Dabei äußert er sich in 14 Entscheidungen überhaupt nicht zur Erforderlichkeit, sondern nimmt nur eine Abwägung der widerstreitenden Interessen (acht[1526] von 14 Entscheidungen) oder eine nicht eindeutig identifizierbare Prüfung (sechs[1527] von 14 Entscheidungen) vor. Zwar zitiert der Gerichtshof im Urteil Neptune Distribution (C-157/14) Art. 52 Abs. 1 GRC, um die Voraussetzungen für eine Rechtfertigung der in dieser Entscheidung fraglichen Grundrechtseinschränkung darzustellen,[1528] untersucht dann aber lediglich die Legitimität der verfolgten Ziele[1529] und wägt schließlich die Rechtspositionen miteinander ab.[1530]

Nicht eindeutig identifizierbar ist die Prüfung in der Entscheidung Rat/Manufacturing Support & Procurement Kala Naft (C-348/12 P). Bei der Untersuchung der Verhältnismäßigkeit erinnert der EuGH nur „an die zahlreichen Berichte der IAEO, die große Zahl von Resolutionen des Sicherheitsrats wie auch die verschiedenen Maßnahmen der Union".[1531] Dazu führt er aus: „Die sowohl vom Sicherheitsrat als auch von der Union erlassenen Maßnahmen sind abgestuft und durch den mangelnden Erfolg der zuvor erlassenen Maßnahmen

---

[1524] So auch GA M. Bobek, Schlussanträge v. 16.03.2016, Rs. C-134/15 *(Lidl)*, Rn. 51–57.
[1525] Vgl. mit ähnlichem Befund *W. Weiß*, EuZW 2013, S. 287 (290).
[1526] Vgl. EuGH, Urteil v. 24.11.2011, Rs. C-468/10 *(ASNEF)*, Rn. 43–48; EuGH, Urteil v. 24.11.2011, Rs. C-70/10 *(Scarlet Extended)*, Rn. 44–53; EuGH, Urteil v. 16.02.2012, Rs. C-360/10 *(SABAM)*, Rn. 42–51; EuGH, Urteil v. 27.03.2014, Rs. C-314/12 *(UPC Telekabel Wien)*, Rn. 47–63; EuGH, Urteil v. 17.12.2015, Rs. C-157/14 *(Neptune Distribution)*, Rn. 75–85; EuGH, Urteil v. 17.12.2015, Rs. C-419/14 *(WebMindLicenses)*, Rn. 77f.; EuGH, Urteil v. 23.11.2016, Rs. C-442/14 *(Bayer CropScience und Stichting De Bijenstichting)*, Rn. 99f.; EuGH, Urteil v. 28.03.2017, Rs. C-72/15 *(Rosneft)*, Rn. 150.
[1527] Vgl. EuGH, Urteil v. 06.09.2012, Rs. C-544/10 *(Deutsches Weintor)*, Rn. 56–59; EuGH, Urteil v. 28.11.2013, Rs. C-348/12 P *(Rat/Manufacturing Support & Procurement Kala Naft)*, Rn. 126; EuGH, Urteil v. 06.10.2015, Rs. C-362/14 *(Schrems)*, Rn. 93; EuGH, Urteil v. 20.09.2016, Rs. C-8/15 P bis C-10/15 P *(Ledra Advertising/Kommission und EZB)*, Rn. 72–74; EuGH, Beschluss v. 06.04.2017, Rs. C-464/16 P *(PITEE/Kommission)*, Rn. 33–35; EuGH, Urteil v. 05.07.2017, Rs. C-190/16 *(Fries)*, Rn. 78.
[1528] Vgl. EuGH, Urteil v. 17.12.2015, Rs. C-157/14 *(Neptune Distribution)*, Rn. 68.
[1529] Vgl. EuGH, Urteil v. 17.12.2015, Rs. C-157/14 *(Neptune Distribution)*, Rn. 72–75.
[1530] Vgl. EuGH, Urteil v. 17.12.2015, Rs. C-157/14 *(Neptune Distribution)*, Rn. 75–85.
[1531] Vgl. EuGH, Urteil v. 28.11.2013, Rs. C-348/12 P *(Rat/Manufacturing Support & Procurement Kala Naft)*, Rn. 126.

gerechtfertigt."[1532] In der Erwähnung des mangelnden Erfolgs der zuvor erlassenen Maßnahmen könnte man eventuell eine Prüfung von Alternativmaßnahmen sehen, der Gerichtshof erklärt an dieser Stelle jedoch weder, inwiefern diese Maßnahmen keinen Erfolg hatten, noch, ob es für die Zukunft andere Möglichkeiten der Zielerreichung gebe. Von einer tatsächlichen Prüfung der Erforderlichkeit kann keine Rede sein.

In zwölf weiteren der oben genannten 26 Entscheidungen nutzt der EuGH den Begriff der Erforderlichkeit in seiner Prüfung, untersucht aber trotzdem keine Alternativmaßnahmen.[1533] Dabei vermischt er im Urteil Digital Rights Ireland und Seitlinger u. a. (C-293/12 und C-594/12) die Prüfungsstufen der Erforderlichkeit und der Angemessenheit.[1534] Am Anfang seiner Untersuchung spricht er von der „Erforderlichkeit"[1535], um dann jedoch festzustellen, der Grundrechtseingriff, der in diesem Fall in der sogenannten Vorratsspeicherung von Kommunikationsdaten besteht, müsse sich „auf das absolut Notwendige beschränken".[1536] Seine tatsächliche Prüfung lässt sich weder der Erforderlichkeit noch der Angemessenheit eindeutig zuordnen. Der Gerichtshof erachtet als notwendig, dass „die fragliche Unionsregelung klare und präzise Regeln für die Tragweite und die Anwendung der fraglichen Maßnahme" vorsieht und „Mindestanforderungen" aufstellt.[1537] Anschließend gibt er drei Gründe an, warum die Vorratsdatenspeicherung nicht den Anforderungen der Charta genügt. Erstens habe sie einen denkbar großen Anwendungsbereich und sehe keine Ausnahmen, etwa nach zeitlichen oder geografischen Kriterien, in der Erfassung

---

[1532] EuGH, Urteil v. 28.11.2013, Rs. C-348/12 P *(Rat/Manufacturing Support & Procurement Kala Naft)*, Rn. 126.

[1533] Vgl. EuGH, Urteil v. 08.04.2014, Rs. C-293/12 und C-594/12 *(Digital Rights Ireland und Seitlinger u. a.)*, Rn. 51–69; EuGH, Urteil v. 06.10.2015, Rs. C-650/13 *(Delvigne)*, Rn. 49–51; EuGH, Urteil v. 15.02.2016, Rs. C-601/15 PPU *(N.)*, Rn. 56–67; EuGH, Urteil v. 15.09.2016, Rs. C-439/14 und C-488/14 *(Star Storage)*, Rn. 56–59; EuGH, Urteil v. 10.11.2016, Rs. C-156/15 *(Private Equity Insurance Group)*, Rn. 52; EuGH, Urteil v. 21.12.2016, Rs. C-203/15 und C-698/15 *(Tele2 Sverige)*, Rn. 104–106; EuGH, Urteil v. 13.06.2017, Rs. C-258/14 *(Florescu u. a.)*, Rn. 57; EuGH, Gutachten v. 26.07.2017, Rs. Avis 1/15 *(Accord PNR UE-Canada)*, Rn. 154–217; EuGH, Urteil v. 14.09.2017, Rs. C-18/16 *(K)*, Rn. 40 ff.; EuGH, Urteil v. 27.09.2017, Rs. C-73/16 *(Puškár)*, Rn. 93–97; EuGH, Urteil v. 20.12.2017, Rs. C-277/16 *(Polkomtel)*, Rn. 52; EuGH, Urteil v. 20.12.2017, Rs. C-664/15 *(Protect Natur-, Arten- und Landschaftsschutz Umweltorganisation)*, Rn. 90–99.

[1534] So auch L. J. Wagner, Willkommen in der Grundrechtsunion!, JuWissBlog, 09.04.2014 (geprüft am 04.09.2019).

[1535] EuGH, Urteil v. 08.04.2014, Rs. C-293/12 und C-594/12 *(Digital Rights Ireland und Seitlinger u. a.)*, Rn. 51.

[1536] Vgl. EuGH, Urteil v. 08.04.2014, Rs. C-293/12 und C-594/12 *(Digital Rights Ireland und Seitlinger u. a.)*, Rn. 52; ganz ähnlich EuGH, Gutachten v. 26.07.2017, Rs. Avis 1/15 *(Accord PNR UE-Canada)*, Rn. 154 ff.

[1537] Vgl. EuGH, Urteil v. 08.04.2014, Rs. C-293/12 und C-594/12 *(Digital Rights Ireland und Seitlinger u. a.)*, Rn. 54.

der Kommunikationsdaten vor.[1538] Zweitens enthalte die fragliche Richtlinie „kein objektives Kriterium [...], das es ermöglicht, den Zugang der zuständigen nationalen Behörden zu den Daten und deren spätere Nutzung zwecks Verhütung, Feststellung oder strafrechtlicher Verfolgung auf Straftaten zu beschränken".[1539] Insbesondere gebe es keine vorherige Kontrolle durch ein Gericht oder eine unabhängige Verwaltungsstelle.[1540] Drittens sei die Dauer der Datenspeicherung mit sechs bis 24 Monaten zu unbestimmt.[1541] Insgesamt enthalte die streitige Richtlinie damit „keine klaren und präzisen Regeln zur Tragweite des Eingriffs" in die Grundrechte aus Art. 7 und Art. 8 GRC.[1542] Sie beinhalte einen Grundrechtseingriff, „der in der Rechtsordnung der Union von großem Ausmaß und von besonderer Schwere ist, ohne dass sie Bestimmungen enthielte, die zu gewährleisten vermögen, dass sich der Eingriff tatsächlich auf das absolut Notwendige beschränkt."[1543] Der EuGH kritisiert außerdem, dass die Daten nicht zwingend auf Unionsgebiet gespeichert werden.[1544]

Diese Ausführungen des Gerichtshofs sind wohl als Güterabwägung zwischen dem verfolgten Ziel der Bekämpfung schwerer Kriminalität und den eingeschränkten Grundrechten zu verstehen.[1545] Eine Prüfung alternativer Mittel stellen sie jedenfalls nicht dar, vielmehr scheint es dem EuGH um die Klarheit und Präzision der Regelung zu gehen. Die Stufe der Erforderlichkeit fehlt damit im vorliegenden Urteil, obwohl der Gerichtshof eingangs von „Erforderlichkeit" spricht.

Auch im Urteil N. (C-601/15 PPU) prüft der EuGH nicht, ob es mildere, gleich geeignete Mittel gibt, das verfolgte Ziel zu erreichen.[1546] Wie im Urteil Digital Rights Ireland und Seitlinger u. a. erklärt er hier zur „Erforderlichkeit", die Grundrechtseinschränkung müsse auf das absolut Notwendige beschränkt bleiben.[1547] Im Ausgangsfall ging es um die Rechtmäßigkeit der Inhaftierung eines Asylsuchenden, der bereits mehrere Asylanträge gestellt und verschiede-

---

[1538] Vgl. EuGH, Urteil v. 08.04.2014, Rs. C-293/12 und C-594/12 *(Digital Rights Ireland und Seitlinger u. a.)*, Rn. 56–59.
[1539] EuGH, Urteil v. 08.04.2014, Rs. C-293/12 und C-594/12 *(Digital Rights Ireland und Seitlinger u. a.)*, Rn. 60.
[1540] EuGH, Urteil v. 08.04.2014, Rs. C-293/12 und C-594/12 *(Digital Rights Ireland und Seitlinger u. a.)*, Rn. 62.
[1541] EuGH, Urteil v. 08.04.2014, Rs. C-293/12 und C-594/12 *(Digital Rights Ireland und Seitlinger u. a.)*, Rn. 63–65.
[1542] EuGH, Urteil v. 08.04.2014, Rs. C-293/12 und C-594/12 *(Digital Rights Ireland und Seitlinger u. a.)*, Rn. 65.
[1543] EuGH, Urteil v. 08.04.2014, Rs. C-293/12 und C-594/12 *(Digital Rights Ireland und Seitlinger u. a.)*, Rn. 65.
[1544] Vgl. EuGH, Urteil v. 08.04.2014, Rs. C-293/12 und C-594/12 *(Digital Rights Ireland und Seitlinger u. a.)*, Rn. 68.
[1545] So *C. D. Classen*, EuR 49 (2014), S. 441 (444).
[1546] Vgl. EuGH, Urteil v. 15.02.2016, Rs. C-601/15 PPU *(N.)*, Rn. 56–67.
[1547] Vgl. EuGH, Urteil v. 15.02.2016, Rs. C-601/15 PPU *(N.)*, Rn. 56.

ne Straftaten begangen hatte.¹⁵⁴⁸ Der Gerichtshof stellt zunächst dar, dass die in einer Richtlinie vorgesehene Möglichkeit, einen Antragsteller aus Gründen der nationalen Sicherheit oder der öffentlichen Ordnung in Haft zu nehmen, von der Einhaltung einer ganzen Reihe von Voraussetzungen abhängig sei, mit denen der Rückgriff auf eine solche Maßnahme eng begrenzt werden solle.¹⁵⁴⁹ Die Richtlinie selbst verlange, dass die Inhaftierung „erforderlich" sei und auf einen der in ihr abschließend aufgezählten Gründe gestützt werde.¹⁵⁵⁰ Anschließend legt der EuGH die Richtlinie aus¹⁵⁵¹ und kommt zu dem Ergebnis, sie stehe „nicht außer Verhältnis" zu den verfolgten legitimen Zielen,¹⁵⁵² sondern wahre „einen angemessenen Ausgleich zwischen dem Recht auf Freiheit des Antragstellers und den Erfordernissen des Schutzes der nationalen Sicherheit und der öffentlichen Ordnung".¹⁵⁵³

Das Vorgehen des Gerichtshofs im Urteil N. (C-601/15 PPU) ist schwer einzuordnen. Ganz überwiegend stellt er die Anforderungen des einschlägigen Sekundärrechts dar und subsumiert anschließend unter diese Maßstäbe. Die Charta wird nur ganz zu Anfang und am Ende der Prüfung genannt.¹⁵⁵⁴ Es kann nicht mit Sicherheit festgestellt werden, was genau der EuGH hier im Rahmen der Erforderlichkeit prüft. Eine Untersuchung, ob alternative Mittel dem verfolgten Zweck ebenso gut dienen könnten, findet sich jedoch nicht.

cc) Unklare Fälle

In fünf Entscheidungen bleibt unklar, ob der EuGH Alternativmaßnahmen untersucht.¹⁵⁵⁵

Im Urteil Volker und Markus Schecke und Eifert (C-92/09 und C-93/09),¹⁵⁵⁶ prüft er anscheinend nicht selbst das Vorliegen alternativer Mittel, sondern nur formal, ob der Unionsgesetzgeber eine entsprechende Prüfung vorgenommen

---

¹⁵⁴⁸ Vgl. zum Sachverhalt etwa *S. Leuschner*, Es ist wieder da: Der EuGH bestätigt das Grundrecht auf Sicherheit, VerfBlog, 22.02.2016 (geprüft am 04.09.2019); *S. Peers*, Detention of asylum-seekers: the first CJEU judgment, eulawanalysis.blogspot.de, 09.03.2016 (geprüft am 04.09.2019).
¹⁵⁴⁹ EuGH, Urteil v. 15.02.2016, Rs. C-601/15 PPU *(N.)*, Rn. 57.
¹⁵⁵⁰ EuGH, Urteil v. 15.02.2016, Rs. C-601/15 PPU *(N.)*, Rn. 58 f.
¹⁵⁵¹ Vgl. EuGH, Urteil v. 15.02.2016, Rs. C-601/15 PPU *(N.)*, Rn. 58–67.
¹⁵⁵² Vgl. EuGH, Urteil v. 15.02.2016, Rs. C-601/15 PPU *(N.)*, Rn. 68.
¹⁵⁵³ EuGH, Urteil v. 15.02.2016, Rs. C-601/15 PPU *(N.)*, Rn. 70.
¹⁵⁵⁴ Vgl. EuGH, Urteil v. 15.02.2016, Rs. C-601/15 PPU *(N.)*, Rn. 56, 77, 81 f.
¹⁵⁵⁵ Vgl. EuGH, Urteil v. 09.11.2010, Rs. C-92/09 und C-93/09 *(Volker und Markus Schecke und Eifert)*, Rn. 76–88; EuGH, Urteil v. 17.11.2011, Rs. C-327/10 *(Hypoteční banka)*, Rn. 52–54; EuGH, Urteil v. 15.03.2012, Rs. C-292/10 *(G)*, Rn. 51–58; EuGH, Urteil v. 22.05.2014, Rs. C-356/12 *(Glatzel)*, Rn. 54; EuGH, Urteil v. 27.09.2017, Rs. C-73/16 *(Puškár)*, Rn. 68.
¹⁵⁵⁶ Vgl. zum Hintergrund dieses Urteils ausführlich *I. Andoulsi*, Cah. droit eur. (Brux.) 47 (2011), S. 471.

hat.¹⁵⁵⁷ Zudem vermischt er auch hier die Stufen der Erforderlichkeit und der Angemessenheit.¹⁵⁵⁸ Bereits eingangs stellt er zur „Erforderlichkeit der Maßnahme" fest, das mit der streitigen Veröffentlichung verfolgte Ziel könne nicht erreicht werden, „ohne den Umstand zu berücksichtigen, dass dieses Ziel mit den in den Art. 7 und 8 der Charta verankerten Grundrechten in Einklang gebracht werden muss".¹⁵⁵⁹ Zu prüfen sei, ob Rat und Kommission das verfolgte Ziel einerseits und die Grundrechtseinschränkung andererseits „ausgewogen gewichtet haben."¹⁵⁶⁰ „Ausnahmen und Einschränkungen in Bezug auf den Schutz der personenbezogenen Daten" müssten sich „auf das absolut Notwendige beschränken".¹⁵⁶¹ Anschließend stellt der Gerichtshof das Vorbringen der am Verfahren beteiligten Mitgliedstaaten, des Rates und der Kommission dar.¹⁵⁶² Diese bezeichneten eine Beschränkung der Datenveröffentlichung nach der Höhe der gewährten Beihilfe oder nur auf juristische Personen als weniger zielführend als eine vollständige Information, da beides kein wirklichkeitsgetreues Abbild der Agrarbeihilfen ermögliche.¹⁵⁶³ Die Verfahrensbeteiligten stellen damit im Verfahren vor dem EuGH auf alternative Mittel ab, die ihrer Ansicht nach allerdings nicht gleich geeignet sind. Nach Ansicht des Gerichtshofs verlange eine ausgewogene Gewichtung der verschiedenen beteiligten Interessen jedoch, dass der Unionsgesetzgeber vor Erlass der Regelung geprüft hat, ob die Maßnahme „nicht über das hinausging, was zur Erreichung der verfolgten berechtigten Ziele erforderlich war."¹⁵⁶⁴ Eine solche Untersuchung habe er zu diesem Zeitpunkt aber nicht vorgenommen.¹⁵⁶⁵ Es gebe keinen Hinweis darauf, dass Rat und Kommission Alternativmaßnahmen „wie etwa die Beschränkung der Veröffentlichung von Daten unter namentlicher Nennung der Empfänger nach Maßgabe der Zeiträume, während deren sie Beihilfen erhalten haben, der Häufigkeit oder auch von Art und Umfang dieser Beihilfen" er-

---

¹⁵⁵⁷ So auch *H. Krämer*, in: K. Stern/M. Sachs (Hrsg.), Europäische Grundrechte-Charta, 2016, Art. 52 Rn. 50; vgl. hierzu auch *K. Lenaerts*, Yearbook of European Law 31 (2012), S. 3 (10–12).
¹⁵⁵⁸ So auch *J. Kühling*, ZÖR 68 (2013), S. 469 (479); *J. Kühling/M. Klar*, JURA 33 (2011), S. 771 (771).
¹⁵⁵⁹ EuGH, Urteil v. 09.11.2010, Rs. C-92/09 und C-93/09 *(Volker und Markus Schecke und Eifert)*, Rn. 76.
¹⁵⁶⁰ EuGH, Urteil v. 09.11.2010, Rs. C-92/09 und C-93/09 *(Volker und Markus Schecke und Eifert)*, Rn. 77.
¹⁵⁶¹ EuGH, Urteil v. 09.11.2010, Rs. C-92/09 und C-93/09 *(Volker und Markus Schecke und Eifert)*, Rn. 77.
¹⁵⁶² Vgl. EuGH, Urteil v. 09.11.2010, Rs. C-92/09 und C-93/09 *(Volker und Markus Schecke und Eifert)*, Rn. 78.
¹⁵⁶³ Vgl. EuGH, Urteil v. 09.11.2010, Rs. C-92/09 und C-93/09 *(Volker und Markus Schecke und Eifert)*, Rn. 78.
¹⁵⁶⁴ EuGH, Urteil v. 09.11.2010, Rs. C-92/09 und C-93/09 *(Volker und Markus Schecke und Eifert)*, Rn. 79.
¹⁵⁶⁵ Vgl. EuGH, Urteil v. 09.11.2010, Rs. C-92/09 und C-93/09 *(Volker und Markus Schecke und Eifert)*, Rn. 80.

wogen hätten.[1566] Erneut betont der EuGH, es sei Aufgabe der Organe, solche milderen Alternativen auf ihre Eignung hin zu prüfen, zumal „nicht ersichtlich" sei, dass eine derart beschränkte Veröffentlichung der Transparenz der Agrarbeihilfen nicht ebenso gut dienen könne. Der Unionsgesetzgeber sei damit der ihm obliegenden Pflicht, „eine ausgewogene Gewichtung" zwischen den legitimen Zielen und den eingeschränkten Grundrechten vorzunehmen, nicht nachgekommen.[1567]

Art. 52 Abs. 1 GRC verlangt vom EuGH eine eigene Prüfung der Erforderlichkeit. Im vorliegenden Urteil vermischt der Gerichtshof diese Prüfungsstufe mit der Abwägung im Rahmen der Angemessenheit.[1568] Insbesondere scheint es ihm weniger darauf anzukommen, ob es tatsächlich ein milderes, aber gleich geeignetes Mittel gibt, als darauf, dass Rat und Kommission solche Alternativmaßnahmen untersucht haben.[1569] Demnach würde es ausreichen, wenn der Unionsgesetzgeber vor Erlass der Regelung potenziell mildere Mittel beachtet hätte und dies beweisen könnte – ergriffen haben müsste er sie nicht. Es käme nicht auf das Ergebnis, sondern das Verfahren an,[1570] was vergleichbar mit der verwaltungsrechtlichen Figur des Ermessensausfalls ist.[1571] Die Erforderlichkeitsprüfung durch den EuGH würde so zu einer rein formalen Kontrolle, die nicht die materielle Vereinbarkeit einer Maßnahme mit den Grundrechten untersucht, sondern nur formale Erfordernisse aufstellt. Tatsächlich wird das Vorgehen des Gerichtshofs in der Literatur teilweise so interpretiert.[1572] Zu beachten ist aber, dass die Aussagen des EuGH in der vorliegenden Entscheidung nicht eindeutig sind. Zwar erwähnt er mehrmals die Pflicht der Organe, eine Erforderlichkeitsprüfung vorzunehmen, doch stellt er nicht ausdrücklich fest, dass er bei Vorliegen einer solchen Prüfung selbst keine materielle Untersuchung mehr vornimmt.[1573] Vielmehr erwähnt er an einigen Stellen des Urteils sogar ausdrücklich alternative Mittel, die seiner Meinung nach milder sind, dem ver-

---

[1566] EuGH, Urteil v. 09.11.2010, Rs. C-92/09 und C-93/09 *(Volker und Markus Schecke und Eifert)*, Rn. 81.

[1567] EuGH, Urteil v. 09.11.2010, Rs. C-92/09 und C-93/09 *(Volker und Markus Schecke und Eifert)*, Rn. 86.

[1568] So auch *J. Kühling*, ZÖR 68 (2013), S. 469 (479); *J. Kühling/M. Klar*, JURA 33 (2011), S. 771 (775).

[1569] Vgl. *H. Krämer*, in: K. Stern/M. Sachs (Hrsg.), Europäische Grundrechte-Charta, 2016, Art. 52 Rn. 50; vgl. auch *T. von Danwitz*, EuGRZ 40 (2013), S. 253 (256 [Fn. 47]): „etwas ungewöhnlich".

[1570] *J. Kühling*, ZÖR 68 (2013), S. 469 (479); *J. Kühling/M. Klar*, JURA 33 (2011), S. 771 (775).

[1571] *F. Dratwa/J. Werling*, ELR 2011, S. 23 (28); ähnlich *A. Guckelberger*, EuZW 2011, S. 126 (130): „Abwägungsausfall"; ebenso *G. Hornung*, MMR 2011, S. 122 (128); *W. Schroeder*, EuZW 2011, S. 462 (466); ähnlich *S. Brink/H. A. Wolff*, JZ 66 (2011), S. 206 (207).

[1572] Vgl. *H. Krämer*, in: K. Stern/M. Sachs (Hrsg.), Europäische Grundrechte-Charta, 2016, Art. 52 Rn. 50; *J. Kühling*, ZÖR 68 (2013), S. 469 (479).

[1573] Vgl. hierzu auch *K. Lenaerts*, Yearbook of European Law 31 (2012), S. 3 (12 f.).

folgten Ziel aber ebenso effektiv dienen.[1574] Eine Begründung hierfür gibt er allerdings nicht.[1575]

In anderen Entscheidungen nutzt der Gerichtshof stellenweise eine ähnliche Formulierung, wonach „der Unionsgesetzgeber zu der Annahme berechtigt" gewesen sei, die streitige Maßnahme sei erforderlich, prüft in diesen aber gleichwohl selbst das Vorliegen milderer Alternativmaßnahmen.[1576]

Es liegt damit nahe, dass die Ausführungen im vorliegenden Urteil in erster Linie missverständlich formuliert sind[1577] und der EuGH die Erforderlichkeitsprüfung nicht auf eine rein formale Prüfung verengen wollte.[1578] Letztlich bleibt aber unklar, woran genau die Maßnahme scheitert.

dd) Prüfdichte bei der Erforderlichkeitsprüfung durch den EuGH

Die Rechtsprechung des EuGH wurde vor Inkrafttreten der Charta dahingehend kritisiert, dass er den Grundrechtsverpflichteten und insbesondere dem Unionsgesetzgeber einen zu weiten Ermessensspielraum hinsichtlich der Erforderlichkeit einer Maßnahme einräumte und somit seine eigene Prüfdichte zu weit zurücknahm.[1579]

Während die expliziten Angaben des Gerichtshofs zu seiner Kontrollintensität nach Verbindlichwerden der Charta bereits besprochen wurden,[1580] soll hier inhaltlich analysiert werden, ob diese Aussagen im Rahmen der Erforderlichkeit mit der tatsächlichen Prüfung durch den EuGH übereinstimmen. Dabei ist die tatsächliche Prüfung alternativer Mittel der Maßstab für die Höhe der Prüfdichte.

Häufig passen die expliziten Ausführungen des EuGH zu seiner Kontrolldichte und sein tatsächliches Vorgehen auch[1581] bei der Erforderlichkeit nicht

---

[1574] Vgl. EuGH, Urteil v. 09.11.2010, Rs. C-92/09 und C-93/09 *(Volker und Markus Schecke und Eifert)*, Rn. 81, 82, 83, 86; in diese Richtung gehend auch *M. Göke*, Der Einzelne im Spannungsfeld von Teleologie und Deontologie in der Rechtsprechung des EuGH, 2015, S. 340; *W. Schroeder*, EuZW 2011, S. 462 (466).

[1575] Ebenso *J. Kühling/M. Klar*, JURA 33 (2011), S. 771 (775).

[1576] So etwa EuGH, Urteil v. 22.01.2013, Rs. C-283/11 *(Sky Österreich)*, Rn. 57; ähnlich, aber deutlicher getrennt in EuGH, Urteil v. 17.10.2013, Rs. C-101/12 *(Schaible)*, Rn. 58 f.; EuGH, Urteil v. 04.05.2016, Rs. C-547/14 *(Philip Morris Brands u. a.)*, Rn. 161; vgl. auch EuGH, Urteil v. 08.04.2014, Rs. C-293/12 und C-594/12 *(Digital Rights Ireland und Seitlinger u. a.)*, Rn. 69.

[1577] *A. A. J. Kühling*, ZÖR 68 (2013), S. 469 (479); anders aber wohl *J. Kühling/M. Klar*, JURA 33 (2011), S. 771 (775).

[1578] So wohl auch *V. Skouris*, Aspekte des Grundrechtsschutzes in der Europäischen Union nach Lissabon, in: S. Leutheusser-Schnarrenberger (Hrsg.), Vom Recht auf Menschenwürde, 2013, S. 83 (89), demzufolge die Maßnahme an ihrer mangelnden Verhältnismäßigkeit scheitert.

[1579] Siehe dazu Kapitel 3 A. II. 5. b) cc) und Kapitel 3 A. II. 5. b) ff).

[1580] Siehe Kapitel 3 B. V. 2. c).

[1581] Vgl. zur Prüfdichte im Rahmen der Geeignetheitsprüfung Kapitel 3 B. V. 2. e) cc).

zusammen. Aus dem Wortlaut von Art. 16 GRC und seiner vorherigen Rechtsprechung leitet er im Urteil Sky Österreich (C-283/11) ab,[1582] die unternehmerische Freiheit könne „einer Vielzahl von Eingriffen der öffentlichen Gewalt unterworfen werden, die im allgemeinen Interesse die Ausübung der wirtschaftlichen Tätigkeit beschränken" könnten.[1583] „Dieser Umstand" spiegele „sich vor allem darin wider, auf welche Weise nach Art. 52 Abs. 1 der Charta der Grundsatz der Verhältnismäßigkeit zu handhaben" sei.[1584] Die tatsächliche Prüfung der Erforderlichkeit[1585] ist dagegen detailliert und lässt keine Verringerung der Kontrollintensität erkennen.[1586] Im Urteil Schaible (C-101/12) beschränkt der EuGH seine Kontrolle ausdrücklich auf die Frage, ob der Unionsgesetzgeber die Grenzen seines Ermessens nicht offensichtlich überschritten habe.[1587] Prognoseentscheidungen des Unionsgesetzgebers seien nur zu beanstanden, wenn sie „offensichtlich fehlerhaft" seien.[1588] Die tatsächliche Erforderlichkeitsprüfung durch den Gerichtshof ist jedoch auch hier ausführlich und präzise.[1589] Im Urteil Digital Rights Ireland und Seitlinger u. a. (C-293/12 und C-594/12) schließlich spricht der EuGH von einer „strikten Kontrolle",[1590] also einer hohen Prüfdichte, untersucht aber nicht, ob es ebenso wirksame und gleichzeitig mildere Alternativmaßnahmen gibt.[1591]

Es zeigt sich damit auch im Rahmen der Erforderlichkeitsprüfung, dass die Feststellung einer hohen oder geringen Prüfdichte durch den Gerichtshof keine Aussagekraft hinsichtlich seiner konkreten Prüfung hat.

ee) Zusammenfassung

In nur elf der hier untersuchten 40 Entscheidungen untersucht der EuGH, ob es ein gleich geeignetes, aber milderes Mittel zur Erreichung der jeweils verfolgten legitimen Ziele gibt. Die entsprechenden Ausführungen sind teilweise sehr ausführlich und präzise,[1592] teilweise aber auch knapp gehalten. Ein gleich geeignetes, aber milderes Mittel hat der Gerichtshof in keinem Urteil angenom-

---

[1582] Siehe dazu Kapitel 3 B. V. 2. c) dd).
[1583] Vgl. EuGH, Urteil v. 22.01.2013, Rs. C-283/11 *(Sky Österreich)*, Rn. 46; vgl. dazu auch *S. Peers/S. Prechal*, in: S. Peers/T. K. Hervey/A. Ward (Hrsg.), The EU Charter of Fundamental Rights, 2014, Art 52 Rn. 80f.
[1584] EuGH, Urteil v. 22.01.2013, Rs. C-283/11 *(Sky Österreich)*, Rn. 47.
[1585] Siehe Kapitel 3 B. V. 2. f) aa).
[1586] Ähnlich EuGH, Urteil v. 30.06.2016, Rs. C-134/15 *(Lidl)*, Rn. 34, 39; vgl. auch EuGH, Urteil v. 21.12.2016, Rs. C-201/15 *(AGET Iraklis)*, Rn. 86, 93.
[1587] EuGH, Urteil v. 17.10.2013, Rs. C-101/12 *(Schaible)*, Rn. 48.
[1588] EuGH, Urteil v. 17.10.2013, Rs. C-101/12 *(Schaible)*, Rn. 50.
[1589] Vgl. EuGH, Urteil v. 17.10.2013, Rs. C-101/12 *(Schaible)*, Rn. 52–59; ähnlich EuGH, Urteil v. 04.05.2016, Rs. C-547/14 *(Philip Morris Brands u. a.)*, Rn. 155f., 159f.
[1590] Vgl. EuGH, Urteil v. 08.04.2014, Rs. C-293/12 und C-594/12 *(Digital Rights Ireland und Seitlinger u. a.)*, Rn. 48.
[1591] Siehe Kapitel 3 B. V. 2. f) bb).
[1592] Ebenso *H. Krämer*, in: K. Stern/M. Sachs (Hrsg.), Europäische Grundrechte-Charta,

men. In 26 Entscheidungen nimmt er hingegen keine Prüfung von Alternativmaßnahmen vor. Dabei äußert sich der EuGH in 14 Entscheidungen überhaupt nicht zur Erforderlichkeit, sondern nimmt nur eine Abwägung der widerstreitenden Interessen (acht Entscheidungen) oder eine nicht eindeutig identifizierbare Untersuchung (sechs Entscheidungen) vor. In zwölf Entscheidungen wiederum nutzt der Gerichtshof zwar den Begriff der Erforderlichkeit, untersucht aber trotzdem keine alternativen Mittel. Fünf Entscheidungen schließlich lassen sich nicht sicher zuordnen.

Die seltene Kontrolle der Erforderlichkeit durch den EuGH überrascht, da der Wortlaut von Art. 52 Abs. 1 S. 2 GRC diese Prüfungsstufe besonders hervorhebt. Das häufige Unterbleiben dieser Prüfung in den in diesem Abschnitt analysierten Fällen ist – ebenso wie das wiederholte Fehlen der Geeignetheitskontrolle[1593] – umso schwerwiegender, als hier nur Entscheidungen Untersuchungsgegenstand waren, in denen der Gerichtshof eine ausführliche oder sehr ausführliche Grundrechtsprüfung an der Charta vornimmt und die Verhältnismäßigkeit einer Grundrechtseinschränkung tatsächlich und in mehr als nur einem Satz prüft: Gerade in diesen Fällen wäre eine Erörterung alternativer Maßnahmen erwartbar gewesen.

Die Feststellung einer hohen oder geringen Prüfdichte durch den EuGH hat keine Aussagekraft hinsichtlich seiner konkreten Prüfung.

g) Angemessenheit

Hinsichtlich der Prüfungsstufe der Angemessenheit[1594] (beziehungsweise der Verhältnismäßigkeit im engeren Sinne[1595]) wird in der vorliegenden Arbeit untersucht, ob der Gerichtshof nach Verbindlichwerden von Art. 52 Abs. 1 GRC eine Kontrolle der Angemessenheit in allen Entscheidungen, in denen er eine Grundrechtsverletzung nicht schon an einem früheren Prüfungspunkt ablehnt, überhaupt vornimmt (aa)). Anschließend wird analysiert, wie der EuGH die widerstreitenden Interessen prüft (bb)) und ob er bei der Interessenprüfung einem objektiven oder subjektiven Ansatz folgt (cc)). Schließlich wird auch untersucht, inwiefern seine expliziten Aussagen zur Kontrolldichte Auswirkungen auf die tatsächliche Prüfung haben (dd)).

Untersuchungsgegenstand sind erneut die 40 Entscheidungen der Fallgruppen A1 und A2, in denen der EuGH die Verhältnismäßigkeit einer Grundrechtseinschränkung tatsächlich und in mehr als nur einem Satz prüft.[1596]

2016, Art. 52 Rn. 49, der eine „eine im Vergleich zu früheren Zeiten detailliertere Prüfung durch den EuGH" beobachtet.

[1593] Siehe dazu Kapitel 3 B. V. 2. e) dd).
[1594] Siehe zur Kriterienentwicklung Kapitel 3 A. II. 5. b) gg).
[1595] Vgl. etwa GA M. Bobek, Schlussanträge v. 16.03.2016, Rs. C-134/15 *(Lidl)*, Rn. 40.
[1596] Siehe dazu Kapitel 3 B. V. 2. a) ee).

aa) Behandlung der Angemessenheitsprüfung durch den EuGH

In 26 der untersuchten 40 Entscheidungen prüft der Gerichtshof die Angemessenheit der Grundrechtseinschränkung, indem er – zumindest teilweise – eine Interessenprüfung vornimmt.[1597] Diese Entscheidungen werden unter bb) vertieft analysiert.

In sechs Entscheidungen fehlt hingegen eine Angemessenheitsprüfung.[1598] So verweist der EuGH beispielsweise im Urteil Rat/Manufacturing Support & Procurement Kala Naft (C-348/12 P) zur Verhältnismäßigkeit lediglich auf „die zahlreichen Berichte der IAEO, die große Zahl von Resolutionen des Sicherheitsrats wie auch die verschiedenen Maßnahmen der Union".[1599] Aus dem „auf die Abstufung der Rechtsbeeinträchtigung nach Maßgabe der Wirksamkeit der Maßnahmen gestützten Vorgehen" folgt für den Gerichtshof, „dass die Maßnahmen verhältnismäßig sind."[1600]

Im Urteil Spasic (C-129/14 PPU) wiederum kommt er zwar zu dem Ergebnis, die in Art. 54 SDÜ vorgesehene Vollstreckungsbedingung gehe nicht über

---

[1597] Vgl. EuGH, Urteil v. 24.11.2011, Rs. C-468/10 *(ASNEF)*, Rn. 43–48; EuGH, Urteil v. 24.11.2011, Rs. C-70/10 *(Scarlet Extended)*, Rn. 44–53; EuGH, Urteil v. 16.02.2012, Rs. C-360/10 *(SABAM)*, Rn. 42–51; EuGH, Urteil v. 22.01.2013, Rs. C-283/11 *(Sky Österreich)*, Rn. 58–67; EuGH, Urteil v. 17.10.2013, Rs. C-101/12 *(Schaible)*, Rn. 60–75; EuGH, Urteil v. 17.10.2013, Rs. C-291/12 *(Schwarz)*, Rn. 54–63; EuGH, Urteil v. 27.03.2014, Rs. C-314/12 *(UPC Telekabel Wien)*, Rn. 47–63; EuGH, Urteil v. 08.04.2014, Rs. C-293/12 und C-594/12 *(Digital Rights Ireland und Seitlinger u. a.)*, Rn. 51–69; EuGH, Urteil v. 22.05.2014, Rs. C-356/12 *(Glatzel)*, Rn. 55–66; EuGH, Urteil v. 06.10.2015, Rs. C-362/14 *(Schrems)*, Rn. 92 f.; EuGH, Urteil v. 06.10.2015, Rs. C-650/13 *(Delvigne)*, Rn. 49–51; EuGH, Urteil v. 17.12.2015, Rs. C-157/14 *(Neptune Distribution)*, Rn. 75–85; EuGH, Urteil v. 17.12.2015, Rs. C-419/14 *(WebMindLicenses)*, Rn. 77 f.; EuGH, Urteil v. 15.02.2016, Rs. C-601/15 PPU *(N.)*, Rn. 68–70; EuGH, Urteil v. 04.05.2016, Rs. C-547/14 *(Philip Morris Brands u. a.)*, Rn. 156 f., 161; EuGH, Urteil v. 30.06.2016, Rs. C-134/15 *(Lidl)*, Rn. 39; EuGH, Urteil v. 15.09.2016, Rs. C-439/14 und C-488/14 *(Star Storage)*, Rn. 60 f.; EuGH, Urteil v. 15.09.2016, Rs. C-484/14 *(Mc Fadden)*, Rn. 93–100; EuGH, Urteil v. 20.09.2016, Rs. C-8/15 P bis C-10/15 P *(Ledra Advertising/Kommission und EZB)*, Rn. 72–74; EuGH, Urteil v. 23.11.2016, Rs. C-442/14 *(Bayer CropScience und Stichting De Bijenstichting)*, Rn. 99 f.; EuGH, Urteil v. 21.12.2016, Rs. C-203/15 und C-698/15 *(Tele2 Sverige)*, Rn. 104–106; EuGH, Urteil v. 28.03.2017, Rs. C-72/15 *(Rosneft)*, Rn. 147, 150; EuGH, Urteil v. 13.06.2017, Rs. C-258/14 *(Florescu u. a.)*, Rn. 58; EuGH, Urteil v. 05.07.2017, Rs. C-190/16 *(Fries)*, Rn. 53–68 und 78; EuGH, Gutachten v. 26.07.2017, Rs. Avis 1/15 *(Accord PNR UE-Canada)*, Rn. 154–217; EuGH, Urteil v. 14.09.2017, Rs. C-18/16 *(K)*, Rn. 47–49.

[1598] Vgl. EuGH, Urteil v. 28.11.2013, Rs. C-348/12 P *(Rat/Manufacturing Support & Procurement Kala Naft)*, Rn. 126; EuGH, Urteil v. 27.05.2014, Rs. C-129/14 PPU *(Spasic)*, Rn. 65–72; EuGH, Urteil v. 27.05.2014, Rs. C-129/14 PPU *(Spasic)*, Rn. 59–67; EuGH, Urteil v. 10.11.2016, Rs. C-156/15 *(Private Equity Insurance Group)*, Rn. 52; EuGH, Urteil v. 07.03.2017, Rs. C-390/15 *(RPO)*, Rn. 69; EuGH, Urteil v. 20.12.2017, Rs. C-277/16 *(Polkomtel)*, Rn. 52.

[1599] Vgl. EuGH, Urteil v. 28.11.2013, Rs. C-348/12 P *(Rat/Manufacturing Support & Procurement Kala Naft)*, Rn. 126.

[1600] Vgl. EuGH, Urteil v. 28.11.2013, Rs. C-348/12 P *(Rat/Manufacturing Support & Procurement Kala Naft)*, Rn. 126.

B. Anwendung der Kriterien

das hinaus, was erforderlich sei, um in einem grenzüberschreitenden Kontext zu verhindern, dass in einem Mitgliedstaat der EU rechtskräftig verurteilte Personen ihrer Strafe entgingen,[1601] seine Prüfung bezieht sich jedoch ausschließlich auf die Frage, ob ein gleich geeignetes, aber milderes Mittel denkbar ist.[1602]

In acht der 40 Entscheidungen lässt sich nicht mit Sicherheit bestimmen, ob und inwiefern der EuGH eine tatsächliche Prüfung der Angemessenheit vornimmt.[1603] Auch diese Urteile sollen unter bb) näher analysiert werden.

Zu ihnen zählt unter anderem das Urteil Volker und Markus Schecke und Eifert (C-92/09 und C-93/09), in dem der Gerichtshof schon nicht zwischen der Erforderlichkeit und der Angemessenheit trennt.[1604] Abwägende Elemente lassen sich nur schwer ausmachen,[1605] auch wenn der Gerichtshof eingangs verlangt, dass Rat und Kommission die widerstreitenden Interessen „ausgewogen gewichtet haben".[1606] Zudem macht er nicht hinreichend klar, ob er überhaupt selbst eine inhaltliche Verhältnismäßigkeitsprüfung vornimmt oder nur formal kontrolliert, ob der Unionsgesetzgeber eine entsprechende Untersuchung vorgenommen hat.[1607]

Ähnlich uneindeutig sind die Ausführungen des EuGH im Urteil Hypoteční banka (C-327/10).[1608] Hier spricht er zwar von der „Notwendigkeit", „eine übermäßige Beeinträchtigung der Verteidigungsrechte zu verhindern",[1609] legt in der Folge aber vor allem das zugrunde liegende Sekundärrecht aus und kommt zu dem Ergebnis, die im Fall streitige „Möglichkeit, das Verfahren ohne Wissen des Beklagten wie im Ausgangsverfahren mittels der Zustellung der Klage an einen vom angerufenen Gericht bestellten Prozesspfleger fortzusetzen," stelle zwar eine Einschränkung der Verteidigungsrechte des Beklagten dar, sei aber gerechtfertigt, da ansonsten das Recht des Klägers auf effektiven Rechtsschutz

---

[1601] Vgl. EuGH, Urteil v. 27.05.2014, Rs. C-129/14 PPU *(Spasic)*, Rn. 72.
[1602] Vgl. EuGH, Urteil v. 27.05.2014, Rs. C-129/14 PPU *(Spasic)*, Rn. 65–72.
[1603] Vgl. EuGH, Urteil v. 09.11.2010, Rs. C-92/09 und C-93/09 *(Volker und Markus Schecke und Eifert)*, Rn. 76–88; EuGH, Urteil v. 17.11.2011, Rs. C-327/10 *(Hypoteční banka)*, Rn. 52–54; EuGH, Urteil v. 15.03.2012, Rs. C-292/10 *(G)*, Rn. 51–58; EuGH, Urteil v. 06.09.2012, Rs. C-544/10 *(Deutsches Weintor)*, Rn. 56–59; EuGH, Urteil v. 21.12.2016, Rs. C-201/15 *(AGET Iraklis)*, Rn. 94–102; EuGH, Beschluss v. 06.04.2017, Rs. C-464/16 P *(PITEE/ Kommission)*, Rn. 32–35; EuGH, Urteil v. 27.09.2017, Rs. C-73/16 *(Puškár)*, Rn. 69–75 und 93–97; EuGH, Urteil v. 20.12.2017, Rs. C-664/15 *(Protect Natur-, Arten- und Landschaftschutz Umweltorganisation)*, Rn. 90–98.
[1604] So auch *J. Kühling*, ZÖR 68 (2013), S. 469 (479); *J. Kühling/M. Klar*, JURA 33 (2011), S. 771 (775); *S. Brink/H. A. Wolff*, JZ 66 (2011), S. 206 (207), siehe dazu schon Kapitel 3 B. V. 2. f) cc).
[1605] So auch *J. Kühling/M. Klar*, JURA 33 (2011), S. 771 (775).
[1606] Vgl. EuGH, Urteil v. 09.11.2010, Rs. C-92/09 und C-93/09 *(Volker und Markus Schecke und Eifert)*, Rn. 77.
[1607] Siehe dazu ausführlich Kapitel 3 B. V. 2. g) bb) (2).
[1608] Vgl. EuGH, Urteil v. 17.11.2011, Rs. C-327/10 *(Hypoteční banka)*, Rn. 52–54.
[1609] Vgl. EuGH, Urteil v. 17.11.2011, Rs. C-327/10 *(Hypoteční banka)*, Rn. 52.

302 Kapitel 3: Analyse der Grundrechtsprüfung des EuGH

„lediglich auf dem Papier stünde".[1610] Anders als für den Beklagten bestehe nämlich für den Kläger die Gefahr, dass ihm jede Klagemöglichkeit genommen werde.[1611] In dieser Argumentation lassen sich zwar Ansätze einer Abwägung erkennen, insgesamt bleibt aber im Dunkeln, was genau der Gerichtshof prüft.

bb) Interessenprüfung

Weiterhin wird der Frage nachgegangen, wie der EuGH nach Inkrafttreten der Charta die widerstreitenden Interessen prüft.[1612]

Untersucht werden die 26 Entscheidungen der Fallgruppen A1 und A2, in denen der Gerichtshof eine Angemessenheitsprüfung vornimmt, und die acht Entscheidungen aus diesen Fallgruppen, die insofern unklar sind.[1613] Dabei zeigt sich, dass der EuGH teilweise eine vollständige Interessenprüfung vornimmt ((1)), teilweise aber nur einzelne Stufen oder nur einseitig prüft ((2)).

(1) Vollständige Interessenprüfung

In 14 der analysierten 34 Entscheidungen nimmt der Gerichtshof eine vollständige Interessenprüfung vor.[1614] Er ermittelt in diesen Urteilen beziehungsweise Gutachten die widerstreitenden Rechtsgüter und wichtet sie in einem zweiten Schritt. Dabei geht er auf das abstrakte Gewicht der in Rede stehenden Interessen, die Schwere der Beeinträchtigung und den Grad der Zweckerreichung ein. Schließlich setzt er beide Seiten miteinander ins Verhältnis.[1615]

Eine solche Prüfung findet sich beispielsweise im Urteil Sky Österreich (C-283/11), in dem der EuGH unter anderem die Vereinbarkeit der durch eine Richtlinie auferlegten Verpflichtung von Inhabern exklusiver Fernsehübertragungsrechte zur kostenlosen Gestattung von Kurzberichterstattungen durch

---

[1610] EuGH, Urteil v. 17.11.2011, Rs. C-327/10 *(Hypoteční banka)*, Rn. 53.
[1611] EuGH, Urteil v. 17.11.2011, Rs. C-327/10 *(Hypoteční banka)*, Rn. 54.
[1612] Vgl. zur Kriterienentwicklung Kapitel 3 A. II. 5. b) gg) (1).
[1613] Siehe dazu Kapitel 3 B. V. 2. g) aa).
[1614] Vgl. EuGH, Urteil v. 17.11.2011, Rs. C-327/10 *(Hypoteční banka)*, Rn. 52–54; EuGH, Urteil v. 24.11.2011, Rs. C-70/10 *(Scarlet Extended)*, Rn. 42–53; EuGH, Urteil v. 16.02.2012, Rs. C-360/10 *(SABAM)*, Rn. 40–51; EuGH, Urteil v. 15.03.2012, Rs. C-292/10 *(G)*, Rn. 48–51, 56 f.; EuGH, Urteil v. 22.01.2013, Rs. C-283/11 *(Sky Österreich)*, Rn. 51 f., 58–67; EuGH, Urteil v. 17.10.2013, Rs. C-101/12 *(Schaible)*, Rn. 34 f., 60–75; EuGH, Urteil v. 17.10.2013, Rs. C-291/12 *(Schwarz)*, Rn. 36 f., 44, 48 f., 54–63; EuGH, Urteil v. 27.03.2014, Rs. C-314/12 *(UPC Telekabel Wien)*, Rn. 47–63; EuGH, Urteil v. 08.04.2014, Rs. C-293/12 und C-594/12 *(Digital Rights Ireland und Seitlinger u. a.)*, Rn. 24–27, 37, 41 f., 48–50, 51–70; EuGH, Urteil v. 15.09.2016, Rs. C-484/14 *(Mc Fadden)*, Rn. 82–100, insb. 83 f., 88 f., 94 ff.; EuGH, Urteil v. 21.12.2016, Rs. C-203/15 und C-698/15 *(Tele2 Sverige)*, Rn. 97–106; EuGH, Urteil v. 05.07.2017, Rs. C-190/16 *(Fries)*, Rn. 32 f., 41, 55, 66–68; EuGH, Gutachten v. 26.07.2017, Rs. Avis 1/15 *(Accord PNR UE-Canada)*, Rn. 122–132, 148–153, 154–217 (insb. 165, 170, 172, 186 f., 196, 204 f., 212–215); EuGH, Urteil v. 14.09.2017, Rs. C-18/16 *(K)*, Rn. 33, 35 f., 40–49.
[1615] Vgl. zur Kriterienentwicklung Kapitel 3 A. II. 5. b) gg) (1).

andere Fernsehveranstalter mit der unternehmerischen Freiheit gemäß Art. 16 GRC untersucht.[1616]

Dabei erwähnt er das relevante Allgemeininteresse zuerst im Rahmen der Prüfung des legitimen Ziels der Grundrechtseinschränkung. Letztere solle das Grundrecht auf Information aus Art. 11 Abs. 1 GRC wahren sowie den Pluralismus der Medien gemäß Art. 11 Abs. 2 GRC durch die Vielfalt der Nachrichten und Programme fördern.[1617] Das widerstreitende Interesse der unternehmerischen Freiheit stellt der EuGH bei der Angemessenheit dar.[1618] Damit sind die konfligierenden Positionen herausgearbeitet.

Ebenfalls auf Stufe des legitimen Ziels gewichtet der Gerichtshof bereits das Interesse des Gemeinwohls: Die Wahrung der oben genannten Freiheiten aus Art. 11 GRC stelle nicht nur „unbestreitbar ein im Allgemeininteresse liegendes Ziel dar", vielmehr könne die Bedeutung dieses Ziels „in einer demokratischen und pluralistischen Gesellschaft nicht genug betont werden", was sich „ganz besonders bei Ereignissen von großem öffentlichen Interesse" zeige.[1619] Dem verfolgten Gemeinwohlinteresse kommt nach Ansicht des EuGH damit einiges Gewicht zu. Im Rahmen der Angemessenheitsprüfung fügt er hinzu, die exklusive Vermarktung von Ereignissen von großem Interesse nehme zu und sei geeignet, „den Zugang der Öffentlichkeit zu Informationen über diese Ereignisse erheblich einzuschränken".[1620]

Die Position der Inhaber exklusiver Senderechte erachtet der EuGH dagegen als schwach: Bereits vor der Verhältnismäßigkeitsprüfung erklärt er abstrakt, die unternehmerische Freiheit gemäß Art. 16 GRC könne generell „einer Vielzahl von Eingriffen der öffentlichen Gewalt unterworfen werden".[1621] Den konkreten Grundrechtseingriff bezeichnet er im Prüfungspunkt der Angemessenheit als wenig schwerwiegend: Der Unionsgesetzgeber habe in der streitigen Richtlinie dafür gesorgt, „dass der Umfang des Eingriffs in die unternehmerische Freiheit sowie der mögliche wirtschaftliche Vorteil, den die Fernsehveranstalter aus der Kurzberichterstattung ziehen können, genau eingegrenzt" seien.[1622] So gelte das Recht der anderen Fernsehveranstalter zur Kurzberichterstattung nur für allgemeine Nachrichtensendungen, nicht aber für jede Art von TV-Sendung.[1623] Die Auszüge müssten kurz sein und die Quelle der Bilder enthalten, wodurch für den Inhaber der exklusiven TV-Übertragungsrechte ein positiver Werbeeffekt entstehen könne.[1624] Diese Inhaber könnten ihre Übertra-

---

[1616] Ganz ähnlich G. Anagnostaras, E. L. Rev. 39 (2014), S. 111 (118).
[1617] EuGH, Urteil v. 22.01.2013, Rs. C-283/11 (Sky Österreich), Rn. 51.
[1618] Vgl. EuGH, Urteil v. 22.01.2013, Rs. C-283/11 (Sky Österreich), Rn. 58 f.
[1619] EuGH, Urteil v. 22.01.2013, Rs. C-283/11 (Sky Österreich), Rn. 52.
[1620] EuGH, Urteil v. 22.01.2013, Rs. C-283/11 (Sky Österreich), Rn. 65.
[1621] EuGH, Urteil v. 22.01.2013, Rs. C-283/11 (Sky Österreich), Rn. 46.
[1622] EuGH, Urteil v. 22.01.2013, Rs. C-283/11 (Sky Österreich), Rn. 61.
[1623] EuGH, Urteil v. 22.01.2013, Rs. C-283/11 (Sky Österreich), Rn. 62.
[1624] EuGH, Urteil v. 22.01.2013, Rs. C-283/11 (Sky Österreich), Rn. 63.

gungsrechte zudem weiterhin verwerten und dabei die Minderung ihres Marktwertes einpreisen.[1625]

Aus dieser Gewichtung von verfolgtem Ziel und der Schwere der Grundrechtseinschränkung folgert der EuGH, dass der Unionsgesetzgeber[1626] eine angemessene Abwägung vorgenommen habe.[1627] Hier stellt der Gerichtshof zwar nicht ausdrücklich fest, das Allgemeinwohlinteresse überwiege die Interessen der betroffenen Inhaber exklusiver Fernsehübertragungsrechte, doch lässt sich dies aus seinen vorherigen Ausführungen und seiner Schlussfolgerung ohne Weiteres ableiten. Damit enthält das vorliegende Urteil alle drei Stufen der Interessenprüfung. Der EuGH beleuchtet zudem beide Seiten und begründet sein Ergebnis. Einzig der Grad der Zweckerreichung hätte deutlicher herausgestellt werden können. Hierzu lassen sich nur die Ausführungen zur Geeignetheit der Maßnahme heranziehen, in denen der Gerichtshof erklärt, die fragliche Regelung versetze „jeden Fernsehveranstalter dadurch, dass sie ihm einen Zugang zu den genannten Ereignissen garantiert, in die Lage, Kurzberichte zu senden und damit die Öffentlichkeit über exklusiv vermarktete Ereignisse, die für sie von großem Interesse sind, zu informieren."[1628] Dieser Zugang werde zudem ohne Rücksicht auf die Marktmacht oder Finanzkraft gewährleistet. Auch spielten die Kosten der Exklusivrechte und die Größe der Veranstaltung keine Rolle.[1629] Daraus lässt sich nicht nur die Eignung der Maßnahme, das verfolgte Ziel zu erreichen, ableiten, sondern auch der hohe Grad dieser Eignung. Obwohl die Interessenprüfung in diesem Urteil nicht gebündelt im Prüfungspunkt der Angemessenheit vorgenommen wird, ist sie insgesamt vollständig und präzise.

Eine ähnlich detaillierte Prüfung findet sich im Urteil Digital Rights Ireland und Seitlinger u.a. (C-293/12 und C-594/12), auch wenn der EuGH hier die Prüfungsstufen der Erforderlichkeit und der Angemessenheit vermischt.[1630] Seine Ausführungen zu den widerstreitenden Interessen sind zudem noch stärker als im Urteil Sky Österreich über die gesamte Grundrechtsprüfung verteilt. Bereits in seinen Erwägungen zur Eröffnung des Schutzbereiches von Art. 7, Art. 8 und Art. 11 GRC stellt der Gerichtshof fest, die fragliche Richtlinie, mit der Telekommunikationsanbieter verpflichtet werden, bestimmte Daten ihrer Kunden auf Vorrat zu speichern, solle die hierzu bestehenden nationalen Regelungen harmonisieren, damit die Daten „zwecks Verhütung, Ermittlung, Feststellung und Verfolgung von schweren Straftaten wie organisierter Kriminalität

---

[1625] EuGH, Urteil v. 22.01.2013, Rs. C-283/11 *(Sky Österreich)*, Rn. 64.
[1626] Siehe zu dieser Formulierung und zur Frage, ob der EuGH eine bloß formale oder materielle Prüfung vornimmt Kapitel 3 B. V. 2. f) cc).
[1627] Vgl. EuGH, Urteil v. 22.01.2013, Rs. C-283/11 *(Sky Österreich)*, Rn. 66.
[1628] EuGH, Urteil v. 22.01.2013, Rs. C-283/11 *(Sky Österreich)*, Rn. 53.
[1629] EuGH, Urteil v. 22.01.2013, Rs. C-283/11 *(Sky Österreich)*, Rn. 53.
[1630] So auch *L. J. Wagner*, Willkommen in der Grundrechtsunion!, JuWissBlog, 09.04.2014 (geprüft am 04.09.2019).

und Terrorismus zur Verfügung" stünden.[1631] Der EuGH arbeitet damit sowohl das formelle Ziel der Maßnahme (Harmonisierung im Binnenmarkt) als auch das materielle Ziel (Bekämpfung von schwerer Kriminalität sowie Terrorismus) heraus.[1632] Als widerstreitende Grundrechtspositionen erkennt er die Rechte aus Art. 7, Art. 8 und Art. 11 GRC.[1633]

Zum zweiten Schritt der Interessenprüfung, der Gewichtung der konfligierenden Interessen, führt der Gerichtshof ebenfalls im Rahmen der Schutzbereichsprüfung aus, die Vorratsdatenspeicherung betreffe eine große Bandbreite von Daten.[1634] Aus deren Gesamtheit können nach Ansicht des EuGH „sehr genaue Schlüsse auf das Privatleben der Personen," deren Daten auf Vorrat gespeichert werden, gezogen werden.[1635] Noch vor der ausdrücklichen Feststellung eines Eingriffs[1636] scheint der Gerichtshof diesen damit als gravierend einzuordnen. Im Rahmen der anschließenden Einschränkungsprüfung fügt er – ohne vertiefte Untersuchung[1637] – hinzu, die Beeinträchtigung sei „von großem Ausmaß und als besonders schwerwiegend anzusehen", da sie bei den Unionsbürgern das Gefühl ständiger Überwachung hervorrufen könne.[1638] Diese Einschätzung wird im Rahmen der Feststellung der erhöhten Prüfdichte wiederholt: „[A]ngesichts der besonderen Bedeutung des Schutzes personenbezogener Daten für das Grundrecht auf Achtung des Privatlebens und des Ausmaßes und der Schwere des mit der Richtlinie 2006/24 verbundenen Eingriffs in dieses Recht" komme dem Unionsgesetzgeber ein nur eingeschränkter Gestaltungsspielraum zu.[1639] In der Angemessenheitsprüfung betont der EuGH die Bedeutung von Art. 7 und Art. 8 GRC erneut.[1640] Anschließend stellt er vor allem dar, warum der Eingriff seiner Auffassung nach von besonders großem Ausmaß ist: Die streitige Richtlinie gelte für sämtliche elektronischen Kommunikationsmit-

---

[1631] EuGH, Urteil v. 08.04.2014, Rs. C-293/12 und C-594/12 *(Digital Rights Ireland und Seitlinger u. a.)*, Rn. 24.

[1632] Vgl. zu der Unterscheidung zwischen formellem und materiellem Ziel EuGH, Urteil v. 08.04.2014, Rs. C-293/12 und C-594/12 *(Digital Rights Ireland und Seitlinger u. a.)*, Rn. 41; siehe dazu auch schon Kapitel 3 B. V. 2. d).

[1633] Vgl. EuGH, Urteil v. 08.04.2014, Rs. C-293/12 und C-594/12 *(Digital Rights Ireland und Seitlinger u. a.)*, Rn. 25.

[1634] Vgl. EuGH, Urteil v. 08.04.2014, Rs. C-293/12 und C-594/12 *(Digital Rights Ireland und Seitlinger u. a.)*, Rn. 26.

[1635] EuGH, Urteil v. 08.04.2014, Rs. C-293/12 und C-594/12 *(Digital Rights Ireland und Seitlinger u. a.)*, Rn. 27.

[1636] Vgl. dazu EuGH, Urteil v. 08.04.2014, Rs. C-293/12 und C-594/12 *(Digital Rights Ireland und Seitlinger u. a.)*, Rn. 32–37.

[1637] Ebenso C. D. *Classen*, EuR 49 (2014), S. 441 (442).

[1638] EuGH, Urteil v. 08.04.2014, Rs. C-293/12 und C-594/12 *(Digital Rights Ireland und Seitlinger u. a.)*, Rn. 37.

[1639] Vgl. EuGH, Urteil v. 08.04.2014, Rs. C-293/12 und C-594/12 *(Digital Rights Ireland und Seitlinger u. a.)*, Rn. 48.

[1640] Vgl. EuGH, Urteil v. 08.04.2014, Rs. C-293/12 und C-594/12 *(Digital Rights Ireland und Seitlinger u. a.)*, Rn. 53.

tel, deren „Nutzung stark verbreitet und im täglichen Leben jedes Einzelnen von wachsender Bedeutung" sei,[1641] und erfasse fast die gesamte europäische Bevölkerung.[1642] Sie differenziere nicht zwischen den erfassten Daten und Personen.[1643] Die Richtlinie sehe darüber hinaus kein objektives Kriterium vor, das den späteren Zugang zu den Daten beschränke.[1644] Insbesondere gebe es keine vorherige Kontrolle durch ein Gericht oder eine unabhängige Verwaltungsstelle.[1645] Schließlich sei die Dauer der Datenspeicherung mit sechs bis 24 Monaten zu unbestimmt.[1646] Insgesamt enthalte die streitige Richtlinie damit keine klaren und präzisen Regeln zur Tragweite des Eingriffs in die Grundrechte aus Art. 7 und Art. 8 GRC.[1647] Sie beinhaltet nach Ansicht des Gerichtshofs einen Grundrechtseingriff, „der in der Rechtsordnung der Union von großem Ausmaß und von besonderer Schwere ist, ohne dass sie Bestimmungen enthielte, die zu gewährleisten vermögen, dass sich der Eingriff tatsächlich auf das absolut Notwendige beschränkt."[1648] Der EuGH kritisiert außerdem, dass die Daten nicht zwingend auf Unionsgebiet gespeichert werden.[1649]

All diese Punkte sprechen für eine besondere Schwere des Eingriffs. Das Interesse der Grundrechtsträger wird damit intensiv gewichtet. Zur Bedeutung des verfolgten Allgemeinwohlinteresses stellt der Gerichtshof hingegen fest, die Bekämpfung von Terrorismus und schwerer Kriminalität sei ein legitimes Ziel.[1650] Unklar bleibt, ob er insofern auch eine Grundrechtsposition für betroffen hält, wenn er darauf hinweist, nach Art. 6 GRC habe jeder Mensch nicht nur das Recht auf Freiheit, sondern auch auf Sicherheit.[1651] Im Rahmen der Geeignetheit führt der EuGH aus, die Vorratsdatenspeicherung sei angesichts der wachsenden Bedeutung elektronischer Kommunikationsmittel „ein nützliches

---

[1641] EuGH, Urteil v. 08.04.2014, Rs. C-293/12 und C-594/12 *(Digital Rights Ireland und Seitlinger u. a.)*, Rn. 56.
[1642] EuGH, Urteil v. 08.04.2014, Rs. C-293/12 und C-594/12 *(Digital Rights Ireland und Seitlinger u. a.)*, Rn. 56.
[1643] Vgl. EuGH, Urteil v. 08.04.2014, Rs. C-293/12 und C-594/12 *(Digital Rights Ireland und Seitlinger u. a.)*, Rn. 57–59.
[1644] Vgl. EuGH, Urteil v. 08.04.2014, Rs. C-293/12 und C-594/12 *(Digital Rights Ireland und Seitlinger u. a.)*, Rn. 60 f.
[1645] EuGH, Urteil v. 08.04.2014, Rs. C-293/12 und C-594/12 *(Digital Rights Ireland und Seitlinger u. a.)*, Rn. 62.
[1646] EuGH, Urteil v. 08.04.2014, Rs. C-293/12 und C-594/12 *(Digital Rights Ireland und Seitlinger u. a.)*, Rn. 63–65.
[1647] EuGH, Urteil v. 08.04.2014, Rs. C-293/12 und C-594/12 *(Digital Rights Ireland und Seitlinger u. a.)*, Rn. 65.
[1648] EuGH, Urteil v. 08.04.2014, Rs. C-293/12 und C-594/12 *(Digital Rights Ireland und Seitlinger u. a.)*, Rn. 65.
[1649] Vgl. EuGH, Urteil v. 08.04.2014, Rs. C-293/12 und C-594/12 *(Digital Rights Ireland und Seitlinger u. a.)*, Rn. 68.
[1650] Vgl. EuGH, Urteil v. 08.04.2014, Rs. C-293/12 und C-594/12 *(Digital Rights Ireland und Seitlinger u. a.)*, Rn. 42.
[1651] EuGH, Urteil v. 08.04.2014, Rs. C-293/12 und C-594/12 *(Digital Rights Ireland und Seitlinger u. a.)*, Rn. 42; siehe dazu bereits Kapitel 3 B. V. 2. d. bb. (3).

Mittel für strafrechtliche Ermittlungen".[1652] Die Möglichkeit, sich dieser Speicherung zu entziehen, könne die Eignung zwar begrenzen, nicht aber ganz entfallen lassen.[1653] In der anschließenden Erforderlichkeitsprüfung fügt er hinzu, die Bekämpfung schwerer Kriminalität, insbesondere der organisierten Kriminalität und des Terrorismus, sei von größter Bedeutung für die Gewährleistung der öffentlichen Sicherheit und ihre Wirksamkeit könne in hohem Maß von der Nutzung moderner Ermittlungstechniken abhängen.[1654] Weitere Ausführungen zur Gewichtung des Allgemeinwohlinteresses finden sich im vorliegenden Urteil nicht. So könnte spiegelbildlich zum Gefühl der ständigen Überwachung, möglicherweise von einem „Gefühl der ständigen Bedrohung" gesprochen werden.[1655] Aus den angeführten Passagen kann man aber schließen, dass der Gerichtshof von einer hohen Bedeutung der verfolgten Ziele („von größter Bedeutung"[1656]) und einem – trotz der Möglichkeit, die Speicherung zu umgehen, – tendenziell hohen Grad der Zweckerreichung durch die Vorratsdatenspeicherung (Wirksamkeit kann „in hohem Maß von der Nutzung moderner Ermittlungstechniken abhängen"[1657]) ausgeht, obwohl letzteres sehr umstritten ist und auch bei der mündlichen Verhandlung kein konkreter Nachweis erbracht werden konnte, dass gerade die Vorratsdatenspeicherung ein besonders wertvolles Mittel zur Verbrechensbekämpfung darstellt.[1658] Im weiteren Verlauf der Prüfung wird hingegen nur noch auf die Bedeutung des Eingriffs durch die Richtlinie eingegangen. Aus der Eingriffstiefe folgert der EuGH, die Richtlinie schränke die Grundrechte aus Art. 7 und Art. 8 GRC in unverhältnismäßiger Weise ein.[1659]

Insgesamt ist die Interessenprüfung des Gerichtshofs vollständig und präzise, auch wenn die entsprechenden Argumente über das Urteil verteilt sind und der EuGH im Rahmen der Angemessenheit vor allem die Schwere der Einschränkung darstellt.

Eine etwas kürzere, aber gleichwohl vollständige Prüfung nimmt der Gerichtshof im Urteil Scarlet Extended (C-70/10) vor, in dem er untersucht, ob eine gerichtliche Anordnung gegenüber einem Provider, ein System der Fil-

---

[1652] Vgl. EuGH, Urteil v. 08.04.2014, Rs. C-293/12 und C-594/12 *(Digital Rights Ireland und Seitlinger u. a.)*, Rn. 49.
[1653] Vgl. EuGH, Urteil v. 08.04.2014, Rs. C-293/12 und C-594/12 *(Digital Rights Ireland und Seitlinger u. a.)*, Rn. 50.
[1654] EuGH, Urteil v. 08.04.2014, Rs. C-293/12 und C-594/12 *(Digital Rights Ireland und Seitlinger u. a.)*, Rn. 51.
[1655] *J. Kühling*, NVwZ 2014, S. 681 (682).
[1656] EuGH, Urteil v. 08.04.2014, Rs. C-293/12 und C-594/12 *(Digital Rights Ireland und Seitlinger u. a.)*, Rn. 51.
[1657] EuGH, Urteil v. 08.04.2014, Rs. C-293/12 und C-594/12 *(Digital Rights Ireland und Seitlinger u. a.)*, Rn. 51.
[1658] Vgl. *T. Petri*, ZD 2014, S. 296 (301).
[1659] Vgl. EuGH, Urteil v. 08.04.2014, Rs. C-293/12 und C-594/12 *(Digital Rights Ireland und Seitlinger u. a.)*, Rn. 69.

terung gegen Urheberrechtsverstöße im Internet einzurichten, einen Verstoß gegen die Grundrechte der Charta darstellt.[1660] Die gesamte Grundrechtsprüfung ist hier als Abwägung zwischen dem Grundrecht auf Schutz des geistigen Eigentums gemäß Art. 17 Abs. 2 GRC einerseits und der unternehmerischen Freiheit aus Art. 16 GRC andererseits aufgebaut.[1661] Dementsprechend stellt der EuGH auf der ersten Stufe der Interessenprüfung, der Ermittlung der widerstreitenden Positionen, auf diese Grundrechte ab.[1662]

Zur Gewichtung des Schutzes des Rechts des geistigen Eigentums führt er aus, dieses Recht sei zwar in der Charta verankert, gleichwohl aber nicht bedingungslos zu gewährleisten.[1663] Die streitige Anordnung solle nicht nur bestehende Werke schützen, sondern auch solche, die zum Zeitpunkt der Einrichtung dieses Systems noch nicht geschaffen waren.[1664] Auf der anderen Seite führe sie zu einer zeitlich unbegrenzten Überwachung sämtlicher elektronischer Kommunikation im Netz des jeweiligen Providers.[1665] Der Provider müsse „ein kompliziertes, kostspieliges, auf Dauer angelegtes und allein auf seine Kosten betriebenes Informatiksystem" einrichten, was eine qualifizierte Beeinträchtigung des Rechts aus Art. 16 GRC darstelle.[1666] Der Grad der Zweckerreichung ist daher nach Ansicht des EuGH zwar eher hoch, die Schwere des Eingriffs überwiegt diesen jedoch. Der Gerichtshof kommt folglich zu dem Ergebnis, die streitige Anordnung sei „als Missachtung des Erfordernisses der Gewährleistung eines angemessenen Gleichgewichts zwischen dem Schutz des Rechts des geistigen Eigentums, das Inhaber von Urheberrechten genössen, und dem Schutz der unternehmerischen Freiheit, der Wirtschaftsteilnehmern wie den Providern zukomme, einzustufen.[1667] Er fügt hinzu, auch die Grundrechte der Kunden des fraglichen Providers aus Art. 8 und Art. 11 GRC seien beeinträchtigt.[1668] Die Filterung ermögliche eine genaue Identifizierung der Nutzer und könne deren Informationsfreiheit einschränken, da sie nicht zwischen zulässigen und nicht zulässigen Inhalten unterscheide.[1669]

Die Interessenprüfung des EuGH im Urteil Scarlet Extended ist somit insgesamt vollständig und überzeugend. Einzig der Grad der Zweckerreichung hätte eingehender begründet werden können.

[1660] EuGH, Urteil v. 24.11.2011, Rs. C-70/10 *(Scarlet Extended)*, Rn. 29.
[1661] Kapitel 3 B. V. 2. a) aa).
[1662] Vgl. EuGH, Urteil v. 24.11.2011, Rs. C-70/10 *(Scarlet Extended)*, Rn. 42, 46.
[1663] Vgl. EuGH, Urteil v. 24.11.2011, Rs. C-70/10 *(Scarlet Extended)*, Rn. 43.
[1664] EuGH, Urteil v. 24.11.2011, Rs. C-70/10 *(Scarlet Extended)*, Rn. 47.
[1665] Vgl. EuGH, Urteil v. 24.11.2011, Rs. C-70/10 *(Scarlet Extended)*, Rn. 47.
[1666] EuGH, Urteil v. 24.11.2011, Rs. C-70/10 *(Scarlet Extended)*, Rn. 48.
[1667] EuGH, Urteil v. 24.11.2011, Rs. C-70/10 *(Scarlet Extended)*, Rn. 49.
[1668] Vgl. EuGH, Urteil v. 24.11.2011, Rs. C-70/10 *(Scarlet Extended)*, Rn. 50.
[1669] Vgl. EuGH, Urteil v. 24.11.2011, Rs. C-70/10 *(Scarlet Extended)*, Rn. 51 f.

B. Anwendung der Kriterien

(2) Unvollständige Interessenprüfung

In 21 der hier untersuchten 34 Entscheidungen nimmt der EuGH eine nur unvollständige Interessenprüfung vor.[1670] Dabei fehlt etwa eine der drei Prüfungsstufen oder der Gerichtshof berücksichtigt nur eine Seite der widerstreitenden Positionen.[1671]

Zum Beispiel benennt der EuGH im Urteil Deutsches Weintor (C-544/10), in dem es um Gesundheitsangaben auf Weinflaschen geht, zwar die widerstreitenden Interessen, nämlich die Berufsfreiheit und die unternehmerische Freiheit auf der einen Seite[1672] sowie den Gesundheitsschutz auf der anderen Seite,[1673] und gewichtet diese Positionen abstrakt.[1674] Zur Anforderung, „die verschiedenen betroffenen Grundrechte miteinander in Einklang zu bringen und zwischen ihnen ein angemessenes Gleichgewicht zu schaffen",[1675] stellt er aber nur fest, die Grundrechtseinschränkung wiege nicht schwer, da die streitige Regelung nicht die Herstellung oder den Vertrieb alkoholischer Getränke verbiete, sondern sich darauf beschränke, für solche Getränke innerhalb eines klar abgegrenzten Bereichs die Etikettierung und Werbung zu regeln.[1676] Das fragliche Verbot berühre daher „in keiner Weise den Wesensgehalt der Berufsfreiheit oder der unternehmerischen Freiheit".[1677] Der Grad der Zweckerreichung bleibt damit im Dunkeln. Auch hätte berücksichtigt werden können, dass es sich bei der Berufsfreiheit und der unternehmerischen Freiheit um Grundrechte, beim

---

[1670] Vgl. EuGH, Urteil v. 09.11.2010, Rs. C-92/09 und C-93/09 *(Volker und Markus Schecke und Eifert)*, Rn. 67–71, 77, 79, 84–86, 87 f.; EuGH, Urteil v. 24.11.2011, Rs. C-468/10 *(ASNEF)*, Rn. 43–48; EuGH, Urteil v. 06.09.2012, Rs. C-544/10 *(Deutsches Weintor)*, Rn. 56–59; EuGH, Urteil v. 22.05.2014, Rs. C-356/12 *(Glatzel)*, Rn. 51, 54, 55–66; EuGH, Urteil v. 06.10.2015, Rs. C-362/14 *(Schrems)*, Rn. 87–96; EuGH, Urteil v. 06.10.2015, Rs. C-650/13 *(Delvigne)*, Rn. 49–51; EuGH, Urteil v. 17.12.2015, Rs. C-157/14 *(Neptune Distribution)*, Rn. 72–74, 75–85; EuGH, Urteil v. 17.12.2015, Rs. C-419/14 *(WebMindLicenses)*, Rn. 76–78; EuGH, Urteil v. 15.02.2016, Rs. C-601/15 PPU *(N.)*, Rn. 53, 56–67; EuGH, Urteil v. 04.05.2016, Rs. C-547/14 *(Philip Morris Brands u. a.)*, Rn. 152–157; EuGH, Urteil v. 30.06.2016, Rs. C-134/15 *(Lidl)*, Rn. 35–39; EuGH, Urteil v. 15.09.2016, Rs. C-439/14 und C-488/14 *(Star Storage)*, Rn. 52 f., 60 f.; EuGH, Urteil v. 20.09.2016, Rs. C-8/15 P bis C-10/15 P *(Ledra Advertising / Kommission und EZB)*, Rn. 71–74; EuGH, Urteil v. 23.11.2016, Rs. C-442/14 *(Bayer CropScience und Stichting De Bijenstichting)*, Rn. 99 f.; EuGH, Urteil v. 21.12.2016, Rs. C-201/15 *(AGET Iraklis)*, Rn. 71–78, 98–100; EuGH, Urteil v. 28.03.2017, Rs. C-72/15 *(Rosneft)*, Rn. 147, 150; EuGH, Beschluss v. 06.04.2017, Rs. C-464/16 P *(PITEE/ Kommission)*, Rn. 27–35; EuGH, Urteil v. 13.06.2017, Rs. C-258/14 *(Florescu u. a.)*, Rn. 52, 55 f., 58; EuGH, Urteil v. 05.07.2017, Rs. C-190/16 *(Fries)*, Rn. 78; EuGH, Urteil v. 27.09.2017, Rs. C-73/16 *(Puškár)*, Rn. 62, 66, 69–75 und 82, 93–97; EuGH, Urteil v. 20.12.2017, Rs. C-664/15 *(Protect Natur-, Arten- und Landschaftschutz Umweltorganisation)*, Rn. 90–98.
[1671] Vgl. zur Kriterienentwicklung Kapitel 3 A. II. 5. b) gg) (1).
[1672] Vgl. EuGH, Urteil v. 06.09.2012, Rs. C-544/10 *(Deutsches Weintor)*, Rn. 54.
[1673] Vgl. EuGH, Urteil v. 06.09.2012, Rs. C-544/10 *(Deutsches Weintor)*, Rn. 55.
[1674] Vgl. EuGH, Urteil v. 06.09.2012, Rs. C-544/10 *(Deutsches Weintor)*, Rn. 54 f.
[1675] EuGH, Urteil v. 06.09.2012, Rs. C-544/10 *(Deutsches Weintor)*, Rn. 59.
[1676] Vgl. EuGH, Urteil v. 06.09.2012, Rs. C-544/10 *(Deutsches Weintor)*, Rn. 57.
[1677] EuGH, Urteil v. 06.09.2012, Rs. C-544/10 *(Deutsches Weintor)*, Rn. 58.

Gesundheitsschutz aus Art. 35 S. 2 GRC hingegen lediglich um einen Grundsatz im Sinne von Art. 52 Abs. 5 GRC handelt.[1678] Die Interessenprüfung ist nicht nur unvollständig, sondern auch wenig präzise.

Teile der Interessenprüfung fehlen ebenfalls im Urteil Philip Morris Brands u. a. (C-547/14). Zudem ist die Prüfung hier einseitig. Der Gerichtshof nennt zwar zunächst die konfligierenden Positionen, in diesem Fall die Meinungsfreiheit einerseits[1679] und den Gesundheitsschutz andererseits[1680], hebt dann aber hervor, dem mit der Grundrechtseinschränkung verfolgten Ziel des Schutzes der menschlichen Gesundheit komme „in einem Bereich, der durch die erwiesenermaßen hohe Schädlichkeit des Konsums von Tabakerzeugnissen aufgrund von deren Abhängigkeit erzeugender Wirkung und des Auftretens schwerer Krankheiten, die durch die pharmakologisch wirksamen, toxischen, mutagenen und karzinogenen Bestandteile dieser Erzeugnisse hervorgerufen werden", gekennzeichnet sei, höhere Bedeutung zu als den von den Klägerinnen des Ausgangsverfahrens geltend gemachten Interessen.[1681] Diese Argumentation belegt der EuGH mit einem Verweis auf Art. 35 S. 2 GRC und diverse andere Primärrechtsnormen.[1682] Hinsichtlich der Verhältnismäßigkeit der konkreten Maßnahme prüft er aber nur die Geeignetheit und die Erforderlichkeit,[1683] um schließlich zu dem Ergebnis zu kommen, der Unionsgesetzgeber habe ein angemessenes Gleichgewicht zwischen den widerstreitenden Interessen nicht missachtet.[1684] Eine Gewichtung der Interessen der Grundrechtsträgerin und insbesondere der Eingriffstiefe unterbleibt ebenso wie eine Abwägung im konkreten Einzelfall.

Ebenfalls unvollständig und einseitig bleibt die Interessenprüfung im Urteil Delvigne (C-650/13).[1685] Der EuGH ermittelt hier die widerstreitenden Positionen nicht, sondern erklärt zur Verhältnismäßigkeit lediglich, der streitige Entzug des aktiven Wahlrechts sei verhältnismäßig, da bei der Verurteilung „Art und Schwere der begangenen Straftat sowie die Dauer der Strafe" berücksichtigt würden.[1686] So werde das Wahlrecht nur Personen entzogen, „die wegen

---

[1678] *B. Rudolf*, in: J. Meyer (Hrsg.), Charta der Grundrechte der Europäischen Union, 4. Aufl. 2014, Art. 35 Rn. 9; *T. Kingreen*, in: C. Calliess/M. Ruffert (Hrsg.), EUV, AEUV, 5. Aufl. 2016, Art. 35 GRC Rn. 1; zweifelnd *H. D. Jarass*, Charta der Grundrechte der Europäischen Union, 3. Aufl. 2016, Art. 35 Rn. 3; vgl. auch *Präsidium des Konvents*, Erläuterungen zur Charta der Grundrechte, ABl. 2007 Nr. C 303/02, 14.12.2007, S. 35, die von Grundsätzen sprechen.
[1679] Vgl. EuGH, Urteil v. 04.05.2016, Rs. C-547/14 *(Philip Morris Brands u. a.)*, Rn. 147 f.
[1680] Vgl. EuGH, Urteil v. 04.05.2016, Rs. C-547/14 *(Philip Morris Brands u. a.)*, Rn. 152.
[1681] EuGH, Urteil v. 04.05.2016, Rs. C-547/14 *(Philip Morris Brands u. a.)*, Rn. 156.
[1682] Vgl. EuGH, Urteil v. 04.05.2016, Rs. C-547/14 *(Philip Morris Brands u. a.)*, Rn. 157.
[1683] Vgl. EuGH, Urteil v. 04.05.2016, Rs. C-547/14 *(Philip Morris Brands u. a.)*, Rn. 158–160.
[1684] Vgl. EuGH, Urteil v. 04.05.2016, Rs. C-547/14 *(Philip Morris Brands u. a.)*, Rn. 161.
[1685] Vgl. zum zugrunde liegenden Sachverhalt etwa *A. Epiney*, NVwZ 2016, S. 655 (657 f.).
[1686] Vgl. EuGH, Urteil v. 06.10.2015, Rs. C-650/13 *(Delvigne)*, Rn. 49.

B. Anwendung der Kriterien

einer mit Freiheitsstrafe von fünf Jahren bis zu lebenslänglich bedrohten Straftat verurteilt wurden."[1687] Zudem bestehe für sie die Möglichkeit, die Aufhebung des Wahlrechtsverlusts zu beantragen und zu erreichen.[1688] Damit ist die Interessenprüfung im Urteil Delvigne im Grunde auf das Argument beschränkt, die Grundrechtseinschränkung wiege weniger schwer. Welche Rechtsgüter betroffen sind, bleibt ebenso im Dunkeln wie der Grad der Eignung der streitigen Maßnahme.

Auch im Urteil WebMindLicenses (C-419/14), in dem es unter anderem um die Beweiserlangung im Strafverfahren durch die Überwachung des Telekommunikationsverkehrs und die Beschlagnahme von E-Mails geht,[1689] unterbleibt eine vollständige Interessenprüfung. Hier fehlt vor allem der letzte Schritt, die Abwägung. Der EuGH benennt zwar kurz die sich gegenüberstehenden Positionen, nämlich das Recht auf Achtung des Privat- und Familienlebens gemäß Art. 7 GRC einerseits[1690] und die Bekämpfung von Steuerhinterziehung andererseits[1691], gewichtet diese Interessen jedoch kaum und wägt sie nicht miteinander ab.[1692] Dies ist in diesem speziellen Fall nachvollziehbar, da der Gerichtshof die Beurteilung, „ob das Fehlen einer vorherigen richterlichen Anordnung bis zu einem gewissen Grad dadurch ausgeglichen wurde, dass die von der Beschlagnahme betroffene Person die Möglichkeit hatte, im Nachhinein einen Antrag auf gerichtliche Nachprüfung sowohl der Rechtmäßigkeit als auch der Notwendigkeit der Beschlagnahme zu stellen," dem vorlegenden Gericht überlässt.[1693]

Ähnlich geht der EuGH in den beiden Grundrechtsprüfungen im Urteil Puškár (C-73/16) vor:[1694] Er benennt und gewichtet die widerstreitenden Interessen, überantwortet aber dem vorlegenden Gericht die Aufgabe, zu prüfen, ob die in der ersten Grundrechtsprüfung streitige Vorbedingung für die Einlegung eines verwaltungsgerichtlichen Rechtsbehelfs bei Gericht beziehungsweise die in der zweiten Prüfung fragliche Zurückweisung einer Liste als Beweismittel verhältnismäßig und daher mit Art. 47 GRC vereinbar ist.[1695] Im Urteil Fries (C-190/16) wiederum, in dem es um Altersgrenzen für Berufspiloten geht,[1696] verweist der Gerichtshof in seiner zweiten Grundrechtsprüfung auf seine Er-

---

[1687] EuGH, Urteil v. 06.10.2015, Rs. C-650/13 *(Delvigne)*, Rn. 50.
[1688] EuGH, Urteil v. 06.10.2015, Rs. C-650/13 *(Delvigne)*, Rn. 51.
[1689] Vgl. EuGH, Urteil v. 17.12.2015, Rs. C-419/14 *(WebMindLicenses)*, Rn. 70 ff.
[1690] Vgl. EuGH, Urteil v. 17.12.2015, Rs. C-419/14 *(WebMindLicenses)*, Rn. 70–72.
[1691] Vgl. EuGH, Urteil v. 17.12.2015, Rs. C-419/14 *(WebMindLicenses)*, Rn. 74–76.
[1692] Vgl. EuGH, Urteil v. 17.12.2015, Rs. C-419/14 *(WebMindLicenses)*, Rn. 74–78.
[1693] Vgl. EuGH, Urteil v. 17.12.2015, Rs. C-419/14 *(WebMindLicenses)*, Rn. 78.
[1694] Vgl. EuGH, Urteil v. 27.09.2017, Rs. C-73/16 *(Puškár)*, Rn. 62, 66, 69–75 und 82, 93–97; siehe zum Hintergrund dieser Entscheidung etwa *H. K. Ellingsen*, CMLR 55 (2018), S. 1879 (1881 f.).
[1695] Vgl. EuGH, Urteil v. 27.09.2017, Rs. C-73/16 *(Puškár)*, Rn. 76 und 98.
[1696] Vgl. EuGH, Urteil v. 05.07.2017, Rs. C-190/16 *(Fries)*, Rn. 17 f.

wägungen aus der ersten Prüfung.[1697] Diese Entscheidungen entsprechen damit ebenfalls den Anforderungen der Charta.

Das Urteil Volker und Markus Schecke und Eifert (C-92/09 und C-93/09) ist dagegen schwerer zu beurteilen. In dieser Entscheidung vermischt der EuGH die Prüfungsstufen der Erforderlichkeit und der Angemessenheit[1698] und macht nicht hinreichend klar, ob er überhaupt selbst eine inhaltliche Verhältnismäßigkeitsprüfung vornimmt oder nur formal kontrolliert, ob der Unionsgesetzgeber eine entsprechende Untersuchung vorgenommen hat.[1699] Eine bloß formale Prüfung würde nicht der Charta entsprechen. Art. 52 Abs. 1 GRC fordert vom Gerichtshof, die Angemessenheit der Grundrechtseinschränkung selbst zu untersuchen. Insgesamt liegt es aber näher, anzunehmen, dass die Ausführungen im vorliegenden Urteil in erster Linie missverständlich formuliert sind[1700] und der EuGH die Erforderlichkeits- und Angemessenheitsprüfung nicht auf eine rein formale Prüfung verengen will.[1701]

Gleichwohl bleibt die Interessenprüfung des Gerichtshofs in diesem Fall unvollständig: Er benennt zwar die widerstreitenden Interessen, nämlich die Grundrechte der betroffenen Beihilfeempfänger auf Achtung des Privat- und Familienlebens gemäß Art. 7 GRC und auf Schutz personenbezogener Daten gemäß Art. 8 GRC auf der einen Seite[1702] und den Transparenzgrundsatz aus Art. 1 und Art. 10 EUV sowie Art. 15 AEUV auf der anderen Seite[1703], gewichtet diese Positionen aber nur unzureichend.

Zur Transparenz führt er aus, die Veröffentlichung der Angaben über die Empfänger von Agrarbeihilfen stärke die öffentliche Kontrolle der Verwendung dieser Mittel und trage so zur angemessenen Verwendung öffentlicher Mittel durch die Verwaltung bei.[1704] Zudem ermögliche sie eine bessere Beteiligung der Bürger an der öffentlichen Debatte.[1705] Die Steuerzahler hätten einen Informationsanspruch hinsichtlich der Verwendung öffentlicher Gelder.[1706] Auch

---

[1697] Vgl. EuGH, Urteil v. 05.07.2017, Rs. C-190/16 *(Fries)*, Rn. 78.

[1698] So auch *J. Kühling*, ZÖR 68 (2013), S. 469 (479); *J. Kühling/M. Klar*, JURA 33 (2011), S. 771 (775); siehe dazu schon Kapitel 3 B. V. 2. f) cc).

[1699] So auch *H. Krämer*, in: K. Stern/M. Sachs (Hrsg.), Europäische Grundrechte-Charta, 2016, Art. 52 Rn. 50; siehe dazu bereits Kapitel 3 B. V. 2. f) cc).

[1700] A. A. *J. Kühling*, ZÖR 68 (2013), S. 469 (479); anders aber wohl *J. Kühling/M. Klar*, JURA 33 (2011), S. 771 (775).

[1701] Siehe dazu ausführlich Kapitel 3 B. V. 2. f) cc).

[1702] Vgl. etwa EuGH, Urteil v. 09.11.2010, Rs. C-92/09 und C-93/09 *(Volker und Markus Schecke und Eifert)*, Rn. 72, 76.

[1703] Vgl. EuGH, Urteil v. 09.11.2010, Rs. C-92/09 und C-93/09 *(Volker und Markus Schecke und Eifert)*, Rn. 67–71.

[1704] EuGH, Urteil v. 09.11.2010, Rs. C-92/09 und C-93/09 *(Volker und Markus Schecke und Eifert)*, Rn. 69.

[1705] EuGH, Urteil v. 09.11.2010, Rs. C-92/09 und C-93/09 *(Volker und Markus Schecke und Eifert)*, Rn. 70.

[1706] EuGH, Urteil v. 09.11.2010, Rs. C-92/09 und C-93/09 *(Volker und Markus Schecke und Eifert)*, Rn. 79.

B. Anwendung der Kriterien

wenn die fraglichen Beihilfen einen bedeutenden Anteil am Haushalt der EU darstellten,[1707] könne dem Ziel der Transparenz trotzdem nicht ohne Weiteres Vorrang gegenüber dem Recht auf Schutz der personenbezogenen Daten zuerkannt werden, selbst wenn erhebliche wirtschaftliche Interessen betroffen seien.[1708]

Das Gewicht des Allgemeininteresses wird damit hinreichend klar, offen bleibt hingegen, wie schwer die Beeinträchtigung der betroffenen Beihilfeempfänger wiegt.[1709] Hierzu zitiert der EuGH lediglich das Vorbringen der Kläger des Ausgangsverfahrens, wonach sich aus den Veröffentlichungen Schlüsse auf die Einkünfte der Empfänger ziehen ließen, ohne diese umstrittene[1710] Aussage jedoch selbst zu bewerten.[1711] Der Gerichtshof erklärt, es sei zu prüfen, ob Rat und Kommission die widerstreitenden Interessen „ausgewogen gewichtet" hätten.[1712] Trotzdem begründet er sein Ergebnis, eine solche ausgewogene Gewichtung liege nicht vor, mit dem Argument, es seien alternative Maßnahmen denkbar, die die Grundrechte der betroffenen Beihilfeempfänger weniger beeinträchtigten, den verfolgten Zielen „aber ebenso in wirksamer Weise" dienten.[1713] Aus der fehlenden „Erforderlichkeit"[1714] der Maßnahme folgert der Gerichtshof also scheinbar ihre fehlende Angemessenheit – unklar bleibt angesichts der Formulierung „ebenso in wirksamer Weise" statt „in ebenso wirksamer Weise" allerdings,[1715] ob er die von ihm erwogenen Alternativmaßnahmen als gleich oder nur vergleichbar geeignet ansieht.[1716] Erneut zeigt sich, dass der EuGH in diesem Urteil nicht ausreichend zwischen der Erforderlichkeit und der Angemessenheit trennt.[1717]

[1707] EuGH, Urteil v. 09.11.2010, Rs. C-92/09 und C-93/09 *(Volker und Markus Schecke und Eifert)*, Rn. 84.
[1708] EuGH, Urteil v. 09.11.2010, Rs. C-92/09 und C-93/09 *(Volker und Markus Schecke und Eifert)*, Rn. 85.
[1709] Ebenso *J. Kühling/M. Klar*, JURA 33 (2011), S. 771 (775).
[1710] Kritisch etwa *J. Kühling/M. Klar*, JURA 33 (2011), S. 771 (776).
[1711] Vgl. EuGH, Urteil v. 09.11.2010, Rs. C-92/09 und C-93/09 *(Volker und Markus Schecke und Eifert)*, Rn. 73.
[1712] Vgl. EuGH, Urteil v. 09.11.2010, Rs. C-92/09 und C-93/09 *(Volker und Markus Schecke und Eifert)*, Rn. 77.
[1713] Vgl. EuGH, Urteil v. 09.11.2010, Rs. C-92/09 und C-93/09 *(Volker und Markus Schecke und Eifert)*, Rn. 86.
[1714] EuGH, Urteil v. 09.11.2010, Rs. C-92/09 und C-93/09 *(Volker und Markus Schecke und Eifert)*, Rn. 76.
[1715] Vgl. auch den französischen Wortlaut: EuGH, Urteil v. 09.11.2010, Rs. C-92/09 und C-93/09 *(Volker und Markus Schecke und Eifert)*, Rn. 86: „Eu égard au fait […] que des mesures portant des atteintes moins importantes pour les personnes physiques audit droit fondamental sont concevables tout en contribuant de manière efficace aux objectifs de la réglementation de l'Union en cause, il doit être constaté".
[1716] So auch *J. Kühling/M. Klar*, JURA 33 (2011), S. 771 (775).
[1717] So auch *J. Kühling*, ZÖR 68 (2013), S. 469 (479); *J. Kühling/M. Klar*, JURA 33 (2011), S. 771 (775); siehe dazu schon Kapitel 3 B. V. 2. f) cc).

Jedenfalls unterbleibt eine Erörterung der Frage, wie persönlichkeitsrelevant die veröffentlichten Daten tatsächlich sind.[1718] Insofern hätte etwa berücksichtigt werden können, welche Daten betroffen sind und wie sie veröffentlicht werden.[1719] Der Gerichtshof stellt zwar fest, die Veröffentlichung von Daten unter namentlicher Nennung aller betroffenen Empfänger und der genauen Beträge, die jeder von ihnen erhalten habe, erfolge in jedem Mitgliedstaat auf einer speziellen frei zugänglichen Internetseite, und zwar ohne dass nach Bezugsdauer, Häufigkeit oder Art und Umfang der erhaltenen Beihilfen unterschieden werde,[1720] erwähnt aber nicht, dass die veröffentlichten Daten nicht stigmatisierend wirken, wie etwa die Information über den Bezug von Sozialhilfe.[1721]

Offen bleibt letztlich auch das Abwägungsergebnis des EuGH. Durch die Vermischung von Erforderlichkeits- und Angemessenheitsprüfung wird nicht deutlich, ob der Gerichtshof tatsächlich ein Überwiegen der Datenschutzinteressen der natürlichen Personen[1722] annimmt oder nur die Erforderlichkeit der Maßnahme ablehnt.

cc) Prüfung der subjektiven Zumutbarkeit

Art. 52 Abs. 1 GRC wird ganz überwiegend so verstanden, dass die subjektive Zumutbarkeit Teil der Interessenprüfung und somit der Angemessenheit ist.[1723] Auf dieser Prüfungsstufe muss die Grundrechtsposition des Betroffenen ermittelt, gewichtet und in die Abwägung eingestellt werden.[1724] Vor Rechtsverbindlichkeit der Charta schien der EuGH eine rein objektive Betrachtung vorzunehmen. Dementsprechend wird analysiert, ob er nun die subjektive Zumutbarkeit im Rahmen der Interessenprüfung untersucht.[1725]

[1718] *J. Kühling/M. Klar*, JURA 33 (2011), S. 771 (776); kritisch dazu auch *D. Ennöckl*, Österreichische Juristenzeitung 2011, S. 955 (960).

[1719] Vgl. *J. Kühling/M. Klar*, JURA 33 (2011), S. 771 (776).

[1720] Vgl. EuGH, Urteil v. 09.11.2010, Rs. C-92/09 und C-93/09 *(Volker und Markus Schecke und Eifert)*, Rn. 79.

[1721] Vgl. dazu *A. Guckelberger*, EuZW 2011, S. 126 (130); *F. Wollenschläger*, AöR 135 (2010), S. 363 (402).

[1722] Vgl. zu juristischen Personen EuGH, Urteil v. 09.11.2010, Rs. C-92/09 und C-93/09 *(Volker und Markus Schecke und Eifert)*, Rn. 87 f.

[1723] *H. D. Jarass*, Charta der Grundrechte der Europäischen Union, 3. Aufl. 2016, Art. 52 Rn. 41 f.; *T. Kingreen*, in: C. Calliess/M. Ruffert (Hrsg.), EUV, AEUV, 5. Aufl. 2016, Art. 52 GRC Rn. 70; vgl. auch *M. Hilf*, Die Schranken der EU-Grundrechte, in: D. Merten/H.-J. Papier (Hrsg.), HGR, Band VI/1, 2010, § 164, Rn. 86; *T. von Danwitz*, in: P. J. Tettinger/K. Stern (Hrsg.), Kölner Gemeinschaftskommentar zur Europäischen Grundrechte-Charta, 2006, Art. 52 Rn. 26, 43; a. A. nur *T. Müller*, Der Verhältnismäßigkeitsgrundsatz des Art 52 GRC – Paradigmenwechsel in der europäischen Grundrechtsjudikatur?, in: A. Kahl/N. Raschauer/ S. Storr (Hrsg.), Grundsatzfragen der europäischen Grundrechtecharta, 2013, S. 179 (188–190).

[1724] Vgl. Kapitel 3 A. II. 5. b) gg) (1).

[1725] Vgl. zur Kriterienentwicklung Kapitel 3 A. II. 5. b) gg) (2).

B. Anwendung der Kriterien   315

Untersuchungsgegenstand[1726] sind die 26 Entscheidungen der Fallgruppen A1 und A2, in denen der EuGH eine Angemessenheitsprüfung vornimmt, sowie die acht Entscheidungen aus diesen Fallgruppen, die insofern unklar sind.[1727]

Hierbei zeigt sich zunächst, dass der Gerichtshof unterschiedliche Definitionen der Angemessenheit verwendet, die jeweils entweder auf eine subjektive oder auf eine rein objektive Kontrolle hindeuten. Ihnen kommt allerdings für sich genommen kaum Aussagekraft zu.

So spricht der EuGH etwa in den Urteilen Hypoteční banka (C-327/10) und G (C-292/10) von der „Notwendigkeit" beziehungsweise dem „zwingende[n] Erfordernis", „eine übermäßige Beeinträchtigung der Verteidigungsrechte zu verhindern".[1728] Diese Formulierungen legen nahe, dass der Gerichtshof nicht nur abstrakt die Vor- und Nachteile der fraglichen Maßnahme abwägt, sondern untersucht, ob die Grundrechtseinschränkung das Maß subjektiver Zumutbarkeit überschreitet. In eine ähnliche Richtung geht der Ausdruck, der Eingriff dürfe nicht „über das zur Erreichung des Ziels Erforderliche hinausgeh[en]"[1729] beziehungsweise müsse sich „auf das absolut Notwendige beschränken"[1730]. Diese Formeln deuten auf eine Zumutbarkeitsgrenze hin, die der Grundrechtseinschränkung gezogen wird, nicht auf eine abstrakte Globalabwägung der betroffenen Interessen. Eindeutig sind sie aber nicht.

Eine andere Formulierung nutzt der EuGH, wenn er die Verhältnismäßigkeitsprüfung als Abwägung von widerstreitenden Grundrechtspositionen aufbaut.[1731] Hier spricht er davon, Grundrechte miteinander abzuwägen, beziehungsweise vom Erfordernis, ein „angemessenes Gleichgewicht" zwischen ihnen sicherzustellen.[1732] Anscheinend geht es ihm dabei weniger um die Frage,

---

[1726] Nicht untersucht wird beispielsweise EuGH, Urteil v. 16.02.2017, Rs. C-578/16 PPU *(C. K. u. a.)*, Rn. 66, da der EuGH hier keine Verhältnismäßigkeitsprüfung vornimmt. Gleichwohl ist anzumerken, dass der Gerichtshof in dieser Entscheidung die Bedeutung der individuellen Situation des Grundrechtsträgers gegenüber vorherigen Entscheidungen deutlich hervorhebt und es nicht bei einer Überprüfung auf systemische Mängel belässt; vgl. zu diesem Urteil etwa *A. Epiney*, NVwZ 2018, S. 775 (780); *C. Hruschka*, NVwZ 2017, S. 691.
[1727] Siehe dazu Kapitel 3 B. V. 2. g) aa).
[1728] Vgl. EuGH, Urteil v. 17.11.2011, Rs. C-327/10 *(Hypoteční banka)*, Rn. 52; ähnlich in Bezug auf Art. 21 Abs. 1 GRC EuGH, Urteil v. 22.05.2014, Rs. C-356/12 *(Glatzel)*, Rn. 50, 55.
[1729] Vgl. EuGH, Urteil v. 17.10.2013, Rs. C-291/12 *(Schwarz)*, Rn. 54; ähnlich EuGH, Urteil v. 17.12.2015, Rs. C-419/14 *(WebMindLicenses)*, Rn. 74.
[1730] Vgl. EuGH, Urteil v. 08.04.2014, Rs. C-293/12 und C-594/12 *(Digital Rights Ireland und Seitlinger u. a.)*, Rn. 52; EuGH, Urteil v. 06.10.2015, Rs. C-362/14 *(Schrems)*, Rn. 92; EuGH, Urteil v. 21.12.2016, Rs. C-203/15 und C-698/15 *(Tele2 Sverige)*, Rn. 96; EuGH, Gutachten v. 26.07.2017, Rs. Avis 1/15 *(Accord PNR UE-Canada)*, Rn. 140, 154; EuGH, Urteil v. 27.09.2017, Rs. C-73/16 *(Puškár)*, Rn. 112.
[1731] Vgl. dazu Kapitel 3 B. V. 2. a) aa).
[1732] Vgl. EuGH, Urteil v. 24.11.2011, Rs. C-70/10 *(Scarlet Extended)*, Rn. 45 f.; EuGH, Urteil v. 24.11.2011, Rs. C-468/10 *(ASNEF)*, Rn. 43; EuGH, Urteil v. 16.02.2012, Rs. C-360/10 *(SABAM)*, Rn. 43 f.; EuGH, Urteil v. 27.03.2014, Rs. C-314/12 *(UPC Telekabel Wien)*, Rn. 46; EuGH, Urteil v. 15.09.2016, Rs. C-484/14 *(Mc Fadden)*, Rn. 83 f.

was den Grundrechtsträgern zumutbar ist, als um ein Gleichgewicht zwischen den Positionen. Dementsprechend erklärt er bei der Angemessenheit im Urteil Sky Österreich (C-283/11), die verursachten Nachteile dürften nicht außer Verhältnis zu den angestrebten Zielen stehen.[1733] Die Erfordernisse des Schutzes der verschiedenen Rechte und Freiheiten müssten „miteinander in Einklang gebracht werden" und es sei darauf zu achten, dass zwischen ihnen ein „angemessenes Gleichgewicht" bestehe.[1734] Im Urteil Schaible (C-101/12) kommt der Gerichtshof zu dem Ergebnis, der EU-Gesetzgeber habe bei der Prüfung der Vor- und Nachteile dieser Verpflichtungen im Verhältnis zu den betroffenen Interessen keinen Fehler begangen.[1735] Diese Wortwahl kommt der vor Inkrafttreten der Charta kritisierten rein objektiven Kosten-Nutzen-Analyse[1736] einer Einschränkung sehr nahe.

Da der EuGH sich aber in den hier analysierten 34 Entscheidungen nie explizit für eine subjektive oder eine objektive Perspektive entscheidet, haben seine Formulierungen nur begrenzte Aussagekraft. Sie schließen für sich genommen weder den einen noch den anderen Ansatz aus.[1737] Nähere Erkenntnisse über die Herangehensweise des Gerichtshofs lassen sich daher nur durch eine Analyse der tatsächlichen Prüfungen gewinnen.

In 23 der untersuchten 34 Entscheidungen prüft der EuGH, ob die Grundrechtseinschränkung dem Betroffenen subjektiv zumutbar ist.[1738] Dazu zählen

---

[1733] Vgl. EuGH, Urteil v. 22.01.2013, Rs. C-283/11 *(Sky Österreich)*, Rn. 50; ähnlich aber ohne Grundrechtskollision EuGH, Urteil v. 17.10.2013, Rs. C-101/12 *(Schaible)*, Rn. 29; EuGH, Urteil v. 30.06.2016, Rs. C-134/15 *(Lidl)*, Rn. 33; EuGH, Urteil v. 07.03.2017, Rs. C-390/15 *(RPO)*, Rn. 64.

[1734] Vgl. EuGH, Urteil v. 22.01.2013, Rs. C-283/11 *(Sky Österreich)*, Rn. 60; ähnlich EuGH, Urteil v. 17.12.2015, Rs. C-157/14 *(Neptune Distribution)*, Rn. 75; EuGH, Urteil v. 04.05.2016, Rs. C-547/14 *(Philip Morris Brands u. a.)*, Rn. 154; EuGH, Urteil v. 15.09.2016, Rs. C-439/14 und C-488/14 *(Star Storage)*, Rn. 55.

[1735] EuGH, Urteil v. 17.10.2013, Rs. C-101/12 *(Schaible)*, Rn. 75.

[1736] Vgl. *O. Koch*, Verhältnismäßigkeit, 2003, S. 228.

[1737] Vgl. auch EuGH, Urteil v. 09.11.2010, Rs. C-92/09 und C-93/09 *(Volker und Markus Schecke und Eifert)*, Rn. 77, 79, 85, in dem der EuGH die oben dargestellten Formeln vermischt.

[1738] Vgl. EuGH, Urteil v. 09.11.2010, Rs. C-92/09 und C-93/09 *(Volker und Markus Schecke und Eifert)*, Rn. 67–71, 77, 79, 84–86, 87f.; EuGH, Urteil v. 17.11.2011, Rs. C-327/10 *(Hypoteční banka)*, Rn. 52–54; EuGH, Urteil v. 24.11.2011, Rs. C-468/10 *(ASNEF)*, Rn. 43–48; EuGH, Urteil v. 24.11.2011, Rs. C-70/10 *(Scarlet Extended)*, Rn. 42–53; EuGH, Urteil v. 16.02.2012, Rs. C-360/10 *(SABAM)*, Rn. 40–51; EuGH, Urteil v. 15.03.2012, Rs. C-292/10 *(G)*, Rn. 48–51, 56 f.; EuGH, Urteil v. 22.01.2013, Rs. C-283/11 *(Sky Österreich)*, Rn. 51 f., 58–67; EuGH, Urteil v. 17.10.2013, Rs. C-101/12 *(Schaible)*, Rn. 34 f., 60–75; EuGH, Urteil v. 17.10.2013, Rs. C-291/12 *(Schwarz)*, Rn. 36 f., 44, 48 f., 54–63; EuGH, Urteil v. 27.03.2014, Rs. C-314/12 *(UPC Telekabel Wien)*, Rn. 47–63; EuGH, Urteil v. 08.04.2014, Rs. C-293/12 und C-594/12 *(Digital Rights Ireland und Seitlinger u. a.)*, Rn. 24–27, 37, 41 f., 48–50, 51–70; EuGH, Urteil v. 06.10.2015, Rs. C-362/14 *(Schrems)*, Rn. 87–96; EuGH, Urteil v. 15.09.2016, Rs. C-439/14 und C-488/14 *(Star Storage)*, Rn. 52 f., 60 f.; EuGH, Urteil v. 15.09.2016, Rs. C-484/14 *(Mc Fadden)*, Rn. 82–100, insb. 83 f., 88 f., 94 ff.; EuGH, Urteil v. 21.12.2016, Rs. C-201/15 *(AGET Iraklis)*, Rn. 71–78, 98–100; EuGH, Urteil v. 21.12.2016, Rs. C-203/15

B. Anwendung der Kriterien 317

zunächst jene 14 Urteile und Gutachten, in denen er eine vollständige Interessenprüfung vornimmt,[1739] da nach der hier vertretenen Konzeption eine vollständige Prüfung der widerstreitenden Interessen auch die subjektive Situation des Grundrechtsträgers herausarbeitet, gewichtet und in die Abwägung aufnimmt.[1740]

Eine Kontrolle der subjektiven Zumutbarkeit nimmt der Gerichtshof aber ebenso[1741] in zehn Entscheidungen mit einer nur unvollständigen Interessenprüfung vor.[1742] Zum Beispiel begründet er sein Ergebnis im Urteil AGET Iraklis (C-201/15), die fragliche nationale Regelung sei unverhältnismäßig, in erster Linie mit der mangelnden Genauigkeit der streitigen Normen.[1743] Gleichwohl stellt er ebenfalls die konkrete Eingriffstiefe dar und belässt es nicht bei einer bloßen Saldierung der Vor- und Nachteile dieser Regelung.[1744] Die Interessen werden jedoch nicht zueinander ins Verhältnis gesetzt.

Die Abwägung der widerstreitenden Interessen fehlt schließlich auch im Urteil ASNEF (C-468/10). Der EuGH arbeitet hier die widerstreitenden Positionen heraus und gewichtet die Intensität des konkreten Eingriffs.[1745] Ausdrücklich stellt er fest, eine nationale Regelung, die keine solche Berücksichtigung des konkreten Einzelfalls und der betroffenen Grundrechtspositionen ermögliche, sei unionsrechtswidrig.[1746] Auch wenn die Interessenprüfung mithin unvollständig ist, berücksichtigt der Gerichtshof in den untersuchten Stufen den Aspekt der subjektiven Zumutbarkeit.

---

und C-698/15 *(Tele2 Sverige)*, Rn. 97–106; EuGH, Beschluss v. 06.04.2017, Rs. C-464/16 P *(PITEE/ Kommission)*, Rn. 31–35; EuGH, Urteil v. 13.06.2017, Rs. C-258/14 *(Florescu u. a.)*, Rn. 58; EuGH, Urteil v. 05.07.2017, Rs. C-190/16 *(Fries)*, Rn. 44, 53 und 78; EuGH, Gutachten v. 26.07.2017, Rs. Avis 1/15 *(Accord PNR UE-Canada)*, Rn. 140 f., 154; EuGH, Urteil v. 14.09.2017, Rs. C-18/16 *(K)*, Rn. 37, 40, 49; EuGH, Urteil v. 27.09.2017, Rs. C-73/16 *(Puškár)*, Rn. 93, 97; EuGH, Urteil v. 20.12.2017, Rs. C-664/15 *(Protect Natur-, Arten- und Landschaftschutz Umweltorganisation)*, Rn. 91.

[1739] Siehe dazu Kapitel 3 B. V. 2. g) bb) (1).
[1740] Vgl. Kapitel 3 A. II. 5. b) gg) (1).
[1741] Zu beachten ist auch hier, dass einige Entscheidungen mehrere Grundrechtsprüfungen enthalten und damit in unterschiedliche Fallgruppen fallen können.
[1742] Vgl. EuGH, Urteil v. 09.11.2010, Rs. C-92/09 und C-93/09 *(Volker und Markus Schecke und Eifert)*; EuGH, Urteil v. 24.11.2011, Rs. C-468/10 *(ASNEF)*; EuGH, Urteil v. 06.10.2015, Rs. C-362/14 *(Schrems)*; EuGH, Urteil v. 15.09.2016, Rs. C-439/14 und C-488/14 *(Star Storage)*; EuGH, Urteil v. 21.12.2016, Rs. C-201/15 *(AGET Iraklis)*; EuGH, Beschluss v. 06.04.2017, Rs. C-464/16 P *(PITEE/ Kommission)*, Rn. 31–35; EuGH, Urteil v. 13.06.2017, Rs. C-258/14 *(Florescu u. a.)*, Rn. 58; EuGH, Urteil v. 05.07.2017, Rs. C-190/16 *(Fries)*, Rn. 78; EuGH, Urteil v. 27.09.2017, Rs. C-73/16 *(Puškár)*, Rn. 93, 97; EuGH, Urteil v. 20.12.2017, Rs. C-664/15 *(Protect Natur-, Arten- und Landschaftschutz Umweltorganisation)*, Rn. 91.
[1743] Vgl. EuGH, Urteil v. 21.12.2016, Rs. C-201/15 *(AGET Iraklis)*, Rn. 100–103.
[1744] Vgl. EuGH, Urteil v. 21.12.2016, Rs. C-201/15 *(AGET Iraklis)*, Rn. 98–100.
[1745] Vgl. EuGH, Urteil v. 24.11.2011, Rs. C-468/10 *(ASNEF)*, Rn. 43–45.
[1746] Vgl. EuGH, Urteil v. 24.11.2011, Rs. C-468/10 *(ASNEF)*, Rn. 47–49.

In vier Entscheidungen,[1747] in denen der EuGH eine unvollständige Interessenprüfung vornimmt, fehlt eine Untersuchung der subjektiven Zumutbarkeit der streitigen Maßnahme.[1748]

Im Urteil Philip Morris Brands u. a. (C-547/14) zum Beispiel spricht der Gerichtshof vom Erfordernis eines angemessenen Gleichgewichts zwischen der Meinungsfreiheit aus Art. 11 GRC und dem Gesundheitsschutz, der unter anderem in Art. 35 GRC verankert ist.[1749] Tatsächlich stellt er jedoch nur abstrakt fest, dem Schutz der menschlichen Gesundheit komme in einem Bereich, der durch die erwiesenermaßen hohe Schädlichkeit des Konsums von Tabakerzeugnissen aufgrund deren Abhängigkeit erzeugender Wirkung und des Auftretens schwerer Krankheiten gekennzeichnet sei, höhere Bedeutung zu als den von den Klägerinnen des Ausgangsverfahrens geltend gemachten Interessen.[1750] Auf die konkrete Eingriffstiefe oder den konkreten Grad der Zweckerreichung geht er nicht ein. Der EuGH wägt die Rechtsgüter lediglich abstrakt gegeneinander ab. Ob die Regelung den Grundrechtsträgern subjektiv zumutbar ist, prüft er nicht.

Auch im Urteil Neptune Distribution (C-157/14) bleibt völlig unklar, wie schwer der Eingriff im konkreten Fall wiegt. Der Gerichtshof verweist vielmehr anschließend auf den durch den Vorsorgegrundsatz erweiterten Ermessensspielraum des Unionsgesetzgebers. Diese Prüfung bleibt damit abstrakt und geht nicht auf die subjektive Zumutbarkeit der Grundrechtseinschränkung ein.[1751]

Weitere acht Entscheidungen,[1752] bei denen schon keine vollständige Interessenprüfung vorliegt, lassen sich schließlich nicht sicher zuordnen.[1753] Hier bleibt unklar, ob der EuGH die subjektive Zumutbarkeit prüft.[1754] Im Urteil Lidl (C-134/15) beispielsweise begründet der Gerichtshof die Verhältnismäßigkeit der streitigen Verpflichtung, bei frischem Geflügelfleisch in Fertigverpackun-

---

[1747] Zu beachten ist auch hier, dass einige Entscheidungen mehrere Grundrechtsprüfungen enthalten und damit in unterschiedliche Fallgruppen fallen können.

[1748] Vgl. EuGH, Urteil v. 22.05.2014, Rs. C-356/12 *(Glatzel)*, Rn. 51, 54, 55–66; EuGH, Urteil v. 17.12.2015, Rs. C-157/14 *(Neptune Distribution)*, Rn. 72–85; EuGH, Urteil v. 15.02.2016, Rs. C-601/15 PPU *(N.)*, Rn. 53, 56–67; EuGH, Urteil v. 04.05.2016, Rs. C-547/14 *(Philip Morris Brands u. a.)*, Rn. 152–157.

[1749] Vgl. EuGH, Urteil v. 04.05.2016, Rs. C-547/14 *(Philip Morris Brands u. a.)*, Rn. 154.

[1750] EuGH, Urteil v. 04.05.2016, Rs. C-547/14 *(Philip Morris Brands u. a.)*, Rn. 156.

[1751] Vgl. EuGH, Urteil v. 17.12.2015, Rs. C-157/14 *(Neptune Distribution)*, Rn. 75–85.

[1752] Zu beachten ist auch hier, dass einige Entscheidungen mehrere Grundrechtsprüfungen enthalten und damit in unterschiedliche Fallgruppen fallen können.

[1753] Vgl. EuGH, Urteil v. 06.09.2012, Rs. C-544/10 *(Deutsches Weintor)*; EuGH, Urteil v. 06.10.2015, Rs. C-650/13 *(Delvigne)*; EuGH, Urteil v. 17.12.2015, Rs. C-419/14 *(WebMindLicenses)*; EuGH, Urteil v. 30.06.2016, Rs. C-134/15 *(Lidl)*; EuGH, Urteil v. 20.09.2016, Rs. C-8/15 P bis C-10/15 P *(Ledra Advertising/Kommission und EZB)*; EuGH, Urteil v. 23.11.2016, Rs. C-442/14 *(Bayer CropScience und Stichting De Bijenstichting)*; EuGH, Urteil v. 28.03.2017, Rs. C-72/15 *(Rosneft)*, Rn. 147; EuGH, Urteil v. 27.09.2017, Rs. C-73/16 *(Puškár)*, Rn. 69, 72.

[1754] Vgl. zu den Urteilen Deutsches Weintor (C-544/10), Delvigne (C-650/13) und WebMindLicenses (C-419/14) Kapitel 3 B. V. 2. g) bb) (2).

B. Anwendung der Kriterien

gen den Gesamtpreis und den Preis je Gewichtseinheit auf der Verpackung oder auf einem daran befestigten Etikett anzugeben, lediglich damit, dies sei nur eine der Informationen, die nach dieser Bestimmung auf der Verpackung oder auf einem daran befestigten Etikett angebracht werden müsse.[1755] Diese Passage deutet darauf hin, dass der EuGH von einer geringen Eingriffstiefe ausgeht, ob er aber die Zumutbarkeit der Maßnahme überhaupt geprüft hat, bleibt wegen der Kürze der Begründung im Dunkeln.

In sämtlichen hier analysierten Vorabentscheidungs- sowie Gutachtenverfahren, in denen der Gerichtshof die subjektive Zumutbarkeit untersucht, ist die Interessenprüfung typisierend: Der EuGH geht auf das grundrechtliche Interesse sowie die konkrete Eingriffstiefe ein und nimmt dabei aus Anlass des Einzelfalls sämtliche betroffenen Grundrechtsträger in den Blick. Eventuelle Besonderheiten des Ausgangsverfahrens beziehungsweise das Vorliegen eines Härtefalles untersucht er nicht – dies wäre ihm allerdings auch nur möglich, wenn die Vorlage des nationalen Gerichts[1756] oder das Vorbringen der Verfahrensbeteiligten[1757] hierfür Anhaltspunkte enthielten. In sämtlichen hier untersuchten Entscheidungen ist das aber nicht der Fall.

Die typisierende Betrachtung zeigt sich zum Beispiel in der Entscheidung Sky Österreich (C-283/11), in der der EuGH eben nicht von diesem Unternehmen, sondern allgemein von „den Inhabern exklusiver Fernsehübertragungsrechte",[1758] in deren Grundrechte die streitige Richtlinie eingreife, spricht. Im Fall Schaible (C-101/12) erwähnt er den Kläger des Ausgangsverfahrens nur, um dessen Vorbringen darzustellen. Bei der Interessenprüfung stellt er auf die Lage der „Schaf- und Ziegenhalter" im Allgemeinen ab.[1759] Aus dem in den Entscheidungen wiedergegebenen Sachverhalten und dem Vorbringen der Verfahrensbeteiligten lassen sich allerdings in beiden Fällen keine Hinweise auf spezielle Härtelagen entnehmen. Die Argumente des Schäfers *Schaible* selbst beziehen sich nicht auf seine eigene Situation, sondern auf generelle Mängel des angegriffenen Rechtsakts. Ebenso macht Sky Österreich keine besonderen Härten geltend. Auch die Vorlageersuchen der nationalen Gerichte enthalten keine Ausführungen, die eine gesonderte Betrachtung der Umstände des Ausgangsfalles erforderten.

Eine typisierende Prüfung findet sich auch im Urteil Digital Rights Ireland und Seitlinger u. a. (C-293/12 und C-594/12). Der EuGH untersucht nicht die besonderen Interessen von Digital Rights Ireland, die angibt, Eigentümerin eines

---

[1755] Vgl. EuGH, Urteil v. 30.06.2016, Rs. C-134/15 *(Lidl)*, Rn. 39.
[1756] Siehe zur Bedeutung der Vorlagen der nationalen Gerichte für die Grundrechtsprüfung des EuGH Kapitel 4 C. II. 2. a) bb).
[1757] Siehe zur Rolle der Verfahrensbeteiligten und ihres Vorbringens Kapitel 4 C. II. 3.
[1758] Vgl. EuGH, Urteil v. 22.01.2013, Rs. C-283/11 *(Sky Österreich)*, Rn. 67.
[1759] Vgl. EuGH, Urteil v. 17.10.2013, Rs. C-101/12 *(Schaible)*, Rn. 68.

Mobiltelefons zu sein,[1760] oder der 11130 österreichischen Antragsteller,[1761] sondern die Grundrechtsposition aller von der Vorratsdatenspeicherungsrichtlinie betroffenen Unionsbürger.[1762] In diesem Urteil nimmt der Gerichtshof allerdings einen Grundrechtsverstoß an, weswegen sich Ausführungen zu möglichen Besonderheiten der Fälle des Ausgangsverfahrens erübrigen.

Bei dem einzigen hier analysierten Rechtsmittelverfahren[1763] PITEE/Kommission (C-464/16 P) geht der EuGH im Rahmen der Verhältnismäßigkeitsprüfung auf den konkreten Sachverhalt des Ausgangsrechtsstreits ein. Die Rechtsmittelführerin PITEE wendet sich in diesem Verfahren gegen einen Beschluss des EuG, mit dem dieses ihre Klage als offensichtlich unzulässig abwies.[1764] Das Gericht begründete seine Entscheidung damit, die Klageschrift trage einzig die Unterschrift des Vorsitzenden von PITEE, eines Rechtsanwaltes. Nach der Satzung des Gerichtshofs der Europäischen Union müsse die Klägerin aber durch einen von ihr unabhängigen Anwalt vertreten werden.[1765] Vor dem EuGH macht PITEE – erneut vertreten durch ihren Vorsitzenden als Prozessbevollmächtigten – unter anderem geltend, die Entscheidung des Gerichts verletze sie in ihrem Recht auf effektiven gerichtlichen Rechtsschutz gemäß Art. 47 GRC.[1766] Der Gerichtshof weist dieses Vorbringen als offensichtlich unbegründet zurück.[1767] Dabei geht er im Rahmen der Grundrechtsprüfung anhand Art. 47 GRC auch auf die Verhältnismäßigkeit der zugrunde liegenden Regelung in der Satzung des Gerichtshofs der EU ein.[1768] Er belässt es allerdings nicht bei einer typisierenden Betrachtung, sondern legt dar, der konkrete Prozessbevollmächtigte der Rechtsmittelführerin könne diese vor den Unionsgerichten vertreten, soweit er nicht gleichzeitig Leitungsfunktionen bei der Rechtsmittelführerin ausübe.[1769] Dies bedeutet, dass die Intensität der Grundrechtseinschränkung nach Ansicht des EuGH im vorliegenden Fall gering ist, da es dem Prozessbevollmächtigten nicht völlig verwehrt ist, PITEE gerichtlich zu vertreten. Die fragliche Regelung ist ihm folglich subjektiv zumutbar. Ein

---

[1760] Vgl. EuGH, Urteil v. 08.04.2014, Rs. C-293/12 und C-594/12 *(Digital Rights Ireland und Seitlinger u. a.)*, Rn. 17.

[1761] Vgl. EuGH, Urteil v. 08.04.2014, Rs. C-293/12 und C-594/12 *(Digital Rights Ireland und Seitlinger u. a.)*, Rn. 19.

[1762] Vgl. EuGH, Urteil v. 08.04.2014, Rs. C-293/12 und C-594/12 *(Digital Rights Ireland und Seitlinger u. a.)*, Rn. 57.

[1763] Vgl. daher zum Einfluss der Verfahrensarten auf die Grundrechtsprüfung des EuGH Kapitel 4 C. II. 2.

[1764] Vgl. EuGH, Beschluss v. 06.04.2017, Rs. C-464/16 P *(PITEE/ Kommission)*, Rn. 1.

[1765] Vgl. EuGH, Beschluss v. 06.04.2017, Rs. C-464/16 P *(PITEE/ Kommission)*, Rn. 3 f.

[1766] Vgl. EuGH, Beschluss v. 06.04.2017, Rs. C-464/16 P *(PITEE/ Kommission)*, Rn. 10–14.

[1767] Vgl. EuGH, Beschluss v. 06.04.2017, Rs. C-464/16 P *(PITEE/ Kommission)*, Rn. 36.

[1768] Vgl. EuGH, Beschluss v. 06.04.2017, Rs. C-464/16 P *(PITEE/ Kommission)*, Rn. 27–35.

[1769] Vgl. EuGH, Beschluss v. 06.04.2017, Rs. C-464/16 P *(PITEE/ Kommission)*, Rn. 34 f.

solches Eingehen auf den konkreten Sachverhalt des Ausgangsrechtsstreits findet sich in der hier untersuchten Rechtsprechung nur im Rechtsmittelverfahren PITEE/ Kommission.

Das typisierende Vorgehen des Gerichtshofs in den Vorabentscheidungs- sowie Gutachtenverfahren entspricht den Anforderungen der Charta an die Prüfung der subjektiven Zumutbarkeit, da der EuGH in diesen entweder Grundrechtseinschränkungen durch einen abstrakt-generellen Rechtsakt wie eine Richtlinie beziehungsweise durch ein nationales Gesetz[1770] überprüft oder auf die Frage eines nationalen Gerichts antwortet, welche grundrechtlichen Anforderungen der Charta dieses vorlegende Gericht beim Erlass einer gerichtlichen Entscheidung zu beachten habe. Der Kreis der betroffenen Grundrechtsträger ist in diesen Fällen grundsätzlich weit und nicht – wie etwa bei einer Rechtsmittelentscheidung nach Art. 56 Satzung EuGH – auf die Verfahrensbeteiligten beschränkt. Dem Gerichtshof kann daher nicht vorgeworfen werden, sämtliche durch die Grundrechtseinschränkung Betroffenen und nicht speziell den im Einzelfall Verfahrensbeteiligten in den Blick zu nehmen. Dies wäre nur problematisch, wenn der EuGH einen Grundrechtsverstoß verneinte und tatsächlich besondere Umstände vorlägen, die die Situation dieses Verfahrensbeteiligten[1771] von der der übrigen Betroffenen unterschieden und zum Härtefall machten. Für eine solche Konstellation lassen sich jedoch in den oben genannten Entscheidungen keine Anhaltspunkte finden. Im einzigen hier analysierten Rechtsmittelverfahren, dem Beschluss PITEE/ Kommission (C-464/16 P), geht der Gerichtshof hingegen auf den konkreten Ausgangsfall ein.[1772]

Die untersuchten Entscheidungen enthalten damit überwiegend eine Prüfung der subjektiven Zumutbarkeit. Diese ist meist typisierend, weil der EuGH aus Anlass des konkreten Verfahrens die Interessen aller betroffenen Grundrechtsträger ermittelt. Nur eine eher geringe Zahl weist gar keine Prüfung der subjektiven Zumutbarkeit auf.

Zu beachten ist allerdings, dass hier nur die Verhältnismäßigkeitsprüfung im Rahmen der Grundrechtsprüfung durch den Gerichtshof untersucht wurde. In diesen Fällen geht der EuGH von einer Grundrechtseinschränkung aus, womit das grundrechtliche Interesse bereits benannt ist. Diese grundrechtliche Position stellt er in der Interessenprüfung daher dem Eingriffsziel gegenüber und belässt es nicht bei einer Abwägung zweier öffentlicher Interessen. Hinsichtlich

---

[1770] In einem solchen Fall legt der EuGH die Charta, nicht aber das nationale Recht aus. Dies bleibt dem nationalen Gericht überlassen. Vgl. zum Vorabentscheidungsverfahren und zum Einfluss dieser Prozessart auf die Grundrechtsprüfung des EuGH Kapitel 4 C. II. 2. a).
[1771] Siehe zur Rolle der Verfahrensbeteiligten in den unterschiedlichen Verfahrensarten Kapitel 4 C. II. 3. Vgl. zur Terminologie T. Laut, Die Verfahrensbeteiligten, in: H.-W. Rengeling/A. Middeke/M. Gellermann (Hrsg.), Handbuch des Rechtsschutzes in der Europäischen Union, 3. Aufl. 2014, § 22, Rn. 1.
[1772] Vgl. daher zum Einfluss der Verfahrensarten auf die Grundrechtsprüfung des EuGH Kapitel 4 C. II. 2.

der Prüfung des allgemeinen Grundsatzes der Verhältnismäßigkeit ergeben sich dagegen möglicherweise andere Ergebnisse.[1773] Die hierzu vorgebrachte Kritik, der Gerichtshof erkenne eine betroffene Grundrechtsposition stellenweise gar nicht und lasse sie dementsprechend auch nicht in seine Abwägung einfließen,[1774] bezieht sich nicht auf die Verhältnismäßigkeitsprüfung im Rahmen der Grundrechtskontrolle anhand der Charta. Der allgemeine Grundsatz der Verhältnismäßigkeit ist nicht Gegenstand der vorliegenden Arbeit.

dd) Prüfdichte bei der Angemessenheitsprüfung

Auch hinsichtlich der Angemessenheit einer Grundrechtseinschränkung wurde vor Inkrafttreten der Charta kritisiert, der EuGH nehme seine eigene Prüfdichte zu weit zurück.[1775]

Während die expliziten Angaben des Gerichtshofs zu seiner Kontrollintensität nach Verbindlichwerden der Charta bereits besprochen wurden,[1776] soll hier inhaltlich analysiert werden, ob diese Aussagen im Rahmen der Angemessenheit mit der tatsächlichen Prüfung durch den EuGH übereinstimmen. Dabei ist die Vollständigkeit der Interessenprüfung der Maßstab für die Höhe der Prüfdichte.

In den Entscheidungen, in denen sich der Gerichtshof gar nicht zur Intensität seiner Kontrolle äußert, kommen sowohl vollständige und detaillierte[1777] als auch unvollständige und wenig präzise[1778] Untersuchungen vor.

Äußert sich der EuGH hingegen zu seiner Prüfdichte, passen diese Ausführungen und sein konkretes Vorgehen – wie bereits bei den Analysepunkten der Geeignetheit und der Erforderlichkeit[1779] – stellenweise nicht zusammen. So leitet er im Urteil Sky Österreich (C-283/11) aus dem Wortlaut von Art. 16 GRC und seiner vorherigen Rechtsprechung eine verringerte Kontrollintensität ab,[1780] seine tatsächliche Interessenprüfung[1781] ist gleichwohl vollständig, präzise und lässt keine Verringerung der Kontrollintensität erkennen. Im Urteil Schaible (C-101/12) beschränkt der Gerichtshof seine Kontrolle ausdrücklich auf die Frage, ob der Unionsgesetzgeber die Grenzen seines Ermessens nicht offensichtlich überschritten habe.[1782] Prognoseentscheidungen des Unions-

---

[1773] Dazu vor Inkrafttreten der Charta etwa *O. Koch*, Verhältnismäßigkeit, 2003, S. 226–230.
[1774] Siehe zur Kritik vor Inkrafttreten der Charta Kapitel 3 A. II. 5. b) gg) (1).
[1775] Siehe dazu Kapitel 3 A. II. 5. b) cc) sowie Kapitel 3 A. II. 5. b) gg).
[1776] Siehe Kapitel 3 B. V. 2. c).
[1777] Z. B. Scarlet Extended (C-70/10) siehe dazu Kapitel 3 B. V. 2. g) bb) (1).
[1778] Z. B. Deutsches Weintor (C-544/10) siehe dazu Kapitel 3 B. V. 2. g) bb) (2).
[1779] Vgl. zur Prüfdichte im Rahmen der Geeignetheitsprüfung Kapitel 3 B. V. 2. e) cc) sowie im Rahmen der Erforderlichkeitsprüfung Kapitel 3 B. V. 2. f) dd).
[1780] Siehe dazu Kapitel 3 B. V. 2. c) dd).
[1781] Siehe Kapitel 3 B. V. 2. g) bb) (1).
[1782] EuGH, Urteil v. 17.10.2013, Rs. C-101/12 *(Schaible)*, Rn. 48.

gesetzgebers seien nur zu beanstanden, wenn sie sich als „offensichtlich fehlerhaft" erwiesen.[1783] Die tatsächliche Angemessenheitsprüfung durch den EuGH ist jedoch detailliert und genau.[1784]

Trotzdem stimmt die explizite Feststellung einer hohen oder geringen Kontrolldichte durch den Gerichtshof bei der Angemessenheit insgesamt häufiger mit seinem wirklichen Vorgehen überein als im Rahmen von Geeignetheits- und Erforderlichkeitsprüfung. So spricht der EuGH im Urteil Digital Rights Ireland und Seitlinger u. a. (C-293/12 und C-594/12) von einer „strikten Kontrolle",[1785] also einer hohen Prüfdichte, und untersucht die widerstreitenden Interessen tatsächlich intensiv.[1786] Im Urteil Rat/Manufacturing Support & Procurement Kala Naft (C-348/12 P) wiederum räumt er dem Unionsgesetzgeber ein weites Ermessen ein[1787] und prüft die Angemessenheit sogar überhaupt nicht.[1788] Auch in den Entscheidungen Philip Morris Brands u. a. (C-547/14), Lidl (C-134/15), AGET Iraklis (C-201/15) und Rosneft (C-72/15) decken sich die Angaben des Gerichtshofs zur Prüfdichte und die tatsächliche Kontrolle. In diesen Fällen geht er von einer verringerten Kontrollintensität aus und untersucht die jeweils widerstreitenden Interessen ausschließlich abstrakt, sehr knapp und nicht vollständig.[1789]

Besonders auffällig ist das Vorgehen des EuGH aber in den Entscheidungen Glatzel (C-356/12) und Neptune Distribution (C-157/14), in denen es um Grundrechtseinschränkungen mit dem Ziel des Gesundheitsschutzes geht. Hier verweist der Gerichtshof bei der Prüfung der Angemessenheit vor allem auf das Vorsorgeprinzip und nimmt seine eigene Kontrolldichte zurück.

Im Fall Glatzel führt er aus, der Unionsgesetzgeber verfüge in Bezug auf komplexe medizinische Prüfungen über ein weites Ermessen. Die Kontrolle durch den Gerichtshof müsse sich folglich auf die Untersuchung beschränken, ob die Ausübung dieses Ermessens nicht offensichtlich fehlerhaft sei, einen Ermessensmissbrauch darstelle oder der Gesetzgeber die Grenzen seines Ermessens offensichtlich überschritten habe.[1790] Gleichwohl müsse die Entscheidung auf objektive Kriterien gestützt sein und die Wahrung der Grundrechte

---

[1783] EuGH, Urteil v. 17.10.2013, Rs. C-101/12 *(Schaible)*, Rn. 50.
[1784] Vgl. EuGH, Urteil v. 17.10.2013, Rs. C-101/12 *(Schaible)*, Rn. 60–75.
[1785] Vgl. EuGH, Urteil v. 08.04.2014, Rs. C-293/12 und C-594/12 *(Digital Rights Ireland und Seitlinger u. a.)*, Rn. 48.
[1786] Siehe Kapitel 3 B. V. 2. g) bb) (1).
[1787] Vgl. EuGH, Urteil v. 28.11.2013, Rs. C-348/12 P *(Rat/Manufacturing Support & Procurement Kala Naft)*, Rn. 120.
[1788] Siehe Kapitel 3 B. V. 2. g) aa).
[1789] Vgl. EuGH, Urteil v. 04.05.2016, Rs. C-547/14 *(Philip Morris Brands u. a.)*, Rn. 152–157; EuGH, Urteil v. 30.06.2016, Rs. C-134/15 *(Lidl)*, Rn. 35–39; EuGH, Urteil v. 21.12.2016, Rs. C-201/15 *(AGET Iraklis)*, Rn. 98–100; EuGH, Urteil v. 28.03.2017, Rs. C-72/15 *(Rosneft)*, Rn. 146 f., 150.
[1790] EuGH, Urteil v. 22.05.2014, Rs. C-356/12 *(Glatzel)*, Rn. 52.

beachten.[1791] Bei der Untersuchung der Angemessenheit[1792] legt der EuGH zunächst dar, die widerstreitenden Interessen seien „in Einklang zu bringen".[1793] Ein Verbot, Personen mit einer Sehschärfe, die einen bestimmten Wert nicht erreiche, die beantragte Fahrerlaubnis zu erteilen, dürfe „nicht zu einer übermäßigen Belastung führen."[1794] Anschließend geht der Gerichtshof auf die Erwägungen des EU-Gesetzgebers im Gesetzgebungsverfahren ein,[1795] wobei er zu dem Schluss kommt, dieser habe sich bemüht, „die Beeinträchtigung der Rechte von Personen, die unter einer Sehschwäche leiden, so gering wie möglich zu halten."[1796] Zum konkreten Wert, ab dem keine Fahrerlaubnis mehr erteilt wird, weist er zunächst erneut auf seine verringerte Prüfdichte hin: Der Unionsrichter dürfe nämlich nicht seine Beurteilung der tatsächlichen Umstände wissenschaftlicher und technischer Art an die Stelle derjenigen des Unionsgesetzgebers setzen, dem allein die Gründungsverträge diese Aufgabe anvertraut hätten.[1797] Bei „Ungewissheiten bezüglich der Existenz oder des Umfangs von Risiken für die menschliche Gesundheit" könne der Unionsgesetzgeber Schutzmaßnahmen erlassen, ohne abwarten zu müssen, bis das Vorliegen und die Schwere dieser Risiken in vollem Umfang nachgewiesen seien.[1798] Wegen der engen Verbindung zwischen der Sicherheit im Straßenverkehr und dem Schutz der Gesundheit der Straßenbenutzer dürfe der EU-Gesetzgeber bei nicht hinreichend gesicherten wissenschaftlichen Erkenntnissen der „Verbesserung der Verkehrssicherheit den Vorzug einräumen".[1799] Ohne eine weitere Untersuchung entscheidet er daraufhin, die Grundrechtseinschränkung sei nicht unverhältnismäßig.[1800] In diesem Urteil zeigt sich, dass die explizite Feststellung einer verringerten Kontrollintensität im Bereich von Vorsorgemaßnahmen zum Schutz der menschlichen Gesundheit tatsächlich Auswirkungen auf die konkrete Angemessenheitsprüfung des EuGH hat.

Dies wird durch die Analyse des Urteils Neptune Distribution (C-157/14) bestätigt, in dem es um das Verbot geht, auf Verpackungen und Etiketten natürlicher Mineralwässer und in der Werbung für diese Angaben oder Hinweise zu einem niedrigen Natriumgehalt dieser Wässer zu machen.[1801] Bei der Prüfung der Angemessenheit dieser Einschränkung von Meinungsfreiheit und unternehmerischer Freiheit verweist der EuGH zunächst auf das weite Ermessen,

---

[1791] EuGH, Urteil v. 22.05.2014, Rs. C-356/12 *(Glatzel)*, Rn. 53.
[1792] Vgl. EuGH, Urteil v. 22.05.2014, Rs. C-356/12 *(Glatzel)*, Rn. 55–66.
[1793] Vgl. EuGH, Urteil v. 22.05.2014, Rs. C-356/12 *(Glatzel)*, Rn. 56.
[1794] EuGH, Urteil v. 22.05.2014, Rs. C-356/12 *(Glatzel)*, Rn. 55.
[1795] Vgl. EuGH, Urteil v. 22.05.2014, Rs. C-356/12 *(Glatzel)*, Rn. 58–62.
[1796] EuGH, Urteil v. 22.05.2014, Rs. C-356/12 *(Glatzel)*, Rn. 62.
[1797] EuGH, Urteil v. 22.05.2014, Rs. C-356/12 *(Glatzel)*, Rn. 64.
[1798] EuGH, Urteil v. 22.05.2014, Rs. C-356/12 *(Glatzel)*, Rn. 65.
[1799] EuGH, Urteil v. 22.05.2014, Rs. C-356/12 *(Glatzel)*, Rn. 66.
[1800] Vgl. EuGH, Urteil v. 22.05.2014, Rs. C-356/12 *(Glatzel)*, Rn. 66.
[1801] Vgl. EuGH, Urteil v. 17.12.2015, Rs. C-157/14 *(Neptune Distribution)*, Rn. 67.

das dem Unionsgesetzgeber im Bereich komplexer Beurteilungen von politischen, wirtschaftlichen und sozialen Fragen zukomme.[1802] Dann stellt er fest, auch eine sachlich richtige Angabe über den Natriumgehalt könne unvollständig sein und den Verbraucher irreführen.[1803] Auf das Vorbringen der Klägerin des Ausgangsverfahrens, die streitigen Regelungen seien unverhältnismäßig, da sie zwischen den verschiedenen Arten von Natrium nicht differenzierten,[1804] antwortet der Gerichtshof lediglich, auf die Schädlichkeit dieser unterschiedlichen Natriumarten müsse nicht eingegangen werden, weil dieses Risiko vom Unionsgesetzgeber im Hinblick auf das Erfordernis des Schutzes der menschlichen Gesundheit einerseits und den Vorsorgegrundsatz in diesem Bereich andererseits bestimmt werde.[1805] Das Vorsorgeprinzip rechtfertige es, präventiv beschränkende Maßnahmen zu treffen, obwohl keine völlige wissenschaftliche Sicherheit zu der streitigen Frage herrsche.[1806] Es reiche aus, dass der Schadenseintritt wahrscheinlich sei.[1807] Im vorliegenden Falle könne ein Risiko für die menschliche Gesundheit jedenfalls nicht ausgeschlossen werden.[1808] Der Unionsgesetzgeber habe daher zu Recht die Angemessenheit und Erforderlichkeit der streitigen Regelungen annehmen dürfen.[1809] Die Grundrechtseinschränkung sei verhältnismäßig.[1810]

In diesem Fall untersucht der EuGH im Rahmen der Angemessenheitsprüfung die widerstreitenden Interessen nur rudimentär, er stellt vielmehr auf den Prognosespielraum des EU-Gesetzgebers und das Vorsorgeprinzip ab. Die explizite Feststellung einer verringerten Prüfdichte deckt sich somit auch hier mit der tatsächlichen Prüfung durch den Gerichtshof.

Insgesamt lässt sich konstatieren, dass der Annahme einer hohen oder geringen Prüfdichte durch den EuGH im Rahmen der Angemessenheit mehr Aussagekraft hinsichtlich seiner konkreten Prüfung zukommt als bei Geeignetheit oder Erforderlichkeit. Dies gilt insbesondere für die Fälle, in denen der Unionsgesetzgeber nach dem Vorsorgeprinzip Prognoseentscheidungen zu treffen hat, die der EuGH nur eingeschränkt auf ihre Angemessenheit kontrolliert. Gleichwohl finden sich auch bei diesem Prüfungspunkt Widersprüche zwischen Feststellung der Prüfdichte und tatsächlicher Prüfung. Ein ganz klares Bild ergibt sich nicht.

[1802] Vgl. EuGH, Urteil v. 17.12.2015, Rs. C-157/14 *(Neptune Distribution)*, Rn. 76.
[1803] Vgl. EuGH, Urteil v. 17.12.2015, Rs. C-157/14 *(Neptune Distribution)*, Rn. 77 f.
[1804] Vgl. EuGH, Urteil v. 17.12.2015, Rs. C-157/14 *(Neptune Distribution)*, Rn. 79.
[1805] EuGH, Urteil v. 17.12.2015, Rs. C-157/14 *(Neptune Distribution)*, Rn. 80.
[1806] Vgl. EuGH, Urteil v. 17.12.2015, Rs. C-157/14 *(Neptune Distribution)*, Rn. 81 f.
[1807] Vgl. EuGH, Urteil v. 17.12.2015, Rs. C-157/14 *(Neptune Distribution)*, Rn. 82.
[1808] Vgl. EuGH, Urteil v. 17.12.2015, Rs. C-157/14 *(Neptune Distribution)*, Rn. 83.
[1809] EuGH, Urteil v. 17.12.2015, Rs. C-157/14 *(Neptune Distribution)*, Rn. 84.
[1810] Vgl. EuGH, Urteil v. 17.12.2015, Rs. C-157/14 *(Neptune Distribution)*, Rn. 85.

ee) Zusammenfassung

Die Angemessenheitsprüfung stellt den wichtigsten Schritt in der Grundrechtsprüfung anhand der GRC dar. Doch nimmt der EuGH in nur 26 der hier untersuchten 40 Entscheidungen eine entsprechende Prüfung vor,[1811] wobei acht Urteile insofern unklar bleiben. Die auf der Stufe der Angemessenheit vorzunehmende Interessenprüfung ist in 14 Entscheidungen vollständig. Der Gerichtshof ermittelt in diesen Urteilen beziehungsweise Gutachten die widerstreitenden Rechtsgüter und wichtet sie in einem zweiten Schritt. Dabei geht er auf das abstrakte Gewicht der in Rede stehenden Interessen, die konkrete Schwere der Beeinträchtigung und den Grad der Zweckerreichung ein. Schließlich setzt er beide Seiten miteinander ins Verhältnis. Auffällig ist, dass der EuGH Ausführungen zur Interessenprüfung nicht nur im Prüfungspunkt der Angemessenheit macht, sondern sie über seine gesamte Grundrechtsprüfung verteilt. So finden sich Angaben zu den betroffenen Interessen bereits in der Erörterung der Eröffnung des Schutzbereiches oder bei der Untersuchung des legitimen Ziels.

In 21 Entscheidungen fehlt dagegen eine der drei Prüfungsstufen oder der Gerichtshof berücksichtigt nur eine Seite der widerstreitenden Positionen. Die Interessenprüfung bleibt in diesen Fällen unvollständig. Dies ist nur in den Urteilen WebMindLicenses (C-419/14), Puškár (C-73/16) und Fries (C-190/16) nachvollziehbar, da der EuGH in diesen Fällen die finale Abwägung dem vorlegenden Gericht überlässt oder auf seine Erwägungen zu einem anderen Grundrecht im gleichen Urteil verweist. In den übrigen Entscheidungen wäre eine vollständige Untersuchung der konfligierenden Interessen notwendig gewesen. Auch nach Inkrafttreten der Charta lassen sich mithin insofern deutliche Defizite ausmachen.

Meist überprüft der Gerichtshof die Grundrechtseinschränkung auf ihre subjektive Zumutbarkeit, wobei er im Vorabentscheidungs- sowie Gutachtenverfahren – typisierend – die Interessen aller betroffenen Grundrechtsträger untersucht.

Anders als bei der Geeignetheits- und Erforderlichkeitsprüfung kommt der Feststellung einer hohen oder geringen Prüfdichte durch den EuGH im Rahmen der Angemessenheit mehr Aussagekraft hinsichtlich seiner konkreten Prüfung zu. Dies gilt insbesondere für die Fälle, in denen der Unionsgesetzgeber nach dem Vorsorgeprinzip Prognoseentscheidungen trifft, die der Gerichtshof nur eingeschränkt auf ihre Angemessenheit kontrolliert. Trotzdem finden sich bei diesem Prüfungspunkt erneut einzelne Widersprüche zwischen Feststellung der Prüfdichte und tatsächlicher Prüfung. Ein ganz klares Bild ergibt sich somit auch hier nicht.

[1811] Positiver insofern *S. Greer/J. Gerards/R. Slowe*, Human Rights in the Council of Europe and the European Union, 2018, S. 317.

h) Exkurs: Verknüpfung mit Grundrechtsprüfung

Vor Inkrafttreten der Charta war ein wesentlicher Kritikpunkt an der Grundrechtsprechung des EuGH, dass dieser die Verhältnismäßigkeit einer Maßnahme getrennt von der Grundrechtsprüfung untersuchte. Art. 52 Abs. 1 GRC fordert jetzt eine Integration der Verhältnismäßigkeitsprüfung in die Grundrechtsprüfung.[1812] Es wird daher untersucht, ob der Gerichtshof in den Entscheidungen, die hier analysiert werden, eine von der Grundrechtsprüfung isolierte Verhältnismäßigkeitsprüfung vornimmt oder letztere entsprechend den Vorgaben des Art. 52 Abs. 1 S. 2 GRC in erstere integriert.

Wie bereits oben festgestellt, nimmt der EuGH in 45 der insgesamt 71 Entscheidungen der Fallgruppen A1 und A2 eine Verhältnismäßigkeitsprüfung innerhalb der Grundrechtsprüfung vor.[1813] Diese Entscheidungen entsprechen insofern den Vorgaben der Charta.

In 19 der 71 Entscheidungen der Fallgruppen A1 und A2 untersucht der Gerichtshof die Verhältnismäßigkeit im Rahmen der Grundrechtsprüfung hingegen nicht.[1814] Von diesen weisen nur drei Entscheidungen eine von der Grundrechtskontrolle isolierte Verhältnismäßigkeitsprüfung auf: Im Urteil E. ON Energie/Kommission (C-89/11 P) prüft der EuGH bei seiner Antwort auf den ersten Rechtsmittelgrund[1815], ob das EuG Rechtsfehler bei der Beweislastverteilung gemacht und so gegen die Unschuldsvermutung und den unionsrechtlichen Grundsatz *in dubio pro reo* (Art. 50 GRC) verstoßen hat.[1816] Eine Verhältnismäßigkeitsprüfung nimmt er bei der Prüfung dieser Frage nicht vor. Erst im Rahmen des sechsten Rechtsmittelgrundes, bei dem es um die Höhe der Geldbuße geht, prüft der Gerichtshof die Verhältnismäßigkeit dieser Geldbuße.[1817] Diese Ausführungen haben mit der untersuchten Grundrechtsbeeinträchtigung nichts zu tun.

Ebenso entscheidet der EuGH im Urteil FLSmidth/Kommission (C-238/12 P) über die Verhältnismäßigkeit der festgesetzten Geldbuße und der Haftung der Rechtsmittelführerin.[1818] In der anschließenden Grundrechtsprüfung, in der der Gerichtshof eine Verletzung von Art. 47 Abs. 2 GRC feststellt, da das Urteil des EuG nicht innerhalb einer angemessenen Entscheidungsfrist ergangen sei,

---

[1812] Siehe zur Kriterienentwicklung Kapitel 3 A. II. 5. b) hh).
[1813] Siehe Kapitel 3 B. V. 2. a) aa).
[1814] Siehe Kapitel 3 B. V. 2. a) bb).
[1815] Siehe zu den Besonderheiten des Rechtsmittelverfahrens und zu ihren Auswirkungen auf die Grundrechtsprüfung des EuGH Kapitel 4 C. II. 2. b).
[1816] Vgl. EuGH, Urteil v. 22.11.2012, Rs. C-89/11 P *(E. ON Energie/Kommission)*, Rn. 66–81.
[1817] Vgl. EuGH, Urteil v. 22.11.2012, Rs. C-89/11 P *(E. ON Energie/Kommission)*, Rn. 119–138.
[1818] Vgl. EuGH, Urteil v. 30.04.2014, Rs. C-238/12 P *(FLSmidth/Kommission)*, Rn. 56–73.

unterbleibt eine Verhältnismäßigkeitskontrolle.[1819] Die Behandlung des Verhältnismäßigkeitsgrundsatzes und des Grundrechts betreffen dabei unterschiedliche Aspekte. Bei diesen Fällen verzichtet der EuGH – wie meist bei den justiziellen Grundrechten – auf eine Verhältnismäßigkeitsprüfung innerhalb der Grundrechtskontrolle.[1820]

Bereits dargestellt wurde, dass der Gerichtshof in den Entscheidungen McDonagh (C-12/11), Giordano/Kommission (C-611/12 P) und Pillbox 38 (C-477/14) im Rahmen der Grundrechtsprüfung auf die Verhältnismäßigkeitsprüfung außerhalb dieser Prüfung verweist.[1821]

Bei den 103 Urteilen und Beschlüssen der Fallgruppe B1,[1822] bei denen der EuGH eine nicht ausführliche Grundrechtsprüfung anhand der Charta vornimmt, findet sich in 18 Entscheidungen eine isolierte Verhältnismäßigkeitsprüfung.[1823] Hinzu kommen neun[1824] Entscheidungen der Fallgruppe

---

[1819] Vgl. dazu EuGH, Urteil v. 30.04.2014, Rs. C-238/12 P *(FLSmidth/Kommission)*, Rn. 111–123; ganz ähnlich EuGH, Urteil v. 19.06.2014, Rs. C-243/12 P *(FLS Plast/Kommission)*, Rn. 56–73, 111–124.

[1820] Siehe zur Prüfung der justiziellen Rechte schon Kapitel 3 B. I. 3. Siehe zum Einfluss des Rechtsmittelverfahrens auf die Grundrechtsprüfung des EuGH Kapitel 4 C. II. 2. b).

[1821] Siehe Kapitel 3 B. V. 2. a) cc).

[1822] Siehe zu dieser Fallgruppe Kapitel 2 C. III. 2. a).

[1823] Vgl. EuGH, Urteil v. 17.03.2011, Rs. C-221/09 *(AJD Tuna)*, Rn. 77–85; EuGH, Beschluss v. 25.10.2012, Rs. C-168/12 P(R) *(Hassan/Rat)*, Rn. 18–42; EuGH, Beschluss v. 06.06.2013, Rs. C-535/12 P *(Faet Oltra/Bürgerbeauftragter)*, Rn. 29–33; EuGH, Urteil v. 18.07.2013, Rs. C-499/11 P *(Dow Chemical u. a./Kommission)*, Rn. 86–91; EuGH, Urteil v. 30.04.2014, Rs. C-238/12 P *(FLSmidth/Kommission)*, Rn. 56–73; EuGH, Urteil v. 19.06.2014, Rs. C-243/12 P *(FLS Plast/Kommission)*, Rn. 93–119; EuGH, Urteil v. 04.05.2016, Rs. C-477/14 *(Pillbox 38)*, Rn. 109–118; EuGH, Urteil v. 09.06.2016, Rs. C-608/13 P *(CEPSA/Kommission)*, Rn. 41–52; EuGH, Urteil v. 09.06.2016, Rs. C-78/16 und C-79/16 *(Pesce u. a.)*, Rn. 56–82; EuGH, Urteil v. 07.07.2016, Rs. C-447/15 *(Muladi)*, Rn. 44–47; EuGH, Beschluss v. 07.07.2016, Rs. C-510/15 P *(Fapricela/Kommission)*, Rn. 64–67, in dieser Entscheidung vermischt der EuGH allerdings Fragen der Zulässigkeit und der Begründetheit; EuGH, Urteil v. 14.09.2016, Rs. C-490/15 P und C-505/15 P *(Ori Martin/Kommission)*, Rn. 35–42; EuGH, Urteil v. 14.09.2016, Rs. C-519/15 P *(Trafilerie Meridionali/Kommission)*, Rn. 52–57; EuGH, Urteil v. 26.01.2017, Rs. C-625/13 P *(Villeroy & Boch/Kommission)*, Rn. 192; EuGH, Urteil v. 16.02.2017, Rs. C-90/15 P *(Hansen & Rosenthal und H&R Wax Company Vertrieb/Kommission)*, Rn. 86–96; EuGH, Urteil v. 08.06.2017, Rs. C-296/16 P *(Dextro Energy/Kommission)*, Rn. 48 ff.; EuGH, Urteil v. 06.09.2017, Rs. C-643/15 und C-647/15 *(Slowakei/Rat)*, Rn. 206 ff., 279 ff.; EuGH, Urteil v. 26.10.2017, Rs. C-534/16 *(BB construct)*, Rn. 26–28.

[1824] Vgl. EuGH, Urteil v. 17.03.2011, Rs. C-221/09 *(AJD Tuna)*, Rn. 77–85; EuGH, Urteil v. 18.07.2013, Rs. C-501/11 P *(Schindler Holding u. a./Kommission)*, Rn. 164–170; EuGH, Urteil v. 10.07.2014, Rs. C-295/12 P *(Telefónica und Telefónica de España/Kommission)*, Rn. 185–207; EuGH, Urteil v. 14.09.2016, Rs. C-490/15 P und C-505/15 P *(Ori Martin/Kommission)*, Rn. 35–42; die folgenden fünf Urteile aus dem Jahr 2017 hängen inhaltlich miteinander zusammen: EuGH, Urteil v. 26.01.2017, Rs. C-618/13 P *(Zucchetti Rubinetteria/Kommission)*, Rn. 38–59; EuGH, Urteil v. 26.01.2017, Rs. C-619/13 P *(Mamoli Robinetteria/Kommission)*, Rn. 80–108; EuGH, Urteil v. 26.01.2017, Rs. C-636/13 P *(Roca Sanitario/Kommission)*, Rn. 54–65; EuGH, Urteil v. 26.01.2017, Rs. C-637/13 P *(Laufen Aus-*

B2.[1825] In diesen Fällen nimmt der Gerichtshof zwar eine Grundrechtsprüfung vor, jedoch nicht anhand der Charta, sondern anhand der Grundrechte als allgemeiner Rechtsgrundsätze des Unionsrechts (Art. 6 Abs. 3 EUV) oder anhand der EMRK. Zu dieser Gruppe gehören auch Fälle, in denen er nur den allgemeinen Verhältnismäßigkeitsgrundsatz prüft.

Insgesamt nimmt der EuGH in 28 von den 204 Entscheidungen der Fallgruppen A1, A2, B1 und B2 aus jeweils unterschiedlichen Gründen eine Verhältnismäßigkeitsprüfung außerhalb der Grundrechtsprüfung anhand der Charta vor.[1826] Somit kann zumindest auf Basis der hier analysierten Entscheidungen nicht davon gesprochen werden, dass der isolierten Verhältnismäßigkeitsprüfung im Rahmen der Grundrechtskontrolle „bis heute die überragende Rolle zukommt".[1827] Fälle, in denen der Gerichtshof beide Prüfungen voneinander trennt, sind eher die Ausnahme als die Regel. Zu beachten ist allerdings, dass in der vorliegenden Arbeit nur Entscheidungen des EuGH analysiert werden, in denen die Charta der Grundrechte der EU seit deren Inkrafttreten zitiert wird.[1828] Soweit der Gerichtshof Fälle, in denen es inhaltlich um Grundrechtsfragen geht, ohne Erwähnung der Charta unter alleiniger Heranziehung des allgemeinen Grundsatzes der Verhältnismäßigkeit beurteilt,[1829] sind diese nicht Gegenstand der hiesigen Untersuchung. Wird die Charta aber zitiert, ist eine Isolierung der Verhältnismäßigkeitsprüfung eher selten zu finden.

3. Wesensgehaltsgarantie

Gemäß Art. 52 Abs. 1 S. 1 GRC muss jede Einschränkung der Ausübung der in der Charta anerkannten Rechte und Freiheiten den Wesensgehalt dieser Rechte und Freiheiten achten. Die Norm lässt offen, ob der Wesensgehalt eines Charta-Grundrechts mit Hilfe eines absoluten Ansatzes, bei dem ein absolut geschützter Kernbereich eines Grundrechts definiert und geschützt wird,[1830] oder durch eine relative Herangehensweise, nach der ein unverhältnismäßiger Grundrechtseingriff immer auch den Wesensgehalt des Grundrechts verletzt,[1831] zu

---

tria/Kommission), Rn. 66–77; EuGH, Urteil v. 26.01.2017, Rs. C-638/13 P *(Roca/Kommission)*, Rn. 62 ff.

[1825] Siehe zu dieser Fallgruppe Kapitel 2 C. III. 2. b).

[1826] Zu beachten ist, dass einige Entscheidungen in mehrere Fallgruppen fallen und daher zuvor in unterschiedlichen Gruppen gezählt wurden.

[1827] So aber *T. Müller*, Der Verhältnismäßigkeitsgrundsatz des Art 52 GRC – Paradigmenwechsel in der europäischen Grundrechtsjudikatur?, in: A. Kahl/N. Raschauer/S. Storr (Hrsg.), Grundsatzfragen der europäischen Grundrechtecharta, 2013, S. 179 (197).

[1828] Siehe Kapitel 2 B. II. 1.

[1829] Vgl. dazu etwa *M. Cornils*, Schrankendogmatik, in: C. Grabenwarter (Hrsg.), Europäischer Grundrechtsschutz (EnzEuR Band 2), 2014, § 5, Rn. 12.

[1830] Ansätze in der Rechtsprechung des EuGH vor Inkrafttreten der GRC sieht *E. Stieglitz*, Allgemeine Lehren im Grundrechtsverständnis nach der EMRK und der Grundrechtsjudikatur des EuGH, 2002, S. 135 f.; vgl. auch *S. Storr*, Der Staat 36 (1997), S. 547 (563).

[1831] *P. M. Huber*, EuZW 1997, S. 517 (521) m. w. N.

ermitteln ist. In der vorliegenden Arbeit soll analysiert werden, ob der Gerichtshof nach Inkrafttreten der Charta einen kohärenten und konsistenten Begriff des Wesensgehalts entwickelt, und wenn ja, ob er dem absoluten oder relativen Ansatz folgt.[1832]

Untersuchungsgegenstand sind die 71 Entscheidungen der Fallgruppen A1 und A2, da der EuGH in diesen eine vollständige und mindestens ausführliche Grundrechtsprüfung anhand der Charta vornimmt.[1833]

Zuerst wird analysiert, in welchen dieser Entscheidungen der Gerichtshof sich überhaupt zur Wesensgehaltsgarantie äußert (a)), und anschließend, in welchen Fällen er einem relativen (b)) oder einem absoluten (c)) Ansatz folgt.

a) Behandlung der Wesensgehaltsprüfung durch den EuGH

In 25 der analysierten 71 Entscheidungen äußert sich der EuGH zur Wesensgehaltsgarantie überhaupt nicht.[1834] Dies ist in den meisten Fällen nachvollziehbar, weil die Grundrechtsprüfung schon an einem früheren Punkt endet. Zum Beispiel erkennt der Gerichtshof im Urteil Knauf Gips / Kommission (C-407/08 P) bereits keine ausreichende gesetzliche Grundlage für die Grundrechtseinschränkung.[1835] Da der Grundrechtsverstoß feststeht, erübrigen sich Ausführungen zur Achtung des Wesensgehalts. Dagegen nimmt der EuGH im Urteil Association Belge des Consommateurs Test-Achats u. a. (C-236/09) eine Verletzung von Art. 21 und Art. 23 GRC ohne Prüfung der Rechtfertigung an.[1836]

[1832] Vgl. dazu Kapitel 3 A. II. 5. c).

[1833] In der Fallgruppe A3 hingegen verneint der EuGH meist schon die Eröffnung des Schutzbereiches oder das Vorliegen einer Grundrechtseinschränkung. Zu den Entscheidungen der Fallgruppe B1 siehe Kapitel 3 B. VI.

[1834] Vgl. EuGH, Urteil v. 01.07.2010, Rs. C-407/08 P *(Knauf Gips/Kommission)*; EuGH, Urteil v. 01.03.2011, Rs. C-236/09 *(Association Belge des Consommateurs Test-Achats u. a.)*; EuGH, Urteil v. 21.07.2011, Rs. C-21/10 *(Nagy)*; EuGH, Urteil v. 17.11.2011, Rs. C-327/10 *(Hypoteční banka)*; EuGH, Urteil v. 24.11.2011, Rs. C-468/10 *(ASNEF)*; EuGH, Urteil v. 24.11.2011, Rs. C-70/10 *(Scarlet Extended)*; EuGH, Urteil v. 21.12.2011, Rs. C-411/10 und C-493/10 *(N. S. u. a.)*; EuGH, Urteil v. 16.02.2012, Rs. C-360/10 *(SABAM)*; EuGH, Urteil v. 15.03.2012, Rs. C-292/10 *(G)*; EuGH, Urteil v. 22.11.2012, Rs. C-89/11 P *(E. ON Energie/Kommission)*; EuGH, Urteil v. 28.02.2013, Rs. C-334/12 RX-II *(Réexamen Arango Jaramillo u. a./EIB)*; EuGH, Urteil v. 26.11.2013, Rs. C-40/12 P *(Gascogne Sack Deutschland/Kommission)*; EuGH, Urteil v. 26.11.2013, Rs. C-50/12 P *(Kendrion/Kommission)*; EuGH, Urteil v. 26.11.2013, Rs. C-58/12 P *(Groupe Gascogne/Kommission)*; EuGH, Urteil v. 27.03.2014, Rs. C-530/12 P *(HABM/National Lottery Commission)*; EuGH, Urteil v. 30.04.2014, Rs. C-238/12 P *(FLSmidth/Kommission)*; EuGH, Urteil v. 13.05.2014, Rs. C-131/12 *(Google Spain und Google)*; EuGH, Urteil v. 19.06.2014, Rs. C-243/12 P *(FLS Plast/Kommission)*; EuGH, Urteil v. 11.09.2014, Rs. C-112/13 *(A)*; EuGH, Urteil v. 14.10.2014, Rs. C-611/12 P *(Giordano/Kommission)*; EuGH, Urteil v. 18.12.2014, Rs. C-562/13 *(Abdida)*; EuGH, Urteil v. 21.01.2016, Rs. C-74/14 *(Eturas u. a.)*; EuGH, Urteil v. 10.11.2016, Rs. C-156/15 *(Private Equity Insurance Group)*; EuGH, Urteil v. 16.02.2017, Rs. C-578/16 PPU *(C. K. u. a.)*; EuGH, Urteil v. 07.03.2017, Rs. C-390/15 *(RPO)*.

[1835] Vgl. EuGH, Urteil v. 01.07.2010, Rs. C-407/08 P *(Knauf Gips/Kommission)*, Rn. 91.

[1836] Vgl. EuGH, Urteil v. 01.03.2011, Rs. C-236/09 *(Association Belge des Consomma-*

B. Anwendung der Kriterien

In mehreren Entscheidungen wiederum stellt er nur kurz fest, die streitige Einschränkung sei nicht gerechtfertigt.[1837]

Wenn der Gerichtshof eine Grundrechtseinschränkung jedoch für gerechtfertigt hält,[1838] muss er sich nach Art. 52 Abs. 1 GRC auch zur Achtung des Wesensgehalts äußern. Im Urteil Giordano/Kommission (C-611/12 P) verkürzt er hingegen die Formulierung der Charta, indem er feststellt, Eingriffe könnten gerechtfertigt werden, „vorausgesetzt, dass sie gemäß Art. 52 Abs. 1 der Charta vom Gesetz vorgesehen sind und dass sie unter Wahrung des Grundsatzes der Verhältnismäßigkeit erforderlich sind und den von der Union anerkannten dem Gemeinwohl dienenden Zielsetzungen oder den Erfordernissen des Schutzes der Rechte und Freiheiten anderer tatsächlich entsprechen".[1839] Die Wesensgehaltsgarantie wird in diesem Urteil somit nicht einmal als Voraussetzung für die Rechtfertigung genannt.

In 15 weiteren Entscheidungen erwähnt der EuGH zwar das Erfordernis der Achtung des Wesensgehalts, nimmt aber keine entsprechende Prüfung vor.[1840] Dieses Vorgehen ist wie in den oben genannten Fällen nachvollziehbar, wenn die Grundrechtsprüfung bereits an einem früheren Punkt endet. So sieht der Gerichtshof in den Urteilen Liivimaa Lihaveis (C-562/12) und Al Chodor u. a. (C-

---

teurs Test-Achats u. a.), Rn. 32; ähnlich in Bezug auf Art. 47 GRC EuGH, Urteil v. 27.03.2014, Rs. C-530/12 P *(HABM/National Lottery Commission)*, Rn. 52–59; vgl. auch EuGH, Urteil v. 18.12.2014, Rs. C-562/13 *(Abdida)*, Rn. 43–53.

[1837] Vgl. EuGH, Urteil v. 21.07.2011, Rs. C-21/10 *(Nagy)*, Rn. 50; EuGH, Urteil v. 28.02.2013, Rs. C-334/12 RX-II *(Réexamen Arango Jaramillo u. a./EIB)*, Rn. 44; EuGH, Urteil v. 26.11.2013, Rs. C-40/12 P *(Gascogne Sack Deutschland/Kommission)*, Rn. 97–102; EuGH, Urteil v. 26.11.2013, Rs. C-50/12 P *(Kendrion/Kommission)*, Rn. 97–102; EuGH, Urteil v. 26.11.2013, Rs. C-58/12 P *(Groupe Gascogne/Kommission)*, Rn. 91–96; EuGH, Urteil v. 30.04.2014, Rs. C-238/12 P *(FLSmidth/Kommission)*, Rn. 118–123; EuGH, Urteil v. 19.06.2014, Rs. C-243/12 P *(FLS Plast/Kommission)*, Rn. 137–142; EuGH, Urteil v. 11.09.2014, Rs. C-112/13 *(A)*, Rn. 58–61.

[1838] Vgl. etwa EuGH, Urteil v. 22.11.2012, Rs. C-89/11 P *(E. ON Energie/Kommission)*, Rn. 72–78; EuGH, Urteil v. 21.01.2016, Rs. C-74/14 *(Eturas u. a.)*, Rn. 38–41; EuGH, Urteil v. 10.11.2016, Rs. C-156/15 *(Private Equity Insurance Group)*, Rn. 49–53.

[1839] Vgl. EuGH, Urteil v. 14.10.2014, Rs. C-611/12 P *(Giordano/Kommission)*, Rn. 49.

[1840] Vgl. EuGH, Urteil v. 09.11.2010, Rs. C-92/09 und C-93/09 *(Volker und Markus Schecke und Eifert)*, Rn. 50, 65; EuGH, Urteil v. 15.01.2013, Rs. C-416/10 *(Križan u. a.)*, Rn. 113; EuGH, Urteil v. 31.01.2013, Rs. C-12/11 *(McDonagh)*, Rn. 61; EuGH, Urteil v. 17.10.2013, Rs. C-101/12 *(Schaible)*, Rn. 27; EuGH, Urteil v. 22.05.2014, Rs. C-356/12 *(Glatzel)*, Rn. 42; EuGH, Urteil v. 17.09.2014, Rs. C-562/12 *(Liivimaa Lihaveis)*, Rn. 72; EuGH, Urteil v. 17.12.2015, Rs. C-419/14 *(WebMindLicenses)*, Rn. 69; EuGH, Urteil v. 05.04.2016, Rs. C-404/15 und C-659/15 PPU *(Aranyosi und Căldăraru)*, Rn. 12; EuGH, Urteil v. 30.06.2016, Rs. C-134/15 *(Lidl)*, Rn. 21, 31 f.; EuGH, Urteil v. 30.06.2016, Rs. C-205/15 *(Toma und Biroul Executorului Judecătoresc Horațiu-Vasile Cruduleci)*, Rn. 44; EuGH, Urteil v. 23.11.2016, Rs. C-442/14 *(Bayer CropScience und Stichting De Bijenstichting)*, Rn. 98; EuGH, Urteil v. 15.03.2017, Rs. C-528/15 *(Al Chodor u.a)*, Rn. 36; EuGH, Urteil v. 26.07.2017, Rs. C-348/16 *(Sacko)*, Rn. 38; EuGH, Urteil v. 27.09.2017, Rs. C-73/16 *(Puškár)*, Rn. 90; EuGH, Urteil v. 20.12.2017, Rs. C-664/15 *(Protect Natur-, Arten- und Landschaftschutz Umweltorganisation)*, Rn. 90.

528/15) schon keine hinreichende gesetzliche Grundlage für die Grundrechtseinschränkung.[1841] Im Urteil Volker und Markus Schecke und Eifert (C-92/09 und C-93/09) lehnt er die Erforderlichkeit der Maßnahmen ab.[1842] Demzufolge sind Ausführungen zum Wesensgehalt der betroffenen Grundrechte nicht notwendig. In den meisten Entscheidungen jedoch wären solche Erwägungen angezeigt gewesen. Beispielsweise lehnt der EuGH in den Urteilen Schaible (C-101/12) und Glatzel (C-356/12) nach einer sehr ausführlichen Grundrechtsprüfung eine Verletzung der fraglichen Grundrechte mit dem Argument ab, die jeweiligen Einschränkungen seien gerechtfertigt.[1843] Zur Achtung des Wesensgehalts äußert er sich dabei nicht, obwohl er in beiden Entscheidungen dessen Beachtung als Voraussetzung für die Rechtfertigung nennt.[1844] Im Urteil Lidl (C-134/15) scheint die mangelnde Prüfung der Wesensgehaltsgarantie mit der Vorlagefrage des nationalen Gerichts zusammenzuhängen.[1845] Dieses hielt den Wesensgehalt der fraglichen Grundrechte für nicht angetastet.[1846] Dementsprechend überprüft der Gerichtshof nur die von diesem Gericht in Zweifel gezogene Verhältnismäßigkeit der Maßnahme.[1847]

In sieben der analysierten 71 Entscheidungen prüft der EuGH zwar die Beachtung der Wesensgehaltsgarantie, begründet sein Ergebnis jedoch nicht oder macht nicht deutlich, ob er einem absoluten oder relativen Ansatz zur Bestimmung des jeweiligen Wesensgehalts folgt.[1848]

So stellt er im Urteil Alemo-Herron u. a. (C-426/11) fest, die Weitergeltung eines Tarifvertrages, auf dessen Ausgestaltung der Erwerber eines Unternehmens keinen Einfluss hat, reduziere dessen Vertragsfreiheit „so erheblich […], dass eine solche Einschränkung den Wesensgehalt seines Rechts auf unternehmerische Freiheit beeinträchtigen" könne.[1849] Weitere Ausführungen, etwa zur Verhältnismäßigkeit, macht der Gerichtshof nicht. Es wird daher nicht klar,

---

[1841] Vgl. EuGH, Urteil v. 17.09.2014, Rs. C-562/12 *(Liivimaa Lihaveis)*, Rn. 73–76; EuGH, Urteil v. 15.03.2017, Rs. C-528/15 *(Al Chodor u.a)*, Rn. 40–46.

[1842] Vgl. EuGH, Urteil v. 09.11.2010, Rs. C-92/09 und C-93/09 *(Volker und Markus Schecke und Eifert)*, Rn. 86; trotzdem kritisch *I. Andoulsi*, Cah. droit eur. (Brux.) 47 (2011), S. 471 (503); vgl. auch *M. Bobek*, CMLR 48 (2011), S. 2005 (2019 f.).

[1843] Vgl. EuGH, Urteil v. 17.10.2013, Rs. C-101/12 *(Schaible)*, Rn. 75; EuGH, Urteil v. 22.05.2014, Rs. C-356/12 *(Glatzel)*, Rn. 73.

[1844] Vgl. EuGH, Urteil v. 17.10.2013, Rs. C-101/12 *(Schaible)*, Rn. 27; vgl. EuGH, Urteil v. 22.05.2014, Rs. C-356/12 *(Glatzel)*, Rn. 42.

[1845] Vgl. dazu Kapitel 4 C. II. 2. a) bb).

[1846] Vgl. EuGH, Urteil v. 30.06.2016, Rs. C-134/15 *(Lidl)*, Rn. 21, 32.

[1847] Vgl. EuGH, Urteil v. 30.06.2016, Rs. C-134/15 *(Lidl)*, Rn. 32–40.

[1848] Vgl. EuGH, Urteil v. 15.07.2010, Rs. C-271/08 *(Kommission/Deutschland)*, Rn. 49; EuGH, Urteil v. 05.05.2011, Rs. C-543/09 *(Deutsche Telekom)*, Rn. 66; EuGH, Urteil v. 18.07.2013, Rs. C-426/11 *(Alemo-Herron u. a.)*, Rn. 35 f.; EuGH, Urteil v. 17.10.2013, Rs. C-291/12 *(Schwarz)*, Rn. 34, 39; EuGH, Urteil v. 27.03.2014, Rs. C-314/12 *(UPC Telekabel Wien)*, Rn. 51–53; EuGH, Beschluss v. 06.04.2017, Rs. C-464/16 P *(PITEE/Kommission)*, Rn. 32; EuGH, Urteil v. 05.07.2017, Rs. C-190/16 *(Fries)*, Rn. 73, 75.

[1849] EuGH, Urteil v. 18.07.2013, Rs. C-426/11 *(Alemo-Herron u. a.)*, Rn. 35.

ob der EuGH den Ausschluss des Unternehmenskäufers von den Tarifgesprächen als unverhältnismäßige Einschränkung ansieht und somit einem subjektiven Ansatz folgt oder die Beteiligung an Tarifverträgen als absolut geschützten Kerngehalt der unternehmerischen Freiheit aus Art. 16 GRC anerkennt.[1850]

Ebenso wenig aufschlussreich ist die Feststellung des Gerichtshofs im Urteil Schwarz (C-291/12), es sei „weder den dem Gerichtshof vorliegenden Angaben zu entnehmen, noch [...] im Übrigen vorgetragen worden, dass im vorliegenden Fall durch die Einschränkungen der Ausübung der in den Art. 7 und 8 der Charta anerkannten Rechte der Wesensgehalt dieser Rechte nicht geachtet worden wäre."[1851] Eine Begründung dieses Ergebnisses fehlt. Einzig die Tatsache, dass der EuGH die Wesensgehaltsgarantie vor der Verhältnismäßigkeitsprüfung anspricht, könnte als Indiz für ein von der Verhältnismäßigkeit unabhängiges, absolutes Verständnis des Wesensgehalts gesehen werden.[1852] Auch in der Grundrechtsprüfung an Art. 15 GRC im Urteil Fries (C-190/16) prüft der Gerichtshof die Achtung des Wesensgehalts vor der Verhältnismäßigkeit.[1853] Die Anforderungen an die Rechtfertigung definiert er jedoch mit einer Formulierung, die ein relatives Verständnis nahelegt.[1854]

In 26 der 71 Entscheidungen lässt sich das Vorgehen des Gerichtshofs bei der Untersuchung der Wesensgehaltsgarantie einem relativen oder absoluten Ansatz zuordnen.[1855] Diese Fälle werden im Folgenden vertieft analysiert.

[1850] Für ein absolutes Verständnis wohl *H. D. Jarass*, Charta der Grundrechte der Europäischen Union, 3. Aufl. 2016, Art. 16 Rn. 19a; mit deutlicher Kritik an der Prüfung des EuGH *T. Klein*, EuZA 2014, S. 325 (328 f.); kritisch auch *J. Heuschmid*, AuR 2013, S. 498 (500–502).

[1851] EuGH, Urteil v. 17.10.2013, Rs. C-291/12 *(Schwarz)*, Rn. 39; vgl. *H. Krämer*, in: K. Stern/M. Sachs (Hrsg.), Europäische Grundrechte-Charta, 2016, Art. 52 Rn. 58: „lapidar und apodiktisch".

[1852] Ähnlich zu Art. 16 GRC *H. D. Jarass*, Charta der Grundrechte der Europäischen Union, 3. Aufl. 2016, Art. 16 Rn. 19a.

[1853] Vgl. EuGH, Urteil v. 05.07.2017, Rs. C-190/16 *(Fries)*, Rn. 75, 76–78.

[1854] Vgl. EuGH, Urteil v. 05.07.2017, Rs. C-190/16 *(Fries)*, Rn. 73: „Die Ausübung dieser Freiheiten kann daher Beschränkungen unterworfen werden, sofern diese tatsächlich den dem Gemeinwohl dienenden Zielen der Union entsprechen und keinen im Hinblick auf den verfolgten Zweck unverhältnismäßigen und untragbaren Eingriff darstellen, der diese Rechte in ihrem Wesensgehalt antastet"; vgl. dazu auch *T. Klein*, EuZA 2018, S. 98 (107).

[1855] Vgl. EuGH, Urteil v. 05.10.2010, Rs. C-400/10 PPU *(MCB.)*, Rn. 55, 57; EuGH, Urteil v. 06.09.2012, Rs. C-544/10 *(Deutsches Weintor)*, Rn. 54–58; EuGH, Urteil v. 22.01.2013, Rs. C-283/11 *(Sky Österreich)*, Rn. 48 f.; EuGH, Urteil v. 26.09.2013, Rs. C-418/11 *(Texdata Software)*, Rn. 84 f.; EuGH, Urteil v. 28.11.2013, Rs. C-348/12 P *(Rat/Manufacturing Support & Procurement Kala Naft)*, Rn. 122; EuGH, Urteil v. 08.04.2014, Rs. C-293/12 und C-594/12 *(Digital Rights Ireland und Seitlinger u. a.)*, Rn. 38–40; EuGH, Urteil v. 27.05.2014, Rs. C-129/14 PPU *(Spasic)*, Rn. 56, 58 f.; EuGH, Urteil v. 29.04.2015, Rs. C-528/13 *(Léger)*, Rn. 52, 54; EuGH, Urteil v. 06.10.2015, Rs. C-362/14 *(Schrems)*, Rn. 94 f.; EuGH, Urteil v. 06.10.2015, Rs. C-650/13 *(Delvigne)*, Rn. 46, 48; EuGH, Urteil v. 17.12.2015, Rs. C-157/14 *(Neptune Distribution)*, Rn. 68, 70 f.; EuGH, Urteil v. 15.02.2016, Rs. C-601/15 PPU *(N.)*, Rn. 50, 52; EuGH, Urteil v. 04.05.2016, Rs. C-477/14 *(Pillbox 38)*, Rn. 160–164; EuGH, Urteil v. 04.05.2016, Rs. C-547/14 *(Philip Morris Brands u. a.)*, Rn. 149, 151; EuGH, Urteil v. 15.09.2016, Rs. C-439/14 und C-488/14 *(Star Storage)*, Rn. 49 f.; EuGH, Urteil v. 15.09.2016,

b) Prüfungen nach relativem Ansatz

Nur vier Entscheidungen deuten auf ein relatives Verständnis hin.[1856]

Im Urteil Deutsches Weintor (C-544/10), in dem es um das Verbot bestimmter Gesundheitsangaben auf Weinflaschen geht, stellt der EuGH bereits zu Beginn seiner Grundrechtsprüfung fest, die Ausübung der Berufsfreiheit und der unternehmerischen Freiheit könne Beschränkungen unterworfen werden, „sofern diese tatsächlich den dem Gemeinwohl dienenden Zielen der Union entsprechen und keinen im Hinblick auf den verfolgten Zweck unverhältnismäßigen und untragbaren Eingriff darstellen, der diese Rechte in ihrem Wesensgehalt antastet."[1857] Dieser Formulierung[1858] zufolge berührt ein unverhältnismäßiger und untragbarer Eingriff gleichzeitig auch den Wesensgehalt der oben genannten Grundrechte.[1859] Im Folgenden erkennt der Gerichtshof im Gesundheitsschutz das legitime Ziel des Verbots.[1860] Zur Beachtung des Grundsatzes der Verhältnismäßigkeit hält er fest, das Verbot führe zwar zu einer Einschränkung der Grundrechte der betroffenen Firmen, doch sei „die Beachtung der wesentlichen Aspekte dieser Freiheiten sichergestellt."[1861] Es sei „nämlich weit davon entfernt, die Herstellung oder den Vertrieb alkoholischer Getränke zu verbieten," sondern beschränke sich darauf, für derartige Getränke innerhalb eines klar abgegrenzten Bereichs die Etikettierung und Werbung zu regeln.[1862] „Somit" berühre die streitige Regelung „in keiner Weise den Wesensgehalt der Berufsfreiheit oder der unternehmerischen Freiheit."[1863] In dieser Entscheidung

---

Rs. C-484/14 *(Mc Fadden)*, Rn. 91 f.; EuGH, Urteil v. 20.09.2016, Rs. C-8/15 P bis C-10/15 P *(Ledra Advertising/Kommission und EZB)*, Rn. 70, 74; EuGH, Urteil v. 21.12.2016, Rs. C-201/15 *(AGET Iraklis)*, Rn. 70, 82, 84–88; EuGH, Urteil v. 21.12.2016, Rs. C-203/15 und C-698/15 *(Tele2 Sverige)*, Rn. 94, 101; EuGH, Urteil v. 28.03.2017, Rs. C-72/15 *(Rosneft)*, Rn. 148; EuGH, Urteil v. 13.06.2017, Rs. C-258/14 *(Florescu u. a.)*, Rn. 55; EuGH, Urteil v. 05.07.2017, Rs. C-190/16 *(Fries)*, Rn. 38; EuGH, Gutachten v. 26.07.2017, Rs. Avis 1/15 *(Accord PNR UE-Canada)*, Rn. 150 f.; EuGH, Urteil v. 14.09.2017, Rs. C-18/16 *(K)*, Rn. 35; EuGH, Urteil v. 27.09.2017, Rs. C-73/16 *(Puškár)*, Rn. 64; EuGH, Urteil v. 20.12.2017, Rs. C-277/16 *(Polkomtel)*, Rn. 52.

[1856] Vgl. EuGH, Urteil v. 06.09.2012, Rs. C-544/10 *(Deutsches Weintor)*, Rn. 54–58; EuGH, Urteil v. 28.11.2013, Rs. C-348/12 P *(Rat/Manufacturing Support & Procurement Kala Naft)*, Rn. 122; EuGH, Urteil v. 20.09.2016, Rs. C-8/15 P bis C-10/15 P *(Ledra Advertising/Kommission und EZB)*, Rn. 70, 74; EuGH, Urteil v. 28.03.2017, Rs. C-72/15 *(Rosneft)*, Rn. 148.

[1857] EuGH, Urteil v. 06.09.2012, Rs. C-544/10 *(Deutsches Weintor)*, Rn. 54; *K. Lenaerts*, EuR 47 (2012), S. 3 (9) bezeichnet diese Formel als ständige Rechtsprechung des EuGH.

[1858] Auf eine ganz ähnliche Formulierung verweisen auch die Erläuterungen zur Charta, siehe *Präsidium des Konvents*, Erläuterungen zur Charta der Grundrechte, ABl. 2007 Nr. C 303/02, 14.12.2007, S. 32.

[1859] So auch *H. D. Jarass*, Charta der Grundrechte der Europäischen Union, 3. Aufl. 2016, Art. 52 Rn. 28 (Fn. 87).

[1860] Vgl. EuGH, Urteil v. 06.09.2012, Rs. C-544/10 *(Deutsches Weintor)*, Rn. 55.

[1861] EuGH, Urteil v. 06.09.2012, Rs. C-544/10 *(Deutsches Weintor)*, Rn. 56.

[1862] EuGH, Urteil v. 06.09.2012, Rs. C-544/10 *(Deutsches Weintor)*, Rn. 57.

[1863] EuGH, Urteil v. 06.09.2012, Rs. C-544/10 *(Deutsches Weintor)*, Rn. 58.

leitet der EuGH aus der Verhältnismäßigkeit des Verbots die Achtung des Wesensgehalts ab.[1864] Er legt der Wesensgehaltsgarantie damit ein relatives Verständnis zugrunde.[1865] Darüber hinaus prüft er die Verhältnismäßigkeit und den Wesensgehalt der betroffenen Grundrechte nur sehr oberflächlich und nimmt seine Kontrolle damit weit zurück.[1866]

Auch in den Urteilen Rat/Manufacturing Support & Procurement Kala Naft (C-348/12 P) sowie Rosneft (C-72/15) nutzt der Gerichtshof die oben zitierte Formel, wonach unverhältnismäßige und nicht tragbare Eingriffe „die so gewährleisteten Rechte in ihrem Wesensgehalt antasten würde[n]".[1867] Wiederum prüft er das Vorliegen eines legitimen Ziels und bejaht im ersten Urteil anschließend die Verhältnismäßigkeit der im Fall streitigen Sanktionen mit dem kurzen Verweis auf „die zahlreichen Berichte der IAEO, die große Zahl von Resolutionen des Sicherheitsrats wie auch die verschiedenen Maßnahmen der Union".[1868] Sowohl die Sanktionen des UN-Sicherheitsrats als auch der EU seien „abgestuft und durch den mangelnden Erfolg der zuvor erlassenen Maßnahmen gerechtfertigt."[1869] Sie seien verhältnismäßig, da das Vorgehen auf die Abstufung der Rechtsbeeinträchtigung nach Maßgabe ihrer Wirksamkeit gestützt sei.[1870] Ganz ähnlich ist seine Argumentation im Urteil Rosneft, in dem der Gerichtshof wiederum auf die abgestufte Intensität der Sanktionen abstellt.[1871] Obwohl der EuGH in beiden Urteilen bei der Zusammenfassung seines Ergebnisses den Begriff des Wesensgehalts nicht erneut verwendet, liegt es aufgrund der von ihm eingangs gewählten Formulierung nahe, dass er einem relativen Ansatz folgt.

Dies gilt auch für die Grundrechtsprüfung in der Entscheidung Ledra Advertising/Kommission und EZB (C-8/15 P bis C-10/15 P). Unter erneuter Verwendung der oben dargestellten Formel,[1872] kommt der Gerichtshof zu dem Ergebnis, die fraglichen Maßnahmen zur Bankenrettung stellten „keinen unver-

---

[1864] Vgl. aber EuGH, Urteil v. 05.07.2017, Rs. C-190/16 *(Fries)*, Rn. 73, 75, in dem der EuGH erst die Formulierung aus dem Urteil Deutsches Weintor anführt, dann aber die Wahrung der Wesensgehaltsgarantie vor der Verhältnismäßigkeit prüft.

[1865] Vgl. aber *H. D. Jarass*, Charta der Grundrechte der Europäischen Union, 3. Aufl. 2016, Art. 16 Rn. 19a, der insofern von „etwas missverständliche[n] Formulierungen" spricht.

[1866] So auch *J. Kühling*, ZÖR 68 (2013), S. 469 (482 [Fn. 76]); *R. Streinz*, JuS 2013, S. 369 (371); *S. Peers/S. Prechal*, in: S. Peers/T. K. Hervey/A. Ward (Hrsg.), The EU Charter of Fundamental Rights, 2014, Art 52 Rn. 79.

[1867] Vgl. EuGH, Urteil v. 28.11.2013, Rs. C-348/12 P *(Rat/Manufacturing Support & Procurement Kala Naft)*, Rn. 122; EuGH, Urteil v. 28.03.2017, Rs. C-72/15 *(Rosneft)*, Rn. 148.

[1868] Vgl. EuGH, Urteil v. 28.11.2013, Rs. C-348/12 P *(Rat/Manufacturing Support & Procurement Kala Naft)*, Rn. 126.

[1869] EuGH, Urteil v. 28.11.2013, Rs. C-348/12 P *(Rat/Manufacturing Support & Procurement Kala Naft)*, Rn. 126.

[1870] EuGH, Urteil v. 28.11.2013, Rs. C-348/12 P *(Rat/Manufacturing Support & Procurement Kala Naft)*, Rn. 126.

[1871] Vgl. EuGH, Urteil v. 28.03.2017, Rs. C-72/15 *(Rosneft)*, Rn. 149 f.

[1872] Diese Formulierung verwendet der EuGH auch in EuGH, Urteil v. 15.01.2013,

hältnismäßigen und nicht tragbaren Eingriff dar, der das gewährleistete Eigentumsrecht der Rechtsmittelführer in ihrem Wesensgehalt antastet."[1873]

In diesen vier Entscheidungen bestimmt der EuGH den Wesensgehalt der fraglichen Grundrechte (Art. 15, Art. 16, Art. 17 GRC) durch einen relativen Ansatz und setzt somit seine Rechtsprechung aus der Zeit vor Rechtsverbindlichkeit der Charta fort.

c) *Prüfungen nach absolutem Ansatz*

In 22 der 71 analysierten Entscheidungen geht der Gerichtshof hingegen von einem absoluten Ansatz aus.[1874]

Zum Beispiel prüft er im Urteil Digital Rights Ireland und Seitlinger u. a. (C-293/12 und C-594/12) die Verletzung des Wesensgehalts der Grundrechte aus Art. 7 und Art. 8 GRC durch die im Fall streitige Vorratsdatenspeicherungsrichtlinie als ersten Punkt der Rechtfertigung und damit vor der Erörterung der Verhältnismäßigkeit.[1875] Zunächst führt er zu den Grundrechten aus Art. 7 GRC aus, die Vorratsdatenspeicherung stelle zwar „einen besonders schwerwiegenden Eingriff in diese Rechte" dar, beeinträchtige jedoch nicht ihren Wesensgehalt, „da die Richtlinie […] die Kenntnisnahme des Inhalts elektronischer Kommunikation als solchen nicht gestattet."[1876] Die Kenntnisnahme des Inhalts elektronischer Kommunikation ist damit offenbar nach Ansicht des EuGH ein

---

Rs. C-416/10 *(Križan u. a.)*, Rn. 113, in dem er allerdings keine Prüfung des Wesensgehalts vornimmt.

[1873] EuGH, Urteil v. 20.09.2016, Rs. C-8/15 P bis C-10/15 P *(Ledra Advertising/Kommission und EZB)*, Rn. 74.

[1874] Vgl. EuGH, Urteil v. 05.10.2010, Rs. C-400/10 PPU *(MCB.)*, Rn. 55, 57; EuGH, Urteil v. 22.01.2013, Rs. C-283/11 *(Sky Österreich)*, Rn. 48 f.; EuGH, Urteil v. 26.09.2013, Rs. C-418/11 *(Texdata Software)*, Rn. 84 f.; EuGH, Urteil v. 08.04.2014, Rs. C-293/12 und C-594/12 *(Digital Rights Ireland und Seitlinger u. a.)*, Rn. 38–40; EuGH, Urteil v. 27.05.2014, Rs. C-129/14 PPU *(Spasic)*, Rn. 56, 58 f.; EuGH, Urteil v. 29.04.2015, Rs. C-528/13 *(Léger)*, Rn. 52, 54; EuGH, Urteil v. 06.10.2015, Rs. C-362/14 *(Schrems)*, Rn. 94 f.; EuGH, Urteil v. 06.10.2015, Rs. C-650/13 *(Delvigne)*, Rn. 46, 48; EuGH, Urteil v. 17.12.2015, Rs. C-157/14 *(Neptune Distribution)*, Rn. 68, 70 f.; EuGH, Urteil v. 15.02.2016, Rs. C-601/15 PPU *(N.)*, Rn. 50, 52; EuGH, Urteil v. 04.05.2016, Rs. C-477/14 *(Pillbox 38)*, Rn. 160–164; EuGH, Urteil v. 04.05.2016, Rs. C-547/14 *(Philip Morris Brands u. a.)*, Rn. 149, 151; EuGH, Urteil v. 15.09.2016, Rs. C-439/14 und C-488/14 *(Star Storage)*, Rn. 49 f.; EuGH, Urteil v. 15.09.2016, Rs. C-484/14 *(Mc Fadden)*, Rn. 91 f.; EuGH, Urteil v. 21.12.2016, Rs. C-201/15 *(AGET Iraklis)*, Rn. 70, 82, 84–88; EuGH, Urteil v. 21.12.2016, Rs. C-203/15 und C-698/15 *(Tele2 Sverige)*, Rn. 94, 101; EuGH, Urteil v. 13.06.2017, Rs. C-258/14 *(Florescu u. a.)*, Rn. 55; EuGH, Urteil v. 05.07.2017, Rs. C-190/16 *(Fries)*, Rn. 38; EuGH, Gutachten v. 26.07.2017, Rs. Avis 1/15 *(Accord PNR UE-Canada)*, Rn. 150 f.; EuGH, Urteil v. 14.09.2017, Rs. C-18/16 *(K)*, Rn. 35; EuGH, Urteil v. 27.09.2017, Rs. C-73/16 *(Puškár)*, Rn. 64; EuGH, Urteil v. 20.12.2017, Rs. C-277/16 *(Polkomtel)*, Rn. 52.

[1875] EuGH, Urteil v. 08.04.2014, Rs. C-293/12 und C-594/12 *(Digital Rights Ireland und Seitlinger u. a.)*, Rn. 39 f.

[1876] EuGH, Urteil v. 08.04.2014, Rs. C-293/12 und C-594/12 *(Digital Rights Ireland und Seitlinger u. a.)*, Rn. 39.

absolut geschützter Kernbereich des Art. 7 GRC. Weil dies aber zahlreiche Eingriffe wie die zielgerichtete Telekommunikationsüberwachung durch die Polizei oder Strafverfolgungsbehörden unmöglich machen würde, kann nicht jeglicher Zugriff auf den Inhalt einer Kommunikation den Wesensgehalt von Art. 7 GRC verletzen.[1877] Welcher Umfang der Kenntnisnahme dazu nötig ist, musste der Gerichtshof in dieser Entscheidung nicht festlegen, da die fragliche Richtlinie keinerlei Zugriff auf den Inhalt elektronischer Kommunikation vorsah.[1878]

Auch den Wesensgehalt des Grundrechts auf Schutz personenbezogener Daten aus Art. 8 GRC sieht der EuGH im vorliegenden Urteil nicht verletzt, weil die Anbieter von öffentlich zugänglichen elektronischen Kommunikationsdiensten beziehungsweise Betreiber eines öffentlichen Kommunikationsnetzes, die die betroffenen Daten speichern müssten, nach der streitigen Richtlinie „bestimmte Grundsätze des Datenschutzes und der Datensicherheit einhalten" müssten.[1879] Die Mitgliedstaaten stellten somit sicher, „dass geeignete technische und organisatorische Maßnahmen getroffen werden, um die Daten gegen zufällige oder unrechtmäßige Zerstörung sowie zufälligen Verlust oder zufällige Änderung zu schützen."[1880] Folglich sind grundlegende Maßnahmen des Datenschutzes und der Datensicherheit zur Wahrung des Wesensgehalts von Art. 8 GRC erforderlich.[1881]

Anschließend an diese Prüfung untersucht der Gerichtshof, ob die Regelung auch verhältnismäßig ist.[1882] Im Urteil Digital Rights Ireland und Seitlinger u. a. legt er seiner Wesensgehaltsprüfung somit ein absolutes Verständnis zugrunde.[1883]

Den gleichen Ansatz verfolgt er im Urteil Schrems (C-362/14), der einzigen[1884] der hier analysierten Entscheidungen, in der der EuGH eine Verletzung des Wesensgehalts feststellt. Diese erkennt er in der sogenannten Safe

---

[1877] *J. Eichenhofer*, EuR 51 (2016), S. 76 (84).
[1878] Dazu sogleich EuGH, Urteil v. 06.10.2015, Rs. C-362/14 *(Schrems)*.
[1879] EuGH, Urteil v. 08.04.2014, Rs. C-293/12 und C-594/12 *(Digital Rights Ireland und Seitlinger u. a.)*, Rn. 40.
[1880] EuGH, Urteil v. 08.04.2014, Rs. C-293/12 und C-594/12 *(Digital Rights Ireland und Seitlinger u. a.)*, Rn. 40.
[1881] Vgl. auch *H. D. Jarass*, Charta der Grundrechte der Europäischen Union, 3. Aufl. 2016, Art. 8 Rn. 12a; ganz ähnlich EuGH, Gutachten v. 26.07.2017, Rs. Avis 1/15 *(Accord PNR UE-Canada)*, Rn. 150.
[1882] Vgl. EuGH, Urteil v. 08.04.2014, Rs. C-293/12 und C-594/12 *(Digital Rights Ireland und Seitlinger u. a.)*, Rn. 41–69.
[1883] So auch *H. D. Jarass*, Charta der Grundrechte der Europäischen Union, 3. Aufl. 2016, Art. 52 Rn. 28; vorsichtiger *T. Kingreen*, in: C. Calliess/M. Ruffert (Hrsg.), EUV, AEUV, 5. Aufl. 2016, Art. 52 GRC Rn. 64.
[1884] Im Urteil Alemo-Herron schränkt der EuGH dagegen die Auslegungsmöglichkeiten des in diesem Fall relevanten Sekundärrechts wegen einer potenziellen Verletzung der Wesensgehaltsgarantie ein. Vgl. EuGH, Urteil v. 18.07.2013, Rs. C-426/11 *(Alemo-Herron u. a.)*, Rn. 35 f.

Harbor-Regelung der Kommission, die es den Behörden gestatte, „generell auf den Inhalt elektronischer Kommunikation zuzugreifen", und so „den Wesensgehalt des durch Art. 7 der Charta garantierten Grundrechts auf Achtung des Privatlebens" verletze.[1885] Ebenso verletze „eine Regelung, die keine Möglichkeit für den Bürger vorsieht, mittels eines Rechtsbehelfs Zugang zu den ihn betreffenden personenbezogenen Daten zu erlangen oder ihre Berichtigung oder Löschung zu erwirken, den Wesensgehalt des in Art. 47 der Charta verankerten Grundrechts auf wirksamen gerichtlichen Rechtsschutz."[1886] Erstmalig verwirft der Gerichtshof damit Sekundärrecht wegen eines Verstoßes gegen die Wesensgehaltsgarantie.[1887] Dabei sieht er einen Verstoß gegen die Garantie der Achtung des Wesensgehalts gleich zweier Grundrechte, Art. 7 und Art. 47 GRC. Zur Bestimmung beider Kernbereiche folgt der EuGH der absoluten Wesensgehaltstheorie.[1888] Er konkretisiert zudem die Auslegung des Wesensgehalts von Art. 7 GRC, wenn er feststellt, dieser sei verletzt, wenn die Behörden „generell" auf den Inhalt von Kommunikation zugreifen könnten.[1889] Wie bereits zum Urteil Digital Rights Ireland und Seitlinger u. a. dargestellt, kann zur Verletzung des Wesensgehalts von Art. 7 GRC die Kenntnisnahme des Inhalts einer einzelnen Kommunikation nicht ausreichen.[1890]

Der Wesensgehalt von Art. 47 GRC bleibt jedoch unklar.[1891] Hierzu führt der Gerichtshof lediglich aus, eine Regelung, die keine Möglichkeit für den Bürger vorsehe, mittels eines Rechtsbehelfs Zugang zu den ihn betreffenden personenbezogenen Daten zu erlangen oder ihre Berichtigung oder Löschung zu erwirken, verletze den Wesensgehalt von Art. 47 GRC.[1892] Die Existenz einer entsprechenden gerichtlichen Kontrolle sei „dem Wesen eines Rechtsstaates inhärent".[1893] Weitere Ausführungen finden sich nicht. Abgeleitet werden kann aber wohl, dass der Wesensgehalt von Art. 47 GRC zumindest die – wie auch immer geartete – Möglichkeit des gerichtlichen Rechtsschutzes umfasst,

---

[1885] EuGH, Urteil v. 06.10.2015, Rs. C-362/14 *(Schrems)*, Rn. 94.
[1886] EuGH, Urteil v. 06.10.2015, Rs. C-362/14 *(Schrems)*, Rn. 95.
[1887] *R. Stotz*, ZEuS 2017, S. 259 (265).
[1888] Ebenso *J. Eichenhofer*, EuR 51 (2016), S. 76 (85); *T. Ojanen*, E.C.L. Rev. 12 (2016), S. 318 (320 ff.).
[1889] Vgl. auch EuGH, Gutachten v. 26.07.2017, Rs. Avis 1/15 *(Accord PNR UE-Canada)*, Rn. 150.
[1890] *J. Eichenhofer*, EuR 51 (2016), S. 76 (84); *T. Ojanen*, E.C.L. Rev. 12 (2016), S. 318 (326 f.).
[1891] *J. Eichenhofer*, EuR 51 (2016), S. 76 (85); vgl. aber *T. Ojanen*, E.C.L. Rev. 12 (2016), S. 318 (327); vgl. auch EuGH, Urteil v. 27.09.2017, Rs. C-73/16 *(Puškár)*, Rn. 64: „Zudem achtet diese Pflicht den Wesensgehalt des Grundrechts auf einen wirksamen gerichtlichen Rechtsschutz, wie er in Art. 47 der Charta verankert ist. Denn sie stellt dieses Grundrecht nicht als solches in Frage. Für seine Ausübung wird lediglich eine zusätzliche Verfahrensetappe vorgegeben".
[1892] EuGH, Urteil v. 06.10.2015, Rs. C-362/14 *(Schrems)*, Rn. 95.
[1893] EuGH, Urteil v. 06.10.2015, Rs. C-362/14 *(Schrems)*, Rn. 95.

B. Anwendung der Kriterien

wenn der Grundrechtsträger Zugang zu beziehungsweise Berichtigung oder Löschung von ihn betreffenden personenbezogenen Daten sucht.[1894]

Im Urteil AGET Iraklis (C-201/15) erscheint die Zuordnung zum relativen oder absoluten Ansatz zunächst nicht eindeutig, denn der EuGH untersucht die Verletzung des Wesensgehalts von Art. 16 GRC durch die im Fall streitige nationale Regelung für Massenentlassungen zwar vor der Erörterung ihrer Verhältnismäßigkeit,[1895] fasst beides aber unter die Überschrift „Zur Verhältnismäßigkeit"[1896]. Hinsichtlich der Wesensgehaltsgarantie verweist der Gerichtshof zunächst auf seine verringerte Kontrollintensität im Rahmen von Art. 16 GRC.[1897] Anschließend wiederholt er seine Aussage aus dem Urteil Alemo-Herron u. a. (C-426/11), wonach die Weitergeltung eines Tarifvertrages, auf dessen Ausgestaltung der Erwerber eines Unternehmens keinen Einfluss nehmen kann, dessen Vertragsfreiheit in ihrem Wesensgehalt beeinträchtigen könne.[1898] Anders als in der Entscheidung Alemo-Herron u. a., in der auf diese Feststellung keine weitere Prüfung folgt,[1899] fügt der EuGH im vorliegenden Urteil hinzu, die hier streitige Regelung führe „als solche" nicht zu einem Ausschluss jedweder Möglichkeit der Unternehmen, Massenentlassungen vorzunehmen, da sie lediglich einen Rahmen für eine solche Möglichkeit schaffen solle.[1900] Der Wesensgehalt von Art. 16 GRC sei damit nicht beeinträchtigt.[1901] An diese Feststellung schließt der Gerichtshof seine Kontrolle der Verhältnismäßigkeit der streitigen Maßnahme an.[1902] Die Untersuchungen von Wesensgehalt und Verhältnismäßigkeit sind damit trotz der Prüfung unter der Überschrift „Zur Verhältnismäßigkeit"[1903] nicht nur inhaltlich voneinander getrennt, der EuGH prüft die Wesensgehaltsgarantie auch vor der Verhältnismäßigkeit. Beiden Maßstäben kommt somit eine eigenständige Bedeutung zu. Der Urteilsaufbau des EuGH in diesem Fall und seine Überschriften[1904] sind damit zu erklären, dass der Gerichtshof im vorliegenden Urteil die mögliche

---

[1894] So *H.D. Jarass*, Charta der Grundrechte der Europäischen Union, 3. Aufl. 2016, Art. 47 Rn. 14a.
[1895] Vgl. EuGH, Urteil v. 21.12.2016, Rs. C-201/15 *(AGET Iraklis)*, Rn. 84–88, 89–103.
[1896] Vgl. EuGH, Urteil v. 21.12.2016, Rs. C-201/15 *(AGET Iraklis)*, Rn. 79.
[1897] Vgl. EuGH, Urteil v. 21.12.2016, Rs. C-201/15 *(AGET Iraklis)*, Rn. 85 f., siehe dazu Kapitel 3 B. V. 2. c) dd).
[1898] Vgl. EuGH, Urteil v. 21.12.2016, Rs. C-201/15 *(AGET Iraklis)*, Rn. 87.
[1899] Siehe dazu Kapitel 3 B. V. 3. a).
[1900] EuGH, Urteil v. 21.12.2016, Rs. C-201/15 *(AGET Iraklis)*, Rn. 88.
[1901] EuGH, Urteil v. 21.12.2016, Rs. C-201/15 *(AGET Iraklis)*, Rn. 88.
[1902] Vgl. EuGH, Urteil v. 21.12.2016, Rs. C-201/15 *(AGET Iraklis)*, Rn. 89–103.
[1903] Überschrift vor EuGH, Urteil v. 21.12.2016, Rs. C-201/15 *(AGET Iraklis)*, Rn. 79.
[1904] EuGH, Urteil v. 21.12.2016, Rs. C-201/15 *(AGET Iraklis)*, Rn. 45, 61, 71, 79: „Zur Anwendbarkeit von Art. 49 AEUV über die Niederlassungsfreiheit und/oder Art. 63 AEUV über den freien Kapitalverkehr und zum Vorliegen einer Beschränkung einer der oder beider Freiheiten", „Zur etwaigen Rechtfertigung", „Zu den zwingenden Gründen des Allgemeininteresses" und „Zur Verhältnismäßigkeit".

Verletzung von Art. 16 GRC im Rahmen seiner Untersuchung eines Verstoßes gegen die Grundfreiheiten aus Art. 49 und Art. 63 AEUV prüft. Die unternehmerische Freiheit wird hier erst im Rahmen der Rechtfertigung das erste Mal erwähnt.[1905] Es bleibt daher bei dem Befund, dass der EuGH im Urteil AGET Iraklis einen absoluten Ansatz zur Bestimmung des Wesensgehalts verwendet.

Häufig lässt sich dieses absolute Verständnis des Gerichtshofs einzig an der Trennung der Prüfungen von Wesensgehalt und Verhältnismäßigkeit erkennen.[1906] So ist seine Feststellung im Urteil Léger (C-528/13), die streitige Einschränkung achte den Wesensgehalt des Diskriminierungsverbots aus Art. 21 Abs. 1 GRC und stelle diesen Grundsatz „als solchen" nicht in Frage, da es nur um die „spezifische Frage der Ausschlüsse von der Blutspende im Hinblick auf den Gesundheitsschutz der Empfänger" gehe,[1907] für sich genommen wenig aussagekräftig. Zwar begründet der EuGH hier – anders als im Urteil Schwarz (C-291/12)[1908] – sein Ergebnis immerhin kurz, doch wird nicht deutlich, auf welches Verständnis des Wesensgehalts er aufbaut. Beachtet man aber, dass der Gerichtshof anschließend ausführlich die Verhältnismäßigkeit der Maßnahme kontrolliert und (mit gewissen Einschränkungen) verneint,[1909] wird deutlich, dass er auch hier einen absoluten Ansatz verfolgt.

Ungeklärt ist aber, wie der EuGH den absolut geschützten Kerngehalt der einzelnen Grundrechte ausformt. Bisher bezeichnet er gewisse Situationen als (Nicht-)Verstoß gegen die Wesensgehaltsgarantie, ohne dieses Ergebnis weiter zu begründen.[1910] Das ist allerdings ein generelles Problem der absoluten Theorie, weil einerseits manche Grundrechte wie etwa das Grundrecht auf Leben gemäß Art. 2 Abs. 1 GRC kaum in einen Kern- und einen sonstigen Bereich getrennt werden können und es andererseits bei jedem Grundrecht gewichtige Gründe geben kann, auch in den Kernbereich einzugreifen.[1911]

d) Zusammenfassung

Wenn der EuGH prüft, ob der Kernbereich eines Grundrechts beeinträchtigt ist, was in 33 der hier untersuchten 71 Entscheidungen der Fall ist, nutzt er fast immer den Begriff „Wesensgehalt" (Französisch: „contenu essentiel"), den auch die Charta in Art. 52 Abs. 1 S. 1 GRC enthält. Einzig im Urteil Kommis-

---

[1905] Vgl. EuGH, Urteil v. 21.12.2016, Rs. C-201/15 *(AGET Iraklis)*, Rn. 62.
[1906] Ebenso in Bezug auf das Urteil Lidl R. *Streinz*, JuS 2017, S. 798 (799); ohne weitere Begründung gegen eine solche Schlussfolgerung allerdings H. *Krämer*, in: K. Stern/M. Sachs (Hrsg.), Europäische Grundrechte-Charta, 2016, Art. 52 Rn. 58.
[1907] EuGH, Urteil v. 29.04.2015, Rs. C-528/13 *(Léger)*, Rn. 54.
[1908] Siehe zu dieser Entscheidung Kapitel 3 B. V. 3. a).
[1909] Vgl. EuGH, Urteil v. 29.04.2015, Rs. C-528/13 *(Léger)*, Rn. 55–68.
[1910] So zum Urteil Schrems *J. Eichenhofer*, EuR 51 (2016), S. 76 (84).
[1911] *M. Cornils*, Schrankendogmatik, in: C. Grabenwarter (Hrsg.), Europäischer Grundrechteschutz (EnzEuR Band 2), 2014, § 5, Rn. 104 f.

sion/Deutschland (C-271/08) spricht er vom „Kern" der Grundrechte (Französisch: „l'essence").[1912]

In der ganz überwiegenden Zahl der Entscheidungen, in denen der Gerichtshof seine Prüfung des Wesensgehalts nachvollziehbar begründet, verwendet er zur Bestimmung des jeweiligen Wesensgehalts einen absoluten Ansatz. Ganz besonders Bedeutung kommt dabei dem Urteil Schrems (C-362/14) zu, denn hier stellt der EuGH auf Basis einer absoluten Theorie die Verletzung des Wesensgehalts von Art. 7 und Art. 47 GRC fest und hebt erstmalig Sekundärrecht mit dieser Begründung auf.[1913] Es kann daher nach Inkrafttreten der Charta nicht mehr davon gesprochen werden, der Gerichtshof hänge „ungeachtet einzelner Ausreißer" der relativen Theorie an.[1914] Vielmehr folgt er mit vereinzelten Ausnahmen dem absoluten Ansatz. Wie der EuGH jedoch diesen absolut geschützten Kernbereich der jeweiligen Grundrechte ausfüllt, ist offen.[1915] Bisher hat er nur einzelne Bereiche und Situationen als Verletzung beziehungsweise Nicht-Verletzung des Wesensgehalts bezeichnet.

Angesichts dieser Unklarheiten und einiger Entscheidungen mit relativem Verständnis des Wesensgehalts kann die Rechtsprechung des Gerichtshofs noch nicht als kohärent und konsistent bezeichnet werden.[1916] Der eingeschlagene Weg scheint aber klar.

VI. Analyse der Entscheidungen der Fallgruppe B1

In den 103 Entscheidungen der Gruppe B1 nimmt der EuGH eine nicht ausführliche Grundrechtsprüfung am Maßstab der Charta vor. Häufig beschränkt sich diese Prüfung sogar nur auf einen Satz.[1917] Vor Rechtsverbindlichkeit der Charta wurden gerade auch solche sehr knappen und damit kaum nachprüfbaren Grundrechtsprüfungen kritisiert, da der Gerichtshof so gegen seine Begrün-

---

[1912] Vgl. EuGH, Urteil v. 15.07.2010, Rs. C-271/08 *(Kommission/Deutschland)*, Rn. 49.
[1913] *T. Ojanen*, E.C.L. Rev. 12 (2016), S. 318 (325): „landmark ruling"; ähnlich *R. Stotz*, ZEuS 2017, S. 259 (265).
[1914] So noch im Jahre 2010 *P. M. Huber*, in: H. von Mangoldt/F. Klein/C. Starck (Hrsg.), Kommentar zum Grundgesetz: GG, 6. Aufl. 2010, Art. 19 Abs. 2 Rn. 201; vgl. auch *M. Cornils*, Schrankendogmatik, in: C. Grabenwarter (Hrsg.), Europäischer Grundrechteschutz (EnzEuR Band 2), 2014, § 5, Rn. 106, der eine Renaissance der absoluten Theorie durch die Rechtsprechung des EuGH noch im Jahre 2014 für „eher unwahrscheinlich" hielt und davon sprach, dass der Gerichtshof „nur" den relativen Ansatz verfolge; a. A. auch aber ohne umfassende Analyse der Rechtsprechung *H. Krämer*, in: K. Stern/M. Sachs (Hrsg.), Europäische Grundrechte-Charta, 2016, Art. 52 Rn. 58; in diese Richtung auch *S. Greer/J. Gerards/R. Slowe*, Human Rights in the Council of Europe and the European Union, 2018, S. 316.
[1915] Vgl. auch *T. Kingreen*, in: C. Calliess/M. Ruffert (Hrsg.), EUV, AEUV, 5. Aufl. 2016, Art. 52 GRC Rn. 67.
[1916] Ebenso, insbesondere in Bezug auf den Wesensgehalt von Art. 15 und Art. 16 GRC: *A. Sagan*, EuZW 2017, S. 729 (735).
[1917] Siehe zu dieser Fallgruppe Kapitel 2 C. III. 2. a).

dungspflicht[1918] aus § 33 (jetzt: Art. 36) Satzung EuGH verstoße und sich dem Vorwurf aussetze, die Grundrechtsverletzung nicht ausreichend untersucht zu haben.[1919] Fraglich ist, ob diese Kritik für die Entscheidungen der Gruppe B1, die nach Inkrafttreten der Charta ergangen sind, aufrechterhalten werden kann. Die Kriterien des Art. 52 Abs. 1 GRC gelten auch für diese Grundrechtsprüfungen. Es liegt aber nahe, dass die Anforderungen der Charta in diesen Entscheidungen aufgrund der Kürze der Ausführungen meist nicht erfüllt werden.

Die Analyse der B1-Entscheidungen bestätigt diese Hypothese.

So ist in dieser Gruppe sowohl bei der Prüfung von Freiheits-, Gleichheits- als auch Justizgrundrechten durch den EuGH kein Prüfungsschema erkennbar. Im Urteil Royal Appliance International/HABM (C-448/09 P) etwa verweist der Gerichtshof in seiner Antwort auf das Vorbringen der Rechtsmittelführerin, das Gericht habe ihr Eigentumsgrundrecht aus Art. 17 GRC verletzt,[1920] lediglich auf seine vorangegangenen Ausführungen, in denen er einen Verstoß des EuG gegen die Verfahrensordnung EuG abgelehnt hat, und stellt dann fest, das Argument der Rechtsmittelführerin, die Nichtberücksichtigung des bei den deutschen Gerichten anhängigen Verfahrens durch das Gericht führe zu einer Verletzung ihrer Grundrechte, könne daher keinen Erfolg haben.[1921]

Einzig bei den Prüfungen in den Urteilen WebMindLicenses (C-419/14), Pillbox 38 (C-477/14), Lidl (C-134/15),[1922] ArcelorMittal Rodange und Schifflange (C-321/15) und Dextro Energy/Kommission (C-296/16 P) lassen sich Grundzüge einer dreistufigen Prüfung von Freiheitsgrundrechten erkennen. So stellt der EuGH im Urteil Pillbox 38 zu einer Verletzung von Art. 17 GRC zunächst fest, „dass nach dessen Abs. 2 dieses Recht auch das geistige Eigentum erfasst".[1923] Damit umschreibt er, wenn auch denkbar kurz und ohne zu subsumieren, den Schutzbereich dieses Grundrechts. Anschließend führt er aus: Soweit Pillbox einen „Eingriff in die Nutzung ihres gewerblichen Eigentums und ihrer Marke" geltend mache, genüge die Feststellung, die fragliche Bestimmung behindere Pillbox „keineswegs im Genuss ihres geistigen Eigentums", sodass „der Wesensgehalt ihres Eigentumsrechts in der Substanz intakt" bleibe.[1924] Des Weiteren gehe „dieser Eingriff" auch nicht über die Grenzen

---

[1918] Dazu auch *J. Kühling*, ZÖR 68 (2013), S. 469 (471).

[1919] *S. Storr*, Der Staat 36 (1997), S. 547 (572); wortgleich *E. Stieglitz*, Allgemeine Lehren im Grundrechtsverständnis nach der EMRK und der Grundrechtsjudikatur des EuGH, 2002, S. 144; ähnlich *J. Pietsch*, Das Schrankenregime der EU-Grundrechtecharta, 2005, S. 99.

[1920] Vgl. EuGH, Beschluss v. 30.06.2010, Rs. C-448/09 P *(Royal Appliance International/HABM)*, Rn. 35.

[1921] EuGH, Beschluss v. 30.06.2010, Rs. C-448/09 P *(Royal Appliance International/HABM)*, Rn. 52.

[1922] Zu beachten ist, dass diese Entscheidungen mehrere Grundrechtsprüfungen enthalten und daher in unterschiedliche Gruppen fallen. In diesen drei Urteilen finden sich auch ausführliche Grundrechtsprüfungen anhand der Charta, die an anderer Stelle analysiert werden.

[1923] EuGH, Urteil v. 04.05.2016, Rs. C-477/14 *(Pillbox 38)*, Rn. 163.

[1924] EuGH, Urteil v. 04.05.2016, Rs. C-477/14 *(Pillbox 38)*, Rn. 164.

dessen hinaus, was zur Erreichung der mit der fraglichen Richtlinie verfolgten legitimen Ziele geeignet und erforderlich sei.[1925] In diesen zwei Sätzen erwähnt der Gerichtshof an zwei Stellen den Begriff „Eingriff". Dabei wird zwar nicht ganz klar, ob er selbst eine Einschränkung von Art. 17 Abs. 2 GRC annimmt, da er im ersten Satz das Vorbringen von Pillbox zitiert,[1926] im zweiten aber von „diese[m] Eingriff" spricht. Der EuGH sieht diese potenzielle Grundrechtseinschränkung als jedenfalls gerechtfertigt an. Hierbei spricht er nicht nur von der Vereinbarkeit mit der Wesensgehaltsgarantie, sondern verweist auch auf die Verhältnismäßigkeit der Norm, die er schon in der vorangegangenen Prüfung festgestellt hat. Diese Grundrechtsprüfung eines Freiheitsrechts enthält somit trotz ihrer Kürze die in Art. 52 Abs. 1 GRC vorgesehenen drei Stufen von Schutzbereich, Einschränkung und Rechtfertigung.

Im Bereich der Schutzbereichsprüfung durch den Gerichtshof im Rahmen der Entscheidungen der Fallgruppe B1 ist das Bild etwas vielschichtiger: Hier lässt sich keine Entscheidung ausmachen, in der der EuGH den Schutzbereich prüft und sein Ergebnis begründet. Eine Schutzbereichsprüfung ohne entsprechende Begründung nimmt der Gerichtshof in 13 Entscheidungen vor,[1927] in 57 Entscheidungen fehlt die Prüfung des Schutzbereichs völlig.[1928] Weitere 26

[1925] EuGH, Urteil v. 04.05.2016, Rs. C-477/14 *(Pillbox 38)*, Rn. 164.
[1926] EuGH, Urteil v. 04.05.2016, Rs. C-477/14 *(Pillbox 38)*, Rn. 164: „Soweit Pillbox einen Eingriff in die Nutzung ihres gewerblichen Eigentums und ihrer Marke geltend macht".
[1927] Vgl. EuGH, Urteil v. 16.09.2010, Rs. C-149/10 *(Chatzi)*, Rn. 38 f.; EuGH, Urteil v. 14.10.2010, Rs. C-243/09 *(Fuß)*, Rn. 66; EuGH, Urteil v. 28.06.2012, Rs. C-7/11 *(Caronna)*, Rn. 55; EuGH, Urteil v. 19.09.2013, Rs. C-579/12 RX II *(Réexamen Commission/Strack)*, Rn. 46; EuGH, Urteil v. 18.12.2014, Rs. C-131/13, C-163/13 und C-164/13 *(Schoenimport „Italmoda" Mariano Previti)*, Rn. 61; EuGH, Beschluss v. 14.01.2016, Rs. C-278/15 P *(Royal County of Berkshire Polo Club/HABM)*, Rn. 51–53; EuGH, Urteil v. 04.05.2016, Rs. C-477/14 *(Pillbox 38)*, Rn. 163 f.; EuGH, Urteil v. 05.07.2016, Rs. C-614/14 *(Ognyanov)*, Rn. 23, 32; EuGH, Urteil v. 08.03.2017, Rs. C-321/15 *(ArcelorMittal Rodange und Schifflange)*, Rn. 37 f.; EuGH, Urteil v. 09.03.2017, Rs. C-141/15 *(Doux)*, Rn. 60; EuGH, Urteil v. 08.06.2017, Rs. C-296/16 P *(Dextro Energy/Kommission)*, Rn. 54; EuGH, Urteil v. 27.09.2017, Rs. C-73/16 *(Puškár)*, Rn. 114; EuGH, Urteil v. 26.10.2017, Rs. C-534/16 *(BB construct)*, Rn. 31–33.
[1928] Vgl. EuGH, Urteil v. 04.03.2010, Rs. C-578/08 *(Chakroun)*, Rn. 63; EuGH, Beschluss v. 30.06.2010, Rs. C-448/09 P *(Royal Appliance International/HABM)*, Rn. 52; EuGH, Beschluss v. 22.10.2010, Rs. C-266/10 P *(Seacid/Parlament und Rat)*, Rn. 14, 30; EuGH, Beschluss v. 17.03.2011, Rs. C-309/07 INT *(Baumann)*, Rn. 5–7; EuGH, Beschluss v. 28.06.2011, Rs. C-93/11 P *(Verein Deutsche Sprache/Rat)*, Rn. 29–31; EuGH, Urteil v. 21.07.2011, Rs. C-252/10 P *(Evropaïki Dynamiki/EMSA)*, Rn. 48; EuGH, Beschluss v. 29.11.2011, Rs. C-235/11 P *(Evropaïki Dynamiki/Kommission)*, Rn. 65–67; EuGH, Urteil v. 29.03.2012, Rs. C-500/10 *(Belvedere Costruzioni)*, Rn. 23–25; EuGH, Beschluss v. 14.05.2012, Rs. C-477/11 P *(Sepracor Pharmaceuticals)*, Rn. 65; EuGH, Urteil v. 19.07.2012, Rs. C-451/11 *(Dülger)*, Rn. 53; EuGH, Beschluss v. 15.06.2012, Rs. C-493/11 P *(United Technologies/Kommission)*, Rn. 41; EuGH, Beschluss v. 25.10.2012, Rs. C-168/12 P(R) *(Hassan/Rat)*, Rn. 46 f.; EuGH, Urteil v. 29.01.2013, Rs. C-396/11 *(Radu)*, Rn. 39–41; EuGH, Urteil v. 28.05.2013, Rs. C-239/12 P *(Abdulrahim/Rat und Kommission)*, Rn. 44; EuGH, Urteil v. 06.06.2013, Rs. C-183/12 P *(Ayadi/Kommission)*, Rn. 47; EuGH, Beschluss v. 06.06.2013, Rs. C-535/12 P *(Faet Oltra/Bürgerbeauftragter)*, Rn. 18; EuGH, Urteil v. 11.07.2013, Rs. C-439/11 P *(Zieg-*

Entscheidungen sind unklar.[1929] In sieben Entscheidungen prüft der EuGH den Schutzbereich nicht, weil es um einen Verstoß gegen die Gleichheitsgrundrechte[1930] aus Art. 20 oder Art. 21 GRC geht.[1931]

---

ler/Kommission), Rn. 129 f.; EuGH, Urteil v. 18.07.2013, Rs. C-499/11 P *(Dow Chemical u. a./Kommission)*, Rn. 59; EuGH, Urteil v. 19.09.2013, Rs. C-56/12 P *(EFIM/Kommission)*, Rn. 45; EuGH, Urteil v. 03.10.2013, Rs. C-583/11 P *(Inuit Tapiriit Kanatami u. a./Parlament und Rat)*, Rn. 105; EuGH, Urteil v. 28.11.2013, Rs. C-348/12 P *(Rat/Manufacturing Support & Procurement Kala Naft)*, Rn. 105; EuGH, Beschluss v. 28.11.2013, Rs. C-389/13 P (R) *(EMA/AbbVie)*, Rn. 54; EuGH, Beschluss v. 28.11.2013, Rs. C-390/13 P (R) *(EMA/InterMune UK u. a.)*, Rn. 56; EuGH, Urteil v. 19.12.2013, Rs. C-274/12 P *(Telefónica/Kommission)*, Rn. 56; EuGH, Urteil v. 27.02.2014, Rs. C-470/12 *(Pohotovost)*, Rn. 53 f.; EuGH, Urteil v. 30.04.2014, Rs. C-238/12 P *(FLSmidth/Kommission)*, Rn. 25; EuGH, Urteil v. 12.06.2014, Rs. C-578/11 P *(Deltafina/Kommission)*, Rn. 90; EuGH, Urteil v. 19.06.2014, Rs. C-243/12 P *(FLS Plast/Kommission)*, Rn. 27; EuGH, Urteil v. 19.06.2014, Rs. C-531/12 P *(Commune de Millau und SEMEA/Kommission)*, Rn. 97–99; EuGH, Urteil v. 09.10.2014, Rs. C-467/13 P *(ICF/Kommission)*, Rn. 60; EuGH, Urteil v. 12.11.2014, Rs. C-580/12 P *(Guardian Industries und Guardian Europe/Kommission)*, Rn. 20; EuGH, Urteil v. 02.12.2014, Rs. C-148/13 bis C-150/13 *(A)*, Rn. 64 f.; EuGH, Urteil v. 04.06.2015, Rs. C-682/13 P *(Andechser Molkerei Scheitz/Kommission)*, Rn. 29–31; EuGH, Urteil v. 21.01.2016, Rs. C-603/13 P *(Galp Energia España u. a./Kommission)*, Rn. 58; EuGH, Urteil v. 28.01.2016, Rs. C-514/14 P *(Éditions Odile Jacob/Kommission)*, Rn. 31; EuGH, Urteil v. 25.05.2016, Rs. C-559/14 *(Meroni)*, Rn. 50; EuGH, Urteil v. 09.06.2016, Rs. C-608/13 P *(CEPSA/Kommission)*, Rn. 67 f.; EuGH, Urteil v. 09.06.2016, Rs. C-616/13 P *(PROAS/Kommission)*, Rn. 32–34, 84; EuGH, Urteil v. 09.06.2016, Rs. C-617/13 P *(Repsol Lubricantes y Especialidades u. a./Kommission)*, Rn. 101; EuGH, Urteil v. 09.06.2016, Rs. C-78/16 und C-79/16 *(Pesce u. a.)*, Rn. 85; EuGH, Urteil v. 30.06.2016, Rs. C-134/15 *(Lidl)*, Rn. 26; EuGH, Urteil v. 07.07.2016, Rs. C-447/15 *(Muladi)*, Rn. 51; EuGH, Urteil v. 08.09.2016, Rs. C-459/15 P *(Iranian Offshore Engineering & Construction/Rat)*, Rn. 33, 65; EuGH, Urteil v. 14.09.2016, Rs. C-490/15 P und C-505/15 P *(Ori Martin/Kommission)*, Rn. 121; EuGH, Urteil v. 14.09.2016, Rs. C-519/15 P *(Trafilerie Meridionali/Kommission)*, Rn. 68; EuGH, Urteil v. 16.02.2017, Rs. C-90/15 P *(Hansen & Rosenthal und H&R Wax Company Vertrieb/Kommission)*, Rn. 24; EuGH, Urteil v. 09.03.2017, Rs. C-398/15 *(Manni)*, Rn. 57–59; EuGH, Urteil v. 14.03.2017, Rs. C-162/15 P *(Evonik Degussa/Kommission)*, Rn. 117–120; EuGH, Urteil v. 15.03.2017, Rs. C-414/15 P *(Stichting Woonlinie u. a./Kommission)*, Rn. 39; EuGH, Urteil v. 15.03.2017, Rs. C-415/15 P *(Stichting Woonpunt u. a./Kommission)*, Rn. 39; EuGH, Urteil v. 30.05.2017, Rs. C-45/15 P *(Safa Nicu Sepahan/Rat)*, Rn. 64; EuGH, Urteil v. 26.07.2017, Rs. C-490/16 *(A. S.)*, Rn. 41; EuGH, Urteil v. 26.07.2017, Rs. C-646/16 *(Jafari)*, Rn. 101; EuGH, Urteil v. 10.08.2017, Rs. C-270/17 PPU *(Tupikas)*, Rn. 60, 82; EuGH, Urteil v. 13.09.2017, Rs. C-60/16 *(Khir Amayry)*, Rn. 43; EuGH, Urteil v. 25.10.2017, Rs. C-593/15 P und C-594/15 P *(Slowakei/Kommission)*, Rn. 66; EuGH, Urteil v. 25.10.2017, Rs. C-599/15 P *(Rumänien/Kommission)*, Rn. 66, 68.

[1929] Vgl. EuGH, Beschluss v. 04.10.2010, Rs. C-532/09 P *(Ivanov/Kommission)*, Rn. 42 f.; EuGH, Urteil v. 05.10.2010, Rs. C-400/10 PPU *(MCB.)*, Rn. 60–62; EuGH, Urteil v. 17.03.2011, Rs. C-221/09 *(AJD Tuna)*, Rn. 54 f.; EuGH, Urteil v. 10.07.2014, Rs. C-220/12 P *(Nikolaou/Rechnungshof)*, Rn. 35–37; EuGH, Urteil v. 23.10.2014, Rs. C-437/13 *(Unitrading)*, Rn. 32; EuGH, Urteil v. 05.11.2014, Rs. C-166/13 *(Mukarubega)*, Rn. 43 f.; EuGH, Urteil v. 11.12.2014, Rs. C-249/13 *(Boudjlida)*, Rn. 30–33; EuGH, Beschluss v. 03.09.2015, Rs. C-52/15 P *(Lambauer/Rat)*, Rn. 18–20, 23 f.; EuGH, Urteil v. 09.09.2015, Rs. C-506/13 P *(Lito Maieftiko Gynaikologiko kai Cheirourgiko Kentro/Kommission)*, Rn. 26; EuGH, Urteil v. 06.10.2015, Rs. C-61/14 *(Orizzonte Salute)*, Rn. 72; EuGH, Urteil v. 17.12.2015, Rs. C-419/14 *(WebMindLicenses)*, Rn. 79, 83; EuGH, Urteil v. 21.01.2016, Rs. C-281/14 P *(SACBO/Kommission und INEA)*, Rn. 46 f.; EuGH, Urteil v. 18.02.2016, Rs. C-176/13 P *(Rat/Bank Mellat)*,

B. Anwendung der Kriterien

Eine ausdrückliche Prüfung der Einschränkung eines Grundrechts findet sich in der Fallgruppe B1 nicht. Dies ist in 19 Entscheidungen ohne Weiteres nachvollziehbar, weil der Gerichtshof hier entweder etwa die Eröffnung des Schutzbereiches verneint (zwölf Entscheidungen[1932]) oder das Gleichheitsrecht aus Art. 20 GRC prüft (sieben Entscheidungen[1933]). In den allermeisten Fällen wäre eine Prüfung der Einschränkung jedoch notwendig gewesen (insgesamt 56 Entscheidungen[1934]). Hier nimmt der EuGH – wie vor Inkrafttreten der Charta

---

Rn. 109; EuGH, Urteil v. 07.04.2016, Rs. C-284/15 *(ONEm und M)*, Rn. 33 f.; EuGH, Urteil v. 21.04.2016, Rs. C-200/13 P *(Rat/Bank Saderat Iran und Kommission)*, Rn. 93; EuGH, Urteil v. 30.06.2016, Rs. C-205/15 *(Toma und Biroul Executorului Judecătoresc Horațiu-Vasile Cruduleci)*, Rn. 36 f.; EuGH, Beschluss v. 29.09.2016, Rs. C-102/14 P *(Investigación y Desarrollo en Soluciones y Servicios IT/Kommission)*, Rn. 63; EuGH, Beschluss v. 24.11.2016, Rs. C-137/16 P *(Petraitis/Kommission)*, Rn. 23; EuGH, Urteil v. 24.11.2016, Rs. C-408/15 P und C-409/15 P *(Ackermann Saatzucht u. a./Parlament und Rat)*, Rn. 49–51; EuGH, Urteil v. 21.12.2016, Rs. C-444/15 *(Associazione Italia Nostra Onlus)*, Rn. 61–63; EuGH, Urteil v. 26.01.2017, Rs. C-625/13 P *(Villeroy & Boch/Kommission)*, Rn. 149; EuGH, Beschluss v. 04.04.2017, Rs. C-385/16 P *(Sharif University of Technology/Rat)*, Rn. 70–72 (71); EuGH, Beschluss v. 06.04.2017, Rs. C-464/16 P *(PITEE/ Kommission)*, Rn. 17–19; EuGH, Urteil v. 08.06.2017, Rs. C-111/17 PPU *(OL)*, Rn. 66; EuGH, Urteil v. 29.06.2017, Rs. C-579/15 *(Popławski)*, Rn. 46; EuGH, Urteil v. 13.07.2017, Rs. C-89/16 *(Szoja)*, Rn. 43.

[1930] Teilweise wird für einige der Gleichheitsgrundrechte auch eine Prüfung des Schutzbereiches verlangt. Siehe dazu Kapitel 3 A. II. 1.

[1931] Vgl. EuGH, Urteil v. 19.12.2012, Rs. C-364/11 *(Abed El Karem El Kott u. a.)*, Rn. 78 f.; EuGH, Urteil v. 17.09.2014, Rs. C-3/13 *(Baltic Agro)*, Rn. 44; EuGH, Beschluss v. 07.07.2016, Rs. C-510/15 P *(Fapricela/Kommission)*, Rn. 54 ff.; EuGH, Beschluss v. 07.07.2016, Rs. C-523/15 P *(Westfälische Drahtindustrie u. a./Kommission)*, Rn. 63, 65 f.; EuGH, Urteil v. 21.09.2016, Rs. C-221/15 *(Etablissements Fr. Colruyt)*, Rn. 30; EuGH, Urteil v. 21.12.2016, Rs. C-76/15 *(Vervloet u. a.)*, Rn. 73–75; EuGH, Urteil v. 06.09.2017, Rs. C-643/15 und C-647/15 *(Slowakei/Rat)*, Rn. 305.

[1932] Vgl. EuGH, Urteil v. 16.09.2010, Rs. C-149/10 *(Chatzi)*, Rn. 38 f.; EuGH, Urteil v. 17.03.2011, Rs. C-221/09 *(AJD Tuna)*, Rn. 54 f.; EuGH, Urteil v. 05.11.2014, Rs. C-166/13 *(Mukarubega)*, Rn. 43 f.; EuGH, Urteil v. 11.12.2014, Rs. C-249/13 *(Boudjlida)*, Rn. 30–33; EuGH, Urteil v. 18.12.2014, Rs. C-131/13, C-163/13 und C-164/13 *(Schoenimport „Italmoda" Mariano Previti)*, Rn. 61; EuGH, Beschluss v. 03.09.2015, Rs. C-52/15 P *(Lambauer/Rat)*, Rn. 18–20; EuGH, Urteil v. 17.12.2015, Rs. C-419/14 *(WebMindLicenses)*, Rn. 79, 83; EuGH, Urteil v. 08.03.2017, Rs. C-321/15 *(ArcelorMittal Rodange und Schifflange)*, Rn. 37 f.; EuGH, Urteil v. 09.03.2017, Rs. C-141/15 *(Doux)*, Rn. 60; EuGH, Urteil v. 30.05.2017, Rs. C-45/15 P *(Safa Nicu Sepahan/Rat)*, Rn. 64; EuGH, Urteil v. 08.06.2017, Rs. C-296/16 P *(Dextro Energy/Kommission)*, Rn. 54; EuGH, Urteil v. 26.10.2017, Rs. C-534/16 *(BB construct)*, Rn. 31–33.

[1933] Vgl. EuGH, Urteil v. 19.12.2012, Rs. C-364/11 *(Abed El Karem El Kott u. a.)*, Rn. 78 f.; EuGH, Urteil v. 17.09.2014, Rs. C-3/13 *(Baltic Agro)*, Rn. 44; EuGH, Beschluss v. 07.07.2016, Rs. C-510/15 P *(Fapricela/Kommission)*, Rn. 54 ff.; EuGH, Beschluss v. 07.07.2016, Rs. C-523/15 P *(Westfälische Drahtindustrie u. a./Kommission)*, Rn. 63, 65 f.; EuGH, Urteil v. 21.09.2016, Rs. C-221/15 *(Etablissements Fr. Colruyt)*, Rn. 30; EuGH, Urteil v. 21.12.2016, Rs. C-76/15 *(Vervloet u. a.)*, Rn. 73–75; EuGH, Urteil v. 06.09.2017, Rs. C-643/15 und C-647/15 *(Slowakei/Rat)*, Rn. 305.

[1934] Vgl. EuGH, Urteil v. 04.03.2010, Rs. C-578/08 *(Chakroun)*, Rn. 63; EuGH, Beschluss v. 30.06.2010, Rs. C-448/09 P *(Royal Appliance International/HABM)*, Rn. 52; EuGH, Beschluss v. 22.10.2010, Rs. C-266/10 P *(Seacid/Parlament und Rat)*, Rn. 14,

kritisiert – pauschal das (Nicht-)Vorliegen einer Einschränkung an. 29 Entscheidungen lassen sich nicht sicher zuordnen.[1935] Wie erwartet, fehlt im Bereich der

---

30; EuGH, Beschluss v. 17.03.2011, Rs. C-309/07 INT *(Baumann)*, Rn. 5–7; EuGH, Beschluss v. 28.06.2011, Rs. C-93/11 P *(Verein Deutsche Sprache/Rat)*, Rn. 29–31; EuGH, Urteil v. 21.07.2011, Rs. C-252/10 P *(Evropaïki Dynamiki/EMSA)*, Rn. 48; EuGH, Beschluss v. 29.11.2011, Rs. C-235/11 P *(Evropaïki Dynamiki/Kommission)*, Rn. 65–67; EuGH, Urteil v. 29.03.2012, Rs. C-500/10 *(Belvedere Costruzioni)*, Rn. 23–25; EuGH, Beschluss v. 14.05.2012, Rs. C-477/11 P *(Sepracor Pharmaceuticals)*, Rn. 65; EuGH, Beschluss v. 15.06.2012, Rs. C-493/11 P *(United Technologies/Kommission)*, Rn. 41; EuGH, Urteil v. 19.07.2012, Rs. C-451/11 *(Dülger)*, Rn. 53; EuGH, Urteil v. 28.06.2012, Rs. C-7/11 *(Caronna)*, Rn. 55; EuGH, Beschluss v. 25.10.2012, Rs. C-168/12 P(R) *(Hassan/Rat)*, Rn. 46 f.; EuGH, Urteil v. 29.01.2013, Rs. C-396/11 *(Radu)*, Rn. 39–41; EuGH, Urteil v. 28.05.2013, Rs. C-239/12 P *(Abdulrahim/Rat und Kommission)*, Rn. 44; EuGH, Urteil v. 06.06.2013, Rs. C-183/12 P *(Ayadi/Kommission)*, Rn. 47; EuGH, Beschluss v. 06.06.2013, Rs. C-535/12 P *(Faet Oltra/Bürgerbeauftragter)*, Rn. 18; EuGH, Urteil v. 11.07.2013, Rs. C-439/11 P *(Ziegler/Kommission)*, Rn. 129 f.; EuGH, Urteil v. 18.07.2013, Rs. C-499/11 P *(Dow Chemical u. a. /Kommission)*, Rn. 59; EuGH, Urteil v. 19.09.2013, Rs. C-56/12 P *(EFIM/Kommission)*, Rn. 45; EuGH, Urteil v. 19.09.2013, Rs. C-579/12 RX II *(Réexamen Commission/Strack)*, Rn. 46; EuGH, Urteil v. 28.11.2013, Rs. C-348/12 P *(Rat/Manufacturing Support & Procurement Kala Naft)*, Rn. 105; EuGH, Urteil v. 30.04.2014, Rs. C-238/12 P *(FLSmidth/Kommission)*, Rn. 25; EuGH, Urteil v. 12.06.2014, Rs. C-578/11 P *(Deltafina/Kommission)*, Rn. 90; EuGH, Urteil v. 19.06.2014, Rs. C-243/12 P *(FLS Plast/Kommission)*, Rn. 27; EuGH, Urteil v. 19.06.2014, Rs. C-531/12 P *(Commune de Millau und SEMEA/Kommission)*, Rn. 97–99; EuGH, Urteil v. 09.10.2014, Rs. C-467/13 P *(ICF/Kommission)*, Rn. 60; EuGH, Urteil v. 23.10.2014, Rs. C-437/13 *(Unitrading)*, Rn. 32; EuGH, Urteil v. 12.11.2014, Rs. C-580/12 P *(Guardian Industries und Guardian Europe/Kommission)*, Rn. 20; EuGH, Urteil v. 02.12.2014, Rs. C-148/13 bis C-150/13 *(A)*, Rn. 64 f.; EuGH, Urteil v. 04.06.2015, Rs. C-682/13 P *(Andechser Molkerei Scheitz/Kommission)*, Rn. 29–31; EuGH, Urteil v. 21.01.2016, Rs. C-603/13 P *(Galp Energia España u. a. /Kommission)*, Rn. 58; EuGH, Urteil v. 28.01.2016, Rs. C-514/14 P *(Éditions Odile Jacob/Kommission)*, Rn. 31; EuGH, Urteil v. 04.05.2016, Rs. C-477/14 *(Pillbox 38)*, Rn. 163 f.; EuGH, Urteil v. 25.05.2016, Rs. C-559/14 *(Meroni)*, Rn. 50; EuGH, Urteil v. 09.06.2016, Rs. C-608/13 P *(CEPSA/Kommission)*, Rn. 67 f.; EuGH, Urteil v. 09.06.2016, Rs. C-616/13 P *(PROAS/Kommission)*, Rn. 32–34, 84; EuGH, Urteil v. 09.06.2016, Rs. C-617/13 P *(Repsol Lubricantes y Especialidades u. a. /Kommission)*, Rn. 101; EuGH, Urteil v. 09.06.2016, Rs. C-78/16 und C-79/16 *(Pesce u. a.)*, Rn. 85; EuGH, Urteil v. 30.06.2016, Rs. C-134/15 *(Lidl)*, Rn. 26; EuGH, Urteil v. 05.07.2016, Rs. C-614/14 *(Ognyanov)*, Rn. 23, 32; EuGH, Urteil v. 07.07.2016, Rs. C-447/15 *(Muladi)*, Rn. 51; EuGH, Urteil v. 08.09.2016, Rs. C-459/15 P *(Iranian Offshore Engineering & Construction/Rat)*, Rn. 33, 65; EuGH, Urteil v. 14.09.2016, Rs. C-490/15 P und C-505/15 P *(Ori Martin/Kommission)*, Rn. 121; EuGH, Urteil v. 14.09.2016, Rs. C-519/15 P *(Trafilerie Meridionali/Kommission)*, Rn. 68; EuGH, Urteil v. 16.02.2017, Rs. C-90/15 P *(Hansen & Rosenthal und H&R Wax Company Vertrieb/Kommission)*, Rn. 24; EuGH, Urteil v. 09.03.2017, Rs. C-398/15 *(Manni)*, Rn. 57–59; EuGH, Urteil v. 14.03.2017, Rs. C-162/15 P *(Evonik Degussa/Kommission)*, Rn. 117–120; EuGH, Urteil v. 15.03.2017, Rs. C-414/15 P *(Stichting Woonlinie u. a. /Kommission)*, Rn. 39; EuGH, Urteil v. 15.03.2017, Rs. C-415/15 P *(Stichting Woonpunt u. a. /Kommission)*, Rn. 39; EuGH, Urteil v. 29.06.2017, Rs. C-579/15 *(Popławski)*, Rn. 46; EuGH, Urteil v. 26.07.2017, Rs. C-490/16 *(A. S.)*, Rn. 41; EuGH, Urteil v. 26.07.2017, Rs. C-646/16 *(Jafari)*, Rn. 101; EuGH, Urteil v. 10.08.2017, Rs. C-270/17 PPU *(Tupikas)*, Rn. 60, 82; EuGH, Urteil v. 25.10.2017, Rs. C-593/15 P und C-594/15 P *(Slowakei/Kommission)*, Rn. 66; EuGH, Urteil v. 25.10.2017, Rs. C-599/15 P *(Rumänien/Kommission)*, Rn. 66.

[1935] Vgl. EuGH, Beschluss v. 04.10.2010, Rs. C-532/09 P *(Ivanov/Kommission)*, Rn. 42 f.; EuGH, Urteil v. 05.10.2010, Rs. C-400/10 PPU *(MCB.)*, Rn. 60–62; EuGH, Ur-

B. Anwendung der Kriterien 347

Fallgruppe B1 die Prüfung der Einschränkung damit noch häufiger als bei den Entscheidungen der Gruppen A1 bis A3.
Ebenso fehlt hier jegliche Prüfung des Gesetzesvorbehalts. Während dies in 25 Entscheidungen nachvollziehbar ist,[1936] weil der Gerichtshof bereits auf

---

teil v. 14.10.2010, Rs. C-243/09 *(Fuß)*, Rn. 66; EuGH, Urteil v. 03.10.2013, Rs. C-583/11 P *(Inuit Tapiriit Kanatami u. a./Parlament und Rat)*, Rn. 105; EuGH, Beschluss v. 28.11.2013, Rs. C-389/13 P (R) *(EMA/AbbVie)*, Rn. 54; EuGH, Beschluss v. 28.11.2013, Rs. C-390/13 P (R) *(EMA/InterMune UK u. a.)*, Rn. 56; EuGH, Urteil v. 19.12.2013, Rs. C-274/12 P *(Telefónica/Kommission)*, Rn. 58; EuGH, Urteil v. 27.02.2014, Rs. C-470/12 *(Pohotovost')*, Rn. 53 f.; EuGH, Urteil v. 10.07.2014, Rs. C-220/13 P *(Nikolaou/Rechnungshof)*, Rn. 35–37; EuGH, Beschluss v. 03.09.2015, Rs. C-52/15 P *(Lambauer/Rat)*, Rn. 18–20, 23 f.; EuGH, Urteil v. 09.09.2015, Rs. C-506/13 P *(Lito Maieftiko Gynaikologiko kai Cheirourgiko Kentro/Kommission)*, Rn. 26; EuGH, Urteil v. 06.10.2015, Rs. C-61/14 *(Orizzonte Salute)*, Rn. 72; EuGH, Beschluss v. 14.01.2016, Rs. C-278/15 P *(Royal County of Berkshire Polo Club/HABM)*, Rn. 51–53; EuGH, Urteil v. 21.01.2016, Rs. C-281/14 P *(SACBO/Kommission und INEA)*, Rn. 46 f.; EuGH, Urteil v. 18.02.2016, Rs. C-176/13 P *(Rat/Bank Mellat)*, Rn. 109; EuGH, Urteil v. 07.04.2016, Rs. C-284/15 P *(ONEm und M)*, Rn. 33 f.; EuGH, Urteil v. 21.04.2016, Rs. C-200/13 P *(Rat/Bank Saderat Iran und Kommission)*, Rn. 93; EuGH, Urteil v. 30.06.2016, Rs. C-205/15 *(Toma und Biroul Executorului Judecătoresc Horațiu-Vasile Cruduleci)*, Rn. 36 f.; EuGH, Beschluss v. 29.09.2016, Rs. C-102/14 P *(Investigación y Desarrollo en Soluciones y Servicios IT/Kommission)*, Rn. 63; EuGH, Beschluss v. 24.11.2016, Rs. C-137/16 P *(Petraitis/Kommission)*, Rn. 23; EuGH, Urteil v. 24.11.2016, Rs. C-408/15 P und C-409/15 P *(Ackermann Saatzucht u. a./Parlament und Rat)*, Rn. 49–51; EuGH, Urteil v. 21.12.2016, Rs. C-444/15 *(Associazione Italia Nostra Onlus)*, Rn. 61–63; EuGH, Urteil v. 26.01.2017, Rs. C-625/13 P *(Villeroy & Boch/Kommission)*, Rn. 149; EuGH, Beschluss v. 04.04.2017, Rs. C-385/16 P *(Sharif University of Technology/Rat)*, Rn. 70–72 (71); EuGH, Beschluss v. 06.04.2017, Rs. C-464/16 P *(PITEE/ Kommission)*, Rn. 17–20; EuGH, Urteil v. 08.06.2017, Rs. C-111/17 PPU *(OL)*, Rn. 66; EuGH, Urteil v. 13.07.2017, Rs. C-89/16 *(Szoja)*, Rn. 43; EuGH, Urteil v. 13.09.2017, Rs. C-60/16 *(Khir Amayry)*, Rn. 43; EuGH, Urteil v. 27.09.2017, Rs. C-73/16 *(Puškár)*, Rn. 114.

[1936] Vgl. EuGH, Urteil v. 16.09.2010, Rs. C-149/10 *(Chatzi)*, Rn. 38 f.; EuGH, Beschluss v. 04.10.2010, Rs. C-532/09 P *(Ivanov/Kommission)*, Rn. 42 f.; EuGH, Urteil v. 17.03.2011, Rs. C-221/09 *(AJD Tuna)*, Rn. 54 f.; EuGH, Beschluss v. 29.11.2011, Rs. C-235/11 P *(Evropaïki Dynamiki/Kommission)*, Rn. 65–67; EuGH, Beschluss v. 15.06.2012, Rs. C-493/11 P *(United Technologies/Kommission)*, Rn. 41; EuGH, Urteil v. 19.12.2012, Rs. C-364/11 *(Abed El Karem El Kott u. a.)*, Rn. 78 f.; EuGH, Urteil v. 11.07.2013, Rs. C-439/11 P *(Ziegler/Kommission)*, Rn. 129 f.; EuGH, Urteil v. 19.09.2013, Rs. C-56/12 P *(EFIM/Kommission)*, Rn. 45; EuGH, Urteil v. 03.10.2013, Rs. C-583/11 P *(Inuit Tapiriit Kanatami u. a./Parlament und Rat)*, Rn. 105; EuGH, Urteil v. 17.09.2014, Rs. C-3/13 *(Baltic Agro)*, Rn. 44; EuGH, Urteil v. 05.11.2014, Rs. C-166/13 *(Mukarubega)*, Rn. 43 f.; EuGH, Urteil v. 11.12.2014, Rs. C-249/13 *(Boudjlida)*, Rn. 30–33; EuGH, Urteil v. 18.12.2014, Rs. C-131/13, C-163/13 und C-164/13 *(Schoenimport „Italmoda" Mariano Previti)*, Rn. 61; EuGH, Beschluss v. 03.09.2015, Rs. C-52/15 P *(Lambauer/Rat)*, Rn. 18–20; EuGH, Urteil v. 17.12.2015, Rs. C-419/14 *(WebMindLicenses)*, Rn. 79, 93; EuGH, Beschluss v. 14.01.2016, Rs. C-278/15 P *(Royal County of Berkshire Polo Club/HABM)*, Rn. 51–53; EuGH, Urteil v. 30.06.2016, Rs. C-134/15 *(Lidl)*, Rn. 26; EuGH, Urteil v. 24.11.2016, Rs. C-408/15 P und C-409/15 P *(Ackermann Saatzucht u. a./Parlament und Rat)*, Rn. 49–51; EuGH, Urteil v. 21.12.2016, Rs. C-444/15 *(Associazione Italia Nostra Onlus)*, Rn. 61–63; EuGH, Urteil v. 21.12.2016, Rs. C-76/15 *(Vervloet u. a.)*, Rn. 73–75; EuGH, Urteil v. 26.01.2017, Rs. C-625/13 P *(Villeroy & Boch/Kommission)*, Rn. 149; EuGH, Urteil v. 08.03.2017, Rs. C-321/15 *(ArcelorMittal Rodange und Schifflange)*, Rn. 37 f.; EuGH, Urteil v. 09.03.2017, Rs. C-141/15 *(Doux)*, Rn. 60; EuGH, Urteil v.

einer früheren Prüfungsstufe einen Grundrechtsverstoß verneint, wäre in den weiteren[1937] 79 Urteilen und Beschlüssen das Erfordernis der Charta, dass jede Einschränkung gesetzlich vorgesehen sein muss, zu thematisieren gewesen. Schließlich lässt sich auch kaum eine Verhältnismäßigkeitsprüfung ausmachen. Einzig im oben erwähnten Urteil Pillbox 38 stellt der EuGH wenigstens kurz die Verhältnismäßigkeit der fraglichen Maßnahme fest.

Viel deutlicher als bei den Grundrechtsprüfungen in den Entscheidungen der Gruppen A1 bis A3 verfehlt der Gerichtshof in den Fällen der Gruppe B1 die Anforderungen von Art. 52 Abs. 1 GRC. Dabei ist auffällig, dass der EuGH in 66 von 103 Entscheidungen zumindest auch eine Verletzung von Art. 47 GRC prüft.[1938] Damit setzt sich hier fort, was bereits in der übrigen Analyse beobach-

---

08.06.2017, Rs. C-296/16 P *(Dextro Energy/Kommission)*, Rn. 54; EuGH, Urteil v. 26.10.2017, Rs. C-534/16 *(BB construct)*, Rn. 31–33.

[1937] Zu beachten ist, dass in EuGH, Beschluss v. 03.09.2015, Rs. C-52/15 P *(Lambauer/Rat)*, Rn. 18–20 und 23 f. das Fehlen der Prüfung des Gesetzesvorbehalts in der ersten Grundrechtsprüfung nachvollziehbar ist, in der zweiten hingegen nicht.

[1938] EuGH, Beschluss v. 04.10.2010, Rs. C-532/09 P *(Ivanov/Kommission)*, Rn. 42 f.; EuGH, Urteil v. 14.10.2010, Rs. C-243/09 *(Fuß)*, Rn. 66; EuGH, Beschluss v. 22.10.2010, Rs. C-266/10 P *(Seacid/Parlament und Rat)*, Rn. 14, 30; EuGH, Urteil v. 17.03.2011, Rs. C-221/09 *(AJD Tuna)*, Rn. 54 f.; EuGH, Beschluss v. 17.03.2011, Rs. C-309/07 INT *(Baumann)*, Rn. 5–7; EuGH, Beschluss v. 28.06.2011, Rs. C-93/11 P *(Verein Deutsche Sprache/Rat)*, Rn. 29–31; EuGH, Urteil v. 21.07.2011, Rs. C-252/10 P *(Evropaïki Dynamiki/EMSA)*, Rn. 48; EuGH, Urteil v. 29.03.2012, Rs. C-500/10 P *(Belvedere Costruzioni)*, Rn. 23–25; EuGH, Beschluss v. 14.05.2012, Rs. C-477/11 P *(Sepracor Pharmaceuticals)*, Rn. 65; EuGH, Beschluss v. 15.06.2012, Rs. C-493/11 P *(United Technologies/Kommission)*, Rn. 41; EuGH, Urteil v. 29.01.2013, Rs. C-396/11 P *(Radu)*, Rn. 39–41; EuGH, Urteil v. 28.05.2013, Rs. C-239/12 P *(Abdulrahim/Rat und Kommission)*, Rn. 44; EuGH, Urteil v. 06.06.2013, Rs. C-183/12 P *(Ayadi/Kommission)*, Rn. 47; EuGH, Beschluss v. 06.06.2013, Rs. C-535/12 P *(Faet Oltra/Bürgerbeauftragter)*, Rn. 18; EuGH, Urteil v. 11.07.2013, Rs. C-439/11 P *(Ziegler/Kommission)*, Rn. 129 f.; EuGH, Urteil v. 18.07.2013, Rs. C-499/11 P *(Dow Chemical u. a./Kommission)*, Rn. 59; EuGH, Urteil v. 19.09.2013, Rs. C-56/12 P *(EFIM/Kommission)*, Rn. 45; EuGH, Urteil v. 03.10.2013, Rs. C-583/11 P *(Inuit Tapiriit Kanatami u. a./Parlament und Rat)*, Rn. 105; EuGH, Urteil v. 28.11.2013, Rs. C-348/12 P *(Rat/Manufacturing Support & Procurement Kala Naft)*, Rn. 105; EuGH, Beschluss v. 28.11.2013, Rs. C-389/13 P (R) *(EMA/AbbVie)*, Rn. 54; EuGH, Beschluss v. 28.11.2013, Rs. C-390/13 P (R) *(EMA/InterMune UK u. a.)*, Rn. 56; EuGH, Urteil v. 19.12.2013, Rs. C-274/12 P *(Telefónica/Kommission)*, Rn. 58; EuGH, Urteil v. 27.02.2014, Rs. C-470/12 *(Pohotovost')*, Rn. 53 f.; EuGH, Urteil v. 30.04.2014, Rs. C-238/12 P *(FLSmidth/Kommission)*, Rn. 25; EuGH, Urteil v. 12.06.2014, Rs. C-578/11 P *(Deltafina/Kommission)*, Rn. 90; EuGH, Urteil v. 19.06.2014, Rs. C-243/12 *(FLS Plast/Kommission)*, Rn. 27; EuGH, Urteil v. 09.10.2014, Rs. C-467/13 P *(ICF/Kommission)*, Rn. 60; EuGH, Urteil v. 23.10.2014, Rs. C-437/13 *(Unitrading)*, Rn. 32; EuGH, Urteil v. 05.11.2014, Rs. C-166/13 *(Mukarubega)*, Rn. 43 f.; EuGH, Urteil v. 12.11.2014, Rs. C-580/12 P *(Guardian Industries und Guardian Europe/Kommission)*, Rn. 20; EuGH, Urteil v. 11.12.2014, Rs. C-249/13 *(Boudjlida)*, Rn. 30–33; EuGH, Urteil v. 04.06.2015, Rs. C-682/13 P *(Andechser Molkerei Scheitz/Kommission)*, Rn. 29–31; EuGH, Beschluss v. 03.09.2015, Rs. C-52/15 P *(Lambauer/Rat)*, Rn. 18–20; EuGH, Urteil v. 09.09.2015, Rs. C-506/13 P *(Lito Maieftiko Gynaikologiko kai Cheirourgiko Kentro/Kommission)*, Rn. 26; EuGH, Urteil v. 06.10.2015, Rs. C-61/14 *(Orizzonte Salute)*, Rn. 72; EuGH, Urteil v. 17.12.2015, Rs. C-419/14 *(WebMindLicenses)*, Rn. 79, 83; EuGH, Beschluss v. 14.01.2016, Rs. C-278/15 P *(Royal Coun-*

tet werden konnte: Die Prüfung von Art. 47 GRC durch den Gerichtshof entzieht sich zumeist einer dogmatischen Analyse anhand von Art. 52 Abs. 1 GRC.

VII. Zusammenfassung der Ergebnisse

Das Ziel des dritten Kapitels der vorliegenden Arbeit ist, die übergreifenden Strukturen und Zusammenhänge der Grundrechtsprüfung durch den EuGH nach Inkrafttreten der Charta offenzulegen und so ein umfassendes Bild dieser Rechtsprechung zu schaffen. Aus der Analyse ergeben sich folgende Ergebnisse:

Sowohl im Rahmen der Grundrechte aus Titel VI als auch bei den Gleichheits- und insbesondere bei den Freiheitsgrundrechten verwendet der Gerichtshof kein kohärentes und konsistentes Prüfungsschema[1939]. Vielmehr schwankt er bei den drei Grundrechtsarten zwischen verschiedenen Vorgehensweisen. Während bei den justiziellen Rechten der einstufige Aufbau dominiert, prüft der EuGH die Gleichheitsrechte meist zweistufig. Die Freiheitsrechte werden dagegen drei-, zwei- und einstufig geprüft.

---

ty of Berkshire Polo Club/HABM), Rn. 51–53; EuGH, Urteil v. 21.01.2016, Rs. C-281/14 P *(SACBO/Kommission und INEA)*, Rn. 46 f.; EuGH, Urteil v. 21.01.2016, Rs. C-603/13 P *(Galp Energia España u. a./Kommission)*, Rn. 58; EuGH, Urteil v. 28.01.2016, Rs. C-514/14 P *(Éditions Odile Jacob/Kommission)*, Rn. 31; EuGH, Urteil v. 18.02.2016, Rs. C-176/13 P *(Rat/Bank Mellat)*, Rn. 109; EuGH, Urteil v. 21.04.2016, Rs. C-200/13 P *(Rat/Bank Saderat Iran und Kommission)*, Rn. 93; EuGH, Urteil v. 25.05.2016, Rs. C-559/14 *(Meroni)*, Rn. 50; EuGH, Urteil v. 09.06.2016, Rs. C-608/13 P *(CEPSA/Kommission)*, Rn. 67 f.; EuGH, Urteil v. 09.06.2016, Rs. C-616/13 P *(PROAS/Kommission)*, Rn. 32–34, 84; EuGH, Urteil v. 09.06.2016, Rs. C-617/13 P *(Repsol Lubricantes y Especialidades u. a./Kommission)*, Rn. 101; EuGH, Urteil v. 30.06.2016, Rs. C-205/15 *(Toma und Biroul Executorului Judecătoresc Horaţiu-Vasile Cruduleci)*, Rn. 36 f.; EuGH, Urteil v. 05.07.2016, Rs. C-614/14 *(Ognyanov)*, Rn. 23, 32; EuGH, Beschluss v. 07.07.2016, Rs. C-523/15 P *(Westfälische Drahtindustrie u. a./Kommission)*, Rn. 63, 65 f.; EuGH, Urteil v. 14.09.2016, Rs. C-490/15 P und C-505/15 P *(Ori Martin/Kommission)*, Rn. 121; EuGH, Urteil v. 14.09.2016, Rs. C-519/15 P *(Trafilerie Meridionali/Kommission)*, Rn. 68; EuGH, Beschluss v. 29.09.2016, Rs. C-102/14 P *(Investigación y Desarrollo en Soluciones y Servicios IT/Kommission)*, Rn. 63; EuGH, Beschluss v. 24.11.2016, Rs. C-137/16 P *(Petraitis/Kommission)*, Rn. 23; EuGH, Urteil v. 24.11.2016, Rs. C-408/15 P und C-409/15 P *(Ackermann Saatzucht u. a./Parlament und Rat)*, Rn. 49–51; EuGH, Urteil v. 26.01.2017, Rs. C-625/13 P *(Villeroy & Boch/Kommission)*, Rn. 149; EuGH, Urteil v. 16.02.2017, Rs. C-90/15 P *(Hansen & Rosenthal und H&R Wax Company Vertrieb/Kommission)*, Rn. 24; EuGH, Urteil v. 15.03.2017, Rs. C-414/15 P *(Stichting Woonlinie u. a./Kommission)*, Rn. 39; EuGH, Urteil v. 15.03.2017, Rs. C-415/15 P *(Stichting Woonpunt u. a./Kommission)*, Rn. 39; EuGH, Beschluss v. 04.04.2017, Rs. C-385/16 P *(Sharif University of Technology/Rat)*, Rn. 70–72 (71); EuGH, Beschluss v. 06.04.2017, Rs. C-464/16 P *(PITEE/Kommission)*, Rn. 17–20; EuGH, Urteil v. 26.07.2017, Rs. C-490/16 *(A. S.)*, Rn. 41; EuGH, Urteil v. 10.08.2017, Rs. C-270/17 PPU *(Tupikas)*, Rn. 60, 82; EuGH, Urteil v. 06.09.2017, Rs. C-643/15 und C-647/15 *(Slowakei/Rat)*, Rn. 305; EuGH, Urteil v. 27.09.2017, Rs. C-73/16 *(Puškár)*, Rn. 114; EuGH, Urteil v. 25.10.2017, Rs. C-593/15 P und C-594/15 P *(Slowakei/Kommission)*, Rn. 66; EuGH, Urteil v. 25.10.2017, Rs. C-599/15 P *(Rumänien/Kommission)*, Rn. 66.
[1939] Siehe Kapitel 3 B. I.

350   *Kapitel 3: Analyse der Grundrechtsprüfung des EuGH*

Ebenso behandelt der Gerichtshof die Schutzbereichsprüfung[1940] nicht einheitlich. Teilweise untersucht er den Schutzbereich und begründet sein Ergebnis. Dabei legt er den Schutzbereich des einschlägigen Grundrechts aus und subsumiert darunter, wenn dies in der jeweiligen Entscheidung notwendig ist. Insbesondere in den Entscheidungen der Fallgruppen A1 und A3 wählt der EuGH dieses Vorgehen. Eine ausdrückliche Prüfung von persönlichem und sachlichem Schutzbereich mit Auslegung und Subsumtion findet sich allerdings in keiner Entscheidung. Teilweise fehlt die Ergebnisbegründung oder sogar jegliche Untersuchung des Schutzbereiches. Hier geht der Gerichtshof sofort zur Rechtfertigung über. Gleichwohl ist die Prüfung und Begründung durch den EuGH weitgehend kohärent und konsistent. Angesichts der Kritik an der Schutzbereichsprüfung des Gerichtshofs vor Rechtsverbindlichkeit der Charta und der Anforderungen der GRC können so bereits Verbesserungen verzeichnet werden. Nur noch sehr selten kommt es etwa vor, dass der EuGH das betroffene Grundrecht gar nicht nennt oder zwei Grundrechte im Schutzbereich vermischt.

Das Bild der Schutzbereichsprüfung ist damit vielschichtig, das Vorgehen kann aber nicht mehr – wie vor der Charta – als generell defizitär beschrieben werden.

Das Vorliegen einer Grundrechtseinschränkung[1941] untersucht der Gerichtshof ebenfalls nur in einem Teil der analysierten Entscheidungen. Eine allgemeingültige Definition der Einschränkung für alle Grundrechte der Charta hat er bisher nicht entwickelt. Anscheinend folgt der EuGH aber insofern einem weiten Begriff, der auch mittelbare und nicht finale Beeinträchtigungen sowie nicht rechtsförmige Eingriffe umfasst. Das Fehlen einer Definition ermöglicht keine umfassende Beurteilung, ob die Prüfung der Einschränkung durch den Gerichtshof kohärent und konsistent erfolgt. Insgesamt wird die Frage der Einschränkung in der Rechtsprechung des EuGH bisher nicht so aufmerksam behandelt wie beispielsweise im deutschen Recht.

Die Abgrenzung der Gleichheitsgrundrechte[1942] der Charta untereinander und gegenüber Gleichheitsrechten aus anderen Rechtsquellen ist noch wenig ausgearbeitet. Ein dogmatisches System lässt sich bisher kaum erkennen.

Trotz der expliziten Nennung in Art. 52 Abs. 1 S. 1 GRC prüft der Gerichtshof den Gesetzesvorbehalt[1943] meist überhaupt nicht und erwähnt dieses Erfordernis ebenfalls nicht in seiner Definition der Anforderungen an die Rechtfertigung einer Grundrechtseinschränkung. Dementsprechend wenig ausgeformt sind die Anforderungen, die der EuGH an die gesetzliche Grundlage stellt. Zwar scheint er hier einem eher weiten Verständnis zu folgen, wonach neben

---

[1940] Siehe Kapitel 3 B. II.
[1941] Siehe Kapitel 3 B. III.
[1942] Siehe Kapitel 3 B. IV.
[1943] Siehe Kapitel 3 B. V. 1.

Durchführungs- und delegierten Rechtsakten ebenso nationale Verordnungen den Anforderungen von Art. 52 Abs. 1 S. 1 GRC entsprechen, doch sind viele Fragen, etwa zum Parlamentsvorbehalt und wie Beschlüsse zu behandeln sind, noch ungeklärt.

Zur Bestimmung der Anforderungen der Verhältnismäßigkeit[1944] postuliert der EuGH teilweise ein dreistufiges Vorgehen, teilweise definiert er die Verhältnismäßigkeit zwei- oder sogar nur einstufig, etwa bei der bloßen Abwägung von Grundrechten. Dieser Befund korrespondiert mit den Analyseergebnissen der tatsächlichen Prüfung durch den Gerichtshof: Auch hier gibt es Entscheidungen, in denen er drei- oder zweistufig prüft oder nur eine einstufige Abwägung von kollidierenden Grundrechten vornimmt. Stellenweise bleibt unklar, ob es überhaupt eine Unterteilung in Stufen gibt. Hinsichtlich der Frage, ob im Rahmen der Grundrechtskontrolle anhand der Charta eine zwei- oder dreistufige Verhältnismäßigkeitsprüfung vorzunehmen ist, hat der EuGH somit keine kohärente und konsistente Linie entwickelt.

Wie vor Inkrafttreten der Charta räumt der Gerichtshof dem Grundrechtsverpflichteten stellenweise explizit ein weites Ermessen ein und nimmt seine Prüfdichte[1945] ausdrücklich zurück. Dabei verweist er zur Begründung meist auf die Komplexität der vom Gesetzgeber vorzunehmenden Entscheidung. Welche Auswirkungen die Annahme einer hohen oder geringen Kontrolldichte auf die tatsächliche Grundrechtsprüfung durch den Gerichtshof hat, lässt sich wegen der mangelnden Konkretisierung dieses Maßstabs allerdings kaum erkennen. Der Frage nach der Kontrollintensität kommt insgesamt wenig Aussagekraft zu. Soweit der EuGH die Prüfdichte ausdrücklich festlegt, muss er klären, was darunter zu verstehen ist, in welchen Konstellationen er von einer hohen oder geringen Kontrolldichte ausgeht und welche konkreten Auswirkungen diese Feststellung hat. Nur so kann er in diesem Bereich eine kohärente und konsistente Rechtsprechung entwickeln.

In der überwiegenden Zahl der analysierten Entscheidungen prüft der Gerichtshof, welche Ziele die fragliche Maßnahme verfolgt und ob diese legitim[1946] im Sinne der Charta sind. Eine allgemeingültige Auslegung der Rechtfertigungsgründe aus Art. 52 Abs. 1 S. 2 GRC hat der EuGH bisher nicht entwickelt, sodass sich die Frage der Kohärenz und Konsistenz nicht stellt. Der Gerichtshof entscheidet vielmehr nur im Einzelfall über die Legitimität des verfolgten Ziels. Da er aber fast alle vom Grundrechtsverpflichteten vorgebrachten Rechtfertigungsgründe akzeptiert, lassen sich auch aus den Einzelfallentscheidungen keine klaren Konturen der Definition legitimer Ziele ableiten. Nur rein wirtschaftliche Gründe sah der EuGH im Falle einer nationalen Grundrechts-

---

[1944] Siehe Kapitel 3 B. V. 2. b).
[1945] Siehe Kapitel 3 B. V. 2. c).
[1946] Siehe Kapitel 3 B. V. 2. d).

einschränkung als nicht zulässig an, wobei er allerdings die Prüfung der Grundrechte der Charta und der Grundfreiheiten des AEUV vermengte.

Nur in knapp der Hälfte der hierzu untersuchten Entscheidungen prüft der Gerichtshof die Eignung[1947] der fraglichen Maßnahme. Dabei reichen seine Ausführungen von knappen Behauptungen bis zu sehr detaillierten Untersuchungen. Ein Fehlen der Geeignetheit hat der EuGH bislang nicht festgestellt. In der anderen Hälfte unterbleibt eine Eignungskontrolle hingegen. Die Prüfung der Geeignetheit muss daher als generell eher vernachlässigt bezeichnet werden. Dogmatisch lässt der Gerichtshof – den Vorgaben der Charta entsprechend – eine Teileignung der Maßnahme ausreichen und verlangt wohl nicht, dass diese das legitime Ziel in kohärenter und systematischer Weise verfolgt. Terminologisch zeigt sich hingegen ein gemischtes Bild: Einige Entscheidungen sind klar und nachvollziehbar begründet, während ebenso viele begrifflich unscharf bleiben. Die Feststellung einer hohen oder geringen Prüfdichte durch den EuGH hat bei der Geeignetheit wenig Aussagekraft hinsichtlich seiner konkreten Prüfung.

In nur ca. einem Drittel der hierzu analysierten Entscheidungen untersucht der Gerichtshof, ob es ein gleich geeignetes, aber milderes Mittel gibt. Diese Prüfungen sind teilweise sehr ausführlich und präzise, teilweise aber auch knapp gehalten. In mehr als der Hälfte der Entscheidungen nimmt er hingegen keine Prüfung von Alternativmaßnahmen vor. Dabei äußert sich der EuGH in einigen Entscheidungen überhaupt nicht zur Erforderlichkeit[1948], sondern nimmt nur eine Abwägung der widerstreitenden Interessen oder eine nicht eindeutig identifizierbare Untersuchung vor. In anderen Urteilen nutzt er zwar den Begriff der Erforderlichkeit, erörtert aber trotzdem keine alternative Mittel. Die Feststellung einer hohen oder geringen Kontrollintensität durch den Gerichtshof hat bei der Erforderlichkeit keine Aussagekraft hinsichtlich seiner konkreten Prüfung.

Die Angemessenheitsprüfung[1949] stellt den wichtigsten Schritt in der Grundrechtsprüfung anhand der Charta dar. Trotzdem nimmt der EuGH in nur ca. zwei Dritteln der analysierten Urteile eine entsprechende Untersuchung vor. Die auf der Stufe der Angemessenheit vorzunehmende Interessenprüfung ist in einem Teil der Entscheidungen vollständig. Der Gerichtshof ermittelt in diesen Urteilen die widerstreitenden Rechtsgüter und wichtet sie in einem zweiten Schritt. Dabei geht er auf das abstrakte Gewicht der in Rede stehenden Interessen, die konkrete Schwere der Beeinträchtigung und den Grad der Zweckerreichung ein. Schließlich setzt er beide Seiten miteinander ins Verhältnis. Auffällig ist, dass der EuGH Ausführungen zur Interessenprüfung nicht nur im Punkt der Angemessenheit macht, sondern sie über seine gesamte Grundrechtsprüfung

---

[1947] Siehe Kapitel 3 B. V. 2. e).
[1948] Siehe Kapitel 3 B. V. 2. f).
[1949] Siehe Kapitel 3 B. V. 2. g).

verteilt. So finden sich Angaben zu den betroffenen Interessen bereits in der Erörterung der Eröffnung des Schutzbereiches oder bei der Untersuchung des legitimen Ziels. In etwa der Hälfte der Entscheidungen fehlt dagegen eine der drei Prüfungsstufen oder berücksichtigt der Gerichtshof nur eine Seite der widerstreitenden Positionen. Auch nach Inkrafttreten der Charta lassen sich insofern deutliche Defizite ausmachen. Anders als bei der Geeignetheits- und Erforderlichkeitsprüfung kommt der Feststellung einer hohen oder geringen Kontrollintensität durch den EuGH im Rahmen der Angemessenheit mehr Aussagekraft hinsichtlich seiner konkreten Prüfung zu. Dies gilt insbesondere für die Fälle, in denen der Unionsgesetzgeber nach dem Vorsorgeprinzip Prognoseentscheidungen trifft, die der Gerichtshof nur eingeschränkt auf ihre Angemessenheit kontrolliert. Gleichwohl finden sich bei diesem Punkt erneut einzelne Widersprüche zwischen Feststellung der Prüfdichte und tatsächlicher Prüfung. Ein ganz klares Bild ergibt sich somit auch hier nicht.

Meist überprüft der EuGH die Grundrechtseinschränkung auf ihre subjektive Zumutbarkeit, wobei er im Vorabentscheidungs- sowie Gutachtenverfahren – typisierend – die Interessen aller betroffenen Grundrechtsträger untersucht.

Wenn der Gerichtshof prüft, ob der Wesensgehalt[1950] eines Grundrechts beeinträchtigt ist, was in etwas weniger als der Hälfte der insofern analysierten Entscheidungen der Fall ist, verwendet er zur Bestimmung des jeweiligen Kernbereichs meist einen absoluten Ansatz. Wie der EuGH jedoch diesen absolut geschützten Kern der Grundrechte ausfüllt, ist offen. Bisher hat er nur einzelne Bereiche und Situationen als Verletzung beziehungsweise Nicht-Verletzung des Wesensgehalts bezeichnet. Angesichts dieser Unklarheiten und der vereinzelten Entscheidungen mit relativem Verständnis des Wesensgehalts kann die Rechtsprechung des Gerichtshofs noch nicht als kohärent und konsistent bezeichnet werden.

Viel deutlicher als bei den Grundrechtsprüfungen in den Entscheidungen der Gruppen A1 bis A3 verfehlt der EuGH in den Fällen der Gruppe B1[1951] die Anforderungen von Art. 52 Abs. 1 GRC. Dabei ist auffällig, dass er in den allermeisten Entscheidungen zumindest auch eine Verletzung von Art. 47 GRC untersucht. Somit setzt sich hier fort, was bereits in der übrigen Analyse beobachtet werden konnte: Die Prüfung von Art. 47 GRC durch den Gerichtshof entzieht sich meist einer dogmatischen Analyse anhand von Art. 52 Abs. 1 GRC.

[1950] Siehe Kapitel 3 B. V. 3.
[1951] Siehe Kapitel 3 B. VI.

C. Auswertung der Ergebnisse

Die Kritik an der Grundrechtsprechung des EuGH vor Rechtsverbindlichkeit der Charta war stellenweise harsch und zeichnete ein düsteres Bild des Grundrechtsschutzes auf Unionsebene. Die Analyse der Prüfungen nach Inkrafttreten der GRC zeigt hingegen disparate Ergebnisse.

Teilweise entspricht die vom Gerichtshof angelegte Kontrolle eines Grundrechtsverstoßes den dogmatischen Vorgaben von Art. 52 Abs. 1 GRC. So lässt sich keine generelle Verengung der Grundrechtsprüfung auf die Frage, ob der Wesensgehalt des betroffenen Grundrechts geachtet wird, erkennen. Ebenso spricht der EuGH nur in ganz vereinzelten Entscheidungen davon, ausschließlich zu kontrollieren, ob die fragliche Maßnahme „offensichtlich ungeeignet" ist. Häufig prüft er dagegen sämtliche Stufen der Verhältnismäßigkeit detailliert und präzise. Ebenso lassen sich kaum Fälle ausmachen, in denen der Gerichtshof das geprüfte Grundrecht gar nicht nennt oder zwei Grundrechte im Schutzbereich vermischt. Im Rahmen der Angemessenheitsprüfung geht der EuGH auf die widerstreitenden Positionen ein, wobei er im Vorabentscheidungs- sowie Gutachtenverfahren – typisierend – die Interessen aller betroffenen Grundrechtsträger untersucht. Das Vorgehen des Gerichtshofs nach Inkrafttreten der Charta entspricht damit oftmals deren Vorgaben.[1952] Auch hinsichtlich der massiven Kritik vor der Charta zeigt sich eine Verbesserung der Grundrechtsdogmatik und somit des Grundrechtsschutzes. Allerdings muss beachtet werden, dass sich die Kritik an der Grundrechtsprechung zu diesem Zeitpunkt meist maßgeblich auf das sogenannte Bananenmarkt-Urteil aus dem Jahr 1994 bezog. Umfassende Analysen der Grundrechtsprüfung aus den Jahren vor Rechtsverbindlichkeit der Charta waren selten. Dementsprechend basierte die Bewertung der Rechtsprechung vielfach auf einer eher dünnen Faktenbasis.[1953] Ob sie immer gerechtfertigt war, lässt sich daher nicht mit Sicherheit sagen.

Nach Inkrafttreten der Charta geht der EuGH stellenweise sogar über die Forderungen in der Literatur hinaus. Der Garantie des Wesensgehalts wurde beispielsweise eine nur geringe rechtliche Relevanz zuerkannt.[1954] Der Präsident des Grundrechtekonvents *Roman Herzog* sprach davon, sie „nütze ... zwar nicht viel, sei aber auch nicht schädlich".[1955] Trotzdem hat der Gerichtshof mittlerweile nicht nur eine Verletzung des Wesensgehalts zweier Grundrechte im Fall Schrems (C-362/14) festgestellt, sondern geht entgegen seiner Recht-

---

[1952] Ähnlich *S. Greer/J. Gerards/R. Slowe*, Human Rights in the Council of Europe and the European Union, 2018, S. 314–317.
[1953] Ausführlich zum Problem der selektiven Rezeption *F. Michl*, EuR 53 (2018), S. 456.
[1954] So etwa *M. Hilf*, Die Schranken der EU-Grundrechte, in: D. Merten/H.-J. Papier (Hrsg.), HGR, Band VI/1, 2010, § 164, Rn. 62.
[1955] Zitiert nach *M. Hilf*, Die Schranken der EU-Grundrechte, in: D. Merten/H.-J. Papier (Hrsg.), HGR, Band VI/1, 2010, § 164, Rn. 62.

sprechung vor der Charta auch von einem absoluten Verständnis der Wesensgehaltsgarantie aus. Ihr kommt damit eigenständige und tatsächliche Bedeutung im System der GRC zu.

Gleichwohl gibt es aber auch unter der Charta Entscheidungen des Gerichtshofs, die deren Anforderungen nicht gerecht werden. Dies gilt insbesondere für die Urteile und Beschlüsse der Fallgruppe B1, in denen der EuGH eine nicht ausführliche Grundrechtsprüfung anhand der Charta vornimmt. Zwar fordert die GRC keine bestimmte Länge der Entscheidungsbegründung, doch müssen die Erwägungen des Gerichtshofs seine wesentlichen Beweggründe erkennen lassen. Dies ist nicht möglich, wenn der EuGH mit nur wenigen Worten und ohne Begründung feststellt, ein Grundrecht sei (nicht) verletzt. Solche Prüfungen sind nicht nachvollziehbar, ihnen kommt kaum Überzeugungskraft zu. Auch bei einem scheinbar eindeutigen Sachverhalt muss der Gerichtshof verdeutlichen, warum er eine Grundrechtsverletzung ablehnt (oder bejaht). Oftmals ist aber bereits nicht erkennbar, auf welcher Stufe er aus der Prüfung aussteigt.

Ist ein solches Ergebnis bei den Urteilen und Beschlüssen der Gruppe B1 wegen der bei ihnen definitionsgemäßen Kürze der Charta-bezogenen Aussagen[1956] noch erwartbar, überrascht, dass derartig knappe und unscharfe Untersuchungen auch bei den Entscheidungen der Gruppen A1 bis A3 vorkommen. Da die Grundrechtsprüfungen in diesen Fallgruppen ausführlich oder sehr ausführlich sind, könnte man annehmen, der EuGH nehme in diesen Fällen detaillierte und präzise Kontrollen vor. Tatsächlich finden sich aber auch hier zahlreiche Entscheidungen, in denen ganze Prüfungsstufen fehlen oder die Verhältnismäßigkeit der fraglichen Maßnahme mit wenigen, kaum überzeugenden Sätzen bejaht wird.

Zudem entziehen sich viele Entscheidungen einer klaren Einordnung. In fast jedem Analysepunkt können einige Fälle dogmatisch nicht sicher beurteilt werden. Die Aussagen des Gerichtshof sind hier so uneindeutig, dass beispielsweise nicht klar wird, welche Prüfung er vornimmt.

Dementsprechend lässt sich auch die generelle Kohärenz und Konsistenz der Grundrechtsprechung des EuGH nicht sicher bestimmen. Augenfällig ist jedoch, dass seinen expliziten Aussagen zur Prüfdichte nur wenig Aussagekraft zukommt. Es fehlt insofern nicht nur ein genereller Maßstab, mit dem sich bestimmen ließe, was eine hohe oder geringe Kontrollintensität bedeutet, der Gerichtshof macht ebenfalls nicht hinreichend deutlich, unter welchen Umständen er von welcher Prüfdichte ausgeht. Nimmt man keine reine Ergebniskontrolle vor, sondern untersucht die Auswirkungen der ausdrücklichen Feststellung einer bestimmten Kontrollintensität auf die Grundrechtsprüfung, zeigt sich, dass es solche Auswirkungen nur ganz vereinzelt gibt.

[1956] Siehe zu dieser Fallgruppe Kapitel 2 C. III. 2. a).

Insgesamt zeigt sich damit dogmatisch ein vielschichtiges und oftmals widersprüchliches Bild der Grundrechtsprüfung durch den EuGH nach Inkrafttreten der Charta. Ein eindeutiges Fazit kann nicht gezogen werden: Zwar gibt es Prüfungen, die der Charta entsprechen und angesichts der Kritik an den Entscheidungen vor ihrer Rechtsverbindlichkeit deutliche Verbesserungen darstellen, ebenso gibt es aber Fälle, in denen der EuGH das vor der Charta kritisierte Vorgehen fortsetzt.[1957]

Blickt man über die einzelnen Analysepunkte hinaus und betrachtet sie im Zusammenhang, fällt auf, dass sich die Entscheidungen, die den jeweiligen Vorgaben der Charta entweder entsprechen oder ihnen zuwiderlaufen, wiederholen: Urteile wie Sky Österreich (C-283/11), Schaible (C-101/12), Glatzel (C-356/12) oder Digital Rights Ireland und Seitlinger u. a. (C-293/12 und C-594/12) erfüllen in weiten Teilen die Anforderungen von Art. 52 Abs. 1 GRC. Dagegen sind Urteile wie Deutsches Weintor (C-544/10) und Delvigne (C-650/13) an vielen Stellen defizitär. Das bedeutet, entweder werden die Vorgaben der GRC in der gesamten Prüfung eingehalten oder aber die Grundrechtskontrolle ist in sämtlichen Punkten dogmatisch unbefriedigend. Es gibt damit in erster Linie gravierende Unterschiede zwischen den einzelnen Entscheidungen, weniger innerhalb einer Entscheidung.

Dogmatische Erklärungen für diese Divergenzen lassen sich nur vereinzelt finden.

Im Laufe der Analyse ist beispielsweise klar geworden, dass der Gerichtshof die Prüfung der justiziellen Grundrechte und insbesondere von Art. 47 GRC überwiegend nicht entsprechend Art. 52 Abs. 1 GRC vornimmt.

Hier wechselt der EuGH zwischen verschiedenen Schemata, prüft aber meist einstufig. Dementsprechend lässt sich nicht mit Sicherheit bestimmen, ob eine Schutzbereichs-, Einschränkungs- oder Rechtfertigungsprüfung vorliegt. Dieses spezifische Vorgehen des Gerichtshofs ist in gewissem Maße nachvollziehbar, da die Justizgrundrechte generell viele Einzelfragen aufweisen, die sich einer vor allem auf Freiheits- und Gleichheitsgrundrechte zugeschnittenen Dogmatik entziehen. Speziell Art. 47 GRC enthält zahlreiche Teilbereiche, Einzelgewährleistungen und Verfahrensvorgaben.[1958] Häufig untersucht der EuGH zum Beispiel die Verletzung eines Teilgrundsatzes des Grundrechts auf effektiven Rechtsschutz, etwa die Frage, ob die Verfahrensdauer vor dem EuG überlang war und Art. 47 GRC daher verletzt ist.[1959] Stellt er dabei eine unverhält-

---

[1957] Siehe auch das ähnliche Fazit bei *S. Greer/J. Gerards/R. Slowe*, Human Rights in the Council of Europe and the European Union, 2018, S. 367.

[1958] Vgl. etwa *H. D. Jarass*, Charta der Grundrechte der Europäischen Union, 3. Aufl. 2016, Art. 47 Rn. 17–51; *H.-J. Blanke*, in: C. Calliess/M. Ruffert (Hrsg.), EUV, AEUV, 5. Aufl. 2016, Art. 47 GRC Rn. 10–18.

[1959] Vgl. EuGH, Urteil v. 26.11.2013, Rs. C-40/12 P *(Gascogne Sack Deutschland/Kommission)*; EuGH, Urteil v. 26.11.2013, Rs. C-50/12 P *(Kendrion/Kommission)*; EuGH, Urteil v. 26.11.2013, Rs. C-58/12 P *(Groupe Gascogne/Kommission)*; EuGH, Urteil v. 30.04.2014,

nismäßig lange Prozessdauer fest, prüft er nicht mehr die Rechtfertigung dieser Grundrechtseinschränkung, sondern kommt direkt zu dem Ergebnis, ein Verstoß gegen die Charta liege vor.

Das Vorgehen des EuGH könnte außerdem mit der durch Art. 52 Abs. 3 GRC hergestellten Parallelität[1960] der Gewährleistungen aus Art. 6 und Art. 13 EMRK zu Art. 47 GRC zusammenhängen. Bei den Justiz- und Verfahrensgarantien der EMRK wird vorwiegend keine Unterteilung in Eingriff und Rechtfertigung vorgenommen, sondern kontrolliert, ob die teils detaillierten verfahrensrechtlichen Vorgaben eingehalten wurden.[1961] Gleichwohl gilt Art. 52 Abs. 1 GRC ebenfalls für die justiziellen Grundrechte und Art. 47 GRC,[1962] da Art. 52 Abs. 3 GRC keine *Lex specialis* zu Abs. 1 darstellt.[1963] Dementsprechend finden sich auch Entscheidungen, in denen der EuGH seine Prüfung dreistufig aufbaut oder die Verhältnismäßigkeit einer Einschränkung dieser Rechte untersucht.[1964] Insgesamt scheint er aber von einer gewissen Sonderdogmatik für die justiziellen Grundrechte auszugehen.

Bei den übrigen Grundrechten lassen sich die Unterschiede zwischen den untersuchten Entscheidungen nicht mit der Art des jeweils betroffenen Grundrechts erklären. So finden sich beispielsweise zum Grundrecht der unternehmerischen Freiheit aus Art. 16 GRC sowohl Prüfungen, die den Vorgaben der Charta überwiegend entsprechen,[1965] als auch solche, die insofern Defizite aufweisen[1966]. Zahlreiche Grundrechte hat der EuGH darüber hinaus noch nicht behandelt.

Rs. C-238/12 P *(FLSmidth/Kommission)*; EuGH, Urteil v. 08.05.2014, Rs. C-414/12 P *(Bolloré/Kommission)*; EuGH, Urteil v. 12.06.2014, Rs. C-578/11 P *(Deltafina/Kommission)*; EuGH, Urteil v. 19.06.2014, Rs. C-243/12 P *(FLS Plast/Kommission)*; EuGH, Urteil v. 10.07.2014, Rs. C-295/12 P *(Telefónica und Telefónica de España/Kommission)*; EuGH, Urteil v. 09.10.2014, Rs. C-467/13 P *(ICF/Kommission)*; EuGH, Urteil v. 12.11.2014, Rs. C-580/12 P *(Guardian Industries und Guardian Europe/Kommission)*; EuGH, Urteil v. 21.01.2016, Rs. C-603/13 P *(Galp Energia España u. a./Kommission)*; EuGH, Urteil v. 09.06.2016, Rs. C-608/13 P *(CEPSA/Kommission)*; EuGH, Urteil v. 09.06.2016, Rs. C-616/13 P *(PROAS/Kommission)*; EuGH, Urteil v. 09.06.2016, Rs. C-617/13 P *(Repsol Lubricantes y Especialidades u. a./Kommission)*; EuGH, Urteil v. 14.09.2016, Rs. C-490/15 P und C-505/15 P *(Ori Martin/Kommission)*; EuGH, Urteil v. 14.09.2016, Rs. C-519/15 P *(Trafilerie Meridionali/Kommission)*.

[1960] Vgl. dazu etwa *A. Eser*, in: J. Meyer (Hrsg.), Charta der Grundrechte der Europäischen Union, 4. Aufl. 2014, Art. 47 Rn. 2–6, 20–23.

[1961] *C. Grabenwarter/K. Pabel*, Europäische Menschenrechtskonvention, 6. Aufl. 2016, § 18, Rn. 1, 28 ff.

[1962] *H. D. Jarass*, Charta der Grundrechte der Europäischen Union, 3. Aufl. 2016, Art. 47 Rn. 14.

[1963] Siehe dazu ausführlich Kapitel 3 A. I. 4. b).

[1964] Siehe dazu Kapitel 3 B. I. 3 und Kapitel 3 B. V. 2. a) aa).

[1965] Vgl. etwa EuGH, Urteil v. 22.01.2013, Rs. C-283/11 *(Sky Österreich)*; EuGH, Urteil v. 17.10.2013, Rs. C-101/12 *(Schaible)*.

[1966] Beispielsweise EuGH, Urteil v. 06.09.2012, Rs. C-544/10 *(Deutsches Weintor)*;

Gewisse Divergenzen könnten jedoch mit der Art der widerstreitenden Positionen zusammenhängen: Die vorliegende Analyse hat gezeigt, dass der EuGH im Falle von Grundrechtskollisionen weniger dem Schema aus Art. 52 Abs. 1 GRC folgt, sondern im Rahmen der Verhältnismäßigkeitskontrolle in erster Linie eine Abwägung der konfligierenden Grundrechtspositionen vornimmt. Dabei lassen sich regelmäßig nur die Stufen des legitimen Ziels und der Angemessenheit ausmachen. Diese Rechtsprechung geht auf das Urteil Promusicae (C-275/06)[1967] zurück, in dem der Gerichtshof bereits eine Abwägung von kollidierenden Grundrechten vorgenommen hat. Im Urteil Sky Österreich (C-283/11) erklärt der EuGH allerdings, die Wahrung der durch Art. 11 GRC geschützten Freiheiten stelle unbestreitbar ein im Allgemeininteresse liegendes Ziel dar,[1968] um im Rahmen der Angemessenheit unter Verweis auf die Promusicae-Rechtsprechung trotzdem eine Abwägung zwischen widerstreitenden Grundrechtspositionen vorzunehmen.[1969] Auch eine Prüfung der Geeignetheit und der Erforderlichkeit findet sich in diesem Urteil.

Folglich kann die Unterscheidung zwischen Grundrechtsprüfungen, in denen es um Einschränkungen zum Schutz kollidierender Grundrechte geht, und solchen, in denen der Eingriff aus Gründen des Allgemeinwohls vorgenommen wird, die Divergenzen zwischen den Entscheidungen des Gerichtshofs ebenfalls nicht hinreichend erklären.[1970]

Insgesamt ist damit festzuhalten, dass es in der Rechtsprechung des EuGH nach Inkrafttreten der Charta sowohl Entscheidungen gibt, die den dogmatischen Anforderungen des Art. 52 Abs. 1 GRC entsprechen, als auch solche, die den Vorgaben nicht gerecht werden. Gegenüber der von der Literatur stark kritisierten Grundrechtsprechung vor der Charta lassen sich somit zumindest in einem Teil der Fälle deutliche Verbesserungen erkennen. Ein anderer Teil zeigt aber weiterhin Defizite oder zumindest Unklarheiten. Um die dogmatischen Divergenzen zwischen den Entscheidungen zu erklären und zu einer umfassenden Bewertung zu kommen, reicht eine rein dogmatische Analyse nicht aus. Vielmehr ist auch auf den Kontext dieser Urteile und Beschlüsse sowie Gutachten einzugehen. Dies ist Gegenstand des folgenden Kapitels.

EuGH, Urteil v. 23.11.2016, Rs. C-442/14 *(Bayer CropScience und Stichting De Bijenstichting)*.
[1967] EuGH, Urteil v. 29.01.2008, Rs. C-275/06 *(Promusicae)*, Slg. 2008, I-271.
[1968] EuGH, Urteil v. 22.01.2013, Rs. C-283/11 *(Sky Österreich)*, Rn. 52.
[1969] Vgl. EuGH, Urteil v. 22.01.2013, Rs. C-283/11 *(Sky Österreich)*, Rn. 60; dazu *S. Peers/S. Prechal*, in: S. Peers/T. K. Hervey/A. Ward (Hrsg.), The EU Charter of Fundamental Rights, 2014, Art 52 Rn. 46 (Fn. 85).
[1970] Vgl. aber Kapitel 4 C. I. 4.

Kapitel 4

Kontextualisierung der Grundrechtsprüfung des EuGH

Nachdem im dritten Kapitel die Dogmatik der Grundrechtsprüfung durch den EuGH analysiert wurde und sich hierbei gravierende Unterschiede in der Rechtsprechung gezeigt haben, soll im vierten Kapitel versucht werden, diese Divergenzen durch die Betrachtung des Kontextes der jeweiligen Entscheidung zu erklären (A). In der vorliegenden Arbeit wird der Begriff des Kontextes weit verstanden. Zahlreiche Faktoren könnten Auswirkungen auf die Grundrechtsprüfung des EuGH haben. Dieser Einfluss ist aber nur bei wenigen hinreichend nachprüfbar. Daher müssen die denkbaren Kontexte zunächst auf den Grad der Überprüfbarkeit ihres Einflusses hin analysiert werden (B). Anschließend sollen die im dritten Kapitel aufgezeigten Divergenzen in der Dogmatik der Grundrechtsprüfung des Gerichtshofs mit den nachprüfbaren Kontexten erklärt werden (C).

A. Notwendigkeit einer kontextualisierenden Betrachtung

Die Analyse der Grundrechtsprüfung des EuGH nach Inkrafttreten der Charta im dritten Kapitel der vorliegenden Arbeit hat gezeigt, dass es in der Rechtsprechung sowohl Entscheidungen gibt, die den dogmatischen Anforderungen des Art. 52 Abs. 1 GRC entsprechen, als auch solche, die den Vorgaben nicht gerecht werden.[1] Durch die rein dogmatische Betrachtung lassen sich diese Divergenzen nicht erklären.[2] So bleibt beispielsweise offen, warum der Gerichtshof in manchen Entscheidungen die widerstreitenden Interessen detailliert und präzise prüft, in anderen aber die Verhältnismäßigkeit einer Grundrechtseinschränkung ohne jegliche Begründung feststellt. Ebenso ist aus rein dogmatischer Perspektive nicht erklärbar, weshalb der EuGH zwischen verschiedenen Varianten des Prüfungsaufbaus oder der Verhältnismäßigkeitskontrolle wechselt. Die dogmatische Untersuchung muss daher um eine weitere Analysemethode ergänzt werden, um mögliche Erklärungsansätze für diese Divergenzen der Rechtsprechung des Gerichtshofs aufzuzeigen.

---

[1] Siehe etwa Kapitel 3 B. VII und Kapitel 3 C.
[2] Siehe dazu etwa Kapitel 3 C.

Eine verbreitete und zunehmend[3] auch in der deutschen Rechtswissenschaft akzeptierte Methode ist die Betrachtung des Kontextes, in dem die jeweilige Gerichtsentscheidung ergangen ist.[4] Demnach ergänzen sich Dogmatik und Kontext gegenseitig.[5] Ein solch kontextsensibles Vorgehen ist nicht auf die Analyse von Rechtsprechung begrenzt, sondern kann sich etwa auch auf Normtexte beziehen.[6] Gerade im Bereich der Rechtsprechung besteht aber eine enge Wechselwirkung von Dogmatik und Kontext: Gerichtsentscheidungen werden nicht in einem luftleeren Raum getroffen, sondern ergehen „in einem konkreten zeitlichen und räumlichen Umfeld, das durch institutionelle Konkurrenzen, politische Machtkämpfe, kulturelle Bedeutungsverschiebungen und soziale Konsequenzen geprägt ist."[7] Dies gilt insbesondere für die Rechtsprechung des EuGH.[8] Betrachtet man hingegen nur die dogmatischen Eigenheiten einer Entscheidung, bleibt das Bild unvollständig.[9] Kontextualisierung bedeutet dabei auch, die Erkenntnisse anderer Forschungsdisziplinen – soweit möglich – für die Rechtslehre fruchtbar zu machen.[10]

Der Begriff des Kontextes ist nicht klar definiert. Nach dem Duden ist darunter schlicht der „Zusammenhang" zu verstehen.[11] Der Kontext einer Gerichtsentscheidung ist danach der Zusammenhang, in dem sie steht. Nach *Haltern* umfasst der Kontext den institutionellen, politischen, wirtschaftlichen, sozialen, kulturellen und historischen Zusammenhang.[12] Andere meinen mit dem Kontext einer Gerichtsentscheidung vor allem die Umstände ihrer Herstellung.[13]

Der hier vertretene Ansatz baut auf diesen Ansichten auf und ist doch weiter: Jeder Einfluss auf die fragliche Entscheidung, der nicht der Grundrechtsdog-

---

[3] Vgl. *U. R. Haltern*, Europarecht, 3. Aufl. 2017, § 1, Rn. 10 ff.

[4] Vgl. z.B. zum Brokdorf-Beschluss des BVerfG *A. Doering-Manteuffel/B. Greiner/ O. Lepsius* (Hrsg.), Der Brokdorf-Beschluss des Bundesverfassungsgerichts 1985, 2015.

[5] *U. R. Haltern*, Europarecht, 3. Aufl. 2017, § 1, Rn. 20; vgl. auch *M. Albers*, Höchstrichterliche Rechtsfindung und Auslegung gerichtlicher Entscheidungen, in: VVDStRL 71 (2012), S. 258 (271): „[J]ede gute Dogmatik kontextualisiert Entscheidungen und sich selbst."; stärker zwischen Dogmatik und Kontext trennend hingegen *O. Lepsius*, Kritik der Dogmatik, in: G. Kirchhof/S. Magen/K. Schneider (Hrsg.), Was weiß Dogmatik?, 2012, S. 39 (56f.).

[6] Vgl. etwa zur kontexualisierenden Rechtsvergleichung *S. Baer*, Rechtssoziologie, 2. Aufl. 2015, § 3, Rn. 22.

[7] *U. R. Haltern*, Europarecht, 3. Aufl. 2017, § 1, Rn. 15; vgl. allgemein zur richterlichen Rechtsfindung *M. Payandeh*, Judikative Rechtserzeugung, 2017, S. 26 ff.

[8] *U. R. Haltern*, Europarecht, 3. Aufl. 2017, § 1, Rn. 22.

[9] *U. R. Haltern*, Europarecht, 3. Aufl. 2017, § 1, Rn. 8.

[10] *U. R. Haltern*, Europarecht, 3. Aufl. 2017, § 1, Rn. 20; mit besonderem Bezug zur Rechtsprechung und weiteren Nachweisen *M. Albers*, Höchstrichterliche Rechtsfindung und Auslegung gerichtlicher Entscheidungen, in: VVDStRL 71 (2012), S. 258 (263 f.).

[11] *Dudenredaktion* (Hrsg.), Duden, 2017, S. 655.

[12] *U. R. Haltern*, Europarecht und das Politische, 2005, S. 11; *U. R. Haltern*, Europarecht, 3. Aufl. 2017, § 1, Rn. 20, 23.

[13] Vgl. *M. Albers*, Höchstrichterliche Rechtsfindung und Auslegung gerichtlicher Entscheidungen, in: VVDStRL 71 (2012), S. 258 (262 f.); *O. Lepsius*, Kritik der Dogmatik, in: G. Kirchhof/S. Magen/K. Schneider (Hrsg.), Was weiß Dogmatik?, 2012, S. 39 (56 f., 61 f.).

matik zuzuordnen ist, wird als Kontext bezeichnet. Demnach gehört dazu auch der rechtliche Kontext – soweit er sich nicht auf die grundrechtliche Dogmatik bezieht –, also beispielsweise das zugrunde liegende Prozessrecht[14] und die Wirkung des Inkrafttretens der Charta selbst im Widerspiel mit der Kontinuität der Rechtsprechung.

Die Weite des Begriffs macht eine Eingrenzung der zu untersuchenden Kontexte notwendig. Dabei muss der der Kontextualisierung innewohnenden Gefahr der Spekulation Rechnung getragen werden.[15] Es sind zahlreiche Faktoren denkbar, die Einfluss auf die Grundrechtsprechung des EuGH haben könnten. Diese wirken zudem nebeneinander und zusammen, sodass die Betrachtung eines einzelnen Kontextes möglicherweise nur einen Teilbereich der vorgefundenen dogmatischen Unterschiede erklären kann. Bei einigen ist ein tatsächlicher Einfluss auf die Grundrechtsprüfung des EuGH wahrscheinlicher als bei anderen. Daher müssen die denkbaren Kontexte zunächst auf die Überprüfbarkeit ihres Einflusses auf die grundrechtliche Dogmatik des EuGH hin analysiert werden.

Diese Überprüfbarkeit kann von der reinen Vermutung, der bloßen Spekulation, bis hin zur beweisbaren Kausalität reichen. Kontexte, deren tatsächliche Auswirkungen spekulativ bleiben, sollen in der vorliegenden Arbeit nicht vertieft analysiert werden. Das Ideal ist hingegen die nachweisbare Kausalität zwischen einem Kontext und der Dogmatik der Grundrechtsprüfung des EuGH. Ein solcher Beweis wird sich freilich sehr selten führen lassen: Nur wenn der Gerichtshof in seinen Entscheidungen einen Kontext als ursächlich bezeichnet, sich also beispielsweise ausdrücklich auf die Schlussanträge des Generalanwalts oder auf ein Urteil eines anderen Gerichts beruft, kann man mit hinreichender Sicherheit von einer kausalen Beziehung ausgehen. Zwischen der bloßen Vermutung auf der einen Seite und dem Beweis auf der anderen Seite lässt sich eine graduelle Abstufung unterschiedlicher Plausibilität des Einflusses ausmachen: Für die Wirkung zahlreicher Kontexte gibt es tatsächliche Hinweise und Indizien. So können zum Beispiel statistische Zusammenhänge, Korrelationen in der Argumentation oder außergerichtliche Aussagen von Richtern die Wahrscheinlichkeit von Auswirkungen eines Kontextes auf die Dogmatik erhöhen oder verringern.

Es gilt daher, zunächst die denkbaren Kontexte der Grundrechtsprechung des EuGH auf die Nachprüfbarkeit ihres Einflusses auf die Dogmatik der Grundrechtsprüfung hin zu analysieren. Nur solche Kontexte, deren Auswirkungen objektiv nachweisbar sind, deren Einfluss also möglichst beweisbar ist, sollen

---

[14] Von einem prozeduralen Kontext sprechen auch *S. Greer/J. Gerards/R. Slowe*, Human Rights in the Council of Europe and the European Union, 2018, S. 296; vgl. im Hinblick auf Normaussagen: *O. Lepsius*, Relationen: Plädoyer für eine bessere Rechtswissenschaft, 2016, S. 36–44.
[15] Mit einem ähnlichen Anspruch *T. von Danwitz*, EuR 43 (2008), S. 769 (769).

zur Erklärung der im dritten Kapitel aufgezeigten Divergenzen in der Rechtsprechung des Gerichtshofs herangezogen werden. Als Kriterium hierzu dienen in erster Linie Hinweise in den Entscheidungen des EuGH selbst.

Auch wenn der Einfluss eines Kontextes derart nachvollziehbar ist, kann es sein, dass eine umfassende Analyse im Rahmen der vorliegenden Arbeit nicht machbar ist. Sie widmet sich der Dogmatik der Grundrechtsprüfung des EuGH – umfassende Vergleiche mit anderen Rechtsordnungen beispielsweise würden ihren Rahmen sprengen. Auch die Machbarkeit ist daher vorab zu bewerten.

B. Denkbare Kontexte der Grundrechtsprechung des EuGH

Eine Vielzahl von Kontexten wirkt auf die Grundrechtsprechung des EuGH ein.[16] Im Folgenden werden denkbare und in der Literatur erörterte Kontexte auf die Überprüfbarkeit ihres Einflusses auf die Dogmatik der Grundrechtsprüfung des EuGH sowie die Machbarkeit ihrer Analyse im Rahmen der vorliegenden Arbeit hin untersucht.

I. Andere Gerichte

Ein häufig in der Europarechtswissenschaft besprochener Kontext der EuGH-Rechtsprechung ist der Einfluss anderer Gerichte, insbesondere des EGMR (1) und nationaler Verfassungsgerichte sowie oberster Gerichte (2).

1. EGMR (und EMRK)

Bereits vor Inkrafttreten der Charta waren der EGMR und die EMRK von großer Bedeutung für die Grundrechtsprüfung des EuGH.[17] Zur Entwicklung der Gemeinschaftsgrundrechte aus den allgemeinen Grundsätzen des Unionsrechts griff der Gerichtshof seit der Entscheidung Nold KG/Kommission (C-4/73) außer auf die Verfassungsüberlieferungen der Mitgliedstaaten auch auf „die internationalen Verträge über den Schutz der Menschenrechte, an deren Abschluß die Mitgliedstaaten beteiligt waren oder denen sie beigetreten sind,"[18] und damit vor allem auf die EMRK zurück.[19] Die Konvention entwickelte sich

---

[16] Ähnlich *T. von Danwitz*, EuR 43 (2008), S. 769 (770).
[17] Vgl. dazu statt vieler *C. Grabenwarter*, Die Menschenrechtskonvention und Grundrechte-Charta in der europäischen Verfassungsentwicklung, in: H.-J. Cremer/T. Giegerich/D. Richter u. a. (Hrsg.), Tradition und Weltoffenheit des Rechts, Festschrift für H. Steinberger, 2002, S. 1129 (1129).
[18] EuGH, Urteil v. 14.05.1974, Rs. C-4/73 *(Nold KG/Kommission)*, Slg. 1974, I-491, Rn. 507 (Rn. 13).
[19] Vgl. zur Entwicklung des Grundrechtsschutzes auf Ebene der Union statt vieler etwa *U. R. Haltern*, Europarecht, 3. Aufl. 2017, § 11, Rn. 1386 ff.

B. Denkbare Kontexte der Grundrechtsprechung des EuGH

in den folgenden Jahren bis zur Rechtsverbindlichkeit der Charta zur wichtigsten Rechtserkenntnisquelle im Grundrechtsbereich.[20] Da die Union nun mit der Charta über einen eigenen Grundrechtskatalog verfügt, der Basis der autonomen Grundrechtsprechung des EuGH ist, verringert sich freilich die Bedeutung der EMRK.[21] Allerdings ist sie als Rechtserkenntnisquelle im Primärrecht verankert.[22] Nach Art. 6 Abs. 3 EUV sind die Grundrechte, wie sie in der Europäischen Konvention zum Schutz der Menschenrechte und Grundfreiheiten gewährleistet sind, als allgemeine Grundsätze Teil des Unionsrechts. Damit wurde die Rechtsprechung des Gerichtshofs zur Bedeutung der Konvention in den Text des Vertrags übernommen.[23] Zudem enthält Art. 6 Abs. 2 EUV den Auftrag für die EU, der EMRK beizutreten.

Im Bereich der Charta selbst sorgt Art. 52 Abs. 3 GRC dafür, dass der Grundrechtsstandard in der Union im Ergebnis nicht hinter den der Konvention zurückfällt.[24] Nach S. 1 haben nämlich die Charta-Rechte, die den durch die EMRK garantierten Rechten entsprechen, die gleiche Bedeutung und Tragweite, wie sie ihnen in der genannten Konvention verliehen wird. Diese Bezugnahme auf die EMRK führt aber nicht zu einer parallelen Auslegung jener Grundrechte der Charta, die auch in der EMRK verankert sind.[25] Vielmehr erlaubt Art. 52 Abs. 3 S. 2 GRC explizit einen über die Konvention hinausgehenden Schutz und damit eine autonome Auslegung und Anwendung der GRC.[26] Weiterhin stellt Art. 53 GRC klar, dass Grundrechtsverbürgungen außerhalb der Charta – also etwa in der EMRK – durch die GRC unberührt bleiben.

Insgesamt kommt der EMRK damit im aktuellen Unionsrecht weiterhin der Rang einer Rechtserkenntnisquelle zu.[27] Solange die Union der Konvention nicht beigetreten ist,[28] entfaltet sie aber keine formelle Bindungswirkung.

---

[20] *H. D. Jarass*, Charta der Grundrechte der Europäischen Union, 3. Aufl. 2016, Einl., Rn. 32; *K. Lenaerts/E. de Smijter*, MJ 8 (2001), S. 90 (90 f.); *M. Hentschel-Bednorz*, Derzeitige Rolle und zukünftige Perspektive des EuGH im Mehrebenensystem des Grundrechtsschutzes in Europa, 2012, S. 331 f.

[21] Vgl. *D. Engel*, Der Beitritt der Europäischen Union zur EMRK, 2015, S. 24, 32 f.

[22] *T. Kingreen*, in: C. Calliess/M. Ruffert (Hrsg.), EUV, AEUV, 5. Aufl. 2016, Art. 6 EUV Rn. 7.

[23] *F. Schorkopf*, in: E. Grabitz/M. Nettesheim/M. Hilf (Hrsg.), Das Recht der Europäischen Union: EUV/AEUV, Stand: 65. EL 2018, Art. 6 EUV Rn. 51.

[24] Siehe zu Art. 52 Abs. 3 GRC ausführlich Kapitel 3 A. I. 4. b).

[25] *H. D. Jarass*, EuR 2013, S. 29 (42).

[26] Vgl. *F. Schorkopf*, in: E. Grabitz/M. Nettesheim/M. Hilf (Hrsg.), Das Recht der Europäischen Union: EUV/AEUV, Stand: 65. EL 2018, Art. 6 EUV Rn. 57: „In dieser Hinsicht erfüllt die EMRK die Funktion, den Unionsorganen bei der autonomen Anwendung und Auslegung der Charta-Grundrechte inhaltlich eine Richtung im Sinne eines Referenzpunktes zu geben".

[27] *H. D. Jarass*, EuR 2013, S. 29 (43); *T. Kingreen*, in: C. Calliess/M. Ruffert (Hrsg.), EUV, AEUV, 5. Aufl. 2016, Art. 52 GRC Rn. 37.

[28] Nach EuGH, Gutachten v. 18.12.2014, Rs. Avis 2/13 *(Adhésion de l'Union à la CEDH)*, Rn. 144 ff. ist die Übereinkunft über den Beitritt der EU zur EMRK nicht mit Art. 6 Abs. 2 EUV und dem Protokoll Nr. 8 zu Art. 6 Abs. 2 EUV vereinbar.

Trotzdem könnte man mit Blick auf die Vorgabe des Art. 52 Abs. 3 GRC den Einfluss von EMRK und EGMR auf die Grundrechtsprüfung des EuGH im Überschneidungsbereich beider Kataloge nicht als Kontext der Rechtsprechung, sondern als dogmatische Anforderung der Charta einstufen. Art. 52 Abs. 3 GRC verlangt jedoch lediglich eine im Ergebnis nicht unter den EMRK-Standard absinkende Grundrechtsprechung des EuGH und bezieht sich nur auf die parallel geregelten Grundrechte. Dabei sichert die Norm einen Mindestschutz im Ergebnis, wirkt sich aber nicht auf die Dogmatik, also den Weg zu diesem konventionskonformen Ergebnis, aus.[29] Darüber hinaus erscheint es vorstellbar, dass sich der EuGH auch jenseits der parallelen Grundrechte am Straßburger Gerichtshof orientiert. Die Bedeutung von EGMR und EMRK im Rahmen der Grundrechtsprüfung durch den EuGH wird in der vorliegenden Arbeit mithin als Kontext der Rechtsprechungspraxis des Gerichtshofs im Grundrechtsbereich behandelt.

Vor dem EGMR wiederum sind Individualbeschwerden gegen die EU beziehungsweise gegen Akte von Unionsorganen unzulässig,[30] weil eine Beschwerde gemäß Art. 34 S. 1 EMRK ausschließlich gegen Maßnahmen der Vertragsparteien gerichtet werden kann.[31] Im Falle von nationalen Umsetzungsakten geht der EGMR in ständiger Rechtsprechung von einem auf Unionsebene gleichwertigen Grundrechtsschutz aus, der es erlaubt, zu vermuten, dass die Mitgliedstaaten der EU beziehungsweise die Vertragsstaaten der EMRK ihre Pflichten aus der Konvention nicht verletzen, wenn sie zwingendes[32] Unionsrecht ausführen (sogenannte Bosphorus-Rechtsprechung[33]).[34] Diese Vermutung wird erst durch einen offensichtlichen Verstoß gegen die Konvention widerlegt.[35] Dementsprechend werden EuGH und EGMR als Teil eines europäischen Verfassungsgerichtsverbunds gesehen, in dem es zu wechselseitigen Interaktionen und Rezeptionen kommt.[36] In diesem Kooperationsverhältnis stehen Luxemburg und Straßburg in einem „Dialog der Gerichte"[37].

---

[29] So bereits Kapitel 3 A. I. 4. b).

[30] *J. Meyer-Ladewig/K. Brunozzi*, in: J. Meyer-Ladewig/M. Nettesheim/S. von Raumer (Hrsg.), EMRK, 4. Aufl. 2017, Art. 46 EMRK Rn. 33 mit Verweisen auf die ständige Rechtsprechung des EGMR.

[31] Vgl. dazu etwa *R. Uerpmann-Wittzack*, ZÖR 68 (2013), S. 519 (521 f.).

[32] Dazu *U. R. Haltern*, Europarecht, 3. Aufl. 2017, § 11, Rn. 1699; im Übrigen bleiben die Vertragsstaaten voll verantwortlich *J. Meyer-Ladewig/K. Brunozzi*, in: J. Meyer-Ladewig/ M. Nettesheim/S. von Raumer (Hrsg.), EMRK, 4. Aufl. 2017, Art. 46 EMRK Rn. 34.

[33] EGMR, Urteil v. 30.06.2005, Rs. 45036/98 *(Bosphorus)*, ECHR Rep. 2005-VI, 107 ff. = NJW 2006, S. 197 = EuGRZ 2007, S. 662.

[34] Vgl. ausführlich zur Überprüfung von Unionsrecht durch den EGMR *U. R. Haltern*, Europarecht, 3. Aufl. 2017, § 11, Rn. 1652–1787; vgl. dazu auch *R. Schütze*, Yearbook of European Law 30 (2011), S. 131 (152–155).

[35] *U. R. Haltern*, Europarecht, 3. Aufl. 2017, § 11, Rn. 1685; *R. Uerpmann-Wittzack*, ZÖR 68 (2013), S. 519 (523).

[36] *A. Voßkuhle*, NVwZ 2010, S. 1 (8); *A. Voßkuhle*, RdA 2015, S. 336 (337); vgl. aus der Vielzahl der Beiträge zu diesem Thema etwa *F. Kirchhof*, NJW 2011, S. 3681; grundrechtliche

B. Denkbare Kontexte der Grundrechtsprechung des EuGH

Vor dem Hintergrund der Entwicklung der Unionsgrundrechte aus der EMRK, der Bezugnahmen des Primärrechts auf die Konvention und der Verflechtungen im Mehrebenensystem scheint ein Vergleich zwischen der Grundrechtsdogmatik des EGMR und des EuGH vielversprechend. Möglicherweise sind einige dogmatische Eigenheiten der Grundrechtsprüfung des Gerichtshofs mit der Rechtsprechung Straßburgs erklärbar. Dieser Einfluss könnte damit ein wichtiger Kontext der Grundrechtsprechung des EuGH sein. Dementsprechend werden einzelne Entscheidungen des Gerichtshofs als vom EGMR beeinflusst bezeichnet[38] und selbst Mitglieder des EuGH sprechen von der Rezeption und Berücksichtigung Straßburger Entscheidungen.[39]

Der Einfluss auf die Dogmatik der Grundrechtsprüfung ist allerdings nur in den Fällen eindeutig nachvollziehbar, in denen sich der Gerichtshof explizit auf die Rechtsprechung des EGMR bezieht. Anders als beispielsweise nationale Verfassungsgerichte, deren Ausführungen er nur nennt, wenn sie die Vorlagefrage gestellt haben, zitiert der EuGH Entscheidungen des Straßburger Gerichtshofs.[40] Solche Zitate sind aber – bezogen auf seine gesamte Rechtsprechung – eher selten: Beispielsweise zitiert der EuGH in lediglich elf der 40 Entscheidungen der Fallgruppen A1 und A2, in denen der EuGH die Verhältnismäßigkeit einer Grundrechtseinschränkung tatsächlich und in mehr als nur einem Satz prüft, eine Entscheidung des EGMR. Die Entscheidungen mit Zitat des EGMR könnten jenen ohne ausdrückliche Bezugnahme gegenübergestellt werden, um anschließend die gefundenen Differenzen in der Dogmatik des EuGH mit der konventionsrechtlichen Dogmatik zu erklären. Weiterhin bestünde die Möglichkeit, sämtliche Entscheidungen – also auch jene ohne ausdrück-

---

Schutzdefizite in diesem Verhältnis sieht *D. Engel*, Der Beitritt der Europäischen Union zur EMRK, 2015, S. 71–122; vgl. ausführlich zur Kooperation beider Gerichte etwa *M. Hentschel-Bednorz*, Derzeitige Rolle und zukünftige Perspektive des EuGH im Mehrebenensystem des Grundrechtsschutzes in Europa, 2012.

[37] Vgl. zum Ursprung dieses Begriffs z. B. *F. Kirchhof*, NJW 2011, S. 3681 (3682 [Fn. 8]).

[38] Vgl. etwa zum Urteil Digital Rights Ireland und Seitlinger u. a. (C-293/12 und C-594/12) *T. Petri*, ZD 2014, S. 296 (300); vgl. zum Urteil Google Spain und Google (C-131/12) *J. Kühling*, EuZW 2014, S. 527 (531); vgl. zum Urteil C. K. u. a. (C-578/16 PPU) *C. Hruschka*, NVwZ 2017, S. 691 (696); weiter hingegen *H. D. Jarass*, EuR 2013, S. 29 (41), der eine „sorgfältige Orientierung des EuGH an der Rechtsprechung des EGMR, wie sie in seinen Entscheidungen deutlich wird," erkennt.

[39] *Lenaerts* in *H. Birkenkötter/K. Lenaerts*, „Dass der EuGH als internationales Gericht angesehen wird, ist ein großes Missverständnis", VerfBlog, 10.12.2014 (geprüft am 04.09.2019): „Zweitens schauen wir natürlich auch nach Straßburg. Und dann gehen wir ähnlich vor, wie im common law, und machen eine Form von distinguishing".

[40] Vgl. dazu ausführlich *J. Krommendijk*, MJ 22 (2015), S. 812; vgl. auch *J. Gundel*, EuR 51 (2016), S. 176 (183 [Fn. 42]): „Allerdings scheinen Bezugnahmen auf die EGMR-Rechtsprechung seit dem Inkrafttreten der GRC auch generell abzunehmen"; ebenso *S. Greer/J. Gerards/R. Slowe*, Human Rights in the Council of Europe and the European Union, 2018, S. 325; a. A. *U. R. Haltern*, Europarecht, 3. Aufl. 2017, § 11, Rn. 1649: „Der EuGH orientiert sich auch inzwischen sehr häufig an der Rechtsprechung des EGMR".

lichen Bezug – auf Parallelen in der Grundrechtsdogmatik zu untersuchen. Bei diesem Vorgehen wäre der Zusammenhang allerdings lediglich eingeschränkt überprüfbar, da aus dogmatischen Parallelen nicht ohne Weiteres auf einen Einfluss der EGMR-Rechtsprechung auf den EuGH geschlossen werden kann.

Beide Varianten erforderten jedenfalls eine umfassende Analyse der Dogmatik der Grundrechtsprüfung durch den Straßburger Gerichtshof. Dies ist jedoch nicht Gegenstand der vorliegenden Arbeit. Ein derart weitreichender Ansatz würde den Schwerpunkt von der Analyse der Grundrechtsprüfung des EuGH anhand der Charta hin zu einem Vergleich zwischen konventionsrechtlicher und Charta-basierter Dogmatik verschieben.

Die Analyse des Einflusses von EGMR und EMRK auf die Dogmatik der Grundrechtsprüfung des EuGH hat zwar vermutlich ein großes Potenzial, einige der im dritten Kapitel gefundenen Eigenheiten und Divergenzen in der Rechtsprechung des Gerichtshofs zu erklären, eine Analyse der Konventionsdogmatik ist im Rahmen der vorliegenden Arbeit aber nicht machbar.

2. Nationale Verfassungsgerichte sowie oberste Gerichte (insbesondere: BVerfG)

Ein von der Europarechtslehre ebenfalls vielfach beleuchteter Kontext der Grundrechtsprechung des EuGH ist der Einfluss nationaler Verfassungsgerichte sowie oberster Gerichte.[41]

Dies gilt insbesondere für die Entwicklung der Unionsgrundrechte durch den Gerichtshof: Hatte dieser eine Grundrechtskontrolle in den Urteilen Stork & Cie./Hohe Behörde (C-1/58) sowie Präsident Ruhrkohlen-Verkaufsgesellschaft u. a./Hohe Behörde (C-36/59, C-37/59, C-38/59 und C-40/59) noch abgelehnt,[42] erkannte er erstmals im Urteil Stauder/Stadt Ulm (C-29/69) an, dass die allgemeinen Grundsätze der Gemeinschaftsrechtsordnung Grundrechte enthalten.[43] In den folgenden Entscheidungen Internationale Handelsgesellschaft mbH/Einfuhr- und Vorratsstelle für Getreide und Futtermittel (C-11/70) und Nold KG/Kommission (C-4/73) baute der EuGH diese Rechtsprechung aus, wobei er insbesondere die EMRK[44] und die gemeinsamen Verfassungsüberlieferungen der Mitgliedstaaten als Rechtserkenntnisquellen der Gemeinschafts-

---

[41] Siehe zum Einfluss nationaler Gerichte im Rahmen des Vorabentscheidungsverfahrens Kapitel 4 B. XI sowie zu richterlichen Motivationen Kapitel 4 B. VI.

[42] Vgl. EuGH, Urteil v. 04.02.1959, Rs. C-1/58 *(Stork & Cie./Hohe Behörde)*, Slg. 1959, 43, 63 f.; EuGH, Urteil v. 15.07.1960, Rs. C-36/59, C-37/59, C-38/59 und C-40/59 *(Präsident Ruhrkohlen-Verkaufsgesellschaft u. a./Hohe Behörde)*, Slg. 1960, 857, 920 f.

[43] Vgl. EuGH, Urteil v. 12.11.1969, Rs. C-29/69 *(Stauder/Stadt Ulm)*, Slg. 1969, 419, 425.

[44] Genauer: „die internationalen Verträge über den Schutz der Menschenrechte, an deren Abschluß die Mitgliedstaaten beteiligt waren oder denen sie beigetreten sind," vgl. EuGH, Urteil v. 14.05.1974, Rs. C-4/73 *(Nold KG/Kommission)*, Slg. 1974, I-491, 507 (Rn. 13), in den allermeisten Fällen zog der EuGH aber die EMRK heran.

grundrechte bezeichnete.[45] Die Rechtsprechungsänderung vom Urteil Stork auf das Urteil Stauder wird in erster Linie[46] mit der Reaktion nationaler Verfassungsgerichte auf den mangelnden Grundrechtsschutz durch den EuGH erklärt. So drohte das Bundesverfassungsgericht im sogenannten Solange I-Beschluss mit einer Prüfung gemeinschaftsrechtlicher Maßnahmen an den Grundrechten des Grundgesetzes, solange es auf dieser Ebene keinen adäquaten Grundrechtskatalog gebe.[47] Ähnlich hatte sich bereits zuvor das italienische Verfassungsgericht in der Entscheidung Frontini (Nr. 183/73) geäußert.[48] Beide Rechtsprechungslinien stellten eine Gefahr für den vom Gerichtshof entwickelten Grundsatz des Vorrangs des Gemeinschaftsrechts vor jeglichem nationalen Recht und für die einheitliche Anwendung des Rechts der Gemeinschaft dar.[49] Es wird daher ganz überwiegend angenommen, dass der EuGH überhaupt erst unter dem Druck nationaler Verfassungsgerichte eine eigene Grundrechtsprechung entwickelte.[50] Zwar ergingen die Urteile Stauder/Stadt Ulm (C-29/69) sowie Internationale Handelsgesellschaft mbH/Einfuhr- und Vorratsstelle für Getreide und Futtermittel (C-11/70) vor den Entscheidungen der nationalen Gerichte, doch sei es angesichts der entsprechenden Stimmen in der Wissenschaft für den Gerichtshof ein Leichtes gewesen, diese Rechtsprechung zu antizipieren.[51]

---

[45] Vgl. EuGH, Urteil v. 17.12.1970, Rs. C-11/70 *(Internationale Handelsgesellschaft mbH/Einfuhr- und Vorratsstelle für Getreide und Futtermittel)*, Slg. 1970, I-1125; EuGH, Urteil v. 14.05.1974, Rs. C-4/73 *(Nold KG/Kommission)*, Slg. 1974, I-491.

[46] Daneben werden die Änderungen im Primärrecht und der drohende Beitritt zur EMRK genannt, vgl. *U.R. Haltern*, Europarecht, 3. Aufl. 2017, § 11, Rn. 1399 f. Außerdem könnten auch die jeweiligen Berichterstatter, die Generalanwälte und das Vorbringen der Verfahrensbeteiligten eine Rolle gespielt haben.

[47] BVerfG, Beschluss (2. Senat) v. 29.05.1974, Rs. 2 BvL 52/71 *(Solange I)*, BVerfGE 37, 271, 285 (und Leitsatz): „Solange der Integrationsprozeß der Gemeinschaft nicht so weit fortgeschritten ist, daß das Gemeinschaftsrecht auch einen von einem Parlament beschlossenen und in Geltung stehenden formulierten Katalog von Grundrechten enthält, der dem Grundrechtskatalog des Grundgesetzes adäquat ist, ist nach Einholung der in Art. 177 EWGV geforderten Entscheidung des Europäischen Gerichtshofes die Vorlage eines Gerichts der Bundesrepublik Deutschland an das Bundesverfassungsgericht im Normenkontrollverfahren zulässig und geboten, wenn das Gericht die für es entscheidungserhebliche Vorschrift des Gemeinschaftsrechts in der vom Europäischen Gerichtshof gegebenen Auslegung für unanwendbar hält, weil und soweit sie mit einem der Grundrechte des Grundgesetzes kollidiert".

[48] Vgl. Corte Costituzionale, Entscheidung v. 18.12.1973, Rs. 183/73 *(Frontini)*, Foro italiano 1974, I, 314 = dt. Übersetzung: EuR 1974, 255 sowie EuGRZ 1975, 311.

[49] Vgl. *U.R. Haltern*, Europarecht, 3. Aufl. 2017, § 11, Rn. 1401–1405; *G.F. Mancini*, CMLR 26 (1989), S. 595 (609 f.).

[50] So etwa *K. Lenaerts/E. de Smijter*, MJ 8 (2001), S. 90; *G.F. Mancini*, CMLR 26 (1989), S. 595 (611); *T. Stein*, „Gut gemeint ..." – Bemerkungen zur Charta der Grundrechte der Europäischen Union, in: H.-J. Cremer/T. Giegerich/D. Richter u.a. (Hrsg.), Tradition und Weltoffenheit des Rechts, Festschrift für H. Steinberger, 2002, S. 1425 (1430); *R. Hofmann*, Zurück zu Solange II! Zum Bananenmarktordnungs-Beschluß des Bundesverfassungsgerichts, in: H.-J. Cremer/T. Giegerich/D. Richter u.a. (Hrsg.), Tradition und Weltoffenheit des Rechts, Festschrift für H. Steinberger, 2002, S. 1207 (1209).

[51] *U.R. Haltern*, Europarecht, 3. Aufl. 2017, § 11, Rn. 1403.

Den „gemeinsamen Verfassungsüberlieferungen der Mitgliedstaaten" kommt gemäß Art. 6 Abs. 3 EUV und Art. 52 Abs. 4 GRC immer noch der Rang einer Rechtserkenntnisquelle für die Unionsgrundrechte zu.[52] Auch wenn Art. 52 Abs. 4 GRC nicht zu einer Verdrängung von Art. 52 Abs. 1 GRC führt,[53] könnte die Dogmatik der Grundrechtsprüfung des EuGH durch die nationalen Verfassungsgerichte sowie die obersten Gerichte beeinflusst sein. Dieses Kooperationsverhältnis[54] wird häufig als Teil des europäischen Verfassungsgerichtsverbunds im Mehrebenensystem bezeichnet.[55] Möglicherweise könnten einige dogmatische Eigenheiten der Grundrechtsprüfung des Gerichtshofs mit dem Einfluss dieser Gerichte erklärt werden.

Tatsächlich werden einige Entscheidungen des Gerichtshofs nach Inkrafttreten der Charta beispielsweise als vom Bundesverfassungsgericht beeinflusst bezeichnet. So soll der EuGH die Figur des „Gefühls ständiger Überwachung" im Urteil Digital Rights Ireland und Seitlinger u. a. (C-293/12 und C-594/12)[56] der Rechtsprechung des BVerfG entlehnt haben.[57] Dieses hatte bereits im Jahre 2010 vom „Gefühl des ständigen Überwachtwerdens" beziehungsweise vom „Gefühl des unkontrollierbaren Beobachtetwerdens" sowie von der Eignung der Vorratsdatenspeicherung, ein „diffus bedrohliches Gefühl des Beobachtetseins hervorzurufen", gesprochen.[58] Die Bezugnahme auf Gefühle ist in der Rechtsprechung des Gerichtshofs selten.[59] Daher liegt es in der Tat nahe, dass er sich auch vom BVerfG hat inspirieren lassen. Einen Verweis auf das Urteil des BVerfG findet sich in der Entscheidung des EuGH jedoch nicht. Zitiert werden an dieser Stelle aber die Schlussanträge des Generalanwalts *Cruz Villalón*, der ebenfalls von der Erzeugung eines „diffusen Gefühls des Überwacht-

---

[52] Zu Art. 6 EUV *F. Schorkopf*, in: E. Grabitz/M. Nettesheim/M. Hilf (Hrsg.), Das Recht der Europäischen Union: EUV/AEUV, Stand: 65. EL 2018, Art. 6 EUV Rn. 51.
[53] Siehe zu Art. 52 Abs. 4 GRC ausführlich Kapitel 3 A. I. 4. c).
[54] BVerfG, Urteil (2. Senat) v. 12.10.1993, Rs. 2 BvR 2134/92, 2159/92 *(Maastricht)*, BVerfGE 89, 155, 175; vgl. aus der Vielzahl der Beiträge zu diesem Thema etwa *P. M. Huber*, EuZW 1997, S. 517; *T. von Danwitz*, ZRP 2010, S. 143.
[55] Mit besonderem Fokus auf das BVerfG *A. Voßkuhle*, NVwZ 2010, S. 1 (8); *A. Voßkuhle*, RdA 2015, S. 336 (337); vgl. dazu statt vieler etwa auch *J. Moeller*, NVwZ 2010, S. 225; *K. Lenaerts*, EuR 50 (2015), S. 3; vgl. zu Methoden der Kooperation etwa *F. Kirchhof*, EuR 2014, S. 267 (272 f.).
[56] EuGH, Urteil v. 08.04.2014, Rs. C-293/12 und C-594/12 *(Digital Rights Ireland und Seitlinger u. a.)*, Rn. 37: „Außerdem ist der Umstand, dass die Vorratsspeicherung der Daten und ihre spätere Nutzung vorgenommen werden, ohne dass der Teilnehmer oder der registrierte Benutzer darüber informiert wird, geeignet, bei den Betroffenen [...] das Gefühl zu erzeugen, dass ihr Privatleben Gegenstand einer ständigen Überwachung ist".
[57] Vgl. etwa *G. Kunnert*, DuD 38 (2014), S. 774 (775); *J. Kühling*, NVwZ 2014, S. 681 (682).
[58] Vgl. BVerfG, Urteil (1. Senat) v. 02.03.2010, Rs. 1 BvR 256/08, 263/08, 586/08 *(Vorratsdatenspeicherung)*, BVerfGE 125, 260, 320, 332, 335.
[59] *K. Lenaerts*, EuGRZ 42 (2015), S. 353 (356).

werdens" durch die Vorratsdatenspeicherung spricht.[60] *Cruz Villalón* gibt an, den Ausdruck aufzugreifen, den das Bundesverfassungsgericht in der oben genannten Entscheidung aus dem Jahr 2010 verwendet habe.[61] Somit lässt sich in diesem Fall zumindest eine indirekte Verbindung zwischen der Rechtsprechung des BVerfG und des EuGH nachzeichnen. Letztlich kann man aber nicht mit Sicherheit sagen, wie groß der Einfluss Karlsruhes war.

Dies gilt umso mehr in Entscheidungen des Gerichtshofs, in denen sich nicht einmal eine indirekte Linie zwischen beiden Gerichten herstellen lässt. So wird das vom EuGH im Urteil Google Spain und Google (C-131/12)[62] entwickelte „Recht auf Vergessenwerden" zwar als parallel zur dogmatischen Figur des BVerfG im Urteil Lebach I[63] bezeichnet.[64] Da sich aber weder im Urteil des Gerichtshofs selbst noch in den Schlussanträgen Verweise auf die Karlsruher Rechtsprechung finden, muss hier bereits offen bleiben, ob es überhaupt einen Einfluss gab.[65] Denkbar ist nämlich auch, dass sich der EuGH vom damaligen Vorschlag für eine Datenschutz-Grundverordnung inspirieren ließ.[66] Grundsätzlich zitiert der Gerichtshof keine nationalen Verfassungsgerichte oder obersten Gerichte, wenn sie nicht die entsprechende Vorlagefrage gestellt haben.[67] Dadurch ist ihr Einfluss nicht mit hinreichender Sicherheit nachweisbar. Zwar spricht etwa der Präsident des EuGH *Lenaerts* gerade mit Blick auf die oben genannten Urteile Google Spain und Google sowie Digital Rights Ireland und Seitlinger u. a. davon, die Richter des Gerichtshofs studierten in Fällen verfassungsrechtlicher Fragen zuvor intensiv die verfassungsrechtliche Rechtsprechung sämtlicher Mitgliedstaaten und analysierten die jeweiligen Verfassungstraditionen mit Hilfe des wissenschaftlichen Dienstes, doch bleibt unklar, was daraus gefolgert werden kann. Nach *Lenaerts* ist das Ziel dieses Rechtsvergleichs, „dass kein Mitgliedstaat von [den] Entscheidungen schockiert ist, sondern dass sie [den EuGH] als ein Gericht ansehen, das jedenfalls methodisch genauso vorgeht wie die nationalen Gerichte".[68] Dies lässt aber keinen

---

[60] GA P. Cruz Villalón, Schlussanträge v. 12.12.2013, Rs. C-293/12 und C-594/12 *(Digital Rights Ireland und Seitlinger u. a.)*, Rn. 72. Siehe dazu auch Kapitel 4 C. III.

[61] GA P. Cruz Villalón, Schlussanträge v. 12.12.2013, Rs. C-293/12 und C-594/12 *(Digital Rights Ireland und Seitlinger u. a.)*, Rn. 72 (Fn. 66).

[62] EuGH, Urteil v. 13.05.2014, Rs. C-131/12 *(Google Spain und Google)*.

[63] Vgl. BVerfG, Urteil (1. Senat) v. 05.06.1973, Rs. 1 BvR 536/72 *(Lebach I)*, BVerfGE 35, 202, 233: „Recht darauf, ‚allein gelassen zu werden'".

[64] So z. B. *T. von Petersdorff-Campen*, ZUM 2014, S. 570 (570); *A. Schimke*, Hintergründe und Probleme des Rechts auf Vergessenwerden, JuWissBlog, 06.06.2014 (geprüft am 04.09.2019).

[65] Vgl. zum Urteil Aranyosi und Căldăraru (C-404/15 und C-659/15 PPU) beispielsweise *A. Epiney*, NVwZ 2017, S. 761 (766): „Ohne dass der EuGH dies ausdrücklich erwähnt, ist sein Urteil wohl auch vor dem Hintergrund eines jüngeren Urteils des BVerfG zu sehen".

[66] Vgl. zu dem damaligen Vorschlag z. B. *C. Kodde*, ZD 2013, S. 115.

[67] So bereits *U. Everling*, EuR 29 (1994), S. 127 (138).

[68] *H. Birkenkötter/K. Lenaerts*, „Dass der EuGH als internationales Gericht angesehen wird, ist ein großes Missverständnis", VerfBlog, 10.12.2014 (geprüft am 04.09.2019); vgl. zum

wirklichen Rückschluss auf die Auswirkungen nationaler Rechtsprechung auf die Grundrechtsdogmatik des EuGH zu. Die Wahrscheinlichkeit, dass nationale Verfassungsgerichte und oberste Gerichte die Grundrechtsprechung des Gerichtshofs beeinflussen und dadurch einige dogmatische Divergenzen erklärbar sind, ist damit zwar hoch, die Überprüfbarkeit dieser Relation aber gering.

Denkbar wäre zwar, die Dogmatik des EuGH mit der Dogmatik dieser nationalen Gerichte zu vergleichen. Ein umfassender Vergleich scheitert aber angesichts von 28 (beziehungsweise 27) Mitgliedstaaten an der mangelnden Machbarkeit. Nähme man einzelne Gerichte, etwa das deutsche BVerfG oder den französischen *Conseil d'Etat*, heraus, wäre diese Auswahl willkürlich. Außerdem ließen sich so lediglich Parallelitäten, aber keine Kausalitäten nachweisen. Schließlich ist eine Analyse nationaler Grundrechtsdogmatik nicht Gegenstand der vorliegenden Arbeit.

Der Einfluss nationaler Höchst- und Verfassungsgerichte auf die Dogmatik der Grundrechtsprüfung des EuGH ist ein Kontext, der einige der im dritten Kapitel gefundenen Eigenheiten und Divergenzen in der Rechtsprechung des Gerichtshofs wahrscheinlich erklären könnte. Angesichts der mangelnden Zitierung nationaler Gerichte durch den EuGH kann dieser Einfluss aber nicht überprüft werden. Zudem ist ein umfassender Vergleich mit der Rechtsprechung dieser Gerichte der Mitgliedstaaten im Rahmen der vorliegenden Arbeit nicht machbar.

II. Mitgliedstaatliches Recht und unterschiedliche Sprachen

Weiterhin sind auch die verschiedenen europäischen Rechtstraditionen und Sprachen ein Kontext der Dogmatik der Grundrechtsprüfung des Gerichtshofs (1 und 2). In der Rechtswissenschaft wird außerdem stellenweise ein Zusammenhang zwischen dem Mitgliedstaat, aus dem eine Vorlagefrage stammt, und der Entscheidung des EuGH hergestellt (3).

1. Französisches Recht und französische Sprache

Die Europarechtslehre verweist häufig auf den entscheidenden Einfluss des französischen Rechts und der französischen Sprache auf die Rechtsprechung des EuGH.

Ursprünglich wurde der Gerichtshof nach dem Vorbild französischer Verwaltungsgerichte gestaltet. Seine Hauptaufgabe in dieser Anfangszeit, nämlich die Kontrolle der Verwaltungstätigkeit der Hohen Behörde (der heutigen Europäischen Kommission), wurde maßgeblich dem Vorbild des französischen Ver-

---

Rechtsvergleich auch *U. Everling*, Der Gerichtshof als Entscheidungsinstanz, in: J. Schwarze (Hrsg.), Der Europäische Gerichtshof als Verfassungsgericht und Rechtsschutzinstanz, 1983, S. 137 (147).

waltungsrechts nachgebildet.[69] Dies wird damit erklärt, das französische Verwaltungsrecht habe das Recht aller europäischen Staaten (und insbesondere der sechs Gründungsmitglieder der heutigen EU)[70] stark beeinflusst. Nach dem Zweiten Weltkrieg und dem Ende der nationalsozialistischen Unrechtsherrschaft habe das deutsche Recht hingegen kaum Ausstrahlungswirkung entfalten können.[71]

Heute wird der französische Einfluss als wesentlich geringer bezeichnet,[72] was wohl auch daran liegt, dass die Union nicht mehr aus sechs, sondern aus momentan 28 (beziehungsweise nach dem Brexit 27) Mitgliedstaaten besteht. Zudem dominiert in den meisten Institutionen der Europäischen Union mittlerweile die englische Sprache. Die französischen Wurzeln sind aber zum Beispiel noch daran erkennbar, dass der organisatorische Aufbau des EuGH mit unterschiedlich großen Kammern und der Institution des Generalanwalts vom Vorbild des französischen *Conseil d'Etat* geprägt ist.[73]

Außerdem ist die interne Arbeitssprache[74] am Gerichtshof weiterhin Französisch: Alle Entscheidungen werden in dieser Sprache vorbereitet und unter den jeweiligen Richtern beraten.[75] Dies beginnt mit den verfahrenseinleiten-

---

[69] Vgl. *U. Everling*, Zur Funktion des Gerichtshofs der Europäischen Gemeinschaften als Verwaltungsgericht, in: B. Bender (Hrsg.), Rechtsstaat zwischen Sozialgestaltung und Rechtsschutz, Festschrift für K. Redeker, 1993, S. 293 (296); *U. Everling*, EuR 29 (1994), S. 127 (132); *K. Gebauer*, Parallele Grund- und Menschenrechtsschutzsysteme in Europa?, 2007, S. 271; *T. Koopmans*, AJCL 39 (1991), S. 493 (500); *D. Edward*, E. L. Rev. 20 (1995), S. 539 (539); *S. Saurugger/F. Terpan*, The Court of Justice of the European Union and the Politics of Law, 2017, S. 13, 69.

[70] *T. Koopmans*, AJCL 39 (1991), S. 493 (500 f.).

[71] *U. Everling*, Zur Funktion des Gerichtshofs der Europäischen Gemeinschaften als Verwaltungsgericht, in: B. Bender (Hrsg.), Rechtsstaat zwischen Sozialgestaltung und Rechtsschutz, Festschrift für K. Redeker, 1993, S. 293 (296); *U. Everling*, EuR 29 (1994), S. 127 (132).

[72] So bereits im Jahr 1993 *U. Everling*, Zur Funktion des Gerichtshofs der Europäischen Gemeinschaften als Verwaltungsgericht, in: B. Bender (Hrsg.), Rechtsstaat zwischen Sozialgestaltung und Rechtsschutz, Festschrift für K. Redeker, 1993, S. 293 (296): „So kann auch keine Rede mehr davon sein, daß das französische Recht in der Rechtsprechung des Gerichtshofs vorherrscht."; vgl. auch *K. H. T. Schiemann*, ZEuS 2006, S. 1 (4).

[73] *U. Everling*, Zur Funktion des Gerichtshofs der Europäischen Gemeinschaften als Verwaltungsgericht, in: B. Bender (Hrsg.), Rechtsstaat zwischen Sozialgestaltung und Rechtsschutz, Festschrift für K. Redeker, 1993, S. 293 (298); *T. Koopmans*, AJCL 39 (1991), S. 493 (500); zur Institution des Generalanwalts mit dem Hinweis auf weitere Vorbilder *U. Klinke*, Gerichtsbarkeit der Europäischen Union, in: M. A. Dauses/M. Ludwigs (Hrsg.), Handbuch des EU-Wirtschaftsrechts, Stand: 45. EL 2018, Einführung: Gerichtshof und Gericht, Rn. 37.

[74] Von der Arbeitssprache ist die Verfahrenssprache zu unterscheiden: Nur letztere wird durch Art. 342 AEUV i. V. m. Art. 64 Satzung EuGH und Art. 35–37 VerfO EuGH festgelegt. Vgl. zur Unterscheidung und zu den rechtlichen Grundlagen *S. Hackspiel*, in: H. von der Groeben/J. Schwarze/A. Hatje (Hrsg.), Europäisches Unionsrecht, 7. Aufl. 2015, Art. 64 Satzung EuGH Rn. 2; *F. C. Mayer*, in: E. Grabitz/M. Nettesheim/M. Hilf (Hrsg.), Das Recht der Europäischen Union: EUV/AEUV, Stand: 65. EL 2018, Art. 342 AEUV Rn. 36–38, 45.

[75] *A. Arnull*, The European Union and its Court of Justice, 2. Aufl. 2006, S. 13 f.; *U. Everling*, EuR 29 (1994), S. 127 (137); *K. Gebauer*, Parallele Grund- und Menschenrechtsschutz-

den Schriftsätzen, die zunächst ins Französische übertragen und erst dann an den Berichterstatter weitergeleitet werden.[76] Bei allen Vorabentscheidungsverfahren erstellt der wissenschaftliche Dienst einen französischen Vorbericht *(pré-examen)*.[77] Nach Abschluss des schriftlichen Verfahrens verfasst der Berichterstatter mit Hilfe seiner Kabinettsmitarbeiter (*référendaires* und *legal secretaries*[78]) gemäß Art. 59 Abs. 1 VerfO EuGH einen Vorbericht zum jeweiligen Fall *(rapport préalable)*, der gemäß Art. 59 Abs. 2 VerfO EuGH seine Vorschläge zu den zu treffenden Verfahrensmaßnahmen sowie vorbereitenden Maßnahmen enthält.[79] Auch dieser Bericht wird in französischer Sprache abge-

---

systeme in Europa?, 2007, S. 271; *D. Edward*, E.L. Rev. 20 (1995), S. 539 (546); *W. Faber*, JBl 139 (2017), S. 697 (700); *J. Kokott/C. Sobotta*, EuGRZ 2013, S. 465 (470 f.); *K. McAuliffe*, Behind the Scenes at the Court Of Justice, in: F. Nicola/B. Davies (Hrsg.), EU Law Stories, 2017, S. 35 (37 f.); *K. Lenaerts/I. Maselis/K. Gutman*, EU Procedural Law, 2014, Rn. 23.11; *S. Hackspiel*, in: H. von der Groeben/J. Schwarze/A. Hatje (Hrsg.), Europäisches Unionsrecht, 7. Aufl. 2015, Art. 64 Satzung EuGH Rn. 2; *G. Hirsch*, ZGR 31 (2002), S. 1 (4–6); *A. Thiele*, Europäisches Prozessrecht, 2. Aufl. 2014, § 2, Rn. 51; *S. Saurugger/F. Terpan*, The Court of Justice of the European Union and the Politics of Law, 2017, S. 70 f.; *U. Klinke*, Gerichtsbarkeit der Europäischen Union, in: M. A. Dauses/M. Ludwigs (Hrsg.), Handbuch des EU-Wirtschaftsrechts, Stand: 45. EL 2018, Einführung: Gerichtshof und Gericht, Rn. 37; vgl. *J. Kalbheim*, Über Reden und Überdenken, 2016, S. 6, der darauf hinweist, dass drei der ersten sieben Richter Französisch als Muttersprache sprachen; zur Auswirkung dieser Sprachpraxis auf die Effizienz des EuGH *Europäischer Rechnungshof*, Beurteilung der Effizienz des Gerichtshofs der Europäischen Union bei der Bearbeitung von Rechtssachen, 2017, S. 49 f.

[76] *K. McAuliffe*, IJSL 24 (2011), S. 97 (103 f.); *K. McAuliffe*, Behind the Scenes at the Court Of Justice, in: F. Nicola/B. Davies (Hrsg.), EU Law Stories, 2017, S. 35 (37); *F. Michl*, EuR 53 (2018), S. 456 (474).

[77] Vgl. *M.-A. Gaudissart*, Le régime et la pratique linguistiques de la Cour de justice des Communautés européennes, in: D. Hanf/K. Malacek/É. Muir (Hrsg.), Langues et construction européenne, 2010, S. 137 (147 f.); *Gerichtshof der Europäischen Union*, CURIA – Direktion Wissenschaftlicher Dienst und Dokumentation (geprüft am 04.09.2019): Zu den Aufgaben der Direktion Wissenschaftlicher Dienst und Dokumentation „gehört auch eine Vorprüfung aller beim Gerichtshof eingehenden Vorabentscheidungsersuchen, um in einem frühen Verfahrensstadium etwaige Probleme, z. B. hinsichtlich der Zulässigkeit des Ersuchens, zu erkennen und gegebenenfalls zu prüfen, ob im Eilvorlageverfahren zu entscheiden ist, sowie eine vorläufige Analyse der Rechtsmittel, die beim Gerichtshof gegen die Entscheidungen des Gerichts auf bestimmten Sachgebieten eingelegt werden, um möglichst frühzeitig diejenigen zu bestimmen, die Gegenstand einer Behandlung durch einen mit Gründen versehenen Beschluss sein können".

[78] Vgl. zu diesen *S. Kenney*, Comparative Political Studies 33 (2000), S. 593 (605–612); *U. R. Haltern*, Europarecht, 3. Aufl. 2017, § 5, Rn. 49; *K. McAuliffe*, IJSL 24 (2011), S. 97 (101 ff.); *K. McAuliffe*, Behind the Scenes at the Court Of Justice, in: F. Nicola/B. Davies (Hrsg.), EU Law Stories, 2017, S. 35 (45–48); *J. Kokott/C. Sobotta*, EuGRZ 2013, S. 465 (468); *C. Kohler*, EuGRZ 2003, S. 117 (119); Kritik an der Auswahl und Stellung der *référendaires* bei *A. H. Zhang*, U. Pa. J. Int'l L. 38 (2016), S. 71.

[79] *U. Karpenstein*, Das Vorabentscheidungsverfahren, in: S. Leible/J. P. Terhechte (Hrsg.), Europäisches Rechtsschutz- und Verfahrensrecht (EnzEuR Band 3), 2014, § 8, Rn. 87; *K. Lenaerts/I. Maselis/K. Gutman*, EU Procedural Law, 2014, Rn. 23.56; *S. Kenney*, Comparative Political Studies 33 (2000), S. 593 (609 f.); *K. McAuliffe*, Behind the Scenes at the Court Of Justice, in: F. Nicola/B. Davies (Hrsg.), EU Law Stories, 2017, S. 35 (38); am Beispiel der direkten Klagen *K. P. E. Lasok*, European Court Practice and Procedure, 3. Aufl. 2016, Rn. 2.63.

fasst.⁸⁰ Die folgenden Beratungen über die Größe des Spruchkörpers⁸¹ in der Generalversammlung (Art. 25 VerfO EuGH, *réunion générale*) und die Vorbereitung der gerichtlichen Entscheidung durch die Kabinettsmitarbeiter des Berichterstatters erfolgen ebenso auf Französisch.⁸² Der Generalanwalt erstellt die Schlussanträge zwar meist in seiner jeweiligen Muttersprache,⁸³ für die geheimen Beratungen im Spruchkörper werden aber auch diese ins Französische übersetzt.⁸⁴ Daraufhin wird ein erster französischer Entscheidungsentwurf *(projet de motif)* erstellt und unter den beteiligten Richtern (in der Regel auf Französisch)⁸⁵ diskutiert.⁸⁶ Schließlich wird auch die finale Entscheidung in dieser Sprache verfasst, vom Spruchkörper verabschiedet und anschließend in die jeweilige Verfahrenssprache übersetzt.⁸⁷ Das gesamte interne Verfahren am Gerichtshof findet damit auf Französisch statt.

Aus der weiterhin dominierenden Rolle der französischen Sprache am Gerichtshof wird eine zwangsläufig erhöhte Bedeutung des französischen Urteilsstils und der französischen Art, zu denken und zu argumentieren, abgeleitet.⁸⁸ So sei die Begründung der Entscheidungen des EuGH maßgeblich vom Recht und der Sprache Frankreichs geprägt: Urteile französischer Gerichte zeichneten sich durch ihre „strenge, disziplinierte Form und apodiktische Kürze" aus.⁸⁹ Der EuGH habe diese Begründungstechnik in seiner Anfangszeit über-

---

⁸⁰ *F. Michl*, EuR 53 (2018), S. 456 (474); *K. McAuliffe*, IJSL 24 (2011), S. 97 (103 f.); *D. Edward*, E. L. Rev. 20 (1995), S. 539 (549).

⁸¹ Vgl. dazu Art. 60 VerfO EuGH.

⁸² *K. McAuliffe*, IJSL 24 (2011), S. 97 (104); *B. Wägenbaur*, EuGH VerfO, 2. Aufl. 2017, Art. 37 VerfO EuGH Rn. 3.

⁸³ Art. 38 Abs. 8 VerfO EuGH räumt ihnen die Möglichkeit ein, sich statt der Verfahrenssprache einer anderen der in Art. 36 VerfO EuGH genannten Sprachen zu bedienen.

⁸⁴ *F. Michl*, EuR 53 (2018), S. 456 (474 f.); vgl. zur Arbeit der Übersetzer *P. Berteloot*, Multilinguismus am Europäischen Gerichtshof, in: G. Reichelt (Hrsg.), Sprache und Recht, 2006, S. 27.

⁸⁵ *T. Laut*, Die gerichtlichen Entscheidungen, in: H.-W. Rengeling/A. Middeke/M. Gellermann (Hrsg.), Handbuch des Rechtsschutzes in der Europäischen Union, 3. Aufl. 2014, §27, Rn. 8; *B. Wägenbaur*, EuGH VerfO, 2. Aufl. 2017, Art. 32 VerfO EuGH Rn. 1.

⁸⁶ Vgl. Art. 59 Abs. 3 VerfO EuGH. Vgl. auch *K. McAuliffe*, IJSL 24 (2011), S. 97 (105 f.); *J. Neumann*, Allgemeines und Verfahrensgrundsätze, in: H.-W. Rengeling/A. Middeke/M. Gellermann (Hrsg.), Handbuch des Rechtsschutzes in der Europäischen Union, 3. Aufl. 2014, §21, Rn. 33; *M. Wohlfahrt*, Verfahrensrecht, in: M.A. Dauses/M. Ludwigs (Hrsg.), Handbuch des EU-Wirtschaftsrechts, Stand: 45. EL 2018, P. IV., Rn. 172; *J. Kokott/C. Sobotta*, EuGRZ 2013, S. 465 (470 f.).

⁸⁷ *F. Michl*, EuR 53 (2018), S. 456 (474 f.); vgl. dazu am Beispiel der direkten Klagen *K. P. E. Lasok*, European Court Practice and Procedure, 3. Aufl. 2016, Rn. 2.165.

⁸⁸ *U. Everling*, EuR 29 (1994), S. 127 (140); *T. von Danwitz*, EuR 43 (2008), S. 769 (779); andererseits wirken das Rechtsdenken am EuGH und der sprachliche Hintergrund der handelnden Personen auch auf die Sprache zurück. Es entsteht ein „Court French", vgl. *K. McAuliffe*, IJSL 24 (2011), S. 97; ebenso *D. Edward*, E. L. Rev. 20 (1995), S. 539 (547); *J. Kalbheim*, Über Reden und Überdenken, 2016, S. 7.

⁸⁹ *U. Everling*, EuR 29 (1994), S. 127 (132); vgl. auch *N. Colneric*, ZEuP 2005, S. 225 (230 f.).

nommen.⁹⁰ Im Laufe der Zeit sei er aber zu ausführlicheren Begründungen übergegangen, die mehr Wert auf eine überzeugende Argumentation legten.⁹¹ Überwiegend bleibe es aber dabei, dass der Gerichtshof weniger argumentiere, sondern vielmehr behaupte und feststelle.⁹² Als weiterer Aspekt ist zu beachten, dass Französisch für die meisten Mitarbeiter am EuGH keine Muttersprache ist, wodurch sich eine spezielle Art des Französischen mit einem eigenen Sprachstil entwickelt hat, bei dem maßgeblich Textpassagen aus eigenen Entscheidungen reproduziert werden.⁹³

Für den Bereich der Grundrechtsdogmatik wurde bereits herausgearbeitet, dass der Gerichtshof vor Inkrafttreten der Charta teilweise die französische „contrôle de bilan"-Technik anwandte.⁹⁴ Hierbei wird eine objektive⁹⁵ und lediglich abstrakte⁹⁶ Kosten-Nutzen-Analyse vorgenommen, die die Vorteile einer Maßnahme ihren Nachteilen für die Beteiligten insgesamt gegenüberstellt. Diese Interessenabwägung ist „multipolar", da bei ihr die verschiedensten geförderten und beeinträchtigten Interessen berücksichtigt werden.⁹⁷ Dieses Vorgehen basiert auf einem generellen Verständnis von Grundrechten als objektiven Rechtsgrundsätzen und weniger als subjektiven Rechten.⁹⁸ Zwar verlangt Art. 52 Abs. 1 GRC, dass die subjektive Zumutbarkeit Teil der Interessenprüfung und mithin der Angemessenheit im Rahmen der Grundrechtsprüfung durch den EuGH ist, doch ist es denkbar, dass sich die teilweise überwiegend objektive Betrachtung⁹⁹ mit dem Einfluss des französischen Rechts erklären lässt.

---

⁹⁰ *U. Everling*, EuR 29 (1994), S. 127 (136 f.); *K. Gebauer*, Parallele Grund- und Menschenrechtsschutzsysteme in Europa?, 2007, S. 271; *U. R. Haltern*, Europarecht, 3. Aufl. 2017, § 5, Rn. 40; *S. Pötters/R. Christensen*, JZ 67 (2012), S. 289 (289).

⁹¹ *U. Everling*, EuR 29 (1994), S. 127 (136–139); *M. Hentschel-Bednorz*, Derzeitige Rolle und zukünftige Perspektive des EuGH im Mehrebenensystem des Grundrechtsschutzes in Europa, 2012, S. 177 f.; vorsichtiger *K. Gebauer*, Parallele Grund- und Menschenrechtsschutzsysteme in Europa?, 2007, S. 271–273; *U. R. Haltern*, Europarecht, 3. Aufl. 2017, § 5, Rn. 40; *T. Koopmans*, AJCL 39 (1991), S. 493 (502), der hier einen deutschen Einfluss erkennt.

⁹² *K. Gebauer*, Parallele Grund- und Menschenrechtsschutzsysteme in Europa?, 2007, S. 271; *U. Everling*, EuR 29 (1994), S. 127 (137 f.).

⁹³ Dazu ausführlich *K. McAuliffe*, IJSL 24 (2011), S. 97; nach *J. Kokott/C. Sobotta*, EuGRZ 2013, S. 465 (470) führt dieser Umstand zu einem besonderen Zusammenhalt am EuGH.

⁹⁴ Siehe dazu Kapitel 3 A. II. 5. b) gg) (2).

⁹⁵ Vgl. zum französischen Grundrechtsverständnis, das Grundrechte als Prinzipien versteht und ihnen eher den Charakter objektiven Rechts zumisst, *F. C. Mayer*, Der Vertrag von Lissabon und die Grundrechte, in: J. Schwarze/A. Hatje (Hrsg.), Der Reformvertrag von Lissabon: Europarecht – Beiheft 1, 2009, S. 87 (89).

⁹⁶ *M. Hilf*, Die Schranken der EU-Grundrechte, in: D. Merten/H.-J. Papier (Hrsg.), HGR, Band VI/1, 2010, § 164, Rn. 26.

⁹⁷ *O. Koch*, Verhältnismäßigkeit, 2003, S. 227.

⁹⁸ Vgl. dazu etwa *M. Hilf*, Die Schranken der EU-Grundrechte, in: D. Merten/H.-J. Papier (Hrsg.), HGR, Band VI/1, 2010, § 164, Rn. 5–8; *E. Stieglitz*, Allgemeine Lehren im Grundrechtsverständnis nach der EMRK und der Grundrechtsjudikatur des EuGH, 2002, S. 107.

⁹⁹ Siehe Kapitel 3 B. V. 2. g) cc).

Auch darüber hinaus könnten einige der im dritten Kapitel der vorliegenden Arbeit herausgearbeiteten dogmatischen Besonderheiten der Grundrechtsprüfung anhand der Charta durch den Gerichtshof auf den Einfluss des französischen Rechts zurückzuführen sein. So könnte die teilweise ausdrücklich verringerte Prüfdichte des EuGH in Fällen, in denen der Gesetzgeber „politische, wirtschaftliche und soziale Entscheidungen treffen und komplexe Beurteilungen vornehmen muss",[100] dem Vorbild des französischen Verwaltungsrechts folgen.[101] Der französische Einfluss auf die Dogmatik des EuGH ist sehr wahrscheinlich, seine Überprüfbarkeit ist indes denkbar gering. Der Gerichtshof bezieht sich nicht ausdrücklich auf einzelne Rechtsordnungen oder Sprachen. Zudem erstellen die *référendaires* ihre Entwürfe teilweise in ihrer Muttersprache und übersetzen sie erst anschließend ins Französische.[102] Die Beeinflussung durch das französische Rechtsdenken lässt sich auch deswegen nicht nachprüfbar bestimmen. Anhaltspunkte in den Entscheidungen selbst gibt es nicht. Schließlich ist ein umfassender Vergleich der französischen Grundrechtsdogmatik mit der Dogmatik der Grundrechtsprüfung durch den EuGH nicht Gegenstand dieser Arbeit.

2. Deutsches und englisches Recht

Auch dem deutschen Recht wird ein wichtiger Einfluss insbesondere auf die unionsrechtliche Grundrechtsdogmatik zugesprochen.[103]

Dies gilt in erster Linie für die Entwicklung einer Grundrechtsprechung durch den EuGH im Allgemeinen.[104] Vermittelt über die Rechtsprechung des BVerfG und dessen Anforderungen in der Solange-Rechtsprechung soll das deutsche Verständnis des subjektiven Grundrechtsschutzes maßgeblich zur

---

[100] Vgl. dazu m. w. N. Kapitel 3 B. V. 2. c) aa) (2).

[101] Vgl. zu diesem Zusammenhang vor der Charta *U. Everling*, Zur Funktion des Gerichtshofs der Europäischen Gemeinschaften als Verwaltungsgericht, in: B. Bender (Hrsg.), Rechtsstaat zwischen Sozialgestaltung und Rechtsschutz, Festschrift für K. Redeker, 1993, S. 293 (306–308).

[102] *K. McAuliffe*, IJSL 24 (2011), S. 97 (104).

[103] So z. B. *U. Everling*, Zur Funktion des Gerichtshofs der Europäischen Gemeinschaften als Verwaltungsgericht, in: B. Bender (Hrsg.), Rechtsstaat zwischen Sozialgestaltung und Rechtsschutz, Festschrift für K. Redeker, 1993, S. 293 (296); *E. Stieglitz*, Allgemeine Lehren im Grundrechtsverständnis nach der EMRK und der Grundrechtsjudikatur des EuGH, 2002, S. 138 (Fn. 723); *U. Everling*, Der Beitrag des deutschen Rechts zur Rechtsprechung des Gerichtshofs der Europäischen Gemeinschaften, in: G. Nicolaysen/H. Quaritsch (Hrsg.), Lüneburger Symposion für Hans Peter Ipsen zur Feier des 80. Geburtstages, 1988, S. 63 (66); *G. Hirsch*, Gemeinschaftsgrundrechte als Gestaltungsaufgabe, in: U. Sieber/K. Kreuzer/D. H. Scheuing (Hrsg.), Europäischer Grundrechtsschutz, 1998, S. 9 (18): „erkennbar von der deutschen Doktrin geprägt".

[104] So etwa *U. Everling*, Der Beitrag des deutschen Rechts zur Rechtsprechung des Gerichtshofs der Europäischen Gemeinschaften, in: G. Nicolaysen/H. Quaritsch (Hrsg.), Lüneburger Symposion für Hans Peter Ipsen zur Feier des 80. Geburtstages, 1988, S. 63 (66 f.); *U. Everling*, JZ 55 (2000), S. 217 (219). Vgl. zum Einfluss des BVerfG Kapitel 4 B. I. 2.

frühen Grundrechtsjudikatur des Gerichtshofs beigetragen haben.[105] Außerdem hatte die deutsche Rechtskultur bei der Entwicklung des Verhältnismäßigkeitsgrundsatzes einen bedeutenden Einfluss auf das Unionsrecht.[106] Fast allen Leitentscheidungen des EuGH in der Anfangszeit seiner Grundrechtsprechung lagen Vorlagen deutscher Gerichte oder Nichtigkeitsklagen aus Deutschland zugrunde.[107] Die Charta selbst geht auf einen Vorstoß von deutscher Seite zurück.[108] Im Grundrechtekonvent setzte sich zudem eine sehr vom deutschen Verständnis geprägte Grundrechtsdogmatik durch.[109]

Einige der im dritten Kapitel der vorliegenden Arbeit herausgearbeiteten dogmatischen Besonderheiten der Grundrechtsprüfung anhand der Charta durch den Gerichtshof könnten daher mit dem Einfluss des deutschen Rechts erklärt werden. Das Potential einer solchen Kontextualisierung ist hoch. Die Überprüfbarkeit dieses Einflusses ist indes – wie bereits im Hinblick auf die französische Sprache und das französische Recht festgestellt – denkbar gering. Der EuGH bezieht sich nicht ausdrücklich auf den Einfluss einzelner Rechtsordnungen oder Sprachen. Seine Entscheidungen enthalten hierzu keine kon-

---

[105] Vgl. zur Solange-Rechtsprechung Kapitel 4 B. I. 2.

[106] *T. von Danwitz*, Gerichtlicher Schutz der Grundrechte, in: C. Grabenwarter (Hrsg.), Europäischer Grundrechteschutz (EnzEuR Band 2), 2014, § 6, Rn. 65 (Fn. 285); *C. D. Classen*, Das Prinzip der Verhältnismäßigkeit im Spiegel europäischer Rechtsentwicklungen, in: M. Sachs (Hrsg.), Der grundrechtsgeprägte Verfassungsstaat, Festschrift für K. Stern, 2012, S. 651 (651); *T. von Danwitz*, EWS 2003, S. 393 (393); vgl. auch *U. Kischel*, EuR 35 (2000), S. 380 (382); *M. Hentschel-Bednorz*, Derzeitige Rolle und zukünftige Perspektive des EuGH im Mehrebenensystem des Grundrechtsschutzes in Europa, 2012, S. 188; *E. Pache*, NVwZ 1999, S. 1033 (1035 f.); *E. Riedel*, Rechtliche Optimierungsgebote und Rahmensetzung für das Verwaltungshandeln?, in: VVDStRL 58 (1998), S. 180 (215); *T. von Danwitz*, Verwaltungsrechtliches System und europäische Integration, 1996, S. 280; *T. Koopmans*, AJCL 39 (1991), S. 493 (501); *M. Zuleeg*, Zweiter Beratungsgegenstand: Deutsches und europäisches Verwaltungsrecht – wechselseitige Einwirkungen, in: VVDStRL 53 (1994), S. 154 (173 f.); *S. Heinsohn*, Der öffentlichrechtliche Grundsatz der Verhältnismäßigkeit, 1997, S. 75 f., 93, 128 m. w. N.; *A. J. Mackenzie-Stuart*, The European Communities and the Rule of Law, 1977, S. 31 f.; *U. Everling*, Der Beitrag des deutschen Rechts zur Rechtsprechung des Gerichtshofs der Europäischen Gemeinschaften, in: G. Nicolaysen/H. Quaritsch (Hrsg.), Lüneburger Symposion für Hans Peter Ipsen zur Feier des 80. Geburtstages, 1988, S. 63 (70); *G. Hirsch*, Gemeinschaftsgrundrechte als Gestaltungsaufgabe, in: U. Sieber/K. Kreuzer/D. H. Scheuing (Hrsg.), Europäischer Grundrechtsschutz, 1998, S. 9 (18); *D. von Arnim*, Der Standort der EU-Grundrechtecharta in der Grundrechtsarchitektur Europas, 2006, S. 303. Vgl. dazu schon Kapitel 3 A. II. 5. b).

[107] Vgl. EuGH, Urteil v. 04.02.1959, Rs. C-1/58 *(Stork & Cie. / Hohe Behörde)*, Slg. 1959, 43; EuGH, Urteil v. 15.07.1960, Rs. C-36/59, C-37/59, C-38/59 und C-40/59 *(Präsident Ruhrkohlen-Verkaufsgesellschaft u. a. / Hohe Behörde)*, Slg. 1960, 857; EuGH, Urteil v. 12.11.1969, Rs. C-29/69 *(Stauder/Stadt Ulm)*, Slg. 1969, 419; EuGH, Urteil v. 14.05.1974, Rs. C-4/73 *(Nold KG/Kommission)*, Slg. 1974, I-491; EuGH, Urteil v. 13.12.1979, Rs. C-44/79 *(Hauer/Land Rheinland-Pfalz)*, Slg. 1979, I-3727.

[108] *M. Hilf*, Die Schranken der EU-Grundrechte, in: D. Merten/H.-J. Papier (Hrsg.), HGR, Band VI/1, 2010, § 164, Rn. 34.

[109] *M. Hilf*, Die Schranken der EU-Grundrechte, in: D. Merten/H.-J. Papier (Hrsg.), HGR, Band VI/1, 2010, § 164, Rn. 34; vgl. auch *B. Fassbender*, NVwZ 2010, S. 1049 (1050 f.).

kreten Anhaltspunkte. Die Bedeutung des deutschen Rechtsdenkens lässt sich deswegen nicht klar bestimmen. Schließlich ist ein umfassender Vergleich der deutschen Grundrechtsdogmatik mit der Dogmatik der Grundrechtsprüfung durch den Gerichtshof ebenfalls nicht Gegenstand der vorliegenden Arbeit. Dies gilt ebenso für die Bedeutung des englischen Rechts. Teilweise wird das seit den 1960er und 1970er Jahren verstärkte Anknüpfen des EuGH an eigene Urteile mit dem damaligen Beitritt des Vereinigten Königreichs und der Präjudizienpraxis des Common-Law-Systems erklärt.[110] Auch der Einfluss dieses Kontextes lässt sich aber nicht nachweisen.

3. Bedeutung der Nationalität des vorlegenden Gerichts im Vorabentscheidungsverfahren

Eine besondere Ausprägung des Einflusses des mitgliedstaatlichen Rechts könnte darin liegen, dass der Gerichtshof seine Entscheidungsbegründung bei Vorabentscheidungsverfahren nach dem jeweiligen Rechtssystem des Ausgangsverfahrens variiert. So kommen *Derlén/Lindholm* in ihrer Studie aus dem Jahr 2015 zu dem Ergebnis, der EuGH behandele Vorlagen aus Großbritannien und Irland hinsichtlich der Verwendung von *Case Law* eindeutig anders als solche aus anderen Mitgliedstaaten: Komme die Vorlage aus diesen beiden Staaten, berufe sich der Gerichtshof intensiver auf seine eigene Rechtsprechung und die entsprechenden Entscheidungen selbst würden in späteren Verfahren häufiger zitiert.[111] Hinsichtlich anderer Mitgliedstaaten finden die Autoren insofern aber keine statistisch signifikanten Unterschiede. Sie lassen zudem ausdrücklich offen, woher die uneinheitliche Behandlung der Vorlagen rührt.[112]

Eine Analyse, ob der EuGH seine Dogmatik der Grundrechtsprüfung dem Land anpasst, aus dem die Vorlagefrage stammt, würde einen umfassenden Vergleich der Dogmatik der jeweiligen Mitgliedstaaten erfordern, was aber nicht Gegenstand der vorliegenden Arbeit ist.[113]

III. Öffentlichkeit und aktuelle öffentliche Debatten

Auch die Öffentlichkeit könnte die Grundrechtsprechung des Gerichtshofs beeinflussen. Der EuGH steht zunehmend im Fokus des europäischen öffentlichen Interesses,[114] was auch an der steigenden Zahl der von ihm entschie-

---

[110] So etwa *U. Everling*, EuR 29 (1994), S. 127 (138); vgl. auch *T. Koopmans*, AJCL 39 (1991), S. 493 (502–505, insbesondere 504); *S. Pötters/R. Christensen*, JZ 67 (2012), S. 289 (289 f.); siehe zu den Unterschieden in den Entscheidungen englischer und französischer Gerichte sowie dem jeweiligen Einfluss auf den EuGH *K. H. T. Schiemann*, ZEuS 2006, S. 1.

[111] *M. Derlén/J. Lindholm*, German Law Journal 16 (2015), S. 1073 (1094 f.).

[112] Vgl. *M. Derlén/J. Lindholm*, German Law Journal 16 (2015), S. 1073 (1095).

[113] Zukünftige Studien können jedoch auf die Tabellen im Online-Anhang zurückgreifen, da in diesen sowohl die Verfahrensart als auch das Ursprungsland angegeben werden.

[114] Heute kann jedenfalls nicht mehr die Rede davon sein, dass der EuGH „versteckt im

denen grundrechtlichen Fragen liegt.[115] Allerdings steht ihm – anders als dem *Supreme Court* in den Vereinigten Staaten von Amerika – nach überwiegender Meinung in der Forschung keine europaweite Öffentlichkeit gegenüber.[116] Trotzdem ist es denkbar, dass er in seinen Entscheidungen auf öffentlich geführte Debatten reagiert. So wird das Urteil Digital Rights Ireland und Seitlinger u. a. (C-293/12 und C-594/12) teilweise als vom Skandal um den ehemaligen NSA-Mitarbeiter *Edward Snowden* beeinflusst bezeichnet: Dessen Enthüllungen über den weitreichenden Zugriff amerikanischer Geheimdienste auch auf Daten von Unionsbürgern könnten dazu geführt haben, dass der EuGH in dieser Entscheidung die Speicherung der sogenannten Vorratsdaten ausschließlich auf Unionsgebiet als mit den Grundrechten der Charta vereinbar ansah.[117] Ein ähnlicher Einfluss wird auf das Urteil Google Spain und Google (C-131/12) angenommen.[118] Das in dieser Entscheidung vom Gerichtshof entwickelte „Recht auf Vergessenwerden" beispielsweise könnte allerdings auch dem damaligen Entwurf einer Datenschutz-Grundverordnung entnommen worden sein.[119] All dies kann aber nicht eindeutig festgestellt werden, da der öffentliche Einfluss auf den EuGH kaum nachprüfbar ist. In seinen Entscheidungen lassen sich keine ausdrücklichen Anhaltspunkte für die Berücksichtigung gesellschaftlicher Debatten oder der aktuellen politischen Lage ausmachen. Auch die Rechtswissenschaft vermutet nur in wenigen, herausgehobenen Fällen einen solchen Zusammenhang. Zwar ließe sich eventuell aus der Zahl der Stellungnahmen von nationalen Regierungen vor dem EuGH auf die politische Brisanz eines Verfahrens schließen – Ziel der vorliegenden Arbeit ist jedoch, unter Betrachtung möglichst überprüf- und nachvollziehbarer Kontexte die dogmatischen Besonderheiten der Grundrechtsprüfung anhand der Charta durch den Gerichtshof zu erklären. Da das tatsächliche Gewicht des Einflusses der Öffentlichkeit auf die Entscheidungsfindung und insbesondere die Dogmatik der Grundrechtsprüfung aber nicht erforscht wer-

---

Märchenland Luxemburg" von den Mächtigen und den Massenmedien mit freundlichem Desinteresse behandelt wird. So noch (aber bereits mit Einschränkungen) *E. Stein*, AJIL 75 (1981), S. 1; vgl. auch *L. Manthey/C. Unseld*, ZEuS 2011, S. 323.

[115] Vgl. *M. Steinbeis/I. Spiecker gen. Döhmann*, „Der EuGH erfindet sich gerade neu", VerfBlog, 14.05.2015 (geprüft am 04.09.2019); vgl. auch *U. Welty*, Theodor-Heuss-Preis für EuGH – „Ein Gericht von einzigartiger Statur", Deutschlandradio Kultur, 16.05.2015 (geprüft am 04.09.2019); *L. Manthey/C. Unseld*, ZEuS 2011, S. 323 (323 f.).

[116] Statt vieler *M. Höreth*, Warum der EuGH nicht gestoppt werden sollte – und auch kaum gestoppt werden kann, in: A. Bergmann/U. R. Haltern (Hrsg.), Der EuGH in der Kritik, 2012, S. 73 (106 f.); *M. Höpner*, Berlin J Soziol 21 (2011), S. 203 (206).

[117] Vorsichtig in diese Richtung *J. Kühling*, NVwZ 2014, S. 681 (683); *C. D. Classen*, EuR 49 (2014), S. 441 (443).

[118] Vgl. etwa *T. von Petersdorff-Campen*, ZUM 2014, S. 570.

[119] Vgl. *V. Boehme-Neßler*, NVwZ 2014, S. 825 (827); vgl. auch zum Einfluss der DSGVO auf die Frage des räumlichen Anwendungsbereichs der RL 95/46 im selben Urteil *J. Kühling*, EuZW 2014, S. 527 (529).

den kann und Spekulation bleibt, kann dieser Kontext nicht fruchtbar gemacht werden.

IV. Europarechtswissenschaft

Einen besonderen Teil der Öffentlichkeit bildet die sogenannte *scientific community*, genauer die Europarechtswissenschaft. Naturgemäß widmet diese dem EuGH besondere Aufmerksamkeit. Umgekehrt haben die meisten aktuellen Mitglieder des Gerichtshofs vor ihrer Tätigkeit am EuGH eine akademische Laufbahn durchlaufen.[120] Teilweise veröffentlichen sie auch während ihrer Zeit am Gerichtshof Aufsätze oder halten Vorträge.[121] Ein Einfluss der Wissenschaft auf die Grundrechtsprechung des EuGH ist damit wahrscheinlich.[122] Tatsächlich wird beispielsweise angenommen, der Gerichtshof habe die Entscheidungen „Solange I" des Bundesverfassungsgerichts und „Frontini" des italienischen Verfassungsgerichts antizipieren und daher bereits im Jahr 1969 die ersten Schritte im Grundrechtsbereich tun können, da die rechtswissenschaftliche Debatte genau solche Maßnahmen der nationalen Verfassungsgerichte gefordert hatte.[123] Der ehemalige Präsident des Gerichtshofs der Europäischen Union *Skouris* wiederum spricht davon, die Wissenschaft liefere dem EuGH die dogmatischen Grundlagen, auf deren Basis der Gerichtshof seine Rechtsprechung fortentwickeln könne.[124] Die Mitglieder des EuGH seien bemüht, die einschlägige Literatur aufzunehmen und zu verwerten.[125]

Ein konkreter Einfluss ist gleichwohl nicht mit Sicherheit festzustellen, sondern bleibt Spekulation.[126] Der EuGH zitiert nämlich in seinen Entscheidungen – anders als die Generalanwälte – keine wissenschaftlichen Publikationen.[127] Somit lässt sich nicht ausmachen, welche Bedeutung eine Ansicht in

---

[120] *J. Kalbheim*, Über Reden und Überdenken, 2016, S. 131–134; *N. Yang*, Die Leitentscheidung: Zur Grundlegung eines Begriffs und seiner Erforschung im Unionsrecht anhand des EuGH-Urteils Kadi, 2017, S. 98.

[121] Vgl. dazu *N. Yang*, Die Leitentscheidung: Zur Grundlegung eines Begriffs und seiner Erforschung im Unionsrecht anhand des EuGH-Urteils Kadi, 2017, S. 98; *J. Kalbheim*, Über Reden und Überdenken, 2016, S. 135 f.

[122] So allgemein auch *N. Yang*, Die Leitentscheidung: Zur Grundlegung eines Begriffs und seiner Erforschung im Unionsrecht anhand des EuGH-Urteils Kadi, 2017, S. 97 ff.; anders *T. von Danwitz*, EuR 43 (2008), S. 769 (779 f.), der darauf hinweist, dass es kaum genuin europäische Foren gibt.

[123] So *U. R. Haltern*, Europarecht, 3. Aufl. 2017, § 11, Rn. 1403.

[124] *V. Skouris*, EuZW 2015, S. 241 (242).

[125] *V. Skouris*, EuZW 2015, S. 241 (242); ebenso die frühere deutsche Richterin am EuGH *N. Colneric*, ZEuP 2005, S. 225 (229).

[126] So auch *U. Everling*, Der Beitrag des deutschen Rechts zur Rechtsprechung des Gerichtshofs der Europäischen Gemeinschaften, in: G. Nicolaysen/H. Quaritsch (Hrsg.), Lüneburger Symposion für Hans Peter Ipsen zur Feier des 80. Geburtstages, 1988, S. 63 (70).

[127] *U. Everling*, EuR 29 (1994), S. 127 (138); *V. Skouris*, EuZW 2015, S. 241 (242); *N. Yang*, Die Leitentscheidung: Zur Grundlegung eines Begriffs und seiner Erforschung im

der Europarechtslehre für die Dogmatik der Grundrechtsprüfung des Gerichtshofs hat. Es liegt zwar nahe, dass die im dritten Kapitel der vorliegenden Arbeit aufgezeigten Entwicklungen gegenüber der Lage vor Rechtsverbindlichkeit der Charta auch eine Reaktion auf die teils harsche Kritik an der Grundrechtsprechung vor der Charta sind – objektiv nachprüfbar ist dieser Zusammenhang aber nicht. Hinzu kommt, dass es bereits im Wesen der Wissenschaft liegt, unterschiedliche und gegensätzliche Meinungen beziehungsweise Konzepte hervorzubringen und zu vertreten. Welche dieser verschiedenen Ansichten aus welchem Grund auf die Rechtsprechung eingewirkt hat, lässt sich kaum bestimmen. Somit scheidet der Einfluss der Europarechtswissenschaft als zu untersuchender Kontext der Dogmatik der Grundrechtsprüfung anhand der Charta für die vorliegende Arbeit aus.

V. Arbeitslast des EuGH

Weiter könnte auch die Arbeitslast am EuGH seine Grundrechtsprechung beeinflussen.[128] Möglicherweise führt zum Beispiel eine erhöhte Belastung zu kürzeren Entscheidungsbegründungen. Die knappen Grundrechtsprüfungen der Fallgruppe B1 könnten auf diesen Umstand zurückzuführen sein. Tatsächlich liegt die Arbeitslast am Gerichtshof[129] ausweislich der neu eingegangenen Rechtssachen in den letzten Jahren auf hohem, weiter steigendem Niveau.[130] Trotz verschiedener interner Maßnahmen zur Effizienzsteigerung[131] und Änderungen

---

Unionsrecht anhand des EuGH-Urteils Kadi, 2017, S. 97 m. w. N.; *M. Pechstein*, EU-Prozessrecht, 4. Aufl. 2011, Rn. 162; vgl. dazu und zur abweichenden Praxis der Generalanwälte *J. Gundel*, Gemeinschaftsrichter und Generalanwälte als Akteure des Rechtsschutzes im Lichte des gemeinschaftsrechtlichen Rechtsstaatsprinzips, in: P.-C. Müller-Graff/D. H. Scheuing (Hrsg.), Gemeinschaftsgerichtsbarkeit und Rechtsstaatlichkeit, 2008, S. 23 (35 f.).

[128] Vgl. *U. R. Haltern*, Europarecht, 3. Aufl. 2017, § 5, Rn. 8, der die Arbeitslast als ein Beispiel für die Kontexte einer EuGH-Entscheidung anführt; vgl. zur geringeren Kontrolldichte wegen hoher Arbeitslast *O. Koch*, Verhältnismäßigkeit, 2003, S. 575.

[129] Am EuG wurde hingegen die Anzahl der Richterstellen verdoppelt, um der Arbeitslast zu begegnen. Vgl. dazu etwa *J. Hoffmann*, EuR 2016, S. 197.

[130] Vgl. *Gerichtshof der Europäischen Union*, Jahresbericht 2017, 2018, S. 109; *Gerichtshof der Europäischen Union*, Jahresbericht 2009, 2010, S. 89; dazu *U. R. Haltern*, Europarecht, 3. Aufl. 2017, § 5, Rn. 32; im Hinblick auf die steigende Zahl der Vorabentscheidungsersuchen spricht *T. von Danwitz*, Der richterliche Dialog in der Gerichtspraxis des Vorabentscheidungsverfahrens: Herausforderungen für die Zukunft, in: U. Becker/A. Hatje/M. Potacs u. a. (Hrsg.), Verfassung und Verwaltung in Europa, Festschrift für J. Schwarze, 2014, S. 661 (678) davon, der EuGH sei „Opfer des eigenen Erfolges geworden"; ähnlich *D.-U. Galetta*, European Court of Justice and preliminary reference procedure today: National Judges, please behave!, in: U. Becker/A. Hatje/M. Potacs u. a. (Hrsg.), Verfassung und Verwaltung in Europa, Festschrift für J. Schwarze, 2014, S. 680 (680); *J. Hoffmann*, EuR 2016, S. 197 (198); ein Vergleich der Arbeitslast an BVerfG, EuGH und EGMR findet sich bei *M. Jestaedt*, JZ 2011, S. 872.

[131] Vgl. dazu etwa *T. von Danwitz*, Der richterliche Dialog in der Gerichtspraxis des Vorabentscheidungsverfahrens: Herausforderungen für die Zukunft, in: U. Becker/A. Hatje/

B. Denkbare Kontexte der Grundrechtsprechung des EuGH 381

an der VerfO EuGH[132] hat die Zahl der anhängigen Rechtssachen mit 912 im Jahr 2017 den höchsten Wert seit 2003 erreicht.[133] Die Europarechtswissenschaft stellt vereinzelt Zusammenhänge zwischen der Belastung des EuGH und seiner Grundrechtsprechung her.[134] Da sich der Gerichtshof in den in dieser Arbeit analysierten Entscheidungen aber – anders als der weitaus stärker belastete EGMR[135] – weder ausdrücklich zu seiner Arbeitslast noch gar zu deren Einfluss auf die Dogmatik der Grundrechtsprüfung äußert, bleibt dieser Zusammenhang größtenteils Spekulation. Zudem ließe sich mit der hohen Belastung kaum erklären, warum dogmatische Unterschiede in Entscheidungen aus dem gleichen Zeitraum auftreten. Naheliegend wäre es vielmehr, dass die Grundrechtsprüfungen in Phasen hoher Arbeitslast anders ausfallen als in solchen mit geringer Beanspruchung. Ein derartiger Zusammenhang lässt sich aber nicht erkennen.

VI. Richterliche Motivationen und Vorverständnisse

Häufig wird dem EuGH vorgeworfen, er verfolge mit seiner Grundrechtsprechung andere Ziele als den bloßen Schutz der Grundrechtsträger. Denkbar ist daher, Erklärungen für die dogmatischen Divergenzen in der Grundrechtsprüfung durch den Gerichtshof in außergrundrechtlichen Motiven der Richter zu suchen.

Ein oft betrachteter Kontext ist dabei die unionsrechtliche Motivation, der der EuGH unterliegen soll.[136] Demnach agiere er als „Motor der Integration" und versuche, die Union gegenüber den Mitgliedstaaten zu stärken.[137] Auch im Grundrechtsbereich wird häufig angenommen, der Gerichtshof entscheide

---

M. Potacs u.a. (Hrsg.), Verfassung und Verwaltung in Europa, Festschrift für J. Schwarze, 2014, S. 661 (668–670).

[132] Dazu z. B. *D.-U. Galetta*, European Court of Justice and preliminary reference procedure today: National Judges, please behave!, in: U. Becker/A. Hatje/M. Potacs u.a. (Hrsg.), Verfassung und Verwaltung in Europa, Festschrift für J. Schwarze, 2014, S. 680 (692 f.).

[133] Außer Acht bleiben soll hier die Reform des EuG im Jahr 2015, da sich die vorliegende Arbeit nur mit dem Gerichtshof beschäftigt. Vgl. zu dieser Reform etwa *A. Alemanno/L. Pech*, CMLR 54 (2017), S. 129.

[134] Vgl. etwa *T. Kingreen*, JZ 2013, S. 801 (809): „Ob der EuGH auch seine Auslegung von Art. 51 Abs. 1 GRCh in Fransson überdenken wird, wenn er mit Vorlagen aus den Mitgliedstaaten geflutet wird?".

[135] Vgl. etwa EGMR, Urteil v. 12.10.2017, Rs. 46852/13 et al. *(Burmych u.a./Ukraine)*, Rn. 175; vgl. dazu etwa *R. Kunz*, A further „constitutionalization" to the detriment of the individual?, Völkerrechtsblog, 27.08.2018 (geprüft am 04.09.2019).

[136] Statt vieler z. B. *E. Lohse*, EuGRZ 2012, S. 693 (697 f.); vgl. hierzu aus politikwissenschaftlicher Sicht *M. Höpner*, Berlin J Soziol 21 (2011), S. 203, der die Gründe vor allem in den Vorprägungen der Richter sowie in ihrem Gruppengefüge sieht.

[137] Vgl. statt vieler *H. Rasmussen*, On Law and Policy in the European Court of Justice, 1986; *M.A. Dauses*, Evangelische Akademie Bad Boll, Protokolldienst 1990, S. 33; jüngst wieder *S. Swoboda*, ZIS 2018, S. 276; ähnlich auch *L. Manthey/C. Unseld*, ZEuS 2011, S. 323; zur Genese des Begriffs des Integrationsmotors *W. Frenz*, Handbuch Europarecht Band 5, 2010, Rn. 2215–2217; dagegen etwa *J. Kokott/C. Sobotta*, EuGRZ 2013, S. 465 (465).

einen Fall nicht vorrangig anhand grundrechtlicher Maßstäbe, sondern maßgeblich unter Berücksichtigung der Auswirkung seiner Entscheidung auf die Balance zwischen Union und Mitgliedstaaten. Schon die ursprüngliche Entwicklung der Unionsgrundrechte als allgemeine Rechtsgrundsätze habe vor allem den Anwendungsvorrang des Unionsrechts sichern sollen.[138] Später wurde dem EuGH vorgeworfen, er dehne seine Grundrechtskontrolle zwar auf die Mitgliedstaaten aus, ordne die Grundrechte aber der (ökonomischen) Integration unter.[139] Zudem prüfe er Akte der EU weniger intensiv und gebe somit der Aufrechterhaltung des Rechtsaktes Vorrang vor dem Grundrechtsschutz.[140] Akte der Mitgliedstaaten würden hingegen streng kontrolliert.[141] Nach Inkrafttreten der Charta entzündete sich die entsprechende Kritik in erster Linie an der Rechtsprechung zu Art. 51 Abs. 1 S. 1 GRC und Art. 53 GRC:[142] Der EuGH weite einerseits den Anwendungsbereich der Charta-Grundrechte aus und verhindere andererseits in diesem Bereich weitergehenden Grundrechtsschutz durch nationale Verfassungen.[143]

In eine ähnliche Richtung geht die Vermutung, der Gerichtshof versuche, durch die Begründung seiner Entscheidungen die Folge- und Vorlagebereitschaft der nationalen Gerichte zu erhöhen.[144] Zum Beispiel führe er neue dogmatische Figuren ein, nehme der entsprechenden Entscheidung im konkreten Fall aber die Brisanz, indem das Ergebnis der Grundrechtsprüfung erwartbar ausfalle (sogenannte „Marbury v. Madison"-Strategie).[145] Denkbar ist auch,

---

[138] *U. R. Haltern*, Europarecht, 3. Aufl. 2017, § 11, Rn. 1401–1411 spricht daher von einem „Glaubwürdigkeitsproblem" der Grundrechtsprechung des EuGH; vgl. auch *M. Göke*, Der Einzelne im Spannungsfeld von Teleologie und Deontologie in der Rechtsprechung des EuGH, 2015, S. 152–155; *T. Kingreen*, EuR 45 (2010), S. 338 (351); *A. Arnull*, The European Union and its Court of Justice, 2. Aufl. 2006, S. 338.

[139] *J. Coppel/A. O'Neill*, CMLR 29 (1992), S. 669 (691 f.); siehe dazu allerdings die gewichtigen Einwände bei *J. H. H. Weiler/N. J. S. Lockhart*, CMLR 32 (1995), S. 51; *J. H. H. Weiler/N. J. S. Lockhart*, CMLR 32 (1995), S. 579; weitere Nachweise und eine historische Erklärung finden sich bei *S. Reynolds*, CMLR 53 (2016), S. 643 (652).

[140] So z.B. *C. Calliess*, EuZW 2001, S. 261 (262); *T. Stein*, „Gut gemeint ..." – Bemerkungen zur Charta der Grundrechte der Europäischen Union, in: H.-J. Cremer/T. Giegerich/D. Richter u. a. (Hrsg.), Tradition und Weltoffenheit des Rechts, Festschrift für H. Steinberger, 2002, S. 1425 (1431).

[141] Vgl. dazu ausführlich *F. Schwab*, Der Europäische Gerichtshof und der Verhältnismäßigkeitsgrundsatz: Untersuchung der Prüfungsdichte, 2002; siehe auch *U. Everling*, Die Kontrolle des Gemeinschaftsgesetzgebers durch die Europäischen Gerichte, in: C. O. Lenz/J. Gündisch (Hrsg.), Beiträge zum deutschen und europäischen Recht, 1999, S. 89 (99).

[142] Genauer: An den Urteilen Melloni (C-399/11) und Åkerberg Fransson (C-617/10).

[143] *C. Safferling*, NStZ 2014, S. 545 (550 f.); besonders pointiert *R. C. van Ooyen*, RuP 2013, S. 199; *J. Vogel*, StV 2013, S. I; *S. Swoboda*, ZIS 2018, S. 276. Vgl. zu dieser Diskussion auch Kapitel 1 C.

[144] Vgl. *U. R. Haltern*, Europarecht, 3. Aufl. 2017, § 1, Rn. 8, der dies als Beispiel für eine kontextsensible Betrachtung des Europarechts anführt: „So ist denkbar, dass ein übernationales Gericht wie der EuGH ein Urteil u. a. deshalb in eine bestimmte Richtung fällt, um die nationalen Gerichte zur Zusammenarbeit zu motivieren".

[145] Vgl. dazu am Beispiel des Urteils MCB. (C-400/10 PPU) *L. Manthey/C. Unseld*, ZEuS

dass der EuGH in manchen Fällen die Anwendbarkeit der Charta gemäß Art. 51 Abs. 1 GRC bejaht, um von den nationalen Gerichten nicht als grundrechtsunsensibel eingestuft zu werden.[146] Tatsächlich machen die Besonderheiten des Vorabentscheidungsverfahrens die Kooperation der Gerichte der Mitgliedstaaten mit dem Gerichtshof notwendig.[147] War die Bereitschaft zur Zusammenarbeit zu Beginn der europäischen Integration noch gering, hat sie sich mittlerweile etabliert. Der EuGH muss daher zunehmend weniger auf die Befindlichkeiten nationaler Gerichte Rücksicht nehmen.[148] Gleichwohl liegt es nahe, dass der EuGH versucht, das Kooperationsverhältnis zu ihnen nicht zu beschädigen.[149]

Nicht zuletzt wird auch angenommen, der Gerichtshof unterliege institutionellen Beweggründen.[150] Auch diese sollen Einfluss auf seine Grundrechtsprechung entfalten.[151] So müsse er sich gegenüber anderen EU-Institutionen und insbesondere gegenüber nationalen obersten und Verfassungsgerichten sowie dem EGMR behaupten. Entscheidungen wie das zweite Gutachten zum Beitritt der EU zur EMRK (Gutachten 2/13)[152] und Digital Rights Ireland und Seitlinger u. a. (C-293/12 und C-594/12)[153] sowie Google Spain und Google (C-131/12)[154] seien auch mit den institutionellen Motiven des EuGH zu erklären.[155] Im Wettbewerb zwischen EuGH, EGMR und nationalen Verfassungsgerichten komme es zu einem „*race to the top* im Hinblick auf das geschützte

---

2011, S. 323 (338); allgemein zu diesem Vorgehen *U. R. Haltern*, Europarecht, 3. Aufl. 2017, § 10, Rn. 1057 und § 9, Rn. 963.

[146] Diese Vermutung äußert *J. Gundel*, EuR 50 (2015), S. 609 (620 f.).

[147] *K. Lenaerts*, EuR 50 (2015), S. 3 (5).

[148] *U. R. Haltern*, Europarecht, 3. Aufl. 2017, § 1, Rn. 19; vgl. aber noch im Jahre 2008 *T. von Danwitz*, EuR 43 (2008), S. 769 (772 f.): „so liegt in der bis heute nicht gesicherten Akzeptanz des Gemeinschaftsrechts der tiefere Grund für das ausgeprägte Bekenntnis des Gerichtshofes, als defensor iuris communitatis zu wirken".

[149] Ein eindrückliches Beispiel findet sich bei *U. R. Haltern*, Europarecht, 3. Aufl. 2017, § 1, Rn. 21 f.

[150] Vgl. nur *U. R. Haltern*, Europarecht, 3. Aufl. 2017, § 1, Rn. 15, 21 f.

[151] *U. R. Haltern*, Europarecht, 3. Aufl. 2017, § 11, Rn. 1359 ff., 1372–1375.

[152] Vgl. etwa *M. Breuer*, It's not about pluralism. It's about power politics!, VerfBlog, 16.03.2015 (geprüft am 04.09.2019); *C. Tomuschat*, EuGRZ 42 (2015), S. 133 (135, 137–139); *C. Grabenwarter*, FAZ 05.02.2015, S. 6; *C. Grabenwarter*, EuZW 2015, S. 180; *U. R. Haltern*, NZZ 29.01.2015, S. 21.

[153] Dazu *U. R. Haltern*, Das Machtspiel der Gerichte, NZZ Online, 30.07.2014 (geprüft am 04.09.2019): „Wie ernüchternd ist es zu sehen, dass es dabei keineswegs vorrangig um Individualrechtsschutz, sondern eher um die eigene Machtposition geht".

[154] Vgl. *M. Steinbeis/I. Spiecker gen. Döhmann*, „Der EuGH erfindet sich gerade neu", VerfBlog, 14.05.2015 (geprüft am 04.09.2019).

[155] *U. R. Haltern*, Europarecht, 3. Aufl. 2017, § 11, Rn. 1372–1375; vgl. auch *I. Spiecker gen. Döhmann*, JZ 69 (2014), S. 1109 (1110): „Institutionell sendet die Entscheidung zur Vorratsdatenspeicherung gemeinsam mit der Google Spain-Entscheidung ein Fanfarensignal an die europäische Rechtsstruktur".

Grundrechtsniveau".[156] Alle Akteure wollten sich als grundrechtssensible Gerichte präsentieren, um daraus Legitimation zu schöpfen.[157]

Möglicherweise könnte daher die Untersuchung richterlicher Motive einige der im dritten Kapitel gefundenen dogmatischen Unterschiede erklären. Dieser Kontext erscheint potenziell erkenntnisreich und wurde bereits häufiger erforscht. Die entsprechende Analyse im Rahmen der vorliegenden Arbeit scheitert aber bereits daran, dass nicht mit Sicherheit gesagt werden kann, welche unausgesprochenen Zielsetzungen die Richter am Gerichtshof verfolgen.[158] In einem Kollegium von gegenwärtig 28 Richterinnen und Richtern erscheint es zudem unwahrscheinlich, dass sich die Mitglieder des EuGH – entgegen ihrer Aufgabe als Gericht – auf Grundsatzpositionen festlegen und diese ihrer Rechtsprechung zugrunde legen.[159] Weiter bleibt völlig unklar, ob und wie diese möglichen Motive auf die Entscheidung einwirken. Hier können nur mehr oder weniger plausible Vermutungen angestellt werden – das ist nicht illegitim, in der vorliegenden Arbeit sollen aber nur überprüfbare Kontexte untersucht werden. Zudem liegt es nahe, dass sich eventuelle Motive und Vorverständnisse stärker auf das Ergebnis als auf die Dogmatik der Grundrechtsprüfung auswirken. Eine Ergebniskontrolle wurde im dritten Kapitel der vorliegenden Arbeit aber gerade nicht vorgenommen. Obwohl es möglich ist, dass richterliche Motivationen einen Einfluss auf die Dogmatik der Grundrechtsprüfung haben, wird dieser Kontext wegen seiner mangelnden Überprüfbarkeit nicht weiter analysiert.

VII. Persönlicher Einfluss der Richter und Berichterstatter

Denkbar ist weiterhin, dass bestimmte Richterinnen und Richter besonderen Einfluss auf die Grundrechtsprechung des EuGH ausüben.[160] Dies gilt insbesondere für den jeweiligen Berichterstatter in einem Verfahren. Gemäß Art. 15 Abs. 1 VerfO EuGH bestimmt der Präsident des Gerichtshofs nach Ein-

---

[156] *U. R. Haltern*, Europarecht, 3. Aufl. 2017, § 11, Rn. 1375; anders *M. Borowsky*, in: J. Meyer (Hrsg.), Charta der Grundrechte der Europäischen Union, 4. Aufl. 2014, Art. 52 Rn. 37, wonach der EuGH die Führungsrolle des EGMR in Grundrechtsfragen akzeptiert.

[157] *U. R. Haltern*, Europarecht, 3. Aufl. 2017, § 1, Rn. 1375; vgl. auch *V. Skouris*, NVwZ 2016, S. 1359 (1360): „Die Rechtssache Schecke hat den EuGH in die Lage versetzt, zu beweisen, dass der Unionsrichter den Schutz personenbezogener Daten ernst nimmt und mit Hilfe der kurz davor verbindlich gewordenen Grundrechte-Charta diesen Schutz auch gegenüber dem Unionsgesetzgeber durchgreifen lässt".

[158] Dies erkennt auch *U. R. Haltern*, Europarecht, 3. Aufl. 2017, § 1, Rn. 1372: „Was genau die Motivation ist, die die Luxemburger Richter hier umtreibt, ist schwer zu sagen".

[159] *T. von Danwitz*, EuR 43 (2008), S. 769 (771 f.).

[160] Der Einfluss einzelner Richterinnen und Richter wird besonders in der amerikanischen Rechtswissenschaft mit Bezug zum U. S. Supreme Court erörtert, vgl. m. w. N. *T. von Danwitz*, EuR 43 (2008), S. 769 (770); zum EuGH z. B. *S. Saurugger/F. Terpan*, The Court of Justice of the European Union and the Politics of Law, 2017, S. 43 ff.

B. Denkbare Kontexte der Grundrechtsprechung des EuGH

gang des verfahrenseinleitenden Schriftstücks so bald wie möglich den Berichterstatter für die Rechtssache.[161] Dieser erstellt gemäß Art. 59 Abs. 1 VerfO EuGH den Vorbericht zum jeweiligen Fall und gemäß Art. 59 Abs. 3 VerfO EuGH den Entscheidungsvorschlag, über den der Spruchkörper abstimmt.[162] Ihm kommt wahrscheinlich einiger Einfluss auf die finale Entscheidung zu.[163] Möglicherweise setzen unterschiedliche Richterpersönlichkeiten in den jeweiligen Entscheidungen unterschiedliche dogmatische Schwerpunkte.[164] Die im dritten Kapitel aufgezeigten Divergenzen in der Grundrechtsprüfung des EuGH könnten daher mit dem Einfluss der einzelnen Richter zu erklären sein. So hat beispielsweise Richter *von Danwitz* vor seiner Berufung an den Gerichtshof auf Defizite bei der Grundrechtsprüfung und vor allem bei der Untersuchung der Verhältnismäßigkeit durch den EuGH hingewiesen[165] und auf eine intensive Prüfung im Rahmen von Art. 52 Abs. 1 GRC gedrängt.[166] Bei der Betrachtung der Ergebnisse des dritten Kapitels fällt auf, dass viele Entscheidungen, die den Anforderungen von Art. 52 Abs. 1 GRC in weiten Teilen entsprechen, von einem Spruchkörper mit Richter *von Danwitz* als Berichterstatter[167] oder zumindest als Mitglied der Kammer[168] entschieden wurden. An defizitären Urteilen wie Deutsches Weintor (C-544/10) und Delvigne (C-650/13) war er hingegen nicht beteiligt. Es liegt damit nahe, anzunehmen, dass *von Danwitz* einen seinem bisherigen Forschungsprofil entsprechenden Einfluss auf die Dogmatik der Grundrechtsprüfung in diesen Entscheidungen ausgeübt hat.[169] Mit Sicher-

---

[161] Vgl. zu den internen Kriterien der Zuweisung *J. Kokott/C. Sobotta*, EuGRZ 2013, S. 465 (468).

[162] Vgl. dazu schon Kapitel 4 B. II. 1.

[163] Vgl. *B. Wägenbaur*, EuGH VerfO, 2. Aufl. 2017, Art. 33 VerfO EuGH Rn. 3: „auf den ersten Blick federführend, aber nicht alleinentscheidend".; *K. Lenaerts/I. Maselis/K. Gutman*, EU Procedural Law, 2014, Rn. 2.15: „The primary responsibility for decision-making within the Court lies with the Judge-Rapporteur".; vgl. auch *J. Kalbheim*, Über Reden und Überdenken, 2016, S. 14 f.; *F. G. Jacobs*, Advocates General and Judges in the European Court of Justice: Some Personal Reflections, in: D. O'Keeffe (Hrsg.), Judicial review in European Union Law, 2000, S. 17 (23).

[164] Vgl. etwa zur Art der Begründung *U. Everling*, EuR 29 (1994), S. 127 (137).

[165] Vgl. etwa *T. von Danwitz*, EWS 2003, S. 393.

[166] Vgl. *T. von Danwitz*, in: P. J. Tettinger/K. Stern (Hrsg.), Kölner Gemeinschaftskommentar zur Europäischen Grundrechte-Charta, 2006, Art. 52 Rn. 39–43.

[167] Z. B. EuGH, Urteil v. 22.01.2013, Rs. C-283/11 *(Sky Österreich)*; EuGH, Urteil v. 08.04.2014, Rs. C-293/12 und C-594/12 *(Digital Rights Ireland und Seitlinger u. a.)*; EuGH, Gutachten v. 26.07.2017, Rs. Avis 1/15 *(Accord PNR UE-Canada)*.

[168] Vgl. EuGH, Urteil v. 22.05.2014, Rs. C-356/12 *(Glatzel)*; EuGH, Urteil v. 17.10.2013, Rs. C-101/12 *(Schaible)*.

[169] So zum Urteil Digital Rights Ireland und Seitlinger u. a. auch *J. Kühling*, NVwZ 2014, S. 681 (682): „Das Urteil ist in seiner Grundstruktur von überzeugender Klarheit. Der EuGH hat [...] die Kernfragen, die von der Vorratsdatenspeicherungsrichtlinie aufgeworfen werden, in einem geradezu schulmäßigen Prüfungsaufbau sehr nachvollziehbar abgearbeitet. Hier dürfte die Handschrift des Berichterstatters und Richters deutscher Herkunft, v. Danwitz, erkennbar sein."; zum Urteil Sky Österreich *F. Michl*, EuR 53 (2018), S. 456 (469): „Das dürf-

heit kann dies aber nicht festgestellt werden, da die Beratungen[170] und auch die vorbereitenden Schriftstücke gemäß Art. 35 Satzung EuGH und Art. 32 Abs. 1 VerfO EuGH geheim bleiben. Dies soll die Unabhängigkeit und Integrationsfunktion des Gerichtshofs sicherstellen,[171] führt aber zu einer gewissen Intransparenz: Der Einfluss einzelner Positionen ist kaum nachvollziehbar.[172]

Die Spruchkörper am EuGH entscheiden zudem als Kollegialorgane.[173] Ihre Entscheidungen sind daher immer Kompromisse der beteiligten[174] Richter.[175] Am Gerichtshof treffen Persönlichkeiten aus den unterschiedlichen Rechtskulturen Europas zusammen.[176] Obwohl in Alter[177] und Geschlecht[178] relativ ho-

---

te kein Zufall sein, denn Berichterstatter war der deutsche Richter von Danwitz, der vor dem Antritt seines Amts in Luxemburg zu den deutschen Kritikern der Verhältnismäßigkeitsprüfung des EuGH gehört hatte."; vgl. auch *W. Janisch*, Schlüsselfigur beim Datenschutz, SZ.de, 29.08.2017 (geprüft am 04.09.2019); interessanterweise wendet sich *von Danwitz* selbst ausdrücklich gegen eine solche personalisierte Analyse: *T. von Danwitz*, EuR 43 (2008), S. 769 (770).

[170] Ein wenig Einblick gibt aber beispielsweise *D. Edward*, E. L. Rev. 20 (1995), S. 539 (555–557).

[171] *U. Klinke*, Gerichtsbarkeit der Europäischen Union, in: M. A. Dauses/M. Ludwigs (Hrsg.), Handbuch des EU-Wirtschaftsrechts, Stand: 45. EL 2018, Einführung: Gerichtshof und Gericht, Rn. 92; *T. Laut*, Die gerichtlichen Entscheidungen, in: H.-W. Rengeling/A. Middeke/M. Gellermann (Hrsg.), Handbuch des Rechtsschutzes in der Europäischen Union, 3. Aufl. 2014, § 27, Rn. 7; *M. Pechstein*, EU-Prozessrecht, 4. Aufl. 2011, Rn. 162.

[172] Kritisch und mit dem Vorschlag der Zulassung abweichender Meinungen *H. Rasmussen*, Plädoyer für ein Ende des judikativen Schweigens, in: A. Bergmann/U. R. Haltern (Hrsg.), Der EuGH in der Kritik, 2012, S. 113; anders *T. von Danwitz*, EuR 43 (2008), S. 769 (779), der die „Gefahr einer unsachlichen Profilierung einzelner Richter" durch die Zulassung abweichender Meinungen sieht.

[173] *M. Pechstein*, EU-Prozessrecht, 4. Aufl. 2011, Rn. 161; *K. Lenaerts/I. Maselis/K. Gutman*, EU Procedural Law, 2014, Rn. 2.14; *F. G. Jacobs*, Advocates General and Judges in the European Court of Justice: Some Personal Reflections, in: D. O'Keeffe (Hrsg.), Judicial review in European Union Law, 2000, S. 17 (23).

[174] Vgl. außerdem *J. Kokott/C. Sobotta*, EuGRZ 2013, S. 465 (470), die darauf hinweisen, dass auch inhaltliche Bedenken der Generalversammlung (also mitunter Richter, die nicht dem jeweiligen Spruchkörper angehören) Einfluss auf die Entscheidungen des EuGH nehmen können.

[175] *N. Colneric*, ZEuP 2005, S. 225 (231); *T. von Danwitz*, EuR 43 (2008), S. 769 (778 f.); *S. Saurugger/F. Terpan*, The Court of Justice of the European Union and the Politics of Law, 2017, S. 69 f.; *U. Everling*, JZ 55 (2000), S. 217 (222); *K. Lenaerts*, Fordham Intl. L. J. 36 (2013), S. 1302 (1350 f.); *J. Kokott/C. Sobotta*, EuGRZ 2013, S. 465 (472); *C. O. Lenz*, Alleine verantwortlich – Erfahrungen eines Generalanwalts, in: D. Heid/R. Stotz/A. Verny (Hrsg.), Festschrift für Manfred A. Dauses, 2014, S. 217 (218); am Beispiel des Urteils Association Belge des Consommateurs Test-Achats u. a. (C-236/09) *B. Kahler*, NJW 2011, S. 894 (897).

[176] *U. Everling*, Zur Funktion des Gerichtshofs der Europäischen Gemeinschaften als Verwaltungsgericht, in: B. Bender (Hrsg.), Rechtsstaat zwischen Sozialgestaltung und Rechtsschutz, Festschrift für K. Redeker, 1993, S. 293 (300); *U. Everling*, Der Gerichtshof als Entscheidungsinstanz, in: J. Schwarze (Hrsg.), Der Europäische Gerichtshof als Verfassungsgericht und Rechtsschutzinstanz, 1983, S. 137 (139); *U. Everling*, JZ 55 (2000), S. 217 (222); *D. Edward*, E. L. Rev. 20 (1995), S. 539 (548 f.); *T. von Danwitz*, EuR 43 (2008), S. 769 (778); *R. Stotz*, Die Rechtsprechung des EuGH, in: K. Riesenhuber (Hrsg.), Europäische Methodenlehre, 3. Aufl. 2015, § 22, Rn. 3; vgl. auch *N. Colneric*, ZEuP 2005, S. 225 (230); vgl. auch

mogen,[179] sind sie durch ihre unterschiedliche Geschichte, Sozialisierung, Ausbildung und Überzeugungen geprägt und bringen diese Vorverständnisse in die internen Beratungen über die Entscheidungsbegründung ein.[180] Dabei kommt es zu einer gemeinsamen Willensbildung.[181] Auch dies könnte einen Einfluss auf die Dogmatik der Grundrechtsprüfung haben: Denkbar ist beispielsweise, dass sich der Spruchkörper zwar auf ein Ergebnis, nicht aber auf eine dogmatische Herleitung einigen kann.[182] In einem solchen Fall könnte die Begründung eher kurz ausfallen[183] oder strittige Passagen fallen ganz

---

A. Thiele, Europäisches Prozessrecht, 2. Aufl. 2014, § 2, Rn. 10 f.; *G. Hirsch*, ZGR 31 (2002), S. 1 (6).

[177] Die meisten Mitglieder des EuGH wurden zwischen 1945 und 1965 geboren. Lediglich Richter Juhász wurde früher (1944), nur drei Mitglieder nach 1965 geboren. Vgl. *Gerichtshof der Europäischen Union*, Vorstellung der Mitglieder des Gerichtshofs (geprüft am 04.09.2019).

[178] Von den 40 Mitgliedern des EuGH sind neun weiblich und 31 männlich. Vor den Neubesetzungen im Jahr 2018 waren sogar nur sieben Mitglieder weiblich. Vgl. zu den aktuellen Mitgliedern *Gerichtshof der Europäischen Union*, Vorstellung der Mitglieder des Gerichtshofs (geprüft am 04.09.2019).

[179] *S. Saurugger/F. Terpan*, The Court of Justice of the European Union and the Politics of Law, 2017, S. 55; a.A. *R. Stotz*, Die Rechtsprechung des EuGH, in: K. Riesenhuber (Hrsg.), Europäische Methodenlehre, 3. Aufl. 2015, § 22, Rn. 3 f.

[180] Vgl. *T. von Danwitz*, Der richterliche Dialog in der Gerichtspraxis des Vorabentscheidungsverfahrens: Herausforderungen für die Zukunft, in: U. Becker/A. Hatje/M. Potacs u. a. (Hrsg.), Verfassung und Verwaltung in Europa, Festschrift für J. Schwarze, 2014, S. 661 (668); *U. Everling*, Zur Funktion des Gerichtshofs der Europäischen Gemeinschaften als Verwaltungsgericht, in: B. Bender (Hrsg.), Rechtsstaat zwischen Sozialgestaltung und Rechtsschutz, Festschrift für K. Redeker, 1993, S. 293 (300 f.); *U. Everling*, EuR 29 (1994), S. 127 (141); *U. Everling*, Der Beitrag des deutschen Rechts zur Rechtsprechung des Gerichtshofs der Europäischen Gemeinschaften, in: G. Nicolaysen/H. Quaritsch (Hrsg.), Lüneburger Symposion für Hans Peter Ipsen zur Feier des 80. Geburtstages, 1988, S. 63 (65); *U. Kischel*, EuR 35 (2000), S. 380 (396); *M. Hentschel-Bednorz*, Derzeitige Rolle und zukünftige Perspektive des EuGH im Mehrebenensystem des Grundrechtsschutzes in Europa, 2012, S. 179; *C. O. Lenz*, Alleine verantwortlich – Erfahrungen eines Generalanwalts, in: D. Heid/R. Stotz/A. Verny (Hrsg.), Festschrift für Manfred A. Dauses, 2014, S. 217 (218); zum Zusammenhang dieser Vorverständnisse und der Gruppendynamik am EuGH aus politikwissenschaftlicher Sicht *M. Höpner*, Berlin J Soziol 21 (2011), S. 203.

[181] *U. Everling*, Zur Funktion des Gerichtshofs der Europäischen Gemeinschaften als Verwaltungsgericht, in: B. Bender (Hrsg.), Rechtsstaat zwischen Sozialgestaltung und Rechtsschutz, Festschrift für K. Redeker, 1993, S. 293 (300 f.); dieser Prozess ist nicht immer einfach, vgl. *U. Everling*, EuR 29 (1994), S. 127 (141).

[182] *U. Everling*, EuR 29 (1994), S. 127 (141); *U. Kischel*, EuR 35 (2000), S. 380 (396); *M. Hentschel-Bednorz*, Derzeitige Rolle und zukünftige Perspektive des EuGH im Mehrebenensystem des Grundrechtsschutzes in Europa, 2012, S. 179; vgl. dazu auch *U. Everling*, Der Gerichtshof als Entscheidungsinstanz, in: J. Schwarze (Hrsg.), Der Europäische Gerichtshof als Verfassungsgericht und Rechtsschutzinstanz, 1983, S. 137 (139); *K. H. T. Schiemann*, ZEuS 2006, S. 1 (7 f.).

[183] So z. B. in Bezug auf das Gutachten 2/13 zum Beitritt der EU zur EMRK *M. Breuer*, EuR 50 (2015), S. 330 (333): „Die entsprechende Passage des Gutachtens ist extrem kurz gehalten, was möglicherweise auf Schwierigkeiten innerhalb des Gerichtshofs hindeuten könnte, sich über die Begründung zu einigen".

weg.¹⁸⁴ Zudem sind am EuGH auch Rechtskulturen vertreten, in denen die Kassation von Legislativakten durch die Rechtsprechung ungewöhnlich ist.¹⁸⁵ Dies könnte zur Einräumung weiter Ermessensspielräume für die Gesetzgebung führen.

Die Entscheidungsfindung im Kollektiv macht es aber unmöglich, den Einfluss einzelner Richter mit Sicherheit zu bestimmen. Gleichzeitig kann ebenfalls nicht sicher beurteilt werden, wie sich die kollektive Willensbildung auf die Grundrechtsdogmatik auswirkt: Kurze Begründungen könnten auch andere Ursachen haben. Die Wahrscheinlichkeit des Einflusses der Richterpersönlichkeiten auf die Dogmatik der Grundrechtsprüfung ist damit zwar hoch, die Nachvollziehbarkeit dieser Wirkung aber gering.¹⁸⁶

VIII. Größe der Spruchkörper

Teilweise wird vorgeschlagen, die Relevanz einer Entscheidung des EuGH von der Größe des jeweiligen Spruchkörpers abhängig zu machen.¹⁸⁷ Demnach werden in Dreier-Kammern keine Grundsatzurteile gesprochen, da diese größeren Formationen vorbehalten sind.¹⁸⁸ Tatsächlich sieht bereits das Primärrecht in Art. 251 AEUV die Einrichtung verschiedener Spruchkörper am Gerichtshof vor.¹⁸⁹ Spezialkammern gibt es jedoch nicht¹⁹⁰ und somit auch keinen auf Grundrechtsfragen spezialisierten Spruchkörper.¹⁹¹ Art. 60 Abs. 1 VerfO EuGH bestimmt, dass der EuGH alle anhängigen Rechtssachen an Dreier- oder Fünfer-Kammern verweist, sofern nicht die Schwierigkeit oder die Bedeutung der Rechtssache oder besondere Umstände eine Verweisung an die Große Kammer erfordern.¹⁹² Zuständig für die Zuweisung ist nach Art. 25 VerfO EuGH

---

¹⁸⁴ *W. Faber*, JBl 139 (2017), S. 697 (706); *N. Colneric*, ZEuP 2005, S. 225 (231).
¹⁸⁵ *F. C. Mayer*, in: E. Grabitz/M. Nettesheim/M. Hilf (Hrsg.), Das Recht der Europäischen Union: EUV/AEUV, Stand: 65. EL 2018, Grundrechtsschutz und rechtsstaatliche Grundsätze, Rn. 28.
¹⁸⁶ Vgl. auch *H. Rasmussen*, Plädoyer für ein Ende des judikativen Schweigens, in: A. Bergmann/U. R. Haltern (Hrsg.), Der EuGH in der Kritik, 2012, S. 113 (119): „Eine objektive Analyse bedarf hier selbstverständlich meiner aufrichtig gemeinten Klarstellung, dass die hier skizzierten unangenehmen Spekulationen möglicherweise ein vollständig falsches Bild des judikativen Lebens der EU hinter den Kulissen zeichnen".
¹⁸⁷ So etwa *W. Faber*, JBl 139 (2017), S. 697 (706); *N. Colneric*, ZEuP 2005, S. 225 (231).
¹⁸⁸ *W. Faber*, JBl 139 (2017), S. 697 (706) m. w. N.; *N. Colneric*, ZEuP 2005, S. 225 (231).
¹⁸⁹ Zur momentanen Anzahl und zur Besetzung der Kammern siehe z. B. *U. R. Haltern*, Europarecht, 3. Aufl. 2017, § 5, Rn. 34–36.
¹⁹⁰ *U. R. Haltern*, Europarecht, 3. Aufl. 2017, § 5, Rn. 34.
¹⁹¹ *M. Ahlt*, Personelle Besetzung des EuGH und „Entscheidungskultur", in: B. Gsell/W. Hau (Hrsg.), Zivilgerichtsbarkeit und Europäisches Justizsystem, 2012, S. 31 (31 f.); vgl. aber *J. Kokott/C. Sobotta*, EuGRZ 2013, S. 465 (469), die ein schwach ausgeprägtes System der Spezialisierung erkennen.
¹⁹² Vollständiger Wortlaut: „Der Gerichtshof verweist alle bei ihm anhängigen Rechtssachen an die Kammern mit fünf oder mit drei Richtern, sofern nicht die Schwierigkeit oder

die Generalversammlung, die auf Basis des Vorschlags im Vorbericht des vom Präsidenten bestimmten Berichterstatters über die Verweisung gemäß Art. 59 Abs. 2 S. 1 VerfO EuGH entscheidet.[193] Nach *von Danwitz* erfolgt die Unterscheidung zwischen der Kammer mit drei Richtern und jener mit fünf Richtern in erster Linie nach der Schwierigkeit der Rechtssache: Weise sie keine besondere Schwierigkeit (oder Bedeutung) auf, entscheide die Dreier-Kammer, bewege sich die Rechtssache hingegen im Rahmen der bisherigen Rechtsprechung, weise aber „eine gewisse tatsächliche oder rechtliche Schwierigkeit" auf, werde sie an die Fünfer-Kammer verwiesen.[194] Die Große Kammer mit gemäß Art. 16 Abs. 2 S. 1 Satzung EuGH 15 Richtern entscheide außer in Fällen von besonderer Schwierigkeit oder Bedeutung über neue Rechtsfragen.[195]

Das Plenum schließlich wird gemäß Art. 60 Abs. 2 S. 2 VerfO EuGH i. V. m. Art. 16 Abs. 5 Satzung EuGH mit einer Rechtssache betraut, wenn der Gerichtshof zu der Auffassung gelangt, diese sei von außergewöhnlicher Bedeutung.[196]

Ausgehend von den Bestimmungen der Verfahrensordnung sowie der Satzung kann man somit von einer Abstufung der Bedeutung der Rechtssachen nach Größe der Formation ausgehen. Bezogen auf die im dritten Kapitel der vorliegenden Arbeit aufgezeigten Divergenzen in der Dogmatik der Grundrechtsprüfung des Gerichtshofs könnte angenommen werden, dass der dogmatischen Herangehensweise der größeren Spruchkörper mehr Gewicht zukomme als der der Dreier- und Fünfer-Kammern.

Schon eine Betrachtung jener Entscheidungen, bei denen sich besonders gravierende Unterschiede zeigen, macht aber deutlich, dass eine Unterscheidung nach der Größe des Spruchkörpers keine neuen Erkenntnisse bringt: So sind die Urteile Sky Österreich (C-283/11, Große Kammer), Schaible (C-101/12, Fünfer-Kammer), Glatzel (C-356/12, Fünfer-Kammer) und Digital Rights Ireland und Seitlinger u. a. (C-293/12 und C-594/12, Große Kammer), die die Anforderungen von Art. 52 Abs. 1 GRC in weiten Teilen erfüllen, sowohl von Fünfer-Kammern als auch von der Großen Kammer entschieden worden. Dasselbe gilt für die Urteile Deutsches Weintor (C-544/10, Fünfer-Kammer) und Delvigne (C-650/13, Große Kammer), die an vielen Stellen defizitär sind.

---

die Bedeutung der Rechtssache oder besondere Umstände eine Verweisung an die Große Kammer erfordern, es sei denn, eine solche Verweisung ist gemäß Artikel 16 Absatz 3 der Satzung von einem am Verfahren beteiligten Mitgliedstaat oder Unionsorgan beantragt worden".

[193] Vgl. zu diesem Verfahren *A. Thiele*, Europäisches Prozessrecht, 2. Aufl. 2014, §2, Rn. 20. Siehe zum internen Verfahrensgang bereits Kapitel 4 B. II. 1.

[194] *T. von Danwitz*, EuR 43 (2008), S. 769 (777); ähnliche Kriterien finden sich bei *J. Kokott/C. Sobotta*, EuGRZ 2013, S. 465 (470).

[195] *T. von Danwitz*, EuR 43 (2008), S. 769 (777); vgl. auch *K.-D. Borchardt*, Die rechtlichen Grundlagen der Europäischen Union, 6. Aufl. 2015, Rn. 392, der die „politischen und finanziellen Implikationen eines Verfahrens" als weitere Entscheidungsfaktoren nennt.

[196] In der Praxis kommt es außerordentlich selten zur Verweisung an das Plenum. Vgl. etwa *B. Wägenbaur*, EuGH VerfO, 2. Aufl. 2017, Art. 16 Satzung EuGH Rn. 5.

Unabhängig davon ermöglicht eine Unterscheidung nach der Größe der Formation zwar eine unterschiedliche Gewichtung der Entscheidungen, kann aber nicht die Divergenzen zwischen ihnen erklären. Ein Kammersystem führt möglicherweise zu verringerter Kohärenz zwischen den Entscheidungen unterschiedlicher Kammern, eine solche Entwicklung wird jedoch durch die Einschaltung der Großen Kammer verhindert.[197] Bereits die oben genannten zwei Gruppen von Beispielen enthalten jeweils Entscheidungen der Großen Kammer. Auch die Größe der Spruchkörper kann damit nicht zur Erklärung der Ergebnisse des dritten Kapitels herangezogen werden.

IX. Unterscheidung nach Themenbereichen

Möglich ist weiterhin, dass sich die Dogmatik der Grundrechtsprüfung nach den jeweils betroffenen Themenbereichen unterscheidet.[198] So sehen einige in der Rechtswissenschaft etwa Unterschiede zwischen dem Datenschutz, in dem der EuGH einen qualitativ hochwertigen Grundrechtsschutz biete,[199] und der Kooperation im Strafverfahren, wo der Gerichtshof nur eine undifferenzierte Grundrechtsprüfung vornehme.[200] Gegen eine solche These spricht allerdings konzeptionell, dass die Gegensätze der Rechtsgebiete am EuGH weniger ausgeprägt sind als in einigen nationalen Rechtskreisen, da der Gerichtshof als „Universalgericht" die Einheitlichkeit der Rechtsentwicklung in allen Gebieten sichert.[201] Zudem überschneiden sich die genannten Rechtsgebiete oftmals: Die Vorratsdatenspeicherung berührt sowohl Fragen des Datenschutzes als auch des Raumes der Freiheit, der Sicherheit und des Rechts,[202] in dem die Kooperation im Strafverfahren stattfindet. Einzelne Bereiche werden außerdem durch unterschiedliche Grundrechte abgedeckt: Der Datenschutz wird durch Art. 7 und Art. 8 GRC geschützt, das Recht auf Freiheit durch Art. 6 GRC. Die Auslegung einzelner Grundrechte durch den EuGH ist jedoch nicht Gegenstand der vor-

---

[197] *U. R. Haltern*, Europarecht, 3. Aufl. 2017, § 5, Rn. 39.

[198] Vgl. zur Lage vor Inkrafttreten der Charta *W. Schroeder*, EuZW 2011, S. 462 (463); *O. Koch*, Verhältnismäßigkeit, 2003, S. 412; nach dem Inkrafttreten der Charta etwa *T. Müller*, Der Verhältnismäßigkeitsgrundsatz des Art 52 GRC – Paradigmenwechsel in der europäischen Grundrechtsjudikatur?, in: A. Kahl/N. Raschauer/S. Storr (Hrsg.), Grundsatzfragen der europäischen Grundrechtecharta, 2013, S. 179 (195 f.); *U. R. Haltern*, Europarecht, 3. Aufl. 2017, § 11, Rn. 1365, 1371.

[199] So etwa *C. D. Classen*, EuR 49 (2014), S. 441 (442); *A. Epiney*, NVwZ 2018, S. 775 (778); *J. Kühling*, EuZW 2014, S. 527 (530–532); *I. Spiecker gen. Döhmann*, JZ 69 (2014), S. 1109 (1110); *T. Ojanen*, E.C.L. Rev. 12 (2016), S. 318 (329); *U. R. Haltern*, Europarecht, 3. Aufl. 2017, § 11, Rn. 1367–1369.

[200] So etwa *K. Gaede*, NJW 2013, S. 1279 (1281 f.).

[201] *U. Everling*, Zur Funktion des Gerichtshofs der Europäischen Gemeinschaften als Verwaltungsgericht, in: B. Bender (Hrsg.), Rechtsstaat zwischen Sozialgestaltung und Rechtsschutz, Festschrift für K. Redeker, 1993, S. 293 (294 f.).

[202] Vgl. etwa *W. Schroeder*, EuZW 2011, S. 462 (463).

liegenden Arbeit, untersucht wird die Dogmatik der Grundrechtsprüfung für alle Charta-Grundrechte.[203] Eine Unterscheidung nach Themenbereichen wäre daher nicht zielführend. Das Rechtsgebiet, in dem eine Entscheidung ergeht, hat wahrscheinlich keinen Einfluss auf die Dogmatik der Grundrechtsprüfung des Gerichtshofs.

X. Generalanwalt und Schlussanträge

Ein in der Europarechtswissenschaft häufig diskutierter Kontext der Rechtsprechung des EuGH ist der Einfluss durch den Generalanwalt. So entstammt die Figur der Grundrechte als allgemeiner Rechtsgrundsätze den Schlussanträgen des Generalanwalts *Roemer* im Verfahren Stauder/Stadt Ulm (C-29/69).[204] Im entsprechenden Urteil übernahm der EuGH die Argumentation des Generalanwalts.[205] Der konkrete Einfluss der Schlussanträge auf die spätere Entscheidung ist meist aber nur schwer bestimmbar.[206] Die Schlussanträge sind kein Teil der Entscheidung des Gerichtshofs und dürfen daher nicht einfach zu ihrer Auslegung herangezogen werden.[207] Ebenso verbietet sich, im Falle einer bloßen Ergebnisübereinstimmung zwischen Entscheidung und Schlussanträgen letztere ergänzend in erstere hineinzulesen.[208] Wenn sich der EuGH dagegen ausdrücklich der Argumentation und dem Ergebnis des Generalanwalts anschließt, kann mit hinreichender Sicherheit von einem Einfluss der Schlussanträge ausgegangen werden.[209] Auch bei (wörtlicher) Übereinstimmung in Begründung und Ergebnis (ohne ausdrücklichen Verweis auf die Schlussanträge) ist – wenn auch mit geringerer Sicherheit – von einem solchen Einfluss auszugehen.[210] Fehlt hingegen ein Argument aus den Schlussanträgen, kann dies unterschiedliche Gründe haben: Der EuGH könnte es diskutiert und verworfen haben, es als entbehrlich erachten oder seine Richtigkeit dahingestellt sein lassen.[211] Objektiv nachprüfbar sind die Wirkungen der Schlussanträge in diesem Fall folg-

---

[203] Siehe dazu Kapitel 3 A. I.
[204] Vgl. GA K. Roemer, Schlussanträge v. 29.10.1969, Rs. C-29/69 *(Stauder/Stadt Ulm)*, Slg. 1969, 427, 428.
[205] Vgl. EuGH, Urteil v. 12.11.1969, Rs. C-29/69 *(Stauder/Stadt Ulm)*, Slg. 1969, 419, 425 (Rn. 7); dazu *U. R. Haltern*, Europarecht, 3. Aufl. 2017, § 11, Rn. 1395 f.
[206] So bereits *N. Burrows/R. Greaves*, The Advocate General and EC law, 2007, S. 289; so auch *C. Arrebola/A. J. Mauricio/H. J. Portilla*, CILJ 5 (2016), S. 82 (83, 108), die aber durch eine ökonometrische Analyse zu dem statistischen Befund kommen, dass die Wahrscheinlichkeit, dass der Gerichtshof eine Handlung (oder einen Teil davon) für nichtig erklärt, um ca. 67% höher ist, wenn der Generalanwalt dem Gerichtshof rät, sie für nichtig zu erklären, als wenn er dem Gerichtshof rät, die Rechtssache abzuweisen oder für unzulässig zu erklären.
[207] *N. Colneric*, ZEuP 2005, S. 225 (231).
[208] *N. Colneric*, ZEuP 2005, S. 225 (231); *K. Gebauer*, Parallele Grund- und Menschenrechtsschutzsysteme in Europa?, 2007, S. 275 f.
[209] So auch *W. Faber*, JBl 139 (2017), S. 776 (776).
[210] Vgl. *W. Faber*, JBl 139 (2017), S. 776 (776).
[211] *N. Colneric*, ZEuP 2005, S. 225 (231).

lich nicht. Dementsprechend soll in der vorliegenden Arbeit der Einfluss des Generalanwalts auf die Dogmatik der Grundrechtsprüfung nur bei ausdrücklichen Bezügen in den Entscheidungen des EuGH und bei wörtlichen Übereinstimmungen in Ergebnis und Begründung analysiert werden. Die Untersuchung dieses Kontextes ist machbar, wenn sich die Analyse von Anfang an auf Entscheidungen begrenzt, in denen Divergenzen in der Dogmatik des EuGH vorhanden sind.

XI. Prozessualer und institutioneller Kontext

Sämtliche Entscheidungen des EuGH ergehen in einem prozessualen und institutionellen Zusammenhang:[212] Jedes Urteil, jeder Beschluss und jedes Gutachten erfolgt nach den Vorgaben der Verträge, der VerfO EuGH und der Satzung EuGH. Möglich ist, dass sich dieser prozessuale Kontext auf die Dogmatik der Grundrechtsprüfung auswirkt.[213] Schon aus der Funktion des EuGH als Gericht und seiner Prüfung im Rahmen einer gerichtlichen Entscheidung lassen sich möglicherweise Erklärungen für die im dritten Kapitel gefundenen Divergenzen in der Grundrechtsdogmatik ableiten. Besondere Bedeutung könnte dabei dem Vorabentscheidungsverfahren als gerichtlichem Zwischenverfahren[214] zukommen. Dieses Verfahren gibt es nur auf Ebene der Europäischen Union,[215] es unterliegt spezifischen Bedingungen, die es von anderen gerichtlichen Verfahren unterscheiden. Auch die Prozessbeteiligten könnten durch ihre Vorbringen einen Einfluss auf die spätere Entscheidung haben.

Der Zusammenhang der Situation im Verfahren vor dem Gerichtshof mit der eigentlichen Entscheidung war bereits häufiger Gegenstand der wissenschaftlichen Debatte.[216] Er erscheint auch zur Erklärung der Ergebnisse des dritten Kapitels geeignet. Zudem ist der prozessuale Kontext jeder Entscheidung bekannt: Zwar werden die Schriftsätze der Verfahrensbeteiligten nicht veröffentlicht, der

---

[212] Beide Kontexte sind miteinander verbunden. Vgl. etwa *O. Lepsius*, Relationen: Plädoyer für eine bessere Rechtswissenschaft, 2016, S. 38.

[213] Ähnlich im Hinblick auf die Verfahrensarten vor dem BVerfG *O. Lepsius*, Relationen: Plädoyer für eine bessere Rechtswissenschaft, 2016, S. 38 f.

[214] Vgl. statt vieler *U. Karpenstein*, in: E. Grabitz/M. Nettesheim/M. Hilf (Hrsg.), Das Recht der Europäischen Union: EUV/AEUV, Stand: 65. EL 2018, Art. 267 AEUV Rn. 3.

[215] *V. Skouris*, EuZW 2015, S. 241 (241).

[216] Vgl. z.B. *W. Faber*, JBl 139 (2017), S. 697; mit Bezug zur Grundrechtsprechung *H. Krämer*, in: K. Stern/M. Sachs (Hrsg.), Europäische Grundrechte-Charta, 2016, Art. 52 Rn. 57; zum Einfluss der Verfahrensbeteiligten auf die Grundrechtskontrolle *T. Müller*, Der Verhältnismäßigkeitsgrundsatz des Art 52 GRC – Paradigmenwechsel in der europäischen Grundrechtsjudikatur?, in: A. Kahl/N. Raschauer/S. Storr (Hrsg.), Grundsatzfragen der europäischen Grundrechtecharta, 2013, S. 179 (192, 195); zur Unterscheidung von subjektivem und objektivem Grundrechtsschutz je nach Verfahren vgl. *A. Haratsch*, Grundrechtsschutz durch den Europäischen Gerichtshof, in: D. Merten/H.-J. Papier (Hrsg.), HGR, Band VI/1, 2010, § 165, Rn. 14, 28.

Gerichtshof fasst ihre Vorbringen aber in seinen Entscheidungen zusammen. Weiterhin ergeben sich bereits aus den gesetzlichen Normen, die die einzelnen Verfahrensarten determinieren, Konsequenzen für die inhaltliche Prüfung. Schließlich finden sich in den Begründungen des EuGH stellenweise Hinweise auf den Einfluss der Prozesssituation, etwa wenn der Gerichtshof sich ausdrücklich auf die Beantwortung der Vorlagefragen beschränkt oder die Abwägung im konkreten Fall dem vorlegenden Gericht überlässt. Damit ist der Einfluss auch nachprüfbar.

XII. Änderungen durch Inkrafttreten der Charta und Kontinuität der Rechtsprechung

Eine weitere Erklärung für die im dritten Kapitel der vorliegenden Arbeit gefundenen dogmatischen Divergenzen in der Grundrechtsprüfung des Gerichtshofs könnte im Widerspiel zwischen dem Inkrafttreten der Charta und der Kontinuität der Rechtsprechung liegen. So muss der EuGH einerseits den Anforderungen der GRC als erstem Grundrechtskatalog auf Ebene der Union gerecht werden und andererseits im Sinne der Rechtssicherheit Brüche in der Rechtsprechung möglichst vermeiden. Eventuell führt dies zu Widersprüchen.

Dieser Kontext[217] ist nachvollziehbar, weil sich der Gerichtshof in seinen Urteilen, Beschlüssen und Gutachten selbst auf Entscheidungen aus der Zeit vor Inkrafttreten der Charta bezieht oder Formulierungen nutzt, die nicht der Charta, sondern einzig seiner Rechtsprechung entstammen. Bereits aus diesen Begründungen lässt sich folglich die Bedeutung des Wechselspiels zwischen Kontinuität und Umbruch in der Grundrechtsprechung ableiten.

XIII. Ergebnis

Die Dogmatik der Grundrechtsprüfung des EuGH wird durch zahlreiche Kontexte beeinflusst. Bei nur wenigen Faktoren ist der Einfluss aber objektiv nachprüfbar. Dies gilt für den Einfluss der Schlussanträge der Generalanwälte, soweit sich der Gerichtshof in seinen Entscheidungen ausdrücklich auf sie beruft oder die entsprechenden Passagen in Ergebnis und Begründung wörtlich übereinstimmen, und für einige prozessuale und institutionelle Umstände, unter denen eine Grundrechtsprüfung stattfindet. Zudem kann anhand der Begründungen des EuGH selbst die Bedeutung der Charta im Widerspiel zur Kontinuität der Rechtsprechung analysiert werden.

---

[217] Ob man diesen Zusammenhang als „Kontext" bezeichnen kann, ließe sich sicherlich auch verneinen. Die vorliegende Arbeit verwendet aber insofern einen weiten Begriff. Siehe Kapitel 4 A.

C. Analyse der ausgewählten Kontexte

Im Folgenden werden die Kontexte untersucht, die einige der im dritten Kapitel aufgezeigten Divergenzen in der Dogmatik der Grundrechtsprüfung durch den Gerichtshof erklären können. Dies ist zunächst das Spannungsverhältnis zwischen Kontinuität und Innovation durch das Inkrafttreten der Charta (I), des Weiteren der prozessuale sowie institutionelle Kontext der Entscheidungen des EuGH (II) und außerdem die Schlussanträge der Generalanwälte (III).

I. Änderungen durch Inkrafttreten der Charta und Kontinuität der Rechtsprechung

Die Grundrechtsprechung des EuGH ergeht in einem Spannungsfeld zwischen Beständigkeit und Wandel. Schon die Charta selbst soll einerseits vor allem die existierende Grundrechtsprechung des Gerichtshofs verschriftlichen und damit sichtbar machen und enthält andererseits Elemente, die über das zuvor Erreichte hinausgehen (1). Hinzu kommt, dass die vom EuGH als allgemeine Grundsätze des Unionsrechts entwickelten Grundrechte gemäß Art. 6 Abs. 3 EUV parallel zur Charta fortgelten (2). Schließlich ist Kontinuität in der Rechtsprechung ein allgemeines Postulat (3). Dieser komplexe Hintergrund wirkt sich auf die Dogmatik der Grundrechtsprüfung des Gerichtshofs aus (4).

1. Die Charta zwischen Innovation und Kontinuität

Das Inkrafttreten der Charta der Grundrechte der Europäischen Union war eine Zäsur für den Schutz der Grundrechte auf Ebene der EU: Mit ihr verfügt die Union erstmalig über einen eigenen geschriebenen Grundrechtskatalog.[218] Schon vor ihrer Rechtsverbindlichkeit war aber unklar, ob die Charta eine neue Ära einläuten oder bloß das Erreichte konsolidieren sollte. Einige bezeichneten eine Charta zur Verbesserung des Grundrechtsschutzes als nicht notwendig, ihr komme lediglich die Funktion zu, die Transparenz der Grundrechte sowie die Legitimation der Union zu erhöhen.[219] Andere erhofften sich einen „Impuls für die Grundrechtsdogmatik"[220] und einen echten Mehrwert für die Unionsbürger.[221]

---

[218] *U. R. Haltern*, Europarecht, 3. Aufl. 2017, § 11, Rn. 1455; *A. Weber*, in: K. Stern/ M. Sachs (Hrsg.), Europäische Grundrechte-Charta, 2016, Allgemeine Interpretationsmethoden Rn. 1.
[219] So z. B. *M. Zuleeg*, EuGRZ 27 (2000), S. 511 (512, 513–517).
[220] *J. Kühling*, Grundrechte, in: A. von Bogdandy/J. Bast (Hrsg.), Europäisches Verfassungsrecht, 2. Aufl. 2009, S. 657 (667); ähnlich *S. Iglesias Sánchez*, CMLR 49 (2012), S. 1565 (1566).
[221] So etwa *P. Schiffauer*, Der Schutz der Grundrechte im System der Europäischen Uni-

Beide Tendenzen spiegeln sich bereits im sogenannten „Kölner Mandat" des Europäischen Rats für den Grundrechtekonvent[222] wider:[223] In diesem wurde die Sichtbarmachung der Unionsgrundrechte als Hauptaufgabe des Konvents formuliert.[224] Zudem gab der Europäische Rat die Quellen für diese Rechte vor. Dabei nutzte er allerdings mehrfach die Formulierung, die Charta solle die Grundrechte umfassen, „wie sie" in diesen Quellen aufgeführt sind.[225] Dies und der wenig konkrete Verweis auf die gemeinsamen Verfassungsüberlieferungen der Mitgliedstaaten gab dem Grundrechtekonvent einige Freiheit bei der Gestaltung der Charta.[226] Der Europäische Rat forderte vom Konvent außerdem die Beachtung des gegenwärtigen Entwicklungsstandes der Union.[227] Die Charta sollte auch auf neue Herausforderungen reagieren.[228] Daraus lässt sich ableiten, dass die Aufgabe des Grundrechtekonvents nicht ausschließlich in der Sichtbarmachung bereits geltender Grundrechte bestand.[229]

Dementsprechend ambivalent ist auch der Text der GRC: Die Präambel spricht in ihrem Abs. 4 einerseits von der Notwendigkeit, den Grundrechtsschutz zu stärken, was auf eine Entwicklung gegenüber dem *Status quo ante* hindeutet. Im selben Satz ist aber andererseits die Rede davon, dieses Ziel zu erreichen, indem die bestehenden Rechte in einer Charta sichtbarer gemacht werden.[230] Diese Formulierung deutet eher auf die Konsolidierung des bestehenden Grundrechtsschutzes hin. In Einklang damit „bekräftigt" die Charta nach Abs. 5 der Präambel die Grundrechte, die sich insbesondere aus den gemeinsamen Verfassungstraditionen sowie internationalen Verpflichtungen der Mitgliedstaaten, aus der EMRK, aus den von der Union und dem Europarat beschlossenen So-

---

onsgrundordnung, in: A. Haratsch/P. Schiffauer (Hrsg.), Grundrechtsschutz in der Europäischen Union, 2007, S. 31 (50).

[222] Vgl. zum Konvent etwa *M. Strunz*, Strukturen des Grundrechtsschutzes der Europäischen Union in ihrer Entwicklung, 2006, S. 40–42; *S. Baer*, ZRP 33 (2000), S. 361 (363); *E. Pache*, EuR 2001, S. 475 (484 f.); *M. Mahlmann*, ZEuS 2000, S. 419 (426).

[223] Vgl. zur Entstehung der Charta *N. Philippi*, Die Charta der Grundrechte der Europäischen Union, 2002, S. 14–16; *E. Pache*, EuR 2001, S. 475 (483–485); *M. Mahlmann*, ZEuS 2000, S. 419 (424–426); insbesondere auch zur Motivation des Europäischen Rats *K. Lenaerts*, E. L. Rev. 25 (2000), S. 575 (576).

[224] Vgl. Schlussfolgerungen des Vorsitzes zur Tagung am 3. und 4. Juni 1999 in Köln, Anhang IV.

[225] Vgl. dazu *J. Meyer*, in: ders. (Hrsg.), Charta der Grundrechte der Europäischen Union, 4. Aufl. 2014, Präambel Rn. 43.

[226] *J. Meyer*, in: ders. (Hrsg.), Charta der Grundrechte der Europäischen Union, 4. Aufl. 2014, Präambel Rn. 43.

[227] Vgl. Schlussfolgerungen des Vorsitzes zur Tagung am 3. und 4. Juni 1999 in Köln, Anhang IV.

[228] *J. Meyer*, in: ders. (Hrsg.), Charta der Grundrechte der Europäischen Union, 4. Aufl. 2014, Präambel Rn. 44.

[229] *J. Meyer*, in: ders. (Hrsg.), Charta der Grundrechte der Europäischen Union, 4. Aufl. 2014, Präambel Rn. 44; *H. D. Jarass*, Charta der Grundrechte der Europäischen Union, 3. Aufl. 2016, Präambel Rn. 9.

[230] So auch *U. R. Haltern*, Europarecht, 3. Aufl. 2017, § 11, Rn. 1466.

zialchartas sowie aus der Rechtsprechung des EuGH und des EGMR ergeben. Da bereits die Präambel der GRC zwischen Aufbruch und Konsolidierung schwankt,[231] ist nicht eindeutig, inwieweit die Charta auch eine Fortentwicklung des Grundrechtsschutzes ermöglichen soll.

Dieser Eindruck setzt sich bei der Betrachtung der einzelnen Artikel fort: Die meisten grundrechtlichen Verbürgungen basieren auf der Rechtsprechung des EuGH.[232] Insofern steht die Charta in einer starken Kontinuität.[233] Für einzelne Artikel gibt es hingegen kein solches Vorbild.[234] Titel VII der Charta enthält zum Beispiel sowohl Bekanntes, wie etwa die EMRK und die nationalen Verfassungsüberlieferungen der Mitgliedstaaten als Auslegungshilfe, als auch Neues, wie den Hinweis auf die Erläuterungen zur Charta[235] oder Art. 52 Abs. 1 GRC, der zwar ebenfalls auf der Rechtsprechung des EuGH basiert, aus dem sich aber detaillierte dogmatische Anforderungen an die Grundrechtsprüfung anhand der Charta ableiten lassen.[236]

Schließlich enthält das Protokoll Nr. 30 zum Vertrag von Lissabon die Erwägung, „dass die Charta die in der Union anerkannten Rechte, Freiheiten und Grundsätze bekräftigt und diese Rechte besser sichtbar macht, aber keine neuen Rechte oder Grundsätze schafft".[237]

Ausgehend von Interviews mit Mitgliedern des EuGH scheinen auch die Richter und Generalanwälte in der Frage gespalten zu sein, wie viel Innovation die Charta bedeutet: Während einige sie als den Beginn einer neuen, auf Grundrechten basierenden Ära der europäischen Integration sehen, halten andere sie für eine bloße Verschriftlichung ohne inhaltliche Neuerungen.[238] Einige Richter sind zudem der Ansicht, dass die Charta keine methodischen Änderungen

---

[231] *U. R. Haltern*, Europarecht, 3. Aufl. 2017, § 11, Rn. 1466; vgl. auch *C. Schubert*, in: M. Franzen/I. Gallner/H. Oetker (Hrsg.), Kommentar zum europäischen Arbeitsrecht, 2. Aufl. 2018, Art. 6 EUV Rn. 25; *S. Iglesias Sánchez*, CMLR 49 (2012), S. 1565 (1568).

[232] *C. Schubert*, in: M. Franzen/I. Gallner/H. Oetker (Hrsg.), Kommentar zum europäischen Arbeitsrecht, 2. Aufl. 2018, Art. 6 EUV Rn. 24; *A. Weber*, in: K. Stern/M. Sachs (Hrsg.), Europäische Grundrechte-Charta, 2016, Allgemeine Interpretationsmethoden Rn. 4; *E. Pache/ F. Rösch*, EuR 44 (2009), S. 769 (778).

[233] *A. Weber*, in: K. Stern/M. Sachs (Hrsg.), Europäische Grundrechte-Charta, 2016, Allgemeine Interpretationsmethoden Rn. 4.

[234] Vgl. etwa *W. Weiß*, EuZW 2013, S. 287 (288); *M. Holoubek*, Ein Grundrechtskatalog für Europa, in: U. Becker/A. Hatje/M. Potacs u. a. (Hrsg.), Verfassung und Verwaltung in Europa, Festschrift für J. Schwarze, 2014, S. 109 (115 f.); *T. C. Ludwig*, EuR 2011, S. 715 (718).

[235] Vgl. etwa *A. Weber*, in: K. Stern/M. Sachs (Hrsg.), Europäische Grundrechte-Charta, 2016, Allgemeine Interpretationsmethoden Rn. 4.

[236] Vgl. zu weiteren Neuerungen *T. von Danwitz*, EuGRZ 40 (2013), S. 253 (258 f.); *E. Pache*, EuR 2001, S. 475 (482 f.); *M. Holoubek*, Ein Grundrechtskatalog für Europa, in: U. Becker/A. Hatje/M. Potacs u. a. (Hrsg.), Verfassung und Verwaltung in Europa, Festschrift für J. Schwarze, 2014, S. 109 (115 f.).

[237] Protokoll (Nr. 30) über die Anwendung der Charta der Grundrechte der Europäischen Union auf Polen und das Vereinigte Königreich.

[238] Siehe die Interviews bei *S. Morano-Foadi/S. Andreadakis*, ELJ 17 (2011), S. 595 (599 f.).

vom Gerichtshof verlange.[239] Nach *Skouris* „benennt und bestätigt" die Charta, worin die Mitgliedstaaten im Bereich der Grundrechte übereinstimmen.[240] Gleichzeitig schreibe sie die gemeinsamen Verfassungsüberlieferungen fort.[241]

Feststellen lässt sich damit wohl, dass die Charta ein Zurückfallen hinter den Schutz vor ihrer Rechtsverbindlichkeit ausschließen soll.[242] Die Verschriftlichung und Sichtbarmachung der Unionsgrundrechte ist das erste Ziel der GRC.[243] Aus ihrem Text allein geht aber nicht klar hervor, inwieweit sie auch zur Fortentwicklung des Grundrechtsschutzes beitragen soll, insbesondere ob sie in dogmatischer Hinsicht einen Umbruch darstellt. Dieser Befund wird durch die folgende Betrachtung des übrigen Primärrechts weiter gestärkt.

2. Fortgeltung anderer Grundrechtsquellen

Gemäß Art. 6 Abs. 1 EUV ist die Charta der Grundrechte den Verträgen rechtlich gleichrangig. Abs. 3 bestimmt außerdem, dass die Grundrechte, wie sie in der EMRK gewährleistet sind und wie sie sich aus den gemeinsamen Verfassungsüberlieferungen der Mitgliedstaaten ergeben, auch unter dem Vertrag von Lissabon als allgemeine Grundsätze Teil des Unionsrechts sind.[244] Die Charta ist damit nicht die einzige Grundrechtsquelle auf Ebene der Union.[245] Vielmehr gelten die vom EuGH entwickelten Grundrechte ebenso fort.[246] Eine formelle Rangfolge existiert nicht.[247] Zwar sprechen die gewichtigen Gründe der Trans-

---

[239] *S. Morano-Foadi/S. Andreadakis*, ELJ 17 (2011), S. 595 (599).

[240] *V. Skouris*, Methoden der Grundrechtsgewinnung in der Europäischen Union, in: D. Merten/H.-J. Papier (Hrsg.), HGR, Band VI/1, 2010, § 157, Rn. 44.

[241] *V. Skouris*, Methoden der Grundrechtsgewinnung in der Europäischen Union, in: D. Merten/H.-J. Papier (Hrsg.), HGR, Band VI/1, 2010, § 157, Rn. 44.

[242] *H. D. Jarass*, Charta der Grundrechte der Europäischen Union, 3. Aufl. 2016, Präambel Rn. 9.

[243] *J. Meyer*, in: ders. (Hrsg.), Charta der Grundrechte der Europäischen Union, 4. Aufl. 2014, Präambel Rn. 43; zur Notwendigkeit der Sichtbarmachung vgl. *P. Schiffauer*, Der Schutz der Grundrechte im System der Europäischen Unionsgrundordnung, in: A. Haratsch/P. Schiffauer (Hrsg.), Grundrechtsschutz in der Europäischen Union, 2007, S. 31 (51 f.); vgl. zu den Zielen der Charta auch *N. Philippi*, Die Charta der Grundrechte der Europäischen Union, 2002, S. 17.

[244] Art. 6 Abs. 3 EUV (Lissabon) ist identisch mit dem ehemaligen Art. 6 Abs. 2 EUV (Nizza). Vgl. dazu *S. Peers*, Camb. Yearb. Eur. Legal Stud. 13 (2011), S. 283 (287).

[245] Vgl. zum Verhältnis der Charta-Grundrechte und der Grundrechte als allgemeine Rechtsgrundsätze ausgehend von Art. 53 GRC *H. D. Jarass*, Charta der Grundrechte der Europäischen Union, 3. Aufl. 2016, Art. 53 Rn. 8 f.; ausgehend von Art. 6 EUV und mit besonderem Fokus auf die Anwendbarkeit der Unionsgrundrechte *T. C. Ludwig*, EuR 2011, S. 715 (724–735).

[246] *C. Schubert*, in: M. Franzen/I. Gallner/H. Oetker (Hrsg.), Kommentar zum europäischen Arbeitsrecht, 2. Aufl. 2018, Art. 6 EUV Rn. 24; vgl. auch *W. Weiß*, EuZW 2013, S. 287 (287); *E. Pache/F. Rösch*, EuR 44 (2009), S. 769 (787 f.).

[247] *H. D. Jarass*, Charta der Grundrechte der Europäischen Union, 3. Aufl. 2016, Einleitung Rn. 33; *C. Schubert*, in: M. Franzen/I. Gallner/H. Oetker (Hrsg.), Kommentar zum europäischen Arbeitsrecht, 2. Aufl. 2018, Art. 6 EUV Rn. 20.

parenz und Klarheit sowie der rechtsstaatliche Grundsatz des Vorrangs von geschriebenem Recht für eine vorrangige Anwendung der Charta, doch ist nach dem Text von Art. 6 EUV auch eine bevorzugte Stellung der Grundrechte als allgemeine Rechtsgrundsätze nicht völlig ausgeschlossen.[248] Grund für die Beibehaltung der ungeschriebenen Grundrechte war vermutlich deren Funktion als Auffangtatbestand sowie die Ermöglichung der Schaffung neuer grundrechtlicher Garantien, die nicht in der GRC enthalten sind.[249]

Die parallele Geltung der Charta und der Rechtsgrundsatz-Grundrechte verdeutlicht aber, dass im Bereich des Art. 6 EUV Neues und Altes nebeneinander steht. Auch wenn man die Charta als neuen Impuls für den Grundrechtsschutz auf Unionsebene anerkennt, stellt Art. 6 Abs. 3 EUV ein Element der Kontinuität dar. Das Primärrecht überantwortet dem EuGH damit, diese beiden Aspekte in seiner Grundrechtsprechung zum Ausgleich zu bringen.[250]

3. Kontinuität und Wandelbarkeit als Aufgabe der Rechtsprechung des EuGH

Aus dem Gebot der Rechtssicherheit folgt das Postulat der Kontinuität im Recht.[251] Dies meint kein unbedingtes Festhalten an vorherigen Entscheidungen, sondern Verlässlichkeit und Berechenbarkeit im rechtlichen Wandel.[252] Auf Ebene der EU ist die Rechtskontinuität als allgemeiner Rechtsgrundsatz zwar eher schwach ausgeprägt.[253] Dynamik ist zudem ein wesentliches Merkmal des Unionsrechts.[254] Vor dem Hintergrund der primärrechtlichen Vorgaben ist der Gerichtshof folglich aufgerufen, sowohl der Charta als verbindlichem Grundrechtekatalog der Union Geltung zu verschaffen, als auch Brüche in seiner Rechtsprechung zu vermeiden. Gleichzeitig bedeutet der Umbruch vom Richterrecht zum kodifizierten Grundrechtskatalog für den EuGH einen Verlust an Erkenntnis- und Entscheidungsfreiheit.[255] Zwar beruht die Charta in großen Teilen auf seiner Rechtsprechung, doch enthält sie auch neue Vorgaben, wie beispielsweise die Unterscheidung von Grundsätzen und Rechten in Art. 52

---

[248] Vgl. dazu *C. Calliess*, Die neue Europäische Union nach dem Vertrag von Lissabon, 2010, S. 321–324; vgl. auch *C. Schubert*, in: M. Franzen/I. Gallner/H. Oetker (Hrsg.), Kommentar zum europäischen Arbeitsrecht, 2. Aufl. 2018, Art. 6 EUV Rn. 24–28; ausführlich zu dieser Frage *T. C. Ludwig*, EuR 2011, S. 715 (724–735).

[249] *C. Calliess*, Die neue Europäische Union nach dem Vertrag von Lissabon, 2010, S. 325 f.; *H. D. Jarass*, Charta der Grundrechte der Europäischen Union, 3. Aufl. 2016, Einleitung Rn. 34.

[250] *H. D. Jarass*, Charta der Grundrechte der Europäischen Union, 3. Aufl. 2016, Art. 52 Rn. 9 plädiert für eine harmonisierende Auslegung.

[251] Mit zahlreichen Nachweisen zum deutschen Verfassungsrecht *M. Payandeh*, Judikative Rechtserzeugung, 2017, S. 254.

[252] *M. Payandeh*, Judikative Rechtserzeugung, 2017, S. 254 m. w. N.

[253] Vgl. dazu *A. Leisner*, Kontinuität als Verfassungsprinzip: unter besonderer Berücksichtigung des Steuerrechts, 2002, S. 437–454.

[254] *U. R. Haltern*, Europarecht, 3. Aufl. 2017, § 1, Rn. 2.

[255] *T. von Danwitz*, EuGRZ 40 (2013), S. 253 (258 f.).

Abs. 5 GRC.[256] Beidem muss der Gerichtshof gerecht werden. Diese ambivalente Aufgabe erklärt einige der im dritten Kapitel aufgezeigten Divergenzen in der Grundrechtsprechung des EuGH.

4. Anwendung auf die Ergebnisse des dritten Kapitels

In der Rechtsprechung des Gerichtshofs stellt sich das Inkrafttreten der Charta insgesamt stärker als Aufbruch denn als bloße Konsolidierung dar. Die GRC hat dem europäischen Grundrechtsschutz tatsächlich „neue Impulse" gegeben.[257] Dies zeigt sich zunächst an der (fast stetig) wachsenden Anzahl von Entscheidungen, in denen der EuGH die GRC zitiert.[258] Dabei steigt sowohl deren absolute Zahl als auch der Anteil an allen jährlich entschiedenen Rechtssachen.[259]

Bereits im Urteil Volker und Markus Schecke und Eifert (C-92/09 und C-93/09) hat der Gerichtshof außerdem die Charta als primären grundrechtlichen Kontrollmaßstab anerkannt. Obwohl sich das vorlegende Gericht vor allem auf die EMRK berief,[260] stellt der EuGH mit dem knappen Verweis auf die Gleichrangigkeit der GRC mit den Verträgen[261] fest, die Gültigkeit der streitigen Verordnungen sei „im Hinblick auf die Bestimmungen der Charta zu prüfen".[262] Auf die EMRK geht er nur im Rahmen seiner Prüfung der Charta-Grundrechte ein.[263] Skouris sieht die Kernaussage der Entscheidung daher in der „Neubestimmung des Referenzrahmens für die Gewährung des Grundrechtsschutzes."[264] Nicht mehr die internationalen Instrumente stünden für die Gewinnung von Grundrechten im Vordergrund, sondern die Charta selbst. Ihr komme ein „Anwendungsvorrang unter den Quellen des Grundrechtsschutzes" zu.[265] Dem-

---

[256] Vgl. T. von Danwitz, EuGRZ 40 (2013), S. 253 (528 f.).
[257] V. Skouris, Aspekte des Grundrechtsschutzes in der Europäischen Union nach Lissabon, in: S. Leutheusser-Schnarrenberger (Hrsg.), Vom Recht auf Menschenwürde, 2013, S. 83 (83); ähnlich S. Greer/J. Gerards/R. Slowe, Human Rights in the Council of Europe and the European Union, 2018, S. 251.
[258] Ähnlich bereits im Jahr 2011 S. Peers, Camb. Yearb. Eur. Legal Stud. 13 (2011), S. 283 (288 f.).
[259] Siehe Kapitel 2 B. II. 2.
[260] Vgl. EuGH, Urteil v. 09.11.2010, Rs. C-92/09 und C-93/09 (Volker und Markus Schecke und Eifert), Rn. 44.
[261] Vgl. EuGH, Urteil v. 09.11.2010, Rs. C-92/09 und C-93/09 (Volker und Markus Schecke und Eifert), Rn. 45.
[262] EuGH, Urteil v. 09.11.2010, Rs. C-92/09 und C-93/09 (Volker und Markus Schecke und Eifert), Rn. 46.
[263] Vgl. EuGH, Urteil v. 09.11.2010, Rs. C-92/09 und C-93/09 (Volker und Markus Schecke und Eifert), Rn. 51, 52, 59.
[264] V. Skouris, Aspekte des Grundrechtsschutzes in der Europäischen Union nach Lissabon, in: S. Leutheusser-Schnarrenberger (Hrsg.), Vom Recht auf Menschenwürde, 2013, S. 83 (89); die Bedeutung der ausdrücklichen Anwendung der Charta unterstreicht auch M. Bobek, CMLR 48 (2011), S. 2005 (2010 f.).
[265] V. Skouris, Aspekte des Grundrechtsschutzes in der Europäischen Union nach Lissabon, in: S. Leutheusser-Schnarrenberger (Hrsg.), Vom Recht auf Menschenwürde, 2013, S. 83

entsprechend steigt seit Inkrafttreten der Charta die Zahl der Entscheidungen mit Grundrechtsprüfung an der GRC.[266]

Bereits im zweiten Kapitel der vorliegenden Arbeit wurde aber gezeigt, dass es bis zuletzt auch Entscheidungen gibt, in denen der Gerichtshof nicht die Grundrechte der Charta, sondern jene der allgemeinen Grundsätze des Unionsrechts oder der EMRK prüft (Fallgruppe B2).[267] Deren Anzahl ist mit 55 Urteilen und Beschlüssen zwar deutlich kleiner als die Zahl der Entscheidungen mit einer Grundrechtsprüfung anhand der Charta,[268] ihre Existenz zeigt jedoch, dass der EuGH stellenweise nicht auf die GRC, sondern auf die hergebrachten Grundrechtsquellen abstellt.[269] Die jährliche Anzahl solcher Entscheidungen nimmt zudem nicht ab, sondern schwankt zwischen drei Entscheidungen im Jahr 2012 und elf Urteilen beziehungsweise Beschlüssen im Jahr 2017.[270] Bis auf wenige Ausnahmen handelt es sich dabei nicht um Rechtssachen, die bereits vor Inkrafttreten der Charta beim EuGH anhängig gemacht wurden: Nur fünf der 55 Verfahren haben ein Aktenzeichen aus den Jahren 2008 oder 2009.[271] Wenn der Gerichtshof in den Entscheidungen der Fallgruppe B2 gleichwohl nicht die Grundrechte der Charta, sondern jene der allgemeinen Grundsätze des Unionsrechts oder der EMRK anwendet, gibt er hier folglich der Kontinuität den Vorzug vor dem Wandel durch die Rechtsverbindlichkeit der Charta.[272]

Diese gegenläufigen Tendenzen zeigen sich auch in der Dogmatik der Grundrechtsprüfung anhand der GRC.[273] Im dritten Kapitel der vorliegenden

---

(89); so im Ergebnis auch *D. Ehlers*, Allgemeine Lehren der Unionsgrundrechte, in: ders. (Hrsg.), Europäische Grundrechte und Grundfreiheiten, 4. Aufl. 2014, § 14, Rn. 11; *F. Wollenschläger*, Grundrechtsschutz und Unionsbürgerschaft, in: A. Hatje/P.-C. Müller-Graff (Hrsg.), Europäisches Organisations- und Verfassungsrecht (EnzEuR Band 1), 2014, § 8, Rn. 100; *H. D. Jarass*, Charta der Grundrechte der Europäischen Union, 3. Aufl. 2016, Art. 53 Rn. 8; *C. Schubert*, in: M. Franzen/I. Gallner/H. Oetker (Hrsg.), Kommentar zum europäischen Arbeitsrecht, 2. Aufl. 2018, Art. 6 EUV Rn. 25.

[266] Siehe dazu Kapitel 2 D.

[267] Siehe Kapitel 2 C. III. 2. b).

[268] Allein die Fallgruppen A1 bis A3 enthalten 133 Entscheidungen. Hinzu kommt die Fallgruppe B1 mit 103 Entscheidungen.

[269] So auch *S. Peers*, Camb. Yearb. Eur. Legal Stud. 13 (2011), S. 283 (289).

[270] 2010: vier; 2011: sechs; 2012: drei; 2013: neun; 2014: acht; 2015: fünf; 2016: neun; 2017: elf. Siehe dazu auch Online-Anhang, Gruppe B2.

[271] Vgl. EuGH, Urteil v. 18.03.2010, Rs. C-317/08, C-318/08, C-319/08 und C-320/08 *(Alassini u. a.)*; EuGH, Urteil v. 29.06.2010, Rs. C-28/08 P *(Kommission/Bavarian Lager)*; EuGH, Urteil v. 17.03.2011, Rs. C-221/09 *(AJD Tuna)*; EuGH, Urteil v. 29.03.2011, Rs. C-352/09 P *(ThyssenKrupp Nirosta/Kommission)*; EuGH, Urteil v. 21.12.2011, Rs. C-27/09 P *(Frankreich/People's Mojahedin Organization of Iran)*.

[272] Der Gerichtshof hat weiterhin bereits im oben genannten Urteil Volker und Markus Schecke und Eifert ausdrücklich die Charta zum Prüfungsmaßstab erklärt, obwohl ihn das entsprechende Vorabentscheidungsersuchen in dieser Rechtssache ebenfalls vor Inkrafttreten der GRC erreichte. Vgl. EuGH, Urteil v. 09.11.2010, Rs. C-92/09 und C-93/09 *(Volker und Markus Schecke und Eifert)*, vor Rn. 1 (Rubrum).

[273] So auch in Bezug auf das Urteil Deutsches Weintor (C-544/10) *S. Greer/J. Gerards/*

Arbeit wurde herausgearbeitet, dass sich gegenüber der Lage vor Inkrafttreten der Charta allgemein ganz wesentliche Verbesserungen in der Grundrechtsprüfung erkennen lassen.[274] Zahlreiche Entscheidungen entsprechen den Anforderungen von Art. 52 Abs. 1 GRC. Zum Beispiel lässt sich keine generelle Verengung der Grundrechtsprüfung auf die Frage, ob der Wesensgehalt des betroffenen Grundrechts geachtet wurde, erkennen. Ebenso spricht der EuGH nur sehr selten davon, ausschließlich zu kontrollieren, ob die fragliche Maßnahme „offensichtlich ungeeignet" ist. Dagegen prüft er häufig sämtliche Stufen der Verhältnismäßigkeit detailliert und präzise. Somit hat die Charta tatsächlich zu einem neuen Impuls für die Grundrechtsdogmatik geführt.[275] Gleichzeitig gibt es aber auch nach Inkrafttreten der Charta Entscheidungen des EuGH, die deren Anforderungen nicht gerecht werden. Dogmatisch zeigt sich insgesamt ein vielschichtiges und zum Teil widersprüchliches Bild.

Beispielsweise folgt der Gerichtshof im Falle von Grundrechtskollisionen weniger dem Schema aus Art. 52 Abs. 1 GRC, sondern nimmt bei der Verhältnismäßigkeitskontrolle in erster Linie eine Abwägung der konfligierenden Grundrechtspositionen vor.[276] Dabei lassen sich regelmäßig nur die Stufen des legitimen Ziels und der Angemessenheit ausmachen. Im Urteil Scarlet Extended (C-70/10) stellt der EuGH zwar fest, die streitige Anordnung verfolge das legitime Ziel des Schutzes von Urheberrechten (Art. 17 Abs. 2 GRC),[277] untersucht dann aber nicht die Eignung der Maßnahme, sondern wägt das Grundrecht auf (geistiges) Eigentum mit den widerstreitenden Grundrechten aus Art. 8, Art. 11 und Art. 16 GRC ab.[278] Die schwierige Frage, ob eine Anordnung gegenüber einem Provider, ein Filtersystem gegen Urheberrechtsverletzungen einzurichten, geeignet ist, das geistige Eigentum der Rechteinhaber zu schützen, bleibt somit unbeantwortet. Diese Rechtsprechung geht auf das Urteil Promusicae (C-275/06)[279] zurück, das vor Rechtsverbindlichkeit der GRC erging und in dem der Gerichtshof bereits eine Abwägung von kollidierenden Grundrechten vornahm. Ein solches Vorgehen lässt sich in fünf Urteilen[280] und damit in sämtlichen Entscheidungen der Fallgruppen A1 und A2, in denen ein

---

R. *Slowe*, Human Rights in the Council of Europe and the European Union, 2018, S. 314 (Fn. 138).

[274] So schon Kapitel 3 C.
[275] Ähnlich *V. Skouris*, Aspekte des Grundrechtsschutzes in der Europäischen Union nach Lissabon, in: S. Leutheusser-Schnarrenberger (Hrsg.), Vom Recht auf Menschenwürde, 2013, S. 83 (83).
[276] Siehe Kapitel 3 B. V. 2. a) aa).
[277] EuGH, Urteil v. 24.11.2011, Rs. C-70/10 *(Scarlet Extended)*, Rn. 42.
[278] Vgl. EuGH, Urteil v. 24.11.2011, Rs. C-70/10 *(Scarlet Extended)*, Rn. 44–53.
[279] EuGH, Urteil v. 29.01.2008, Rs. C-275/06 *(Promusicae)*, Slg. 2008, I-271.
[280] Vgl. EuGH, Urteil v. 24.11.2011, Rs. C-468/10 *(ASNEF)*; EuGH, Urteil v. 24.11.2011, Rs. C-70/10 *(Scarlet Extended)*; EuGH, Urteil v. 16.02.2012, Rs. C-360/10 *(SABAM)*; EuGH, Urteil v. 27.03.2014, Rs. C-314/12 *(UPC Telekabel Wien)*; EuGH, Urteil v. 15.09.2016, Rs. C-484/14 *(Mc Fadden)*.

kollidierendes Grundrecht als legitimes Ziel einer Einschränkung geprüft wird, nachweisen.[281] Einzig im Urteil Sky Österreich (C-283/11) erklärt der EuGH, die Wahrung der durch Art. 11 GRC geschützten Freiheiten stelle „unbestreitbar ein im Allgemeininteresse liegendes Ziel dar",[282] um dann jedoch im Rahmen der Angemessenheit unter Verweis auf die Promusicae-Rechtsprechung eine Abwägung zwischen widerstreitenden Grundrechtspositionen vorzunehmen.[283] Auch eine Prüfung der Geeignetheit sowie der Erforderlichkeit findet sich in diesem Urteil, dogmatisch ist sie damit nach der Rechtsprechung des EuGH auch in Fällen von Grundrechtskollisionen nicht ausgeschlossen.

Die oben genannten fünf Urteile weisen neben dem identischen Aufbau der Verhältnismäßigkeitsprüfung auch inhaltliche Zusammenhänge untereinander sowie mit dem Urteil Promusicae auf: In allen nimmt der Gerichtshof eine Grundrechtsprüfung im Rahmen der Auslegung von Sekundärrecht vor. Vier der fünf Urteile betreffen zudem – wie die Entscheidung Promusicae – Urheberrechtsverletzungen im Internet.[284]

Beides muss allerdings nicht zwangsläufig zum vom EuGH gewählten Aufbau führen: Die Schlussanträge des Generalanwalts Cruz Villalón in der Rechtssache UPC Telekabel zeigen, dass trotz des sekundärrechtlichen Rahmens der Grundrechtsprüfung ein Art. 52 Abs. 1 GRC entsprechender Aufbau möglich ist.[285] Es liegt damit nahe, dass der EuGH angesichts der inhaltlichen Parallelen der Rechtssachen der Kontinuität seiner Rechtsprechung Vorrang vor den neuen Anforderungen der Charta gegeben hat.

Ähnlich geht der Gerichtshof bei der Prüfung der justiziellen Rechte und insbesondere der Grundrechte aus Art. 47 GRC vor. In diesem Bereich wendet er eine Sonderdogmatik an:[286] Seine Prüfung entspricht meist nicht den Vorgaben von Art. 52 Abs. 1 GRC. Vielmehr wechselt er zwischen verschiedenen Schemata, prüft aber meist einstufig. Demgemäß lässt sich nicht mit Sicherheit bestimmen, ob eine Schutzbereichs-, Einschränkungs- oder Rechtferti-

---

[281] Vgl. aber EuGH, Urteil v. 22.01.2013, Rs. C-283/11 (Sky Österreich), Rn. 51 f., in dem der EuGH zwar vom verfolgten Allgemeininteresse spricht, dieses aber aus Art. 11 GRC herleitet.

[282] EuGH, Urteil v. 22.01.2013, Rs. C-283/11 (Sky Österreich), Rn. 52.

[283] Vgl. EuGH, Urteil v. 22.01.2013, Rs. C-283/11 (Sky Österreich), Rn. 60; dazu S. Peers/ S. Prechal, in: S. Peers/T. K. Hervey/A. Ward (Hrsg.), The EU Charter of Fundamental Rights, 2014, Art 52 Rn. 46 (Fn. 85).

[284] EuGH, Urteil v. 24.11.2011, Rs. C-70/10 (Scarlet Extended); EuGH, Urteil v. 16.02.2012, Rs. C-360/10 (SABAM); EuGH, Urteil v. 27.03.2014, Rs. C-314/12 (UPC Telekabel Wien); EuGH, Urteil v. 15.09.2016, Rs. C-484/14 (Mc Fadden).

[285] Vgl. GA P. Cruz Villalón, Schlussanträge v. 26.11.2013, Rs. C-314/12 (UPC Telekabel), Rn. 91–109, hier antwortet der Generalanwalt zwar auf die vierte Vorlagefrage, auf die der EuGH wegen seiner Antwort auf die dritte Frage nicht mehr eingeht, doch bindet Cruz Villalón seine Grundrechtsprüfung wie der Gerichtshof im Rahmen der dritten Frage in die Auslegung der einschlägigen Richtlinie ein.

[286] Siehe dazu schon Kapitel 3 C.

gungsprüfung vorliegt. Dieses spezifische Vorgehen des EuGH ist in gewissem Maße dogmatisch nachvollziehbar, da die Justizgrundrechte generell viele Einzelfragen aufweisen, die sich einer vor allem auf Freiheits- und Gleichheitsgrundrechte zugeschnittenen Dogmatik entziehen. Häufig nimmt der Gerichtshof dabei – wie vor der Charta – Bezug auf die parallelen Gewährleistungen in der EMRK, bei denen überwiegend ebenfalls keine Unterteilung in Eingriff und Rechtfertigung vorgenommen wird. Art. 52 Abs. 1 GRC gilt jedoch auch für die justiziellen Rechte. Dementsprechend finden sich ebenso Entscheidungen, in denen der EuGH seine Prüfung dreistufig aufbaut oder die Verhältnismäßigkeit einer Einschränkung dieser Rechte untersucht.[287]

Erneut zeigt sich somit das Widerspiel von Umbruch und Kontinuität: Obwohl mit der Charta eine neue normative Grundlage der Justizgrundrechte geschaffen wurde, setzt der Gerichtshof in diesem Bereich meist ausdrücklich seine vorherige Rechtsprechung fort.[288] Dies hat für ihn den Vorteil, auf eine umfangreiche Rechtsprechung – sowohl die eigene als auch die des EGMR – zurückgreifen zu können. Die den Anforderungen von Art. 52 Abs. 1 GRC entsprechenden Entscheidungen zeigen aber, dass auch in diesem Bereich das Inkrafttreten der Charta nicht ohne Auswirkungen auf die Dogmatik des EuGH geblieben ist. Momentan ist freilich nicht absehbar, ob es ihm gelingt, beide Rechtsprechungslinien zusammenzuführen.

Dies gilt auch für die Prüfung der Gleichheitsgrundrechte.[289] Ebenso wie die Abgrenzung der Gleichheitsgrundrechte der Charta untereinander ist auch ihre Unterscheidung von den Gleichheitssätzen aus anderen Rechtsquellen noch wenig ausgearbeitet:[290] Der Gerichtshof macht meist keinen Unterschied zwischen dem Recht auf Gleichheit aus Art. 20 GRC und dem allgemeinen Grundsatz der Gleichbehandlung. Vielmehr ist er der Ansicht, der Grundsatz der Gleichbehandlung gehöre zu den allgemeinen Grundsätzen des Unionsrechts und dessen fundamentaler Charakter sei in Art. 20 der Grundrechtecharta verankert.[291] Der EuGH zitiert Art. 20 GRC folglich zwar besonders häufig, die eigentliche Prüfung erfolgt aber an den allgemeinen Grundsätzen des Unionsrechts ohne weitere Zitierung der Charta. Daher fallen zahlreiche dieser Entscheidungen in die Fallgruppe B2.[292]

Diese Rechtsprechung lässt sich einerseits mit den Erläuterungen zur Charta erklären, wonach Art. 20 GRC „dem allgemeinen Rechtsprinzip, das in allen

---

[287] Siehe dazu Kapitel 3 B. I. 3 und Kapitel 3 B. V. 2. a) aa).
[288] So auch *A. Weber*, in: K. Stern/M. Sachs (Hrsg.), Europäische Grundrechte-Charta, 2016, Allgemeine Interpretationsmethoden Rn. 5.
[289] Ähnlich *A. Weber*, in: K. Stern/M. Sachs (Hrsg.), Europäische Grundrechte-Charta, 2016, Allgemeine Interpretationsmethoden Rn. 5.
[290] Vgl. zum Ganzen Kapitel 3 B. IV. 2.
[291] EuGH, Urteil v. 16.09.2010, Rs. C-149/10 *(Chatzi)*, Rn. 63.
[292] Siehe zu dieser Fallgruppe Kapitel 2 C. III. 2. b).

europäischen Verfassungen verankert ist und das der Gerichtshof als ein Grundprinzip des Gemeinschaftsrechts angesehen hat", entspricht.[293] Andererseits kann man darin auch ein weiteres Beispiel der bereits in der Charta angelegten Dualität von Innovation und Kontinuität sehen. Gerade im Bereich der Gleichheitsrechte stützt sich die GRC – ausweislich der Erläuterungen zur Charta – stark auf die Rechtsprechung des EuGH. Gleichzeitig gilt Art. 52 Abs. 1 GRC ebenso für diese Rechte. Auch hier muss der Gerichtshof somit beide Anforderungen zum Ausgleich bringen.

Bei der Frage, ob Art. 41 GRC entgegen seinem Wortlaut auch auf Akte der Mitgliedstaaten anwendbar ist,[294] gab es anfangs missverständliche Entscheidungen, in denen der EuGH das Recht auf eine gute Verwaltung aus Art. 41 der Charta mit dem ähnlichen Recht als Teil der allgemeinen Grundsätze des Unionsrechts vermischte. Erst im Urteil YS u. a. (C-141/12 und C-372/12) stellt er ausdrücklich fest, aus dem Wortlaut von Art. 41 GRC ergebe sich eindeutig, dieser richte sich nicht an die Mitgliedstaaten, sondern ausschließlich an die Organe, Einrichtungen und sonstigen Stellen der Union.[295] Außerdem grenzt der Gerichtshof in dieser Entscheidung Art. 41 GRC explizit von den allgemeinen Rechtsgrundsätzen ab,[296] was in der folgenden Rechtsprechung bestätigt wird. Auch hier lässt sich die anfängliche Vermischung beider Rechtsquellen mit dem Willen zur Kontinuität erklären. So verweisen auch die Erläuterungen zu Art. 41 GRC auf die Rechtsprechung des EuGH zum Recht auf eine gute Verwaltung als allgemeinen Rechtsgrundsatz.[297] Entgegen dieser Rechtsprechung enthält die Charta selbst aber die oben erwähnte Beschränkung auf Akte der Union und stellt somit einen Bruch der Kontinuität dar.

Schließlich lässt sich auch bei der Rechtfertigung einer Grundrechtseinschränkung der Gegensatz zwischen Hergebrachtem und Neuem erkennen:[298] Meist zitiert der Gerichtshof Art. 52 Abs. 1 GRC, um diese Prüfung einzuleiten. In einem Teil der untersuchten Entscheidungen nutzt er dagegen die von ihm vor der Charta entwickelte Formel, wonach Grundrechte keine uneingeschränkte Geltung beanspruchen können, sondern im Hinblick auf ihre gesellschaftliche Funktion gesehen werden müssen.[299] Die Charta selbst sowie die Erläuterungen

---

[293] *Präsidium des Konvents*, Erläuterungen zur Charta der Grundrechte, ABl. 2007 Nr. C 303/02, 14.12.2007, S. 24.
[294] Siehe dazu ausführlich Kapitel 3 B. II. 2.
[295] EuGH, Urteil v. 17.07.2014, Rs. C-141/12 und C-372/12 *(YS u. a.)*, Rn. 67.
[296] Vgl. EuGH, Urteil v. 17.07.2014, Rs. C-141/12 und C-372/12 *(YS u. a.)*, Rn. 68.
[297] Vgl. *Präsidium des Konvents*, Erläuterungen zur Charta der Grundrechte, ABl. 2007 Nr. C 303/02, 14.12.2007, S. 28.
[298] Vgl. dazu auch *W. Weiß*, EuZW 2013, S. 287 (291).
[299] EuGH, Urteil v. 09.11.2010, Rs. C-92/09 und C-93/09 *(Volker und Markus Schecke und Eifert)*, Rn. 48; EuGH, Urteil v. 17.10.2013, Rs. C-291/12 *(Schwarz)*, Rn. 33; ähnlich EuGH, Urteil v. 06.09.2012, Rs. C-544/10 *(Deutsches Weintor)*, Rn. 54; EuGH, Urteil v. 22.01.2013,

zur Charta und die EMRK liefern für diese Formulierung keine Basis. Sie ist außerdem mindestens missverständlich, da aus ihr abgeleitet werden könnte, die Grundrechte seien ein Mittel und kein Wert an sich.[300] Nach Inkrafttreten der Charta ist diese Formel daher nicht mehr anwendbar.[301]

Obwohl die Charta selbst zwischen Aufbruch und Konsolidierung schwankt, hat sie in der Rechtsprechung des EuGH überwiegend zu einer Fortentwicklung der Grundrechtsprüfung geführt.[302] Sie stellt damit eine echte Verbesserung gegenüber der Lage vor ihrer Rechtsverbindlichkeit dar.[303] Gleichzeitig führt der Gerichtshof in manchen Bereichen eher seine vorherige Rechtsprechung fort und erfüllt die Anforderungen der GRC daher nicht. Der Umbruch vom auf Richterrecht basierenden Grundrechtsschutz zur Auslegung und Anwendung der Charta als kodifizierten Grundrechtskatalog wird daher auch weiterhin eine zentrale Aufgabe für den EuGH darstellen.[304] Das Widerspiel beider Tendenzen erklärt aber einige der im dritten Kapitel aufgezeigten Divergenzen in der Dogmatik der Grundrechtsprüfung durch den Gerichtshof.

II. Prozessualer und institutioneller Kontext

Sämtliche Grundrechtsprüfungen des Gerichtshofs ergehen in einem prozessualen sowie institutionellen Kontext. Schon aus der Funktion des EuGH als Gericht ergeben sich Auswirkungen auf die Dogmatik seiner Grundrechtsprüfung (1). Auch die unterschiedlichen Verfahrensarten wirken sich auf die Dogmatik des Gerichtshofs aus (2). Schließlich lassen sich gewisse Divergenzen in der Rechtsprechung mit der Rolle der Verfahrensbeteiligten erklären (3).

Rs. C-283/11 *(Sky Österreich)*, Rn. 45; EuGH, Urteil v. 17.12.2015, Rs. C-157/14 *(Neptune Distribution)*, Rn. 66; EuGH, Urteil v. 30.06.2016, Rs. C-134/15 *(Lidl)*, Rn. 30; EuGH, Urteil v. 21.12.2016, Rs. C-201/15 *(AGET Iraklis)*, Rn. 85; EuGH, Urteil v. 05.07.2017, Rs. C-190/16 *(Fries)*, Rn. 73; EuGH, Gutachten v. 26.07.2017, Rs. Avis 1/15 *(Accord PNR UE-Canada)*, Rn. 136; EuGH, Urteil v. 20.12.2017, Rs. C-277/16 *(Polkomtel)*, Rn. 50. Siehe dazu schon Kapitel 3 B. V. 2. d) bb) (4).

[300] *S. Peers/S. Prechal*, in: S. Peers/T. K. Hervey/A. Ward (Hrsg.), The EU Charter of Fundamental Rights, 2014, Art 52 Rn. 60.

[301] Ebenso *S. Peers/S. Prechal*, in: S. Peers/T. K. Hervey/A. Ward (Hrsg.), The EU Charter of Fundamental Rights, 2014, Art 52 Rn. 60.

[302] Zu einem ähnlichen Ergebnis kommt vor dem Hintergrund des Urteils in der Rechtssache Google Spain und Google (C-131/12) *J. Kühling*, EuZW 2014, S. 527 (531); vgl. auch *T. von Danwitz*, EuGRZ 40 (2013), S. 253 (257), der eine „Spezifizierung" der Grundrechtsprüfung durch die Charta erkennt; vgl. weiterhin *S. Iglesias Sánchez*, CMLR 49 (2012), S. 1565 (1610); *S. Morano-Foadi/S. Andreadakis*, ELJ 17 (2011), S. 595 (610).

[303] Vgl. *V. Skouris*, Aspekte des Grundrechtsschutzes in der Europäischen Union nach Lissabon, in: S. Leutheusser-Schnarrenberger (Hrsg.), Vom Recht auf Menschenwürde, 2013, S. 83 (91, 94).

[304] So bereits *T. von Danwitz*, EuGRZ 40 (2013), S. 253 (258).

1. Der EuGH als Gericht: Aufgaben und Funktionen

Dass der EuGH ein Gericht ist, erscheint auf den ersten Blick als ein Truismus. Tatsächlich ergeben sich aber bereits aus dieser Eigenschaft Folgen für seine Arbeit und Grundrechtsdogmatik.

Gemäß Art. 19 Abs. 1 UAbs. 1 EUV sichert der Gerichtshof der Europäischen Union – und damit auch der Gerichtshof – die Wahrung des Rechts bei der Auslegung und Anwendung der Verträge. Er ist das rechtsprechende Organ der Union[305] und übernimmt folglich „die letztverbindliche Streitentscheidung am alleinigen Maßstab des Rechts."[306] Die Aufgabe der Rechtswahrung dient der Rechtseinheit, also der materiellen Einheit des EU-Rechts und der einheitlichen Anwendung in den Mitgliedstaaten (Unionsrechtskonformität),[307] der Rechtmäßigkeitskontrolle der Handlungen sowie Unterlassungen der Unionsorgane und der Mitgliedstaaten sowie dem effektiven Rechtsschutz.[308] Dementsprechend weist Art. 263 Abs. 1 AEUV dem EuGH die Aufgabe zu, die Rechtmäßigkeit der Gesetzgebungsakte sowie der Handlungen des Rates, der Kommission und der Europäischen Zentralbank, soweit es sich nicht um Empfehlungen oder Stellungnahmen handelt, und der Handlungen des Europäischen Parlaments und des Europäischen Rates mit Rechtswirkung gegenüber Dritten ebenso zu überwachen wie die Rechtmäßigkeit der Handlungen der Einrichtungen oder sonstigen Stellen der Union mit Rechtswirkung gegenüber Dritten. Art. 267 AEUV wiederum spricht dem Gerichtshof die Kompetenz zu, über die Auslegung der Verträge sowie über die Gültigkeit und die Auslegung der Handlungen der Organe, Einrichtungen oder sonstigen Stellen der Union zu entscheiden, und konkretisiert die allgemeine Zuständigkeitsanordnung des Art. 19 Abs. 3 Buchst. b EUV.[309] Der Grundrechtsschutz ist damit nur eine unter vielen Aufgaben des EuGH. Dieser ist nicht nur Grundrechtsgericht, sondern auch für Fragen des europäischen Verfassungs-, Finanz-, Arbeits-, Sozial-, Zivil- und Verwaltungsrechts zuständig und damit ein Universalgericht.[310] Der vom Unionsrecht abgedeckte Bereich wird dabei ständig größer.[311]

---

[305] *U. Klinke*, Gerichtsbarkeit der Europäischen Union, in: M.A. Dauses/M. Ludwigs (Hrsg.), Handbuch des EU-Wirtschaftsrechts, Stand: 45. EL 2018, Einführung: Gerichtshof und Gericht, Rn. 24.

[306] *M. Kotzur*, Die europäische Gerichtsbarkeit, in: S. Leible/J. P. Terhechte (Hrsg.), Europäisches Rechtsschutz- und Verfahrensrecht (EnzEuR Band 3), 2014, § 5, Rn. 12.

[307] Dies bezeichnet *J. Kokott*, ZaöRV 2009, S. 275 (287) als „Kernmission des EuGH".

[308] *U. Klinke*, Gerichtsbarkeit der Europäischen Union, in: M.A. Dauses/M. Ludwigs (Hrsg.), Handbuch des EU-Wirtschaftsrechts, Stand: 45. EL 2018, Einführung: Gerichtshof und Gericht, Rn. 103–110.

[309] *B.W. Wegener*, in: C. Calliess/M. Ruffert (Hrsg.), EUV, AEUV, 5. Aufl. 2016, Art. 267 AEUV Rn. 1.

[310] *U. Everling*, Zur Funktion des Gerichtshofs der Europäischen Gemeinschaften als Verwaltungsgericht, in: B. Bender (Hrsg.), Rechtsstaat zwischen Sozialgestaltung und Rechtsschutz, Festschrift für K. Redeker, 1993, S. 293 (294); vgl. auch *M. Pechstein*, EU-Prozessrecht, 4. Aufl. 2011, Rn. 7.

C. Analyse der ausgewählten Kontexte

Das hat Auswirkungen auf die Prüfung von grundrechtsgebundenen Maßnahmen durch den EuGH: Diese kontrolliert er nicht nur oder in erster Linie nach dem Maßstab der Grundrechte der Charta, sondern am gesamten dem Prüfungsgegenstand übergeordneten Primär- und Sekundärrecht.[312]

Die Breite seiner Aufgaben wirkt sich auf das Selbstverständnis des Gerichtshofs aus.[313] Denkbar ist daher, dass der EuGH der Entwicklung einer Dogmatik der Grundrechtsprüfung keine vorrangige Bedeutung einräumt. Naheliegend ist zudem ein Zusammenhang der stellenweise beobachteten Vermischung der Prüfung von Charta-Grundrechten und Sekundärrecht[314] mit dem umfassenden Aufgabenspektrum des Gerichtshofs. Dies kann allerdings nur vermutet werden.

Aus der Gerichtsfunktion des EuGH lässt sich dagegen ein anderer Schluss ziehen: Wesenskern der Judikative ist nämlich, dass diese nicht – wie die Legislative – von sich aus, sondern nur im Rahmen und auf Anlass eines anhängig gemachten Verfahrens tätig werden kann.[315] Auch der EuGH ist folglich abhängig von den Fällen, die ihn erreichen – sei es im Vorabentscheidungsverfahren oder auf einem anderen prozessualen Weg. Nur diese kann er entscheiden – gleichzeitig kann er sich darin aufgeworfenen Fragen nur schwer entziehen. Dies gilt gerade auch im Bereich der Grundrechtsprechung:[316] Während beispielsweise die Grundrechte aus Art. 47 GRC häufig Gegenstand der Entscheidungen des Gerichtshofs sind, konnte (und musste) er sich – mangels Anlass – zu zahlreichen Normen der Charta bisher kaum oder gar nicht äußern.[317] Aus wissenschaftlicher Sicht wäre es zwar vielleicht wünschenswert, vom EuGH ein

---

[311] R. Stotz, Die Rechtsprechung des EuGH, in: K. Riesenhuber (Hrsg.), Europäische Methodenlehre, 3. Aufl. 2015, § 22, Rn. 4.

[312] V. Skouris, MMR 2011, S. 423 (426).

[313] U. Everling, Zur Funktion des Gerichtshofs der Europäischen Gemeinschaften als Verwaltungsgericht, in: B. Bender (Hrsg.), Rechtsstaat zwischen Sozialgestaltung und Rechtsschutz, Festschrift für K. Redeker, 1993, S. 293 (294); ähnlich T. von Danwitz, EuR 43 (2008), S. 769 (774 f.).

[314] Vgl. etwa zur Entscheidung Fries (C-190/16) A. Sagan, EuZW 2017, S. 729 (735): „Dass der EuGH gleichwohl auf seine Rechtsprechung zur RL 2000/78/EG zurückgreift, zeigt m. E., dass er das Verhältnis zwischen den Diskriminierungsverboten in Art. 21 I GRCh und der RL 2000/78/EG noch nicht überzeugend geklärt hat." Vgl. zudem zur Vermischung von Rechtsquellen durch den EuGH Kapitel 2 C. III. 3, Kapitel 3 B. I. 1 und Kapitel 3 B. V. 2. a) dd).

[315] U. Everling, Rechtsgewinnung durch Abstraktion? – Jürgen Schwarzes Ansatz zur Legitimation des Europäischen Gemeinschaftsrechts durch Richterrecht, in: U. Becker/A. Hatje/M. Potacs u. a. (Hrsg.), Verfassung und Verwaltung in Europa, Festschrift für J. Schwarze, 2014, S. 43 (48); vgl. auch K. Gebauer, Parallele Grund- und Menschenrechtsschutzsysteme in Europa?, 2007, S. 274: „Der EuGH entscheidet, genauso wie der EGMR, lediglich über den ihm unterbreiteten Fall".

[316] So schon vor Rechtsverbindlichkeit der Charta E. Stieglitz, Allgemeine Lehren im Grundrechtsverständnis nach der EMRK und der Grundrechtsjudikatur des EuGH, 2002, S. 112.

[317] Vgl. bereits Kapitel 3 C.

geschlossenes dogmatisches Gesamtkonzept der Charta präsentiert zu bekommen, dies entspräche aber nicht der Aufgabe eines Gerichts: Der EuGH schreibt kein Lehrbuch. Vielmehr entwickelt sich die Dogmatik der Grundrechtsprüfung durch die Rechtsprechung „naturgemäß fallweise", wie das BVerfG bereits im Solange II-Beschluss festgestellt hat.[318] Im Gegensatz zur Situation in der Zeit dieser BVerfG-Entscheidung liegt nun mit der Charta ein umfassender Grundrechtskatalog vor, sodass nicht mehr unklar ist, welche Grundrechte es überhaupt auf Ebene der EU gibt. Zudem lassen sich aus der GRC detaillierte dogmatische Vorgaben für die Grundrechtsprüfung anhand der Charta ableiten.[319] Doch bleibt die Analyse, inwiefern der EuGH diesen Anforderungen nachkommt, immer eine Momentaufnahme. Jede neue Entscheidung bildet einen weiteren Baustein in der Rechtsprechung des Gerichtshofs. Jeder weitere Fall bietet dem EuGH die Gelegenheit, seine Dogmatik fortzuentwickeln.[320]

Diese Abhängigkeit vom konkreten Verfahren bedeutet außerdem, dass der Gerichtshof im Rahmen einer Urteilsbegründung nicht Grundsatzpositionen verabschiedet – gewissermaßen lediglich anlässlich eines Verfahrens – sondern der Entscheidung von Einzelfällen verpflichtet ist.[321] Oftmals wird er von den besonderen Umständen dieses konkreten Falls geleitet.[322] Das ist in Vorabentscheidungsverfahren[323] bereits an der häufigen, einschränkenden Formel erkennbar, die jeweilige Auslegung gelte (nur) „unter Umständen wie den im Ausgangsverfahren in Rede stehenden". In Rechtsmittelverfahren nach Art. 56 Satzung EuGH[324] entscheidet der Gerichtshof über ein konkretes Rechtsmittel gegen eine Entscheidung des EuG. In beiden Fällen ist daher Vorsicht bei der Generalisierung seiner Aussagen angezeigt.[325] Der EuGH ist generell „zurückhaltend bei der Aufstellung abstrakter Rechtssätze von großer Reichweite".[326] Die ehemalige Richterin am Gerichtshof *Colneric* sieht den Grund dafür in der

---

[318] BVerfG, Beschluss (2. Senat) v. 22.10.1986, Rs. 2 BvR 197/83 *(Solange II)*, BVerfGE 73, 339, 383 (Rn. 128).

[319] Siehe Kapitel 3 A.

[320] Dies kann auch dazu führen, dass der EuGH einen Schritt-für-Schritt-Ansatz anwendet, eine neue dogmatische Figur also erst im Laufe seiner Entscheidungen vollständig entfaltet. Vgl. dazu etwa *K. Lenaerts*, Fordham Intl. L. J. 36 (2013), S. 1302 (1356 ff.).

[321] *T. von Danwitz*, EuR 43 (2008), S. 769 (772); vgl. zur Einzelfallorientierung des EuGH auch *U. Everling*, Der Gerichtshof als Entscheidungsinstanz, in: J. Schwarze (Hrsg.), Der Europäische Gerichtshof als Verfassungsgericht und Rechtsschutzinstanz, 1983, S. 137 (144 f.).

[322] *T. von Danwitz*, EuR 43 (2008), S. 769 (772); ähnlich *K. F. Gärditz*, Schutzbereich und Grundrechtseingriff, in: C. Grabenwarter (Hrsg.), Europäischer Grundrechteschutz (EnzEuR Band 2), 2014, § 4, Rn. 24.

[323] Vgl. zu diesem Verfahren Kapitel 4 C. II. 2. a).

[324] Vgl. zu diesem Verfahren Kapitel 4 C. II. 2. b).

[325] Zum Vorabentscheidungsverfahren *W. Faber*, JBl 139 (2017), S. 697 (704, 708).

[326] *N. Colneric*, ZEuP 2005, S. 225 (229); vgl. auch *K. F. Gärditz*, Schutzbereich und Grundrechtseingriff, in: C. Grabenwarter (Hrsg.), Europäischer Grundrechteschutz (EnzEuR Band 2), 2014, § 4, Rn. 18; ganz ähnlich auch *U. Everling*, Der Gerichtshof als Entscheidungs-

anderenfalls mangelnden Vorhersehbarkeit der Auswirkungen von Sätzen mit hohem Abstraktionsniveau in einer Union mit zahlreichen Mitgliedstaaten.[327] Dieses Vorgehen ist aber auch eine Folge der Gerichtsfunktion des EuGH: Er entscheidet über den konkreten Fall – dazu ist es nicht notwendig, allgemeingültige Formeln aufzustellen.[328] Vor diesem Hintergrund lässt sich verstehen, warum der Gerichtshof (wie im dritten Kapitel gezeigt) etwa keine Definition der „Einschränkung" im Sinne von Art. 52 Abs. 1 GRC entwickelt hat.[329] Ebenso hat er kaum ausgeformt, welche Anforderungen die gesetzliche Grundlage einer Einschränkung erfüllen muss[330] oder welche Zielsetzungen legitim im Sinne der Charta sind.[331] Das zeigt, dass der EuGH auch im Bereich der Grundrechtsprüfung abstrakte Formulierungen meist vermeidet. Vielmehr entscheidet er jeweils nur, ob die fragliche gesetzliche Grundlage ausreichend ist oder das verfolgte Ziel den konkreten Eingriff rechtfertigen kann. Dies hat zwar den Nachteil mangelnder Vorhersehbarkeit späterer Entscheidungen und damit geringerer Rechtssicherheit, ist aber vor dem Hintergrund der Aufgabe des Gerichtshofs als Judikative verständlich. Zudem erhöht es seine Flexibilität, auf zukünftige Entwicklungen zu reagieren, ohne seine Rechtsprechung ändern zu müssen.

Wenn sich der EuGH dagegen doch abstrakt festlegt, verwendet er nicht durchgängig einheitliche Formulierungen in sämtlichen Entscheidungen: So nutzt er unterschiedliche Definitionen der Verhältnismäßigkeit im Sinne von Art. 52 Abs. 1 S. 2 GRC und gestaltet auch seine tatsächliche Prüfung nicht einheitlich: Teilweise nennt und prüft er drei Stufen, teilweise nur eine oder zwei.[332] Während die grundsätzliche Vermeidung von abstrakten Aussagen auf die Gerichtsform des EuGH zurückgeführt werden kann, bietet dieser institutionelle Kontext keine Erklärung für die mangelnde Kohärenz und Konsistenz in seiner Grundrechtsprechung.

2. Besonderheiten der einzelnen Verfahrensarten

Auf Ebene der Europäischen Union gibt es keine Grundrechtsbeschwerde, der Schutz der Charta-Grundrechte erfolgt vielmehr im Rahmen der üblichen Ver-

---

instanz, in: J. Schwarze (Hrsg.), Der Europäische Gerichtshof als Verfassungsgericht und Rechtsschutzinstanz, 1983, S. 137 (146).

[327] *N. Colneric*, ZEuP 2005, S. 225 (229); ganz ähnlich *U. Everling*, Der Gerichtshof als Entscheidungsinstanz, in: J. Schwarze (Hrsg.), Der Europäische Gerichtshof als Verfassungsgericht und Rechtsschutzinstanz, 1983, S. 137 (145).

[328] Darauf hinweisend auch *K. F. Gärditz*, Schutzbereich und Grundrechtseingriff, in: C. Grabenwarter (Hrsg.), Europäischer Grundrechteschutz (EnzEuR Band 2), 2014, § 4, Rn. 18.

[329] Vgl. Kapitel 3 B. III. 2.
[330] Vgl. Kapitel 3 B. V. 1. d).
[331] Vgl. Kapitel 3 B. V. 2. d) bb).
[332] Vgl. Kapitel 3 B. V. 2. b).

fahren, vor allem im Vorabentscheidungsverfahren (a)) sowie im Klageverfahren gegen Unionsrechtsakte (c)).[333] Die Eigenschaften dieser Verfahrensarten könnten sich auf die Dogmatik der Grundrechtsprüfung des EuGH auswirken. Während Vorabentscheidungsersuchen nationaler Gerichte direkt den Gerichtshof erreichen, werden Nichtigkeits- sowie Untätigkeitsklagen von Unionsbürgern zunächst vom EuG verhandelt. Hier agiert der EuGH als Revisionsinstanz. Da sich die vorliegende Arbeit nur mit der Grundrechtsprechung des Gerichtshofs beschäftigt,[334] ist hinsichtlich dieser Klagen nur das Rechtsmittelverfahren gemäß Art. 56 Satzung EuGH (b)) zu behandeln.

a) Vorabentscheidungsverfahren

Das Vorabentscheidungsverfahren weist gewisse Besonderheiten auf, die sich auf die Grundrechtsprüfung des EuGH auswirken (aa)). Ebenso haben die Vorlagefragen Einfluss auf die Entscheidung des Gerichtshofs (bb)).

aa) Funktion und Besonderheiten des Vorabentscheidungsverfahrens

Das Vorabentscheidungsverfahren gemäß Art. 267 AEUV gilt als der prozessuale „Königsweg"[335] des EU-Rechts und als ein wichtiger Grund für den Erfolg der europäischen Rechtsordnung.[336]

Seine Funktion liegt zuerst in der Wahrung der Rechtseinheit in der Union.[337] Es stellt ein Zwischenverfahren[338] dar und ist nicht kontradiktorisch aus-

---

[333] *V. Skouris*, Nationale Grundrechte und europäisches Gemeinschaftsrecht, in: H.-G. Dederer/D. Merten/H.-J. Papier (Hrsg.), HGR, Band VI/2, 2009, § 171, Rn. 2; *A. Haratsch*, Grundrechtsschutz durch den Europäischen Gerichtshof, in: D. Merten/H.-J. Papier (Hrsg.), HGR, Band VI/1, 2010, § 165, Rn. 3.

[334] Siehe Kapitel 2 B. I. 1.

[335] *T. von Danwitz*, EuR 43 (2008), S. 769 (776).

[336] Vgl. *B. Schima*, Das Vorabentscheidungsverfahren vor dem EuGH, 3. Aufl. 2015, S. 1 f.; *C. Lacchi*, CMLR 53 (2016), S. 679 (680); *V. Skouris*, EuZW 2015, S. 241 (241); *B. Wägenbaur*, EuZW 2000, S. 37 (37); *A. Middeke*, Das Vorabentscheidungsverfahren, in: H.-W. Rengeling/A. Middeke/M. Gellermann (Hrsg.), Handbuch des Rechtsschutzes in der Europäischen Union, 3. Aufl. 2014, § 10, Rn. 15 f.; *U. R. Haltern*, Europarecht, 3. Aufl. 2017, § 6, Rn. 117; vgl. auch *V. Skouris*, EuGRZ 35 (2008), S. 343 (343); *A. Arnull*, The European Union and its Court of Justice, 2. Aufl. 2006, S. 97.

[337] *A. Middeke*, Das Vorabentscheidungsverfahren, in: H.-W. Rengeling/A. Middeke/M. Gellermann (Hrsg.), Handbuch des Rechtsschutzes in der Europäischen Union, 3. Aufl. 2014, § 10, Rn. 6; *A. Thiele*, Europäisches Prozessrecht, 2. Aufl. 2014, § 9, Rn. 2; *U. Karpenstein*, in: E. Grabitz/M. Nettesheim/M. Hilf (Hrsg.), Das Recht der Europäischen Union: EUV/AEUV, Stand: 65. EL 2018, Art. 267 AEUV Rn. 2.

[338] *T. von Danwitz*, Der richterliche Dialog in der Gerichtspraxis des Vorabentscheidungsverfahrens: Herausforderungen für die Zukunft, in: U. Becker/A. Hatje/M. Potacs u. a. (Hrsg.), Verfassung und Verwaltung in Europa, Festschrift für J. Schwarze, 2014, S. 661 (670); *A. Middeke*, Das Vorabentscheidungsverfahren, in: H.-W. Rengeling/A. Middeke/M. Gellermann (Hrsg.), Handbuch des Rechtsschutzes in der Europäischen Union, 3. Aufl. 2014, § 10, Rn. 11.

gestaltet.[339] Auch wenn die Parteien des Ausgangsrechtsstreits vor dem Gerichtshof gemäß Art. 23 Abs. 2 Satzung EuGH äußerungsbefugt sind, treten sie nicht als „Parteien" im technischen Sinne auf.[340] Sie haben keine rechtliche[341] Möglichkeit, auf das Vorlageersuchen Einfluss zu nehmen oder zusätzliche Fragen zu stellen – das Verfahren ist ihrer Herrschaft entzogen.[342] Insofern kann das Vorabentscheidungsverfahren als „objektives Feststellungsverfahren" bezeichnet werden.[343] Es stellt den Einzelnen nicht in den Mittelpunkt.[344]

Gleichzeitig dient dieses Verfahren aber auch dem subjektiven Individualrechtsschutz.[345] Da natürliche und juristische Personen nur unter den engen Voraussetzungen von Art. 263 Abs. 4 AEUV direkt gegen Akte der Union klagen können, sind sie auf den nationalen Rechtsweg verwiesen.[346] Hier besteht

---

[339] *K. P. E. Lasok*, European Court Practice and Procedure, 3. Aufl. 2016, Rn. 2.170; *S. Kaufmann*, Vorabentscheidungsverfahren, in: M. A. Dauses/M. Ludwigs (Hrsg.), Handbuch des EU-Wirtschaftsrechts, Stand: 45. EL 2018, P. II., Rn. 9; *W. Frenz*, Handbuch Europarecht Band 5, 2010, Rn. 2353.

[340] *A. Middeke*, Das Vorabentscheidungsverfahren, in: H.-W. Rengeling/A. Middeke/ M. Gellermann (Hrsg.), Handbuch des Rechtsschutzes in der Europäischen Union, 3. Aufl. 2014, § 10, Rn. 12; *K. P. E. Lasok*, European Court Practice and Procedure, 3. Aufl. 2016, Rn. 3.1.

[341] Zu ihrem tatsächlichen Einfluss siehe aber Kapitel 4 C. II. 3.

[342] *A. Middeke*, Das Vorabentscheidungsverfahren, in: H.-W. Rengeling/A. Middeke/ M. Gellermann (Hrsg.), Handbuch des Rechtsschutzes in der Europäischen Union, 3. Aufl. 2014, § 10, Rn. 12; *S. Kaufmann*, Vorabentscheidungsverfahren, in: M. A. Dauses/M. Ludwigs (Hrsg.), Handbuch des EU-Wirtschaftsrechts, Stand: 45. EL 2018, P. II., Rn. 15; *A. Thiele*, Europäisches Prozessrecht, 2. Aufl. 2014, § 9, Rn. 2; *V. Skouris*, EuGRZ 35 (2008), S. 343 (343 f.).

[343] So *A. Middeke*, Das Vorabentscheidungsverfahren, in: H.-W. Rengeling/A. Middeke/ M. Gellermann (Hrsg.), Handbuch des Rechtsschutzes in der Europäischen Union, 3. Aufl. 2014, § 10, Rn. 12.

[344] So etwa *J. P. Terhechte*, Konstitutionalisierung und Normativität der europäischen Grundrechte, 2011, S. 87, 90; vgl. auch *U. R. Haltern*, Europarecht, 3. Aufl. 2017, § 7, Rn. 413.

[345] *A. Haratsch*, Grundrechtsschutz durch den Europäischen Gerichtshof, in: D. Merten/ H.-J. Papier (Hrsg.), HGR, Band VI/1, 2010, § 165, Rn. 28, 38; *T. von Danwitz*, Der richterliche Dialog in der Gerichtspraxis des Vorabentscheidungsverfahrens: Herausforderungen für die Zukunft, in: U. Becker/A. Hatje/M. Potacs u. a. (Hrsg.), Verfassung und Verwaltung in Europa, Festschrift für J. Schwarze, 2014, S. 661 (679); *S. Kaufmann*, Vorabentscheidungsverfahren, in: M. A. Dauses/M. Ludwigs (Hrsg.), Handbuch des EU-Wirtschaftsrechts, Stand: 45. EL 2018, P. II., Rn. 15 f.; *E. Pache/M. Knauff*, NVwZ 2004, S. 16 (18); *M. Hentschel-Bednorz*, Derzeitige Rolle und zukünftige Perspektive des EuGH im Mehrebenensystem des Grundrechtsschutzes in Europa, 2012, S. 227 f.; *V. Skouris*, EuZW 2015, S. 241 (242); *A. Thiele*, Europäisches Prozessrecht, 2. Aufl. 2014, § 9, Rn. 5; *M. Pechstein*, EU-Prozessrecht, 4. Aufl. 2011, Rn. 743, 751; *V. Skouris*, EuGRZ 35 (2008), S. 343 (343); kritisch aber *W. Hakenberg*, Die Befolgung und Durchsetzung der Urteile der Gemeinschaftsgerichte, in: P.-C. Müller-Graff/D. H. Scheuing (Hrsg.), Gemeinschaftsgerichtsbarkeit und Rechtsstaatlichkeit, 2008, S. 163 (171): „Das Verfahren kann nur von einem nationalen Gericht eingeleitet werden und ist daher für den Individualrechtsschutz nicht wirklich geeignet".

[346] *A. Middeke*, Das Vorabentscheidungsverfahren, in: H.-W. Rengeling/A. Middeke/ M. Gellermann (Hrsg.), Handbuch des Rechtsschutzes in der Europäischen Union, 3. Aufl. 2014, § 10, Rn. 8; vgl. dazu auch *A. Haratsch*, Grundrechtsschutz durch den Europäischen Ge-

für sie die Möglichkeit, mittelbar die Ungültigkeit der für ihr Verfahren entscheidungserheblichen Unionsakte geltend zu machen.[347] Ebenso können sie die Auslegung von Unionsrecht, also etwa auch der Charta, anregen,[348] aus der die Unanwendbarkeit von nationalem Recht folgen kann, wenn dieses den Vorgaben des Unionsrechts entgegensteht. Zwar bietet das Vorabentscheidungsverfahren somit keinen direkten subjektiven Rechtsschutz für die Unionsbürger, der inzidente Rechtsschutz führt aber zur Durchsetzung ihrer subjektiven Unionsrechte im nationalen Ausgangsverfahren.[349]

Nach Art. 267 AEUV lassen sich zwei Varianten von Vorabentscheidungsverfahren unterscheiden:[350] Während sich die Gültigkeitsfrage ausschließlich auf die Handlungen der Organe, Einrichtungen oder sonstigen Stellen der Union bezieht – die Gültigkeitsprüfung von Primärrecht also ausschließt – kann die Auslegungsfrage sowohl Primär- als auch Sekundär- und Tertiärrecht umfassen. In beiden Varianten kann die Charta relevant werden: Bei der Gültigkeitsfrage ist sie Teil des primärrechtlichen Prüfungsmaßstabs. Ein mitgliedstaatliches Gericht könnte dem EuGH beispielsweise die Frage stellen, ob eine sekundärrechtliche Regelung mit der Charta vereinbar und insofern gültig ist. In einem solchen Fall nimmt der Gerichtshof eine materielle Rechtmäßigkeitsprüfung vor.[351] Nur er kann Unionsrecht wegen eines Verstoßes gegen die Charta-Grundrechte für ungültig erklären[352] – insofern kommt ihm eine grundrechtsschützende Aufgabe zu.[353]

Auch bei der Auslegungsfrage kann die Charta Gegenstand des Ersuchens sein, da sie gemäß Art. 6 Abs. 1 UAbs. 1 EUV den in Art. 267 Abs. 1 Buchst. a genannten Verträgen rechtlich gleichrangig ist. Ziel ist hier nicht die materielle

---

richtshof, in: D. Merten/H.-J. Papier (Hrsg.), HGR, Band VI/1, 2010, § 165, Rn. 38; *V. Skouris*, EuGRZ 35 (2008), S. 343 (343).

[347] *S. Kaufmann*, Vorabentscheidungsverfahren, in: M. A. Dauses/M. Ludwigs (Hrsg.), Handbuch des EU-Wirtschaftsrechts, Stand: 45. EL 2018, P. II., Rn. 15; *A. Middeke*, Das Vorabentscheidungsverfahren, in: H.-W. Rengeling/A. Middeke/M. Gellermann (Hrsg.), Handbuch des Rechtsschutzes in der Europäischen Union, 3. Aufl. 2014, § 10, Rn. 8.

[348] Vgl. *S. Kaufmann*, Vorabentscheidungsverfahren, in: M. A. Dauses/M. Ludwigs (Hrsg.), Handbuch des EU-Wirtschaftsrechts, Stand: 45. EL 2018, P. II., Rn. 15.

[349] *A. Middeke*, Das Vorabentscheidungsverfahren, in: H.-W. Rengeling/A. Middeke/M. Gellermann (Hrsg.), Handbuch des Rechtsschutzes in der Europäischen Union, 3. Aufl. 2014, § 10, Rn. 5; *A. Thiele*, Europäisches Prozessrecht, 2. Aufl. 2014, § 9, Rn. 5.

[350] Vgl. dazu auch *A. Thiele*, Europäisches Prozessrecht, 2. Aufl. 2014, § 9, Rn. 29 ff.

[351] *W. Frenz*, Handbuch Europarecht Band 5, 2010, Rn. 3241; *A. Middeke*, Das Vorabentscheidungsverfahren, in: H.-W. Rengeling/A. Middeke/M. Gellermann (Hrsg.), Handbuch des Rechtsschutzes in der Europäischen Union, 3. Aufl. 2014, § 10, Rn. 10.

[352] So bereits EuGH, Urteil v. 22.10.1987, Rs. C-314/85 *(Foto-Frost/Hauptzollamt Lübeck-Ost)*, Slg. 1987, 4199, 4231 (Rn. 17).

[353] *M. Holoubek*, Ein Grundrechtskatalog für Europa, in: U. Becker/A. Hatje/M. Potacs u. a. (Hrsg.), Verfassung und Verwaltung in Europa, Festschrift für J. Schwarze, 2014, S. 109 (134); vgl. auch *N. Böcker*, Wirksame Rechtsbehelfe zum Schutz der Grundrechte der Europäischen Union, 2005, S. 84 f.; *K. Lenaerts/I. Maselis/K. Gutman*, EU Procedural Law, 2014, Rn. 3.06.

Prüfung einer Klage, sondern lediglich die Beantwortung der vorgelegten Frage.[354] Nationale Gerichte ersuchen den EuGH zum Beispiel um Auslegung der Charta für die Beurteilung, ob eine mitgliedstaatliche Regelung mit deren Vorgaben vereinbar ist oder unionsrechtskonform ausgelegt werden beziehungsweise unangewandt bleiben muss. Die Auslegung ist also von der Anwendung des Unionsrechts zu unterscheiden: Gemäß Art. 19 Abs. 1 UAbs. 1 S. 2 EUV hat der Gerichtshof zwar die Aufgabe, die Wahrung des Rechts bei der Auslegung und Anwendung der Verträge zu sichern, Art. 267 Abs. 1 AEUV erwähnt aber – neben der Gültigkeit – nur die Auslegung des Primärrechts und der Handlungen der Organe, Einrichtungen oder sonstigen Stellen der Union. Dementsprechend beschränkt sich der EuGH im Falle einer Auslegungsfrage auf die abstrakte[355] Interpretation der fraglichen unionsrechtlichen Norm – die konkrete[356] Anwendung auf den Ausgangsrechtsstreit ist hingegen Aufgabe des vorlegenden Gerichts.[357] Letzteres entscheidet über den Sachverhalt des Ausgangsverfahrens, über den Einzelfall.[358] In diesem stehen sich meist nicht zwei Private, sondern ein Privater und die öffentliche Hand gegenüber.[359] Dementsprechend stellen sich hier häufig grundrechtliche Fragen:[360] Von den 133 Entscheidungen der Fallgruppen A1 bis A3 sind 95 im Vorabentscheidungsverfahren ergangen.[361]

Bei der Grundrechtsprüfung durch den EuGH sind ebenfalls grundsätzlich[362] zwei Konstellationen zu unterscheiden: Entweder liegt die mögliche

---

[354] *W. Frenz*, Handbuch Europarecht Band 5, 2010, Rn. 3241; *A. Middeke*, Das Vorabentscheidungsverfahren, in: H.-W. Rengeling/A. Middeke/M. Gellermann (Hrsg.), Handbuch des Rechtsschutzes in der Europäischen Union, 3. Aufl. 2014, § 10, Rn. 10.

[355] *A. Thiele*, Europäisches Prozessrecht, 2. Aufl. 2014, § 9, Rn. 32; *U. Everling*, Der Gerichtshof als Entscheidungsinstanz, in: J. Schwarze (Hrsg.), Der Europäische Gerichtshof als Verfassungsgericht und Rechtsschutzinstanz, 1983, S. 137 (144).

[356] *A. Thiele*, Europäisches Prozessrecht, 2. Aufl. 2014, § 9, Rn. 32; *U. Everling*, Der Gerichtshof als Entscheidungsinstanz, in: J. Schwarze (Hrsg.), Der Europäische Gerichtshof als Verfassungsgericht und Rechtsschutzinstanz, 1983, S. 137 (144).

[357] *W. Frenz*, Handbuch Europarecht Band 5, 2010, Rn. 3257; *K. P. E. Lasok*, European Court Practice and Procedure, 3. Aufl. 2016, Rn. 2.170; *W. Faber*, JBl 139 (2017), S. 697 (703); *K. Lenaerts*, Fordham Intl. L. J. 36 (2013), S. 1302 (1344); *K. Lenaerts*, EuR 50 (2015), S. 3 (10); *M. Hentschel-Bednorz*, Derzeitige Rolle und zukünftige Perspektive des EuGH im Mehrebenensystem des Grundrechtsschutzes in Europa, 2012, S. 231 f.; *A. Thiele*, Europäisches Prozessrecht, 2. Aufl. 2014, § 9, Rn. 32; *M. Pechstein*, EU-Prozessrecht, 4. Aufl. 2011, Rn. 860; *J. Schwarze*, Die Befugnis zur Abstraktion im europäischen Gemeinschaftsrecht, 1976, S. 113; *V. Skouris*, EuGRZ 35 (2008), S. 343 (344); dazu ausführlich und mit Nachweisen aus der Rechtsprechung *R. Stotz*, Die Rechtsprechung des EuGH, in: K. Riesenhuber (Hrsg.), Europäische Methodenlehre, 3. Aufl. 2015, § 22, Rn. 43–53.

[358] *R. Stotz*, Die Rechtsprechung des EuGH, in: K. Riesenhuber (Hrsg.), Europäische Methodenlehre, 3. Aufl. 2015, § 22, Rn. 43, 48; *T. von Danwitz*, ZESAR 2008, S. 57 (58).

[359] *U. R. Haltern*, Europarecht, 3. Aufl. 2017, § 6, Rn. 119.

[360] Zutreffend daher *F. Kirchhof*, NJW 2011, S. 3681 (3684).

[361] Siehe zur Fallgruppe A1 Kapitel 2 C. III. 1. a), zur Fallgruppe A2 Kapitel 2 C. III. 1. b) und zur Fallgruppe A3 Kapitel 2 C. III. 1. c). Siehe außerdem Online-Anhang.

[362] Eine Ausnahme stellt die Drittwirkung von Grundrechten dar. Siehe dazu Kapitel 3 B. III. 2.

Grundrechtseinschränkung in einem Akt der EU oder in einer Maßnahme eines Mitgliedstaates. Die Grundrechtsprüfungen des Gerichtshofs korrespondieren dabei regelmäßig mit den beiden Varianten des Vorabentscheidungsverfahrens: Im ersten Fall überprüft der EuGH die Gültigkeit der Unionshandlung am Maßstab der Charta – nimmt also eine materielle Prüfung vor (Gültigkeitsfrage), im zweiten Fall hingegen legt er die Charta lediglich aus (Auslegungsfrage).

Dies könnte Auswirkungen auf die Dogmatik der Prüfung haben. Anzunehmen ist zunächst, dass sich der Gerichtshof bei der Kontrolle von Unionsrecht nicht auf Einzelfragen der Grundrechtsprüfung beschränkt: So könnte ein nationales Gericht zwar ausschließlich nach der Eröffnung des Schutzbereiches eines Charta-Grundrechts fragen[363] – wenn aber die Gültigkeit eines Unionsakts in Zweifel gezogen wird, findet wahrscheinlich eine vollständige Grundrechtsprüfung durch den EuGH statt.[364] Denkbar wäre außerdem, dass die Interessenprüfung bei Auslegungsfragen eher unvollständig ist, weil der Gerichtshof Teile der mitgliedstaatlichen Gerichtsbarkeit überlässt, während er bei Gültigkeitsfragen selbst eine umfängliche Interessenprüfung vornimmt.

Tatsächlich finden sich bei Auslegungsersuchen durch die Vorlage auf einzelne Fragen verengte Grundrechtsprüfungen. Entgegen der Hypothese untersucht der EuGH aber auch bei Gültigkeitsfragen vereinzelt nur vom nationalen Gericht gerügte Aspekte.[365]

Auch die Betrachtung der Entscheidungen, die die Anforderungen von Art. 52 Abs. 1 GRC entweder in weiten Teilen erfüllen oder im Gegenteil an vielen Stellen nicht erfüllen, bestätigt die Hypothese nicht in allen Fällen, aber in der Tendenz: Demgemäß entsprechen die Prüfungen in Urteilen wie Sky Österreich (C-283/11), Schaible (C-101/12), Glatzel (C-356/12) oder Digital Rights Ireland und Seitlinger u. a. (C-293/12 und C-594/12), bei denen es um Einschränkungen durch Unionsrechtsakte geht, größtenteils Art. 52 Abs. 1 GRC, während die Entscheidung Deutsches Weintor (C-544/10) grundrechtsdogmatisch defizitär ist, obwohl hier ebenfalls eine Maßnahme der EU untersucht wird. Auch im Urteil Delvigne (C-650/13) findet sich eine defizitäre Prüfung, deren Gegenstand aber eine mitgliedstaatliche Grundrechtseinschränkung ist.

Die im dritten Kapitel der vorliegenden Arbeit gefundenen Divergenzen in der Dogmatik der Grundrechtsprüfung lassen sich folglich nicht durchgängig mit der Unterscheidung zwischen möglichen Grundrechtsverletzungen durch unionale und mitgliedstaatliche Maßnahmen erklären. Einzelne Divergenzen könnten aber auf die Besonderheiten des Vorabentscheidungsverfahrens zurückzuführen sein.

---

[363] So etwa in EuGH, Urteil v. 26.03.2015, Rs. C-316/13 *(Fenoll)*, Rn. 18–43.

[364] Vgl. zur Frage, ob der EuGH an die vom nationalen Gericht geäußerten Gültigkeitsbedenken gebunden ist *A. Thiele*, Europäisches Prozessrecht, 2. Aufl. 2014, § 9, Rn. 36; zur entsprechenden Praxis des EuGH *M. Pechstein*, EU-Prozessrecht, 4. Aufl. 2011, Rn. 848.

[365] Siehe dazu sogleich Kapitel 4 C. II. 2. a) bb).

C. Analyse der ausgewählten Kontexte

Von den 40 Entscheidungen der Fallgruppen A1 und A2, in denen der EuGH die Verhältnismäßigkeit im Rahmen der Grundrechtsprüfung tatsächlich und in mehr als nur einem Satz prüft,[366] behandeln 23 Entscheidungen eine Einschränkung durch eine Maßnahme der EU[367] und 17 Entscheidungen eine nationale Grundrechtseinschränkung[368]. Deren Analyse zeigt, dass der Gerichtshof im Falle eines Unionsakts entsprechend seinem (lediglich mit dem EuG geteilten) Verwerfungsmonopol für Unionsrecht[369] selbst über dessen Gültigkeit entscheidet, ohne dem nationalen Gericht Erwägungen zum Ausgangsverfahren zu überantworten. Bei mitgliedstaatlichen Maßnahmen steckt er dagegen häufig (sieben von 17 Entscheidungen[370]) nur den unionsrechtlichen Rahmen

---

[366] Siehe dazu Kapitel 3 B. V. 2. a) ee).
[367] Vgl. EuGH, Urteil v. 09.11.2010, Rs. C-92/09 und C-93/09 *(Volker und Markus Schecke und Eifert)*; EuGH, Urteil v. 06.09.2012, Rs. C-544/10 *(Deutsches Weintor)*; EuGH, Urteil v. 22.01.2013, Rs. C-283/11 *(Sky Österreich)*; EuGH, Urteil v. 17.10.2013, Rs. C-101/12 *(Schaible)*; EuGH, Urteil v. 17.10.2013, Rs. C-291/12 *(Schwarz)*; EuGH, Urteil v. 28.11.2013, Rs. C-348/12 P *(Rat/Manufacturing Support & Procurement Kala Naft)*; EuGH, Urteil v. 08.04.2014, Rs. C-293/12 und C-594/12 *(Digital Rights Ireland und Seitlinger u. a.)*; EuGH, Urteil v. 22.05.2014, Rs. C-356/12 *(Glatzel)*; EuGH, Urteil v. 27.05.2014, Rs. C-129/14 PPU *(Spasic)*; EuGH, Urteil v. 06.10.2015, Rs. C-362/14 *(Schrems)*; EuGH, Urteil v. 17.12.2015, Rs. C-157/14 *(Neptune Distribution)*; EuGH, Urteil v. 15.02.2016, Rs. C-601/15 PPU *(N.)*; EuGH, Urteil v. 04.05.2016, Rs. C-547/14 *(Philip Morris Brands u. a.)*; EuGH, Urteil v. 30.06.2016, Rs. C-134/15 *(Lidl)*; EuGH, Urteil v. 20.09.2016, Rs. C-8/15 P bis C-10/15 P *(Ledra Advertising/Kommission und EZB)*; EuGH, Urteil v. 10.11.2016, Rs. C-156/15 *(Private Equity Insurance Group)*; EuGH, Urteil v. 23.11.2016, Rs. C-442/14 *(Bayer CropScience und Stichting De Bijenstichting)*; EuGH, Urteil v. 07.03.2017, Rs. C-390/15 *(RPO)*; EuGH, Urteil v. 28.03.2017, Rs. C-72/15 *(Rosneft)*; EuGH, Beschluss v. 06.04.2017, Rs. C-464/16 P *(PITEE/ Kommission)*; EuGH, Urteil v. 05.07.2017, Rs. C-190/16 *(Fries)*; EuGH, Gutachten v. 26.07.2017, Rs. Avis 1/15 *(Accord PNR UE-Canada)*; EuGH, Urteil v. 14.09.2017, Rs. C-18/16 *(K)*.
[368] Vgl. EuGH, Urteil v. 17.11.2011, Rs. C-327/10 *(Hypoteční banka)*; EuGH, Urteil v. 24.11.2011, Rs. C-468/10 *(ASNEF)*; EuGH, Urteil v. 24.11.2011, Rs. C-70/10 *(Scarlet Extended)*; EuGH, Urteil v. 16.02.2012, Rs. C-360/10 *(SABAM)*; EuGH, Urteil v. 15.03.2012, Rs. C-292/10 *(G)*; EuGH, Urteil v. 27.03.2014, Rs. C-314/12 *(UPC Telekabel Wien)*; EuGH, Urteil v. 29.04.2015, Rs. C-528/13 *(Léger)*; EuGH, Urteil v. 06.10.2015, Rs. C-650/13 *(Delvigne)*; EuGH, Urteil v. 17.12.2015, Rs. C-419/14 *(WebMindLicenses)*; EuGH, Urteil v. 15.09.2016, Rs. C-439/14 und C-488/14 *(Star Storage)*; EuGH, Urteil v. 15.09.2016, Rs. C-484/14 *(Mc Fadden)*; EuGH, Urteil v. 21.12.2016, Rs. C-201/15 *(AGET Iraklis)*; EuGH, Urteil v. 21.12.2016, Rs. C-203/15 und C-698/15 *(Tele2 Sverige)*; EuGH, Urteil v. 13.06.2017, Rs. C-258/14 *(Florescu u. a.)*; EuGH, Urteil v. 27.09.2017, Rs. C-73/16 *(Puškár)*; EuGH, Urteil v. 20.12.2017, Rs. C-277/16 *(Polkomtel)*; EuGH, Urteil v. 20.12.2017, Rs. C-664/15 *(Protect Natur-, Arten- und Landschaftschutz Umweltorganisation)*.
[369] *A. Thiele*, Europäisches Prozessrecht, 2. Aufl. 2014, § 2, Rn. 63; *A. Haratsch*, Grundrechtsschutz durch den Europäischen Gerichtshof, in: D. Merten/H.-J. Papier (Hrsg.), HGR, Band VI/1, 2010, § 165, Rn. 38.
[370] Vgl. EuGH, Urteil v. 17.11.2011, Rs. C-327/10 *(Hypoteční banka)*; EuGH, Urteil v. 29.04.2015, Rs. C-528/13 *(Léger)*; EuGH, Urteil v. 17.12.2015, Rs. C-419/14 *(WebMindLicenses)*; EuGH, Urteil v. 15.09.2016, Rs. C-484/14 *(Mc Fadden)*; EuGH, Urteil v. 27.09.2017, Rs. C-73/16 *(Puškár)*; EuGH, Urteil v. 20.12.2017, Rs. C-277/16 *(Polkomtel)*; EuGH, Urteil v. 20.12.2017, Rs. C-664/15 *(Protect Natur-, Arten- und Landschaftschutz Umweltorganisation)*.

ab und überlässt die finale Entscheidung ausdrücklich dem vorlegenden Gericht:[371]

So übergibt der EuGH im Urteil Léger (C-528/13), in dem die Einschränkung in einer nationalen ministeriellen Verordnung liegt,[372] die Beurteilung der Erforderlichkeit dieser Maßnahme dem vorlegenden Gericht, beschreibt dabei allerdings detailliert, welche Maßnahmen eventuell milder wirken könnten.[373] Auch in den Urteilen Hypoteční banka (C-327/10)[374], WebMindLicenses (C-419/14)[375], Puškár (C-73/16)[376], Polkomtel (C-277/16)[377] und Protect Natur-, Arten- und Landschaftschutz Umweltorganisation (C-664/15)[378] gibt der Gerichtshof dem nationalen Gericht Hinweise zur Prüfung der Verhältnismäßigkeit, überantwortet ihm aber die konkrete Anwendung dieser Maßstäbe.[379] Dabei sind die Vorgaben des EuGH allerdings unterschiedlich präzise. Teilweise ist die Entscheidung des nationalen Gerichts bereits praktisch vorbestimmt, teilweise wird ihm ein weiter Beurteilungsspielraum gelassen.[380] Dementsprechend können im Urteil Hypoteční banka (C-327/10) sämtliche Stufen der Interessenprüfung identifiziert werden,[381] während diese in den Entscheidungen WebMindLicenses (C-419/14)[382], Puškár (C-73/16)[383] und Protect Natur-, Arten- und Landschaftschutz Umweltorganisation (C-664/15)[384] nur teilweise vom Gerichtshof selbst vorgenommen wird. Im Urteil Polkomtel (C-277/16) überlässt er die Kontrolle der Erforderlichkeit und Angemessenheit (und damit der widerstreitenden Interessen) dagegen vollständig dem vorlegenden Gericht.[385] Einige Divergenzen in der Untersuchung der widerstreitenden

---

[371] So auch *J. Kühling*, EuZW 2014, S. 527 (531); allgemein *K. Lenaerts*, Fordham Intl. L. J. 36 (2013), S. 1302 (1344f.); *S. Greer/J. Gerards/R. Slowe*, Human Rights in the Council of Europe and the European Union, 2018, S. 297f.; *D. Thym*, Von Karlsruhe nach Bückeburg – auf dem Weg zur europäischen Grundrechtsgemeinschaft, VerfBlog, 28.02.2013 (geprüft am 04.09.2019).
[372] Vgl. EuGH, Urteil v. 29.04.2015, Rs. C-528/13 *(Léger)*, Rn. 50, 21 f.
[373] Vgl. EuGH, Urteil v. 29.04.2015, Rs. C-528/13 *(Léger)*, Rn. 59–67.
[374] Vgl. EuGH, Urteil v. 17.11.2011, Rs. C-327/10 *(Hypoteční banka)*, Rn. 51.
[375] Vgl. EuGH, Urteil v. 17.12.2015, Rs. C-419/14 *(WebMindLicenses)*, Rn. 76–78.
[376] Vgl. EuGH, Urteil v. 27.09.2017, Rs. C-73/16 *(Puškár)*, Rn. 72, 97.
[377] Vgl. EuGH, Urteil v. 20.12.2017, Rs. C-277/16 *(Polkomtel)*, Rn. 52–54.
[378] Vgl. EuGH, Urteil v. 20.12.2017, Rs. C-664/15 *(Protect Natur-, Arten- und Landschaftschutz Umweltorganisation)*, Rn. 90–98.
[379] Vgl. dazu allgemein auch *K. Lenaerts*, Fordham Intl. L. J. 36 (2013), S. 1302 (1344f.).
[380] Wenn der EuGH die Grundrechtsprüfung dagegen ganz überwiegend dem vorlegenden Gericht überlässt, ist eine solche Prüfung bereits nicht vollständig im Sinne der vorliegenden Arbeit. Siehe dazu Kapitel 2 C. II. 3. b).
[381] Vgl. EuGH, Urteil v. 17.11.2011, Rs. C-327/10 *(Hypoteční banka)*, Rn. 52–54.
[382] Vgl. EuGH, Urteil v. 17.12.2015, Rs. C-419/14 *(WebMindLicenses)*, Rn. 76–78.
[383] Vgl. EuGH, Urteil v. 27.09.2017, Rs. C-73/16 *(Puškár)*, Rn. 62, 66, 69–75 sowie 82, 93–97.
[384] Vgl. EuGH, Urteil v. 20.12.2017, Rs. C-664/15 *(Protect Natur-, Arten- und Landschaftschutz Umweltorganisation)*, Rn. 90–98.
[385] Vgl. EuGH, Urteil v. 20.12.2017, Rs. C-277/16 *(Polkomtel)*, Rn. 52.

Interessen lassen sich folglich mit der Arbeitsteilung im Vorabentscheidungsverfahren erklären.

Zu beachten ist jedoch, dass auch im Falle von Einschränkungen durch Unionsrechtsakte die Interessenprüfung des EuGH in 13 von 23 Entscheidungen unvollständig bleibt.[386] Andererseits ist die Interessenprüfung in sieben von 17 Fällen nationaler Einschränkungen vollständig.[387] Eine umfassende Erklärung liefert dieser Ansatz somit nicht.

Ein Grund hierfür könnte darin liegen, dass bei Auslegungsfragen die Abgrenzung zwischen Auslegung und Anwendung des Unionsrechts nicht immer scharf gezogen werden kann.[388] Ebenso lassen sich Unionsrecht und nationales Recht bei der Durchsetzung individueller Rechte nicht in allen Fällen präzise voneinander trennen.[389] Der Gerichtshof muss dem vorlegenden Gericht eine möglichst hilfreiche Antwort geben und dazu teilweise eine konkrete Subsumtion vornehmen, da Rechts- beziehungsweise Auslegungsfragen in den Entscheidungen des EuGH häufig stark mit den Sachverhaltsfragen verbunden sind.[390] Im Urteil Tele2 Sverige (C-203/15 und C-698/15) beispielsweise entspricht die fragliche nationale Regelung zur Vorratsdatenspeicherung im Hinblick auf die

---

[386] Vgl. EuGH, Urteil v. 09.11.2010, Rs. C-92/09 und C-93/09 *(Volker und Markus Schecke und Eifert)*, Rn. 67–71, 77, 79, 84–86, 87 f.; EuGH, Urteil v. 06.09.2012, Rs. C-544/10 *(Deutsches Weintor)*, Rn. 56–59; EuGH, Urteil v. 22.05.2014, Rs. C-356/12 *(Glatzel)*, Rn. 51, 54, 55–66; EuGH, Urteil v. 06.10.2015, Rs. C-362/14 *(Schrems)*, Rn. 87–96; EuGH, Urteil v. 17.12.2015, Rs. C-157/14 *(Neptune Distribution)*, Rn. 72–74, 75–85; EuGH, Urteil v. 15.02.2016, Rs. C-601/15 PPU *(N.)*, Rn. 53, 56, 57–70; EuGH, Urteil v. 04.05.2016, Rs. C-547/14 *(Philip Morris Brands u.a.)*, Rn. 152–157; EuGH, Urteil v. 30.06.2016, Rs. C-134/15 *(Lidl)*, Rn. 35–39; EuGH, Urteil v. 20.09.2016, Rs. C-8/15 P bis C-10/15 P *(Ledra Advertising/Kommission und EZB)*, Rn. 71–74; EuGH, Urteil v. 23.11.2016, Rs. C-442/14 *(Bayer CropScience und Stichting De Bijenstichting)*, Rn. 99 f.; EuGH, Urteil v. 28.03.2017, Rs. C-72/15 *(Rosneft)*, Rn. 147, 150; EuGH, Beschluss v. 06.04.2017, Rs. C-464/16 P *(PITEE/Kommission)*, Rn. 27–35; EuGH, Urteil v. 05.07.2017, Rs. C-190/16 *(Fries)*, Rn. 32 f., 41, 55, 66–68 sowie 78.

[387] Vgl. EuGH, Urteil v. 17.11.2011, Rs. C-327/10 *(Hypoteční banka)*, Rn. 52–54; EuGH, Urteil v. 24.11.2011, Rs. C-70/10 *(Scarlet Extended)*, Rn. 42–53; EuGH, Urteil v. 16.02.2012, Rs. C-360/10 *(SABAM)*, Rn. 40–51; EuGH, Urteil v. 15.03.2012, Rs. C-292/10 *(G)*, Rn. 48–51, 56 f.; EuGH, Urteil v. 27.03.2014, Rs. C-314/12 *(UPC Telekabel Wien)*, Rn. 47–63; EuGH, Urteil v. 15.09.2016, Rs. C-484/14 *(Mc Fadden)*, Rn. 82–100; EuGH, Urteil v. 21.12.2016, Rs. C-203/15 und C-698/15 *(Tele2 Sverige)*, Rn. 97–106.

[388] *W. Frenz*, Handbuch Europarecht Band 5, 2010, Rn. 3258; *S. Saurugger/F. Terpan*, The Court of Justice of the European Union and the Politics of Law, 2017, S. 87; *K. Lenaerts*, Fordham Intl. L. J. 36 (2013), S. 1302 (1344); *G. C. Rodríguez Iglesias*, Der Europäische Gerichtshof und die Gerichte der Mitgliedstaaten, 2000, S. 7–10; *A. Thiele*, Europäisches Prozessrecht, 2. Aufl. 2014, § 9, Rn. 32.

[389] *K. Lenaerts*, EuR 50 (2015), S. 3 (8); *U. R. Haltern*, Europarecht, 3. Aufl. 2017, § 6, Rn. 129.

[390] *U. R. Haltern*, Europarecht, 3. Aufl. 2017, § 6, Rn. 129; dementsprechend finden sich auch abseits der Grundrechtsprechung zahlreiche Beispiele, in denen der EuGH die dem Vorabentscheidungsverfahren zugrunde liegende Aufgabenteilung nicht einhält. Siehe *R. Stotz*, Die Rechtsprechung des EuGH, in: K. Riesenhuber (Hrsg.), Europäische Methodenlehre, 3. Aufl. 2015, § 22, Rn. 48–51.

generelle und anlasslose Speicherung von Meta-Daten der bereits zuvor vom Gerichtshof im Urteil Digital Rights Ireland und Seitlinger u. a. (C-293/12 und C-594/12) aufgehobenen Unionsregelung. Demgemäß kann der EuGH hier in allen Stufen der Grundrechtsprüfung, insbesondere aber bei der Interessenprüfung, dieselben Argumente wie zur unionsrechtlichen Norm anführen und ausführlich auf das vorangegangene Urteil verweisen.[391] Den vorlegenden Gerichten bleibt damit kaum Raum zur eigenständigen Anwendung des Unionsrechts.

Offen bleibt aber, warum auch bei Gültigkeitsfragen unvollständige Interessenprüfungen auftreten.

Eine weitere Erklärung der dogmatischen Unterschiede könnte aus der Rolle des Sachverhalts im Vorabentscheidungsverfahren abgeleitet werden. Obwohl der Gerichtshof in diesem Verfahren nicht über den Fall des Ausgangsrechtsstreits entscheidet, bezieht er sich häufig eng auf den ihm vorgelegten Sachverhalt.[392] Die Grundlagen dafür finden sich bereits in der Verfahrensordnung des EuGH: Gemäß Art. 94 Buchst. a VerfO EuGH muss das Vorabentscheidungsersuchen eine kurze Darstellung des Streitgegenstands und des maßgeblichen Sachverhalts, wie er vom vorlegenden Gericht festgestellt worden ist, oder zumindest eine Darstellung der tatsächlichen Umstände, auf denen die Fragen beruhen, enthalten. Dadurch kann sich der Gerichtshof in die Beurteilungsperspektive des nationalen Gerichts versetzen und die konkrete Bedeutung und praktische Tragweite seiner Antwort abschätzen.[393] Spiegelbildlich müssen die Urteile des EuGH gemäß Art. 87 Buchst. 1 VerfO EuGH eine kurze Darstellung des Sachverhalts umfassen. Ist ein Beschluss mit Gründen zu versehen, gilt gemäß Art. 89 Abs. 2 Buchst. b VerfO EuGH dasselbe. Im dritten Kapitel der vorliegenden Arbeit ist bereits festgestellt worden, dass der Gerichtshof allgemeine Aussagen wie die Definition einzelner Elemente der Anforderungen von Art. 52 Abs. 1 GRC vermeidet. Vielmehr beschränkt er seine Aussagen häufig ausdrücklich auf charakteristische Elemente des Ausgangssachverhalts.[394] So bezieht er sich zum Beispiel im Urteil Léger (C-528/13), in dem es um eine Grundrechtseinschränkung durch eine nationale Maßnahme geht, explizit auf die Umstände des konkreten Falls.[395] Die Formulierung „In einem Fall wie

---

[391] Vgl. EuGH, Urteil v. 21.12.2016, Rs. C-203/15 und C-698/15 *(Tele2 Sverige)*, Rn. 91–107.

[392] *W. Faber*, JBl 139 (2017), S. 697 (704, 707–709); *K. Lenaerts*, Fordham Intl. L. J. 36 (2013), S. 1302 (1344); *N. Colneric*, ZEuP 2005, S. 225 (229); *U. Everling*, Der Gerichtshof als Entscheidungsinstanz, in: J. Schwarze (Hrsg.), Der Europäische Gerichtshof als Verfassungsgericht und Rechtsschutzinstanz, 1983, S. 137 (144).

[393] *T. von Danwitz*, Der richterliche Dialog in der Gerichtspraxis des Vorabentscheidungsverfahrens: Herausforderungen für die Zukunft, in: U. Becker/A. Hatje/M. Potacs u. a. (Hrsg.), Verfassung und Verwaltung in Europa, Festschrift für J. Schwarze, 2014, S. 661 (672).

[394] Ebenso, allerdings ohne Bezug zur Grundrechtsprechung, *W. Faber*, JBl 139 (2017), S. 697 (708).

[395] Vgl. EuGH, Urteil v. 29.04.2015, Rs. C-528/13 *(Léger)*, Rn. 59–68.

dem des Ausgangsverfahrens" lässt dabei zwar eine vorsichtige Verallgemeinerung zu – es ist eben nicht ausschließlich das Ausgangsverfahren gemeint, sondern auch jeder Fall der „wie" dieser ist. Insgesamt muss mit einer verallgemeinernden Lesart der Antworten des EuGH auf Auslegungsfragen aber vorsichtig umgegangen werden.[396] Stellt der Gerichtshof die Gültigkeit von Unionsrecht fest, schränkt er die Allgemeingültigkeit dieser Feststellung stets durch die Formulierung ein, die Prüfung der fraglichen Sekundärrechtsnorm habe nichts ergeben, was ihre Gültigkeit beeinträchtigen könne.[397] Dadurch lässt er offen, ob nicht in die Prüfung einbezogene Aspekte zukünftig zu einer anderen Beurteilung führen könnten.[398]

Dieses Vorgehen ermöglicht dem EuGH eine Entscheidung über die konkrete Frage, ohne dass er sämtliche ähnlich gelagerten Situationen im Voraus beachten muss.[399] In einer folgenden Entscheidung kann er daher durch die Unterscheidung der Sachverhalte zu einer anderen Lösung kommen. Dies entspricht der Funktion des Gerichtshofs als Gericht:[400] Er entscheidet nur über die ihm jeweils vorgelegte Frage, nicht über mögliche zukünftige Fragen. Damit lässt sich erklären, warum der EuGH die Aufstellung allgemeiner Definitionen vermeidet, also beispielsweise nicht abstrakt festlegt, welche Ziele legitim im Sinne von Art. 52 Abs. 1 GRC sind oder welchen Begriff der Einschränkung er seiner Prüfung zugrunde legt. Mit dem engen Bezug auf den jeweiligen Sachverhalt lassen sich aber dogmatische Divergenzen in der Auslegung des EuGH nicht begründen: Es bleibt weiterhin offen, warum der Gerichtshof etwa teilweise einzelne Prüfungsstufen gar nicht untersucht oder zwischen verschiedenen Ansätzen zur Bestimmung des Wesensgehalts eines Grundrechts schwankt.

Zudem zeigen sich in der Rechtsprechung sogar gegenläufige Tendenzen: Bei der Analyse der Interessenprüfung im Rahmen der Verhältnismäßigkeit durch den EuGH wurde gezeigt, dass der Gerichtshof die widerstreitenden Positionen meist typisierend prüft: Er geht auf das grundrechtliche Interesse sowie die konkrete Eingriffstiefe ein und nimmt dabei aus Anlass des Einzelfalls sämtliche betroffenen Grundrechtsträger in den Blick.[401] Damit löst er sich vom Sachverhalt des Ausgangsverfahrens. Eine solche typisierende Prüfung durch den EuGH zeigt sich in allen insofern analysierten Vorabentscheidungsverfah-

---

[396] W. Faber, JBl 139 (2017), S. 776 (783).
[397] Vgl. z. B. EuGH, Urteil v. 17.10.2013, Rs. C-291/12 *(Schwarz)*, Rn. 66.
[398] B. W. Wegener, in: C. Calliess/M. Ruffert (Hrsg.), EUV, AEUV, 5. Aufl. 2016, Art. 267 AEUV Rn. 51; S. Kaufmann, Vorabentscheidungsverfahren, in: M. A. Dauses/M. Ludwigs (Hrsg.), Handbuch des EU-Wirtschaftsrechts, Stand: 45. EL 2018, P. II., Rn. 236; M. Hentschel-Bednorz, Derzeitige Rolle und zukünftige Perspektive des EuGH im Mehrebenensystem des Grundrechtsschutzes in Europa, 2012, S. 255.
[399] Vgl. N. Colneric, ZEuP 2005, S. 225 (229).
[400] Dazu schon Kapitel 4 C. II. 1.
[401] Siehe Kapitel 3 B. V. 2. g) cc).

ren.⁴⁰² Dagegen geht er bei der Interessenprüfung im einzigen Rechtsmittelverfahren gemäß Art. 56 Satzung EuGH⁴⁰³ (Beschluss PITEE/Kommission, C-464/16 P⁴⁰⁴) auf den konkreten Sachverhalt des Ausgangsrechtsstreits ein.⁴⁰⁵

Die typisierende Interessenprüfung scheint folglich mit dem prozessualen Kontext des Vorabentscheidungsverfahrens zusammenzuhängen. Während der Gegenstand im Rechtsmittelverfahren regelmäßig auf die konkrete Situation des Rechtsmittelführers beschränkt ist, geht es in den Vorabentscheidungsverfahren um die Gültigkeit einer (meist abstrakt-generellen) Handlung der Union oder um die Auslegung der Charta vor dem Hintergrund der Vereinbarkeit einer nationalen Maßnahme mit ihr. Diese Auslegung beziehungsweise Gültigkeitsprüfung ist daher ebenfalls abstrakt.⁴⁰⁶

Außerdem wirkt die Entscheidung des Gerichtshofs über den jeweiligen Fall hinaus: Wollen letztinstanzlich entscheidende nationale Gerichte von seiner Auslegung abweichen, sind sie zur Vorlage verpflichtet.⁴⁰⁷ Stellt der EuGH die Ungültigkeit von Unionsrecht fest, hat seine Entscheidung sogar *erga-omnes*-Wirkung.⁴⁰⁸ Daher kommt dem Gerichtshof im Vorabentscheidungsverfahren nach der Ansicht von *Schwarze* nicht nur eine Befugnis, sondern sogar eine Pflicht zur Abstraktion zu.⁴⁰⁹

Im Rahmen der Grundrechtsprüfung reicht es für den Verstoß einer abstrakt-generellen Norm gegen die Charta zwar aus, dass erstere die Anforderungen der GRC in nur einem Fall nicht erfüllt, doch argumentiert der EuGH im Vorabent-

---

⁴⁰² Untersuchungsgegenstand sind hier die 23 Entscheidungen der Fallgruppen A1 und A2, in denen der EuGH prüft, ob die Grundrechtseinschränkung dem Betroffenen subjektiv zumutbar ist. Vgl. zu diesen Entscheidungen Kapitel 3 B. V. 2. g) cc).

⁴⁰³ Siehe zu dieser Verfahrensart und zu den entsprechenden Auswirkungen auf die Dogmatik der Grundrechtsprüfung durch den EuGH unten Kapitel 4 C. II. 2. b).

⁴⁰⁴ Vgl. EuGH, Beschluss v. 06.04.2017, Rs. C-464/16 P *(PITEE/ Kommission)*, Rn. 27–35.

⁴⁰⁵ Siehe zu dieser Entscheidung Kapitel 3 B. V. 2. g) cc).

⁴⁰⁶ Vgl. *J. Schwarze*, NJW 2005, S. 3459 (3460, 3466); *A. Thiele*, Europäisches Prozessrecht, 2. Aufl. 2014, §9, Rn. 32; *J. Schwarze*, Die Befugnis zur Abstraktion im europäischen Gemeinschaftsrecht, 1976, S. 113.

⁴⁰⁷ *B. W. Wegener*, in: C. Calliess/M. Ruffert (Hrsg.), EUV, AEUV, 5. Aufl. 2016, Art. 267 AEUV Rn. 51; *S. Kaufmann*, Vorabentscheidungsverfahren, in: M. A. Dauses/M. Ludwigs (Hrsg.), Handbuch des EU-Wirtschaftsrechts, Stand: 45. EL 2018, P. II., Rn. 230; *M. Hentschel-Bednorz*, Derzeitige Rolle und zukünftige Perspektive des EuGH im Mehrebenensystem des Grundrechtsschutzes in Europa, 2012, S. 254; *A. Thiele*, Europäisches Prozessrecht, 2. Aufl. 2014, §9, Rn. 106.

⁴⁰⁸ *B. W. Wegener*, in: C. Calliess/M. Ruffert (Hrsg.), EUV, AEUV, 5. Aufl. 2016, Art. 267 AEUV Rn. 50; *S. Kaufmann*, Vorabentscheidungsverfahren, in: M. A. Dauses/M. Ludwigs (Hrsg.), Handbuch des EU-Wirtschaftsrechts, Stand: 45. EL 2018, P. II., Rn. 233; *M. Hentschel-Bednorz*, Derzeitige Rolle und zukünftige Perspektive des EuGH im Mehrebenensystem des Grundrechtsschutzes in Europa, 2012, S. 255; *A. Thiele*, Europäisches Prozessrecht, 2. Aufl. 2014, §9, Rn. 118.

⁴⁰⁹ *J. Schwarze*, Die Befugnis zur Abstraktion im europäischen Gemeinschaftsrecht, 1976, S. 111–113.

scheidungsverfahren stets im Hinblick auf sämtliche Betroffenen. Der Kläger des Ausgangsverfahrens wird stellvertretend für eine Gruppe gleich oder ähnlich gelagerter Fälle behandelt.[410] Dies wäre problematisch, wenn tatsächlich besondere Umstände vorlägen, die die Situation dieses Verfahrensbeteiligten von der der übrigen Betroffenen unterschieden und zum Härtefall machten. Dafür lassen sich aber in den hier analysierten Entscheidungen keine Anhaltspunkte finden. Der objektive Charakter des Vorabentscheidungsverfahrens wirkt sich folglich auf die Interessenprüfung des EuGH aus. Dessen insofern typisierende Vorgehensweise lässt sich mit diesem Kontext erklären.

Das Vorabentscheidungsverfahren ist damit von einem Widerspiel der Beschränkung der Aussagen des Gerichtshofs durch den Bezug auf den konkreten Einzelfall und einer generelleren Perspektive insbesondere bei der Prüfung der Interessen geprägt. Diese gegensätzlichen Tendenzen spiegeln die beiden wichtigsten Funktionen des Vorabentscheidungsverfahrens, Individualrechtsschutz und Wahrung der Rechtseinheit, wider. Der EuGH muss in jeder Entscheidung ein angemessenes Gleichgewicht zwischen den verschiedenen Stufen der Spezifität und der Allgemeingültigkeit finden.[411] Dies erklärt, warum er die widerstreitenden Interessen im Vorabentscheidungsverfahren typisierend prüft. Ebenso folgt aus der Unterscheidung zwischen Auslegungs- und Gültigkeitsfragen, warum der EuGH im Falle nationaler Grundrechtseinschränkungen die finale Beurteilung einer Grundrechtsfrage häufig dem vorlegenden Gericht überlässt. Der Kontext des Vorabentscheidungsverfahrens wirkt sich hier direkt auf seine Entscheidungsbegründung aus.[412] Insgesamt können die Funktion und die Besonderheiten des Vorabentscheidungsverfahrens aber nur einen Teil der im dritten Kapitel herausgearbeiteten Divergenzen in der Dogmatik der Grundrechtsprüfung durch den Gerichtshof erklären.

bb) Bedeutung der Vorlagen der nationalen Gerichte

Eine andere Erklärung für diese aufgezeigten Divergenzen lässt sich aus der Bedeutung der Vorlagefragen für die spätere Entscheidung des EuGH entwickeln. Über ihre Vorabentscheidungsersuchen nehmen die nationalen Gerichte maßgeblichen Einfluss auf die Rechtsprechung des Gerichtshofs.[413]

Gemäß Art. 267 Abs. 2 AEUV können die mitgliedstaatlichen Gerichte, wenn ihnen eine Frage zur Auslegung oder Gültigkeit von Unionsrecht gestellt

---

[410] So schon (ohne Bezug zu den Grundrechten) *J. Schwarze*, Die Befugnis zur Abstraktion im europäischen Gemeinschaftsrecht, 1976, S. 114f.
[411] *K. Lenaerts*, Fordham Intl. L.J. 36 (2013), S. 1302 (1369); vgl. auch *K. H. T. Schiemann*, ZEuS 2006, S. 1 (6), demzufolge die Entscheidung des EuGH im Vorabentscheidungsverfahren sowohl für das vorlegende Gericht als auch für die Gerichte der übrigen Mitgliedstaaten nützlich sein soll.
[412] Allgemein auch *K. Lenaerts*, Fordham Intl. L.J. 36 (2013), S. 1302 (1369).
[413] So z.B. *T. von Danwitz*, ZRP 2010, S. 143 (144f.).

wird und sie die Frage für entscheidungserheblich halten, das Vorabentscheidungsverfahren einleiten. Eine Verpflichtung zur Vorlage sieht das Unionsrecht in nur zwei Fällen vor: Ein letztinstanzliches Gericht, dessen Entscheidungen selbst nicht mehr mit Rechtsmitteln des innerstaatlichen Rechts angefochten werden können, ist gemäß Art. 267 Abs. 3 AEUV verpflichtet, bei Zweifeln über die Auslegung oder Gültigkeit von EU-Recht den EuGH anzurufen.[414] Nicht-letztinstanzliche Gerichte sind zur Vorlage nur verpflichtet, wenn sie (außerhalb des einstweiligen Rechtsschutzes[415]) Unionsrecht für ungültig halten und daher nicht anwenden möchten.[416] Die Parteien des Ausgangsrechtsstreits können die Vorlage nicht erzwingen oder verhindern.[417] Somit kommt den nicht-letztinstanzlichen Gerichten ein großer Spielraum („Vorlageermessen"[418]) und eine hohe Verantwortung zu, ob sie dem Gerichtshof eine Frage vorlegen – sie entscheiden insofern „autonom"[419] und sind „Herren des Verfahrens"[420]. Da der EuGH nur in einem bei ihm anhängig gemachten Verfahren tätig werden kann, ist er auf die freiwillige Kooperation der nationalen Gerichte angewiesen.[421] Diese bestimmen, welche Themen den Gerichtshof erreichen. Spiegelbildlich ist der EuGH grundsätzlich gehalten, die ihm gestellten Fragen zu beantworten.[422] Der Vorlageentscheidung der nationalen Gerichte kommt zentrale Bedeutung im Zusammenspiel der Ebenen zu.[423]

Die Gerichte entscheiden aber nicht nur über das „Ob" einer Vorlage, sondern vor allem auch über das „Wie". Art. 94 VerfO EuGH verpflichtet sie, neben den Fakten und den einschlägigen nationalen Normen auch die Gründe darzulegen, aus denen das vorlegende Gericht Zweifel bezüglich der Auslegung oder der Gültigkeit bestimmter Vorschriften des Unionsrechts hat, und den Zu-

---

[414] Vgl. zu den Ausnahmen nach der sogenannten CILFIT-Rechtsprechung *U. R. Haltern*, Europarecht, 3. Aufl. 2017, § 7, Rn. 288 ff.

[415] Dazu *U. R. Haltern*, Europarecht, 3. Aufl. 2017, § 7, Rn. 268–273.

[416] EuGH, Urteil v. 22.10.1987, Rs. C-314/85 *(Foto-Frost / Hauptzollamt Lübeck-Ost)*, Slg. 1987, 4199, 4230 f. (Rn. 13–18); vgl. dazu etwa *A. Thiele*, Europäisches Prozessrecht, 2. Aufl. 2014, § 9, Rn. 55–57; *G. Hirsch*, ZGR 31 (2002), S. 1 (9).

[417] *U. R. Haltern*, Europarecht, 3. Aufl. 2017, § 7, Rn. 413; *V. Skouris*, EuGRZ 35 (2008), S. 343 (343 f.); *U. Ostermann*, Entwicklung und gegenwärtiger Stand der europäischen Grundrechte nach der Rechtsprechung des Europäischen Gerichtshofs sowie des Gerichts erster Instanz, 2009, S. 137; vgl. auch GA F. G. Jacobs, Schlussanträge v. 21.03.2002, Rs. C-50/00 P *(Unión de Pequeños Agricultores / Rat)*, Slg., I-6681, 6693 f. (Rn. 42).

[418] *B. Gsell*, AcP 214 (2014), S. 99 (133).

[419] *U. R. Haltern*, Europarecht, 3. Aufl. 2017, § 7, Rn. 413.

[420] *M. Hentschel-Bednorz*, Derzeitige Rolle und zukünftige Perspektive des EuGH im Mehrebenensystem des Grundrechtsschutzes in Europa, 2012, S. 232; ähnlich *B. Wägenbaur*, EuZW 2000, S. 37 (39): „Souverän"; vgl. dazu auch *V. Skouris*, EuGRZ 35 (2008), S. 343 (343 f.).

[421] *U. R. Haltern*, Europarecht, 3. Aufl. 2017, § 7, Rn. 362.

[422] *B. Wägenbaur*, EuZW 2000, S. 37 (39).

[423] *B. Gsell*, AcP 214 (2014), S. 99 (133); vgl. auch *S. Morano-Foadi/S. Andreadakis*, ELJ 17 (2011), S. 595 (597).

sammenhang, den es zwischen diesen Vorschriften und dem auf den Ausgangsrechtsstreit anwendbaren nationalen Recht herstellt. Damit lässt die Vorschrift den nationalen Gerichten einen weiten Spielraum. Die Prozessparteien haben keine rechtliche[424] Möglichkeit, die Ausgestaltung der Fragen zu beeinflussen.[425]

Deren Umfang und Formulierung stecken den Rahmen für die Entscheidung des EuGH ab.[426] Dadurch kommt es zu einer Eingrenzung des Verfahrensgegenstands.[427] Zwar ist nicht ausgeschlossen, dass der Gerichtshof darüber hinaus Aussagen macht, doch entscheidet er im Vorabentscheidungsverfahren grundsätzlich nur über die ihm vorgelegten Fragen.[428] Teilweise formuliert er die ihm gestellten Fragen um oder ändert ihre Reihenfolge,[429] meist stützt er sich aber ganz maßgeblich auf das Ersuchen des vorlegenden Gerichts, da eine Umformulierung jedenfalls von sachgerechten Fragen die Bereitschaft der nationalen Gerichte zur Vorlage und damit zur Kooperation mit dem EuGH eher schwächen dürfte.[430] Nimmt der Gerichtshof jedoch eine Umformulierung vor, ist von dieser Neufassung auszugehen.[431]

---

[424] Zu ihrem tatsächlichen Einfluss siehe aber Kapitel 4 C. II. 3.
[425] *A. Middeke*, Das Vorabentscheidungsverfahren, in: H.-W. Rengeling/A. Middeke/M. Gellermann (Hrsg.), Handbuch des Rechtsschutzes in der Europäischen Union, 3. Aufl. 2014, § 10, Rn. 12; *S. Kaufmann*, Vorabentscheidungsverfahren, in: M. A. Dauses/M. Ludwigs (Hrsg.), Handbuch des EU-Wirtschaftsrechts, Stand: 45. EL 2018, P. II., Rn. 15; *A. Thiele*, Europäisches Prozessrecht, 2. Aufl. 2014, § 9, Rn. 2; *V. Skouris*, EuGRZ 35 (2008), S. 343 (343 f.); vgl. aber *T. von Danwitz*, Der richterliche Dialog in der Gerichtspraxis des Vorabentscheidungsverfahrens: Herausforderungen für die Zukunft, in: U. Becker/A. Hatje/M. Potacs u. a. (Hrsg.), Verfassung und Verwaltung in Europa, Festschrift für J. Schwarze, 2014, S. 661 (671), der kritisiert, dass die Vorlagefragen teilweise den Wünschen der Prozessparteien entsprechend formuliert werden, und vor einer „Denaturierung des Vorlageverfahrens zu einem Parteiverfahren" warnt.
[426] Am Beispiel der Rechtssache Pringle (C-370/12) *K. Lenaerts*, EuR 50 (2015), S. 3 (7).
[427] *W. Faber*, JBl 139 (2017), S. 697 (706); *N. Böcker*, Wirksame Rechtsbehelfe zum Schutz der Grundrechte der Europäischen Union, 2005, S. 107; im Bezug auf Gültigkeitsfragen wird teilweise vertreten, der EuGH sei an die Gültigkeitsbedenken der nationalen Gerichte gebunden. Siehe dazu *A. Thiele*, Europäisches Prozessrecht, 2. Aufl. 2014, § 9, Rn. 36; vgl. aber zur entsprechenden Praxis des EuGH *M. Pechstein*, EU-Prozessrecht, 4. Aufl. 2011, Rn. 848; vgl. z. B. EuGH, Urteil v. 26.03.2015, Rs. C-316/13 *(Fenoll)*, Rn. 18–43, in dem das vorlegende Gericht nur nach der Auslegung des Schutzbereichs eines Charta-Grundrechts fragt.
[428] Streng *U. Ehricke*, in: R. Streinz (Hrsg.), EUV/AEUV, 3. Aufl. 2018, Art. 267 AEUV Rn. 15; nach *T. von Danwitz*, EuR 43 (2008), S. 769 (776) kennzeichnet das Vorabentscheidungsverfahren die „Konzentration auf die zur Beantwortung der Vorlagefragen erforderliche Auslegung des Gemeinschaftsrechts".
[429] Vgl. *B. Wägenbaur*, EuZW 2000, S. 37 (40); *R. Stotz*, Die Rechtsprechung des EuGH, in: K. Riesenhuber (Hrsg.), Europäische Methodenlehre, 3. Aufl. 2015, § 22, Rn. 47; *U. R. Haltern*, Europarecht, 3. Aufl. 2017, § 7, Rn. 364; vgl. dazu auch *J. Schwarze*, Die Befugnis zur Abstraktion im europäischen Gemeinschaftsrecht, 1976, S. 117 f.
[430] *A. Sagan*, EuZW 2017, S. 729 (735).
[431] *W. Faber*, JBl 139 (2017), S. 697 (706).

Die nationalen Gerichte grenzen aber nicht nur den Verfahrensgegenstand ein, sondern nehmen über die Formulierung und Begründung ihrer Vorlagebeschlüsse auch inhaltlichen Einfluss auf die Entscheidung des EuGH.

Nach Art. 94 Buchst. c VerfO EuGH müssen sie den zugrunde liegenden Sachverhalt darstellen. Da sich der Gerichtshof in seinen Entscheidungen häufig eng darauf bezieht, können die nationalen Gerichte bereits über dessen Beschreibung Einfluss auf die spätere Entscheidung nehmen. Im Sinne der dem Vorabentscheidungsverfahren zugrunde liegenden Arbeitsteilung zwischen nationaler und europäischer Rechtsprechung kann der EuGH die ihm gestellten Fragen lediglich anhand des aus der Vorlage hervorgehenden Sachverhalts beurteilen.[432] Der Vorlagebeschluss ist die wesentliche Schnittstelle zwischen dem konkreten Prozess im Ausgangsverfahren und der Auslegung des Unionsrechts.[433] Dem Gerichtshof ist es nur dann möglich, die konkrete Bedeutung und praktische Tragweite seiner Antwort abzuschätzen[434] und eine präzise Antwort zu geben,[435] wenn das Gericht den Sachverhalt umfassend und detailliert darlegt.

Weiterhin verlangt die Verfahrensordnung von den mitgliedstaatlichen Gerichten, die Gründe für ihre Vorlage anzugeben. Hier können sie dem EuGH ihre eigenen Positionen vermitteln und Antwortvorschläge formulieren. Sind diese überzeugend, nehmen sie so bedeutenden Einfluss auf die Rechtsprechung des Gerichtshofs.[436] Auf diesem Wege können auch dogmatische Figuren vermittelt werden.[437] Nach *Lenaerts* kann die Formulierung der Fragen und die Begründung des Vorlagebeschlusses das Ergebnis „in eine gewünschte Richtung" lenken,[438] nach *von Danwitz* haben die vorlegenden Gerichte „erheblichen Ein-

---

[432] B. *Wägenbaur*, EuZW 2000, S. 37 (40); ähnlich T. *von Danwitz*, Der richterliche Dialog in der Gerichtspraxis des Vorabentscheidungsverfahrens: Herausforderungen für die Zukunft, in: U. Becker/A. Hatje/M. Potacs u. a. (Hrsg.), Verfassung und Verwaltung in Europa, Festschrift für J. Schwarze, 2014, S. 661 (672); A. *Thiele*, Europäisches Prozessrecht, 2. Aufl. 2014, § 9, Rn. 92; G. C. *Rodríguez Iglesias*, Der Europäische Gerichtshof und die Gerichte der Mitgliedstaaten, 2000, S. 15.

[433] B. *Gsell*, AcP 214 (2014), S. 99 (132 f.); zustimmend W. *Faber*, JBl 139 (2017), S. 697 (706 [Fn. 89]).

[434] T. *von Danwitz*, Der richterliche Dialog in der Gerichtspraxis des Vorabentscheidungsverfahrens: Herausforderungen für die Zukunft, in: U. Becker/A. Hatje/M. Potacs u. a. (Hrsg.), Verfassung und Verwaltung in Europa, Festschrift für J. Schwarze, 2014, S. 661 (672); T. *von Danwitz*, ZRP 2010, S. 143 (145); U. *Everling*, Der Gerichtshof als Entscheidungsinstanz, in: J. Schwarze (Hrsg.), Der Europäische Gerichtshof als Verfassungsgericht und Rechtsschutzinstanz, 1983, S. 137 (144).

[435] K. *Lenaerts*, Fordham Intl. L. J. 36 (2013), S. 1302 (1344 f.); ganz ähnlich T. *von Danwitz*, ZESAR 2008, S. 57 (63 f.).

[436] R. *Winter*, NZA 2013, S. 473 (474); T. *von Danwitz*, ZRP 2010, S. 143 (144 f.).

[437] Vgl. R. *Winter*, NZA 2013, S. 473 (477), die darauf hinweist, dass der Begriff „praktische Konkordanz" auf Vorlage des BGH hin wortwörtlichen Einzug in die Rechtsprechung des EuGH fand.

[438] K. *Lenaerts*, EuR 50 (2015), S. 3 (7).

fluss".⁴³⁹ Es kommt demnach zu einem echten Dialog zwischen den Gerichten. Der nationale Richter kann die Entwicklung des Unionsrechts aktiv beeinflussen, er ist „juge commun de droit communautaire"⁴⁴⁰.

Der starke Einfluss der Vorlageersuchen auf die Rechtsprechung des EuGH zeigt sich auch im Bereich der Grundrechtsprüfung. Hier können die nationalen Gerichte ihr Verständnis vom Grundrechtsschutz vor den EuGH bringen.⁴⁴¹ Im Bereich der Gültigkeitsprüfung gilt für Unionsrechtsakte grundsätzlich die Vermutung der Rechtmäßigkeit.⁴⁴² Zwar wird teilweise vertreten, dem handelnden Unionsorgan obliege die Behauptungs- und Beweisführungslast⁴⁴³ für die eingriffsrechtfertigenden Tatsachen,⁴⁴⁴ doch wirkt die objektive Beweislast wohl zugunsten dieses Organs.⁴⁴⁵ Danach kann der grundrechtseingreifende Rechtsakt nur dann sanktioniert werden, wenn etwa dessen fehlende Verhältnismäßigkeit zur vollen richterlichen Überzeugung feststeht.⁴⁴⁶ Im Rahmen des Vorabentscheidungsverfahrens kommt es damit zentral auf die Begründung des vorlegenden Gerichts an. Was von ihm nicht gerügt wird, ist regelmäßig auch nicht Gegenstand der rechtlichen Überprüfung.⁴⁴⁷ Dementsprechend stellt *von Danwitz* fest, der Gerichtshof prüfe Grundrechtsfragen nicht von sich heraus, sondern „nur auf Grund ausdrücklicher Rügen bzw. entsprechender Aufbereitung von Seiten des Vorlagegerichts".⁴⁴⁸

---

⁴³⁹ *T. von Danwitz*, ZRP 2010, S. 143 (144).

⁴⁴⁰ *T. von Danwitz*, ZESAR 2008, S. 57 (58); *T. von Danwitz*, ZRP 2010, S. 143 (144); vgl. auch *M. Pechstein*, EU-Prozessrecht, 4. Aufl. 2011, Rn. 749.

⁴⁴¹ S. *Swoboda*, ZIS 2018, S. 276 (295).

⁴⁴² *H. Krämer*, in: K. Stern/M. Sachs (Hrsg.), Europäische Grundrechte-Charta, 2016, Art. 52 Rn. 57.

⁴⁴³ Die Satzung EuGH und die VerfO EuGH enthalten praktisch keine Regelungen zu den Darlegungs- und Beweisanforderungen. Auch die Rechtswissenschaft hat sich mit diesem Thema bisher wenig beschäftigt. Dementsprechend sind hier noch viele Fragen offen. Vgl. *A. Thiele*, Europäisches Prozessrecht, 2. Aufl. 2014, § 4, Rn. 26; ausführlich zum Beweisrecht *K. Andová*, Beweisrecht, in: H.-W. Rengeling/A. Middeke/M. Gellermann (Hrsg.), Handbuch des Rechtsschutzes in der Europäischen Union, 3. Aufl. 2014, § 24, Rn. 1 ff.

⁴⁴⁴ So *M. Becker*, in: J. Schwarze/U. Becker/A. Hatje u. a. (Hrsg.), EU-Kommentar, 4. Aufl. 2019, Art. 52 GRC Rn. 8.

⁴⁴⁵ *H. Krämer*, in: K. Stern/M. Sachs (Hrsg.), Europäische Grundrechte-Charta, 2016, Art. 52 Rn. 57; zu diesem Komplex ausführlich *K. Andová*, Beweisrecht, in: H.-W. Rengeling/A. Middeke/M. Gellermann (Hrsg.), Handbuch des Rechtsschutzes in der Europäischen Union, 3. Aufl. 2014, § 24, Rn. 6–15.

⁴⁴⁶ *H. Krämer*, in: K. Stern/M. Sachs (Hrsg.), Europäische Grundrechte-Charta, 2016, Art. 52 Rn. 57.

⁴⁴⁷ *R. Stotz*, Die Rechtsprechung des EuGH, in: K. Riesenhuber (Hrsg.), Europäische Methodenlehre, 3. Aufl. 2015, § 22, Rn. 9; vgl. aber *M. Pechstein*, EU-Prozessrecht, 4. Aufl. 2011, Rn. 848, der darauf hinweist, dass der EuGH stellenweise auch andere Ungültigkeitsgründe prüft.

⁴⁴⁸ *T. von Danwitz*, ZRP 2010, S. 143 (146); a.A. *U. Ehricke*, in: R. Streinz (Hrsg.), EUV/AEUV, 3. Aufl. 2018, Art. 267 AEUV Rn. 15, demzufolge der EuGH „alle relevanten Bestimmungen des Unionsrechts zur Auslegung bzw. zur Gültigkeitsprüfung heran[zieht], unabhängig davon, ob sie in der Vorlagefrage erwähnt wurden".

Ein differenzierteres Bild zeigt jedoch eine Analyse der 19 Entscheidungen der Fallgruppen A1 und A2, in denen der EuGH die Verhältnismäßigkeit im Rahmen der Grundrechtsprüfung tatsächlich und in mehr als nur einem Satz prüft und denen Gültigkeitsfragen zugrunde liegen.[449]

In zwei Entscheidungen erwähnt das vorlegende Gericht die Charta oder die Grundrechte gar nicht, bezweifelt also nicht ausdrücklich die Vereinbarkeit der fraglichen sekundärrechtlichen Regelung mit den Grundrechten der GRC.[450] Deswegen stellt der Gerichtshof im Urteil RPO (C-390/15) als Vorbemerkung zu seiner Antwort auf die zweite Vorlagefrage fest, das vorlegende Gericht nehme im Wortlaut seiner Frage zwar nur Bezug auf den Grundsatz der steuerlichen Neutralität, aus der Vorlageentscheidung gehe aber hervor, dass es „der Sache nach" die Frage aufwerfe, ob die fragliche Sekundärrechtsnorm angesichts des in Art. 20 GRC verankerten Grundsatzes der Gleichbehandlung gültig sei.[451] Dementsprechend formuliert der EuGH die Vorlagefrage um[452] und prüft die streitige Richtlinienbestimmung ausschließlich an Art. 20 GRC.[453] Im Urteil Bayer CropScience und Stichting De Bijenstichting (C-442/14) wird eine Grundrechtsverletzung ausweislich der vom Gerichtshof im Urteilstext wiedergegebenen Vorlagefragen ebenso nicht vom nationalen Gericht, sondern in diesem Fall sogar nur von einem am Verfahren beteiligten[454] Unternehmen und der deutschen Regierung behauptet.[455] Auch hier nimmt der EuGH trotzdem eine Grundrechtsprüfung vor.

---

[449] Vgl. EuGH, Urteil v. 09.11.2010, Rs. C-92/09 und C-93/09 *(Volker und Markus Schecke und Eifert)*; EuGH, Urteil v. 06.09.2012, Rs. C-544/10 *(Deutsches Weintor)*; EuGH, Urteil v. 22.01.2013, Rs. C-283/11 *(Sky Österreich)*; EuGH, Urteil v. 17.10.2013, Rs. C-101/12 *(Schaible)*; EuGH, Urteil v. 17.10.2013, Rs. C-291/12 *(Schwarz)*; EuGH, Urteil v. 08.04.2014, Rs. C-293/12 und C-594/12 *(Digital Rights Ireland und Seitlinger u. a.)*; EuGH, Urteil v. 22.05.2014, Rs. C-356/12 *(Glatzel)*; EuGH, Urteil v. 27.05.2014, Rs. C-129/14 PPU *(Spasic)*; EuGH, Urteil v. 06.10.2015, Rs. C-362/14 *(Schrems)*; EuGH, Urteil v. 17.12.2015, Rs. C-157/14 *(Neptune Distribution)*; EuGH, Urteil v. 15.02.2016, Rs. C-601/15 PPU *(N.)*; EuGH, Urteil v. 04.05.2016, Rs. C-547/14 *(Philip Morris Brands u. a.)*; EuGH, Urteil v. 30.06.2016, Rs. C-134/15 *(Lidl)*; EuGH, Urteil v. 10.11.2016, Rs. C-156/15 *(Private Equity Insurance Group)*; EuGH, Urteil v. 23.11.2016, Rs. C-442/14 *(Bayer CropScience und Stichting De Bijenstichting)*; EuGH, Urteil v. 07.03.2017, Rs. C-390/15 *(RPO)*; EuGH, Urteil v. 28.03.2017, Rs. C-72/15 *(Rosneft)*; EuGH, Urteil v. 05.07.2017, Rs. C-190/16 *(Fries)*; EuGH, Urteil v. 14.09.2017, Rs. C-18/16 *(K)*.

[450] Vgl. EuGH, Urteil v. 23.11.2016, Rs. C-442/14 *(Bayer CropScience und Stichting De Bijenstichting)*; EuGH, Urteil v. 07.03.2017, Rs. C-390/15 *(RPO)*.

[451] EuGH, Urteil v. 07.03.2017, Rs. C-390/15 *(RPO)*, Rn. 38.

[452] Vgl. EuGH, Urteil v. 07.03.2017, Rs. C-390/15 *(RPO)*, Rn. 40.

[453] Vgl. EuGH, Urteil v. 07.03.2017, Rs. C-390/15 *(RPO)*, Rn. 41–71.

[454] Siehe zur Rolle der Verfahrensbeteiligten Kapitel 4 C. II. 3.

[455] Vgl. insb. EuGH, Urteil v. 23.11.2016, Rs. C-442/14 *(Bayer CropScience und Stichting De Bijenstichting)*, Rn. 97.

In sechs der oben genannten 19 Entscheidungen erwähnt das vorlegende Gericht immerhin die Charta, begründet aber nicht, warum es an der Vereinbarkeit des fraglichen Sekundärrechts mit ihr zweifelt.[456]

Zum Beispiel äußert das Bundesverwaltungsgericht in der Rechtssache Deutsches Weintor (C-544/10) zwar Bedenken hinsichtlich der Vereinbarkeit des Verbots gesundheitsbezogener Angaben bei Wein mit den Grundrechten auf Berufsfreiheit gemäß Art. 15 GRC und auf unternehmerische Freiheit aus Art. 16 GRC, wenn einem Erzeuger oder Vermarkter von Wein der Hinweis auf die Bekömmlichkeit seines Produkts wegen einer milden Säure selbst dann verboten werde, wenn diese Angabe zutreffe.[457] Diese Zweifel werden aber jedenfalls in der vom Gerichtshof angegebenen Begründung der Vorlage nicht näher ausgeführt.

In den Verfahren N. (C-601/15 PPU) sowie Rosneft (C-72/15) wiederholen die vorlegenden Gerichte jeweils nur die Vorbringen der Verfahrensbeteiligten im Ausgangsrechtsstreit, ohne selbst dazu ausdrücklich Stellung zu nehmen.[458] So machte der Kläger des Ausgangsverfahrens in der Rechtssache N. geltend, seine Inhaftnahme verstoße gegen die EMRK.[459] Vor dem Hintergrund dieser Ausführungen wirft das vorlegende Gericht die Frage auf, ob die sekundärrechtliche Vorschrift angesichts von Art. 6 GRC gültig sei.[460] Es verweist zudem auf Art. 52 Abs. 3 GRC und die einschlägige Rechtsprechung des EGMR, ohne aber den zugrunde liegenden Sachverhalt unter die grundrechtlichen Normen zu subsumieren.[461]

Eine weitergehende Darlegung der Rechtansicht des vorlegenden Gerichts findet sich in sechs der 19 Entscheidungen.[462] Zum Beispiel sieht das Verwaltungsgericht Wiesbaden bei der Rechtssache Volker und Markus Schecke und Eifert (C-92/09 und C-93/09) in der fraglichen EU-Vorschrift einen nicht

---

[456] Vgl. EuGH, Urteil v. 06.09.2012, Rs. C-544/10 *(Deutsches Weintor)*, Rn. 25; EuGH, Urteil v. 15.02.2016, Rs. C-601/15 PPU *(N.)*, Rn. 34–36, 43 f.; EuGH, Urteil v. 04.05.2016, Rs. C-547/14 *(Philip Morris Brands u. a.)*, Rn. 26–28; EuGH, Urteil v. 10.11.2016, Rs. C-156/15 *(Private Equity Insurance Group)*, Rn. 19 f.; EuGH, Urteil v. 28.03.2017, Rs. C-72/15 *(Rosneft)*, Rn. 26–38; EuGH, Urteil v. 05.07.2017, Rs. C-190/16 *(Fries)*, Rn. 24.
[457] EuGH, Urteil v. 06.09.2012, Rs. C-544/10 *(Deutsches Weintor)*, Rn. 25.
[458] Ähnlich schon im Jahre 2000 *G. C. Rodríguez Iglesias*, Der Europäische Gerichtshof und die Gerichte der Mitgliedstaaten, 2000, S. 13.
[459] Vgl. EuGH, Urteil v. 15.02.2016, Rs. C-601/15 PPU *(N.)*, Rn. 34.
[460] Vgl. EuGH, Urteil v. 15.02.2016, Rs. C-601/15 PPU *(N.)*, Rn. 35.
[461] Vgl. EuGH, Urteil v. 15.02.2016, Rs. C-601/15 PPU *(N.)*, Rn. 35 f.
[462] Vgl. EuGH, Urteil v. 09.11.2010, Rs. C-92/09 und C-93/09 *(Volker und Markus Schecke und Eifert)*, Rn. 30; EuGH, Urteil v. 17.10.2013, Rs. C-101/12 *(Schaible)*, Rn. 14–16, 22 f.; EuGH, Urteil v. 17.10.2013, Rs. C-291/12 *(Schwarz)*, Rn. 58, 62; vgl. zu dieser Rechtssache aber GA P. Mengozzi, Schlussanträge v. 13.06.2013, Rs. C-291/12 *(Schwarz)*, Rn. 35, wonach das vorlegende Gericht zwar grundrechtlich argumentiert, nicht aber die Charta zitiert; EuGH, Urteil v. 08.04.2014, Rs. C-293/12 und C-594/12 *(Digital Rights Ireland und Seitlinger u. a.)*, Rn. 20 f.; EuGH, Urteil v. 27.05.2014, Rs. C-129/14 PPU *(Spasic)*, Rn. 40 f.; EuGH, Urteil v. 17.12.2015, Rs. C-157/14 *(Neptune Distribution)*, Rn. 30–32.

gerechtfertigten Eingriff in das Grundrecht auf Schutz der personenbezogenen Daten.[463] Die Verordnung sei zur Erreichung ihrer Ziele nicht geeignet, die Grundrechtseinschränkung jedenfalls nicht verhältnismäßig.[464] Damit belässt es das Verwaltungsgericht nicht bei der bloßen Behauptung einer Grundrechtsverletzung, sondern gibt auch die seiner Ansicht nach problematischen Prüfungspunkte an. Zwar bezieht sich das vorlegende Gericht dabei vor allem auf Art. 8 EMRK, der EuGH stellt aber richtigerweise auf Art. 8 GRC ab.[465]

In weiteren fünf Rechtssachen schließlich begründen die vorlegenden Gerichte ihre Rechtsansicht, es liege ein Verstoß gegen die Charta-Grundrechte durch eine sekundärrechtliche Regelung vor, ausführlich und präzise.[466] Der im Verfahren Sky Österreich (C-283/11) vorlegende Bundeskommunikationssenat beispielsweise stellt zunächst fest, das in der fraglichen Richtlinie vorgesehene Kurzberichterstattungsrecht sei ein Eingriff in das Eigentumsrecht aus Art. 17 GRC der TV-Veranstalter.[467] Anschließend legt der Senat seine Erwägungen zur möglichen Rechtfertigung dieser Einschränkung gemäß Art. 52 Abs. 1 GRC detailliert dar.[468] Dabei bezweifelt er insbesondere die Verhältnismäßigkeit der Regelung, da sie keine ausreichende Berücksichtigung der Umstände des Einzelfalls ermögliche.[469] Ebenso zeigt der vorlegende Senat besonders problematische Fallkonstellationen auf und verweist auf die Rechtsprechung nationaler Verfassungsgerichte sowie die EMRK.[470] Mit dieser ausführlichen Begründung liefert das vorlegende Gericht dem EuGH zahlreiche Anknüpfungspunkte für die Grundrechtsprüfung. Tatsächlich entspricht die folgende Untersuchung durch den Gerichtshof in weiten Teilen den dogmatischen Vorgaben von Art. 52 Abs. 1 GRC.[471]

Auch die Grundrechtsprüfungen des Gerichtshofs in den übrigen Entscheidungen, in denen die vorlegenden Gerichte ihre Rechtsansicht immerhin kurz begründen, erfüllen überwiegend die Anforderungen der Charta. Zumindest in den Entscheidungen Deutsches Weintor (C-544/10), Philip Morris Brands u. a. (C-547/14) sowie Private Equity Insurance Group (C-156/15) korreliert hin-

---

[463] Vgl. EuGH, Urteil v. 09.11.2010, Rs. C-92/09 und C-93/09 *(Volker und Markus Schecke und Eifert)*, Rn. 30.
[464] Vgl. EuGH, Urteil v. 09.11.2010, Rs. C-92/09 und C-93/09 *(Volker und Markus Schecke und Eifert)*, Rn. 30.
[465] Vgl. EuGH, Urteil v. 09.11.2010, Rs. C-92/09 und C-93/09 *(Volker und Markus Schecke und Eifert)*, Rn. 44–46.
[466] Vgl. EuGH, Urteil v. 22.01.2013, Rs. C-283/11 *(Sky Österreich)*, Rn. 20–24; EuGH, Urteil v. 22.05.2014, Rs. C-356/12 *(Glatzel)*, Rn. 25–36; EuGH, Urteil v. 06.10.2015, Rs. C-362/14 *(Schrems)*, Rn. 34–36, 37; EuGH, Urteil v. 30.06.2016, Rs. C-134/15 *(Lidl)*, Rn. 21–24; EuGH, Urteil v. 14.09.2017, Rs. C-18/16 *(K)*, Rn. 23–28, 31.
[467] Vgl. EuGH, Urteil v. 22.01.2013, Rs. C-283/11 *(Sky Österreich)*, Rn. 20.
[468] Vgl. EuGH, Urteil v. 22.01.2013, Rs. C-283/11 *(Sky Österreich)*, Rn. 21–24.
[469] Vgl. EuGH, Urteil v. 22.01.2013, Rs. C-283/11 *(Sky Österreich)*, Rn. 21.
[470] Vgl. EuGH, Urteil v. 22.01.2013, Rs. C-283/11 *(Sky Österreich)*, Rn. 22 f.
[471] Siehe dazu Kapitel 3 B.

gegen eine lediglich kurze Begründung des mitgliedstaatlichen Gerichts mit einer in vielen Teilen defizitären Grundrechtsprüfung durch den EuGH.

Insgesamt lassen sich zwei Schlüsse ziehen:

Bei den Entscheidungen der Fallgruppen A1 und A2,[472] in denen der Gerichtshof die Verhältnismäßigkeit im Rahmen der Grundrechtsprüfung tatsächlich und in mehr als nur einem Satz prüft und denen Gültigkeitsfragen zugrunde liegen, haben die mitgliedstaatlichen Gerichte in ihren Vorlageersuchen in den allermeisten Fällen ausdrücklich die Gültigkeit der streitigen Unionsrechtsnorm angesichts der Charta in Zweifel gezogen. Nur selten prüft der EuGH die Vereinbarkeit von Sekundärrecht mit der GRC, wenn diese nicht vom vorlegenden Gericht angezweifelt wurde.

Die Ausführlichkeit und die Detailliertheit der Begründungen der Rechtsauffassung durch die nationalen Gerichte schwanken aber stark. Zudem scheint die Qualität der Grundrechtsprüfung durch den EuGH zumindest in einigen Entscheidungen mit der Ausführlichkeit der Erwägungen des mitgliedstaatlichen Gerichts zusammenzuhängen. Hier ist jedoch Vorsicht geboten: Die vorstehende Analyse wurde ausschließlich anhand der vom Gerichtshof in seinen Entscheidungen wiedergegebenen Ausführungen des nationalen Gerichts erstellt. Das tatsächliche Vorabentscheidungsersuchen ist grundsätzlich nicht zugänglich.[473] Denkbar ist, dass der EuGH die grundrechtliche Argumentation des mitgliedstaatlichen Gerichts kürzt oder Teile nicht in seine Entscheidung aufnimmt. Dies könnte gerade bei Vorlagen der Fall sein, in denen der Gerichtshof den Grundrechten eine nur untergeordnete Rolle zuspricht und dementsprechend nicht alle Anforderungen von Art. 52 Abs. 1 GRC erfüllt. Nachprüfen lässt sich dies nicht.

Wie oben bereits zur Interessenprüfung festgestellt, ist anzunehmen, dass im Rahmen von Gültigkeitsfragen, bei denen die Vereinbarkeit eines Unionsrechtsakts mit den Charta-Grundrechten in Frage steht, eine vollständige Grundrechtsprüfung durch den EuGH stattfindet.[474] Fraglich ist, ob dies auch gilt, wenn das vorlegende Gericht einzelne Anforderungen der Charta ausdrücklich für erfüllt hält und nur an bestimmten Aspekten zweifelt.

Tatsächlich untersucht der Gerichtshof im Urteil Lidl (C-134/15) die vom vorlegenden Gericht für unproblematisch gehaltenen Prüfungspunkte nicht. Er stellt fest, das mitgliedstaatliche Gericht sei der Auffassung, die streitige Etikettierungspflicht habe eine ausreichende gesetzliche Grundlage, achte den Wesensgehalt von Art. 16 GRC und verfolge ein legitimes Ziel.[475] Es zweifele nur an der Verhältnismäßigkeit der Maßnahme.[476] Dementsprechend prüft

---
[472] Siehe zu diesen Fallgruppen Kapitel 2 C. III. 1. a) beziehungsweise Kapitel 2 C. III. 1. b).
[473] Es wird jedenfalls nicht vom Gerichtshof veröffentlicht.
[474] Vgl. Kapitel 4 C. II. 2. a) aa).
[475] EuGH, Urteil v. 30.06.2016, Rs. C-134/15 *(Lidl)*, Rn. 32.
[476] EuGH, Urteil v. 30.06.2016, Rs. C-134/15 *(Lidl)*, Rn. 32.

der EuGH im Folgenden ausschließlich die Verhältnismäßigkeit, nicht aber die von Art. 52 Abs. 1 GRC vorgesehenen Aspekte der ausreichenden gesetzlichen Grundlage, der Achtung der Wesensgehaltsgarantie und des legitimen Ziels.[477] Diese Beschränkung lässt sich mit der konkreten Ausgestaltung der Vorlagefragen durch das nationale Gericht begründen: Der Gerichtshof überprüft die Gültigkeit der Sekundärrechtsnorm nur insoweit, als das vorlegende Gericht an ihr zweifelt. Das Urteil Lidl stellt insofern allerdings einen Einzelfall in der Grundrechtsprechung des EuGH dar.

Im Übrigen ist der konkrete Einfluss der Vorabentscheidungsersuchen auf die Dogmatik der Grundrechtsprüfung wegen der nur durch den Gerichtshof in der Entscheidung wiedergegebenen Vorlagen nicht mit Sicherheit zu überprüfen. Nach *Lenaerts* hängt der Grad der Allgemeingültigkeit oder Spezifität der Antwort des EuGH mit dem Maß an Präzision zusammen, in dem das vorlegende Gericht die Fakten des Falls und den nationalen Kontext darlegt: Wenn das Ersuchen sehr präzise ausgearbeitet sei, sei die Chance höher, vom Gerichtshof eine passgenaue Antwort zu erhalten.[478] Andererseits lege der EuGH in Fällen, in denen die Faktenlage ungewiss oder Fragen zum nationalen Recht offen seien, lediglich den unionsrechtlichen Rahmen fest. Das vorlegende Gericht könne dann unter Beachtung der Fakten sowie des Einflusses des nationalen Rechts aus verschiedenen unionsrechtskonformen Lösungswegen wählen.[479]

Hinsichtlich der Auslegungsfragen im Vorabentscheidungsverfahren wurde bereits gezeigt, dass der Gerichtshof im Falle von nationalen Grundrechtseinschränkungen häufig nur den unionsrechtlichen Rahmen absteckt, die Entscheidung im Einzelfall aber dem nationalen Gericht überlässt. Dies wirkt sich insbesondere auf seine Prüfung der widerstreitenden Interessen aus. Dabei sind die Vorgaben des EuGH allerdings unterschiedlich präzise. Teilweise ist die Entscheidung des nationalen Gerichts bereits praktisch vorbestimmt, teilweise wird ihm ein weiter Beurteilungsspielraum gelassen.[480] Vor dem Hintergrund der Bedeutung der Ausgestaltung des Vorlageersuchens auf die Antwort des Gerichtshofs ist denkbar, dass diese Unterschiede in der Interessenprüfung mit der Präzision der Darlegung durch das nationale Gericht zusammenhängen. Daher würden Vorlagen, die den zugrunde liegenden Sachverhalt und die Rechtsansicht des nationalen Gerichts detailliert darstellen, zu einer vollständigen Interessenprüfung durch den EuGH führen, während der Gerichtshof bei weniger klaren Vorlageersuchen diese maßgeblich dem vorlegenden Gericht überließe.

---

[477] Vgl. EuGH, Urteil v. 30.06.2016, Rs. C-134/15 *(Lidl)*, Rn. 33–40.
[478] K. *Lenaerts*, Fordham Intl. L. J. 36 (2013), S. 1302 (1344 f.).
[479] K. *Lenaerts*, Fordham Intl. L. J. 36 (2013), S. 1302 (1345).
[480] Siehe Kapitel 4 C. II. 2. a) aa).

Durch die Analyse der 40 Entscheidungen der Fallgruppen A1 und A2, in denen der EuGH die Verhältnismäßigkeit im Rahmen der Grundrechtsprüfung tatsächlich und in mehr als nur einem Satz prüft,[481] lassen sich diese Annahmen jedoch nicht bestätigen. 17 dieser 40 Entscheidungen behandeln eine nationale Grundrechtseinschränkung.[482] Dabei legt der Gerichtshof in sieben Entscheidungen nur den unionsrechtlichen Rahmen dar und überlässt die finale Entscheidung ausdrücklich dem vorlegenden Gericht.[483] In den übrigen zehn Entscheidungen[484] verweist er hingegen nicht explizit auf die Prüfungskompetenz der nationalen Judikative.[485]

Unter diesen 17 Entscheidungen mit einer Grundrechtseinschränkung durch eine nationale Maßnahme finden sich vier Vorlageersuchen, in denen die Charta überhaupt nicht erwähnt wird.[486] So lässt sich der Vorlage im Urteil Léger (C-528/13) nicht entnehmen, dass das nationale Gericht überhaupt eine mögliche Verletzung der Charta im Blick hatte. Es erwähnt die GRC nicht, sondern fragt nur nach der Vereinbarkeit der nationalen Maßnahme mit Sekundärrecht.[487] Auch im Verfahren Hypoteční banka (C-327/10) bittet das vorlegende Gericht ausschließlich um die Auslegung von Sekundärrecht, ohne die Charta zu erwähnen.[488] Trotzdem macht der EuGH in beiden Entscheidungen detaillierte Vorgaben für die vom nationalen Gericht vorzunehmende Prüfung des konkreten

---

[481] Siehe dazu Kapitel 3 B. V. 2. a) ee).
[482] Siehe bereits Kapitel 4 C. II. 2. a) aa).
[483] Vgl. EuGH, Urteil v. 17.11.2011, Rs. C-327/10 *(Hypoteční banka)*, Rn. 49–54; EuGH, Urteil v. 29.04.2015, Rs. C-528/13 *(Léger)*, Rn. 46–86; EuGH, Urteil v. 17.12.2015, Rs. C-419/14 *(WebMindLicenses)*, Rn. 70–79; EuGH, Urteil v. 15.09.2016, Rs. C-484/14 *(Mc Fadden)*, Rn. 80–101; EuGH, Urteil v. 27.09.2017, Rs. C-73/16 *(Puškár)*, Rn. 56–76 sowie 82, 87–98; EuGH, Urteil v. 20.12.2017, Rs. C-277/16 *(Polkomtel)*, Rn. 50–54; EuGH, Urteil v. 20.12.2017, Rs. C-664/15 *(Protect Natur-, Arten- und Landschaftschutz Umweltorganisation)*, Rn. 87–99.
[484] Vgl. EuGH, Urteil v. 24.11.2011, Rs. C-468/10 *(ASNEF)*, Rn. 40–45; EuGH, Urteil v. 24.11.2011, Rs. C-70/10 *(Scarlet Extended)*, Rn. 41–53; EuGH, Urteil v. 16.02.2012, Rs. C-360/10 *(SABAM)*, Rn. 41–51; EuGH, Urteil v. 15.03.2012, Rs. C-292/10 *(G)*, Rn. 48–58; EuGH, Urteil v. 27.03.2014, Rs. C-314/12 *(UPC Telekabel Wien)*, Rn. 42–63; EuGH, Urteil v. 06.10.2015, Rs. C-650/13 *(Delvigne)*, Rn. 40–52; EuGH, Urteil v. 15.09.2016, Rs. C-439/14 und C-488/14 *(Star Storage)*, Rn. 45–61; EuGH, Urteil v. 21.12.2016, Rs. C-201/15 *(AGET Iraklis)*, Rn. 62–103; EuGH, Urteil v. 21.12.2016, Rs. C-203/15 und C-698/15 *(Tele2 Sverige)*, Rn. 91–107; EuGH, Urteil v. 13.06.2017, Rs. C-258/14 *(Florescu u. a.)*, Rn. 43–60.
[485] Wobei die Anwendung des Unionsrechts auf den Ausgangssachverhalt und die Auslegung und Anwendung des nationalen Rechts selbstverständlich dem nationalen Gericht überlassen bleibt. So ausdrücklich etwa EuGH, Urteil v. 21.12.2016, Rs. C-203/15 und C-698/15 *(Tele2 Sverige)*, Rn. 124.
[486] Vgl. EuGH, Urteil v. 17.11.2011, Rs. C-327/10 *(Hypoteční banka)*, Rn. 20–27; EuGH, Urteil v. 24.11.2011, Rs. C-468/10 *(ASNEF)*, Rn. 15–23; EuGH, Urteil v. 29.04.2015, Rs. C-528/13 *(Léger)*, Rn. 24–29; EuGH, Urteil v. 20.12.2017, Rs. C-664/15 *(Protect Natur-, Arten- und Landschaftschutz Umweltorganisation)*, Rn. 20–29.
[487] Vgl. EuGH, Urteil v. 29.04.2015, Rs. C-528/13 *(Léger)*, Rn. 28 f.
[488] Vgl. EuGH, Urteil v. 17.11.2011, Rs. C-327/10 *(Hypoteční banka)*, Rn. 27.

Einzelfalls.[489] In drei der vier Entscheidungen überlässt er die finale Entscheidung explizit dem vorlegenden Gericht.[490]

Die Vorlageersuchen der nationalen Gerichte erwähnen in neun der 17 Rechtssachen zumindest die Charta (oder die Grundrechte im Allgemeinen), die diesbezügliche Rechtsansicht des Gerichts lässt sich ihnen aber kaum entnehmen.[491] In der Rechtssache WebMindLicenses (C-419/14) zum Beispiel zitiert das mitgliedstaatliche Gericht die Charta in seiner Begründung der Vorlage und stellt vier Fragen (von insgesamt 17 Vorlagefragen) zu deren Auslegung.[492] Ebenso beziehen sich die vier Vorlagefragen im Urteil Puškár (C-73/16) sämtlich auf die Auslegung der GRC.[493] Aus beiden Entscheidungen geht aber nicht hervor, welche grundrechtlichen Aspekte das nationale Gericht für problematisch hält. Der Gerichtshof überantwortet der nationalen Judikative in nur drei der neun Rechtssachen ausdrücklich die finale Entscheidung über die mögliche Grundrechtsverletzung.[494] Die Interessenprüfung des EuGH ist in diesen Fällen entweder vollständig[495], unvollständig[496] oder fehlt völlig: Im Urteil Polkomtel (C-277/16) überlässt der Gerichtshof die Kontrolle der Erforderlichkeit und der Angemessenheit vollständig dem nationalen Gericht.[497]

Die Vorlagen von drei Entscheidungen enthalten eine weitergehende Darlegung der Rechtsansicht des nationalen Gerichts,[498] das Ersuchen in der Rechtssache AGET Iraklis (C-201/15) sogar eine umfassende Wiedergabe von dessen Auffassung.[499] Der EuGH lässt den vorlegenden Gerichten in diesen vier Fällen kaum Spielraum zur Umsetzung seiner Charta-Auslegung. Die Interes-

---

[489] Vgl. EuGH, Urteil v. 29.04.2015, Rs. C-528/13 *(Léger)*, Rn. 59–67; EuGH, Urteil v. 17.11.2011, Rs. C-327/10 *(Hypoteční banka)*, Rn. 51–54.

[490] Einzige Ausnahme EuGH, Urteil v. 24.11.2011, Rs. C-468/10 *(ASNEF)*.

[491] Vgl. EuGH, Urteil v. 24.11.2011, Rs. C-70/10 *(Scarlet Extended)*, Rn. 28, 41; EuGH, Urteil v. 16.02.2012, Rs. C-360/10 *(SABAM)*, Rn. 25 f., 39; EuGH, Urteil v. 27.03.2014, Rs. C-314/12 *(UPC Telekabel Wien)*, Rn. 17, 42; EuGH, Urteil v. 06.10.2015, Rs. C-650/13 *(Delvigne)*, Rn. 20; EuGH, Urteil v. 17.12.2015, Rs. C-419/14 *(WebMindLicenses)*, Rn. 26, 28, 62–64; EuGH, Urteil v. 15.09.2016, Rs. C-484/14 *(Mc Fadden)*, Rn. 33; EuGH, Urteil v. 13.06.2017, Rs. C-258/14 *(Florescu u. a.)*, Rn. 28; EuGH, Urteil v. 27.09.2017, Rs. C-73/16 *(Puškár)*, Rn. 31 f.; EuGH, Urteil v. 20.12.2017, Rs. C-277/16 *(Polkomtel)*, Rn. 23–26.

[492] Vgl. EuGH, Urteil v. 17.12.2015, Rs. C-419/14 *(WebMindLicenses)*, Rn. 26, 28.

[493] Vgl. EuGH, Urteil v. 27.09.2017, Rs. C-73/16 *(Puškár)*, Rn. 32.

[494] Vgl. EuGH, Urteil v. 15.09.2016, Rs. C-484/14 *(Mc Fadden)*; EuGH, Urteil v. 27.09.2017, Rs. C-73/16 *(Puškár)*; EuGH, Urteil v. 20.12.2017, Rs. C-277/16 *(Polkomtel)*.

[495] Vgl. EuGH, Urteil v. 15.09.2016, Rs. C-484/14 *(Mc Fadden)*, Rn. 82–100.

[496] Vgl. EuGH, Urteil v. 27.09.2017, Rs. C-73/16 *(Puškár)*, Rn. 62, 66, 69–75 sowie 82, 93–97.

[497] Vgl. EuGH, Urteil v. 20.12.2017, Rs. C-277/16 *(Polkomtel)*, Rn. 52.

[498] Vgl. EuGH, Urteil v. 15.03.2012, Rs. C-292/10 *(G)*, Rn. 32 f.; EuGH, Urteil v. 15.09.2016, Rs. C-439/14 und C-488/14 *(Star Storage)*, Rn. 14, 38; EuGH, Urteil v. 21.12.2016, Rs. C-203/15 und C-698/15 *(Tele2 Sverige)*, Rn. 50 f., 56, 59, 114.

[499] Vgl. EuGH, Urteil v. 21.12.2016, Rs. C-201/15 *(AGET Iraklis)*, Rn. 20–25, 62, 65 f., 71.

senprüfung des Gerichtshofs ist teilweise vollständig,⁵⁰⁰ teilweise unvollständig.⁵⁰¹

Es lässt sich damit in diesen Entscheidungen kein Zusammenhang zwischen der Ausgestaltung der Vorabentscheidungsersuchen und der Genauigkeit der Interessenprüfung durch den EuGH ausmachen.

Insgesamt ist festzuhalten, dass die nationalen Gerichte über die konkrete Ausgestaltung ihrer Vorabentscheidungsersuchen einen Einfluss auf die Dogmatik der Grundrechtsprüfung durch den EuGH haben. Sie allein entscheiden über die vorgelegten Fragen und deren Begründung sowie die Darstellung des jeweiligen Sachverhalts. Damit grenzen sie den Verfahrensgegenstand ein und beeinflussen die Prüfung des EuGH. Wird etwa ein Grundrechtsverstoß nicht gerügt, prüft der Gerichtshof meist auch keine Grundrechtsfragen. Dogmatische Divergenzen lassen sich allerdings nur stellenweise mit den Fragen der mitgliedstaatlichen Gerichte erklären, etwa wenn der EuGH in Anlehnung an die Argumentation des nationalen Richters nur Teile der Grundrechtsprüfung vornimmt.

Ein Zusammenhang zwischen der Ausgestaltung der Vorabentscheidungsersuchen und der Genauigkeit der Interessenprüfung durch den Gerichtshof lässt sich hingegen nicht ausmachen.

b) Rechtsmittelverfahren nach Art. 56 Satzung EuGH

Gemäß Art. 256 Abs. 1 UAbs. 2 AEUV ist der Gerichtshof für Rechtsmittel gegen Entscheidungen des Gerichts nach Art. 256 Abs. 1 AEUV zuständig. Dies betrifft vor allem Individualnichtigkeitsklagen gemäß Art. 263 Abs. 4 AEUV. Das Rechtsmittelverfahren ist Art. 256 Abs. 1 UAbs. 2 AEUV zufolge auf Rechtsfragen beschränkt. Der EuGH untersucht hier – ebenso wie beim Vorabentscheidungsverfahren – keine Tatsachen.⁵⁰² Eine Ausnahme gilt nur dann, wenn sich aus den Prozessakten eindeutig die Unrichtigkeit der Tatsachenfeststellung ergibt.⁵⁰³ Die Beweiswürdigung durch das EuG überprüft der EuGH einzig, wenn Beweismittel verfälscht wurden.⁵⁰⁴ Die Rechtsanwendung, Aus-

---

⁵⁰⁰ Vgl. EuGH, Urteil v. 15.03.2012, Rs. C-292/10 *(G)*, Rn. 48–51, 56 f.; EuGH, Urteil v. 21.12.2016, Rs. C-203/15 und C-698/15 *(Tele2 Sverige)*, Rn. 97–106.
⁵⁰¹ Vgl. EuGH, Urteil v. 15.09.2016, Rs. C-439/14 und C-488/14 *(Star Storage)*, Rn. 52 f., 60 f.; EuGH, Urteil v. 21.12.2016, Rs. C-201/15 *(AGET Iraklis)*, Rn. 71–78, 98–100.
⁵⁰² *A. Thiele*, Europäisches Prozessrecht, 2. Aufl. 2014, § 12, Rn. 1; *M. Pechstein*, EU-Prozessrecht, 4. Aufl. 2011, Rn. 241; zur Abgrenzung von Tatsachen- und Rechtsfragen *B. Wägenbaur*, EuZW 1995, S. 199 (200–203); *A. Geppert*, Rechtsmittel, Rechtsbehelfe und Überprüfungsverfahren, in: H.-W. Rengeling/A. Middeke/M. Gellermann (Hrsg.), Handbuch des Rechtsschutzes in der Europäischen Union, 3. Aufl. 2014, § 28, Rn. 26–30.
⁵⁰³ *A. Thiele*, Europäisches Prozessrecht, 2. Aufl. 2014, § 12, Rn. 20.
⁵⁰⁴ *A. Geppert*, Rechtsmittel, Rechtsbehelfe und Überprüfungsverfahren, in: H.-W. Rengeling/A. Middeke/M. Gellermann (Hrsg.), Handbuch des Rechtsschutzes in der Europäischen Union, 3. Aufl. 2014, § 28, Rn. 28; *M. Pechstein*, EU-Prozessrecht, 4. Aufl. 2011, Rn. 241;

legung und Subsumtion des Gerichts kann er dagegen vollumfänglich untersuchen und gegebenenfalls korrigieren.⁵⁰⁵ Das Rechtsmittelverfahren wird in Art. 56 ff. Satzung EuGH und Art. 167 ff. VerfO EuGH näher ausgestaltet.

Nach Art. 170 Abs. 1 S. 2 VerfO EuGH kann das Rechtsmittel den vor dem EuG verhandelten Streitgegenstand⁵⁰⁶ nicht verändern. Neue Klagegründe sind nach S. 1 unzulässig. Weiterhin kann das Rechtsmittel gemäß Art. 58 S. 2 Satzung EuGH ausschließlich auf die Unzuständigkeit des Gerichts, auf einen Verfahrensfehler, durch den die Interessen des Rechtsmittelführers beeinträchtigt werden, sowie auf eine Verletzung des Unionsrechts durch das Gericht gestützt werden. Diese Aufzählung ist abschließend.⁵⁰⁷

Grundrechtliche Fragestellungen werden vor allem in der zweiten Variante (Verfahrensfehler) relevant. Von den 133 Entscheidungen der Fallgruppen A1, A2 und A3 sind 35 im Rechtsmittelverfahren nach Art. 56 Satzung EuGH ergangen. Dieses Verfahren ist damit nach dem Vorabentscheidungsverfahren die häufigste Prozessart in den Gruppen A1 bis A3. Dabei zitiert der EuGH in 31 der 35 Entscheidungen zumindest auch das Recht auf einen wirksamen Rechtsbehelf und ein unparteiisches Gericht gemäß Art. 47 GRC. Besonders oft wird eine überlange Verfahrensdauer vor dem EuG gerügt – und damit ein Verfahrensfehler im Sinne des Art. 58 S. 2 Var. 2 Satzung EuGH.⁵⁰⁸ Die dritte Variante (Verletzung des Unionsrechts durch das Gericht), in der ebenfalls

---

A. Thiele, Europäisches Prozessrecht, 2. Aufl. 2014, § 12, Rn. 20; *B. Wägenbaur*, Verfahrensrecht der Unionsgerichtsbarkeit, in: S. Leible/J.P. Terhechte (Hrsg.), Europäisches Rechtsschutz- und Verfahrensrecht (EnzEuR Band 3), 2014, § 7, Rn. 108.

⁵⁰⁵ *M. Pechstein*, EU-Prozessrecht, 4. Aufl. 2011, Rn. 241; *B. Wägenbaur*, EuZW 1995, S. 199 (200–203).

⁵⁰⁶ Der vor dem EuG verhandelte Streitgegenstand ist nicht mit dem Rechtsmittelgegenstand zu verwechseln. Zu letzterem siehe *M. Pechstein*, EU-Prozessrecht, 4. Aufl. 2011, Rn. 235 f.

⁵⁰⁷ *A. Geppert*, Rechtsmittel, Rechtsbehelfe und Überprüfungsverfahren, in: H.-W. Rengeling/A. Middeke/M. Gellermann (Hrsg.), Handbuch des Rechtsschutzes in der Europäischen Union, 3. Aufl. 2014, § 28, Rn. 31.

⁵⁰⁸ Vgl. EuGH, Urteil v. 26.11.2013, Rs. C-40/12 P *(Gascogne Sack Deutschland/Kommission)*; EuGH, Urteil v. 26.11.2013, Rs. C-50/12 P *(Kendrion/Kommission)*; EuGH, Urteil v. 26.11.2013, Rs. C-58/12 P *(Groupe Gascogne/Kommission)*; EuGH, Urteil v. 30.04.2014, Rs. C-238/12 P *(FLSmidth/Kommission)*; EuGH, Urteil v. 08.05.2014, Rs. C-414/12 P *(Bolloré/Kommission)*; EuGH, Urteil v. 12.06.2014, Rs. C-578/11 P *(Deltafina/Kommission)*; EuGH, Urteil v. 19.06.2014, Rs. C-243/12 P *(FLS Plast/Kommission)*; EuGH, Urteil v. 10.07.2014, Rs. C-295/12 P *(Telefónica und Telefónica de España/Kommission)*; EuGH, Urteil v. 09.10.2014, Rs. C-467/13 P *(ICF/Kommission)*; EuGH, Urteil v. 12.11.2014, Rs. C-580/12 P *(Guardian Industries und Guardian Europe/Kommission)*; EuGH, Urteil v. 21.01.2016, Rs. C-603/13 P *(Galp Energia España u. a./Kommission)*; EuGH, Urteil v. 09.06.2016, Rs. C-608/13 P *(CEPSA/Kommission)*; EuGH, Urteil v. 09.06.2016, Rs. C-616/13 P *(PROAS/Kommission)*; EuGH, Urteil v. 09.06.2016, Rs. C-617/13 P *(Repsol Lubricantes y Especialidades u. a./Kommission)*; EuGH, Urteil v. 14.09.2016, Rs. C-490/15 P und C-505/15 P *(Ori Martin/Kommission)*; EuGH, Urteil v. 14.09.2016, Rs. C-519/15 P *(Trafilerie Meridionali/Kommission)*.

grundrechtsrelevante Konstellationen auftreten können, ist in der analysierten Rechtsprechung kaum relevant.

Bereits im dritten Kapitel wurde herausgearbeitet, dass der Gerichtshof die Prüfung der justiziellen Grundrechte und insbesondere von Art. 47 GRC überwiegend nicht entsprechend Art. 52 Abs. 1 GRC vornimmt, sondern in diesem Bereich eine Sonderdogmatik anwendet. Dies lässt sich einerseits mit den dogmatischen Besonderheiten der Justizgrundrechte erklären.[509] Andererseits könnten die Divergenzen in der Dogmatik der Grundrechtsprüfung durch den EuGH aber auch mit der prozessualen Situation im Rechtsmittelverfahren zusammenhängen. Im dritten Kapitel der vorliegenden Arbeit wurde nachgewiesen, dass der Gerichtshof im Bereich der justiziellen Grundrechte zwischen einem ein-, zwei- und dreistufigen Prüfungsaufbau wechselt.[510] Auffällig ist, dass sich zwei- und dreistufige Prüfungen nicht im Rechtsmittelverfahren finden. In diesem Verfahren prüft der EuGH die Grundrechte aus Titel VI der Charta stets einstufig.[511] In Vorabentscheidungsverfahren finden sich hingegen auch zwei-[512] und dreistufige[513] Schemata. Dies lässt sich mit den Unterschie-

---

[509] Siehe dazu schon Kapitel 3 C und Kapitel 4 C. I. 4.
[510] Siehe Kapitel 3 B. I. 3.
[511] Vgl. EuGH, Urteil v. 01.07.2010, Rs. C-407/08 P *(Knauf Gips/Kommission)*, Rn. 87–91; EuGH, Urteil v. 08.12.2011, Rs. C-272/09 P *(KME Germany u. a./Kommission)*, Rn. 92–106; EuGH, Urteil v. 08.12.2011, Rs. C-386/10 P *(Chalkor/Kommission)*, Rn. 51–67; EuGH, Urteil v. 08.12.2011, Rs. C-389/10 P *(KME Germany u. a./Kommission)*, Rn. 119–133; EuGH, Urteil v. 22.11.2012, Rs. C-89/11 P *(E. ON Energie/Kommission)*, Rn. 72–78; EuGH, Urteil v. 18.07.2013, Rs. C-584/10 P, C-593/10 P und C-595/10 P *(Kommission u. a./Kadi)*, Rn. 97 ff.; EuGH, Urteil v. 26.11.2013, Rs. C-40/12 P *(Gascogne Sack Deutschland/Kommission)*, Rn. 97–102; EuGH, Urteil v. 26.11.2013, Rs. C-50/12 P *(Kendrion/Kommission)*, Rn. 97–102; EuGH, Urteil v. 26.11.2013, Rs. C-58/12 P *(Groupe Gascogne/Kommission)*, Rn. 91–96; EuGH, Urteil v. 19.12.2013, Rs. C-239/11 P, C-489/11 P und C-498/11 P *(Siemens/Kommission)*, Rn. 333–341; EuGH, Urteil v. 27.03.2014, Rs. C-530/12 P *(HABM/National Lottery Commission)*, Rn. 52–59; EuGH, Urteil v. 30.04.2014, Rs. C-238/12 P *(FLSmidth/Kommission)*, Rn. 118–123; EuGH, Urteil v. 19.06.2014, Rs. C-243/12 P *(FLS Plast/Kommission)*, Rn. 137–142; EuGH, Urteil v. 10.07.2014, Rs. C-295/12 P *(Telefónica und Telefónica de España/Kommission)*, Rn. 36–60 sowie 197–204; EuGH, Urteil v. 26.02.2015, Rs. C-221/14 P *(H/Gerichtshof)*, Rn. 56–59; EuGH, Urteil v. 21.04.2015, Rs. C-605/13 P *(Anbouba/Rat)*, Rn. 45–55; EuGH, Urteil v. 21.04.2015, Rs. C-630/13 P *(Anbouba/Rat)*, Rn. 46–56; EuGH, Urteil v. 04.06.2015, Rs. C-682/13 P *(Andechser Molkerei Scheitz/Kommission)*, Rn. 43–47; EuGH, Urteil v. 18.06.2015, Rs. C-535/14 P *(Ipatau/Rat)*, Rn. 42–51; EuGH, Urteil v. 22.10.2015, Rs. C-194/14 P *(AC-Treuhand/Kommission)*, Rn. 74–79; EuGH, Urteil v. 21.12.2016, Rs. C-131/15 P *(Club Hotel Loutraki u. a./Kommission)*, Rn. 45–58; EuGH, Urteil v. 12.01.2017, Rs. C-411/15 P *(Timab Industries und CFPR/Kommission)*, Rn. 165–170; EuGH, Urteil v. 26.01.2017, Rs. C-604/13 P *(Aloys F. Dornbracht/Kommission)*, Rn. 94–100; EuGH, Beschluss v. 06.04.2017, Rs. C-464/16 P *(PITEE/Kommission)*, Rn. 27–35.
[512] Vgl. EuGH, Urteil v. 15.09.2016, Rs. C-439/14 und C-488/14 *(Star Storage)*, Rn. 45–61; EuGH, Urteil v. 27.09.2017, Rs. C-73/16 *(Puškár)*, Rn. 82, 87–98.
[513] Vgl. EuGH, Urteil v. 21.02.2013, Rs. C-472/11 *(Banif Plus Bank)*, Rn. 29–34; EuGH, Urteil v. 27.05.2014, Rs. C-129/14 PPU *(Spasic)*, Rn. 51–74; EuGH, Urteil v. 17.09.2014, Rs. C-562/12 *(Liivimaa Lihaveis)*, Rn. 60–75; EuGH, Urteil v. 30.06.2016, Rs. C-205/15 *(Toma und Biroul Executorului Judecătoresc Horațiu-Vasile Cruduleci)*, Rn. 38–56; EuGH, Urteil

den der Verfahrensarten erklären: Während das Vorabentscheidungsverfahren zwar auch dem Individualrechtsschutz dient, stellt es prozessual ein objektives Feststellungsverfahren dar, das der Herrschaft der Parteien des Ausgangsrechtsstreits entzogen ist und die Ausgestaltung des Vorlageersuchens in die Hand des vorlegenden Gerichts legt.[514] Das Rechtsmittelverfahren dagegen ist kontradiktorisch ausgestaltet[515] und bietet subjektiven Grundrechtsschutz.[516] Dabei verlängert es den Grundrechtsschutz, der durch die Individualnichtigkeits- sowie die Individualuntätigkeitsklagen vor dem EuG gewährt wird.[517] Hier geht es nicht um die abstrakte Auslegung oder Gültigkeitsprüfung von Unionsrecht, sondern um den konkreten Fall des Verfahrens vor dem Gericht. Wird ein justizielles Grundrecht als verletzt gerügt, liegt die mögliche Grundrechtsverletzung meist in der Entscheidung des EuG – nicht in einem abstrakt-generellen Rechtsakt. Der EuGH muss dann ebenso keine allgemeinen Auslegungshinweise zur Charta geben, sondern überprüfen, ob das Gericht mit seiner Entscheidung die Grundrechte der Rechtsmittelführer verletzt hat. Häufig entscheidet sich das an einem Punkt – etwa an der Länge des Verfahrens. Hier scheint es aus Sicht des Gerichtshofs ausreichend, auf diese spezifische Frage einzugehen, ohne dem Prüfungsaufbau von Art. 52 Abs. 1 GRC zu folgen.

Die Unterschiede des Rechtsmittelverfahrens zum Vorabentscheidungsverfahren wirken sich auch auf die Interessenprüfung im Rahmen der grundrechtlichen Verhältnismäßigkeitskontrolle durch den EuGH aus. Im Vorabentscheidungs- sowie Gutachtenverfahren nimmt der Gerichtshof diese Untersuchung typisierend vor: Er stellt nicht auf den konkreten Fall des prozessbeteiligten Grundrechtsträgers ab, sondern auf alle betroffenen Grundrechtsträger.[518] Dagegen geht er im einzigen insofern untersuchten Rechtsmittelverfahren nach Art. 56 Satzung EuGH auf den konkreten Sachverhalt des Ausgangsrechtsstreits ein: In der Rechtssache PITEE/Kommission (C-464/16 P) wendet sich die Rechtsmittelführerin PITEE gegen einen Beschluss des EuG, mit dem dieses ihre Klage als offensichtlich unzulässig abwies.[519] Das Gericht begründete seine Entscheidung damit, die Klageschrift trage einzig die Unterschrift des Vorsitzenden von PITEE, eines Rechtsanwaltes. Nach der Satzung des Ge-

---

v. 26.07.2017, Rs. C-348/16 *(Sacko)*, Rn. 30–49; EuGH, Urteil v. 27.09.2017, Rs. C-73/16 *(Puškár)*, Rn. 56–76; EuGH, Urteil v. 20.12.2017, Rs. C-664/15 *(Protect Natur-, Arten- und Landschaftsschutz Umweltorganisation)*, Rn. 87–99.

[514] Siehe Kapitel 4 C. II. 2. a) und zum tatsächlichen Einfluss der Verfahrensbeteiligten im Vorabentscheidungsverfahren Kapitel 4 C. II. 3.

[515] *K.-D. Borchardt*, Die rechtlichen Grundlagen der Europäischen Union, 6. Aufl. 2015, Rn. 768.

[516] *A. Haratsch*, Grundrechtsschutz durch den Europäischen Gerichtshof, in: D. Merten/H.-J. Papier (Hrsg.), HGR, Band VI/1, 2010, § 165, Rn. 14.

[517] *A. Haratsch*, Grundrechtsschutz durch den Europäischen Gerichtshof, in: D. Merten/H.-J. Papier (Hrsg.), HGR, Band VI/1, 2010, § 165, Rn. 28.

[518] Siehe Kapitel 3 B. V. 2. g) cc).

[519] Vgl. EuGH, Beschluss v. 06.04.2017, Rs. C-464/16 P *(PITEE/Kommission)*, Rn. 1.

C. Analyse der ausgewählten Kontexte   437

richtshofs der Europäischen Union müsse die Klägerin aber durch einen von ihr unabhängigen Anwalt vertreten werden.[520] Vor dem EuGH macht PITEE – erneut vertreten durch ihren Vorsitzenden als Prozessbevollmächtigten – unter anderem geltend, die Entscheidung des Gerichts verletze sie in ihrem Recht auf effektiven gerichtlichen Rechtsschutz gemäß Art. 47 GRC.[521] Der Gerichtshof weist dieses Vorbringen als offensichtlich unbegründet zurück.[522] Dabei geht er im Rahmen der Grundrechtsprüfung anhand Art. 47 GRC auch auf die Verhältnismäßigkeit der zugrunde liegenden Regelung in der Satzung des Gerichtshofs der EU ein.[523] Er belässt es allerdings nicht bei einer typisierenden Betrachtung, sondern legt dar, der konkrete Prozessbevollmächtigte der Rechtsmittelführerin könne diese vor den Unionsgerichten vertreten, soweit er nicht gleichzeitig Leitungsfunktionen bei der Rechtsmittelführerin ausübe.[524] Dies bedeutet, dass die Intensität der Grundrechtseinschränkung aus Sicht des EuGH im vorliegenden Fall gering ist, da es dem Prozessbevollmächtigten nicht völlig verwehrt ist, PITEE gerichtlich zu vertreten. Die fragliche Regelung ist ihm folglich subjektiv zumutbar. Ein solches Eingehen auf den konkreten Sachverhalt des Ausgangsrechtsstreits stellt eine absolute Ausnahme in der hier untersuchten Rechtsprechung dar: Der Beschluss PITEE/Kommission (C-464/16 P) ist die einzige der hierzu analysierten 23 Entscheidungen[525] mit einer nicht typisierenden Interessenprüfung. Gleichzeitig ist sie – neben dem Gutachten 1/15[526] – ebenfalls die einzige dieser Entscheidungen, die nicht im Vorabentscheidungsverfahren ergangen ist.

Es liegt damit nahe, dass der Gerichtshof im Rechtsmittelverfahren auf die konkrete Interessenlage im jeweiligen Fall eingeht,[527] während er im Vorabentscheidungsverfahren dagegen sämtliche – mitunter auch nur potenziell – Betroffenen in den Blick nimmt. Auch wenn der EuGH im Rechtsmittelverfahren – wie im Vorabentscheidungsverfahren – ausschließlich über Rechtsfragen entscheidet und keine eigenen Tatsachenfeststellungen trifft, ist dieses Verfahren konkreter und führt zu einer konkreteren Prüfung.

Die Grundrechtsprüfung im Rechtsmittelverfahren nach Art. 56 Satzung EuGH unterscheidet sich damit von der Prüfung im Vorabentscheidungsver-

---

[520] Vgl. EuGH, Beschluss v. 06.04.2017, Rs. C-464/16 P *(PITEE/ Kommission)*, Rn. 3 f.
[521] Vgl. EuGH, Beschluss v. 06.04.2017, Rs. C-464/16 P *(PITEE/ Kommission)*, Rn. 10–14.
[522] Vgl. EuGH, Beschluss v. 06.04.2017, Rs. C-464/16 P *(PITEE/ Kommission)*, Rn. 36.
[523] Vgl. EuGH, Beschluss v. 06.04.2017, Rs. C-464/16 P *(PITEE/ Kommission)*, Rn. 27–35.
[524] Vgl. EuGH, Beschluss v. 06.04.2017, Rs. C-464/16 P *(PITEE/ Kommission)*, Rn. 34 f.
[525] In diesen 23 Entscheidungen prüft der EuGH, ob die Grundrechtseinschränkung dem Betroffenen subjektiv zumutbar ist. Vgl. zu diesen Entscheidungen Kapitel 3 B. V. 2. g) cc).
[526] EuGH, Gutachten v. 26.07.2017, Rs. Avis 1/15 *(Accord PNR UE-Canada)*.
[527] Zu beachten ist allerdings, dass hinsichtlich des Prüfungspunktes der subjektiven Zumutbarkeit nur ein Rechtsmittelverfahren analysiert wurde. Vgl. dazu Kapitel 3 B. V. 2. g) cc).

fahren. Agiert der Gerichtshof als Rechtsmittelinstanz, prüft er meist justizielle Grundrechte. Dies erfolgt ausschließlich einstufig, wobei er sich auf konkrete Fragen wie die Länge des Verfahrens vor dem EuG konzentriert. Gleichzeitig ist das Rechtsmittelverfahren ein Verfahren des subjektiven Rechtsschutzes, was sich in einer auf den konkreten Sachverhalt des Ausgangsrechtsstreits bezogenen Interessenprüfung durch den EuGH niederschlägt.

c) Nichtigkeits- und Untätigkeitsklage vor dem Gerichtshof

Auch die Nichtigkeits- und Untätigkeitsklage (Art. 263 beziehungsweise Art. 265 AEUV) vor dem Gerichtshof kann prinzipiell der Durchsetzung von Unionsgrundrechten dienen.[528] Während für Individualnichtigkeits- sowie Individualuntätigkeitsklagen erstinstanzlich das EuG zuständig ist, entscheidet der EuGH gemäß Art. 256 Abs. 1 S. 1 AEUV i. V. m. Art. 51 Satzung EuGH über direkte Klagen von Mitgliedstaaten und Unionsorganen sowie der EZB.[529] Diese können mit dem Nichtigkeitsgrund gemäß Art. 263 Abs. 2 AEUV („Verletzung der Verträge") auch Grundrechtsverstöße rügen[530] oder mit der Untätigkeitsklage eine Grundrechtsverletzung geltend machen.[531] Natürlichen oder juristischen Personen kommt bei einer Klage der privilegiert Klageberechtigten keine prozessuale Stellung zu. Vor dem Gerichtshof ist der Grundrechtsschutz im Wege der Klagen nach Art. 263 und Art. 265 AEUV damit – wie beim Vorabentscheidungsverfahren – objektiv ausgerichtet.[532]

Unter den 133 Entscheidungen der Fallgruppen A1 bis A3 finden sich keine derartigen Klagen: Der EuGH nimmt im betrachteten Zeitraum keine ausführlichen Grundrechtsprüfungen anhand der Charta in diesen Verfahren vor. Insgesamt sind unter den 696 Entscheidungen, die im zweiten Kapitel systematisiert wurden, nur fünf Verfahren nach Art. 263 AEUV und keines nach Art. 265 AEUV. Zu beachten ist allerdings, dass diese Klagen vor dem Gerichtshof auch generell eine geringe Rolle spielen: Im Jahr 2017 befanden sich unter den 699 erledigten Rechtssachen nur 37 Klagen (5,29%).[533] Auch wenn die vor Rechtsverbindlichkeit der Charta massiv kritisierte sogenannte Bananenmarkt-Entscheidung[534] im Wege der Nichtigkeitsklage eines Mitgliedstaates erging, ist

---

[528] *A. Haratsch*, Grundrechtsschutz durch den Europäischen Gerichtshof, in: D. Merten/H.-J. Papier (Hrsg.), HGR, Band VI/1, 2010, § 165, Rn. 44.
[529] Vgl. dazu *R. Stotz*, Direkte Klagen, in: M. A. Dauses/M. Ludwigs (Hrsg.), Handbuch des EU-Wirtschaftsrechts, Stand: 45. EL 2018, P. I., Rn. 64–66.
[530] *A. Haratsch*, Grundrechtsschutz durch den Europäischen Gerichtshof, in: D. Merten/H.-J. Papier (Hrsg.), HGR, Band VI/1, 2010, § 165, Rn. 44.
[531] *A. Haratsch*, Grundrechtsschutz durch den Europäischen Gerichtshof, in: D. Merten/H.-J. Papier (Hrsg.), HGR, Band VI/1, 2010, § 165, Rn. 46.
[532] *A. Haratsch*, Grundrechtsschutz durch den Europäischen Gerichtshof, in: D. Merten/H.-J. Papier (Hrsg.), HGR, Band VI/1, 2010, § 165, Rn. 28, 44.
[533] *Gerichtshof der Europäischen Union*, Jahresbericht 2017, 2018, S. 113.
[534] EuGH, Urteil v. 05.10.1994, Rs. C-280/93 *(Deutschland/Rat)*, Slg. 1994, I-4973.

dieses Verfahren nach Inkrafttreten der GRC in der grundrechtlichen Praxis des EuGH kaum von Bedeutung.[535]

Zur Erklärung der dogmatischen Divergenzen der Grundrechtsprüfung durch den Gerichtshof können die Eigenschaften der Nichtigkeits- und Untätigkeitsklage vor dem EuGH somit nicht herangezogen werden.

3. Rolle der Verfahrensbeteiligten beziehungsweise ihres Vorbringens

Ein weiterer Kontext, der auf die Dogmatik der Grundrechtsprüfung durch den Gerichtshof einwirken kann, ist das Vorbringen der am Prozess vor dem EuGH Beteiligten[536]. Ob dieses die Rechtsprechung des Gerichtshofs beeinflusst, lässt sich aber – ebenso wie bei den Vorlageersuchen der nationalen Gerichte – nur insoweit analysieren, als es in den Entscheidungen des EuGH wiedergegeben wird.

Die Rolle der Verfahrensbeteiligten hängt zunächst von der jeweiligen Verfahrensart ab: Im Rechtsmittelverfahren nach Art. 56 Satzung EuGH sind Rechtsmittelführer beziehungsweise -gegner direkt am Prozess beteiligt. Dort bestimmen sie den Gegenstand des Verfahrens: Was nicht gerügt wird, überprüft der Gerichtshof regelmäßig nicht.[537] Dementsprechend beruhen die Grundrechtsprüfungen des EuGH in 30 der 35 Rechtsmittelverfahren[538] der

---

[535] Anders aber *A. Haratsch*, Grundrechtsschutz durch den Europäischen Gerichtshof, in: D. Merten/H.-J. Papier (Hrsg.), HGR, Band VI/1, 2010, § 165, Rn. 28: „Bedeutsame Verfahren der objektiven Grundrechtskontrolle sind vor allem die Nichtigkeits- und Untätigkeitsklage, soweit sie nicht von natürlichen oder juristischen Personen, sondern etwa von Mitgliedstaaten oder Unionsorganen erhoben werden".

[536] Vgl. zur Terminologie *ders.*, Die Verfahrensbeteiligten, in: H.-W. Rengeling/A. Middeke/M. Gellermann (Hrsg.), Handbuch des Rechtsschutzes in der Europäischen Union, 3. Aufl. 2014, § 22, Rn. 1.

[537] Vgl. z. B. *B. Wägenbaur*, EuZW 1995, S. 199 (200); vgl. auch *K. Andová*, Beweisrecht, in: H.-W. Rengeling/A. Middeke/M. Gellermann (Hrsg.), Handbuch des Rechtsschutzes in der Europäischen Union, 3. Aufl. 2014, § 24, Rn. 1.

[538] Vgl. EuGH, Urteil v. 14.09.2010, Rs. C-550/07 P *(Akzo Nobel Chemicals und Akcros Chemicals/Kommission)*, Rn. 52 sowie 92, 93; EuGH, Urteil v. 08.12.2011, Rs. C-272/09 P *(KME Germany u. a./Kommission)*, Rn. 83, 88; EuGH, Urteil v. 08.12.2011, Rs. C-389/10 P *(KME Germany u. a./Kommission)*, Rn. 108, 114; EuGH, Urteil v. 22.11.2012, Rs. C-89/11 P *(E. ON Energie/Kommission)*, Rn. 77 f.; EuGH, Urteil v. 11.07.2013, Rs. C-439/11 P *(Ziegler/Kommission)*, Rn. 106, 126 sowie 146; EuGH, Urteil v. 18.07.2013, Rs. C-501/11 P *(Schindler Holding u. a./Kommission)*, Rn. 24 ff.; EuGH, Urteil v. 18.07.2013, Rs. C-584/10 P, C-593/10 P und C-595/10 P *(Kommission u. a./Kadi)*, Rn. 86 ff.; EuGH, Urteil v. 26.11.2013, Rs. C-40/12 P *(Gascogne Sack Deutschland/Kommission)*, Rn. 67; EuGH, Urteil v. 26.11.2013, Rs. C-50/12 P *(Kendrion/Kommission)*, Rn. 73; EuGH, Urteil v. 26.11.2013, Rs. C-58/12 P *(Groupe Gascogne/Kommission)*, Rn. 59; EuGH, Urteil v. 28.11.2013, Rs. C-348/12 P *(Rat/Manufacturing Support & Procurement Kala Naft)*, Rn. 119; EuGH, Urteil v. 19.12.2013, Rs. C-239/11 P, C-489/11 P und C-498/11 P *(Siemens/Kommission)*, Rn. 328; EuGH, Urteil v. 27.03.2014, Rs. C-530/12 P *(HABM/National Lottery Commission)*, Rn. 49; EuGH, Urteil v. 30.04.2014, Rs. C-238/12 P *(FLSmidth/Kommission)*, Rn. 105; EuGH, Urteil v. 19.06.2014, Rs. C-243/12 P *(FLS Plast/Kommission)*, Rn. 120; EuGH, Urteil v. 10.07.2014, Rs. C-295/12 P *(Telefóni-*

Fallgruppen A1 bis A3 auf expliziten Rügen der Rechtsmittelführer.[539] Teilweise erwähnen diese dabei allerdings nicht die Charta, sondern lediglich die EMRK[540] oder den allgemeinen „Anspruch auf rechtliches Gehör"[541]. In drei der 35 Rechtsmittelverfahren[542] nimmt der EuGH eine Grundrechtsprüfung anhand der Charta vor, obwohl die Rechtsmittelführer nicht explizit eine Grundrechtsverletzung gerügt haben. So macht der Rechtsmittelführer im Urteil Anbouba/Rat (C-605/13 P) mit seinem ersten Rechtsmittelgrund lediglich geltend, die auf ihn angewandte Vermutung, er unterstütze das syrische Regime, basiere nicht auf einer ausreichenden Rechtsgrundlage, sei unverhältnismäßig sowie unwiderlegbar.[543] Der Gerichtshof nimmt dessen ungeachtet eine Grundrechtsprüfung an der Charta vor.[544] Bei drei weiteren Rechtssachen[545] lässt sich das Vorbringen der Rechtsmittelführer nicht zweifelsfrei rekonstruieren, sodass unklar bleibt, ob sie grundrechtliche Rügen vorgebracht haben.

Anders als im Rechtsmittelverfahren haben die Beteiligten des Ausgangsrechtsstreits[546] im Vorabentscheidungsverfahren rechtlich nur eine schwache

---

ca und Telefónica de España/Kommission), Rn. 36 sowie 197; EuGH, Urteil v. 14.10.2014, Rs. C-611/12 P *(Giordano/Kommission)*, Rn. 47; EuGH, Urteil v. 26.02.2015, Rs. C-221/14 P *(H/Gerichtshof)*, Rn. 54; EuGH, Urteil v. 04.06.2015, Rs. C-682/13 P *(Andechser Molkerei Scheitz/Kommission)*, Rn. 39; EuGH, Urteil v. 03.09.2015, Rs. C-398/13 P *(Inuit Tapiriit Kanatami u. a./Kommission)*, Rn. 49; EuGH, Urteil v. 22.10.2015, Rs. C-194/14 P *(AC-Treuhand/Kommission)*, Rn. 71; EuGH, Urteil v. 20.09.2016, Rs. C-8/15 P bis C-10/15 P *(Ledra Advertising/Kommission und EZB)*, Rn. 47; EuGH, Urteil v. 21.12.2016, Rs. C-131/15 P *(Club Hotel Loutraki u. a./Kommission)*, Rn. 40; EuGH, Urteil v. 12.01.2017, Rs. C-411/15 P *(Timab Industries und CFPR/Kommission)*, Rn. 160; EuGH, Urteil v. 26.01.2017, Rs. C-604/13 P *(Aloys F. Dornbracht/Kommission)*, Rn. 92; EuGH, Beschluss v. 06.04.2017, Rs. C-464/16 P *(PITEE/Kommission)*, Rn. 9 f.; EuGH, Urteil v. 09.11.2017, Rs. C-204/16 P *(SolarWorld/Rat)*, Rn. 57; EuGH, Urteil v. 09.11.2017, Rs. C-205/16 P *(SolarWorld AG Commission européenne; Conseil de l'Union européenne; Brandoni solare SpA; Solaria Energia y Medio Ambiente, SA; China Chamber of Commerce for Import and Export of Machinery and Electronic Products [CCCME])*, Rn. 59; EuGH, Urteil v. 14.11.2017, Rs. C-122/16 P *(British Airways/Kommission)*, Rn. 75, 77; EuGH, Beschluss v. 29.11.2017, Rs. C-467/17 P *(Società agricola Taboga Leandro e Fidenato Giorgio/Parlament)*, Rn. 24 f.

[539] Zu beachten ist auch hier, dass in einer Entscheidung mitunter mehrere Grundrechtsprüfungen vorkommen. Daher kann eine Entscheidung in unterschiedliche Gruppen fallen.

[540] Vgl. z. B. EuGH, Urteil v. 18.07.2013, Rs. C-501/11 P *(Schindler Holding u. a./Kommission)*, Rn. 24–26.

[541] Vgl. z. B. EuGH, Urteil v. 27.03.2014, Rs. C-530/12 P *(HABM/National Lottery Commission)*, Rn. 49.

[542] Vgl. EuGH, Urteil v. 21.04.2015, Rs. C-605/13 P *(Anbouba/Rat)*; EuGH, Urteil v. 21.04.2015, Rs. C-630/13 P *(Anbouba/Rat)*; EuGH, Urteil v. 18.06.2015, Rs. C-535/14 P *(Ipatau/Rat)*.

[543] Vgl. EuGH, Urteil v. 21.04.2015, Rs. C-605/13 P *(Anbouba/Rat)*, Rn. 31–34.

[544] Vgl. EuGH, Urteil v. 21.04.2015, Rs. C-605/13 P *(Anbouba/Rat)*, Rn. 45–55.

[545] Vgl. EuGH, Urteil v. 01.07.2010, Rs. C-407/08 P *(Knauf Gips/Kommission)*, Rn. 89; EuGH, Urteil v. 08.12.2011, Rs. C-386/10 P *(Chalkor/Kommission)*, Rn. 37; EuGH, Urteil v. 22.11.2012, Rs. C-89/11 P *(E. ON Energie/Kommission)*, Rn. 36.

[546] Dies sind gemäß Art. 97 Abs. 1 VerfO EuGH diejenigen, die vom vorlegenden Gericht gemäß den nationalen Verfahrensvorschriften als solche bezeichnet werden.

C. Analyse der ausgewählten Kontexte 441

Position und keine rechtliche Möglichkeit, Einfluss auf die Vorlagefragen zu nehmen.[547] In der Praxis kommt ihnen jedoch oftmals eine wichtige Rolle zu: Sie müssen den eventuell mit dem Unionsrecht weniger vertrauten nationalen Richter im Ausgangsprozess vom Vorlagebedarf überzeugen.[548] Dies führt nach *von Danwitz* stellenweise sogar dazu, dass „Vorlagefragen den Wünschen der Parteien entsprechend formuliert, nicht aber als Konsequenz einer richterlichen Erheblichkeitsprüfung gestellt" werden.[549]

Vor dem Gerichtshof können gemäß Art. 23 Abs. 2 Satzung EuGH i. V. m. Art. 96 Abs. 1 Buchst. a VerfO EuGH die Parteien des Ausgangsverfahrens ebenso wie die Kommission, die Mitgliedstaaten und die betroffenen Organe, Einrichtungen oder Stellen der EU Schriftsätze einreichen oder schriftliche Erklärungen abgeben. Von diesem Recht macht die Kommission in (fast) jedem Vorabentscheidungsverfahren Gebrauch.[550] Im Übrigen schwankt die Zahl der Stellungnahmen durch die Mitgliedstaaten und Organe stark.[551]

Die Europarechtslehre rechnet den Verfahrensbeteiligten vereinzelt einen wesentlichen Einfluss auf die jeweilige Entscheidung des EuGH zu.[552] Da für Unionsrechtsakte die Vermutung der Gültigkeit gilt,[553] obliegt es einerseits dem vorlegenden Gericht (im Vorabentscheidungsverfahren) und andererseits den Prozessbeteiligten, einen eventuellen Grundrechtsverstoß überzeugend darzulegen.[554]

In den im dritten Kapitel der vorliegenden Arbeit untersuchten Entscheidungen des Gerichtshofs zeigt sich die Bedeutung der Verfahrensbeteiligten zunächst im Rahmen der Vorlagen: Die vom EuGH wiedergegebenen Ersuchen deuten in verschiedenen Rechtssachen darauf hin, dass die grundrechtlichen Bedenken von den Parteien des Ausgangsrechtsstreits vorgebracht wurden. So

---

[547] Siehe dazu schon Kapitel 4 C. II. 2. a).
[548] *B. Wägenbaur*, Verfahrensrecht der Unionsgerichtsbarkeit, in: S. Leible/J. P. Terhechte (Hrsg.), Europäisches Rechtsschutz- und Verfahrensrecht (EnzEuR Band 3), 2014, § 7, Rn. 97.
[549] Kritisch zu dieser Praxis *T. von Danwitz*, Der richterliche Dialog in der Gerichtspraxis des Vorabentscheidungsverfahrens: Herausforderungen für die Zukunft, in: U. Becker/A. Hatje/M. Potacs u. a. (Hrsg.), Verfassung und Verwaltung in Europa, Festschrift für J. Schwarze, 2014, S. 661 (671); vgl. auch *G. C. Rodríguez Iglesias*, Der Europäische Gerichtshof und die Gerichte der Mitgliedstaaten, 2000, S. 13.
[550] *K.-D. Borchardt*, Die rechtlichen Grundlagen der Europäischen Union, 6. Aufl. 2015, Rn. 769; *M. Derlén/J. Lindholm*, German Law Journal 16 (2015), S. 1073 (1096).
[551] Vgl. *M. Derlén/J. Lindholm*, German Law Journal 16 (2015), S. 1073 (1095–1097), die einen Zusammenhang zwischen der Anzahl der Stellungnahmen der Mitgliedstaaten in einem Verfahren und dem Grad der Einbettung der Entscheidung in bestehendes Case Law erkennen.
[552] Vgl. z. B. *R. Stotz*, Die Rechtsprechung des EuGH, in: K. Riesenhuber (Hrsg.), Europäische Methodenlehre, 3. Aufl. 2015, § 22, Rn. 9 f.; *T. Müller*, Der Verhältnismäßigkeitsgrundsatz des Art 52 GRC – Paradigmenwechsel in der europäischen Grundrechtsjudikatur?, in: A. Kahl/N. Raschauer/S. Storr (Hrsg.), Grundsatzfragen der europäischen Grundrechtecharta, 2013, S. 179 (192, 195).
[553] *H. Krämer*, in: K. Stern/M. Sachs (Hrsg.), Europäische Grundrechte-Charta, 2016, Art. 52 Rn. 57. Vgl. dazu schon Kapitel 4 C. II. 2. a) bb).
[554] Vgl. auch *T. von Danwitz*, ZRP 2010, S. 143 (146).

vertritt – der Vorlageentscheidung in der Rechtssache Rosneft (C-72/15) zufolge – das am Verfahren beteiligte Unternehmen Rosneft die Auffassung, die streitigen Rechtsakte verstießen gegen Art. 47 GRC[555] – die Rechtsauffassung des vorlegenden Gerichts ist im Urteil des EuGH hingegen nicht aufgeführt.[556] Dementsprechend beginnt der Gerichtshof seine Grundrechtsprüfung mit dem Vorbringen Rosnefts.[557] Mehrmals finden sich Passagen wie „Soweit Rosneft die Verhältnismäßigkeit der allgemeinen Bestimmungen in Zweifel zieht" oder „Entgegen dem Vorbringen von Rosneft".[558] Auf die Ansicht des vorlegenden Gerichts bezieht sich der EuGH an dieser Stelle dagegen nicht.

In der Rechtssache Philip Morris Brands u. a. (C-547/14) weiterhin führt das nationale Gericht in seiner Vorlage – soweit diese im Urteil des EuGH wiedergegeben wird – ebenfalls nur die Grundrechtsrügen der Klägerinnen im Ausgangsverfahren an, fügt aber hinzu, es halte deren Auffassung für „durchaus vertretbar".[559]

Grundsätzlich antwortet der Gerichtshof im Vorabentscheidungsverfahren ausschließlich auf die ihm vorgelegten Fragen.[560] Trotzdem prüft er in der Rechtssache Bayer CropScience und Stichting De Bijenstichting (C-442/14) die Grundrechte, obwohl im Vorlageersuchen keinerlei Bezug zur Charta erkennbar ist. Entsprechende Bedenken werden – ausweislich der Urteilsbegründung des EuGH – nur vom betroffenen Unternehmen und der deutschen Regierung geltend gemacht.[561] Es liegt nahe, dass die Grundrechtsprüfung in diesem Fall ohne das Vorbringen der Verfahrensbeteiligten unterblieben wäre.

Noch deutlicher zeigt sich der Einfluss des Vorbringens bei der Frage, ob der Gerichtshof bei der Geeignetheitsprüfung nach Art. 52 Abs. 1 GRC die Kohärenz der streitigen Maßnahme verlangt. Bis zum Urteil Fries (C-190/16) stellte der EuGH in keiner der insofern untersuchten Entscheidungen ein solches Erfordernis auf und nahm keine solche Prüfung vor. Er hielt die Anforderungen an die Geeignetheit vielmehr gering und ließ die Teileignung einer Maßnahme ausreichen.[562] Dies entspricht den Anforderungen der Charta, denn Art. 52 Abs. 1 GRC und die Erläuterungen zur Charta[563] erwähnen das Kohärenzkriterium nicht.[564]

---

[555] Vgl. EuGH, Urteil v. 28.03.2017, Rs. C-72/15 *(Rosneft)*, Rn. 35.
[556] Vgl. EuGH, Urteil v. 28.03.2017, Rs. C-72/15 *(Rosneft)*, Rn. 26–38.
[557] Vgl. EuGH, Urteil v. 28.03.2017, Rs. C-72/15 *(Rosneft)*, Rn. 143–146.
[558] Vgl. EuGH, Urteil v. 28.03.2017, Rs. C-72/15 *(Rosneft)*, Rn. 146 f.
[559] Vgl. EuGH, Urteil v. 04.05.2016, Rs. C-547/14 *(Philip Morris Brands u. a.)*, Rn. 25–28.
[560] Vgl. Kapitel 4 C. II. 2. a) bb).
[561] Vgl. EuGH, Urteil v. 23.11.2016, Rs. C-442/14 *(Bayer CropScience und Stichting De Bijenstichting)*, Rn. 97.
[562] Siehe Kapitel 3 B. V. 2. e).
[563] Vgl. *Präsidium des Konvents*, Erläuterungen zur Charta der Grundrechte, ABl. 2007 Nr. C 303/02, 14.12.2007, S. 32.
[564] So schon Kapitel 3 A. II. 5. b) ee).

Erstmalig seit Inkrafttreten der Charta und im Gegensatz zu seiner bisherigen Rechtsprechung verlangt der EuGH jedoch im Urteil Fries (C-190/16) bei der Grundrechtsprüfung nach Art. 52 Abs. 1 GRC für die Eignung der streitigen Maßnahme auch ihre Kohärenz. In dieser Entscheidung geht es um Altersgrenzen für Piloten im gewerblichen Luftverkehr.[565] Der Arbeitgeber eines Piloten, eine Airline, weigerte sich, diesen nach Erreichen der Altersgrenze von 65 Jahren weiter zu beschäftigen, und begründete dies damit, der Pilot dürfe nach einer EU-Verordnung ab diesem Alter nicht mehr als Verkehrspilot im gewerblichen Luftverkehr tätig sein. Dagegen wandte sich dieser vor dem nationalen Gericht, das an der Vereinbarkeit der Verordnung mit Art. 15 Abs. 1 sowie Art. 21 Abs. 1 GRC zweifelte und die Frage dem EuGH vorlegte.

Bei der Prüfung am Maßstab von Art. 21 Abs. 1 GRC[566] stellt der Gerichtshof zur Eignung der Verordnung, ein einheitliches, hohes Sicherheitsniveau der Zivilluftfahrt zu schaffen und aufrechtzuerhalten, fest, Rechtsvorschriften seien „nach ständiger Rechtsprechung nur dann geeignet, die Verwirklichung des geltend gemachten Ziels zu gewährleisten, wenn sie tatsächlich dem Anliegen gerecht werden, es in kohärenter und systematischer Weise zu erreichen".[567] In bestimmten Fällen könnten Ausnahmen von den Bestimmungen eines Gesetzes dessen Kohärenz beeinträchtigen, vor allem, falls sie wegen ihres Umfangs zu einem Ergebnis führten, das dem mit dem Gesetz verfolgten Ziel widerspreche.[568]

Es stellt sich folglich die Frage, warum der EuGH erstmals[569] und bisher einmalig im Urteil Fries das Kohärenzerfordernis in seine Grundrechtsprüfung nach Art. 52 Abs. 1 GRC integriert. Die in der Entscheidung des Gerichtshofs wiedergegebene Vorlage des nationalen Gerichts beinhaltet jedenfalls keine Ausführungen zur Kohärenz.[570]

Dagegen enthält das Vorbringen des Klägers des Ausgangsverfahrens der Darstellung des EuGH zufolge entsprechende Zweifel. Der Gerichtshof führt ausdrücklich an, dieser habe geäußert, ein Ausschluss von Piloten des nicht gewerblichen Luftverkehrs von der Altersgrenze beeinträchtige die Kohärenz der streitigen Vorschrift im Hinblick auf das verfolgte Ziel, weswegen die fragliche Beschränkung unverhältnismäßig sei.[571] Es liegt daher nahe, dass die in der

---
[565] Vgl. dazu auch *T. Klein*, EuZA 2018, S. 98; *A. Sagan*, EuZW 2017, S. 729 (734–736); *A. Imping*, IWRZ 2017, S. 228; *N. N.*, NJW-Spezial 2017, S. 466.
[566] Vgl. EuGH, Urteil v. 05.07.2017, Rs. C-190/16 *(Fries)*, Rn. 29–69.
[567] EuGH, Urteil v. 05.07.2017, Rs. C-190/16 *(Fries)*, Rn. 48.
[568] EuGH, Urteil v. 05.07.2017, Rs. C-190/16 *(Fries)*, Rn. 48; vgl. dazu etwa *A. Sagan*, EuZW 2017, S. 729 (735); deutliche Kritik am Ergebnis der Kohärenzprüfung und an der Begründung dieses Ergebnisses bei *T. Klein*, EuZA 2018, S. 98 (106–108); kritisch auch *A. Imping*, IWRZ 2017, S. 228; positiver dagegen *M. Ogorek*, JA 2018, S. 558 (560).
[569] Siehe schon Kapitel 3 B. V. 2. e) aa) (1).
[570] Vgl. EuGH, Urteil v. 05.07.2017, Rs. C-190/16 *(Fries)*, Rn. 17–26.
[571] EuGH, Urteil v. 05.07.2017, Rs. C-190/16 *(Fries)*, Rn. 49; ganz ähnlich stellt der Ge-

Grundrechtsprechung des EuGH einmalige Aufnahme des Kohärenzerfordernisses mit dem Vorbringen des Verfahrensbeteiligten *Fries* zu erklären ist.

Während das Vorbringen der Verfahrensbeteiligten damit zumindest in einzelnen Entscheidungen Einfluss auf die Grundrechtsprechung des Gerichtshofs und dessen dogmatisches Vorgehen nimmt, kommt der Auffassung Dritter keine Bedeutung zu. Dies erscheint theoretisch bei Grundrechtsprüfungen im Rahmen von Nichtigkeits- und Untätigkeitsklagen durch privilegierte Klagebefugte problematisch: Da gemäß Art. 263 Abs. 2 AEUV ausschließlich Unionsorgane und Mitgliedstaaten dieses Verfahren vor dem EuGH einleiten können, sind die betroffenen Grundrechtsträger regelmäßig nicht beteiligt. In der Praxis stellt sich dieses Problem jedoch kaum, da diese Arten der direkten Klagen fast nie einen Grundrechtsbezug aufweisen.[572]

Ebenso können sich im Vorabentscheidungsverfahren ausschließlich die in Art. 23 Satzung EuGH genannten Personen und Organe am Prozess beteiligen. Dritte habe keine Möglichkeit, als Streithelfer beizutreten oder beigeladen zu werden.[573] Im Rechtsmittelverfahren können gemäß Art. 172 S. 1 VerfO EuGH nur die Parteien der entsprechenden Rechtssache vor dem EuG Rechtsmittelbeantwortungen einreichen, die ein Interesse an der Stattgabe oder der Zurückweisung des Rechtsmittels haben.[574] Dritte sind auch hier nicht vertreten.

Insgesamt beeinflussen die am Verfahren vor dem Gerichtshof Beteiligten – trotz ihrer rechtlich schwachen Stellung – stellenweise die Grundrechtsprechung des EuGH und seine Dogmatik der Grundrechtsprüfung. Auch wenn sich dieser Einfluss nur in Einzelfällen nachweisen lässt und weitergehende Untersuchungen wegen der gekürzten Wiedergabe der Vorbringen der Beteiligten durch den Gerichtshof kaum möglich sind, lassen sich zumindest die in einem Fall von der ständigen Rechtsprechung abweichenden Anforderungen an die Eignung einer grundrechtseinschränkenden Maßnahme durch den EuGH mit diesem Kontext erklären.

III. Einfluss durch die Generalanwälte und ihre Schlussanträge

Des Weiteren soll untersucht werden, ob und inwieweit die Generalanwälte über ihre Schlussanträge Einfluss auf die Dogmatik der Grundrechtsprüfung durch den EuGH nehmen. Belegbar ist dieser Einfluss allerdings nur, wenn sich der Gerichtshof ausdrücklich auf die Schlussanträge bezieht sowie bei wörtli-

---

neralanwalt das Vorbringen des Klägers des Ausgangsverfahrens dar. Vgl. GA M. Bobek, Schlussanträge v. 21.03.2017, Rs. C-190/16 *(Fries)*, Rn. 42.

[572] Siehe dazu Kapitel 4 C. II. 2. c).

[573] *T. Laut*, Die Verfahrensbeteiligten, in: H.-W. Rengeling/A. Middeke/M. Gellermann (Hrsg.), Handbuch des Rechtsschutzes in der Europäischen Union, 3. Aufl. 2014, § 22, Rn. 54.

[574] Vgl. *M. Wohlfahrt*, Verfahrensrecht, in: M. A. Dauses/M. Ludwigs (Hrsg.), Handbuch des EU-Wirtschaftsrechts, Stand: 45. EL 2018, P. IV., Rn. 202.

C. Analyse der ausgewählten Kontexte 445

chen Übereinstimmungen in Ergebnis und Begründung zwischen Schlussanträgen und Entscheidung des EuGH.

Gemäß Art. 19 Abs. 2 S. 2 EUV sowie Art. 252 AEUV wird der Gerichtshof von Generalanwälten unterstützt, die gemäß Art. 252 Abs. 2 AEUV öffentlich in völliger Unparteilichkeit und Unabhängigkeit begründete Schlussanträge zu den Rechtssachen stellen, in denen nach der Satzung EuGH ihre Mitwirkung erforderlich ist. Diese Institution ist nach französischem Vorbild gestaltet.[575] Die Generalanwälte sind Mitglieder des Gerichtshofs und daher Teilnehmer der Generalversammlung nach Art. 25 VerfO EuGH,[576] ihre Bestellung ähnelt der Ernennung der Richter am EuGH.[577] Sie gehören aber nicht dem Richterkollegium nach Art. 251 AEUV an[578] und nehmen daher auch nicht an den Beratungen zur Entscheidungsfindung teil,[579] wenngleich es zwischen dem Generalanwalt und dem Berichterstatter in einem Verfahren mitunter zu einem informellen Austausch über die jeweilige Rechtssache kommt.[580]

Einfluss auf die Rechtsprechung können die Generalanwälte vor allem über ihre – wenn auch für den Gerichtshof nicht verbindlichen – begründe-

---

[575] *B. W. Wegener*, in: C. Calliess/M. Ruffert (Hrsg.), EUV, AEUV, 5. Aufl. 2016, Art. 252 AEUV Rn. 1; *N. Burrows/R. Greaves*, The Advocate General and EC law, 2007, S. 2; *U. Karpenstein*, in: E. Grabitz/M. Nettesheim/M. Hilf (Hrsg.), Das Recht der Europäischen Union: EUV/AEUV, Stand: 65. EL 2018, Art. 252 AEUV Rn. 2; *S. Hackspiel*, in: H. von der Groeben/J. Schwarze/A. Hatje (Hrsg.), Europäisches Unionsrecht, 7. Aufl. 2015, Art. 252 AEUV Rn. 1; *U. Klinke*, Gerichtsbarkeit der Europäischen Union, in: M. A. Dauses/M. Ludwigs (Hrsg.), Handbuch des EU-Wirtschaftsrechts, Stand: 45. EL 2018, Einführung: Gerichtshof und Gericht, Rn. 37; zum Ursprung und zu vergleichbaren Institutionen *G. Reischl*, Die Funktion der Generalanwälte in der Europäischen Rechtsprechung, in: J. Schwarze (Hrsg.), Der Europäische Gerichtshof als Verfassungsgericht und Rechtsschutzinstanz, 1983, S. 121 (121–123); *A. Thiele*, Europäisches Prozessrecht, 2. Aufl. 2014, § 2, Rn. 23; *P. M. Huber*, in: R. Streinz (Hrsg.), EUV/AEUV, 3. Aufl. 2018, Art. 252 AEUV Rn. 3.

[576] *A. Thiele*, Europäisches Prozessrecht, 2. Aufl. 2014, § 2, Rn. 28.

[577] *S. Hackspiel*, in: H. von der Groeben/J. Schwarze/A. Hatje (Hrsg.), Europäisches Unionsrecht, 7. Aufl. 2015, Art. 252 AEUV Rn. 5; *U. Karpenstein*, in: E. Grabitz/M. Nettesheim/M. Hilf (Hrsg.), Das Recht der Europäischen Union: EUV/AEUV, Stand: 65. EL 2018, Art. 252 AEUV Rn. 9; *A. Thiele*, Europäisches Prozessrecht, 2. Aufl. 2014, § 2, Rn. 28; *P. M. Huber*, in: R. Streinz (Hrsg.), EUV/AEUV, 3. Aufl. 2018, Art. 252 AEUV Rn. 4; *T. Tridimas*, CMLR 34 (1997), S. 1349 (1352).

[578] *S. Hackspiel*, in: H. von der Groeben/J. Schwarze/A. Hatje (Hrsg.), Europäisches Unionsrecht, 7. Aufl. 2015, Art. 252 AEUV Rn. 5; *B. W. Wegener*, in: C. Calliess/M. Ruffert (Hrsg.), EUV, AEUV, 5. Aufl. 2016, Art. 252 AEUV Rn. 3; *U. Karpenstein*, in: E. Grabitz/M. Nettesheim/M. Hilf (Hrsg.), Das Recht der Europäischen Union: EUV/AEUV, Stand: 65. EL 2018, Art. 252 AEUV Rn. 9.

[579] *G. Hirsch*, ZGR 31 (2002), S. 1 (3); *U. Karpenstein*, in: E. Grabitz/M. Nettesheim/M. Hilf (Hrsg.), Das Recht der Europäischen Union: EUV/AEUV, Stand: 65. EL 2018, Art. 252 AEUV Rn. 9; *A. Thiele*, Europäisches Prozessrecht, 2. Aufl. 2014, § 2, Rn. 27.

[580] *G. Reischl*, Die Funktion der Generalanwälte in der Europäischen Rechtsprechung, in: J. Schwarze (Hrsg.), Der Europäische Gerichtshof als Verfassungsgericht und Rechtsschutzinstanz, 1983, S. 121 (128); *S. Hackspiel*, in: H. von der Groeben/J. Schwarze/A. Hatje (Hrsg.), Europäisches Unionsrecht, 7. Aufl. 2015, Art. 252 AEUV Rn. 9.

ten Schlussanträge entfalten, deren Erstellung ihre Hauptaufgabe ist.[581] Durch diese nimmt der Generalanwalt öffentlich und persönlich am Entstehen der Entscheidung des EuGH und damit an der Wahrnehmung der diesem zugewiesenen Rechtsprechungsfunktion teil.[582] Allerdings sind nicht in allen Rechtssachen Schlussanträge erforderlich: Soweit der Gerichtshof der Auffassung ist, die Sache werfe keine neue Rechtsfrage auf, kann er gemäß Art. 20 Abs. 5 Satzung EuGH nach Anhörung des Generalanwalts beschließen, dass über die Rechtssache ohne Schlussanträge entschieden wird.[583] Nach Art. 25 i. V. m. Art. 59 Abs. 2 S. 2, Abs. 3 VerfO EuGH entscheidet darüber die Generalversammlung auf Vorschlag des Berichterstatters. In der Praxis werden heute fast die Hälfte aller Fälle ohne Schlussanträge entschieden.[584] Zu den 40 Entscheidungen der Fallgruppen A1 und A2, in denen der EuGH die Verhältnismäßigkeit einer Grundrechtseinschränkung tatsächlich und in mehr als nur einem Satz prüft, liegen lediglich in vier Rechtssachen keine Schlussanträge vor.[585]

Die Zuteilung der Fälle an die einzelnen Generalanwälte erfolgt gemäß Art. 16 Abs. 1 VerfO EuGH durch den Ersten Generalanwalt, der gemäß Art. 14 Abs. 1 i. V. m. Art. 25 VerfO EuGH für die Dauer von einem Jahr von der Generalversammlung bestimmt wird.[586] Geschriebene Regeln für die Zuteilung existieren nicht, der Erste Generalanwalt entscheidet nach „pflichtgemäßem Ermessen".[587] Dabei wird angestrebt, dass der Berichterstatter und der Generalanwalt im jeweiligen Verfahren aus unterschiedlichen Mitgliedstaaten stammen,

---

[581] *N. Burrows/R. Greaves*, The Advocate General and EC law, 2007, S. 289 f.; *B. W. Wegener*, in: C. Calliess/M. Ruffert (Hrsg.), EUV, AEUV, 5. Aufl. 2016, Art. 252 AEUV Rn. 3; *G. Hirsch*, ZGR 31 (2002), S. 1 (3); *U. Karpenstein*, in: E. Grabitz/M. Nettesheim/M. Hilf (Hrsg.), Das Recht der Europäischen Union: EUV/AEUV, Stand: 65. EL 2018, Art. 252 AEUV Rn. 13; *P. M. Huber*, in: R. Streinz (Hrsg.), EUV/AEUV, 3. Aufl. 2018, Art. 252 AEUV Rn. 6; *S. Hackspiel*, in: H. von der Groeben/J. Schwarze/A. Hatje (Hrsg.), Europäisches Unionsrecht, 7. Aufl. 2015, Art. 252 AEUV Rn. 9.

[582] EuGH, Beschluss v. 04.02.2000, Rs. C-17/98 *(Emesa Sugar)*, Slg. 2000, I-665, 672 (Rn. 15).

[583] Vgl. dazu *U. Karpenstein*, in: E. Grabitz/M. Nettesheim/M. Hilf (Hrsg.), Das Recht der Europäischen Union: EUV/AEUV, Stand: 65. EL 2018, Art. 252 AEUV Rn. 18–21; *S. Hackspiel*, in: H. von der Groeben/J. Schwarze/A. Hatje (Hrsg.), Europäisches Unionsrecht, 7. Aufl. 2015, Art. 252 AEUV Rn. 9.

[584] *A. Thiele*, Europäisches Prozessrecht, 2. Aufl. 2014, § 2, Rn. 24; leicht abweichend *J. Kokott/C. Sobotta*, EuGRZ 2013, S. 465 (470).

[585] Vgl. EuGH, Urteil v. 24.11.2011, Rs. C-468/10 *(ASNEF)*; EuGH, Urteil v. 16.02.2012, Rs. C-360/10 *(SABAM)*; EuGH, Urteil v. 15.03.2012, Rs. C-292/10 *(G)*; EuGH, Beschluss v. 06.04.2017, Rs. C-464/16 P *(PITEE/ Kommission)*.

[586] Vgl. dazu auch *C. O. Lenz*, Alleine verantwortlich – Erfahrungen eines Generalanwalts, in: D. Heid/R. Stotz/A. Verny (Hrsg.), Festschrift für Manfred A. Dauses, 2014, S. 217 (218).

[587] *C. O. Lenz*, Alleine verantwortlich – Erfahrungen eines Generalanwalts, in: D. Heid/R. Stotz/A. Verny (Hrsg.), Festschrift für Manfred A. Dauses, 2014, S. 217 (218); vgl. auch *U. Karpenstein*, in: E. Grabitz/M. Nettesheim/M. Hilf (Hrsg.), Das Recht der Europäischen Union: EUV/AEUV, Stand: 65. EL 2018, Art. 252 AEUV Rn. 22; *J. Kokott/C. Sobotta*, EuGRZ 2013, S. 465 (468).

damit die Rechtssache aus mindestens zwei unterschiedlichen Blickwinkeln betrachtet wird.[588] Obwohl es keine auf bestimmte Themen spezialisierten Generalanwälte gibt,[589] lassen sich in der Praxis gewisse wiederkehrende Schwerpunkte erkennen. So scheinen einige Generalanwälte häufiger grundrechtliche Rechtssachen zu bearbeiten als andere. In den 133 Verfahren der Fallgruppen A1 bis A3 stammen die meisten Schlussanträge von Generalanwalt *Bot* (23). 16 Schlussanträge hat Generalanwalt *Mengozzi*, jeweils 14 haben die Generalanwältinnen *Sharpston* und *Kokott* sowie Generalanwalt *Cruz Villalón* gestellt. Die Generalanwälte *Mazák*[590] und *Wathelet*[591] kommen im selben Zeitraum hingegen zusammen auf nur sieben Rechtssachen.

Kokott/Sobotta sprechen insofern von einem schwach ausgeprägten „Prinzip der Spezialisierung" bei der Zuweisung an die Generalanwälte.[592]

Der Kern des Amtes des Generalanwalts ist seine völlige Unabhängigkeit und Unparteilichkeit.[593] Er vertritt weder die Interessen der Union[594] noch ihrer Organe oder der Verfahrensbeteiligten und ebenso wenig bestimmte Ziele, wie das der wirtschaftlichen Integration.[595] Vielmehr ist er einzig dem Unionsrecht verpflichtet.[596] Organisatorisch wird diese unabhängige Stellung dadurch abgesichert, dass die Generalanwälte in keinen hierarchischen Behördenaufbau eingegliedert und somit auch nicht weisungsgebunden sind.[597] Sie

---

[588] *J. Kokott/C. Sobotta*, EuGRZ 2013, S. 465 (468); *U. Karpenstein*, in: E. Grabitz/M. Nettesheim/M. Hilf (Hrsg.), Das Recht der Europäischen Union: EUV/AEUV, Stand: 65. EL 2018, Art. 252 AEUV Rn. 16, 22; *P. M. Huber*, in: R. Streinz (Hrsg.), EUV/AEUV, 3. Aufl. 2018, Art. 252 AEUV Rn. 8; *S. Hackspiel*, in: H. von der Groeben/J. Schwarze/A. Hatje (Hrsg.), Europäisches Unionsrecht, 7. Aufl. 2015, Art. 252 AEUV Rn. 7, 13.
[589] *S. Hackspiel*, in: H. von der Groeben/J. Schwarze/A. Hatje (Hrsg.), Europäisches Unionsrecht, 7. Aufl. 2015, Art. 252 AEUV Rn. 7; vgl. aber *J. Kokott/C. Sobotta*, EuGRZ 2013, S. 465 (469).
[590] Amtszeit von 2006 bis 2012.
[591] Amtszeit von 2012 bis 2018.
[592] *J. Kokott/C. Sobotta*, EuGRZ 2013, S. 465 (469).
[593] *C. O. Lenz*, Alleine verantwortlich – Erfahrungen eines Generalanwalts, in: D. Heid/R. Stotz/A. Verny (Hrsg.), Festschrift für Manfred A. Dauses, 2014, S. 217 (217); *D. R.-J. Colomer/M. López Escudero*, L'institution de l'avocat général à la Cour de justice des Communautés européennes, in: G. C. Rodríguez Iglesias/O. Due/R. Schintgen u. a. (Hrsg.), Mélanges en hommage à Fernand Schockweiler, 1999, S. 523 (527); *N. Burrows/R. Greaves*, The Advocate General and EC law, 2007, S. 6 f.
[594] Anders wohl *G. Reischl*, Die Funktion der Generalanwälte in der Europäischen Rechtsprechung, in: J. Schwarze (Hrsg.), Der Europäische Gerichtshof als Verfassungsgericht und Rechtsschutzinstanz, 1983, S. 121 (123 f.): „Im Vordergrund steht dabei für mich der Grundsatz ‚in dubio pro Europa'".
[595] *S. Hackspiel*, in: H. von der Groeben/J. Schwarze/A. Hatje (Hrsg.), Europäisches Unionsrecht, 7. Aufl. 2015, Art. 252 AEUV Rn. 6; *U. Karpenstein*, in: E. Grabitz/M. Nettesheim/M. Hilf (Hrsg.), Das Recht der Europäischen Union: EUV/AEUV, Stand: 65. EL 2018, Art. 252 AEUV Rn. 14 f.
[596] *S. Hackspiel*, in: H. von der Groeben/J. Schwarze/A. Hatje (Hrsg.), Europäisches Unionsrecht, 7. Aufl. 2015, Art. 252 AEUV Rn. 6.
[597] *S. Hackspiel*, in: H. von der Groeben/J. Schwarze/A. Hatje (Hrsg.), Europäisches Uni-

haben eigene Mitarbeiter,[598] aber keine Vorgesetzten und ebenso keine über ihre Schlussanträge mitberatenden Kollegen.[599] Anders als die Entscheidungen des Gerichtshofs sind die Anträge daher keine Kompromisse eines aus unterschiedlichen Richterpersönlichkeiten besetzten Spruchkörpers, sondern eher „aus einem Guss".[600]

Die Schlussanträge stellen ein Gutachten dar, das die Rechtssache unter allen in Betracht kommenden tatsächlichen und rechtlichen Gesichtspunkten analysiert und dem EuGH schließlich einen konkreten Entscheidungsvorschlag unterbreitet.[601] Es hat den Zweck, den Gerichtshof in seiner Entscheidungsfindung zu unterstützen.[602] Aus dem Charakter der Schlussanträge als Rechtsgutachten folgt eine gegenüber den Entscheidungen des EuGH stärker wissenschaftliche Arbeitsweise der Generalanwälte: Sie stellen zum Beispiel Rechtsvergleiche an[603] und gehen auf Erkenntnisse der Europarechtswissenschaft ein,[604] die sie auch in ihren Schlussanträgen zitieren. Ebenso beschränken sie sich häufig nicht nur auf den vorliegenden Fall, sondern betten ihn in

---

onsrecht, 7. Aufl. 2015, Art. 252 AEUV Rn. 6; vgl. auch *G. Reischl*, Die Funktion der Generalanwälte in der Europäischen Rechtsprechung, in: J. Schwarze (Hrsg.), Der Europäische Gerichtshof als Verfassungsgericht und Rechtsschutzinstanz, 1983, S. 121 (123); *U. Karpenstein*, in: E. Grabitz/M. Nettesheim/M. Hilf (Hrsg.), Das Recht der Europäischen Union: EUV/AEUV, Stand: 65. EL 2018, Art. 252 AEUV Rn. 15.

[598] *J. Kokott/C. Sobotta*, EuGRZ 2013, S. 465 (468); *U. Karpenstein*, in: E. Grabitz/M. Nettesheim/M. Hilf (Hrsg.), Das Recht der Europäischen Union: EUV/AEUV, Stand: 65. EL 2018, Art. 252 AEUV Rn. 11; *N. Burrows/R. Greaves*, The Advocate General and EC law, 2007, S. 4.

[599] *N. Burrows/R. Greaves*, The Advocate General and EC law, 2007, S. 290; *C. O. Lenz*, Alleine verantwortlich – Erfahrungen eines Generalanwalts, in: D. Heid/R. Stotz/A. Verny (Hrsg.), Festschrift für Manfred A. Dauses, 2014, S. 217 (217).

[600] *C. O. Lenz*, Alleine verantwortlich – Erfahrungen eines Generalanwalts, in: D. Heid/R. Stotz/A. Verny (Hrsg.), Festschrift für Manfred A. Dauses, 2014, S. 217 (218); ähnlich *S. Hackspiel*, in: H. von der Groeben/J. Schwarze/A. Hatje (Hrsg.), Europäisches Unionsrecht, 7. Aufl. 2015, Art. 252 AEUV Rn. 14; *J. Kokott/C. Sobotta*, EuGRZ 2013, S. 465 (472).

[601] *C. O. Lenz*, Alleine verantwortlich – Erfahrungen eines Generalanwalts, in: D. Heid/R. Stotz/A. Verny (Hrsg.), Festschrift für Manfred A. Dauses, 2014, S. 217 (218); *U. Karpenstein*, in: E. Grabitz/M. Nettesheim/M. Hilf (Hrsg.), Das Recht der Europäischen Union: EUV/AEUV, Stand: 65. EL 2018, Art. 252 AEUV Rn. 13; *S. Hackspiel*, in: H. von der Groeben/J. Schwarze/A. Hatje (Hrsg.), Europäisches Unionsrecht, 7. Aufl. 2015, Art. 252 AEUV Rn. 12.

[602] *B. W. Wegener*, in: C. Calliess/M. Ruffert (Hrsg.), EUV, AEUV, 5. Aufl. 2016, Art. 252 AEUV Rn. 3; *S. Hackspiel*, in: H. von der Groeben/J. Schwarze/A. Hatje (Hrsg.), Europäisches Unionsrecht, 7. Aufl. 2015, Art. 252 AEUV Rn. 12.

[603] *G. Reischl*, Die Funktion der Generalanwälte in der Europäischen Rechtsprechung, in: J. Schwarze (Hrsg.), Der Europäische Gerichtshof als Verfassungsgericht und Rechtsschutzinstanz, 1983, S. 121 (125 f.).

[604] *U. Karpenstein*, in: E. Grabitz/M. Nettesheim/M. Hilf (Hrsg.), Das Recht der Europäischen Union: EUV/AEUV, Stand: 65. EL 2018, Art. 252 AEUV Rn. 16; *J. Kalbheim*, Über Reden und Überdenken, 2016, S. 19; *S. Hackspiel*, in: H. von der Groeben/J. Schwarze/A. Hatje (Hrsg.), Europäisches Unionsrecht, 7. Aufl. 2015, Art. 252 AEUV Rn. 14; *K. Gebauer*, Parallele Grund- und Menschenrechtsschutzsysteme in Europa?, 2007, S. 275.

das System des Unionsrechts ein.⁶⁰⁵ Teilweise machen sie sogar Bemerkungen *de lege ferenda*.⁶⁰⁶ Deshalb sind die Schlussanträge häufig ausführlicher und dogmatisch ausgefeilter als die Entscheidungen des EuGH.⁶⁰⁷ Dies wird von der Rechtslehre gerade auch im Bereich der Grundrechte beobachtet.⁶⁰⁸ In Aufbau, Stil und Länge ihres Gutachtens sind die Generalanwälte aber völlig frei.⁶⁰⁹ Folglich sind auch ihre Grundrechtsprüfungen anhand der Charta unterschiedlich: Während die Schlussanträge einiger Generalanwälte den dogmatischen Anforderungen von Art. 52 Abs. 1 GRC in weiten Teilen entsprechen, sind andere freier gestaltet.

Da die Generalanwälte den Gerichtshof in seiner Entscheidungsfindung unterstützen sollen, ist es wahrscheinlich, dass die Schlussanträge erheblichen Einfluss auf die Grundrechtsprechung des EuGH haben. Betrachtet man zunächst die Überstimmungen im Ergebnis der Grundrechtsprüfung zwischen Schlussanträgen und Entscheidungen, zeigt sich, dass der Gerichtshof dem jeweiligen Generalanwalt in 31 der 36 Entscheidungen der Fallgruppen A1 und A2, in denen der EuGH die Verhältnismäßigkeit einer Grundrechtseinschränkung tatsächlich und in mehr als nur einem Satz prüft und in denen Schlussanträge gestellt wurden, zumindest überwiegend folgt. In nur fünf dieser Entscheidungen weicht er deutlich vom Ergebnis des Generalanwalts ab.⁶¹⁰ Damit lässt sich

---

⁶⁰⁵ *U. Karpenstein*, in: E. Grabitz/M. Nettesheim/M. Hilf (Hrsg.), Das Recht der Europäischen Union: EUV/AEUV, Stand: 65. EL 2018, Art. 252 AEUV Rn. 13; *S. Hackspiel*, in: H. von der Groeben/J. Schwarze/A. Hatje (Hrsg.), Europäisches Unionsrecht, 7. Aufl. 2015, Art. 252 AEUV Rn. 13.
⁶⁰⁶ Vgl. z. B. GA N. Wahl, Schlussanträge v. 29.05.2013, Rs. C-101/12 *(Schaible)*, Rn. 121–128.
⁶⁰⁷ *S. Hackspiel*, in: H. von der Groeben/J. Schwarze/A. Hatje (Hrsg.), Europäisches Unionsrecht, 7. Aufl. 2015, Art. 252 AEUV Rn. 14; *P. M. Huber*, in: R. Streinz (Hrsg.), EUV/AEUV, 3. Aufl. 2018, Art. 252 AEUV Rn. 9; *C. Arrebola/A. J. Maurício/H. J. Portilla*, CILJ 5 (2016), S. 82 (111).
⁶⁰⁸ Vgl. etwa *K. F. Gärditz*, Schutzbereich und Grundrechtseingriff, in: C. Grabenwarter (Hrsg.), Europäischer Grundrechteschutz (EnzEuR Band 2), 2014, § 4, Rn. 4; *K. Gebauer*, Parallele Grund- und Menschenrechtsschutzsysteme in Europa?, 2007, S. 275: „Sofern Gemeinschaftsgrundrechte betroffen sind, finden sich in den Schlussanträgen in der Regel umfassende Abwägungen der kollidierenden Interessen"; ganz ähnlich *M. Hentschel-Bednorz*, Derzeitige Rolle und zukünftige Perspektive des EuGH im Mehrebenensystem des Grundrechtsschutzes in Europa, 2012, S. 177.
⁶⁰⁹ *A. Thiele*, Europäisches Prozessrecht, 2. Aufl. 2014, § 2, Rn. 25.
⁶¹⁰ Vgl. jeweils GA P. Cruz Villalón, Schlussanträge v. 26.11.2013, Rs. C-314/12 *(UPC Telekabel)*; EuGH, Urteil v. 27.03.2014, Rs. C-314/12 *(UPC Telekabel Wien)*; GA E. Sharpston, Schlussanträge v. 28.04.2016, Rs. C-439/14 und C-488/14 *(Star Storage)*; EuGH, Urteil v. 15.09.2016, Rs. C-439/14 und C-488/14 *(Star Storage)*; GA N. Wahl, Schlussanträge v. 21.04.2016, Rs. C-8/15 P bis C-10/15 P *(Ledra Advertising/Kommission und EZB)*; EuGH, Urteil v. 20.09.2016, Rs. C-8/15 P bis C-10/15 P *(Ledra Advertising/Kommission und EZB)*; GA H. Saugmandsgaard Øe, Schlussanträge v. 19.07.2016, Rs. C-203/15 und C-698/15 *(Tele2 Sverige)*; EuGH, Urteil v. 21.12.2016, Rs. C-203/15 und C-698/15 *(Tele2 Sverige)*; GA P. Mengozzi, Schlussanträge v. 08.09.2016, Rs. Gutachten 1/15 *(Accord PNR UE-Canada)*; EuGH, Gutachten v. 26.07.2017, Rs. Avis 1/15 *(Accord PNR UE-Canada)*.

die häufig geäußerte Annahme, der Gerichtshof folge meist den Schlussanträgen der Generalanwälte, zumindest für den hier analysierten Bereich bestätigen.

Zur Erklärung der im dritten Kapitel der vorliegenden Arbeit aufgezeigten Divergenzen in der Dogmatik der Grundrechtsprüfung durch den EuGH ist aber entscheidend, ob sich auch dogmatische Übereinstimmungen zwischen Entscheidungen und Schlussanträgen ausmachen lassen. Dann ließen sich Unterschiede in der Rechtsprechung möglicherweise mit der unterschiedlichen grundrechtlichen Dogmatik in den Schlussanträgen erklären. Ein solcher Einfluss lässt sich nur belegen, wenn der Gerichtshof die Schlussanträge ausdrücklich zitiert oder die entsprechenden Passagen wörtlich übereinstimmen. Mindestens müssen sich Parallelen in der Argumentation von EuGH und Generalanwalt zeigen.[611]

In fast der Hälfte (17 Entscheidungen) der oben genannten 36 Entscheidungen bezieht sich der Gerichtshof im Rahmen seiner Grundrechtsprüfung explizit auf die Erwägungen des Generalanwalts. Meistens zitiert er die Schlussanträge zur Unterstützung seines Ergebnisses bei einzelnen Prüfungspunkten: So stellt er im Urteil Sky Österreich (C-283/11) fest, dem Generalanwalt sei insofern zuzustimmen, als die streitige Unionsregelung zur Folge habe, dass die Inhaber exklusiver TV-Übertragungsrechte ihre Vertragspartner in Bezug auf die Kurzberichterstattung nicht frei wählen könnten.[612] Hinsichtlich der Schwere des Eingriffs durch die im Urteil Digital Rights Ireland und Seitlinger u. a. (C-293/12 und C-594/12) streitige Regelung zur Vorratsdatenspeicherung führt der EuGH an, diese Einschränkung sei, „wie auch der Generalanwalt insbesondere in den Nrn. 77 und 80 seiner Schlussanträge ausgeführt hat, von großem Ausmaß und als besonders schwerwiegend anzusehen."[613] Auch bei der Einschätzung, die Vorratsdatenspeicherung könne bei den Betroffenen „das Gefühl [...] erzeugen, dass ihr Privatleben Gegenstand einer ständigen Überwachung ist",[614] beruft sich der EuGH ausdrücklich auf die Schlussanträge des Generalanwalts *Cruz Villalón*, der ebenfalls von der Erzeugung eines „diffusen Gefühls des Überwachtwerdens" durch die Vorratsdatenspeicherung spricht.[615] *Cruz Villalón* wiederum verweist auf die Rechtsprechung des BVerfG, das bereits im Jahr 2010 vom „Gefühl des ständigen Überwachtwerdens" beziehungsweise vom „Gefühl des unkontrollierbaren Beobachtetwerdens" sowie von der Eignung der Vorratsdatenspeicherung, ein „diffus bedrohliches Gefühl des Be-

---

[611] Vgl. dazu W. Faber, JBl 139 (2017), S. 776 (776 f.).
[612] Vgl. EuGH, Urteil v. 22.01.2013, Rs. C-283/11 *(Sky Österreich)*, Rn. 44.
[613] Vgl. EuGH, Urteil v. 08.04.2014, Rs. C-293/12 und C-594/12 *(Digital Rights Ireland und Seitlinger u. a.)*, Rn. 37.
[614] EuGH, Urteil v. 08.04.2014, Rs. C-293/12 und C-594/12 *(Digital Rights Ireland und Seitlinger u. a.)*, Rn. 37.
[615] GA P. Cruz Villalón, Schlussanträge v. 12.12.2013, Rs. C-293/12 und C-594/12 *(Digital Rights Ireland und Seitlinger u. a.)*, Rn. 72.

obachtetseins hervorzurufen", gesprochen hatte.⁶¹⁶ Ein Verweis auf das Urteil des BVerfG findet sich in der Entscheidung des EuGH jedoch nicht.⁶¹⁷ Es ist daher ausweislich des ausdrücklichen Bezugs wahrscheinlicher, dass der Gerichtshof das „Gefühl ständiger Überwachung" in erster Linie den Schlussanträgen entnommen hat – dies lässt sich aber trotz des Zitats nicht belegen.

Der EuGH beruft sich allerdings gerade an den Punkten, bei denen Divergenzen in der Grundrechtsdogmatik festgestellt wurden, nicht explizit auf die Schlussanträge, sodass eine Betrachtung der Zitate folglich keine Erkenntnisse bringt.

Denkbar ist aber, dass der Gerichtshof dogmatische Figuren aus den Schlussanträgen übernimmt, ohne sich explizit auf diese zu berufen. Ein solcher Einfluss ist belegbar, wenn der Wortlaut oder zumindest die Argumentation in den entsprechenden Passagen übereinstimmt.

Eine derartige Übereinstimmung, mit der sich eine dogmatische Divergenz in der Grundrechtsprechung des EuGH erklären lässt, findet sich im Urteil Florescu u. a. (C-258/14). Im dritten Kapitel wurde gezeigt, dass dieses Urteil, in dem es um ein nationales Verbot des gleichzeitigen Bezugs eines Ruhegehalts und eines Gehalts aus öffentlichen Mitteln zur Senkung öffentlicher Ausgaben in Zeiten einer globalen Wirtschafts- und Finanzkrise geht, hinsichtlich der Begründung der vom Gerichtshof angelegten Prüfdichte von den übrigen insofern analysierten Entscheidungen abweicht. Der EuGH begründet seine verringerte Kontrolldichte bei der Prüfung der Geeignetheit und Erforderlichkeit wirtschaftlicher Maßnahmen damit, der nationale Gesetzgeber sei „am besten [dazu] in der Lage", „die Maßnahmen zu bestimmen, die zur Verwirklichung des angestrebten Ziels geeignet sind."⁶¹⁸ Diese Formulierung scheint sehr weitreichend: Mit einem solchen Argument könnte auch ein vollständiger Ausfall der Untersuchung begründet werden. Da der EuGH im Urteil Florescu u. a. (C-258/14) die Verhältnismäßigkeit der streitigen Maßnahme aber zumindest teilweise⁶¹⁹ prüft, steht diese Aussage nicht nur im Widerspruch zur sonstigen Rechtsprechung des Gerichtshofs, sondern auch zu seinem Vorgehen im konkreten Fall.

Die Formulierung lässt sich jedoch erklären, wenn man die entsprechende Passage in den Schlussanträgen des Generalanwalts *Bot* betrachtet: Dieser stellt zur Erforderlichkeit der streitigen Maßnahme fest: „Was die Notwendigkeit der fraglichen nationalen Regelung betrifft, sind die Mitgliedstaaten und die Unionsorgane im sehr besonderen Kontext der Wirtschaftskrise, mit der Erstere

---
⁶¹⁶ Vgl. BVerfG, Urteil (1. Senat) v. 02.03.2010, Rs. 1 BvR 256/08, 263/08, 586/08 *(Vorratsdatenspeicherung)*, BVerfGE 125, 260, 320, 332, 335.
⁶¹⁷ Generell zitiert der EuGH praktisch nie nationale Verfassungsgerichte. Vgl. dazu Kapitel 4 B. I. 2.
⁶¹⁸ EuGH, Urteil v. 13.06.2017, Rs. C-258/14 *(Florescu u. a.)*, Rn. 57.
⁶¹⁹ Wesentliche Teile überlässt er dem vorlegenden Gericht.

konfrontiert werden, meines Erachtens zweifellos am ehesten in der Lage, zu bestimmen, welche Maßnahmen die größtmögliche Wirkung auf die Sanierung der öffentlichen Finanzen haben können."[620] Auch wenn der Wortlaut der beiden Passagen nicht völlig identisch ist, liegt es nahe, die ungewöhnliche Formulierung in diesem Urteil auf die Schlussanträge zurückzuführen.

Im dritten Kapitel wurde weiterhin gezeigt, dass der EuGH in vereinzelten Entscheidungen zur Frage der Kontrollintensität erklärt, ausschließlich zu kontrollieren, ob die fragliche Maßnahme „offensichtlich ungeeignet" ist.[621] Diese ausdrückliche Feststellung einer verringerten Prüfdichte korrespondiert aber nicht immer mit der tatsächlichen Kontrolle durch den Gerichtshof. Dies zeigt sich etwa im Urteil Schaible (C-101/12), in dem der EuGH dem Unionsgesetzgeber mit dem Verweis auf den betroffenen Bereich der Agrarpolitik ein weites Ermessen zubilligt. Die Kontrolle durch den Gerichtshof beschränke sich daher auf die Frage, „ob der Unionsgesetzgeber die Grenzen seines Ermessens nicht offensichtlich überschritten" habe.[622] Dessen Prognoseentscheidungen seien nur zu beanstanden, wenn sie „offensichtlich fehlerhaft" seien.[623] Die Verengung der Verhältnismäßigkeitsprüfung auf die Frage nach der offensichtlichen Ungeeignetheit der grundrechtseinschränkenden Maßnahme wurde schon vor Rechtsverbindlichkeit der Charta scharf kritisiert.[624] Nach ihrem Inkrafttreten entspricht ein solches Vorgehen zudem nicht den Anforderungen von Art. 52 Abs. 1 GRC.[625]

Tatsächlich prüft der EuGH im Urteil Schaible trotz der oben genannten Formulierung aber nicht nur sämtliche Stufen der Verhältnismäßigkeit, sondern nimmt in jedem dieser Punkte auch eine ausführliche und präzise Prüfung vor.[626] Dies erscheint widersprüchlich, könnte aber mit den entsprechenden Schlussanträgen des Generalanwalts *Wahl* zu erklären sein. Auch dieser möchte dem EU-Gesetzgeber einen weiten Spielraum zugestehen und die Überprüfung daher auf „offensichtlich ungeeignete" Maßnahmen beschränken.[627] Er räumt aber ein, diese Formulierung könne implizieren, die Nachprüfung durch den Gerichtshof sei auf den ersten Schritt der Verhältnismäßigkeitsprüfung, also die Kontrolle der Geeignetheit, beschränkt und eine umfassende Beurteilung damit ausgeschlossen.[628] So sei sie aber nicht zu verstehen: Zwar müsse dem Gesetzgeber ein „gewisses Ermessen" bei politischen Entscheidungen zugestanden

---

[620] GA Y. Bot, Schlussanträge v. 21.12.2016, Rs. C-258/14 *(Florescu u. a.)*, Rn. 84.
[621] Siehe Kapitel 3 B. V. 2. c) aa) (2).
[622] EuGH, Urteil v. 17.10.2013, Rs. C-101/12 *(Schaible)*, Rn. 48.
[623] EuGH, Urteil v. 17.10.2013, Rs. C-101/12 *(Schaible)*, Rn. 50.
[624] Siehe die Nachweise in Kapitel 3 A. II. 5. b) cc).
[625] Siehe Kapitel 3 A. II. 5. b) cc).
[626] Siehe zur Geeignetheitsprüfung Kapitel 3 B. V. 2. e) aa) (1), zur Erforderlichkeitsprüfung Kapitel 3 B. V. 2. f) dd) sowie zur Angemessenheitsprüfung Kapitel 3 B. V. 2. g) dd).
[627] Vgl. GA N. Wahl, Schlussanträge v. 29.05.2013, Rs. C-101/12 *(Schaible)*, Rn. 33–41.
[628] GA N. Wahl, Schlussanträge v. 29.05.2013, Rs. C-101/12 *(Schaible)*, Rn. 35.

werden,⁶²⁹ doch seien trotzdem alle Stufen der Verhältnismäßigkeit vom EuGH zu untersuchen.⁶³⁰ Mit dieser Auffassung schließt sich der Generalanwalt ausdrücklich der Ansicht der Generalanwältin *Kokott* an, die ein identisches Vorgehen in der Rechtssache Association Kokopelli (C-59/11) in Bezug auf den allgemeinen Verhältnismäßigkeitsgrundsatz gefordert hatte.⁶³¹ Der Gerichtshof übernimmt im Urteil Schaible die Argumentation des Generalanwalts zwar nicht ausdrücklich oder wörtlich, jedoch inhaltlich: Er beschränkt seine Kontrolldichte auf „offensichtlich ungeeignete" Maßnahmen, prüft aber trotzdem alle Stufen der Verhältnismäßigkeit. Dieses Vorgehen ist nur vor dem Hintergrund der Argumentation *Wahls* zu verstehen. Es ist damit sehr wahrscheinlich, dass die Schlussanträge des Generalanwalts insofern Einfluss auf die Dogmatik der Grundrechtsprüfung des EuGH hatten.

Mit diesem Einfluss lassen sich möglicherweise auch Inkonsistenzen bei der Bestimmung des grundrechtlichen Wesensgehalts durch den Gerichtshof erklären. In der ganz überwiegenden Zahl der Entscheidungen, in denen der EuGH seine Prüfung des Wesensgehalts nachvollziehbar begründet, verwendet er zur Bestimmung des jeweiligen Wesensgehalts einen absoluten Ansatz. Lediglich vier Entscheidungen deuten klar auf ein relatives Verständnis hin.⁶³²

Das Urteil Fries (C-190/16)⁶³³ ist dagegen in sich widersprüchlich: Hier untersucht der Gerichtshof bei seiner Grundrechtsprüfung an Art. 15 GRC die Achtung des Wesensgehalts vor der Verhältnismäßigkeit,⁶³⁴ was ein absolutes Verständnis des grundrechtlichen Wesensgehalts nahelegt.⁶³⁵ Die Anforderungen an die Rechtfertigung definiert er jedoch mit einer Formulierung, die auf einen relativen Ansatz schließen lässt.⁶³⁶ Generalanwalt *Bobek* wiederum scheint den unantastbaren Kernbereich von Art. 15 GRC absolut zu definieren: Er untersucht die Wesensgehaltsgarantie ebenfalls vor der Verhältnismäßigkeit und stellt darauf ab, die fragliche Altersbeschränkung schränke „die Möglichkeit ein, einer speziellen Berufstätigkeit in einem bestimmten Sektor während

---

⁶²⁹ GA N. Wahl, Schlussanträge v. 29.05.2013, Rs. C-101/12 *(Schaible)*, Rn. 37.
⁶³⁰ GA N. Wahl, Schlussanträge v. 29.05.2013, Rs. C-101/12 *(Schaible)*, Rn. 40; ganz ähnlich argumentiert GA M. Bobek, Schlussanträge v. 16.03.2016, Rs. C-134/15 *(Lidl)*, Rn. 41–44, in dieser Rechtssache äußert sich der EuGH jedoch nicht explizit zu seiner Kontrolldichte; vgl. auch GA J. Kokott, Schlussanträge v. 23.12.2015, Rs. C-547/14 *(Philip Morris Brands u. a.)*, Rn. 150.
⁶³¹ Vgl. GA J. Kokott, Schlussanträge v. 19.01.2012, Rs. C-59/11 *(Association Kokopelli)*, Rn. 61.
⁶³² Siehe Kapitel 3 B. V. 3.
⁶³³ Siehe zu dieser Entscheidung schon Kapitel 4 C. II. 3.
⁶³⁴ Vgl. EuGH, Urteil v. 05.07.2017, Rs. C-190/16 *(Fries)*, Rn. 75, 76–78.
⁶³⁵ Vgl. Kapitel 3 B. V. 3. c).
⁶³⁶ Vgl. EuGH, Urteil v. 05.07.2017, Rs. C-190/16 *(Fries)*, Rn. 73: „Die Ausübung dieser Freiheiten kann daher Beschränkungen unterworfen werden, sofern diese tatsächlich den dem Gemeinwohl dienenden Zielen der Union entsprechen und keinen im Hinblick auf den verfolgten Zweck unverhältnismäßigen und untragbaren Eingriff darstellen, der diese Rechte in ihrem Wesensgehalt antastet"; vgl. dazu auch *T. Klein*, EuZA 2018, S. 98 (107).

eines begrenzten Lebensabschnitts nachzugehen".[637] Sie gelte nicht „für sämtliche potenziellen Aufgaben, die im Zusammenhang mit dem Beruf des Piloten stehen", sondern einzig für den gewerblichen Luftverkehr.[638] Zwar zitiert der Gerichtshof in der oben genannten Passage – anders als bei seiner Prüfung des Wesensgehalts von Art. 21 Abs. 1 GRC im selben Urteil[639] – nicht die Schlussanträge, es liegt aber nahe, dass sich der EuGH der Ansicht des Generalanwalts anschließt: Dafür spricht der Standort der Prüfung der Wesensgehaltsgarantie ebenso wie die Formulierung, eine Verletzung des Kerngehalts liege nicht vor, da sie die Tätigkeit „lediglich bestimmten Einschränkungen" unterwerfe.[640]

Hinsichtlich der Prüfung des Wesensgehalts kommt dem Urteil Schrems (C-362/14) ganz besondere Bedeutung zu, weil der Gerichtshof hier auf Basis einer absoluten Theorie die Verletzung des Wesensgehalts von Art. 7 und Art. 47 GRC feststellt und erstmalig Sekundärrecht mit dieser Begründung aufhebt.[641] Zuvor zweifelte auch Generalanwalt *Bot* in seinen Schlussanträgen „stark" an der Vereinbarkeit der Einschränkung mit der Wesensgehaltsgarantie.[642]

Im Urteil Deutsches Weintor (C-544/10) wiederum verwendet der EuGH Formulierungen, die einen Gleichlauf von Wesensgehaltsgarantie und Verhältnismäßigkeit nahelegen.[643] Die Definition der Einschränkungsmöglichkeiten gleicht dabei stark jener, die Generalanwalt *Mazák* nutzt.[644] Sowohl Gerichtshof als auch Generalanwalt verweisen an dieser Stelle auf zwei identische Entscheidungen.[645] Zudem vermischt *Mazák* die Prüfung von Verhältnismäßigkeit und Wesensgehalt.[646] Diese Parallelen legen nahe, dass der EuGH dem Generalanwalt auch im dogmatischen Vorgehen folgt. Da der Gerichtshof die Schlussanträge aber nicht zitiert und auch keine wörtliche Übereinstimmung erkennbar ist, muss offenbleiben, wie stark der Einfluss des Generalanwalts letztlich war.

Schließlich ist in der Rechtssache Rat/Manufacturing Support & Procurement Kala Naft (C-348/12 P) das Schweigen des EuGH zu einer Frage, die der Generalanwalt ausführlich in seinem Gutachten behandelt, auffällig: In die-

---

[637] Vgl. GA M. Bobek, Schlussanträge v. 21.03.2017, Rs. C-190/16 *(Fries)*, Rn. 69.
[638] Vgl. GA M. Bobek, Schlussanträge v. 21.03.2017, Rs. C-190/16 *(Fries)*, Rn. 69.
[639] Vgl. EuGH, Urteil v. 05.07.2017, Rs. C-190/16 *(Fries)*, Rn. 38.
[640] Vgl. EuGH, Urteil v. 05.07.2017, Rs. C-190/16 *(Fries)*, Rn. 75.
[641] *T. Ojanen*, E. C. L. Rev. 12 (2016), S. 318 (325): „landmark ruling"; ähnlich *R. Stotz*, ZEuS 2017, S. 259 (265).
[642] Vgl. GA Y. Bot, Schlussanträge v. 23.09.2015, Rs. C-362/14 *(Schrems)*, Rn. 177.
[643] Vgl. Kapitel 3 B. V. 3. b).
[644] Vgl. GA J. Mazák, Schlussanträge v. 29.03.2012, Rs. C-544/10 *(Deutsches Weintor)*, Rn. 66.
[645] GA J. Mazák, Schlussanträge v. 29.03.2012, Rs. C-544/10 *(Deutsches Weintor)*, Rn. 66 (Fn. 9); EuGH, Urteil v. 06.09.2012, Rs. C-544/10 *(Deutsches Weintor)*, Rn. 54.
[646] Vgl. GA J. Mazák, Schlussanträge v. 29.03.2012, Rs. C-544/10 *(Deutsches Weintor)*, Rn. 66–74.

sem Verfahren wendet sich der Rat als Rechtsmittelführer gegen ein Urteil des EuG, mit dem dieses mehrere Unionsrechtsakte, die Sanktionen des UN-Sicherheitsrates in Unionsrecht umsetzten, für nichtig erklärte.[647] Vor dem Gericht hatte Kala Naft, ein iranisches Unternehmen, unter anderem vorgetragen, durch die Sanktionen in ihren Grundrechten verletzt zu sein.[648] Der Rat macht vor dem Gerichtshof geltend, Kala Naft sei als Regierungsorganisation und damit als Teil des iranischen Staates anzusehen. Als solcher könne sie sich nicht auf Grundrechte berufen.[649]

Generalanwalt *Bot* antwortet auf diese Vorbringen sehr ausführlich.[650] Er räumt ein, Kala Naft stehe in einer engen Verbindung zum iranischen Staat.[651] Gleichwohl könne sich die Rechtsmittelführerin auf die Eigentümerfreiheit sowie das Recht auf einen effektiven Rechtsbehelf berufen.[652] Allerdings müssten die fraglichen Garantien „dem Wesen der natürlichen oder juristischen Person, die sich auf sie beruft," entsprechen.[653]

Der EuGH nimmt zu diesem Thema nicht ausdrücklich Stellung. Er stellt lediglich fest, die Unionsgerichte müssten „eine grundsätzlich umfassende Kontrolle der Rechtmäßigkeit sämtlicher Handlungen der Union im Hinblick auf die Grundrechte als Bestandteil der Unionsrechtsordnung gewährleisten."[654] Im Rahmen seiner Grundrechtsprüfung untersucht er den persönlichen Schutzbereich der betroffenen Grundrechte nicht, sondern prüft ausschließlich die Rechtfertigung einer offenbar unterstellten Grundrechtseinschränkung.[655] Implizit scheint der Gerichtshof aber von einer Eröffnung des persönlichen Schutzbereiches auszugehen, da ansonsten Ausführungen zur Rechtfertigung des Eingriffs in diesen Schutzbereich überflüssig wären. Möglicherweise ließ der EuGH diesen Punkt auch bewusst offen, da die Einschränkung seiner Ansicht nach jedenfalls gerechtfertigt war und er so der schwierigen Frage der

---

[647] Vgl. EuGH, Urteil v. 28.11.2013, Rs. C-348/12 P *(Rat/Manufacturing Support & Procurement Kala Naft)*, Rn. 1.
[648] Vgl. EuGH, Urteil v. 28.11.2013, Rs. C-348/12 P *(Rat/Manufacturing Support & Procurement Kala Naft)*, Rn. 33.
[649] Vgl. GA Y. Bot, Schlussanträge v. 11.07.2013, Rs. C-348/12 P *(Rat/Manufacturing Support & Procurement Kala Naft)*, Rn. 57.
[650] Vgl. GA Y. Bot, Schlussanträge v. 11.07.2013, Rs. C-348/12 P *(Rat/Manufacturing Support & Procurement Kala Naft)*, Rn. 57–75.
[651] Vgl. GA Y. Bot, Schlussanträge v. 11.07.2013, Rs. C-348/12 P *(Rat/Manufacturing Support & Procurement Kala Naft)*, Rn. 63.
[652] Vgl. GA Y. Bot, Schlussanträge v. 11.07.2013, Rs. C-348/12 P *(Rat/Manufacturing Support & Procurement Kala Naft)*, Rn. 67.
[653] GA Y. Bot, Schlussanträge v. 11.07.2013, Rs. C-348/12 P *(Rat/Manufacturing Support & Procurement Kala Naft)*, Rn. 70.
[654] EuGH, Urteil v. 28.11.2013, Rs. C-348/12 P *(Rat/Manufacturing Support & Procurement Kala Naft)*, Rn. 65.
[655] Vgl. EuGH, Urteil v. 28.11.2013, Rs. C-348/12 P *(Rat/Manufacturing Support & Procurement Kala Naft)*, Rn. 119–126.

Grundrechtsberechtigung staatlich kontrollierter juristischer Personen[656] ausweichen konnte.

Insgesamt spricht viel für einen Einfluss der Schlussanträge der Generalanwälte auf die Dogmatik der Grundrechtsprüfung des Gerichtshofs. Konkrete Divergenzen in der Rechtsprechung des EuGH lassen sich jedoch nur in wenigen Fällen belegbar mit diesem Kontext erklären. Zu selten finden sich an den entsprechenden Stellen Zitate der Schlussanträge oder wörtliche Übereinstimmungen. Das stellenweise widersprüchliche Vorgehen des Gerichtshofs bei der Bestimmung des Wesensgehalts der Grundrechte sowie hinsichtlich seiner Prüfdichte ist hingegen mit dem Einfluss der Schlussanträge erklärbar, auch wenn bei den entsprechenden Entscheidungen keine Zitate oder wörtliche Übereinstimmungen zu erkennen sind.

D. Zusammenfassung der Ergebnisse

Eine Vielzahl von Kontexten wirkt auf die Dogmatik der Grundrechtsprechung des Gerichtshofs ein. Nur bei wenigen ist dieser Einfluss allerdings auch nachprüf- beziehungsweise belegbar. So wird zwar verbreitet angenommen, das BVerfG habe die Grundrechtsprechung des EuGH beeinflusst – dies lässt sich aber nicht belegen, da der Gerichtshof nationale Gerichte in seinen Entscheidungen nicht zitiert. Ebenso liegt es zwar nahe, dass einzelne Richterpersönlichkeiten – insbesondere in der Rolle als Berichterstatter – die Dogmatik des EuGH maßgeblich prägen, die Vertraulichkeit der Beratungen am Gerichtshof macht es jedoch unmöglich, genaue Rückschlüsse zu ziehen.

Dagegen können einige Divergenzen in der Dogmatik der Grundrechtsprüfung mit den Änderungen durch das Inkrafttreten der Charta, dem prozessualen sowie institutionellen Kontext, in dem die jeweilen Entscheidungen ergehen, und den Schlussanträgen der Generalanwälte erklärt werden.

Die in der Charta angelegte Dualität von Konsolidierung und Innovation schlägt sich in der Grundrechtsprechung des Gerichtshofs nieder. Insgesamt hat das Inkrafttreten der Charta in den Entscheidungen des EuGH zwar eher zu einem Aufbruch als zu einer bloßen Fortsetzung der Rechtsprechung geführt, doch finden sich auch zahlreiche Elemente der Kontinuität. So gibt es Entscheidungen, in denen der Gerichtshof die Charta zwar zitiert, die eigentliche Grundrechtsprüfung aber – wie vor Rechtsverbindlichkeit der GRC – an den Grundrechten als allgemeinen Grundsätzen des Unionsrechts vornimmt. Die im Bereich widerstreitender Grundrechtspositionen aufgezeigten Divergenzen lassen sich damit erklären, dass der EuGH hier – und insbesondere im Falle von

---

[656] Siehe dazu etwa *S. Greer/J. Gerards/R. Slowe*, Human Rights in the Council of Europe and the European Union, 2018, S. 312 f.

D. Zusammenfassung der Ergebnisse

Urheberrechtsverletzungen im Internet – weniger an die Vorgaben der Charta, sondern an eine Entscheidung aus der Zeit vor der Charta anknüpft.

Auch die vom Gerichtshof bei den justiziellen Rechten und vor allem bei Art. 47 GRC angewandte Sonderdogmatik ist unter anderem mit der Kontinuität der Rechtsprechung zu erklären. Dies gilt in gleichem Maße für die mangelnde Abgrenzung der in der Charta enthaltenen Gleichheitsgrundrechte von den Gleichheitsrechten aus anderen Rechtsquellen und die anfangs missverständlichen Entscheidungen des EuGH zum Anwendungsbereich von Art. 41 GRC. Schließlich nutzt der Gerichtshof bei der Rechtfertigungsprüfung von Grundrechtseinschränkungen stellenweise eine Formulierung, die zwar unter der Charta nicht mehr anwendbar ist, jedoch seiner Rechtsprechung vor deren Inkrafttreten entstammt. Da sich der EuGH in den entsprechenden Entscheidungen jeweils ausdrücklich auf diese Rechtsprechung beruft, ist davon auszugehen, dass er hier der Kontinuität Vorzug vor den Neuerungen durch die Charta gibt.

Weitere Divergenzen in der Dogmatik der Grundrechtsprüfung erklären sich mit dem prozessualen sowie institutionellen Kontext, in dem der Gerichtshof die jeweilige Prüfung vornimmt. Die judikative Funktion des EuGH schlägt sich in seinen Entscheidungsbegründungen nieder: Er entwickelt keine allgemeingültigen Positionen, vermeidet dementsprechend abstrakte Definitionen und entscheidet nur, was im konkreten Fall notwendig ist.

Das Vorabentscheidungsverfahren ist die mit Abstand häufigste Verfahrensart in den Fallgruppen A1 bis A3 und damit der wichtigste prozessuale Kontext; mit ihm können einige der Divergenzen in der Grundrechtsdogmatik des Gerichtshofs erklärt werden. Während der EuGH bei Gültigkeitsfragen die Grundrechtskonformität von Unionsrechtsakten kontrolliert, geht es bei Auslegungsfragen mittelbar um die Vereinbarkeit nationaler Maßnahmen mit der Charta. Im Falle von Auslegungsfragen überlässt der Gerichtshof mitunter Teile der Grundrechtsprüfung ausdrücklich dem vorlegenden Gericht. Insbesondere die teilweise unvollständige Untersuchung der widerstreitenden Interessen, wie sie im dritten Kapitel der vorliegenden Arbeit beobachtet wurde, lässt sich so zumindest bei Auslegungsfragen erklären. Offen bleibt aber, warum auch bei Gültigkeitsfragen unvollständige Interessenprüfungen auftreten.

Weiterhin beschränkt der EuGH die Reichweite seiner Erwägungen meist auf den ihm konkret vorliegenden Fall und räumt dem entsprechenden Sachverhalt somit eine gewichtige Rolle ein. Vor allem bei der Interessenprüfung lassen sich aber auch gegenläufige Tendenzen erkennen: Entsprechend dem abstrakten beziehungsweise objektiven Charakter der Grundrechtsprüfung im Rahmen des Vorabentscheidungsverfahrens prüft der Gerichtshof die widerstreitenden Positionen typisierend, nimmt also aus Anlass des Einzelfalls sämtliche betroffenen Grundrechtsträger in den Blick. In den gegensätzlichen Tendenzen des engen Bezugs auf den konkreten Fall auf der einen Seite und der typisierenden

Interessenprüfung auf der anderen Seite spiegeln sich die wichtigsten Funktionen des Vorabentscheidungsverfahrens, Individualrechtsschutz und Wahrung der Rechtseinheit, wider. Nicht typisierend geht der EuGH dagegen im Rechtsmittelverfahren nach Art. 56 Satzung EuGH vor. Dieses Verfahren dient dem subjektiven Grundrechtsschutz und ist nicht objektiv beziehungsweise abstrakt ausgestaltet.

Mit ihren Vorabentscheidungsersuchen beeinflussen die nationalen Gerichte die Grundrechtsprüfung durch den Gerichtshof. Ihr konkreter Einfluss auf die Dogmatik des EuGH lässt sich aber nur schwer bestimmen. Dies gilt in gleicher Weise für die Vorbringen der am Verfahren Beteiligten. Belegbar ist jedoch, dass das Vorbringen des Klägers im Ausgangsverfahren im Urteil Fries (C-190/16) dazu führte, dass der EuGH – entgegen seiner sonstigen Rechtsprechung – in diesem Fall die Kohärenz der streitigen Maßnahme im Rahmen seiner Grundrechtsprüfung untersuchte.

Schließlich ist sehr wahrscheinlich, dass die Generalanwälte über ihre Schlussanträge Einfluss auf die Grundrechtsprechung des Gerichtshofs nehmen. In den meisten analysierten Rechtssachen folgt der EuGH den Generalanwälten im Ergebnis. Der konkrete Einfluss auf die Dogmatik der Grundrechtsprüfung ist jedoch nur belegbar, wenn der Gerichtshof die Schlussanträge zitiert, sie wörtlich oder zumindest sehr ähnlich übernimmt. Solche Zitate oder Übereinstimmungen lassen sich allerdings an den hier relevanten Stellen nur selten ausmachen. Es liegt gleichwohl nahe, dass etwa die ungewöhnliche Formulierung zur Einschränkung der gerichtlichen Prüfdichte im Urteil Florescu u. a. (C-258/14) auf die Schlussanträge des Generalanwalts zurückgeht. Möglicherweise lässt sich auch der Widerspruch zwischen der in einigen Entscheidungen beobachteten ausdrücklichen Verengung der Kontrolle durch den EuGH auf „offensichtlich ungeeignete" Maßnahmen und seiner trotzdem nicht auf diese Stufe reduzierten tatsächlichen Verhältnismäßigkeitsprüfung mit dem Einfluss der Generalanwälte begründen, da diese in ihren Schlussanträgen beide Ansätze ausdrücklich für vereinbar halten.

Insgesamt lassen sich somit einige der im dritten Kapitel der vorliegenden Arbeit aufgezeigten Divergenzen in der Dogmatik der Grundrechtsprüfung durch den Gerichtshof mit dem Kontext, in dem die Entscheidungen stehen, erklären. Auch die Kontextualisierung führt jedoch nicht zu einer umfassenden Erklärung. Sie trägt aber zum besseren Verständnis der Grundrechtsprechung und insbesondere des dogmatischen Vorgehens des Gerichtshofs bei.

Kapitel 5

Fazit und Schlussbemerkungen

Ist der EuGH durch das Inkrafttreten der Charta der Grundrechte zum Grundrechtsgericht geworden?

Der Begriff des Grundrechtsgerichts ist nicht definiert und keineswegs eindeutig.[1] Auch die vorliegende Arbeit kann diese Frage daher nicht mit einem einfachen Ja oder Nein beantworten. Sie gibt der Diskussion um den Grundrechtsschutz durch den Gerichtshof aber eine umfassende Faktenbasis.

Es hat sich gezeigt, dass der EuGH die Charta seit ihrem Inkrafttreten immer häufiger zitiert. Im Zeitraum zwischen dem 01.12.2009 und dem 31.12.2017 wurde sie in 696 Entscheidungen erwähnt. Bezogen auf die Gesamtzahl der in diesem Zeitraum vom Gerichtshof erledigten Rechtssachen (5298 Rechtssachen) ergibt das einen Anteil von ca. 13 %. In nur ca. 31,7 % dieser Fälle nimmt der EuGH eine Grundrechtsprüfung anhand der GRC vor. Insgesamt findet sich eine solche Prüfung also in ca. 4,2 % der erledigten Rechtssachen, wobei die Ausführungen des Gerichtshofs in knapp der Hälfte dieser Fälle sehr kurz sind und daher kaum dogmatisch analysiert werden können. Zu erkennen ist allerdings ein konstantes Wachstum: Der Anteil der erledigten Rechtssachen, die eine Grundrechtsprüfung anhand der GRC enthalten, ist von 2,1 % im Jahr 2010 (zwölf Entscheidungen) auf 6,9 % im Jahr 2017 (48 Entscheidungen) gestiegen. Einzig in den Jahren 2014 und 2015 war ein leichter Rückgang zu verzeichnen. Ähnlich wuchs die Zahl der Entscheidungen mit ausführlichen oder sehr ausführlichen Grundrechtsprüfungen an der GRC von 1 % (sechs Entscheidungen im Jahr 2010) auf fast 4 % (27 Entscheidungen im Jahr 2017).

In den übrigen Entscheidungen erwähnt der EuGH die Charta zum Beispiel im Rahmen der Auslegung von Sekundärrecht oder lehnt bereits die Zulässigkeit einer Charta-bezogenen Frage im Vorabentscheidungsverfahren ab. Dies ist aus grundrechtlicher Perspektive nicht zu kritisieren: Da zum Beispiel die Vorgaben von Art. 20 und Art. 21 GRC durch Sekundärrecht konkretisiert werden, kann es sinnvoll sein, die entsprechende Prüfung primär an diesem und nicht an der allgemeiner formulierten Charta vorzunehmen.[2] Ohne vertiefte Analyse ist ebenso wenig positiv oder negativ zu beurteilen, dass die GRC in 122 Urteilen und Beschlüssen einzig von den vorlegenden Gerichten, den Verfahrensbetei-

---

[1] Siehe dazu schon Kapitel 1 B.
[2] Vgl. dazu schon Kapitel 2 C. III. 2. d).

ligten oder im Rechtlichen Rahmen erwähnt wird. Diese Entscheidungen wurden in der vorliegenden Arbeit rein empirisch erfasst und kategorisiert, jedoch nicht bewertet.

Aus der bloßen Anzahl der Entscheidungen mit Bezug zur Charta und der Anzahl der Grundrechtsprüfungen lässt sich allerdings ableiten, dass der EuGH jedenfalls nicht zu einem – mit dem EGMR oder nationalen Verfassungsgerichten vergleichbaren – spezialisierten beziehungsweise „spezifischen"[3] Grundrechtsgericht geworden ist. Mit 4,2% der erledigten Rechtssachen[4] sind Grundrechtsprüfungen anhand der GRC vielmehr eine seltene Konstellation im Verfahren vor dem Gerichtshof. Es lässt sich aber feststellen, dass die Bedeutung sowohl der Charta im Allgemeinen als auch der Grundrechtsprüfungen anhand der GRC seit ihrem Inkrafttreten steigt: Der EuGH untersucht immer häufiger, ob ein Charta-Grundrecht im konkreten Fall verletzt ist, und argumentiert auch außerhalb einer Grundrechtsprüfung zunehmend mit der GRC. Dies muss allerdings nicht bedeuten, dass der Gerichtshof ein anderes Verhältnis zur Charta entwickelt hat. Ebenso ist es möglich, dass nationale Gerichte sie häufiger in ihren Vorlageersuchen erwähnen oder sich Rechtsmittelführer öfter auf sie berufen.[5] Jedenfalls wird interessant sein, zu beobachten, ob sich dieser Trend in den nächsten Jahren fortsetzt.

Wichtiger als die Quantität ist aber die Qualität der Grundrechtsprüfung. In der vorliegenden Arbeit wurde aus der Charta selbst und insbesondere aus Art. 52 Abs. 1 GRC ein Maßstab zur Analyse der Prüfung des EuGH entwickelt. Es hat sich gezeigt, dass die Charta detaillierte dogmatische Vorgaben macht. Sie fordert etwa im Rahmen der Rechtfertigung eine Prüfung der Verhältnismäßigkeit, die sich nicht auf die Frage der Eignung der Maßnahme beschränken darf. Ergänzt wurden diese Anforderungen der GRC durch die rechtswissenschaftliche Kritik an der Grundrechtsprechung des Gerichtshofs vor Rechtsverbindlichkeit der Charta.

Die Analyse sämtlicher Grundrechtsprüfungen, die der EuGH seit Inkrafttreten der GRC an dieser vorgenommen hat, anhand dieser Kriterien ergab ein disparates Bild: Einerseits lassen sich gegenüber der Kritik vor der Charta wesentliche Verbesserungen feststellen. Der Gerichtshof verengt zum Beispiel seine Prüfung nicht mehr generell auf die Kontrolle der Wesensgehaltsgarantie. Im Rahmen der Angemessenheitsprüfung geht er auf die widerstreitenden Positionen ein, wobei er im Vorabentscheidungs- sowie Gutachtenverfahren – typisie-

---

[3] Diesen Begriff nutzt *V. Skouris*, Höchste Gerichte an ihren Grenzen – Bemerkungen aus der Perspektive des Gerichtshofes der Europäischen Gemeinschaften, in: R. Grote/I. Härtel/K.-E. Hain u. a. (Hrsg.), Die Ordnung der Freiheit, Festschrift für C. Starck, 2007, S. 991 (1001); *V. Skouris*, MMR 2011, S. 423 (426).

[4] Im Zeitraum vom 01.12.2009 bis 31.12.2017.

[5] So z.B. *S. Greer/J. Gerards/R. Slowe*, Human Rights in the Council of Europe and the European Union, 2018, S. 252; in diese Richtung auch *S. Iglesias Sánchez*, CMLR 49 (2012), S. 1565 (1577).

D. Zusammenfassung der Ergebnisse

461

rend – die Interessen aller betroffenen Grundrechtsträger untersucht. Insgesamt erfüllen zahlreiche Entscheidungen die Anforderungen der Charta in weiten Teilen. Andererseits finden sich aber auch viele Entscheidungen, die den Vorgaben der GRC nicht gerecht werden. Dies gilt insbesondere, wenn der EuGH eine Grundrechtsverletzung mit nur einem Satz ablehnt oder einzelne Stufen der Grundrechtsprüfung auslässt. Dementsprechend kann auch die generelle Kohärenz und Konsistenz der Grundrechtsprechung des Gerichtshofs nicht sicher bestimmt werden. Vielmehr ist ihr Bild dogmatisch vielschichtig und oftmals widersprüchlich.

Die Charta hat das Ziel, die Sichtbarkeit und Transparenz der Unionsgrundrechte zu erhöhen. Zudem soll eine stringente und entwickelte Grundrechtsdogmatik die Nachvollziehbarkeit sowie die Überzeugungskraft der Grundrechtsprüfung steigern und dadurch zu mehr Rechtssicherheit sowie zur Vorhersehbarkeit der gerichtlichen Entscheidungen führen. Durch die erhöhte Rationalität der Grundrechtsprüfung kann Dogmatik auch zu einem Legitimationszuwachs des EuGH beitragen. Diesen Intentionen der Charta und der in ihr angelegten grundrechtlichen Dogmatik kommt der Gerichtshof bisher nur stellenweise nach. Gerade die Transparenz des Grundrechtsschutzes wird wegen seines teilweise inkohärenten dogmatischen Vorgehens nicht verbessert. Soweit der EuGH seine Prüfung entsprechend Art. 52 Abs. 1 GRC aufbaut, führt das zu einer rationaleren Grundrechtskontrolle. Dem stehen jedoch immer wieder Entscheidungen gegenüber, die den Anforderungen der Charta nicht entsprechen. Dogmatische Gründe für die aufgezeigten Divergenzen in der Rechtsprechung des Gerichtshofs lassen sich kaum finden.

Einige Unterschiede in der Dogmatik können mit dem Kontext der jeweiligen Entscheidungen erklärt werden. Dabei ist zunächst zu beachten, dass der Einfluss vieler Kontexte auf die Grundrechtsprechung des EuGH zwar wahrscheinlich, nicht aber überprüf- beziehungsweise belegbar ist. Konkrete Anhaltspunkte in den Entscheidungen gibt es hingegen dafür, dass sich das bereits in der Charta angelegte Spannungsverhältnis zwischen Konsolidierung und Innovation auf die Dogmatik der Grundrechtsprüfung auswirkt. Insgesamt hat die Charta zu einem Aufbruch in der Rechtsprechung des Gerichtshofs geführt. Stellenweise zieht er allerdings – wie vor Rechtsverbindlichkeit der Charta – nicht diese, sondern die Grundrechte als allgemeine Rechtsgrundsätze als Maßstab seiner Untersuchung heran. Basiert seine Prüfung auf der Charta, nutzt er in einigen Entscheidungen trotzdem Formulierungen oder dogmatische Konzepte, die nicht der GRC, sondern seiner Rechtsprechung vor ihrem Inkrafttreten entstammen.

Weiterhin beeinflusst der institutionelle und jeweilige prozessuale Kontext das dogmatische Vorgehen des EuGH. In seiner judikativen Funktion liegt begründet, dass er – auch im Grundrechtsbereich – abstrakte Definitionen weitgehend vermeidet und sich nur dazu äußert, was im konkreten Fall notwendig ist. Mit den Besonderheiten des Vorabentscheidungsverfahrens lässt sich etwa erklären, warum der Gerichtshof die Interessenprüfung im Rahmen dieses Verfahrens typisierend vornimmt. Schließlich gehen dogmatische Besonderheiten stellenweise auf die Schlussanträge der Generalanwälte zurück.

Einige dieser Kontexte machen das dogmatische Vorgehen des EuGH besser vorhersehbar: So müssen und können sich die Verfahrensbeteiligten im Verfahren nach Art. 267 AEUV auf die entscheidende Bedeutung der Ausgestaltung des Vorabentscheidungsersuchens durch das nationale Gericht einstellen. Die vorlegenden Gerichte grenzen den Verfahrensgegenstand ein und können durch die Formulierung und Begründung ihrer Vorlagen auch inhaltlichen Einfluss auf die Entscheidung des EuGH nehmen. Trotzdem haben auch die Verfahrensbeteiligten die Möglichkeit, durch ihr Vorbringen die Grundrechtsprüfung des Gerichtshofs zu beeinflussen. Im Rechtsmittelverfahren müssen die Grundrechtsträger einen Verstoß gegen die Charta rügen, da der EuGH nur in seltenen Fällen eine Grundrechtsprüfung ohne entsprechende Rüge vornimmt.

Auch die Kontextualisierung führt jedoch nicht zu einer umfassenden Erklärung der aufgezeigten Divergenzen. Sie trägt aber zum besseren Verständnis und zur Nachvollziehbarkeit der Grundrechtsprechung und insbesondere des dogmatischen Vorgehens des Gerichtshofs bei.

Fast zehn Jahre nach Inkrafttreten der Charta lässt sich somit kein eindeutiges Fazit ziehen. Gegenüber der Kritik vor Rechtsverbindlichkeit der GRC zeigen sich starke Verbesserungen, die Qualität der Grundrechtsprüfung ist deutlich gestiegen. In vielen Fällen kommt der EuGH den Anforderungen von Art. 52 Abs. 1 GRC nach. Gleichzeitig entsprechen jedoch zahlreiche Entscheidungen nicht den Vorgaben der Charta. Trotzdem scheint der Gerichtshof die Aufgabe des Grundrechtsschutzes – neben seinen übrigen Aufgaben – anzunehmen. Zu Recht entwickelt er dabei eine genuin unionsrechtliche Rechtsprechung: Zwar finden sich weiterhin Entscheidungen, in denen der EuGH nicht die Charta, sondern die EMRK als primären Prüfungsmaßstab heranzieht, ganz überwiegend legt er seiner Prüfung aber die Charta zugrunde und wendet die EMRK als Auslegungshilfe an. Dies entspricht den Vorgaben von Art. 52 Abs. 3 GRC.

Aus den Ergebnissen der vorliegenden Arbeit lassen sich Rückschlüsse für Diskurse, die im Bereich des unionsrechtlichen Grundrechtsschutzes geführt werden, ziehen.

So bestätigt sie den Mehrwert und die Notwendigkeit eines eigenen Grundrechtskatalogs für die Europäische Union, weil durch das Inkrafttreten der Charta echte Verbesserungen gegenüber der vorherigen Rechtsprechung zu verzeichnen sind. Die detaillierten Beschreibungen der einzelnen Grundrechte und die dogmatischen Anforderungen an die Grundrechtsprüfung ermöglichen es dem Gerichtshof, eine strukturierte Kontrolle vorzunehmen.[6] Möglicherweise

---

[6] Ebenso *S. Greer/J. Gerards/R. Slowe*, Human Rights in the Council of Europe and the European Union, 2018, S. 317.

hat das Inkrafttreten der Charta und ihre ausdrückliche Verankerung im Primärrecht die Rolle der Grundrechte auch für den EuGH noch einmal unterstrichen. In der vorliegenden Arbeit wurde zwar keine Ergebniskontrolle vorgenommen, es ist aber trotzdem auffällig, dass der Gerichtshof nach Jahrzehnten, in denen er keinen Unionsrechtsakt wegen eines Verstoßes gegen die Grundrechte für ungültig erklärt hatte, nun innerhalb von zehn Jahren bereits mehrere Verletzungen der Charta durch Maßnahmen der EU erkannt hat. Das wesentliche Argument gegen die Effektivität der Unionsgrundrechte – nämlich, dass sich diese nie gegen Grundrechtseinschränkungen durch die Union durchsetzen – kann daher nicht mehr aufrechterhalten werden.

Darüber hinaus lässt sich vor dem Hintergrund der gestiegenen Qualität der Grundrechtsprüfung durch den EuGH auch die Dringlichkeit eines Beitritts der Union zur EMRK beurteilen. Die Europarechtslehre nahm vor Rechtsverbindlichkeit der Charta vereinzelt an, nicht die Anforderungen der GRC selbst – wie Art. 52 Abs. 1 GRC – könnten den Gerichtshof zu einer verbesserten Prüfung bewegen, sondern einzig eine strikte Übernahme der konventionsrechtlichen Vorgaben – etwa über ein Verständnis von Art. 52 Abs. 3 GRC als strenge Transferklausel oder eben über einen Beitritt der Union zur EMRK. Tatsächlich hat die Charta und insbesondere Art. 52 Abs. 1 GRC jedoch inzwischen zu einer wesentlichen Verbesserung der grundrechtlichen Dogmatik des EuGH geführt, wenngleich es auch zahlreiche Entscheidungen gibt, die den Anforderungen der Charta nicht gerecht werden. Der EMRK-Beitritt der EU scheint daher – sieht man vom Auftrag in Art. 6 Abs. 2 EUV und von der externen Kontrolle durch den EGMR ab – ein Stück weit weniger dringlich.[7] Dementsprechend folgt aus dem ablehnenden Gutachten 2/13 auch keine Gefahr für den europäischen Grundrechtsschutz.[8] Betrachtet man einerseits die negative Haltung des Gerichtshofs zum Beitritt, die sich in diesem Verfahren gezeigt hat, und andererseits die Verbesserungen im Grundrechtsschutz, den der EuGH als einen genuin Charta-rechtlichen entwickelt und dem er (richtigerweise) Art. 52 Abs. 3 GRC als bloße Auslegungsregel zugrunde legt, kann man zu der Vermutung gelangen, der Gerichtshof habe seine Grundrechtsprüfung auch verbessert, um dem EMRK-Beitritt und damit der Eingliederung in das Rechtsschutzsystem der Konvention zu entgehen. Tatsächlich wird verbreitet angenommen, der EuGH wolle vor allem seine eigenen Zuständigkeiten wahren.[9] Eine solche Motivation lässt sich allerdings nicht belegen.

---

[7] Dementsprechend wird neuerdings die Frage diskutiert, ob Art. 6 Abs. 2 EUV abgeschafft werden sollte. Verneinend aber noch *J. Callewaert*, CMLR 55 (2018), S. 1685.

[8] *F. Schorkopf*, JZ 70 (2015), S. 781 (784).

[9] Vgl. z.B. *C. Grabenwarter*, EuZW 2015, S. 180; *W. Michl*, Thou shalt have no other courts before me, VerfBlog, 23.12.2014 (geprüft am 04.09.2019); *M. Wendel*, NJW 2015, S. 921 (926); *C. Walter*, Der verpasste Verfassungsauftrag: Zum Gutachten des EuGH gegen den Beitritt der Union zur EMRK, in: M. Kment (Hrsg.), Das Zusammenwirken von deutschem und europäischem Öffentlichen Recht, Festschrift für H. D. Jarass, 2015, S. 145 (158);

Die Ergebnisse der vorliegenden Arbeit können weiterhin die Diskussion um Art. 53 GRC etwas entschärfen. Die Auslegung dieser Norm durch den Gerichtshof führt dazu, dass im Anwendungsbereich der Charta ein höheres Schutzniveau durch nationale Verfassungen von mitgliedstaatlichen Gerichten nur angewandt werden kann, wenn dies nicht das Schutzniveau der Charta, den Vorrang, die Einheit und die Wirksamkeit des Unionsrechts beeinträchtigt. Da die Grundrechtsprüfung des EuGH in vielen Fällen den dogmatischen Anforderungen der Charta entspricht und eine deutliche Verbesserung zur Situation vor Rechtsverbindlichkeit der GRC darstellt, führt die Auslegung des Gerichtshofs von Art. 53 GRC nicht dazu, dass der nationale Grundrechtsschutz durch einen generell minderwertigen Schutz auf Ebene der Union verdrängt wird. Dies verhindert zwar keine divergenten Ergebnisse zwischen EuGH und nationalen (Verfassungs-)Gerichten, wenn der nationale Grundrechtsstandard im Einzelfall höher als das Schutzniveau der Charta ist, kann aber das Vertrauen der nationalen Gerichte in die Grundrechtsprechung des Gerichtshofs insgesamt erhöhen.

Ebenso ist ein Wiederaufleben der Diskussion um die Notwendigkeit eines nationalen Grundrechtsschutzes gegen EU-Sekundärrecht ausgehend von den Daten der vorliegenden Arbeit nicht angezeigt. In vielen Fällen erfüllt der EuGH die detaillierten dogmatischen Vorgaben der Charta. Gleichzeitig sollten die nationalen obersten und Verfassungsgerichte den grundrechtlichen Dialog mit dem Gerichtshof fortsetzen, um ihn dazu zu bewegen, in Zukunft seine Grundrechtsprüfung noch häufiger entsprechend Art. 52 Abs. 1 GRC vorzunehmen. Die nationalen Gerichte können den EuGH zudem im Rahmen des Vorabentscheidungsverfahrens auf die Inkohärenzen und Widersprüche in seiner Grundrechtsdogmatik, wie sie in dieser Arbeit aufgezeigt wurden, hinweisen und auf eine Klärung dringen.

Die Reichweite des Charta-basierten Grundrechtsschutzes wird durch die Auslegung von Art. 51 Abs. 1 GRC bestimmt. Umstritten ist vor allem die Frage, in welchen Konstellationen die Mitgliedstaaten an die Charta gebunden sein sollen. Die Interpretation von Art. 51 Abs. 1 GRC war zwar nicht Gegenstand dieser Arbeit, aus ihr könnten trotzdem Erkenntnisse für den entsprechenden Diskurs gewonnen werden. Wenn man die Qualität des Grundrechtsschutzes durch den Gerichtshof als Kriterium für die Auslegung von Art. 51 Abs. 1 GRC sieht, spräche eine generell defizitäre Grundrechtsprechung, die den Anforderungen der Charta nicht gerecht wird, für einen engen Anwendungsbereich.

Tatsächlich stellt sich die Grundrechtsprüfung durch den EuGH jedoch als vielschichtig dar: Einerseits kommt der Gerichtshof den dogmatischen Anforderungen der Charta in vielen Fällen nach. Anderseits gibt es aber Entscheidun-

---

C. Tomuschat, EuGRZ 42 (2015), S. 133 (135); *U. Kranenpohl*, Vorgänge 220 (2017), S. 41 (46).

gen, die ihnen nicht gerecht werden. Durch das Inkrafttreten der GRC haben sich deutliche Verbesserungen ergeben, ein eindeutiges Bild zeigt sich bisher jedoch nicht. Jedenfalls ist die Grundrechtsprechung des EuGH nicht generell defizitär. Aus der Qualität der Grundrechtsprüfung lassen sich somit kaum Argumente für die Debatte um die Reichweite des unionalen Grundrechtsschutzes entwickeln.

Unabhängig davon kann auf Basis der rein empirischen Erkenntnisse des zweiten Kapitels der vorliegenden Arbeit allerdings festgestellt werden, dass der Gerichtshof nicht jede Möglichkeit zur Ausweitung des Anwendungsbereichs der GRC nutzt. Es hat sich nämlich gezeigt, dass es zahlreiche – genauer 78 – Entscheidungen gibt, in denen der EuGH die Anwendbarkeit der Charta kurz prüft und in den allermeisten Fällen ablehnt. Daraus allein können zwar keine Rückschlüsse auf den Umgang des Gerichtshofs mit Art. 51 Abs. 1 GRC gezogen werden, feststellen lässt sich aber, dass nationale Gerichte seit Inkrafttreten der Charta dem EuGH in vielen Fällen Fragen zur Auslegung der Charta stellten, der Gerichtshof diese jedoch häufig zurückwies. Die nach dem Urteil Åkerberg Fransson geäußerten Befürchtungen, der EuGH werde nun jede noch so ferne Verbindung zum Unionsrecht ausreichen lassen, um die Charta anzuwenden, haben sich damit nicht bestätigt.

Aus den Ergebnissen der vorliegenden Arbeit lassen sich schließlich Erkenntnisse für die Debatte um die Legitimität der Union gewinnen. Die Charta soll die Europäische Union als Wertegemeinschaft etablieren. Der Gerichtshof setzt ihre Anforderungen in vielen Fällen um und macht sie somit effektiv. Dies ist vor dem Hintergrund autoritärer Tendenzen in einigen Mitgliedstaaten von besonderer Bedeutung. Wird der Rechtsstaat im nationalen Recht beschädigt, verbleiben häufig nur überstaatliche Schutzmechanismen. In Zeiten, in denen die Geltung der Grundrechte wieder in Frage gestellt wird, muss der Gerichtshof einen qualitativ hochwertigen Grundrechtsschutz leisten und damit die Werte der Europäischen Union, wie sie insbesondere in Art. 2 EUV zum Ausdruck kommen, verteidigen. Der zehnte Jahrestag des Inkrafttretens der Charta ist daher ein Grund zum Optimismus für Europa, wenn sich die positiven Entwicklungen in der Grundrechtsprechung des EuGH in Zukunft fortsetzen.

Zusammenfassung

1. Seit dem Inkrafttreten der Charta der Grundrechte der Europäischen Union am 01.12.2009 bis zum 31.12.2017 hat der Gerichtshof die GRC in *696 Urteilen, Beschlüssen und Gutachten* zitiert. Die absolute Zahl dieser Entscheidungen pro Jahr steigt stetig an (mit Ausnahme der Jahre 2014, 2015 und 2017). Gleichzeitig ist der prozentuale Anteil der Entscheidungen mit Charta-Zitat an der Gesamtzahl der erledigten Rechtssachen pro Jahr von 6,3 % im Jahr 2010 auf 17,9 % im Jahr 2016 angestiegen (2017: 17,7 %). Bezogen auf die Gesamtzahl der seit dem 01.12.2009 vom Gerichtshof entschiedenen Rechtssachen liegt der Anteil der Fälle mit Zitat der GRC bei ca. 13,2 %.[1]

2. Der EuGH nimmt in 221 (31,7 %) dieser 696 Entscheidungen eine *Grundrechtsprüfung anhand der Charta* vor. In den übrigen 68,3 % der Entscheidungen erwähnt der Gerichtshof die Charta zum Beispiel im Rahmen der Auslegung von Sekundärrecht oder lehnt bereits die Zulässigkeit einer Chartabezogenen Frage im Vorabentscheidungsverfahren ab.[2]

3. Setzt man die Anzahl der Entscheidungen, die eine *Grundrechtsprüfung anhand der Charta* enthalten (221 Entscheidungen) *in Relation zur Gesamtzahl* der seit dem 01.12.2009 erledigten Rechtssachen (5298 Rechtssachen), ergibt sich, dass eine solche Prüfung in ca. 4,2 % der Entscheidungen vorkommt. Bezogen auf die einzelnen Jahre schwankt die Zahl stark: Enthielten im Jahr 2010 nur elf Entscheidungen eine Grundrechtsprüfung an der GRC, waren dies im Jahr 2017 bereits 48. Mit Ausnahme der Jahre 2014 und 2015 ist auch hier eine starke Zunahme zu erkennen. Dies gilt ebenso im Vergleich mit der Gesamtzahl der im jeweiligen Jahr erledigten Rechtssachen: Enthielten im Jahr 2010 nur 2,1 % aller erledigten Rechtssachen eine Grundrechtsprüfung, waren dies im Jahr 2017 6,9 %.[3]

4. Sowohl die *EMRK als auch die Grundrechte als allgemeine Grundsätze des Unionsrechts* spielen weiterhin eine gewichtige Rolle in der Rechtsprechung des Gerichtshofs. In 55 Entscheidungen nimmt der EuGH die Prüfung (zumindest teilweise) an ihnen und nicht an der Charta vor.[4]

5. Der Gerichtshof nutzt nicht jede Gelegenheit, um den Anwendungsbereich der Charta zu erweitern: In 78 Entscheidungen prüft er die *Anwendbarkeit der Charta* kurz und lehnt sie in den allermeisten Fällen ab.[5]

---

[1] Kapitel 2 B. II.
[2] Kapitel 2 C. III.
[3] Kapitel 2 D.
[4] Kapitel 2 C. III. 2. b).
[5] Kapitel 2 C. III. 2. c).

6. *Art. 52 Abs. 1 GRC* formt und strukturiert die Grundrechtsprüfung anhand der Charta. Aus dieser Vorschrift lassen sich – unter Zuhilfenahme der rechtswissenschaftlichen Kritik an der Grundrechtsprechung des EuGH vor Rechtsverbindlichkeit der Charta – detaillierte dogmatische Anforderungen an die Grundrechtsprüfung ableiten.[6]

7. Sowohl im Rahmen der Grundrechte aus Titel VI als auch bei den Gleichheits- und insbesondere bei den Freiheitsgrundrechten verwendet der Gerichtshof kein kohärentes und konsistentes *Prüfungsschema*. Vielmehr schwankt er bei den drei Grundrechtsarten zwischen verschiedenen Vorgehensweisen. Während bei den justiziellen Rechten der einstufige Aufbau dominiert, prüft der EuGH die Gleichheitsrechte meist zweistufig. Die Freiheitsrechte werden dagegen drei-, zwei- und einstufig geprüft.[7]

8. Der Gerichtshof behandelt die *Schutzbereichsprüfung* nicht einheitlich. Teilweise untersucht er den Schutzbereich und begründet sein Ergebnis. Dabei legt er den Schutzbereich des einschlägigen Grundrechts aus und subsumiert darunter, wenn dies in der jeweiligen Entscheidung notwendig ist. Eine ausdrückliche Prüfung von persönlichem und sachlichem Schutzbereich mit Auslegung und Subsumtion findet sich in keiner Entscheidung. Nur selten allerdings nennt der EuGH das betroffene Grundrecht gar nicht oder vermischt zwei Grundrechte im Schutzbereich. Angesichts der Kritik an der Schutzbereichsprüfung des Gerichtshofs vor Rechtsverbindlichkeit der Charta und der Anforderungen der GRC können so bereits Verbesserungen verzeichnet werden.[8]

9. Das Vorliegen einer *Grundrechtseinschränkung* untersucht der Gerichtshof ebenfalls nur in einem Teil der analysierten Entscheidungen. Eine allgemeingültige Definition der Einschränkung für alle Grundrechte der Charta hat er bisher nicht entwickelt. Anscheinend folgt der EuGH aber insofern einem weiten Begriff, der auch mittelbare und nicht finale Beeinträchtigungen sowie nicht rechtsförmige Eingriffe umfasst.[9]

10. Die *Abgrenzung der Gleichheitsgrundrechte* der Charta untereinander und gegenüber Gleichheitsrechten aus anderen Rechtsquellen ist noch wenig ausgearbeitet. Ein dogmatisches System lässt sich bisher kaum erkennen.[10]

11. Trotz der expliziten Nennung in Art. 52 Abs. 1 S. 1 GRC prüft der Gerichtshof den *Gesetzesvorbehalt* meist überhaupt nicht und erwähnt ihn in diesen Fällen ebenfalls nicht in seiner Definition der Anforderungen an die Rechtfertigung einer Grundrechtseinschränkung. Dementsprechend wenig ausgeformt sind die Anforderungen, die der EuGH an die gesetzliche Grundlage stellt. Zwar scheint er hier einem eher weiten Verständnis zu folgen, wonach

---

[6] Kapitel 3 A.
[7] Kapitel 3 B. I.
[8] Kapitel 3 B. II.
[9] Kapitel 3 B. III.
[10] Kapitel 3 B. IV.

neben Durchführungs- und delegierten Rechtsakten ebenso nationale Verordnungen den Anforderungen von Art. 52 Abs. 1 S. 1 GRC entsprechen, doch sind viele Fragen, etwa zum Parlamentsvorbehalt und wie Beschlüsse zu behandeln sind, noch ungeklärt.[11]

12. Zur Bestimmung der Anforderungen der *Verhältnismäßigkeit* postuliert der EuGH teilweise ein dreistufiges Vorgehen, teilweise definiert er die Verhältnismäßigkeit zwei- oder sogar nur einstufig, etwa bei der Abwägung von Grundrechten. Dieser Befund korrespondiert mit den Analyseergebnissen der tatsächlichen Prüfung durch den Gerichtshof: Auch hier gibt es Entscheidungen, in denen er drei- oder zweistufig prüft oder nur eine einstufige Abwägung von kollidierenden Grundrechten vornimmt.[12]

13. Wie vor Inkrafttreten der Charta räumt der Gerichtshof dem Grundrechtsverpflichteten stellenweise explizit ein weites Ermessen ein und nimmt seine *Prüfdichte* ausdrücklich zurück. Dabei verweist er zur Begründung meist auf die Komplexität der vom Gesetzgeber vorzunehmenden Entscheidung. Welche Auswirkungen die Annahme einer hohen oder geringen Kontrolldichte auf die tatsächliche Grundrechtsprüfung durch den Gerichtshof hat, lässt sich wegen der mangelnden Konkretisierung dieses Maßstabs allerdings kaum erkennen. Der Frage nach der Kontrollintensität kommt insgesamt wenig Aussagekraft zu.[13]

14. In der überwiegenden Zahl der analysierten Entscheidungen prüft der Gerichtshof, welche *Ziele* die fragliche Maßnahme verfolgt und ob diese *legitim* im Sinne der Charta sind. Eine allgemeingültige Auslegung der Rechtfertigungsgründe aus Art. 52 Abs. 1 S. 2 GRC hat der EuGH bisher nicht entwickelt. Der Gerichtshof entscheidet vielmehr nur im Einzelfall über die Legitimität des verfolgten Ziels. Auch aus diesen Einzelfallentscheidungen lässt sich keine Definition ableiten, da der EuGH bislang fast alle vom Grundrechtsverpflichteten vorgebrachten Rechtfertigungsgründe akzeptiert hat.[14]

15. Nur in knapp der Hälfte der untersuchten Entscheidungen prüft der Gerichtshof die *Eignung* der fraglichen Maßnahme. Dabei reichen seine Ausführungen von knappen Behauptungen bis zu sehr detaillierten Untersuchungen. Ein Fehlen der Geeignetheit hat der EuGH bislang nicht festgestellt. In der anderen Hälfte der Entscheidungen unterbleibt eine Eignungskontrolle hingegen. Dogmatisch lässt der Gerichtshof – den Vorgaben der Charta entsprechend – eine Teileignung der Maßnahme ausreichen und verlangt wohl nicht, dass diese das legitime Ziel in kohärenter und systematischer Weise verfolgt.[15]

---

[11] Kapitel 3 B. V. 1.
[12] Kapitel 3 B. V. 2. b).
[13] Kapitel 3 B. V. 2. c).
[14] Kapitel 3 B. V. 2. d).
[15] Kapitel 3 B. V. 2. e).

16. In nur ca. einem Drittel der analysierten Entscheidungen untersucht der Gerichtshof, ob es ein gleich geeignetes, aber milderes Mittel gibt *(Erforderlichkeit)*. In mehr als der Hälfte der Entscheidungen nimmt er hingegen keine Prüfung von Alternativmaßnahmen vor. Dabei äußert sich der EuGH in einigen Entscheidungen überhaupt nicht zur Erforderlichkeit, sondern nimmt nur eine Abwägung der widerstreitenden Interessen oder eine nicht eindeutig identifizierbare Untersuchung vor. In anderen Urteilen nutzt er zwar den Begriff der Erforderlichkeit, erörtert aber trotzdem keine alternativen Mittel.[16]

17. Die *Angemessenheitsprüfung* stellt den wichtigsten Schritt in der Grundrechtsprüfung anhand der Charta dar. Trotzdem nimmt der EuGH in nur ca. zwei Dritteln der analysierten Urteile eine entsprechende Untersuchung vor. Die auf der Stufe der Angemessenheit vorzunehmende Interessenprüfung ist nur in knapp der Hälfte der Entscheidungen vollständig. In der überwiegenden Zahl der Fälle ist sie dagegen unvollständig oder berücksichtigt der Gerichtshof nur eine Seite der widerstreitenden Positionen. Auch nach Inkrafttreten der Charta lassen sich insofern deutliche Defizite ausmachen. Auffällig ist, dass der EuGH Ausführungen zur Interessenprüfung nicht nur im Punkt der Angemessenheit macht, sondern sie über seine gesamte Grundrechtsprüfung verteilt. Anders als bei der Geeignetheits- und Erforderlichkeitsprüfung kommt der Feststellung einer hohen oder geringen Kontrollintensität durch den Gerichtshof im Rahmen der Angemessenheit mehr Aussagekraft hinsichtlich seiner konkreten Prüfung zu. Dies gilt insbesondere für die Fälle, in denen der Unionsgesetzgeber nach dem Vorsorgeprinzip Prognoseentscheidungen trifft, die der EuGH nur eingeschränkt auf ihre Angemessenheit kontrolliert. Gleichwohl finden sich bei diesem Punkt erneut einzelne Widersprüche zwischen Feststellung der Prüfdichte und tatsächlicher Prüfung.[17]

18. Meist überprüft der Gerichtshof die Grundrechtseinschränkung auf ihre *subjektive Zumutbarkeit*, wobei er im Vorabentscheidungs- sowie Gutachtenverfahren – typisierend – die Interessen aller betroffenen Grundrechtsträger untersucht.[18]

19. Wenn der EuGH prüft, ob der *Wesensgehalt* eines Grundrechts beeinträchtigt ist, was in etwas weniger als der Hälfte der insofern analysierten Entscheidungen der Fall ist, verwendet er zur Bestimmung des jeweiligen Kernbereichs meist einen absoluten Ansatz. Wie der Gerichtshof jedoch diesen absolut geschützten Kern der Grundrechte ausfüllt, ist offen. Bisher hat er nur einzelne Bereiche und Situationen als Verletzung beziehungsweise Nicht-Verletzung des Wesensgehalts bezeichnet.[19]

---

[16] Kapitel 3 B. V. 2. f).
[17] Kapitel 3 B. V. 2. g).
[18] Kapitel 3 B. V. 2. g) cc).
[19] Kapitel 3 B. V. 3.

20. Besonders deutlich verfehlt der EuGH die Anforderungen von Art. 52 Abs. 1 GRC in *sehr kurzen Grundrechtsprüfungen*, die häufig nur aus wenigen Sätzen bestehen. In den allermeisten Entscheidungen prüft er dabei zumindest auch eine Verletzung von Art. 47 GRC.[20]

21. Die Prüfung von *Art. 47 GRC* durch den Gerichtshof entzieht sich meist einer dogmatischen Analyse anhand von Art. 52 Abs. 1 GRC.[21]

22. Eine Vielzahl von *Kontexten* wirkt auf die Dogmatik der Grundrechtsprechung des EuGH ein. Nur bei wenigen ist dieser Einfluss allerdings auch nachprüf- beziehungsweise belegbar.[22]

23. Die in der Charta angelegte *Dualität von Konsolidierung und Innovation* schlägt sich in der Grundrechtsprechung des Gerichtshofs nieder. Insgesamt hat das Inkrafttreten der Charta in den Entscheidungen des EuGH zwar eher zu einem Aufbruch als zu einer bloßen Fortsetzung der Rechtsprechung geführt, doch finden sich auch zahlreiche Elemente der Kontinuität.[23]

24. Einige Divergenzen in der Dogmatik der Grundrechtsprüfung erklären sich mit dem *prozessualen* sowie *institutionellen Kontext*, in dem der Gerichtshof die jeweilige Prüfung vornimmt. Die judikative Funktion des EuGH schlägt sich in seinen Entscheidungsbegründungen nieder: Er entwickelt keine allgemeingültigen Positionen, vermeidet dementsprechend abstrakte Definitionen und entscheidet nur, was im konkreten Fall notwendig ist. Die Besonderheiten des Vorabentscheidungsverfahrens führen dazu, dass der Gerichtshof im Rahmen dieses Verfahrens die Interessenprüfung typisierend vornimmt.[24]

25. Schließlich ist sehr wahrscheinlich, dass die *Generalanwälte* über ihre Schlussanträge Einfluss auf die Grundrechtsprechung des Gerichtshofs nehmen. In den meisten analysierten Rechtssachen folgt der EuGH den Generalanwälten im Ergebnis. Der konkrete Einfluss auf die Dogmatik der Grundrechtsprüfung ist jedoch nur belegbar, wenn der Gerichtshof die Schlussanträge zitiert, sie wörtlich oder zumindest sehr ähnlich übernimmt. Solche Zitate oder Übereinstimmungen lassen sich an den hier relevanten Stellen nur selten ausmachen.[25]

26. Fast zehn Jahre nach Inkrafttreten der Charta lässt sich *kein eindeutiges Fazit* ziehen. Gegenüber der Kritik vor Rechtsverbindlichkeit der GRC zeigen sich starke Verbesserungen, die Qualität der Grundrechtsprüfung ist deutlich gestiegen. Zwar entsprechen zahlreiche Entscheidungen nicht den Anforderungen von Art. 52 Abs. 1 GRC, in vielen Fällen aber erfüllt der EuGH die Vorgaben der Charta.[26]

---

[20] Kapitel 3 B. VI.
[21] Kapitel 3 C.
[22] Kapitel 4.
[23] Kapitel 4 C. I.
[24] Kapitel 4 C. II.
[25] Kapitel 4 C. III.
[26] Kapitel 5.

Online-Anhang

Eine umfassende Übersicht über sämtliche Entscheidungen, in denen der Gerichtshof die Charta seit ihrem Inkrafttreten bis zum 31.12.2017 zitiert, sowie deren Einordnung in die in der vorliegenden Arbeit erstellten Fallgruppen findet sich im Online-Anhang.

Die Übersicht ist als Excel-Tabelle formatiert und kann nach unterschiedlichen Kriterien (z. B. Entscheidungsdatum, zitierter Charta-Artikel, Berichterstatter, Fallgruppe, Verfahrensart, Ursprungsland etc.) sortiert und gefiltert werden.

Der Online-Anhang ist frei zugänglich unter:

DOI 10.1628/978-3-16-159045-0-appendix
https://zenodo.org/record/3551507

Literaturverzeichnis

Ahlt, Michael, Personelle Besetzung des EuGH und „Entscheidungskultur", in: Gsell, Beate/Hau, Wolfgang (Hrsg.), Zivilgerichtsbarkeit und Europäisches Justizsystem – Institutionelle und prozedurale Rahmenbedingungen des Vorabentscheidungsverfahrens nach Art. 267 AEUV auf dem Prüfstand, Tübingen 2012, S. 31–36.

Alber, Siegbert/Widmaier, Ulrich, Mögliche Konfliktbereiche und Divergenzen im europäischen Grundrechtsschutz – Die Ausübungs- und Einschränkungsregeln für die Grundrechte der Europäischen Union (Art. II-112 EV), EuGRZ 33 (2006), S. 113–123.

Albers, Marion, Höchstrichterliche Rechtsfindung und Auslegung gerichtlicher Entscheidungen, in: Lienbacher, Georg/Grzeszick, Bernd u. a. (Hrsg.), Grundsatzfragen der Rechtsetzung und Rechtsfindung – Referate und Diskussionen auf der Tagung der Vereinigung der Deutschen Staatsrechtslehrer in Münster vom 5. bis 8. Oktober 2011, Berlin/Boston 2012 (zit. VVDStRL 71 [2012]), S. 258–295.

Alemanno, Alberto/Pech, Laurent, Thinking Justice Outside the Docket: A Critical Assessment of the Reform of the EU's Court System, CMLR 54 (2017), S. 129–176.

Alexy, Robert, Theorie der Grundrechte, 2. Aufl., Frankfurt am Main 1994.

–, Balancing, Constitutional Review, and Representation, I-CON 3 (2005), S. 572–581.

Alter, Maximilian J., „Judicial Review" im englischen Sicherheitsrecht: Von der Rationalitäts- zur Verhältnismäßigkeitskontrolle, ZaöRV 2015, S. 847–868.

Anagnostaras, Georgios, Balancing conflicting fundamental rights: the Sky Österreich paradigm, E. L. Rev. 39 (2014), S. 111–124.

Andoulsi, Isabelle, L'arrêt de la Cour du 9 novembre 2010 dans les affaires jointes Volker und Markus Schecke GBR et Hartmut Eifert contre Land d'Hessen (C-92/09 et C-93/09): une reconnaissance jurisprudentielle du droit fondamental à la protection des données personnelles?, Cah. droit eur. (Brux.) 47 (2011), S. 471–522.

Andová, Katarina, Beweisrecht, in: Rengeling, Hans-Werner/Middeke, Andreas/Gellermann, Martin (Hrsg.), Handbuch des Rechtsschutzes in der Europäischen Union, 3. Aufl., München 2014, § 24.

von Arnim, Dorothee, Der Standort der EU-Grundrechtecharta in der Grundrechtsarchitektur Europas, Frankfurt am Main 2006.

Arnull, Anthony, The European Union and its Court of Justice, 2. Aufl., Oxford 2006.

Arrebola, Carlos/Maurício, Ana Júlia/Portilla, Héctor Jiménez, An Econometric Analysis of the Influence of the Advocate General on the Court of Justice of the European Union, CILJ 5 (2016), S. 82–112.

Bäcker, Matthias, Das Vorratsdatenurteil des EuGH: Ein Meilenstein des europäischen Grundrechtsschutzes, JURA 36 (2014), S. 1263–1274.

Baer, Susanne, Grundrechte ante portas, ZRP 33 (2000), S. 361–364.

–, Rechtssoziologie – Eine Einführung in die interdisziplinäre Rechtsforschung, 2. Aufl., Baden-Baden 2015.

Barriga, Stefan, Die Entstehung der Charta der Grundrechte der Europäischen Union – Eine Analyse der Arbeiten im Konvent und kompetenzrechtlicher Fragen, Baden-Baden 2003.

Beaucamp, Guy, Das Stichwort Gerechtigkeit in der amtlich gesammelten Rechtsprechung des Bundesverfassungsgerichts seit dem Jahr 2000, DVBl 2017, S. 348–354.

Beichel-Benedetti, Stephan/Hoppe, Michael, EuGH: Pflicht der Mitgliedstaaten zur gesetzlichen Regelung der Haftvoraussetzungen im Dublin-Überstellungsverfahren – EuGH (2. Kammer), Urt. v. 15.3.2017 – C-528/15 (Policie ČR'/Al Chodor) (mit Anmerkungen), NVwZ 2017, S. 777–780.

Bergmann, Jan/Dienelt, Klaus (Hrsg.), Ausländerrecht – Aufenthaltsgesetz, Freizügigkeitsgesetz/EU und ARB 1/80 (Auszug), Grundrechtecharta und Artikel 16a GG, Asylgesetz: Kommentar, 12. Aufl., München 2018 (zit. *Bearbeiter*, in: J. Bergmann/ K. Dienelt [Hrsg.], Ausländerrecht, 12. Aufl. 2018).

Bernsdorff, Norbert/Borowsky, Martin, Die Charta der Grundrechte der Europäischen Union – Handreichungen und Sitzungsprotokolle, Baden-Baden 2002.

Berrisch, Georg M., Zum „Bananen"-Urteil des EuGH vom 5.10.1994 – Rs. C-280/93, Deutschland ./. Rat der Europäischen Union, EuR 29 (1994), S. 461–469.

Berteloot, Pascale, Multilinguismus am Europäischen Gerichtshof, in: Reichelt, Gerte (Hrsg.), Sprache und Recht – Unter besonderer Berücksichtigung des Europäischen Gemeinschaftsrechts; Symposium Wien 10. Dezember 2004, Wien 2006, S. 27–36.

Besselink, Leonard F. M., The Parameters of Constitutional Conflict after Melloni, E. L. Rev. 39 (2014), S. 531–552.

–, The ECJ as the European „Supreme Court": Setting Aside Citizens' Rights for EU Law Supremacy, 18.08.2014, https://verfassungsblog.de/ecj-european-supreme-court-setting-aside-citizens-rights-eu-law-supremacy/ (geprüft am 04.09.2019).

Birkenkötter, Hannah/Lenaerts, Koen, „Dass der EuGH als internationales Gericht angesehen wird, ist ein großes Missverständnis" – Interview mit Prof. Dr. Koen Lenaerts, Vize-Präsident des Europäischen Gerichtshofs, 10.12.2014, https://voelkerrechtsblog. org/dass-der-eugh-als-internationales-gericht-angesehen-wird-ist-ein-groses-missver standnis/ (geprüft am 04.09.2019).

Bobek, Michal, Joined Cases C-92 & 93/09, Volker und Markus Schecke GbR and Hartmut Eifert, Judgment of the Court of Justice (Grand Chamber) of 9 November 2010, CMLR 48 (2011), S. 2005–2022.

Böcker, Nicolai, Wirksame Rechtsbehelfe zum Schutz der Grundrechte der Europäischen Union, Baden-Baden 2005.

Boehme-Neßler, Volker, Das Recht auf Vergessenwerden – Ein neues Internet-Grundrecht im Europäischen Recht, NVwZ 2014, S. 825–830.

von Bogdandy, Armin, Grundrechtsgemeinschaft als Integrationsziel? Grundrechte und das Wesen der Europäischen Union, JZ 56 (2001), S. 157–171.

von Bonin, Andreas/Olthoff, Merit, Zulässigkeit der Bankenmitteilung und der Gläubigerbeteiligung bei der Rettung und Abwicklung von Banken – Besprechung v. EuGH, ECLI:EU:C:2016:570 = EuZW 2016, 793 – Kotnik ua (Rs. C-526/14), EuZW 2016, S. 778–781.

Borchardt, Klaus-Dieter, Die rechtlichen Grundlagen der Europäischen Union, 6. Aufl., Wien 2015.

Breuer, Marten, „Wasch mir den Pelz, aber mach mich nicht nass!" Das zweite Gutachten des EuGH zum EMRK-Beitritt der Europäischen Union, EuR 50 (2015), S. 330–351.

–, It's not about pluralism. It's about power politics!, 16.03.2015, http://www.verfas sungsblog.de/its-not-about-pluralism-its-about-power-politics/#.VSeQzuGWXtI (geprüft am 04.09.2019).
Brink, Stefan/Wolff, Heinrich Amadeus, Anmerkung zu EuGH, Urt. v. 09.11.2010, Rs. C-92/09 und C-93/09 (Volker und Markus Schecke und Eifert), JZ 66 (2011), S. 206–208.
Bühler, Margit, Einschränkung von Grundrechten nach der Europäischen Grundrechtecharta, Berlin 2005.
Bumke, Christian, Rechtsdogmatik – Eine Disziplin und ihre Arbeitsweise: zugleich eine Studie über das rechtsdogmatische Arbeiten Friedrich Carl von Savignys, Tübingen 2017.
de Búrca, Gráinne, The Principle of Proportionality and its Application in EC Law, Yearbook of European Law 13 (1993), S. 105–150.
–, Fundamental Rights and Citizenship, in: de Witte, Bruno (Hrsg.), Ten Reflections on the Constitutional Treaty for Europe, Florence 2003, S. 11–44.
Burrows, Noreen/Greaves, Rosa, The Advocate General and EC law, Oxford 2007.
Callewaert, Johan, Die EMRK und die EU-Grundrechtecharta – Bestandsaufnahme einer Harmonisierung auf halbem Weg, EuGRZ 2003, S. 198–206.
–, Do we still need Article 6(2) TEU? Considerations on the absence of EU accession to the ECHR and its consequences, CMLR 55 (2018), S. 1685–1716.
Calliess, Christian, Die Charta der Grundrechte der Europäischen Union – Fragen der Konzeption, Kompetenz und Verbindlichkeit, EuZW 2001, S. 261–268.
–, Die neue Europäische Union nach dem Vertrag von Lissabon – Ein Überblick über die Reformen unter Berücksichtigung ihrer Implikationen für das deutsche Recht, Tübingen 2010.
Calliess, Christian/Ruffert, Matthias (Hrsg.), EUV, AEUV – Das Verfassungsrecht der Europäischen Union mit Europäischer Grundrechtecharta: Kommentar, 5. Aufl., München 2016 (zit. *Bearbeiter*, in: C. Calliess/M. Ruffert [Hrsg.], EUV, AEUV, 5. Aufl. 2016).
Classen, Claus Dieter, Das Prinzip der Verhältnismäßigkeit im Spiegel europäischer Rechtsentwicklungen, in: Sachs, Michael (Hrsg.), Der grundrechtsgeprägte Verfassungsstaat – Festschrift für Klaus Stern zum 80. Geburtstag, Berlin 2012 (zit. Der grundrechtsgeprägte Verfassungsstaat, Festschrift für K. Stern), S. 651–667.
–, Datenschutz ja – aber wie? – Anmerkung zum Urteil des EuGH vom 8.4.2014, verb. Rs. C-293/12 und C-594/12 (Digital Rights Ireland u. a.), EuR 49 (2014), S. 441–448.
Colneric, Ninon, Auslegung des Gemeinschaftsrechts und gemeinschaftsrechtskonforme Auslegung, ZEuP 2005, S. 225–233.
Colomer, Dámaso Ruiz-Jarabo/López Escudero, Manuel, L'institution de l'avocat général à la Cour de justice des Communautés européennes, in: Rodríguez Iglesias, Gil Carlos/Due, Ole u. a. (Hrsg.), Mélanges en hommage à Fernand Schockweiler, Baden-Baden 1999, S. 523–550.
Coppel, Jason/O'Neill, Aidan, The European Court of Justice: Taking Rights Seriously?, CMLR 29 (1992), S. 669–692.
Corbin, Arthur, Hard Cases Make Good Law, Yale Law J. 33 (1923), S. 78–82.
Cornils, Matthias, Schrankendogmatik, in: Grabenwarter, Christoph (Hrsg.), Europäischer Grundrechtsschutz – Enzyklopädie Europarecht Band 2, Baden-Baden 2014 (zit. Europäischer Grundrechtsschutz [EnzEuR Band 2]), § 5.

Curtin, Deirdre, The „EU Human Rights Charter" and the Union Legal Order: The ‚Banns' Before the Marriage?, in: O'Keeffe, David (Hrsg.), Judicial review in European Union Law, The Hague 2000, S. 303–318.

von Danwitz, Thomas, Verwaltungsrechtliches System und europäische Integration, Tübingen 1996.

–, Der Grundsatz der Verhältnismäßigkeit im Gemeinschaftsrecht, EWS 2003, S. 393–402.

–, Der Einfluss des nationalen Rechts und der Rechtsprechung der Gerichte der Mitgliedstaaten auf die Auslegung des Gemeinschaftsrechts, ZESAR 2008, S. 57–64.

–, Funktionsbedingungen der Rechtsprechung des Europäischen Gerichtshofes, EuR 43 (2008), S. 769–786.

–, Grundrechtsschutz im Anwendungsbereich des Gemeinschaftsrechts nach der Charta der Grundrechte, in: Herdegen, Matthias/Klein, Hans Hugo u. a. (Hrsg.), Staatsrecht und Politik – Festschrift für Roman Herzog zum 75. Geburtstag, München 2009 (zit. Staatsrecht und Politik, Festschrift für R. Herzog), S. 19–33.

–, Kooperation der Gerichtsbarkeit in Europa, ZRP 2010, S. 143–147.

–, Aktuelle Entwicklungen im Grundrechtsschutz der EU, in: Sachs, Michael (Hrsg.), Der grundrechtsgeprägte Verfassungsstaat – Festschrift für Klaus Stern zum 80. Geburtstag, Berlin 2012 (zit. Der grundrechtsgeprägte Verfassungsstaat, Festschrift für K. Stern), S. 669–682.

–, Verfassungsrechtliche Herausforderungen in der jüngeren Rechtsprechung des EuGH, EuGRZ 40 (2013), S. 253–261.

–, Der richterliche Dialog in der Gerichtspraxis des Vorabentscheidungsverfahrens: Herausforderungen für die Zukunft, in: Becker, Ulrich/Hatje, Armin u. a. (Hrsg.), Verfassung und Verwaltung in Europa – Festschrift für Jürgen Schwarze zum 70. Geburtstag, Baden-Baden 2014 (zit. Verfassung und Verwaltung in Europa, Festschrift für J. Schwarze), S. 661–679.

–, Gerichtlicher Schutz der Grundrechte, in: Grabenwarter, Christoph (Hrsg.), Europäischer Grundrechteschutz – Enzyklopädie Europarecht Band 2, Baden-Baden 2014 (zit. Europäischer Grundrechtschutz [EnzEuR Band 2]), § 6.

von Danwitz, Thomas/Paraschas, Katherina, A Fresh Start for the Charter Fundamental Questions on the Application of the European Charter of Fundamental Rights, Fordham Intl. L. J. 35 (2012), S. 1396.

Dauses, Manfred A., Motor der Integration – Hüter der Rechtsidee? Der Beitrag des Gerichtshofes der Europäischen Gemeinschaften zu einer europäischen Rechtskultur – Vortrag anläßlich der Tagung der Evangelischen Akademie Bad Boll über „Grundfreiheiten und Grundrechte in der Europäischen Gemeinschaft", 6.–8. Oktober 1989, Evangelische Akademie Bad Boll, Protokolldienst 1990, S. 33–45.

–, Eine Lanze für „Solange III", EuZW 1997, S. 705.

–, Braucht die Europäische Union eine Grundrechtsbeschwerde?, EuZW 2008, S. 449.

Derlén, Mattias/Lindholm, Johan, Characteristics of Precedent: The Case Law of the European Court of Justice in Three Dimensions, German Law Journal 16 (2015), S. 1073–1098.

Dolzer, Rudolf/Kreuter-Kirchhof, Charlotte, Wirtschaft und Kultur, in: Vitzthum, Wolfgang/Proelß, Alexander (Hrsg.), Völkerrecht, 7. Aufl., Berlin/Boston 2016.

Dougan, Michael, Judicial review of Member State action under the general principles and the Charter: Defining the „scope of Union law", CMLR 52 (2015), S. 1201–1246.

Dratwa, Friederike/Werling, Jana, Die erste Grundrechtsprüfung anhand der Charta der Grundrechte der Europäischen Union – oder: Aller Anfang ist schwer – (Volker und Markus Schecke GbR und Hartmut Eifert./. Land Hessen, EuGH [Grosse Kammer], Urteil vom 9. November 2010, Verb. Rs, C-92/09 und C-93/09), ELR 2011, S. 23–30.

Dunne, Peter, A right to donate blood? Permanent deferrals for „Men who have Sex with Men" (MSM): *Léger* – Case C-528/13, Geoffrey Léger v. Ministre des Affaires sociales, de la Santé et des Droits des femmes and Etablissement français du sang, Judgment of the Court (Fourth Chamber) of 29 April 2015, EU:C:2015:288., CMLR 52 (2015), S. 1661–1678.

Edenharter, Andrea, Auflösung von Jurisdiktionskonflikten durch eine Variierung der richterlichen Prüfungsdichte, Der Staat 57 (2018), S. 227–265.

Edward, David, How the Court of Justice works, E. L. Rev. 20 (1995), S. 539–558.

Ehlers, Dirk, Allgemeine Lehren der Unionsgrundrechte, in: ders. (Hrsg.), Europäische Grundrechte und Grundfreiheiten, 4. Aufl., Berlin 2014, § 14.

–, Anmerkung, JZ 72 (2017), S. 43–45.

–, Buchbesprechung Arno Kahl/Nicolas Raschauer/Stefan Storr (Hg), Grundsatzfragen der europäischen Grundrechtecharta, Wien: Verlag Österreich 2013, 246 S, 49,00 €, ISBN 978-3-7046-6478-5, ZÖR 72 (2017), S. 663–666.

Eichenhofer, Johannes, „e-Privacy" im europäischen Grundrechtsschutz: Das „Schrems"-Urteil des EuGH – Urteil des EuGH vom 6. Oktober 2015, ECLI:EU:C:2015:650, Rs. C-362/14 (Schrems) – Amtliche Leitsätze des Gerichtshofs, EuR 51 (2016), S. 76–90.

Eickhoff, Jörn, Anm. zu EuGH: Zurechenbarkeit von Kartellverstößen in Unternehmensgruppe richtet sich nach wirklicher Organisation, nicht nach Rechtsstruktur der Gruppe, GWR 2010, S. 379–380.

Eisner, Carolin, Die Schrankenregelung der Grundrechtecharta der Europäischen Union – Gefahr oder Fortschritt für den Grundrechtsschutz in Europa?, Baden-Baden 2005.

Ellingsen, Hilde K., Effective judicial protection of individual data protection rights: *Puškár*, CMLR 55 (2018), S. 1879–1898.

Emmerich-Fritsche, Angelika, Der Grundsatz der Verhältnismäßigkeit als Direktive und Schranke der EG-Rechtsetzung – Mit Beiträgen zu einer gemeineuropäischen Grundrechtslehre sowie zum Lebensmittelrecht, Berlin 2000.

Engel, Daniel, Der Beitritt der Europäischen Union zur EMRK – Vom defizitären Kooperationsverhältnis zum umfassenden EMRK-Rechtsschutz durch den EGMR?, Tübingen 2015.

Ennöckl, Daniel, EuGH zur Veröffentlichung von EU-Agrarbeihilfen: (vorläufiges) Ende der Transparenz, Österreichische Juristenzeitung 2011, S. 955–961.

Epiney, Astrid, Die Rechtsprechung des EuGH im Jahr 2015 – Europäisches Verfassungsrecht, NVwZ 2016, S. 655–664.

–, Die Rechtsprechung des EuGH im Jahr 2016 – Europäisches Verfassungsrecht, NVwZ 2017, S. 761–771.

–, Die Rechtsprechung des EuGH im Jahr 2017 – Europäisches Verfassungsrecht, NVwZ 2018, S. 775–784.

EU Network of Independent Experts on Fundamental Rights (Hrsg.), Commentary of the Charter of Fundamental Rights of the European Union – Online-Kommentar 2006 (zit. *Bearbeiter*, in: EU Network of Independent Experts on Fundamental Rights [Hrsg.], Commentary of the Charter of Fundamental Rights of the European Union, 2006).

Europäische Kommission (Generaldirektion Justiz und Verbraucher), 2010 Report on the Application of the EU Charter of Fundamental Rights, Luxemburg 2011.
–, 2011 Report on the Application of the EU Charter of Fundamental Rights, Luxemburg 2012.
–, 2012 Report on the Application of the EU Charter of Fundamental Rights, Luxemburg 2013.
–, 2013 Report on the Application of the EU Charter of Fundamental Rights, Luxemburg 2014.
–, 2014 Report on the Application of the EU Charter of Fundamental Rights, Brüssel 2015.
–, 2015 Report on the Application of the EU Charter of Fundamental Rights, Luxemburg 2016.
–, 2016 Report on the Application of the EU Charter of Fundamental Rights, Luxemburg 2017.
–, 2017 Report on the Application of the EU Charter of Fundamental Rights, Luxemburg 2018.
Europäischer Rechnungshof, Beurteilung der Effizienz des Gerichtshofs der Europäischen Union bei der Bearbeitung von Rechtssachen – Sonderbericht Nr. 14 (gemäß Artikel 287 Absatz 4 Unterabsatz 2 AEUV) 2017.
Everling, Ulrich, Der Gerichtshof als Entscheidungsinstanz, in: Schwarze, Jürgen (Hrsg.), Der Europäische Gerichtshof als Verfassungsgericht und Rechtsschutzinstanz – Referate und Diskussionsberichte der Tagung des Arbeitskreises Europäische Integration e. V. in Hamburg vom 2. bis 4. Juni 1983, Baden-Baden 1983, S. 137–158.
–, Der Beitrag des deutschen Rechts zur Rechtsprechung des Gerichtshofs der Europäischen Gemeinschaften, in: Nicolaysen, Gert/Quaritsch, Helmut (Hrsg.), Lüneburger Symposion für Hans Peter Ipsen zur Feier des 80. Geburtstages, Baden-Baden 1988, S. 63–71.
–, Zur Funktion des Gerichtshofs der Europäischen Gemeinschaften als Verwaltungsgericht, in: Bender, Bernd (Hrsg.), Rechtsstaat zwischen Sozialgestaltung und Rechtsschutz – Festschrift für Konrad Redeker zum 70. Geburtstag, München 1993 (zit. Rechtsstaat zwischen Sozialgestaltung und Rechtsschutz, Festschrift für K. Redeker), S. 293–311.
–, Zur Begründung der Urteile des Gerichtshofs der Europäischen Gemeinschaften, EuR 29 (1994), S. 127–143.
–, Will Europe slip on Bananas? The Bananas judgement of the Court of Justice and national courts, CMLR 33 (1996), S. 401–437.
–, Die Kontrolle des Gemeinschaftsgesetzgebers durch die Europäischen Gerichte, in: Lenz, Carl Otto/Gündisch, Jürgen (Hrsg.), Beiträge zum deutschen und europäischen Recht – Freundesgabe für Jürgen Gündisch, Köln 1999, S. 89–111.
–, Richterliche Rechtsfortbildung in der Europäischen Gemeinschaft, JZ 55 (2000), S. 217–227.
–, Rechtsgewinnung durch Abstraktion? – Jürgen Schwarzes Ansatz zur Legitimation des Europäischen Gemeinschaftsrechts durch Richterrecht, in: Becker, Ulrich/Hatje, Armin u. a. (Hrsg.), Verfassung und Verwaltung in Europa – Festschrift für Jürgen Schwarze zum 70. Geburtstag, Baden-Baden 2014 (zit. Verfassung und Verwaltung in Europa, Festschrift für J. Schwarze), S. 43–56.
Faber, Wolfgang, Auslegung von EuGH-Entscheidungen: eine Annäherung anhand von Beispielen aus dem Verbraucherprivatrecht – Teil 1, JBl 139 (2017), S. 697–710.

–, Auslegung von EuGH-Entscheidungen: eine Annäherung anhand von Beispielen aus dem Verbraucherprivatrecht – Teil 2, JBl 139 (2017), S. 776–783.
Fassbender, Bardo, Der einheitliche Gesetzesvorbehalt der EU-Grundrechtecharta und seine Bedeutung für die deutsche Rechtsordnung, NVwZ 2010, S. 1049–1054.
Franzen, Martin/Gallner, Inken/Oetker, Hartmut (Hrsg.), Kommentar zum europäischen Arbeitsrecht, 2. Aufl., München 2018 (zit. *Bearbeiter*, in: M. Franzen/I. Gallner/ H. Oetker [Hrsg.], Kommentar zum europäischen Arbeitsrecht, 2. Aufl. 2018).
Franzius, Claudio, Grundrechtsschutz in Europa – Zwischen Selbstbehauptungen und Selbstbeschränkungen der Rechtsordnungen und ihrer Gerichte, ZaöRV 75 (2015), S. 383–412.
Frenz, Walter, Handbuch Europarecht Band 4 – Europäische Grundrechte, Berlin/Heidelberg 2009.
–, Handbuch Europarecht Band 5 – Wirkungen und Rechtsschutz, Berlin/Heidelberg 2010.
–, Handbuch Europarecht Band 1 – Europäische Grundfreiheiten, 2. Aufl., Berlin/Heidelberg 2012.
Gaede, Karsten, Minimalistischer EU-Grundrechtsschutz bei der Kooperation im Strafverfahren, NJW 2013, S. 1279–1282.
Galetta, Diana-Urania, European Court of Justice and preliminary reference procedure today: National Judges, please behave!, in: Becker, Ulrich/Hatje, Armin u. a. (Hrsg.), Verfassung und Verwaltung in Europa – Festschrift für Jürgen Schwarze zum 70. Geburtstag, Baden-Baden 2014 (zit. Verfassung und Verwaltung in Europa, Festschrift für J. Schwarze), S. 680–697.
Ganglbauer, Nina Maria, Das Grundrecht der unternehmerischen Freiheit gem Art 16 GRC, in: Kahl, Arno/Raschauer, Nicolas/Storr, Stefan (Hrsg.), Grundsatzfragen der europäischen Grundrechtecharta, Wien 2013, S. 203–228.
Gärditz, Klaus Ferdinand, Schutzbereich und Grundrechtseingriff, in: Grabenwarter, Christoph (Hrsg.), Europäischer Grundrechteschutz – Enzyklopädie Europarecht Band 2, Baden-Baden 2014 (zit. Europäischer Grundrechteschutz [EnzEuR Band 2]), § 4.
Gaudissart, Marc-André, Le régime et la pratique linguistiques de la Cour de justice des Communautés européennes, in: Hanf, Dominik/Malacek, Klaus/Muir, Élise (Hrsg.), Langues et construction européenne, Brüssel 2010, S. 137–160.
Gebauer, Katharina, Parallele Grund- und Menschenrechtsschutzsysteme in Europa? – Ein Vergleich der Europäischen Menschenrechtskonvention und des Straßburger Gerichtshofs mit dem Grundrechtsschutz in der Europäischen Gemeinschaft und dem Luxemburger Gerichtshof, Berlin 2007.
Geiß, Robin, Europäischer Grundrechtsschutz ohne Grenzen?, DÖV 67 (2014), S. 265–272.
Geppert, Anke, Rechtsmittel, Rechtsbehelfe und Überprüfungsverfahren, in: Rengeling, Hans-Werner/Middeke, Andreas/Gellermann, Martin (Hrsg.), Handbuch des Rechtsschutzes in der Europäischen Union, 3. Aufl., München 2014, § 28.
Gerichtshof der Europäischen Union, CURIA – Direktion Wissenschaftlicher Dienst und Dokumentation, https://curia.europa.eu/jcms/jcms/Jo2_11968/ (geprüft am 04.09.2019).
–, CURIA – Répertoire de jurisprudence – Cour de justice de l'Union européenne, https://curia.europa.eu/jcms/jcms/Jo2_7046/fr/ (geprüft am 04.09.2019).

–, InfoCuria – Rechtsprechung des Gerichtshofs – CURIA – Suchformular, http://curia.europa.eu/juris/recherche.jsf?language=de (geprüft am 04.09.2019).
–, Vorstellung der Mitglieder des Gerichtshofs, https://curia.europa.eu/jcms/jcms/Jo2_7026/de/ (geprüft am 04.09.2019).
–, Jahresbericht 2009, Luxemburg 2010.
–, Jahresbericht 2010, Luxemburg 2011.
–, Jahresbericht 2011, Luxemburg 2012.
–, Jahresbericht 2012, Luxemburg 2013.
–, Jahresbericht 2013, Luxemburg 2014.
–, Jahresbericht 2014 – Überblick über die Tätigkeit des Gerichtshofs, des Gerichts und des Gerichts für den öffentlichen Dienst der Europäischen Union, Luxemburg 2015.
–, Jahresbericht 2015 – Rechtsprechungstätigkeit, Luxemburg 2016.
–, Jahresbericht 2016 – Rechtsprechungstätigkeit, Luxemburg 2017.
–, Jahresbericht 2017 – Rechtsprechungstätigkeit, Luxemburg 2018.
Göke, Morten, Der Einzelne im Spannungsfeld von Teleologie und Deontologie in der Rechtsprechung des EuGH – Zugleich ein Beitrag zur Folgeorientierung bei der Auslegung der Verträge, Tübingen 2015.
Grabenwarter, Christoph, Die Menschenrechtskonvention und Grundrechte-Charta in der europäischen Verfassungsentwicklung, in: Cremer, Hans-Joachim/Giegerich, Thomas u. a. (Hrsg.), Tradition und Weltoffenheit des Rechts – Festschrift für Helmut Steinberger, Berlin 2002 (zit. Tradition und Weltoffenheit des Rechts, Festschrift für H. Steinberger), S. 1129–1152.
–, Wirtschaftliche Grundrechte, in: ders. (Hrsg.), Europäischer Grundrechteschutz – Enzyklopädie Europarecht Band 2, Baden-Baden 2014 (zit. Europäischer Grundrechteschutz [EnzEuR Band 2]), § 13.
–, Das EMRK-Gutachten des EuGH, EuZW 2015, S. 180.
–, Auf der langen Bank, FAZ 05.02.2015, S. 6.
Grabenwarter, Christoph/Pabel, Katharina, Europäische Menschenrechtskonvention – Ein Studienbuch, 6. Aufl. 2016.
Grabitz, Eberhard/Nettesheim, Martin/Hilf, Meinhard (Hrsg.), Das Recht der Europäischen Union: EUV/AEUV – Kommentar, Stand: 65. EL, München 2018 (zit. *Bearbeiter*, in: E. Grabitz/M. Nettesheim/M. Hilf [Hrsg.], Das Recht der Europäischen Union: EUV/AEUV, Stand: 65. EL 2018).
Greer, Steven/Gerards, Janneke/Slowe, Rose, Human Rights in the Council of Europe and the European Union – Achievements, Trends and Challenges, Cambridge 2018.
Griller, Stefan, Der Anwendungsbereich der Grundrechtscharta und das Verhältnis zu sonstigen Gemeinschaftsrechten, Rechten aus der EMRK und zu verfassungsgesetzlich gewährleisteten Rechten, in: Duschanek, Alfred/Griller, Stefan (Hrsg.), Grundrechte für Europa – Die Europäische Union nach Nizza, Wien 2002, S. 131–182.
von der Groeben, Hans/Schwarze, Jürgen/Hatje, Armin (Hrsg.), Europäisches Unionsrecht – Vertrag über die Europäische Union – Vertrag über die Arbeitsweise der Europäischen Union – Charta der Grundrechte der Europäischen Union, 7. Aufl., Baden-Baden 2015 (zit. *Bearbeiter*, in: H. von der Groeben/J. Schwarze/A. Hatje [Hrsg.], Europäisches Unionsrecht, 7. Aufl. 2015).
Gsell, Beate, Zivilrechtsanwendung im Europäischen Mehrebenensystem, AcP 214 (2014), S. 99–150.
Guckelberger, Annette, Veröffentlichung der Leistungsempfänger von EU-Subventionen und unionsgrundrechtlicher Datenschutz, EuZW 2011, S. 126–130.

Guðmundsdóttir, Dóra, A renewed emphasis on the Charter's distinction between rights and principles: Is a doctrine of judicial restraint more appropriate?, CMLR 52 (2015), S. 685–719.

Gundel, Jörg, Gemeinschaftsrichter und Generalanwälte als Akteure des Rechtsschutzes im Lichte des gemeinschaftsrechtlichen Rechtsstaatsprinzips, in: Müller-Graff, Peter-Christian/Scheuing, Dieter H. (Hrsg.), Gemeinschaftsgerichtsbarkeit und Rechtsstaatlichkeit – Europarecht – Beiheft 3, 2008, Baden-Baden 2008, S. 23–45.

–, Der beschränkte Anwendungsbereich des Charta-Grundrechts auf gute Verwaltung: Zur fortwirkenden Bedeutung der allgemeinen Rechtsgrundsätze als Quelle des EU-Grundrechtsschutzes, EuR 50 (2015), S. 80–91.

–, Erfolgsmodell Vorabentscheidungsverfahren? Die neue Vorlage zum EGMR nach dem 16. Protokoll zur EMRK und ihr Verhältnis zum EU-Rechtsschutzsystem, EuR 50 (2015), S. 609–625.

–, Der Verlust der bürgerlichen Ehrenrechte als Eingriff in die Grundrechtecharta – Neues zur Reichweite des EU-Grundrechtsschutzes gegenüber den Mitgliedstaaten und zur lex-mitior-Garantie. Anmerkung zum Urteil des EuGH v. 6.10.2015 Rs. C-650/13 (Delvigne), EuR 51 (2016), S. 176–188.

Hakenberg, Waltraud, Die Befolgung und Durchsetzung der Urteile der Gemeinschaftsgerichte, in: Müller-Graff, Peter-Christian/Scheuing, Dieter H. (Hrsg.), Gemeinschaftsgerichtsbarkeit und Rechtsstaatlichkeit – Europarecht – Beiheft 3, 2008, Baden-Baden 2008, S. 163–177.

Haltern, Ulrich R., Europarecht und das Politische, Tübingen 2005.

–, Das Machtspiel der Gerichte – Gastkommentar zur Vorratsspeicherung, 30.07.2014, https://www.nzz.ch/meinung/debatte/das-machtspiel-der-gerichte-1.18353995 (geprüft am 04.09.2019).

–, Die Quittung für Verfassungsneid – Gastkommentar, NZZ 29.01.2015, S. 21.

–, Europarecht – Dogmatik im Kontext. Band I: Entwicklung – Institutionen – Prozesse, 3. Aufl., Tübingen 2017.

–, Europarecht – Dogmatik im Kontext. Band II: Rule of Law – Verbunddogmatik – Grundrechte, 3. Aufl., Tübingen 2017.

Haratsch, Andreas, Grundrechtsschutz durch den Europäischen Gerichtshof, in: Merten, Detlef/Papier, Hans-Jürgen (Hrsg.), Handbuch der Grundrechte in Deutschland und Europa, Band VI/1: Europäische Grundrechte I, Heidelberg 2010 (zit. HGR, Band VI/1), § 165.

Hauck, Ronny, Weites Verständnis der Begriffe „Zuwiderhandlung" und „Unternehmen" im Europäischen Wettbewerbsrecht – „Knauf Gips", GRUR-Prax 2010, S. 349.

Hector, Pascal, Die Charta der Grundrechte der Europäischen Union, in: Bröhmer, Jürgen (Hrsg.), Der Grundrechtsschutz in Europa – Wissenschaftliches Kolloquium aus Anlass des 65. Geburtstages von Prof. Dr. Dr.h.c. mult. Georg Ress, Baden-Baden 2002, S. 180–204.

Heinsohn, Stephanie, Der öffentlichrechtliche Grundsatz der Verhältnismäßigkeit – Historische Ursprünge im deutschen Recht, Übernahme in das Recht der Europäischen Gemeinschaften sowie Entwicklungen im französischen und im englischen Recht, Münster 1997.

Heißl, Gregor, Können juristische Personen in ihrem Grundrecht auf Datenschutz verletzt sein? – Persönlicher Schutzbereich von Art. 8 GRC, EuR 2017, S. 561–571.

Hentschel-Bednorz, Meike, Derzeitige Rolle und zukünftige Perspektive des EuGH im Mehrebenensystem des Grundrechtsschutzes in Europa, Köln/München 2012.

Herzmann, Karsten, Das spanische Verfassungsgericht und der Fall Melloni – Konsequenzen des EuGH-Urteils aus Sicht seines Adressaten, EuGRZ 42 (2015), S. 445–453.
Hess, Burkhard, Remarks on Case C-491/10 PPU – Andrea Aguirre Pelz, 10.12.2010, http://conflictoflaws.net/2010/hess-remarks-on-case-c-49110ppu-%E2%80%93-andrea-aguirre-pelz/ (geprüft am 04.09.2019).
Heuer, Jan, Art. 51 Abs. 1 Satz 1 GRC: Die Bindung der Mitgliedstaaten an die Unionsgrundrechte, München 2014.
Heuschmid, Johannes, Dynamische Bezugnahmeklausel beim Betriebsübergang – EuGH (3. Kammer) v. 18.7.2013, Rs. C-426/11, Alemo-Herron u. a. ./. Parkwood Leisure Ltd (m. Anm.), AuR 2013, S. 498–502.
Hilf, Meinhard, Die Schranken der EU-Grundrechte, in: Merten, Detlef/Papier, Hans-Jürgen (Hrsg.), Handbuch der Grundrechte in Deutschland und Europa, Band VI/1: Europäische Grundrechte I, Heidelberg 2010 (zit. HGR, Band VI/1), § 164.
Hirsch, Günter, Gemeinschaftsgrundrechte als Gestaltungsaufgabe, in: Sieber, Ulrich/Kreuzer, Karl/Scheuing, Dieter H. (Hrsg.), Europäischer Grundrechtsschutz, Baden-Baden 1998, S. 9–24.
–, Die Europäische Union als Grundrechtsgemeinschaft, in: Rodríguez Iglesias, Gil Carlos/Due, Ole u. a. (Hrsg.), Mélanges en hommage à Fernand Schockweiler, Baden-Baden 1999, S. 177–196.
–, Das Rechtsgespräch im europäischen Gerichtshof, ZGR 31 (2002), S. 1–19.
Hoffmann, Jan, Der Gerichtshof der Europäischen Union – re-organisiert, EuR 2016, S. 197–203.
Hofmann, Rainer, Zurück zu Solange II! Zum Bananenmarktordnungs-Beschluß des Bundesverfassungsgerichts, in: Cremer, Hans-Joachim/Giegerich, Thomas u. a. (Hrsg.), Tradition und Weltoffenheit des Rechts – Festschrift für Helmut Steinberger, Berlin 2002 (zit. Tradition und Weltoffenheit des Rechts, Festschrift für H. Steinberger), S. 1207–1224.
Holliday, Jayne, Case Comment: Aguirre Zarraga v Simone Pelz, https://www.abdn.ac.uk/law/documents/CaseComment-AguirreZarragavSimonePelz.pdf (geprüft am 04.09.2019).
Holoubek, Michael, Die liberalen Rechte der Grundrechtscharta im Vergleich zur Europäischen Menschenrechtskonvention, in: Duschanek, Alfred/Griller, Stefan (Hrsg.), Grundrechte für Europa – Die Europäische Union nach Nizza, Wien 2002, S. 25–37.
–, Ein Grundrechtskatalog für Europa, in: Becker, Ulrich/Hatje, Armin u. a. (Hrsg.), Verfassung und Verwaltung in Europa – Festschrift für Jürgen Schwarze zum 70. Geburtstag, Baden-Baden 2014 (zit. Verfassung und Verwaltung in Europa, Festschrift für J. Schwarze), S. 109–140.
Holoubek, Michael/Lienbacher, Georg (Hrsg.), Charta der Grundrechte der Europäischen Union – GRC-Kommentar, Wien 2014 (zit. *Bearbeiter*, in: M. Holoubek/G. Lienbacher [Hrsg.], Charta der Grundrechte der Europäischen Union, 2014).
Höpner, Martin, Der Europäische Gerichtshof als Motor der Integration: Eine akteursbezogene Erklärung, Berlin J Soziol 21 (2011), S. 203–229.
Höreth, Marcus, Warum der EuGH nicht gestoppt werden sollte – und auch kaum gestoppt werden kann, in: Bergmann, Andreas/Haltern, Ulrich R. (Hrsg.), Der EuGH in der Kritik, Tübingen 2012, S. 73–112.
Hornung, Gerrit, EuGH: Keine Veröffentlichung von Empfängern von EU-Agrarsubventionen im Internet – mit Anmerkungen, MMR 2011, S. 122–128.

Hruschka, Constantin, Krankheitsbedingtes Überstellungshindernis im Dublin-Verfahren – EuGH (5. Kammer), Urt. v. 16.2.2017 – C-578/16 PPU (C. K., H. F. und A. S./Slowenien) m. Anm., NVwZ 2017, S. 691–696.
Huber, Peter Michael, Recht der europäischen Integration, München 1996.
–, Das Kooperationsverhältnis zwischen BVerfG und EuGH in Grundrechtsfragen – Die Bananenmarktordnung und das Grundgesetz, EuZW 1997, S. 517–521.
–, Unitarisierung durch Gemeinschaftsgrundrechte – Zur Überprüfungsbedürftigkeit der ERT-Rechtsprechung, EuR 2008, S. 190–200.
Huck, Winfried, Das System des rechtlichen Gehörs im europäisch geprägten Verwaltungsverfahren, EuZW 2016, S. 132–136.
Ibing, Stefan, Die Einschränkung der europäischen Grundrechte durch Gemeinschaftsrecht – Anwendbarkeit der Einschränkungsvoraussetzungen der EMRK und der Europäischen Grundrechte-Charta auf Gemeinschaftsrechtsakte, Baden-Baden 2006.
Iglesias Sánchez, Sara, The Court and the Charter – The impact of the entry into force of the Lisbon Treaty on the ECJ's approach to fundamental rights, CMLR 49 (2012), S. 1565–1612.
Imping, Andreas, Altersgrenze für Piloten – Anmerkung zu EuGH, Urteil vom 5.7.2017 – C-190/16 – Werner Fries/Lufthansa CityLine GmbH, BeckRS 2017, 115489, IWRZ 2017, S. 228.
Jacobs, Francis G., Advocates General and Judges in the European Court of Justice: Some Personal Reflections, in: O'Keeffe, David (Hrsg.), Judicial review in European Union Law, The Hague 2000, S. 17–28.
Jandt, Silke, EuGH stärkt den Schutz der Persönlichkeitsrechte gegenüber Suchmaschinen, MMR-Aktuell 2014, S. 358242.
Janisch, Wolfgang, Schlüsselfigur beim Datenschutz, 29.08.2017, http://www.sueddeutsche.de/politik/eugh-richter-schluesselfigur-beim-datenschutz-1.3644812 (geprüft am 04.09.2019).
Jarass, Hans D., Die Kompetenzverteilung zwischen der Europäischen Gemeinschaft und den Mitgliedstaaten, AöR 121 (1996), S. 173–199.
–, EU-Grundrechte – Ein Studien- und Handbuch, München 2005.
–, Zum Verhältnis von Grundrechtecharta und sonstigem Recht, EuR 2013, S. 29–45.
–, Charta der Grundrechte der Europäischen Union – Unter Einbeziehung der vom EuGH entwickelten Grundrechte, der Grundrechtsregelungen der Verträge und der EMRK: Kommentar, 3. Aufl., München 2016.
Jestaedt, Matthias, Der „Europäische Verfassungsgerichtsverbund" in (Verfahrenskenn-)Zahlen – Die Arbeitslast von BVerfG EuGH und EGMR im Vergleich, JZ 2011, S. 872–879.
Kahl, Wolfgang, Vom weiten Schutzbereich zum engen Gewährleistungsgehalt – Kritik einer neuen Richtung der deutschen Grundrechtsdogmatik, Der Staat 43 (2004), S. 167–202.
Kahler, Björn, Unisextarife im Versicherungswesen – Grundrechtsprüfung durch den EuGH – (EuGH, NJW 2011, 907), NJW 2011, S. 894–897.
Kalbheim, Jan, Über Reden und Überdenken – Der Kampf um die Rechtsprechungsänderung durch den Europäischen Gerichtshof als Kristallisationspunkt des europäischen juristischen Diskurses, Tübingen 2016.
Karpenstein, Ulrich, Das Vorabentscheidungsverfahren, in: Leible, Stefan/Terhechte, Jörg Philipp (Hrsg.), Europäisches Rechtsschutz- und Verfahrensrecht – Enzyklopä-

die Europarecht Band 3, Baden-Baden 2014 (zit. Europäisches Rechtsschutz- und Verfahrensrecht [EnzEuR Band 3]), § 8.

Kaufmann, Sven, Vorabentscheidungsverfahren, in: Dauses, Manfred A./Ludwigs, Markus (Hrsg.), Handbuch des EU-Wirtschaftsrechts, Stand: 45. EL, München 2018, P. II.

Kenney, Sally, Beyond Principals and Agents – Seeing Courts as Organizations by Comparing Référendaires at the European Court of Justice and Law Clerks at the U. S. Supreme Court, Comparative Political Studies 33 (2000), S. 593–625.

Kenntner, Markus, Die Schrankenbestimmungen der EU-Grundrechtecharta – Grundrechte ohne Schutzwirkung?, ZRP 2000, S. 423–425.

Kilian, Wolfgang, Subventionstransparenz und Datenschutz, NJW 2011, S. 1325–1328.

Kingreen, Thorsten, Die Gemeinschaftsgrundrechte, JuS 2000, S. 857–865.

–, Grundrechtsverbund oder Grundrechtsunion? – Zur Entwicklung der subjektiv-öffentlichen Rechte im europäischen Unionsrecht, EuR 45 (2010), S. 338–364.

–, Die Grundrechte des Grundgesetzes im europäischen Grundrechtsföderalismus, JZ 2013, S. 801–811.

–, Ne bis in idem: Zum Gerichtswettbewerb um die Deutungshoheit über die Grundrechte – Anmerkung zur Entscheidung des EuGH vom 26.2.2013 (C-617/10), EuR 2013, S. 446–454.

–, Die Unionsgrundrechte, JURA 36 (2014), S. 295–304.

Kirchhof, Ferdinand, Grundrechtsschutz durch europäische und nationale Gerichte, NJW 2011, S. 3681–3686.

–, Kooperation zwischen nationalen und europäischen Gerichten, EuR 2014, S. 267–277.

Kirchhof, Gregor/Magen, Stefan, Dogmatik: Rechtliche Notwendigkeit und Grundlage fächerübergreifenden Dialogs – eine systematische Übersicht, in: Kirchhof, Gregor/Magen, Stefan/Schneider, Karsten (Hrsg.), Was weiß Dogmatik? – Was leistet und wie steuert die Dogmatik des Öffentlichen Rechts?, Tübingen 2012, S. 151–172.

Kischel, Uwe, Zur Dogmatik des Gleichheitssatzes in der Europäischen Union, EuGRZ 24 (1997), S. 1–11.

–, Die Kontrolle der Verhältnismäßigkeit durch den Europäischen Gerichtshof, EuR 35 (2000), S. 380–402.

Klein, Marvin, Friedensgrüße aus Luxemburg: Neue Entwicklung im europäischen Grundrechteverbund, DÖV 2018, S. 605–612.

Klein, Thomas, Die Weitergeltung von kollektivvertraglichen Normen nach der Betriebsübergangsrichtlinie, EuZA 2014, S. 325–342.

–, Anm. zu Europäischer Gerichtshof (EuGH): Zur Vereinbarkeit einer Altersgrenze von 65 Jahren für die Tätigkeit als Pilot eines Luftfahrzeugs im gewerblichen Luftverkehr mit der Charta der Grundrechte der Europäischen Union – Urteil des Europäischen Gerichtshofs vom 5.7.2017 – Rechtssache Fries, EuZA 2018, S. 98–108.

Klinke, Ulrich, Gerichtsbarkeit der Europäischen Union, in: Dauses, Manfred A./Ludwigs, Markus (Hrsg.), Handbuch des EU-Wirtschaftsrechts, Stand: 45. EL, München 2018.

Knöll, Ralf, Die Diskussion um die Grundrechtscharta der Europäischen Union aus dem Blickwinkel der deutschen Länder, NJW 2000, S. 1845–1848.

Kober, Martin, Der Grundrechtsschutz in der Europäischen Union – Bestandsaufnahme, Konkretisierung und Ansätze zur Weiterentwicklung der europäischen Grundrechtsdogmatik anhand der Charta der Grundrechte der Europäischen Union, München 2009.

Koch, Oliver, Grundsatz der Verhältnismäßigkeit in der Rechtsprechung des Gerichtshofs der europäischen Gemeinschaften, Berlin 2003 (zit. *Koch*, Verhältnismäßigkeit).
Kodde, Claudia, Die „Pflicht zu Vergessen" – „Recht auf Vergessenwerden" und Löschung in BDSG und DS-GVO, ZD 2013, S. 115–118.
Kohler, Christian, Zur institutionellen Stellung des Gerichtshofes der Europäischen Gemeinschaften – Status, Ausstattung, Haushalt, EuGRZ 2003, S. 117–121.
Kokott, Juliane, Der Grundrechtsschutz im europäischen Gemeinschaftsrecht, AöR 1996, S. 599–638.
–, Der pouvoir neutre im Recht der Europäischen Union, ZaöRV 2009, S. 275–288.
Kokott, Juliane/Sobotta, Christoph, Die Charta der Grundrechte der Europäischen Union nach Inkrafttreten des Vertrags von Lissabon, EuGRZ 2010, S. 265–271.
–, Der EuGH – Blick in eine Werkstatt der Integration, EuGRZ 2013, S. 465–472.
Koopmans, Thijmen, The Birth of European Law at the CrossRoads of Legal Traditions, AJCL 39 (1991), S. 493–507.
Kotzur, Markus, Die europäische Gerichtsbarkeit, in: Leible, Stefan/Terhechte, Jörg Philipp (Hrsg.), Europäisches Rechtsschutz- und Verfahrensrecht – Enzyklopädie Europarecht Band 3, Baden-Baden 2014 (zit. Europäisches Rechtsschutz- und Verfahrensrecht [EnzEuR Band 3]), § 5.
Kranenpohl, Uwe, Die ‚Grundrechtsunion' als Ausweg aus der Krise? – Grundrechtsschutz zwischen EGMR, EuGH und nationalen Verfassungsgerichten, Vorgänge 220 (2017), S. 41–49.
Krommendijk, Jasper, The Use of ECtHR Case Law by the Court of Justice after Lisbon, MJ 22 (2015), S. 812–835.
Kühling, Jürgen, Grundrechtskontrolle durch den EuGH – Kommunikationsfreiheit und Pluralismussicherung im Gemeinschaftsrecht – Zugleich eine Besprechung des Familiapress-Urteils des EuGH in diesem Heft S. 344, EuGRZ 1997, S. 296–303.
–, Grundrechte, in: von Bogdandy, Armin/Bast, Jürgen (Hrsg.), Europäisches Verfassungsrecht – Theoretische und dogmatische Grundzüge, 2. Aufl., Dordrecht [u. a.] 2009, S. 657–704.
–, Kernelemente einer kohärenten EU-Grundrechtsdogmatik in der Post-Lissabon-Ära, ZÖR 68 (2013), S. 469–485.
–, Der Fall der Vorratsdatenspeicherungsrichtlinie und der Aufstieg des EuGH zum Grundrechtsgericht, NVwZ 2014, S. 681–685.
–, EuGH 2.0 – Datenschutz auch gegen Google & Co., NJW-Editorial 22/2014.
–, Rückkehr des Rechts: Verpflichtung von „Google & Co." zu Datenschutz, EuZW 2014, S. 527–532.
Kühling, Jürgen/Klar, Manuel, Die aktuelle Entscheidung Transparenz vs. Datenschutz – erste Gehversuche des EuGH bei der Anwendung der Grundrechtecharta. Anm. zu EuGH, C-92/09 u. C-93/09, Slg. 2010, I-11117 = EuZW 2010,939 = NJW 2011, 1338 Ls. – Volker u. Markus Schecke GbR/Eifert), Slg. 2010, I-11063, JURA 33 (2011), S. 771–777.
Kühling, Jürgen/Lieth, Oliver, Dogmatik und Pragmatik als leitende Parameter der Rechtsgewinnung im Gemeinschaftsrecht, EuR 38 (2003), S. 371–389.
Kunnert, Gerhard, EuGH zur Vorratsdatenspeicherung: Außer Spesen nichts gewesen?, DuD 38 (2014), S. 774–784.
Kunz, Raffaela, A further „constitutionalization" to the detriment of the individual? – On the ECtHR's stricter reading of the principle of subsidiarity regarding the admissibi-

lity of cases, 27.08.2018, http://voelkerrechtsblog.org/a-further-constitutionalization-to-the-detriment-of-the-individual/ (geprüft am 04.09.2019).

Lacchi, Clelia, Multilevel judicial protection in the EU and preliminary references, CMLR 53 (2016), S. 679–707.

Lasok, Karol P. E., European Court Practice and Procedure, 3. Aufl., Haywards Heath 2016.

Laut, Thomas, Die gerichtlichen Entscheidungen, in: Rengeling, Hans-Werner/Middeke, Andreas/Gellermann, Martin (Hrsg.), Handbuch des Rechtsschutzes in der Europäischen Union, 3. Aufl., München 2014, § 27.

–, Die Verfahrensbeteiligten, in: Rengeling, Hans-Werner/Middeke, Andreas/Gellermann, Martin (Hrsg.), Handbuch des Rechtsschutzes in der Europäischen Union, 3. Aufl., München 2014, § 22.

Lehofer, Hans Peter, EuGH: Kurzberichterstattungsrecht dient der Informationsfreiheit; Eingriff in unternehmerische Freiheit verhältnismäßig, 22.01.2013, http://blog.lehofer.at/2013/01/eugh-kurzberichterstattungsrecht-dient.html (geprüft am 04.09.2019).

–, EuGH: Google muss doch vergessen – das Supergrundrecht auf Datenschutz und die Bowdlerisierung des Internets, 13.05.2014, http://blog.lehofer.at/2014/05/eugh-google-muss-doch-vergessen-das.html (geprüft am 04.09.2019).

Leible, Stefan/Schäfer, Stephan, Keine Vermarktung eines Weines mit „bekömmlich" – Verordnung (EG) Nr. 1924/2006 Art. 4 Abs. 3 Unterabs. 1, LMuR 2012, S. 245–252.

Leisner, Anna, Kontinuität als Verfassungsprinzip: unter besonderer Berücksichtigung des Steuerrechts, Tübingen 2002.

Lenaerts, Koen, Fundamental Rights in the European Union, E. L. Rev. 25 (2000), S. 575–600.

–, Die EU-Grundrechtecharta – Anwendbarkeit und Auslegung, EuR 47 (2012), S. 3–18.

–, Exploring the Limits of the EU Charter of Fundamental Rights, E. C. L. Rev. 8 (2012), S. 375–403.

–, The European Court of Justice and Process-Oriented Review, Yearbook of European Law 31 (2012), S. 3–16.

–, How the ECJ Thinks – A Study on Judicial Legitimacy, Fordham Intl. L. J. 36 (2013), S. 1302–1371.

–, In Vielfalt geeint/Grundrechte als Basis des europäischen Integrationsprozesses, EuGRZ 42 (2015), S. 353–361.

–, Kooperation und Spannung im Verhältnis von EuGH und nationalen Verfassungsgerichten, EuR 50 (2015), S. 3–28.

Lenaerts, Koen/Maselis, Ignace/Gutman, Kathleen, EU Procedural Law, Oxford 2014.

Lenaerts, Koen/Smijter, Eddy de, A „Bill of Rights" for the European Union, CMLR 38 (2001), S. 273–300.

–, The Charter and the Role of the European Courts, MJ 8 (2001), S. 90–101.

Lenz, Carl Otto, Alleine verantwortlich – Erfahrungen eines Generalanwalts, in: Heid, Daniela/Stotz, Rüdiger/Verny, Arsène (Hrsg.), Festschrift für Manfred A. Dauses – Zum 70. Geburtstag, München 2014, S. 217–223.

Lepsius, Oliver, Kritik der Dogmatik, in: Kirchhof, Gregor/Magen, Stefan/Schneider, Karsten (Hrsg.), Was weiß Dogmatik? – Was leistet und wie steuert die Dogmatik des Öffentlichen Rechts?, Tübingen 2012, S. 39–62.

–, Relationen: Plädoyer für eine bessere Rechtswissenschaft, Tübingen 2016.

Leuschner, Sebastian, EuGH und Vorratsdatenspeicherung: Emergenz eines Grundrechts auf Sicherheit?, 09.04.2014, http://verfassungsblog.de/eugh-und-vorratsdatenspeicherung-emergenz-eines-grundrechts-auf-sicherheit/ (geprüft am 04.09.2019).
–, EuGH und Vorratsdatenspeicherung: Erfindet Europa ein Unionsgrundrecht auf Sicherheit?, EuR 51 (2016), S. 431–452.
–, Es ist wieder da: Der EuGH bestätigt das Grundrecht auf Sicherheit – C-601/15 PPU, 22.02.2016, http://verfassungsblog.de/es-ist-wieder-da-der-eugh-bestaetigt-das-grundrecht-auf-sicherheit/ (geprüft am 04.09.2019).
Limbach, Jutta, Die Kooperation der Gerichte in der zukünftigen europäischen Grundrechtsarchitektur – Ein Beitrag zur Neubestimmung des Verhältnisses von Bundesverfassungsgericht, Gerichtshof der Europäischen Gemeinschaften und Europäischem Gerichtshof für Menschenrechte, EuGRZ 27 (2000), S. 417–420.
–, Das Bundesverfassungsgericht und der Grundrechtsschutz in Europa, NJW 2001, S. 2913–2919.
Lindner, Josef Franz, Grundrechtsschutz in Europa – System einer Kollisionsdogmatik, EuR 42 (2007), S. 160–194.
Lippert, André, Das Kohärenzerfordernis des EuGH – Eine Darstellung am Beispiel der Rechtsprechung zum deutschen Glücksspielmonopol, EuR 2012, S. 90–100.
Lohse, Eva, Die Rechtsprechung des EuGH zum Aufenthaltsrecht Drittstaatsangehöriger – Auf dem Weg zur Achtung der Kompetenzverteilung bei der Gewährleistung von Grundrechten?, EuGRZ 2012, S. 693–702.
Lübbe-Wolff, Gertrude, Die Grundrechte als Eingriffsabwehrrechte – Struktur und Reichweite der Eingriffsdogmatik im Bereich staatlicher Leistungen, Baden-Baden 1988.
Ludwig, Thomas Claus, Zum Verhältnis zwischen Grundrechtecharta und allgemeinen Grundsätzen – die Binnenstruktur des Art. 6 EUV n. F., EuR 2011, S. 715–735.
Lynskey, Orla, The Data Retention Directive is incompatible with the rights to privacy and data protection and is invalid in its entirety – Digital rights Ireland. Joined Cases C-293 & 594/12, Digital Rights Ireland Ltd and Seitlinger and others, Judgment of the Court of Justice (Grand Chamber) of 8 April 2014, nyr, CMLR 51 (2014), S. 1789–1811.
–, Negotiating the Data Protection Thicket: Life in the Aftermath of Schrems, 09.10.2015, http://www.verfassungsblog.de/negotiating-the-data-protection-thicket-life-in-the-aftermath-of-schrems/#.ViTFGGsSyzE (geprüft am 04.09.2019).
Mackenzie-Stuart, Alexander John, The European Communities and the Rule of Law, London 1977.
Mahlmann, Matthias, Die Grundrechtscharta der Europäischen Union, ZEuS 2000, S. 419–444.
Mancini, Giuseppe Federico, The Making of a Constitution for Europe, CMLR 26 (1989), S. 595–614.
von Mangoldt, Hermann/Klein, Friedrich/Starck, Christian (Hrsg.), Kommentar zum Grundgesetz: GG – Band 1: Präambel, Artikel 1 bis 19, 6. Aufl., München 2010 (zit. *Bearbeiter*, in: H. von Mangoldt/F. Klein/C. Starck [Hrsg.], Kommentar zum Grundgesetz: GG, 6. Aufl. 2010).
Manthey, Leslie/Unseld, Christopher, Grundrechte vs. „effet utile" – Vom Umgang des EuGH mit seiner Doppelrolle als Fach- und Verfassungsgericht, ZEuS 2011, S. 323–341.

Markakis, Menelaos/Dermine, Paul, Bailouts, the legal status of Memoranda of Understanding, and the scope of application of the EU Charter: *Florescu*, CMLR 55 (2018), S. 643–671.

Marsch, Nikolaus, Do(n't) think twice, it's all right: der EuGH beerdigt die Vorratsdatenspeicherung, 23.12.2016, https://verfassungsblog.de/dont-think-twice-its-all-right-der-eugh-beerdigt-die-vorratsdatenspeicherung/ (geprüft am 04.09.2019).

Masing, Johannes, RiBVerfG Masing: Vorläufige Einschätzung der „Google-Entscheidung" des EuGH, 14.08.2014, http://www.verfassungsblog.de/ribverfg-masing-vor laeufige-einschaetzung-der-google-entscheidung-des-eugh/#.Va9nQPnwlcF (geprüft am 04.09.2019).

Maunz, Theodor/Dürig, Günter (Hrsg.), Grundgesetz – Kommentar, Stand: 85. EL, München 2018 (zit. *Bearbeiter*, in: T. Maunz/G. Dürig [Hrsg.], Grundgesetz, Stand: 85. EL 2018).

Mayer, Franz C., Der Vertrag von Lissabon und die Grundrechte, in: Schwarze, Jürgen/Hatje, Armin (Hrsg.), Der Reformvertrag von Lissabon: Europarecht – Beiheft 1, Baden-Baden 2009, S. 87–102.

McAuliffe, Karen, Hybrid Texts and Uniform Law? The Multilingual Case Law of the Court of Justice of the European Union, IJSL 24 (2011), S. 97–115.

–, Behind the Scenes at the Court Of Justice – Drafting EU Law Stories, in: Nicola, Fernanda/Davies, Bill (Hrsg.), EU Law Stories, Cambridge 2017, S. 35–57.

Meyer, Frank, Transnationaler ne-bis-in-idem-Schutz nach der GRC – Zum Fortbestand des Vollstreckungselements aus Sicht des EuGH, zugleich Besprechung zu EuGH HRRS 2014 Nr. 484, HRRS 15 (2014), S. 270–279.

Meyer, Jürgen (Hrsg.), Charta der Grundrechte der Europäischen Union, 4. Aufl., Baden-Baden 2014 (zit. *Bearbeiter*, in: J. Meyer [Hrsg.], Charta der Grundrechte der Europäischen Union, 4. Aufl. 2014).

Meyer-Ladewig, Jens/Nettesheim, Martin/von Raumer, Stefan (Hrsg.), EMRK – Europäische Menschenrechtskonvention: Handkommentar, 4. Aufl., Baden-Baden u. a. 2017 (zit. *Bearbeiter*, in: J. Meyer-Ladewig/M. Nettesheim/S. von Raumer [Hrsg.], EMRK, 4. Aufl. 2017).

Michael, Lothar/Morlok, Martin, Grundrechte, 6. Aufl., Baden-Baden 2017.

Michl, Fabian, Zur selektiven Rezeption europäischer Rechtsprechung, EuR 53 (2018), S. 456–477.

Michl, Walther, Thou shalt have no other courts before me, 23.12.2014, http://www.ver fassungsblog.de/thou-shalt-no-courts/ (geprüft am 04.09.2019).

Middeke, Andreas, Das Vorabentscheidungsverfahren, in: Rengeling, Hans-Werner/Middeke, Andreas/Gellermann, Martin (Hrsg.), Handbuch des Rechtsschutzes in der Europäischen Union, 3. Aufl., München 2014, § 10.

Mock, William B. T./Demuro, Gianmario/Bifulco, Raffaele/Cartabia, Marta/Celotto, Alfonso (Hrsg.), Human Rights in Europe – Commentary on the Charter of Fundamental Rights of the European Union, Durham, N. C. 2010 (zit. *Bearbeiter*, in: W. B. T. Mock/G. Demuro/R. Bifulco u. a. [Hrsg.], Human Rights in Europe, 2010).

Moeller, Johannes, Das Verhältnis zwischen Bundesverfassungsgericht und Europäischem Gerichtshof unter den Präsidenten Papier und Skouris, NVwZ 2010, S. 225–228.

Möllers, Christoph, Grundrechtsschutz: Wäre weniger mehr? – zu Friktionen im europäischen Mehrebenensystem, ZEuP 2015, S. 461–468.

Molthagen, Julia, Das Verhältnis der EU-Grundrechte zur EMRK – Eine Untersuchung unter besonderer Berücksichtigung der Charta der Grundrechte der EU, Hamburg 2003.

Morano-Foadi, Sonia/Andreadakis, Stelios, Reflections on the Architecture of the EU after the Treaty of Lisbon: The European Judicial Approach to Fundamental Rights, ELJ 17 (2011), S. 595–610.

Müller, Thomas, Der Verhältnismäßigkeitsgrundsatz des Art 52 GRC – Paradigmenwechsel in der europäischen Grundrechtsjudikatur?, in: Kahl, Arno/Raschauer, Nicolas/Storr, Stefan (Hrsg.), Grundsatzfragen der europäischen Grundrechtecharta, Wien 2013, S. 179–201.

N. N., Auswirkungen der Safe-Harbor-Entscheidung des EuGH, 08.10.2015, http://www.arbeit-und-arbeitsrecht.de/urteile/auswirkungen-der-safe-harbor-entscheidung-des-eugh/2015/10/08 (geprüft am 04.09.2019).

–, Anm. zu EuGH: Verbot der Pilotentätigkeit ab 65. Lebensjahr europarechtskonform – EuGH, Urteil vom 5.7.2017 – C-190/16 = BeckRS 2017, 115489, NJW-Spezial 2017, S. 466.

Naumann, Kolja, Art. 52 Abs. 3 GrCh zwischen Kohärenz des europäischen Grundrechtsschutzes und Autonomie des Unionsrechts, EuR 2008, S. 424–435.

Nettesheim, Martin, Grundrechtliche Prüfdichte durch den EuGH, EuZW 1995, S. 106–109.

–, Anmerkung zu BVerfG, Beschluss v. 15.12.2015 – 2 BvR 2735/14., JZ 71 (2016), S. 424–428.

–, Unionaler Grundrechtsschutz vor Austeritätspolitik?, EuZW 2016, S. 801–802.

Neumann, Jan, Allgemeines und Verfahrensgrundsätze, in: Rengeling, Hans-Werner/Middeke, Andreas/Gellermann, Martin (Hrsg.), Handbuch des Rechtsschutzes in der Europäischen Union, 3. Aufl., München 2014, § 21.

Noll-Ehlers, Magnus, Kohärente und systematische Beschränkung der Grundfreiheiten – Ausgehend von der Entwicklung des Gemeinschaftsrechts im Glücksspielbereich, EuZW 2008, S. 522–525.

Nolte, Norbert, Das Recht auf Vergessenwerden – mehr als nur ein Hype?, NJW 2014, S. 2238–2242.

Obwexer, Walter, Der Schutz der Grundrechte durch den Gerichtshof der EU nach Lissabon – Auslegung und Anwendung der Grundrechte-Charta gegenüber den EU-Organen, den Mitgliedstaaten und dem allgemeinen Völkerrecht, ZÖR 68 (2013), S. 487–518.

Ogorek, Markus, Anm. zu EuGH: Altersgrenze für Piloten – Berufsfreiheit, Gleichbehandlung – EuGH (Erste Kammer), Urteil vom 5.7.2017 – C-190/16, BeckRS 2017, 115489, JA 2018, S. 558–560.

Ojanen, Tuomas, Making the essence of fundamental rights real: the Court of Justice of the European Union clarifies the structure of fundamental rights under the Charter, E. C. L. Rev. 12 (2016), S. 318–329.

van Ooyen, Robert Christian, Luxemburger Verfassungscoup – Die „Grundrechtscharta-Entscheidung" des EuGH und ihre Karlsruher Kritik im Spiegel richterlicher Selbstermächtigungen, RuP 2013, S. 199–202.

Ostermann, Udo, Entwicklung und gegenwärtiger Stand der europäischen Grundrechte nach der Rechtsprechung des Europäischen Gerichtshofs sowie des Gerichts erster Instanz, Frankfurt am Main 2009.

Pache, Eckhard, Der Grundsatz der Verhältnismäßigkeit in der Rechtsprechung der Gerichte der Europäischen Gemeinschaften, NVwZ 1999, S. 1033–1040.

–, Die Europäische Grundrechtscharta – ein Rückschritt für den Grundrechtsschutz in Europa?, EuR 2001, S. 475–494.

Pache, Eckhard/Knauff, Matthias, Wider die Beschränkung der Vorlagebefugnis unterinstanzlicher Gerichte im Vorabentscheidungsverfahren – zugleich ein Beitrag zu Art. 68 I EG, NVwZ 2004, S. 16–21.

Pache, Eckhard/Rösch, Franziska, Die neue Grundrechtsordnung der EU nach dem Vertrag von Lissabon, EuR 44 (2009), S. 769–789.

Pauly, Walter, Strukturfragen des unionsrechtlichen Grundrechtsschutzes – Zur konstitutionellen Bedeutung von Art. F Abs. 2 EUV, EuR 33 (1998), S. 242–262.

Payandeh, Mehrdad, Judikative Rechtserzeugung – Theorie, Dogmatik und Methodik der Wirkungen von Präjudizien, Tübingen 2017.

Pechstein, Matthias, EU-Prozessrecht – Mit Aufbaumustern und Prüfungsübersichten, 4. Aufl., Tübingen 2011.

Pechstein, Matthias/Nowak, Carsten/Häde, Ulrich (Hrsg.), Frankfurter Kommentar zu EUV, GRC und AEUV – Band 1: EUV und GRC, Tübingen 2017 (zit. *Bearbeiter*, in: M. Pechstein/C. Nowak/U. Häde [Hrsg.], Frankfurter Kommentar zu EUV, GRC und AEUV, 2017).

Peers, Steve, The Rebirth of the EU's Charter of Fundamental Rights, Camb. Yearb. Eur. Legal Stud. 13 (2011), S. 283–309.

–, The CJEU's Google Spain judgment: failing to balance privacy and freedom of expression, 13.05.2014, http://eulawanalysis.blogspot.de/2014/05/the-cjeus-google-spain-judgment-failing.html (geprüft am 04.09.2019).

–, Detention of asylum-seekers: the first CJEU judgment – C-601/15 PPU – J.N., 09.03.2016, http://eulawanalysis.blogspot.de/2016/03/detention-of-asylum-seekers-first-cjeu.html (geprüft am 04.09.2019).

Peers, Steve/Hervey, Tamara K./Ward, Angela (Hrsg.), The EU Charter of Fundamental Rights – A Commentary, Oxford/Portland, Or. 2014 (zit. *Bearbeiter*, in: S. Peers/T. K. Hervey/A. Ward [Hrsg.], The EU Charter of Fundamental Rights, 2014).

Pernice, Ingolf, Gemeinschaftsverfassung und Grundrechtsschutz – Grundlagen Bestand und Perspektiven, NJW 1990, S. 2409–2420.

Peters, Emma, Der EuGH erklärt Safe-Harbour für ungültig – Was folgt daraus für die europäischen Sicherheitsbehörden?, 13.10.2015, http://www.juwiss.de/74-2015/ (geprüft am 04.09.2019).

von Petersdorff-Campen, Thomas, Anmerkung zu EuGH, Urteil vom 13. Mai 2014 – C-131/12, ZUM 2014, S. 570–572.

Petersen, Niels, Verhältnismäßigkeit als Rationalitätskontrolle – Eine rechtsempirische Studie verfassungsgerichtlicher Rechtsprechung zu den Freiheitsgrundrechten, Tübingen 2015.

Petkova, Bilyana, Could the Schrems decision trigger a regulatory „race to the top"?, 11.10.2015, http://www.verfassungsblog.de/could-the-schrems-decision-trigger-a-regulatory-race-to-the-top/#.ViTFG2sSyzE (geprüft am 04.09.2019).

Petri, Thomas, EuGH: Richtlinie über die Vorratsdatenspeicherung ungültig (mit Anmerkung), ZD 2014, S. 296–301.

Philippi, Nina, Die Charta der Grundrechte der Europäischen Union – Entstehung, Inhalt und Konsequenzen für den Grundrechtsschutz in Europa, Baden-Baden 2002.

Pietsch, Jörg, Die Grundrechtecharta im Verfassungskonvent, ZRP 2003, S. 1–4.

–, Das Schrankenregime der EU-Grundrechtecharta – Dogmatik und Bewertung auf der Grundlage einer Prinzipientheorie der Rechte, Baden-Baden 2005.

Podszun, Rupprecht, Wirtschaftsordnung durch Zivilgerichte – Evolution und Legitimation der Rechtsprechung in deregulierten Branchen, Tübingen 2014.

Pötters, Stephan/Christensen, Ralph, Das Unionsrecht als Hybridform zwischen case law und Gesetzesrecht, JZ 67 (2012), S. 289–297.

Prantl, Heribert, Ende der Maßlosigkeit – Urteil zur Vorratsdatenspeicherung, 08.04.2014, http://www.sueddeutsche.de/politik/urteil-zur-vorratsdatenspeicherung-ende-der-masslosigkeit-1.1932057 (geprüft am 04.09.2019).

Präsidium des Konvents, Erläuterungen zur Charta der Grundrechte, ABl. 2007 Nr. C 303/02 14.12.2007.

Priebe, Reinhard, Reform der Vorratsdatenspeicherung – strenge Maßstäbe des EuGH, EuZW 2014, S. 456–459.

Quasdorf, Peter, Dogmatik der Grundrechte der Europäischen Union, Frankfurt am Main/Wien u. a. 2001.

Rabe, Hans-Jürgen, Grundrechtsbindung der Mitgliedstaaten, NJW 2013, S. 1407–1408.

Rasmussen, Hjalte, On Law and Policy in the European Court of Justice – A Comparative Study in Judicial Policymaking, Dordrecht 1986.

–, Plädoyer für ein Ende des judikativen Schweigens – Für Transparenz und abweichende Meinungen am EuGH, in: Bergmann, Andreas/Haltern, Ulrich R. (Hrsg.), Der EuGH in der Kritik, Tübingen 2012, S. 113–186.

Rath, Christian, „Das Recht auf Privatheit überwiegt" – Interview mit Koen Lenaerts am 20.09.2014, 20.09.2014, http://www.taz.de/!5032929/ (geprüft am 04.09.2019).

Reich, Norbert, Zur Notwendigkeit einer Europäischen Grundrechtsbeschwerde, ZRP 33 (2000), S. 375–378.

Reinhardt, Michael, Konsistente Jurisdiktion – Grundlegung einer verfassungsrechtlichen Theorie der rechtsgestaltenden Rechtsprechung, Tübingen 1997.

Reischl, Gerhard, Die Funktion der Generalanwälte in der Europäischen Rechtsprechung, in: Schwarze, Jürgen (Hrsg.), Der Europäische Gerichtshof als Verfassungsgericht und Rechtsschutzinstanz – Referate und Diskussionsberichte der Tagung des Arbeitskreises Europäische Integration e. V. in Hamburg vom 2. bis 4. Juni 1983, Baden-Baden 1983, S. 121–131.

Rengeling, Hans-Werner, Grundrechtsschutz in der Europäischen Gemeinschaft – Bestandsaufnahme und Analyse der Rechtsprechung des Europäischen Gerichtshofs zum Schutz der Grundrechte als allgemeine Rechtsgrundsätze, München 1993.

–, Entwicklungen des Grundrechtsschutzes in der Europäischen Union, in: Sachs, Michael (Hrsg.), Der grundrechtsgeprägte Verfassungsstaat – Festschrift für Klaus Stern zum 80. Geburtstag, Berlin 2012 (zit. Der grundrechtsgeprägte Verfassungsstaat, Festschrift für K. Stern), S. 881–900.

Rengeling, Hans-Werner/Szczekalla, Peter, Grundrechte in der Europäischen Union – Charta der Grundrechte und allgemeine Rechtsgrundsätze, Köln u. a. 2004.

Reynolds, Stephanie, Explaining the constitutional drivers behind a perceived judicial preference for free movement over fundamental rights, CMLR 53 (2016), S. 643–677.

Riedel, Eibe, Rechtliche Optimierungsgebote oder Rahmensetzung für das Verwaltungshandeln?, in: Dolzer, Rudolf/Sachs, Michael u. a. (Hrsg.), Das parlamentarische Regierungssystem und der Bundesrat – Entwicklungsstand und Reformbedarf, VVDStRL 58 (1998) – Berichte und Diskussionen auf der Tagung der Vereinigung der Deutschen Staatsrechtslehrer in Potsdam vom 7. bis 10. Oktober 1998, Berlin 1998 (zit. VVDStRL 58 [1998]), S. 180–216.

Riemer, Boris, Lebensmittelrecht: Gesundheitsbezogene Angaben bei Wein, EuZW 2012, S. 828–831.

Rodriguez Iglesias, Gil Carlos, Der Europäische Gerichtshof und die Gerichte der Mitgliedstaaten – Komponenten der richterlichen Gewalt in der Europäischen Union, Heidelberg 2000.

Roßnagel, Alexander, Neue Maßstäbe für den Datenschutz in Europa – Folgerungen aus dem EuGH-Urteil zur Vorratsdatenspeicherung, MMR 2014, S. 372–377.

Ruffert, Matthias, Europarecht: Verantwortlichkeit der Kommission für die Beteiligung an ESM-Maßnahmen – Kommissionshandeln im Rahmen des ESM ist nicht mit der Nichtigkeitsklage anfechtbar, kann aber die außervertragliche Haftung der Kommission auslösen., JuS 2017, S. 179–181.

Ruschemeier, Hannah, Der additive Grundrechtseingriff, Berlin 2019.

Safferling, Christoph, Der EuGH, die Grundrechtecharta und nationales Recht: Die Fälle Åkerberg Fransson und Melloni, NStZ 2014, S. 545–551.

Sagan, Adam, Arbeitsrecht: Regelaltersgrenze für Piloten von 65 Jahren europarechtskonform – VO (EU) Nr. 1178/2011 Anhang I FCL.065 Buchst. b. EuGH (Erste Kammer), Urteil vom 5.7.2017 – C-190/16 (Fries/Lufthansa CityLine GmbH), EuZW 2017, S. 729–736.

Sarmiento, Daniel, A Court that Dare Not Speak its Name: Human Rights at the Court of Justice, EJIL 29 (2018), S. 1–4.

Sauer, Heiko, „Solange" geht in Altersteilzeit – Der unbedingte Vorrang der Menschenwürde vor dem Unionsrecht, NJW 2016, S. 1134–1138.

–, Staatsrecht III – Auswärtige Gewalt, Bezüge des Grundgesetzes zu Völker- und Europarecht, 5. Aufl., München 2018.

Saurugger, Sabine/Terpan, Fabien, The Court of Justice of the European Union and the Politics of Law, London 2017.

Schiemann, Konrad Hermann Theodor, Should we come together? Reflections on different styles of judicial reasoning, ZEuS 2006, S. 1–9.

Schiffauer, Peter, Der Schutz der Grundrechte im System der Europäischen Unionsgrundordnung, in: Haratsch, Andreas/Schiffauer, Peter (Hrsg.), Grundrechtsschutz in der Europäischen Union, Berlin 2007, S. 31–59.

Schild, Hans-Hermann, Empfänger von EU-Agrarsubventionen dürfen nicht mehr im Internet veröffentlicht werden, MMR-Aktuell 2010, S. 310712.

Schilling, Theodor, Bestand und allgemeine Lehren der bürgerschützenden allgemeinen Rechtsgrundsätze des Gemeinschaftsrechts, EuGRZ 27 (2000), S. 3–43.

Schima, Bernhard, Das Vorabentscheidungsverfahren vor dem EuGH – Unter besonderer Berücksichtigung der Rechtslage in Österreich und Deutschland, 3. Aufl., Wien u. a. 2015.

Schimke, Anna, Hintergründe und Probleme des Rechts auf Vergessenwerden, 06.06.2014, https://www.juwiss.de/76-2014/ (geprüft am 04.09.2019).

Schneiders, Benedikt, Die Grundrechte der EU und die EMRK – Das Verhältnis zwischen ungeschriebenen Grundrechten, Grundrechtecharta und Europäischer Menschenrechtskonvention, Baden-Baden 2010.

Scholz, Rupert, Wie lange bis „Solange III"?, NJW 1990, S. 941–946.

Schönberger, Christoph, Anmerkungen zu BVerfG, Beschluss v. 15.12.2015 – 2 BvR 2735/14, JZ 71 (2016), S. 422–424.

Schorkopf, Frank, Dogmatik und Kohärenz, in: Kirchhof, Gregor/Magen, Stefan/Schneider, Karsten (Hrsg.), Was weiß Dogmatik? – Was leistet und wie steuert die Dogmatik des Öffentlichen Rechts?, Tübingen 2012, S. 139–149.

–, Anmerkung zu Gutachten 2/13, JZ 70 (2015), S. 781–784.

Schroeder, Werner, Neues zur Grundrechtskontrolle in der Europäischen Union, EuZW 2011, S. 462–467.

Schütze, Robert, Three ‚Bills of Rights' for the European Union, Yearbook of European Law 30 (2011), S. 131–158.

Schwab, Florian, Der Europäische Gerichtshof und der Verhältnismäßigkeitsgrundsatz: Untersuchung der Prüfungsdichte – Insbesondere in der Gegenüberstellung der Kontrolle von Gemeinschaftsakten und von Maßnahmen der Mitgliedstaaten, Frankfurt am Main/New York 2002 (zit. *Schwab*, Verhältnismäßigkeit).

Schwarze, Jürgen, Die Befugnis zur Abstraktion im europäischen Gemeinschaftsrecht – Eine Untersuchung zur Rechtsprechung des Europäischen Gerichtshofes, Baden-Baden 1976.

–, Der Schutz der Grundrechte durch den EuGH, NJW 2005, S. 3459–3466.

Schwarze, Jürgen/Becker, Ulrich/Hatje, Armin/Schoo, Johann (Hrsg.), EU-Kommentar, 4. Aufl., Baden-Baden 2019 (zit. *Bearbeiter*, in: J. Schwarze/U. Becker/A. Hatje u. a. [Hrsg.], EU-Kommentar, 4. Aufl. 2019).

Selmer, Peter, Die Gewährleistung der unabdingbaren Grundrechtsstandards durch den EuGH – Zum „Kooperationsverhältnis" zwischen BVerfG und EuGH am Beispiel des Rechtsschutzes gegen die Bananenmarkt-Verordnung, Baden-Baden 1998.

Shapiro, Fred R., The Yale Book of Quotations, Yale 2006.

Skouris, Vassilios, Höchste Gerichte an ihren Grenzen – Bemerkungen aus der Perspektive des Gerichtshofes der Europäischen Gemeinschaften, in: Grote, Rainer/Härtel, Ines u. a. (Hrsg.), Die Ordnung der Freiheit – Festschrift für Christian Starck zum siebzigsten Geburtstag, Tübingen 2007 (zit. Die Ordnung der Freiheit, Festschrift für C. Starck), S. 991–1003.

–, Stellung und Bedeutung des Vorabentscheidungsverfahrens im europäischen Rechtsschutzsystem, EuGRZ 35 (2008), S. 343–349.

–, Nationale Grundrechte und europäisches Gemeinschaftsrecht, in: Dederer, Hans-Georg/Merten, Detlef/Papier, Hans-Jürgen (Hrsg.), Handbuch der Grundrechte in Deutschland und Europa, Band VI/2: Europäische Grundrechte II – Universelle Menschenrechte, Heidelberg 2009 (zit. HGR, Band VI/2), § 171.

–, Methoden der Grundrechtsgewinnung in der Europäischen Union, in: Merten, Detlef/Papier, Hans-Jürgen (Hrsg.), Handbuch der Grundrechte in Deutschland und Europa, Band VI/1: Europäische Grundrechte I, Heidelberg 2010 (zit. HGR, Band VI/1), § 157.

–, Medienrechtliche Fragen in der Rechtsprechung des EuGH – Grundrechtliche Aspekte des Medienrechts und Charta der Grundrechte der EU, MMR 2011, S. 423–426.

–, Aspekte des Grundrechtsschutzes in der Europäischen Union nach Lissabon, in: Leutheusser-Schnarrenberger, Sabine (Hrsg.), Vom Recht auf Menschenwürde – 60 Jahre Europäische Menschenrechtskonvention, Tübingen 2013, S. 83–95.

–, Der Dialog des EuGH mit Praxis und Wissenschaft, EuZW 2015, S. 241–243.

–, Leitlinien der Rechtsprechung des EuGH zum Datenschutz, NVwZ 2016, S. 1359–1364.

Snell, Jukka, Fundamental Rights Review of National Measures: Nothing New under the Charter?, EPL 2015, S. 285–308.

Soltész, Ulrich, Die Bankenmitteilung(en) der EU-Kommission zum EU-Beihilferecht. EuGH, Urteil vom 19.7.2016 – C-526/14 – Tadej Kotnik u. a. / Državni zbor Republike Slovenije, BeckRS 2016, 81555 (m. Anm.), IWRZ 2016, S. 276–277.

Spiecker gen. Döhmann, Indra, Anmerkung zur Vorratsdatenspeicherungsentscheidung, JZ 69 (2014), S. 1109–1113.

Stein, Eric, Lawyers, Judges, and the Making of a Transnational Constitution, AJIL 75 (1981), S. 1–27.

Stein, Torsten, „Bananen-Split"? – Entzweien sich BVerfG und EuGH über den Bananenstreit?, EuZW 1998, S. 261–264.

–, „Gut gemeint …" – Bemerkungen zur Charta der Grundrechte der Europäischen Union, in: Cremer, Hans-Joachim/Giegerich, Thomas u. a. (Hrsg.), Tradition und Weltoffenheit des Rechts – Festschrift für Helmut Steinberger, Berlin 2002 (zit. Tradition und Weltoffenheit des Rechts, Festschrift für H. Steinberger), S. 1425–1436.

Steinbeis, Maximilian, Die verschiedenen Köpfe der EU-Kommission, 06.11.2012, http://verfassungsblog.de/die-verschiedenen-kopfe-der-eu-kommission/ (geprüft am 04.09.2019).

Steinbeis, Maximilian/Spiecker gen. Döhmann, Indra, „Der EuGH erfindet sich gerade neu", 14.05.2015, http://www.verfassungsblog.de/der-eugh-erfindet-sich-gerade-neu/#.VcDnsvnwlcF (geprüft am 04.09.2019).

Stelkens, Paul, Europäisches Verwaltungsrecht, Europäisierung des Verwaltungsrechts und Internationales Verwaltungsrecht, in: Sachs, Michael/Schmitz, Heribert u. a. (Hrsg.), Verwaltungsverfahrensgesetz – Kommentar, 9. Aufl., München 2018.

Stern, Klaus/Sachs, Michael (Hrsg.), Europäische Grundrechte-Charta – Kommentar, München 2016 (zit. *Bearbeiter*, in: K. Stern/M. Sachs [Hrsg.], Europäische Grundrechte-Charta, 2016).

Stieglitz, Edgar, Allgemeine Lehren im Grundrechtsverständnis nach der EMRK und der Grundrechtsjudikatur des EuGH – Zur Nutzbarmachung konventionsrechtlicher Grundrechtsdogmatik im Bereich der Gemeinschaftsgrundrechte, Baden-Baden 2002.

Storr, Stefan, Zur Bonität des Grundrechtsschutzes in der Europäischen Union, Der Staat 36 (1997), S. 547–573.

Stotz, Rüdiger, Die Rechtsprechung des EuGH, in: Riesenhuber, Karl (Hrsg.), Europäische Methodenlehre – Handbuch für Ausbildung und Praxis, 3. Aufl., Berlin 2015, § 22.

–, Aktuelle Rechtsprechung zur EU-Charta der Grundrechte, ZEuS 2017, S. 259–281.

–, Direkte Klagen, in: Dauses, Manfred A./Ludwigs, Markus (Hrsg.), Handbuch des EU-Wirtschaftsrechts, Stand: 45. EL, München 2018, P. I.

Streinz, Rudolf, Bundesverfassungsgerichtlicher Grundrechtsschutz und Europäisches Gemeinschaftsrecht – Die Überprüfung grundrechtsbeschränkender deutscher Begründungs- und Vollzugsakte von Europäischem Gemeinschaftsrecht durch das Bundesverfassungsgericht, Baden-Baden 1989.

–, Europarecht: Unionsgrundrechte – EuGH, Urteil vom 22.12.2010 – C-279/09 – DEB Deutsche Energiehandels- und Beratungsgesellschaft mbH./. Bundesrepublik Deutschland EuZW 2011, 137 (m. Anm.), JuS 2011, S. 568–570.

–, Europarecht: Unionsgrundrechte (Privatleben, Datenschutz) – Namentliche Publikation der persönlichen Empfänger von Agrarbeihilfen im Internet grundrechtswidrig, JuS 2011, S. 278–280.

- (Hrsg.), EUV/AEUV – Vertrag über die Europäische Union und Vertrag über die Arbeitsweise der Europäischen Union, 2. Aufl., München 2012 (zit. *Bearbeiter*, in: R. Streinz [Hrsg.], EUV/AEUV, 2. Aufl. 2012).
–, Die verschiedenen unionalen Grundrechtsquellen in ihrem Zusammenspiel, ZÖR 68 (2013), S. 663–683.
–, Europarecht: Verbot gesundheitsbezogener Angaben auf alkoholischen Getränken, JuS 2013, S. 369–371.
–, Europarecht: Vorratsdatenspeicherung, JuS 2014, S. 758–768.
–, Streit um den Grundrechtsschutz? – Zum Grundrechtsschutz in der Europäischen Union nach den Urteilen des EuGH in den Fällen Åkerberg Fransson und Melloni und des BVerfG zur Antiterrordatei, in: Heid, Daniela/Stotz, Rüdiger/Verny, Arsène (Hrsg.), Festschrift für Manfred A. Dauses – Zum 70. Geburtstag, München 2014, S. 429–443.
–, Grundrechtsschutz im europäischen Mehrebenensystem – Die Schutzniveauklausel des Art. 53 EU-Grundrechtecharta in der Rechtsprechung des EuGH, in: Kment, Martin (Hrsg.), Das Zusammenwirken von deutschem und europäischem Öffentlichen Recht – Festschrift für Hans D. Jarass zum 70. Geburtstag, München 2015 (zit. Das Zusammenwirken von deutschem und europäischem Öffentlichen Recht, Festschrift für H. D. Jarass), S. 133–144.
–, Europarecht: Abgrenzung von Berufsfreiheit und unternehmerischer Freiheit. EuGH, Urt. v. 30.6.2016 – C-134/15, ECLI:EU:C:2016: 498 = BeckRS 2016, 81408 – Lidl, JuS 2017, S. 798–800.
- (Hrsg.), EUV/AEUV – Vertrag über die Europäische Union, Vertrag über die Arbeitsweise der Europäischen Union, Charta der Grundrechte der Europäischen Union, 3. Aufl., München 2018 (zit. *Bearbeiter*, in: R. Streinz [Hrsg.], EUV/AEUV, 3. Aufl. 2018).

Strunz, Manuel, Strukturen des Grundrechtsschutzes der Europäischen Union in ihrer Entwicklung, Baden-Baden 2006.

Swoboda, Sabine, Definitionsmacht und ambivalente justizielle Entscheidungen – Der Dialog der europäischen Gerichte über Grundrechtsschutzstandards und Belange der nationalen Verfassungsidentität, ZIS 2018, S. 276–295.

Terhechte, Jörg Philipp, Konstitutionalisierung und Normativität der europäischen Grundrechte, Tübingen 2011.

Tettinger, Peter J./Stern, Klaus (Hrsg.), Kölner Gemeinschaftskommentar zur Europäischen Grundrechte-Charta, München 2006 (zit. *Bearbeiter*, in: P. J. Tettinger/K. Stern [Hrsg.], Kölner Gemeinschaftskommentar zur Europäischen Grundrechte-Charta, 2006).

Thiele, Alexander, Europäisches Prozessrecht – Verfahrensrecht vor dem Gerichtshof der Europäischen Union; ein Studienbuch, 2. Aufl., München 2014.

Thym, Daniel, Die Reichweite der EU-Grundrechte-Charta – Zu viel Grundrechtsschutz?, NVwZ 2013, S. 889.

–, Von Karlsruhe nach Bückeburg – auf dem Weg zur europäischen Grundrechtsgemeinschaft, 28.02.2013, http://www.verfassungsblog.de/von-karlsruhe-nach-buckeburg-auf-dem-weg-zur-europaischen-grundrechtsgemeinschaft/#.VMtxQy69HCs (geprüft am 04.09.2019).

Timmerman, Mikhel, Balancing effective criminal sanctions with effective fundamental rights protection in cases of VAT fraud: *Taricco*, CMLR 53 (2016), S. 779–796.

Tomuschat, Christian, Der Streit um die Auslegungshoheit: Die Autonomie der EU als Heiliger Gral – Das EuGH-Gutachten gegen den Beitritt der EU zur EMRK, EuGRZ 42 (2015), S. 133–139.

Tridimas, Takis, The Role of the Advocate General in the Development of Community Law: Some Reflections, CMLR 34 (1997), S. 1349–1387.

Trstenjak, Verica/Beysen, Erwin, Das Prinzip der Verhältnismäßigkeit in der Unionsrechtsordnung, EuR 47 (2012), S. 265–285.

Uerpmann-Wittzack, Robert, Die Grundrechtskontrolle durch den EGMR nach dem Beitritt der EU, ZÖR 68 (2013), S. 519–529.

Vedder, Christoph/Heintschel von Heinegg, Wolff (Hrsg.), Europäisches Unionsrecht – EUV – AEUV – Grundrechte-Charta, 2. Aufl., Baden-Baden 2018 (zit. *Bearbeiter*, in: C. Vedder/W. Heintschel von Heinegg [Hrsg.], Europäisches Unionsrecht, 2. Aufl. 2018).

Vogel, Joachim, Radu – Melloni – Åkerberg Fransson: „Staatsstreich" in Luxemburg?, StV 2013, S. I.

Voßkuhle, Andreas, Der europäische Verfassungsgerichtsverbund, NVwZ 2010, S. 1–8.

–, Menschenrechtsschutz durch die Europäischen Verfassungsgerichte, RdA 2015, S. 336–343.

Wägenbaur, Bertrand, Die Prüfungskompetenz des EuGH im Rechtsmittelverfahren, EuZW 1995, S. 199–203.

–, Stolpersteine des Vorabentscheidungsverfahrens, EuZW 2000, S. 37–42.

–, Verfahrensrecht der Unionsgerichtsbarkeit, in: Leible, Stefan/Terhechte, Jörg Philipp (Hrsg.), Europäisches Rechtsschutz- und Verfahrensrecht – Enzyklopädie Europarecht Band 3, Baden-Baden 2014 (zit. Europäisches Rechtsschutz- und Verfahrensrecht [EnzEuR Band 3]), § 7.

–, EuGH VerfO – Satzung und Verfahrensordnungen des Gerichtshofs und des Gerichts der Europäischen Union, 2. Aufl. 2017.

Wagner, Lorin Johannes, Willkommen in der Grundrechtsunion!, 09.04.2014, https://www.juwiss.de/willkommen-in-der-grundrechtsunion/ (geprüft am 04.09.2019).

Waldhoff, Christian, Kritik und Lob der Dogmatik – Rechtsdogmatik im Spannungsfeld von Gesetzesbindung und Funktionsorientierung, in: Kirchhof, Gregor/Magen, Stefan/Schneider, Karsten (Hrsg.), Was weiß Dogmatik? – Was leistet und wie steuert die Dogmatik des Öffentlichen Rechts?, Tübingen 2012, S. 17–37.

Walter, Christian, Der verpasste Verfassungsauftrag: Zum Gutachten des EuGH gegen den Beitritt der Union zur EMRK, in: Kment, Martin (Hrsg.), Das Zusammenwirken von deutschem und europäischem Öffentlichen Recht – Festschrift für Hans D. Jarass zum 70. Geburtstag, München 2015 (zit. Das Zusammenwirken von deutschem und europäischem Öffentlichen Recht, Festschrift für H. D. Jarass), S. 145–158.

Wehlau, Andreas/Lutzhöft, Niels, Grundrechte-Charta und Grundrechts-Checkliste – eine dogmatische Selbstverpflichtung der EU-Organe, EuZW 2012, S. 45–50.

Weiler, Joseph H. H./Lockhart, Nicolas J. S., „Taking rights seriously" seriously: the European Court and its fundamental rights jurisprudence – Part I, CMLR 32 (1995), S. 51–94.

–, „Taking rights seriously" seriously: the European Court and its fundamental rights jurisprudence – Part II, CMLR 32 (1995), S. 579–627.

Weiß, Wolfgang, Grundrechtsschutz durch den EuGH – Tendenzen seit Lissabon, EuZW 2013, S. 287–292.

Welty, Ute, Theodor-Heuss-Preis für EuGH – „Ein Gericht von einzigartiger Statur", 16.05.2015, http://www.deutschlandradiokultur.de/theodor-heuss-preis-fuer-eugh-ein-gerichtvon-einzigartiger.1008.de.html?dram:article_id=319961 (geprüft am 04.09.2019).

Wendel, Mattias, Wider die Mär vom Grundrechtsblinden: Der EuGH und die Vorratsdatenspeicherung, 09.04.2014, http://www.verfassungsblog.de/wider-maer-vom-grundrechtsblinden-eugh-und-vorratsdatenspeicherung/#.VUOorpOWXtI (geprüft am 04.09.2019).

–, Der EMRK-Beitritt als Unionsrechtsverstoß – Zur völkerrechtlichen Öffnung der EU und ihren Grenzen, NJW 2015, S. 921–926.

Wetter, Irmgard, Die Grundrechtscharta des Europäischen Gerichtshofes – Die Konkretisierung der gemeinschaftlichen Grundrechte durch die Rechtsprechung des EuGH zu den allgemeinen Rechtsgrundsätzen, Frankfurt am Main/Wien u. a. 1998.

Winkler, Roland, Die Grundrechte der Europäischen Union – System und allgemeine Grundrechtslehren, Wien u. a. 2006.

Winter, Regine, Deutliche Worte des EuGH im Grundrechtsbereich, NZA 2013, S. 473–477.

de Witte, Bruno, The Past and Future Role of The European Court of Justice in the Protection of Human Rights, in: Alston, Philip (Hrsg.), The EU and human rights, Oxford, England, New York 1999, S. 859–897.

Wohlfahrt, Matthias, Verfahrensrecht, in: Dauses, Manfred A./Ludwigs, Markus (Hrsg.), Handbuch des EU-Wirtschaftsrechts, Stand: 45. EL, München 2018, P. IV.

Wolffgang, Hans-Michael, in: Bitterlich, Joachim/Borchardt, Klaus-Dieter/Lenz, Carl Otto (Hrsg.), EU-Verträge – Kommentar nach dem Vertrag von Lissabon, 6. Aufl., Köln 2012.

Wollenschläger, Ferdinand, Budgetöffentlichkeit im Zeitalter der Informationsgesellschaft – Die Offenlegung von Zuwendungsempfängern im Spannungsfeld von Haushaltstransparenz und Datenschutz, AöR 135 (2010), S. 363–403.

–, Grundrechtsschutz und Unionsbürgerschaft, in: Hatje, Armin/Müller-Graff, Peter-Christian (Hrsg.), Europäisches Organisations- und Verfassungsrecht – Enzyklopädie Europarecht Band 1, Baden-Baden 2014 (zit. Europäisches Organisations- und Verfassungsrecht [EnzEuR Band 1]), § 8.

Yang, Nele, Die Leitentscheidung: Zur Grundlegung eines Begriffs und seiner Erforschung im Unionsrecht anhand des EuGH-Urteils Kadi, Berlin/Heidelberg 2017.

Zhang, Angela Huyue, The Faceless Court, U. Pa. J. Int'l L. 38 (2016), S. 71–135.

Ziegenhorn, Gero, Der Einfluss der EMRK im Recht der EU-Grundrechtecharta – Genuin chartarechtlicher Grundrechtsschutz gemäß Art. 52 Abs. 3 GRCh, Berlin 2009.

–, Beschränkung der Kostenerstattung für Kurzberichterstattung über Ereignisse von großem öffentlichen Interesse – mit Anmerkungen. EuGH (Große Kammer), Urt. v. 22.1.2013 – C-283/11 (Sky Österreich GmbH/Österreichischer Rundfunk), EuZW 2013, S. 347–352.

Zuleeg, Manfred, Zweiter Beratungsgegenstand: Deutsches und europäisches Verwaltungsrecht – wechselseitige Einwirkungen – 1. Bericht von Professor Dr. Manfred Zuleeg, in: Hilf, Meinhard/Stein, Torsten u. a. (Hrsg.), Europäische Union. Deutsches und europäisches Verwaltungsrecht – Wechselseitige Einwirkungen – Gefahr oder Chance für den Föderalismus in Deutschland, Österreich und der Schweiz? Berichte und Diskussionen auf der Tagung der Vereinigung der Deutschen Staatsrechtslehrer

in Mainz vom 6. bis 9. Oktober 1993, Berlin 1994 (zit. VVDStRL 53 [1994]), S. 154–201.
–, Zum Verhältnis nationaler und europäischer Grundrechte – Funktionen einer EU-Charta der Grundrechte, EuGRZ 27 (2000), S. 511–517.

Entscheidungsverzeichnis

Im Folgenden sind die in dieser Arbeit besprochenen Entscheidungen des Gerichtshofs aufgelistet, soweit sie nicht nur am Rande oder in den Fußnoten erwähnt werden. Kursive Ziffern weisen auf ausführliche Erörterungen hin. Wie in der gesamten Arbeit werden hier die offiziellen Entscheidungsnamen des Gerichtshofs der Europäischen Union verwendet.

A (C-112/13) 237
Accord PNR UE-Canada (Gutachten 1/15) 31, 230, 231
Acino/Kommission (C-269/13 P) 72
Adhésion de l'Union à la CEDH (Gutachten 2/13) 10, 383
AGET Iraklis (C-201/15) 270, 285, 317, 339, 432
Aguirre Zarraga (C-491/10 PPU) 77
Åkerberg Fransson (C-617/10) 13, 52
Akzo Nobel Chemicals und Akcros Chemicals/Kommission (C-550/07 P) 218
Al Chodor u. a. (C-528/15) 227
Alassini u. a. (C-317/08, C-318/08, C-319/08 und C-320/08) 62
Alemo-Herron u. a. (C-426/11) 241, 332
Anbouba/Rat (C-605/13 P) 440
ASNEF (C-468/10) 182, 266, 271, 317
Association Belge des Consommateurs Test-Achats u. a. (C-236/09) 183, 219
Association Kokopelli (C-59/11) 453

Bayer CropScience und Stichting De Bijenstichting (C-442/14) 43, 181, 426, 442
Bob-Dogi (C-241/15) 69

Cicala (C-482/10) 201
Corpul Naţional al Poliţiştilor (C-434/11) 67
Coty Germany (C-580/13) 75

DEB (C-279/09) 188
Delvigne (C-650/13) 265, 273, 282, 310, 356, 385, 389, 414
Deutsche Telekom (C-543/09) 240
Deutsches Weintor (C-544/10) 209, 246, 309, 334, 356, 385, 389, 414, 427, 454
Digital Rights Ireland und Seitlinger u. a. (C-293/12 und C-594/12) 212, 213, 214, 230, 250, 257, 262, 272, 279, 292, 298, 304, 319, 323, 336, 356, 368, 378, 383, 389, 414, 418, 450

E. ON Energie/Kommission (C-89/11 P) 327
Ezernieki (C-273/15) 47

Fastweb (C-19/13) 185
Florescu u. a. (C-258/14) 257, 281, 451, 458
FLS Plast (C-243/12 P) 32
FLSmidth/Kommission (C-238/12 P) 60, 327
FOA (C-354/13) 67
Frankreich/People's Mojahedin Organization of Iran (C-27/09 P) 64
Fries (C-190/16) 280, 311, 333, 442, 453, 458

G (C-292/10) 246
Gambelli u. a. (C-243/01) 157
Gascogne Sack Deutschland/Kommission (C-40/12 P) 197, 211

Giordano / Kommission (C-611/12 P) 181, 239, 256, 331
Glatzel (C-356/12) 183, 220, 244, 253, 256, 283, 285, 323, 332, 356, 389, 414
Google Spain und Google (C-131/12) 214, 369, 378, 383
Gueye und Salmerón Sánchez (C-483/09 und C-1/10) *67*
Gullotta und Farmacia di Gullotta Davide & C. (C-497/12) *72*

Hauer (C-44/79) 34
Health Service Executive (C-92/12 PPU) 204
Hypoteční banka (C-327/10) 245, 301, 315, 416, 431

Internationale Fruchtimport Gesellschaft Weichert / Kommission (C-73/10 P) *65*
Internationale Handelsgesellschaft mbH / Einfuhr- und Vorratsstelle für Getreide und Futtermittel (C-11/70) 150, 366

Klein (C-120/14 P) *73*
Knauf Gips / Kommission (C-407/08 P) 226, 233
Kommission / Deutschland (C-271/08) 341
Kotnik u. a. (C-526/14) 215
Križan u. a. (C-416/10) 180, 224, 236

Ledra Advertising / Kommission und EZB (C-8/15 P bis C-10/15 P) 210, 224, 248, 267, 335
Léger (C-528/13) 231, 340, 416, 418, 431
Lidl (C-134/15) 193, 201, 229, 265, 290, 318, 332, 429
Liivimaa Lihaveis (C-562/12) *41*, 186, 226

M. (C-277/11) 201, 202
MCB. (C-400/10 PPU) 240
McDonagh (C-12/11) 194, 238
Melloni (C-399/11) 11, 33, *55*
Muladi (C-447/15) *60*, 193

N. (C-601/15 PPU) 181, 293, 427
N. (C-604/12) 202
Nagy (C-21/10) 219
Neptune Distribution (C-157/14) 194, 208, 286, 291, 318, 323, 324
Nicula (C-331/13) *73*
Nold KG / Kommission (C-4/73) 150, 170, 362, 366

O (C-432/14) *79*
ONEm und M (C-284/15) *59*
Otis u. a. (C-199/11) *49*

Pelckmans Turnhout (C-483/12) 30
Petruhhin (C-182/15) *56*
Philip Morris Brands u. a. (C-547/14) 247, 254, 257, *310*, 318, 442
Pillbox 38 (C-477/14) *45*, 342
PITEE/ Kommission (C-464/16 P) *320*, *420*, *436*
Pohl (C-429/12) *72*
Polkomtel (C-277/16) 416, 432
PPG und SNF / ECHA (C-625/11 P) *69*
Präsident Ruhrkohlen-Verkaufsgesellschaft u. a. / Hohe Behörde (C-36/59, C-37/59, C-38/59 und C-40/59) 366
Promusicae (C-275/06) 236, 271, 358, 401
Protect Natur-, Arten- und Landschaftschutz Umweltorganisation (C-664/15) 416
Puškár (C-73/16) 185, 311, 416, 432

Rat / Manufacturing Support & Procurement Kala Naft (C-348/12 P) 286, 291, 300, 335, 454
Rosneft (C-72/15) 335, 427, 442
Royal Appliance International / HABM (C-448/09 P) 342
RPO (C-390/15) 426

Scarlet Extended (C-70/10) 208, 213, 236, 264, 282, *307*, 401
Schaible (C-101/12) *177*, 195, 252, 255, *277*, 287, 298, 316, 319, 322, 332, 356, 389, 414, 452
Schrems (C-362/14) 214, *337*, 341, 354, 454

Schwarz (C-291/12) 31, *178*, 207, 216, 264, *278*, 333
Sky Österreich (C-283/11) 31, *38*, *191*, 201, 228, 243, 258, 266, 272, 285, 287, *289*, 298, *302*, 316, 319, 322, 356, 358, 389, 402, 414, 428, 450
Spasic (C-129/14 PPU) 186, 196, 286, 300
Starjakob (C-417/13) *74*
Star Storage (C-439/14 und C-488/14) 185
Stauder/Stadt Ulm (C-29/69) 366, 391
Stork & Cie./Hohe Behörde (C-1/58) 366

Tele2 Sverige (C-203/15 und C-698/15) 214, 283, 417
Texdata Software (C-418/11) 184, 224, 237

Tsakouridis (C-145/09) *70*

UPC Telekabel Wien (C-314/12) 201, 245

Volker und Markus Schecke und Eifert (C-92/09 und C-93/09) *178*, 202, 203, 207, 213, 215, 232, 244, 261, 273, 287, *294*, 301, *312*, 399, 427
WebMindLicenses (C-419/14) 30, 203, 228, 229, 270, 285, 311, 416, 432

YS u. a. (C-141/12 und C-372/12) 202, 404

Zh. und O. (C-554/13) *74*

Stichwortverzeichnis

Kursive Ziffern weisen auf ausführliche Erörterungen hin.

A-Gruppen 37
A1-Gruppe 38, 174
A2-Gruppe 43, 174
A3-Gruppe 47, 174
A4-Gruppe 52
Abwägung von Grundrechten 245, 315, 401
additive Grundrechtseinschränkung 216
Angemessenheit 146, *160*, 162, 242, *299*
Anteil der Entscheidungen, in denen die Charta zitiert wird, in Prozent 23
Antiterrordatei-Beschluss 13
Anwendbarkeit der Charta *siehe* Art. 51 Abs. 1 S. 1 GRC
Anzahl der Entscheidungen, in denen die Charta zitiert wird 23, 24, 81
Arbeitslast des EuGH 380
Arbeitssprache am Gerichtshof 371
Art. 6 Abs. 1 UAbs. 3 EUV 90
Art. 6 Abs. 2 EUV 463
Art. 6 Abs. 3 EUV 20, 61
Art. 16 GRC 254, 258, 322, 357
Art. 36 Satzung EuGH 27
Art. 41 GRC 201, 404
Art. 47 GRC 41, 49, 55, 63, 65, 68, 69, 184, 348, *356*, 402, 435
Art. 51 Abs. 1 S. 1 GRC 13, 25, 30, 52, 66, 84, 88, 382, 464
Art. 52 Abs. 1 GRC 91, *96*
Art. 52 Abs. 2 GRC *99*
Art. 52 Abs. 3 GRC 61, *105*, 357, 363, 462
Art. 52 Abs. 4 GRC 113, *117*, 368
Art. 52 Abs. 5 GRC *121*
Art. 52 Abs. 6 GRC *121*, 259
Art. 52 Abs. 7 GRC *121*

Art. 53 GRC 10, 14, 55, 122, 382, 464
Art. 54 GRC 122
Art. 114 AEUV 263
Aufbau der Entscheidungen des EuGH 27
Ausführlichkeit 7, 25, 31
Auslegungsklausel 116, 118

B-Gruppen 58
B1-Gruppe 58, 174, *341*, 355
B2-Gruppe 61, 175, 400
B3-Gruppe 66
B4-Gruppe 68
B5-Gruppe 71
B6-Gruppe 73
balancing of interests 163
Berichterstatter 384
Beschlüsse als gesetzliche Grundlage einer Einschränkung 233
Beschränkung *siehe* Einschränkung
Beurteilungsspielraum *siehe* Prüfdichte
Beweislast 425
BVerfG 12, 13, 366, 375

C-Gruppe 75
chaîne de mots-clés 27
Charta-bezogener Abschnitt 28
Charta-Rechtsprechung 20, 81
Conseil d'Etat 371
contrôle de bilan 166, 374

delegierte Rechtsakte 232
deutsches Recht als Kontext 375
Dialog der Gerichte 364
Dogmatik 8, 90, 98, 122, 359
Drittwirkung 214

Durchführungsrechtsakte 232

Effektivität der unionsrechtlichen
  Grundrechte 14, 128, 148, 170
EGMR 362, 381
Eignung *siehe* Geeignetheit
Eingriff *siehe* Einschränkung
Einschränkung *133*, 180, *205*, 345
Einschränkungsbegriff des EuGH *212*,
  419
EMRK 3, 20, 29, 51, 61, 63, 66, 84, 106,
  120, 122, 175, 251, 357, 362, 397,
  462
EMRK-Beitritt 5, 10, 383, 463
Entstehung der Charta 395
Erforderlichkeit 146, *158*, 242, *288*
Erläuterungen zur Charta 106, 121
Ermessensspielraum *siehe* Prüfdichte
EuG 19
EuGH als Gericht 406
Europäischer Rat von Köln 3
Europarechtswissenschaft 379

Fallgruppen 25, 26, 35, 81
Fallkorpus 19, 21, 23, 173
formelles Ziel 262
französisches Recht und französische
  Sprache 370
Freiheitsgrundrechte 124, 176

Geeignetheit 145, *154*, 242, *276*
– Kohärenz *siehe* Kohärenz im Rahmen
  der Geeignetheit
gefestigte nationale Rechtsprechung 231
Gefühl ständiger Überwachung 368, 451
gemeinsame Verfassungsüberlieferungen
  der Mitgliedstaaten 117, 397
Gemeinwohlziele 268
Generalanwälte 391, *444*
Gericht *siehe* EuG
Gericht für den öffentlichen Dienst *siehe*
  GÖD
Geschichte der Grundrechtsprechung des
  EuGH 2, 366, 376
Gesetzesvorbehalt *139*, *223*, 347
Gleichheitsgrundrechte 125, *136*, 182,
  200, 217, 403
Globalabwägung 166

GÖD 19
Grundfreiheiten 68, 99, 222, 270
Grundrechte als allgemeine Grundsätze
  des Unionsrechts 61, 84, 175, 202,
  220
Grundrechtekonvent 4, 395
Grundrechtsgericht 6, 17, 459
Grundrechtsprüfung 33, 81, 89, 97
Grundrechtsprüfung anhand der GRC
  pro Jahr 85
Grundsätze im Sinne von Art. 52 Abs. 5
  GRC 100, 117, 121
Gutachtenverfahren 319

Identitätskontrolle 12
InfoCuria 22
Inkrafttreten der Charta 1, 20
– als Kontext 393, 394
institutioneller Kontext *siehe* prozessualer
  und institutioneller Kontext
Interessenprüfung *161*, 167, 300, *302*,
  416, 420, 430

justizielle Grundrechte 184

kohärente Grundrechtsprüfung *122*, 133,
  187, 201, 229, 246, 248, 355, 461
Kohärenz im Rahmen der Geeignetheit
  156, 280, *442*
Kohärenz zwischen der Charta und der
  EMRK 114
Kollisionsregel 102
Kölner Mandat 395
konsistente Grundrechtsprüfung *122*,
  133, 187, 201, 229, 248, 355, 461
Kontext 9, 96, *359*
– Begriff des Kontextes 360
Kontrolldichte *siehe* Prüfdichte
Kontrollintensität *siehe* Prüfdichte
Konvergenzklausel 113
Kooperationsverhältnis 364
Kritik an der Grundrechtsprechung des
  EuGH 89, 122, 131, 134, 147, 161,
  163, 354, 382

legal secretaries 372
legitime Ziele *149*, *260*, 419
– Gemeinwohlziele 268

- Ziel des Schutzes der Rechte und
  Freiheiten anderer 271
Legitimität 15
Leistungsgrundrechte 126, 184

margin of appreciation 251
materielles Ziel 262
Mindestschutz 113
mitgliedstaatliches Recht als Kontext
  370
mittelbare Eingriffe 213
Motor der Integration 381

nationale Verfassungsgerichte 366
nicht finale Einschränkungen 214
Nichtigkeitsklage 438
Notwendigkeit *siehe* Erforderlichkeit
Notwendigkeit der Charta 9, 130, 462

offensichtlich fehlerhaft 255, 323, 452
offensichtlich irrig 155
offensichtlich ungeeignet 354, 452
Öffentlichkeit als Kontext 377

Parlamentsvorbehalt 231
personenbezogene Daten 203
pré-examen 372
prozessualer und institutioneller Kontext
  392, *405*
Prüfdichte *147*, 155, 159, *249*, 451
- Angemessenheit 322
- Art. 16 GRC 258, 322
- Ausdrückliche Festlegung durch den
  EuGH 249
- Begründung durch den Gerichtshof
  257
- Erforderlichkeit 297
- Geeignetheit 285
- Terminologie und Maßstab des
  Gerichtshofs 254
Prüfungsschema 98, *124*, *176*, 342
- Freiheitsgrundrechte 176
- Gleichheitsgrundrechte 182
- justizielle Grundrechte 184, 435
Prüfungsstufen *siehe* Prüfungsschema

rapport préalable 372
Realakte 213

Rechte und Freiheiten anderer 271
Rechtfertigung *137*, 181, *223*
Rechtsmittelverfahren 28, 408, *433*, 439
référendaires 372
Report on the Application of the
  EU Charter of Fundamental Rights
  21
Richter am EuGH 384
richterliche Motivationen und Vorver-
  ständnisse als Kontext 381

Sachverhalt 418
Schlussanträge 19, 391, *444*
Schutzbereich *126*, 180, *187*, 343
Schutzniveau 10
Sekundärrecht 68, 407
Soft Law 215
Solange I-Beschluss 2, 367, 379
Solange II-Beschluss 3, 12, 131
soziale Grundrechte 126
Sprachen als Kontext 370
Spruchkörper am EuGH 386, 388
Statistik 81
subjektive Zumutbarkeit *166*, *314*

Taricco-Streit 12
tatsächlich entsprechen 153, 156
Titel VII der Charta 90
Transferklausel 104
typisierende Prüfung 319, 419, 436

Ungleichbehandlung *136*, *217*
Untätigkeitsklage 438
Unzulässigkeit 71

Verfahrensbeteiligte 71, 73
- als Kontext 439
Verfassungsgerichtsverbund 364
Verfassungsvertrag 3
Verhältnismäßigkeit *141*, *234*, 348, 453
Verhältnismäßigkeit als allgemeiner
  Grundsatz des Unionsrechts 61, 168,
  176, 238, 280, 322, 327
Verhältnismäßigkeit i. e. S. *siehe* An-
  gemessenheit
Vertrag von Lissabon 4, 20
Vollständigkeit der Grundrechtsprüfung
  34

Vorabentscheidungsverfahren 319, 377, 408, *410*, 440
- Bedeutung der Vorlagen der nationalen Gerichte 421
- Funktion und Besonderheiten 410
Vorlagefrage 29
vorlegendes Gericht 73, 377, 421, 441

Wednesbury-Formel 142

Wertegemeinschaft 4
wertende Rechtsvergleichung 119
Wesensgehaltsgarantie *169*, 239, 246, *329*, 419, 453

Ziel des Schutzes der Rechte und Freiheiten anderer 271
Zitierung der GRC 21

Jus Internationale et Europaeum

herausgegeben von
Thilo Marauhn und Christian Walter

Die Einwirkung des internationalen und des europäischen Rechts auf die nationalen Rechtsordnungen nimmt beständig zu. Diese Entwicklung stellt eine gewaltige Herausforderung dar, weil es heute nicht mehr nur um die Umsetzung völker- und europarechtlicher Vorgaben geht, sondern darüber hinausgehende Anpassungsnotwendigkeiten in den nationalen Rechtsordnungen verarbeitet werden müssen. Abgesehen von den praktischen Schwierigkeiten, die häufig damit verbunden sind, verlangt dieser Prozess nach einer theoretischen Verarbeitung, welche im öffentlichen Recht, das nach wie vor ein ambivalentes Verhältnis zum Völker- und Europarecht hat, weitgehend noch am Anfang steht. Die Schriftenreihe soll zur theoretischen und dogmatischen Durchdringung der Internationalisierung und Europäisierung des öffentlichen Rechts beitragen und Lösungsvorschläge für damit einhergehende praktische Probleme unterbreiten. In der Reihe erscheinen herausragende Arbeiten, die sich mit Rechtsfragen an der Schnittstelle zwischen nationalem öffentlichen Recht und internationalem Recht beschäftigen oder genuin völker- bzw. europarechtliche Themen behandeln. Besonderes Interesse liegt dabei auf Arbeiten, die eine Brücke zwischen Grundlagenfragen und praktischer Rechtsanwendung schlagen.

ISSN: 1861-1893
Zitiervorschlag: JusIntEu

Alle lieferbaren Bände finden Sie unter *www.mohrsiebeck.com/jusinteu*

Mohr Siebeck
www.mohrsiebeck.com